Schwerpunkte Pflichtfach
Westermann/Bydlinski/Arnold · BGB – Schuldrecht Allgemeiner Teil

Schwerpunkte

Eine systematische Darstellung der wichtigsten Rechtsgebiete anhand von Fällen
Begründet von Professor Dr. Harry Westermann †

BGB – Schuldrecht
Allgemeiner Teil

begründet von

Dr. Harm Peter Westermann
em. o. Professor an der Eberhard Karls Universität Tübingen
(Alleinautor bis zur 3. und Mitautor bis zur 5. Auflage)

bearbeitet von

Dr. Peter Bydlinski
o. Universitätsprofessor an der Karl-Franzens-Universität Graz
(Mitautor seit der 4. Auflage)

und

Dr. Stefan Arnold, LL.M. (Cambridge)
o. Professor an der Westfälischen Wilhelms-Universität Münster
(Mitautor seit der 9. Auflage)

9., völlig neu bearbeitete Auflage

 C.F. Müller

Bibliografische Information der Deutschen Nationalbibliothek

Die Deutsche Nationalbibliothek verzeichnet diese Publikation in der Deutschen Nationalbibliografie; detaillierte bibliografische Daten sind im Internet über <http://dnb.d-nb.de> abrufbar.

ISBN 978-3-8114-7228-0

E-Mail: kundenservice@cfmueller.de
Telefon: +49 89 2183 7923
Telefax: +49 89 2183 7620

www.cfmueller.de
www.cfmueller-campus.de

© 2020 C.F. Müller GmbH, Waldhofer Straße 100, 69123 Heidelberg

Dieses Werk, einschließlich aller seiner Teile, ist urheberrechtlich geschützt. Jede Verwertung außerhalb der engen Grenzen des Urheberrechtsgesetzes ist ohne Zustimmung des Verlages unzulässig und strafbar. Dies gilt insbesondere für Vervielfältigungen, Übersetzungen, Mikroverfilmungen und die Einspeicherung und Verarbeitung in elektronischen Systemen.

Satz: preXtension, Grafrath
Druck: CPI books, Leck

Vorwort

Dieses Schwerpunkte-Lehrbuch ist im Rahmen der 9. Auflage völlig neu bearbeitet und in zentralen Bereichen des Allgemeinen Schuldrechts neu geschrieben und konzipiert worden. Als Ko-Autor hinzugetreten ist *Stefan Arnold*, der die §§ 1 bis 14 verantwortet; die §§ 15 bis 23 liegen weiterhin in den Händen von *Peter Bydlinski*.

Die Überarbeitung berücksichtigt insgesamt wiederum sorgfältig die aktuellen Entwicklungen in Gesetzgebung und Rechtsprechung. Das betrifft vor allem das Verbraucherrecht, das zum 13. Juni 2014 in Umsetzung der Verbraucherrechte-RL sowie zum 1. Januar 2018 durch das Gesetz zur Reform des Bauvertragsrechts und zur Änderung der kaufrechtlichen Mängelhaftung an europäische Vorgaben angepasst wurde. In die Darstellung aufgenommen wurde auch § 271a BGB, der infolge der Zahlungsverzugs-RL zum 29. Juli 2014 Eingang in das BGB gefunden hat und mit Wirkung zum 18. April 2016 durch das Vergaberechtsmodernisierungsgesetz inhaltlich erneut angepasst wurde. Die Modifikationen der §§ 312, 312g BGB im Kontext von Pauschalreisen (durch das zum 1. Juli 2018 in Kraft getretene 3. Reiserechtsänderungsgesetz) sind ebenfalls einbezogen. Viele zentrale aktuelle Entscheidungen – etwa die Rechtsprechung zum Widerrufsrecht beim Kauf von Matratzen – wurden berücksichtigt, teilweise in vereinfachten Fallbeispielen, von denen das Lehrbuch nunmehr 78 (gegenüber bisher nur 44) enthält.

Hinsichtlich der Gesetzgebung befindet sich das Buch auf dem Stand vom 1. Januar 2020. Damit sollte es allen, die dieses Werk zur Hand nehmen, möglich sein, sich aktuell, systematisch und verlässlich in den nach wie vor ganz zentralen Prüfungsstoff des Allgemeinen Schuldrechts einzuarbeiten — sei es erstmals, sei es im fortgeschrittenen Stadium zu Wiederholungs- und Vertiefungszwecken.

Für vielfältige Hilfe, vor allem für Materialsammlung, Aktualisierung der Register und kritisch-begleitende Inhaltskontrolle, danken wir insbesondere Herrn *Nils Buchholz*, Herrn *Thorben Eick*, Frau *Susann Frühauf*, Frau *Sarah Graubner*, Herrn *Cedric Hornung*, Herrn *Klaus Kies*, Frau *Lena Klos*, Herrn *Jan Menke*, Frau *Michelle Otto*, Frau *Rabea Regh*, Herrn *Marcus Schnetter*, Frau *Hanna Schuran* und Herrn *Norman Weitemeier* (alle Münster) sowie Herrn Mag. *Martin Trummer* (Graz).

Wir hoffen sehr, dass das neu gestaltete Werk gut aufgenommen wird und allen Benutzerinnen und Benutzern wertvolle Dienste leistet. Kritik und Anregungen – am besten per E-Mail (zu den §§ 1 bis 14 an stefan.arnold@uni-muenster.de, zu den §§ 15 bis 23 an peter.bydlinski@uni-graz.at) – werden wir gerne aufgreifen.

Graz und Münster, im Februar 2020　　　　　　　　*Peter Bydlinski, Stefan Arnold*

Inhaltsverzeichnis

	Rn	Seite
Vorwort		V
Abkürzungsverzeichnis		XXV
Literaturverzeichnis		XXIX

Teil I
Grundlagen

	Rn	Seite
§ 1 Ziele und Prinzipien des Schuldrechts	1	1
I. Gerechtigkeit als Idee des Schuldrechts	3	2
1. Austauschgerechtigkeit (bzw ausgleichende Gerechtigkeit) und Verteilungsgerechtigkeit	5	3
2. Verteilungsgerechtigkeit im Schuldrecht	7	4
II. Rechtssicherheit und Rechtsfrieden	9	5
III. Vertragsfreiheit	10	5
1. Grundgedanken	10	5
2. Formale und materielle Aspekte der Vertragsfreiheit	11	5
3. Der gesetzliche Rahmen der Vertragsfreiheit im BGB	13	7
4. Praktische Bedeutung der Vertragsfreiheit	15	8
IV. Der Grundsatz der Gleichbehandlung	16	8
1. Gleichbehandlung als Rechtsprinzip des allgemeinen Schuldrechts	16	8
2. Diskriminierungsschutz durch das AGG	17	9
3. Gleichbehandlung außerhalb gesetzlich und richterrechtlich anerkannter Tatbestände?	22	10
V. Vertrauensschutz	23	11
VI. Treu und Glauben (§ 242)	24	12
1. Treu und Glauben als allgemeines Rechtsprinzip	24	12
2. Funktionen	25	12
3. Missbrauchspotential in Generalklauseln	27	12
4. Die Bedeutung von „Treu und Glauben" und „Verkehrssitte"	28	13
5. Verhältnis zu anderen Generalklauseln	30	13
6. Rechtliche Sonderverbindung als Anwendungsvoraussetzung	33	14
7. Fallgruppen	34	15
a) Konkretisierung und Ergänzung rechtlicher Befugnisse	35	15
b) Begrenzung rechtlicher Befugnisse (insbesondere: Rechtsmissbrauch und Verwirkung)	36	16
c) Korrektur rechtlicher Befugnisse	45	20
VII. Trennungs- und Abstraktionsprinzip	46	20

				Rn.	Seite
	VIII.	Relativität der Schuldverhältnisse		49	22
		1. Grundprinzip		49	22
		2. Ausnahmen		51	23
§ 2	**Überblick und Systematik des Schuldrechts**			54	24
	I.	Das Schuldverhältnis als rechtliche Sonderverbindung		55	24
	II.	Allgemeiner und Besonderer Teil des Schuldrechts		59	25
	III.	Schuldverhältnisse: Begriff, Einteilung und Abgrenzung		61	26
		1. Schuldverhältnis im engeren und im weiteren Sinn		61	26
		2. Rechtsgeschäftliche und gesetzliche Schuldverhältnisse		65	27
			a) Überblick	65	27
			b) Rechtsgeschäftliche Schuldverhältnisse	66	27
			c) Gesetzliche Schuldverhältnisse	70	28
		3. Schuldverhältnisse außerhalb des zweiten Buchs des BGB		74	29
		4. Gefälligkeiten		78	30
			a) Grundlagen	78	30
			b) Die maßgeblichen Auslegungskriterien	80	31
			c) Abgrenzung und Folgefragen anhand der Beispielsfälle	82	32
			d) Schuldverhältnisse ohne Leistungspflicht iSd § 241 Abs. 1	84	33
		5. Zielschuldverhältnis und Dauerschuldverhältnis		89	34
§ 3	**Schuldrechtliche Pflichten – Einteilung und Abgrenzungen**			95	36
	I.	Leistungspflichten (§ 241 Abs. 1)		97	37
		1. Funktionen und Bedeutung		99	37
		2. Nebenleistungspflichten		101	38
		3. Primärleistungspflichten und Sekundärleistungspflichten		102	38
		4. Tun und Unterlassen (§ 241 Abs. 1 S. 2)		103	39
	II.	Schutzpflichten (§ 241 Abs. 2)		106	40
		1. Begriff und Funktion		106	40
		2. Inhalt und Reichweite		108	40
		3. Schutzpflichten, Leistungspflichten und Nebenleistungspflichten		112	42
		4. Deliktische und vertragliche Schutzpflichten		115	43
	III.	„Schulden" und „Haften"		118	45
		1. Begrifflichkeiten		118	45
		2. Unbeschränkte Vermögenshaftung des Schuldners als Regelfall		119	46
		3. Beschränkte Vermögenshaftung des Schuldners in Ausnahmefällen		121	46
		4. Eigenmächtige Durchsetzung der Haftung in Ausnahmefällen		122	46
	IV.	Naturalobligationen		124	47
	V.	Obliegenheiten		125	48
	VI.	Lösung Fall 7		126	49

§ 4	Die Entstehung von Schuldverhältnissen	127	50
	I. Überblick	128	51
	1. Gesetzliche Schuldverhältnisse	128	51
	2. Rechtsgeschäftliche Schuldverhältnisse	129	51
	a) Allgemeine Rechtsgeschäftslehre	129	51
	b) Die Draufgabe (§§ 336-338)	131	52
	II. Kontrahierungszwänge	134	52
	1. Allgemeine Charakteristiken	134	52
	2. Beispiele	136	53
	a) Spezialgesetzliche Kontrahierungszwänge	136	53
	b) Kontrahierungszwänge nach allgemeinen Regeln (§ 826 BGB, § 21 Abs. 1 AGG)	137	53
	III. Unbestellte Leistungen (§ 241a)	144	56
	1. Zweck und Systematik	144	56
	2. Voraussetzungen	147	57
	3. Rechtsfolgen	151	58
	a) § 241a Abs. 1: Ausschluss vertraglicher Ansprüche	151	58
	b) § 241a Abs. 2: Gesetzliche Ansprüche	152	58
	4. Lösung Fall 13	154	59
	IV. Formvorschriften	155	60
	1. Grundsatz der Formfreiheit	155	60
	2. Formarten, Regelungsorte und Beispiele, Zwecke gesetzlicher Formvorschriften	156	60
	3. § 311b Abs. 1 (Grundstücksverträge)	160	62
	a) Praktische Bedeutung	160	62
	b) Zwecke des § 311b Abs. 1	161	62
	c) Voraussetzungen des § 311b Abs. 1	162	62
	d) Rechtsfolgen von Verstößen gegen § 311b Abs. 1	165	64
	e) Fall 14 Lösung	169	65
	4. Verträge über das Vermögen (§ 311b Abs. 2 und Abs. 3)	170	66
	a) Verträge über das gegenwärtige Vermögen (§ 311b Abs. 3)	170	66
	b) Verträge über das künftige Vermögen (§ 311b Abs. 2)	174	67
	5. Verträge über den Nachlass (§ 311b Abs. 4 und Abs. 5)	175	67
	6. Lösung Fall 15	176	67

Teil II
Der Inhalt von Schuldverhältnissen

§ 5	Schuldarten	177	69
	I. Stückschuld, Gattungsschuld, Vorratsschuld	177	69
	1. Stückschuld	179	70
	2. Gattungsschuld (§ 243), einschließlich der Vorratsschuld	180	70
	a) Begriff der Gattungsschuld (§ 243 Abs. 1)	180	70
	b) Wichtigste Rechtsfolgen	184	71
	c) Konkretisierung (§ 243 Abs. 2)	187	73
	d) Lösung Fall 16	194	75
	II. Geldschuld und Zinsen (§§ 244-248)	195	75
	1. Grundlagen	196	76

a)	Überblick über gesetzliche Regelungen zu Geld und Geldschuld	196	76
b)	Funktionen des Geldes; Bargeld, Buchgeld, gesetzliche Zahlungsmittel	197	76
c)	Geldschulden als Wertverschaffungsschulden	198	77
d)	Der maßgebliche Bestimmungszeitpunkt bei Geldschulden	201	77

2. Geldschulden, § 275 und der Topos „Geld hat man zu haben" ... 202 78
3. Das Inflationsrisiko im Kontext der Geldschuld ... 203 78
4. Geldschulden als qualifizierte Schickschulden (§§ 270 Abs. 1 und 4, 269) ... 207 79
5. Fremdwährungsschuld (§ 244) ... 209 80
6. Geldsortenschuld (§ 245) ... 212 81
7. Ansprüche auf Zinszahlung (§§ 246-248) ... 213 81
   a) Begründung durch Rechtsgeschäft oder Gesetz ... 213 81
   b) Zinsbegriff ... 214 81
   c) Akzessorietät ... 215 82
   d) Zinssatz – Grundregel, Sonderregeln und Basiszinssatz ... 216 82
8. Verbot des Zinseszinses (§§ 248, 289 S. 1) ... 218 83
9. Lösung Fall 18 ... 221 83
10. Lösung Abwandlung zu Fall 18: Ausgangsfrage ... 222 84
11. Lösung Abwandlung zu Fall 18: Zusatzfrage ... 223 85

III. Wahlschuld (§§ 262-265) und Ersetzungsbefugnis ... 224 85
  1. Wahlschuld (§§ 262-265) ... 225 85
     a) Voraussetzungen ... 225 85
     b) Wahlrecht ... 226 86
     c) Unmöglichkeit der Wahlschuld (§ 265) ... 230 86
  2. Ersetzungsbefugnis ... 231 87
     a) Zweck und dogmatische Konstruktion ... 231 87
     b) Entstehung ... 232 87
     c) Elektive Konkurrenz ... 233 87
     d) Bindungswirkung der Ausübung der Ersetzungsbefugnis ... 234 88
     e) Unmöglichkeit ... 235 88
  3. Lösung Fall 19 ... 236 88

IV. Leistungsbestimmung durch eine Partei oder einen Dritten (§§ 315 ff) ... 237 89
  1. Funktionen und Hintergründe von Leistungsbestimmungsrechten ... 238 89
  2. Leistungsbestimmung durch eine Partei (§§ 315 und 316) .. 241 90
     a) Entstehung des Leistungsbestimmungsrechts ... 241 90
     b) Ausübung des Leistungsbestimmungsrechts ... 243 91
  3. Leistungsbestimmung durch einen Dritten (§§ 317-319) ... 249 92
     a) Grundsätze ... 249 92
     b) Maßstab (§ 319: offenbare Unbilligkeit) ... 252 93
     c) Mehrere Dritte ... 254 94
  4. Lösung Fall 20 ... 255 94

	V.	Aufwendungsersatz, Wegnahmerecht, Auskunft und Rechenschaft	256	95
		1. Überblick	256	95
		2. §§ 256, 257 (Aufwendungsersatz und Befreiungsanspruch)	257	95
		a) Normzweck	257	95
		b) Voraussetzungen des § 256	258	95
		c) Rechtsfolge des § 256	260	96
		d) Der Befreiungsanspruch aus § 257	261	96
		3. Wegnahmerecht (§ 258)	262	96
		4. Auskunfts- und Rechenschaftspflichten	265	97
		a) Regelungscharakter der §§ 259-261	265	97
		b) Auskunftsansprüche – Zwecke und Rechtsgrundlagen	266	97
		c) Rechenschaftsansprüche	271	99
		5. Lösung Fall 21	276	100
§ 6	**Modalitäten der Leistungserbringung**		277	101
	I. Leistungszeit		277	101
		1. Fälligkeit und Erfüllbarkeit: Begriffe und Relevanz	278	102
		2. Bestimmung von Fälligkeit und Erfüllbarkeit	281	102
		a) Parteivereinbarung	281	102
		b) Gesetzliche Bestimmungen	284	103
		c) Umstände	285	103
		d) Zweifelsregeln (§ 271)	287	104
		3. Besondere Bestimmungen (§ 475 Abs. 1, § 271a)	292	105
		a) § 475 Abs. 1	292	105
		b) § 271a (Wirksamkeit von Zahlungs-, Überprüfungs- und Abnahmefristen)	293	106
		4. Lösung Fall 22	298	107
	II. Leistungsort (§ 269)		299	108
		1. Begriff des Leistungsorts	300	108
		2. Leistungsort (Erfüllungsort) und Erfolgsort bei Holschuld, Bringschuld und Schickschuld	304	109
		a) Holschuld, Bringschuld und Schickschuld	304	109
		b) Vorrangigkeit der Parteivereinbarung	310	110
		c) Einzelfallumstände (insbes. „Natur des Schuldverhältnisses")	311	110
		d) Wohnsitz des Schuldners/gewerbliche Niederlassung	312	110
		3. Lösung Fall 26	313	111
	III. Leistung durch Dritte		314	111
		1. Grundlagen	314	112
		2. Voraussetzungen des § 267	315	112
		a) Keine Pflicht des Schuldners, in Person zu leisten	315	112
		b) Leistung eines Dritten	317	112
		3. Rechtsfolgen der Drittleistung	324	114
		4. Ablösungsrecht des Dritten (§ 268)	326	115
		5. Lösung Fall 27	329	116
	IV. Teilleistungen (§ 266)		330	116
		1. Grundlagen	330	116
		2. Teilbarkeit der Leistung	332	117

	3.	Begriff der Teilleistung	333	117
	4.	Konsequenzen der Teilleistung entgegen § 266	334	117
	5.	Ausnahmen von der fehlenden Teilleistungsberechtigung ..	336	118
	6.	Lösung Fall 29	340	119

§ 7 Die Verbindung von Leistungspflichten durch Zurückbehaltungsrechte 341 120

    I. Das allgemeine Zurückbehaltungsrecht (§§ 273, 274) 341 120
        1. Grundgedanke 342 120
        2. Das Zurückbehaltungsrecht als Einrede 344 121
        3. Voraussetzungen des Zurückbehaltungsrechts aus § 273 ... 346 122
            a) Wechselseitige Forderungen 346 122
            b) Konnexität der Ansprüche („aus demselben rechtlichen Verhältnis") 349 122
            c) Durchsetzbarkeit und Fälligkeit des Gegenanspruchs .. 352 123
            d) Kein Ausschluss des Zurückbehaltungsrechts 355 125
        4. Abwendung des Zurückbehaltungsrechts durch Sicherheitsleistung (§ 273 Abs. 3)............................... 361 126
        5. Lösung Fall 30 .... 362 127
    II. Einrede des nicht erfüllten Vertrags (§§ 320, 322) 363 127
        1. Grundgedanke 364 128
        2. Anwendungsbereich................................ 368 129
        3. Voraussetzungen 369 129
            a) Gegenseitige Ansprüche im Synallagma............. 369 129
            b) Wirksamkeit und Fälligkeit des Anspruchs auf die Gegenleistung (beachte aber: § 215) 371 130
            c) Vertragstreues Verhalten des Schuldners 372 130
            d) Kein Ausschluss des Zurückbehaltungsrechts 373 131
        4. Schranken (§ 320 Abs. 2, § 320 Abs. 1 S. 3) 374 131
            a) § 320 Abs. 2 .... 374 131
            b) Keine Abwendung durch Sicherheitsleistung 376 132
        5. Rechtsfolgen 377 132
        6. Unsicherheitseinrede bei Vorleistungspflicht (§ 321) 380 133
        7. Lösung Fall 32 .... 382 133

Teil III
Leistungsstörungsrecht

§ 8 Einführung und Grundlagen 383 135

    I. Begriff, Zwecke und Regelungsorte 383 135
    II. Pflichtverletzung als facettenreicher Zentralbegriff 388 136
        1. Pflichtverletzung, Pflichteninhalt und Schuldverhältnis 388 136
        2. Pflichtverletzung bei Unmöglichkeit der Leistung (§ 275 Abs. 1) 390 137
    III. Kategorien von Leistungsstörungen...................... 391 137
        1. Nichtleistung (ganz oder teilweise) 392 137
        2. Leistungsverzögerung 393 138
        3. Schuldnerverzug (§§ 286-288) 394 138
        4. Schlechtleistung 395 138

	5.	Nebenpflichtverletzungen und Schutzpflichtverletzungen	396	138
	6.	Gläubigerverzug (Annahmeverzug)	397	139
	7.	Leistungserschwerung, Unzumutbarkeit, Geschäftsgrundlage	398	139
IV.	Die Systematik des § 280		399	139
	1.	§ 280 Abs. 1 als Grundtatbestand für Schadensersatzansprüche bei Verletzungen von Pflichten aus dem Schuldverhältnis	400	140
		a) Schuldverhältnis	401	140
		b) Verletzung einer Pflicht aus dem Schuldverhältnis	402	140
		c) Vertretenmüssen des Schuldners (§ 280 Abs. 1 S. 2)	403	140
		d) Durch die Pflichtverletzung entstandener Schaden	404	141
	2.	Die weiteren Differenzierungen und Voraussetzungen von § 280 Abs. 2 und Abs. 3	405	141
		a) Schadensersatz wegen Verzögerung der Leistung (§ 280 Abs. 2)	406	141
		b) Schadensersatz statt der Leistung (§ 280 Abs. 3)	407	141
V.	Die Abgrenzung der Schadenskategorien		408	142
	1.	Zur Bedeutung der Abgrenzung	408	142
	2.	Schadensersatz „statt der Leistung" (§ 280 Abs. 3)	410	143
		a) Abgrenzung nach dem jeweiligen Interesse („schadensphänomenologischer Ansatz")	411	143
		b) Abgrenzung nach dem letztmöglichen Zeitpunkt der Leistungserbringung	413	144
		c) Die Abgrenzung in der Rechtsprechung	419	147
	3.	Schadensersatz „wegen Verzögerung der Leistung" (§ 280 Abs. 2)	423	149
	4.	(Einfacher) Schadensersatz bzw Schadensersatz „neben der Leistung" (§ 280 Abs. 1)	427	150
	5.	Lösung Fall 34	429	151
VI.	Vertretenmüssen		430	154
	1.	Grundlagen	431	154
		a) Vertretenmüssen als zentrale Voraussetzung von Schadensersatzansprüchen	431	154
		b) Eingeschränktes Verschuldensprinzip	433	155
		c) Darlegungs- und Beweislast, Bezugspunkt	434	155
	2.	Eigenes Verschulden des Schuldners (§§ 276 und 277)	437	156
		a) Grundsätze	437	156
		b) Verschuldensfähigkeit (§ 276 Abs. 1 S. 1 iVm §§ 827, 828)	439	157
		c) Vorsatz	446	159
		d) Fahrlässigkeit (§ 276 Abs. 2)	449	160
		e) Vertragliche Einschränkungen der Verschuldenshaftung (Haftungsausschlüsse oder -begrenzungen)	459	164
		f) Vertragliche Erweiterungen durch den Inhalt des Schuldverhältnisses (insbesondere: Garantien)	464	165
		g) Gesetzliche Haftungserweiterungen	467	166
	3.	Haftung für Erfüllungsgehilfen (§ 278)	470	167
		a) Grundgedanke	470	167
		b) Bestehendes Schuldverhältnis	472	168

c) Erfüllungsgehilfe	475	169
d) Handeln „in Erfüllung" einer Schuldnerpflicht	484	171
e) Verschulden des Erfüllungsgehilfen	487	173
f) Rechtsfolgen	488	173
g) Abweichende Vereinbarungen	490	173
4. Haftung für gesetzliche Vertreter (§ 278 Var. 1)	491	174
a) Grundgedanke	491	174
b) Begriff des gesetzlichen Vertreters	492	174
c) Weitere Voraussetzungen und Rechtsfolgen	493	174
5. Lösung Fall 36b)	495	175

§ 9 Nicht oder nicht vertragsgemäße Leistung: Das Rücktrittsrecht aus § 323 und aus § 324 .... 496 176

I. Grundlagen	497	176
II. Voraussetzungen des § 323	499	177
1. Gegenseitiger Vertrag	499	177
2. Nichtleistung	500	177
3. Fälligkeit und Durchsetzbarkeit	505	178
4. Erfolglose Fristsetzung bzw Entbehrlichkeit der Fristsetzung	509	179
a) Fristsetzung	509	179
b) Entbehrlichkeit der Fristsetzung	517	181
5. Fruchtloser Fristablauf (außer bei Entbehrlichkeit der Fristsetzung gem. § 323 Abs. 2)	525	183
6. Ausschlussgründe	526	183
a) § 323 Abs. 5 S. 1 (Teilleistungen)	527	183
b) § 323 Abs. 5 S. 2 (Mangelhafte Leistung)	531	184
c) § 323 Abs. 6 1. Alt. (alleinige oder überwiegende Verantwortlichkeit des Gläubigers)	532	185
d) § 323 Abs. 6 2. Alt. (Annahmeverzug des Gläubigers)	533	185
e) Keine Vertragsuntreue des Gläubigers	534	186
7. Rücktrittserklärung	535	186
III. Rücktritt wegen Schutzpflichtverletzung (§ 324)	536	186
1. Regelungszweck und Anwendungsbereich	536	186
2. Voraussetzungen	538	187
a) Pflichtverletzung	539	187
b) Unzumutbarkeit	541	188
IV. Rechtsfolgen des Rücktritts im Überblick (§§ 346 ff)	543	188
V. Lösung Fall 38	544	189

§ 10 Rücktrittsfolgenrecht (§§ 346-354) 545 190

I. Grundlagen, Anwendungsbereich der §§ 346-354	546	191
1. Vertragliche Rücktrittsrechte	547	191
2. Gesetzliche Rücktrittsrechte	551	192
II. Ausübung des Rücktritts: Die Rücktrittserklärung (§ 349)	552	192
III. Befreiungswirkung des Rücktritts (Erlöschen der Leistungsansprüche)	557	193
1. Grundsätzliches	557	193
2. Schwebelage des Schuldners nach Ablauf der Nachfrist	560	194

IV. Das Rückgewährschuldverhältnis der §§ 346-348	562	195
1. Rückgewähr der empfangenen Leistungen und der gezogenen Nutzungen (§ 346 Abs. 1)	563	196
a) Rückgewähr empfangener Leistungen „in natura"	563	196
b) Rückgewähr tatsächlich gezogener Nutzungen	564	196
c) Leistungsort	565	196
d) Rücknahmepflicht	567	197
e) Schadensersatzanspruch gem. § 346 Abs. 4	568	197
2. Wertersatz (§ 346 Abs. 2)	571	199
a) § 346 Abs. 2 S. 1 Nr 1	572	199
b) § 346 Abs. 2 S. 1 Nr 2	573	199
c) § 346 Abs. 2 S. 1 Nr 3	574	200
d) Bemessung der Wertersatzpflicht (§ 346 Abs. 2 S. 2) . .	576	200
3. Entfallen der Wertersatzpflicht (§ 346 Abs. 3)	580	201
a) Während Verarbeitung oder Umgestaltung auftretender Mangel (§ 346 Abs. 3 S. 1 Nr 1)	581	202
b) Verantwortlichkeit des Gläubigers und fehlende Kausalität (§ 346 Abs. 3 S. 1 Nr 2)	582	202
c) Privilegierung beim gesetzlichen Rücktritt (§ 346 Abs. 3 S. 1 Nr 3)	585	203
d) Herausgabe verbleibender Bereicherung (§ 346 Abs. 3 S. 2)	592	205
4. Nutzungs- und Verwendungsersatz (§ 347)	593	205
a) Nutzungsersatz	593	205
b) Verwendungsersatz (§ 347 Abs. 2)	595	206
5. Zug-um-Zug-Erfüllung (§ 348)	597	206
V. Lösung Fall 39	598	207

§ 11 Schadensersatz statt der Leistung nach §§ 281, 282 und Aufwendungsersatz (§ 284)

§ 11 Schadensersatz statt der Leistung nach §§ 281, 282 und Aufwendungsersatz (§ 284)	599	209
I. Funktionen des § 281	600	209
II. Voraussetzungen des Anspruchs aus §§ 280 Abs. 1, Abs. 3, 281	603	210
1. Schuldverhältnis	603	210
2. Pflichtverletzung	604	210
3. Vertretenmüssen (§ 280 Abs. 1 S. 2)	609	212
4. Erfolglose Fristsetzung bzw. Entbehrlichkeit der Fristsetzung	612	213
a) Fristsetzung	612	213
b) Entbehrlichkeit der Fristsetzung	615	214
5. Fruchtloser Fristablauf (außer bei Entbehrlichkeit der Fristsetzung gem. § 281 Abs. 2)	621	215
6. Kein Ausschluss bei fehlender Vertragstreue	622	216
III. Schadensersatz statt der ganzen Leistung bei Teilleistungen und nicht wie geschuldeter Leistung	623	216
1. Teilleistungen (§ 281 Abs. 1 S. 2)	623	216
2. Mangelhafte Leistung (§ 281 Abs. 1 S. 3)	625	217
IV. Schadensersatz statt der Leistung wegen Schutzpflichtverletzung (§ 282)	626	217
1. Regelungszweck und Anwendungsbereich	626	217

2. Voraussetzungen	629	217
a) Pflichtverletzung	630	218
b) Vertretenmüssen	631	218
c) Unzumutbarkeit	632	218
V. Rechtsfolgen des Schadensersatzes statt der Leistung	633	218
1. Ausschluss des Leistungsanspruchs gem. § 281 Abs. 4	633	218
2. Schadensersatz statt der Leistung	635	219
a) Grundlagen	635	219
b) Schadensberechnung bei gegenseitigen Verträgen	636	219
VI. Lösung zu Fall 41	639	220
VII. Aufwendungsersatz (§ 284)	640	221
1. Regelungszweck	641	222
2. Aufwendungen als Schäden: Die Rentabilitätsvermutung	642	222
3. Voraussetzungen des § 284	643	223
a) Anspruch auf Schadensersatz statt der Leistung	643	223
b) Aufwendungen	644	223
c) Vergeblichkeit der Aufwendungen	646	224
d) Billigkeit	649	224
4. Rechtsfolgen	650	225
5. Verhältnis zu Schadensersatz statt der Leistung und Rücktritt	651	225
VIII. Lösung Fall 43	654	226
IX. Lösung Fall 44	655	227
§ 12 Unmöglichkeit der Leistung	**656**	**228**
I. Die Unmöglichkeit im System des Leistungsstörungsrechts	657	229
II. § 275: Konsequenzen für die Leistungspflicht (§ 275)	661	230
1. Anwendungsbereich	661	230
2. Variationen der Unmöglichkeit	663	230
a) Objektive und subjektive Unmöglichkeit	663	230
b) Anfängliche und nachträgliche Unmöglichkeit	664	231
c) Vollständige und teilweise Unmöglichkeit	665	231
3. § 275 Abs. 1: Unmöglichkeit	668	232
a) Unüberwindbare Leistungshindernisse	668	232
b) Zweckerreichung und Zweckfortfall	672	233
c) Rechtliche Unmöglichkeit	674	234
d) Unmöglichkeit bei Gattungsschulden	675	234
e) Vorübergehende Unmöglichkeit	676	235
f) Absolutes Fixgeschäft	679	235
4. § 275 Abs. 2: Unzumutbarkeit wegen groben Missverhältnisses	681	236
5. § 275 Abs. 3 Unzumutbarkeit bei persönlichen Leistungspflichten	685	238
6. Rechtsfolgen	688	238
7. Lösung Fall 45	691	239
III. § 326: Gegenleistungspflicht im gegenseitigen Vertrag	692	240
1. Grundlagen	693	240
2. Der Grundsatz des § 326 Abs. 1 S. 1: „Keine Ware, kein Geld"	696	241

		a)	Normzweck	696	241
		b)	Teilweises Entfallen bei Teilunmöglichkeit (§ 326 Abs. 1 S. 1 2. HS)	698	241
		c)	Ausschluss der Grundregel gem. § 326 Abs. 1 S. 2	699	241
	3.		Ausnahmen vom Grundsatz des § 326 Abs. 1 S. 1	700	242
		a)	Vom Gläubiger zu verantwortende Unmöglichkeit (§ 326 Abs. 2 S. 1 1. Alt.)	700	242
		b)	Annahmeverzug des Gläubigers (§ 326 Abs. 2 S. 1 2. Alt.)	704	243
		c)	Anrechnung von Ersparnissen (§ 326 Abs. 2 S. 2)	707	244
	4.		Beiderseits zu vertretende Unmöglichkeit	709	244
	5.		Inanspruchnahme des Surrogats gem. § 285 (§ 326 Abs. 3)	713	246
	6.		Rückforderung nicht geschuldeter Gegenleistungen (§ 326 Abs. 4)	714	246
	7.		Rücktrittsrecht (§ 326 Abs. 5)	715	246
		a)	Regelungszweck	715	246
		b)	Teilunmöglichkeit (§ 326 Abs. 5 2. HS iVm § 323 Abs. 5 S. 1 und S. 2)	717	247
	8.		Lösung Fall 47	718	247
IV.			Sekundärleistungsansprüche als Folge der Unmöglichkeit	719	248
	1.		Schadensersatz statt der Leistung	720	248
		a)	Schadensersatz statt der Leistung bei anfänglicher Unmöglichkeit (§ 311a Abs. 2)	722	249
		b)	Schadensersatz statt der Leistung bei nachträglicher Unmöglichkeit (§§ 280 Abs. 1, Abs. 3, 283)	728	250
		c)	Besonderheiten bei Teilunmöglichkeit	734	251
	2.		Surrogatsherausgabe (§ 285)	740	253
		a)	Regelungszweck und Anwendungsbereich des § 285	741	253
		b)	Voraussetzungen	742	254
		c)	Rechtsfolgen	749	256
	3.		Aufwendungsersatz (§ 284)	750	256
	4.		Lösung Fall 48	751	256

§ 13 Schuldnerverzug und Gläubigerverzug ... 752 257

I.			Der Schuldnerverzug (§ 286)	753	258
	1.		Begriff und Bedeutung des Schuldnerverzugs	753	258
	2.		Voraussetzungen	755	258
		a)	Wirksamer, fälliger und durchsetzbarer Anspruch	756	258
		b)	Nichtleistung	763	260
		c)	Mahnung	765	261
		d)	Entbehrlichkeit der Mahnung (§ 286 Abs. 2)	772	263
		e)	Entgeltforderungen (§ 286 Abs. 3)	777	266
		f)	Vertretenmüssen (§ 286 Abs. 4)	779	266
		g)	Keine Beendigung des Schuldnerverzugs	782	267
	3.		Rechtsfolgen	783	267
		a)	Ersatz von Verzögerungsschäden (§§ 280 Abs. 1, Abs. 2, 286)	784	268
		b)	Verzugszinsen und sonstiger Verzugsschaden (§ 288)	788	269

	c) Haftungsverschärfungen zulasten des Schuldners im Verzug (§ 287)	792	269
	4. Abweichende Vereinbarungen	796	271
II.	Der Gläubigerverzug (§§ 293-304)	797	271
	1. Grundlagen und Funktionen	797	271
	2. Voraussetzungen des Gläubigerverzugs	800	272
	a) Wirksamer und erfüllbarer Anspruch	801	272
	b) Leistungsfähigkeit des Schuldners (§ 297)	802	273
	c) Ordnungsgemäßes Angebot oder Entbehrlichkeit des Angebots	803	273
	d) Nichtannahme der Leistung	813	276
	e) Kein vorübergehendes Annahmehindernis	818	277
	3. Rechtsfolgen	821	278
	a) Haftungsmilderungen	823	278
	b) Übergang der Leistungsgefahr (§ 300 Abs. 2)	827	279
	c) Gegenleistungsgefahr (§ 326 Abs. 2 S. 1 1. Alt.) und Ausschluss des Rücktrittsrechts (§ 323 Abs. 6 2. Alt.)	830	280
	d) Ersatz von Mehraufwendungen (§ 304)	832	280
III.	Lösung Fall 51	834	281

Teil IV
Verbraucherrecht

§ 14 Verbraucherrecht im Allgemeinen Schuldrecht 835   283

I.	Grundlagen des Verbraucherschutzrechts	836	284
	1. Entwicklung und Zweck des Verbraucherschutzrechts	836	284
	2. Systematik bzw Regelungsorte	837	284
	3. Die zentralen Regulierungsinstrumente: Informationspflichten und Widerrufsrechte	840	285
	a) Informationspflichten	841	286
	b) Widerrufsrechte	843	287
II.	Anwendungsbereich des Verbraucherschutzrechts	845	287
	1. Die Legaldefinition des Verbrauchervertrags in § 310 Abs. 3	845	287
	2. Anwendbarkeit der §§ 312a ff	850	289
	a) Entgeltlichkeit der Leistung: Grundsätzliches	851	289
	b) Standardsituationen: Unternehmer erbringt vertragstypische Leistung	853	289
	c) Umgekehrte Leistungsrichtung: Verbraucher erbringt die vertragstypische Leistung	854	289
	d) Sonderproblem: Bürgschaftsverträge	856	290
	3. Einschränkungen beim Anwendungsbereich (§ 312 Abs. 2 bis Abs. 7)	858	291
	a) Minimalanwendungsbereich (§ 312 Abs. 2)	859	291
	b) Eingeschränkter Anwendungsbereich (§ 312 Abs. 3, § 312 Abs. 4 S. 2)	861	292
	c) Weitere Sonderregime (§ 312 Abs. 5, 6 und 7)	864	293
III.	Verbraucherverträge: Allgemeine Regelungen (§§ 312, 312a, 312k)	865	293
	1. Hintergrund, Systematik und Zweck der Regelungen	865	293

2. Allgemeine Pflichten und Grundsätze (§ 312a) 867 293
3. § 312k: Einseitig zwingender Charakter, Umgehungsverbot, Beweislast 870 294
IV. Verträge im elektronischen Geschäftsverkehr (§§ 312i, 312j) .. 871 294
   1. Hintergrund, Systematik und Zweck der Regelungen 871 294
   2. § 312i: Allgemeine Pflichten im elektronischen Rechtsverkehr (auch im b2b-Bereich) 872 294
   3. § 312j: Besondere Pflichten im elektronischen Rechtsverkehr gegenüber Verbrauchern 880 296
V. Außerhalb von Geschäftsräumen geschlossene Verträge (AGV) und Fernabsatzverträge (FAV): §§ 312b-312h 886 297
   1. Regelungszweck und gesetzliche Systematik 886 297
   2. § 312b: Außerhalb von Geschäftsräumen geschlossene Verträge (AGV) 888 298
     a) Überblick 888 298
     b) Geschäftsräume (§ 312b Abs. 2) 889 298
     c) Die Tatbestände des § 312b Abs. 1 .... 891 298
   3. § 312c: Fernabsatzverträge (FAV) 898 300
     a) Überblick 898 300
     b) Fernabsatzverträge (§ 312c Abs. 1 und 2) 899 300
   4. §§ 312d, 312e iVm Art. 246a, 246b EGBGB: Informationspflichten 906 302
     a) Überblick und Systematik 906 302
     b) § 312d Abs. 1: AGV und FAV, die keine Verträge über Finanzdienstleistungen sind....................... 907 302
   5. § 312g: Widerrufsrecht bei AGV und FAV 909 302
     a) Hintergrund und Systematik 909 302
     b) Ausnahmenkatalog (§ 312g Abs. 2) 913 303
   6. § 312h: Textform bei Kündigung von Dauerschuldverhältnissen 914 304
VI. Widerrufsrecht bei Verbraucherverträgen (§§ 355-361) 915 304
   1. Regelungszweck 915 304
   2. Gesetzliche Systematik 916 304
   3. Die Rechtsnatur des Widerrufsrechts 917 305
   4. Die Ausübung des Widerrufsrechts 919 305
     a) Inhalt und Form der Widerrufserklärung (§ 355 Abs. 1 S. 2)............................. 919 305
     b) Widerrufsfrist (§ 355 Abs. 2 S. 1 und Modifikationen) . 922 306
     c) Sonderbestimmungen für das Widerrufsrecht (§ 356 und §§ 356a-356e) 929 307
   5. Rechtsfolgen des Widerrufs......................... 930 307
     a) Umwandlung des Vertrags in ein Rückabwicklungsverhältnis (§ 355)............................... 930 307
     b) Einzelheiten der Rückabwicklung bei FAV und AGV (§ 357) 933 308
     c) Einzelheiten der Rückabwicklung bei anderen Vertragstypen (§§ 357a-357d) 946 311
   6. Verbundene und zusammenhängende Verträge (§§ 358-360)..................................... 947 311
     a) Regelungszweck und Systematik 947 311

	b) Mit dem widerrufenen Vertrag verbundene Verträge (§§ 358-359)	950	312
	c) Zusammenhängende Verträge (§ 360)	962	314
7.	Treu und Glauben im Widerrufsrecht	964	315
VII.	Besonderheiten bei der Klauselkontrolle (§ 310 Abs. 3)	965	316
1.	Fiktion der Stellung Allgemeiner Geschäftsbedingungen durch den Unternehmer (§ 310 Abs. 3 Nr 1)	966	316
2.	Klauseln, die zur einmaligen Verwendung bestimmt sind (§ 310 Abs. 3 Nr 2)	967	316
3.	Begleitumstände des Vertragsschlusses bei der Inhaltskontrolle nach § 307 Abs. 1 und 2	970	317
VIII.	Lösung Fall 54	971	318

§ 15 Haftung aus geschäftlichem Kontakt (culpa in contrahendo)

		972	319
I.	Die Grundlagen des Rechtsinstituts	974	320
1.	Entstehung und Problematik	974	320
2.	Dogmatische Einordnung	978	321
3.	Grundsätzliches zu Pflichten und Haftung	979	322
II.	Die Haftungsvoraussetzungen im Einzelnen	981	323
1.	Die gesetzlich geregelten Fälle	981	323
	a) Aufnahme von Vertragsverhandlungen	982	323
	b) Vertragsanbahnung	987	326
	c) Ähnliche geschäftliche Kontakte	988	326
	d) Einbeziehung „vertragsfremder" Dritter	989	326
2.	Pflichtwidrigkeit und Verschulden	994	328
3.	Schaden und Schutzbereiche	995	328
III.	Rechtsfolgen der schuldhaften Verletzung vorvertraglicher Pflichten	999	330
1.	Allgemeines	999	330
2.	Vertrauens- und Nichterfüllungsschaden	1000	330
3.	Schadensersatzformen	1004	332
4.	Mitverschulden	1007	332
IV.	Das Verhältnis zu anderen Regelungskomplexen	1008	333
1.	Willensmängel	1008	333
2.	Gewährleistung	1009	333
3.	Verletzung vertraglicher Schutzpflichten	1010	334
4.	Verhältnis zum Minderjährigenschutz	1011	335
V.	Lösung Fall 58	1012	336

§ 16 Störung der Geschäftsgrundlage (§ 313 BGB)

		1013	337
I.	Die Entwicklung des Rechtsinstituts	1016	337
II.	Der Tatbestand der Geschäftsgrundlagestörung	1020	340
III.	Die Störung der Geschäftsgrundlage im Einzelnen	1024	341
1.	Grundsätzliches	1024	341
2.	Nachträgliche Störungen der Geschäftsgrundlage (§ 313 Abs. 1)	1025	341

	3.	Ursprüngliche Geschäftsgrundlagestörungen (§ 313 Abs. 2)	1028	343
IV.		Rechtsfolgen von Störungen der Geschäftsgrundlage	1030	344
	1.	Anspruch auf Vertragsanpassung (§ 313 Abs. 1)	1030	344
		a) Grundsätzliches	1030	344
		b) Durchsetzung	1033	345
		c) Anspruchsinhalt	1034	345
		d) Folgen der Anpassung	1036	346
	2.	Vertragsauflösung (§ 313 Abs. 3)	1037	346
V.		Die wichtigsten Fallgruppen und ihre rechtliche Behandlung	1040	347
	1.	Problemdarstellung	1040	347
	2.	Beiderseitiger Irrtum	1042	349
	3.	Äquivalenz- und Zweckstörungen	1043	349
	4.	„Große Geschäftsgrundlage"	1044	350
VI.		Das Verhältnis von § 313 zu anderen Normen und Rechtsinstituten	1046	352
	1.	Anfechtungsrecht	1046	352
	2.	„Faktische" und „persönliche" Unmöglichkeit (§ 275 Abs. 2 und Abs. 3)	1047	352
	3.	Gewährleistungsrecht	1048	353
	4.	Recht zur außerordentlichen Kündigung (§ 314)	1049	353
VII.		Lösung der Ausgangsfälle	1050	354

Teil V
Schadensersatzrecht

§ 17 Funktionen und Grundelemente des Schadensersatzrechts

§ 17		Funktionen und Grundelemente des Schadensersatzrechts	1053	356
I.		Die Funktionen des Schadensersatzrechts	1055	356
	1.	Prinzipien und Problematik	1055	356
	2.	Grundstruktur	1060	359
II.		Die Kausalität	1064	361
	1.	Äquivalenztheorie	1064	361
	2.	Adäquanztheorie	1068	363
	3.	Schutzzweck der verletzten Norm	1070	364
	4.	Rechtmäßiges Alternativverhalten	1074	367
	5.	Tätermehrheit	1076	368
	6.	Sonderformen der Kausalität	1077	369
III.		Lösung Fall 62	1081	371

§ 18 Schadensbegriff, Schadensberechnung und Arten des Ersatzes

§ 18		Schadensbegriff, Schadensberechnung und Arten des Ersatzes	1082	373
I.		Begriff und Arten des Schadens	1086	374
	1.	Begriff	1086	374
	2.	Schadensarten	1088	374
II.		Das System der Ersatzansprüche	1092	377
	1.	Inhalt der Schadensersatzpflicht	1093	377
	2.	Schadensberechnung	1108	383

III. Anspruchsmindernde Faktoren	1111	385
1. Mitverschulden	1112	385
2. Vorteilsausgleichung	1122	389
IV. Problemfälle zur Abgrenzung von Vermögens- und Nichtvermögensschaden	1126	391
1. Ausfall der Arbeitskraft	1128	392
2. Nutzungsausfall beim Kfz	1131	394
3. „Kind als Schaden"	1134	397
V. Lösung Fall 67	1135	398

Teil VI
Einbeziehung Dritter in das Schuldverhältnis

§ 19 Vertrag zugunsten Dritter	1136	399
I. Grundstruktur und Hauptfälle des Vertrags zugunsten Dritter	1138	400
1. Problematik	1138	400
2. Echter und unechter Vertrag zugunsten Dritter	1142	401
3. Struktur	1150	404
4. Formvorschriften	1153	406
II. Abwicklung der verschiedenen Rechtsbeziehungen	1157	407
1. Einwendungen des Versprechenden	1158	408
2. Leistungserbringung trotz Einwendungsrechts	1162	409
3. Leistungsstörungen	1165	410
III. Lösung Fall 68	1169	411
§ 20 Vertraglicher Drittschutz und Drittschäden	1170	412
I. Die Problematik des vertraglichen Drittschutzes	1173	413
1. Problemdarstellung	1173	413
2. Lösungsmöglichkeiten	1178	414
II. Vertrag mit Schutzwirkung zugunsten Dritter	1180	415
1. Rechtliche Einordnung	1180	415
2. Voraussetzungen	1185	418
a) Tatsächliche Leistungsnähe des Dritten („Gefahrenbereich" des Vertrages)	1186	418
b) Interesse des eigentlichen Vertragsgläubigers am Schutz des Dritten?	1187	418
c) Erkennbarkeit (und Zumutbarkeit) der Drittbezogenheit für den Schuldner	1190	420
d) Besonderes Schutzbedürfnis des Dritten	1191	420
3. Rechtsfolgen	1192	421
III. Drittschadensliquidation	1193	421
1. Begriff	1193	421
2. Voraussetzungen und gesetzliche Anhaltspunkte	1196	422
3. Fallgruppen	1198	423
a) Handeln für fremde Rechnung	1199	423
b) Obligatorische Gefahrentlastung	1200	424
c) Obhutsverhältnisse	1202	425
4. Rechtsfolgen	1204	426

IV. Drittgerichtete Ausdehnungen des vorvertraglichen Schutzbereichs (§ 311 Abs. 2 und 3)	1206	427
V. Lösung Fall 70	1207	428

§ 21 Abtretung 1208 429

I. Begriff, Voraussetzungen und Hauptfälle der Abtretung	1209	429
1. Grundsätzliches	1209	429
2. Der Abtretungsvorgang	1211	431
3. Praktische Bedeutung	1214	433
4. Wirksamkeitsvoraussetzungen	1218	434
a) Grundsatz	1218	434
b) Das Bestimmtheitsproblem	1219	434
5. Beschränkung und Ausschluss der Abtretung	1220	435
a) Gesetzliche Einschränkungen	1220	435
b) Rechtsgeschäftliche Einschränkungen	1222	436
6. Die Wirkungen der Abtretung	1226	438
II. Schuldnerschutz bei der Zession	1227	439
1. Ausgangslage	1227	439
2. Einwendungen des Schuldners	1229	439
3. Schuldbefreiende Zahlung an den Altgläubiger	1232	441
III. Die Abtretung als Kreditsicherungsinstrument	1234	442
1. Die Rechtsstellung des Sicherungsnehmers	1236	443
2. Rechtslage bei Zurückführung der gesicherten Forderung	1238	445
3. Vorausabtretung und Bestimmbarkeit	1242	447
4. Gültigkeitsschranken bei der Globalzession	1245	447
IV. Klausurgliederung Fall 73	1248	449

§ 22 Schuldnerwechsel und Schuldnermehrheit 1249 450

I. Vorbemerkung	1252	450
II. Schuldübernahme	1254	451
1. Begriff	1254	451
2. Voraussetzungen	1256	452
3. Rechtsfolgen	1261	454
4. Schicksal von Sicherheiten	1265	456
5. Genehmigungsverweigerung	1266	456
III. Schuldbeitritt	1268	457
1. Begriff	1268	457
2. Abgrenzung	1271	458
3. Rechtliche Behandlung	1274	460
4. Gesamtschuldverhältnis	1276	461
5. Gesetzlicher Schuldbeitritt	1277	461
IV. Schuldnermehrheit und Gesamtschuldnerausgleich	1278	461
1. Erscheinungsformen der Schuldnermehrheit	1278	461
2. Teilbare Schulden	1280	462
3. Entstehung von Gesamtschuldverhältnissen	1281	462
a) Gesamtschuldverhältnisse kraft vertraglicher Vereinbarung	1282	463
b) Gesamtschuldverhältnisse kraft gesetzlicher Anordnung	1283	463

4. Abgrenzung	1286 464

a) Gemeinschaftliche Schuld und Gesamtschuld bei unteilbarer Leistung	1287	464
b) Gesamthandschuld	1288	465
5. Merkmale der Gesamtschuld	1289	465
a) Identität des Gläubigerinteresses	1291	466
b) Zweckgemeinschaft?	1292	466
c) Gleichstufigkeit	1293	467
d) Gleicher Rechtsgrund?	1295	467
6. Außenverhältnis	1296	468
7. Innenverhältnis	1301	469
8. „Unechte" Gesamtschuld	1311	474
9. Legalzession	1313	476
10. Ausgleich bei „gestörter Gesamtschuld"	1314	476
V. Lösung Fall 75	1318	477

Teil VII
Erlöschen von Schuldverhältnissen

§ 23 Erfüllung und Erfüllungssurrogate	1319	480
I. Erfüllung	1321	480
1. Erfüllungswirkung	1321	480
2. Erlöschensgründe	1322	481
3. Beteiligung Dritter	1334	486
II. Erfüllungssurrogate	1338	487
III. Die Aufrechnung	1346	490
1. Begriff und Zwecke	1346	490
2. Aufrechnungslage	1349	490
3. Aufrechnungserklärung	1354	492
4. Aufrechnung durch Vertrag	1356	493
5. Wirkungen der Aufrechnung	1357	493
6. Gesetzliche Aufrechnungsausschlüsse	1361	495
7. Aufrechnungsausschlussvereinbarungen	1362	495
8. Zusammenfassung	1364	496
IV. Lösung Fall 78	1365	496

Sachverzeichnis	498

Abkürzungsverzeichnis

aA	anderer Ansicht
aaO	am angegebenen Ort
Abl EU	Amtsblatt der Europäischen Union
Abs.	Absatz
AcP	Archiv für die civilistische Praxis
aE	am Ende
aF	alte Fassung
AG	Aktiengesellschaft; Amtsgericht
AGB	Allgemeine Geschäftsbedingungen
AGG	Allgemeines Gleichbehandlungsgesetz
aM	anderer Meinung
Anm.	Anmerkung
Anw-Komm	Anwaltskommentar
AP	Arbeitsgerichtliche Praxis
AT	Allgemeiner Teil
AtomG	Atomgesetz
Aufl.	Auflage
AuslInvestmentG	Gesetz über den Vertrieb ausländischer Investmentanteile und über die Besteuerung der Erträge aus ausländischen Investmentanteilen
BAG	Bundesarbeitsgericht
BauR	Baurecht
BayObLG	Bayerisches Oberstes Landesgericht
BB	Betriebsberater
BeckRS	Beck-Rechtsprechung
Bd	Band
Begr.	Begründer/Begründung
BFH	Bundesfinanzhof
BGB	Bürgerliches Gesetzbuch
BGBl	Bundesgesetzblatt
BGH	Bundesgerichtshof
BGHZ	Entscheidungen des BGH in Zivilsachen
BKR	Zeitschrift für Bank- und Kapitalmarktrecht
BörsG	Börsengesetz
BR	Bürgerliches Recht
BR-Drs.	Bundesrats-Drucksache
BRAGO	Bundesgebührenordnung für Rechtsanwälte
BSHG	Bundessozialhilfegesetz
BT	Besonderer Teil
BT-Drs.	Bundestags-Drucksache
BVerfG	Bundesverfassungsgericht
BVerwG	Bundesverwaltungsgericht
bzgl	bezüglich
bzw	beziehungsweise

ca.	circa
CCZ	Corporate Compliance Zeitschrift
cic	culpa in contrahendo
CMR	Übereinkommen über den Beförderungsvertrag im internationalen Straßengüterverkehr
DAR	Deutsches Autorecht
DB	Der Betrieb
ders.	derselbe
dh	das heißt
DNotZ	Deutsche Notar-Zeitung
DStRE	Deutsches Steuerrecht – Entscheidungsdienst
DZWiR	Deutsche Zeitschrift für Wirtschafts- und Insolvenzrecht
EFZG	Entgeltfortzahlungsgesetz
Einl.	Einleitung
EuGH	Gerichtshof der Europäischen Gemeinschaften
f, ff	folgend(e)
FamRZ	Zeitschrift für das gesamte Familienrecht
FG	Festgabe
Fn	Fußnote
FS	Festschrift
G	Gesetz
GG	Grundgesetz
ggf	gegebenenfalls
GmbH	Gesellschaft mit beschränkter Haftung
GS	Großer Senat; Gedächtnisschrift
GWR	Gesellschafts- und Wirtschaftsrecht
hA	herrschende Ansicht
HaftPflG	Haftpflichtgesetz
HB	Handbuch
HGB	Handelsgesetzbuch
HK	Handkommentar; Heidelberger Kommentar
hL	herrschende Lehre
hM	herrschende Meinung
Hrsg.	Herausgeber
IBR	Immobilien- und Baurecht
idS	in diesem Sinn
i.e.S.	im engeren Sinne
insb.	insbesondere
InsO	Insolvenzordnung
InvG	Investmentgesetz
iSd	im Sinne (des; der)
iVm	in Verbindung mit
JA	Juristische Arbeitsblätter
JGG	Jugendgerichtsgesetz
JherJB	*Jherings* Jahrbuch für die Dogmatik des bürgerlichen Rechts

JR	Juristische Rundschau
Jura	Juristische Ausbildung
JuS	Juristische Schulung
JZ	Juristenzeitung
KAGB	Kapitalanlagengesetzbuch
KAGG	Gesetz über Kapitalanlagegesellschaften
Kfz	Kraftfahrzeug
KG	Kammergericht
krit.	kritisch
KTS	Zeitschrift für Insolvenzrecht
leg cit	legis citatae (der zitierten Vorschrift)
LG	Landgericht
Lkw	Lastkraftwagen
LM	Lindenmaier/Möhring, Nachschlagewerk des BGH
LuftVG	Luftverkehrsgesetz
LSK	Leitsatzkartei des deutschen Rechts
MDR	Monatsschrift für Deutsches Recht
Mot.	Motive zum Entwurfe eines BGB für das Deutsche Reich Bd. II, Berlin/Leipzig 1898
MünchKomm	Münchener Kommentar
mwN	mit weiteren Nachweisen
nF	neue Fassung
NJ	Neue Justiz
NJW	Neue Juristische Wochenschrift
NJW-RR	NJW-Rechtsprechungs-Report, Zivilrecht
Nr	Nummer
NZA	Neue Zeitschrift für Arbeitsrecht
NZG	Neue Zeitschrift für Gesellschaftsrecht
NZM	Neue Zeitschrift für Miet- und Wohnungsrecht
NZV	Neue Zeitschrift für Verkehrsrecht
oä	oder ähnliche
ÖBA	Österreichisches Bank-Archiv
OLG	Oberlandesgericht
OLG-Rp	OLG-Report
PartGG	Partnerschaftsgesellschaftsgesetz
PflVersG	Pflichtversicherungsgesetz
PKW	Personenkraftwagen
ProdHaftG	Produkthaftungsgesetz
Prot.	Protokolle der Kommission für die 2. Lesung des Entwurfs des BGB, Hrsg. Reichsjustizhauptamt Berlin 1897
pVV	positive Vertragsverletzung
r + s	recht und schaden
RegE	Regierungsentwurf eines Schuldrechtsmodernisierungsgesetzes, BT-Drs. 14/6040

RG	Reichsgericht
RGZ	Amtliche Sammlung von Entscheidungen des Reichsgerichts in Zivilsachen
Rn	Randnummer
Rspr	Rechtsprechung
S.	Satz; Seite
s.	siehe
SGB	Sozialgesetzbuch
SMG	Schuldrechtsmodernisierungsgesetz
sog	so genannt, -e, -er, -es
SR	Schuldrecht
StGB	Strafgesetzbuch
StVG	Straßenverkehrsgesetz
SÜ	Schuldübernahme
SVR	Straßenverkehrsrecht
UmweltHG	Umwelthaftungsgesetz
usw	und so weiter
uU	unter Umständen
VerbrKrG	Verbraucherkreditgesetz
VerkProspG	Wertpapier-Verkaufsprospektgesetz
VersR	Versicherungsrecht
vgl	vergleiche
VOB Teil A/B	Verdingungsordnung für Bauleistungen, Teil A/B
Vorbem.	Vorbemerkungen
VVG	Gesetz über den Versicherungsvertrag
WG	Wechselgesetz
WHG	Wasserhaushaltsgesetz
WM	Wertpapier-Mitteilungen
WpHG	Wertpapierhandelsgesetz
zB	zum Beispiel
ZBB	Zeitschrift für Bankrecht und Bankwirtschaft
ZEuP	Zeitschrift für europäisches Privatrecht
ZEV	Zeitschrift für Erbrecht und Vermögensnachfolge
ZfBR	Zeitschrift für deutsches und internationales Baurecht
ZfIR	Zeitschrift für Immobilienrecht
ZfPW	Zeitschrift für die gesamte Privatrechtswissenschaft
ZfS	Zeitschrift für Schadensrecht
ZHR	Zeitschrift für das gesamte Handelsrecht und Wirtschaftsrecht
ZIP	Zeitschrift für Wirtschaftsrecht
ZMR	Zeitschrift für Miet- und Raumrecht
ZPO	Zivilprozessordnung
ZRP	Zeitschrift für Rechtspolitik
zT	zum Teil
ZVglRWiss	Zeitschrift für Vergleichende Rechtswissenschaft
ZWE	Zeitschrift für Wohnungseigentumsrecht
z.Z.	zurzeit

Literaturverzeichnis

Assmann/Schütze	Handbuch des Kapitalanlagerechts[4] (2015)
Bamberger/Roth/Hau/ Poseck	Kommentar zum BGB[4] (2019)
BeckOK	Beck'scher Online-Kommentar BGB[51] (2019)
BeckOGK	beck-online.GROSSKOMMENTAR (2019)
Brox/Walker	Allgemeines Schuldrecht[42] (2018) – zit.: SR AT[42]
Bülow	Recht der Kreditsicherheiten[9] (2017)
Canaris	Handelsrecht[24] (2006)
Deutsch	Allgemeines Haftungsrecht[2] (1996)
Emmerich	BGB-Schuldrecht Besonderer Teil[15] (2018) – zit.: Schuldrecht Besonderer Teil
Erman (Begr)	Handkommentar zum Bürgerlichen Gesetzbuch[15] Bd 1 (2017)
Esser/E. Schmidt	Schuldrecht Bd I, Allgemeiner Teil, Teilband 2[8] (2000) – zit.: SR I/2[8]
Esser/Weyers	Schuldrecht Bd II, Besonderer Teil, Teilband 2[8] (2000) – zit.: SR II/2[8]
Fikentscher/Heinemann	Schuldrecht[11] (2017) – zit.: SR[10]
Flume	Allgemeiner Teil des Bürgerlichen Rechts, Bd 2[4] (1992) – zit.: AT II[4]
Gernhuber	Die Erfüllung und ihre Surrogate[2] (1994)
Jauernig (Hrsg)	Bürgerliches Gesetzbuch[17] (2018) – zit.: BGB[17]
Kayser/Thole (Hrsg)	Heidelberger Kommentar zur Insolvenzordnung[9] (2018) – zit.: HK-InsO[9]
Kötz/Wagner	Deliktsrecht[13] (2016)
Lange/Schiemann	Schadensersatz[3] (2003)
Larenz/Canaris	Lehrbuch des Schuldrechts Bd 2, Besonderer Teil, 2. Halbband[13] (1994) – zit.: SR II/2[13]
Larenz	Lehrbuch des Schuldrechts Bd 1, Allgemeiner Teil[14] (1987) – zit.: SR I[14]
Lieb/Jacobs	Arbeitsrecht[9] (2006)
Looschelders, Dirk	Schuldrecht, Allgemeiner Teil[16] (2018) – zit.: SR AT[16]
Lorenz/Riehm	Lehrbuch zum neuen Schuldrecht (2002) – zit.: SR
Medicus/Petersen	Bürgerliches Recht[26] (2019) – zit.: BR[27]
Medicus/Petersen	Allgemeiner Teil des BGB[11] (2016) – zit.: BGB AT[11]
Medicus/Lorenz	Schuldrecht I, Allgemeiner Teil[21] (2015) – zit.: SR AT[21]
Medicus/Lorenz	Schuldrecht II, Besonderer Teil[18] (2018) – zit.: SR BT[18]
MünchKommBGB	Münchener Kommentar zum Bürgerlichen Gesetzbuch, Bd 1[8] (2018), Bd 2[8] (2019), Bd 3[8] (2019), Bd 4[7] (2016), Bd 5[7] (2017/2018)
NK	NomosKommentar BGB[3] (2016)
Nörr/Scheyhing/Pöggeler	Sukzessionen[2] (1999)
Palandt (Begr)	Bürgerliches Gesetzbuch[78] (2019)
Schack	BGB-Allgemeiner Teil[16] (2019) – zit.: Allgemeiner Teil
Schack/Ackmann	Das Bürgerliche Recht in 100 Leitentscheidungen[7] (2018)

Literaturverzeichnis

Schimansky/Bunte/ Lwowski (Hrsg)	Bankrechts-Handbuch Bd 1[5] (2017)
Schulze (Schriftleitung)	Bürgerliches Gesetzbuch Handkommentar[10] (2019)
Soergel	Bürgerliches Gesetzbuch mit Einführungsgesetz und Nebengesetzen Bd 2 (1999), Bd 2a[13] (2002), Bd 5/3[13] (2010)
Staudinger	Kommentar zum Bürgerlichen Gesetzbuch mit Einführungsgesetz und Nebengesetzen (seit 1993) – teilweise Neubearbeitungen
Wolf/Neuner	Allgemeiner Teil des Bürgerlichen Rechts[11] (2016) – zit.: BGB AT[11]

Teil I
Grundlagen

§ 1 Ziele und Prinzipien des Schuldrechts

Fall 1 (nach BGH NJW 1981, 922): Klempnerin K kauft für ihr Geschäft einen gebrauchten Pkw zu 4.000 Euro von Unternehmer S. Mit S hat K keinen Kontakt. Sie verhandelt nur mit Autohändlerin V, die den Kauf vermittelt. Dabei sagt V, dass sie als Autoexpertin überzeugt sei, dass die Bremsen in „tip-top Zustand" seien. V hätte allerdings leicht erkennen können, dass die Bremsen defekt sind. Wenige Tage nach Übergabe des Fahrzeugs kommt es wegen des Defekts an den Bremsen zu einem Unfall, bei dem K verletzt wird. Kann K von V Schadensersatz verlangen?

Fall 2 (nach BGH NJW 1968, 39): Der Unternehmer U hat schon lange ein Auge auf das benachbarte Grundstück seines Angestellten A. Eines Tages gelingt es U endlich, A zum Verkauf des Grundstücks zu bewegen. Er versichert A, dass eine notarielle Beurkundung nicht erforderlich sei, weil ein Vertrag mit ihm aufgrund seines Ansehens ohnehin großes Gewicht habe und er grundsätzlich alle seine Verträge einhalte. A vertraut darauf und traut sich auch U gegenüber nicht, auf notarielle Beurkundung zu bestehen. Als nach mehreren Monaten noch immer kein Geld auf dem Konto des A eingegangen ist, wird er stutzig und schreibt an U. U antwortet, dass er inzwischen doch nicht mehr an dem Grundstück interessiert sei und der Vertrag aufgrund des Formmangels ohnehin nichtig sei. Kann sich U auf den Formmangel berufen?

Fall 3 (nach BGH NZFam 2018, 263): S ist der Sohn von V, lebt allerdings bei seiner geschiedenen Mutter M. Im Juli 2015 fordert er V schriftlich dazu auf, ihm Auskunft über dessen Einkommens- und Vermögensverhältnisse zu geben. V sendet ihm die gewünschten Informationen zu und bittet seinerseits um Angaben zum Gehalt der Mutter, welche er in der Folge auch bekommt. Auf dieser Grundlage errechnet er einen monatlichen Unterhalt von 140 Euro. Er teilt S seinen Standpunkt mit und bittet ihn, dazu Stellung zu nehmen und eventuell eine eigene Berechnung vorzulegen. Nachdem er trotz mehrmaliger Nachfragen keine Antwort erhält, beginnt er mit der Zahlung des Unterhalts auf Basis der von ihm errechneten Summe. Im August 2017 meldet sich dann wiederum S, der den ihm zustehenden Unterhalt mit 205 Euro pro Monat angibt und dementsprechend Nachzahlung verlangt. V weigert sich unter Verweis auf die verstrichene Zeit. Zu Recht?

Fall 4: A verkauft B ein Gemälde, an dem diese schon lange interessiert war, für 1.000 Euro. Noch bevor B das gute Stück bei A abholen und ihrerseits bezahlen kann, macht C allerdings ein Angebot über 1.500 Euro, dem A nicht widerstehen kann. Er nimmt es an und übergibt das Gemälde unverzüglich an C, der ihm wiederum das Geld aushändigt. B ist empört und möchte das nicht auf sich sitzen lassen. Als sie von A erneut Übereignung verlangt, entgegnet dieser wahrheitsgemäß, er selbst habe das Gemälde nicht mehr und C sei nicht zur Herausgabe bereit. B überlegt nun, wie sie trotzdem an das Kunstwerk gelangen kann, und sieht ihre einzige Chance darin, C in die Pflicht zu nehmen. Kann sie von C Übergabe und Übereignung verlangen?

1

2   Das Schuldrecht ist keine akademische Spielerei oder Zweck an sich. Es erfüllt vielmehr in unserem Rechtssystem und unserer Gesellschaft wichtige und vielschichtige **Aufgaben**. Man kann deshalb das Schuldrecht auch nicht aus sich selbst heraus, isoliert von seinem ökonomischen oder sozialen Hintergrund, verstehen. Vielmehr lässt sich das Schuldrecht nur begreifen, wenn und indem man sich Gedanken über seine **Ziele** macht. Dazu dient dieses Kapitel. Auch für die Lösung von Fällen und Prüfungsarbeiten ist es wichtig, sich Gedanken über die Motivation hinter einer Norm zu machen. Wer Fälle löst, muss häufig teleologisch argumentieren, also nach Zwecken bestimmter schuldrechtlicher Normen fragen. Dazu ist es hilfreich, auch über die Ziele des Schuldrechts als Rechtsgebiet nachgedacht zu haben. Die Ziele des Schuldrechts spiegeln sich größtenteils in seinen **Prinzipien** wider. Dabei geht es um Grundgedanken oder Grundstrukturen, die für das Schuldrecht prägend sind und die Rechtsanwendung bei schwierigen Fällen leiten können. Prinzipien können miteinander in Konflikt geraten. Die Vertragsfreiheit umfasst beispielsweise die Freiheit, einen Vertrag mit einer anderen Person abzuschließen oder auch nicht abzuschließen. Das Prinzip der Gleichbehandlung kann dagegen verlangen, dass jemand einen Vertrag mit einer Person abschließt, mit der er nicht kontrahieren möchte. Die Prinzipien müssen daher bei der Bestimmung dessen, was gilt, gegeneinander abgewogen werden. Diese **Abwägung** ist in erster Linie Aufgabe des Gesetzgebers. Aber auch in der Anwendung des Rechts (vor allem durch Gerichte) kann es zu Abwägungsentscheidungen kommen, die sorgsam begründet werden müssen.

I. Gerechtigkeit als Idee des Schuldrechts

3   Sucht man nach einer **Idee des Rechts**, also einem außerhalb des Rechts liegenden Prinzip, auf dessen Verwirklichung alles Recht ausgerichtet ist, gelangt man zur **Gerechtigkeit**. *Gustav Radbruch* bringt diese Zielrichtung des Rechts klar zum Ausdruck: „Die Idee des Rechts kann nun keine andere sein als die Gerechtigkeit."[1] Auch das Schuldrecht ist Teil des Rechts, so dass auch seine Grundidee keine andere als die Gerechtigkeit sein kann.[2] Die Gerechtigkeit lässt sich nicht durch abstrakte Definitionen bestimmen. Sie ist ein Ideal, dessen Verwirklichung schuldrechtliche Normen zwar zum Ziel haben, das sie aber letztlich nie vollständig erreichen können. Die **konkreten Inhalte der Gerechtigkeit** stehen nicht objektiv fest, so als könnten sie in der Rechtsanwendung lediglich entdeckt werden. Vielmehr werden sie **immer wieder von neuem bestimmt**. Dabei spielen auch die jeweiligen ökonomischen, gesellschaftlichen, sozialen und politischen Verhältnisse eine wichtige Rolle. Die Konkretisierung der Gerechtigkeit erfolgt im juristischen Diskurs der Akteure des Rechts – also durch Richterinnen und Richter, aber auch Beamte, Anwältinnen und sogar Rechtswissenschaftlerinnen und Rechtswissenschaftler.[3]

---

1   *Radbruch*, Rechtsphilosophie. Studienausgabe (1999), S. 34.
2   Dazu näher *Arnold*, Vertrag und Verteilung (2014), S. 15 ff.
3   *Arnold*, Bürgerliches Recht und Rechtsphilosophie – Gegenseitige Anerkennung und Gerechtigkeit als Schlüssel zur Rationalität des Rechts, in: *Klippel/Loehnig/Walter*, Grundlagen und Grundfragen des Bürgerlichen Rechts (2016), S. 5.

Die Gerechtigkeit als Grundidee des Schuldrechts zu sehen, kann helfen, unserer Privatrechtsordnung **Stabilität** zu vermitteln: Das Schuldrecht wird maßgeblich davon mitgeprägt, dass Ansprüche durch staatliche Gewalt durchgesetzt werden.[4] Dies zu akzeptieren, fällt den meisten Menschen leichter, wenn sie annehmen dürfen, dass die Regeln des Schuldrechts auf Gerechtigkeit hin ausgerichtet und nicht bloß beliebig gesetzt sind.[5] Ein weiterer Vorzug der Gerechtigkeit als Idee des Rechts liegt darin, den juristischen Diskurs zwanglos auf breitere Grundlage zu stellen: Rechtliche Diskussionen werden so grundsätzlich offen für Gerechtigkeitsargumente. So lassen sich auch Diskurse über Generalklauseln wie § 138 oder § 242 besser erklären, die ohnehin auch außerrechtliche, moralische Argumentationslinien aufweisen.

1. Austauschgerechtigkeit (bzw ausgleichende Gerechtigkeit) und Verteilungsgerechtigkeit

Herkömmlich wird als **Gerechtigkeitsform des Privatrechts** die Austauschgerechtigkeit (bzw ausgleichende Gerechtigkeit) betrachtet, die Verteilungsgerechtigkeit gilt dagegen als Gerechtigkeitsform des öffentlichen Rechts.[6] Diese Zuordnung erscheint auf den ersten Blick gerade für das Schuldrecht plausibel, dessen Paradigma ja der zweiseitige Austauschvertrag ist. Bei näherer Betrachtung zeigt sich jedoch, dass **Austauschgerechtigkeit (bzw ausgleichende Gerechtigkeit) und Verteilungsgerechtigkeit im Schuldrecht gleichwertig** und gleichberechtigt nebeneinanderstehen und das Schuldrecht prägen.[7]

Die **Austauschgerechtigkeit** – die paradigmatisch auf die Gerechtigkeit zwischen zwei Personen abzielt, ohne Verteilungswirkungen oder Verallgemeinerungen zu betrachten[8] – steht im Schuldrecht bei vielen Regeln und Prinzipien im Vordergrund. Häufig geht es im Schuldrecht gerade um die Gerechtigkeit im Verhältnis von Schuldner und Gläubiger. Wenn etwa Hauptleistungspflichten das **Äquivalenzinteresse** schützen, soll damit die **Gleichheit von Leistung und Gegenleistung** gesichert und so ein auf die beiden beteiligten Personen fokussierender Gerechtigkeitsgedanke umgesetzt werden. Das Austauschverhältnis wird dabei wie durch ein Brennglas betrachtet. Auf Auswirkungen, die über das konkrete Zweipersonenverhältnis hinausgehen (die man auch **externe Effekte** nennen kann), scheint es nicht anzukommen. Was zwischen den beiden Parteien „gleichwertig" ist, hängt auch entscheidend von dem ab, was die Parteien vereinbart haben (vgl auch § 346 Abs. 2 S. 2). Hier zeigt sich die besondere Nähe der Austauschgerechtigkeit zur Vertragsfreiheit. Auch das Schadensrecht zielt in vielen Fällen vor allem darauf ab, einen **beiderseits gerechten Interessenausgleich** zwischen Schädiger und Geschädigtem herzustellen.[9] So ist die Ausgleichs- und Genugtuungsfunktion des Schadensersatzrechts Ausdruck der ausgleichenden Gerechtigkeit.

---

4 Dazu schon oben Rn 4.
5 *Arnold*, Vertrag und Verteilung (2014), S. 254.
6 Etwa Staudinger/*Honsell*, Eckpfeiler des Zivilrechts (2018), Einleitung zum BGB Rn 47; *Oechsler*, Gerechtigkeit im modernen Austauschvertrag (1997), S. 57 ff; *Wendehorst*, Anspruch und Ausgleich (1999), S. 14 ff; *Radbruch*, Rechtsphilosophie. Studienausgabe (1999), S. 120.
7 *Arnold*, Vertrag und Verteilung (2014), passim.
8 Ausführlich *Arnold*, Vertrag und Verteilung (2014), S. 153 ff.
9 Näher dazu Rn 760 und 776 f.

2. Verteilungsgerechtigkeit im Schuldrecht

7 Aber auch die **Verteilungsgerechtigkeit** – der es um die Verteilung von Chancen, Risiken und Vermögen geht und die externe Effekte einbezieht[10] – steht bei zahlreichen Regeln und Prinzipien des Schuldrechts im Vordergrund. Verteilungsgerechtigkeit zeigt sich immer dann, wenn Normen und Prinzipien sich nicht mehr nur mit den Interessen der konkret Beteiligten erklären lassen, sondern auch als Steuerungsinstrument für potenziell künftige Fälle dienen. Verteilungsgerechtigkeit steht für eine regulative Perspektive des Rechts. Im Schuldrecht zeigt sie sich häufig. Einfache Beispiele sind diejenigen Normen und Rechtsgebiete, die (vereinfacht gesprochen) den Schutz bestimmter Personengruppen bewirken – etwa das **soziale Mietrecht**, das **Verbraucherrecht** oder auch das **Arbeitsvertragsrecht**. Ähnlich liegt es, wenn Schuldrecht **Gemeinwohlbelange** verwirklicht – so etwa bei zahlreichen **Kontrahierungszwängen**, etwa im Bereich der Daseinsvorsorge.[11] Wenn Regeln der **Verhaltenssteuerung** dienen, steht ebenfalls die Verteilungsgerechtigkeit im Vordergrund.[12] Ein Beispiel ist die **Präventionsfunktion** des Schmerzensgeldes bei Verletzungen des Persönlichkeitsrechts.[13] Sie zielt darauf ab, künftige Verletzungen zu verhindern.

8 Inwieweit bzw an welchen Stellen des Schuldrechts Verteilungsgerechtigkeit oder Austauschgerechtigkeit im Vordergrund stehen, ist in erster Linie eine Entscheidung des Gesetzgebers. In der Rechtsanwendung sind die gesetzgeberischen Wertungsentscheidungen zu berücksichtigen. Beide Gerechtigkeitsperspektiven können zu identischen Forderungen führen oder Anwendungsentscheidungen in gleicher Weise begründen. Es kann in der Rechtsanwendung aber auch dazu kommen, dass ein **Konflikt zwischen der Austauschgerechtigkeit und der Verteilungsgerechtigkeit** zu entscheiden ist. Solche Konflikte können immer nur im Einzelfall aufgelöst werden. Dabei besteht kein Vorrang der einen oder anderen Gerechtigkeitsform. Vielmehr sind Verteilungsgerechtigkeit und Austauschgerechtigkeit im Schuldrecht gleichwertige und gleichrangige Gerechtigkeitsperspektiven.[14] Ähnlich wie bei der Abwägung zwischen Prinzipien kommt es daher bei Konfliktentscheidungen zuvorderst auf eine **sorgsame Begründung** der jeweiligen Vorrangentscheidung an. Allgemeine Aussagen lassen sich nur schwer treffen. Denn die Entscheidung hängt immer von den jeweiligen historischen, sozialen, ökonomischen und politischen Kontexten der jeweiligen Regelungsmaterie und des jeweiligen Einzelfalls ab. Beispielsweise dürfte die Perspektive der Austauschgerechtigkeit bei Schuldverhältnissen zwischen Unternehmern sowie im Handelsrecht im Vordergrund stehen, weil in diesen Kontexten Schnelligkeit und Sicherheit ein hohes Gut sind. Die mit der Austauschgerechtigkeit einhergehende Abstraktion und Dekontextualisierung kommt dem entgegen, weil beides die Rechtsanwendung vereinfacht. Andererseits spielt die Gerechtigkeitsperspektive der Verteilungsgerechtigkeit dort eine besondere Rolle, wo es um den Schutz Schwächerer geht oder auch, wenn die Prävention bestimmter Verhaltensweisen im Vordergrund steht.

---

10 Ausführlich dazu *Arnold*, Vertrag und Verteilung (2014), S. 175 ff.
11 Beispiele dazu unter Rn 135.
12 *Arnold*, Verhaltenssteuerung als rechtsethische Aufgabe auch des Privatrechts?, in: *P. Bydlinski*, Prävention und Strafsanktion im Privatrecht – Verhaltenssteuerung durch Rechtsnormen (2016), S. 39.
13 Dazu auch Rn 1090.
14 *Arnold*, Vertrag und Verteilung (2014), S. 186 ff.

II. Rechtssicherheit und Rechtsfrieden

Ein wichtiges Ziel des Schuldrechts ist es, **Rechtssicherheit** zu gewährleisten und so zum Rechtsfrieden beizutragen. Schuldner und Gläubiger erhalten durch die schuldrechtlichen Normen und ihre Konkretisierungen in der Rechtsprechung Klarheit über ihre wechselseitigen Rechte und Pflichten. So können Streitigkeiten oft schon im Vorfeld verhindert werden.

9

III. Vertragsfreiheit

1. Grundgedanken

Schuldverhältnisse beruhen oft auf Verträgen. Welche Inhalte Verträge haben, wird in der Praxis auch durch Parteivereinbarungen mitbestimmt. Das wird vom **Prinzip der Vertragsfreiheit** aufgegriffen. Die Vertragsfreiheit gehört zur **Privatautonomie**. Als schuldrechtliches Prinzip hat die Vertragsfreiheit eine wichtige **Funktion**: Sie berücksichtigt unser Bedürfnis, uns zumindest auch als freie und verantwortliche Menschen denken zu können.[15] Vertragsfreiheit umfasst die **Abschlussfreiheit** der Vertragsparteien. Private Akteure dürfen, soweit ihnen Abschlussfreiheit zukommt, frei entscheiden, ob sie überhaupt kontrahieren wollen, mit wem sie kontrahieren wollen und in welcher Form. Ähnliches gilt für den Inhalt der Verträge: Die Vertragsparteien – und nur sie – können im rechtlich vorgegebenen Rahmen eigenverantwortlich den Inhalt ihrer Verträge bestimmen und ändern (**Vertragsinhaltsfreiheit**). Man spricht insoweit auch von der **Gestaltungsfreiheit** und der **Abänderungsfreiheit**. Die einzelnen Facetten der Vertragsfreiheit werden durch viele gesetzliche Bestimmungen ausgestaltet.[16]

10

2. Formale und materielle Aspekte der Vertragsfreiheit

Vertragsfreiheit hat – wie die Freiheit im Allgemeinen – formale („Freiheit von"[17]) und materielle („Freiheit zu"[18]) Facetten. Im **Liberalismus** des 19. Jahrhunderts wurden Privatautonomie und Vertragsfreiheit **weitgehend formal** konzipiert, also als Institute der Sicherung formaler Freiheit verstanden.[19] Es ging vor allem darum, „Freiheit von staatlicher Einmischung" zu garantieren. Diese Konzeption wirkt bis heute fort: Vertragsfreiheit wird oft als Selbstgesetzgebung Privater verstanden. Vertragsinhalte gelten danach nicht etwa deshalb, weil sie aus einer überindividuellen Perspektive zweckmäßig oder gerecht sind, sondern schlicht, weil sie privatautonom gesetzt

11

---

15 Näher *Arnold*, Vertrag und Verteilung (2014), S. 259 ff.
16 Dazu unten Rn 16 ff.
17 Diesen Freiheitsaspekt nennt man auch „negative Freiheit" und verbindet damit Freiheit etwa von staatlicher Beeinflussung oder auch von Zwang oder Drohung (vgl § 123).
18 Diesen Freiheitsaspekt nennt man auch „positive Freiheit" und verbindet damit Freiheit etwa zur Verfolgung eigener Ziele oder auch dazu, ein selbstbestimmtes oder gutes oder gehaltvolles Leben zu führen.
19 *Bäuerle*, Vertragsfreiheit und Grundgesetz (2001), S. 57 ff.

sind.[20] Freiheit ersetzt danach Gerechtigkeit.[21] Die als „frei" und „gleich" gedachten Menschen selbst, nicht aber der Staat, definieren den Inhalt privatautonom begründeter Rechtssätze. Dem Staat kommt lediglich eine „Nachtwächterfunktion" zu: Er sichert vor allem die Geltung und die Vollstreckung frei verhandelter Vertragsinhalte.[22] Das Hauptanliegen dieser Konzeption besteht darin, die Verkehrssicherheit und den Wettbewerb zu fördern. Ein wichtiges Kennzeichen des formalen Verständnisses von Vertragsfreiheit ist die **Abstraktion**, die Ausklammerung individueller Besonderheiten und sozialer, ökonomischer und historischer Kontexte.[23] Vielen Normen des allgemeinen Schuldrechts liegt noch heute eine formale Konzeption zugrunde. Gerade das allgemeine Schuldrecht abstrahiert häufig von den individuellen Merkmalen der Personen und reduziert sie auf ihre grundlegenden Eigenschaften als „Schuldner" bzw „Gläubiger". Das zeigt sich fast durchgängig an allgemein gehaltenen Schuldrechtsnormen, beispielsweise gleich bei § 241: Für diese Norm scheinen wirtschaftliche Machtrelationen, Informationsgefälle und ähnliches irrelevant zu bleiben.

12 Dem allgemeinen Schuldrecht liegt oft aber auch die Konzeption **material verstandener Vertragsfreiheit** zugrunde.[24] Materielle Elemente gehen über die formale Freiheit hinaus: Vertragsfreiheit wird vielmehr mit verschiedenen Inhalten aufgefüllt: Danach dient die Vertragsfreiheit verschiedenen Zwecken wie der Erzielung eines gerechten Austausches zwischen den Beteiligten, die in Solidarität kooperieren. Material verstandene Vertragsfreiheit berücksichtigt auch die ökonomischen, sozialen und politischen Kontexte. Das zeigt sich etwa dann, wenn Aufklärungspflichten zum Schutz unterlegener Bevölkerungsschichten angenommen werden[25] und natürlich deutlich im Verbraucherrecht: Die Vertragsinhalte – jenseits der Hauptleistungspflichten („Ware gegen Geld") – werden dort weitgehend von Regeln bestimmt, die zugunsten der Verbraucher zwingend sind.[26] Die materiellen Elemente des Schuldrechts sind nach Inkrafttreten des BGB zunächst vor allem in der Rechtsprechung entwickelt worden.[27] Im Laufe der Zeit kamen sie immer klarer auch in gesetzlichen Regeln zum Ausdruck. Seit den 1970er Jahren steht diese Entwicklung im Zeichen des europäischen Rechts: Der europäische Gerichtshof und der europäische Gesetzgeber treiben die Materialisierung des Schuldrechts immer weiter voran.[28] Viele schuldrechtliche Normen berücksichtigen Ungleichgewichtslagen und soziale, ökonomische und gesellschaftliche Kontexte, in denen Verträge geschlossen werden.[29] Das entspricht der Gerechtigkeitsperspektive der Verteilungsgerechtigkeit.[30] Materiell ver-

---

20 Vgl *S. Lorenz*, Der Schutz vor dem unerwünschten Vertrag (1997), S. 15.
21 Vgl *Flume*, AT II⁴, Das Rechtsgeschäft, S. 11 ff.
22 Vgl *Böhm*, Privatrechtsgesellschaft und Marktwirtschaft (1966), 75.
23 *Arnold*, Vertrag und Verteilung (2014), S. 153 ff.
24 *Canaris* AcP 200 (2000), 274.
25 Vgl BGH NJW 1974, 849.
26 Einzelheiten werden in § 14 behandelt.
27 *Wieacker*, Das Sozialmodell der klassischen Privatrechtsgesetzbücher und die Entwicklung der modernen Gesellschaft (1952); krit. zur Entwicklung und Diskussion MünchKomm/*Ernst*, BGB⁸, Einl. SchuldR Rn 52 ff.
28 Etwa *Ackermann* ZEuP 2018, 741.
29 Zur Materialisierung des Schuldrechts vgl auch *Canaris* AcP 200 (2000), 274.
30 *Arnold*, Vertrag und Verteilung (2014), S. 156 ff.

standene Vertragsfreiheit ist ein Funktionselement der Gerechtigkeit. Die Grenzen der Vertragsfreiheit sichern in diesem Verständnis nicht bloß die Bedingungen der Möglichkeit von Vertragsfreiheit. Vielmehr verfolgen sie eigenständige Gerechtigkeitsanliegen.

3. Der gesetzliche Rahmen der Vertragsfreiheit im BGB

Die Vertragsfreiheit wird im BGB nur innerhalb der gesetzlichen Vorgaben gewährt. Dazu gehören beispielsweise **Formvorschriften**, deren Missachtung in der Regel zur Nichtigkeit der Verträge führt (vgl § 125).[31] Weitere wichtige Rahmenbedingungen ergeben sich aus den **§§ 134, 138 und 242**. Allgemeine Geschäftsbedingungen unterliegen zudem einer weitgehenden Kontrolle nach den **§§ 305 ff**. Im Bereich des **Verbrauchervertragsrechts**, in dem die regulative Perspektive klar im Vordergrund steht, ist die **Vertragsinhaltsfreiheit** jenseits der Hauptleistungspflichten **nahezu bedeutungslos**.[32] Ähnliches gilt für das **Arbeitsvertragsrecht** und das **Wohnraummietrecht**. Viele weitere Voraussetzungen der Vertragsfreiheit sind im besonderen Schuldrecht zu finden. So ist die Vertragsinhaltsfreiheit im Kaufrecht etwa durch Regelungen zu Gewährleistungsausschlüssen schwach ausgeprägt (vgl etwa §§ 444, 476). Dazu treten viele weitere Rahmenbedingungen in Spezialgesetzen, wie etwa der Gebührenordnung für Ärzte, die Preise nur in sehr engen Grenzen frei vereinbaren können. Im Gemeinwohlinteresse bestehen außerdem zahlreiche Kontrahierungszwänge, die die negative Vertragsfreiheit ausschließen.[33]

13

Man kann die gesetzlichen Rahmenbedingungen der Vertragsfreiheit auch als „**Grenzen der Vertragsfreiheit**" oder „**Schranken der Vertragsfreiheit**" bezeichnen. Das ist eine durchaus übliche Terminologie.[34] **Rhetorisch** rufen die Bilder von „Grenzen" und „Schranken" freilich Assoziationen hervor, aus denen sich eine Rechtfertigungslast ergibt. Das ist durchaus gewollt: Gesetzliche Rahmenbedingungen der Vertragsfreiheit werden als rechtfertigungsbedürftiger „Eingriff" in die Vertragsfreiheit „als solche" gesehen. Analytisch ist das Bild jedoch irreführend: Denn die **Rahmenbedingungen der Vertragsfreiheit** sind **kein Eingriff in eine abstrakte Freiheit „als solche"**, die zuvor unberührt bestand. Sie verteilen vielmehr spezifische Freiheitsbefugnisse. Die Vertragsfreiheit als Prinzip sagt nichts über konkrete einzelne Befugnisse aus, die das Recht uns zuschreibt und denen logisch zwingend korrelierende Pflichten gegenüberstehen. Das Recht verteilt diese Befugnisse, so dass manchem mehr, manchem weniger Handlungsspielräume zukommen. Das zeigen **Kontrahierungszwänge** deutlich, die sich regelmäßig nur an eine bestimmte Personengruppe richten und damit spezielle Akteure im Wirtschaftsleben in den Blick nehmen. So verpflichtet das AGG die Clubbetreiberin, Menschen nicht wegen ihrer Hautfarbe von der Tür zu weisen.[35] Darin liegt eine Einschränkung der Freiheitsbefugnisse der

14

---

31 Zu den auf Grundlage von § 242 entwickelten Grenzen der Formnichtigkeit unten Rn 43.
32 Näher dazu in § 14.
33 Näher dazu Rn 134 ff.
34 S. etwa BVerfGE 89, 214, 231 f; *Musielak* JuS 2017, 949; MünchKomm/*Schäfer*, BGB[7], § 705 Rn 132 ff; BeckOK/*Klimke*, HGB[25], § 109 Rn 4 ff; BeckOK/*Joussen*, ArbR[52], BGB § 611a Rn 178 ff.
35 Näher dazu Rn 134.

Clubbetreiberin. Zugleich – und logisch zwingend – werden damit Freiheitsbefugnisse auf Seiten der betroffenen Menschen erhöht. Freiheitsaspekte werden durch die Regeln, innerhalb derer die Vertragsfreiheit wirkt, also immer (und fortlaufend) neu verteilt. Die entscheidende Frage ist stets, welche spezifischen Freiheitsbefugnisse begrenzt werden sollen oder nicht. Konkrete Antworten auf diese Fragen werden im politischen und juristischen Diskurs gegeben.

4. Praktische Bedeutung der Vertragsfreiheit

15 Die **Bedeutung der Vertragsfreiheit** in der **rechtlichen Praxis** darf **nicht überschätzt** werden. Ihre Erklärungskraft für konkrete Rechte und Pflichten ist in der Praxis der Rechtsanwendung eher gering. Oft ist es auch schwierig, den vertraglich vereinbarten Willen zu ermitteln. Vertragsvereinbarungen sind oft lückenhaft oder unklar. Wenn der Vertragsinhalt durch (einfache) Auslegung nach §§ 133, 157 nicht zu ermitteln ist, kann die sog „**ergänzende Vertragsauslegung**" erforderlich werden. Sie hat mit Vertragsfreiheit im Sinne der auf den wirklichen Parteiwillen ausgerichteten Privatautonomie aber nicht mehr viel zu tun: Bei der ergänzenden Vertragsauslegung entscheiden Richterinnen nach **objektiven Gerechtigkeitskriterien**.[36] Dabei wird zwar berücksichtigt und fortgedacht, was die Parteien vereinbart haben. Der als Maßstab eingesetzte „hypothetische" Parteiwille ist aber eben dies: hypothetisch. Was die Parteien wirklich gewollt hätten, kann man nur vermuten; vielleicht hätten sie je unterschiedliche Inhalte gewollt und sich gar nicht geeinigt. Dazu kommt, dass Vertragsfreiheit „frei" vereinbarte Inhalte voraussetzt. Über die Voraussetzungen dafür gibt uns die Vertragsfreiheit selbst keine Antworten. Wir sind insoweit vielmehr auf außerhalb des Parteiwillens liegende, heteronome Wertungsgesichtspunkte angewiesen.[37]

IV. Der Grundsatz der Gleichbehandlung

1. Gleichbehandlung als Rechtsprinzip des allgemeinen Schuldrechts

16 Ein weiteres Prinzip des allgemeinen Schuldrechts ist der Grundsatz der Gleichbehandlung. Er hat vor allem im **Allgemeinen Gleichbehandlungsgesetz (AGG)** einen zentralen Niederschlag gefunden. Auch außerhalb des AGG ist **Gleichbehandlung** in vielen Bereichen ein **leitendes Rechtsprinzip**. Ein Beispiel bietet der zumindest teilweise normierte (vgl §§ 612a BGB, 75 Abs. 1 BetrVG) arbeitsrechtliche Gleichbehandlungsgrundsatz.[38]

---

36 *Arnold*, Die Bürgschaft auf erstes Anfordern im deutschen und englischen Recht (2008), S. 163 mwN.
37 Grundlegend *Kronman*, Contract Law and Distributive Justice, 89 Yale L.J. (1980), 472.
38 Dazu etwa ErfK/*Preis*, ArbR[19], BGB § 612a Rn 2; ErfK/*Kania*, ArbR[19], BetrVG § 75 Rn 6 ff; *Fuhlrott* ArbRAktuell 2015, 141.

2. Diskriminierungsschutz durch das AGG

Das **AGG** gewährt in Umsetzung von vier EU-Richtlinien[39] **Schutz gegen Diskriminierungen**. Es betrifft trotz der vielen Anwendungsfälle in diesem Bereich nicht nur das Arbeitsrecht, sondern ist **auch für das allgemeine Vertragsrecht äußerst bedeutsam**.[40] Das AGG ist ein besonders klarer Ausdruck der **Verteilungsgerechtigkeit** im Schuldrecht: Es verlangt, die jeweiligen sozialen Kontexte zu berücksichtigen und lenkt den Blick weg von den „abstrakten" Figuren des Schuldners und des Gläubigers hin zu ihren konkreten Eigenschaften (etwa deren Geschlechtsidentität oder Religion). Vertragsrecht wird durch die Normen des AGG als **Regulierungsinstrument** eingesetzt, das dazu beitragen kann und soll, Menschen vor Diskriminierungen zu schützen.

17

Viele Privatrechtswissenschaftler haben das AGG stark kritisiert: Es führe zum „**Tod der Privatautonomie**"[41], manche hörten gar für das ganze Privatrecht das „Totenglöcklein"[42] läuten. Die Autoren kritisieren damit letztlich eine konkrete Verteilung von Freiheitsbefugnissen zugunsten der Diskriminierten, üben also eine **rechtspolitische Kritik**. Aber für diese Verteilungsentscheidung des Gesetzgebers sprechen gute Gründe: Auch das Privatrecht kann zu einer **inklusiven Gesellschaft** und **gelebter Toleranz** anderen gegenüber beitragen.[43]

18

Ziel des AGG ist gem. § 1 AGG die Verhinderung oder Beseitigung von Diskriminierungen nach acht personenbezogenen Merkmalen: Rasse, ethnische Herkunft, Geschlecht, Religion oder Weltanschauung, Behinderung, Alter und sexuelle Identität. **Welche Geschäfte** in das zivilrechtliche Diskriminierungsverbot fallen, ergibt sich aus § 2 AGG iVm § 19 AGG.[44] Von höchster praktischer Relevanz für das allgemeine Vertragsrecht ist **§ 2 Abs. 1 Nr 8 AGG**, der die Versorgung mit Gütern und Dienstleistungen regelt, die der Öffentlichkeit zur Verfügung stehen.

19

Das **zentrale allgemein-zivilrechtliche Benachteiligungsverbot** findet sich in § 19 AGG. Die Reichweite des Benachteiligungsverbots hängt vom Diskriminierungsverbot ab: In allen von § 2 Abs. 1 Nr 5-8 AGG genannten Schuldverhältnissen ist eine Benachteiligung aus Gründen der Rasse oder wegen der ethnischen Herkunft unzuläs-

20

---

39   Allgemeines Gleichbehandlungsgesetz vom 14. August 2006 (BGBl. I S. 1897); Richtlinie 2000/43/EG des Rates vom 29. Juni 2000 zur Anwendung des Gleichbehandlungsgrundsatzes ohne Unterschied der Rasse oder der ethnischen Herkunft (ABl. EG Nr L 180 S. 22); Richtlinie 2000/78/EG des Rates vom 27. November 2000 zur Festlegung eines allgemeinen Rahmens für die Verwirklichung der Gleichbehandlung in Beschäftigung und Beruf (ABl. EG Nr L 303 S. 16); Richtlinie 2002/73/EG des Europäischen Parlaments und des Rates vom 23. September 2002 zur Änderung der Richtlinie 76/207/EWG des Rates zur Verwirklichung des Grundsatzes der Gleichbehandlung von Männern und Frauen hinsichtlich des Zugangs zur Beschäftigung, zur Berufsbildung und zum beruflichen Aufstieg sowie in Bezug auf die Arbeitsbedingungen (ABl. EG Nr L 269 S. 15); Richtlinie 2004/113/EG des Rates vom 13. Dezember 2004 zur Verwirklichung des Grundsatzes der Gleichbehandlung von Männern und Frauen beim Zugang zu und bei der Versorgung mit Gütern und Dienstleistungen (ABl. EU Nr L 373 S. 37).
40   S. auch *Wackerbarth* ZIP 2007, 453.
41   *Säcker* ZRP 2002, 286, 289.
42   *Repgen*, Antidiskriminierung – die Totenglocke des Privatrechts läutet, in: *Repgen/Lobinger/Hense* ua, Vertragsfreiheit und Diskriminierung (2007), S. 11.
43   *Arnold*, Vertrag und Verteilung (2014), S. 115 ff und 382 ff; BeckOGK/*Block*, AGG (1.3.2019), § 1 AGG Rn 1, 9.
44   *Franck*, Die Materialisierung der Gleichheitsidee im deutschen Vertragsrecht – Paradigmenwechsel durch das Allgemeine Gleichbehandlungsgesetz, in: *Riesenhuber/Nishitani*, Wandlungen oder Erosion der Privatautonomie? (2007), S. 71, 75.

sig. Wer etwa in Münster einen Kiosk betreibt, darf niemandem den Verkauf einer Flasche Limo wegen seiner ethnischen Herkunft verweigern. Bei den übrigen Diskriminierungsgründen schränkt § 19 Abs. 1 AGG das zivilrechtliche Benachteiligungsverbot auf bestimmte Vertragstypen ein.

§ 19 Abs. 1 AGG erfasst erstens **Massengeschäfte** – also Schuldverhältnisse, die „typischerweise ohne Ansehen der Person zu vergleichbaren Bedingungen in einer Vielzahl von Fällen - zustande kommen" (§ 19 Abs. 1 Nr 1 2. Alt. AGG). Als Beispiele führt die Gesetzesbegründung Freizeiteinrichtungen wie Badeanstalten oder Fitnessclubs auf, die üblicherweise jedem offenstehen.[45]

Zweitens geht es um **massengeschäftsähnliche Geschäfte**, „bei denen das Ansehen der Person nach der Art des Schuldverhältnisses eine nachrangige Bedeutung hat und die zu vergleichbaren Bedingungen in einer Vielzahl von Fällen zustande kommen" (§ 19 Abs. 1 Nr 1 2. Alt. AGG). Ein wichtiges Beispiel ist die Wohnraumvermietung oder die Gewerbemiete, wenn große Wohnungsanbieter eine Vielzahl von Wohnraum anbieten.[46] Wenn ein Vermieter dagegen nur eine Wohnung zu vermieten hatte, greift die Norm nicht ein, weil die Person des Mieters hier eine wichtige Rolle spielt.[47] § 19 Abs. 5 S. 3 AGG bietet ein praktisch wichtiges Regelbeispiel zur Konkretisierung des § 19 Abs. 1 AGG: In der Regel kann § 19 Abs. 1 Nr 1 AGG nur erfüllt sein, wenn der Vermieter insgesamt mehr als 50 Wohnungen vermietet.[48]

Drittens sind **Versicherungsgeschäfte** erfasst (§ 19 Abs. 1 Nr 2 AGG).[49] Ausgenommen sind gem. § 19 Abs. 4 AGG familienrechtliche und erbrechtliche Schuldverhältnisse. Auch im Anwendungsbereich des § 19 AGG können Ungleichbehandlungen aber gerechtfertigt werden. Zunächst ermöglicht § 5 AGG eine Rechtfertigung durch positive Maßnahmen, die bestehende Diskriminierungen verhindern oder beseitigen sollen.[50] Klassisches Beispiel für eine solche unterschiedliche Behandlung wäre etwa der bevorzugte Vertragsschluss mit Frauen zur Erzielung einer angemessenen *Ratio* der Geschlechter, etwa in einem Fitnessclub.

21 Nach § 20 Abs. 1 AGG ist das Benachteiligungsverbot nicht verletzt, wenn ein **sachlicher Grund** für die **Benachteiligung wegen Religion, Behinderung, Alters, sexueller Identität oder des Geschlechts** vorliegt. Benachteiligungen wegen der Rasse oder der ethnischen Herkunft sind allerdings nicht erfasst. § 20 Abs. 1 S. 2 AGG beinhaltet Regelbeispiele für das Vorliegen sachlicher Gründe, § 20 Abs. 2 AGG eine Sonderregel für Versicherungsverträge.

3. Gleichbehandlung außerhalb gesetzlich und richterrechtlich anerkannter Tatbestände?

22 **Traditionell** wird bzw wurde der **Gleichbehandlungsgrundsatz** als rechtfertigungsbedürftige **Einschränkung der Privatautonomie** verstanden.[51] Wie oben gezeigt,[52] ist diese Annahme spätestens seit dem Inkrafttreten des AGG **zu kurz gegriffen**.

---

45 Amtliche Begründung, BT-Drs. 16/1780, S. 41. Anschauliche Anwendungsbeispiele auch bei *Rath/Rütz* NJW 2007, 1498.
46 Amtliche Begründung, BT-Drs. 16/1780, S. 42; s. auch *Rolfs* NJW 2007, 1489, 1489 f; zu praktischen Konstellationen und Anwendungsbeispielen *Derleder* ZMR 2007, 625.
47 *Warnecke* DWW 2006, 268, 271.
48 Näher *Rolfs* NJW 2007, 1489.
49 S. zu diesen *Wrase/Baer* NJW 2004, 1623; *Armbrüster* VersR 2006, 1297.
50 Zu Einzelheiten s. Adomeit/Mohr/*Mohr*, AGG², § 5 Rn 1 ff.
51 *Basedow* ZEuP 2008, 230.
52 Siehe Rn 16.

Denn der Grundsatz der Gleichbehandlung ist durch weitreichende Diskriminierungsverbote gesetzlich anerkannt. Umgekehrt nehmen manche sogar an, dass sich aus dem AGG und den weiteren Diskriminierungsverboten ein **einheitlicher Gleichbehandlungsgrundsatz** im Privatrecht entwickelt habe, der *jede* Ungleichbehandlung grundsätzlich rechtfertigungspflichtig werden lässt.[53] Ein einheitlicher Gleichbehandlungsgrundsatz im Privatrecht wäre in der Tat ein bedeutsamer Schritt hin zu einer toleranteren, inklusiveren Gesellschaft. Allerdings sollte in der **praktischen Rechtsanwendung** aus Gründen der Rechtssicherheit **Gleichbehandlung nur mit großer Zurückhaltung über die gesetzlich normierten** (vor allem im AGG) **und richterrechtlich anerkannten Tatbestände hinaus** eingefordert werden. Andernfalls wäre die Sicherheit der Rechtsanwendung gefährdet.

V. Vertrauensschutz

Auch der **Vertrauensschutz** gehört zu den Prinzipien des allgemeinen Schuldrechts.[54] Manchmal ist das Vertrauensprinzip ausdrücklich im Gesetz angesprochen. Das bekannteste Beispiel aus dem Allgemeinen Teil ist **§ 122**, der das Vertrauen des Anfechtungsgegners auf die Wirksamkeit des Vertrags durch einen Schadensersatzanspruch schützt. Auch die in **§ 179** geregelte Haftung des Vertreters ohne Vertretungsmacht schützt das Vertrauen desjenigen, der auf die Vertretungsmacht vertraut hat. Im allgemeinen Schuldrecht greifen die **§§ 284** und **311** das Vertrauensprinzip explizit auf. § 284 schützt den Gläubiger in seinem Vertrauen auf den Leistungserhalt: Wenn dieses Vertrauen zu letztlich vergeblichen Aufwendungen geführt hat, kann er unter Umständen Aufwendungsersatz verlangen.[55] Und nach **§ 311 Abs. 3 S. 2** kann ein Schuldverhältnis insbesondere dann einem Dritten gegenüber begründet werden, wenn der Dritte in besonderem Maße Vertrauen für sich in Anspruch genommen hat.[56]

23

> Im **Fall 1** zeigt sich die Wirkweise des § 311 Abs. 3 S. 2, der zu Ansprüchen aus §§ 280 Abs. 1, 241 Abs. 2 führen kann. Der Schadensersatzanspruch aus §§ 280 Abs. 1, 241 Abs. 2 setzt zunächst ein Schuldverhältnis voraus. Das könnte sich aus § 311 Abs. 3 ergeben. V hat sich als Auto-Expertin bezeichnet und unter Berufung auf diese Sachkenntnis die Funktionstüchtigkeit der Bremsen behauptet. Dadurch hat sie iSd § 311 Abs. 3 S. 2 in besonderem Maße Vertrauen für sich in Anspruch genommen und den Vertragsschluss zwischen K und S erheblich beeinflusst. Somit liegt zwischen V und K ein Schuldverhältnis aus §§ 241 Abs. 2, 311 Abs. 3 vor. V hat K gegenüber auch fahrlässig die Pflicht zur Aufklärung über die defekten Bremsen verletzt (vgl §§ 241 Abs. 2, 276 Abs. 2). K kann daher von V Schadensersatz aus §§ 280 Abs. 1, 241 Abs. 2, 311 Abs. 3 verlangen.

---

53 *Grünberger*, Personale Gleichheit (2013), passim.
54 *Canaris*, Die Vertrauenshaftung im deutschen Privatrecht (1971), S. 440 ff.
55 Näher unten Rn 654.
56 Näher unten Rn 990.

VI. Treu und Glauben (§ 242)

1. Treu und Glauben als allgemeines Rechtsprinzip

24 Ein weiteres wichtiges Prinzip des allgemeinen Schuldrechts ist der Grundsatz von Treu und Glauben. Er hat in **§ 242** eine Regelung für den Inhalt der Schuldverhältnisse gefunden. Weit über den konkreten Regelungsgehalt des § 242 hinaus gilt Treu und Glauben als **tragendes Rechtsprinzip** nicht nur des gesamten Bürgerlichen Rechts, sondern auch des Prozessrechts und des öffentlichen Rechts.[57]

2. Funktionen

25 Die **Funktionen** des Grundsatzes von Treu und Glauben sind vielschichtig. § 242 fordert **Fairness im Rechtsverkehr** ein[58] und kann als methodisches Instrument zur **Verwirklichung der Gerechtigkeitsidee** eingesetzt werden. Auf § 242 gestützt können rechtliche Befugnisse begründet werden. Man spricht insoweit von der **Begründungsfunktion** des § 242. In der Rechtsanwendung besonders häufig ist aber die **Begrenzungsfunktion** der Norm, die *prima facie* bestehende Befugnisse eben auch eingrenzen kann. Daneben kann § 242 zu konkreteren Anforderungen an die Leistungsmodalitäten führen. Insoweit kommt der Norm also auch **Konkretisierungsfunktion zu**.

26 § 242 dient zudem als Einbruchsstelle für die Berücksichtigung höherrangiger Rechtsnormen - wie dem Verfassungsrecht oder dem Unionsrecht. Die Norm ist deutlicher **Ausdruck der Verbindung von Recht und Moral**, weil der Begriff „Treu und Glauben" als inhaltlich offene Generalklausel in der Praxis des Rechts auch unter Rückgriff auf moralische Wertungen ausgefüllt werden kann. So wird das **Recht flexibel und entwicklungsoffen**. Generalklauseln wie § 242 sind in hohem Maße dazu geeignet, das Schuldrecht fortzuentwickeln und es aktuellen Entwicklungen anzupassen. Das zeigt die Rechtsentwicklung im deutschen Schuldrecht deutlich: Auf **§ 242 gestützt** hat die Rechtsprechung **zentrale schuldrechtliche Institute entwickelt**, die später gesetzlich geregelt wurden. Dazu gehören beispielsweise die Inhaltskontrolle bei Allgemeinen Geschäftsbedingungen (**§§ 307 ff**) und der Wegfall der Geschäftsgrundlage (**§ 313**). Für die Anwendung dieser Normen ist die zuvor zu § 242 ergangene Rechtsprechung weiterhin nützlich.

3. Missbrauchspotential in Generalklauseln

27 Die Entwicklungsoffenheit und die Flexibilität des Rechts bergen auch **Risiken**: Generalklauseln können missbraucht werden. Beispielsweise haben Privatrechtswissenschaftler im nationalsozialistischen Regime auch § 242 eingesetzt, um Teile der nationalsozialistischen Ideologie in das Privatrecht zu importieren.[59] Diese Gefahren lassen sich nie vollständig bannen, nur durch Wachsamkeit, Bildung und (zeit)geschichtliches Bewusstsein einhegen. Wenn eine Richterin § 242 anwendet, sollte sie

---

[57] Näher MünchKomm/*Schubert*, BGB[8], § 242 Rn 93 ff.
[58] MünchKomm/*Schubert*, BGB[8], § 242 Rn 1.
[59] Ein Beispiel dafür bietet *Larenz*, Rechtsperson und subjektives Recht. Zur Wandlung der Rechtsgrundbegriffe, in: *Larenz*, Grundfragen der neuen Rechtswissenschaft (1935), S. 252 f. Weiterführend zu dieser für die deutsche Rechtswissenschaft unrühmlichen Thematik *Rüthers*, Die unbegrenzte Auslegung. Zum Wandel der Privatrechtsordnung im Nationalsozialismus[8] (2017).

besonders hohe Sorgfalt bei der Begründung an den Tag legen. Keinesfalls darf sie § 242 einsetzen, um gesetzgeberische Entscheidungen zu korrigieren, die ihr rechtspolitisch missfallen. Das wäre mit ihrer **Gesetzesbindung** (Art. 20 Abs. 3 GG) nicht vereinbar. Auch in Prüfungsarbeiten gilt: § 242 steht nicht am Anfang der Falllösung, sondern – wenn überhaupt – am Ende. Jede Klausurbearbeiterin sollte konkretere gesetzliche Bestimmungen **nur mit großer Zurückhaltung korrigieren** und das **sorgsam begründen**. Klausuren sind nur höchst selten einmal darauf ausgelegt, über das Vehikel von Treu und Glauben zur gewünschten Lösung zu gelangen, und falls doch, dürfte regelmäßig auf die bekannten und durch die Rechtsprechung über lange Jahre etablierten Fallgruppen zurückzugreifen sein.

4. Die Bedeutung von „Treu und Glauben" und „Verkehrssitte"

Was **„Treu und Glauben"** im Einzelfall bedeutet, wird in der Praxis des gelebten Rechts in einem immer weiter fortschreitenden Diskurs konkretisiert. Die Worte „Treu und Glauben" werden so in ihrer Bedeutung immer weiter ausdifferenziert. Inhaltlich kann dabei auf Gerechtigkeitsargumente der **Austauschgerechtigkeit** und der **Verteilungsgerechtigkeit** zurückgegriffen werden[60]: So geht es um die Herstellung eines beiderseits gerechten Interessenausgleichs (im Sinne der Austauschgerechtigkeit), aber auch um die Erreichung regulativer Ziele außerhalb des unmittelbar betroffenen Verhältnisses (im Sinne der Verteilungsgerechtigkeit). 28

Auch der Begriff der **Verkehrssitte** muss in der Rechtsanwendung konkretisiert werden. Er umschreibt Verhaltensweisen, die sich – zumindest potentiell – empirisch feststellen lassen. Eine konkrete Ausprägung des Begriffs sind die Handelsbräuche iSd § 346 HGB. **„Verkehrs-Unsitten"**, die zwar u.U. gängige Praxis darstellen, aber grundlegende Wertungen oder Anforderungen von Treu und Glauben verletzen, bleiben unbeachtlich.[61] 29

5. Verhältnis zu anderen Generalklauseln

§ 242 ist in der Rechtsanwendung oft schwer von der **ergänzenden Vertragsauslegung (§§ 133, 157)** abzugrenzen. Die Funktion der ergänzenden Vertragsauslegung ist es, vertragliche Lücken zu schließen. Die hM verortet sie bei § 157.[62] Maßgeblich ist dabei nach einer vom BGH in stRspr verwendeten Formel, welche Regelung die Parteien bei sachgerechter Abwägung der beiderseitigen Interessen nach Treu und Glauben unter Berücksichtigung der Verkehrssitte als redliche Vertragspartner getroffen hätten, wenn sie den von ihnen nicht geregelten Fall bedacht hätten.[63] Maßstab der Korrektur soll der sog „hypothetische Parteiwille" bei Vertragsschluss sein. Das lässt sich am ehesten als Topos für objektiv gebotene gerechte Ergänzungen verstehen.[64] Denn auch die **ergänzende Vertragsauslegung** ist ein **Akt richterlicher** 30

---

60 Vgl oben Rn 5 ff.
61 Staudinger/*Olzen*, BGB (2015), § 242 Rn 167.
62 MünchKomm/*Finkenauer*, BGB[8], § 313 Rn 41; BeckOK/*Wendtland*, BGB[51], § 157 Rn 1; Erman/*Armbrüster*, BGB[15], § 157 Rn 1 ff; jurisPK/*Backmann*, BGB[8], § 157 Rn 3.
63 Vgl beispielsweise BGH NJW-RR 2007, 1697, 1701; 2008, 1371, 1372.
64 Vgl *Arnold*, Die Bürgschaft auf erstes Anfordern im deutschen und englischen Recht (2008), S. 163.

Rechtsschöpfung: Was die Parteien wirklich gewollt hätten, wissen wir nicht.[65] Deshalb sind auch für die Lückenschließung durch ergänzende Vertragsauslegung letztlich dieselben materiellen Gerechtigkeitskriterien wie bei § 242 maßgeblich.[66]

31 § 242 steht auch in einer gewissen Nähe zu § 138.[67] In ihrer Rechtsfolge ordnen die **§§ 134, 138 die Nichtigkeit** des Rechtsgeschäfts an, während **§ 242 in den Rechtsfolgen flexibler** ist. Grundsätzlich lässt **§ 242 die Wirksamkeit eines Rechtsgeschäfts unberührt**. Teilweise wirken § 138 und § 242 auch zusammen, um einen Lebenskomplex angemessen zu regulieren. Ein Beispiel bieten Eheverträge, in denen beide Normen in einem Ergänzungsverhältnis stehen: Wenn Eheverträge schon im Zeitpunkt ihres Zustandekommens zu einer einseitigen Lastenverteilung führen, können sie gem. § 138 nichtig sein. § 242 ermöglicht dagegen eine Ausübungskontrolle, wenn sich die einseitige Lastenverteilung erst aus späteren Entwicklungen ergibt.[68] Das Beispiel zeigt, dass § 242 gerade auch dann eingreifen kann, wenn ein Rechtsgeschäft nicht schon wegen Sittenverstoßes nichtig ist.

32 Auch **§ 226 (Schikaneverbot)** und **§ 826 (vorsätzliche sittenwidrige Schädigung)** sind mit dem Prinzip von Treu und Glauben verwandt. § 226 wird indes tatbestandlich eng interpretiert und greift nur ein, wenn der einzige Zweck des Handelns in der Schadenszufügung liegt. Die Norm ist deshalb in der Praxis wesentlich weniger bedeutsam als § 242. § 826 setzt im Gegensatz zu § 242 keine rechtliche Sonderverbindung voraus. Die Norm führt zu einem Schadensersatzanspruch, und zwar – anders als § 823 – auch bei reinen Vermögensschäden ohne Verletzung absolut geschützter Rechtsgüter. Die Tatbestandsvoraussetzungen sind allerdings eng.[69]

6. Rechtliche Sonderverbindung als Anwendungsvoraussetzung

33 § 242 setzt eine **rechtliche Sonderverbindung** voraus.[70] Das ist mit Blick auf die umfassende Bedeutung des Prinzips von Treu und Glauben weit zu verstehen. Den Hauptanwendungsfall bilden **vertragliche Schuldverhältnisse**, aber auch gesetzliche Schuldverhältnisse sind umfasst. Auch bei **nichtigen Rechtsgeschäften** wird eine für die Anwendung des § 242 ausreichende Rechtsbeziehung begründet.[71] Die **Aufnahme von Vertragsverhandlungen** begründet ohnehin ein Schuldverhältnis (vgl **§ 311 Abs. 2**). Auch im **nachbarschaftlichen Gemeinschaftsverhältnis** kommt § 242 zur Anwendung.[72] Treu und Glauben kann einen Grundstücksnachbarn dazu verpflichten, eine bestimmte Nutzung seines Grundstücks durch den Nachbarn zu dulden, wenn dies für einen billigen Ausgleich der widerstreitenden Interessen zwingend geboten erscheint.[73] So kann ein Eigentümer u.U. dulden müssen, dass sein Nachbar Abwasser durch sein Grundstück leitet.[74]

---

65 Siehe schon oben Rn 15.
66 MünchKomm/*Busche*, BGB[8], § 157 Rn 4 f.
67 In ihrer Rahmenfunktion für die Vertragsfreiheit ergänzt § 242 natürlich auch § 134.
68 Vgl BGHZ 158, 81 im Anschluss an BVerfGE 103, 89.
69 Näher MünchKomm/*Wagner*, BGB[7], § 826 Rn 4, 19 ff.
70 HM, vgl BeckOK/*Sutschet*, BGB[51], § 242 Rn 14 mwN.
71 Vgl etwa BGH NJW 1981, 1439.
72 S. beispielsweise OLG Schleswig BeckRS 2014, 14350; *Lieder* JuS 2011, 874, 877 f.
73 BGH NJW-RR 2013, 650 mwN.
74 Vgl BGH NJW 2003, 1392.

7. Fallgruppen

In der Praxis haben sich **zahlreiche Fallgruppen** herausgebildet, die die Sicherheit und Vorhersehbarkeit der Rechtsanwendung erhöhen. Auch bei der **Falllösung** empfiehlt es sich, § 242 möglichst in der spezifischen Ausprägung einer bestimmten Fallgruppe zu erörtern. Diese Fallgruppen geben der Norm etwas klarere Konturen. Unmöglich (oder zumindest kaum möglich) ist es dagegen, die Fallgruppen in all ihren Verästelungen und systematischen Verortungen durch die Wissenschaft zu lernen. Das wäre auch deshalb unproduktiv, weil das Recht in ständiger Entwicklung ist und § 242 ja gerade auch die Entwicklungsoffenheit des Rechts ermöglicht. Sie sollten sich daher darauf konzentrieren, gesetzliche Grundgedanken in die Abwägung einfließen zu lassen und dadurch den sicheren Umgang mit deutungsoffenen Leitprinzipien zu beweisen. Hilfreich mag es darüber hinaus freilich auch sein, zu einigen Konstellationen Urteile zu lesen. Dabei erhält man gute Eindrücke davon, wie Gerichte die Anwendung des § 242 im Einzelfall begründen. Das kann für Klausuren sehr nützlich sein, wenn die dort behandelten Konstellationen Ähnlichkeiten oder auch Differenzen zu Fällen aus der Praxis aufweisen. Die Zuordnung einzelner Fälle in bestimmte Fallgruppen darf indes auch nicht überbewertet werden, ist sie doch in vielen Fällen fließend.

a) Konkretisierung und Ergänzung rechtlicher Befugnisse

Der Grundsatz von Treu und Glauben konkretisiert rechtliche Befugnisse. Das zeigen schon die vom **Wortlaut des § 242** geregelten Tatbestände. Nach § 242 ist der Schuldner verpflichtet, die Leistung so zu bewirken, wie Treu und Glauben mit Rücksicht auf die Verkehrssitte es erfordern. Damit wird präzisiert, wie die Leistung zu erbringen ist. Es geht also um die **Modalitäten der Leistungserbringung**. **§ 242 ergänzt** insoweit die §§ 243-274.[75] Wenn A beispielsweise sein Fahrrad an B verkauft und die beiden verabreden, dass A das Rad in den nächsten Tagen vorbeibringt, verlangt § 242, dass A **nicht zur Unzeit** kommt (etwa um 3 Uhr morgens). Ein anderes Beispiel bietet die Erfüllung am Erfüllungsort (§ 269).[76] Wenn dort die Leistung etwa wegen einer Naturkatastrophe oder eines Bürgerkriegs unzumutbar oder unmöglich ist, muss sich der Schuldner auf einen anderen **angemessenen Erfüllungsort** einlassen.[77] Umgekehrt muss auch der Gläubiger seinerseits die Leistung unter Berücksichtigung von Treu und Glauben verlangen.[78] So kann er dazu angehalten sein, eine Überweisung auf ein anderes als das von ihm angegebene Konto zu akzeptieren, wenn ihm daraus keine rechtlichen oder wirtschaftlichen Nachteile erwachsen.[79] Auch der Inhalt von Nebenleistungspflichten (§ 241 Abs. 1) und Schutzpflichten (§ 241 Abs. 2) wird unter Berücksichtigung von Treu und Glauben ermittelt.[80]

---

75 Jauernig/*Mansel*, BGB[17], § 242 Rn 16.
76 Einzelheiten unten Rn 300 ff.
77 MünchKomm/*Schubert*, BGB[8], § 242 Rn 178.
78 RGZ 78, 137, 142; vgl RGZ 150, 232, 235.
79 MünchKomm/*Schubert*, BGB[8], § 242 Rn 183; Hk/*Schulze*, BGB[10], § 242 Rn 16.
80 Näher MünchKomm/*Schubert*, BGB[8], § 242 Rn 171 ff.

b) Begrenzung rechtlicher Befugnisse (insbesondere: Rechtsmissbrauch und Verwirkung)

36 § 242 kann rechtliche Befugnisse aber auch begrenzen. Hier zeigt sich die **Kontrollfunktion** von Treu und Glauben: In der Rechtsanwendung kann überprüft werden, ob die Ausübung rechtlicher Befugnisse im konkreten Fall treuwidrig ist. Die Befugnis kann dann entsprechend eingeschränkt werden. Die wichtigsten Ausprägungen dieser Fallgruppe sind die Institute des **Rechtsmissbrauchs** (bzw der unzulässigen Rechtsausübung) und der **Verwirkung**. Sie zeigt sich aber auch etwa in der Begrenzung des **§ 266**: Der Gläubiger ist danach berechtigt, Teilzahlungen zurückzuweisen. § 242 begrenzt diese Befugnis: Wenn nur ein relativ geringfügiger Teilbetrag fehlt, darf der Gläubiger die Annahme nicht verweigern.[81]

37 aa) Rechtsmissbrauch (unzulässige Rechtsausübung). **Rechtsmissbrauch** (unzulässige Rechtsausübung) ist mit § 242 nicht vereinbar. Darin zeigen sich immanente Grenzen aller rechtlichen Befugnisse.[82] Der BGH beschreibt den Kerngedanken wie folgt: „Das Prinzip von Treu und Glauben bildet eine allen Rechten immanente Inhaltsbegrenzung und setzt der (auch gesetzlich zulässigen) Rechtsausübung dort Schranken, wo sie zu untragbaren, mit Recht und Gerechtigkeit offensichtlich unvereinbaren Ergebnissen führt".[83] Rechtsmissbrauch ist also **ergebnisorientiert** und kann für die Verwirklichung gerechter Rechtsanwendung fruchtbar werden. Allerdings darf die Richterin (und auch die Studentin in Klausuren) nicht vorschnell eigene Gerechtigkeitserwägungen an die Stelle der Wertungsentscheidungen des Gesetzes setzen.[84] Bei zielgerichtetem, treuwidrigem Verhalten liegt § 242 nahe. Das darf aber nicht leichthin angenommen werden. Beispielsweise handeln Käufer, die bei Internetauktionen mitbieten, um von einem vorzeitigen Auktionsabbruch zu profitieren („**Abbruchjäger**"), grundsätzlich nicht rechtsmissbräuchlich.[85] Rechtsmissbrauch kann nur im Einzelfall unter Berücksichtigung der konkreten Interessenlage und der jeweiligen Fallbesonderheiten bejaht werden. Die Begründungslast ist hoch, weil § 242 hier insoweit als Ausnahme zu *prima facie* gegebenen rechtlichen Befugnissen wirkt. Rechtsmissbrauch setzt kein Verschulden voraus; allerdings sind in der Abwägung **Verschuldenselemente** zu berücksichtigen.[86] Rechtsmissbrauch ist eine sehr weite Fallgruppe, zu der sich zahlreiche Unterfallgruppen gebildet haben:

38 Eine **Unterfallgruppe** ist die missbräuchliche Forderung einer Leistung, die ohnehin sogleich wieder zurückgewährt werden müsste *(dolo agit qui petit quod statim redditurus est)*. So kann etwa die Honorarforderung eines Architekten rechtsmissbräuchlich sein, wenn er das Erlangte sofort wieder als Schadensersatz herausgeben müsste.[87] Auch kann ein Vermieter vom Mieter nicht die Entfernung einer ohne Zustim-

---

81 Vgl beispielsweise OLG Bremen NJW-RR 1990, 6.
82 Jauernig/*Mansel*, BGB[17], § 242 Rn 33.
83 BGH NJW-RR 2015, 457, 459.
84 Zur Missbrauchsgefahr des § 242 s. schon oben Rn 27.
85 BGH NJW 2015, 548; dazu *Riehm* JuS 2015, 355.
86 MünchKomm/*Schubert*, BGB[8], § 242 Rn 50 f.
87 BGH NJW 2017, 386, 387.

mung des Vermieters angebrachten Parabolantenne verlangen, wenn er verpflichtet war, der Anbringung zuzustimmen.[88]

Rechtsmissbrauch kann auch wegen **Unverhältnismäßigkeit** zu bejahen sein.[89] Der Verhältnismäßigkeitsgedanke zeigt sich in vielen schuldrechtlichen Normen, wie etwa den §§ 320 Abs. 2, 323 Abs. 5 S. 2, 439 Abs. 4 oder 543 Abs. 2 Nr 2. Aber auch außerhalb dieser Normen wirkt über § 242 ein Verhältnismäßigkeitsgebot im Schuldrecht. Beispielsweise kann der Käufer eines Neuwagens wegen Unverhältnismäßigkeit gem. § 242 daran gehindert sein, die Kaufpreiszahlung gem. § 320 Abs. 1 S. 1 wegen eines Sachmangels vollständig zu verweigern.[90] Allerdings liegen die Hürden für § 242 auch hier hoch. So hat der BGH Rechtsmissbrauch wegen Unverhältnismäßigkeit beispielsweise bei einem bereits für ca. 250 Euro behebbaren Lackschaden eines Neuwagens verneint. Der Verkäufer hatte nicht einmal angeboten, den Schaden selbst zu beseitigen (obwohl dies zu seiner Erfüllungspflicht gehört).[91] Auch das hat der BGH als Argument für die Schutzwürdigkeit des Käufers herangezogen.

39

Rechtsmissbrauch kann im Einzelfall auch damit begründet werden, dass die Ausübung des Rechts für die andere Seite **„schlechthin unzumutbar"** wäre.[92] Wenn **Verbraucher Widerrufsrechte** ausüben, handeln sie etwa in Ausnahmefällen rechtsmissbräuchlich iSd § 242, nämlich dann, wenn der Unternehmer besonders schutzbedürftig ist oder der Verbraucher arglistig oder schikanös handelt.[93] Das hat der BGH allerdings etwa in einem Fall verneint, in dem der Verbraucher unter Hinweis auf ein günstigeres Alternativangebot um Erstattung des Differenzbetrags gebeten hatte und – als der Unternehmer sich darauf nicht einließ – zurückgetreten war.[94] Bei Eheverträgen kann die Ausübung der vertraglichen Rechte rechtsmissbräuchlich sein, wenn sie zu einer unzumutbaren Lastenverteilung führen würde.[95]

40

Unzulässige Rechtsausübung kann sich auch daraus ergeben, dass man zuvor selbst unfair gehandelt hat: Wer eine rechtliche Befugnis selbst unredlich herbeiführt, darf sich auf diese Befugnis gem. § 242 nicht berufen *(turpitudinem suam allegans non auditur)*.[96] Dieser Gedanke liegt auch § 162 zugrunde, der den vom Anspruchsgegner treuwidrig verhinderten Eintritt einer Bedingung fingiert. Er kommt aber auch als Topos für die Anwendung des § 242 vor. Ein in der Literatur diskutiertes Beispiel bietet § 124: Wer zu einem Vertragsschluss durch arglistige Täuschung bestimmt wurde, muss binnen Jahresfrist anfechten. Steht nach Fristablauf § 242 der Inanspruchnahme aus dem Vertrag gleichwohl entgegen? Vorschnell darf man das nicht bejahen, wenn § 124 nicht ausgehöhlt werden soll.[97] § 242 kann man jedoch – auch in Klausuren – guten Gewissens in Anschlag bringen, wenn der Täuschende den Anfechtungsberechtigten auch noch bewusst veranlasst hatte, die Anfechtungsfrist verstreichen zu lassen.[98]

41

---

88 BGH NJW 2006, 1062. Zur verfassungsrechtlich begründbaren Duldungspflicht der Vermieter vgl BVerfGE 90, 27; BVerfG NJW-RR 2005, 661.
89 Grundlegend zur Unverhältnismäßigkeit im Schuldrecht *M. Stürner*, Der Grundsatz der Verhältnismäßigkeit im Schuldvertragsrecht. Zur Dogmatik einer privatrechtsimmanenten Begrenzung von vertraglichen Rechten und Pflichten (2010).
90 Vgl BGH NJW 2017, 1100, 1101 f (Kratzer bei einem Neuwagen; im konkreten Fall griff § 242 nicht ein).
91 Vgl BGH NJW 2017, 1100.
92 Vgl BGH NJW 1977, 1234, 1235.
93 BGH NJW 2016, 1951; 2016, 3512 (dort auch zur Verwirkung).
94 BGH NJW 2016, 1951.
95 Vgl BGHZ 158, 81; BGH NJW 2015, 52. Vgl auch Rn 31.
96 Jauernig/*Mansel*, BGB[17], § 242 Rn 45.
97 Verneint beispielsweise in BGH NJW 1969, 604.
98 BeckOGK/*Rehberg*, BGB (1.6.2019), § 124 Rn 20.

42 Vorverhalten muss nicht unbedingt unredlich sein, um Rechtsmissbrauch zu begründen. Das zeigt die nächste Unterfallgruppe. Rechtsmissbrauch kann sich nämlich auch daraus ergeben, dass die Ausübung eines Rechts im Widerspruch zu eigenem (nicht notwendigerweise für sich genommen sanktionierbarem) Vorverhalten steht *(venire contra factum proprium)*. § 242 steht deshalb der Inanspruchnahme eines - Bürgen durch eine Bank entgegen, wenn die Bank selbst den wirtschaftlichen Zusammenbruch des Hauptschuldners schuldhaft verursacht und jede Regressmöglichkeit des Bürgen (gegen den Hauptschuldner) vereitelt.[99] Ein weiteres Beispiel betrifft die **Inhaltskontrolle Allgemeiner Geschäftsbedingungen**, deren primäre Rechtsfolge ja in der Unwirksamkeit einer Vertragsbestimmung liegt. Wer aber die unwirksame Klausel selbst verwendet hat, darf sich auf die Unwirksamkeit nach Treu und Glauben nicht berufen.[100] Auch die **Einschränkung des § 142 Abs. 1** gehört hierher: Wenn der Anfechtungsgegner die Erklärung mit dem vom Anfechtenden wirklich gewollten Inhalt gelten lassen will, darf sich der Anfechtende nicht auf § 142 Abs. 1 berufen,[101] da er andernfalls § 142 Abs. 1 instrumentalisieren würde, um sich im Widerspruch zu seinem eigenen Verhalten zu setzen. Der Anfechtende soll nicht vor einem Vertrag des Inhalts geschlossen werden, den er ja selbst wollte.

43 Auch die **Berufung auf die Formnichtigkeit (§ 125) kann rechtsmissbräuchlich** sein.[102] Die Hürden sind hoch, andernfalls würden die Formvorschriften und ihre Zwecke ad absurdum geführt. Die Berufung auf Formnichtigkeit kann aber in zwei Fallgruppen gegen § 242 verstoßen: Bei **Existenzgefährdung** einer Partei und in **Fällen besonders schwerer Treuepflichtverletzungen**. Allerdings kommt die Anwendung von § 242 nur in Ausnahmefällen in Betracht, auch in der Rechtsprechung wird sie in aller Regel abgelehnt. Es genügt nicht, dass die Nichtigkeit eine Seite „hart trifft".[103] Vielmehr muss die Nichtigkeitsfolge „schlechthin unerträglich" für eine Partei sein.[104] Der BGH hat diese strengen Voraussetzungen etwa in einem Fall zur Anwendung gebracht, in dem ein 63-jähriger einfacher Handwerker ohne juristische Vorbildung unter Aufwendung seiner gesamten Ersparnisse ein Eigenheim erwerben wollte, um dort seinen Lebensabend verbringen zu können.[105] Er hatte seine frühere Wohnung aufgegeben und war bereits eingezogen, obwohl der Vertrag nicht notariell beurkundet und daher formnichtig gem. § 125 war. Nach Einschätzung des BGH wäre es einem Existenzverlust des Handwerkers gleichgekommen, wenn er das Eigenheim aufgeben und sich einen neuen Alterssitz hätte suchen müssen.[106]

> Auch in **Fall 2** lässt sich begründen, dass § 242 der Berufung auf die Formnichtigkeit entgegensteht: Gegenüber dem früheren Angestellten besteht eine Ungleichgewichtslage. Auch hat U gegenüber A ausdrücklich behauptet, einen privatschriftlichen Vertrag als gleichwertig zu betrachten. Darauf vertraute A. Dass sich U später entgegen seiner ausdrücklichen

---

99 BGH NJW 2004, 3779.
100 BGH NJW 2016, 2878.
101 jurisPK/*Illmer*, BGB[8], § 142 Rn 22; Staudinger/*Roth*, BGB (2015), § 142 Rn 38; Erman/*A. Arnold*, BGB[15], § 142 Rn 2.
102 Lehrreich BGH NJW 1996, 2503.
103 BGH NJW 1996, 2503, 2504.
104 Vgl BGH NJW 1972, 1189.
105 BGH NJW 1972, 1189.
106 Krit. dazu BeckOGK/*Hecht*, BGB (1.4.2019), § 125 Rn 118 ff.

Behauptung auf die Formnichtigkeit beruft, ist rechtsmissbräuchlich (so auch BGH NJW 1968, 39). Auch die Gegenauffassung ist gut vertretbar: Formvorschriften sind strenges Recht, allzu großzügige Einschränkungen über § 242 gefährden die Rechtssicherheit. Dass A als Angestellter sich U gegenüber nicht recht traute, auf notarielle Beurkundung zu bestehen, ist verständlich. Der Mangel an Mut geht aber zu seinen Lasten, zumal er von der notariellen Beurkundungspflicht wusste.

bb) Verwirkung. Auch die **Verwirkung von Rechten** lässt sich der unzulässigen Rechtsausübung zuordnen. Sie betrifft die illoyale Verspätung der Rechtsausübung. Als Ausfluss von Treu und Glauben ist die Verwirkung **grundsätzlich neben dem Verjährungsrecht anwendbar**. Praktisch ist die Verwirkung umso weniger wichtig, je kürzer die Verjährungsfrist ist, weil sich bei einem (frühen) Eintritt der Verjährung ein Rückgriff auf die Verwirkung oft erübrigt.[107] Grundsätzlich kann die Verwirkung alle subjektiven Rechte erfassen,[108] auch etwa Widerrufsrechte.[109] Die Verwirkung steht der Geltendmachung von Ansprüchen entgegen, wenn der Vertragspartner bereits darauf **vertrauen** durfte, dass keine Forderungen mehr geltend gemacht werden, und er sich hierauf auch bereits eingerichtet hat. Das setzt erstens voraus, dass der Gläubiger ein Recht über längere Zeit hinweg nicht geltend gemacht hat, obwohl er es hätte geltend machen können **(Zeitmoment)**. Die Länge des Zeitraums hängt vom Einzelfall ab. Die regelmäßige Verjährungsfrist von drei Jahren kann nach der Rechtsprechung des BGH nur unter ganz besonderen Umständen weiter durch Verwirkung abgekürzt werden,[110] denn sie lässt dem Gläubiger ohnehin wenig Zeit für die Rechtsdurchsetzung. Zweitens sind **besondere Umstände** erforderlich, wegen derer der Schuldner darauf vertrauen durfte, dass der Gläubiger die Forderung nicht mehr geltend machen wird **(Umstandsmoment)**.[111] Der Zeitablauf allein genügt also nicht. Das Umstandsmoment der Verwirkung muss stets aus den Besonderheiten des Einzelfalls heraus unter Abwägung der betroffenen Interessen begründet werden. Dabei können auch Vertrauensdispositionen eine Rolle spielen.[112]

44

In **Fall 3** verweigert V die Unterhaltsnachzahlungen mit der Begründung, dem Anspruch stehe die mittlerweile verstrichene Zeit entgegen. Dass die Verjährungsfrist von drei Jahren aus § 195 hier noch nicht abgelaufen ist, lässt sich mit Blick auf die Daten unschwer feststellen. Daher kann V sich höchstens auf eine Verwirkung als Unterfall von § 242 stützen. Zunächst mag man sich fragen, ob eine Verwirkung ausgeschlossen ist, weil § 207 Abs. 1 S. 2 Nr 2 für Ansprüche von Kindern gegen ihre Eltern eine Verjährungshemmung ausspricht, um die Anspruchsberechtigten vor einem zeitlich bedingten Verlust von Ansprüchen bis zur Vollendung ihres 21. Lebensjahres zu schützen. Einen generellen Ausschluss der Verwirkung aus diesem Grund lehnte der BGH ab, allerdings müsse die Verwirkung im Einzelfall gut begründet sein.[113] Bei der Prüfung der Verwirkung bejahten die Richter das Zeitmoment mit dem Argument, der Unterhalt sei bewusst an die aktuellen Lebensverhält-

---

107 MünchKomm/*Schubert*, BGB⁸, § 242 Rn 391 f.
108 MünchKomm/*Schubert*, BGB⁸, § 242 Rn 372 ff (auch zu Ausnahmen).
109 BGH NJW 2016, 3512.
110 Vgl BGH NJW 2013, 1230.
111 Vgl BGH NJW-RR 2003, 727.
112 MünchKomm/*Schubert*, BGB⁸, § 242 Rn 408 ff.
113 BGH NZFam 2018, 263, 264 f Rn 9, 16.

nisse gekoppelt, weshalb er sowieso nur ausnahmsweise rückwirkend bewilligt werden könne. Außerdem sei der Gläubiger (S) schon im Eigeninteresse dazu angehalten gewesen, zügig auf die Berechnung der Unterhaltssumme durch V zu reagieren.[114] Allerdings fehlte es nach Ansicht des BGH am Umstandsmoment: V durfte nicht allein aufgrund der fehlenden Reaktion von S davon ausgehen, dass dieser die Summe hingenommen oder gleich ganz auf Unterhalt verzichtet habe. Ein berechtigtes Vertrauen darauf, dass S auch in Zukunft von einer weitergehenden Geltendmachung absehen würde, sei nicht gegeben.[115] Daher ist keine Verwirkung eingetreten.

c) Korrektur rechtlicher Befugnisse

45 Auch flexible Korrekturen rechtlicher Befugnisse werden durch § 242 möglich. Die wichtigsten Anwendungsbereiche dieser Fallgruppe – die Lehre von der Geschäftsgrundlage und die Kündigung von Dauerschuldverhältnissen aus wichtigem Grund – sind in **§ 313 bzw § 314** kodifiziert. Deutlich wird die von § 242 ermöglichte Flexibilität heute noch etwa im schadensrechtlichen Institut der **Vorteilsausgleichung**.[116]

VII. Trennungs- und Abstraktionsprinzip

46 Trennungsprinzip und Abstraktionsprinzip kennzeichnen das deutsche Privatrecht und sind auch im Schuldrecht bedeutsam.[117] Als **Trennungsprinzip** bezeichnet man die Unterscheidung zwischen dem schuldrechtlichen Verpflichtungsgeschäft (etwa einem Kaufvertrag i.S.v. § 433) und dem Verfügungsgeschäft (etwa der Übereignung gem. § 929). Das Recht der Schuldverhältnisse betrifft die erste Ebene, nämlich die Verpflichtungsgeschäfte. Eine Ausnahme bildet die Abtretung (§§ 398 f).[118] Schuldverhältnisse begründen Rechte und Pflichten. Der Kaufvertrag begründet das Recht des Käufers, vom Verkäufer Übergabe und Übereignung zu verlangen. Der Käufer wird durch Abschluss des Kaufvertrags aber noch nicht Eigentümer. Dazu ist ein weiteres Rechtsgeschäft erforderlich, bei beweglichen Sachen also beispielsweise deren Übergabe und Übereignung (§ 929). Solche Rechtsgeschäfte nennt man auch Verfügungen. Eine **Verfügung** ist nach einer in der Rechtsprechung wiederkehrenden Formulierung ein Rechtsgeschäft, „durch das der Verfügende auf ein Recht unmittelbar einwirkt, es also entweder auf einen Dritten überträgt oder mit einem Recht belastet oder das Recht aufhebt oder es sonstwie in seinem Inhalt verändert".[119]

47 Das **Abstraktionsprinzip**, das vor allem von *Savigny* geprägt wurde,[120] knüpft an das Trennungsprinzip an: Beide Ebenen – Verpflichtung und Verfügung – sind auch in ihrer Wirksamkeit unabhängig voneinander. Das bedeutet zum einen, dass das Verfü-

---

114 BGH NZFam 2018, 263, 265 Rn 13.
115 BGH NZFam 2018, 263, 265 Rn 19.
116 Dazu näher unten Rn 1122 ff.
117 Lehrreich dazu *Bayerle* JuS 2009, 1079.
118 Zur Abtretung Rn 1208 ff.
119 BGHZ 101, 24; BGH NJW 2014, 3030.
120 MünchKomm/*Oechsler*, BGB[7], § 929 BGB Rn 8; *v. Savigny*, System des heutigen Römischen Rechts Bd II (1840), S. 254 ff, 257, 259; Bd III (1840), S. 312 f, 317 ff.

gungsgeschäft sich nur auf die Rechtsänderung bezieht (**innere Abstraktion**).[121] Daraus folgt der sog **„sachenrechtliche Minimalkonsens"**: Für die Einigung iSd § 929 ist nur erforderlich, dass eine Einigung darüber besteht, dass das Eigentum an der Sache übergehen soll. Eines Bezugs zum zugrundeliegenden Verpflichtungsgeschäft bedarf es nicht. Zum anderen bedeutet es, dass das Verfügungsgeschäft von der Wirksamkeit des Verpflichtungsgeschäfts unabhängig ist (**äußerliche Abstraktion**). Daraus folgt, dass bei Unwirksamkeit des Verpflichtungsgeschäfts die dingliche Güterzuordnung unberührt bleibt und eine bereicherungsrechtliche Rückabwicklung erforderlich ist (§§ 812 ff). In den **meisten anderen Rechtsordnungen** ist das **anders**.[122] So gilt beispielsweise im **österreichischen Privatrecht** nicht das Abstraktionsprinzip, sondern das **Kausalitätsprinzip** (§§ 328 ff bzw §§ 425 ff öABGB): Die Unwirksamkeit des Verpflichtungsgeschäfts hat dem Kausalitätsprinzip zufolge auch die Unwirksamkeit des Verfügungsgeschäfts zur Folge. Eine bereicherungsrechtliche Rückabwicklung wird dadurch entbehrlich – der Veräußerer bleibt Eigentümer. Noch einen Schritt weiter von den deutschen Vorstellungen entfernt ist das **französische Recht**: Artt. 711, 1196 Abs. 1 Code civil bestimmen, dass es für die Übereignung lediglich *einer* Willenseinigung bedarf, die Übereignung also bereits durch den Abschluss des Kaufvertrages eintritt (**Einheitsprinzip**). Auf einen weiteren Publizitätsakt kommt es nicht an, ebenso wenig auf die Zahlung des Kaufpreises. Als Mindestvoraussetzung sieht Art. 1583 Code civil lediglich vor, dass die *essentialia negotii* klar bestimmt sein müssen (**Konsensprinzip**).[123]

Das Abstraktionsprinzip wirkt sich zunächst zugunsten derjenigen Person aus, zu deren Gunsten eine rechtsgrundlose Verfügung erfolgt: Sie wird Eigentümer. Vor allem aber schützt es die **Interessen des Rechtsverkehrs**: Wenn der (neue) Eigentümer weitere Verfügungen trifft, sind die jeweiligen Erwerber zum Eigentumserwerb nicht auf die engen Voraussetzungen des gutgläubigen Erwerbs angewiesen. Denn sie erwerben ja vom Eigentümer als Berechtigten. Das lässt schwierige Prüfungen der Eigentumsverhältnisse entbehrlich werden. Freilich wirkt sich dieser Schutzgedanke im Ergebnis **zu Lasten des ursprünglichen Eigentümers** aus und **schwächt die Unwirksamkeitsgründe**. In der Rechtsanwendung wird das Abstraktionsprinzip im deutschen Recht zumindest durch zahlreiche (und meist umstrittene) Ausnahmen durchbrochen.[124] Trotz alledem wird das Abstraktionsprinzip in der **deutschen Lehre** überwiegend als **große Errungenschaft** verteidigt – vor allem wegen seiner verkehrsschützenden Funktion.[125] Aus der Perspektive nicht-deutscher Rechtswissenschaftler fällt die Beurteilung meist kritischer aus. Besonders pointiert formuliert etwa *Koziol*: „Dass der Schutz Schlechtgläubiger und die Vernachlässigung überwiegender Interessen des früheren Eigentümers ein besonderes Gütesiegel für eine Verkehrsschutzregelung bedeuten soll und das Unvermögen, zwischen Schutzwürdigen und Unwürdigen zu differenzieren, als Zeichen besonderer Flexibilität anzusehen sei, vermag Angehörigen anderer Rechtsordnungen jedenfalls nicht einzuleuchten."[126]

48

---

121 MünchKomm/*Oechsler*, BGB⁷, § 929 Rn 8.
122 Vgl *Koziol* AcP 212 (2012), S. 1, 16 f.
123 Dazu ausführlich *Sauer* ZVglRWiss 2019, 81, 91 f.
124 Dazu *Lieder* JuS 2016, 673.
125 Vgl etwa MünchKomm/*Oechsler*, BGB⁷, § 929 Rn 11.
126 *Koziol* AcP 212 (2012), 1, 20.

VIII. Relativität der Schuldverhältnisse

1. Grundprinzip

49 **Schuldverhältnisse** verbinden **zwei Personen** durch aufeinander bezogene und miteinander **korrelierende Rechte und Pflichten**. Der Witz des Schuldrechts besteht gerade in dieser Fokussierung auf nur zwei Personen, die durch das Schuldverhältnis rechtlich in einer „engeren" Verbindung stehen als sie es ohne Schuldverhältnis würden. Die wechselseitigen Rechte und Pflichten bestehen deshalb auch grundsätzlich nur in der Relation dieser beiden Personen (**Relativität der Schuldverhältnisse**). Wer dem Schuldverhältnis nicht angehört, bleibt von diesen Rechten und Pflichten grundsätzlich unberührt: Weder kann er Rechte aus ihm ableiten, noch treffen ihn Pflichten wegen des Schuldverhältnisses anderer. Vertragliche Abmachungen gehen Außenstehende nichts an.[127] Wenn ich ein Auto bei einem Münsteraner Autohändler kaufe, gibt mir dieser Kaufvertrag vertragliche Ansprüche nur gegen den Autohändler. Ich kann meine Rechte aus dem Kaufvertrag nicht dem Hersteller gegenüber geltend machen. Natürlich kann der Hersteller sich in einem eigenen Vertrag mir gegenüber verpflichten; das geschieht in der Praxis häufig (selbständige Garantien). Dazu tritt, unter bestimmten Voraussetzungen, die Produzentenhaftung.[128] Und denkbar sind auch, wie etwa im Diesel-Abgasskandal relevant, deliktische Ansprüche.[129] Auch für diese gilt freilich, wie für gesetzliche Schuldverhältnisse allgemein, die Begrenzung der Rechtsfolgen auf die durch sie gebundenen Parteien.

50 **Schuldrechtliche Forderungen** sind deshalb auch **nicht als absolutes, gegenüber allen wirkendes Recht iSd § 823 Abs. 1 geschützt**.[130] Das zeigt sich beispielsweise beim Doppelverkauf:

> In **Fall 4** scheitert der Anspruch der B auf Übergabe und Übereignung aus § 433 Abs. 1 S. 1 gegen A an § 275 Abs. 1. Sie könnte zwar sekundärrechtliche Ansprüche geltend machen, etwa aus §§ 280 Abs. 1, Abs. 3, 283 oder § 284, aber das entspricht nicht ihrem Rechtsziel. Im Verhältnis zu C steht die Relativität der Schuldverhältnisse vertraglichen Ansprüchen entgegen: Der Kaufvertrag zwischen A und B gibt B keine Rechte gegen C. Der Kaufvertrag zwischen A und B geht C nichts an. Auch § 823 Abs. 1 hilft B nicht weiter: Die aus dem Kaufvertrag resultierenden Rechte sind relative Rechte und damit gerade keine absoluten, allen gegenüber geschützten Rechte iSd § 823 Abs. 1. B verbleibt allein § 826, um von C doch noch die Herausgabe des Gemäldes zu erreichen. Die Hürden der Norm sind aber hoch, denn § 826 setzt eine vorsätzliche sittenwidrige Schädigung voraus. Die Norm kann eingreifen, wenn C im Einzelfall A zum Vertragsbruch überredete und ihn von allen Ansprüchen der B freistellte, nur um diese zu schädigen.[131] Davon ist hier nicht auszugehen, weshalb sich B mit Schadens- bzw Aufwendungsersatz begnügen muss.

---

127 Vgl BGH NJW 1981, 2184, 2185.
128 Dazu etwa *Fuchs/Baumgärtner* JuS 2011, 1057.
129 Dazu *Witt* NJW 2017, 3681; *Heese* NJW 2019, 257.
130 Hk/*Staudinger*, BGB[10], § 823 Rn 30 mwN.
131 BGH NJW 1981, 2184; vgl auch BGH NJW 1994, 128.

2. Ausnahmen

Wie jedes schuldrechtliche Prinzip setzt sich die Relativität der Schuldverhältnisse nicht immer anderen Prinzipien oder Gerechtigkeitsgedanken gegenüber durch. Man kann insoweit auch von **Durchbrechungen der Relativität der Schuldverhältnisse** sprechen. Dabei geht es um Situationen, in denen Dritte aus spezifischen Gründen von den Rechten und Pflichten aus einem Schuldverhältnis berührt werden – sie also ein fremdes Schuldverhältnis ausnahmsweise doch einmal etwas angeht. 51

So geht einen Dritten der Vertrag zwischen zwei anderen Personen dann etwas an, wenn dieser Vertrag gerade zu seinen Gunsten abgeschlossen wurde: Dies ist etwa dann der Fall, wenn eine Familienmutter einen Lebensversicherungsvertrag zugunsten ihrer Tochter abschließt. Solche Verträge sind als **Verträge zugunsten Dritter** in den **§§ 328 ff** geregelt.[132] Eine weitere Durchbrechung haben wir beim Vertrauensschutzprinzip schon kennengelernt:[133] Gem. **§ 311 Abs. 3** kann ein **Schuldverhältnis auch Dritten gegenüber** begründet werden – etwa dann, wenn der Dritte gegenüber den eigentlichen Vertragsparteien in besonderem Maße Vertrauen für sich in Anspruch genommen hat. Den Dritten treffen dann Pflichten aus einem für ihn an sich fremden Schuldverhältnis. Die Voraussetzungen dieser Norm sind allerdings eng; dahinter steht gerade das Prinzip der Relativität der Schuldverhältnisse, das Durchbrechungen nur in Ausnahmefällen zulässt. 52

Dritte können, wie wir soeben gesehen haben, Pflichten aus einem fremden Schuldverhältnis treffen. Sie können aber auch aus einem fremden Schuldverhältnis berechtigt sein, wie § 328 zeigt. Ein weiterer Fall, in dem Dritten Ansprüche aus einem fremden Schuldverhältnis zugesprochen werden, ist der **Vertrag mit Schutzwirkung zugunsten Dritter**.[134] Das Institut gibt Dritten Schadensersatzansprüche wegen der Verletzung von Schutzpflichten aus einem Schuldverhältnis, dem die Dritten gar nicht angehören. Sein Zweck liegt vor allem darin, Schwächen des deutschen Deliktsrechts auszugleichen, indem ansonsten weitestgehend schutzlosen Dritten zumindest Schadensersatzansprüche zuerkannt werden. Eng verwandt mit dem Vertrag mit Schutzwirkung zugunsten Dritter ist das Institut der **Drittschadensliquidation**[135]: Streng genommen begründet es keine Durchbrechung der Relativität der Schuldverhältnisse – denn die Ansprüche verbleiben in den jeweiligen Vertragsbeziehungen. Mit Blick auf seine Ordnungsaufgabe gehört es aber doch hierher. Wenn in einem Schuldverhältnis die Pflichtverletzung des Schuldners zu einem Schaden führt, der – aus zufälligen Gründen – nicht den Gläubiger, sondern einen Dritten trifft, kann der Gläubiger in bestimmten Fällen den Schaden des Dritten geltend machen. Der Dritte profitiert davon im Ergebnis, regelmäßig durch Abtretung des Schadensersatzanspruchs. 53

---

132 Einzelheiten unten Rn 1136 ff.
133 Oben Rn 23.
134 Näher unten Rn 1180 ff.
135 Einzelheiten unten Rn 1193 ff.

§ 2 Überblick und Systematik des Schuldrechts

54 **Fall 5** (nach BGH NJW-RR 2017, 272): Hauseigentümer E fuhr auf Kur, sein Nachbar N versorgte während seines Kuraufenthalts das Haus und bewässerte den Garten. Leider drehte er leicht fahrlässig nach der Gartenbewässerung nur die Spritze am Schlauch zu, nicht aber den Wasserhahn. Der Wasserdruck löste den Schlauch aus der Spritze, das austretende Wasser drang in das Untergeschoss des Hauses und verursachte erhebliche Schäden. Die Gebäudeversicherung regulierte den Schaden des E, nahm jedoch N und seine Haftpflichtversicherung auf Ersatz dieser Schäden in Anspruch.

Fall 6 (nach BGH NJW 1974, 1705): A, B und C schlossen sich zu einer Lottogemeinschaft zusammen, bei der A und B dem C wöchentlich ihren Wetteinsatz gaben und C im eigenen Namen den Lottoschein mit bestimmten festliegenden Zahlenreihen ausfüllte und zur Annahmestelle brachte. Auf Grund beruflicher Verpflichtungen kam C vor einer Ausspielung der Abrede nicht nach, wodurch der Lottogemeinschaft ein Gewinn iHv ca 10.000 Euro entging. Können A und B Schadensersatz von C verlangen?

I. Das Schuldverhältnis als rechtliche Sonderverbindung

55 Das zweite Buch des BGB befasst sich mit dem Recht der Schuldverhältnisse. Schuldverhältnisse bestehen paradigmatisch zwischen zwei Personen – dem Schuldner[1] und dem Gläubiger. Den **Kern des Schuldverhältnisses** beschreibt **§ 241 Abs. 1 S. 1**: „Kraft des Schuldverhältnisses ist der Gläubiger berechtigt, von dem Schuldner eine Leistung zu fordern." Im Fokus des Schuldrechts steht also das **Verhältnis von Gläubiger und Schuldner**, das den Gläubiger zur Forderung einer Leistung vom Schuldner berechtigt. Das in § 241 Abs. 1 S. 1 beschriebene Forderungsrecht entspricht der Definition des Anspruchs in § 194 Abs. 1. § 241 Abs. 1 verdeutlicht, dass der Schuldner zur Leistung auch dann verpflichtet ist, wenn der Gläubiger gar kein geldwertes Interesse an der Leistung hat.[2]

56 § 241 Abs. 1 S. 1 spricht das *Recht* des Gläubigers an. Dieses Recht impliziert eine *Pflicht* des Schuldners.[3] Beispielsweise impliziert das Recht des Verkäufers, vom Käufer Kaufpreiszahlung zu verlangen (§ 433 Abs. 2), die Pflicht des Käufers, den Kaufpreis zu zahlen. Der Anspruch auf die Leistung und die Pflicht zur Leistung sind gleichsam **zwei Seiten einer Medaille**.

57 Schuldverhältnisse verbinden durch diese Relation von Recht und Pflicht zwei Personen auf besondere Art und Weise. Wir haben natürlich auch ohne Schuldverhältnisse Rechte und Pflichten, sogar allen anderen Personen gegenüber *(erga omnes)*. Das setzt § 823 Abs. 1 voraus: Wir alle haben ein Recht gegen alle anderen, dass uns niemand grundlos vorsätzlich oder fahrlässig an Leben, Körper oder Gesundheit verletzt. Um solche *absoluten* Rechte geht es im

---

[1] Als „Schuldner" und „Gläubiger" bezeichne ich im Folgenden stets alle Geschlechtsidentitäten.
[2] Näher zu den Hintergründen und zur Entstehung der Norm MünchKomm/*Bachmann*, BGB⁸, § 241 Rn 1.
[3] *Hohfeld*, Fundamental Legal Conceptions as Applied in Judicial Reasoning and other Legal Essays (1923), S. 38.

Schuldrecht aber nicht, solange eine solche Verletzung nicht erfolgt ist oder zumindest droht. Vielmehr betrifft das Schuldrecht besondere Rechte und Pflichten, die auf einer engeren Beziehung zweier Personen beruhen und nur zwischen ihnen (inter partes) bestehen (**Relativität der Schuldverhältnisse**[4]).

Zweipersonenverhältnisse sind das **Paradigma des Schuldrechts**. Dieses Paradigma ist freilich häufig durchbrochen, wenn Dritte im Schuldrecht eine Rolle spielen.[5] 58

In **Fall 6** könnte ein Schuldverhältnis zwischen allen drei Teilnehmern der Lottogemeinschaft bestehen. Ersichtlich handelt es sich zwar nicht um ein Verhältnis nur zweier Personen. Fragt man nach Ansprüchen der A und B gegen C, wird aber deutlich, dass A und B einerseits dem C als mögliche Gläubiger der denkbaren Ansprüche gegenüberstehen, C seinerseits als möglicher Schuldner A und B gegenüber. Damit ist auch hier die Prüfung etwaiger Ansprüche auf das Paradigma der Zweipersonenverhältnisse hin geordnet.

II. Allgemeiner und Besonderer Teil des Schuldrechts

Das **Klammerprinzip** ist ein rechtstechnisches Markenzeichen des deutschen BGB, das sich am deutlichsten in seinem Allgemeinen Teil (1. Buch des BGB) zeigt, der diejenigen allgemeinen Regeln vor die Klammer zieht, die grundsätzlich für das gesamte BGB gelten sollen. Aber auch das 2. Buch des BGB wendet bei Schuldverhältnissen erneut das **Klammerprinzip** an: Das Allgemeine Schuldrecht, also die §§ 241 bis 432, zieht Regeln wie bei einer mathematischen Gleichung der Form „$xa + xb = x (a + b)$" vor die Klammer. Diese Regeln finden auf alle „in die Klammer" einbezogenen Schuldverhältnisse Anwendung – unabhängig vom Entstehungsgrund der Schuld. Beispielsweise gilt die Regel des § 266, wonach der Schuldner im Zweifel nicht zu Teilleistungen berechtigt ist, für alle im Besonderen Schuldrecht normierten Schuldverhältnisse (also etwa für Kauf- oder Werkverträge ebenso wie für deliktische Schuldverhältnisse beispielsweise aus § 823 Abs. 1). Allerdings sind viele Normen des Allgemeinen Schuldrechts vor allem auf Verträge zugeschnitten und spielen in der Praxis des Rechts auch meist nur bei ihnen eine Rolle (Beispiele: §§ 243, 267, 364). 59

Im **Besonderen** Teil des Schuldrechts, der mit dem 8. Abschnitt des 2. Buchs beginnt, finden sich sodann besondere **Regeln für spezifische Schuldverhältnisse**. Das bringt der Titel des 8. Abschnitts „Einzelne Schuldverhältnisse" anschaulich zum Ausdruck. Zu diesen gehören zunächst vor allem vertragliche Schuldverhältnisse. So ist ab § 433 der Kaufvertrag als Paradigma des gegenseitigen Austauschvertrags geregelt. Die wichtigsten gesetzlichen Schuldverhältnisse sind in Titel 26 (Ungerechtfertigte Bereicherung) und Titel 27 (Unerlaubte Handlungen) geregelt. 60

---

[4] Näher dazu oben Rn 49 ff.
[5] Dazu oben Rn 51 ff.

III. Schuldverhältnisse: Begriff, Einteilung und Abgrenzung

1. Schuldverhältnis im engeren und im weiteren Sinn

61 Wenn § 241 Abs. 1 S. 1 von der Berechtigung des Gläubigers spricht, von dem Schuldner eine Leistung zu fordern, so nimmt die Norm ebenso wie § 194 Abs. 1 eine spezifische Rechtsposition in den Blick, nämlich den Anspruch des Gläubigers. Mit ihm korreliert die Pflicht des Schuldners, die jeweilige Leistung zu erbringen. Dieser Anspruch und die mit ihm korrelierende Pflicht werden auch als **Schuldverhältnis im engeren Sinn** bezeichnet.[6]

62 Der Begriff des Schuldverhältnisses kann jedoch auch in einem **weitergehenden Sinn** verwendet werden, der über Anspruch und Pflicht iSd §§ 241 Abs. 1 S. 1 und 194 Abs. 1 hinausgeht: Weder § 241 Abs. 1 S. 1 noch § 194 Abs. 1 bezeichnen weitere Rechte und Pflichten, die sich aus der engen Beziehung von Schuldner und Gläubiger ergeben können. Auf sie weist aber schon § 241 Abs. 2 hin, wonach das Schuldverhältnis nach seinem Inhalt jeden Teil zur Rücksicht auf die Rechte, Rechtsgüter und Interessen des anderen Teils verpflichten kann **(Schutzpflichten)**. Wer einen Maler damit beauftragt, die Wand eines Zimmers zu streichen, hat einen Anspruch gegen den Maler, dass er ebendies tut. Aber er hat gem. § 241 Abs. 2 auch ein ganzes Bündel weiterer Rechte: Darauf, dass der Maler die Einrichtungsgegenstände des Zimmers nicht beschädigt oder dass er keine Wertgegenstände klaut und so fort. Der Maler kann auch zur Aufklärung bzgl etwaiger Gesundheitsgefahren verpflichtet sein, die beispielsweise aus dem Einsatz bestimmter Lacke resultieren können.

63 Mit dem **Schuldverhältnis im weiteren Sinn** ist das **gesamte komplexe Bündel rechtlicher Relationen** gemeint, das aus der konkreten engeren Beziehung zwischen (paradigmatisch) zwei Personen resultiert.

Dazu gehören die von § 241 Abs. 1 S. 1 in den Blick genommenen Forderungsrechte (und die mit ihnen korrelierenden Pflichten), aber dazu gehören vor allem auch die in § 241 Abs. 2 beschriebenen Schutzpflichten. Letztere können auch schon im Vorfeld eines Schuldverhältnisses bestehen (vgl § 311 Abs. 2) und sie enden nicht, wenn die Leistungspflicht iSd § 241 Abs. 1 S. 1 erloschen ist. Beispielsweise kann der Verkäufer eines Backofens gem. § 241 Abs. 2 verpflichtet sein, für eine gewisse Zeit Ersatzteile vorrätig zu halten. Die konkrete Zeitspanne, für die der Verkäufer verpflichtet ist, hängt vom jeweiligen Produkt und seiner üblichen Lebensdauer ab.[7] Er kann auch zur Warnung oder zum Rückruf verpflichtet sein,[8] etwa, wenn er nach der Erfüllung Kenntnis davon erlangt, dass ein Dauerbetrieb des Backofens für mehrere Stunden mit einer erheblichen Explosionsgefahr einhergeht. Relevant ist das vor allem bei technischen oder auch chemischen Produkten.[9] Typische Anwendungsfälle sind etwa Produktbeobachtungspflichten von KFZ-Herstellern.[10]

---

6 MünchKomm/*Bachmann*, BGB[8], § 241 Rn 4; krit. zum Begriff des Schuldverhältnisses i.e.S. PWW/*Schmidt-Kessel/Kramme*, BGB[13], § 241 Rn 4.

7 Näher zur Pflicht, Ersatzteile vorzuhalten, etwa MünchKomm/*Ernst*, BGB[8], § 280 Rn 118; BeckOK/*Sutschet*, BGB[51], § 241 Rn 102; Hk/*Saenger*, BGB[10], § 433 Rn 11; *Nietsch* JZ 2014, 229.

8 Vgl MünchKomm/*Ernst*, BGB[8], § 280 Rn 118; BeckOK/*Sutschet*, BGB[51], § 241 Rn 102; zum Rückruf bereits vermarkteter Produkte MünchKomm/*Wagner*, BGB[7], § 823 Rn 846 ff.

9 Vgl etwa BGHZ 80, 186, 191 = NJW 1981, 1603 (Derosal); BGHZ 80, 199, 202 = NJW 1981, 1606 (Benomyl).

10 Näher dazu *Droste* CCZ 2015, 105; aus der Rechtsprechung vgl etwa BGHZ 99, 167 (Honda).

Das **BGB** verwendet den Begriff „**Schuldverhältnis**" je nach Regelungskontext sowohl mit der Bedeutung „Schuldverhältnis im weiteren Sinn" als auch in der Bedeutung von „Schuldverhältnis im engeren Sinn". Welche Bedeutung vorliegt, ergibt sich im Wege der Auslegung, wobei der jeweilige Regelungsgegenstand und -kontext meist problemlos weiterhelfen. So meint **§ 362 Abs. 1** nicht das Schuldverhältnis im weiteren Sinne, sondern bloß das **Schuldverhältnis im engeren Sinne**, wenn er davon spricht, dass das „Schuldverhältnis erlischt, wenn die geschuldete Leistung an den Gläubiger bewirkt wird." Andernfalls ließe sich nicht begründen, weshalb es nachwirkende Nebenpflichten und Schutzpflichten (wie etwa zum Produktrückruf oder zur Bereithaltung von Ersatzteilen) auch noch nach Erfüllung gibt. Demgegenüber ist beispielsweise in **§ 311 Abs. 1** vom **Schuldverhältnis im weiteren Sinne** die Rede, wenn der Vertrag als regelmäßiges Erfordernis für die Begründung eines Schuldverhältnisses durch Rechtsgeschäft bezeichnet wird.

64

2. Rechtsgeschäftliche und gesetzliche Schuldverhältnisse

a) Überblick

Schuldverhältnisse können nach ihrem **Entstehungsgrund** in rechtsgeschäftliche und gesetzliche Schuldverhältnisse eingeteilt werden. Die Regeln des Allgemeinen Schuldrechts gelten grundsätzlich sowohl für rechtsgeschäftliche Schuldverhältnisse als auch für gesetzliche Schuldverhältnisse. Das ergibt sich aus dem Klammerprinzip, das im BGB auch im Schuldrecht eingesetzt ist, um den Rechtsstoff zu ordnen.[11] Allerdings gibt es Teile des Allgemeinen Schuldrechts, die sich nur auf rechtsgeschäftliche Schuldverhältnisse beziehen (etwa §§ 305-310) oder auch nur auf Verträge (§§ 311-361) oder auf gegenseitige Verträge (§§ 320-326).

65

b) Rechtsgeschäftliche Schuldverhältnisse

Die im Schuldrecht fokussierte enge Beziehung zwischen zwei Personen kann insbesondere auf **Rechtsgeschäften** beruhen.

66

Rechtsgeschäftliche Schuldverhältnisse entstehen, wenn und weil ein Rechtsgeschäft zwischen mindestens zwei Personen vorliegt. Fast immer ist damit ein Vertrag gemeint. **Verträge spielen für unser Leben eine wichtige Rolle**: Viele Menschen haben als Mieter einer Wohnung ein rechtsgeschäftliches Schuldverhältnis mit einem Vermieter (§ 535). Oft schließen wir Kaufverträge (§ 433) ab. Wenn jemand eine Malerin engagiert, damit sie sein Haus tapeziert, liegt ein Werkvertrag (§ 631) vor.

67

In **ökonomischer Perspektive** sind Verträge unverzichtbar, um die **Verteilung knapper Ressourcen** zu steuern. Verträge bilden eine zentrale Grundlage für **Märkte**, auf denen Güter und Dienstleistungen ausgetauscht werden. Natürlich sind funktionsfähige Märkte auch etwa auf kartellrechtliche- und wettbewerbsrechtliche Regeln angewiesen. Die schuldrechtlichen Regelungen bilden aber jedenfalls eine wichtige Grundlage für jede Form der Marktwirtschaft. Verträge können die **Gesamtwohlfahrt** einer Volkswirtschaft erhöhen. Sie verteilen auch Chancen, Risiken und Vermögen. Die Regeln des Schuldrechts tragen zu dieser **Verteilung** erheb-

68

---

11 Dazu oben Rn 59 f.

lich bei.¹² Dabei werden sie natürlich von einer Reihe anderer Regeln unterstützt – etwa von steuerrechtlichen oder sozialrechtlichen Bestimmungen.

69 Rechtsgeschäftliche Schuldverhältnisse entstehen grundsätzlich aus einem zweiseitigen, also beide Seiten verpflichtenden Rechtsverhältnis. In seltenen Fällen entsteht ein rechtsgeschäftliches Schuldverhältnis aber auch aus einem **einseitigen Rechtsverhältnis**. Das wichtigste Beispiel ist die **Auslobung** (§ 657). Eine Auslobung liegt etwa dann vor, wenn ich per Zettelaushang in der Nachbarschaft dem Finder meiner Katze 50 Euro verspreche, wenn er sie mir bringt. Allein darin liegt jedoch noch kein Schuldverhältnis: Die Aussetzung der Belohnung hat noch keine enge Beziehung zwischen zwei konkreten Personen geschaffen – *jeder*, der die Katze findet und mir bringt, kommt in Betracht. Das ändert sich erst, wenn der Erfolg eingetreten oder die Handlung ausgeführt ist: Dann ist zwischen der ausführenden Person und der die Belohnung aussetzenden Person ein Schuldverhältnis entstanden. Das zeigt die Rechtsfolge des § 657: Der Aussetzende ist dem Handelnden verpflichtet, die Belohnung zu entrichten. Diese Pflicht ist ein Schuldverhältnis iSd § 241 Abs. 1 (ein Schuldverhältnis im engeren Sinn) und zugleich Bestandteil eines Schuldverhältnisses im weiteren Sinn.

c) Gesetzliche Schuldverhältnisse

70 Gesetzliche Schuldverhältnisse entstehen **allein durch ein Gesetz**, ohne dass dafür ein Rechtsgeschäft erforderlich wäre. Nötig ist nur, dass der **Tatbestand** des jeweiligen Gesetzes **erfüllt** ist. Die wichtigsten gesetzlichen Schuldverhältnisse im BGB sind die **deliktischen** und die **bereicherungsrechtlichen** Schuldverhältnisse.

71 Die im Schuldrecht fokussierte Sonderverbindung ergibt sich dann unmittelbar aus dem Gesetz. So können **unerlaubte Handlungen** (Delikte) ein Schuldverhältnis begründen. Unerlaubte Handlungen sind vor allem in den **§§ 823 f, 826** geregelt. § 823 Abs. 1 knüpft etwa eine Schadensersatzpflicht daran, dass eine Person rechtswidrig und schuldhaft ein bestimmtes Rechtsgut einer anderen Person verletzt. Beispiele bieten die vorsätzliche Körperverletzung einer Person durch eine andere Person und die vorsätzliche Sachbeschädigung. Wenn ich absichtlich Kaffee über Ihr Smartphone schütte und es dadurch zerstöre, ist der Tatbestand des § 823 Abs. 1 erfüllt – ich habe rechtswidrig und schuldhaft das Eigentum einer anderen Person verletzt. Allein durch mein deliktisches Tun ist ein Schuldverhältnis iSd § 241 zwischen mir und der geschädigten Person entstanden. Auf dieses Schuldverhältnis finden nach seiner Entstehung die Regeln des Allgemeinen Schuldrechts Anwendung. So beurteilt sich beispielsweise nach den §§ 249 ff, auf welche Weise und in welcher Höhe ich Schadensersatz leisten muss.¹³

72 Auch **deliktische Schuldverhältnisse** bringen **Schutzpflichten iSd § 241 Abs. 2** mit sich. Das gilt allerdings **erst ab dem Moment ihrer Entstehung**. Ein Beispiel sind Schutzpflichten bei der Schadensersatzleistung durch Naturalrestitution gem. § 249 Abs. 1. So könnte ich im Kaffee-Smartphone-Beispiel als Smartphone-Experte Schadensersatz gem. § 249 Abs. 1 dadurch leisten, dass ich das Smartphone selbst reparie-

---

12 *Arnold*, Vertrag und Verteilung (2014), S. 7-11.
13 Einzelheiten zum Schadensrecht werden in den §§ 13 und 14 behandelt.

re. Darauf muss sich der Geschädigte gem. § 249 Abs. 2 S. 1 freilich nicht einlassen. Er kann auf Schadensersatz in Geld bestehen.[14] Wenn sich der Geschädigte gleichwohl auf die Reparatur durch den Schädiger einlässt, ist er durch Schutzpflichten aus § 241 Abs. 2 zusätzlich geschützt. Wenn ich die Reparatur des Smartphones auf Ihrem Holztisch vornehme, so trifft mich etwa die Pflicht, während der Reparatur keine ätzenden Flüssigkeiten auf Ihren Holztisch zu spritzen.

Auch die seit dem SMG 2002[15] in **§ 311 Abs. 2** geregelte **culpa in contrahendo** (Haftung aus geschäftlichem Kontakt) ist in der Systematik des BGB seitdem den **gesetzlichen Schuldverhältnissen zuzuordnen**.[16] Denn das Schuldverhältnis aus culpa in contrahendo entsteht, wenn die Voraussetzungen des § 311 Abs. 2 erfüllt sind. Danach können Schuldverhältnisse mit Nebenpflichten iSd § 241 Abs. 2 durch geschäftliche Kontakte entstehen – insbesondere durch die Aufnahme von Vertragsverhandlungen oder bei der Anbahnung von Verträgen. Ihren **Funktionen** nach steht die culpa in contrahendo allerdings **zwischen den rechtsgeschäftlichen und den gesetzlichen Schuldverhältnissen**. Ihr zentraler Regelungsort, § 311 Abs. 2, zeigt vor allem in den Nr 1 und 2, dass die culpa in contrahendo die vertragliche Haftung im Vorfeld „ergänzt", obwohl ein Vertrag eben nur „fast" besteht – eben, weil es erst zu Verhandlungen über einen Vertrag oder zu seiner Anbahnung gekommen ist (aber noch nicht unbedingt zu einem Vertrag). Allerdings liegt in diesen Fällen eben noch kein rechtsgeschäftliches Schuldverhältnis vor – wir bewegen uns ja noch im Vorfeld des Vertragsschlusses. Funktionell gleicht die culpa in contrahendo vor allem Schwächen der deliktischen Haftung aus. Insbesondere ermöglicht sie die Haftung für reine Vermögensschäden und die Anwendung des § 278; durch letztere wird die andernfalls drohende Exkulpationsmöglichkeit des § 831 Abs. 1 S. 2 verhindert.

73

3. Schuldverhältnisse außerhalb des zweiten Buchs des BGB

Schuldrechtliche Sonderverbindungen finden sich aber nicht nur im zweiten, sondern auch in **anderen Büchern des BGB**. Im **Allgemeinen Teil** finden wir Leistungspflichten etwa in § 122 oder § 179. Auch im **Familien- und Erbrecht** gibt es zahlreiche Beispiele für schuldrechtliche Sonderverbindungen, so etwa das Forderungsrecht des Vermächtnisnehmers gegen den Erben aus § 2174 oder der Anspruch eines Ehegatten auf Ausgleich des Zugewinns aus § 1378. Im **Sachenrecht** finden sich ebenfalls Ansprüche, die oft als „dingliche" Ansprüche bezeichnet werden. Beispiele sind der Herausgabeanspruch des Eigentümers aus § 985 und der Unterlassungs- und Beseitigungsanspruch des Eigentümers aus § 1004.

74

Auch auf diese **Schuldverhältnisse außerhalb des zweiten Buchs** des BGB finden die **Normen des Schuldrechts grundsätzlich Anwendung**.[17] Teilweise wird dagegen angenommen, § 241 Abs. 1 meine nur ein Tun oder Unterlassen in Gestalt einer „Leistung", nicht aber (wie § 194 Abs. 1) jedes Tun oder Unterlassen. In § 241 Abs. 1 seien daher nur schuldrechtliche Ansprüche aus dem zweiten Buch des BGB angesprochen; die Normen des Allgemeinen Schuldrechts seien nur dann auf Ansprüche außerhalb des zweiten Buchs des BGB anzuwenden, wenn

75

---

14 Dazu näher unten Rn 836.
15 Gesetz zur Modernisierung des Schuldrechts vom 26.11.2001 (BGBl. I S. 3138).
16 Einzelheiten der culpa in contrahendo werden in § 11 behandelt.
17 Staudinger/*Olzen*, BGB (2015), Einl vor § 241 Rn 12 ff; *Lieder* JuS 2011, 874, 875; *Gernhuber*, Das Schuldverhältnis (1989), § 1 I 4 (S. 3); beispielsweise ist der Schadensersatzanspruch aus §§ 280 Abs. 1, Abs. 3, 281 nach der Rechtsprechung des BGH auf den Herausgabeanspruch des § 985 anwendbar, vgl BGH NJW 2016, 3235.

sie im Einzelfall passen.[18] Diese Unterscheidung, die vor allem für „dingliche" Ansprüche herangezogen wird, überzeugt allerdings kaum:[19] Auch dingliche Ansprüche (etwa aus § 985) bestehen innerhalb eines rechtlichen Bandes zwischen zwei konkreten Personen – nämlich dem Eigentümer und dem Besitzer. Dass der Anspruch aus dem als Bündel verschiedener Rechtspositionen konstruierten umfassenden Eigentumsrecht gegenüber jedermann folgt, ändert daran nichts. Vielmehr liegt es hier ebenso wie bei deliktischen Ansprüchen aus § 823 Abs. 1: Vor Verwirklichung eines deliktischen Tatbestands liegt ebenso wenig ein Schuldverhältnis vor wie vor Entstehung eines Eigentümer-Besitzer-Verhältnisses iSd §§ 985, 986 Abs. 1. Im Moment der Entstehung resultiert indes eine besonders enge Verbindung zwischen Eigentümer und Besitzer – ebenso wie in den Fällen, in denen der Tatbestand des § 823 Abs. 1 erfüllt ist.

76 Freilich kann es **besondere Regelungsregime** geben, die in ihrem Anwendungsbereich den Rückgriff auf das allgemeine Leistungsstörungsrecht verhindern oder modifizieren. Ein wichtiges Beispiel bieten die **§§ 987 ff** (Eigentümer-Besitzer-Verhältnis). Daneben kann es im Einzelfall – insbesondere wegen sachenrechtlicher Besonderheiten – erforderlich sein, **schuldrechtliche Regeln teleologisch zu reduzieren**.[20]

77 So hat der BGH zu Recht entschieden, dass die **§§ 280, 281** auf den Herausgabeanspruch des Eigentümers aus **§ 985 Anwendung** finden.[21] Dabei sind allerdings sachenrechtliche Besonderheiten zu berücksichtigen, nämlich die Wertungen der §§ 987 ff. Danach muss der nicht berechtigte Besitzer einer Sache dem Eigentümer nur dann Schadensersatz leisten, wenn er verschärft haftet – wenn er also bösgläubig oder verklagt ist. Diese Wertung ist bei der Anwendung der §§ 280, 281 zu berücksichtigen, so dass der Eigentümer Schadensersatz gem. §§ 280 Abs. 1, Abs. 3, 281 nur dann verlangen kann, wenn der Besitzer, der seine Herausgabepflicht aus § 985 verletzt, bösgläubig oder verklagt ist. So sichert der BGH dem Eigentümer eine einfache Möglichkeit, vom Herausgabeverlangen auf ein Schadensersatzverlangen überzugehen. Dafür besteht auch ein praktisches Bedürfnis.[22]

> In **Fall 6** kommen vertragliche und deliktische Ansprüche von A und B gegen C in Frage.[23] Dingliche Ansprüche kommen hingegen nicht in Betracht, weil A und B nicht etwa den Lottoschein von C herausverlangen oder C unzulässig das Eigentum von A oder B beeinträchtigt. Auch hat C nichts Vermögenswertes erlangt, so dass A und B keine bereicherungsrechtlichen Ansprüche gegen C haben werden. Die drei Personen stehen ebenso nicht in einer familien- oder erbrechtlich relevanten Beziehung.

4. Gefälligkeiten

a) Grundlagen

78 Im täglichen Leben werden oft **Gefälligkeiten ohne Entgelt** erbracht: Nachbarn gießen Ihren Garten zur Urlaubszeit, Kommilitonen nehmen uns im Auto zur Uni mit, befreundete Architekten können uns bei der Planung unseres Hausbaus unterstützen, wir passen für ein paar Stunden auf den fünfjährigen Sohn unserer Vermieterin auf.

---

18 MünchKomm/*Bachmann*, BGB[8], § 241 Rn 6; *Medicus/Lorenz*, SR AT[21], Rn 6; *Picker*, FG 50 Jahre BGH (2000) 693, 718 ff.
19 Eingehend *Riehm*, Der Grundsatz der Naturalerfüllung (2015), S. 404 ff.
20 *Riehm*, Der Grundsatz der Naturalerfüllung (2015), S. 405.
21 BGH NJW 2016, 3235.
22 *Kaiser* NJW 2016, 3239.
23 Zu diesen Ansprüchen unten Rn 82 f.

Nicht immer führen Abreden über solche Gefälligkeiten zu einem Vertrag. Manchmal wird es den Interessen der Beteiligten eher entsprechen, wenn keine rechtliche Sonderverbindung resultiert. **Entscheidend** ist dabei in erster Linie, ob mit Blick auf die jeweiligen Umstände des Einzelfalls den Erklärungen ein **Rechtsbindungswille** entnommen werden kann.[24] Wenn ein solcher Rechtsbindungswille vorliegt, ist ein Vertrag und damit ein rechtsgeschäftliches Schuldverhältnis entstanden.[25]

Liegt **kein Rechtsbindungswille** vor, liegt auch **kein Schuldverhältnis** vor. Dann entstehen auch keine vertraglichen Erfüllungsansprüche. Je nach Einzelfall kann es zu einem **deliktischen Schuldverhältnis** kommen. So ist der Nachbar, der während des Gießens eine wertvolle Gartenskulptur grob fahrlässig beschädigt, aus § 823 Abs. 1 zum Schadensersatz verpflichtet – unabhängig vom Vorliegen eines vertraglichen Schuldverhältnisses. Ansprüche aus Geschäftsführung ohne Auftrag sind zwar denkbar, allerdings bei Gefälligkeiten des täglichen Lebens in der Regel abzulehnen, um diese nicht zu stark zu verrechtlichen und Wertungswidersprüche zu vermeiden.[26]

79

b) Die maßgeblichen Auslegungskriterien

Um zu ermitteln, ob ein Rechtsbindungswille – und damit ein rechtsgeschäftliches Schuldverhältnis – vorliegt, müssen wir die Erklärungen gem. **§§ 133, 157 auslegen**, uns also fragen, wie sie aus Sicht eines redlichen Erklärungsempfängers objektiv verstanden werden durften.[27] Aus dem **fehlenden Entgelt** für Gefälligkeiten allein darf man nicht herleiten, dass kein Rechtsbindungswille besteht.[28] Denn das BGB hat eine ganze Reihe von Vertragstypen eigens geregelt, bei denen Leistungen ohne Entgelt erbracht werden. Dazu zählen die Schenkung (§ 516), die Leihe (§ 598), der Auftrag (§ 662) und die unentgeltliche Verwahrung (§ 690). All diese Verträge begründen ein rechtsgeschäftliches Schuldverhältnis, bei ihrem Abschluss lag der Rechtsbindungswille also trotz des fehlenden Entgelts vor.

80

Für die Auslegung der Erklärungen sind die **Einzelfallumstände** und die jeweilige **Interessenlage** ausschlaggebend.[29] Schön sagt man, dass ein „bunter Strauß an Indizien" in Betracht kommt: Welcher Natur ist die Gefälligkeit, welchen Zweck verfolgt sie, in welcher Sphäre wird sie erbracht? Im engen Familienbereich oder zwischen engen Freunden wird man höhere Anforderungen an den Rechtsbindungswillen stellen können.[30] Der Rechtsbindungswille liegt andererseits umso näher, je höher die wirtschaftlichen Werte sind, um die es geht.[31] Auch erhebliche Gefahren oder Schäden, die drohen, wenn die Leistung nicht oder fehlerhaft erbracht wird, sprechen eher für einen Rechtsbindungswillen.[32] Andererseits muss das Haftungsrisiko für den Ge-

81

---

24 BGH NJW 1956, 1313, 1313; *Daßbach* JA 2018, 575, 575; *Paulus* JuS 2015, 496, 497.
25 BGH BeckRS 2012, 14989 Rn 13 ff; MünchKomm/*Bachmann*, BGB[8], § 241 Rn 165.
26 BGH NJW 2015, 2880, 2880; *Daßbach* JA 2018, 575, 578 f; vgl auch BGH NJW 1974, 1705, 1706.
27 BGH NJW 1956, 1313, 1313; BGH NJW 2009, 1141, 1142; OLG Hamm NJW-RR 1987, 1109, 1110; Staudinger/*Olzen*, BGB (2015), § 241 Rn 81; *Paulus* JuS 2015, 496, 497.
28 BGH NJW 1956, 1313, 1313.
29 BGH NJW 1956, 1313, 1313 f; BGH NJW 2009, 1141, 1142; OLG Hamm, NJW-RR 1987, 1109, 1110; Erman/*Westermann*, BGB[15], Einl vor § 241 Rn 14.
30 Vgl MünchKomm/*Bachmann*, BGB[8], § 241 Rn 171.
31 BGH NJW 1974, 1705, 1706; BGH, NJW 2015, 2880, 2880; dazu *Mäsch* JuS 2016, 70, 71.
32 BGH NJW 1956, 1313, 1313; OLG Saarbrücken NJW-RR 2002, 622, 623; Staudinger/*Olzen*, BGB (2015), § 241 Rn 85.

fälligen auch zumutbar sein. In **Prüfungsarbeiten** müssen die jeweiligen Sachverhaltsangaben sorgsam berücksichtigt und für die Begründung fruchtbar gemacht werden.[33]

c) Abgrenzung und Folgefragen anhand der Beispielsfälle

82 Die **Abgrenzung** und einige Folgefragen lassen sich **anhand von Fall 5** veranschaulichen: Der Regressanspruch der Gebäudeversicherung besteht nur dann, wenn Nachbar N Hauseigentümer E zum Schadensersatz verpflichtet ist. Ein vertraglicher Schadensersatzanspruch wäre auf § 280 Abs. 1 zu stützen. Allerdings fehlt es schon an einem Schuldverhältnis (hier wohl denkbar in Form eines Auftrags iSd § 662) zwischen E und N. Ihrer Natur nach entspricht die Gartenbewässerung unter Nachbarn sozial üblichen Gefälligkeiten, bei denen es der Interessenlage am ehesten entspricht, kein umfassendes Pflichtenprogramm iSd § 241 anzunehmen. N haftet allerdings aus § 823 Abs. 1. N hat den Tatbestand des § 823 Abs. 1 erfüllt, insbesondere handelte er fahrlässig. Gesetzliche Haftungsbeschränkungen (wie in §§ 521, 599 oder 690 normiert) sind auf die deliktische Haftung **bei unentgeltlicher Nachbarschaftshilfe** nicht anwendbar, der BGH lehnt insoweit auch eine Analogie ab.[34] In Betracht kommt ein **konkludent** vereinbarter bzw im Wege der **ergänzenden Vertragsauslegung** konstruierter Haftungsausschluss. Dafür ist die Antwort auf folgende hypothetische Frage entscheidend: Hätte E billigerweise zustimmen müssen, wenn N vorab einen Haftungsverzicht gefordert hätte? Der BGH verneint die Frage: Regelmäßig würde der Geschädigte nicht zustimmen, wenn der Schädiger (also hier N) haftpflichtversichert ist. Denn die Entlastung des Haftpflichtversicherers entspreche in der Regel nicht dem Willen der Beteiligten. Davon will der BGH auch bei alltäglichen unentgeltlichen Gefälligkeiten unter Nachbarn nicht abrücken.[35]

83 Dieselben Abgrenzungsfragen stellen sich in **Fall 6**. Auch hier ist eine vertragliche Haftung aus §§ 280 Abs. 1, Abs. 3, 283[36] nur möglich, wenn C gegenüber A und B eine rechtlich bindende Verpflichtung dahingehend übernommen hat, die Lottoscheine in der verabredeten Weise auszufüllen und bei der Annahmestelle einzureichen. Es könnte ein unentgeltlicher Auftrag iSd § 662[37] vorliegen. Das setzt voraus, dass der Abrede ein Rechtsbindungswille zugrunde liegt. Das ist durch Auslegung analog §§ 133, 157 zu ermitteln. Maßgeblich sind dabei die konkreten Einzelfallumstände, die Natur des Geschäfts, die wirtschaftliche Bedeutung der Tätigkeit und die Risiken, die mit ihr verbunden sind. Die Gefahr, dass der beauftragte Spieler gegen die Abrede verstößt, ist hoch: Man kann das Ausfüllen der Lottoscheine wegen anderweitiger Verpflichtungen vergessen oder versehentlich falsche Zahlen ankreuzen. Die Wahrscheinlichkeit, dass es dadurch zu einem erheblichen Schaden kommt, ist allerdings statistisch gering, weil nur wenige Lottoscheine gewinnen. Wenn jedoch ein solcher Schaden tatsächlich eintritt, kann die Schadenshöhe außergewöhnlich hoch sein und die wirtschaftliche Existenz des beauftragten Spielers gefährden.[38] Deshalb ist mit dem BGH **kein Rechtsbindungswille** anzunehmen. Es liegt eine **bloße Gefälligkeit** vor. Ein

---

33 Für Beispiele aus der Rechtsprechung s. Palandt/*Grüneberg*, BGB[78], Einl vor § 241 Rn 9; Staudinger/*Olzen*, BGB (2015), § 241 Rn 87.
34 BGH NJW-RR 2017, 272, 273; s. auch LG Mainz, NJW 1988, 2116, 2117.
35 BGH NJW-RR 2017, 272, 273 f.
36 Der „verlorene" Lottogewinn tritt an die Stelle der zu erbringenden Leistung, so dass es um Schadensersatz statt der Leistung (hier: §§ 280 Abs. 3, 283) geht. Zur Abgrenzung der Schadensarten näher unten Rn 408 ff.
37 Denkbar ist auch eine Gesellschaft bürgerlichen Rechts.
38 BGH NJW 1974, 1705, 1706.

vertraglicher Schadensersatzanspruch scheidet mangels Schuldverhältnis aus. Auch deliktische Schadensersatzansprüche sind nicht gegeben, weil ein von § 823 Abs. 1 nicht erfasster reiner Vermögensschaden vorliegt. Die Voraussetzungen des § 826 liegen ebenso wenig vor wie die Verletzung eines Schutzgesetzes iSd § 823 Abs. 2.

Freilich kann man mit entsprechender Argumentation auch annehmen, dass der Rechtsbindungswille vorliegt. Hierfür wird teilweise angeführt, dass bei einer entsprechenden ausdrücklichen Erklärung des C, bei Verlust oder Nichtabgabe des Lottoscheins keinesfalls haften zu wollen, A und B ihm den Lottoschein nicht anvertraut hätten. Zudem nimmt ein Lottospieler gerade um der Chance auf den Gewinn willen am Spiel teil.[39] Bejaht man den Rechtsbindungswillen, stellt sich anschließend wiederum die Frage nach dem Haftungsmaßstab. Wie in **Fall 5** erläutert, lehnen Rechtsprechung und hM eine Analogie der gesetzlichen Haftungserleichterungen im Falle eines unentgeltlichen Auftrags ab. In Betracht kommt jedoch ein konkludent vereinbarter Haftungsausschluss, der insbesondere auf Grund der geschilderten erhöhten Gefahren des abredewidrigen Verhaltens sowie der drohenden Schadenshöhe naheliegend ist.[40]

d) Schuldverhältnisse ohne Leistungspflicht iSd § 241 Abs. 1

Denkbar ist auch, dass bei Gefälligkeiten ein **Schuldverhältnis** entsteht, bei dem **nur Nebenpflichten iSd § 241 Abs. 2** bestehen, nicht aber auch Leistungspflichten iSd § 241 Abs. 1. Solche Schuldverhältnisse werden auch als „**Schuldverhältnis ohne primäre Leistungspflicht**"[41] bzw als „**rechtsgeschäftliches Gefälligkeitsverhältnis**"[42] bezeichnet. Teilweise werden diese Schuldverhältnisse als eigenständige Kategorie angesehen.[43] Eine einheitliche Rechtsprechung hat sich insoweit noch nicht entwickelt;[44] im Wesentlichen handelt es sich dabei freilich um eine rein terminologische Frage. In der Praxis des Rechts lassen sich ebenso wie in Klausuren über die Auslegung (§§ 133, 157 analog) und die Anwendung des § 311 Abs. 2 Nr 3 interessengerechte Lösungen erzielen. 84

Ein solches **Schuldverhältnis mit bloßen Nebenpflichten iSd § 241 Abs. 2** kann sich in Ausnahmefällen aus der **Auslegung** (§§ 133, 157 analog) ergeben.[45] Entscheidend ist, ob ein Rechtsbindungswille der Parteien ermittelt werden kann, der auf die Etablierung von Nebenpflichten (§ 241 Abs. 2) gerichtet ist – ohne zugleich auf Leistungspflichten iSd § 241 Abs. 1 gerichtet zu sein.[46] Dafür gelten die oben genannten Kriterien. 85

---

39 So *Säcker* NJW 2017, 3080, 3081.
40 Zur Frage, ob dieser auch die Haftung für grob fahrlässiges Verhalten umfasst *Säcker* NJW 2017, 3080, 3081.
41 S. Erman/*Westermann*, BGB[15], Einl vor § 241 Rn 8; s. auch Staudinger/*Olzen*, BGB (2015), § 241 Rn 73; Brox/*Walker*, SR AT[43], § 2 Rn 14, 30.
42 So die Terminologie etwa bei OLG Hamm NJW-RR 1987, 1109, 1110.
43 *Canaris* JZ 2001, 499, 502; Erman/*Westermann*, BGB[15], Einl vor § 241 Rn 8; Staudinger/*Olzen*, BGB (2015), § 241 Rn 401 ff; BeckOGK/*Riesenhuber*, BGB (15.10.2019), § 662 Rn 56.4; aA MünchKomm/*Bachmann*, BGB[8], § 241 Rn 180 f; Staudinger/*Illmer*, BGB (2018), Vorb zu § 598 Rn 11; BeckOGK/*Riehm*, BGB (1.7.2019), § 280 Rn 50; vgl auch OLG Hamm, NJW-RR 1987, 1109, 1109 f.
44 BGH NJW 2010, 3087 Rn 15; aA unter Verweis auf BGH NJW 1956, 1313 BeckOGK/*Riesenhuber*, BGB (15.10.2019), § 662 Rn 56.4.
45 Staudinger/*Illmer*, BGB (2018), Vorb zu § 598 Rn 12.
46 OLG Hamm, NJW-RR 1987, 1109, 1110; Soergel/*Wolf*, BGB[13], Vor § 145 Rn 97; *Faust*, BGB AT[6], § 2 Rn 14.

86 Möglich ist auch, dass aus einem **geschäftlichen Kontakt** iSd **§ 311 Abs. 2 Nr 3** ein Schuldverhältnis mit Nebenpflichten iSd § 241 Abs. 2 ohne Leistungspflicht iSd § 241 Abs. 1 entsteht. Allerdings muss der geschäftliche Kontakt in gewisser Nähe zur Vertragsanbahnung (§ 311 Abs. 2 Nr 2) oder zur Aufnahme von Vertragsverhandlungen (§ 311 Abs. 2 Nr 1) stehen, wie sich aus Wortlaut („ähnlich") und Systematik ergibt. Insoweit scheiden beispielsweise Gefälligkeiten unter Nachbarn, Freunden oder Familienmitgliedern aus.[47] Allerdings lässt sich über § 311 Abs. 2 Nr 3 etwa die **vertragliche Haftung einer Bank** begründen, deren Mitarbeiter **außerhalb eines Auskunftsvertrags falsche Informationen** liefert.[48]

87 Bei Schuldverhältnissen ohne Leistungspflicht iSd § 241 Abs. 1 steht immer auch eine **deliktische Haftung** (nach §§ 823 ff) im Raum. Die **Begründung eines Schuldverhältnisses ohne Leistungspflicht** iSd § 241 Abs. 1 hat aber **drei entscheidende Vorzüge** für den Geschädigten: Erstens ist **§ 278** anwendbar, die Nachteile des § 831 werden ausgeschaltet. Zweitens kann der Geschädigte für **reine Vermögensschäden** deutlich leichter Ersatz erlangen als über das Deliktsrecht.[49] Drittens hat der Geschädigte Vorteile bei der Beweislast: Gem. § 280 Abs. 1 S. 2 wird vermutet, dass der Schuldner die Pflichtverletzung zu vertreten hat.

88 Ein **Beispiel** bietet die Entscheidung des BGH in NJW 1956, 1313: Ein Spediteur hatte eine Fuhrunternehmerin mit der Versendung von Gütern beauftragt. Der Ehemann der Fuhrunternehmerin verunglückte beim Zusammenkuppeln von Motorwagen und Anhänger tödlich. Daraufhin besorgten Mitarbeiter der Arbeitsgemeinschaft für das Straßenverkehrsgewerbe in Vertretung der Fuhrunternehmerin einen Ersatzfahrer. Den Ersatzfahrer stellte eine Schwesterfirma des Spediteurs, der den ursprünglichen Versendungsauftrag erteilt hatte. Der LKW der Fuhrunternehmerin erlitt einen Motorschaden. Die Fuhrunternehmerin nahm die Schwesterfirma auf Schadensersatz in Anspruch, da sie der Ansicht war, dass der Ersatzfahrer den Motorschaden schuldhaft verursacht habe. Der BGH nahm an, dass sich die Schwesterfirma zwar nicht zur Stellung des Ersatzfahrers verpflichtet hatte, sondern den Ersatzfahrer gefälligkeitshalber stellte. Der BGH verneinte also eine Verpflichtung zur Leistung (heute: iSd § 241 Abs. 1). Er sah die Schwesterfirma aber dazu verpflichtet, einen **zuverlässigen Fahrer abzuordnen,** *wenn* sie einen **Fahrer – aus Gefälligkeit – stellt**: Die Gefälligkeit betreffe die wirtschaftliche und geschäftliche Betätigung beider Teile. Der Gewinn aus dem Frachtgeschäft stand auf dem Spiel, wobei die Durchführung des Geschäfts mit einem unzuverlässigen Fahrer mit hohen Risiken verbunden ist. Auch sei der Lastzug ein ganz erhebliches Wertobjekt und eine bedeutende Einnahmequelle für die Fuhrunternehmerin. So bejahte der BGH einen Rechtsbindungswillen der – im Sinne der heutigen Schuldrechtsnormen – auf die Begründung einer Schutzpflicht iSd § 241 Abs. 2 gerichtet war.

5. Zielschuldverhältnis und Dauerschuldverhältnis

89 Schuldverhältnisse lassen sich auch in Zielschuldverhältnisse und Dauerschuldverhältnisse unterteilen. Die Begriffe sind im **BGB nicht definiert**. Allerdings gibt es eine Reihe von **Sonderbestimmungen für Dauerschuldverhältnisse**, beispielsweise §§ 308 Nr 3, 309 Nr 1 und 9 oder § 314.

---

[47] MünchKomm/*Bachmann*, BGB[8], § 241 Rn 180.
[48] BeckOGK/*Riehm*, BGB (1.7.2019), § 280 Rn 50, vgl etwa BGH NJW-RR 1998, 1343, wobei der BGH hier einen Auskunftsvertrag annahm.
[49] MünchKomm/*Bachmann*, BGB[8], § 241 Rn 177.

Zielschuldverhältnisse sind auf einen regelmäßig **von Anfang an bekannten konkreten Leistungsaustausch** ausgerichtet, etwa von Ware und Geld beim Kaufvertrag (§ 433). Wenn die Kaufsache bezahlt und die Sache (mangelfrei) übergeben und übereignet wurde, erlöschen die Primärleistungspflichten (§ 362 Abs. 1). Fortwirkende Schutzpflichten aus § 241 Abs. 2 bestehen zwar, machen aber nicht das Wesen des Zielschuldverhältnisses aus.

90

Dauerschuldverhältnisse sind dagegen auf ein Bündel von Rechten und Pflichten ausgerichtet, die über einen **längeren Zeitraum** fortdauern bzw **ständig neu entstehen**. Sie erschöpfen sich nicht in einem einzelnen Leistungsaustausch, sondern führen zu **langfristigen Bindungen** mit immer wieder neu konkretisierten Rechten und Pflichten zwischen den Vertragsparteien. Typische Beispiele sind **Mietverträge, Arbeitsverträge oder auch Darlehensverträge**. Bei Dauerschuldverhältnissen kennen die Parteien den konkret geschuldeten Leistungsumfang regelmäßig nicht von Anfang an, auch besteht oft ein größeres Näheverhältnis zwischen den Vertragsparteien.[50] Daher können bei Dauerschuldverhältnissen beispielsweise **weitergehende und umfangreichere Nebenpflichten iSd § 241 Abs. 2** bestehen als bei Zielschuldverhältnissen.[51]

91

Auch **Rahmenverträge** sind Dauerschuldverhältnisse. Sie bestimmen gewisse Grundlagen und Modalitäten innerhalb derer dann **fortlaufend neue Verträge** – beispielsweise über die Lieferung von Waren – geschlossen werden. Auf die Beendigung des Rahmenvertrags ist § 314 anwendbar.[52] Der Rahmenvertrag ist von den einzelnen **Austauschverträgen zu unterscheiden**. Wenn bei einer einzelnen Lieferung etwas „schief läuft" – also etwa der Verkäufer mangelhafte Ware liefert, ist der einzelne Kaufvertrag der maßgebliche Anknüpfungspunkt für die Käuferrechte.[53] Der Käufer kann dann etwa wegen mangelhafter Leistung gem. §§ 437 Nr 1, 439 Nacherfüllung vom Verkäufer verlangen.

92

Bei **Sukzessivlieferungsverträgen** zieht sich die Lieferung über längere Zeit hinweg. Möglich ist zum einen, dass die Lieferung ratenweise durch Teilleistungen erbracht wird.[54] So liegt es beispielsweise bei einem Kaufvertrag über 60 Weinkisten, von denen 20 am 1.1., 20 am 1.3. und weitere 20 am 1.5. geliefert werden sollen. Solche Verträge nennt man auch **Ratenlieferungsverträge**. Zum anderen liegt ein Sukzessivlieferungsvertrag vor, wenn die Parteien vereinbaren, dass einzelne Lieferungen je nach Bedarf auf Abruf bis zu einer bestimmten Höchstmenge erfolgen sollen. § 266 ist bei ihnen ausdrücklich oder konkludent **abbedungen**, so dass der Schuldner **ausnahmsweise zu Teilleistungen** berechtigt (und sogar verpflichtet!) ist. Sukzessivlieferungsverträge sind nach hM **keine Dauerschuldverhältnisse** iSd § 314.[55]

93

Bei **Bezugsverträgen** vereinbaren die Parteien, dass die konkrete Liefermenge erst später bestimmt wird. Dazu gehören **Versorgungsverträge** über Energie oder Wasser. Auch in der Gastronomie sind solche Bezugsverträge etwa bei Bier üblich **(Bierlieferungsvertrag)**:[56] Die Wirtin ist zum Bezug des Biers bei einer bestimmten Brauerei (die oft den Betrieb der Gaststätte durch Darlehen oder Sachleistungen mitfinanziert) verpflichtet; die konkrete Abnahmemenge

94

---

50 MünchKomm/*Gaier*, BGB[8], § 314 BGB Rn 6.
51 Vgl etwa Hk/*Schulze*, BGB[10], § 241 Rn 5.
52 Vgl BGH NJW-RR 2000, 1560, 1562; Erman/*Böttcher*, BGB[15], § 314 Rn 3c.
53 Vgl BeckOGK/*Martens*, BGB (1.9.2019), § 314 Rn 22.
54 BGH NJW 1977, 35.
55 Vgl BGH BeckRS 1979, 31120715; BGH NJW 1981, 679, 680; MünchKomm/*Gaier*, BGB[8], § 314 Rn 12; Erman/*Böttcher*, BGB[15], § 314 Rn 3c.
56 BGH BeckRS 1976, 31122246.

steht aber noch nicht fest, vielmehr ruft die Wirtin die jeweils benötigte Menge Bier nach Bedarf ab. Bezugsverträge werden nach hM als **Dauerschuldverhältnisse** von § 314 erfasst.[57] Das lässt sich damit begründen, dass im Gegensatz zu Ratenlieferungsverträgen bei Bezugsverträgen der konkrete Leistungsumfang noch nicht von Anfang an feststeht.[58]

§ 3 Schuldrechtliche Pflichten – Einteilung und Abgrenzungen

95 **Fall 7:** A kauft für sein Studium in Münster das gebrauchte und individuell lackierte Hollandrad der B für 300 Euro (was dem Wert des Fahrrads entspricht). A zahlt sofort. B soll A das Fahrrad in einer Woche vorbeibringen. Am nächsten Tag lässt B das Fahrrad unabgeschlossen vor einem Buchladen stehen. Als B aus dem Laden kommt, ist das Fahrrad weg; ihre anschließende Suche hat keinen Erfolg. B hatte das Fahrrad versichern lassen und erhält die vereinbarte Versicherungssumme von 200 Euro.
Welche Ansprüche hat A gegen B? **Lösung Rn 126**

Fall 8: T ist stolzer Besitzer eines Huskys mit dem Namen „Chuck" und steht vor dem Antritt einer dreiwöchigen Urlaubsreise. Sein Bekannter S, der ebenfalls einen Husky namens „Trevor" besitzt, erklärt sich bereit, Chuck während Ts Abwesenheit bei sich aufzunehmen. Der schusselige S lässt beide Huskys bei einem Spaziergang auf dem Waldweg an einer unübersichtlichen Stelle freilaufen, obwohl dort reger Radverkehr herrscht. Chuck wird beim Zusammenstoß mit einer E-Bike-Fahrerin verletzt.
Welche Ansprüche hat T gegen S?

Fall 9: K kauft im Sportgeschäft der V ein Paar neue Sneaker des Herstellers N. Zwei Tage später erhält V ein Schreiben von N. Die Schuhe aus der aktuellen Charge sind mit einem gefährlichen Färbemittel in Kontakt gekommen, welches auch in geringen Dosen gesundheitsschädlich ist. Sie dürfen nicht weiterverkauft werden. V nimmt die Schuhe aus dem Sortiment. Allerdings ist sie sich nicht sicher, welche Verpflichtungen sie gegenüber K hat. V fragt ihre Tochter T, die im zweiten Semester Jura studiert, um Rat.
Was wird T antworten?

Fall 10: A, B, C und D haben sich in der Vorlesung „Schuldrecht I" kennen gelernt und treffen sich abends in einer Kneipe, um gemeinsam um Geld das Kartenspiel Doppelkopf zu spielen. Am Ende des langen Abends zeigen sich C und D als die großen Verlierer – beide schulden A und B jeweils 5 Euro.
a) C weigert sich von vornherein, zu zahlen. Schließlich wisse doch jeder, dass Spielschulden nur Ehrenschulden seien. Als A darauf hinweist, dass C doch eine vertragliche Verpflichtung treffe, erwidert C nur: „Verklag mich doch!" Kann A mit Erfolg klagen?
b) D zahlt ihre Spielschulden unmittelbar an A und B. Dann bekommt sie deren Diskussion mit C mit. Auch D meint, sie habe in der Vorlesung davon gehört, dass Spielschulden Ehrenschulden seien. Nun verlangt sie das an A und B gezahlte Geld zurück – mit Recht?

---

57 Vgl BGH BeckRS 1976, 31122246; BGH NJW 1981, 679, 680; BeckOK/*Lorenz*, BGB[51], § 314 Rn 6; MünchKomm/*Gaier*, BGB[8], § 314 Rn 12; Erman/*Böttcher*, BGB[15], § 314 Rn 3c.
58 BeckOGK/*Martens*, BGB (1.9.2019), § 314 Rn 18; BeckOK/*Lorenz*, BGB[51], § 314 Rn 6.

Es gibt **verschiedene schuldrechtliche Pflichten**, die es auseinanderzuhalten gilt. 96
Die Unterscheidung ist kein Glasperlenspiel, sondern eine **praktische Notwendigkeit**: Wenn A von B Schadensersatz wegen einer Pflichtverletzung verlangt, müssen wir wissen, um welche Pflicht es geht: Gem. § 280 Abs. 3 kann Schadensersatz „statt der Leistung" nur unter bestimmten zusätzlichen Voraussetzungen verlangt werden. Geht es um die Verletzung aus § 241 Abs. 2 ist beispielsweise § 282 einschlägig, nicht aber bei der Verletzung von Leistungspflichten aus § 241 Abs. 1, für die § 281 gilt. Die Maßstäbe der Normen sind aber unterschiedlich: Für § 282 ist entscheidend, ob die Leistung weiterhin zumutbar ist, während § 281 grundsätzlich den erfolglosen Ablauf einer Nachfrist voraussetzt.

I. Leistungspflichten (§ 241 Abs. 1)

Leistungspflichten entstehen, wie § 241 Abs. 1 sagt, aus einzelnen Schuldverhältnissen. Sie verwirklichen das Interesse des Gläubigers, das vertraglich Vereinbarte unmittelbar zu erhalten (**Leistungsinteresse**). Wenn ich ein Auto verkaufe, trifft mich die Leistungspflicht aus § 433 Abs. 1 S. 1: Ich muss das Auto dem Käufer übergeben und es ihm übereignen. Natürlich soll ich auch meinerseits das vertraglich Vereinbarte erhalten, also den Kaufpreis (§ 433 Abs. 2). Diese Leistungspflichten können **auch durch Klage** geltend gemacht und zwangsweise von Gerichten und Vollstreckungsbehörden **durchgesetzt werden**.[1] 97

Dass Leistungspflichten als Zwangsrechte ausgestaltet sind, ist nicht selbstverständlich. **Im englischen Recht** sind Leistungspflichten nicht ohne Weiteres auch durch korrespondierende Klagerechte gestützt.[2] Ob der Gläubiger die Leistungspflicht selbst prozessual durchsetzen, also *specific performance* verlangen kann, oder ob er sich mit Schadensersatz begnügen muss, steht im Ermessen des Richters. In der Praxis unterscheiden sich englisches und deutsches Recht allerdings weniger, als es die unterschiedlichen Ausgangspunkte erwarten ließen.[3] Im deutschen Recht kann schon wegen verfahrensrechtlicher Grenzen oft nur Schadensersatz durchgesetzt werden, so etwa bei Dienstpflichten (vgl § 888 Abs. 3 ZPO). Umgekehrt gewähren auch englische Gerichte *specific performance*, wenn Schadensersatz nicht ausreicht, um das Gläubigerinteresse zu befriedigen. Wenn der Schuldner etwa eine einzigartige Sache liefern soll, für die sich kein Ersatz am Markt finden lässt, ist die Leistungspflicht auch im englischen Recht durchsetzbar. 98

1. Funktionen und Bedeutung

Wenn die Vertragsparteien sich auf Augenhöhe begegnen, werden beide Leistungen häufig gleichwertig sein. Insofern kann man auch davon sprechen, dass Leistungspflichten das **Äquivalenzinteresse** befriedigen, also das Interesse daran, im Austausch für die eigene Leistung eine Leistung gleichen Wertes zu erhalten. Leistungspflichten zielen in der Regel auch darauf ab, die **bestehende Güterverteilung** zu ver- 99

---
1 S. dazu näher unten Rn 118.
2 Näher *Unberath*, Die Vertragsverletzung (2007), S. 175 ff.
3 Zum Folgenden näher *Unberath*, Die Vertragsverletzung (2007), S. 263 ff.

ändern:⁴ Wenn ich mein Auto gegen ein Pferd tausche, zielen die Leistungspflichten aus § 433 Abs. 1 S. 1 iVm § 480 darauf ab, dass Auto und Pferd den Eigentümer wechseln. Selbstverständlich ist das Trennungsprinzip zu beachten: Erst durch einen weiteren „dinglichen Vertrag" (Verfügungsgeschäft) geht das Eigentum über und wird die Leistungspflicht iSd § 362 Abs. 1 erfüllt.

100 Aus den jeweiligen **Hauptleistungspflichten** ergibt sich die Zuordnung zu den Vertragstypen. Wenn eine Sache gegen Geldzahlung (vgl § 433 Abs. 2) übergeben und übereignet werden soll (vgl § 433 Abs. 1 S. 1), liegt ein Kauf vor. Wird eine Sache gegen Übergabe und Übereignung einer anderen Sache übergeben und übereignet, haben wir es mit einem Tausch zu tun (§ 433 Abs. 1 S. 1 iVm § 480). Wenn der Gebrauch einer Sache gegen Geldzahlung (Miete, vgl § 535 Abs. 2) gewährt wird (vgl § 535 Abs. 1 S. 1), geht es um einen Mietvertrag. Ohne Einigung über die jeweiligen Hauptleistungspflichten kommt in der Regel kein Vertrag zustande, denn die Hauptleistungspflichten gehören ebenso wie die Vertragsparteien zu den *essentialia negotii*.⁵ Davon gibt es allerdings Ausnahmen: Gelegentlich kann eine Leistung durch eine Partei oder einen Dritten bestimmt werden, so nach den §§ 315-317⁶ und den §§ 612 Abs. 2, 632 Abs. 2.⁷

2. Nebenleistungspflichten

101 Die Hauptleistungspflichten werden durch spezifische Nebenpflichten ergänzt, die dem Leistungsinteresse dienen. Man nennt diese Pflichten **Nebenleistungspflichten** oder **leistungsbezogene Nebenpflichten**.⁸ Sie verwirklichen wie die Hauptleistungspflichten selbst das Äquivalenzinteresse. Es gibt ausdrücklich geregelte Nebenleistungspflichten, wie etwa die Auskunfts- und Rechenschaftspflicht in § 666 oder die Pflicht zur Abnahme der Kaufsache nach § 433 Abs. 2 Var. 2. Häufig folgen Nebenleistungspflichten aus der (ergänzenden) Vertragsauslegung (§§ 133, 157) und dem Grundsatz von Treu und Glauben (§ 242). So ist beispielsweise der Verkäufer eines Elektrorollers verpflichtet, den Käufer auf Gefahren hinzuweisen und über die richtige Bedienung aufzuklären. Ob Pflichten im Einzelfall als **Nebenleistungspflichten** das Leistungsinteresse schützen, hängt bei Verträgen vom konkreten vertraglichen Leistungsprogramm ab.⁹

3. Primärleistungspflichten und Sekundärleistungspflichten

102 In Prüfungsarbeiten muss zwischen Primärleistungspflichten und Sekundärleistungspflichten unterschieden werden. Das Schuldverhältnis ist **in erster Linie auf Erfüllung der Primärleistungspflichten** gerichtet – also der Hauptleistungspflichten und

---

4 BGH NJW-RR 2018, 1103.
5 *Wolf/Neuner*, BGB AT¹¹, § 38 Rn 2; *Weiler*, Schuldrecht Allgemeiner Teil⁴, S. 75.
6 Näher dazu unten Rn 237 ff.
7 Zu § 612 siehe *Medicus/Lorenz*, SR BT¹⁸, § 31 Rn 22 ff; zu § 632 siehe *Medicus/Lorenz*, SR BT²¹, § 35 Rn 8 ff.
8 Jauernig/*Mansel*, BGB¹⁷, § 241 Rn 9.
9 BGH NJW 2018, 1746 (1747). Zur Abgrenzung der Nebenleistungspflichten von den Schutzpflichten (iSd § 241 Abs. 2) unten Rn 112 ff.

der sie begleitenden Nebenleistungspflichten (auch: **leistungsbezogene Nebenpflichten**). Durch bestimmte Ereignisse – oft nach Entstehung des Schuldverhältnisses – können aber Ereignisse eintreten, die die Pflichtenrichtung ändern. So kann sich, wenn sich das ursprünglich Vereinbarte wegen Unmöglichkeit (§ 275) nicht verwirklichen lässt, die Pflicht des Schuldners in eine Schadensersatzpflicht umwandeln.[10] Auch kann der Schuldner zur Ersatzherausgabe verpflichtet sein (§ 285). Solche Pflichten nennt man **Sekundärleistungspflichten**, weil sie gegenüber den Primärleistungspflichten erst „in zweiter Linie" relevant werden. Ansprüche, die auf Verletzung von Sekundärleistungspflichten gerichtet sind, setzen anders als Primärleistungsansprüche regelmäßig Vertretenmüssen voraus (vgl § 280 Abs. 1 S. 2).

4. Tun und Unterlassen (§ 241 Abs. 1 S. 2)

§ 194 Abs. 1 erfasst ein „Tun oder Unterlassen" als Bezugspunkt des Forderungsrechts. Auch in § 241 Abs. 1 S. 2 ist die **Unterlassung** als möglicher Forderungsgegenstand einer Leistung eigens erwähnt. Wenn eine Ärztin ihre Praxis veräußert, kann der Erwerber beispielsweise vertraglich berechtigt sein, von der Ärztin die Unterlassung einer Praxisneueröffnung in der Nachbarschaft zu verlangen (vertraglich vereinbartes Wettbewerbsverbot). Auch kann beispielsweise der Käufer eines Pferdes kraft vertraglicher Vereinbarung mit dem Verkäufer verpflichtet sein, das Pferd nicht zu schlachten und zu verwursten. 103

Die in **§ 241 Abs. 1 S. 2** geregelten Unterlassungspflichten werden auch als **selbständige Unterlassungspflichten** bezeichnet. In dem Begriff kommt zum Ausdruck, dass diese Pflichten ohne Weiteres selbständig eingeklagt werden können. Bei Unternehmenskäufen (§ 453) vereinbaren Käufer und Verkäufer in der Praxis häufig **ausdrücklich** ein Wettbewerbsverbot: Der Verkäufer soll dem Käufer des Unternehmens nach dem Verkauf keine Konkurrenz machen. Aus dieser Vereinbarung folgt eine (selbständige) Unterlassungspflicht des Verkäufers. Das gilt natürlich nur, soweit das Wettbewerbsverbot wirksam ist. Die Vereinbarung muss kartellrechtliche Regeln beachten; sie kann auch sittenwidrig iSd § 138 sein. Nach der Rechtsprechung des BGH ist beispielsweise ein zeitlich unbefristetes Wettbewerbsverbot wegen der damit verbundenen Einschränkung der Berufsfreiheit (Art. 12 GG) sittenwidrig iSd § 138 Abs. 1.[11] 104

Unterlassungspflichten können aber auch als Schutzpflichten iSd § 241 Abs. 2 entstehen. Dann spricht man auch von **unselbständigen Unterlassungspflichten**. Praktisch sind sie beispielsweise im **Arbeitsrecht** wichtig. In Arbeitsverträgen sind stark ausgeprägte Rücksicht- und Treuepflichten prägend. Arbeitnehmer dürfen zwar außerhalb ihrer Arbeitszeit anderen Tätigkeiten nachkommen. Allerdings müssen sie sich für die Interessen des Arbeitgebers und das Gedeihen des Betriebes einsetzen und deshalb alles unterlassen, was dem Arbeitgeber oder dem Betrieb abträglich ist. Dazu gehören insbesondere auch Tätigkeiten bei konkurrierenden Unternehmen.[12] Wenn ein wissenschaftlicher Mitarbeiter einer juristischen Fakultät gleichzeitig bei einem kommerziellen **Repetitor** arbeiten möchte, dürfte ihn seine Treuepflicht regelmäßig daran hindern – jedenfalls dann, wenn an seinem Lehrstuhl maßgeblich das uniinterne 105

---

10 Vgl §§ 275 Abs. 4, 280 Abs. 1, Abs. 3, 283 bei Ausschluss der Leistungspflicht *nach* Vertragsschluss, §§ 275 Abs. 4, 311a Abs. 2 bei Ausschluss der Leistungspflicht *bei* Vertragsschluss.
11 BGH NJW-RR 1989, 801 (Unbefristetes Wettbewerbsverbot bei Verkauf einer Gebäudereinigungsfirma).
12 Vgl BAG, 3 AZR 442/68, AP BGB § 611 Treuepflicht Nr 7.

„Unirep" betreut wird. Auch kann ein **Vermieter** von Gewerberäumen nach Treu und Glauben (§ 242) verpflichtet sein, den Mieter gegen Konkurrenz im selben Haus zu schützen.[13] Wie weit die jeweiligen Pflichten reichen, ist von den konkreten Einzelfallumständen abhängig.

II. Schutzpflichten (§ 241 Abs. 2)

1. Begriff und Funktion

106 Gem. § 241 Abs. 2 kann das Schuldverhältnis (im weiteren Sinne) „nach seinem Inhalt jeden Teil zur Rücksicht auf die Rechte, Rechtsgüter und Interessen des anderen Teils verpflichten." Solche Pflichten nennt man **Schutzpflichten**.[14] Anders als die in § 241 Abs. 1 geregelten Leistungspflichten zielen sie nicht auf einen bestimmten Erfolg oder die Vermögensmehrung des Gläubigers. Sie schützen ihn vielmehr in anderen Interessen und Rechten, so wie sie ganz unabhängig vom Leistungsaustausch bestehen. Der Gläubiger darf beispielsweise nicht in seinen Eigentumsrechten, in seiner körperlichen Integrität oder auch in seinen sonstigen Vermögensinteressen verletzt werden. Pflichten iSd § 241 Abs. 2 schützen in diesem Sinne das **Integritätsinteresse des Gläubigers**.

107 Anders als die Leistungspflichten iSd § 241 Abs. 1 (einschließlich der Nebenleistungspflichten) sind Schutzpflichten iSd § 241 Abs. 2 **nur unter bestimmten Voraussetzungen einklagbar**.[15] Ihre Verletzung wird in erster Linie durch Schadensersatzansprüche sanktioniert (vgl § 280 Abs. 1 und §§ 280 Abs. 1, Abs. 3, 282). Schutzpflichtverletzungen können bei gegenseitigen Verträgen auch ein Rücktrittsrecht begründen (§ 324). Bei der eigenständigen Einklagbarkeit (etwa der Pflicht der Malermeisterin, mein Klavier nicht während des Streichens zu beschädigen) war die früher hM skeptisch: Nicht ausdrücklich geregelte Schutzpflichten wurden als nicht einklagbar angesehen.[16] Heute ist man zu Recht großzügiger: Schutzpflichten sind einklagbar, wenn eine Rechtsverletzung droht, die verletzte Pflicht inhaltlich hinreichend bestimmt ist und ein Schutzbedürfnis des Gläubigers besteht.[17]

2. Inhalt und Reichweite

108 **Inhalt und Reichweite** konkreter Schutzpflichten ergeben sich aus dem jeweiligen Schuldverhältnis und den **individuellen Umständen des Sachverhalts**. Geleitet wird die Bestimmung von Schutzpflichten vom Grundsatz von Treu und Glauben (§ 242). Bei Verträgen ist wiederum die (ergänzende) Vertragsauslegung (§§ 133, 157) ein wichtiges Begründungsinstrument. Die Begründung von Schutzpflichten lässt sich damit rechtfertigen, dass die Parteien durch das Schuldverhältnis in eine **engere Verbindung** zueinander getreten sind. Diese schuldrechtliche Sonderverbindung geht mit erhöhten Gefahren für die jeweiligen Rechte und Interessen der Parteien einher. Daher kann auch größere gegenseitige Rücksichtnahme eingefordert werden. Zugleich folgt daraus, dass es für die Intensität der jeweiligen Schutzpflichten auch auf die In-

---

13 Vgl BGH NJW 1979, 1404: Vermietung innerhalb eines Einkaufszentrums.
14 *Fikentscher/Heinemann*, SR[11], Rn 37 ff; Staudinger/*Olzen*, BGB (2015), § 241 Rn 388 spricht von Rücksichtnahmepflichten.
15 Zu Einzelheiten s. Staudinger/*Olzen*, BGB (2015), § 241 Rn 554 ff.
16 Staudinger/*Olzen*, BGB (2015), § 241 Rn 555 mwN; Hk/*Schulze*, BGB[10], § 241 Rn 5.
17 Staudinger/*Olzen*, BGB (2015), § 241 Rn 556 ff; *Fikentscher/Heinemann*, SR[11], Rn 40.

tensität des jeweiligen Schuldverhältnisses ankommt: Bei langfristigen Bindungen (etwa bei Mietverträgen) sind weitergehende Schutzpflichten gerechtfertigt als bei punktuellen Austauschverträgen (etwa dem Kaufvertrag). Intensivere Schutzpflichten sind auch eher möglich, wenn ein Schuldverhältnis von persönlichen Pflichten geprägt ist (wie etwa bei Dienst- oder Werkverträgen).[18]

Schutzpflichten können auf gegenseitige **Fürsorge** gerichtet sein, also beispielsweise darauf, Gefahren für Leben oder Gesundheit zu vermeiden.[19] Wer im Rahmen eines Schuldverhältnisses Sachen des anderen erhält, muss auf diese gut achten (**Obhutspflichten**): Wenn ich mein Fahrrad zur Reparatur gebe, muss die Werkstattinhaberin Sorge für mein Fahrrad tragen und darf es nicht etwa unverschlossen vor ihrer Werkstatt stehen lassen. Die Parteien können auch **Aufklärungspflichten** treffen, die jeweils andere Seite auf bestimmte Dinge hinzuweisen und über sie zu informieren. Unter welchen Voraussetzungen Aufklärungspflichten bestehen und welchen konkreten Inhalt sie haben, ist eine Frage des Einzelfalls und des jeweiligen ökonomischen Kontexts.[20] Die Interessenlage der Parteien, ihr jeweiliger Erfahrungsschatz, der ökonomische Hintergrund des Geschäfts und auch die Natur des Schuldverhältnisses sind relevant. So können Aufklärungspflichten eher bei Verträgen bestehen, in denen es (auch) um die Wahrung fremder Interessen geht (wie etwa dem Auftrag). Eine Partei kann auch wegen ihrer besonderen Fachkunde aufklärungspflichtig sein.

109

Schutzpflichten können schon bestehen, **bevor** überhaupt ein **Schuldverhältnis** zustande gekommen ist. Das zeigt § 311 Abs. 2: Schutzpflichten aus § 241 Abs. 2 entstehen beispielsweise schon durch die Anbahnung eines Vertrages. Wenn A einen Klamottenladen betritt, treffen die Inhaberin des Ladens ihm gegenüber schon vor Vertragsschluss Schutzpflichten. Sie muss etwa den Boden rutschfrei und frei von Stolperfallen halten. Auch wenn die Leistungen ausgetauscht sind, können weiterhin Schutzpflichten bestehen: Etwa zur Warnung über Gefahren gekaufter Produkte. Solche Schutzpflichten nennt man auch **nachwirkende Nebenpflichten** oder **nachwirkende Schutzpflichten**. Zu ihnen gehören auch Pflichten zur Bereithaltung von Ersatzteilen oder zum Rückruf von Produkten.

110

> So liegt es auch in **Fall 9**: Mit dem Austausch der Leistungen ist der Kaufvertrag vollzogen. Dennoch trifft V eine nachwirkende Schutzpflicht gegenüber K: Sie muss K darüber informieren, dass die von ihr gekauften Schuhe gesundheitsschädliche Substanzen enthalten. T wird ihr daher mitteilen, dass sie verpflichtet ist, K zu kontaktieren oder – wenn V keine Kontaktdaten besitzt – die Käufer durch öffentliche Bekanntmachung aufzuklären. Kommt V ihrer Schutzpflicht nicht nach, können hierdurch Ansprüche der K auf Schadensersatz aus §§ 280 Abs. 1, 241 Abs. 2 entstehen.

Soeben haben wir gesehen: Schutzpflichten bestehen vom Vorfeld der Entstehung über die Vertragsdurchführung bis hin zu der Zeit danach. Manche postulieren daher ein eigenständiges **gesetzliches Vertrauensschuldverhältnis** als Grundlage der Schutzpflichten.[21] Andere diffe-

111

---

18 Vgl Hk/*Schulze*, BGB[10], § 241 Rn 5.
19 Vgl BGH NJW 2018, 301 (Schwimmbadaufsicht und Badeunfall).
20 Näher dazu *Arnold* JuS 2013, 865, 867 f.
21 Etwa *Canaris* JZ 1965, 475; *Medicus/Petersen*, BR[27], Rn 203; BGH, NJW 1962, 1196; BGH, NJW 1998, 302; ablehnend *Grigoleit* NJW 1999, 900.

renzieren: Das Gesetz sei Entstehungsgrund für die Schutzpflichten vor Entstehung (§ 311 Abs. 2), danach ergäben sich die Schutzpflichten aus dem jeweiligen Schuldverhältnis (bei Verträgen also aus dem Vertrag).[22] Der Gesetzgeber der Schuldrechtsreform 2002 hat diese Frage bewusst offengelassen.[23] In der **praktischen Rechtsanwendung** sowie in **Klausuren** spielt die Antwort auf sie kaum eine Rolle. Die Grundlage von Schutzpflichten lässt sich schlicht *aus gesetzlichen Normen* begründen: Wenn ein Vertrag vorliegt, lassen sich aus diesem Vertrag in Verbindung mit § 157 sowie § 242 Schutzpflichten begründen. Vor Vertragsbegründung gibt § 241 Abs. 2 unproblematisch eine Grundlage für die Schutzpflichten. Bei **nichtigen Verträgen** kann **§ 311 Abs. 2 Nr 3 („ähnlicher geschäftlicher Kontakt")** herangezogen werden, um Schutzpflichten zu begründen.[24] Nach Einschätzung des Gesetzgebers können solche Pflichten trotz der Nichtigkeit eines Vertrages bestehen.[25] Beim **nachbarschaftlichen Gemeinschaftsverhältnis** sind einzelne Rücksichtspflichten in der Rechtsprechung anerkannt, im Wesentlichen gelten aber die §§ 906 ff.[26]

3. Schutzpflichten, Leistungspflichten und Nebenleistungspflichten

112 In der Regel bestehen **Schutzpflichten neben Leistungspflichten**. Wenn ich eine Malerin beauftrage, mein Wohnzimmer zu streichen, hat sie aus unserem Werkvertrag nach § 631 Abs. 1 Var. 1 die Leistungspflicht iSd § 241 Abs. 1, das Wohnzimmer zu streichen. Daneben ist sie aber aus § 241 Abs. 2 zu einem Bündel weiterer Dinge verpflichtet: Sie darf beispielsweise während des Streichens nicht das Klavier in meinem Wohnzimmer beschädigen und sie muss mich über denkbare Gesundheitsgefahren informieren. Manchmal bestehen in einem Schuldverhältnis **ausschließlich Schutzpflichten iSd § 241 Abs. 2**, nicht aber auch Leistungspflichten iSd § 241 Abs. 1. Das ist beim Schuldverhältnis ohne primäre Leistungspflicht (bzw. rechtsgeschäftlichen Gefälligkeitsverhältnis)[27] so, ebenso im Fall des § 311 Abs. 2 oder beim Vertrag mit Schutzwirkung zu Gunsten Dritter.

113 **Schutzpflichten** (§ 241 Abs. 2) müssen von den **Nebenleistungspflichten** (§ 241 Abs. 1) unterschieden werden. Die Unterscheidung kann relevant werden, weil Nebenleistungspflichten regelmäßig eigenständig einklagbar sind,[28] Schutzpflichten dagegen nicht ohne Weiteres.[29] Außerdem gibt es Unterschiede bei Rücktritt und Schadensersatz statt der Leistung: Für Schutzpflichtverletzungen kommt es nach § 324 bzw § 282 auf die Unzumutbarkeit an. Bei Nebenleistungspflichten steht gem. § 323 bzw § 281 das Fristsetzungserfordernis im Vordergrund. In der praktischen Rechtsanwendung wirken sich die Unterschiede zwar selten aus,[30] in Prüfungsarbeiten müssen aber natürlich die richtigen Normen herangezogen werden. Manche Pflichten schützen zugleich das Leistungsinteresse und das Integritätsinteresse: Wer eine Motorsäge

---

22 Näher Staudinger/*Olzen*, BGB (2015), § 241 Rn 399 ff.
23 Amtliche Begründung BT-Drucks 14/6040, S. 126.
24 *Reischl* JuS 2003, 40, 43.
25 Amtliche Begründung BT-Drucks 14/6040, S. 125.
26 Näher Staudinger/*Olzen*, BGB (2015), § 241 Rn 409 ff.
27 Dazu eingehend oben Rn 84 ff.
28 Vgl Jauernig/*Mansel*, BGB[17], § 241 BGB Rn 9; differenzierend und weiterführend MünchKomm/*Bachmann*, BGB[8], § 241 Rn 69 ff.
29 Dazu oben Rn 107. Zu Einzelheiten vgl Staudinger/*Olzen*, BGB (2015), § 241 Rn 554 ff.
30 Palandt/*Grünberger*, BGB[78], § 241 Rn 8; MünchKomm/*Bachmann*, BGB[8], § 241 Rn 63; *Madaus*, Jura 2006, 289 (291); *Grigoleit* FS Canaris (2007) 275 (304 f.)

verkauft, muss dem Käufer auch eine Bedienungsanleitung liefern. Nur dann weiß er, wie er die Motorsäge einsetzen kann (Leistungsinteresse). Die Bedienungsanleitung hilft dem Käufer aber auch dabei, sich nicht zu verletzen (Integritätsinteresse).[31] Auch kann Integritätsschutz zum Inhalt einer Leistungspflicht gemacht werden – so etwa bei Bewachungs- oder Beratungsverträgen.[32]

Die **Abgrenzung im Einzelfall** kann mit Blick auf die jeweiligen konkreten Sachverhaltsumstände und die in Rede stehenden Ansprüche konkretisiert werden. Ein Beispiel bietet die Rückgabe von Mietwohnungen in nicht ordnungsgemäßem Zustand, wodurch dem Vermieter Schäden entstehen.[33] Der Mieter ist nach Beendigung des Mietverhältnisses zur Rückgabe der Mietsache verpflichtet (§ 546 Abs. 1). Andererseits trifft ihn die Schutzpflicht, die Mietsache pfleglich zu behandeln (§ 538). Der BGH sieht in der nicht ordnungsgemäßen Rückgabe die Verletzung dieser Schutzpflicht, nicht etwa die Verletzung einer leistungsbezogenen Nebenpflicht.[34] Die Voraussetzungen der §§ 280 Abs. 1, Abs. 3, 282 (Unzumutbarkeit) müssen aber nach Auffassung des BGH nicht vorliegen, weil er die Schäden des Vermieters in dieser Situation nicht als „Schadensersatz statt der Leistung" qualifiziert. 114

4. Deliktische und vertragliche Schutzpflichten

Menschen sind einander auch ohne Schuldverhältnis zur Rücksichtnahme verpflichtet. Das setzen die §§ 823 ff voraus, die unser Integritätsinteresse gegen Verletzungen schützen, auch ohne dass ein Schuldverhältnis besteht. Daher bestehen auch **deliktische Schutzpflichten** gegenüber jedermann, die im Deliktsrecht auch als **Verkehrspflichten** bezeichnet werden.[35] So muss jede Person Rücksicht auf mein Eigentum nehmen – auch, wenn kein Schuldverhältnis mit mir besteht. Deshalb ist beispielsweise eine Malermeisterin mir gegenüber schon aus § 823 Abs. 1 schadensersatzpflichtig – also auf deliktischer Grundlage –, wenn sie das Klavier in meinem Wohnzimmer während des Streichens der Wände fahrlässig beschädigt. Das Deliktsrecht ist aber weniger großzügig beim Schadensersatz: Im Deliktsrecht setzen Schadensersatzansprüche nach § 823 Abs. 1 voraus, dass ein absolutes, also allen gegenüber wirkendes Recht (wie Eigentum) oder Rechtsgut (wie Gesundheit) verletzt ist.[36] **Reine Vermögensschäden** sind im Deliktsrecht nur in Ausnahmefällen (etwa im Fall des § 826) ersatzfähig. Und die Haftung für Verrichtungsgehilfen (§ 831) ist schwach, weil der Geschäftsherr sich aus ihr befreien kann, indem er nachweist, den Gehilfen ordnungsgemäß ausgewählt, angeleitet und überwacht zu haben. Die **vertragliche Haftung** ist großzügiger: Sie führt zur Anwendung des **§ 278**, so dass dem Schädiger Drittverschulden ohne Exkulpationsmöglichkeit zugerechnet wird. Auch wird das Vertretenmüssen des Schuldners gem. § 280 Abs. 1 S. 2 vermutet. 115

---

31 Das Beispiel entstammt BT-Drs. 14/6040, S. 125. Das Rücktrittsrecht kann dann sowohl über § 323 als auch über § 324 begründet werden. Entsprechendes gilt für § 281 und § 282. Näher unten Rn 538 ff und Rn 626 ff.
32 BT-Drs. 14/6040, S. 125.
33 Anschaulich: BGHZ 218, 22.
34 BGHZ 218, 22. So etwa BGH, NJW 2018, 1746; BGH NJW 2014, 143.
35 Näher dazu *Wandt*, Gesetzliche Schuldverhältnisse[9], § 16 Rn 111 ff; *Fikentscher/Heinemann*, SR[11], Rn 38.
36 *Fikentscher/Heinemann*, SR[11], Rn 38; *Jauernig/Teichmann*, BGB[17], § 823 BGB Rn 2 ff.

116 **Deliktische und vertragliche Schutzpflichten** und damit auch Ansprüche liegen oft zugleich vor. Zwischen Vertragsparteien führen Schutzpflichtverletzungen regelmäßig zu zwei Ansprüchen: erstens aus §§ 280 Abs. 1, 241 Abs. 2, zweitens aus § 823 Abs. 1. Beide Ansprüche sind auf das gleiche Ziel (Schadensersatz) gerichtet, haben aber verschiedene Tatbestandsvoraussetzungen. Daraus ergibt sich ein **Konkurrenzproblem**: Wie verhalten sich die beiden Ansprüche zueinander? Klar ist, dass der Gläubiger nicht doppelt befriedigt werden darf: Wenn er Schadensersatz erhalten hat, sind beide Ansprüche erloschen. Im Übrigen herrscht im deutschen Privatrecht das Prinzip freier „**Anspruchskonkurrenz**"[37]: Beide Ansprüche bestehen grundsätzlich unabhängig nebeneinander und sind allein nach den jeweils für sie geltenden Regeln zu beurteilen. Für den Anspruch aus §§ 280 Abs. 1, 241 Abs. 2 sind also nur die dort genannten Voraussetzungen entscheidend, nicht etwa die Tatbestandsvoraussetzungen des § 823 Abs. 1. Umgekehrt gilt dasselbe. Auch die **Verjährung** der Ansprüche richtet sich nach den jeweils geltenden Verjährungsnormen. Seit 2002 gilt für Ansprüche aus §§ 280 Abs. 1, 241 Abs. 2 und § 823 Abs. 1 allerdings gleichermaßen die regelmäßige Verjährungsfrist (§§ 195, 199). Im Besonderen Schuldrecht gibt es indes für bestimmte vertragliche Ansprüche Sonderregeln, beispielsweise § 438. Sie gelten nur für die dort genannten vertraglichen Ansprüche, nicht aber für konkurrierende deliktische Ansprüche.[38]

117 Gelegentlich werden allerdings vertragsrechtliche Wertungen in das Deliktsrecht importiert.[39] Beispielsweise schlagen **gesetzliche Haftungsmilderungen (wie etwa in § 680 oder 690)** in der Regel auch auf deliktische Ansprüche durch.[40] Andernfalls würden sie sich in den meisten Fällen im Ergebnis nicht durchsetzen, weil in den relevanten Situationen regelmäßig zugleich deliktische Ansprüche bestehen. Manchmal ordnet das Gesetz auch ausdrücklich an, dass vertragliche Haftungsregeln auch für deliktische Ansprüche gelten sollen, so etwa in § 434 Abs. 1 HGB für die Haftung des Frachtführers. Ob **vertraglich vereinbarte Haftungsmilderungen** auch für deliktische Ansprüche gelten, ist eine Frage der Auslegung und der jeweiligen Einzelfallumstände. Es kann sein, dass eine Haftungsmilderung ihrem Zweck nach auch auf deliktische Ansprüche zu erstrecken ist, insbesondere wenn die jeweiligen Haftungstatbestände regelmäßig auch zu deliktischen Ansprüchen führen.[41] **Vertragsrechtliche Verjährungsregeln (wie § 438)** lassen sich grundsätzlich nicht auf deliktische Ansprüche übertragen. Das ergibt sich vor allem aus den Wertungsentscheidungen des Gesetzgebers, der 2002 das Verjährungsrecht umfassend reformiert hat. Allerdings gibt es auch hier Ausnahmen. So ist zu § 548 (kurze Verjährung bei Ansprüchen aus dem Mietverhältnis) weiterhin anerkannt, dass die Norm auch deliktsrechtliche Ersatzansprüche des Vermieters wegen Veränderungen oder Verschlechterungen der

---

37 BGHZ 55, 392, 395 = NJW 1971, 1131, 1132; BGHZ 66, 315, 319 = NJW 1976, 1505, 1506; MünchKomm/*Bachmann*, BGB[8], § 241 Rn 41; Erman/*Schmidt-Räntsch*, BGB[15], § 194 Rn 9.
38 BeckOGK/*S. Arnold*, BGB (1.6.2019), § 438 Rn 37 ff.
39 Zur Wechselwirkung zwischen vertraglichen und deliktischen Ansprüchen BeckOGK/*Spindler*, BGB (1.10.2019), § 823 Rn 34 ff.
40 Palandt/*Sprau*, BGB[78], § 690 Rn 1; BeckOK/*Gehrlein*, BGB[51], § 680 Rn 2; BeckOGK/*Schaub*, BGB (1.9.2019), § 276 Rn 163.
41 MünchKomm/*Bachmann*, BGB[8], § 241 Rn 46; Medicus/*Lorenz*, SR AT[21], Rn 401.

Mietsache erfasst. Das folgt die hM aus dem Regelungszweck der Norm, die der raschen Abwicklung von Mietverhältnissen dient.[42]

> In **Fall 8** scheitert ein Schadensersatzanspruch des T gegen S aus §§ 688, 280 Abs. 1 daran, dass dem S als unentgeltlichem Verwahrer das Haftungsprivileg des § 690 zugutekommt. Zwar hat er fahrlässig Rücksichtnahmepflichten aus der Verwahrung verletzt, indem er die Hunde an einer unübersichtlichen und stark befahrenen Stelle freilaufen ließ. Er hat diese Pflichtverletzung jedoch nicht zu vertreten (§ 280 Abs. 1 S. 2). Er muss gem. § 690 nur diejenige Sorgfalt beachten, die er in eigenen Angelegenheiten anzuwenden pflegt. Er muss – mit anderen Worten – auf Chuck nicht besser aufpassen als auf seinen eigenen Hund Trevor. Daran ändert auch die Regelung des § 277 nichts: Aus ihr ergibt sich, dass die Haftung für grobe Fahrlässigkeit bestehen bleibt. S hat zwar schusslig gehandelt, nicht jedoch grob fahrlässig.
>
> Auch ein deliktischer Schadensersatzanspruch aus § 823 Abs. 1 scheidet aus, da die Haftungsmilderung aus § 690 auf den deliktischen Anspruch durchschlägt. Ansonsten würde die Haftungsprivilegierung regelmäßig leerlaufen.[43]

III. „Schulden" und „Haften"

1. Begrifflichkeiten

Wenn wir davon sprechen, dass jemand etwas schuldet, ist damit gemeint, dass er rechtlich zu etwas verpflichtet ist. Mit **„Schulden"** – als Infinitiv – ist also die **Leistungspflicht des Schuldners** gemeint, die mit dem Anspruch des Gläubigers korreliert.[44] Wenn die Rede davon ist, dass jemand „haftet", bedeutet das im technischen Sinne, dass derjenige die zwangsweise Durchsetzung einer Leistungspflicht dulden muss.[45] Nicht immer werden die Begriffe aber so klar auseinandergehalten. Manchmal verwendet auch das Gesetz das Wort „haften" im Sinne von „schulden", so beispielsweise in § 840 Abs. 1. Oft wird mit „haften" auch das Einstehen für bestimmte Schäden bezeichnet, so etwa auf Baustellenschildern „Eltern haften für ihre Kinder". Allerdings führt das Aufstellen eines solchen Hinweisschildes weder dazu, dass sich der Baustellenbetreiber seinen Pflichten zur ordnungsgemäßen Absicherung der Baustelle entziehen kann, noch begründet das Schild eine Art Gefährdungshaftung der Eltern für alles, was ihr Kind auf der Baustelle „anstellt". Eine Haftung der Eltern kann sich allenfalls aus § 832 ergeben, wenn sie ihren Aufsichtspflichten nicht ausreichend nachgekommen sind. Sie haften dann für eigenes Verschulden, nicht jedoch für das ihrer Kinder.[46]

118

---

42 Erman/*Lützenkirchen*, BGB[15], § 548 Rn 5 mwN.
43 Anschaulich auch: OLG Zweibrücken, NJW-RR 2002, 1456: Keine Haftung eines Schaustellers, der Süßwaren eines anderen Schaustellers unentgeltlich in Verwahrung genommen hatte. Die Süßigkeiten waren wegen eines Brands zerstört worden.
44 Vgl oben Rn 55 ff.
45 Vgl *Brox/Walker*, SR AT[43], Rn 19.
46 Siehe auch *Medicus/Lorenz*, SR BT[18], § 80 Rn 24.

2. Unbeschränkte Vermögenshaftung des Schuldners als Regelfall

119 Im Grundsatz gilt: Wer schuldet, haftet mit seinem gesamten Vermögen (**Grundsatz der unbeschränkten Vermögenshaftung**). Das ist insofern human, als der Schuldner nicht mit seiner Person haftet: Zumindest wird er nicht versklavt oder getötet, wenn er nicht leistet. Das war nicht immer so. Aber auch heute noch muss der Schuldner dulden, dass der Gläubiger seinen Anspruch zwangsweise durchsetzt. Allerdings darf der Gläubiger grundsätzlich nicht selbst Zwang anwenden, sondern muss sich der Hilfe staatlicher Organe bedienen. Darin zeigt sich das Gewaltmonopol des Staates, das eine zentrale rechtsstaatliche Errungenschaft ist. Wenn ich beispielsweise ein Fahrrad kaufe, schulde ich dem Verkäufer Kaufpreiszahlung (§ 433 Abs. 2). Leiste ich nicht, kann sich der Verkäufer im Wege der Leistungsklage ein Urteil gegen mich beschaffen. Dabei wird das Urteil im Tenor aussprechen, dass ich dazu verurteilt werde, den Kaufpreis an den Verkäufer zu zahlen und dass das Urteil (vorläufig) vollstreckbar ist. Wenn ich immer noch nicht zahle, kann der Käufer mit Hilfe des Urteils die Zwangsvollstreckung in mein Vermögen betreiben. Er kann beispielsweise Gegenstände pfänden lassen, die in meinem Gewahrsam sind (§ 808 ZPO), sie versteigern lassen (§ 814 ZPO) und den Erlös zu seiner Befriedigung verwenden.

120 In der Zwangsvollstreckung zeigt sich besonders deutlich: Das **Privatrecht** ist strukturell in gleicher Weise **vom Wirken öffentlicher (staatlicher) Gewalt geprägt** wie das öffentliche Recht.[47] Die Zwangsvollstreckung, in der staatliche Organe mit Gewalt die Erfüllung schuldrechtlicher Pflichten durchsetzen, prägt auch das Schuldrecht elementar. Wenn es zur Zwangsvollstreckung kommt, liegt das offen zu Tage – man sieht und spürt, wenn der Gerichtsvollzieher einem das Fahrrad wegnimmt. Aber auch wenn es gar nicht erst zur Zwangsvollstreckung kommt, weil der Schuldner ohnehin leistet, spielt die staatliche Gewalt eine entscheidende Rolle für das Verhalten von Schuldner und Gläubiger: Beide wissen um die Möglichkeit, dass Ansprüche gegebenenfalls zwangsweise durchsetzbar sind. Gerade um das zu vermeiden, werden Ansprüche häufig erfüllt. Ohne die Möglichkeit zwangsweiser Durchsetzung wären das Vertrauen und die Sicherheit des rechtsgeschäftlichen Verkehrs gefährdet. Zugleich prägt die staatliche Vollstreckungsgewalt entscheidend die durch Verträge und auf Märkten permanent erfolgende Verteilung des gesamtgesellschaftlichen Vermögens.[48]

3. Beschränkte Vermögenshaftung des Schuldners in Ausnahmefällen

121 In Ausnahmefällen findet keine unbeschränkte Vermögenshaftung statt. Das wichtigste Beispiel ist die Möglichkeit des Erben, seine Haftung für Nachlassverbindlichkeiten auf den Nachlass zu beschränken (§§ 1975, 2059 Abs. 1).[49]

4. Eigenmächtige Durchsetzung der Haftung in Ausnahmefällen

122 Wie soeben erörtert[50] ist der Staat für die Ausübung der Gewalt zuständig, die zur Durchsetzung der Haftung erforderlich ist (**staatliches Gewaltmonopol**). In Ausnahmefällen gestattet das Gesetz dem Gläubiger aber, Ansprüche eigenmächtig durchzu-

---

47 S. *Arnold*, Vertrag und Verteilung (2014), S. 117 ff.
48 Näher S. *Arnold*, Vertrag und Verteilung (2014), S. 117 ff.
49 Zu Einzelheiten siehe etwa *Schreiber*, JURA 2010, 117; MünchKomm/*Gergen*, BGB[8], § 2032 Rn 19.
50 Rn 119 f.

setzen. Das wichtigste Beispiel ist die **Selbsthilfe (§§ 229-231)**. Danach ist die eigenmächtige Durchsetzung von Forderungen in engen Grenzen zulässig. Wenn A seine wertvolle Uhr an B verkauft hat und im Kieler Hafen kurz vor der Ausfahrt auf einem Segelboot steht und B gegenüber freudig ankündigt, sich jetzt sofort mit der Uhr per Segelboot auf eine einsame Insel abzusetzen, kann B die Uhr eventuell gem. § 229 an sich nehmen. Die Grenzen sind aber eng: Staatliche Hilfe darf nicht rechtzeitig zu erlangen sein und die Durchsetzung des Anspruchs muss ohne die eigenmächtige Durchsetzung zumindest wesentlich erschwert werden können (vgl § 229). Auch darf die Selbsthilfe nicht weitergehen, als zur Abwendung der Gefahr erforderlich ist (§ 230 Abs. 1). Die Selbsthilfe soll den jeweiligen Anspruch außerdem nur vorläufig sichern: B muss sofort nach der Selbsthilfehandlung staatliche Hilfe in Anspruch nehmen, also die Zwangsvollstreckung erwirken oder den dinglichen Arrest (eine Sicherungsmaßnahme) beantragen (§ 230 Abs. 2). Wenn der Arrestantrag verzögert oder abgelehnt wird, muss B die Uhr sofort zurückgeben (§ 230 Abs. 4). Auch erfolgt die Selbsthilfe insoweit auf eigenes Risiko des Handelnden, als nach § 231 Schadensersatz zu leisten ist, wenn die Selbsthilfe rechtswidrig war – selbst, wenn ein unvermeidbarer Irrtum des Handelnden vorlag.

Eine elegante Möglichkeit zur eigenmächtigen Durchsetzung von Ansprüchen bietet die Aufrechnung (§ 387). Sie erlaubt es, eine (fällige) Forderung schlicht durch die Erklärung der Aufrechnung durchzusetzen (**Durchsetzungsfunktion der Aufrechnung**).[51] Dazu muss freilich eine Aufrechnungslage bestehen (§ 387): Man kann eine Forderung nur durch Aufrechnung zum Erlöschen bringen (vgl § 389), wenn der Forderung eine gleichartige Forderung erfüllbar gegenübersteht. Das staatliche Gewaltmonopol wird durch die Aufrechnung nicht gefährdet: Sie erfolgt ja ohne den Einsatz von Gewalt oder Zwang. Wenn der Aufrechnungsgegner sich gegen die Aufrechnung wehren möchte, kann er staatliche Hilfe bei der Durchsetzung seiner Forderung beanspruchen. Dazu muss er lediglich Leistungsklage erheben und sich dabei gegen das Erlöschen seiner Forderung durch die Aufrechnung wenden.

123

IV. Naturalobligationen

Keine schuldrechtlichen Pflichten sind die sog. **Naturalobligationen**. Sie werden auch „unvollkommene Verbindlichkeiten" genannt. Die wichtigsten Beispiele sind Spiel und Wette (§ 762). Die Rechtsnatur von Naturalobligationen kommt in § 762 Abs. 1 zum Ausdruck. § 762 Abs. 1 S. 1 lautet: „Durch Spiel oder durch Wette wird eine Verbindlichkeit nicht begründet." So führen Naturalobligationen zu keiner Schuld im rechtlichen Sinne, sondern allenfalls zu moralischen Schulden.

124

> In **Fall 10a)** kommt § 762 Abs. 1 zum Tragen. Durch das Spiel wird eine Verbindlichkeit nicht begründet. A und B haben somit keine Ansprüche gegen C und D aus dem Doppelkopfspiel. Wer sagt „Spielschulden sind Ehrenschulden" bringt damit treffend auch zum Ausdruck, dass Spielschulden eben keine *Rechts*schulden sind. Eine Klage der A wird das Gericht als unbegründet abweisen.

---

51 Näher unten Rn 1346 ff.

Gleichwohl sind Naturalobligationen rechtlich nicht irrelevant: Wer auf eine **Naturalobligation hin leistet, kann das Geleistete nicht nach § 812 zurückfordern** mit der Begründung, dass keine Verbindlichkeit bestand. Das kommt in § 762 Abs. 1 S. 2 zum Ausdruck: „Das auf Grund des Spieles oder der Wette Geleistete kann nicht deshalb zurückgefordert werden, weil eine Verbindlichkeit nicht bestanden hat." Naturalobligationen geben im Rechtssinn also keinen Forderungsgrund, wohl aber einen rechtlichen Grund dafür, etwas behalten zu dürfen.

> Dies zeigt sich in **Fall 10b)**, als D die gezahlten Beträge von A und B zurückverlangt. Zwar bestand kein Anspruch gegen D, jedoch normiert § 762 Abs. 2 einen Rechtsgrund für das Behaltendürfen, so dass D die gezahlten Beträge nicht aus § 812 Abs. 1 S. 1 kondizieren kann.

V. Obliegenheiten

125   Ebenfalls **keine schuldrechtlichen Pflichten** sind die **Obliegenheiten**. Obliegenheiten sind **Verbindlichkeiten des Gläubigers**, deren **Beachtung in seinem eigenen Interesse** liegt. Das wichtigste Beispiel aus dem allgemeinen Schuldrecht sind die Obliegenheiten, die **§ 254 Abs. 2 S. 1** voraussetzt:[52] Den Beschädigten (Schadensersatzgläubiger) trifft die Obliegenheit, den Schuldner auf die Gefahr eines ungewöhnlich hohen Schadens aufmerksam zu machen, die der Schuldner weder kannte noch kennen musste. Auch trifft ihn die Obliegenheit, den Schaden abzuwenden oder zu mindern. Letztere wird auch „Schadensminderungspflicht" genannt. Die Begriffsverwendung ist unglücklich, weil § 254 Abs. 2 S. 1 gerade keine Pflicht umschreibt oder voraussetzt. Die Beachtung der Obliegenheiten aus § 254 Abs. 2 S. 1 liegt im Eigeninteresse des Gläubigers. Verletzt er sie, erhält er in geringem Umfang Schadensersatz (§ 254 Abs. 1 iVm § 254 Abs. 2 S. 2). Der Schuldner hat aber **keinen Anspruch gegen den Gläubiger darauf, dass er die Obliegenheiten einhält**. Wer beispielsweise einem anderen schuldhaft eine Körperverletzung zugefügt hat, kann vom Geschädigten nicht verlangen, dass er die erforderlichen und zumutbaren Heilbehandlungen durchführen lässt, um die Entstehung größerer Folgekosten zu vermeiden.[53] Er ist aber in seinem Interesse ausreichend über § 254 Abs. 2 S. 1 iVm § 254 Abs. 1 geschützt: Denn seine Schadensersatzpflicht aus § 823 Abs. 1 ist wegen der Obliegenheitsverletzung in ihrem Umfang gemindert. Obliegenheiten können auch **vertraglich vereinbart** werden. Das spielt in der Praxis vor allem bei Versicherungen eine große Rolle: In Versicherungsverträgen werden häufig zahlreiche Obliegenheiten des Versicherungsnehmers vereinbart. Auf Einhaltung dieser Obliegenheiten haben die Versicherungen dann zwar keinen Anspruch. Aber ihre Einhaltung liegt wiederum im Eigeninteresse des Versicherungsnehmers: Verletzt er sie, kann es im Schadensfall zum Verlust oder zur Kürzung des Leistungsanspruchs kommen (vgl § 28 Abs. 2 S. 1 VVG).

---

52   Zu Einzelheiten unten Rn 479 und 1112 ff.
53   Vgl zu dieser Obliegenheit etwa MünchKomm/*Oetker*, BGB[8], § 254 Rn 49 f; Hk/*Schulze*, BGB[10], § 254 Rn 1 ff.

VI. Lösung Fall 7

A. A könnte gegen B einen Anspruch auf Übergabe und Übereignung des Fahrrads aus § 433 Abs. 1 S. 1 haben.

I. Durch den Abschluss des Kaufvertrags ist zunächst die Primärleistungspflicht der B entstanden, das Fahrrad zu übergeben und zu übereignen (§ 433 Abs. 1 S. 1).

II. Diese Primärleistungspflicht könnte allerdings gem. § 275 Abs. 1 Var. 1 erloschen sein. Als B aus dem Buchladen kommt, ist das Fahrrad verschwunden und nicht mehr auffindbar. Es war gebraucht und individuell lackiert, so dass eine Stückschuld (§ 243 Abs. 1) vorlag. B kann ihre Pflicht also nicht durch Leistung eines anderen Fahrrads erfüllen. Da das Hollandrad unauffindbar ist, ist die Übergabe und Übereignung jedenfalls für B unmöglich (§ 275 Abs. 1 2.Var: „subjektive Unmöglichkeit"[54]). Der Primärleistungsanspruch ist somit erloschen.

Ergebnis: A hat keinen Anspruch auf Übergabe und Übereignung des Fahrrads aus § 433 Abs. 1 S. 1.

B. A könnte einen Schadensersatzanspruch aus §§ 275 Abs. 4, 280 Abs. 1, Abs. 3, 283 in Höhe von 300 Euro gegen B haben.

I. Ein Schuldverhältnis liegt in Form des Kaufvertrags vor.

II. Als Pflichtverletzung kann man allein die nachträgliche Unmöglichkeit der Leistungserbringung ansehen (vgl § 275 Abs. 4) oder aber auf das Nicht-Abschließen des Fahrrads abstellen.[55]

III. B muss die Unmöglichkeit auch zu vertreten haben iSd § 280 Abs. 1 S. 2. Der Schuldner hat grundsätzlich Vorsatz und Fahrlässigkeit zu vertreten, § 276 Abs. 1. Indem sie ihr Fahrrad nicht abschloss, ließ B die im Verkehr erforderliche Sorgfalt außer Acht und handelte mithin fahrlässig gem. § 276 Abs. 2. B hat die Pflichtverletzung somit zu vertreten.

IV. Gem. § 251 Abs. 1 hat B Schadensersatz iHd Wertes des Fahrrades (300 Euro) zu leisten.

Ergebnis: A hat gegen B daher einen Schadensersatzanspruch aus §§ 275 Abs. 4, 280 Abs. 1, Abs. 3, 283 in Höhe von 300 Euro.

C. Eine weitere Sekundärleistungspflicht ist die Pflicht zur Surrogatsherausgabe (§ 285), die hier ebenfalls relevant wird: B hat durch den zur Unmöglichkeit führenden Umstand (Abhandenkommen des Fahrrads) die Versicherungssumme von 200 Euro erhalten. Diese Summe tritt an die Stelle des geschuldeten Gegenstands (sog. „stellvertretendes commodum"[56]). A kann von B also auch die Versicherungssumme aus §§ 275 Abs. 4, 285 Abs. 1 verlangen. Allerdings mindert sich der Schadensersatzanspruch gem. § 285 Abs. 2 in der Höhe des durch § 285 Abs. 1 Erlangten. A kann also entweder aus § 285 Abs. 1 Herausgabe der empfangenen 200 Euro *und* Schadensersatz iHv 100 Euro verlangen, oder *nur* Schadensersatz aus § 283 geltend machen (dann iHv 300 Euro).

---

54 Dazu unten Rn 663 ff, 683.
55 Näher unten Rn 390.
56 Dazu näher unten Rn 745 ff.

§ 4 Die Entstehung von Schuldverhältnissen

127 Fall 11 (nach AG Hannover, 25.11.2015, Az 549 C 12993/14 – juris): K möchte anlässlich eines Sieges der deutschen Fußballnationalmannschaft im Rahmen der Weltmeisterschaft 2014 mit seinen Freunden in einer Diskothek feiern. Während seinen Freunden der Eintritt problemlos gewährt wird, wird K der Einlass an der Tür verwehrt, weil er dunkelhäutig ist.
Hat K einen Anspruch gegen die Diskothekenbetreiberin (D) auf Einlass in die Diskothek gegen Bezahlung der Eintrittskosten?

Fall 12 (nach AG Hagen BeckRS 2008, 139835): M – ein Mann – möchte Mitglied im örtlichen Fitnessstudio (F) werden und stellt dort einen Aufnahmeantrag. F lehnt den Vertragsschluss jedoch mit der Begründung ab, dass eine interne Quote festgesetzt sei, um ein wünschenswertes Verhältnis zwischen männlichen und weiblichen Mitgliedern zu erreichen. Da der Anteil an Männern zurzeit zu hoch sei, könne man M, einen Mann, nicht aufnehmen.
Hat der M einen Anspruch auf Abschluss eines Mitgliedsvertrages mit F?

Fall 13: K kauft online bei U eine Waschmaschine, welche ihm innerhalb von 2 Wochen nach Hause geliefert werden soll. Da sich U seit kurzem auch auf dem Waschmittelmarkt probiert, legt er der Waschmaschine eine Packung seines Waschmittels bei. In der Rechnung zur Waschmaschine weist U darauf hin, dass er der Waschmaschine eine Packung seines Waschmittels beigelegt habe, die K sicher gut gebrauchen könne. Wenn K das Waschmittel gebrauche, gehe er, U, davon aus, dass K es zum Sonderpreis von 8 Euro erwerben wolle. Als K das Waschmittel in den nächsten Tagen ausgeht, verwendet er das Waschmittel des U. Leider ist dieses jedoch noch nicht richtig ausgereift, so dass es zu erheblicher Schaumbildung kommt und die Waschmaschine schließlich komplett „überschäumt". Dabei wird der teure Duschvorleger des K zerstört (Wert: 50 Euro). U wusste, dass es bei mehreren Testdurchläufen zu ähnlichen Reaktionen gekommen war, er wollte den Waschmittelmarkt aber so schnell wie möglich „erobern" und vertraute darauf, dass es sich lediglich um „Ausreißer" handle. Daher verzichtete er auch darauf, dem Paket einen entsprechenden Hinweis beizulegen.
Kann K von U Ersatz für den Duschvorleger verlangen? (Ansprüche aus dem ProdHaftG sind nicht zu prüfen.) **Lösung Rn 151 f und 154**

Fall 14: A möchte gerne von B ein Grundstück in Münster für 1.000.000 Euro erwerben. Da bei diesem Betrag aber hohe Notarkosten und Steuern anfallen, schlägt A vor, dass in dem notariellen Kaufvertrag lediglich ein Kaufpreis in Höhe von 500.000 Euro eingetragen wird. Die restlichen 500.000 Euro sollen „unter der Hand" gezahlt werden. B ist damit einverstanden. Sie möchte nämlich den Kaufpreis offiziell niedrig halten, um ihrer Familie den Verkaufserlös vorzuenthalten. Nach dem Notartermin beschließt B, das Grundstück doch lieber für 1.250.000 Euro an einen Dritten zu übertragen. Sie weigert sich daher, das Grundstück an A zu übertragen. A ist empört und fordert B auf, ihm das Grundstück zu übertragen.
Hat A einen Anspruch auf Grundstücksübertragung? **Lösung Rn 161, 164 und 169**

Fall 15 (nach BGH NJW 2017, 885): A ist Erbe der E. Das einzige Vermögen der E bestand in Investmentfonds im Wert von 10.000 Euro. Einen Monat vor ihrem Tod beschließt E, B diese Investmentfonds zu schenken: Sie gibt B eine Vollmacht und sagt ihr, sie solle die Investmentfonds in ihr eigenes privates Depot übertragen. B geht noch am selben Tag

> zur Bank und überträgt die Investmentfonds in ihr Depot. E wollte auch, dass die Übertragung noch zu ihren Lebzeiten erfolgt, da sie das Lächeln der B noch erleben wollte. A kann dagegen nach dem Tod der E gar nicht lächeln und verlangt von B Herausgabe der Fondsanteile aus ungerechtfertigter Bereicherung. A stützt sich darauf, dass Formvorschriften nicht eingehalten worden sind. Kann A Herausgabe der Fondsanteile wegen ungerechtfertigter Bereicherung verlangen? **Lösung Rn 170 und 176**

I. Überblick

1. Gesetzliche Schuldverhältnisse

Gesetzliche Schuldverhältnisse entstehen, wenn die jeweiligen Tatbestandsvoraussetzungen des Gesetzes – also beispielsweise die des § 823 Abs. 1 – erfüllt sind. Das ist oben schon kurz erläutert worden[1] und wird in vielen Details in Lehrbüchern des besonderen Schuldrechts bei den jeweiligen gesetzlichen Schuldverhältnissen erörtert. Im Folgenden geht es nur um die **Entstehung rechtsgeschäftlicher Schuldverhältnisse**, die für das allgemeine Schuldrecht – gerade auch das Leistungsstörungsrecht – von herausragender Bedeutung sind. Zur Entstehung des **Schuldverhältnisses aus Verschulden bei Vertragsschluss** *(culpa in contrahendo)* s. unten Rn 974.

128

2. Rechtsgeschäftliche Schuldverhältnisse

a) Allgemeine Rechtsgeschäftslehre

Rechtsgeschäftliche Schuldverhältnisse kommen durch ein **Rechtsgeschäft** zustande. § 311 Abs. 1 verlangt für die Begründung eines Schuldverhältnisses durch Rechtsgeschäft einen **Vertrag** zwischen den Beteiligten, soweit nicht das Gesetz ein anderes vorschreibt.[2] Ausnahmsweise kann ein rechtsgeschäftliches Schuldverhältnis auch ohne Vertrag zustande kommen. Das wichtigste Beispiel ist die Auslobung (§ 657), die wir schon kennengelernt haben.[3]

129

Für das Zustandekommen von Verträgen gilt die **Allgemeine Rechtsgeschäftslehre**: Grundlegendes Erfordernis ist eine **Einigung** zwischen den Parteien, in der Regel durch Angebot und Annahme gem. §§ 145 ff. Die Einigung muss sich auf die *essentialia negotii* beziehen. Fehlt der **Rechtsbindungswille**, kommt es zu keinem Vertrag. Das ist bei den Gefälligkeitsverhältnissen relevant.[4] Das Zustandekommen von Verträgen kann in vielerlei Hinsicht problematisch sein. Das ist in den Lehrbüchern zum Allgemeinen Teil des BGB dargelegt. In **schuldrechtlichen Prüfungsarbeiten** ist das Zustandekommen eines Vertrags häufig völlig problemfrei. Dann zeichnen sich gute Lösungen dadurch aus, dass sie das auch nur kurz im Urteilsstil festhalten und nicht etwa einzelne Voraussetzungen detailliert erörtern. Häufig genügt beispielsweise im Rahmen der Prüfung des § 280 Abs. 1 ein Satz wie: „Zwischen A und B besteht ein vertragliches Schuldverhältnis in Form eines Kaufvertrages."

130

---

1 Rn 70 f.
2 Vgl auch schon oben Rn 65 ff.
3 Oben Rn 69.
4 Oben Rn 78 ff.

b) Die Draufgabe (§§ 336-338)

131 Die in den §§ 336-338 geregelte Draufgabe hat heute **keine große praktische Bedeutung** mehr. Die Draufgabe (auch Angeld oder Handgeld genannt) ist heute nur mehr eine als Beweiszeichen für den Vertragsabschluss gegebene Leistung. Ein Beispiel für eine Draufgabe ist die Hingabe eines Verlobungsringes anlässlich der Verlobung. Dieser Fall hat in § 1301 eine eigene Regel gefunden.[5] Im Gegensatz zur Draufgabe dient die **Anzahlung** lediglich der (teilweisen) Erfüllung der Schuld, so dass sich ihre Auswirkungen nach dem Erfüllungsrecht richten.[6]

132 Nach § 337 Abs. 1 ist die Draufgabe – anders als der Wortlaut nahelegt – im **Zweifel auf die von dem Geber geschuldete Leistung anzurechnen**. Das gilt auch, wenn der Empfänger Schadensersatz wegen Nichterfüllung verlangt (§ 338 S. 2). Nach § 337 Abs. 2 muss sie nach Vertragsaufhebung zurückgegeben werden. Das gilt nach § 338 S. 1 nicht, wenn die vom Geber geschuldete Leistung infolge eines Umstands, den er zu vertreten hat, unmöglich wird oder wenn der Geber die Wiederaufhebung des Vertrags verschuldet.[7]

133 Nach § 336 Abs. 2 gilt die Draufgabe **im Zweifel nicht** als **Reugeld**. Das Reugeld ist in § 353 geregelt: Vertraglich kann vereinbart sein, dass ein Rücktritt unter Zahlung eines Reugelds möglich ist (also „erkauft" werden muss). Aus der Draufgabe folgt im Zweifel kein Rücktrittsrecht: Weder kann der Geber unter Verzicht auf die Rückzahlung der Draufgabe zurücktreten, noch kann der Empfänger unter Verzicht auf die Draufgabe zurücktreten. Freilich können die Parteien etwas anderes vereinbaren.[8]

II. Kontrahierungszwänge

1. Allgemeine Charakteristiken

134 Wenn Kontrahierungszwänge eingreifen, sind die Parteien durch Gesetz dazu verpflichtet, einen Vertrag zu schließen **(Einschränkung der Abschlussfreiheit)**.[9] Auch der Inhalt der jeweiligen Verträge ist häufig weitgehend durch das Gesetz vorgegeben **(Einschränkung der Inhaltsfreiheit)**. Kontrahierungszwänge dienen oft dem **Schutz Schwächerer** und ermöglichen in Teilbereichen deren **materielle Freiheit**. So ermöglicht etwa das Basiskonto nach den §§ 31 ff ZKG auch Obdachlosen, ein Girokonto zu erhalten und so am gesellschaftlichen Leben teilzuhaben. Oft geht es bei Kontrahierungszwängen um **Allgemeinwohlbelange**: Sie sichern beispielsweise allen Menschen Zugang zu lebenswichtigen Ressourcen (wie Wasser oder Energie).

135 Kontrahierungszwänge kann man aus einem eher formalen Verständnis der Vertragsfreiheit heraus[10] als Eingriff in die Vertragsfreiheit charakterisieren.[11] Kontrahierungszwänge **beschneiden das formale Ablehnungsrecht** der verpflichteten Partei und schränken insofern deren Freiheitssphäre ein. Insoweit kann man auch davon sprechen, dass Kontrahierungszwänge

---

5 Jauernig/*Stadler*, BGB[17], § 338 Rn 1.
6 Zur Erfüllung näher unten Rn 1321 ff.
7 *Looschelders*, SR AT[17], § 5 Rn 22.
8 Umfassend zur Auslegung der Vereinbarungen BeckOGK/*Ulrici*, BGB (1.11.2019), § 336 Rn 34 ff.
9 Zu den Kontrahierungszwängen bereits oben Rn 7 und 14.
10 Vgl oben Rn 11.
11 Vgl etwa *Medicus/Lorenz*, SR AT[21], Rn 74.

die Vertragsfreiheit aufheben. Auf der anderen Seite erweitern Kontrahierungszwänge die rechtlichen Befugnisse der begünstigten Partei und **fördern** insoweit deren **materiell verstandene Freiheit**. Insoweit verwirklichen sie **materielle Selbstbestimmung**: Ohne die Möglichkeit, Verträge über die Versorgung mit Wasser oder Energie abzuschließen, wäre die formale Freiheit, ein Haus zu kaufen, wenig hilfreich. Kontrahierungszwänge sind ein besonders deutlicher Ausdruck der Verteilungsgerechtigkeit im Vertragsrecht.[12] Denn sie berücksichtigen vertragsfremde Aspekte und lassen sich normativ nur mit Blick auf die ökonomischen und sozialen Kontexte erklären.

2. Beispiele

a) Spezialgesetzliche Kontrahierungszwänge

Kontrahierungszwänge sind in sehr vielen Spezialgesetzen vorgesehen, die spezifische Lebensbereiche betreffen. Man spricht insoweit auch vom **„spezialgesetzlichen Kontrahierungszwang"**. Solche Kontrahierungszwänge dienen dem Gemeinwohl. Oft geht es um den Zugang zu Ressourcen, die für uns alle lebenswichtig sind. So müssen etwa Energieversorger Letztverbraucher an die Energienetze anschließen (**§§ 18, 36 EnWG**), Postanbieter müssen grundlegende Postleistungen gewähren (**§§ 12 und 18 PostG iVm § 3 Postdienstleistungsverordnung**), Personenbeförderer müssen in Straßenbahnen, Omnibussen oder Kraftfahrzeugen jeden befördern (§§ 22, 47 PBefG, § 10 AEG und §§ 8, 9 EVO). Auch Sie selbst könnten betroffen sein, wenn Sie Anwältin werden: Für die Rechtsberatung besteht in den Grenzen der §§ 48 und 49 BRAO ein Kontrahierungszwang. Im Wirtschaftsrecht kann sich aus § 33 GWB iVm §§ 19, 20 GWB für marktstarke oder marktherrschende Unternehmen ein Kontrahierungszwang ergeben, wenn der Nichtabschluss eines Vertrages wettbewerbsrechtlich diskriminierend wäre.[13] Ein solch spezialgesetzlicher Kontrahierungszwang lässt sich mit Blick auf **Fall 12** nicht finden. Sport ist für viele von uns wichtig, aber doch keine allgemein lebenswichtige Ressource.

136

b) Kontrahierungszwänge nach allgemeinen Regeln (§ 826 BGB, § 21 Abs. 1 AGG)

Kontrahierungszwänge ergeben sich auch aus den allgemeinen Regeln des Bürgerlichen Rechts – insbesondere aus **§ 826 BGB** (teils wird auch § 826 iVm § 1004 Abs. 1 S. 2 bzw §§ 1004 Abs. 1, 862 analog als Anspruchsgrundlage genannt) und aus **§ 21 Abs. 1 AGG**.

137

aa) Kontrahierungszwang auf Grundlage des § 826. Schon vor Inkrafttreten des AGG hat die Rechtsprechung Kontrahierungszwänge vor allem auf Grundlage von § 826 entwickelt. Das mag auf den ersten Blick wegen der Rechtsfolge des § 826 erstaunen: Sie besteht ja im Schadensersatzverlangen. **Schadensersatz** wird indes gem. § 249 Abs. 1 in erster Linie dadurch geleistet, dass derjenige Zustand verwirklicht wird, der ohne das schädigende Ereignis bestünde (sog. **Naturalrestitution**[14]). Wenn aber die vorsätzliche sittenwidrige Schädigung gerade darin besteht, dass der Schädi-

138

---

12 *Arnold*, Vertrag und Verteilung (2014), S. 411 f.
13 Dazu näher etwa Wiedemann/*Lübbert/Schöner*, Handbuch des Kartellrechts³, § 25 Rn 5.
14 Näher unten Rn 1094.

ger den Vertragsschluss verweigert, verwirklicht der **Kontrahierungszwang** eben den von § 249 Abs. 1 ins Auge gefassten Zustand, der ohne diese Schädigung bestünde. Voraussetzung des Kontrahierungszwangs ist, dass es um für den Berechtigten **notwendige Güter** geht, der Verpflichtete eine Art **Monopolstellung** innehält (so dass der Berechtigte keine ausreichende und zumutbare Möglichkeit hat, auf andere Anbieter auszuweichen) und dass er diese **Monopolstellung missbraucht**, indem er den **Vertragsschluss ohne rechtlich gebilligten Sachgrund** verweigert.

> In **Fall 12** mag der Betreiber tatsächlich daran interessiert sein, ein gewisses Geschlechtergleichgewicht innerhalb seines Fitnessstudios zu garantieren. Dieses Interesse wird hier indes nicht durch das Recht gebilligt: Bei solchen Fitnessstudioverträgen wird in der Regel das Geschlecht gerade nicht in den Blick genommen und eine Quotenregel ist nicht notwendig.

139 Beispielsweise trifft nach der Rechtsprechung des BGH **Vereine** mit einer erheblichen wirtschaftlichen und sozialen Machtstellung ein **Zwang zur Mitgliederaufnahme**, wenn die Bewerber auf die Mitgliedschaft angewiesen sind, um ihre Interessen zu wahren.[15] Den Vereinen muss freilich eine monopolartige Stellung zukommen, wofür allerdings eine erhebliche wirtschaftliche und soziale Machtstellung ausreichend ist. Wenn solche Vereine die Aufnahme verweigern, beeinträchtigen sie Freiheitsrechte der Menschen, die Aufnahme begehren – ohne, dass sie eine ausreichende Kompensationsmöglichkeit haben.

140 Auch **im kulturellen Bereich** sind Kontrahierungszwänge möglich, wenn eine **monopolartige Position** einer kulturellen Einrichtung besteht. Das liegt im Bereich anspruchsvoller Kunst nahe, die in der Regel einzigartig ist: Die Neuinszenierung des „Faust" am Deutschen Schauspielhaus in Hamburg kann nicht ohne Weiteres durch eine entsprechende Neuinszenierung am Schauspiel Köln ersetzt werden. Keine der Inszenierungen mag besser oder schlechter als die andere sein, beide sind aber jedenfalls für sich genommen einzigartig. Daher erfordert die Verweigerung eines entsprechenden Vertragsschlusses gute Gründe. Berühmt – und im Ergebnis kaum überzeugend – ist die Entscheidung des Reichsgerichts in RGZ 13, 388: Das Bochumer Stadttheater hatte einem **Theaterkritiker** den Theaterzugang verwehrt, da von ihm nur Negativrezensionen zu erwarten seien. Das Reichsgericht billigte dies, was wegen der hohen Bedeutung der Kunst für unsere Persönlichkeitsentfaltung und mit Blick auf die Presse- und Meinungsfreiheit kaum überzeugt. Die Grundrechte (beispielsweise aus Art. 5 und 12 GG) wirken gerade über **Generalklauseln** wie § 826 auch in das Privatrecht hinein (sog. mittelbare Drittwirkung der Grundrechte).

141 **§ 826** ist grundsätzlich **neben** den auf das **AGG** gestützten Ansprüchen **anwendbar**. Auch nach Inkrafttreten des AGG ist der auf § 826 gestützte Kontrahierungszwang praktisch bedeutsam. Das ergibt sich vor allem daraus, dass das AGG bestimmte Diskriminierungsgründe abschließend aufzählt. Dadurch entstehen zwangsläufig Lücken, soweit die Ablehnung eines Vertragsschlusses auf Gründen beruht, die von den Diskriminierungsgründen des AGG nicht erfasst werden. Das zeigt sich gerade im

---
15 Vgl BGHZ 63, 282 (Deutscher Sportbund); BGH NJW 1980, 186 (Hamburgischer Anwaltsverein). Dazu und zum Folgenden auch *Arnold*, Vertrag und Verteilung (2014), S. 414 f.

Fall des Theaterkritikers, der ja nicht etwa wegen seiner Rasse oder seiner Religion diskriminiert wird, sondern weil das Theater schlechte Kritiken von ihm erwartet. Dafür hält das AGG keine Diskriminierungskategorie bereit.

> Würde M in **Fall 12** etwa abgewiesen, weil er als Rechtsanwalt tätig ist und Betreiber F es vermeiden möchte, als reines „Akademiker-Fitnessstudio" zu gelten, könnte M sich mangels Aufzählung des Merkmals „Beruf" in § 19 Abs. 1 AGG also nicht auf das AGG stützen. Ein Rückgriff auf § 826 BGB bliebe aber möglich.

bb) Kontrahierungszwang gem. § 21 Abs. 1 AGG. Der zentrale Regelungsort des **allgemeinen Kontrahierungszwangs** im Vertragsrecht ist heute jedoch nach hM **§ 21 Abs. 1 AGG**.[16] Die Ordnungsaufgabe des AGG und seine Bedeutung für das allgemeine Vertragsrecht haben wir schon in § 1 kennengelernt.[17] Obwohl **§ 21 Abs. 1 S. 1 AGG** Diskriminierten ausdrücklich einen **Anspruch auf „Beseitigung der Beeinträchtigung"** zuspricht, ist umstritten, ob der vertragsrechtliche Diskriminierungsschutz des AGG einen **Kontrahierungszwang** beinhaltet.[18] Dagegen lässt sich ins Feld führen, dass ein ausdrücklich vorgesehener Kontrahierungszwang eines Vorentwurfs[19] keinen Niederschlag im Gesetz fand: § 21 AGG spricht die Pflicht zum Vertragsschluss nicht ausdrücklich an. Neben Schadensersatz (§ 21 Abs. 2) und Unterlassung (§ 21 Abs. 1 S. 2) kann der Benachteiligte jedoch gem. **§ 21 Abs. 1 S. 1 AGG** vor allem die **„Beseitigung der Beeinträchtigung"** verlangen. Dass dieser Beseitigungsanspruch auch einen **Anspruch auf Vertragsabschluss umfasst**, legt aber schon der **Wortlaut** der Norm nahe.[20] Auch die **Gesetzessystematik** spricht für einen auf § 21 Abs. 1 S. 1 AGG gestützten Kontrahierungszwang: In § 15 Abs. 6 AGG sind Kontrahierungszwänge bei arbeitsrechtlichen Benachteiligungsverboten ausgeschlossen. Das zeigt, dass außerhalb dieser Verbote Kontrahierungszwänge nicht ausgeschlossen sind. Vor allem aber spricht der **Gesetzeszweck** dafür, § 21 Abs. 1 S. 1 AGG auch einen Kontrahierungszwang zu entnehmen: § 21 AGG soll **effektive Rechtsfolgen zur Durchsetzung** des vertragsrechtlichen Diskriminierungsverbotes bereitstellen. Dazu trägt der Kontrahierungszwang erheblich bei. Das liegt insbesondere daran, dass sich Kontrahierungszwänge positiv auf die gesellschaftliche Haltung gegenüber potenziell benachteiligten Personengruppen auswirken können.[21]

142

Tatbestandlich setzt der Anspruch auf Vertragsschluss neben der Verletzung des § 19 AGG vor allem voraus, dass die **Diskriminierung** für das Unterbleiben des Vertragsschlusses **kausal** geworden ist. Bei Massengeschäften, in denen Anbieter an sich mit jedermann kontrahieren, liegt die Kausalität normaler Weise vor. In anderen Situationen kann das anders sein, etwa wenn ein Wohnungsvermieter selbst bei diskriminierungsfreier Auswahl nicht mit dem Diskriminierten sondern mit einem anderen Interessenten kontrahiert hätte.[22]

143

---

16 *Arnold*, Vertrag und Verteilung (2014), S. 386 ff mwN.
17 Rn 17 ff.
18 Vgl *Thüsing/v. Hoff* NJW 2007, 21; *Armbrüster* NJW 2007, 1494.
19 Vgl § 22 Abs. 2 des Entwurfs von 2004, abgedruckt in BT-Drs. 15/4538, S. 9.
20 *Wendt/Schäfer* JuS 2009, 206, 207.
21 *Arnold*, Vertrag und Verteilung (2014), S. 389 ff.
22 Vgl *Thüsing/v. Hoff* NJW 2007, 21, 24.

> In **Fall 11** kann K einen Anspruch gegen D auf Einlass in die Diskothek gegen Zahlung des Eintrittspreises haben, wenn D zum Vertragsschluss verpflichtet ist. Spezialgesetzliche Kontrahierungszwänge kommen nicht in Betracht. Ein Kontrahierungszwang für D könnte sich jedoch aus den §§ 21 Abs. 1 S. 1, 19 AGG ergeben. K wurde der Vertragsschluss allein aufgrund seiner Hautfarbe verwehrt, also wegen seiner ethnischen Herkunft, und somit wegen eines in § 19 Abs. 1 S. 1 AGG genannten Diskriminierungsgrundes. Zudem handelt es sich beim Einlass in eine Diskothek um ein Geschäft, das typischerweise ohne Ansehung der Person zu vergleichbaren Bedingungen in einer Vielzahl von Fällen zustande kommt, § 19 Abs. 1 Nr 1 AGG. Der Beseitigungsanspruch des § 21 Abs. 1 AGG umfasst auch einen Anspruch auf Vertragsschluss. Die zu beseitigende Diskriminierung liegt gerade in der Weigerung der D, einen Vertrag mit K über den Eintritt zu schließen. Daher besteht ein Kontrahierungszwang gem. §§ 21 Abs. 1, 19 AGG. K hat einen Anspruch gegen D auf Einlass in die Diskothek gegen Zahlung des Eintrittspreises (neben etwaigen weiteren Ansprüchen auf Schadensersatz aus § 21 Abs. 2 S. 1, 3 AGG).

III. Unbestellte Leistungen (§ 241a)

1. Zweck und Systematik

144 Gem. § 241a werden durch die unbestellte Lieferung beweglicher Sachen an Verbraucher keine vertraglichen Ansprüche begründet und gesetzliche Ansprüche nur im Einzelfall. Sie wurde im Zuge der Umsetzung der Verbraucherrechte-RL zum 13.6.2014 neu gefasst. § 241a dient der **Prävention unerwünschten Wettbewerbsverhaltens**[23] **und dem Verbraucherschutz**.[24] § 241a Abs. 3 beinhaltet daher auch das übliche **Umgehungsverbot** und stellt klar, dass **von § 241a nicht zu Lasten des Verbrauchers abgewichen** werden kann. § 241a dient der **Prävention**. Die Norm soll verhindern, dass Verbrauchern unbestellte Waren zugesendet werden, wodurch sie sich nicht nur belästigt, sondern auch zur Zahlung verpflichtet fühlen könnten. Auch das Vertragsrecht kann, wie § 241a illustriert, **verhaltenssteuernde Wirkung** haben. Es unterstützt insofern die speziellen Regelungen des Wettbewerbsrechts (insbesondere im UWG, aber auch im GWB), dessen Kernaufgabe in der Verhinderung unlauterer Wettbewerbsmethoden liegt.

145 Aus marktliberaler Perspektive ist die Instrumentalisierung des Vertragsrechts für die Zwecke der Verhaltenssteuerung **rechtspolitisch kritisiert** worden.[25] Allerdings lässt sich eine klare Trennung der Ordnungsaufgaben von Vertragsrecht und Wettbewerbsrecht ohnehin kaum durchhalten, bildet doch der Vertrag – wie *Leistner* treffend betont – den „gemeinsamen Fluchtpunkt"[26] von Vertrags- und Wettbewerbsrecht. In **regulativer Perspektive** bildet die **Instrumentalisierung des Vertragsrechts Vorzüge**.[27] Zu diesen gehört, dass es einen **„Selbstvollzug"** der jeweiligen Präventionsziele ermöglichen kann. Kosten der Rechtsdurchsetzung werden so vermieden. § 241a ist ein anschauliches Beispiel dafür: Die von der Norm aufs Korn genommene wettbewerbswidrige Praxis scheint ohne nennenswerte Gerichtsbelastung deutlich

---

23 Zu § 241a BGB instruktiv: *Jäckel/Tonikidis* JuS 2014, 1064.
24 Erman/*Saenger*, BGB[15], § 241a Rn 1b.
25 MünchKomm/*Finkenauer*, BGB[8], § 241a Rn 5.
26 *Leistner*, Richtiger Vertrag und lauterer Wettbewerb (2007), S. 251.
27 *Arnold*, Vertrag und Verteilung (2014), S. 281 f.

zurückgegangen zu sein.²⁸ So greifen Vertragsrecht und Wettbewerbsrecht funktionsorientiert ineinander. Hier zeigt sich einmal mehr, dass die regulative Perspektive der Verteilungsgerechtigkeit auch im Vertragsrecht unentbehrlich ist.²⁹

Systematisch gehört die Norm nur teilweise in das Allgemeine Schuldrecht: Ihr Abs. 1 betrifft das Zustandekommen vertraglicher Schuldverhältnisse, gehört also systematisch zur Rechtsgeschäftslehre und damit in den Allgemeinen Teil.³⁰ Ihr Abs. 2 betrifft allerdings gesetzliche Schuldverhältnisse; insoweit ist die systematische Stellung im Allgemeinen Schuldrecht konsequent. 146

2. Voraussetzungen

§ 241a setzt voraus, dass ein **Unternehmer (§ 14)** einem **Verbraucher (§ 13)**³¹ **Waren liefert** oder eine **sonstige Leistung** an ihn erbringt, die der Verbraucher **nicht bestellt** hat. **Waren** sind nach der Legaldefinition des § 241a Abs. 1 bewegliche Sachen, die nicht auf Grund von Zwangsvollstreckungsmaßnahmen oder anderen gerichtlichen Maßnahmen verkauft werden. Das schließt – in richtlinienkonformer Auslegung – auch Wasser, Gas und Strom ein, „wenn diese Gegenstände „in einem begrenzten Volumen oder in einer bestimmten Menge zum Verkauf angeboten werden", wie Art. 2 Nr 3 Verbraucherrechte-RL verlangt. 147

Die Leistung (einschließlich der Warenlieferung) ist **unbestellt**, wenn sich der Verbraucher nicht aktiv um sie bemüht hat – etwa durch ein Vertragsangebot oder die Bitte, die Waren zur Prüfung zu übersenden.³² Eine Leistung wird aber nicht etwa dadurch zur „unbestellten Leistung", dass der Verbraucher nach Erhalt der Ware seine Willenserklärung **anficht** (beispielsweise wegen Inhaltsirrtums).³³ Das folgt aus dem oben beschriebenen Regelungszweck: Von einer wettbewerbswidrigen Verhaltensweise des Unternehmers kann dann keine Rede sein, denn er weiß ja bei Leistungserbringung noch nicht, dass die Anfechtung erfolgen wird. 148

Eine ähnliche teleologisch einschränkende Auslegung ist auch geboten, wenn der Unternehmer zwar nicht die bestellte, aber eine in **Qualität und Preis gleichwertige Leistung** erbringt: Dann liegt keine unbestellte Leistung vor, wenn der Unternehmer darauf hinweist, dass der Verbraucher die Sache kostenfrei zurückschicken kann.³⁴ Das war in § 241a Abs. 3 BGB a.F. ausdrücklich geregelt. Die teleologische Auslegung führt aber auch in der Neufassung der Norm zu keinem anderen Ergebnis. Denn auch in dieser Situation handelt der Unternehmer nicht wettbewerbswidrig.³⁵ 149

---

28 Vgl Staudinger/*Olzen*, BGB (2015), § 241a Rn 1.
29 Hierzu *Arnold*, Vertrag und Verteilung (2014), S. 297 ff.
30 Vgl etwa Jauernig/*Mansel*, BGB¹⁷, § 241a Rn 1.
31 Vgl AG Bad Neustadt BeckRS 2016, 10204.
32 BeckOK/*Sutschet*, BGB⁵¹, § 241a Rn 5.
33 Jauernig/*Mansel*, BGB¹⁷, § 241a Rn 3.
34 Jauernig/*Mansel*, BGB¹⁷, § 241a Rn 3.
35 Anders allerdings die Begründung zum Gesetzesentwurf der Bundesregierung, bei der die Streichung von § 241a Abs. 3 aF damit begründet würde, dass die zugrundeliegende europäische RL eine solche Ausnahme nicht vorsehe, weshalb die Zusendung von gleichwertigen Waren als unbestellte Leistung qualifiziert werden müsse, sofern der Unternehmer nicht zuvor um Annahme gebeten habe (BT-Drs. 17/12637, S. 45).

150 Wenn eine **mangelhafte Sache geliefert** wird, greift § 241a nach Sinn und Zweck ebenfalls nicht ein, vielmehr ist das **kaufrechtliche Gewährleistungsrecht** anzuwenden.[36] Bei **aliud-Lieferungen** ist nach dem Zweck der Norm zu differenzieren: Wenn der Unternehmer bewusst eine ganz andere als die vom Verbraucher bestellte Leistung liefert (etwa: Lautsprecherboxen statt eines Smartphones) greift § 241a Abs. 1 ein.[37] Bei einer unbewussten aliud-Lieferung kommt dagegen § 434 Abs. 3 zur Anwendung.[38] Hier ist nach dem Schutzzweck des § 241a Abs. 1 (Prävention unlauteren Wettbewerbs) eine einschränkende Auslegung geboten.[39]

3. Rechtsfolgen

a) § 241a Abs. 1: Ausschluss vertraglicher Ansprüche

151 Die Rechtsfolge des § 241a Abs. 1 besteht darin, dass ein **Anspruch** gegen den Verbraucher durch die nicht bestellte Leistungserbringung **nicht begründet** wird. Das schließt aber nicht aus, dass ein Vertrag durch Willenserklärung begründet wird. In der Leistungserbringung bzw. der Zusendung durch den Unternehmer liegt ein konkludentes Vertragsangebot, das der Verbraucher gegebenenfalls auch konkludent annehmen kann. Der Zugang der Annahmeerklärung kann **gem. § 151** entbehrlich sein. Allerdings ergibt sich aus dem Schutzzweck des § 241a, dass dafür **strenge Voraussetzungen** gelten: Die bloße Ingebrauchnahme der Sache oder ihr Verbrauch genügt nicht.[40] Denn der Verbraucher schuldet, wie sich aus § 241a Abs. 2 ergibt, weder Nutzungsersatz noch Herausgabe irgendwelcher Surrogate. Aus dem Verbrauch der Sache oder ihrer Weiterveräußerung kann daher nach §§ 133, 157 nicht auf einen Annahmewillen geschlossen werden. Anders liegt es beispielsweise dann, wenn der Verbraucher den Kaufpreis zahlt.[41]

> Wenn etwa K in **Fall 13** nach Empfang des Pakets einen freudigen Brief schreibt und sich unter Bezugnahme auf die Rechnung für die Zusendung des Waschmittels bedankt, kann guten Gewissens eine Annahme des Angebots bejaht werden.

b) § 241a Abs. 2: Gesetzliche Ansprüche

152 Gem. § 241a Abs. 2 sind **gesetzliche Ansprüche** grundsätzlich ebenfalls ausgeschlossen. Eine – vom Unternehmer darzulegende und zu beweisende – Ausnahme besteht nur dann, wenn die Leistung nicht für den Empfänger bestimmt war oder in der irrigen Vorstellung einer Bestellung erfolgte und der Empfänger dies erkannt hat oder bei Anwendung der im Verkehr erforderlichen Sorgfalt hätte erkennen können. In diesem Ausnahmefall ist der Verbraucher nicht schutzwürdig. So kann ein Verbraucher, der ein an eine ganz andere Person adressiertes Päckchen erhält, nicht ohne Weiteres annehmen, er könne die Leistung einfach behalten.

---

36 Vgl *Berger* JuS 2001, 652.
37 Jauernig/*Mansel*, BGB[17], § 241a Rn 3.
38 Jauernig/*Mansel*, BGB[17], § 241a Rn 3.
39 *Deckers* NJW 2001, 1474; *Thier* AcP 203 (2003), 399, 412 f.
40 *Looschelders*, SR AT[17], § 5 Rn 18.
41 Näher MünchKomm/*Finkenauer*, BGB[8], § 241a Rn 15.

Findet K in **Fall 13** in dem Paket beispielsweise noch eine Bestellbestätigung, aus der eindeutig hervorgeht, dass das Bestellsystem des U aufgrund eines Defekts eigenmächtig Waschmittel zu jedem Vorgang ergänzt hat, muss er sich mit U in Verbindung setzen. In einem solchen Fall ist K gerade nicht schutzwürdig, weil er nicht davon ausgehen kann, U habe ihm die Sachen gewissermaßen aufzwingen wollen.

§ 241a Abs. 2 schließt Ansprüche aus Geschäftsführung ohne Auftrag (§§ 677 ff) ebenso aus wie bereicherungsrechtliche (§§ 812 ff) und deliktische Ansprüche (§§ 823 ff). Bei der Lieferung von Sachen ist auch der Anspruch auf Herausgabe des Eigentums aus § 985 ausgeschlossen. § 241a führt dadurch zu einem möglicherweise dauerhaften Auseinanderfallen von Eigentum und Besitz *(dominium sine re)*.[42] Denn mangels Übereignung (§ 929) ist der Unternehmer weiterhin Eigentümer der gelieferten Sache. Andererseits erlaubt es § 241a dem Verbraucher, die Sache zu verwenden, ohne dass ihn insoweit ein Zahlungsanspruch oder gesetzliche Ansprüche treffen. Manche wollen § 241a Abs. 2 teleologisch reduzieren und § 985 zur Anwendung bringen, wenn keine schutzwürdigen Verbraucherinteressen im Einzelfall entgegenstehen.[43] Das ist mit Blick auf den Präventionszweck der Norm abzulehnen. Das *dominium sine re* ließe sich dogmatisch dadurch vermeiden, dass man in § 241a einen gesetzlichen Eigentumserwerbsgrund sieht.[44] Die hM sieht dafür allerdings keinen Anlass.[45]

153

4. Lösung Fall 13

A. K könnte gegen U einen Schadensersatzanspruch aus §§ 437 Nr 3, 280 Abs. 1 haben.
I. Hierfür muss ein Kaufvertrag zwischen K und U vorliegen.
1. Das setzt zunächst ein Angebot voraus. Ein Angebot des U könnte schon in der Zusendung des Waschmittels zu sehen sein. Zusätzlich liegt dem Paket aber eine Rechnung bei, in der U auf das Waschmittel hinweist und K um Zahlung bittet, sofern er das Waschmittel nutzt. Jedenfalls darin liegt ein Angebot.
2. K muss das Angebot auch angenommen haben. Eine konkludente Annahme könnte man in der Benutzung des Waschmittels sehen, wobei der Zugang gem. § 151 S. 1 entbehrlich wäre. Einer konkludenten Annahme steht jedoch der Schutzzweck des § 241a Abs. 1 entgegen. Dieser setzt für eine konkludente Annahme von unbestellten Waren einen über die Ingebrauchnahme oder den Verbrauch der Waren hinausgehenden, deutlich hervortretenden Annahmewillen voraus. Daran fehlt es.
II. Mangels Annahme besteht kein Kaufvertrag zwischen K und U. Vertragliche Schadensersatzansprüche scheiden somit aus.
B. Ein vorvertraglicher Schadensersatzanspruch könnte sich aus §§ 311 Abs. 2, 280 Abs. 1, 241 Abs. 2 (cic) ergeben.
I. Dies setzt ein vorvertragliches Schuldverhältnis iSv § 311 Abs. 2 voraus. Dadurch, dass U im Rahmen einer laufenden Vertragsbeziehung K unbestellte Waren zugesendet hat, dessen privater Lebensbereich dadurch erhöhten Risiken ausgesetzt war, ist jedenfalls Nr 3 erfüllt.

154

---

42 Vgl etwa *Lorenz* FS Lorenz (2001), S. 193, 210, 212; *Lamberz* JA 2008, 425, 428.
43 Etwa *Casper* ZIP 2000, 1602, 1607; *Wieling*, SachenR, Bd I[2], § 12 II 3a; *Wilhelm*, SachenR[6], Rn 1199; Hk/*Schulze*, BGB[10], § 241a Rn 7.
44 So etwa *Riehm* Jura 2000, 505, 512; MünchKomm/*Finkenauer*, BGB[8], § 241a Rn 36.
45 Etwa *Lorenz* FS Lorenz (2001), S. 193, 210, 212; *Schwarz* NJW 2001, 1449, 1450; *Lamberz* JA 2008, 425, 428.

II. Weiterhin muss U eine Pflicht aus § 241 Abs. 2 verletzt haben. U hat K nicht über die Schaumbildung beim Waschmittel aufgeklärt. Das kann ihm aber nur vorgeworfen werden, wenn eine entsprechende Aufklärungspflicht bestand. Dadurch, dass es in zahlreichen Testläufen des Endprodukts mehrfach zu ähnlichen Problemen gekommen war, musste U klar sein, dass dieses Risiko ebenso bei Benutzung durch die Kunden besteht. Darauf hätte er hinweisen müssen, da auch Folgeschäden für im Umkreis befindliches Eigentum der Kunden nicht außerhalb der Lebenswahrscheinlichkeit lagen. Indem er diesen Umstand ignorierte und im reinen Gewinninteresse auf eine Information an die Empfänger verzichtete, hat er eine Aufklärungspflicht verletzt.

III. U handelte vorsätzlich, hat die Pflichtverletzung also auch iSv §§ 276, 280 Abs. 1 S. 2 zu vertreten.

IV. Der Schaden beläuft sich auf 50 Euro, dies entspricht dem Wert des zerstörten Duschvorlegers. Die Ersatzfähigkeit dieser Schadensposition ergibt sich aus §§ 249 Abs. 1, 251 Abs. 1.

Ergebnis: Aus vorvertraglicher Haftung (§§ 280 Abs. 1, 241 Abs. 2, § 311 Abs. 2 kann K also Ersatz für die Schäden an der Matte erlangen.

C. Ein deliktischer Schadensersatzanspruch gem. § 823 Abs. 1 besteht durch die schuldhafte Eigentumsverletzung ebenfalls. Gem. § 251 Abs. 1 BGB muss U dem K Wertersatz iHv 50 Euro für den Duschvorleger leisten.

IV. Formvorschriften

1. Grundsatz der Formfreiheit

155 Für rechtsgeschäftliche Schuldverhältnisse besteht grundsätzlich **Formfreiheit**: Soweit keine gesetzlichen Formvorschriften eingreifen und auch keine vertraglich vereinbarte Formpflicht besteht, können Rechtsgeschäfte in beliebiger Form abgeschlossen werden. Ein Vertrag kann also grundsätzlich auch mündlich abgeschlossen werden. Auch können sich die für einen Vertrag erforderlichen Willenserklärungen aus konkludenten Handlungen ergeben (§§ 133, 157). So liegt es etwa, wenn A stillschweigend drei Euro und eine Süddeutsche Zeitung auf den Kioskschalter legt und Kioskverkäuferin B kurz nickt. Obwohl die beiden nichts miteinander gesprochen haben, liegt ein wirksamer Kaufvertrag über die Zeitung vor. Die rechtsgeschäftliche Formfreiheit ist Ausdruck der **Vertragsfreiheit**.[46] Sie findet jedoch ihre Grenze bei **vertraglich vereinbarten Formvorschriften** und bei **Formvorschriften des Gesetzes**.

2. Formarten, Regelungsorte und Beispiele, Zwecke gesetzlicher Formvorschriften

156 Das **BGB** kennt eine ganze Reihe unterschiedlicher Formen, die jeweils passgenau in bestimmten Regelungssituationen zum Tragen kommen. Teilweise werden die Grundformen noch weiter spezifiziert. Im Groben unterscheidet das BGB aber zwi-

---

46 Dazu schon oben Rn 10.

schen der **Schriftform** (§ 126), der **elektronischen Form** (§ 126a), der **Textform** (§ 126b), der **öffentlichen Beglaubigung** (§ 129 iVm §§ 39 ff BeurkG) und der **notariellen Beurkundung** (§ 128 iVm §§ 6-35 BeurkG). Einzelheiten zu den jeweiligen Anforderungen werden in den Lehrbüchern zum Allgemeinen Teil des BGB dargestellt.

Formvorschriften finden sich **beispielsweise** im Besonderen Teil des Schuldrechts, im Familienrecht, im Erbrecht, aber auch in ganz verschiedenen Gesetzen außerhalb des BGB. Im **Besonderen Schuldrecht** ist etwa für die Bürgschaftserklärung des Bürgen Schriftform vorgesehen (§ 766). Dadurch wird der Bürge vor **übereilter Abgabe** seiner Bürgschaftserklärung geschützt. Der Schenkungsvertrag bedarf der notariellen Beurkundung (§ 518 Abs. 1 S. 1); allerdings kann der Formmangel durch Bewirkung der versprochenen Leistung *geheilt* werden (§ 518 Abs. 2). Mietverträge über eine längere Dauer als ein Jahr müssen gem. § 550 schriftlich geschlossen werden, was vor allem der Beweissicherung dient.[47] Im Familienrecht ist das wichtigste Beispiel der **Ehevertrag** (§ 1408), durch den die Eheleute ihre güterrechtlichen Verhältnisse regeln. Er muss gem. § 1410 bei gleichzeitiger Anwesenheit beider Teile zur Niederschrift eines Notars abgeschlossen werden. Auch ein **Erbvertrag** kann gem. § 2276 Abs. 1 nur zur Niederschrift eines Notars bei gleichzeitiger Anwesenheit beider Teile geschlossen werden. Praktisch sehr bedeutsame **Formvorschriften außerhalb des BGB** finden sich beispielsweise oft im **Gesellschaftsrecht**, so § 2 GmbHG für den Abschluss des Gesellschaftsvertrags (notarielle Form) und § 15 Abs. 3 und Abs. 4 GmbHG für den Verkauf und die Abtretung von Geschäftsanteilen an einer GmbH.

157

Die gesetzlichen Formvorschriften verfolgen **verschiedene**, oft jedoch **auch zusammenhängende Zwecke**, die je nach **Regelungskontext** und mit Blick auf die jeweilige Formart unterschiedliches Gewicht haben. Die jeweiligen Zwecke müssen durch **Auslegung** der jeweils in Rede stehenden Formvorschrift ermittelt werden. Oft sind Geschäfte betroffen, die für einen der Beteiligten typischer Weise mit besonders hohen Gefahren einhergehen – so etwa Bürgschaftsverträge oder Grundstückskaufverträge. Das zeigt sich etwa in § 311b Abs. 1 und Abs. 3, aber auch in § 766. Durch die Form des Rechtsgeschäfts werden die Betroffenen vor dem Abschluss besonders riskanter Geschäfte gewarnt **(Warnfunktion)** und vor übereilten Entscheidungen geschützt **(Übereilungsfunktion)**. Daneben stellen Formvorschriften oft sicher, dass Einzelheiten eines Geschäfts angemessen dokumentiert werden und dienen so auch der Beweiserleichterung in denkbaren Streitsituationen **(Informationsfunktion, Dokumentationsfunktion, Beweisfunktion)**.

158

Auch im **Allgemeinen Schuldrecht** finden sich praktisch wichtige und prüfungsrelevante Formvorschriften, die typischer Weise bedeutsame und regelmäßig riskante Rechtsgeschäfte in den Blick nehmen. Nur diese Formvorschriften werden im Folgenden in ihren wesentlichen prüfungsrelevanten Inhalten dargestellt.

159

---

47 Eine Verletzung des § 550 führt nicht zur Formnichtigkeit des Mietvertrags, sondern zur Unwirksamkeit der Befristung.

3. § 311b Abs. 1 (Grundstücksverträge)

a) Praktische Bedeutung

160 § 311b Abs. 1 betrifft eine der wohl praktisch bedeutsamsten Formvorschriften überhaupt: Den **Grundstücksvertrag**. Täglich werden in Deutschland viele solcher Kaufverträge in den Amtsstuben (oder Besprechungszimmern) der Notare geschlossen. Dass sie nicht etwa schlicht am heimischen Küchentisch oder gar per Handschlag geschlossen werden, liegt an § 311b Abs. 1: Verträge, durch die sich der eine Teil verpflichtet, das Eigentum an einem Grundstück zu übertragen oder zu erwerben, bedürfen gem. § 311b Abs. 1 S. 1 grundsätzlich der **notariellen Beurkundung**. Allerdings kann der **Formmangel** durch Auflassung und Eintragung in das Grundbuch **geheilt** werden (**§ 311b Abs. 2**).

b) Zwecke des § 311b Abs. 1

161 § 311b Abs. 1 berücksichtigt die meist hohe **wirtschaftliche Bedeutung** von Grundstücksgeschäften, die für beide Vertragspartner weitreichende **Konsequenzen** haben können. Die notarielle Beurkundung stellt zudem sicher, dass die Vertragspartner über die Folgen und die **rechtlichen Hintergründe** des Geschäfts aufgeklärt werden. Das ist gerade dann wichtig, wenn die Beteiligten solche Geschäfte nicht häufig abschließen. Die Abwicklung von Grundstückskaufverträgen geht oft mit Sicherungsgeschäften (Grundschulden oder Hypotheken) einher, die für **Laien** nur schwer verständlich sind. **Warnfunktion**, **Übereilungsfunktion** und **Informationsfunktion** sind für § 311b Abs. 1 bedeutsam. Aber natürlich werden viele Einzelheiten durch den notariell beurkundeten Vertrag auch sicher **dokumentiert** (Dokumentationsfunktion), so dass sie im Streitfall auch leichter **beweisbar** sind (Beweisfunktion).

> In **Fall 14** soll die notarielle Beurkundung beispielsweise A davor schützen, unüberlegt eine derart hohe Summe auszugeben, die möglicherweise langfristige Kredite o.ä. erfordert. Auf diesem Wege wird sie regelmäßig auch über bestehende Belastungen und deren Rechtsfolgen aufgeklärt, damit darüber im Nachgang kein Streit entsteht. Dass A und B angesichts der Höhe der entstehenden Kosten und eigener Gewinnvorstellungen die Entscheidung treffen, vor dem Notar einen falschen Kaufpreis anzugeben, ist vom Gesetz freilich nicht intendiert.

c) Voraussetzungen des § 311b Abs. 1

162 § 311b Abs. 1 greift **bei allen schuldrechtlichen Verträgen** ein, die für eine Partei eine vertragliche **Verpflichtung zur Übertragung** oder **zum Erwerb eines Grundstücks** begründen. Es geht also um Pflichten, die auf Veränderung der bestehenden Eigentumsverhältnisse an einem Grundstück gerichtet sind. Paradigma ist der **Kaufvertrag** über ein Grundstück. Aber auch Schenkungsverträge oder Tauschverträge kommen in Betracht.[48] Gleiches gilt für den **Aufhebungsvertrag**, wenn der ursprüngliche Vertrag **bereits vollzogen** war, also bereits die Auflassung und die Eintragung in das Grundbuch erfolgt sind. Denn dann verpflichtet der Aufhebungsvertrag zur

---
48 BeckOK/*Gehrlein*, BGB[51], § 311b Rn 9.

Rückübertragung eines Grundstücks.[49] Anders liegt es, wenn der Kaufvertrag noch nicht vollzogen war: Dann kann der Aufhebungsvertrag formfrei geschlossen werden.[50] Die Rechtsprechung hält den Aufhebungsvertrag auch dann für formbedürftig, wenn zwar noch kein vollständiger Vollzug stattgefunden hat, der Erwerber aber bereits ein **Anwartschaftsrecht** innehält. Das ist dann der Fall, wenn die Auflassung erklärt und ein Antrag auf Eintragung gem. § 13 GBO gestellt wurde.[51] Auch der **„Kauf eines Hauses"** ist ein Kaufvertrag über ein Grundstück: Denn Häuser sind mit dem Grundstück fest verbunden und daher wesentliche Bestandteile des Grundstücks iSd **§§ 94 Abs. 1, 93.** § 311b Abs. 1 betrifft aber **nur das Verpflichtungsgeschäft**, nicht etwa auch das **Verfügungsgeschäft**. Für letzteres gelten vielmehr die **§§ 925, 873**. Keine Verpflichtung zur Übertragung oder zum Erwerb eines Grundstücks liegt vor, wenn lediglich die Nutzung eines Grundstücks Vertragsgegenstand ist, also bei Miet- oder Pachtverträgen.

Wenn eine **Vollmacht** zum Erwerb oder zur Veräußerung eines Grundstücks erteilt wird, greift § 311b Abs. 1 seinem Wortlaut nach nicht ein. Gem. **§ 167 Abs. 2** bedarf die Vollmacht selbst nicht der Form, die für das Rechtsgeschäft bestimmt ist, auf das sie sich bezieht. Nach dem **Gesetzeswortlaut** könnte eine Vollmacht zum Erwerb oder zur Veräußerung eines Grundstücks also immer formfrei erteilt werden. Das ist jedoch mit Blick auf die **Warnfunktion des § 311b Abs. 1** problematisch, wenn die Vollmacht schon zu einer ähnlich weitgehenden Bindung des Vollmachtgebers führt wie der Abschluss des Kaufvertrags selbst. **§ 311b Abs. 1** gilt deshalb auch für die Vollmacht, wenn schon die Vollmachtserteilung den Vollmachtgeber rechtlich oder tatsächlich bindet, also vor allem bei der **unwiderruflichen Vollmacht**.[52] Die **unwiderrufliche Vollmacht** zur Vornahme eines Grundstücksgeschäfts nach § 311b Abs. 1 S. 1 muss deshalb notariell beurkundet werden.[53] Nach wohl hM kann dagegen der durch einen vollmachtlosen Vertreter abgeschlossene Grundstückskaufvertrag vom Vertretenen **formlos genehmigt** werden.[54] Dafür wird **§ 182 Abs. 2** ins Feld geführt, wonach die Zustimmung nicht der für das Rechtsgeschäft bestimmten Form bedarf. Das steht freilich in einem gewissen Widerspruch zur Anwendung des § 311b Abs. 1 auf unwiderrufliche Vollmachten zu Grundstücksgeschäften – trotz § 167 Abs. 2.

163

Das Beurkundungserfordernis aus § 311b Abs. 1 S. 1 erstreckt sich auf den **gesamten Vertrag** einschließlich etwaiger **Nebenabreden**. Das ergibt sich vor allem aus der Beweissicherungsfunktion der Norm. Ein Verweis in dem beurkundeten Vertrag auf etwaige Vertragsanlagen genügt nicht.[55] Allerdings genügt es, dass der rechtsgeschäftliche Wille in der Urkunde zumindest angedeutet ist **(Andeutungstheorie)**.[56]

164

---

49 Jauernig/*Stadler*, BGB[17], § 311b Rn 18.
50 BGH NJW-RR 2005, 241, 242.
51 BGHZ 83, 396, 399; BGH NJW 1999, 352, 352; OLG Köln NJW-RR 1995, 1107, 1107 f.
52 *Wolf/Neuner*, BGB AT[11], § 50 Rn 21. Die Formfreiheit der Vollmacht kann bei der unwiderruflichen Vollmacht teleologisch nicht mehr aus ihrer freien Widerrufbarkeit bis zur Vornahme des Geschäfts (vgl § 168 S. 2) gerechtfertigt werden.
53 BGH NJW 1996, 1467, 1468= BGH NJW 1998, 1857, 1858 f (einschränkend für Eheverträge).
54 BGHZ 125, 218, 220; aA etwa *Einsele* DNotZ 1996, 835, 838 ff.
55 BGHZ 116, 251, 254 f; BGH NJW 1997, 250, 252.
56 Vgl BGHZ 87, 150, 154; BGH NJW 1996, 2792, 2792 f.

Wenn versehentlich ein anderes als das wirklich gewollte Grundstück als Vertragsgegenstand bezeichnet ist, liegt eine unschädliche Falschbezeichnung vor *(falsa demonstratio non nocet)*.[57] Für die Wahrung der Beurkundungspflicht kommt es nämlich nicht auf den objektiven Wortlaut, sondern – wie auch in Fällen außerhalb des § 311b Abs. 1 – auf das von den Parteien tatsächlich Gewollte an. Darin liegt zwar eine Einschränkung der Dokumentations- und Beweisfunktion. Schutz- und Informationsfunktion der Norm bleiben aber gewahrt.

> Um eine solche Konstellation handelt es sich freilich bei **Fall 14** nicht: Zum einen haben die Parteien nicht aus Versehen eine falsche Information zugrunde gelegt, sondern in vollem Bewusstsein gehandelt. Zum anderen wurde hier nicht ein falsches Grundstück bezeichnet, sondern die Summe des richtigen Grundstücks verfälscht.

d) Rechtsfolgen von Verstößen gegen § 311b Abs. 1

165 Gem. § 125 S. 1 ist ein nicht notarieller Vertrag, der von § 311b Abs. 1 erfasst wird, nichtig. Wenn **keine Heilung** erfolgt ist (§ 311b Abs. 1 S. 2), können möglicherweise erbrachte Leistungen gem. **§ 812 Abs. 1 S. 1** kondiziert werden. Denkbar sind auch Schadensersatzansprüche aus **§ 311 Abs. 2 iVm § 280 Abs. 1**, wenn der Käufer nutzlos gewordene Erwerbskosten aufgebracht hat (etwa zur Finanzierung oder für Grundbuchgeschäfte).

166 Nur **ausnahmsweise** greift die strenge Nichtigkeitssanktion des § 125 S. 1 **gem. § 242 nicht** ein, wenn die Berufung auf den Formmangel **treuwidrig** ist. Dafür gelten **strenge Voraussetzungen**.[58] Die Nichtigkeitssanktion ist auch für den **Schwarzkauf** relevant, der in der Praxis nicht selten vorkommt (vgl **Fall 14**): In dieser Situation beurkunden die Parteien eines Kaufvertrags den Kauf zu einem geringeren als dem eigentlich gewollten Kaufpreis, um Steuern und Gebühren zu sparen. Der beurkundete Vertrag **(simuliertes Geschäft)** ist ein nichtiges Scheingeschäft **(§ 117 Abs. 1)**. Der nicht beurkundete Vertrag **(dissimuliertes Geschäft)** unterfällt § 311b Abs. 1 S. 1 (vgl auch **§ 117 Abs. 2**) und ist insoweit – vorbehaltlich einer Heilung gem. § 311b Abs. 1 S. 2 – formnichtig gem. § 125 S. 1.[59] Vom „Schwarzkauf" sind Fälle zu unterscheiden, bei denen zwar eine unrichtige Beurkundung erfolgte (beispielsweise ein objektiv anderes als das tatsächlich gewollte Grundstück), die Parteien aber über das tatsächlich gewollte Grundstück einig sind. In diesen Fällen ist der Vertrag mit dem von den Parteien übereinstimmend gewollten Vertragsinhalt wirksam zustande gekommen *(falsa demonstratio non nocet)*.[60]

167 Der **Formmangel** wird gem. § 311b Abs. 1 S. 2 geheilt, wenn die Auflassung und die Eintragung in das Grundbuch erfolgen. **Auflassung** und **Eintragung** bedeuten den Vollzug des Geschäfts, so dass ein Übereilungsschutz nicht mehr geboten ist. Dazu kommt ein **Verkehrsschutzgedanke**: Sachenrechtlich abgeschlossene Vorgänge

---

57 Vgl BGH NJW 2008, 1658, 1659; *Bergermann* RNotZ 2002, 557.
58 Dazu im Einzelnen Rn 37 und 43.
59 Vgl BGHZ 54, 56, 62-63; BGHZ 89, 41, 43; BGH NJW 1986, 248 f.
60 Vgl BGH NJW 2002, 1038, 1039; BGH NJW 2008, 1658, 1659; *Bergermann* RNotZ 2002, 557.

sollen im Interesse des Rechtsverkehrs aufrechterhalten werden.[61] Der Kaufvertrag wird also durch die Übereignung vollumfänglich wirksam. Im Fall des Schwarzkaufs bedeutet dies: Der eigentlich gewollte Vertrag (das dissimulierte Geschäft) mit dem regelmäßig höheren Kaufpreis wird durch Auflassung und Eintragung in das Grundbuch wirksam, so dass der Käufer nicht etwa lediglich den niedrigeren beurkundeten Kaufpreis zahlen muss, sondern den eigentlich gewollten höheren Kaufpreis.

Die **Heilung des § 311b Abs. 1 S. 2** bezieht sich **lediglich auf die Formnichtigkeit** gem. § 125 S. 1 iVm § 311b Abs. 1 S. 1. Andere Nichtigkeitsgründe bleiben von der Heilungsvorschrift unberührt. Wenn beispielsweise der Kaufvertrag auch wegen Geschäftsunfähigkeit einer Partei nichtig ist, führen Auflassung und Eintragung in das Grundbuch nicht zur Wirksamkeit des Vertrags.[62]

168

e) Fall 14 Lösung

A könnte gegen B einen Anspruch auf Grundstücksübertragung gemäß § 433 Abs. 1 S. 1 haben.

169

I. Das setzt einen wirksamen Kaufvertrag voraus. Zunächst könnte ein wirksamer Kaufvertrag über das Grundstück zu einem Kaufpreis von 500.000 Euro bestehen. Ein solcher Kaufvertrag wurde unter Beachtung des § 311b Abs. 1 vor dem Notar geschlossen. Problematisch ist allerdings, dass A und B insgeheim den Vertrag in dieser Form gar nicht schließen wollten. Ihr Ziel war der Abschluss eines Vertrags zu einem Kaufpreis in Höhe von 1.000.000 Euro. Nach § 117 Abs. 1 sind diese vor dem Notar mit Einverständnis des anderen Teils abgegebenen Willenserklärungen daher nichtig. Bei solchen Scheingeschäften kommt es mithin zur Nichtigkeit des simulierten Geschäfts.

II. Jedoch könnte ein wirksamer Kaufvertrag über das Grundstück zu einem Kaufpreis in Höhe von 1.000.000 Euro bestehen. Eine entsprechende Einigung (Angebot und Annahme durch A und B) liegt vor. § 117 Abs. 2 stellt klar, dass die Nichtigkeit des simulierten Geschäfts sich nicht auf die Nichtigkeit des dissimulierten Geschäfts erstreckt. Der Vertrag ist auch nicht etwa gemäß § 134 iVm § 370 AO nichtig: Das ist nur dann der Fall, wenn die Steuerhinterziehung Hauptzweck des Geschäfts ist. A möchte aber auch Notarkosten sparen und B will den Verkaufserlös ihrer Familie teilweise vorenthalten. Der Vertrag könnte indes gemäß § 125 S. 1 nichtig sein. Nach § 311b Abs. 1 S. 1 sind Grundstückskaufverträge notariell zu beurkunden (§ 128). Dies gilt gem. § 117 Abs. 2 insbesondere auch für dissimulierte Geschäfte. Das dissimulierte Geschäft (Kauf zu 1.000.000 Euro) wurde hier jedoch gerade nicht notariell beurkundet. Auch die notarielle Beurkundung des simulierten Rechtsgeschäfts vermag den Formmangel des dissimulierten Rechtsgeschäfts nicht zu überwinden: Erstens sind weder A noch B schutzbedürftig. Zweitens sieht der Wortlaut des § 117 Abs. 2 eine gesonderte Behandlung beider Geschäfte vor, so dass auch die Formvorschriften jeweils gesondert einzuhalten sind. Eine Heilung gemäß § 311b Abs. 1 S. 2 ist bei dem dissimulierten Geschäft mangels Übertragung des Grundstücks nicht eingetreten. Daher liegt auch kein wirksamer Kaufvertrag über das Grundstück mit einem Betrag von 1.000.000 Euro vor.

Ergebnis: A hat gegen B keinen Anspruch auf Grundstücksübertragung gemäß § 433 Abs. 1 S. 1.

---

61 BGHZ 127, 129, 137; BGHZ 160, 368, 370.
62 Vgl BGH ZIP 2016, 2069 Rn 30; dazu *Riehm* JuS 2016, 935.

4. Verträge über das Vermögen (§ 311b Abs. 2 und Abs. 3)

a) Verträge über das gegenwärtige Vermögen (§ 311b Abs. 3)

170 Besonders gefährlich und weitreichend ist die Verpflichtung des Schuldners, das gesamte Vermögen zu übertragen. Gem. **§ 311b Abs. 3** bedarf ein Vertrag, durch den sich der eine Teil verpflichtet, sein gegenwärtiges **Vermögen** oder einen Bruchteil seines gegenwärtigen Vermögens **zu übertragen** oder mit einem **Nießbrauch** zu belasten, daher der **notariellen Beurkundung**. Die Norm schützt den Schuldner dadurch vor allem vor einer übereilten Entscheidung und sichert seine fachgerechte Aufklärung und Beratung. Zugleich dient die Norm der Rechtssicherheit und verhindert, dass Formvorschriften über Verfügungen von Todes wegen umgangen werden. Dass – unabhängig von der Höhe – auch Bruchteile des Vermögens erfasst werden, soll darin begründet liegen, dass solche Verträge zu unabsehbaren Verwicklungen führen würden.[63]

> In **Fall 15** sind dementsprechend Zweifel dahingehend angebracht, ob die Übertragung der Fondsanteile von E an B gesetzlich gebilligt wird, schließlich würde im Todesfall normalerweise stattdessen A von der Erbmasse profitieren. Dass Verwicklungen drohen, belegt schon der Umstand, dass A sich nicht mit dem aktuellen Zustand zufriedengeben möchte und gegen B vorgeht.

171 § 311b Abs. 3 setzt einen **schuldrechtlichen Vertrag** voraus. Häufige Beispiele sind Kaufverträge und Schenkungsverträge. Entscheidende Voraussetzung ist, dass der Schuldner sich vertraglich zur Übertragung seines **gegenwärtigen Vermögens** oder eines **Bruchteils davon** verpflichtet. Mit **Vermögen** ist das gesamte **Aktivvermögen** gemeint.

172 Die Übertragungspflicht muss auf das **Vermögen** oder einen **Bruchteil des Vermögens** bezogen sein. Wenn sich jemand dagegen nur zur Übertragung **einzelner Gegenstände** aus seinem Vermögen verpflichtet – etwa sein Auto, sein Fahrrad und seine Gemäldesammlung – greift § 311b Abs. 3 grundsätzlich nicht ein. § 311b Abs. 3 erfasst seinem Wortlaut nach eben nur Verträge, die sich auf das **Vermögen als solches** beziehen. Das gilt nach der Rechtsprechung des BGH **selbst dann**, wenn diese Gegenstände im Wesentlichen das **gesamte Vermögen ausmachen**.[64] Wenn die Auslegung aber ergibt, dass der Vertrag auf das **Vermögen** bezogen ist, greift § 311 Abs. 3 auch dann ein, wenn lediglich **einzelne Gegenstände von der Veräußerung ausgenommen** werden.[65]

173 Wenn § 311b Abs. 3 verletzt ist, ist der Vertrag **gem. § 125 S. 1 nichtig**. Die Erfüllung des Vertrags bewirkt – anders als die Verletzung des § 311b Abs. 1 S. 1 (vgl § 311b Abs. 1 S. 2) – **keine Heilung**.[66] Das kann mit einem systematischen Argument *e contrario* § 311b Abs. 1 S. 2 begründet werden. Soweit auf den nichtigen Vertrag

---

63 Vgl BeckOGK/*Schreinsdorfer*, BGB (1.9.2019), § 311b Rn 391.
64 BGHZ 25, 1, 4-5.
65 BeckOGK/*Schreinsdorfer*, BGB (1.9.2019), § 311b Rn 391.
66 BGH NJW 2017, 885.

geleistet wurde, kann das Geleistete gem. § 812 Abs. 1 S. 1 Alt. 1 zurückverlangt werden (Leistungskondiktion).⁶⁷

b) Verträge über das künftige Vermögen (§ 311b Abs. 2)

Wenn sich jemand dazu verpflichtet, sogar sein **künftiges Vermögen** zu veräußern, verliert er typischer Weise jede Motivation, sich am Erwerbsleben zu beteiligen. Denn alles, was er künftig erhält, muss er ohnehin abgeben. **Formal verstandene Vertragsfreiheit** würde freilich auch solche „selbstknebelnden" Verträge ermöglichen. Schon der Gesetzgeber des BGB von 1900 sah allerdings in Verpflichtungen, das **künftige Vermögen** zu veräußern, eine Gefahr für die materiell verstandene Freiheit und schränkte diesen Freiheitsaspekt radikal ein: Gem. **§ 311b Abs. 2** sind Verträge, durch den sich der eine Teil verpflichtet, sein künftiges Vermögen oder einen Bruchteil seines künftigen Vermögens **zu übertragen** oder mit einem **Nießbrauch** zu belasten, **nichtig**. § 311b Abs. 2 erfasst regelmäßig nur das schuldrechtliche Geschäft. Erfüllungsgeschäfte sind daher wirksam; allerdings kann das Geleistete gem. § 812 Abs. 1 S. 1 1. Alt. (Leistungskondiktion) zurückgefordert werden.⁶⁸

174

5. Verträge über den Nachlass (§ 311b Abs. 4 und Abs. 5)

Besondere Formvorschriften gelten auch für **schuldrechtliche Verträge**, die sich auf den **Nachlass** beziehen. Verträge über den Nachlass **eines noch lebenden Dritten** bzw über den Pflichtteil oder ein Vermächtnis daraus sind gem. **§ 311b Abs. 4** von vornherein **nichtig**. Die Norm ist eine **Ausprägung des § 138 Abs. 1**. Sie steht leichtfertigen Vermögensverschleuderungen entgegen und verhindert, dass auf den Tod eines Dritten spekuliert wird.⁶⁹ Die strenge Nichtigkeitssanktion **greift** jedoch **gem. § 311b Abs. 5 S. 1 nicht** ein, wenn ein Vertrag unter künftigen **gesetzlichen Erben** über den **gesetzlichen Erbteil** oder den Pflichtteil eines von ihnen geschlossen wird. Das Gesetz erkennt für diesen Personenkreis ein Bedürfnis über frühzeitige Auseinandersetzungsvereinbarungen an. Solche Verträge bedürfen allerdings gem. § 311b Abs. 5 S. 2 der **notariellen Beurkundung**.

175

6. Lösung Fall 15

A könnte gegen B einen Anspruch auf Übertragung der Fondsanteile aus § 812 Abs. 1 S. 1 1. Alt. haben.

I. Durch den Tod der E ist A im Wege der Universalsukzession gemäß § 1922 Abs. 1 in deren Rechtsposition eingetreten. Mithin ist A als Rechtsnachfolgerin grundsätzlich anspruchsberechtigt.

II. Die Rechte an den Fondsanteilen sind ein vermögenswertes Etwas. B hat damit etwas iSv § 812 Abs. 1 S. 1 erlangt.

III. Diese Vermögensmehrung erfolgte auch bewusst und zweckgerichtet, also durch Leistung der E.

176

---

67 BeckOK/*Gehrlein*, BGB⁵¹, § 311b Rn 45.
68 Jauernig/*Stadler*, BGB¹⁷, § 311b Rn 49.
69 Vgl BGHZ 104, 279, 281.

IV. Ferner darf kein Rechtsgrund bestehen.

1. Als Rechtsgrund kommt nur ein Schenkungsvertrag gem. § 516 Abs. 1 in Betracht. In der Anweisung der E und dem Ausstellen der Vollmacht liegt ein Angebot der E, das B durch die Durchführung der Anweisung konkludent angenommen hat. Ein Vertragsschluss liegt damit vor.

2. Der Schenkungsvertrag könnte allerdings gem. § 125 S. 1 nichtig sein.

a) Das Schenkungsversprechen der E ist gemäß §§ 518 Abs. 1, 128 notariell zu beurkunden. Das Versprechen wurde hier ohne Einhaltung dieser Form abgegeben. Jedoch wurde die versprochene Leistung (hier Übertragung der Fondsanteile in das Depot der B) bereits bewirkt, so dass der Formmangel gem. § 518 Abs. 2 geheilt wurde. Der Schenkungsvertrag genügt somit den Formerfordernissen der §§ 518, 128.

b) Daneben könnte aber auch § 311b Abs. 3 greifen: Die Fondsanteile sind das gesamte Vermögen der E, sodass die Formvorschrift des § 311b Abs. 3 einzuhalten ist. Die hiernach erforderliche notarielle Beurkundung ist jedoch nicht erfolgt. Der Schenkungsvertrag ist daher formnichtig gem. § 125 S. 1. Etwas anderes würde nur gelten, wenn auch insoweit durch die Bewirkung der versprochenen Leistung Heilung eingetreten wäre. Gesetzlich normiert ist die Heilungsmöglichkeit in § 311b Abs. 3 nicht. Das deutsche Zivilrecht kennt auch keinen allgemeinen Grundsatz der Heilung eines formnichtigen Vertrags durch Erfüllung. Die Erfüllung hat vielmehr nur in denjenigen Fällen heilende Wirkung, in denen sie gesetzlich vorgesehen ist, wie in § 518 Abs. 2. Daher kommt nur eine analoge Anwendung in Betracht. Das setzt neben einer planwidrigen Regelungslücke eine vergleichbare Interessenlage voraus. In § 518 Abs. 2 berücksichtigt der Gesetzgeber, dass durch die Weggabe eines Gegenstands dem Schenker auf „schmerzhafte Weise" bewusst wird, dass er gerade diese Sache verliert. Mit der Übertragung des gesamten Vermögens ist die Situation aber nicht vergleichbar, da häufig eine unüberschaubare Vielzahl von Gegenständen dem Vermögen entzogen werden und es daher an der typischen „schmerzhaften Erfahrung" der individuellen Weggabe eines einzelnen Gegenstandes fehlt. § 518 Abs. 2 kann deshalb mangels vergleichbarer Interessenlage nicht analog angewendet werden. Eine Heilung scheidet aus. Der Schenkungsvertrag ist gem. § 125 S. 1 iVm §§ 311b Abs. 3, 128 nichtig. Damit liegt kein Rechtsgrund für die Leistung der E vor.

V. Der Anspruch ist entstanden. Als Rechtsfolge sind die Fondsanteile gemäß § 818 Abs. 1 an A herauszugeben.

Ergebnis: A hat somit einen Anspruch gegen B auf Rückübertragung der Fondsanteile gemäß §§ 812 Abs. 1 S. 1 1. Alt., 1922.

Teil II
Der Inhalt von Schuldverhältnissen

§ 5 Schuldarten

I. Stückschuld, Gattungsschuld, Vorratsschuld

Fall 16: V ist Autoreifenhändlerin. S bestellt bei ihr vier Reifen, die er für einen seiner Mietwagen benötigt. V übergibt vier Reifen aus ihrem Lager an eine Transportfirma mit dem Auftrag, die Reifen an S zu liefern. Noch am selben Abend erhält V einen unerwarteten Anruf des gestressten Fahrschulinhabers F, der unbedingt vier Reifen für seinen Fahrschulwagen benötige, da er andernfalls die gesamten Fahrstunden am morgigen Tag ausfallen lassen müsse. In seiner dringlichen Lage sei er sogar bereit, für die vier Reifen den Preis von fünf Reifen zu zahlen. V freut sich über dieses Angebot und sieht außerdem die Chance, einen dauerhaften Neukunden zu akquirieren. Sie willigt ein, ruft bei der Transportfirma an und schafft es, die Lieferung noch an die Adresse des F umzuleiten. Als S die Reifen am kommenden Tag nicht erhält, ist er empört, weil er die Buchung einer Kundin stornieren muss. Hat S einen Anspruch gegen V auf Lieferung von vier Reifen? **Lösung Rn 180 f und 194**

Fall 17: K lässt sich bei Autoteilehändlerin A über die coolsten Autoreifen informieren. A empfiehlt ihr „Ultraspezial-Tires", von denen es weltweit nur 1.000 Stück gibt. A hat nur vier dieser Reifen auf Lager, was sie K aber nicht mitteilt. K ist begeistert, kauft und bezahlt sofort vier neue Reifen „Ultraspezial-Tires" für 2.500 Euro und vereinbart mit A, dass die Reifen zu K nach Hause geliefert werden. K möchte sie an ihren Porsche montieren. Die von A mit der Auslieferung beauftragte Mitarbeiterin M montiert die vier Reifen aber lieber an ihren eigenen Porsche und nimmt mit dem Wagen an einem lokalen 24-Stunden-Rennen teil. Die vier Reifen sind danach völlig glatt und haben keinen Grip mehr. Als K dies erfährt, verlangt sie von A weiterhin Lieferung der Reifen. A wendet ein, sie habe keine Reifen mehr und in der Nachbarwerkstatt müsse sie für vier Stück 2.700 Euro zahlen – das sei ja absurd.
Kann K von A Lieferung von vier neuen „Ultraspezial-Tires" verlangen?

177

Welchen Inhalt schuldrechtliche Pflichten (und Rechte) haben, hängt maßgeblich davon ab, worauf sich ein Schuldverhältnis konkret bezieht. Dafür ist die **Unterscheidung von Stückschuld** und **Gattungsschuld** maßgeblich. Die Differenzierung ist kein akademisches Glasperlenspiel: Sie hat vielmehr häufig weitreichende Konsequenzen, etwa bei der Unmöglichkeit und bei Schadensersatzansprüchen.[1] In der Systematik des BGB ist die **Stückschuld der Regelfall**. Das zeigt sich daran, dass das Gesetz Besonderheiten der Gattungsschuld nur in einzelnen Normen aufgreift (beispielsweise in den §§ 243 und 300 Abs. 2). Für die Differenzierung der Schuldarten kommt es entscheidend darauf an, was die Parteien des Schuldverhältnisses vereinbart haben. Das ist durch **Auslegung (§§ 133, 157)** zu ermitteln.

178

---
1 Hierzu S. *Lorenz* ZGS 2003, 421; *Canaris* FS Wiegand (2005) 180 f.

1. Stückschuld

179 Der zu **leistende Gegenstand** ist bei der **Stückschuld individuell bestimmt**. Das bedeutet, dass der Schuldner seine Leistungspflicht nur durch diesen individuellen Gegenstand erfüllen kann.[2] Wenn ich Ihnen meinen fünf Jahre alten Schäferhund verkaufe, den Sie gut kennen und mögen, kann ich meine Leistungspflicht nicht dadurch erfüllen, dass ich Ihnen einen anderen Hund liefere – selbst, wenn das vielleicht ein noch schönerer und ebenfalls fünf Jahre alter Schäferhund ist. In der Regel bezieht sich die Stückschuld nicht auf vertretbare Sachen iSd § 91. Das ist aber nicht zwingend: Ausnahmsweise kann eine Stückschuld auch bei einer vertretbaren Sache vorliegen. Beispielsweise können die Parteien vereinbaren, dass ein **bestimmter** Karton Jahrgangssekt zu leisten ist.[3]

2. Gattungsschuld (§ 243), einschließlich der Vorratsschuld

a) Begriff der Gattungsschuld (§ 243 Abs. 1)

180 aa) Merkmale der Gattungsschuld. Bei **Gattungsschulden** liegt dagegen **keine individuelle Bestimmung des Leistungsgegenstandes** vor. Der Gegenstand ist vielmehr nur nach bestimmten Merkmalen bestimmt.[4] Wenn ich beispielsweise Hundezüchter bin und Ihnen telefonisch den Verkauf eines einjährigen Schäferhundes zusage, kann ich mit grundsätzlich jedem Schäferhund erfüllen, der ein Jahr alt ist. Möglich (und vielleicht naheliegend) ist allerdings, dass die Auslegung eine Einschränkung ergibt: Es kann in dem Beispiel stillschweigend mitvereinbart sein, dass der Schäferhund aus meiner eigenen Züchtung stammt. Dann liegt eine besondere Form der Gattungsschuld vor, nämlich eine Vorratsschuld. Auch der Verkauf eines Neuwagens mit Serienausstattung ist ein Beispiel für eine Gattungsschuld.[5] **Keine Gattungsschulden** sind dagegen **Geldschulden**: Sie sind vielmehr auf die Verschaffung abstrakter Vermögensmacht bezogen und deshalb Wertverschaffungsschulden.

> In **Fall 16** hat S nicht vier individualisierte Reifen bestellt, sondern lediglich vier Reifen für einen seiner Mietwägen. Es liegt also eine Gattungsschuld vor. Das gilt auch in **Fall 17**: Hier ist der Verkauf auf vier Reifen der Gattung „Ultraspezial-Tires" bezogen, nicht aber auf individuell bestimmte Reifen.

181 Anders als bei der Stückschuld kann der Schuldner also bei der Gattungsschuld mit **jedem Gegenstand** erfüllen, der den von den Parteien festgelegten Kriterien entspricht. Die konkrete Ausgestaltung der Gattung ergibt sich aus der Auslegung der Parteivereinbarung.

> In **Fall 16** kann und muss V mit allen Reifen erfüllen, die für den Mietwagen des S passen. In **Fall 17** ist die Gattung dagegen enger bestimmt: Die Erfüllung kann nur durch Lieferung von Reifen der Gattung „Ultraspezial-Tires" erfolgen.

---

2 RGZ 70, 423, 426; 92, 369, 371.
3 Soergel/*Arnold*, BGB[13], § 243 Rn 2.
4 Soergel/*Arnold*, BGB[13], § 243 Rn 3.
5 OLG Frankfurt OLGR Frankfurt 2002, 39.

bb) Vorratsschulden. **Vorratsschulden** sind ein Unterfall der Gattungsschulden. 182
Sie werden daher auch als **begrenzte bzw beschränkte Gattungsschulden** bezeichnet.[6] Vorratsschulden zeichnen sich durch spezifische Beschränkungen der jeweils in Blick genommenen Gattung aus. Die Parteien sehen spezifische Merkmale vor und vereinbaren, dass der Schuldner aus einer bestimmten Menge leisten muss. Diese bestimmte Menge ist oft der Vorrat des Schuldners; daraus erklärt sich der Name „Vorratsschuld". Wenn eine Vorratsschuld vorliegt, ist der Schuldner weder verpflichtet noch berechtigt, einen Gegenstand aus einer anderen als der vereinbarten Menge zu leisten. Das gilt selbst dann, wenn dieser Gegenstand wirtschaftlich identisch oder sogar höherwertig ist als ein Gegenstand aus der vereinbarten Menge.[7]

Anschauliche **Beispiele** für eine Vorratsschuld sind der Verkauf von Mais aus der Ernte 183
eines Hofes[8], von Mehl aus der Mühle einer Müllerin oder auch von Wertpapieren aus dem Deckungsbestand einer Bank[9]. Ob eine Vorratsschuld vorliegt, muss durch **Auslegung der Parteivereinbarung** ermittelt werden (§§ 133, 157). Im oben angeführten Beispiel des Verkaufs eines einjährigen Schäferhundes gilt: Wenn sich aus den Umständen der Vereinbarung ergibt, dass ich als Hundezüchter nur aus der Menge der von mir gezüchteten Schäferhunde leisten darf und soll, liegt eine Vorratsschuld vor.[10]

> In **Fall 17** liegt keine Vorratsschuld vor. Das ergibt sich aus der Auslegung der Parteivereinbarung (§§ 133, 157). Bei Abschluss des Kaufvertrages weiß K nicht, dass A lediglich vier Reifen in ihrem Lager hat. Daher ist die Schuld der A auch nicht auf diesen Bestand reduziert. Vielmehr liegt eine marktbezogene Gattungsschuld vor. Die Gattung ist freilich vergleichsweise eng begrenzt, weil am Markt nur 1.000 Exemplare existieren. A hätte im eigenen Interesse darauf bestehen können, nur aus dem eigenen Lagerbestand zu liefern; dann wäre eine Vorratsschuld gegeben.

b) Wichtigste Rechtsfolgen

aa) Leistung mittlerer Art und Güte (§ 243 Abs. 1). Wenn eine Gattungsschuld 184
vorliegt, ist der Schuldner gem. **§ 243 Abs. 1** zur **Leistung mittlerer Art und Güte** verpflichtet (vgl auch § 360 HGB für Handelsgeschäfte: „Handelsgut mittlerer Art und Güte"). § 243 Abs. 1 ist allerdings dispositiv: Die Parteien können also vertraglich engere oder weitere Grenzen vereinbaren.[11] Wenn sie dies nicht tun, darf der Leistungsgegenstand nicht hinter der mittleren Güte zurückbleiben. Geschuldet ist also **nicht Spitzenqualität**, es darf aber auch **kein „Ramsch"** geleistet werden.[12] Wenn der Leistungsgegenstand hinter der mittleren Art und Güte zurückbleibt, kann der Gläubiger die Annahme des Gegenstandes verweigern, ohne in Annahmeverzug zu geraten (vgl §§ 293 ff).[13] Etwas anders liegt es, wenn der Schuldner **bessere als nur „mittlere" Qualität** leistet. In diesen Fällen darf der Gläubiger den Leistungs-

---

6 Soergel/*Arnold*, BGB[13], § 243 Rn 4.
7 Soergel/*Arnold*, BGB[13], § 243 Rn 4.
8 RGZ 57, 138, 141; RG Recht 1918 Nr 1121.
9 OLG Köln BeckRS 2007, 00078.
10 Siehe etwa RGZ 88, 287, 288 (obiter); *Canaris* FS Wiegand (2005) 192 ff.
11 OLG Zweibrücken WM 1985, 237.
12 Soergel/*Arnold*, BGB[13], § 243 Rn 6.
13 Soergel/*Arnold*, BGB[13], § 243 Rn 6; Einzelheiten zum Annahmeverzug unten Rn 397, 533 und 704 ff.

gegenstand nur zurückweisen, wenn er ein besonderes Interesse an bloß mittlerer Güte hat.[14]

185 bb) **Beschaffungspflicht des Schuldners.** Innerhalb der soeben beschriebenen Grenzen des § 243 Abs. 1 kann der Schuldner frei darüber entscheiden, mit welchem konkreten Leistungsgegenstand er erfüllt. Das hat **gewisse Vorteile** für ihn. So kann er sich etwa zu einem günstigen Zeitpunkt bei seinen Zulieferern eindecken. Allerdings sind mit § 243 Abs. 1 **auch Gefahren** für den Schuldner verbunden, denn ihn trifft eben auch die Pflicht, einen Gegenstand aus der Gattung zu beschaffen (**Beschaffungspflicht**). Daher trägt der Schuldner grundsätzlich auch die **Leistungsgefahr**, solange noch aus der Gattung geleistet werden kann. Damit ist die Gefahr gemeint, trotz Untergang einer Sache noch leisten zu müssen. Bei der Gattungsschuld trägt dieses Risiko der Schuldner, solange nicht alle Leistungsgegenstände aus der jeweiligen Gattung untergegangen sind. Ist das nicht der Fall – also solange noch der Gattung zugehörige Leistungsgegenstände existent sind – bleibt der Schuldner zur Erfüllung verpflichtet. Wie weitreichend dieses Risiko ist, kann der Schuldner allerdings gewissermaßen mitbestimmen: Denn dafür kommt es entscheidend darauf an, wie weit oder eng die Gattung in der Parteivereinbarung definiert ist.[15] So kann der Schuldner etwa seine Beschaffungspflicht einschränken, wenn er in der Parteivereinbarung entsprechende Klauseln durchsetzen kann, also etwa die Klausel „**Selbstbelieferung vorbehalten**"[16].

> Da A wie aufgezeigt eine (marktbezogene) Gattungsschuld übernommen hat, bleibt ihr in **Fall 17** daher nichts anderes übrig, als vier neue Reifen zu besorgen. Dass sie Mehrkosten iHv 200 Euro zu beklagen hat, ist ihr Geschäftsrisiko.

186 Bei **Vorratsschulden** wird der Schuldner dagegen schon dann von der **Leistungspflicht frei**, wenn der **gesamte Vorrat untergeht oder bereits an Dritte weiterveräußert** ist.[17] Eine schwierige Frage stellt sich, wenn der Vorrat des Schuldners nur **teilweise untergegangen** ist, der Schuldner aber mehrere Gläubiger hat, die er jedenfalls nicht alle vollständig befriedigen kann. **Klausurklassiker** dieser Situation ist der Brand in der Mühle der Müllerin M: Von ihren 5 Tonnen Mehl werden 3 Tonnen vernichtet, so dass sie die Käufer A und B, die beide 2,5 Tonnen aus ihrer Mühle bestellt hatten, nicht mehr voll befriedigen kann. Überzeugend ist es, den **Grundsatz von Treu und Glauben (§ 242)** in dieser Situation zum Tragen zu bringen und zu berücksichtigen, dass die Gläubiger – bildlich gesprochen – „in einem Boot sitzen", also eine **Risikogemeinschaft** bezüglich des teilweisen Untergangs sind. Die **Gleichbehandlung aller Gläubiger** ist daher ein Gebot aus Treu und Glauben. Der Schuldner ist also grundsätzlich dazu verpflichtet, alle Gläubiger anteilig zu befriedigen (**Repartierung**).[18] Im Klassikerfall des Brandes in der Mühle müsste M also A und B jeweils 1 Tonne des verbliebenen Mehls liefern.

---

14 MünchKomm/*Emmerich*, BGB[8], § 243 Rn 21 mwN.
15 Anschaulich etwa BGH, NJW 1989, 218, 219: Wein mit Prädikat „Auslese".
16 BGHZ 92, 396 = NJW 1985, 738.
17 RGZ 107, 156, 158.
18 RGZ 84, 125, 128 f; 100, 134, 136 f; Soergel/*Arnold*, BGB[13], § 243 Rn 8; *Gsell*, Beschaffungsnotwendigkeit und Leistungspflicht (1998), S. 169 ff; *Medicus/Lorenz*, SR AT[21], Rn 194; aA: MünchKomm/*Emmerich*, BGB[8], § 243 Rn 17; Staudinger/*Schiemann*, BGB (2015), § 243 Rn 20.

c) Konkretisierung (§ 243 Abs. 2)

aa) Zweck. Wie wir gesehen haben, ist gerade die Beschaffungspflicht eine potenziell erhebliche Belastung des Schuldners. § 243 Abs. 2 bietet ihm die Möglichkeit, seine Risiken erheblich zu minimieren: Nach dieser Norm **beschränkt sich das Schuldverhältnis auf diese (eine) Sache**, wenn der Schuldner das **seinerseits Erforderliche** zur Leistung einer Sache aus der Gattung getan hat. Diese Beschränkung bezeichnet man als **Konkretisierung** – eben, weil sich das Schuldverhältnis jetzt auf einen konkreten Leistungsgegenstand beschränkt. § 243 Abs. 2 bewirkt, dass die **Gattungsschuld zur Stückschuld** wird.[19] Das ist vor allem deshalb wichtig, weil die – für den Schuldner günstigeren – Regelungen zur **Leistungsgefahr** bei Stückschulden eingreifen: Wenn die nach Konkretisierung allein geschuldete Sache untergeht (vgl § 275 Abs. 1), muss der Schuldner keine andere Sache aus der ursprünglich vereinbarten Gattung mehr leisten.

187

bb) Voraussetzungen. Der Schuldner muss das **seinerseits Erforderliche** getan haben. Was das konkret bedeutet, hängt vor allem von der Parteivereinbarung ab. Die Wirkungen des § 243 Abs. 2 können auch allein durch Parteivereinbarung herbeigeführt werden[20] bzw dadurch, dass der Gläubiger eine nicht § 243 Abs. 1 genügende Sache als Leistung anerkennt[21]. Im letzteren Fall dürfte freilich meist Erfüllung iSd § 362 Abs. 1 vorliegen; dann werden die Rechtsfolgen des § 243 Abs. 2 bedeutungslos.

188

Wenn eine **Bringschuld** vorliegt, hat der Schuldner das seinerseits Erforderliche getan, wenn er die Sache **zum Gläubiger gebracht** und in einer den **Annahmeverzug (§§ 293 ff) auslösenden Weise** angeboten hat.[22] Der Gläubiger muss also unmittelbar auf den Leistungsgegenstand zugreifen können, nur dann ist die von § 243 Abs. 2 bewirkte Entlastung des Schuldners gerechtfertigt. Dabei gelten die **Regeln über den Annahmeverzug entsprechend**.[23] Im Fall des wörtlichen Angebots gem. § 295[24] muss allerdings klar werden, auf welchen Leistungsgegenstand sich die Konkretisierung erstrecken soll. Daher muss der Schuldner die Sache nicht nur wörtlich anbieten, sondern auch den Leistungsgegenstand aussondern.[25]

189

> In **Fall 17** haben A und K ausdrücklich eine Bringschuld vereinbart. A hätte also die Reifen zu K bringen und sie ihm dort anbieten müssen, um Konkretisierung gem. § 243 Abs. 2 zu erreichen. Dadurch, dass sie diesen Schritt nicht gegangen ist, kann sie sich trotz des Umgangs der Mitarbeiterin mit den Reifen nicht auf Unmöglichkeit iSv § 275 Abs. 1 berufen.

Wenn eine **Schickschuld** vorliegt, muss der Schuldner die Sache dem zuständigen Transporteur übergeben, die Sache also lediglich auf den Weg zum Schuldner bringen. Dann hat er das „seinerseits Erforderliche" getan, so dass § 243 Abs. 2 eingreift.

190

---

19 Soergel/*Arnold*, BGB[13], § 243 Rn 19.
20 RGZ 43, 182, 184; 70, 423, 426.
21 BGH NJW 1967, 33; 1982, 873.
22 *Huber* FS Ballerstedt (1975) 329 ff; Staudinger/*Schiemann*, BGB (2015), § 243 Rn 31.
23 *Huber* FS Ballerstedt (1975) 338 ff; *Ernst* GS Knobbe-Keuk (1997) 49 ff.
24 Dazu unten Rn 806 ff.
25 Soergel/*Arnold*, BGB[13], § 243 Rn 11.

191 Bei **Holschulden** muss der Schuldner lediglich den Leistungsgegenstand aussondern, ihn bereitstellen und gegebenenfalls den Gläubiger von der Aussonderung benachrichtigen bzw ihn zum Abholen auffordern.[26] Die Benachrichtigung bzw Aufforderung ist nicht erforderlich, wenn ein Termin für die Abholung vereinbart ist. Wenn der Schuldner dem Gläubiger eine Frist zur Abnahme gesetzt hat, tritt die Konkretisierung erst mit dem Ablauf dieser Frist ein.[27] Das ist dann nicht sachgerecht, wenn der Gläubiger ohnehin erklärt, die Leistung nicht abnehmen zu wollen: Dann tritt die Konkretisierung schon mit dem Zugang dieser Erklärung ein.

192 cc) **Rechtsfolgen des § 243 Abs. 2.** § 243 Abs. 2 bewirkt vor allem, dass die **Leistungsgefahr auf den Gläubiger übergeht**. Das ist die entscheidende Konsequenz dessen, dass die Gattungsschuld zur Stückschuld wird. Geht die Sache – auf die das Schuldverhältnis dann „konkretisiert" ist – unter, wird der Schuldner von seiner Leistungspflicht gem. **§ 275 Abs. 1** frei. Die Gegenleistungsgefahr (Preisgefahr) – also die Gefahr, trotz Unmöglichkeit der Leistung noch die Gegenleistung (in entgeltlichen Verträgen also den „Preis") erbringen zu müssen, richtet sich nach **§ 326** bzw. den besonderen Gefahrtragungsregeln (wie §§ 446 f und 644 f).

193 dd) **Rückgängigmachung der Konkretisierung (Rekonkretisierung).** Ein **Klausurklassiker** ist die Frage, ob der Schuldner die **Konkretisierung auch einseitig wieder rückgängig** machen kann. Man nennt dies auch Rekonkretisierung. Um diese Konstellation geht es in **Fall 16**. Auf den ersten Blick könnte man meinen, dass die Rekonkretisierung den Interessen des Schuldners zuwiderläuft, da die Konkretisierung ja vor allem für den Schuldner Vorteile bei der Leistungsgefahr bietet. Manchmal ist der Schuldner an diesen Vorteilen aber gar nicht interessiert. So kann er sich etwa schlicht den Anspruch auf die Gegenleistung sichern wollen, der im Regelfall ja gem. § 326 Abs. 1 S. 1 entfallen wird, wenn seine Leistungspflicht nach § 275 nicht besteht. Denkbar ist auch, dass der Schuldner bei einer Schickschuld die Ware noch während des Transports an einen anderen Gläubiger umleiten möchte: In dieser Situation ist die Konkretisierung bereits eingetreten. Denn bei einer Schickschuld hat der Schuldner das seinerseits Erforderliche iSd § 243 Abs. 2 ja schon getan, wenn er die Ware der Transportperson übergeben hat. **§ 243 Abs. 2 schweigt über die Frage**, ob die Konkretisierung rückgängig gemacht werden kann. Die besseren Gründe – vor allem teleologische Argumente – sprechen dafür, die Frage zu bejahen:[28] § 243 Abs. 2 dient gerade dem Schuldnerinteresse. Soweit der Schuldner die Konkretisierung durch einseitige Akte herbeiführen kann, muss ihm daher auch zugestanden werden, sie durch einseitige Akte wieder rückgängig zu machen. Anders liegt es nur in den Fällen, in denen die Konkretisierung auf eine beiderseitige Parteivereinbarung zurückzuführen ist: Dann hat der Gläubiger ein schutzwürdiges Interesse daran, dass die Konkretisierungswirkung nicht durch bloß einseitigen Schuldnerakt aufgehoben wird.[29] Wenn sich der Gläubiger mit der Aussonderung oder der Absendung aus-

---

26 MünchKomm/*Emmerich*, BGB[8], § 243 Rn 29.
27 MünchKomm/*Emmerich*, BGB[8], § 243 Rn 29.
28 RGZ 91, 110, 112 f; OLG Bremen MDR 1958, 919; *Medicus* JuS 1966, 297, 302; Soergel/*Arnold*, BGB[13], § 243 Rn 15; aA: OLG Köln NJW 1995, 3128 (unter fehlerhafter Berufung auf BGH NJW 1982, 873); *Canaris* JuS 2007, 793 ff.
29 Vgl BGH NJW 1982, 873.

drücklich oder stillschweigend einverstanden erklärt, liegt eine Parteivereinbarung in diesem Sinne nahe, ebenso, wenn der Gläubiger bei der Auswahl des Gegenstands mitgewirkt hat.

d) Lösung Fall 16

S könnte gegen V einen Anspruch auf Lieferung von vier Reifen aus § 433 Abs. 1 S. 1 haben.

I. Ein wirksamer Kaufvertrag zwischen V und S liegt vor, so dass der Anspruch entstanden ist.

II. Der Anspruch könnte gem. §§ 243 Abs. 2, 275 Abs. 1 erloschen sein.

1. V hat das ihrerseits Erforderliche getan – bei einer Schickschuld also die Übergabe an den zuständigen Transporteur –, so dass Konkretisierung gem. § 243 Abs. 2 eingetreten ist. Die Gattungsschuld wurde somit zur Stückschuld, so dass sich der Anspruch des S auf die vier ursprünglich bestellten Reifen konkretisiert hat. Durch das Umleiten der Reifen an F würde die Leistung der V daher unmöglich gem. § 275 Abs. 1, wenn F nicht bereit ist, die Reifen herauszugeben.

2. Die Konkretisierung nach § 243 Abs. 2 ist allerdings möglicher Weise dadurch entfallen, dass V die Reifen an F weitergeleitet hat (Rekonkretisierung). Dann ist V weiterhin gem. § 243 Abs. 1 dazu verpflichtet, S vier Reifen mittlerer Art und Güte zu beschaffen.

a) Einige Stimmen wollen die Rekonkretisierung bei der Gattungsschuld nicht zulassen. Der Gläubiger sei nicht ausreichend geschützt, wenn der Schuldner auf dessen Kosten spekuliere und der Gläubiger vielleicht sogar vor Erfüllung Dispositionen getroffen habe – wie hier die Vermietung des Mietwagens.

b) Die besseren Argumente sprechen aber dafür, die einseitige Rekonkretisierung grundsätzlich zuzulassen: § 243 Abs. 2 dient vorrangig dem Schutz des Schuldners. Der Schuldner kann die Konkretisierung einseitig herbeiführen, also sollte er sie grundsätzlich auch einseitig nachträglich aufheben können. Der Gläubiger ist seinerseits ausreichend geschützt, da er den Primärleistungsanspruch auf Leistung einer Sache mittlerer Art und Güte gem. § 243 Abs. 1 ja behält. Eine Ausnahme gilt nur, wenn die Konkretisierungswirkungen durch Parteivereinbarung herbeigeführt wurden: Dann wurde ja auch die Konkretisierung nicht einseitig herbeigeführt. Diese Ausnahme greift hier nicht ein, weil die Konkretisierung auf einem einseitigen Akt der V beruht.

c) Die Wirkungen des § 243 Abs. 2 sind damit entfallen. Es bleibt bei der Beschaffungspflicht der V aus § 243 Abs. 1.

Ergebnis: S hat gegen V einen Anspruch auf Lieferung von vier Reifen aus § 433 Abs. 1 S. 1.

II. Geldschuld und Zinsen (§§ 244-248)

Fall 18 (nach BGH NJW 2017, 1596): V ist Eigentümerin einer Wohnung in Münster. Seit nunmehr knapp einem Jahr vermietet sie die Wohnung an M. Das Mietverhältnis verläuft reibungslos, bis V bemerkt, dass die letzte Mietzahlung der M erst am fünften Werktag des laufenden Monats auf ihrem Konto eingegangen ist. Verärgert muss V auch in den zwei darauffolgenden Monaten feststellen, dass eine Gutschrift der von M zu entrichtenden Miete erst am fünften Werktag des jeweils laufenden Monats auf ihrem Konto verbucht wurde. V verlangt von M empört, die Miete von nun an so frühzeitig zu überweisen, dass sie spätestens am dritten Werktag eines jeden Monats auf ihrem Konto eingeht. So sehe es schließlich auch das Gesetz vor. M hingegen ist verwundert über die Aufforderung der V und erwidert, es sei vollkommen ausreichend, dass sie ihrer Bank den Überweisungsauftrag bis zum dritten Werktag des laufenden Monats erteile. Daran habe sie sich – was zutrifft – auch immer gehalten. Hat M die Miete rechtzeitig iSd § 556b Abs. 1 gezahlt? **Lösung Rn 206 und 221**

Abwandlung:

Sachverhalt wie in **Fall 18**, allerdings ist V Eigentümerin mehrerer Wohnungen und verwendet deshalb für alle Mietverhältnisse einen standardmäßig vorformulierten Vertrag, der die folgende Klausel enthält: „Die Gesamtmiete iHv 1.000 Euro ist monatlich im Voraus, spätestens am dritten Werktag des Monats an den Vermieter auf das Konto mit der Nr 1234567890 bei der Münster-Bank zu zahlen. Für die Rechtzeitigkeit der Zahlung kommt es nicht auf die Absendung, sondern auf den Eingang des Geldes an. Eine mehrfach verspätete Mietzahlung kann ein Grund für eine Kündigung des Mietverhältnisses sein." Hat M die Miete rechtzeitig gezahlt? **Lösung Rn 222**

Zusatzfrage: Ändert sich am Ergebnis etwas, wenn V und M Unternehmerinnen sind und Geschäftsräume vermietet werden? **Lösung Rn 223**

1. Grundlagen

a) Überblick über gesetzliche Regelungen zu Geld und Geldschuld

196 Geld ist für unsere Wirtschaftsordnung von höchster Bedeutung. Im Schuldrecht ist es nur an wenigen Stellen geregelt, obwohl Geld besonders häufig Gegenstand von Schuldverhältnissen ist. §§ 244 und 245 befassen sich mit Fremdwährungsschulden und der (seltenen) Geldsortenschuld. §§ 269 Abs. 3 und 270 regeln den Zahlungsort, das Verspätungsrisiko und das Leistungsrisiko bei Geldschulden. Im Besonderen Schuldrecht gibt es Regeln über den Darlehensvertrag (§§ 488 ff) und über den bargeldlosen Zahlungsverkehr (§§ 675c ff). Begriff und Besonderheiten der **Geldschuld als Schuldinhalt** sind im BGB jedoch **nicht geregelt**.

b) Funktionen des Geldes; Bargeld, Buchgeld, gesetzliche Zahlungsmittel

197 Geld dient seiner Funktion nach als Tauschmittel, zur Wertaufbewahrung, als Wertausdrucksmittel und als staatliches Instrument der Ordnungspolitik.[30] **Bargeld** sind Münzen und Banknoten, **Buchgeld** dagegen Forderungen gegen Kreditinstitute. Gesetzliches Zahlungsmittel sind in Deutschland seit 2002 nur auf Euro lautende Banknoten (Art. 106 Abs. 1 S. 3 EGV, Art. 10 S. 2 EuroVO II sowie § 14 Abs. 1 S. 2 BBankG). Für Euro-Münzen besteht gem. Art. 11 S. 3 EuroVO II nur eine beschränkte Annahmeobliegenheit: Niemand muss mehr als 50 auf Euro oder Cent lautende Münzen bei einer einzelnen Zahlung annehmen.

---

[30] Einführend *Ohler* JZ 2008, 317, 318 ff; eingehend *Mann/Proctor*, Mann on the legal aspect of money (7. Ed. 2012), S. 10 ff.

c) Geldschulden als Wertverschaffungsschulden

Wer Geld schuldet, schuldet aber nicht die Übergabe oder Übereignung bestimmter Banknoten oder Münzen als solche. Vielmehr schuldet er dem Gläubiger die Verschaffung eines bestimmten Betrags an abstrakter Vermögensmacht.[31] Die konkrete Verkörperung dieser Vermögensmacht ist nicht entscheidend – es sei denn, die Parteien vereinbaren etwas anderes. **Geldschulden sind also Wertverschaffungsschulden.** Im Wirtschaftsleben stehen nichtkörperliche Formen (Buchgeld) zumindest gleichbedeutend neben körperlichen Formen (Bargeld). In welcher Form Geldschulden erfüllt werden können, hängt entscheidend von der Parteivereinbarung ab. Fehlt eine Vereinbarung, kann der Schuldner wegen der wirtschaftlichen Bedeutung von Buchgeld regelmäßig und im Zweifel auch bargeldlos erfüllen, beispielsweise dadurch, dass er den geschuldeten Betrag überweist.[32]   198

Als Wertverschaffungsschulden sind Geldschulden keine Sachschulden, insbesondere auch keine Gattungsschulden.[33] Auf sie kann jedoch **§ 300 Abs. 2 analog** angewendet werden:[34] Der Übergang der Leistungsgefahr beim Annahmeverzug ist im BGB für Geldschulden nirgends geregelt. Die Interessenlage ist insoweit aber mit der bei Gattungsschulden vergleichbar, so dass die Voraussetzungen für die Analogie vorliegen.   199

Im Einzelfall kann es aber nicht um die Verschaffung abstrakter Vermögensmacht, sondern um ganz bestimmte Münzen oder Scheine gehen. Auch das können die Parteien natürlich vereinbaren – in Sammlerkreisen sind Kaufverträge über ganz bestimmte Münzen gang und gäbe. In solchen Fällen – wenn der Schuldner also verpflichtet ist, **bestimmte Geldzeichen** wie etwa konkrete Münzen zu verschaffen –, liegt konsequenter Weise gar **keine Geldschuld** vor, sondern eine gewöhnliche Sachschuld (Stück- oder Gattungsschuld).   200

d) Der maßgebliche Bestimmungszeitpunkt bei Geldschulden

Wenn jemand ein Auto für 10.000 Euro kauft, schuldet der Käufer einen von Anfang an klar definierten Betrag – eben 10.000 Euro. In solchen Fällen, wenn also von Anfang an ein konkreter Betrag feststeht, liegt eine **Geldsummenschuld** vor.[35] Manchmal wird der konkret geschuldete Betrag aber erst zu einem späteren Zeitpunkt bestimmt: Wenn jemand eine andere Person fahrlässig in ihrer Gesundheit verletzt, ist er gem. § 823 Abs. 1 zum Schadensersatz verpflichtet. Aber der konkret geschuldete Betrag steht im Moment der Gesundheitsverletzung noch gar nicht fest: Bevor sich die beschädigte Person behandeln lässt, sind die konkreten Beträge ja auch nicht bekannt. Bei solchen Ansprüchen – neben Schadensersatzansprüchen beispielsweise auch Unterhaltsansprüche – spricht man von **Geldwertschulden.** Solche Schulden werden erst dann zu einer Geldsummenschuld, wenn der Leistungstermin feststeht.[36]   201

---

31 Soergel/*Arnold*, BGB[13], § 244 Rn 7.
32 Eingehend *v. Dücker* WM 1999, 1257.
33 Staudinger/*Omlor*, BGB (2016), Vor § 244 Rn B7; Erman/*Schaub*, BGB[15], § 244 Rn 2a; Münch-Komm/*Grundmann*, BGB[8], § 245 Rn 85; Soergel/*Arnold*, BGB[13], § 244 Rn 12; aA BGHZ 83, 293, 300 = NJW 1982, 1585, 1587.
34 Soergel/*Arnold*, BGB[13], § 244 Rn 12; MünchKomm/*Grundmann*, BGB[8], § 245 Rn 85.
35 Soergel/*Arnold*, BGB[13], § 244 Rn 13.
36 Im Einzelnen dazu *Medicus* JuS 1983, 897, 898 ff.

2. Geldschulden, § 275 und der Topos „Geld hat man zu haben"

202 Ein in Klausuren und Lehrbüchern zum Schuldrecht gerne verwendeter Topos ist der Satz **„Geld hat man zu haben"**. Damit wird unter anderem zum Ausdruck gebracht, dass **§ 275 keine Anwendung** auf die **Geldschuld** finden soll. Diese **wohl hM**[37] lässt sich allerdings **nicht überzeugend begründen**. Der Gesetzeswortlaut des § 275 spricht für die Anwendbarkeit der Norm auf Geldschulden. Gleiches gilt für die **systematische Stellung** der Norm im Allgemeinen Schuldrecht. Der Topos „Geld hat man zu haben" ist keine Rechtsnorm des positiven Rechts, die einen Ausschluss einzelner Bestimmungen begründen könnte. Auch die **historische Auslegung** spricht für die Anwendbarkeit des § 275: Im Diskussionsentwurf zur Schuldrechtsreform 2002 (DiskE)[38] war eine explizite Ausnahme der Geldschuld vom Unmöglichkeitsrecht vorgesehen. Sie wurde allerdings nicht in den Gesetzestext aufgenommen. Das spricht dagegen, diese Ausnahme ohne gesetzliche Grundlage anzunehmen.[39] § 275 ist also auf Geldschulden grundsätzlich anwendbar. Allerdings ist der **Tatbestand der Unmöglichkeit** in der Regel aus **faktischen Gründen** nicht erfüllt: Objektive Unmöglichkeit[40] ist kaum vorstellbar, weil dazu überhaupt niemand mehr Geld haben müsste. Auch subjektive Unmöglichkeit wird sehr selten zu bejahen sein: Selbst wer krank, arm und ohne Erbschaftsaussicht ist, kann durch Schenkung oder Lottogewinn zu Geld gelangen.

3. Das Inflationsrisiko im Kontext der Geldschuld

203 Der wirtschaftliche Wert des Geldes hängt von seiner konkreten Kaufkraft ab, die erheblichen Schwankungen unterliegen kann. Daher ist von hoher Bedeutung, wer das **Inflationsrisiko** trägt. Das ist für wichtige Teilbereiche in **gesetzlichen Bestimmungen** geregelt. Bei Geldwertschulden etwa trägt das Inflationsrisiko der Schuldner, denn erst zum Leistungszeitpunkt wird der konkret erforderliche Betrag fixiert. Weitere Sonderregeln finden sich etwa für Löhne oder Gehälter.

204 Auch die **Vertragsparteien** können das Inflationsrisiko vertraglich regeln. Das geschieht in der Praxis durch **Wertsicherungsklauseln**, die Geldschulden wertbeständig machen sollen. Das ist vor allem bei auf lange Zeit angelegten Verträgen (in der Regel also: bei **Dauerschuldverhältnissen**) wichtig. Häufig nehmen Wertsicherungsklauseln auf bestimmte Preisindizes Bezug. Auch kann vereinbart werden, dass Geldschulden unter bestimmten Voraussetzungen angepasst werden sollen. Wertsicherungsklauseln sind nur innerhalb der gesetzlichen Grenzen zulässig.

205 Für den praktisch wichtigen Bereich der Wohnraummiete beinhaltet § 557b eine Sondervorschrift. Neben weiteren Sondergesetzen werden die Grenzen vor allem durch das **Preisklauselgesetz (PrKG)** vorgegeben. § 1 Abs. 1 PrKG beinhaltet ein grundsätzliches Verbot von Wert-

---

37 BGH NJW 1989, 1276, 1278; BGHZ 143, 373, 379 = NJW 2000, 1496, 1497 f; 2002, 1872, 1874; Staudinger/*Omlor*, BGB (2016), Vor § 244 Rn B57 ff; *Medicus* AcP 188 (1988), 489 (alle mwN).
38 Diskussionsentwurf eines Schuldrechtsmodernisierungsgesetzes des Bundesministeriums der Justiz vom 4. August 2000, abrufbar unter http://www.jura.uni-mainz.de/groeschler/materialien/SchRMod/Vorarbeiten/DiskE.pdf (zuletzt abgerufen am 15.1.2020).
39 Soergel/*Arnold*, BGB[13], § 244 Rn 9.
40 Dazu näher Rn 663 und 774.

sicherungsklauseln für Geldschulden. Allerdings sieht das Gesetz in § 1 Abs. 2 und den §§ 2 ff zahlreiche Ausnahmen von diesem Verbot vor. Nach dem PrKG unwirksame Vereinbarungen sind nicht ex tunc unwirksam, sondern erst vom Zeitpunkt des rechtskräftig festgestellten Verstoßes an. Wenn Wertsicherungsklauseln zugleich AGB sind, gelten zusätzlich die §§ 305 ff.

Nicht immer ist das Risiko von Geldwertschwankungen gesetzlich oder vertraglich geregelt. Dann gilt der Grundsatz des (geldschuldrechtlichen) Nominalismus[41], den man schlagwortartig mit „Euro gleich Euro" umschreiben kann. Der **Grundsatz des Nominalismus** besagt, dass der Euro als Währungseinheit grundsätzlich unabhängig von seiner Kaufmacht definiert wird und nominell gleichbleibt – trotz möglicher Geldwertschwankungen. Wenn im November 2019 eine Geldschuld in Höhe von 100 Euro begründet wurde, ist sie auch im Jahre 2029 in Höhe von 100 Euro zu erfüllen, und zwar auch dann, wenn 100 Euro im Jahre 2029 eine ganz andere Kaufkraft haben, als sie es 2019 hatten. Damit wird dem Geldgläubiger das Inflationsrisiko zugewiesen. Kommt es zur **Inflation, profitiert der Schuldner**; er trägt aber auch die Risiken der Deflation. Der Grundsatz des Nominalismus ist zwar nirgends explizit geregelt. Er wird aber von den gesetzlichen Bestimmungen über den Ausgleich von Inflationsrisiken und vor allem den im PrKG enthaltenen Grenzen für Wertsicherungsklauseln stillschweigend vorausgesetzt.[42] In eng begrenzten Ausnahmefällen kann der Grundsatz des Nominalismus eingeschränkt sein. Insbesondere kann im Einzelfall bei schwerer Äquivalenzstörung § 313 eingreifen.[43]

206

> Im oben geschilderten **Fall 18** kann V deshalb von M nicht etwa jeweils die Zahlung des Geldbetrags verlangen, dessen Kaufkraft mit dem bei Vertragsschluss vereinbarten Mietzins übereinstimmt. Die Parteien haben auch nicht nach Maßgabe der §§ 557 ff eine Erhöhung oder Anpassung der Miete vereinbart.

4. Geldschulden als qualifizierte Schickschulden (§§ 270 Abs. 1 und 4, 269)

Geldschulden sind im deutschen Recht in den §§ 270 Abs. 1, Abs. 4 und 269 als **qualifizierte Schickschulden** ausgestaltet, nicht etwa als Bringschulden.[44] Insofern unterscheidet sich das deutsche Recht signifikant von den wohl meisten anderen Rechtsordnungen und auch etwa von Art. 7 der Principles of European Contract Law[45] und § 57 des Wiener Kaufrechts[46]. §§ 269 und 270 führen zur Ausgestaltung der Geldschuld als **Schickschuld** mit einer gewichtigen Einschränkung: Der **Schuldner** trägt gem. § 270 Abs. 1 das **Verlustrisiko**. Geldschulden sind daher eine eigentümliche Kombination aus Schickschuld und Bringschuld: Wie bei der Bringschuld trägt der

207

---

41 BVerfG NJW 1973, 530; BVerfGE 50, 57, 78; BGHZ 61, 31, 38.
42 Soergel/*Arnold*, BGB[13], § 244 Rn 45.
43 Zu § 313 näher unten Rn 1013 ff.
44 BeckOK/*Lorenz*, BGB[51], § 270 Rn 1; MünchKomm/*Krüger*, BGB[8], § 270 Rn 1 f; Erman/*Artz*, BGB[15], § 270 Rn 1; zunehmend bestritten, so etwa Staudinger/*Bittner*, BGB (2014), § 270 Rn 1 ff mwN.
45 Kommission für Europäisches Vertragsrecht/*Lando* (Hrsg.), Principles of European Contract Law (PECL).
46 Übereinkommen der Vereinten Nationen über Verträge über den internationalen Warenkauf vom 11.4.1980, BGBl. 1989 II S. 586 (CISG).

Schuldner das **Verlustrisiko**. Das **Verzögerungsrisiko** liegt jedoch **wie bei Schickschulden** beim **Gläubiger**.[47] Wenn A 1.000 Euro schuldet, die Zahlung Ende November fällig ist und der Schuldner A zehn 100 Euro-Banknoten per Post an den Gläubiger B schickt, wird A nicht von seiner Zahlungspflicht frei, wenn der Brief nie bei B ankommt. Wenn die Zustellung des Briefs jedoch verzögert wird, so dass B ihn erst am 6. Dezember erhält, gerät A nicht in Verzug.

208 An der Qualifikation der Geldschuld als qualifizierte Schickschuld ändert auch die **Zahlungsverzugsrichtlinie** nichts[48] – entgegen mancher Stimmen in der Literatur.[49] Im Anwendungsbereich der Zahlungsverzugsrichtlinie[50] endet der Verzug bzw wird der Verzug nur ausgeschlossen, wenn die geschuldete Summe innerhalb des Fälligkeitszeitraums beim Gläubiger eingeht. Die Zahlungsverzugsrichtlinie gilt jedoch zunächst ohnehin **nur im unternehmerischen Geschäftsverkehr**. Sie greift also nicht ein, wenn Verbraucher an der Transaktion beteiligt sind. Und auch im Anwendungsbereich der Richtlinie lässt sich ein richtlinienkonformes Ergebnis innerhalb der Anwendung der Verzugsregeln erreichen: Eine **verzögerte Leistung iSd § 286 Abs. 1 wird vermutet**, so lange der Zahlungsbetrag für den Gläubiger nicht verfügbar ist. Der Gläubiger kann also Schadensersatz wegen Verzögerung der Leistung verlangen, außer der Schuldner kann nachweisen, dass er für die Verzögerung nicht verantwortlich ist (vgl § 286 Abs. 4). Um ein richtlinienkonformes Ergebnis zu erreichen, müssen die §§ 269, 270 also nicht missachtet werden.[51] Dieses Ergebnis – und die Qualifizierung der Geldschuld als qualifizierte Schickschuld – entspricht auch der Rechtsprechung des BGH. Der **BGH** hatte 2017 in einem Mietrechtsfall darüber zu entscheiden, ob Verzug mit der Mietzinszahlung vorlag.[52] Dafür war die Rechtsnatur der Geldschuld entscheidend. Der Schuldner hatte die **Überweisung rechtzeitig aufgegeben**, der Gläubiger allerdings die **Miete erst nach Fälligkeit erhalten**. Dem BGH zufolge sind Geldschulden qualifizierte Schickschulden, bei denen der **Gläubiger das Verzögerungsrisiko** trägt. Zudem war nach dem BGH eine anderslautende **AGB-Klausel**, die das Verzögerungsrisiko dem Schuldner zuwies, gem. § 307 Abs. 1 **unwirksam**.

5. Fremdwährungsschuld (§ 244)

209 Manchmal ist nicht die Verschaffung von Vermögensmacht in Euro geschuldet, sondern in einer anderen Währung. Solche Geldschulden heißen **Fremdwährungsschulden**; sie können vertraglich grundsätzlich vereinbart werden. Denkbar ist, dass die Geldschuld zwar in fremder Währung bezeichnet, aber gleichwohl in Euro tilgbar ist. Solche Geldschulden nennt man „**unechte Fremdwährungsschulden**".[53] Der von

---

47 Vgl etwa *R. Freitag* AcP 213 (2013) 128, 161.
48 Treffend *Schwab* NJW 2011, 2833; MünchKomm/*Krüger*, BGB[8], § 270 Rn 17; BeckOK/*Lorenz*, BGB[51], § 270 Rn 16.
49 Etwa Soergel/*Forster*, BGB[13], § 270 Rn 35; *Gsell* GPR 2008, 165, 169 ff; Palandt/*Grüneberg*, BGB[78], § 270 Rn 1; Staudinger/*Bittner*, BGB (2014), § 270 Rn 2 ff.
50 Richtlinie 2000/35/EG des Europäischen Parlaments und des Rates vom 29. Juni 2000 zur Bekämpfung von Zahlungsverzug im Geschäftsverkehr, Abl. Nr L 200, S 35.
51 Für eine richtlinienkonforme Auslegung des § 270 etwa Palandt/*Grüneberg*, BGB[78], § 270 Rn 5.
52 BGH NJW 2017, 1596.
53 Soergel/*Arnold*, BGB[13], § 244 Rn 48 ff.

§ 244 Abs. 1 ins Auge gefasste Regelfall ist die unechte Fremdwährungsschuld. § 244 Abs. 1 stellt insoweit eine gesetzliche Ersetzungsbefugnis dar. Möglich ist aber auch, dass die Schuld **unbedingt und ausschließlich in der fremden Währung** gezahlt werden soll (beispielsweise in britischen Pfund). Solche Schulden nennt man „**echte Fremdwährungsschulden**" oder auch „**effektive Fremdwährungsschulden**".[54] Welche Art der Fremdwährungsschuld vorliegt, ist durch Auslegung (des Vertrages bzw des Gesetzes bei gesetzlichen Ansprüchen) zu ermitteln.

§ 244 Abs. 1 bezweckt zum einen, dass der Schuldner mangels abweichender Vereinbarung auch in seiner Heimatwährung erfüllen kann; er dient also dem **Schuldnerschutz**. Zum anderen liegt in § 244 Abs. 1 auch eine ordnungspolitisch motivierte **Bevorzugung des Euros als Zahlungsmittel**.[55]

210

Praktisch wichtig ist vor allem § 244 Abs. 2, der für unechte Fremdwährungsschulden die **Umrechnung** betrifft und damit letztlich das **Risiko von Kursschwankungen** zwischen Vertragsschluss und Zahlungszeitpunkt zwischen den Parteien verteilt. Wenn nichts anderes vereinbart ist, gilt der Kurs zum Zeitpunkt der Zahlung.[56]

211

6. Geldsortenschuld (§ 245)

§ 245 spielt in der Praxis kaum eine Rolle. Die Norm regelt die sog **unechte Geldsortenschuld**. Sie setzt die Vereinbarung einer bestimmten Münzsorte voraus, die im Zahlungszeitpunkt nicht mehr im Umlauf ist. Zweck der Norm ist der **Ausschluss des § 275**: Der Schuldner bleibt zur Leistung verpflichtet, kann aber mit Bargeld oder Buchgeld erfüllen. § 245 ist dispositiv; die Parteien können auch vereinbaren, dass ausschließlich eine bestimmte Münzsorte geschuldet ist. Dann liegt eine **echte Geldsortenschuld** vor, bei der Erfüllung in anderer Form ausgeschlossen ist. Wenn die geschuldete Geldsorte untergegangen ist, greift § 275 Abs. 1 ein.

212

7. Ansprüche auf Zinszahlung (§§ 246-248)

a) Begründung durch Rechtsgeschäft oder Gesetz

In der Praxis spielen Ansprüche auf Zinszahlung eine große Rolle: Auf Zinsen beruht das Geschäftsmodell fast aller Banken. Ansprüche auf Zinszahlung können **rechtsgeschäftlich** begründet sein, so insbesondere beim Darlehensvertrag (vgl § 488 Abs. 1 S. 2). Sie können aber auch **gesetzlich** begründet sein, wie beispielsweise durch § 288 beim Schuldnerverzug. Im Zinsrecht des Allgemeinen Schuldrechts (§§ 246-248) sind nur wenige Einzelheiten geregelt: **der gesetzliche Zinssatz**, der **Basiszins** und das **Zinseszinsverbot**.

213

b) Zinsbegriff

Was Zinsen im Rechtssinn sind, definiert das Gesetz in den §§ 246-248 nicht. Im Wesentlichen gilt ein funktionales Verständnis: **Zinsen** sind die gewinn- und umsatzun-

214

---

54 Soergel/*Arnold*, BGB[13], § 244 Rn 64 f.
55 Eingehend zu den beiden Zwecken *Grothe*, Fremdwährungsverbindlichkeiten (1999), S. 467 ff.
56 RGZ 101, 312, 315; OLG Köln VersR 1971, 1166, 1167; OLG Karlsruhe OLGZ 1978, 338, 340 f.

abhängige, laufzeitabhängige, in Geld oder anderen vertretbaren Sachen zu entrichtende **Vergütung für eine Kapitalgebrauchsmöglichkeit**.[57] Oft werden Zinsen monatlich oder wöchentlich gezahlt, aber das ist keineswegs zwingend. Ebenso wenig müssen Zinsen ausdrücklich als Prozentsatz des Kapitals bemessen werden – auch wenn sich das mathematisch wohl immer so darstellen lässt. Nicht wichtig ist auch, ob der Schuldner das Kapital auch tatsächlich benutzt hat. Das ist vielmehr seine Sache. Zinsen liegen jedenfalls schon dann vor, wenn er überhaupt nur die *Möglichkeit* erhalten hat, das Kapital zu nutzen.[58] Wenn aber nicht die Kapitalnutzungsmöglichkeit vergütet wird, sondern etwas anderes – etwa Aufwand für die Beschaffung des Kredits –, liegen keine Zinsen vor.[59]

c) Akzessorietät

215 Zinsen sind mit Blick auf ihre **Entstehung akzessorisch**. Das bedeutet, dass sie nur entstehen können, wenn es auch tatsächlich eine Kapitalschuld gibt – auf die sich die Zinsen beziehen.[60] Wenn dieser Anspruch gar nicht entstanden ist – etwa, weil ein Darlehensvertrag von Anfang an nichtig ist – kann auch kein Anspruch auf Zinszahlung entstehen. Auch endet die Verzinsungspflicht grundsätzlich, wenn der Hauptanspruch erlischt (Ausnahme: § 803). Ist der Zinsanspruch aber erst einmal entstanden, kann er **selbständig abgetreten** und eingeklagt werden.

d) Zinssatz – Grundregel, Sonderregeln und Basiszinssatz

216 Welcher Zinssatz verlangt werden kann, hängt vom jeweiligen Anspruch ab. **§ 246** beinhaltet eine **Grundregel zur Höhe** des Zinssatzes: Er beträgt danach grundsätzlich **vier Prozent**. In der Praxis wird § 246 allerdings durch **zahlreiche speziellere Normen** für spezifische Ansprüche auf Zinszahlung verdrängt. Dazu gehören insbesondere **§§ 286, 288, 291 BGB** und § 352 HGB. Vor allem die **praktisch wichtigen Verzugszinsen** und **Prozesszinsen** orientieren sich also am Basiszinssatz: Der Schuldner im Verzug hat gem. § 288 Abs. 1 S. 2 grundsätzlich 5 Prozentpunkte über dem Basiszinssatz (§ 247) zu zahlen. Wenn kein Verbraucher beteiligt ist, gelten gem. § 288 Abs. 2 sogar 9 Prozentpunkte über dem Basiszinssatz. Das Gesetz spricht treffend nicht von „Prozent", sondern „Prozentpunkten": Es geht also nicht um eine relative Bemessung, vielmehr wird zum Basiszinssatz schlicht die angegebene absolute Zahl addiert. Durch die Verweisung in § 291 S. 2 gelten diese Zinssätze auch für die Prozesszinsen.

217 Der in der Praxis wichtige **Basiszinssatz** ist in § 247 geregelt, der eine flexible Orientierung der Zinshöhe am Kreditmarkt ermöglicht. Der Basiszinssatz verändert sich halbjährlich nach § 247 Abs. 1 S. 2 und 3. Die jeweils geltenden Basiszinssätze können auf der Homepage der Deutschen Bundesbank eingesehen werden (www.bundesbank.de).

---

57 Siehe zB BGH NJW 1979, 540, 541; 1979, 805, 806; NJW-RR 1992, 591, 592.
58 *Canaris* NJW 1978, 1891, 1892.
59 Soergel/*Arnold*, BGB[13], § 246 Rn 6.
60 BGHZ 26, 174 = NJW 1958, 342; LG Heidelberg NJW 1987, 1645, 1648 (allerdings mit dem unzutr. Ausdruck „Nebenschuld"); MünchKomm/*Grundmann*, BGB[8], § 246 Rn 10 mwN; aA *Mülbert* AcP 192 (1992), 447, 476 f und 507 ff: Keine Akzessorietät vertraglicher Zinsansprüche (insb. Darlehenszinsen).

8. Verbot des Zinseszinses (§§ 248, 289 S. 1)

§ 248 untersagt in Anlehnung an ältere Vorbilder des BGB die vorherige Vereinbarung einer Zahlung von Zinsen auf Zinsen (**Zinseszinsen**).[61] § 248 wird durch **§§ 289 S. 1** und **291 S. 2** ergänzt. Die Norm hat eine **doppelte Schutzrichtung**: Sie **schützt den Schuldner**, der die effektiv entstehende Zinsbelastung bei Zinseszinsen vielleicht nur schwer vorhersehen und der durch den Zinseszinsmechanismus besonders belastet sein kann.[62] Die Norm dient also der **Rechtsklarheit**.[63] Mittelbar bewahrt § 248 Abs. 1 den Schuldner aber auch vor unzumutbar hohen Belastungen. Rechtsfolge des § 248 ist die Nichtigkeit der Abrede, ohne dass § 134 bemüht werden müsste.

218

Tatbestandlich sind nur **Vereinbarungen „im Voraus"** – also vor Fälligkeit der Zinsforderung – erfasst. Auf Zinsen, die schon fällig sind (sog. **„rückständige" Zinsen**) können dagegen Zinsen vereinbart werden. § 248 verlangt außerdem, dass der **Zinsbegriff doppelt** erfüllt ist, denn es müssen „Zinsen" auf „Zinsen" vereinbart sein. Außergewöhnlich hohe Bearbeitungsgebühren können im Voraus vereinbarte Zinseszinsen sein, wenn sie sich auf eine Gesamtkreditsumme beziehen, zu der Zinsen gehören.[64]

219

§ 248 gilt in mehreren Fällen nicht. Beispielsweise können gem. **§ 248 Abs. 2 S. 1 Kreditinstitute** Zinseszinsen im Voraus versprechen. Dahinter steht der Gedanke, dass der Schutzzweck der Norm bei Zinseszinsvereinbarungen zu Lasten von Kreditinstituten im Einlagengeschäft nicht eingreift. Auch können Zinseszinsen grundsätzlich gem. § 289 S. 2 als **Verzugsschadensersatz** (§§ 280 Abs. 1, Abs. 2, 286) verlangt werden.

220

9. Lösung Fall 18

Gem. § 556b Abs. 1 ist die Miete spätestens bis zum dritten Werktag der einzelnen Zeitabschnitte zu entrichten, nach denen sie bemessen ist. Das ist der dritte Werktag eines jeden Monats. Fraglich ist, ob für die Rechtzeitigkeit der Zahlung die Erteilung des Überweisungsauftrags an das Kreditinstitut ausreicht oder vielmehr die Gutschrift auf dem Gläubigerkonto den maßgeblichen Zeitpunkt darstellt. Das hängt von der Rechtsnatur der Mietschuld ab. Sie ist Geldschuld und damit gem. §§ 270 Abs. 1, Abs. 4, 269 eine qualifizierte Schickschuld: Die Handlungspflicht des Schuldners beschränkt sich auf das Abschicken des Geldes, allerdings – und im Unterschied zur einfachen Schickschuld – trägt der Schuldner das Verlustrisiko (§ 270 Abs. 1). Daher ist die Erteilung des Überweisungsauftrags an das Kreditinstitut bis zum dritten Werktag eines jeden Monats ausreichend und maßgeblich für die Fristwahrung. Daran ändert sich auch durch die Auslegung der Zahlungsverzug-RL durch den EuGH nichts: Für die Zwecke der Zahlungsverzug-RL ist die Gutschrift auf dem Empfängerkonto der maßgebliche Zeitpunkt für die Beurteilung der Rechtzeitigkeit einer Zahlung.[65] Die rechtzeitige Erteilung des Überweisungsauftrags ist dagegen ungenügend. Deshalb wird die Geldschuld teilweise nicht mehr als qualifizierte Schickschuld, sondern

221

---

61 Soergel/*Arnold*, BGB[13], § 248 Rn 1.
62 *Bezzenberger* WM 2002, 1617, 1618 f; *Canaris* NJW 1978, 1891, 1893.
63 Soergel/*Arnold*, BGB[13], § 248 Rn 1.
64 Soergel/*Arnold*, BGB[13], § 248 Rn 4; die übliche Bearbeitungsgebühr ist kein Zins, siehe BGH NJW-RR 1986, 205, 206.
65 EuGH, C-306/06 v. 3.4.2008 – *Telekom*, NJW 2008, 1935.

als (modifizierte) Bringschuld eingeordnet. Das überzeugt aber nicht. Die Zahlungsverzug-RL ist nur im unternehmerischen Rechtsverkehr anwendbar. Man mag einwenden, dass die Rechtzeitigkeit einheitlich beurteilt werden sollte, weil Unterschiede, die vom Verbraucher- bzw Unternehmerstatus des Schuldners abhängen, Rechtsunsicherheit bewirken können.[66] Das überzeugt aber schon deshalb nicht, weil sich ein richtlinienkonformes Ergebnis auch durch die Anwendung der Verzugsregeln erreichen lässt. Die Geldschuld ist deshalb weiterhin qualifizierte Schickschuld. Der Leistungsort ist somit der Wohnsitz des Schuldners. Daher genügt die rechtzeitige Erteilung des Überweisungsauftrags für die Rechtzeitigkeit der Mietzahlung. Für die verzögerte Übermittlung des Geldes muss der Schuldner nicht einstehen.[67] M hat die Miete stets rechtzeitig iSv § 556b Abs. 1 gezahlt. Sie befand sich zu keinem Zeitpunkt im Schuldnerverzug nach § 286 Abs. 1 S. 1, Abs. 2 Nr 1.

10. Lösung Abwandlung zu Fall 18: Ausgangsfrage

222 In Abgrenzung zum Ausgangsfall enthält nun der Mietvertrag (MV) selbst eine vom Gesetz (also § 556b Abs. 1) abweichende Regelung, die für die Rechtzeitigkeit der Mietzahlung den Zeitpunkt des Zahlungseingangs auf dem Konto der V bestimmt. Danach würde M – die Wirksamkeit der Klausel unterstellt – jeweils mit Ablauf des dritten Werktages eines Monats in Schuldnerverzug gem. § 286 Abs. 1 S. 1, Abs. 2 Nr 1 geraten. Dieser würde erst durch die Gutschrift auf V's Konto beendet. Die Klausel könnte allerdings gem. § 307 Abs. 1 unwirksam sind.

Die Klausel ist eine für eine Vielzahl von Verträgen vorformulierte Vertragsbedingung, die V als Verwenderin der M stellt und damit eine AGB iSd § 305 Abs. 1 S. 1. Der BGH sieht in der Klausel eine unangemessene Benachteiligung iSd § 307 Abs. 1. Nach der gebotenen kundenfeindlichsten Auslegung kann die Klausel so verstanden werden, dass der Mieter trotz rechtzeitiger Erteilung des Zahlungsauftrages seine Pflichten verletzt, wenn sich der Zahlungsvorgang auf Grund eines Verschuldens des Zahlungsdienstleisters verzögert. Da die Klausel eine solche, nicht vom Mieter zu verantwortende Zahlungsverzögerung zudem als möglichen Kündigungsgrund einordnet, benachteiligt sie den Mieter unangemessen.[68] Denn die drohenden existenziellen Folgen eines Verlustes der Wohnung sind deutlich schwerwiegender als das Interesse des Vermieters, den Mieter für Zahlungsverzögerungen verantwortlich zu machen.[69] Der Mietvertrag zwischen M und V bleibt trotz der insofern unzulässigen Klausel gem. § 306 Abs. 1 im Übrigen wirksam. An die Stelle der unwirksamen Klausel tritt gem. § 306 Abs. 2 das dispositive Recht, so dass sich die Beurteilung der Rechtzeitigkeit – wie im Ausgangsfall – nach den Bestimmungen der §§ 556b Abs. 1, 270 Abs. 1, Abs. 4, 269 richtet. M entrichtete wiederum die Miete stets rechtzeitig iSv § 556b Abs. 1 und befand sich zu keinem Zeitpunkt im Schuldnerverzug (§ 286 Abs. 1 S. 1, Abs. 2 Nr 1).

---

66 Vgl hierzu LG Freiburg, Urt. v. 28.4.2015, Az.: 9 S 109/14, Rn 26 ff; *Herresthal* NZM 2011, 833, 838; MünchKomm/*Artz*, BGB[7], § 556b Rn 6.
67 BGH NJW 2017, 1596, 1597 ff.
68 Der BGH argumentiert vor allem damit, dass der Mieter auf Grundlage der Klausel für Verzug einstehen muss, denn er nicht zu vertreten hat. Klauseln, die diese Verantwortlichkeit ausdrücklich ausschließen, könnten daher wirksam sein. Vgl BGH NJW 2017, 1596, 1599 f mit Anm. von *Bruns*.
69 BGH NJW 2017, 1596, 1599 f.

11. Lösung Abwandlung zu Fall 18: Zusatzfrage

I. Im unternehmerischen Geschäftsverkehr sind Rechtzeitigkeitsklauseln höchstrichterlich anerkannt, da sie gemessen an den Bedürfnissen des modernen Zahlungsverkehrs weder unangemessen noch überraschend sind.[70] Da im unternehmerischen Rechtsverkehr auf Grund der Zahlungsverzug-RL wie oben dargestellt ohnehin der Zeitpunkt der Gutschrift maßgeblich für die Rechtzeitigkeit der Leistungshandlung ist, sind solche Klauseln jedoch nunmehr ohne Bedeutung.[71] Die Klausel ist also grundsätzlich wirksam.
II. Etwas anderes kann sich allenfalls aus dem Umstand ergeben, dass nach der Zahlungsverzug-RL (Art. 3 Abs. 1 lit. b RL 2011/7/EU) kein Verzug begründet wird, wenn der Schuldner die Verzögerung nicht zu vertreten hat. Ihm können somit auch im unternehmerischen Geschäftsverkehr unvorhersehbare Verzögerungen der Zahlungsdienstleister nicht angelastet werden.[72] Daraus folgt jedoch keine unangemessene Benachteiligung der Klausel iSd § 307 Abs. 1.[73] Andernfalls wäre die Eigenverantwortlichkeit im unternehmerischen Geschäftsverkehr zu stark beschränkt (aA vertretbar).

223

III. Wahlschuld (§§ 262-265) und Ersetzungsbefugnis

Fall 19: K, die seit einigen Tagen in Berlin wohnt, möchte sich ein Fahrrad zulegen. Da der Umzug sehr kostspielig war, möchte sie gerne ein gebrauchtes Fahrrad kaufen. Nach einiger Recherche findet sie den Anbieter V, der ihr telefonisch anbietet, dass sie eines der drei Fahrräder, die V noch übrig hat, für 50 Euro kaufen kann. Welches von den dreien K haben möchte, könne sie sich vor Ort aussuchen. K guckt sich die drei verschiedenen Fahrräder im Internet an und erklärt sich einverstanden. Als K am nächsten Tag bei V vorbeischaut, erklärt ihr V, dass er eines der Fahrräder gestern bereits verkauft und übereignet hat. Somit habe K nur noch die Wahl zwischen den anderen beiden Fahrrädern. K ist empört, da ihr genau das Fahrrad, welches der V verkauft hat, besonders gefiel. Sie möchte daher nichts mehr vom Vertrag wissen. V dagegen verlangt Kaufpreiszahlung. Zu Recht? **Lösung Rn 236**

224

1. Wahlschuld (§§ 262-265)

a) Voraussetzungen

Eine Wahlschuld liegt vor, wenn mehrere **verschiedene Leistungen geschuldet** sind, von denen der Schuldner **nur** die eine **oder** eine andere erbringen muss und die – in Abgrenzung zur Gattungsschuld nach § 243 – nicht einer Gattung angehören. Eine Wahlschuld kann durch **Rechtsgeschäft** oder durch **Gesetz** begründet werden. Ein Beispiel für eine rechtsgeschäftliche Wahlschuld bietet etwa ein Mittagsmenü in zwei Variationen (vegetarisch oder Fisch): Wenn Gast G und Restaurantinhaberin R vereinbaren, dass R den Gast mit einem Mittagsmenü ihrer Wahl bedienen soll, kann R wählen, ob sie das vegetarische Menü oder das Menü mit Fisch aufftischt. Ein Beispiel

225

---

[70] BGH NJW 1998, 2664, 2665.
[71] Erman/*Lützenkirchen*, BGB[15], § 556b Rn 5.
[72] Vgl BGH NJW 2017, 1596, 1598.
[73] Vgl OLG München BeckRS 2018, 21570, Rn 53; *Schüller/Mehle* NZM 2017, 120, 124; aA etwa *Bruns* Anm. zu BGH NJW 2017, 1596, 1600.

für eine gesetzliche Wahlschuld bietet § 2154 (Wahlvermächtnis): Der Erblasser kann anordnen, dass der Bedachte als Vermächtnis einen von mehreren Gegenständen erhalten soll (beispielsweise ein Gemälde aus seiner Sammlung).

b) Wahlrecht

226 Wenn eine Wahlschuld vorliegt, stellen sich vor allem Fragen, die auf das Wahlrecht bezogen sind: Wem steht das Wahlrecht zu? Welche Konsequenzen hat seine Ausübung? Letztere Frage ist in § 263 Abs. 2 beantwortet: Mit Ausübung der Wahl gilt die **gewählte Leistung** als die **von Anfang an allein geschuldete**. Die erste Frage (nach der Inhaberschaft des Wahlrechts) ist in § 262 geregelt. Die Norm beinhaltet eine **Auslegungsregel**, wonach **im Zweifel der Schuldner Inhaber des Wahlrechts** ist. Die Regel gilt aber nur im Zweifel. Vorrangig ist – wie stets bei Auslegungsregeln – die Parteivereinbarung. Dabei sind die konkreten Fallumstände und vor allem auch der Vertragszweck zu berücksichtigen. Die Auslegung des Vertrages unter Berücksichtigung des Vertragszwecks (§§ 133, 157) wird häufig dazu führen, dass entgegen der Zweifelregel aus § 262 dem Gläubiger das Wahlrecht zusteht. Das Gläubigerwahlrecht wird oft interessengerechter sein. So liegt eine konkludente Vereinbarung zu Gunsten des Gläubigers etwa in dem Mittagsmenü-Beispiel nahe, auch wenn nichts Ausdrückliches vereinbart ist. Regelmäßig entspricht es den beiderseitigen Interessen am besten, wenn der Gast das konkret zu servierende Mittagsmenü auswählen darf.

227 Das Wahlrecht ist als **Gestaltungsrecht** ausgestaltet, wie sich aus § 263 Abs. 1 ergibt. Es ist also eine einseitige, empfangsbedürftige Willenserklärung, die mit Zugang beim Erklärungsempfänger wirksam wird (§ 130 Abs. 1).

228 § 264 Abs. 1 und 2 befassen sich mit **Verzögerungen** bei der Ausübung des Wahlrechts. Die Regelung unterscheidet zwischen den Fällen, in denen der Gläubiger Wahlrechtsinhaber ist, und den Fällen, in denen der Schuldner Wahlrechtsinhaber ist.

229 Wenn der **Gläubiger Wahlrechtsinhaber** ist, kann ihm der Schuldner bei Verzug mit der Ausübung des Wahlrechts eine angemessene Frist zur Vornahme der Wahl setzen. Dadurch kann der Schuldner erreichen, dass das Wahlrecht auf ihn übergeht: Denn ebendies ordnet § 264 **Abs. 2 S. 1** für den Fall an, dass der Gläubiger die Wahl nicht rechtzeitig vornimmt. Wenn dagegen der **Schuldner Wahlrechtsinhaber** ist, sieht das Gesetz einen solchen Übergang nicht vor. Der Schuldner bleibt also Wahlrechtsinhaber. Wenn er vom Gläubiger auf Vornahme der Leistung verklagt wird, wird der Schuldner zur Leistung des einen *oder* des anderen Gegenstands nach seiner (des Schuldners!) Wahl verurteilt. § 264 Abs. 1 setzt an diese Situation an und bevorzugt den Gläubiger bei der Zwangsvollstreckung: Der Gläubiger kann, wenn der Schuldner die Wahl nicht vor Beginn der Zwangsvollstreckung vornimmt, gem. § 264 Abs. 1 1. HS die Zwangsvollstreckung nach seiner Wahl auf die eine oder auf die andere Leistung richten. Das Wahlrecht des Schuldners wirkt sich aber auch in dieser Situation noch zu Gunsten des Schuldners aus. Auch während der laufenden Zwangsvollstreckung kann sich der Schuldner, solange der Gläubiger die gewählte Leistung noch nicht empfangen hat, durch eine der übrigen Leistungen von seiner Verbindlichkeit befreien.

c) Unmöglichkeit der Wahlschuld (§ 265)

230 Für die Leistungspflicht des Schuldners ist wichtig, unter welchen Voraussetzungen er nach § 275 von seiner Leistungspflicht befreit wird. Unmöglichkeit liegt jedenfalls

dann vor, wenn sämtliche Leistungen, auf die sich das Wahlrecht bezieht, unmöglich sind. Schwieriger wird es, wenn **nur eine der Leistungen unmöglich** wird. Dann verbleibt es gem. **§ 265 S. 1** bei der Leistungspflicht des Schuldners bezüglich der anderen, nicht unmöglich gewordenen Leistung oder Leistungen. Etwas anderes gilt gem. **§ 265 S. 2**, wenn der Schuldner die **Unmöglichkeit zu vertreten** hat: Seine Leistungspflicht wird dann nicht ausgeschlossen. Er muss also entweder die noch mögliche Leistung erbringen (also etwa einen nicht untergegangenen Gegenstand liefern) oder aber gem. §§ 280 Abs. 1, Abs. 3, 283 bzw § 311a Abs. 2 Schadensersatz leisten. Darüber hinaus kommen Ansprüche auf Aufwendungsersatz (§ 284) oder Surrogatsherausgabe (§ 285) in Betracht.

2. Ersetzungsbefugnis

a) Zweck und dogmatische Konstruktion

Anders als die Wahlschuld ist die **Ersetzungsbefugnis** *(facultas alternativa)* nicht gesetzlich geregelt. Sie ist aber in Rechtsprechung und Literatur allgemein anerkannt, weil ein praktisches Bedürfnis für sie besteht. In ihrer dogmatischen Konstruktion unterscheidet sie sich von der Wahlschuld dadurch, dass die Leistungspflicht **zunächst auf eine bestimmte Leistung beschränkt** ist. Allerdings kann der Schuldner **anstelle dieser bestimmten Leistung auch eine andere** Leistung erbringen. Auf die Ersetzungsbefugnis sind die §§ 262-265 nicht anwendbar. 231

b) Entstehung

Auch die Ersetzungsbefugnis kann sich aus **Gesetz** oder **Rechtsgeschäft** ergeben. Rechtsgeschäftlich können K und V etwa vereinbaren, dass K für das Fahrrad dem V 100 Euro schuldet, dass sie alternativ aber auch durch Lieferung von 150 Eiern ihrer eigenen Hühner erfüllen darf. **Hauptanwendungsfall** für eine vertraglich vereinbarte Ersetzungsbefugnis ist freilich die **Inzahlunggabe des alten PKW beim Autokauf**: Hier ist oft ausdrücklich oder konkludent vereinbart, dass der Käufer zwar den vollen Kaufpreis schuldet, er aber einen Teil des Kaufpreises durch Übergabe und Übereignung des alten PKW leisten darf.[74] Ein Beispiel für eine gesetzlich begründete Ersetzungsbefugnis bietet **§ 244 Abs. 1** für den Fall der „unechten" Fremdwährungsschuld: Die Schuld ist in diesem Fall zwar von Anfang an auf Zahlung in der fremden Währung beschränkt. Allerdings räumt das Gesetz in § 244 Abs. 1 dem Schuldner die Befugnis ein, seine Schuld auch durch eine andere Leistung – nämlich durch Zahlung in Euro – zu erfüllen.[75] Auch **§ 251 Abs. 2 S. 1** ist ein Beispiel für eine gesetzlich geregelte Ersetzungsbefugnis des Schuldners. **§ 249 Abs. 2** dagegen ist ein Beispiel für eine gesetzlich geregelte Ersetzungsbefugnis des Gläubigers. 232

c) Elektive Konkurrenz

Neben der Wahlschuld muss die Ersetzungsbefugnis auch von der sog „**elektiven Konkurrenz**" abgegrenzt werden: Bei der elektiven Konkurrenz stehen dem Gläubi- 233

---

74 Vgl BGHZ 46, 338; 89, 128.
75 Dazu oben Rn 209 f.

ger von vornherein **mehrere Rechte zur Verfügung**, die sich **gegenseitig ausschließen**. Zwischen diesen Rechten kann der Gläubiger grundsätzlich wählen, soweit die jeweiligen Voraussetzungen der einzelnen Rechte vorliegen. Ein wichtiges Beispiel stellt die Konkurrenz von Rücktritt und Minderung im kaufrechtlichen Gewährleistungsrecht dar: Der Käufer kann, wie sich aus § 441 Abs. 1 ergibt, zwischen Rücktritt und Minderung wählen (elektive Konkurrenz). Keine Wahlschuld, sondern ein Fall elektiver Konkurrenz ist nach hM auch die Wahl des Käufers zwischen Nachlieferung und Mängelbeseitigung im Rahmen der Nacherfüllung (§ 439 Abs. 1).[76]

d) Bindungswirkung der Ausübung der Ersetzungsbefugnis

234 Die Ausübung der Ersetzungsbefugnis hat **Bindungswirkung**, so dass der Ersetzungsbefugte die Ausübung der Ersetzungsbefugnis nicht wieder einseitig zurücknehmen kann. Das liegt daran, dass der andere Teil in seinem Vertrauen geschützt werden muss, das der Schuldner durch die Ausübung gesetzt hat.

e) Unmöglichkeit

235 Wenn die geschuldete Leistung unmöglich ist (oder wird), entfällt die Leistungspflicht des Schuldners nach der allgemeinen Regel des § 275. Darin liegt der entscheidende **Unterschied** zur Wahlschuld. § 265 ist bei der Ersetzungsbefugnis gerade nicht (auch nicht analog) anwendbar. Wird dagegen die andere Leistung unmöglich, fällt nicht etwa die Leistungspflicht des Schuldners weg, sondern vielmehr nur seine Ersetzungsbefugnis.

3. Lösung Fall 19

236 V könnte gegen K einen Anspruch auf Kaufpreiszahlung aus § 433 Abs. 2 haben.

I. Der Anspruch ist entstanden: V und K haben einen Kaufvertrag geschlossen, indem sie vereinbarten, dass K sich eines der drei Fahrräder aussuchen und zu einem Preis von 50 Euro erwerben soll. Auf den ersten Blick scheint es, als würde ein Element der *essentialia negotii* fehlen, nämlich die Bestimmung des Kaufgegenstands. Indes liegt eine Wahlschuld vor, bei der die schuldrechtliche Bindung zunächst alle Einzelleistungen betrifft. Nach Ausübung des Wahlrechts gilt aber nur die gewählte Leistung als von Anfang an allein geschuldet (§ 263 Abs. 2).

II. Der Anspruch könnte gem. § 326 Abs. 1 S. 1 erloschen sein. Zwischen V und K besteht ein gegenseitiger Vertrag in Form eines Kaufvertrags. Die Leistungspflicht des V muss nach § 275 Abs. 1 ausgeschlossen sein. Das ist der Fall, wenn die Erbringung der Leistung für den Schuldner oder für jedermann unmöglich ist. V schuldete Übergabe und Übereignung eines der drei Fahrräder. V hat ein Fahrrad bereits anderweitig veräußert und übereignet. Wenn der Käufer des Rades unter keinen Umständen zur Herausgabe dieses Fahrrads bereit ist, liegt subjektive Unmöglichkeit vor. Diese führt aber gem. § 275 Abs. 1 grundsätzlich nur zur Beschränkung auf die anderen beiden Fahrräder. Allerdings tritt Unmöglichkeit gem. § 275 Abs. 2 ein, wenn die Leistung infolge eines Umstands unmöglich wird, den der

---

76 BGH NJW 2019, 292, 294; Palandt/*Weidenkaff*, BGB[78], § 439 Rn 5; Staudinger/*Matusche-Beckmann*, BGB (2013), § 439 Rn 9 mwN; aA jedoch NK/*Büdenbender*, BGB[3], § 439 Rn 19; Jauernig/*Berger*, BGB[17], § 439 Rn 17.

nicht wahlberechtigte Teil zu vertreten hat. Wahlberechtigt ist gemäß § 262 im Zweifel der Schuldner, also V. Vorrangig ist jedoch die Parteivereinbarung: K und V haben das Wahlrecht K zugesprochen. V ist der nicht wahlberechtigte Teil. Er hat durch die Veräußerung des Fahrrads den zur Unmöglichkeit führenden Umstand zu vertreten. Der Anspruch auf die Leistung ist daher gem. § 275 Abs. 1 ausgeschlossen. Der Kaufpreiszahlungsanspruch entfällt somit gem. § 326 Abs. 1 S. 1.

III. V hat gegen K keinen Anspruch auf Kaufpreiszahlung aus § 433 Abs. 2.

IV. Leistungsbestimmung durch eine Partei oder einen Dritten (§§ 315 ff)

Fall 20: Die A-AG ist ein großer Stromkonzern und schließt mit der B-AG, die größere Mengen Strom für die Herstellung von Waren benötigt, einen individuell auf die B-AG angepassten Stromlieferungsvertrag. In dem Vertrag ist vorgesehen, dass der zu zahlende Preis für den Strom pro kw/h jährlich durch die A-AG neu bestimmt werden kann, da die A-AG bereits an anderen Stellen Zugeständnisse gemacht hat. Nachdem der Vertrag bereits fünf Jahre gelaufen ist, erhöht die A-AG zu Beginn des nächsten Kalenderjahres den Strompreis um wenige Cent pro kw/h und teilt dies der B-AG auch schriftlich mit. Die B-AG ist damit nicht einverstanden und möchte weiterhin den bisherigen Preis zahlen. Ein Sachverständiger stellt fest, dass die Erhöhung vor dem Hintergrund weltweiter Spannungen und damit verbundener erhöhter Bezugskosten im Grunde genommen angemessen ist. Ist die B-AG verpflichtet, den erhöhten Strompreis zu zahlen? **Lösung Rn 239, 242, 246 und 255**

237

1. Funktionen und Hintergründe von Leistungsbestimmungsrechten

Ohne Einigung über die wesentlichen Elemente des konkreten Rechtsgeschäfts *(essentialia negotii)* kommt, so lehrt die Allgemeine Rechtsgeschäftslehre, kein wirksamer Vertrag zustande. Zu den *essentialia negotii* gehört bei entgeltlichen Verträgen regelmäßig der Preis – etwa der Kaufpreis oder die Vergütung für ein Werk (§ 631) oder für Dienste (§ 611). Nicht immer möchten sich die Parteien aber auf die Höhe des Entgelts von vornherein festlegen: Wenn ich Ihnen mein Fahrrad verkaufe, können wir vereinbaren, dass ich (oder auch Sie) den Kaufpreis erst **später bestimmen**. Die §§ 315-319 verhindern in so gelagerten Fällen die Unwirksamkeit von Verträgen, bei denen eine Einigung über die *essentialia negotii* noch nicht vorliegt oder auch Dissens über sie besteht.

238

Nicht nur bei den *essentialia negotii*, sondern auch bei **Leistungsmodalitäten** kann der genaue Leistungsinhalt des Vertrages bei Vertragsschluss noch offen sein. Wenn ein Eventmanager eine Sängerin für ein Konzert engagiert, können die beiden vereinbaren, dass später das Programm des Abends festgelegt wird. Auch weitere Einzelheiten können späterer Vereinbarung vorbehalten bleiben: Etwa der Ort, an dem das Konzert stattfinden soll, die Zeit oder Dauer des Konzerts oder auch die genaue Art und Weise der Leistungserbringung. So könnte eine in Jazz und klassischem Konzertgesang gleichermaßen versierte Sängerin ein Jazzkonzert oder auch einen klassischen Liederabend geben. Durch die Parteivereinbarungen und die §§ 315-319 lässt sich der

239

> So ist es in Konstellationen wie der von **Fall 20**, in denen es um Produkte mit regelmäßigen Preisschwankungen geht, üblich, bindende Preise nur für kurze Zeiträume anzugeben oder – wie hier – eine Anpassungsmöglichkeit vorzusehen.

genaue Vertragsinhalt (spätestens) im Erfüllungszeitpunkt ermitteln. Praktisch ist das auch bei Dauerschuldverhältnissen bedeutsam, bei denen sich die Kalkulationsgrundlagen ändern können.

240 Die §§ 315-319 drücken als dispositives Recht objektive Gerechtigkeitsgedanken aus, die regelmäßig den Parteiinteressen entsprechen. In erster Linie sind jedoch die **jeweiligen Verträge auszulegen**; ausdrückliche und stillschweigende **Vereinbarungen sind vorrangig**.[77] So kann vereinbart sein, dass die Leistung nach einem objektiven Maßstab bestimmt wird. Ein Beispiel bietet der Kauf von Aktien zu einem bestimmten Tag; hier wird regelmäßig der Kauf zum Tageskurs der Aktien vereinbart sein. Auch kann (ausdrücklich oder konkludent) ein **angemessener oder ortsüblicher Mietzins** vereinbart sein.[78] In all diesen Fällen kommen die §§ 315 ff nicht zur Anwendung. Für einige Vertragstypen, in denen sich besonders häufig ein praktisches Bedürfnis nach Leistungsbestimmungsrechten stellt, hat das Gesetz zudem vorrangige Auslegungsregeln geschaffen. In deren Anwendungsbereichen treten §§ 315-319 zurück. Wichtige Sonderbestimmungen sind § 612 Abs. 2 für die Vergütung beim Dienstvertrag, § 632 Abs. 2 für die Vergütung beim Werkvertrag und § 653 Abs. 2 für den Maklerlohn.

2. Leistungsbestimmung durch eine Partei (§§ 315 und 316)

a) Entstehung des Leistungsbestimmungsrechts

241 Die §§ 315 und 316 regeln die Leistungsbestimmung durch eine Partei. Gem. § 315 Abs. 1 ist im Zweifel anzunehmen, dass die Bestimmung nach **billigem Ermessen** zu treffen ist, wenn die Leistung durch einen der Vertragschließenden bestimmt werden soll. Unter welchen Voraussetzungen das Leistungsbestimmungsrecht entsteht, sagt die Norm nicht. Sie **setzt vielmehr ein bestehendes Leistungsbestimmungsrecht voraus**. Ein Leistungsbestimmungsrecht ergibt sich regelmäßig aus einem **Vertrag**. Dabei kommt es entscheidend auf die (notfalls ergänzende) Vertragsauslegung an. Beispielsweise können ein Reiseveranstalter und ein Reisender bei Vertragsschluss die genauen Reisezeiten bewusst offenlassen und dem Reiseveranstalter ein Leistungsbestimmungsrecht dergestalt einräumen, dass er die genauen Uhrzeiten innerhalb gewisser Zeitfenster später festlegen kann.[79] Einschränkungen für die wirksame Vereinbarung von Leistungsbestimmungsrechten bestehen vor allem bei AGB (§§ 307 ff) und in Verbraucherverträgen iSv § 310 Abs. 3.

242 **Inhaber des Leistungsbestimmungsrechts** können sowohl der Schuldner als auch der Gläubiger sein. Auch darüber entscheidet die (notfalls ergänzende) **Vertragsauslegung**. Für den Umfang der Gegenleistung bei gegenseitigen Verträgen sieht **§ 316** eine gesetzliche Auslegungsregel vor: Im Zweifel bestimmt den Umfang der Gegenleistung diejenige Partei, die die Gegenleistung fordern kann. Wer ein Entgelt fordern

---

77 Zur Vorrangigkeit der Parteivereinbarung und der ergänzenden Vertragsauslegung etwa BGH NJW-RR 2011, 625; 2007, 56; NJW 2006, 2472.
78 Vgl BGH NJW-RR 1992, 517.
79 BGH NJW 2014, 3721.

kann (etwa ein Verkäufer), ist also, wenn sich aus der Auslegung nichts anderes ergibt, bestimmungsberechtigt. Dem liegt der Gedanke zugrunde, dass die Vertragspartner im Regelfall mit einem entsprechenden Bestimmungsrecht des Gläubigers einverstanden wären. § 316 greift deshalb nicht ein, wenn es an einem solchen Willen fehlt, wenn also entweder vertraglich dem Schuldner das Bestimmungsrecht zugeordnet wird oder auch die Gegenleistung selbst durch Auslegung bestimmt werden kann.[80] Die Auslegung hat also auch hier den Vorrang.

Dass in **Fall 20** die A-AG die Strompreise nach einem gewissen Zeitraum neu bestimmen soll, entspricht den Interessen der Parteien: Dem Kunden fehlen regelmäßig die nötigen Informationen, um eine realistische Einschätzung zur angemessenen Höhe des Strompreises abgeben zu können. Das gilt für die Bezugskosten ebenso wie für etwaige interne Kostensteigerungen, weshalb eine Bestimmung durch die B-AG hier in keiner Weise sinnvoll erscheint.

b) Ausübung des Leistungsbestimmungsrechts

Die Ausübung des Leistungsbestimmungsrechts soll nach § 315 Abs. 1 im Zweifel nach **billigem Ermessen** erfolgen. Wie immer bei gesetzlichen Auslegungsregeln ist die Parteivereinbarung vorrangig. Denkbar ist beispielsweise, dass die Bestimmung nach anderen Regeln erfolgt, etwa nach „freiem Ermessen" einer Partei. Allerdings wird eine solche Vereinbarung in AGB regelmäßig wegen Verstoßes gegen § 307 Abs. 1 iVm Abs. 2 Nr 1 und § 315 Abs. 1 als gesetzliches Leitbild unbillig sein.[81]   **243**

aa) Billiges Ermessen. Billiges Ermessen ist als **unbestimmter Rechtsbegriff** auslegungsbedürftig. Die Norm zielt auf einen beiderseits gerechten Interessenausgleich innerhalb des vertraglich vorgegebenen Rahmens. Die Leistung muss nach den **Umständen des Einzelfalls** angemessen sein.[82] Die Leistungsbestimmung ist gem. § 315 Abs. 3 S. 1 nur verbindlich, wenn sie der **Billigkeit** entspricht. Solange die Billigkeitsgrenzen gewahrt sind, steht dem Bestimmungsberechtigten ein Ermessensspielraum zu. Andernfalls kommt es zur Leistungsbestimmung durch Urteil (vgl § 315 Abs. 3 S. 2).   **244**

bb) „Private" Geltendmachung (§ 315 Abs. 2). Gem. § 315 Abs. 2 erfolgt die Bestimmung durch **Erklärung gegenüber dem anderen Teil**. Man spricht insoweit auch von der „privaten" Geltendmachung der Leistungsbestimmung. Die Leistungsbestimmung ist eine Gestaltungserklärung, also eine **empfangsbedürftige einseitige Willenserklärung**, die mit Zugang beim Erklärungsempfänger wirksam wird. Sie ist formfrei, auch dann, wenn der Vertrag selbst formbedürftig ist.[83] Die Leistungsbestimmung hat Bindungswirkung.[84] Wie bei der Ersetzungsbefugnis geht es auch hierbei darum, das schützenswerte Vertrauen des Erklärungsempfängers zu schützen, der sich auf die bestimmte Leistung eingestellt hat.   **245**

---

80 BGHZ 94, 98.
81 Vgl BGH NJW 2012, 2187, 2189 f; MünchKomm/*Würdinger*, BGB[8], § 315 Rn 34.
82 Dazu etwa MünchKomm/*Würdinger*, BGB[8], § 315 Rn 32.
83 Vgl BGH DNotZ 1986, 742.
84 Vgl BGH WM 2005, 1041, 1045.

246 cc) **Gerichtliche Geltendmachung (§ 315 Abs. 3).** Wenn die Leistungsbestimmung dem billigen Ermessen nicht entspricht, ist sie nicht verbindlich. Das Gesetz sieht für diesen Fall in § 315 Abs. 3 S. 2 die **Leistungsbestimmung durch Urteil** vor. § 315 Abs. 3 S. 2 ermöglicht einen einfachen Weg zur Bestimmung des Leistungsinhalts. Wegen des Ermessensspielraums bei der Leistungsbestimmung darf das Gericht die Leistungsbestimmung aber nicht schon dann durch Urteil ersetzen, wenn das Gericht selbst eine abweichende Leistungsbestimmung für „angemessener" hält als die konkrete Leistungsbestimmung.[85] Denn § 315 Abs. 1 zielt nicht auf ein einziges „konkretes" Ergebnis ab, sondern erlaubt in den Grenzen der Billigkeit verschiedene richtige Ergebnisse. Die Richterin darf ihre eigene Gerechtigkeitsvorstellung hier nicht an die Stelle derjenigen der bestimmungsberechtigten Partei setzen.

> Der in **Fall 20** angesprochene Strommarkt bildet ein gutes Beispiel: Schon ein Blick auf die zahlreichen Vergleichsportale zeigt, dass die Preise in einem bestimmten Rahmen durchaus variieren können, gerade weil sich auch durch weitere Anreize wie Treuerabatte abweichende Preise ergeben können.

247 Zur Leistungsbestimmung durch Urteil kommt es auch dann, wenn die **Bestimmung verzögert** wird (§ 315 Abs. 3 S. 2 2. HS). Das setzt nicht Verzug im technischen Sinne (§ 286) voraus, sondern nur eine faktische Verzögerung der Bestimmung. Auch in diesem Fall hat der Schuldner ein schutzwürdiges Interesse an der Leistungsbestimmung durch Urteil. Soll die Bestimmung nach billigem Ermessen erfolgen, so ist die getroffene Bestimmung für den anderen Teil nur verbindlich, wenn sie der Billigkeit entspricht.

248 dd) **§ 375 HGB.** § 375 HGB sieht eine Sonderregel unter **Kaufleuten** vor: Beim Spezifikationskauf kommt es zur Bestimmungspflicht des Käufers, andernfalls hat der Verkäufer ein freies Wahlrecht.

3. Leistungsbestimmung durch einen Dritten (§§ 317-319)

a) Grundsätze

249 Die Parteien können die Bestimmung der Leistung auch einem Dritten überlassen wollen – etwa, weil ihm **besondere Sachkunde** und/oder **Neutralität** bzw **Vertrauenswürdigkeit** zukommt. So wäre etwa im Fall des Liederabends einer Sopranistin denkbar, die Wahl der konkreten Stücke der Gesangslehrerin der Sopranistin anzuvertrauen. § 317 greift dieses Bedürfnis der Parteien auf. Ebenso wie bei der Leistungsbestimmung durch eine der Parteien ist die Leistungsbestimmung durch den Dritten im Zweifel nach billigem Ermessen zu treffen.

250 Gegenstand des Bestimmungsrechts können die **Leistung** und **einzelne Leistungsmodalitäten** (wie etwa Ort, Zeit oder Art und Weise der Leistung) sein. Die §§ 317 ff greifen auch ein, wenn Dritte zwar nicht die Leistung (oder ihre Modalitäten) bestimmen, aber bestimmte Tatsachen ermitteln und bindend feststellen sollen, die für den jeweiligen Vertrag entscheidend sind. Man nennt solche Feststellungen auch **Schiedsgutachten ieS**.[86] Ein Beispiel ist die Bestimmung des

---

85 BGH NJW-RR 1991, 1248.
86 Schiedsgutachter in diesem Sinne sind keine Schiedsrichter iSd §§ 1025 ff ZPO.

Kaufpreises eines Kfz zum Schätzpreis nach einem bestimmten Verfahren, mit dessen Durchführung ein Gutachter betraut wird.[87] Ein Schiedsgutachten in diesem Sinne liegt auch vor, wenn über das Vorliegen eines gewährleistungspflichtigen Mangels im Sinne des Werkvertragsrechts eine Schiedsstelle des Kraftfahrzeughandwerks entscheiden soll.[88]

Davon abzugrenzen sind Konstellationen, in denen der Dritte nur nachträglich eingeschaltet wird, um eine Aussage über die Angemessenheit einer bereits erfolgten Bestimmung zu treffen. In **Fall 20** hat der Sachverständige etwa weder die Aufgabe gehabt, die Bestimmung selbst vorzunehmen, noch war er mit der Ermittlung von Informationen oder Berechnungsgrundlagen betraut. Ihm kommt hier also keine Schiedsgutachter-Position zu, vielmehr kann seiner Einschätzung nur eine Indizfunktion zukommen.

§ 318 regelt die **Bestimmung durch einen Dritten**. Sie erfolgt gem. § 318 Abs. 1 durch Erklärung gegenüber einem der Vertragsschließenden. Auch steht die **Anfechtung** der Bestimmung wegen Irrtums, Drohung oder arglistiger Täuschung nicht etwa dem Dritten, sondern gem. § 318 Abs. 2 1. HS nur den Vertragsschließenden zu. Anfechtungsgegner ist der Vertragspartner (§ 318 Abs. 2 2. HS). Zur Anfechtungsfrist regelt § 318 Abs. 2 S. 2 in Entsprechung zu § 121, dass die Anfechtung unverzüglich erfolgen muss, nachdem der Anfechtungsberechtigte von dem Anfechtungsgrund Kenntnis erlangt hat. Für die arglistige Täuschung liegt darin eine Abweichung von § 124 Abs. 1. Die Anfechtung ist erst 30 Jahre nach der Leistungsbestimmung ausgeschlossen (§ 318 Abs. 2 S. 3). Die Ausschlussfrist ist 20 Jahre länger als im Fall des § 121 Abs. 2.

251

b) Maßstab (§ 319: offenbare Unbilligkeit)

§ 319 sieht für das billige Ermessen bei der Leistungsbestimmung durch Dritte einen **anderen Maßstab vor als bei der Leistungsbestimmung durch die Vertragsparteien**: Die Bestimmung ist gem. § 319 Abs. 1 erst dann unverbindlich, wenn sie „offenbar unbillig" ist. Das ist weniger streng als der Maßstab der bloßen „Billigkeit" nach § 315 Abs. 3 S. 1. Das lässt sich damit erklären, dass dem Dritten üblicher Weise besondere **Neutralität und Sachkunde** zukommen wird und die Gefahr unbilliger Entscheidungen bei Dritten normaler Weise auch weniger groß ist als bei der Leistungsbestimmung durch die Vertragsschließenden. Offenbar unbillig ist die Leistungsbestimmung nach der Rspr. des BGH, wenn sie in grober Weise gegen Treu und Glauben verstößt und sich dies bei unbefangener sachkundiger Prüfung sofort aufdrängt.[89]

252

Die Mechanismen bei „offenbarer Unbilligkeit" oder Verzögerung der Leistungsbestimmung entsprechen im Wesentlichen denen des § 315 Abs. 3: Bei Verzögerung oder offenbarer Unbilligkeit erfolgt die **Leistungsbestimmung durch Urteil**. Gleiches gilt, wenn der Dritte die Bestimmung nicht treffen kann oder will (vgl § 315 Abs. 3 S. 2 2. HS). Wenn der Dritte jedoch die Bestimmung nach freiem Belieben treffen soll (also nicht nach billigem Ermessen), ist der Vertrag gem. § 319 Abs. 2 unwirksam, wenn der Dritte die Bestimmung nicht treffen kann oder will, oder wenn er sie verzögert. Das lässt sich damit erklären, dass es bei einer Bestimmung nach freiem Belieben den Parteien regelmäßig gerade darauf ankommt, dass die Bestimmung

253

---

87 BGH NJW 1983, 1854.
88 BGH NJW 1987, 2818.
89 BGH NJW 1991, 2761.

von dem benannten Dritten erfolgt. Dieser darf lediglich nicht willkürlich handeln oder die Grenzen der §§ 134, 138 überschreiten.[90] Das ist bei einer Bestimmung nach billigem Ermessen anders, bei der es eher um eine inhaltlich billige Bestimmung als um die Person des Bestimmenden geht.

c) Mehrere Dritte

254 § 317 Abs. 2 regelt den Fall, dass mehrere Dritte die Leistungsbestimmung übernehmen. Für die Leistungsbestimmung müssen dann gem. § 317 Abs. 2 1. HS im Zweifel alle Dritte bei der Leistungsbestimmung übereinstimmen. Die Parteien können aber auch anderes vereinbaren, etwa, dass bei fehlender Übereinstimmung die Entscheidung eines der Dritten maßgeblich sein soll oder auch, dass die Bestimmung der Mehrheit der Dritten gelten soll. Wenn es um Summen geht – etwa die Höhe eines Entgelts – ist dagegen gem. § 317 Abs. 2 2. HS im Zweifel die Durchschnittssumme maßgeblich. Das erleichtert in der Praxis die Bestimmung.

4. Lösung Fall 20

255 Die B-AG könnte aus dem Stromlieferungsvertrag gemäß § 311 Abs. 1 zur Zahlung des erhöhten Strompreises verpflichtet sein.

I. Aus dem Vertrag ergibt sich, dass die A-AG zur Bestimmung des Strompreises bei etwaigem Änderungsbedarf nach gewissen Zeiträumen berechtigt ist. Die Klausel ist auch wirksam. Insbesondere handelt es sich bei ihr nicht um AGB gemäß §§ 305 ff. Die A-AG hat ihr Bestimmungsrecht gemäß § 315 Abs. 1 ausgeübt.

II. Fraglich ist, ob die Preiserhöhung in dieser Form und Höhe erfolgen konnte. Das setzt voraus, dass die vertraglichen und gesetzlichen Anforderungen an die Bestimmung von der A-AG eingehalten wurden.

1. Aus dem Vertrag ergibt sich, dass eine Bestimmung der Leistung jährlich neu erfolgen kann. Innerhalb dieses Zeitraums hat A sich bewegt.

2. Des Weiteren ist in der schriftlichen Mitteilung die gemäß § 315 Abs. 2 erforderliche Erklärung zu sehen.

3. Wie die Leistungsbestimmung inhaltlich vorzunehmen ist, haben die Parteien nicht geregelt. Daher muss die Leistungsbestimmung gemäß § 315 Abs. 1 nach billigem Ermessen erfolgen. Was billigem Ermessen entspricht, ist unter Berücksichtigung der Interessen beider Parteien und des in vergleichbaren Fällen Üblichen im Zeitpunkt der Ausübung des Bestimmungsrechts festzustellen. A hat bei der Preisanpassung die weltweite Belieferungssituation und ihre erhöhten Bezugskosten berücksichtigt; ihre Kosten sind auch nicht etwa anderweitig gesunken. Die Ausübung ist damit im billigen Ermessen erfolgt.

Ergebnis: Die B-AG ist somit aus dem Stromlieferungsvertrag iVm § 315 Abs. 1 zur Zahlung des erhöhten Strompreises verpflichtet.

---

90 Darin liegt mit BeckOGK/*Netzer*, BGB (2019), § 319 Rn 56 also der verbleibende Prüfungsmaßstab.

V. Aufwendungsersatz, Wegnahmerecht, Auskunft und Rechenschaft

Fall 21: B betreut gegen Entgelt das Vermögen der A. Im letzten Jahr hat er dabei über 1.000 Transaktionen mit verschiedenen Aktien durchgeführt. Außerdem wurde er vor kurzem von A beauftragt, mehrere hochklassige Sportwagen als Geldanlage zu kaufen. Denn viele Händler wollen diese Wagen aus Imagegründen nicht an den schlecht beleumundeten A verkaufen. B soll daher die Wagen im eigenen Namen kaufen und dann A zukommen lassen. Am 1.10. kauft B in eigenem Namen zehn Sportwagen von Händler C für insgesamt 10.000.000 Euro. Der Kaufpreis soll am 1.11. gezahlt werden. Am 10.10. verlangt B von A Zahlung der 10.000.000 Euro. A verweigert die Zahlung, er will lediglich Sicherheit durch Hinterlegung seiner Wertpapiere in dieser Höhe leisten. Außerdem fordert er B auf, ihm ein Verzeichnis über die erworbenen Sportwagen zu erstellen. Ferner begehrt A eine Aufstellung über die im letzten Jahr durchgeführten Wertpapiertransaktionen.
Frage 1: Was kann B von A hinsichtlich der Sportwagen verlangen?
Frage 2: Kann A die Anfertigung eines Verzeichnisses über die einzelnen erworbenen Sportwagen verlangen?
Frage 3: Kann A die Anfertigung eines Verzeichnisses über die Wertpapiertransaktionen des vergangenen Jahres verlangen? **Lösung Rn 276**

1. Überblick

Die §§ 256-261 regeln **Einzelheiten** zu Aufwendungsersatzansprüchen, zum Wegnahmerecht und zu Auskunfts- und Rechenschaftsansprüchen. Sie ergänzen im Wesentlichen andernorts befindliche Anspruchsgrundlagen. In Klausuren spielen die Vorschriften eine eher untergeordnete Rolle. Praktisch höchst bedeutsam sind Auskunftsansprüche, die im BGB allerdings keine einheitliche, umfassende Regelung gefunden haben. 256

2. §§ 256, 257 (Aufwendungsersatz und Befreiungsanspruch)

a) Normzweck

Die §§ 256 und 257 regeln nicht etwa Voraussetzungen eines Aufwendungsersatzanspruchs. Vielmehr setzen sie voraus, dass ein **Aufwendungsersatzanspruch auf anderer Grundlage** bereits begründet ist. Ihre Funktion liegt darin, den Inhalt solcher Ansprüche bezüglich der Zinsen zu konkretisieren. 257

b) Voraussetzungen des § 256

§ 256 setzt voraus, dass ein Anspruch auf Aufwendungsersatz besteht; § 256 ist selbst aber keine Anspruchsgrundlage. **Denkbare Anspruchsgrundlagen** sind etwa § 284, § 304, § 536a Abs. 2 oder § 670 (Aufwendungsersatzanspruch des Beauftragten). 258

Aufwendungen im Sinne der Norm liegen nur bei **freiwilligen Vermögensopfern** vor, die dem Interesse eines anderen dienen.[91] Oft geht es um Geldaufwendungen, 259

---

[91] BGH NJW 1960, 1568, 1569; MünchKomm/*Krüger*, BGB[8], § 256 Rn 2.

aber auch die Eingehung von Verbindlichkeiten kann eine Aufwendung iSd § 670 sein. Gleiches gilt für Verwendungen, die einer Sache zugutekommen (vgl §§ 994 ff).[92] Für § 670 und §§ 677, 683, 670 liegen nach der Rechtsprechung des BGH auch bei unfreiwilligen Vermögensopfern in Form von Körper- oder Sachschäden Aufwendungen vor, wenn diese Schäden auf typischen Geschäftsrisiken beruhen – entscheidend ist insoweit die „freiwillige" Geschäftsübernahme.[93]

c) Rechtsfolge des § 256

260 Gemäß § 256 S. 1 ist der Schuldner des Aufwendungsersatzes auch zur **Zinszahlung verpflichtet**, sobald der Aufwendungsersatzanspruch entsteht. Verzug des Schuldners ist dafür nicht erforderlich. Für die Zinshöhe gilt grundsätzlich § 246, also der gesetzliche Zinssatz. § 256 S. 2 betrifft Aufwendungen auf herauszugebende Gegenstände (etwa Fütterungskosten bei Tieren). In dieser Konstellation sind keine Zinsen für die Zeit zu zahlen, für die dem Ersatzberechtigten die Nutzungen oder die Früchte des Gegenstands kostenlos verbleiben (also etwa die Früchte des Tieres wie die Milch einer Kuh).

d) Der Befreiungsanspruch aus § 257

261 § 257 behandelt Fälle, in denen der Gläubiger Aufwendungen für einen bestimmten Zweck gemacht hat und dafür **Verbindlichkeiten eingegangen** ist – also beispielsweise ein Darlehen aufnimmt. Dann kann der Gläubiger Befreiung von der Verbindlichkeit verlangen (§ 257 S. 1). Wenn die Verbindlichkeit noch nicht fällig ist, kann der Schuldner auch anstelle der Befreiung Sicherheit leisten. Die Befreiung von der Verbindlichkeit kann auch ansonsten auf unterschiedlichem Weg erfolgen:[94] Der Schuldner kann beispielsweise schlicht eine Drittleistung vornehmen (§ 267).

3. Wegnahmerecht (§ 258)

262 § 258 regelt Einzelheiten zu Wegnahmerechten. Die Norm setzt voraus, dass ein Wegnahmerecht vertraglich oder nach einer gesetzlichen Vorschrift begründet ist. Ein praktisch wichtiges Beispiel für ein gesetzliches Wegnahmerecht bietet § 539 Abs. 2: Der Mieter ist danach zur Wegnahme einer Einrichtung berechtigt, mit der er die Mietsache versehen hat. Weitere Beispiele für Wegnahmerechte bieten § 997 Abs. 1 (bei wesentlichen Bestandteilen), § 601 Abs. 2 S. 2 (zu Gunsten des Entleihers) und § 2125 Abs. 2 (bei Vorerbschaft). § 258 S. 1 betrifft die Instandsetzungspflicht des Wegnahmeberechtigten, S. 2 die Gestattungspflicht (Duldungspflicht) des anderen Teils.

263 Gemäß **§ 258 S. 1** muss der Wegnahmeberechtigte die Sache bei Wegnahme einer Einrichtung auf seine Kosten **in den vorigen Stand setzen**, wenn er zur Herausgabe der Sache verpflichtet ist. Mit Einrichtung ist dabei jede Sache gemeint, die dem wirtschaftlichen Zweck einer anderen Sache dient und mit dieser körperlich verbunden ist.[95] Die Wegnahmeberechtigung wird

---

92 Hk/*Schulze*, BGB³, § 256 Rn 1 f.
93 Vgl beispielsweise BGHZ 33, 251.
94 BeckOK/*S. Lorenz*, BGB⁵¹, § 257 Rn 4; vgl zum Befreiungsanspruch allgemein *Görmer* JuS 2009, 7.
95 BGH BeckRS 1966, 31179772; NK/*Knöfler*, BGB³, § 258 Rn 3; MünchKomm/*Krüger*, BGB⁸, § 258 Rn 3.

nicht durch § 258 S. 1 begründet, sondern von der Norm vorausgesetzt. Ein Beispiel für § 258 S. 1 bietet der Einbau einer Küche in eine Mietswohnung. § 539 Abs. 2 gibt dem Mieter das Recht, diese Einrichtung wegzunehmen. Er erwirbt dann analog § 954 Eigentum an der Einrichtung.[96] Nach § 258 S. 1 muss er jedoch die Wohnung auf seine Kosten wieder in den vorigen Stand setzen, wenn er die Küche ausbaut.

Nach **§ 258 S. 2** muss der andere Teil die Wegnahme gestatten, wenn er den Besitz der Sache erlangt. Zur (weitergehenden) Herausgabe ist der andere Teil nicht verpflichtet.[97] Außerdem kann er gemäß § 258 S. 2 2. HS sogar die Gestattung verweigern, bis ihm für den mit der Wegnahme verbundenen Schaden Sicherheit geleistet wird (nach den §§ 232 ff). Wenn der Vermieter etwa schon wieder Besitz an der vermieteten Wohnung erlangt hat, muss er gleichwohl dulden, dass der Mieter die Einbauküche ausbaut (vgl § 539 Abs. 2). Er kann allerdings die Gestattung verweigern, bis ihm für denkbare Schäden durch den Ausbau Sicherheit geleistet wird. Das Verweigerungsrecht begründet gleichsam ein Zurückbehaltungsrecht iSd § 273.[98]

4. Auskunfts- und Rechenschaftspflichten

a) Regelungscharakter der §§ 259-261

Die §§ 259, 260 haben einen engen Anwendungsbereich. Sie regeln vor allem Einzelheiten zu den **Rechtsfolgen** anderweitig begründeter Auskunfts- und Rechenschaftspflichten. § 260 Abs. 1 bildet auch die Anspruchsgrundlage für eine spezielle Auskunftpflicht gegen den Schuldner eines Herausgabeanspruchs. Auskunfts- und Rechenschaftsansprüche sind in der Praxis deutlich bedeutsamer, als ihre eher stiefmütterliche Behandlung in den §§ 259 und 260 vermuten lässt.

b) Auskunftsansprüche – Zwecke und Rechtsgrundlagen

Oft ist es schwer, **Ansprüche effektiv durchzusetzen**, wenn man über bestimmte Informationen nicht verfügt und sich diese auch nicht alleine beschaffen kann. Wenn andere in unserem Interesse tätig werden, sind wir ebenfalls auf Auskünfte dieser Personen angewiesen, um zu sehen, ob unsere Interessen gewahrt sind. Auskunftspflichten schaffen Abhilfe bei solchen Schwierigkeiten. Sie dienen der **Information des Berechtigten** und setzen in der Regel einen Hauptanspruch (etwa auf Zahlung von Schadensersatz oder auch einer Vergütung) voraus.[99] Aus der **dienenden Funktion** der Auskunftsansprüche folgen wichtige Begrenzungen: So können Auskunftsansprüche grundsätzlich auch nur mit dem Hauptanspruch abgetreten werden – und werden mit dessen Abtretung regelmäßig mit abgetreten.[100] Wenn feststeht, dass der Hauptanspruch nicht besteht, kann auch kein Auskunftsanspruch entstehen. Und wenn der Hauptanspruch wegen Verjährung nicht mehr durchsetzbar ist, entfällt der Auskunftsanspruch mangels Informationsbedürfnis – obwohl er nach wohl hM selbständig verjährt.[101]

---

96 BeckOGK/*Röver*, BGB (15.10.2018), § 258 Rn 18.
97 Hk/*Schulze*, BGB[10], § 258 Rn 3; BeckOK/*Lorenz*, BGB[51], § 258 Rn 4.
98 Jauernig/*Stadler*, BGB[17], § 258 Rn 3; NK/*Knöfler*, BGB[3], § 258 Rn 7.
99 MünchKomm/*Krüger*, BGB[8], § 256 Rn 15 f.
100 Vgl BGHZ 107, 104, 110 zur ausnahmsweise zulässigen isolierten Abtretung des Auskunftsanspruchs; BGHZ 108, 393, 399; MünchKomm/*Krüger*, BGB[8], § 256 Rn 17.
101 BGHZ 108, 393, 399; OLG Düsseldorf NJW 1988, 2389, 2390; MünchKomm/*Krüger*, BGB[8], § 256 Rn 19.

267 Das BGB kennt **keine allgemeine Anspruchsgrundlage** für Auskunftsansprüche.[102] Denn grundsätzlich muss niemand die Interessen und Anliegen anderer befördern. Auch liegt es in unserer Eigenverantwortung, uns die nötigen Informationen und Kenntnisse zur Durchsetzung möglicher Ansprüche zu besorgen. Nicht immer besteht also ein Anspruch auf Auskunft, wenn jemand ein Interesse an einer Auskunft hat. Auskunftsansprüche können sich jedoch aus einem **Vertrag**, aus besonderen **gesetzlichen Bestimmungen** und aus dem **Grundsatz von Treu und Glauben (§ 242)** ergeben.

268 aa) **Vertraglich begründete Auskunftsansprüche.** Auskunftsansprüche können zunächst vertraglich begründet sein. Erstens kann die Auskunft als Hauptleistungspflicht primärer Vertragsgegenstand sein (**Auskunftsvertrag**). So kann beispielsweise ein Immobilienmakler sich verpflichten, Auskunft über die durchschnittlichen Mietpreise der von ihm in einer bestimmten Lage vermittelten Mietwohnungen in einer bestimmten Wohnlage zu erteilen. Die Auskunftspflicht kann aber zweitens auch **vertragliche Nebenpflicht** sein. Beispielsweise kann ein gewerblicher Mietvertrag eine Nebenpflicht des Mieters auf Auskunft über bestehende Untermietverhältnisse begründen, wenn der Vermieter verpflichtet ist, bei Beendigung des Hauptmietverhältnisses in solche Untermietverhältnisse einzutreten.[103] Allerdings muss die Auskunftserteilung dem Verpflichteten auch **zumutbar** sein. Wenn sich Mitmieter in einem größeren Wohnhaus über das Verhalten eines Mieters beim gemeinsamen Vermieter beschweren, kann der Mieter vom Vermieter während des laufenden Mietverhältnisses nicht Auskunft darüber verlangen, welche Mitmieter sich über den Mieter beschwert haben: Eine solche Auskunft könnte die Störung des Hausfriedens noch weiter verschärfen.[104]

269 bb) **Gesetzliche Auskunftsansprüche.** Das BGB beinhaltet viele **spezifische** Auskunftsansprüche. Praktisch sehr bedeutsam ist **§ 666**: Der Beauftragte hat dem Auftraggeber auf Verlangen über den Stand des Geschäfts Auskunft zu erteilen. Diese Pflicht trifft gem. § 675 auch den Geschäftsbesorger und gem. § 681 S. 2 auch den Geschäftsführer ohne Auftrag. Beim Auftrag, der Geschäftsbesorgung und der Geschäftsführung ohne Auftrag werden Personen jedenfalls auch im fremden Interesse tätig, woraus sich ein besonderes Informationsbedürfnis ergibt. Ein anderes wichtiges Beispiel bietet **§ 1379**: Die Ehegatten können bei Beendigung der Zugewinngemeinschaft die erforderlichen Auskünfte verlangen, die sie zur Berechnung ihrer konkreten Ansprüche gegeneinander benötigen. Wieder ein etwas anderes Ziel verfolgt der Auskunftsanspruch des neuen Gläubigers gegen den bisherigen Gläubiger bei der Forderungsabtretung in **§ 402**: Ohne die nötigen Informationen zur Geltendmachung der Forderung kann dem neuen Gläubiger die Durchsetzung der Forderung erschwert werden. Auch in zahlreichen zivilrechtlichen **Nebengesetzen** sind besondere Auskunftspflichten zu finden, die zum Teil sehr weitreichend und detailliert sind (vgl etwa für den Bereich des Urheberrechts und des Patentrechts § 101 UrhG oder § 140b PatG).

---

102 Vgl auch RGZ 102, 235, 236; BGHZ 50, 385, 387; BGH NJW 1970, 751.
103 AG Köln BeckRS 1990, 31163519 – das AG Köln stützte die Auskunftspflicht allerdings auf § 242, nicht auf den Vertrag.
104 AG München BeckRS 2015, 11939.

cc) Auf den Grundsatz von Treu und Glauben gestützte Auskunftsansprüche
(§ 242). Auskunftsansprüche können sich aber auch aus dem Grundsatz von Treu 270
und Glauben (§ 242) ergeben, wenn kein speziell geregelter Auskunftsanspruch einschlägig ist. Zwar gibt es im deutschen Privatrecht keine zentral geregelte allgemeine Auskunftspflicht. Auf Grundlage von § 242 bejaht die stRspr aber Auskunftspflichten, wenn sich aus der „Natur der Sache" oder dem „Wesen des zu Grunde liegenden Rechtsverhältnisses" ergibt, dass der **Berechtigte in entschuldbarer Weise über das Bestehen oder den Umfang seines Rechts im Ungewissen, der Verpflichtete** aber **in der Lage ist, unschwer solche Auskünfte zu erteilen**[105], die zur Beseitigung jener Ungewissheit geeignet sind.[106] Grundvoraussetzung eines aus § 242 abgeleiteten Auskunftsanspruchs ist eine **besondere rechtliche Beziehung** zwischen Berechtigtem und Verpflichtetem, also beispielsweise ein Vertrag, eine ähnliche geschäftliche Beziehung (vgl § 311 Abs. 2 Nr 3) oder ein gesetzliches Schuldverhältnis.[107] Oft soll die Auskunft vertragliche Schadensersatzansprüche vorbereiten. Dann muss aber zumindest ein begründeter Verdacht für eine Pflichtverletzung bestehen, die zu einem Schaden geführt hat.[108] Naheliegende und leicht zugängliche Informationswege muss der Berechtigte nutzen, sonst ist er nicht „in entschuldbarer Weise" im Ungewissen.[109]

c) Rechenschaftsansprüche

Rechenschaftspflichten sind ein **Unterfall der Auskunftspflichten**.[110] Rechen- 271
schaftslegung meint die übersichtliche, schriftliche Zusammenstellung von Vorgängen, beispielsweise im Rahmen einer Verwaltung.[111] Auch Rechenschaftspflichten können durch **Vertrag, Gesetz** oder den **Grundsatz von Treu und Glauben (§ 242)** begründet werden. § 259 begründet keine Rechenschaftspflicht, sondern setzt voraus, dass eine spezifische Rechenschaftspflicht anderweitig begründet ist, die eine mit Einnahmen oder Ausgaben verbundene Verwaltung betrifft. Für diesen Fall muss der Verpflichtete eine die geordnete Zusammenstellung der Einnahmen oder der Ausgaben enthaltende Rechnung mitteilen und, soweit Belege erteilt zu werden pflegen, Belege vorlegen. Inhaltlich geht der Anspruch also über die bloße Auskunftserteilung hinaus.

Gesetzliche Bestimmungen, die Rechenschaftspflichten begründen, finden sich zahlreich im 272
BGB (und auch in vielen Nebengesetzen, vgl etwa § 87c HGB). Ein Beispiel bietet etwa § 556 Abs. 3: Der Vermieter muss über die Vorauszahlungen zu den Betriebskosten jährlich abrechnen. Ein weiteres Beispiel bietet § 666, der den Beauftragten auch zur Rechenschaft verpflichtet. Gleiches gilt für den geschäftsführenden Gesellschafter gem. § 713 iVm § 666. Die Rspr entnimmt den gesetzlichen Rechenschaftspflichten einen allgemeinen Grundsatz: Rechenschaftspflichtig ist, wer fremde Angelegenheiten oder solche, die zugleich fremde und eigene

---

105   Vgl ausführlich dazu BGH NJW 2007, 1806, 1808 f.
106   BGH NJW 1994, 1958, 1960; BeckRS 2004, 05214; NJW-RR 1986, 874, 876.
107   BAG NJW 1990, 3293.
108   BGH BeckRS 2008, 04552 Rn 7.
109   BGH NJW 2018, 2629, 2631; MünchKomm/*Krüger*, BGB⁸, § 260 Rn 18 f.
110   BeckOGK/*Röver*, BGB (15.10.2018), § 259 Rn 4 f; zur Abgrenzung von Auskunfts- und Rechenschaftspflichten siehe MünchKomm/*Krüger*, BGB⁸, § 259 Rn 21.
111   BeckOK/*Lorenz*, BGB⁵¹, § 259 Rn 1 ff.

sind, besorgt.¹¹² Voraussetzung ist – wie bei den Auskunftsansprüchen – eine besondere rechtliche Beziehung zwischen den Parteien.

273 § 259 Abs. 1 regelt (lediglich) den **Umfang** einer bestehenden Rechenschaftspflicht über eine mit Einnahmen oder Ausgaben verbundene Verwaltung. Die Angaben müssen dem Berechtigten die eigenständige Überprüfung seiner Ansprüche ermöglichen.¹¹³ § 260 Abs. 1 begründet eine besondere Auskunftspflicht – nämlich die Pflicht zur Vorlage eines Bestandsverzeichnisses –, wenn der Schuldner einen Inbegriff von Gegenständen herausgeben oder über den Bestand eines solchen Inbegriffs Auskunft erteilen muss. Ein „Inbegriff von Gegenständen" beschreibt „jede Mehrheit von Vermögensgegenständen, Sachen wie Rechten oder Forderungen […] bei der der Berechtigte […] nicht in der Lage ist, die einzelnen Vermögensgegenstände zu bezeichnen […]"¹¹⁴. Ein solcher Inbegriff wird beispielsweise von einer Bibliothek oder einer Schallplattensammlung begründet. Das Bestandsverzeichnis muss wiederum die nötigen Informationen zur Durchsetzung etwaiger Ansprüche aufweisen.

274 Sowohl die Zusammenstellungspflicht nach § 259 Abs. 1, als auch die Pflicht zur Vorlage eines Bestandsverzeichnisses nach § 260 Abs. 1 werden in ihrer Effektivität erheblich durch das Instrument der **eidesstattlichen Versicherung** gestärkt (§ 259 Abs. 2 und § 260 Abs. 2). Wenn Grund zu der Annahme besteht, dass die Pflicht nicht mit der erforderlichen Sorgfalt erfüllt wurde, kann der Gläubiger verlangen, dass der Schuldner eine eidesstattliche Versicherung abgibt. Das gilt nach § 259 Abs. 3 bzw § 260 Abs. 3 nur dann nicht, wenn es nur um Angelegenheiten von geringfügiger Bedeutung geht. Als Durchsetzungsinstrument ist die eidesstattliche Versicherung vor allem deshalb effektiv, weil ihre falsche Abgabe mit Strafe bedroht ist (§§ 156, 161 StGB).¹¹⁵ Manch wenig gewissenhafter Schuldner wird lieber seine Sorgsamkeit noch einmal erhöhen, als das **Strafrisiko** einzugehen.

275 Im Prozess werden Ansprüche auf Auskunft und Rechnungslegung meist in Form einer **Stufenklage (§ 254 ZPO)** durchgesetzt:¹¹⁶ Auf der ersten Stufe steht der Anspruch auf Auskunfts- oder Rechnungslegung. Nachdem über diesen Anspruch entschieden ist, wird gegebenenfalls auf zweiter Stufe über die Pflicht zur Abgabe einer eidesstattlichen Versicherung entschieden. Als dritte Stufe schließt sich gegebenenfalls die Verhandlung über den Hauptanspruch an.

5. Lösung Fall 21

276 **Frage 1:** B könnte gegen A einen Anspruch auf Leistung einer Sicherheit aus §§ 675 Abs. 1, 670, 257 S. 2 haben.
I. Ein entgeltlicher Geschäftsbesorgungsvertrag zwischen A und B besteht.
II. B muss Aufwendungen gehabt haben. Dies sind alle freiwilligen Vermögensopfer, also auch die Übernahme einer Verbindlichkeit. Allerdings könnte A gemäß § 257 S. 2 statt der

---

112 Vgl BGH NJW 1979, 1304, 1305 mwN.
113 NK/*Schulze*, §§ 259-261 Rn 4.
114 RGZ 90, 137, 139.
115 Dazu und zur weitgehenden Verdrängung des Eids durch die eidesstattliche Versicherung *Dölling* NZFam 2014, 112.
116 Lehrreich zur Stufenklage in der zivilrechtlichen Assessorexamensklausur *Kellermann-Schröder* JuS 2015, 998.

nach § 257 S. 1 an sich gegebenen Befreiungspflicht lediglich Sicherheit leisten müssen. Das setzt voraus, dass die Verbindlichkeit noch nicht fällig ist. Der zwischen B und C vereinbarte Kaufpreis ist erst am 1.11. fällig, so dass A den B nicht von der Verpflichtung befreien muss, sondern vielmehr auf eigenen Wunsch lediglich eine Sicherheit zu leisten braucht. Die Sicherheitsleistung kann gemäß § 232 durch Hinterlegung von Wertpapieren erfolgen.

Ergebnis: B hat gegen A einen Anspruch auf Leistung einer Sicherheit aus §§ 675 Abs. 1, 670, 257 S. 2.

Frage 2: Die Anfertigung eines solchen Verzeichnisses kann A von B gemäß § 260 Abs. 1 verlangen, da A gegen B aus §§ 675 Abs. 1, 667 einen Anspruch auf Herausgabe der Sportwagen hat.

Frage 3: Die Anfertigung eines solchen Verzeichnisses kann A von B gemäß § 260 Abs. 1 verlangen, da A gegen B aus §§ 675 Abs. 1, 666 einen Auskunftsanspruch hat. Auch sind keine Umstände ersichtlich, auf Grund derer die Erstellung solcher Verzeichnisse nicht mehr zumutbar wäre, da insbesondere keine Aufbewahrungspflichten abgelaufen sind oder eine erhebliche Zeit seit den Transaktionen verstrichen ist (es handelt sich lediglich um die Transaktionen des vergangenen Jahres).

§ 6 Modalitäten der Leistungserbringung

I. Leistungszeit

Fall 22: A hat am 23.9. (Montag) bei der B-GmbH einen Gaming-Laptop für sich bestellt und diesen auch schon direkt bezahlt. Der Laptop soll an A geschickt werden. A möchte den Laptop so schnell wie nur irgend möglich in Händen halten. A ruft noch am selben Tag bei der B-GmbH an, um zu erfahren, wann diese seinen Gaming-Laptop losschicken werde. Er erhält die Auskunft, dass die Versendung zwar grundsätzlich am selben Tag erfolgt, aber mehrere Mitarbeiter krankheitsbedingt ausgefallen seien und daher zunächst die an den vorigen Tagen eingegangenen Bestellungen bearbeitet würden. Der Gaming-Laptop werde daher erst am 24.9. verschickt. A, der das nicht hinnehmen möchte, fragt daraufhin den Jurastudenten C, ob er nicht doch schon die Lieferung am 23.9. verlangen kann. Was wird C antworten? **Lösung Rn 298**

277

Fall 23: A hat seinen Gaming-Laptop erhalten. Auf den Geschmack neuster Technik gekommen, möchte er sich nun direkt auch einen neuen Fernseher und ein Dolby Surround System zulegen. Der Kauf des neuen Laptops hat jedoch bereits all seine Ersparnisse aufgebraucht. Sein Bruder B, dem die Gemeinheiten der Vergangenheit inzwischen leidtun, ist bereit, dem A ein zinsloses Darlehen zu gewähren. B möchte sein Geld aber am 23.12. zurückerhalten, um noch Weihnachtsgeschenke kaufen zu können. A, der nach seinem Kauf mit dem gewährten Darlehen nun doch zu Geld gekommen ist, fragt nun Anwältin C, ob er dem B das Geld auch schon Ende November zurückzahlen kann. Was wird C antworten?

Fall 24: Gemüsehändlerin G bestellt am Mittwoch bei Großhändler S die für den Wochenbeginn vorgesehenen Waren. Wie üblich vereinbaren sie, dass diese in der Nacht von Sonntag auf Montag geliefert werden. Da S allerdings Lagerprobleme hat und gerne schon einige

> Kisten loswerden würde, fragt er sich, ob er nicht schon eher liefern darf, etwa am Freitag. G wendet ein, dass viele Waren dann schon vor Marktöffnung am Montag überreif seien oder gleich gänzlich verschimmeln würden. Darf S schon am Freitag liefern?

1. Fälligkeit und Erfüllbarkeit: Begriffe und Relevanz

278 Wie auch sonst im Leben kommt es innerhalb von Schuldverhältnissen oft auf die Zeit an – im allgemeinen Schuldrecht vor allem auf die *Leistungs*zeit. Für Schuldner und Gläubiger ist wichtig zu wissen, wann die jeweiligen Leistungspflichten erfüllt werden *können* und ab welchem Zeitpunkt sie erfüllt werden *müssen*. Mit „Leistungszeit" sind also zwei Zeitpunkte umschrieben: Erstens der Zeitpunkt, ab dem der Gläubiger die Leistung verlangen kann (**Fälligkeit**). Zweitens der Zeitpunkt, ab dem der Schuldner die Leistung erbringen kann (**Erfüllbarkeit**).[1] Beide Zeitpunkte können zusammenfallen, sie müssen es aber nicht. In der Regel gilt: Wenn der Gläubiger die Leistung verlangen kann, darf sie der Schuldner auch erbringen.

279 Die **Relevanz der Fälligkeit** zeigt sich beispielsweise bei der Anwendung von §§ 323 und 281: Das Rücktrittsrecht des Gläubigers setzt ebenso wie sein Anspruch auf Schadensersatz statt der Leistung voraus, dass der Schuldner eine *fällige* Pflicht verletzt hat. Die **Erfüllbarkeit** von Leistungspflichten ist schon deshalb wichtig, weil der Schuldner – etwa, wenn er verderbliche Waren schuldet – oft ein Interesse daran hat, die Ware „loszuwerden". Die Erfüllbarkeit wird aber beispielsweise auch relevant, wenn der Schuldner die Schuld durch Aufrechnung zum Erlöschen bringen will. Das gelingt ihm nur, indem er mit einer *erfüllbaren* Forderung aufrechnet, § 387 („[...] und die ihm obliegende Leistung bewirken kann."). Auch gerät der Gläubiger nur in Annahmeverzug (§§ 293 ff),[2] wenn die vom Schuldner angebotene Leistung schon erfüllbar ist.

280 Die Relevanz der Erfüllbarkeit zeigt sich in **Fall 24**. S hat ein Interesse, die Waren frühzeitig loszuwerden. Andererseits will G die Kisten nicht schon am Freitag entgegennehmen. Wenn S die Kisten am Freitag am Lager der G anbieten und G die Annahme verweigern würde, käme es für den Gläubigerverzug entscheidend auf die Erfüllbarkeit an: Nur, wenn S schon zur Leistung berechtigt ist, kann G durch die Nichtannahme der angebotenen Leistung in Gläubigerverzug geraten.

2. Bestimmung von Fälligkeit und Erfüllbarkeit

a) Parteivereinbarung

281 Für die Bestimmung der maßgeblichen Zeitpunkte kommt es vorrangig auf die **Vereinbarung der Parteien** an, die es unter Berücksichtigung der konkreten Umstände des Einzelfalls auszulegen gilt. Das ergibt sich für beide Absätze des § 271 aus dem Wortlaut des Gesetzes.

---

1 MünchKomm/*Krüger*, BGB[8], § 271 Rn 2.
2 Einzelheiten zum Annahmeverzug unten Rn 797 ff.

Die Zweifelsregel des **§ 271 Abs. 1** greift dem ausdrücklichen Wortlaut nach nur ein, wenn keine Leistungszeit bestimmt ist. Ein Beispiel bieten Vereinbarungen, denen zufolge der Schuldner erst nach Vorlage bestimmter Dokumente zahlen muss – etwa von Verladungsnachweisen, wenn Ware zu versenden ist. Dann tritt **Fälligkeit** erst mit Vorlage dieser Dokumente ein. Dahingehend sind regelmäßig Klauseln wie „Zahlung gegen Dokumente" auszulegen, die im unternehmerischen Geschäftsverkehr häufig vorkommen.[3] Wenn die Parteien vereinbaren, dass die Fälligkeit einer Leistungspflicht über den nach dem Vertrag an sich nahe liegenden und üblichen Zeitpunkt hinausgeschoben wird, die Erfüllbarkeit aber unberührt bleibt, spricht man von **Stundung**.[4] Der Schuldner kann dann zwar vor dem vereinbarten Termin erfüllen, muss es aber nicht; er gerät beispielsweise vor dem vereinbarten Termin nicht in Verzug. 282

§ 271 Abs. 2 setzt die Bestimmung einer Leistungszeit voraus, greift aber in seinen Rechtsfolgen ebenfalls nur „im Zweifel" ein. Auch insoweit sind also Parteivereinbarungen **vorrangig** zu beachten.[5] Wenn für die Lieferung von Möbeln ein Liefertermin vereinbart ist, können die Parteien beispielsweise vereinbaren, dass die Lieferung – anders als § 271 Abs. 2 „im Zweifel" vorsieht – nicht vor diesem Termin erfolgen kann. 283

b) Gesetzliche Bestimmungen

Wenn sich aus der Parteivereinbarung nichts Abweichendes ergibt, werden die maßgeblichen Zeitpunkte für bestimmte Schuldverhältnisse von gesetzlichen Bestimmungen besonders geregelt. Diese Bestimmungen sind **dispositiv**,[6] so dass Parteivereinbarungen vorrangig gelten. So regelt etwa § 556b Abs. 1 die Fälligkeit der Miete, § 488 Abs. 3 S. 1 die Fälligkeit der Rückzahlung eines Darlehens oder § 608 Abs. 1 die Fälligkeit der Rückerstattung der überlassenen Sache beim Sachdarlehen. 284

c) Umstände

Wenn weder Vereinbarungen noch gesetzliche Bestimmungen die Leistungszeit regeln, kann sie sich auch aus den **Umständen** des Einzelfalls ergeben.[7] Beispielsweise kann die Erfüllbarkeit entgegen der Zweifelsregel des § 271 Abs. 2 hinausgeschoben sein, wenn der Gläubiger ein rechtlich geschütztes Interesse daran hat, die Leistung nicht vor Fälligkeit entgegennehmen zu müssen. Ein solches Interesse hat der BGH etwa zugunsten des Käufers von Einbauküchen anerkannt, wenn ein Liefertermin vereinbart ist:[8] Zuvor hat der Käufer oft keine Verwendung für die Küche und müsste sie häufig zu hohen Kosten zwischenlagern. 285

In **Fall 24** haben G und S eine Leistungszeit vereinbart, nämlich Lieferung in der Nacht von Sonntag auf Montag. Erfüllbarkeit tritt nach der Zweifelsregel des § 271 Abs. 2 aber schon 286

---

3 BGH NJW 1971, 979.
4 BGH DNotZ 2005, 375, 376.
5 BGH NJW 2017, 104.
6 Jauernig/*Stadler*, BGB[17], § 271 Rn 6.
7 BGH NJW 2017, 104.
8 BGH NJW 2007, 1198, 1199.

vor diesem Liefertermin ein, so dass S auch schon am Freitag liefern dürfte. G und S könnten insoweit aber konkludent eine abweichende Vereinbarung getroffen haben, wonach die Zweifelsregel des § 271 Abs. 2 nicht gelten soll. Allein aus der Vereinbarung des Liefertermins lässt sich eine solche konkludente Vereinbarung aber nur schwer herleiten. Allerdings könnte sich aus den konkreten Fallumständen ergeben, dass die Zweifelsregel nicht gilt. Gemüse ist eine leicht verderbliche Ware. Für Gemüsehändler ist es wichtig, frische Ware anbieten zu können. Das ist Gemüsegroßhändlern auch bekannt. Just-in-time-Belieferungen sind deshalb im Gemüsehandel verkehrsüblich. Die Lagerprobleme der Großhändlerin sind ihrem Risikobereich zuzuordnen. Daher ergibt sich aus den Umständen, dass die Erfüllbarkeit entgegen § 271 Abs. 2 erst mit dem vereinbarten Liefertermin eintritt. S darf also nicht schon zuvor liefern.

Hinweis: Man könnte – abweichend vom hier eingeschlagenen Lösungsweg – auf Grundlage der §§ 133, 157 auch eine konkludente Vereinbarung bejahen, derzufolge die Zweifelsregel des § 271 Abs. 2 nicht gelten soll. Dabei wären letztlich dieselben Argumente maßgeblich wie im Lösungsvorschlag oben. Es ist in Prüfungsarbeiten aber regelmäßig klüger, in entsprechenden Fällen eine konkludente Vereinbarung abzulehnen und die entscheidenden Sachargumente bei den „Umständen" unterzubringen. So kann man der Korrektorin auch zeigen, dass man weiß: In der Rechtsprechung ist anerkannt, dass die Umstände des Einzelfalls auch ganz unmittelbar – also ohne die Fiktion einer konkludenten Parteiabrede – zu Abweichungen von den Zweifelsregeln des § 271 führen können.

d) Zweifelsregeln (§ 271)

287   Wenn weder die Parteivereinbarungen noch gesetzliche Bestimmungen Abweichendes bestimmen und auch die Umstände des Einzelfalls nichts Abweichendes ergeben, kommen die Zweifelsregeln des § 271 zum Tragen. § 271 Abs. 1 regelt sowohl die Fälligkeit als auch die Erfüllbarkeit von Schulden. Beides tritt **im Zweifel sofort** ein: Der Gläubiger kann die Leistung sofort verlangen (sofortige Fälligkeit), der Schuldner kann die Leistung sofort bewirken (sofortige Erfüllbarkeit). Mit „sofort" ist aber nicht unbedingt der Zeitpunkt gemeint, zu dem die Leistungspflicht entsteht, so dass der Gläubiger die Leistung „auf der Stelle" verlangen könnte. Vielmehr kann unter Berücksichtigung von Treu und Glauben und der Verkehrssitte (§§ 133, 157, 242) eine mit Rücksicht auf die konkreten Einzelfallumstände zu bestimmende Zeitspanne des Abwartens einzuhalten sein.[9]

288   Steht der Vertrag unter einer aufschiebenden Bedingung, treten Fälligkeit und Erfüllbarkeit frühestens im Zeitpunkt des **Bedingungseintritts** ein. Denn erst ab diesem Zeitpunkt entstehen die Leistungspflichten aus dem Vertrag.[10]

289   § 271 Abs. 2 regelt Fälligkeit und Erfüllbarkeit für den Fall, dass eine **Leistungszeit bestimmt** ist. Dann gilt für die Fälligkeit im Zweifel: Der Gläubiger kann die Leistung erst ab dem Zeitpunkt der bestimmten Leistungszeit verlangen. Für die Erfüllbarkeit sieht § 271 Abs. 2 Abweichendes vor. Der Schuldner kann **im Zweifel die Leistung** auch schon **vor der vereinbarten Leistungszeit bewirken**. Wer etwa ein zinsloses Darlehen erhalten hat, kann das Darlehen im Zweifel schon vor der bestimmten Leistungszeit zurückzahlen. Wenn der Schuldner einer unverzinslichen

---

9   OLG München NJW-RR 1992, 818.
10 Vgl Jauernig/*Stadler*, BGB[17], § 271 Rn 12.

Geldforderung dementsprechend vorzeitig zurückzahlt, kann er jedoch gem. § 272 keinen Abzug wegen Zwischenzinsen vornehmen. Mögliche Zinsvorteile des Gläubigers muss der Schuldner in diesem Fall also hinnehmen, da seine Zahlung freiwillig erfolgt.

Die vorzeitige Erfüllungsmöglichkeit, die § 271 Abs. 2 als Zweifelsregel vorsieht, wird den Parteiinteressen oft nicht gerecht. Deshalb wird beispielsweise in verzinslichen Darlehensverträgen regelmäßig vereinbart, dass die vorzeitige Rückzahlung des Darlehens ausgeschlossen ist bzw nur unter Zahlung zusätzlicher Entgelte („Vorfälligkeitsentschädigung") erfolgen darf. Solche **Vereinbarungen** sind gegenüber der Zweifelsregel vorrangig.[11] Beim verzinslichen Darlehen finden sich auch vorrangige **gesetzliche Bestimmungen**, die § 271 Abs. 2 verdrängen: So sieht § 488 Abs. 3 S. 3 nur für das nicht verzinsliche Darlehen vor, dass der Darlehensnehmer auch ohne Kündigung zur Rückzahlung berechtigt ist. Daraus ergibt sich im Umkehrschluss, dass die Erfüllbarkeit der Rückzahlungspflicht grundsätzlich nicht vor Kündigung des Darlehens (vgl dazu die Kündigungsgründe des § 489) statthaft ist. Auch aus den **Umständen** kann sich ergeben, dass § 271 Abs. 2 nicht zum Tragen kommt: Dazu sei als Beispiel in Erinnerung gerufen, dass der Verkäufer einer Einbauküche diese regelmäßig nicht vor dem vereinbarten Termin liefern darf.[12]

290

Zwar kann B die Darlehensvaluta in **Fall 23** erst am 23.12. zurückfordern (Fälligkeit), aus § 271 Abs. 2 folgt jedoch, dass, selbst wenn eine Zeit bestimmt ist, der Schuldner die Leistung im Zweifel auch vor dieser Zeit bewirken darf (Erfüllbarkeit). Gemäß § 488 Abs. 3 S. 3 muss das (zinslose) Darlehen dazu nicht gekündigt werden. Folglich steht es A frei, das Darlehen auch schon Ende November an B zurückzuzahlen, insbesondere, weil dieses zinslos gewährt wurde und B daraus keine Nachteile erwachsen (vgl etwa § 272).

291

3. Besondere Bestimmungen (§ 475 Abs. 1, § 271a)

a) § 475 Abs. 1

§ 475 Abs. 1 S. 1 betrifft den **Verbrauchsgüterkauf** und dient der Umsetzung der Verbraucherrechte-RL. Die Norm lässt § 271 Abs. 2 unberührt, verdrängt aber § 271 Abs. 1. Gem. § 475 Abs. 1 S. 1 kann der Gläubiger die Leistungen nur unverzüglich (vgl § 121: „ohne schuldhaftes Zögern") verlangen.[13] Soweit es um Ansprüche des Käufers (Verbrauchers) geht, begründet die Norm gegenüber der sofortigen Fälligkeit nach § 271 Abs. 1 eine Verschlechterung der Verbraucherposition, die jedoch wegen der vollharmonisierenden Wirkung der Verbraucherrechte-RL unvermeidbar war.[14] Immerhin werden auch die Ansprüche des Verkäufers nur unverzüglich fällig. Der unternehmerische Verkäufer muss die Sache allerdings spätestens 30 Tage nach Vertragsschluss übergeben (§ 475 Abs. 1 S. 2). Für die Erfüllbarkeit gilt abweichend von § 271, dass die Vertragsparteien die Leistungen sofort bewirken können.

292

---
11 BGH NJW 2017, 104.
12 BGH NJW 2007, 1198, 1199; dazu schon Rn 285.
13 Näher zur Abgrenzung der Begriffe „sofort" und „unverzüglich" *Arnold/Hornung* JuS 2019, 1041, 1044.
14 Kritisch zur Fälligkeitsregelung beim Verbrauchsgüterkauf *Kohler* NJW 2014, 2817.

b) § 271a (Wirksamkeit von Zahlungs-, Überprüfungs- und Abnahmefristen)

293 Für die Vereinbarung von Zahlungs-, Überprüfungs- und Abnahmefristen gelten die besonderen Regeln des § 271a. Die Norm dient der Umsetzung der Zahlungsverzugs-RL.[15] Sie dient der Zahlungsdisziplin im Geschäftsverkehr und soll vor allem **kleine und mittlere Unternehmen schützen**, für die verspätete Zahlungen vor allem auch in ihrer Kumulation mit existenzbedrohenden Gefahren einhergehen.[16] Dieser Schutzzweck spiegelt sich auch in **§ 271a Abs. 6**: Die Normen bieten Entgeltgläubigern einen zusätzlichen Schutz, so dass sonstige Vorschriften, aus denen sich Beschränkungen für Vereinbarungen über Zahlungs-, Überprüfungs- oder Abnahmefristen ergeben, unberührt bleiben. Solche Vorschriften sind insbesondere die **§ 308 Nr 1a und b**. Vereinbarungen, die den Grenzen des § 271a standhalten, sind also nicht ohne weiteres wirksam; sie können vielmehr auch nach anderen Vorschriften unwirksam sein. Wenn Fristvereinbarungen gegen § 271a Abs. 1-3 verstoßen, sind sie gem. § 271a Abs. 4 unwirksam. Daraus folgt, dass das Entgelt sofort fällig wird (§ 271 Abs. 1). Die Wirksamkeit des Vertrags im Übrigen bleibt davon unberührt (§ 271a Abs. 4). Nur das entspricht dem Schutzzweck der Norm, da den Entgeltgläubigern ja nicht daran gelegen sein kann, dass die Anspruchsgrundlage für ihre Entgeltforderungen gänzlich entfällt.

294 § 271a erfasst **individualvertragliche Vereinbarungen** ebenso wie **AGB**. Für letztere gelten zusätzlich die Anforderungen der §§ 307 ff. Insbesondere sehen die §§ 308 Nr 1a und Nr 1b für Zahlungs-, Überprüfungs- und Abnahmefristen strenge Grenzen vor. Ausgenommen sind gem. § 271a Abs. 5 Nr 1 die Vereinbarung von Abschlagszahlungen und sonstigen Ratenzahlungen. Gem. § 271a Abs. 5 Nr 2 gelten die Abs. 1-3 nicht, wenn ein Verbraucher die Entgeltzahlung schuldet. Zugunsten von Verbrauchern können also auch längere Zahlungs-, Überprüfungs- oder Abnahmefristen vereinbart werden.

295 Gem. **§ 271a Abs. 1 S. 1** ist eine Vereinbarung, wonach die Entgeltforderung (vgl § 286 Abs. 3 S. 1) erst nach mehr als 60 Tagen nach Empfang der Gegenleistung fällig ist, nur wirksam, wenn sie ausdrücklich (also nicht konkludent) getroffen und im Hinblick auf die Belange des Gläubigers nicht **grob unbillig** ist. Bei der Bestimmung der groben Unbilligkeit sind die Nachteile der Entgeltgläubiger ebenso zu berücksichtigen wie die legitimen Interessen der Entgeltschuldner an einer längeren Frist.[17] Stellen wir uns vor, die Zahlungsansprüche eines kleinen Herstellers von Dachziegeln gegenüber einem Bauunternehmer sollen ausweislich der vertraglichen Einigung erst 90 Tage nach Übergabe der Ziegel fällig werden: In diesem Fall sind keine billigenswerten Interessen erkennbar, die es rechtfertigen, die vom Gesetz genannte Periode von 30 Tagen zu überschreiten, insbesondere dürften Fehler an der Ware bereits nach wenigen Tagen oder spätestens Wochen auffallen. Eine solche Vereinbarung wäre daher als Verstoß gegen § 271a Abs. 3 unwirksam. Wenn der Schuldner nach Empfang der Gegenleistung eine Rechnung oder gleichwertige Zahlungsaufstellung (zu den Be-

---

15 Richtlinie 2011/7/EU des Europäischen Parlaments und des Rates vom 16. Februar 2011 zur Bekämpfung von Zahlungsverzug im Geschäftsverkehr.
16 BT-Drs. 18/1309, S. 8.
17 Vgl BT-Drs. 18/1309, S. 14.

griffen „Rechnung", „Empfang der Gegenleistung" und „Zahlungsaufstellung" s. § 286 Abs. 3) erhält, ist für die Fristberechnung nicht der Empfangszeitpunkt maßgeblich, sondern der Zeitpunkt, zu dem diese Rechnung (oder Zahlungsaufstellung) zugeht (§ 271a Abs. 1 S. 2). Dagegen bleibt es beim Empfang der Gegenleistung als maßgeblichem Zeitpunkt, wenn eine Rechnung (oder gleichwertige Zahlungsaufstellung) schon vor dem Empfang der Gegenleistung zugeht.

In § 271a Abs. 2 wird die Regelung des § 271a Abs. 1 noch verschärft, wenn **öffentliche Auftraggeber** die Zahlung schulden: Dann sind Fristen von über 60 Tagen von vornherein unwirksam (§ 271a Abs. 2 Nr 2) und schon Fristen von über 30 Tagen nur wirksam, wenn die Vereinbarung ausdrücklich getroffen und aufgrund der besonderen Natur oder der Merkmale des Schuldverhältnisses sachlich gerechtfertigt ist (§ 271a Abs. 2 Nr 1).

296

§ 271a Abs. 3 betrifft den Fall, dass eine Entgeltforderung erst nach **Überprüfung** oder **Abnahme** der Gegenleistung fällig ist. In diesen Fällen ist eine Vereinbarung, nach der die Überprüfungszeit oder die Zeit für die Abnahme mehr als 30 Tage nach Empfang der Gegenleistung beträgt, nur wirksam, wenn sie ausdrücklich getroffen und im Hinblick auf die Belange des Gläubigers nicht grob unbillig ist.

297

4. Lösung Fall 22

A könnte gegen die B-GmbH einen Anspruch auf Absendung des Gaming Laptops am 23.9. aus § 433 Abs. 1 S. 1 haben.

298

I. A und die B-GmbH haben einen Kaufvertrag über den Gaming Laptop geschlossen. A kann Absendung schon am 23.9. aber nur dann verlangen, wenn der Anspruch fällig ist.

1. Gem. § 271 Abs. 1 wird die Fälligkeit vorrangig durch Parteivereinbarung bestimmt. Eine solche Vereinbarung haben A und die B-GmbH aber nicht getroffen. Auch aus den Umständen ergibt sich der Fälligkeitszeitpunkt nicht. Die Leistung ist daher nach der Zweifelsregel des § 271 Abs. 1 sofort fällig. „Sofort" bedeutet nicht „auf der Stelle"; vielmehr kann gem. §§ 133, 157, 242 auch eine gewisse Zeitspanne abzuwarten sein. Wegen des Krankenstands vieler Mitarbeiter spricht viel dafür, dass A schon in Anwendung des § 271 Abs. 1 nicht verlangen kann, dass der Laptop noch am 23.9. abgeschickt wird.

2. § 271 könnte jedoch ohnehin von § 475 Abs. 1 verdrängt sein. § 475 Abs. 1 ist anwendbar, weil ein Verbrauchsgüterkauf iSd § 474 Abs. 1 S. 1 vorliegt. § 271 ist daher verdrängt, die Fälligkeit richtet sich allein nach § 475 Abs. 1. Die Lieferung hat danach lediglich unverzüglich zu erfolgen, also ohne schuldhaftes Zögern (vgl § 121). Die Absendung erst am Folgetag der Bestellung ist kein schuldhaftes Zögern, da die Kapazitäten der B-GmbH wegen der vielen Erkrankungen beschränkt sind und die B-GmbH fair handelt, wenn sie die Bestellungen nach zeitlicher Priorität abarbeitet. Der Anspruch ist daher nicht schon am 23.9. fällig.

Ergebnis: A hat gegen die B-GmbH keinen Anspruch auf Absendung des Gaming Laptops am 23.9.

II. Leistungsort (§ 269)

299 **Fall 25:** A kauft bei B zwei Kaninchen und bezahlt diese sofort.
1. Variante: Beide vereinbaren, dass B die Kaninchen dem A bringen soll.
2. Variante: Beide vereinbaren, dass B die Kaninchen dem A schicken soll.
3. Variante: Beide vereinbaren gar nichts.
Frage: Was muss B jeweils tun, um seiner Verpflichtung aus dem Kaufvertrag nachzukommen?

Fall 26 (nach OLG Hamm, NJW-RR 2016, 177): A hat bei der Privatperson B ein Auto in Coesfeld gekauft. Da B allerdings in den Fahrzeugpapieren absichtlich eine zu geringe Laufleistung angegeben hat, erklärt A umgehend den Rücktritt vom Kaufvertrag, als er dies zuhause in Detmold herausfindet. Er fordert B auf, ihm den Kaufpreis in Detmold zurückzuzahlen – Zug um Zug gegen Rückgabe des Autos. Kann B die Rückzahlung des Kaufpreises in Detmold verlangen? **Lösung Rn 313**

1. Begriff des Leistungsorts

300 Mit „**Leistungsort**" iSd § 269 ist der Ort der Leistungs*handlung* gemeint, also der Ort, an dem der Schuldner seine letzte Handlung zur Erfüllung seiner Pflicht vornehmen muss. Dieser Ort wird in den §§ 447 Abs. 1, 448 Abs. 1 und 644 Abs. 2 auch als „**Erfüllungsort**" bezeichnet. Nur, wenn der Schuldner seine Leistung am richtigen Ort erbringt, kann er von seiner Leistungspflicht frei werden. Wenn der Schuldner seine Leistung an einem anderen Ort anbietet, kann der Gläubiger sie zurückweisen, ohne in Annahmeverzug (§§ 293 ff) zu geraten. Der Erfüllungsort ist auch für den **Schuldnerverzug**[18] und für die **Konkretisierung von Gattungsschulden** gem. § 243 Abs. 2[19] relevant.

301 § 269 Abs. 1 ist auf **alle Schuldverhältnisse** anzuwenden. Bis heute umstritten ist das für den **Erfüllungsort der Nacherfüllungspflicht** des Verkäufers aus §§ 437 Nr 1, 439. Für die gelebte Praxis des Rechts hat der BGH diesen Streit aber inzwischen weitgehend geklärt: Auch für die Nacherfüllungspflicht des Verkäufers ist § 269 der maßgebliche Regelungsort.[20]

302 Der **Leistungsort** (bzw. Erfüllungsort) ist von dem **Erfolgsort** zu unterscheiden. Mit Erfolgsort ist der Ort gemeint, an dem der geschuldete Leistungs*erfolg* eintritt. Der Erfolgsort ist auch für den Gerichtsstand aus § 29 ZPO relevant.

303 Erfolgsort ist etwa für die Pflicht des Verkäufers aus § 433 Abs. 1 S. 1 der Ort, an dem die Übergabe und Übereignung der Kaufsache erfolgt. An diesem Beispiel zeigt sich auch, dass die **Terminologie des Gesetzes nicht ganz glücklich** ist: Denn der Erfolgsort ist der Ort, an dem die Erfüllung (hier Übergabe und Übereignung) eintritt. Als „Erfüllungsort" wird aber der Leistungsort bezeichnet, bei dem es gerade auf die

---
[18] Zum Schuldnerverzug unten Rn 753 ff.
[19] Zur Konkretisierung gem. § 243 Abs. 2 oben Rn 187 ff.
[20] BGH NJW 2017, 2758; 2013, 1074; 2011, 2278; aus der Literatur zustimmend etwa BeckOK/*Lorenz*, BGB[51], § 269 Rn 34.

Leistungs*handlung* und nicht den Leistungs*erfolg* ankommt.[21] Die Unterscheidung zwischen Leistungs- und Erfolgsort ist wichtig, da beide nicht immer zusammenfallen. Bei der Holschuld und der Bringschuld stimmen Erfolgsort und Leistungsort jeweils überein. Dagegen fallen die beiden Orte bei der Schickschuld auseinander: Wenn Schuldner S aus Münster den per eBay an Gläubiger G aus Hamburg verkauften Fernseher vereinbarungsgemäß in Münster verpackt und zur Post bringt, ist Leistungsort Münster, weil S dort die letzte von ihm geschuldete Handlung vornimmt. Erfolgsort ist aber Hamburg, weil G dort den Fernseher in Empfang nimmt. Übergabe und Übereignung erfolgen erst dort.

2. Leistungsort (Erfüllungsort) und Erfolgsort bei Holschuld, Bringschuld und Schickschuld

a) Holschuld, Bringschuld und Schickschuld

Bei einer **Holschuld** fallen Erfolgsort und Leistungsort zusammen: Beide Orte liegen **beim Schuldner**, der Gläubiger muss sich die Leistung „beim Schuldner holen". Der Schuldner muss den Leistungsgegenstand (oder die Leistung) also lediglich bereithalten und ggf. den Gläubiger benachrichtigen. Von einer Holschuld ist auch nach der Zweifelsregel des § 269 Abs. 1 auszugehen, wenn sich weder aus der Parteivereinbarung, noch aus den Umständen etwas anderes ergibt. Die Holschuld ist insofern der **gesetzliche Regelfall**. 304

In **Fall 25 Variante 3** ist also mangels vertraglicher Vereinbarung gem. § 269 Abs. 1 von einer Holschuld auszugehen. B muss die Kaninchen also nur bereithalten und den A uU auffordern, sie zum vereinbarten Zeitpunkt abzuholen. 305

Bei einer **Bringschuld** liegen Erfolgsort und Leistungsort **beim Gläubiger** – der Schuldner muss die Leistung eben „zum Gläubiger bringen". Eine Bringschuld liegt etwa häufig vor, wenn ein Kaufvertrag über Möbel mit einer Montageverpflichtung des Verkäufers einhergeht: Dann ist oft vereinbart, dass der Verkäufer die Möbel zum Käufer bringt und sie gleich vor Ort montiert. Allerdings genügt nach der Auslegungsregel des § 269 Abs. 3 für die Annahme einer Bringschuld nicht, dass der Gläubiger die Transportkosten übernimmt. In diesen Fällen liegt vielmehr oft eine Schickschuld vor. Das gilt auch für den **Versandhandel**: Hier liegen regelmäßig keine Bringschulden vor, sondern Schickschulden.[22] 306

Ein Beispiel für eine Bringschuld bietet **Fall 25 Variante 1**. B muss die Kaninchen also aussondern und A vorbeibringen, im Zweifel zu dessen Heimatadresse. 307

Bei der **Schickschuld** fallen **Leistungsort und Erfolgsort auseinander**. Der Schuldner muss die Leistung lediglich auf den Weg zum Gläubiger bringen, sie also ordnungsgemäß verpacken und an den Gläubiger schicken. Der Leistungsort liegt in diesen Fällen beim Schuldner. Der Erfolgsort liegt dagegen beim Gläubiger, denn erst 308

---

21 Palandt/*Grüneberg*, BGB[78], § 269 Rn 1.
22 BGH NJW 2003, 3341 mwN; aA für Verbrauchsgüterkäufe MünchKomm/*Krüger*, BGB[8], § 269 Rn 20.

dort tritt Erfüllung ein. Wichtigstes Beispiel für eine Schickschuld ist der **Versendungskauf (vgl § 447)**. Die Gegenleistungsgefahr (Preisgefahr) trägt beim Versendungskauf gem. § 447 Abs. 1 grundsätzlich der Käufer; anders liegt es in aller Regel beim Verbrauchsgüterkauf, weil dann § 447 Abs. 1 gem. § 475 Abs. 2 nur in einer praktisch seltenen Ausnahmekonstellation anwendbar ist. Auch Geldschulden sind Schickschulden; allerdings sind Verlust- und Verzögerungsrisiko bei Geldschulden besonders verteilt.[23]

309 **Fall 25 Variante 2** bildet ein Beispiel für eine Schickschuld. B ist hier angehalten, die zwei Kaninchen auszusondern, tiergerecht zu verpacken und an eine geeignete Transportperson zu übergeben.

b) Vorrangigkeit der Parteivereinbarung

310 Der Leistungsort wird, wenn keine zwingende Bestimmung des Leistungsorts (wie etwa für den Hinterlegungsort in § 374) vorliegt, vorrangig durch die **Parteivereinbarung** bestimmt. Das folgt aus dem Wortlaut des § 269 Abs. 1. Wenn Sie eine Klempnerin beauftragen, einen Wasserschaden in Ihrer Küche zu reparieren, haben Sie auch eine Vereinbarung über den Erfüllungsort getroffen: Er liegt in Ihrer Küche (wo auch sonst). Auch **konkludente** Vereinbarungen sind selbstverständlich möglich und gar nicht selten: Wenn Sie beispielsweise am Kiosk eine Flasche Mate Tee kaufen, haben Sie mit dem Verkäufer stillschweigend auch eine Vereinbarung über den Erfüllungsort getroffen – der soll nämlich im Kiosk liegen.[24]

c) Einzelfallumstände (insbes. „Natur des Schuldverhältnisses")

311 Der Leistungsort kann sich gem. § 269 Abs. 1 auch aus den Umständen des Einzelfalls, insbesondere aus der **„Natur des Schuldverhältnisses"** ergeben. Dabei kommt es auch auf die Verkehrssitte und möglicherweise vorhandene Handelsbräuche an. Beispielsweise ergibt sich bei einem Heizöl-Kauf auch ohne ausdrückliche Abrede aus der Natur des Schuldverhältnisses, dass der Leistungsort beim Käufer ist (nicht etwa beim Verkäufer, wozu ja die Zweifelsregel des § 269 Abs. 1 iVm § 269 Abs. 2 führen würde).

d) Wohnsitz des Schuldners/gewerbliche Niederlassung

312 **Hilfsweise** – also nur, wenn sich weder aus der Parteivereinbarung, noch aus den Umständen etwas anderes ergibt – ist der Ort Leistungsort, an dem der **Schuldner** seinen Wohnsitz (vgl § 7) hat. Maßgeblich ist der Zeitpunkt der Entstehung des Schuldverhältnisses. Wenn die Schuld im Gewerbebetrieb eines Schuldners entstanden ist, tritt der Ort der Niederlassung an die Stelle des Wohnsitzes, wenn der Schuldner seine gewerbliche Niederlassung an einem anderen Ort hatte. Im Zweifel liegt also eine „Holschuld" vor, weil der Gläubiger die Leistung beim Schuldner „einholen" muss.

---

23 Geldschulden sind qualifizierte Schickschulden, näher dazu oben Rn 207 f.
24 Vgl BGH NJW-RR 2003, 192.

3. Lösung Fall 26

A. A kann von B Rückzahlung des Kaufpreises aus §§ 437 Nr 2, 323 Abs. 1, 346 Abs. 1 verlangen. Der Anspruch ist wegen des Rücktritts des A entstanden. A stand ein Rücktrittsrecht aus §§ 437 Nr 2, 323 Abs. 1 zu; die Fristsetzung war wegen der arglistigen Täuschung des B gem. § 323 Abs. 2 Nr 3 entbehrlich.[25] Der Anspruch besteht gem. § 348 nur Zug-um-Zug gegen Rückübereignung des Autos.

313

B. Rückzahlung in Detmold kann A nur verlangen, wenn Detmold Leistungsort für die Rückzahlung des Kaufpreises ist. Der Leistungsort bestimmt sich vorrangig durch Parteivereinbarungen oder anhand der sonstigen Umstände.

I. Eine Parteivereinbarung haben B und A nicht getroffen.

II. Detmold könnte aber wegen sonstiger Umstände Leistungsort sein. Das könnte sich aus der Natur des Rückgewährschuldverhältnisses (§§ 346 ff) ergeben: Die Rückgewährpflichten sind gem. § 348 Zug-um-Zug zu bewirken. Das Auto muss dabei der Verkäufer gem. § 269 beim Käufer abholen, der ja Schuldner hinsichtlich der Rückgewähr des Autos ist. Insoweit ergibt sich weder aus Vereinbarungen noch aus den Umständen anderes. B muss also ohnehin nach Detmold, um das Auto abzuholen. Nach der klaren Vorstellung des Gesetzgebers sollte der Verkäufer im Falle des Rücktritts bei Abholung der Kaufsache – also hier des Autos – zugleich auch seine Rückzahlungspflicht erfüllen. Dieses Vorgehen entspricht der Natur des Rückgewährschuldverhältnisses und ist im Übrigen auch ökonomisch sinnvoll.[26] Detmold ist damit Leistungsort für die Rückzahlung des Kaufpreises.

Ergebnis: B kann von A Rückzahlung des Kaufpreises in Detmold verlangen, freilich nur Zug-um-Zug gegen Rückübereignung des Autos.

III. Leistung durch Dritte

Fall 27: A schuldet B 1.000 Euro aus einem Kaufvertrag und befindet sich mit der Zahlung in Verzug. B freut sich darüber, weil er sich keine bessere „Geldanlagemöglichkeit" als einen Schuldner in Verzug vorstellen kann. D, der Bruder des A, will die Schuld des A samt Zinsen bezahlen, weil er es hasst, wenn seine Familienmitglieder Schulden haben. Die Mutter des A informiert ihn von den Plänen des D. A will sich keinesfalls von D „aushalten" lassen. Er ruft deshalb B an und verbietet ihm, das Geld des D anzunehmen. B kommt der „Bitte" des A nach und lehnt die Annahme der Zahlung D gegenüber ab. Im Nachgang kommen ihm aber Zweifel, ob dies so clever war. Er fürchtet, dass er von A jetzt keine Verzugszinsen mehr verlangen kann. Zu Recht? **Lösung Rn 318 und 329**

Fall 28: D spielt einen Golfball über eine Baumgruppe, da er denkt, dahinter befinde sich das Grün. Er war unachtsam und hat sich am Abschlag nicht hinreichend über die Spielbahn informiert. Tatsächlich befindet sich hinter der Baumgruppe ein Parkplatz, was D auch leicht hätte erkennen können. Als D seinen Ball sucht, fällt ihm auf, dass die Heckscheibe eines VW Polo zerbrochen ist. Er eilt direkt ins Clubhaus und findet dort G, den Besitzer des Polos. D ersetzt G den Schaden in Geld. Erst später stellt sich heraus, dass nicht D, sondern S den Schaden verursacht hat: Auch S hatte kurz zuvor aus Unachtsamkeit von einer anderen Bahn aus einen Ball auf den Parkplatz gespielt. Hat D Ansprüche gegen G oder S?

---

25 Einzelheiten zum Rücktrittsrecht aus § 323 unten Rn 497 ff.
26 OLG Hamm NJW-RR 2016, 177 mwN; aA etwa *Stöber* NJW 2006, 2661.

1. Grundlagen

314 Regelmäßig wird der Schuldner selbst die geschuldete Leistung erbringen. Das ist aber nicht immer so: Gelegentlich – wie **Fall 27** illustriert – schalten sich auch Dritte ein, um die Leistung zu erbringen. Aus Sicht des Gläubigers scheint das auf den ersten Blick unproblematisch zu sein: In vielen Fällen kommt es nicht auf die persönliche Leistung an, so dass es dem Gläubiger egal sein kann, wer sie erbringt. § 267 lässt die Leistungserbringung durch Dritte daher grundsätzlich zu, wenn die Leistung **nicht höchstpersönlich** zu erbringen ist. Auch verpflichtet die Norm den Gläubiger grundsätzlich zur Annahme der Leistung. Fragen der Rückabwicklung, also insbesondere ob der Dritte einen Regressanspruch gegen den Schuldner hat, lässt § 267 offen.

2. Voraussetzungen des § 267

a) Keine Pflicht des Schuldners, in Person zu leisten

315 Die Leistungsberechtigung des Dritten setzt gem. § 267 Abs. 1 S. 1 voraus, dass der Schuldner nicht in Person zu leisten hat (keine **höchstpersönliche Leistungspflicht**). Mit dieser tatbestandlichen Beschränkung will das Gesetz den Gläubiger davor schützen, dass die Leistung durch eine andere Person bewirkt wird, **wenn** er ein **berechtigtes Interesse** daran hat, dass die Leistung gerade durch den Schuldner selbst erfolgt. Dafür kommt es entscheidend auf die Art des Schuldverhältnisses und die Vertragsauslegung unter Berücksichtigung der konkreten Einzelfallumstände an. Unterlassungsansprüche (etwa auf Unterlassung ehrverletzender Aussagen) kann nur der Unterlassungsschuldner selbst erfüllen. Wenn es auf die individuellen Fähigkeiten ankommt, liegt ebenfalls eine höchstpersönliche Leistungspflicht nahe. Wenn beispielsweise Domkapellmeisterin D die Sopranistin S für einen Kantatengottesdienst als Solistin engagiert, kommt es D gerade darauf an, dass S singt und nicht irgendeine andere Sopranistin.

316 Oft ergibt sich auch **aus dem Gesetz**, dass bestimmte Schuldverhältnisse regelmäßig höchstpersönliche Leistungspflichten begründen: So darf etwa bei einem Auftrag der Beauftragte die Ausführung grundsätzlich niemand anderem übertragen (§ 664 Abs. 1 S. 1). Auch hier liegt also grundsätzlich eine höchstpersönliche Leistungspflicht vor; anders ist es freilich, wenn die Übertragung gestattet ist (vgl § 664 Abs. 1 S. 2).

Ebenso wie beim Auftrag liegt es wegen der Verweisung des § 713 in das Auftragsrecht für die Gesellschafterpflichten bei der Gesellschaft bürgerlichen Rechts sowie bei der Hinterlegung mit Blick auf die Leistungspflicht des Hinterlegers (vgl § 691). Auch Dienstverträge begründen regelmäßig höchstpersönliche Leistungspflichten, wie sich aus § 613 ergibt. Sach- und Geldschulden sind hingegen regelmäßig unpersönlich.

b) Leistung eines Dritten

317 § 267 greift nur bei Leistungen eines Dritten ein.

318 aa) **Fremdtilgungswille, keine ausschließliche Erfüllung einer eigenen Verbindlichkeit.** Dritter ist zunächst nur, wer **zumindest auch zur Erfüllung der Leistungspflicht des Schuldners leistet**, also **Fremdtilgungswille** hat.[27] Dafür kommt es –

---

27 BGH NJW 1986, 251; 1998, 377, 379.

ähnlich wie bei der Auslegung von Willenserklärungen[28] – auf die (verobjektivierte) Perspektive des Leistungsempfängers an, also darauf, wie der Empfänger die Leistung verstehen durfte.[29] Wenn der Fremdtilgungswille fehlt, wird die Schuld nicht erfüllt; der Schuldner ist dann weiterhin zur Leistung verpflichtet. Der Dritte wiederum kann das Geleistete grundsätzlich aus § 812 Abs. 1 S. 1 Alt. 1 beim Gläubiger kondizieren.

In **Fall 27** durfte Gläubiger B das Zahlungsangebot des D so verstehen, dass D ausschließlich zur Erfüllung der Leistungspflicht des A zahlen wollte. Fremdtilgungswille liegt vor. Damit lag eine Drittleistung iSd § 267 vor.

Wer dagegen ausschließlich zur **Erfüllung eigener Verbindlichkeiten** leistet, ist **nicht Dritter** iSd § 267. So leisten beispielsweise Bürgen (vgl § 774) oder Gesamtschuldner (§ 426) ausschließlich auf ihre eigene Verbindlichkeit (und nicht etwa auf die Pflicht des Hauptschuldners bei der Bürgschaft bzw. der Pflichten der anderen Gesamtschuldner). Auch wer eine nur vermeintlich bestehende eigene Schuld tilgen möchte (Putativschuldner), ist nicht Dritter iSd § 267.[30]

319

In **Fall 28** ging D davon aus, selbst die Heckscheibe des G zerstört zu haben. Indem D dem G den Schaden ersetzt hat, wollte er erkennbar nicht die Schuld der S tilgen. Er glaubte irrtümlich, selbst zum Schadensersatz verpflichtet zu sein. Somit liegt kein Fall von § 267 vor.

bb) **Keine „Schuldnerzugehörigkeit" des Dritten (Hilfspersonen).** Kein Dritter iSd § 267 ist, wer im Namen des Schuldners (also als Vertreter) oder als seine Hilfsperson (Erfüllungsgehilfe iSd § 278) handelt. Vertreter oder Erfüllungsgehilfen gehören bei wertender Betrachtung zum Schuldner; Leistungen solcher Personen können dem Schuldner daher ohnehin zugerechnet werden.

320

cc) **Kein Einwilligungserfordernis des Schuldners.** § 267 Abs. 1 S. 2 zufolge ist für die Leistungsberechtigung des Dritten keine Einwilligung des Schuldners erforderlich. Der Schuldner kann die Drittleistung also nicht verhindern. Aus der fehlenden Einwilligung allein ergibt sich auch kein Ablehnungsrecht des Gläubigers. Der Gläubiger gerät daher in Annahmeverzug (§§ 293 ff), wenn er das Drittleistungsangebot zurückweist. Das gilt nur dann nicht, wenn ihm ein Ablehnungsrecht zusteht (§ 267 Abs. 2, dazu sogleich).

321

dd) **Ablehnungsrecht des Gläubigers bei Schuldnerwiderspruch (§ 267 Abs. 2).** § 267 Abs. 2 gibt dem Gläubiger ein **Ablehnungsrecht, wenn der Schuldner der Drittleistung widerspricht**. Verpflichtet ist der Gläubiger zur Ablehnung aber nicht (nach dem Wortlaut der Norm **kann** der Gläubiger die Leistung ablehnen, wenn der

322

---

28 Nach hM ist die Tilgungsbestimmung keine Willenserklärung, sondern eine geschäftsähnliche Handlung Soergel/*Forster*, BGB[13], § 267 Rn 9; BeckOGK/*Krafka*, BGB (1.11.2019), § 267 Rn 16 (beide mwN).
29 BGH NJW-RR 2014, 873, 874; NJW 2018, 1079 Rn 26; Staudinger/*Bittner*, BGB (2014), § 267 Rn 8; Soergel/*Forster*, BGB[13], § 267 Rn 9; **anders etwa** MünchKomm/*Krüger*, BGB[8], § 267 Rn 11.
30 Dazu auch unten Rn 325.

Schuldner widerspricht), er kann die Drittleistung vielmehr trotz des Widerspruchs auch annehmen. Nur im Zusammenspiel mit dem Gläubiger kann der Schuldner die Drittleistung also verhindern – ohne Mithilfe des Gläubigers dagegen nicht. Das Gesetz mutet dem Schuldner also zu, die „Einmischung" des Dritten in eigene Angelegenheiten hinzunehmen, wenn sie dem Gläubiger recht ist. Wenn ein Ablehnungsrecht nach § 267 Abs. 2 vorliegt, gerät der Gläubiger durch die Ablehnung der Leistung nicht in Annahmeverzug gem. §§ 293 ff.

323   ee) **Effektive Leistungsbewirkung (keine Erfüllungssurrogate).** § 267 gibt dem Dritten nur ein Recht zur effektiven Leistungsbewirkung durch Erfüllung (§ 362). Dagegen ist er **nicht zur Vornahme von Erfüllungssurrogaten** (wie der Aufrechnung oder der Hinterlegung) **berechtigt**. Das ergibt sich im Umkehrschluss aus § 268 Abs. 2: Danach steht dem Dritten zu, den Gläubiger auch durch Hinterlegung und Aufrechnung zu befriedigen, wenn ihm ein Ablösungsrecht iSd § 268 zusteht.[31] Daraus folgt im Umkehrschluss, dass ohne ein solches Ablösungsrecht keine entsprechende Berechtigung des Dritten besteht.

3. Rechtsfolgen der Drittleistung

324   Wenn der gem. § 267 leistungsberechtigte Dritte mit Tilgungswillen geleistet hat, **erlischt insoweit die Schuld**. Die weiteren Konsequenzen sind nicht in § 267 geregelt. Denkbar ist, dass der Dritte im Innenverhältnis vom Schuldner Aufwendungsersatz (beispielsweise nach dem Auftragsrecht oder den Regeln der Geschäftsführung ohne Auftrag) verlangen kann.

325   Wenn jemand auf eine nur vermeintlich bestehende Schuld geleistet hat (**Putativschuldner**) greift § 267 nicht ein (s. schon oben). Daher wird die tatsächlich bestehende **Schuld** des Schuldners durch die Zahlung des Putativschuldners **grundsätzlich nicht getilgt**. Dem Putativschuldner stehen dann auch keine Bereicherungsansprüche gegen den Schuldner zu, sondern nur gegen den Gläubiger.[32] In manchen Fällen ist damit den Interessen des Putativschuldners nicht optimal gedient, etwa wenn der Gläubiger zahlungsunfähig ist, nicht aber der Schuldner. Der BGH kommt diesen Interessen des Putativschuldners entgegen: Er hält es für möglich, dass der Putativschuldner in den Grenzen von Treu und Glauben eine **nachträgliche Tilgungsbestimmung** trifft und damit die Tilgungswirkung des § 267 nachträglich herbeiführt.[33] So wird dem Putativschuldner der Regress beim Schuldner aus ungerechtfertigter Bereicherung ermöglicht.[34] Das ist in der Lehre allerdings auf teils heftige Kritik gestoßen:[35] Es sei unbillig, dass der Putativschuldner sich aussuchen kann, ob er lieber den Schuldner in Anspruch nimmt (durch nachträgliche Tilgungsbestimmung) oder aber den Gläubiger (keine nachträgliche Tilgungsbestimmung).

---

31 Dazu unten Rn 328.
32 MünchKomm/*Krüger*, BGB[8], § 267 Rn 23.
33 Vgl BGH NJW 1983, 814; 1986, 2700; zust. Palandt/*Grüneberg*, BGB[78], § 267 Rn 3; Erman/*Artz*, BGB[15], § 267 Rn 11; Soergel/*Forster*, BGB[13], § 267 Rn 9.
34 BGH NJW 1964, 1898, 1899; 1986, 2700.
35 Staudinger/*Bittner*, BGB (2014) § 267 Rn 45; MünchKomm/*Krüger*, BGB[8], § 267 Rn 12; Medicus/*Petersen*, Bürgerliches Recht[27] Rn 951.

Im **Fall 28** hat D an G geleistet, da er irrtümlich davon ausging, zum Schadensersatz verpflichtet zu sein. Eine Tilgungsbestimmung, auf die Schuld der tatsächlich schadensersatzpflichtigen S zu leisten, lag nicht vor. Die rechtsgrundlose Leistung kann D gem. § 812 Abs. 1 S. 1 1. Alt. von G kondizieren. Nach der Rechtsprechung kann D jedoch auch durch eine nachträgliche Tilgungsbestimmung die Rechtsfolgen des § 267 auslösen. Damit kommt seiner Leistung an G Erfüllungswirkung zu. Er kann dann S aus Bereicherungsrecht in Anspruch nehmen (§ 812 Abs. 1 S. 1 2. Alt.; sog. Rückgriffskondiktion).

4. Ablösungsrecht des Dritten (§ 268)

Wenn einem Dritten durch die **Zwangsvollstreckung** gegen den Schuldner besondere Gefahren drohen, kann er besonders daran interessiert sein, den Gläubiger zu befriedigen – eben um diese Gefahren für seine Interessen abzuwenden. Dieses Interesse ist in § 268 dadurch berücksichtigt, dass sein **Leistungsrecht gegenüber der allgemeinen Regel des § 267 gestärkt** wird. Das in § 268 vorgesehene Ablösungsrecht des Dritten besteht **ohne Widerspruchsmöglichkeit des Schuldners (§ 267 Abs. 2)** und verschafft dem Dritten auch die Inhaberschaft an der Forderung (**gesetzlicher Forderungsübergang**).

326

§ 268 setzt voraus, dass die Zwangsvollstreckung in einem dem Schuldner gehörenden Gegenstand betrieben wird. Für dingliche Sicherungsrechte sieht das Gesetz ähnliche Ablösungsrechte vor (für die Hypothek: §§ 1142 f, 1150; für das Pfandrecht §§ 1249, 1273). Deshalb ist § 268 nach hM darauf beschränkt, dass die Zwangsvollstreckung wegen einer Geldforderung betrieben wird (also gem. §§ 803 ff ZPO).[36] Die Zwangsvollstreckung wird betrieben, wenn ein Vollstreckungsantrag des Gläubigers gestellt wurde; das Ablösungsrecht endet mit Abschluss der Vollstreckung. Dem Dritten muss durch die Vollstreckung der Verlust eines dinglichen Rechts (beispielsweise eines Pfandrechts oder einer Hypothek) an dem Gegenstand oder des Besitzes an dem Gegenstand (§ 268 Abs. 1 S. 2) drohen. Hauptanwendungsfall des § 268 Abs. 1 S. 2 ist der Besitz des Mieters: Stellen Sie sich vor, dass die an Sie vermietete Wohnung zwangsversteigert wird. In diesem Fall hat der Erwerber ein Kündigungsrecht gem. § 57a ZVG – er könnte Sie also „vor die Tür setzen". Um das zu verhindern, gewährt das Gesetz dem Mieter ein Ablösungsrecht: Sie könnten also die Schulden Ihres Vermieters bezahlen, um den Besitzverlust zu verhindern.

327

Unmittelbare Rechtsfolge des § 268 ist gem. § 268 Abs. 1 S. 1 das **Ablösungsrecht** des Dritten, das ihm ein Befriedigungsrecht gibt, bei dem der Widerspruch des Schuldners keine Konsequenzen hat. § 267 Abs. 2 ist dadurch ausgeschaltet. Die **Rechtsposition des Dritten** ist ferner dadurch **gestärkt**, dass er anders als bei § 267 die Befriedigung auch durch Hinterlegung und Aufrechnung vornehmen kann (§ 268 Abs. 2). Und schließlich kommt es gem. § 268 Abs. 3 zu einem gesetzlichen Forderungsübergang iSd § 412, soweit der Dritte den Gläubiger befriedigt. Der Forderungsübergang kann nicht zum Nachteil des Gläubigers geltend gemacht werden. Der Gläubiger soll durch die Drittleistung also nicht schlechter stehen. Das hat vor allem Bedeutung bei anteiliger Befriedigung durch den Dritten. So führt der Forderungsübergang bei teilweiser Zahlung auf Hypotheken oder Grundschulden zu einem Nachrangverhältnis des Dritten zugunsten des Gläubigers.[37]

328

---

36 MünchKomm/*Krüger*, BGB[8], § 268 Rn 4.
37 Vgl BGH BeckRS 1990, 01869 (für die Grundschuld); RGZ 131, 323, 325 f (für die Hypothek); OLG Celle NJW 1968, 1139, 1140 (für das Pfandrecht an beweglichen Sachen).

5. Lösung Fall 27

329 B könnte gegen A einen Anspruch auf die Zahlung weiterer Verzugszinsen aus §§ 288 Abs. 1, 286 haben.

I. A war im Schuldnerverzug.

II. Der Schuldnerverzug könnte durch den Annahmeverzugs des B beendet worden sein, weil der Annahmeverzug des Gläubigers den Schuldnerverzug über dieselbe Schuld ausschließt.[38]

1. D hat B die Zahlung tatsächlich iSd § 294 angeboten. Gem. § 267 Abs. 1 kann die Leistung auch durch Dritte erfolgen. Nach § 267 Abs. 1 S. 2 ist dafür keine Einwilligung des Schuldners erforderlich. Eine höchstpersönliche Leistungspflicht besteht nicht. B hat das Zahlungsangebot auch zurückgewiesen.

2. Der Annahmeverzug könnte aber gem. § 267 Abs. 2 ausgeschlossen sein. Gem. § 267 Abs. 1 S. 2 ist zwar eine Einwilligung oder Erlaubnis des Schuldners für die Drittzahlung nicht erforderlich. Wenn der Schuldner aber widerspricht, hat der Gläubiger ein Ablehnungsrecht. A hat der Zahlung des D widersprochen, so dass B gem. § 267 Abs. 2 zur Ablehnung berechtigt war. B war daher nicht im Gläubigerverzug.

3. Der Schuldnerverzug des A ist also nicht durch den Gläubigerverzug ausgeschlossen.

Ergebnis: B hat gegen A weiterhin Anspruch auf Zahlung der Verzugszinsen aus §§ 288, 286 Abs. 1.

IV. Teilleistungen (§ 266)

> **Fall 29:** A schuldet B die Lieferung von fünf Kaninchen. Diese sollen allesamt aus einem Wurf stammen, welcher in Kürze erfolgen soll.
>
> a) A und B haben bei Abschluss des Vertrags vereinbart, dass A einzelne Kaninchen zurückhalten darf, wenn dessen Tochter bestimmte Kaninchen besonders süß findet. Die Tochter des A findet nach erfolgtem Wurf zwei Kaninchen besonders süß.
>
> b) Aus dem Wurf haben nur drei Kaninchen überlebt.
>
> A bietet nunmehr dem B drei Kaninchen an. B weigert sich, die drei Kaninchen anzunehmen und besteht auf Lieferung von fünf Kaninchen. Es ergebe sich nämlich aus dem BGB, dass er Teilleistungen nicht anzunehmen brauche. Dadurch entstehen dem A in der Folgezeit Fütterungskosten in Höhe von 30 Euro.
>
> A möchte nun von einem befreundeten Jurastudenten wissen, ob er diese Kosten von B ersetzt verlangen kann? **Lösung Rn 340**

1. Grundlagen

330 Bei teilbaren Leistungen (also etwa der Lieferung von fünf Kaninchen wie in **Fall 29**) kann der Schuldner daran interessiert sein, die Leistung „in Häppchen" zu erbringen. Dem Gläubiger wird das dagegen im Regelfall eher lästig sein. Sein Interesse geht vielmehr dahin, die ganze Leistung gleich „am Stück" zu erhalten und sich nicht auf

---

38 Dazu näher unten Rn 817.

häppchenweise Lieferung einlassen zu müssen. Diesen **Interessenkonflikt** entscheidet § 266 grundsätzlich zugunsten des Gläubigers: Der Schuldner ist, so sagt die Norm, zu Teilleistungen nicht berechtigt. Das Gesetz schützt das **Gläubigerinteresse**, nicht unzumutbar belästigt zu werden und durch Teilleistungen erhöhten Zeitaufwand zu haben.[39]

§ 266 schweigt darüber, ob der Gläubiger Teilleistungen verlangen und einklagen kann. Daran kann er interessiert sein, etwa, um Gerichtsgebühren zu sparen. Nach allgemeiner Meinung steht dem Gläubiger dieses Recht zu, freilich nur in den Grenzen von Treu und Glauben, also ohne etwa den Schuldner dadurch zu schikanieren.[40] 331

2. Teilbarkeit der Leistung

§ 266 setzt voraus, dass die Leistung teilbar ist. Das ist der Fall, wenn die Leistung **ohne Wertminderung oder Gefahren für den jeweiligen Leistungszweck** geteilt werden kann. Maßgeblich sind das jeweilige Rechtsgeschäft und die Verkehrsanschauung. Teilbar sind zB Geldschulden sowie die Verpflichtung zur Lieferung mehrerer Sachen (vgl **Fall 29**) oder größerer Warenlieferungen (etwa 20 Tonnen Mehl). Nicht teilbar ist etwa die Verschaffung des Eigentums oder eines Rechts.[41] Technische Teilbarkeit ist nicht entscheidend: Auch die Lieferung eines Autos mag teilbar sein, aber wer ein Auto kauft, erwartet zu Recht keinen Bausatz mit Millionen Einzelteilen. Die Leistungspflicht kann auch hinsichtlich mehrerer Komponenten teilbar sein. Insbesondere lässt sich die Pflicht des Verkäufers zur mangelfreien Leistung aus § 433 Abs. 1 S. 2 von der Pflicht zur Übergabe und Übereignung (aus § 433 Abs. 1 S. 1) trennen. Wird die **verkaufte Sache mangelhaft** übergeben und übereignet, hat der Verkäufer seine Leistungspflicht aus § 433 Abs. 1 (S. 1 und 2) nur **teilweise erfüllt**: Die Pflicht aus § 433 Abs. 1 S. 1 ist erfüllt, nicht aber die Pflicht aus § 433 Abs. 1 S. 2. In diesen Fällen spricht man – weil es bei Mängeln nicht um die Quantität, sondern um die Qualität einer Sache geht – auch von „**qualitativer Teilleistung**".[42] 332

3. Begriff der Teilleistung

Eine Teilleistung ist **jede Leistung, die hinter der vollständigen Leistungspflicht des Schuldners zurückbleibt**. So liegt es, wenn statt zehn Tonnen Mehl nur fünf geliefert werden, wenn die Sängerin statt der versprochenen zehn Lieder nur sechs zum Besten gibt oder wenn der Monteur statt der vereinbarten fünf Heizkörper nur vier montiert. 333

4. Konsequenzen der Teilleistung entgegen § 266

§ 266 ist unter anderem für den Schuldner- und den Gläubigerverzug relevant: Wenn der Schuldner entgegen § 266 nur eine Teilleistung anbietet, kann der Gläubiger die 334

---
39 RGZ 79, 359, 361.
40 Staudinger/*Bittner*, BGB (2014), § 266 Rn 36 ff.
41 BGHZ 73, 243, 247; Palandt/*Grüneberg*, BGB[78], § 266 Rn 3; RGRK/*Weber*, § 420 Rn 11.
42 BeckOK/*Lorenz*, BGB[51], § 266 Rn 4; MünchKomm/*Krüger*, BGB[8], § 266 Rn 4.

Teilleistung **zurückweisen, ohne** in **Annahmeverzug** gem. §§ 293 ff zu geraten. Umgekehrt kann der Schuldner, wenn die entgegen § 266 angebotene Teilleistung zurückgewiesen wird, in **Schuldnerverzug** kommen (§ 286). Die weiteren Rechte des Gläubigers entsprechen der Situation, in der überhaupt kein Leistungsangebot erfolgt. Der Gläubiger kann also grundsätzlich die Gegenleistung gem. § 320 verweigern, für die Leistung eine Frist setzen und nach deren Ablauf vom gesamten Vertrag zurücktreten (§ 323) oder auch Schadensersatz statt der ganzen Leistung verlangen (§ 281). Auch kann § 286 erfüllt sein, so dass der Schuldner gegebenenfalls Schadensersatz aus § 280 Abs. 1, Abs. 2 leisten muss.

335 Der Gläubiger kann die Teilleistung allerdings auch annehmen, denn § 266 begründet nur ein Recht, nicht aber eine Pflicht zur Annahmeverweigerung. Nimmt er die Teilleistung an, kann er vom ganzen Vertrag nur dann **zurücktreten** (bzw **Schadensersatz** statt der ganzen Leistung verlangen), wenn er an der Teilleistung kein Interesse hat (§§ 323 Abs. 5 S. 1, 281 Abs. 1 S. 2).[43] Diese Grenzen gelten freilich nicht für den ausgebliebenen Leistungsteil; insoweit kann der Gläubiger schlicht eine Frist setzen und nach deren Ablauf aus § 323 Abs. 1 bzw §§ 280 Abs. 1, Abs. 3, 281 Abs. 1 1. Alt. vorgehen.

5. Ausnahmen von der fehlenden Teilleistungsberechtigung

336 Der Schuldner kann – entgegen der Regel des § 266 – auch zu Teilleistungen berechtigt sein. § 266 ist dispositives Recht; **Parteivereinbarungen** sind vorrangig. Eine Teilleistungsberechtigung besteht also ohne Weiteres, wenn sie von den Parteien ausdrücklich oder konkludent vereinbart ist.[44] Eine Teilleistungsvereinbarung besteht etwa, wenn **Ratenzahlung** vereinbart ist. Dann ist die Schuld ja nicht etwa am Stück, sondern eben in einzelnen Raten zu zahlen. Jede einzelne der vereinbarten Raten ist dann zum jeweiligen Leistungstermin die **ganze zu diesem Termin geschuldete Leistung**. Der Gläubiger kann sie nicht zurückweisen, ohne insoweit in Annahmeverzug zu kommen. Ebenso liegt es beim **Sukzessivlieferungsvertrag**. Auch bei ihm gilt § 266 nicht für die gesamte Leistung, sondern nur jeweils für die einzelnen Teillieferungen. Auch bei wiederkehrenden Zahlungsverpflichtungen – wie etwa der Zahlung des Mietzinses – liegt in der Zahlung der jeweils fälligen Miete eine vollständige Leistung.

337 Besondere Regeln bestehen für das Rücktrittsrecht und die Schadensersatzansprüche des Gläubigers bei **Teilunmöglichkeit**, also für den Fall, dass die geschuldete Leistung nur zum Teil unmöglich ist (vgl **Fall 29 Variante 2**). Gem. § 323 Abs. 5 S. 1 und §§ 283 S. 2, 281 Abs. 1 S. 2 setzen die Gläubigerrechte voraus, dass der Gläubiger an der Teilleistung kein Interesse hat. Dagegen bestehen sie bei qualitativer Teilunmöglichkeit (also vor allem bei mangelhafter Lieferung) nur dann nicht, wenn die Pflichtverletzung unerheblich ist (§§ 283 S. 2, 281 Abs. 1 S. 3, 323 Abs. 5 S. 2).[45]

---

43 Näher zu § 323 Abs. 5 unten Rn 527 ff und zu § 281 Abs. 1 S. 2 und 3 unten Rn 623 ff.
44 BeckOK/*Lorenz*, BGB[51], § 266 Rn 11.
45 Dazu unten Rn 625 und Rn 531.

Eine Teilleistungsberechtigung des Schuldners kann sich auch **aus besonderen Bestimmungen** ergeben. Dazu gehören § 39 Abs. 2 Wechselgesetz und § 43 Abs. 2 Scheckgesetz. Auch § 497 Abs. 3 S. 2 gewährt eine Teilleistungsberechtigung. § 266 gilt, wie sich aus § 389 ergibt („soweit"), nicht für die Aufrechnung: Der Schuldner kann also auch mit einer geringfügigeren Forderung teilweise aufrechnen.

338

Die Zurückweisung einer Teilleistung nach § 266 kann gegen den **Grundsatz von Treu und Glauben** (§ 242) verstoßen. So liegt es beispielsweise, wenn eine ganz geringfügige Mankolieferung vorliegt, deren Zurückweisung auch unter Berücksichtigung des Gläubigerinteresses am Erhalt der gesamten Leistung treuwidrig wäre. Ein Beispiel bietet die Lieferung des Weinlieferanten, der die hundertste der 100 geschuldeten Kisten Wein vergessen und nur 99 Kisten angeliefert hat. Eine Annahmepflicht kann den Gläubiger auch dann treffen, wenn der Schuldner annehmen darf, er schulde gar nicht mehr als das Geleistete oder auch dann, wenn er gar nicht vollständig leisten kann.[46]

339

6. Lösung Fall 29

A könnte gegen B einen Anspruch auf Ersatz der Fütterungskosten aus § 304 haben.

340

I. B muss sich dazu im Annahmeverzug (§§ 293, 294) befinden, der durch ein tatsächliches Angebot gemäß § 294 ausgelöst werden kann.

1. A hat B drei Kaninchen angeboten, obwohl im Kaufvertrag die Lieferung von fünf Kaninchen aus dem zuvor bestimmten Wurf vereinbart worden waren. Gemäß § 266 ist der Schuldner nicht zu einer Teilleistung berechtigt. Teilleistungen kann der Gläubiger zurückweisen, ohne in Annahmeverzug zu geraten, weil die Leistung dann gerade nicht in der geschuldeten Form angeboten wird.

2. Ausnahmsweise kann jedoch ein Recht zur Teilleistung bestehen:

Zu Fallvariante a): Hier kann sich eine Teilleistungsberechtigung aus einer Parteivereinbarung ergeben: A und B haben vereinbart, dass A eine geringere Anzahl an Kaninchen liefern darf, wenn bestimmte Kaninchen von der Tochter des A als besonders süß empfunden werden und sie die Kaninchen behalten möchte. Die Tochter fand zwei Kaninchen süß, so dass A dazu berechtigt war, nur drei Kaninchen zu liefern.

Zu Fallvariante b): Eine Teilleistung kann ferner nicht zurückgewiesen werden, wenn nur noch die Lieferung eines Teils der Leistung möglich ist. Das setzt Unmöglichkeit des anderen Teils gem. § 275 Abs. 1 voraus. Die Leistungspflicht beschränkt sich dann auf den nunmehr möglichen Teil. Der Gläubiger ist dadurch nicht schutzlos: Wenn er kein Interesse an der Teilleistung hat, kann er gem. § 323 Abs. 5 S. 1 vom gesamten Vertrag zurücktreten. Die Lieferpflicht des A war auf die fünf Kaninchen des vorher bestimmten Wurfs beschränkt. Nur drei Kaninchen kamen lebend zur Welt. Die Lieferung der weiteren zwei Kaninchen ist daher objektiv unmöglich (§ 275 Abs. 1). Daher bestand kein Zurückweisungsrecht des B. B hat auch weder ausdrücklich noch konkludent den Rücktritt erklärt; er bestand vielmehr auf Lieferung. A war also zur Lieferung der drei Kaninchen berechtigt.

3. B hatte daher in beiden Fallvarianten kein Zurückweisungsrecht und ist in Gläubigerverzug geraten.

---

46 Jauernig/*Stadler*, BGB[17], § 266 Rn 10.

> **II.** Bei den Fütterungskosten handelt es sich auch um freiwillige Vermögensopfer, also Aufwendungen. Die Aufwendungen sind zudem infolge des erfolglosen Angebots angefallen und sie dienten auch dazu, die geschuldeten Kaninchen zu pflegen, sie also zu erhalten.
>
> **Ergebnis:** A hat gegen B in beiden Fallvarianten einen Anspruch auf Ersatz der Fütterungskosten aus § 304.

§ 7 Die Verbindung von Leistungspflichten durch Zurückbehaltungsrechte

I. Das allgemeine Zurückbehaltungsrecht (§§ 273, 274)

341 > **Fall 30:** A spielt mit seinen Freunden auf der Straße Fußball. Als B in seinem Auto vorbeifährt, übersieht ihn A und schießt den Ball gegen das Auto, wobei die hintere Heckscheibe zerbricht. B steigt aus seinem Auto aus und konfisziert den Ball. Auf Nachfrage des A weigert B sich, den Ball herauszugeben. Kann A von B Herausgabe des Balls verlangen? Lösung Rn 362
>
> **Fall 31:** V hat einen Anspruch auf Kaufpreiszahlung gegen K; der Anspruch verjährte am 1.2.2019. Am 1.1.2019 erlangte K seinerseits einen Anspruch auf Kaufpreiszahlung gegen V. Als K am 1.3.2019 den Kaufpreis von V fordert, hält dieser K die Einrede des § 273 Abs. 1 entgegen. Zu Recht?

1. Grundgedanke

342 Das allgemeine Zurückbehaltungsrecht ist Ausdruck des aus **§ 242** fließenden **Verbots unzulässiger Rechtsausübung**[1] und beruht auf einem grundlegenden Gerechtigkeitsgedanken: Wenn zwei Personen wechselseitige und zusammenhängende Ansprüche gegeneinander haben, soll jeder zur Leistungsverweigerung berechtigt sein, so lange nicht auch der andere Teil leistet. Dieser Grundgedanke kommt vor allem in der zentralen Rechtsfolge des § 274 Abs. 1 zum Ausdruck: Wenn der Schuldner ein Zurückbehaltungsrecht aus § 273 geltend macht, wird er lediglich zur Leistung „Zug um Zug" verurteilt. Dadurch kann der Schuldner mittelbar auch Erfüllungsdruck auf den Gläubiger ausüben.[2] Denn dieser erhält die ihm gebührende Leistung eben erst, wenn er selber leistet. Das Zurückbehaltungsrecht dient auch der **Effizienz**: Zusammengehöriges wird rechtlich zusammengeführt und im Prozess auch gemeinsam verhandelt. Das spart zusätzliche Kosten, minimiert den Zeitaufwand für die Klärung zusammengehöriger Ansprüche und wirkt natürlich auch außerhalb von Prozessen darauf hin, dass wechselseitige Ansprüche gemeinsam erledigt werden.

---

1 BGH NJW 2014, 55 (Rn 36).
2 OLG Frankfurt NJW 1985, 3083.

§ 273 begründet ein allgemeines Zurückbehaltungsrecht, das grundsätzlich allen Ansprüchen gegenüber geltend gemacht werden kann – auch dinglichen[3], erbrechtlichen[4] und vermögensbezogenen familienrechtlichen Ansprüchen[5]. Teilweise sieht das Gesetz **besondere** Zurückbehaltungsrechte vor, die § 273 verdrängen. Beispiele sind § 358, § 1000 sowie §§ 369 ff HGB. Vor allem aber begründet **§ 320** eine Sonderregel für Ansprüche im **Gegenseitigkeits**verhältnis und geht § 273 **als lex specialis** vor.[6]

343

2. Das Zurückbehaltungsrecht als Einrede

Das allgemeine Zurückbehaltungsrecht des § 273 begründet eine **Einrede**, so wie beispielsweise auch § 214 für die Verjährung oder § 275 Abs. 2 und Abs. 3 für die Unzumutbarkeit der Leistungserbringung. Der Einredecharakter des § 273 ergibt sich schon aus der Rechtsfolgenanordnung des § 273 Abs. 1: Der Schuldner „*kann* die geschuldete Leistung *verweigern*, bis die ihm gebührende Leistung bewirkt wird." Anders als Einwendungen werden Einreden vor Gericht nicht etwa schon dann berücksichtigt, wenn ihre Tatbestandsvoraussetzungen vorliegen. Das bedeutet: Selbst, wenn die Tatbestandsvoraussetzungen des § 273 erfüllt sind, wird der Schuldner ohne Einschränkung zur Leistung verurteilt, wenn er das allgemeine Leistungsverweigerungsrecht nicht geltend macht. Sein eigener Anspruch – auf den er das Zurückbehaltungsrecht hätte stützen können – wird ihm dadurch freilich nicht genommen; er kann ihn gegebenenfalls in einem eigenen Prozess durchsetzen. Die **Wirkungen des Zurückbehaltungsrechts** treten aber nur ein, wenn die Einrede auch geltend gemacht wird; der Schuldner muss sich auf das Zurückbehaltungsrecht also berufen. Die Geltendmachung der Einrede kann im Prozess erfolgen, sie muss es aber nicht: Die Einrede kann auch außerhalb des Prozesses oder in seinem Vorfeld wirksam erhoben werden.

344

Auch im **Rahmen anderer Regelungen** kommt es für § 273 auf die **Erhebung der Einrede** an: So kann der Schuldner den **Schuldnerverzug** dadurch vermeiden, dass er ein Zurückbehaltungsrecht geltend macht.[7] Solange der Schuldner das Zurückbehaltungsrecht allerdings nicht geltend macht, bleibt er in Verzug bzw. gerät er in Verzug:[8] Leistet also der Schuldner trotz Fälligkeit und Mahnung nicht, so tritt Verzug selbst dann ein, wenn die Tatbestandsvoraussetzungen des § 273 zwar vorliegen, der Schuldner das Leistungsverweigerungsrecht aber nicht geltend macht. Der Schuldner muss also sein Leistungsverweigerungsrecht aus § 273 geltend machen, um zu verhindern, dass er in Schuldnerverzug gerät. Darin liegt ein wesentlicher **Unterschied zum Zurückbehaltungsrecht nach § 320**: Wegen der besonders engen Verbindung synallagmatischer Ansprüche werden die Verzugsfolgen dort – im Gegensatz zu § 273 – auch schon dann vermieden, wenn lediglich die Tatbestandsvoraussetzungen des § 320 vorliegen, also ohne, dass der Schuldner die Einrede auch geltend gemacht hat.

345

---

3 Vgl BGHZ 87, 277.
4 Jauernig/*Stadler*, BGB[17], § 273 Rn 3.
5 Vgl BGHZ 171, 30.
6 Zu § 320 im Einzelnen unten Rn 363 ff.
7 Vgl zB BGH NJW-RR 2005, 1041.
8 Vgl zB BGH NJW-RR 2005, 1041; BGH, WM 1971, 1020.

Zur **Beendigung des Schuldnerverzugs** genügt die Erhebung der Einrede aus § 273 nicht mehr: Vielmehr muss der Schuldner dann die seinerseits geschuldete Leistung erbringen oder in Annahmeverzug begründender Weise anbieten.[9]

3. Voraussetzungen des Zurückbehaltungsrechts aus § 273

a) Wechselseitige Forderungen

346 § 273 setzt wechselseitige Forderungen voraus: Der Gläubiger muss einen Anspruch gegen den Schuldner, der Schuldner aber zugleich auch einen Anspruch gegen den Gläubiger haben. Das folgt schon aus dem Wortlaut des § 273 Abs. 1. Ansprüche gegen Dritte begründen dagegen kein Zurückbehaltungsrecht. Auch das ist eine Folge der **Relativität der Schuldverhältnisse**.[10] Wenn also beispielsweise der Eigentümer eines Oldtimers von einer Reparaturwerkstatt Herausgabe des Oldtimers (§ 985) verlangt, hat die Werkstatt kein (ein Recht zum Besitz iSd § 986 begründendes) Zurückbehaltungsrecht wegen ihrer werkvertraglichen Ansprüche, wenn nicht der Eigentümer, sondern ein Dritter (beispielsweise der Ehemann des Eigentümers) den Werkvertrag abgeschlossen hat.[11]

347 Schwierigkeiten kann der Fall bereiten, dass wechselseitige Ansprüche bestehen, die ein Zurückbehaltungsrecht begründen, nun aber eine Partei ihren Anspruch an einen Dritten abtritt (§ 398). Dadurch kann sich die Position des Schuldners verschlechtern, wenn er zwar einen Anspruch gegen den alten, nicht aber gegen den neuen Gläubiger hat. Das **verhindert § 404**: Der Schuldner kann ein Zurückbehaltungsrecht auch dem neuen Gläubiger entgegenhalten.[12]

348 Im Gegensatz zur Aufrechnung[13] müssen die Ansprüche **nicht gleichartig** sein. Äpfel lassen sich zwar nicht gegen Birnen aufrechnen, denn § 387 verlangt die Gleichartigkeit der Forderungen. Aber man kann die Leistung von Birnen verweigern, wenn man – unter den weiteren Voraussetzungen des § 273 – einen Anspruch auf Äpfel hat. Bei gleichartigen Ansprüchen ist die Aufrechnung vorrangig. Im Prozess bringt die Rechtsprechung den Schuldner auf den richtigen Weg, wenn er – statt aufzurechnen – nur ein Zurückbehaltungsrecht geltend macht, obwohl er eine gleichartige Forderung hat. Regelmäßig wird ein Antrag auf Zug-um-Zug-Verurteilung (vgl § 274) in eine Aufrechnung umgedeutet.[14]

b) Konnexität der Ansprüche („aus demselben rechtlichen Verhältnis")

349 Der Anspruch des Schuldners gegen den Gläubiger muss § 273 Abs. 1 zufolge „aus demselben rechtlichen Verhältnis" stammen, „auf dem seine Verpflichtung beruht". Dieses Erfordernis – das die Aufrechnung nicht hat – bezeichnet man auch als Konnexität. Der Wortlaut dieser Voraussetzung scheint ein eher enges Verständnis nahezulegen. Dies trifft aber nicht zu. Mit Blick auf den Zweck des § 273 ist das Erfordernis vielmehr **weit auszulegen**. Das erklärt sich aus dem grundlegenden Gerech-

---

9   Jauernig/*Stadler*, BGB[17], § 273 Rn 22; BGH NJW-RR 1995, 564 (zu § 320).
10 Zur Relativität der Schuldverhältnisse allgemein oben Rn 49 ff.
11 OLG Karlsruhe NJW-RR 2012, 1442.
12 Dazu näher unten Rn 1229 ff.
13 Zur Aufrechnung Rn 1346 ff.
14 BGH NJW 2000, 278.

tigkeitsgedanken, der § 273 zugrunde liegt.[15] Zudem ist die Verbindung zweier Ansprüche bei der Geltendmachung auch effizient: Sie spart Rechtsdurchsetzungskosten, weil der Schuldner seinen eigenen Anspruch ja notfalls in einem eigenen Prozess durchsetzen müsste, wenn ihm § 273 nicht als Abwehrmöglichkeit zur Verfügung stünde. Die stRspr legt den Begriff daher zu Recht weit aus. Es ist nicht nötig, dass die Ansprüche aus demselben Rechtsverhältnis stammen. Es genügt vielmehr, dass ihnen **ein innerlich zusammenhängendes, einheitliches Lebensverhältnis** zugrunde liegt.[16] Vertragliche Ansprüche müssen dafür in einem solchen natürlichen und wirtschaftlichen Zusammenhang stehen, dass es gegen Treu und Glauben verstoßen würde, wenn der eine Anspruch ohne Rücksicht auf den anderen durchgesetzt werden könnte.[17] So genügt etwa eine ständige Geschäftsbeziehung zwischen zwei Unternehmen, wenn zwar verschiedene Vertragsverhältnisse vorliegen, diese aber wegen ihres zeitlichen oder sachlichen Zusammenhangs als natürliche Einheit erscheinen.[18] Wenn beispielsweise die Deutsche Bahn AG gegen die Siemens AG Gewährleistungsansprüche wegen Fehlern in einer ICE-Lieferung aus 2018 hat, kann sich die Siemens AG wegen ihrer Zahlungsansprüche gegen die Deutsche Bahn AG aus einer Schienenlieferung aus 2019 gegebenenfalls auf § 273 berufen. Auch ein nichtiger Vertrag, der Grundlage wechselseitiger Bereicherungsansprüche ist, begründet ein einheitliches Rechtsverhältnis iSd § 273 Abs. 1.[19]

Einen gesetzlichen Fall der Konnexität regelt **§ 273 Abs. 2**: Wer zur Herausgabe eines Gegenstandes verpflichtet ist, kann ein Zurückbehaltungsrecht auf seine fälligen Ansprüche wegen Verwendungen auf den Gegenstand geltend machen oder auch wegen eines ihm durch den Gegenstand verursachten Schadens. Das gilt nur dann nicht, wenn der Schuldner den Gegenstand durch eine vorsätzlich begangene unerlaubte Handlung erlangt hat. Wenn beispielsweise Ihr Nachbar während Ihres Urlaubs Ihre Wellensittiche hütet, hat er wegen seiner Fütterungskosten (§ 693) ein Zurückbehaltungsrecht aus § 273 Abs. 2 gegen Ihren Anspruch auf Herausgabe der Vögel (§ 695). Ein anderes Beispiel bietet der Fall, dass jemand rechtswidrig auf Ihrem Grundstück parkt. Der Eigentümer kann zwar Herausgabe des Autos verlangen. Sie haben jedoch Ihrerseits einen Anspruch auf Zahlung der Abschleppkosten, der Ihnen ein Zurückbehaltungsrecht iSd § 273 Abs. 2 vermittelt. 350

Ein praktisch wichtiger weiterer Fall der gesetzlichen Konnexität ist **§ 1000**. 351

c) Durchsetzbarkeit und Fälligkeit des Gegenanspruchs

Das Zurückbehaltungsrecht erfüllt bei *nicht gleichartigen* Ansprüchen eine **ähnliche Funktion wie die Aufrechnung**. Das Zurückbehaltungsrecht bietet bei ihnen einen einfachen und kostengünstigen Weg, die eigene Forderung durchzusetzen. Dementsprechend muss der Gegenanspruch, auf den das Zurückbehaltungsrecht gestützt wird, auch **fällig** sein. Noch nicht fällige Gegenansprüche begründen grundsätzlich kein Zurückbehaltungsrecht.[20] Wenn in dem Beispiel von oben[21] die Gewährleis- 352

---

15 Vgl oben Rn 342.
16 BGHZ 92, 194, 196; BGH NJW 1991, 2645, 2645.
17 BGH NJW 1991, 2645, 2645.
18 OLG München BeckRS 2009, 9845.
19 Vgl BGH NJW-RR 1990, 847, 848.
20 BGH NJW-RR 1986, 543.
21 Rn 349.

tungsansprüche der Deutschen Bahn AG fällig sind, nicht aber die Zahlungsansprüche der Siemens AG (weil beispielsweise vertraglich ein späterer Fälligkeitszeitpunkt vereinbart ist), kann die Siemens AG aus diesen (verhaltenen) Zahlungsansprüchen auch kein Zurückbehaltungsrecht herleiten. Eine kurze Kontrollüberlegung erhellt den Sinn dieser Voraussetzung: Die Siemens AG würde ja auch mit dem Versuch scheitern, die verhaltenen Ansprüche schon jetzt, bevor sie fällig sind, eigenständig gerichtlich durchzusetzen.

353 Es genügt allerdings, dass der Gegenanspruch **mit der Erfüllung der eigenen Leistung fällig wird**.[22] So liegt es beispielsweise bei § 1223 Abs. 1: Der Pfandgläubiger muss dem Verpfänder das Pfand erst nach dem Erlöschen des Pfandrechts zurückgeben. Der Anspruch des Verpfänders auf Rückgabe des Pfandes wird also beispielsweise fällig, wenn der Verpfänder die Forderung erfüllt, zu deren Sicherung das Pfand diente. Denn dann erlischt das Pfandrecht gem. § 1252. Wenn der Pfandgläubiger den Verpfänder nun wegen dieser Forderung in Anspruch nimmt, kann der Verpfänder gem. § 273 Abs. 1 die Leistung wegen seines Rückgabeanspruchs verweigern, obwohl der Rückgabeanspruch erst mit Befriedigung der Forderung fällig wird.[23]

354 Auch **sonstige Einreden** stehen – so wie § 390 für die Aufrechnung anordnet – der Ausübung des Zurückbehaltungsrechts entgegen. Der Anspruch muss also, wie man auch sagt, „vollwirksam", also durchsetzbar sein. Eine wichtige Ausnahme vom Grundsatz der Durchsetzbarkeit bildet **§ 215**: Wenn der Gegenanspruch noch nicht verjährt war, bevor der Anspruch des Gläubigers entstanden war, kann der Schuldner ein Zurückbehaltungsrecht auch auf den mittlerweile verjährten Anspruch stützen. Dabei ist nicht erforderlich, dass der Schuldner sich auch schon vor Verjährungseintritt auf § 273 berufen hat. § 215 bewirkt also, dass bei Ansprüchen, die sich zu irgendeinem Zeitpunkt wirksam gegenüberstanden, die Verjährung das Zurückbehaltungsrecht nicht hindert. Dies erklärt sich aus dem Zweck der Verjährung: Die Verjährung soll vor allem der Rechtssicherheit der Parteien dienen, nach einer gewissen Zeit nicht mehr in Anspruch genommen zu werden. Standen sich Ansprüche aber einmal wirksam gegenüber – bestand also zu diesem Zeitpunkt jeweils die Möglichkeit der Parteien aufzurechnen – so werden diese Ansprüche in ihrem Schicksal verknüpft und die Verjährung soll nicht einer Partei zu Hilfe kommen; diese Verknüpfung der Ansprüche überwiegt das Interesse des Schuldners an der Sicherheit, nicht mehr in Anspruch genommen zu werden. Dem Gläubiger wird hierdurch die Aufrechnungsmöglichkeit erhalten, sodass ihn eine drohende Verjährung nicht unter Druck setzt.[24]

> In **Fall 31** ist zwar der Gegenanspruch des V gem. § 195 verjährt und somit eigentlich gem. § 214 Abs. 1 nicht mehr durchsetzbar. Doch greift hier § 215, sodass V dem K den verjährten Anspruch im Rahmen des § 273 Abs. 1 entgegenhalten kann.

---

22 Vgl BGH NJW 1990, 2067, 2068.
23 BGH NJW 1979, 1203.
24 Teils kritisch zur Begründung von § 215 MünchKomm/*Grothe*, BGB[8], § 215 Rn 1; BeckOGK/*Bach*, BGB (1.10.2019), § 215 Rn 7.

d) Kein Ausschluss des Zurückbehaltungsrechts

Nicht in allen Situationen wird das Zurückbehaltungsrecht den Parteiinteressen oder den besonderen Umständen spezifischer Schuldverhältnisse und Situationen gerecht. Das Zurückbehaltungsrecht besteht daher nur, wenn es nicht **vertraglich** oder **gesetzlich** ausgeschlossen ist. 355

Den Vertragsparteien steht es grundsätzlich im Rahmen ihrer Privatautonomie frei, das Zurückbehaltungsrecht gänzlich auszuschließen oder zu modifizieren. So liegt es immer dann, wenn eine der Parteien nach den vertraglichen Vereinbarungen **vorleistungspflichtig** ist. In **AGB** sind solche Vereinbarungen allerdings nur eingeschränkt möglich: Gem. § 309 Nr 2 lit. b kann der AGB-Verwender ein Zurückbehaltungsrecht seines Vertragspartners nicht wirksam ausschließen oder einschränken, soweit das Zurückbehaltungsrecht auf demselben Vertragsverhältnis beruht. Dabei liegt eine Einschränkung des Zurückbehaltungsrechts schon darin, dass seine Ausübung von der Anerkennung von Mängeln durch den Verwender abhängig gemacht wird. § 309 Nr 2 lit. b ist allerdings enger als § 273: Die Norm erfasst nur Vereinbarungen, bei denen sich Ansprüche aus demselben Vertragsverhältnis ergeben. Sie steht Vereinbarungen nicht entgegen, die sich auf Ansprüche aus unterschiedlichen Vertragsverhältnissen (oder Lebenssachverhalten) beziehen. 356

Zurückbehaltungsrechte können **auch gesetzlich ausgeschlossen** sein. Ein Beispiel bietet § 570: Der Mieter von Wohnraum soll sich gegen den Herausgabeanspruch des Vermieters nicht auf ein Zurückbehaltungsrecht stützen dürfen. Dahinter steht der Gedanke, dass die Zurückbehaltung meist unverhältnismäßig wäre, weil die Gegenansprüche des Mieters meist geringere Beträge haben. Die Norm soll auch verhindern, dass der Mieter ein Zurückbehaltungsrecht missbräuchlich geltend macht, um den Vermieter zu Zahlungen zu nötigen, die gar keine Rechtsgrundlage haben.[25] Ein weiteres Beispiel findet sich in **§ 175**: Der Bevollmächtigte hat kein Zurückbehaltungsrecht gegen den Anspruch des Vollmachtgebers auf Rückgabe der Vollmacht nach deren Erlöschen. Das dient dem Schutz des Vollmachtgebers, der sich aus der Rechtsscheinwirkung der Vollmacht ergibt: Denn die Geschäfte des Vertreters werden ihm weiter zugerechnet, bis ihm die Vollmachtsurkunde zurückgegeben wird (vgl § 172 Abs. 2). 357

Das Zurückbehaltungsrecht ist nach § 273 Abs. 1 auch ausgeschlossen, wenn sich „**aus dem Schuldverhältnis ein anderes** ergibt". Das verweist nicht nur auf vertragliche Ausschlüsse des Zurückbehaltungsrechts. Vielmehr kann sich auch aus Eigenheiten spezifischer Schuldverhältnisse ergeben, dass ein Zurückbehaltungsrecht unangemessen wäre. Beispielsweise lässt sich ein Zurückbehaltungsrecht **oft nicht gegenüber Hilfsansprüchen** (wie etwa Auskunfts- oder Rechenschaftsansprüchen) geltend machen.[26] Gleiches gilt, wenn die Hauptansprüche der Sicherung[27] des Gläubigers dienen. Ein einfaches Beispiel bietet die Konstellation, dass ein Zurückbehaltungsrecht auf einen Anspruch zur Herausgabe verderblicher Waren gestützt wird. 358

---

25 Vgl MünchKomm/*Häublein*, BGB[7], § 570 Rn 1.
26 Vgl etwa zu § 1379 BGB OLG Stuttgart BeckRS 2010, 1324 mwN.
27 Beispiel: BGH WM 2007, 1188, 1189 (Mietkaution).

Das Zurückbehalten und Verfallen dieser Waren würde eine unverhältnismäßige Härte für den Gläubiger darstellen. Daher besteht in solchen Fällen kein Zurückbehaltungsrecht.

359 Das Zurückbehaltungsrecht kann auch ausgeschlossen sein, wenn es im Ergebnis auf eine unzulässige Aufrechnung hinauslaufen und dem **Schutzzweck eines Aufrechnungsverbots** zuwiderlaufen würde.[28] So ergibt sich aus § 393 nach dieser Wertung auch, dass ein Zurückbehaltungsrecht nicht gegen einen Anspruch eingesetzt werden kann, der sich auf die Herausgabe eines deliktisch erlangten Gegenstands bezieht.[29] Andernfalls ließe sich § 273 instrumentalisieren, um Privatrache auszuüben: Schuldet beispielsweise S dem G 1.000 Euro, zahlt aber nicht, könnte G auf den Gedanken kommen, einen wertvollen Gegenstand des S zu stehlen (etwa seinen goldenen Ring). Er könnte dann, wenn nicht schon die Konnexität fehlt, mit Hilfe von § 273 verhindern, dass S seinen Anspruch auf Herausgabe des Rings durchsetzen kann. Wenn es um gleichartige Ansprüche – und damit um die Aufrechnung – geht, verhindert § 393 ebendies. Der Gedanke dieser Norm passt aber auch auf § 273. Dogmatisch lässt sich der Ausschluss der Aufrechnung in solchen Situationen am besten über eine **Analogie zu § 393** begründen: Eine planwidrige Regelungslücke lässt sich bejahen; zumindest müsste man den Wortlaut „aus dem Schuldverhältnis etwas Anderes ergibt" arg strapazieren, um die Lösung schon bei diesen Worten zu verorten. Die Interessenlage ist vergleichbar, denn die von § 393 besorgte Situation liegt ebenso vor wie im unmittelbaren Anwendungsbereich der Norm.

360 Auch der Grundsatz von **Treu und Glauben (§ 242)** kann der Geltendmachung des Zurückbehaltungsrechts entgegenstehen.[30] Das kann beispielsweise der Fall sein, wenn der Schuldner wegen einer unverhältnismäßig geringen Forderung die gesamte Leistung zurückbehalten will. Dafür kommt es auf die Einzelfallumstände an.[31] Treuwidrig ist es aber – von besonderen Ausnahmefällen abgesehen – nicht, wenn der Käufer eine Sache wegen geringfügiger Mängel „zurückweist": § 273 gibt ihm grundsätzlich das Recht, die Sache auch bei geringfügigen Mängeln zurückzuweisen – also seiner Abnahmepflicht aus § 433 Abs. 2 den Anspruch aus § 433 Abs. 1 S. 2 auf sachmangelfreie Lieferung entgegenzuhalten.[32]

4. Abwendung des Zurückbehaltungsrechts durch Sicherheitsleistung (§ 273 Abs. 3)

361 Das Zurückbehaltungsrecht aus § 273 betrifft wechselseitige Ansprüche, also solche, die weniger eng verbunden sind als Ansprüche die im Gegenseitigkeitsverhältnis zueinanderstehen. Das berücksichtigt das Gesetz unter anderem in § 273 Abs. 3: Der Gläubiger kann die Ausübung des Zurückbehaltungsrechts durch Sicherheitsleistung abwenden. Beim Zurückbehaltungsrecht nach § 320 gilt das dagegen nicht (vgl § 320 Abs. 1 S. 3). Wie Sicherheit zu leisten ist, regeln die §§ 232 ff. So kann der Gläubiger

---

28 BGH NJW 1987, 3254, 3255.
29 BAG NJW 1968, 565.
30 BGH NJW 2014, 55, 57.
31 BGH NJW 2004, 3484, 3485.
32 BGH NJW 2017, 1100.

beispielsweise Geld oder Wertpapiere hinterlegen (vgl § 232 Abs. 1). Generell ist auch die Stellung eines tauglichen Bürgen eine denkbare Form der Sicherheitsleistung (§ 232 Abs. 2). Diese – eher unsichere – Form der Sicherheitsleistung ist für die Abwendung des Zurückbehaltungsrechts aber in § 273 Abs. 3 S. 2 ausgeschlossen.

5. Lösung Fall 30

A könnte gegen B einen Anspruch auf Herausgabe des Balls aus § 985 haben.
I. A ist Eigentümer des Balls. B ist Besitzer ohne Recht zum Besitz, sodass der Anspruch auf Herausgabe des Balls aus § 985 zunächst entstanden ist.
II. Dieser Anspruch ist auch nicht erloschen.
III. Der Durchsetzbarkeit des Anspruchs könnte ein Zurückbehaltungsrecht des B aus § 273 entgegenstehen. Dies hätte zur Folge, dass A Herausgabe des Balls nur Zug um Zug gegen Erfüllung seiner eigenen Verbindlichkeit verlangen kann. Ansprüche im Gegenseitigkeitsverhältnis liegen nicht vor. Daher ist nicht § 320, sondern § 273 anwendbar.
1. Zunächst müssen gegenseitige Forderungen bestehen. A hat gegen B einen Anspruch aus § 985 auf Herausgabe des Balls. B hat gegen A einen Anspruch aus § 823 Abs. 1 auf Schadensersatz – also Ersatz der für die Reparatur der Autoscheibe notwendigen Kosten. Somit bestehen gegenseitige Forderungen.
2. Die gegenseitigen Ansprüche müssen in Konnexität zueinanderstehen, also auf demselben rechtlichen Verhältnis beruhen. Dafür ist ein natürlicher oder wirtschaftlicher Zusammenhang zwischen den Ansprüchen ausreichend. Die Ansprüche des A und des B beruhen auf demselben Lebensvorgang und stehen auch im wirtschaftlichen Zusammenhang zueinander.
3. Beide Ansprüche sind fällig und durchsetzbar.
4. Das Zurückbehaltungsrecht ist aber gem. § 393 analog ausgeschlossen[33]. B hat den Ball deliktisch erlangt. Er ist auch aus § 823 Abs. 1 iVm § 249 Abs. 1 zur Herausgabe verpflichtet. In der Konfiszierung des Balls und der Weigerung, ihn herauszugeben, liegt eine vollständige Sachentziehung, die eine Eigentumsverletzung begründet. B verließ die Grenzen erlaubter Selbsthilfe und handelte auch vorsätzlich. Damit steht B kein Zurückbehaltungsrecht aus § 273 zu.
Ergebnis: A hat somit einen Anspruch aus § 985 auf Herausgabe des Balls.

362

II. Einrede des nicht erfüllten Vertrags (§§ 320, 322)

Fall 32: V und K schließen einen Kaufvertrag über zehn Flaschen Wein. Sie vereinbaren, dass V den Wein am darauffolgenden Tag liefern soll. Dies tut V auch, jedoch liefert er lediglich vier Flaschen und fordert K bei der Lieferung auf, ihm doch schon mal den Kaufpreis zu geben. K weigert sich. Zu Recht? **Lösung Rn 382**

363

Fall 33: Vermieterin V möchte ihrer Mieterin M gem. § 543 Abs. 1, Abs. 2 Nr 3 kündigen, weil M zwei Monate in Folge lediglich 300 Euro statt der als Monatsmiete vereinbarten 400 Euro gezahlt hat. M trägt im Kündigungsprozess vor, dass V ihrerseits mehrere Mängel der Wohnung nicht beseitigt hat (wie etwa eine defekte Heizung).

---

33 S. oben Rn. 359

1. Grundgedanke

364 Manche schuldrechtlichen Pflichten, wie beispielsweise die Kaufpreiszahlungspflicht (§ 433 Abs. 2) und die Pflicht zur Übergabe und Übereignung der Sache (§ 433 Abs. 1 S. 1) stehen in einer besonders engen Verbindung zueinander: Die eine Leistung wird gerade als Gegenleistung für die andere erbracht (*„do ut des"*[34]). Keine der Parteien soll solche Pflichten erfüllen müssen, ohne zugleich ihrerseits Erfüllung verlangen zu können. Derart eng verbundene Pflichten heißen auch **gegenseitige** oder **synallagmatische** Pflichten. Synallagma bedeutete im Griechischen eigentlich Tausch oder Handel. Mit Synallagma meint man heute den gegenseitigen Vertrag. Für synallagmatische Pflichten sehen die §§ 320 und 322 ein **besonderes Zurückbehaltungsrecht** vor, das das allgemeine Zurückbehaltungsrecht aus § 273 verdrängt.[35] Dieses Zurückbehaltungsrecht heißt schon in der amtlichen Überschrift des § 320 „Einrede des nicht erfüllten Vertrags". Es bewirkt, dass bei synallagmatischen Pflichten die Leistung lediglich **Zug um Zug** gegen Erbringung der eigenen Gegenleistung verlangt werden kann (§ 322). Die Norm dient einerseits der Sicherung der Gegenforderung und teilt mit § 273 die Durchsetzungsfunktion. Andererseits hat sie eine wichtige Druckfunktion: Indem der Schuldner die Einrede des nicht erfüllten Vertrags geltend macht, kann er Druck auf den Gläubiger ausüben, seinerseits zu erfüllen.[36]

365 Diese Funktionen zeigen sich in **Fall 33**: M ist aufgrund der Mängel nicht bereit, die volle Miete zu entrichten. Normaler Weise mindert sich der Mietzins gem. § 536 Abs. 1 S. 1, 2 bei Vorliegen eines Mangels automatisch um einen in Ansehung des Mangels angemessenen Betrag, ohne dass es dafür einer Erklärung der Mieterin bedarf. Die Ermittlung der korrekten Höhe ist oft schwierig, da weder die Mieterin, noch die Vermieterin benachteiligt werden soll. Damit M aber auch vor einer endgültigen, im Zweifel gerichtlichen Klärung der Summe nicht schutzlos dasteht, gewährt ihr der BGH neben der *ipso iure*-Minderung ein Zurückbehaltungsrecht aus § 320.[37] Ihre Rechtsposition soll auf diesem Wege gesichert werden, zusätzlich wird V dazu angehalten, auf eine Beseitigung des Mangels hinzuwirken. Jüngst haben die Richterinnen jedoch zu Recht betont, dass auch § 320 nicht dazu führen darf, dass Mieter auf Dauer mietfrei wohnen können; daher ist das Recht zur Zurückbehaltung zeitlich und höhenmäßig begrenzt.[38]

366 Die besonders enge Verbindung zeigt sich bei den drei zentralen Unterschieden, die §§ 320, 322 gegenüber § 273 aufweisen: Zunächst kann die Einrede des nicht erfüllten Vertrags **nicht** durch **Sicherheitsleistung** abgewendet werden. Das ergibt sich daraus, dass § 273 Abs. 3 gem. § 320 Abs. 1 S. 3 keine Anwendung findet. Zweitens findet sich in § 320 Abs. 2 eine besondere Ausprägung des Grundsatzes von Treu und Glauben für den Fall der **Teilleistung**. Und drittens werden der Schuldnerverzug und auch das Erfordernis einer „durchsetzbaren" Leistungspflicht bei Anwendung von § 323 und § 281 schon dann verhindert, wenn lediglich die Tatbestandsvoraussetzungen des § 320 vorliegen – also auch dann, wenn der Schuldner die Einrede des nicht

---

34 Lat. „Ich gebe, damit du gibst".
35 S. schon oben Rn 343.
36 Vgl BGH NJW 2017, 1100, 1101.
37 BGH NJW 1982, 2242; zur zeitlichen Begrenzung des Zurückbehaltungsrechts des Mieters NZM 2011, 197 und NJW 1982, 874, 875.
38 BGH NJW 2015, 3087, 3090 ff (besprochen von *Emmerich* JuS 2016, 169).

erfüllten Vertrags gar **nicht geltend macht**.[39] Tatbestandlich ist für § 320 das Gegenseitigkeitsverhältnis der jeweiligen Pflichten prägend. Dieses Erfordernis tritt funktionell an die Stelle der Konnexität, die § 273 verlangt.

Da § 320 mit dem Gegenseitigkeitsverhältnis eine stärkere Verbindung als § 273 erfordert, ist § 320 gegenüber § 273 **lex specialis**: Bei Ansprüchen im Gegenseitigkeitsverhältnis findet nur § 320 Anwendung, ein Rückgriff auf § 273 ist ausgeschlossen. Praktisch besteht freilich auch kein Bedürfnis dafür, dass beide Normen parallel zur Anwendung kämen. Nicht § 273, sondern § 320 gibt dem Mieter ein Recht, die Zahlung des Mietzinses zu verweigern, wenn der Vermieter die Mietsache nicht überlässt (Ansprüche im Gegenseitigkeitsverhältnis). § 273 ist dagegen einschlägig, wenn der Vermieter die Mietkaution nicht ordnungsgemäß anlegt. Denn die Pflicht zur ordnungsgemäßen Anlage der Mietkaution aus § 551 Abs. 3 steht zur Mietzinszahlungspflicht nicht im Gegenseitigkeitsverhältnis, sodass § 320 nicht anwendbar ist. 367

2. Anwendungsbereich

Die §§ 320-322 gelten nur für gegenseitige Verträge. Im Falle des Rücktritts gelten die Normen aber auch für die **Rückgewähransprüche**, wie sich aus § 348 ergibt. Erfasst sind auch kauf- oder werkvertragliche **Nacherfüllungsansprüche**. 368

3. Voraussetzungen

a) Gegenseitige Ansprüche im Synallagma

Wie § 273 setzt auch § 320 voraus, dass **wechselseitige Ansprüche** bestehen. Dazu tritt die für § 320 entscheidende Voraussetzung: Die Ansprüche müssen im **Gegenseitigkeitsverhältnis** (Synallagma) stehen. Dazu genügt nicht etwa, dass überhaupt ein gegenseitiger Vertrag vorliegt, der Grundlage der wechselseitigen Pflichten ist. Vielmehr muss für die **konkreten Ansprüche** das synallagmatische Verhältnis geprüft werden. Denn nicht alle Ansprüche, deren Grundlage ein gegenseitiger Vertrag ist, stehen in der von § 320 vorausgesetzten engen Beziehung zueinander. Das trifft vielmehr grundsätzlich nur für die **Hauptleistungspflichten** zu. 369

Nebenleistungspflichten und **Schutzpflichten** (§ 241 Abs. 2) stehen dagegen **nicht im synallagmatischen Austauschverhältnis**. So begründet beispielsweise der Kaufvertrag auch die Abnahmepflicht des Käufers (§ 433 Abs. 2). Diese Pflicht des Käufers steht grundsätzlich aber nicht im Gegenseitigkeitsverhältnis zur Pflicht des Verkäufers aus § 433 Abs. 1 S. 1.[40] Aus besonderen Umständen des **Einzelfalls** kann sich aber anderes ergeben, wenn beispielsweise ein Räumungsverkauf vorliegt; denn dann hat der Verkäufer ein dem Käufer erkennbares und schutzwürdiges besonderes Interesse daran, die Kaufsache auch „loszuwerden".[41] Die Kaufpreiszahlungspflicht aus § 433 Abs. 2 steht dagegen immer im Gegenseitigkeitsverhältnis zu § 433 Abs. 1 370

---

39 BGHZ 116, 244, 249.
40 RGZ 105, 111; BGH NJW 2017, 1100, 1102; MünchKomm/*Westermann*, BGB[8], § 433 Rn 65.
41 RGZ 57, 105, 112 (Massenprodukte im Großhandel); vgl auch BGH BeckRS 1975, 31118441 (hohe Lagerkosten); Schulze/*Saenger*, BGB[10], § 433 Rn 15 (Lagerräumung, leicht verderbliche Ware).

S. 1. Das Gleiche gilt für die Pflicht aus § 433 Abs. 1 S. 2: Der Käufer kann daher die Kaufpreiszahlung gem. § 320 Abs. 1 grundsätzlich so lange verweigern, bis der Verkäufer seiner Nacherfüllungspflicht nachgekommen ist.[42] Auch eine etwaige Pflicht des Verkäufers, die für den Betrieb einer Computeranlage nötigen Handbücher zu liefern, gehört zu den im Synallagma stehenden Pflichten des Verkäufers.[43]

b) Wirksamkeit und Fälligkeit des Anspruchs auf die Gegenleistung (beachte aber: § 215)

371 Wie § 273 setzt § 320 voraus, dass der **Gegenanspruch** des Schuldners auch **wirksam** und **fällig** ist. Insofern kann auf die Ausführungen zu § 273 verwiesen werden. Allerdings kann der Schuldner die Einrede des nicht erfüllten Vertrags auch auf eine **verjährte** Gegenforderung stützen.[44] Dabei ist – anders als beim Zurückbehaltungsrecht, vgl § 215 – nicht erforderlich, dass Anspruch und Gegenanspruch einmal unverjährt gegenüberstanden. Das folgt aus der engen Verbindung synallagmatischer Ansprüche, die in Entstehung und Fortbestand miteinander eng und dauerhaft verbunden sind. Nicht die Verjährung, sondern erst der geschuldete Leistungserfolg trennt diese Verbindung.

c) Vertragstreues Verhalten des Schuldners

372 § 320 setzt zusätzlich voraus, dass sich der Schuldner selbst **vertragstreu** verhält: Nur wer selbst erfüllungsbereit ist und am Vertrag festhalten möchte, kann die Einrede aus § 320 geltend machen.[45] § 320 dient gerade der Erzwingung der Gegenleistung, die im Synallagma aber auch **Erfüllungsbereitschaft** des Leistenden voraussetzt. Wenn also der Schuldner seine eigene Leistung gänzlich und endgültig verweigert – vielleicht, weil er meint, nicht zur Leistung verpflichtet zu sein –, muss er weitergehende Rechtsbehelfe geltend machen (etwa Schadensersatz gem. §§ 280 Abs. 1, 3, 281 verlangen oder gem. § 323 zurücktreten). Daher besteht kein Zurückbehaltungsrecht, wenn der Schuldner ablehnt, seine eigene Leistung zu erbringen oder auch die Gegenleistung anzunehmen.[46] Denn dann wird ja der Zweck des § 320 gerade nicht erreicht, nämlich die Erfüllung der gegenseitigen Pflichten. Es ist allerdings erforderlich, dass die **Weigerung** des Schuldners **unmissverständlich, ernstlich** und **endgültig** ist.[47] Nicht vertragstreu handelt der Schuldner auch dann, wenn er sich im **Schuldnerverzug** befindet.[48] Dabei ist § 320 nicht nur dann ausgeschlossen, wenn Schuldnerverzug bereits vorliegt, sondern auch dann, wenn die ernsthafte und endgültige Erfüllungsverweigerung den Verzug erst begründet (weil die Mahnung gem. § 286 Abs. 2 Nr 3 dann entbehrlich ist).

---

42 A. Arnold ZGS 2002, 438, 441 f; MünchKomm/*Emmerich*, BGB[8], § 320 Rn 4 f; zum Zurückbehaltungsrecht bei mangelhafter Werkleistung siehe BeckOGK/*Rüfner*, BGB (1.10.2019), § 320 Rn 44.
43 Vgl BGH NJW 1993, 461.
44 Vgl BGH NJW 2006, 2773.
45 BGH NJW 2002, 3541 f; NJW-RR 2013, 1458, 1459; MünchKomm/*Emmerich*, BGB[8], § 320 Rn 36.
46 RGZ 58, 174, 175 ff; BGH NJW 1982, 874, 875; MünchKomm/*Emmerich*, BGB[8], § 320 Rn 37.
47 BGH NJW 1968, 1873.
48 BGH NJW-RR 1995, 564, 565.

d) Kein Ausschluss des Zurückbehaltungsrechts

Das Zurückbehaltungsrecht darf **nicht ausgeschlossen** sein. Der wichtigste Fall ist die **Vorleistungspflicht** des Schuldners, die § 320 Abs. 1 S. 1 aE ausdrücklich anspricht. Die Parteien können individualvertraglich auch bei synallagmatischen Pflichten vorsehen, dass eine der Parteien vorleistungspflichtig ist. Vorleistungspflicht bedeutet, dass eine Pflicht früher als die andere fällig ist. Ein Beispiel bietet der Ratenkauf, bei dem der Verkäufer vorleistungspflichtig ist. Strenge Grenzen gelten allerdings für Vereinbarungen in **AGB**: § 309 Nr 2 lit. a schließt Vereinbarungen aus, durch die dem Vertragspartner des Verwenders die Einrede des nicht erfüllten Vertrags genommen wird oder durch die § 320 eingeschränkt wird. Die Vorleistungspflicht kann sich auch aus gesetzlichen Bestimmungen ergeben. Beispiele sind die §§ 579, 614 und 641 Abs. 1. Wenn eine Seite vorleistungspflichtig ist, greift § 321 ein.[49]

373

4. Schranken (§ 320 Abs. 2, § 320 Abs. 1 S. 3)

a) § 320 Abs. 2

§ 320 Abs. 2 ist ein besonderer Ausdruck des Grundsatzes von **Treu und Glauben**. Wenn die andere Seite eine **Teilleistung** erbringt, kann der Schuldner die Gegenleistung nicht verweigern, wenn dies treuwidrig wäre. Eine Teilleistung – also etwa die Zahlung von 495.000 Euro statt der geschuldeten 500.000 Euro für das verkaufte Grundstück – muss der Gläubiger freilich nach § 266 nicht annehmen, soweit nicht ausnahmsweise § 242 eingreift. Der Gläubiger kann sich aber auch für die Annahme entscheiden. Wenn er das tut, kann sich aus den Umständen ergeben, dass die Verweigerung der eigenen Leistung nach § 320 Abs. 1 treuwidrig wäre. Das ist eine Frage des konkreten Falls unter Berücksichtigung aller Umstände des Einzelfalls wie etwa des **Umfangs der Teilleistung** und der **Bedeutung der eigenen Leistung**. Die Auflassung des Grundstücks kann etwa gegebenenfalls nicht verweigert werden, wenn nur ein relativ geringfügiger Betrag (im Verhältnis zum Wert der eigenen Leistung) gezahlt wird. § 320 Abs. 2 dient so dazu, einen beiderseits gerechten Interessenausgleich im Einzelfall zu ermöglichen. So darf auch etwa der Mieter den Mietzins nicht wegen fehlender Mangelbeseitigung monatelang zurückhalten, wenn das dazu führen würde, dass er über einen längeren Zeitraum praktisch mietfrei wohnt.[50]

374

Im Kaufrecht steht dem Käufer grundsätzlich die Einrede des nicht erfüllten Vertrags aus § 320 Abs. 1 S. 1 gegen den Kaufpreiszahlungsanspruch (§ 433 Abs. 2) zu, wenn der Verkäufer seine Pflicht zur mangelfreien Verschaffung der Kaufsache (§ 433 Abs. 1 S. 2) nicht erfüllt hat. Der Käufer kann also bei behebbaren Mängeln den Kaufpreis gem. § 320 Abs. 1 S. 1 so lange zurückbehalten, bis der Verkäufer den Mangel beseitigt.[51] Im Einzelfall kann sich aus Treu und Glauben etwas anderes ergeben: Der Käufer darf die Kaufpreiszahlung nicht gem. § 320 Abs. 1 S. 1 verweigern, wenn dies nach den Gesamtumständen, insbesondere wegen verhältnismäßi-

375

---

49 Zu § 321 näher Rn 380.
50 BGH NJW 2015, 3087.
51 BGH NJW 2017, 1100.

ger Geringfügigkeit der Pflichtverletzung des Verkäufers, treuwidrig ist. Der BGH stützt dies auf § 242 bzw den „Gedanken des § 320 Abs. 2".[52] Überzeugender ist, § 320 Abs. 2 direkt anzuwenden: Auch die Leistung einer **mangelbehafteten Sache** ist ein Fall der **(qualitativen) Teilleistung**.[53] Für die Anwendung des § 320 Abs. 2 genügt aber nicht, dass der Mangel mit verhältnismäßig wenig Aufwand beseitigt werden kann (wie etwa Kratzer im Lack eines Fahrzeugs), während der Kaufpreis sehr hoch ist.[54] Denn § 320 verfolgt nicht nur den Zweck, den Anspruch auf die Gegenleistung zu sichern. Vielmehr soll die Norm auch als **Druckmittel** dazu dienen, den Gläubiger zur vertragsgemäßen Leistung anzuhalten.[55]

b) Keine Abwendung durch Sicherheitsleistung

376 § 320 Abs. 1 S. 3 bestimmt ausdrücklich, dass § 273 Abs. 3 nicht zur Anwendung kommt. Die Einrede des nicht erfüllten Vertrags kann deshalb im Gegensatz zum Zurückbehaltungsrecht nach § 273 nicht durch Sicherheitsleistung abgewendet werden. Auch darin kommt die enge Verbindung der synallagmatischen Pflichten zum Ausdruck.

5. Rechtsfolgen

377 § 320 ist wie § 273 als **Einrede** ausgestaltet.[56] Das ergibt sich aus der amtlichen Überschrift zu § 320 (*Einrede* des nicht erfüllten Vertrags) und aus dem Wortlaut des § 322 Abs. 1 (*„kann… verweigern"*). Gem. § 322 Abs. 1 führt die Erhebung der Einrede dazu, dass der Schuldner nur zur Leistung **Zug um Zug** verurteilt wird.[57] In der **Zwangsvollstreckung** gilt gem. § 322 Abs. 3 auch für die Einrede des nicht erfüllten Vertrags § 274 Abs. 2.

378 Wenn eine Partei **vorleistungspflichtig** ist, kann sie gem. **§ 322 Abs. 2** auf Leistung nach Empfang der Gegenleistung klagen, wenn die andere Partei im **Annahmeverzug** (§§ 293 ff) ist. Zuvor – wenn die vorleistungspflichtige Partei die Vorleistung noch nicht erbracht hat und auch kein Annahmeverzug vorliegt – ist eine Leistungsklage auf die Gegenleistung mangels Fälligkeit abzuweisen.[58]

379 Allerdings besteht ein zentraler **Unterschied** zu § 273: Der **Schuldnerverzug** ist auch dann ausgeschlossen, wenn lediglich die **Tatbestandsvoraussetzungen** des § 320 Abs. 1 vorliegen. Im Gegensatz zu § 273 ist nicht erforderlich, dass der Schuldner die Einrede auch erhebt.[59] Der Gläubiger kann den Schuldnerverzug nur herbeiführen, indem er die seinerseits geschuldete Gegenleistung entweder erbringt oder zumindest anbietet.[60] Im Prozess bedeutet das: Die Richterin muss **von Amts wegen** prüfen, ob die Tatbestandsvoraussetzungen des § 320 erfüllt sind oder nicht. Auch im

---

52 BGH NJW 2017, 1100, 1101.
53 Zur qualitativen Teilleistung schon oben Rn 332.
54 BGH NJW 2017, 1100, 1101.
55 BGH NJW 1992, 556, 558; 2017, 1100, 1101.
56 MünchKomm/*Emmerich*, BGB[8], vor § 320 Rn 11 f.
57 Zu Einzelheiten oben Rn 342.
58 BAG NJW 1978, 2215.
59 BGH NJW 1982, 2242; BGHZ 116, 244, 249; BGH NJW-RR 2003, 1318.
60 BGH NJW 1966, 200.

Rahmen von § 323 und § 281 besteht ein ähnlicher Unterschied: Unabhängig vom Erheben der Einrede liegt keine Verletzung einer durchsetzbaren Leistungspflicht im Sinne dieser Normen vor, wenn die Tatbestandsvoraussetzungen des § 320 Abs. 1 erfüllt sind.

6. Unsicherheitseinrede bei Vorleistungspflicht (§ 321)

Vorleisten ist gefährlich: Wenn der andere Teil nicht auch leisten kann, hat der Vorleistende die eigene Leistung „verloren", ohne die ihm geschuldete zu erlangen. § 321 schützt den Vorleistenden, wenn sein Gegenleistungsanspruch durch die **mangelnde Leistungsfähigkeit** des anderen Teils gefährdet wird. Man kann in dieser Regelung auch einen Sonderfall der **Geschäftsgrundlage** erblicken: Regelmäßig wird die Leistungsfähigkeit des anderen Teils Geschäftsgrundlage der Vorleistungspflicht sein. Daraus folgt auch, dass die fehlende Leistungsfähigkeit bei Vertragsschluss für den Schuldner **nicht erkennbar** gewesen sein durfte.[61] Die Leistungsfähigkeit kann beispielsweise bei Eröffnung des Insolvenzverfahrens fehlen.[62] Auch drohende Kriegsereignisse oder Importverbote können im Einzelfall genügen.[63] Der andere kann dieses Leistungsverweigerungsrecht aber durch Sicherheitsleistung oder natürlich auch die Bewirkung der Gegenleistung abwenden (§ 321 Abs. 1 S. 2).

380

§ 321 Abs. 2 eröffnet dem Vorleistungspflichtigen auch den Weg zu einem besonderen Rücktrittsrecht: Nach erfolgloser Fristsetzung zur Bewirkung der Gegenleistung oder Sicherheitsleistung (Zug um Zug gegen die Leistung) kann der Vorleistungspflichtige vom Vertrag zurücktreten; § 323 findet dann entsprechende Anwendung (§ 321 Abs. 2 S. 3).

381

7. Lösung Fall 32

K könnte zur Zahlung des Kaufpreises (§ 433 Abs. 2) nur Zug um Zug gegen Übergabe und Übereignung der Weinflaschen verpflichtet sein. Das setzt voraus, dass ihm die Einrede des nicht erfüllten Vertrags aus § 320 zusteht.

382

I. Der Kaufvertrag bildet den dafür erforderlichen gegenseitigen Vertrag. Die beiden Hauptleistungen des K und des V, die Kaufpreiszahlung und die Übergabe und Übereignung der Weinflaschen, stehen auch im Synallagma zueinander.

II. Die Forderung des K ist zudem gemäß § 271 Abs. 1, 2 fällig und mangels entgegenstehender Einrede durchsetzbar.

III. V dürfte noch nicht geleistet haben. V hat indes bereits vier der zehn Flaschen übergeben und übereignet (quantitative Teilleistung). Bei solchen Teilleistungen kann der Vertragspartner grundsätzlich seine gesamte Gegenleistung zurückbehalten. Allerdings durfte K die Kaufpreiszahlung gem. § 320 Abs. 2 nicht zurückhalten, wenn dies nach den Umständen des Falls gegen Treu und Glauben (§ 242) verstoßen würde. Treuwidrig wäre etwa, die Kaufpreiszahlung wegen einer ganz geringfügigen Teilleistung zurückzuhalten. Hier wurden aber lediglich vier von zehn Flaschen geliefert, also nicht einmal die Hälfte. § 320 Abs. 2 greift daher nicht ein.

---

61 BT-Drs. 14/6040, S. 179.
62 Vgl BGH WM 1960, 377.
63 Vgl Jauernig/*Stadler*, BGB[17], § 321 Rn 5.

IV. Ungeschriebene Voraussetzung des § 320 ist, dass sich der Vertragspartner selbst vertragstreu verhält. Diese Voraussetzung ist gegeben, denn K war ohne Weiteres zur Zahlung des Kaufpreises in der Lage und bereit. Sonstige Gründe, an seiner Vertragstreue zu zweifeln, gibt es nicht.

V. Sonstige Ausschlussgründe sind ebenfalls nicht erkennbar.

Ergebnis: K hat somit ein Leistungsverweigerungsrecht aus § 320 Abs. 1. Er muss den Kaufpreis gemäß § 322 Abs. 1 nur Zug-um-Zug gegen Übergabe und Übereignung der Weinflaschen zahlen.

Teil III
Leistungsstörungsrecht

§ 8 Einführung und Grundlagen
I. Begriff, Zwecke und Regelungsorte

Das Leistungsstörungsrecht hat **Leistungsstörungen** zum Gegenstand. Mit Leistungsstörungen sind ganz verschiedene Phänomene gemeint. Von Leistungsstörungen spricht man immer dann, wenn eine oder mehrere der geschuldeten Leistungen aus irgendwelchen Gründen nicht oder nicht wie geschuldet vorgenommen werden. Es gibt viele verschiedene Arten von Störungen. Zunächst kann sich die Störung auf unterschiedliche Pflichten des Schuldners beziehen: Hauptleistungspflichten, Nebenleistungspflichten, Schutzpflichten. Vor allem die Hauptleistungspflichten können dabei gänzlich oder auch nur zum Teil unerfüllt bleiben. Das wiederum kann verschiedene Gründe haben, sei es, dass der Schuldner nicht leisten will oder auch, dass er nicht leisten kann (Unmöglichkeit). Denkbar ist auch, dass die Hauptleistungspflicht zwar erbracht wird, aber später als geschuldet, so dass die Leistung verzögert wird (Leistungsverzögerung). Oder die Hauptleistung wird zwar irgendwie erbracht, aber nicht so wie geschuldet (Schlechtleistung). 383

Für Störungen dieser Art hält das Leistungsstörungsrecht Lösungen bereit, die in unterschiedlicher Weise differenzieren. Dahinter stehen **vielfältige Regelungszwecke**. Zum einen geht es um einen beiderseits gerechten Interessenausgleich (vor allem zwischen den Vertragsparteien). Das Leistungsstörungsrecht verfolgt zum anderen aber auch **verhaltenssteuernde Anreize**.[1] Dahinter können beispielsweise Effizienzerwägungen liegen. Vor allem bei Hauptleistungspflichten kann die rechtliche Lösung in Mechanismen zu finden sein, die den Schuldner zur Leistungserbringung motivieren. Das zeigt sich beispielsweise in den Fristsetzungserfordernissen der § 281 Abs. 1 und 323 Abs. 1. Das Leistungsstörungsrecht hält aber auch Mechanismen bereit, die dem Gläubiger die Lösung vom Vertrag oder Schadensausgleich ermöglichen (vgl §§ 323, 346 ff und §§ 281-283). So versucht das Gesetz, den spezifischen Besonderheiten der jeweiligen Phänomene angemessen Rechnung zu tragen. 384

Zentrale Regelungen des Leistungsstörungsrechts finden sich im **Allgemeinen Schuldrecht**. Diese Normen greifen grundsätzlich bei allen Leistungsarten und -pflichten ein, **wenn keine vorrangig anwendbaren Sonderregeln bestehen** oder ihr Anwendungsbereich spezifisch beschränkt ist (wie etwa die §§ 320-326 auf gegenseitige Verträge). Man bezeichnet die im Allgemeinen Schuldrecht befindlichen Regeln über Leistungsstörungen auch als „**Allgemeines Leistungsstörungsrecht**". 385

Die zentralen Regelungsinhalte beginnen bei § 275. Dieser regelt den Wegfall der Leistungspflicht bei Unmöglichkeit. Die §§ 276-278 betreffen die Verantwortlichkeit des Schuldners, die vor allem für Schadensersatzansprüche relevant ist. § 280 bildet die Grundnorm für Schadensersatzansprüche wegen der Verletzung von Pflichten aus Schuldverhältnissen. Sie wird von den 386

---
1 Zur Verhaltenssteuerung als Funktion des Privatrechts schon oben Rn 7.

§§ 281-285 und 311a Abs. 2 flankiert, in denen Ansprüche auf Schadensersatz statt der Leistung (sowie Surrogatsherausgabe und Aufwendungsersatz, vgl §§ 284, 285) besonderen Voraussetzungen unterstellt werden. Auch § 286 (Verzug) ergänzt § 280 für Schadensersatzansprüche wegen Leistungsverzögerung. Zum Verzug gehören auch die §§ 287 und 288, die das rechtliche Verhältnis zwischen den Parteien während des Verzuges näher ausdifferenzieren. Eine besondere Kategorie der Leistungsstörung bildet der Gläubigerverzug, der in den §§ 293-304 geregelt ist. Das allgemeine Leistungsstörungsrecht wird von den §§ 306-310 (Recht der AGB) durchbrochen. Die § 311 Abs. 2 und Abs. 3 gehören ebenso zum allgemeinen Leistungsstörungsrecht wie § 311a. Die Anpassung und Beendigung von Verträgen ist Gegenstand der §§ 313 und 314. Die §§ 320-326 beinhalten praktisch sehr wichtige Bestimmungen für gegenseitige Verträge. Wie wir schon bei § 320² gesehen haben, stehen hier **Leistung und Gegenleistung in einem besonders engen Verhältnis**, das man als „Synallagma" bezeichnet. Schließlich lässt sich auch das in den §§ 346-354 geregelte Rücktrittsfolgenrecht als Teil des Leistungsstörungsrechts verstehen: Es bestimmt, in welcher Form Schuldverhältnisse rückabzuwickeln sind, wenn es zu einem Rücktritt gekommen ist.

387 Auch im **Besonderen Schuldrecht** finden sich wichtige Normen des Leistungsstörungsrechts, die grundsätzlich gegenüber dem allgemeinen Leistungsstörungsrecht vorrangig sind. Oft verweisen zentrale Brückennormen aber auf das allgemeine Leistungsstörungsrecht, das dann ergänzend anwendbar ist. Im Kaufrecht bildet **§ 437 die Brückennorm** zur Rückbindung des Gewährleistungsrechts an das allgemeine Leistungsstörungsrecht. Das kaufrechtliche Gewährleistungsrecht ist anwendbar, wenn ein Sachmangel bei Gefahrübergang vorliegt.³ Es regelt wichtige Fragen, etwa den Mangelbegriff (§§ 434 und 435), den Gefahrübergang (§§ 446, 447), den Nacherfüllungsanspruch (§§ 437 Nr 1, 439) und die Minderung (§§ 437 Nr 2, 441). Schon der sog „Vorrang der Nacherfüllung" folgt aber keineswegs aus dem Kaufrecht selbst, sondern aus dem allgemeinen Leistungsstörungsrecht – nämlich aus § 323 Abs. 1 und § 281 Abs. 1. Die werkvertragliche Parallelnorm zu § 437 ist **§ 634**.

II. Pflichtverletzung als facettenreicher Zentralbegriff

1. Pflichtverletzung, Pflichteninhalt und Schuldverhältnis

388 Seit 2002 ist der Begriff der „Pflichtverletzung" ein das allgemeine Leistungsstörungsrecht **prägender Zentralbegriff**. Er findet sich unter anderem in **§§ 280, 281 und 323**. Wenn eine der an einem Schuldverhältnis beteiligten Parteien Schadensersatz verlangt, kann sie nach § 280 grundsätzlich nur dann Erfolg haben, wenn die andere Seite eine Pflicht aus diesem Schuldverhältnis verletzt hat. Für Ansprüche auf Schadensersatz wegen Verzögerung der Leistung (§ 280 Abs. 2) und Ansprüche auf Schadensersatz statt der Leistung (§ 280 Abs. 3) gelten lediglich zusätzliche Voraussetzungen. Die Pflichtverletzung ist auch für das **Rücktrittsrecht** des Gläubigers im gegenseitigen Vertrag zentral. Auch hier gibt es weitere Differenzierungen und Unterfallgruppen (vgl §§ 323, 324, 326 Abs. 5).

389 Allgemein gesprochen liegt eine Pflichtverletzung immer dann vor, wenn der Schuldner eine **Pflicht nicht oder nicht so wie geschuldet erfüllt**. In der Rechtsanwendung

---

2 Rn 369.
3 So die herrschende Meinung, mwN MünchKomm/*Westermann*, BGB⁸, § 437 Rn 6; Staudinger/*Beckmann*, BGB (2013), Vorbem §§ 433 ff Rn 20 ff; aA BeckOK/*Faust*, BGB⁵¹, § 437 Rn 6; BeckOGK/*Höpfner*, BGB (1.10.2019), § 437 Rn 9.

kommt es dabei darauf an, den **konkreten Inhalt** der jeweils in Rede stehenden **Pflicht** möglichst genau zu bestimmen: Nur, wenn man diesen Inhalt kennt, lässt sich entscheiden, ob ein bestimmtes Schuldnerverhalten eine Pflichtverletzung bedeutet. Entscheidend ist das jeweilige Schuldverhältnis, oft können die konkreten Inhalte der jeweiligen Pflichten durch **Auslegung (§§ 133, 157)** ermittelt werden. Im Übrigen gelten die Regeln über den **Inhalt von Schuldverhältnissen**.[4]

2. Pflichtverletzung bei Unmöglichkeit der Leistung (§ 275 Abs. 1)

Besondere Schwierigkeiten bereitet der Begriff der **Pflichtverletzung bei Unmöglichkeit der Leistung (§ 275 Abs. 1)**. Welche Pflicht verletzt der Schuldner, wenn er die Leistung gar nicht mehr erbringen kann? Haben Sie eine Pflicht verletzt, wenn Sie mir Ihr gebrauchtes Fahrrad verkauft haben, noch vor Übergabe aber der Blitz Ihr Fahrrad vernichtet? Sie *können* das Fahrrad doch gar nicht mehr übergeben, also können Sie doch dazu gar nicht mehr verpflichtet sein. Dass es keine Verpflichtung zu etwas Unmöglichem geben kann, war schon im römischen Recht anerkannt: *impossibilium nulla est obligatio*[5], ironisiert bei Schiller: „Du kannst, denn Du sollst!"[6]). § 275 Abs. 4 verweist jedoch für die weiteren Konsequenzen der Unmöglichkeit in die Vorschriften über den Schadensersatz. Das Gesetz hält also Schadensersatzansprüche des Gläubigers für denkbar – beispielsweise, wenn der Schuldner die Unmöglichkeit selbst herbeigeführt hat. Das lässt sich am ehesten dadurch lösen, dass man sich vom allgemeinen Sprachgebrauch löst und „Pflichtverletzung" als technischen Begriff weit versteht: Die bloße Nichterbringung der Leistung ist auch dann eine Pflichtverletzung iSd § 280, wenn Unmöglichkeit vorliegt. Pflichtverletzung ist also weit im Sinne der bloßen Nichtleistung zu verstehen. Ganz vereinfacht gesprochen kann man sich die Pflichtverletzung primär auch als rein „objektiven" Umstand vorstellen, dem auf subjektiver Seite das Vertretenmüssen gegenübersteht.[7]

390

III. Kategorien von Leistungsstörungen

Die vielfältigen Arten, auf denen Leistungen gestört sein können, haben im Leistungsstörungsrecht differenzierte Antworten erhalten. Die unterschiedlichen Rechtsfolgen und Mechanismen des Leistungsstörungsrechts erfordern vor allem eine Unterscheidung der im Folgenden aufgeführten Kategorien von Leistungsstörungen.

391

1. Nichtleistung (ganz oder teilweise)

Zunächst können die Hauptleistungspflichten ganz oder teilweise nicht erbracht worden sein, obwohl sie fällig sind. Man spricht dann von **Nichtleistung oder Nichterfüllung**. Die Konsequenzen der Nichtleistung sind ganz unterschiedlich. Wenn die Leistung gar nicht mehr erbracht werden kann, ist der Anspruch auf die Leistung

392

---

4 Hier wird also oft relevant, was Sie oben in den §§ 5-7 gelernt haben.
5 Digesten 50, 17, 185.
6 *Friedrich Schiller*, Die Philosophen, in: Gedichte (Band 2), Leipzig 1805², S. 186.
7 So etwa ausdrücklich MünchKomm/*Ernst*, BGB⁸, § 280 Rn 151 ff.

gem. § 275 Abs. 1 ausgeschlossen. Die weiteren Rechte des Gläubigers bestimmen sich dann nach § 275 Abs. 4. Wenn keine Unmöglichkeit vorliegt, hat der Gläubiger eine Reihe verschiedener Optionen. Ein wichtiger Grundgedanke des allgemeinen Leistungsstörungsrechts ist aber, dass der Gläubiger jedenfalls prinzipiell zunächst weiterhin Naturalleistung verfolgen soll. Das ergibt sich vor allem aus den Fristsetzungserfordernissen der §§ 323 Abs. 1 und 281 Abs. 1.

2. Leistungsverzögerung

393 Leistungen können auch verzögert, also noch nicht erbracht worden sein, obwohl sie fällig sind. Dann spricht man auch von Leistungsverzögerung. Das ist letztlich ein Fall der Nichtleistung, bei dem keine Unmöglichkeit eingreift. Schadensersatz wegen Verzögerung der Leistung kann der Gläubiger gem. § 280 Abs. 2 nur verlangen, wenn der Schuldner im Verzug ist. Er kann aber auch eine Frist setzen, um anschließend zurückzutreten (§ 323) oder auch Schadensersatz statt der Leistung zu verlangen (§ 281).

3. Schuldnerverzug (§§ 286-288)

394 Nicht jede Leistungsverzögerung führt also auch zum Verzug. Der **Verzug des Schuldners** ist vielmehr in den §§ 286-288 als eigenständige Kategorie der Leistungsstörung geregelt. Kennzeichnend für die Verzugsnormen ist das Mahnungserfordernis aus § 286 Abs. 1. Neben dem Schadensersatz wegen Leistungsverzögerung (§§ 280 Abs. 2, 286) begründet der Verzug auch eine Haftungsverschärfung zulasten des Schuldners (§ 287) und einen Anspruch des Gläubigers auf Verzugszinsen (§ 288).

4. Schlechtleistung

395 Als **Schlechtleistung** kann man jede Leistung bezeichnen, die zwar irgendwie erbracht wird, aber nicht so, wie sie geschuldet war. Wenn der Schuldner zwar leistet, aber etwa zu wenig, zu viel, falsch oder sonst nicht ordnungsgemäß, liegt ebenfalls eine Pflichtverletzung vor. Bei solchen Leistungsstörungen geht es weder um Leistungsverzögerung, noch um Unmöglichkeit der Leistung, sondern schlicht um eine *schlechte* Leistung. Das wichtigste Beispiel für Schlechtleistungen bieten freilich mangelhafte Leistungen des Verkäufers oder Werkunternehmers: Wer Ihnen das verkaufte Fahrrad zwar liefert, hat eben (im Normalfall) schlecht geleistet, wenn das Fahrrad defekte Bremsen hat.

5. Nebenpflichtverletzungen und Schutzpflichtverletzungen

396 In der Praxis sind häufig auch **Verletzungen von Nebenleistungspflichten** und **Schutzpflichten** relevant.[8] Für Schutzpflichten iSd § 241 Abs. 2 stellt das allgemeine Leistungsstörungsrecht beispielsweise in den **§§ 282 und 324 besondere Regeln** auf:

---

8 Zu den verschiedenen Pflichten eingehend schon oben Rn 95 ff.

Danach sind Rücktritt und Schadensersatz statt der Leistung bei Schutzpflichtverletzungen nur möglich, wenn dem Gläubiger **nicht zumutbar** ist, am Vertrag festzuhalten. Auch hier zeigt sich das zentrale Anliegen des Allgemeinen Leistungsstörungsrechts, an wirksamen Schuldverhältnissen möglichst festzuhalten. Für *leistungsbezogene* Nebenpflichten, die § 241 Abs. 1 unterfallen, gilt dagegen § 281.[9]

6. Gläubigerverzug (Annahmeverzug)

Die §§ 293-304 regeln den Annahmeverzug, der eine spezielle Form der Leistungsstörung ist. Ungewöhnlich ist, dass es dabei nicht um eine Störung auf Seiten des Schuldners geht. Vielmehr geht es um eine **Störung der Schuldnerleistung durch den Gläubiger**, der eine ihm ordnungsgemäß angebotene Leistung nicht annimmt. Damit verletzt der Gläubiger im Regelfall zwar keine Pflicht, wohl aber **eine Obliegenheit** – also eine Verbindlichkeit, deren Verletzung zu einer Verschlechterung in der eigenen Rechtsposition führt.[10]

397

7. Leistungserschwerung, Unzumutbarkeit, Geschäftsgrundlage

Leistungsstörungen ganz eigener Art werden wiederum in den **§ 275 Abs. 2** und Abs. 3 sowie in **§ 313** geregelt: § 275 Abs. 2 und 3 betreffen Situationen, in denen die Leistung zwar nicht wirklich unmöglich ist, es aber gleichwohl nicht richtig erscheint, den Schuldner zur Leistung zu zwingen. Die von den beiden Varianten jeweils ins Auge genommenen Konstellationen sind freilich unterschiedlich: Bei **§ 275 Abs. 3** geht es um **persönliche Leistungspflichten**, deren Erbringung dem Schuldner aus besonderen Gründen **unzumutbar** ist. § 275 Abs. 2 beruht dagegen eher auf Effizienzerwägungen: Der Schuldner soll die Leistung auch dann verweigern dürfen, wenn der **Aufwand zur Leistungserbringung** in keinem vernünftigen Verhältnis mehr zum Interesse des Gläubigers an der Leistung steht. Die seit 2002 normierte **Lehre von der Geschäftsgrundlage (§ 313)** betrifft Situationen, in denen sich Umstände, die zwar nicht Vertragsinhalt wurden, aber doch Grundlage des Vertrages waren, schwerwiegend geändert haben, so dass es einer Partei nicht zumutbar wäre, am unveränderten Vertrag festzuhalten. Auch hier zielt das Gesetz zunächst auf **Vertragserhaltung** durch Anpassung (Abs. 1); erst wenn die Anpassung scheitert, kann ein Rücktritt erfolgen (Abs. 3).

398

IV. Die Systematik des § 280

Fall 34: A möchte in Münster einen Biergarten eröffnen, in dem alle größeren Fußballspiele gezeigt werden. Startschuss für die Eröffnung des Biergartens soll dabei die Fußball-Weltmeisterschaft sein, die am 1.6. beginnt. A bestellt bei B einen Beamer für 1.500 Euro,

399

---

9   Zur Abgrenzung näher MünchKomm/*Bachmann*, BGB[8], § 241 Rn 60 ff.
10 Ausnahmsweise kann allerdings eine verbindliche Rechtspflicht zur Abnahme bestehen, s. HK/*Schulze*, BGB[10], § 293 Rn 11; MünchKomm/*Ernst*, BGB[8], § 293 Rn 1; Jauernig/*Stadler*, BGB[17], § 293 Rn 9. (Zum Begriff der Obliegenheit schon oben Rn 125. Einzelheiten zum Gläubigerverzug unten Rn 797 ff.

> wobei vertraglich geregelt wird, dass eine Zahlung erst bei Lieferung des Beamers in bar erfolgen soll. Für die Lieferung wird im Kaufvertrag festgehalten, dass eine Lieferung „Ende Mai" erfolgen soll. B liefert den Beamer allerdings zunächst nicht. Zum Eröffnungsspiel am 1.6. kommen daher keine Gäste zu A, da eine Übertragung des Spiels ohne Beamer nicht möglich ist. Dadurch entgehen A Einnahmen in Höhe von 3.000 Euro. Wütend fordert A den B auf, ihm den Beamer bis zum 14.6. zu liefern, da das zweite Spiel der deutschen Fußballnationalmannschaft am 16.6. stattfinden soll. Als am 14.6. wiederum keine Lieferung durch B erfolgt, platzt A der Kragen und er kauft am 15.6. einen vergleichbaren Beamer für 2.000 Euro. Als am Morgen des 16.6. B dann den Beamer endlich liefern möchte, fährt er mit seinem Lieferwagen zwei Bierbänke des A kaputt, wodurch ein Schaden in Höhe von 200 Euro entsteht. A verweigert die Annahme des Beamers und erklärt den Rücktritt. Er verlangt von B Schadensersatz in Höhe von 3.000 Euro für die entgangenen Einnahmen vom 1.6., Ersatz der Mehrkosten in Höhe von 500 Euro und Ersatz für die beschädigten Bierbänke in Höhe von 200 Euro.
>
> Muss B diese Schadensposten ersetzen? **Lösung Rn 429**

1. § 280 Abs. 1 als Grundtatbestand für Schadensersatzansprüche bei Verletzungen von Pflichten aus dem Schuldverhältnis

400 § 280 Abs. 1 ist der **Grundtatbestand für Schadensersatzansprüche**, die auf die **Verletzung von Pflichten aus einem Schuldverhältnis** gestützt werden. Die Voraussetzungen des § 280 Abs. 1 müssen deshalb unabhängig davon erfüllt sein, welche Schadensart im Einzelfall vorliegt. Diese Grundvoraussetzungen sind:

a) Schuldverhältnis

401 Es muss ein Schuldverhältnis bestehen, also beispielsweise ein Vertrag.

b) Verletzung einer Pflicht aus dem Schuldverhältnis

402 Der Schuldner muss eine aus diesem Schuldverhältnis resultierende Pflicht verletzt haben. Hier kommen alle Arten von Pflichtverletzungen in Betracht. So kann beispielsweise eine Malermeisterin trotz bestehenden Werkvertrags Ihre Wände nicht streichen und damit ihre Hauptleistungspflicht verletzen. Möglich ist aber auch, dass zwar die Wände gestrichen werden, dabei aber zugleich auch die Gardinen ungewollt in Mitleidenschaft gezogen werden, was eine Schutzpflichtverletzung (§ 241 Abs. 2) darstellt.

c) Vertretenmüssen des Schuldners (§ 280 Abs. 1 S. 2)

403 Der Schuldner muss die Pflichtverletzung auch zu vertreten haben. Diese Voraussetzung ergibt sich aus § 280 Abs. 1 S. 2. Durch die doppelte Verneinung liegt die **Beweislast** für fehlendes Vertretenmüssen beim Schuldner. Man kann auch davon sprechen, dass das Vertretenmüssen des Schuldners in § 280 Abs. 1 S. 2 widerlegbar vermutet wird.[11]

---

11 Näher dazu unten Rn 434.

d) Durch die Pflichtverletzung entstandener Schaden

Durch die Pflichtverletzung muss ein ersatzfähiger Schaden entstanden sein. **404**

2. Die weiteren Differenzierungen und Voraussetzungen von § 280 Abs. 2 und Abs. 3

Die Pflichten aus dem Schuldverhältnis können ganz unterschiedlicher Art sein: Neben den **Hauptleistungspflichten** können auch **Schutzpflichten** (§ 241 Abs. 2) betroffen sein.[12] Auch die Verletzung der Pflichten kann auf ganz verschiedene Art und Weise erfolgen: Es gibt viele verschiedene **Kategorien von Leistungsstörungen**.[13] Und schließlich können auch **unterschiedliche Schadenspositionen** begehrt werden. Das Gesetz legt deshalb in den Absätzen 2 und 3 des § 280 weitere **Differenzierungen** an, um den Besonderheiten unterschiedlicher Pflichten, Pflichtverletzungen und Schadenspositionen gerecht zu werden. Daraus ergibt sich, dass für Schadensersatzansprüche gegebenenfalls die zusätzlichen Voraussetzungen weiterer Normen vorliegen müssen: **405**

a) Schadensersatz wegen Verzögerung der Leistung (§ 280 Abs. 2)

Wenn der Gläubiger **Schadensersatz wegen Verzögerung der Leistung** geltend macht, müssen gem. **§ 280 Abs. 2** die Voraussetzungen des **§ 286** (Schuldnerverzug) vorliegen. § 280 Abs. 2 trifft hier eine wichtige Sonderregel für eine spezifische Kategorie von Pflichtverletzung und die daraus resultierenden Schadenspositionen. Der Schuldner muss sich hier in Verzug befinden, was grundsätzlich eine Mahnung durch den Gläubiger voraussetzt (§ 286 Abs. 1).[14] **406**

b) Schadensersatz statt der Leistung (§ 280 Abs. 3)

Wenn der Gläubiger Schadensersatz statt der Leistung geltend macht, müssen gem. **§ 280 Abs. 3** zusätzlich die Voraussetzungen der **§§ 281, 282 oder 283** vorliegen. Für §§ 281 und 282 ist der **Grundsatz der Vertragserhaltung zentral**. In § 281 kommt er durch das **Fristsetzungserfordernis** zum Ausdruck. § 282 verwirklicht den Grundsatz der Vertragserhaltung dadurch, dass Schadensersatz statt der Leistung wegen der Verletzung von Schutzpflichten nur bei Unzumutbarkeit in Frage kommt. In § 283 spielt der Gedanke der Vertragserhaltung keine Rolle, weil die Leistung ohnehin ausgeschlossen ist (vgl § 275 Abs. 1). Bei anfänglicher Unmöglichkeit kann der Anspruch auf Schadensersatz statt der Leistung nur auf **§ 311a Abs. 2** gestützt werden. Welche konkreten zusätzlichen Voraussetzungen erfüllt sein müssen, hängt also von der Art der Leistungsstörung ab: Bei Unmöglichkeit gelten § 283 (für nachträgliche Unmöglichkeit) und § 311a Abs. 2 (für anfängliche Unmöglichkeit). Wenn die Verletzung von Schutzpflichten (§ 241 Abs. 2) im Spiel ist, muss § 282 erfüllt sein. Und wenn der Schuldner nicht oder nicht wie geschuldet leistet, gilt § 281. **407**

---

12 Zu den unterschiedlichen Pflichten oben Rn 95 ff.
13 Dazu im Überblick schon oben Rn 391 ff.
14 Einzelheiten zum Schuldnerverzug unten Rn 753 ff.

V. Die Abgrenzung der Schadenskategorien

1. Zur Bedeutung der Abgrenzung

408 Aus der Systematik des § 280 ergibt sich: Ob *nur* § 280 Abs. 1 erfüllt sein muss, oder aber *zusätzlich* die in § 280 Abs. 2 bzw Abs. 3 verlangten Voraussetzungen vorliegen müssen, ist **entscheidend**: Denn davon hängt oft ab, ob ein Schadensersatzanspruch im Ergebnis besteht oder nicht. Ersatz der Mietkosten für einen Leihwagen kann der Käufer etwa nur als Schadensersatz wegen Verzögerung der Leistung verlangen, wenn der Verkäufer in Verzug ist (§§ 280 Abs. 2, 286). Ebenso kann der Käufer die Mehrkosten für ein Deckungsgeschäft nur als Schadensersatz statt der Leistung verlangen, wenn die Voraussetzungen der §§ 281, 283 oder § 311a Abs. 2 vorliegen. Die in § 280 Abs. 2 und Abs. 3 berufenen Normen beinhalten wichtige zusätzliche Tatbestandsmerkmale, die in der Praxis der Rechtsanwendung entscheidend sein können. Für den Verzug nach § 286 ist etwa das **Mahnungserfordernis** prägend, für § 281 das **Fristsetzungserfordernis**. Für die Rechtsanwendung und natürlich auch für die Prüfungsarbeiten ist es deshalb ganz entscheidend, die einzelnen Absätze des § 280 und ihren jeweiligen Anwendungsbereich auseinanderzuhalten. Davon hängen die weiteren Tatbestandsvoraussetzungen und damit auch die Erfolgsaussichten eines Schadensersatzbegehrens ab.

409 In vielen Fallkonstellationen besteht in der Rechtsprechung sowie in der Rechtswissenschaft im Ergebnis kein Streit darüber, ob nur § 280 Abs. 1 eingreift, oder zusätzlich § 280 Abs. 2 oder § 280 Abs. 3 zu beachten sind. Dagegen ist vor allem in der Rechts*wissenschaft* sehr umstritten, welche Kriterien im Zweifelsfall für die Abgrenzung der Schadensarten ausschlaggebend sind. Dieser **Streit** ist, wie sich aus dem bisherigen ergibt, jedenfalls insofern relevant, als es um die Wahl der „richtigen" Anspruchsgrundlage, die weiteren dogmatischen Einzelfragen und das Prüfprogramm im Einzelnen geht. Man könnte gerade angesichts der Intensität der Debatte meinen, dass der Streit auch hohe Relevanz für **die konkreten Ergebnisse** der Rechtsanwendung in individuellen Fallkonstellationen hat. Das ist allerdings nicht der Fall: In den allermeisten Konstellationen unterscheiden sich zwar die Lösungswege, nicht aber die konkreten Ergebnisse. Das liegt vor allem daran, dass weitgehend Einigkeit über die Wertungsentscheidungen des Gesetzes besteht, die in den §§ 280-283 und § 311a Abs. 2 zum Ausdruck kommen und auch beispielsweise in § 286 Widerhall finden. Streit besteht im Wesentlichen darüber, an welchen dogmatischen Stellschrauben – wie den Ausnahmen vom Fristsetzungserfordernis in § 281 Abs. 2 oder Kausalitätsfragen bei der Schadenszurechnung – diese Wertungen durchschlagen sollen. Ein pragmatischer Zugriff auf das Recht würde daher in den meisten Fällen nahelegen, den Streit gar nicht zu erörtern. In **Prüfungsarbeiten** gilt anderes: Sie sollten den Streit um die Abgrenzung der Schadensarten schon immer dann erörtern, wenn er sich möglicher Weise auf die Wahl der Anspruchsgrundlage auswirkt. Auch der BGH hat jedenfalls in seiner Leitentscheidung vom 3.7.2013[15] den akademischen Streit erörtert, obwohl das Schadensersatzbegehren des Klägers im konkreten Fall nach allen Auffassungen scheitern musste.

---

15 BGH NJW 2013, 2959. Eingehend dazu Rn 419 ff.

2. Schadensersatz „statt der Leistung" (§ 280 Abs. 3)

Der zentrale **Ausgangspunkt** der Abgrenzung ist der Begriff des **Schadensersatzes** 410
„**statt der Leistung**" (**§ 280 Abs. 3**). Die Besonderheit dieser Schadenskategorie liegt darin, dass sie – anders als im Falle des § 280 Abs. 1 bzw Abs. 2 – nicht neben der Leistung selbst geltend gemacht werden kann. Das folgt im Wesentlichen aus § 281 Abs. 4: Der Anspruch auf die Leistung ist ausgeschlossen, wenn Schadensersatz statt der Leistung verlangt wird. Einigkeit besteht daher auch in einem zentralen Punkt: Beim Schadensersatz „statt der Leistung" geht es um Schadenspositionen, die **an die Stelle der jeweiligen Leistung** treten und statt dieser (also *statt der Leistung selbst*) das **Leistungsinteresse des Gläubigers befriedigen**. Streit besteht allerdings darüber, nach welchen Maßstäben zu ermitteln ist, ob dies der Fall ist.

a) Abgrenzung nach dem jeweiligen Interesse („schadensphänomenologischer Ansatz")

Manche Stimmen in der Literatur wenden als Maßstab eine **äußere, phänomenologi-** 411
sche Schadensbetrachtung an:[16] Dabei greifen sie auf die Unterscheidung zwischen **Erfüllungsinteresse** (status ad quem) und **Integritätsinteresse** (status quo) zurück. Wenn die geltend gemachte Schadensposition das Erfüllungsinteresse befriedigen soll, geht es um Schadensersatz statt der Leistung, so dass § 280 Abs. 3 eingreift. Soll der Schadensersatz dagegen das Integritätsinteresse befriedigen, greift § 280 Abs. 3 nicht ein. Es verbleibt dann bei den Voraussetzungen des § 280 Abs. 1 – ergänzt um die Voraussetzungen des § 280 Abs. 2, wenn Schäden wegen Verzögerung der Leistung geltend gemacht werden, die einen Sonderfall des Schadensersatzes neben der Leistung bilden.

Die Begriffe Erfüllungsinteresse (auch: Äquivalenzinteresse oder Leistungsinteresse) 412
und Integritätsinteresse sind für diese Abgrenzung zentral. Unter dem **Erfüllungsinteresse** versteht man das Interesse des Gläubigers, das zu bekommen, was durch die Erfüllung der Leistungspflicht des Schuldners bewirkt worden wäre – also das Interesse, die Leistung selbst zu erhalten. Wenn die Leistungen nicht so wie abgesprochen bewirkt werden, soll so ein Ausgleich für Einbußen geleistet werden.[17] **Integritätsinteresse** ist dagegen das Interesse des Gläubigers daran, dass die Rechtsgüter und Vermögenswerte, die er – unabhängig vom konkreten Schuldverhältnis und seiner Ausführung – bereits hat, unberührt bleiben.[18] Geschützt werden in diesem Zusammenhang also schon zuvor bestehende Positionen, die zwar keinen unmittelbaren Bezug zur Leistung haben, durch diese aber auch nicht in Gefahr gebracht werden sollen. Schäden, deren Ersatz das Integritätsinteresse befriedigt, nennt man daher auch „Begleitschäden".[19] Wenn die Malerin beim Streichen ihrer Wände versehentlich eine Vase herunterwirft (Verletzung des § 241 Abs. 2), ist Ihr Integritätsinteresse betroffen. Wenn sie gar nicht kommt und Sie eine andere, teurere Malerin engagieren müssen, ist dagegen Ihr Erfüllungsinteresse betroffen. Das Beispiel zeigt: Oft führt

---

16 Etwa *Grigoleit/Riehm*, AcP 203 (2003), 727.
17 BeckOGK/*Riehm*, BGB (1.7.2019), § 280 Rn 212.
18 *Grigoleit/Bender*, ZfPW 2019, 1, 21.
19 Vgl BGH NJW 2013, 2959, 2960. Eingehend dazu Rn 419 ff.

die schadensphänomenologische Abgrenzung rasch zu einleuchtenden Lösungen. Allerdings ist die **Abgrenzung zwischen Erfüllungsinteresse und Integritätsinteresse manchmal schwierig**, so dass eine klare Zuordnung nicht ohne weiteres möglich ist.[20] Wenn Sie Galeristin sind und eine wichtige Ausstellung verschieben müssen, weil die Malerin die Wände der Ausstellungsräume nicht rechtzeitig gestrichen hat: Gehören Ihre Gewinneinbußen noch zum Erfüllungsinteresse? Oder ist Ihr Integritätsinteresse betroffen? Wie sind Verluste zu beurteilen, die daraus resultieren, dass man die versprochene Kaufsache nicht weiterveräußern konnte? Wenn Sie mit Pferden handeln, können Sie Verluste erleiden, wenn die Lieferung eines Pferdes ausbleibt, das Sie gewinnbringend weiterveräußern hätten können. Weshalb sollte das Leistungsinteresse auch Ihr Gewinninteresse umfassen, obwohl doch der entgangene Gewinn allenfalls *auch* etwas mit der Primärleistung, ebenso aber mit der eigenen Tüchtigkeit zu tun hat?

b) Abgrenzung nach dem letztmöglichen Zeitpunkt der Leistungserbringung

413 Andere Stimmen in der Literatur[21] differenzieren nach dem **letztmöglichen Zeitpunkt der Leistungserbringung**. Mit „Leistungserbringung" ist dabei immer die **Primärleistung** gemeint.[22] Der zeitbezogene Ansatz geht ebenfalls davon aus, dass der an die Stelle der Leistung tretende Schadensersatz „statt der Leistung" eben das Leistungsinteresse befriedigen soll. Der Ansatz bleibt dabei aber nicht stehen (und stellt dem Leistungsinteresse das Integritätsinteresse gegenüber), sondern beantwortet nach einem anderen Gedanken die Frage, unter welchen Bedingungen der Schadensersatz an die Stelle der Leistung tritt: Entscheidend ist dem Ansatz zufolge, ob der Schaden entfallen wäre bzw verhindert worden wäre, wenn die Leistung im letztmöglichen Zeitpunkt erfolgt wäre.[23] Für diese Auffassung kommt also dem jeweiligen Zeitpunkt, zu dem der Schaden entstanden ist, ganz entscheidende Bedeutung zu. Daher wird er **„zeitbezogener Ansatz"** genannt.

414 aa) Zauberformel. So gelangt der zeitbezogene Ansatz zu einer hilfreichen **Testfrage** (sog „Zauberformel"[24]), die in vielen Fällen zu überzeugenden Lösungen führt: **Wäre die Schadensposition entfallen bzw verhindert worden, wenn der Schuldner im letztmöglichen Zeitpunkt geleistet (oder nacherfüllt) hätte?** Wenn die Frage zu bejahen ist, beruht die Schadensposition auf der endgültigen Nichterfüllung, weist also einen unmittelbaren Bezug zur Leistung selbst auf. Sie ist also als Schaden statt der Leistung iSd § 280 Abs. 3 geltend zu machen, weil hier das Geschuldete gerade den Schaden ersetzen würde. Wenn die Frage zu verneinen ist, also die Schäden nicht durch Leistung (oder Nacherfüllung) im letztmöglichen Zeitpunkt vermieden worden wären – vereinfacht gesprochen also: bei schon vorher **endgültig eingetretenen Schäden** – geht es nicht um Schadensersatz statt der Leistung iSd § 280 Abs. 3.

---

20 Krit. insb BeckOK/*Lorenz*, BGB[52], § 281 Rn 27; *Ostendorf* NJW 2010, 2833, 2834; aA BeckOGK/*Riehm*, BGB (1.7.2019), § 280 Rn 212 f; zu den Abgrenzungsschwierigkeiten *Grigoleit/Bender*, ZfPW 2019, 1, 4 f, 21 ff.
21 Etwa *S. Lorenz*, FS Leenen (2012) 147.
22 MünchKomm/*Ernst*, BGB[8], § 281 Rn 1.
23 BeckOK/*Lorenz*, BGB[52], § 281 Rn 4.
24 Zurückgehend auf *S. Lorenz*, FS Leenen (2012) 147, 151 f.

Vielmehr treten die Schäden in solchen Fällen neben die Leistung, da der Schaden selbst bei hypothetischer Erbringung der Leistung nach wie vor bestehen würde. Dann greift entweder nur § 280 Abs. 1 ein oder § 280 Abs. 1 ergänzt durch § 280 Abs. 2, wenn der Schaden auf der Verzögerung der Leistung beruht. Der Verzugsschaden tritt gerade auch *neben* die Leistung, weil er ausschließlich auf der Verzögerung beruht, so dass ihn auch eine nachträgliche (gedachte) Erfüllung nicht entfallen ließe.

bb) Zeitpunkte: §§ 275, 281 Abs. 4, Rücktrittsverlangen. Für den zeitbezogenen Ansatz ist natürlich entscheidend, welcher **Zeitpunkt der „letztmögliche"** ist. Dabei geht es um die letzte *rechtliche* Möglichkeit, also den letzten Zeitpunkt vor rechtlich angeordneten Ausschlüssen der Leistungspflicht – unabhängig davon, ob der Schuldner faktisch vielleicht noch leisten kann oder will. Der letztmögliche Zeitpunkt ist also die „juristische Sekunde" vor Eintritt von Ereignissen, die den Leistungsanspruch rechtlich ausschließen. Das Gesetz bestimmt diesen Zeitpunkt differenziert nach den Kategorien der Leistungsstörungen. Dabei sind es vor allem **drei Ereignisse**, die den Leistungsanspruch ausschließen: 1. Bei Unmöglichkeit ist der Anspruch auf die Leistung gem. **§ 275 Abs. 1** ausgeschlossen, wenn ein zur Unmöglichkeit der Leistung führendes Ereignis eintritt. Letztmöglicher Zeitpunkt ist daher die juristische Sekunde vor Eintritt solcher Ereignisse. Hier wird die faktische Möglichkeit der Leistungserbringung relevant – aber nur deshalb, weil das Gesetz in § 275 Abs. 1 sie für maßgeblich erklärt. 2. Wenn der Gläubiger Schadensersatz statt der Leistung verlangt, ist der Anspruch auf die Leistung selbst gem. **§ 281 Abs. 4** ausgeschlossen. Letztmöglicher Zeitpunkt ist hier die juristische Sekunde vor Zugang (§ 130) des Schadensersatzverlangens. 3. Und schließlich führt auch der Rücktritt dazu, dass der Anspruch auf die Leistung ausgeschlossen ist. Das sagt keine Norm ausdrücklich, ist jedoch allgemein anerkannt[25] und wird in den §§ 346 ff vorausgesetzt. Letztmöglicher Zeitpunkt ist hier die juristische Sekunde vor Zugang (§ 130) der **Rücktrittserklärung**. Vereinzelt wurde auch vorgeschlagen, bei Schadensersatz statt der Leistung und Rücktritt den Fristablauf als letztmöglichen Zeitpunkt zu betrachten.[26] Das überzeugt jedoch nicht, weil die *Leistung selbst* allein durch den Fristablauf keineswegs ausgeschlossen ist.[27] § 281 Abs. 4 zeigt das deutlich.

415

cc) Gedanklicher Ausgangspunkt der „Zauberformel". Gedanklicher Ausgangspunkt des zeitbezogenen Ansatzes ist folglich: Solange der Gläubiger noch erfolgreich die *Leistung selbst* verlangen kann, wird sein Leistungsinteresse durch die Leistung befriedigt. Dann ersetzt der Schadensersatz die Leistung gerade nicht, sondern tritt neben sie. Erst und nur dann, wenn der Schaden zu einem Zeitpunkt entstanden ist, zu dem der Gläubiger die Leistung selbst *nicht mehr* verlangen kann – der Anspruch auf die Leistung also ausgeschlossen ist –, tritt der Schadensersatz an die Stelle der Leistung und ist damit als Schadensersatz „statt der Leistung" geltend zu machen.

416

---

25 Vgl nur Staudinger/*Kaiser*, BGB (2012), § 346 Rn 69; Erman/*Röthel*, BGB[15], Vor § 346 Rn 1; Hk/*Schulze*, BGB[10], § 346 Rn 1 (Befreiungswirkung des Rücktritts).
26 *Reinicke/Tiedtke*, Kaufrecht[8], Rn 507.
27 Vgl MünchKomm/*Ernst*, BGB[8], § 281 Rn 81.

417 **dd) Anwendungsprobleme.** Auch der zeitbezogene Ansatz gelangt in vielen Konstellationen zu überzeugenden Lösungen. So wäre im Beispiel der Malermeisterin[28] mit Blick auf den Schaden an der Vase zu fragen, ob dieser Schaden entfallen wäre, wenn die Malermeisterin im letztmöglichen Zeitpunkt die Primärleistung erbracht hätte. Das ist keinesfalls der Fall, weil das ordnungsgemäße Streichen der Wände die Vase nicht wieder heil machen kann. Der Schaden ist also kein Schaden „statt der Leistung" (§ 280 Abs. 3), sondern Schadensersatz neben der Leistung iSd § 280 Abs. 1. Wenn die Malerin gar nicht kommt und Sie eine andere, teurere Malerin engagieren müssen, kommt es auf den Zeitpunkt an, in dem die Zusatzkosten für die Ersatzmalerin entstehen: Wenn Sie die Ersatzmalerin *nach* Schadensersatzbegehren (vgl § 281 Abs. 4) oder Rücktritt (§§ 346 ff) engagieren, wären die Kosten entfallen, wenn die Malerin zuvor die Wände gestrichen hätte. Dann verlangen Sie Schadensersatz statt der Leistung (§ 280 Abs. 3). Vor Schadensersatzbegehren bzw Rücktritt sieht es aber anders aus: Dann hätte die Leistung der Malerin im letztmöglichen Zeitpunkt den Schaden nicht mehr verhindern können. § 280 Abs. 3 greift dann nach diesem Ansatz nicht ein, sondern nur § 280 Abs. 1 – gegebenenfalls ergänzt um § 280 Abs. 2.

418 Daraus ergibt sich für den zeitbezogenen Ansatz ein Wertungsproblem: Nach § 281 Abs. 1 soll die Malerin ja trotz ihrer Pflichtverletzung grundsätzlich noch Gelegenheit zur Vertragserfüllung erhalten (Fristsetzungserfordernis!). Der zeitbezogene Ansatz integriert diese gesetzliche Wertung in **Kausalitätsüberlegungen**, die normativ überzeugende Ergebnisse ermöglichen: Der Schaden beruht in solchen Fällen auf einer eigenständigen Entscheidung des Gläubigers – denn erst das Engagement der „Ersatzmalerin" hat die Mehrkosten herbeigeführt.[29] Hier zieht der zeitbezogene Ansatz eine Parallele zu den sog **„Herausforderungsfällen"**, in denen es für selbstschädigende Handlungen darauf ankommt, ob sich der Geschädigte zu der jeweiligen Handlung herausgefordert fühlen durfte.[30] Das überzeugt wertungsmäßig auch hier, so dass zu fragen ist, ob sich der Gläubiger in den konkreten Einzelfallumständen dazu herausgefordert fühlen durfte, ein Ersatzgeschäft zu tätigen.[31] Auf diese Weise integriert die Abgrenzung nach dem letztmöglichen Leistungszeitpunkt die gesetzlichen Wertungen der §§ 281, 323, nach denen – um es zu wiederholen – der Schuldner grundsätzlich noch Gelegenheit zur Leistungserbringung haben soll, bevor die Leistungspflichten ausgeschlossen werden (Grundsatz der Vertragserhaltung). Der zeitbezogene Ansatz führt zu **Differenzierungen**, die auf den ersten Blick überraschen können: Schäden können je nach zeitlicher Abfolge unterschiedlichen Absätzen des § 280 unterfallen, obwohl sie durch das gleiche Ereignis ausgelöst wurden. Ein Beispiel bietet etwa der **Betriebsausfallschaden**: Wenn Unternehmerin U die Maschinen ihrer Fabrik stillstehen lassen muss, weil sie betriebsnotwendige Ersatzteile nicht oder nicht rechtzeitig von Lieferantin L erhält, hängt die Anspruchsgrundlage davon ab, ob der Betriebsausfallschaden vor Schadensersatzbegehren bzw Rücktritt oder danach entstanden ist. Nach Rücktritt oder Schadensersatzbegehren entstandene Schäden sind als

---

28 Oben Rn 402.
29 Vgl auch *Gsell* FS Canaris (2017) 451.
30 *S. Lorenz* FS Leenen (2012) 147, 159 ff.
31 Vgl *S. Lorenz* FS Leenen (2012) 147, 161.

Schadensersatz statt der Leistung geltend zu machen (§ 280 Abs. 3), davor entstandene Schäden dagegen als Schadensersatz wegen Verzögerung der Leistung (gem. § 280 Abs. 1 und Abs. 2).[32] Sachgerechte Ergebnisse lassen sich aber auch auf Grundlage dieser Differenzierung durchweg erzielen.

c) Die Abgrenzung in der Rechtsprechung

Der **BGH** nimmt in seiner Rechtsprechung die Abgrenzung der Schadenskategorien **einzelfallbezogen** vor und differenziert so die maßgeblichen Voraussetzungen für bestimmte Konstellationen immer weiter aus. Das ist begrüßenswert pragmatisch und wird immer höhere Sicherheit für die Praxis der Rechtsanwendung schaffen. 419

In der Leitentscheidung vom 3.7.2013 ging es um die **Mehrkosten eines Deckungskaufs**.[33] Eine Spediteurin hatte Diesel gekauft, der zu späteren Zeitpunkten geliefert werden sollte. Die Verkäuferin hatte nur teilweise geliefert, geriet in einen Lieferengpass und lehnte weitere Lieferungen ab. Die Spediteurin deckte sich anderweitig mit Diesel bei verschiedenen Lieferanten ein und verlangte die dabei entstandenen beträchtlichen Mehrkosten (fast 500.000 Euro) als Schadensersatz. Inzwischen hatte die Verkäuferin die Lieferungen wieder aufgenommen, weil die Spediteurin in einem Vorprozess den vertraglichen Primärleistungsanspruch (auf Belieferung mit Diesel) gerichtlich durchgesetzt hatte. Welcher Schadenskategorie die Mehrkosten für Deckungsgeschäfte zuzuordnen sind, war (und ist) in der Literatur besonders umstritten: Der schadensphänomenologische Ansatz kommt in dieser Fallgruppe relativ einfach zu § 280 Abs. 3: Dass gerade Deckungskäufe das Leistungsinteresse befriedigen, leuchtet ein und auch der Wortlaut des § 280 Abs. 3 legt dieses Ergebnis nahe. Der zeitbezogene Ansatz kommt auf Grundlage der oben beschriebenen „Zauberformel" zu Differenzierungen: Nur die *nach* dem letztmöglichen Leistungszeitpunkt (also vor allem: Rücktritt bzw Schadensersatzverlangen iSd § 281 Abs. 4) entstandenen Mehrkosten unterfallen § 280 Abs. 3. Für die *zuvor* entstandenen Mehrkosten erzielt der zeitbezogene Ansatz durch Kausalitätserwägungen im Rahmen des Schadensersatzes neben der Leistung (§ 280 Abs. 1 bzw §§ 280 Abs. 1, Abs. 2, 286) angemessene Ergebnisse[34]. Beide Ansätze verwirklichen den in § 281 Abs. 1 angelegten Grundsatz der Vertragserhaltung – der zeitbezogene Ansatz allerdings auf dogmatisch komplexere Weise als der schadensphänomenologische Ansatz. 420

Der BGH wählt pragmatisch die einfachere Begründung: Er ordnet die Mehrkosten eines Deckungskaufs grundsätzlich den **Schadenspositionen statt der Leistung iSd § 280 Abs. 3** zu und nicht etwa den Verzögerungsschäden (iSd §§ 280 Abs. 1, Abs. 2, 286). Der Schadensersatzanspruch scheiterte im oben genannten Fall im Ergebnis, weil die Spediteurin keine Nacherfüllungsfrist gesetzt hatte, wie § 281 Abs. 1 grundsätzlich verlangt. Das konnte der BGH – im Einklang mit dem schadensphänomenologischen Ansatz – unmittelbar auf §§ 280 Abs. 1, Abs. 3, 281 Abs. 1 stützen. Der zeitbezogene Ansatz wäre erst im Rahmen von Kausalitätserwägungen dazu gekom- 421

---

32 Zum Schadensersatz statt der Leistung nach Rücktritt BGH NJW 2010, 2426; BGH JuS 2010, 724 *(Faust)*.
33 BGH NJW 2013, 2959.
34 Vgl Rn 418.

men, dass der Schadensersatzanspruch nicht besteht. Denn § 280 Abs. 3 ist danach nicht anwendbar, weil der Schaden vor dem letztmöglichen Zeitpunkt der Leistungserbringung entstanden war. Allerdings durfte sich die Spediteurin nicht zur Vornahme des Deckungsgeschäfts herausgefordert fühlen, so dass es an der Kausalität der Pflichtverletzung für den Schaden (neben der Leistung) fehlte. Das lässt sich mit der Wertung des § 281 Abs. 1 (Grundsatz der Vertragserhaltung, Fristsetzungserfordernis) begründen. Einig sind sich alle Ansätze in einer zentralen Wertung: Der Gläubiger darf durch den Schadensersatz sein Leistungsinteresse wirtschaftlich nicht doppelt befriedigen (**keine Doppelkompensation**).[35] Hätte die Spediteurin hier auch noch die Mehrkosten für den Deckungskauf liquidieren können, hätte sie den günstigen Einstandspreis im Ergebnis ein zweites Mal bekommen – erstens durch die Primärleistung selbst, zweitens über die Mehrkosten des Deckungsgeschäfts. Der BGH kommt in Anwendung der schadensphänomenologischen Lösung hier auf dogmatisch direktem Weg zu der normativ überzeugenden Lösung: Es ist einfacher, § 281 Abs. 1 direkt anzuwenden, als die Wertungen der Norm erst im Rahmen von Kausalitätsbetrachtungen zu berücksichtigen.

422   Eine weitere wichtige Entscheidung des BGH illustriert die Abgrenzung für das **Werkvertragsrecht**.[36] Stark vereinfacht war folgender Sachverhalt zu entscheiden: Eine Kfz-Werkstatt war mit der Wartung eines Pkw beauftragt. Dabei sollte auch der Keilrippenriemen ausgetauscht werden. Die Werkstatt spannte den Keilrippenriemen aber nicht richtig. Als Probleme bei der Lenkung auftraten, suchte der Auftraggeber eine andere Werkstatt auf, weil die Kfz-Werkstatt Betriebsferien hatte. Dort wurde festgestellt, dass der Riemen gerissen war und die Lichtmaschine und die Servolenkungspumpe beschädigt hatte. Die andere Werkstatt tauschte unter anderem den Riemen erneut aus und wechselte auch die Servolenkungspumpe und die Lichtmaschine. Die Kosten verlangte der Auftraggeber von der ursprünglichen Werkstatt. Der BGH differenzierte: Die Kosten für den Austausch von Servolenkungspumpe und Lichtmaschine qualifizierte er als Schadensersatz neben der Leistung (einschlägig waren also §§ 634 Nr 4, 280 Abs. 1). Das lässt sich schadensphänomenologisch erklären: Servolenkungspumpe und Lichtmaschine waren nicht Gegenstand der werkvertraglichen Leistungspflicht. Es ging also um das Integritätsinteresse. Auch der zeitbezogene Ansatz kommt zu diesem Ergebnis: Die Schäden sind endgültig eingetreten und ließen sich durch einen korrekten Austausch des Riemens allein nicht beheben. Anders sind dagegen die Kosten für den erneuten Austausch des Riemens nach dem schadensphänomenologischen Ansatz zu beurteilen: Schadensphänomenologisch geht es jetzt um das Leistungsinteresse, denn die werkvertragliche Nacherfüllungspflicht (§§ 634 Nr 1, 635 Abs. 1) umfasst gerade den erneuten Austausch, der ja ursprünglich fehlerhaft vorgenommen wurde. Auch mit dem zeitbezogenen Ansatz gelangt man freilich zu § 280 Abs. 3: Letztmöglicher Zeitpunkt der Nacherfüllung ist die juristische Sekunde vor Unmöglichkeit der Nacherfüllung (durch Vornahme der Reparatur durch die andere Werkstatt). Hätte die ursprüngliche Werkstatt bis dahin den Austausch korrekt vorgenommen, wären die Kosten für die Ersatzwerkstatt entfallen. Damit gelangt man hier nach beiden Ansichten zu § 280 Abs. 3, so dass gem. § 281 Abs. 1 grundsätzlich das Fristsetzungserfordernis gilt. Allerdings nahm der BGH aus überzeugenden Gründen an, dass die Fristsetzung wegen besonderer Umstände entbehrlich war (§§ 636, 281 Abs. 2): Der Auftraggeber habe ein berechtigtes Interesse an einer einheitlichen Reparatur gemeinsam mit den anderen Schäden.

---

35 JuS 2010, 724, 727 *(Faust)*; *Nietsch* NJW 2014, 2385, 2388.
36 BGH NJW 2019, 1867; dazu lehrreich *Schwab* JuS 2019, 810.

3. Schadensersatz „wegen Verzögerung der Leistung" (§ 280 Abs. 2)

Liegt keine Schadensposition im Sinne des § 280 Abs. 3 vor (Schadensersatz statt der Leistung), greift entweder nur § 280 Abs. 1 ein, oder auch § 280 Abs. 2. Letzteres ist der Fall, wenn es um Schadensersatz „wegen Verzögerung der Leistung" geht. Dann kann Ersatz **nur unter den zusätzlichen Voraussetzungen des § 286** verlangt werden. Regelmäßig ist also erforderlich, dass der Gläubiger den Schuldner durch **Mahnung** in Verzug setzt (vgl § 286 Abs. 1).[37] Schadensersatz wegen Verzögerung der Leistung liegt vor, wenn der Schaden **ausschließlich auf der Leistungsverzögerung beruht**.[38] Andernfalls verbleibt es (nur) bei § 280 Abs. 1.

423

Systematisch lässt sich der Schadensersatz wegen Verzögerung der Leistung als **Unterfall des Schadensersatzes neben der Leistung iSd § 280 Abs. 1** verstehen.[39] Denn auch bei Verzögerungsschäden kann der Gläubiger weiterhin Erfüllung verlangen – der Schadensersatzanspruch besteht also neben dem Anspruch auf Leistung. Darin liegt ein markanter Unterschied zum Schadensersatz statt der Leistung, bei dem der Anspruch auf die Leistung selbst ja gerade ausgeschlossen ist (§ 281 Abs. 4).

424

Umstritten ist vor allem die Einordnung des **mangelbedingten Nutzungsausfallschadens**. Der mangelbedingte Nutzungsausfallschaden zeichnet sich dadurch aus, dass dem Gläubiger ein Schaden entsteht, weil er die gekaufte Sache wegen eines Mangels nicht nutzen kann und ihm dadurch Schäden entstehen. Die Schäden beruhen daher einerseits auf der Verzögerung – nämlich der Verzögerung der mangelfreien Leistung, beispielsweise auf den Anspruch aus § 433 Abs. 1 S. 2. Andererseits beruhen sie aber auch auf dem Mangel selbst. Für die Praxis der Rechtsanwendung hat der BGH die Frage im Wesentlichen geklärt.[40] Der vom BGH entschiedene Fall betraf einen Grundstückskauf: Der Käufer konnte das Grundstück wegen eines Grundstücksmangels nicht wie geplant vermieten, sondern erzielte nur einen geringeren Mieterlös. Der Käufer verlangte vom Verkäufer neben der Mangelbeseitigung Ersatz des Mietmindererlöses. In der Literatur wird teilweise angenommen, dass solche Schadenspositionen nur unter den Voraussetzungen des Verzugs ersatzfähig seien (§§ 437 Nr 3, 280 Abs. 1, Abs. 2, 286). Eine mangelhafte Leistung bedeute schließlich zeitlich auch eine Verzögerung der aus § 433 Abs. 1 S. 1 folgenden Pflicht zur mangelfreien Leistung. Andernfalls stünde zudem der überhaupt nicht leistende Verkäufer besser als derjenige, der wenigstens mangelhaft leiste. Denn wenn der Verkäufer überhaupt nicht leistet und der Käufer deshalb einen Nutzungsausfallschaden erleidet, greift § 280 Abs. 2 unstreitig ein: Dann geht es nämlich jedenfalls um Schäden, die ausschließlich auf der Leistungsverzögerung beruhen, so dass der Käufer, um Schadensersatz zu erhalten, den Verkäufer grundsätzlich gem. § 286 Abs. 1 mahnen muss. Wenn der Verkäufer dagegen mangelhaft leistet, hat er auf den ersten Blick sogar „mehr" getan als der Verkäufer, der gar nicht geleistet hat. Der Käufer dürfe deshalb nicht unter leichteren Voraussetzungen – also ohne grundsätzliches Mahnungserfordernis – Schadensersatz verlangen können. Daher müsse man auch beim man-

425

---

37 Einzelheiten zur Mahnung und den Fällen, in denen sie entbehrlich ist, unten Rn 765 ff.
38 MünchKomm/*Ernst*, BGB[8], § 286 Rn 126; Hk/*Schulze*, BGB[10], § 286 Rn 30.
39 S. schon oben Rn 414 ff.
40 BGH NJW 2009, 2674; dazu *Faust* JuS 2009, 863.

gelbedingten Betriebsausfallschaden zu § 280 Abs. 2 gelangen.⁴¹ Andere teilen zwar die Zuordnung des mangelbedingten Betriebsausfallschadens zu § 280 Abs. 2, wenden jedoch in dieser Fallgruppe stets § 286 Abs. 2 Nr 4 an, um das Mahnungserfordernis auszuschließen – im Wesentlichen aus den Gründen, die den BGH und die hM zur Anwendung allein des § 280 Abs. 1 führen.⁴²

426 Der **BGH** schloss sich dagegen der **hM** an, die von vornherein allein § 280 Abs. 1 in Anschlag bringt, den mangelbedingten Nutzungsausfallschaden also als „einfachen" Schadensersatz iSd § 280 Abs. 1 qualifiziert.⁴³ Dafür spricht bereits die **historische Auslegung**, denn der Gesetzgeber der Schuldrechtsreform 2002 lehnte die Anwendung des § 286 auf die Fälle der mangelhaften Betriebsausfallschäden ganz ausdrücklich ab.⁴⁴ Auch **teleologische Gründe** sprechen für die hM: Wenn der Schuldner gar nicht tätig wird, kann der Gläubiger dies sofort erkennen. Dass in einem solchen Fall von ihm eine Mahnung verlangt wird, benachteiligt ihn deshalb nicht über Gebühr. Bei gelieferten Waren mit Mängeln ist das anders: Sie können oft erst später entdeckt werden, beispielsweise dann, wenn der Gläubiger die Sache einsetzt.⁴⁵ Hier zeigt sich auch, dass der auf den ersten Blick einleuchtende Vergleich zwischen „gar nicht leisten" und „wenigstens mangelhaft leisten" fehlgeht: Wenn der Verkäufer mangelhaft leistet, hat er es nicht etwa verdient, deshalb „großzügiger" behandelt zu werden. Vielmehr kann die mangelhafte Leistung sogar viel schlimmer sein als die gänzliche Nichtleistung, nämlich, wenn (unerkannt) fehlerhafte Kaufsachen im Betrieb des Gläubigers zu massiven Schäden oder ungeahnten Produktionsausfällen führen. In derartigen Konstellationen vom Gläubiger eine Mahnung zu fordern, würde ferner den Umstand ignorieren, dass der Gläubiger oftmals erst bei Einbau der gekauften Sache die Mangelhaftigkeit bemerkt, also zu einem Zeitpunkt, an dem vonseiten der anderen Vertragspartei keine Abhilfe mehr geschaffen werden kann. Schon inhaltlich leuchtet also nicht ein, worauf sich eine etwaige Mahnung beziehen sollte. Außerdem kann sich der Gläubiger durch Vereinbarung von Leistungsterminen vor gänzlich untätigen Schuldnern einfacher schützen: Dann tritt der Verzug gem. § 286 Abs. 2 Nr 1 auch ohne Mahnung ein. Gänzlich aus der Pflicht genommen wird er freilich auch bei der mangelbehafteten Leistung nicht: Sobald er einen Mangel und die eventuellen Risiken von Folgeschäden erkennt, muss er zumindest im Zuge seiner Schadensminderungspflicht aus § 254 tätig werden.⁴⁶

4. (Einfacher) Schadensersatz bzw Schadensersatz „neben der Leistung" (§ 280 Abs. 1)

427 Wenn weder § 280 Abs. 3 noch § 280 Abs. 2 eingreifen, kann Schadensersatz schon dann verlangt werden, wenn lediglich die Voraussetzungen des § 280 Abs. 1 eingreifen. Systematisch besteht ein wichtiger Unterschied zum Schadensersatz statt der

---

41 BGH NJW 2009, 2674, 2675 mwN zu beiden Ansichten; Jauernig/*Stadler*, BGB¹⁷, § 280 Rn 6; Jauernig/*Berger*, BGB¹⁷, § 436 Rn 17; *Grigoleit/Riehm* JuS 2004, 745, 747.
42 *Grigoleit/Riehm* JuS 2004, 745, 747 f; *Teichmann/Weidmann* FS Hadding (2004) 287, 300 f.
43 BGH NJW 2009, 2674, 2675; MünchKomm/*Westermann*, BGB⁸, § 437 Rn 34; OLG Hamm BeckRS 2006, 07007; *Ebert* NJW 2004, 1761; *Medicus* JuS 2003, 521, 528.
44 BT-Drs. 14/6040, S. 225.
45 BGH NJW 2009, 2674, 2676.
46 BGH NJW 2009, 2674, 2679.

Leistung (§ 280 Abs. 3) darin, dass der Anspruch auf die **Primärleistung selbst nicht ausgeschlossen** ist, wenn nur § 280 Abs. 1 gilt: § 281 Abs. 4 kommt dann ja gerade nicht zur Anwendung. Deshalb bezeichnet man diesen Schadensersatz auch als Schadensersatz „neben der Leistung". Ansprüche auf Schadensersatz „neben der Leistung" können also neben den Primärleistungsanspruch treten. Wie bereits erörtert[47] teilt der Schadensersatz wegen Verzögerung der Leistung (§ 280 Abs. 2) diese Eigenschaft, so dass er systematisch als Unterfall des Schadensersatzes „neben der Leistung" eingeordnet werden kann. Kennzeichnend für Ansprüche auf Schadensersatz neben der Leistung aus § 280 Abs. 1 sind die im Ausgangspunkt **geringeren Tatbestandsvoraussetzungen**: Sie sind mit Begehung der Pflichtverletzung fällig und setzen weder eine Mahnung noch eine Fristsetzung voraus. Man spricht deshalb auch vom **„einfachen" Schadensersatz**.

Ob Ansprüche auf „einfachen" Schadensersatz **ausschließlich dem Schutz des Integritätsinteresses** dienen, wird von den verschiedenen Ansätzen zur Abgrenzung der Schadensarten unterschiedlich beantwortet: Der phänomenologische Ansatz zur Abgrenzung der Schadensarten bejaht dies.[48] Dagegen können nach der Logik des zeitbezogenen Ansatzes zwei dem äußeren Erscheinungsbild nach ähnliche Schadenspositionen ja trotzdem verschiedenen Schadenskategorien unterfallen.[49] Jedenfalls besteht Einigkeit darüber, dass Schäden an bestehenden Rechtsgütern oder Vermögensinteressen des Gläubigers wegen der Verletzung von Schutzpflichten (§ 241 Abs. 2) über § 280 Abs. 1 zu ersetzen sind.[50]

428

5. Lösung Fall 34

A. A kann gegen B einen Schadensersatzanspruch aus §§ 280 Abs. 1, Abs. 3, 281 Abs. 1 iHv 500 Euro haben.

I. Ein Schuldverhältnis iSd § 280 Abs. 1 liegt in Form des Kaufvertrags (§ 433) vor.

II. Ferner muss eine Pflichtverletzung gegeben sein. Diese liegt vor, wenn eine fällige Leistung nicht oder nicht ordnungsgemäß erbracht wurde. Wann eine Leistung fällig ist, folgt aus § 271 Abs. 1. Aus der Parteivereinbarung (Lieferung des Beamers bis „Ende Mai") und §§ 188 Abs. 1, 192 ergibt sich, dass die Leistung am 1.6., 0 Uhr fällig ist. Der Leistungsanspruch ist auch durchsetzbar: B steht die Einrede des nichterfüllten Vertrages (§ 320) nicht zu, weil die Bezahlung erst bei Lieferung erfolgen soll. Bereits die ursprüngliche Nichtlieferung zum vereinbarten Liefertermin begründet also eine Pflichtverletzung. Zusätzlich gilt dies für die Nichtlieferung bei Ablauf der Frist, durch die der Schuldner erneut an seine Pflicht zu Lieferung erinnert werden soll.

III. Der Anspruch scheitert gem. § 280 Abs. 1 S. 2, wenn B die Pflichtverletzung nicht zu vertreten hat. Dafür bestehen aber keine Anhaltspunkte, vielmehr hat B beide Pflichtverletzungen zu vertreten.

IV. Weitere Voraussetzung des § 280 Abs. 1 ist ein durch die Pflichtverletzung(en) verursachter Schaden. Dieser besteht in den Mehrkosten für den Deckungskauf.

V. Zusätzlich sieht das Gesetz in § 280 Abs. 3 für bestimmte Schadensarten spezielle Voraussetzungen vor. Sie müssen erfüllt sein, wenn die Mehrkosten des Deckungsgeschäfts

429

---

47 Oben Rn 411 f.
48 Vgl BeckOGK/*Riehm*, BGB (1.7.2019), § 280 Rn 273.
49 S. oben Rn 417.
50 S. nur BeckOGK/*Riehm*, BGB (1.7.2019), § 280 Rn 163; MünchKomm/*Ernst*, BGB[8], § 280 Rn 14.

Teil des Schadensersatzes „statt der Leistung" sind. Für die Frage der Abgrenzung der unterschiedlichen Schadenskategorien werden im Wesentlichen zwei Ansätze vertreten.

1. Zunächst kann man eine zeitbezogene Abgrenzung verfolgen und danach fragen, ob eine gedachte Nacherfüllung im letztmöglichen Zeitpunkt Abhilfe geschaffen und den Schaden ausgemerzt hätte. Danach müsste man in diesem Fall auf den Zeitpunkt des Rücktritts bzw die „juristische Sekunde" davor abstellen, weil A in diesem Moment zu verstehen gegeben hat, dass er mit dem ursprünglichen Geschäft nichts mehr zu tun haben möchte. Hätte B am 16.6. geliefert, wären die Kosten für den Deckungskauf am 15.6. aber nicht entfallen. Danach ließen sich die 500 Euro Mehraufwand als Schadensersatz neben der Leistung qualifizieren, weil in diesem Sinne die Leistung gerade nicht an die Stelle des – insofern endgültig eingetretenen – Schadens tritt. Die zusätzlichen Merkmale aus § 280 Abs. 3 können in diesem Fall dann außer Acht gelassen werden. Da der Schaden aber unmittelbar auf die Verzögerung der Lieferung zurückzuführen ist, ist nach dieser Ansicht § 280 Abs. 2 einschlägig, so dass es einer Mahnung nach § 286 bedarf. Eine solche ist hier im Fall gem. §§ 133, 157 in der Fristsetzung enthalten. Der Schaden müsste dann aber auch adäquat kausal auf der Pflichtverletzung beruhen. Entscheidend ist dafür – in Analogie zu den deliktsrechtlichen Herausforderungsfällen –, ob sich A zum Deckungskauf „herausgefordert" sehen darf. Das ist angesichts dessen, dass die Frist sogar schon abgelaufen ist, zu bejahen. Nach der zeitbezogenen Abgrenzung hat A keinen Schadensersatzanspruch aus §§ 280 Abs. 1, 3, 281, wohl aber aus § 280 Abs. 1 in Höhe von 500 Euro.

2. Nach dem schadensphänomenologischen Ansatz ist zu fragen, welches Interesse durch den Schaden tangiert wird. Mit dem Deckungskauf hat A selbstständig Abhilfe dafür geschaffen, dass der eigentlich bestellte Beamer nicht geliefert wurde. Es ging ihm also explizit darum, die nicht angekommene Ware zu ersetzen. Tangiert ist insofern sein Äquivalenzinteresse mit unmittelbarem Bezug zur Leistung, betroffen ist gerade nicht sein Interesse an der Wahrung seiner sonstigen Rechtsgüter und Interessen (also das Integritätsinteresse). Schadensphänomenologisch handelt es sich also um einen Schadensersatz statt der Leistung, weshalb § 280 Abs. 3 anwendbar ist. Die dort genannten zusätzlichen Voraussetzungen des § 281 liegen vor, weil B trotz Ablauf einer angemessenen Frist nicht geleistet hat. Nach dem schadensphänomenologischen Ansatz hat A also einen Schadensersatzanspruch aus §§ 280 Abs. 1, Abs. 3, 281.

Hinweis: Wie bereits oben angeführt,[51] geht es um den Streit letztlich meist lediglich darum, welche Anspruchsgrundlage die richtige ist. Das zeigt sich auch hier: Die Meinungen führen zwar zu unterschiedlichen Anspruchsgrundlagen, gelangen aber im Ergebnis jedenfalls zur Ersatzpflicht des A. In Prüfungsarbeiten empfiehlt sich gleichwohl eine Abwägung anhand der oben genannten Argumente[52].

VI. Auf Rechtsfolgenebene ist der Gläubiger so zu stellen, wie er bei ordnungsgemäßer Erfüllung gestanden hätte. Bei rechtzeitiger Erfüllung hätte A einen Beamer zum Preis von 1.500 Euro gekauft. Da die Leistung nicht innerhalb der Frist erfolgte, sah sich A gezwungen, einen gleichwertigen Beamer für 2.000 Euro zu erwerben. Die Differenz in Höhe von 500 Euro sind dem A damit als Schaden entstanden und gem. §§ 249 Abs. 1, 251 Abs. 1 zu ersetzen. Der zugleich erklärte Rücktritt schließt die Ersatzpflicht nicht aus, da nach § 325 ein Nebeneinander von Rücktritt und Schadensersatz ausdrücklich zugelassen wird.

VII. A hat gegen B einen Schadensersatzanspruch gemäß §§ 280 Abs. 1, Abs. 2, 286 bzw §§ 280 Abs. 1, Abs. 3, 281 *(in der Klausur sollten Sie die letztlich herangezogene Anspruchsgrundlage natürlich nicht offenlassen)* in Höhe von 500 Euro.

---

51 Oben Rn 409.
52 Oben Rn 410 ff.

B. A könnte gegen B einen Schadensersatzanspruch gem. §§ 280 Abs. 1, Abs. 2, 286 in Höhe von 3.000 Euro haben.

I. In dem Kaufvertrag liegt ein Schuldverhältnis iSd § 280 Abs. 1.

II. Auch eine Pflichtverletzung in Form der nicht rechtzeitigen Lieferung bei Fälligkeit ist gegeben (s.o.).

III. Diese hat B auch gem. § 280 Abs. 1 S. 2 zu vertreten.

IV. Die Einnahmeeinbußen in Höhe von 3.000 Euro bilden wiederum einen nach §§ 249 Abs. 1, 252 ersatzfähigen Schaden.

V. Erneut stellt sich die Frage, um welche Schadenskategorie es sich hier handelt.

1. Mit dem schadensphänomenologischen Ansatz ist der Schaden wohl dem Erfüllungsinteresse zuzuordnen, wobei in dieser Hinsicht keine Einigkeit besteht.[53] Geht man vom Erfüllungsinteresse aus, tritt die Leistung an die Stelle des Schadens, damit handelt es sich um einen Schadensersatz statt der Leistung. Eine iSv § 281 erforderliche Frist hat A im Fall bezogen auf die entgangenen Gewinne am 1.6. nicht gesetzt, sie hätte in der gegebenen Sachverhaltskonstellation aber auch kaum Sinn ergeben. Vielmehr liegt ein Fall des § 281 Abs. 2 2. Alt. vor, weshalb die Frist entbehrlich ist. Nach diesem Ansatz ist der Anspruch also gegeben.

2. Nimmt man eine zeitliche Betrachtung vor, leuchtet unmittelbar ein, dass eine Erfüllung Mitte Juni die Gewinneinbußen Anfang des Monats nicht rückgängig hätte entfallen lassen. Der endgültig eingetretene Schaden tritt damit neben die Leistung, und ersetzt sie nicht etwa, weshalb ein Fall des Schadensersatzes neben der Leistung gegeben ist. Da der Schaden ferner unmittelbar und ausschließlich auf der Verzögerung der Leistung beruht, müssen die weiteren Voraussetzungen des § 286 vorliegen. Die gem. § 286 Abs. 1 grundsätzlich erforderliche Mahnung ist gem. §§ 286 Abs. 2 Nr 1 entbehrlich, weil A und B eine Leistungszeit vereinbart haben (Lieferung bis zum 31.5.). Auch nach dem zeitbezogenen Ansatz kann A Schadensersatz verlangen, allerdings aus §§ 280 Abs. 1, Abs. 2, 286.

Hinweis: Auch hier kommt es nur für die „richtige" Anspruchsgrundlage auf die Streitentscheidung an.

VI. A hat gegen B einen Schadensersatzanspruch aus §§ 280 Abs. 1, Abs. 2, 286 bzw aus §§ 280 Abs. 1, Abs. 3, 281 in Höhe von 3.000 Euro.

C. A hat gegen B auch einen Schadensersatzanspruch aus §§ 280 Abs. 1, 241 Abs. 2 in Höhe von 200 Euro. Hierbei handelt es sich eindeutig um einen Schadensersatz neben der Leistung, dessen Voraussetzungen gem. § 280 Abs. 1 auch unproblematisch erfüllt sind. Die Beschädigung der Waren steht mit der eigentlichen Hauptleistungspflicht (Lieferung des Beamers) nicht in einem wertungsmäßigen Zusammenhang, deshalb ist das Integritätsinteresse des A (an der Erhaltung seines Eigentums an den zuvor makellosen Bänken) betroffen. Ebenso führt der zeitspezifische Ansatz zur Anwendung von § 280 Abs. 1, schließlich ist der Schaden endgültig entstanden und auch durch eine spätere Lieferung des Beamers nicht mehr zu kompensieren. Als Rechtsfolge sind nach § 249 Abs. 1, Abs. 2 S. 1 200 Euro zu ersetzen.

D. A kann damit insgesamt 3.700 Euro als Schadensersatz von B verlangen.

---

53 Zum Streitstand BeckOGK/*Riehm*, BGB (1.7.2019), § 280 Rn 260 ff.

VI. Vertretenmüssen

430 Fall 35: Knut (K) und Hans (H) fahren jeden Morgen gemeinsam mit dem Auto des K zur Arbeit. K kümmert sich um die Unterhaltungskosten des Fahrzeugs, H übernimmt die Benzinkosten. Außerdem vereinbaren sie, dass H für Verkehrsunfälle jeglicher Art keine Ersatzansprüche gegen K zustehen sollen.

Wie üblich sind die beiden spät dran, sodass K die Geschwindigkeitsbegrenzung von 50 km/h ignoriert und stattdessen 70 km/h fährt. Plötzlich verliert K aufgrund von Spurrinnen die Kontrolle über den Wagen. Er steuert das Fahrzeug gegen einen Baum, wodurch H leichte Verletzungen erleidet. H verlangt nun von K Ersatz der ärztlichen Behandlungskosten.

Muss K seine Pflichtverletzung vertreten?

Fall 36: Malermeisterin S schickt ihren Auszubildenden E zur Wohnung der G, damit dieser dort die von G bei S bestellten Tapezierarbeiten vornimmt. Dabei

a) stößt E tollpatschig einen Stehspiegel im Wohnzimmer der G um, der dadurch zu Bruch geht.
b) stiehlt E den Laptop der G in einem günstigen Moment aus dem Nachbarzimmer.
c) sieht der E, dass sich ein Diebstahl bei G lohnen würde. Er kehrt daher nachts zurück, steigt in die Wohnung der G ein und nimmt eine teure Vase mit.

Sind der S Pflichtverletzung und Vertretenmüssen des E gem. § 278 zuzurechnen? **Lösung Rn 485 f und 495**

Fall 37: A ist Inhaberin eines Gastgartens im Münsterland. Da sie sich hauptsächlich um die organisatorischen Aufgaben kümmert, hat sie B als Kellner engagiert. An einem hektischen Wochentag rutscht dieser beim Servieren einer Weinflasche aus. Dabei verletzt die Flasche:

a) einen Gast des Gastgartens
b) einen am Gastgarten vorbeilaufenden Passanten
c) jemanden, der den Gastgarten betreten hat und sich gerade einen Platz suchen wollte

Haben die geschädigten Personen jeweils einen vertraglichen Anspruch gegen A?

1. Grundlagen

a) Vertretenmüssen als zentrale Voraussetzung von Schadensersatzansprüchen

431 Wie wir im Kapitel zur Systematik des § 280 und der Abgrenzung der Schadensarten gesehen haben[54], ist **zentrale Voraussetzung von Schadensersatzansprüchen**, dass der Schuldner die Pflichtverletzung zu vertreten hat (§ 280 Abs. 1 S. 2). Das Gesetz spricht aber auch an anderen Stellen vom Vertretenmüssen, so etwa in § 275 Abs. 2 S. 2, in § 286 Abs. 4, in § 311a Abs. 2 S. 2 oder auch in § 536a Abs. 1. Der Begriff des Vertretenmüssens ist vom Begriff des Verschuldens zu unterscheiden: Das Vertretenmüssen umfasst einerseits das **Verschulden**, also die subjektive Vorwerfbarkeit (vgl § 276), andererseits aber auch **andere Gründe**, aus denen jemand für einen Schaden einzustehen hat – so zB die Haftung für Zufall im Schuldnerverzug nach § 287 S. 2.

---
54 Oben Rn 403.

Bezugspunkt des Vertretenmüssens in § 280 Abs. 1 ist die Pflichtverletzung, nicht etwa der 432
Schaden. Anders als in anderen Rechtsordnungen (vor allem solchen, die dem *Common Law*
angehören wie das englische Recht) muss der Schaden also nicht vorhersehbar sein. Funktionell erfüllen normative Einschränkungen bei der haftungsbegründenden Kausalität (Adäquanz
und Schutzzweck der Norm) zwischen Pflichtverletzung und Schaden die Ordnungsaufgabe,
die das Kriterium der Vorhersehbarkeit des Schadens in diesen anderen Rechtsordnungen übernimmt.

b) Eingeschränktes Verschuldensprinzip

In den Motiven zum BGB heißt es: „Unter ‚Verschulden' wird ein auf Vorsatz oder 433
Fahrlässigkeit beruhendes Verhalten verstanden".[55] Im BGB gilt – wenngleich mit
wichtigen Einschränkungen – gem. § 276 Abs. 1 das **Verschuldensprinzip**:[56] Grundsätzlich hat der Schuldner die Pflichtverletzung zu vertreten, wenn er die Pflicht vorsätzlich oder fahrlässig verletzt hat. Das gilt gem. § 276 Abs. 1 aber nur, **soweit keine
strengere oder mildere Haftung bestimmt** ist. Für das Vertretenmüssen kann also
ein vom Verschuldensprinzip abweichender oder das Verschulden einschränkender
Maßstab bestimmt sein. Solche Bestimmungen können sich zum einen in Verträgen
finden, zum anderen gesetzlich normiert sein. Ein Beispiel für eine gesetzliche Bestimmung bietet **§ 287 S. 2**: Der Schuldner in Verzug haftet auch für Zufall. Praktisch
überaus wichtig ist **§ 278**: Dem Schuldner wird Verschulden seiner Erfüllungsgehilfen zugerechnet.[57] Im Deliktsrecht bilden die zahlreichen Fälle der **Gefährdungshaftung** gesetzliche Ausnahmen vom Verschuldensprinzip. Auch Vertrauenshaftungstatbestände (wie **§ 122** oder **§ 179 Abs. 2**) kann man als Ausnahme vom Verschuldensprinzip ansehen. Im Besonderen Schuldrecht ordnet etwa § 536a Abs. 1 Var. 1 eine
verschuldensunabhängige Haftung des Vermieters für anfängliche Mietmängel an.
Das wichtigste Beispiel für eine vertragliche Bestimmung spricht § 276 Abs. 1 ausdrücklich an: Die Übernahme einer Garantie.[58] Die Beispiele zeigen: Vertretenmüssen ist zwar häufig gleichbedeutend mit Verschulden (also Vorsatz oder Fahrlässigkeit). Vertretenmüssen kann aber auch vorliegen, wenn kein Verschulden vorliegt.

c) Darlegungs- und Beweislast, Bezugspunkt

In der Praxis der Rechtsanwendung kommt es oft entscheidend darauf an, wer die **Beweislast für das Vertretenmüssen** trägt, wenn sich nicht aufklären lässt, ob die Voraussetzungen dafür vorliegen oder nicht. Im BGB finden sich keine eigenständigen 434
Normen über die Beweislast, vielmehr ist sie in den Normen des Gesetzes mitgeregelt. Dabei gilt nach der sog **Normentheorie**, dass jeder diejenigen Tatbestandsvoraussetzungen darzulegen und zu beweisen hat, die für die Rechtsfolge erforderlich
sind, auf die er sich beruft.[59] Vereinfacht gesprochen: Jeder muss die ihm günstigen
Voraussetzungen beweisen. Daraus ergibt sich beispielsweise grundsätzlich, dass der
Anspruchsinhaber die anspruchsbegründenden Tatbestandsvoraussetzungen (etwa:
die eines Vertragsschlusses, wenn er aus einem Vertrag Rechte herleiten will) zu be-

---
55 Motive I 281.
56 Vgl BGH NJW 2008, 1587.
57 Im Einzelnen zu § 278 unten Rn 470 ff.
58 Zur Garantie iSd § 276 Abs. 1 unten Rn 437.
59 Näher *Arnold* AcP 209 (2009), 285.

weisen hat, während die Beweislast für die Voraussetzungen von rechtsvernichtenden Einwendungen (wie beispielsweise der Erfüllung, § 362 Abs. 1) und rechtshemmenden Einreden (wie etwa der Verjährung, vgl § 215) beim Anspruchsgegner liegt.

435 Für das Vertretenmüssen nutzt das Gesetz diese Grundsätze oft, um eine **Beweislastumkehr** festzulegen: Das Vertretenmüssen ist in **§ 280 Abs. 1 S. 2 als negativer Ausschlussgrund** der Schuldnerhaftung formuliert. Die Rechtsfolge ist durch die doppelte Verneinung in der Formulierung für den Schuldner günstig: Wenn ihn *kein* Vertretenmüssen trifft, haftet er nicht. Daher trifft die Beweislast für das (fehlende) Vertretenmüssen den Schuldner. Mit anderen Worten: Das Vertretenmüssen wird (widerleglich) **vermutet**. Aus Gläubigersicht genügt es also im Rahmen des § 280 Abs. 1, lediglich Schuldverhältnis Pflichtverletzung, Schaden und Kausalität darzulegen und zu beweisen. Das gleiche Prinzip findet sich auch in **§ 311a Abs. 2 S. 2** für die anfängliche Unmöglichkeit: Der Schuldner haftet, außer er kann darlegen und beweisen, dass er keine Kenntnis von der anfänglichen Unmöglichkeit hatte bzw. seine Unkenntnis nicht zu vertreten hat (sog Exkulpation).

Manche Schadensersatzansprüche formulieren das Vertretenmüssen auch positiv als Tatbestandsvoraussetzung, so etwa § 536a Abs. 1 für mangelbedingte Schadensersatzansprüche des Mieters wegen nach Vertragsschluss entstehender Schäden. Im Rahmen solcher Normen trägt dann konsequenter Weise auch der Gläubiger – bei § 536a also der Mieter – die Beweislast für das Vertretenmüssen.[60]

436 In der **Fallbearbeitung** muss man auf die Beweislastfunktion des § 280 Abs. 1 S. 2 nur dann eingehen, wenn nach dem Sachverhalt Unsicherheit darüber besteht, ob Vertretenmüssen vorliegt oder nicht. Denn nur bei einem *non liquet* über das Vorliegen von Tatbestandsvoraussetzungen greifen Beweislastnormen ein. Wenn der Sachverhalt also beispielsweise klarstellt, dass der Schuldner die Pflicht vorsätzlich verletzt hat, genügt es zu schreiben: „Der Schuldner muss die Pflichtverletzung gem. § 280 Abs. 1 S. 2 auch zu vertreten haben. V hat die Pflicht vorsätzlich verletzt, so dass Vertretenmüssen in Form von Vorsatz § 276 Abs. 1) vorliegt." Es schadet aber nicht, auch in solchen Situationen knapp auf die Beweislastfunktion hinzuweisen, etwa in der Form: „Der Schuldner muss die Pflichtverletzung gem. § 280 Abs. 1 S. 2 auch zu vertreten haben, was nach § 280 Abs. 1 S. 2 vermutet wird...".

2. Eigenes Verschulden des Schuldners (§§ 276 und 277)

a) Grundsätze

437 Der Schuldner hat gem. § 276 Abs. 1 S. 1 grundsätzlich Vorsatz und Fahrlässigkeit zu vertreten. Er haftet also in der Regel immer dann, wenn er die Pflichtverletzung vorsätzlich oder fahrlässig begangen hat (**Verschuldensprinzip**). Allerdings kann eine strengere oder mildere Haftung bestimmt sein. Für das Vertragsrecht haben wir die wichtigste Form der strengeren Haftung schon kennengelernt, nämlich die **Garantiehaftung** bei Übernahme einer unselbständigen Garantie. Eine **mildere** Haftung – also beispielsweise die Haftung bloß für grobe Fahrlässigkeit – kann sich ebenfalls aus vertraglichen Vereinbarungen ergeben. Das Gesetz sieht sie auch für spezifische Ver-

---

60 Vgl etwa BGH NJW 2008, 1216.

tragsformen vor. So haftet beispielsweise der Verleiher grundsätzlich nur für Vorsatz und grobe Fahrlässigkeit (vgl § 599), der unentgeltliche Verwahrer (vgl § 690) und die Eltern ihren Kindern gegenüber (vgl § 1664) nur für die Sorgfalt in eigenen Angelegenheiten.[61] Im Bereich der deliktischen Haftung gibt es viele Haftungstatbestände, bei denen Schadensersatzansprüche kein Verschulden voraussetzen.

Verschulden setzt im Schuldrecht ebenso wie im Strafrecht **Rechtswidrigkeit** voraus. Die Rechtswidrigkeit ergibt sich im Schuldrecht regelmäßig aus der **Pflichtverletzung**: Wenn der Schuldner eine Pflicht aus dem Schuldverhältnis verletzt, handelt er zugleich rechtswidrig.[62]   438

b) **Verschuldensfähigkeit (§ 276 Abs. 1 S. 1 iVm §§ 827, 828)**

Vorsatz und Fahrlässigkeit sind **Verschuldenskategorien**. Verschulden trifft aber nur Personen, die verschuldensfähig sind. Die Verschuldensfähigkeit ist in § 276 Abs. 1 S. 2 durch einen Verweis in das Deliktsrecht geregelt: Maßgeblich sind also die Vorschriften über die Deliktsfähigkeit der **§§ 827 und 828**. §§ 827, 828 sind also über den engen Bereich der deliktischen Haftung auch für die Verschuldensfähigkeit im Rahmen der Haftung aus vertraglichen Schuldverhältnissen maßgeblich. Ihr Regelungsgehalt beschränkt sich darauf, die Deliktsfähigkeit (bzw. Verschuldensfähigkeit) für bestimmte Alters- und Personengruppen einzuschränken, teils auch situationsspezifisch. Daraus ergibt sich, dass das Gesetz grundsätzlich davon ausgeht, dass jede Person verschuldensfähig ist. Nur dann ergeben die Ausnahmen einen Sinn.   439

aa) **Fehlende Verschuldensfähigkeit (§§ 827, 828 Abs. 1).** In den §§ 827 und 828 Abs. 1 wird die **Verschuldensfähigkeit für bestimmte Personengruppen vollständig ausgeschlossen.** Gem. § 827 S. 1 sind das zunächst Personen, die „im Zustand der Bewusstlosigkeit oder in einem die freie Willensbestimmung ausschließenden Zustand krankhafter Störung der Geistestätigkeit" handeln. Ein die freie Willensbestimmung ausschließender Zustand kann auch aus Alkoholeinfluss resultieren (vgl § 827 S. 2), dafür sind allerdings sehr hohe Blutalkoholkonzentrationen erforderlich: Der BGH wertete eine Blutalkoholkonzentration von 2,7 Promille als Anzeichen für eine Schuldunfähigkeit.[63] Wer sich selbst etwa durch Alkohol in einen Zustand des § 827 S. 1 versetzt, ist für Pflichtverletzungen in diesem Zustand verantwortlich, als hätte er fahrlässig gehandelt. Anders als im deutschen StGB ist die Verantwortung für eine Handlung, die zwar nicht in sich selbst, wohl aber in ihrer Ursache frei ist (actio libera in causa) im BGB also zumindest teilweise geregelt. Keine Verantwortlichkeit trifft denjenigen, der ohne Verschulden in den Zustand geraten ist, also beispielsweise durch K.O.-Tropfen, die ein Dritter ins Glas geschüttet hat (§ 827 S. 2 2. HS).   440

Kinder bis zur **Vollendung ihres siebten Lebensjahres** sind gem. § 828 Abs. 1 iVm § 827 S. 1 ebenfalls verschuldensunfähig. Stichtag ist der siebte Geburtstag.   441

---

61 Zur Sorgfalt in eigenen Angelegenheiten unten Rn 455 f.
62 Jauernig/*Stadler*, BGB[17], § 276 Rn 13.
63 BGH VuR 2011, 433.

442 **bb) Einschränkung der Verschuldensfähigkeit Sieben- bis Neunjähriger bei verkehrstypischen Überforderungssituationen (§ 828 Abs. 2).** Sieben- bis Neunjährige werden in § 828 Abs. 2 in bestimmten **Verkehrssituationen** (vor allem im Straßenverkehr) von ihrer Verantwortung für Unfälle befreit, es sei denn, sie haben vorsätzlich gehandelt (vgl § 828 Abs. 2 S. 2). Die Norm berücksichtigt, dass Kinder in dieser Altersstufe die vielen und komplexen Gefahren des modernen Straßenverkehrs normalerweise noch nicht einschätzen können. Daraus ergibt sich auch, dass § 828 Abs. 2 nur eingreift, wenn eine **typische Überforderungssituation** des Kindes vorliegt, in der sich die spezifischen Gefahren des motorisierten Verkehrs realisieren.[64] Die Norm greift beispielsweise nicht ein, wenn eine Neunjährige fahrlässig parkende Autos vom Bürgersteig aus zerkratzt (etwa mit ihrem Tretroller).

443 **cc) Beschränkte Verschuldensfähigkeit nach individueller Einsichtsfähigkeit (§ 828 Abs. 3).** Gem. § 828 Abs. 3 sind **Sieben- bis 17-Jährige** verschuldensunfähig, wenn sie nicht die zur Erkenntnis der Verantwortlichkeit erforderliche Einsicht haben. Bei ihnen wird die Verschuldensfähigkeit also individuell bestimmt. Entscheidend sind unter anderem der Reifegrad der handelnden Person und die Art der schädigenden Handlung. Maßgeblich ist die Einsichtsfähigkeit, nicht die Steuerungsfähigkeit. Es geht also darum, ob die Person nach ihrer individuellen Verstandesentwicklung fähig ist, das Gefährliche ihres Tuns zu erkennen und sich der Verantwortung für die Folgen ihres Tuns bewusst zu sein. Nicht entscheidend ist, ob die Person auch individuell dazu in der Lage ist, sich dieser Einsicht gemäß zu verhalten.[65] So kann beispielsweise ein durchschnittlich entwickelter Neunjähriger nicht erkennen, dass das harmlose Werfen von Matschkugeln in Richtung eines herumlaufenden Hundes ein in der Nähe befindliches Pferd in einer Führanlage so erschreckt, dass es scheut und sich verletzt.[66] Die Beweislast für die Verschuldensunfähigkeit tragen die Sieben- bis 17-Jährigen. Das folgt aus der Negativformulierung in § 828 Abs. 3.[67]

444 **dd) Billigkeitshaftung (§ 829).** Wenn Personen aufgrund der §§ 827, 828 die Verschuldensfähigkeit fehlt, kann das für die geschädigten Personen hart sein: Sie erhalten keinen Schadensersatz. Das kann existenzgefährdend sein, wenn es um schwere Schäden geht und kein Versicherungsschutz besteht. § 829 ordnet deshalb eine **Ersatzpflicht aus Billigkeitsgründen** an. Voraussetzung ist, dass Ersatz auch nicht von einem aufsichtspflichtigen Dritten erlangt werden kann, die Billigkeit nach den Umständen eine Schadloshaltung erfordert und dem Ersatzpflichtigen nicht die Mittel entzogen werden, deren er zum angemessenen Unterhalt sowie zur Erfüllung seiner gesetzlichen Unterhaltpflichten bedarf. § 829 ist allerdings **nur bei deliktischen** Ansprüchen anwendbar, nicht auch im Rahmen der §§ 280 ff. Das ergibt sich aus dem Wortlaut des § 829 sowie aus dem Verweis des § 276 Abs. 1 S. 2, der sich nur auf die §§ 827 und 828 erstreckt, nicht aber auch auf § 829. Auch im deliktischen Bereich bejaht die Rechtsprechung die Billigkeitshaftung nur unter strengen Voraussetzungen.[68]

---

64 BGH NJW-RR 2005, 327; BGH NJW 2007, 2113.
65 BGH NJW-RR 2005, 327, 328.
66 So das LG Osnabrück NJW 2007, 522.
67 Näher zur Beweislast unten Rn 446.
68 Dazu BGH NJW 1973, 1795.

ee) Einschränkung der Haftung von Kindern aus Billigkeitsgründen in Extremfällen (Art. 1, 2 Abs. 1 GG).

Kinder und Jugendliche können – innerhalb der Grenzen der §§ 827, 828 – schon wegen leicht fahrlässiger Handlungen in schwindelregenden Höhen haften. So hatten beispielsweise in dem vom OLG Celle entschiedenen Fall[69] 15-Jährige gezündelt, den Brand einer Halle ausgelöst und etwa 500.000 DM Schaden verursacht – das war auch in den 80e0er Jahren des vergangenen Jahrhunderts viel Geld. Einer der Burschen war nicht haftpflichtversichert. Das OLG Celle wandte sich deshalb mit einem Antrag auf konkrete Normenkontrolle an das Bundesverfassungsgericht: § 828 Abs. 2 BGB aF (heute: § 828 Abs. 3) sei mit **Art. 1, 2 und 6 Abs. 2 S. 2 GG** in den Fällen nicht vereinbar, in denen Sieben- bis 17-Jährige in existenzvernichtender Weise auf Schadensersatz in Anspruch genommen werden, obwohl ihnen nur leichtes Verschulden vorzuwerfen, andererseits aber eine finanzielle Entschädigung des Opfers von dritter Seite gewährleistet ist. Die **unbegrenzte Haftung** könne Kinder und Jugendliche in ihrer wirtschaftlichen Existenz zerstören. Noch vor der Entscheidung des BVerfG wurde der Fall allerdings durch einen Vergleich erledigt. Eine Entscheidung des BVerfG zu dieser Frage gibt es bis heute nicht. Immerhin hat der BerlVerfGH entschieden, dass die Zivilgerichte mit Rücksicht auf das allgemeine Persönlichkeitsrechts von Minderjährigen (Art. 7, 6 der Berliner Verfassung, **Art. 1, 2 Abs. 1 GG**) verpflichtet sind, eine Begrenzung der Minderjährigenhaftung in solchen Konstellationen zu prüfen: Finanzielle Verpflichtungen könnten die freie Entfaltung und Entwicklung der persönlichen Lebenssphäre junger Menschen extrem beeinträchtigen.[70] Bei der verfassungskonformen Interpretation oder Fortbildung der materiellen Vorschriften muss jedenfalls im Blick behalten werden, dass es auch andernorts Ausgleichsmechanismen gibt: Im **Zwangsvollstreckungsrecht** wird menschenwürdiges Leben durch Schuldnerschutzvorschriften abgesichert. Im **Insolvenzrecht** können zahlungsunfähige Schuldner über das Instrument der Restschuldbefreiung (§§ 286 ff InsO) sogar einen wirtschaftlichen Neuanfang erreichen. Trotz dieser Instrumente außerhalb des Schuldrechts würde ich den Ausschluss schon der materiell-rechtlichen Haftung nicht kategorisch ablehnen: Wenn das Kindeswohl stark betroffen und die Schutzeffektivität anderweitiger Instrumente nicht ausreichend ist, können Art. 1, 2 und 6 Abs. 2 S. 2 GG einen Ausschluss der Haftung begründen.

c) Vorsatz

Vorsatz ist im Gesetz nicht legaldefiniert. In Rechtsprechung und Literatur besteht aber weitgehende Einigkeit über die Grundelemente: Vorsatz ist danach **Wissen und Wollen des rechtswidrigen Erfolgs**[71] – also im Regelfall der Pflichtverletzung. Im Zivilrecht handelt außerdem nur vorsätzlich, wer sich der Rechtswidrigkeit bewusst ist (sog „Vorsatztheorie"). Nach der stRspr des BGH lässt das fehlende Unrechtsbewusstsein also den Vorsatz entfallen.[72] Allerdings kann der Rechtsirrtum zur Fahrlässigkeitshaftung führen. Im Strafrecht ist das anders, dort lässt der unvermeidbare Verbotsirrtum gem. § 17 StGB (lediglich) die Schuld, nicht aber den Vorsatz entfallen (sog „Schuldtheorie").

Wer sich in einem **Rechtsirrtum** befindet – etwa, weil er über einen bestimmten Umstand nicht aufklärt, weil er glaubt, nicht aufklärungspflichtig zu sein –, handelt also nicht vorsätzlich. Er kann aber immer noch fahrlässig handeln: **Fahrlässig** handelt er

---

69 OLG Celle NJW-RR 1989, 791.
70 BerlVerfGH NJW-RR 2010, 1141.
71 BGH NJW 1965, 962, 963; BGH NJW 2017, 250, 253.
72 Vgl BGH NJW 1992, 566, 569 mwN.

dann, wenn er seinen Rechtsirrtum **vermeiden** konnte. Entscheidend ist in Fällen des Rechtsirrtums also, ob der Rechtsirrtum unverschuldet ist oder nicht: Nur, wenn ein **unverschuldeter** Rechtsirrtum vorliegt, **fehlt es am Vertretenmüssen**. Fehlende Rechtskenntnis allein hilft dem Schuldner nicht: Vielmehr trägt grundsätzlich jeder selbst das Risiko, sich über die Rechtslage zu irren. Ein unverschuldeter Rechtsirrtum kann nur dann bejaht werden, wenn der Schuldner die Rechtslage unter Einbeziehung der höchstrichterlichen Rechtsprechung sorgfältig geprüft hat und bei Anwendung der im Verkehr erforderlichen Sorgfalt auch mit einer anderen Beurteilung durch die Gerichte nicht zu rechnen brauchte.[73] Dabei geht es um Ausnahmefälle, etwa, wenn sich der Schuldner auf eine gefestigte höchstrichterliche Rechtsprechung berufen konnte und eine spätere Änderung dieser Rechtsprechung nicht zu befürchten brauchte.[74]

448 Vorsatz umfasst sowohl den **direkten** als auch den **indirekten Vorsatz**.[75] Bezugspunkt bei den Vorsatzarten ist der jeweilige Haftungstatbestand (im Bereich des § 280 also die Pflichtverletzung) – nicht der Schaden.[76] Beim direkten Vorsatz sieht der Handelnde den rechtswidrigen Erfolg sicher voraus und handelt trotzdem.[77] Beim indirekten oder bedingten Vorsatz sieht der Handelnde den Erfolg lediglich als möglich voraus und nimmt ihn für den Fall seines Eintritts billigend in Kauf.[78] Der bedingte Vorsatz kann im Einzelfall schwer von der bewussten Fahrlässigkeit abzugrenzen sein. Darauf kommt es an, wenn nur eine Vorsatzhaftung besteht (wie nach § 826), oder wenn Haftungsausschlüsse für Fahrlässigkeitshaftung bestehen.[79] **Bewusste Fahrlässigkeit** liegt vor, wenn der Handelnde zwar erkennt, dass der Erfolg eintreten kann, aber hofft, dass der Erfolg nicht eintreten werde bzw es ihm gleichgültig ist, ob er eintritt.[80] Wenn der Handelnde ernsthaft darauf vertraut, dass der Erfolg nicht eintritt, liegt kein bedingter Vorsatz vor, sondern gegebenenfalls Fahrlässigkeit.[81] Beim bedingten Vorsatz sagt sich der Schuldner also: „Na, wenn schon!", bei der bedingten Fahrlässigkeit sagt er sich dagegen: „Es wird schon gut gehen".[82]

d) **Fahrlässigkeit (§ 276 Abs. 2)**

449 aa) **Grundsätze.** Die Fahrlässigkeit ist in § 276 Abs. 2 legaldefiniert: „Fahrlässig handelt, wer die im Verkehr erforderliche Sorgfalt außer Acht lässt." Das setzt voraus, dass der rechtlich missbilligte Erfolg (also etwa die Pflichtverletzung iSd § 280 Abs. 1) mit der verkehrserforderlichen Sorgfalt voraussehbar und vermeidbar war.[83] Dabei ist ein **objektiver Sorgfaltsmaßstab** maßgeblich; es geht also weniger um

---

73 BGH NJW 2017, 2268.
74 BGHZ 201, 91.
75 MünchKomm/*Grundmann*, BGB[8], § 276 Rn 154.
76 Vgl schon oben Rn 408.
77 Jauernig/*Stadler*, BGB[17], § 276 Rn 15.
78 BGH NJW 1952, 1291, 1292; BGH DNotZ 1993, 325; OLG München BeckRS 2017, 112607.
79 Dazu etwa OLG München BeckRS 2017, 112607.
80 BAG VersR 1971, 528; BGH BeckRS 2002, 1167.
81 Vgl BGH NJW-RR 2002, 740.
82 *Brox/Walker*, SR AT[43], S. 211.
83 MünchKomm/*Grundmann*, BGB[8], § 276 Rn 77, 68; BeckOGK/*Schaub*, BGB (1.9.2019), § 276 Rn 57.

einen persönlichen Schuldvorwurf als im Strafrecht.[84] Es kommt nicht auf die individuellen Fähigkeiten des konkreten Schuldners an, sondern die Fähigkeiten eines durchschnittlichen Angehörigen des betreffenden Verkehrskreises. Der Schuldner kann sich also nicht damit entlasten, dass er persönlich den an sich erforderlichen Sorgfaltsanforderungen nicht gewachsen ist.[85] In den Worten des BGH: „Mangelnde Erfahrung oder mangelnde Kenntnisse sind kein Entlastungsgrund bei dem objektivierten Sorgfaltsmaßstab des Zivilrechts."[86] Umgekehrt können allerdings im Einzelfall besonders hohe Kenntnisse die Sorgfaltsanforderungen erhöhen.[87]

Die erforderliche Sorgfalt ist zugleich ein normativ aufgeladener Begriff: Auf „**Verkehrsunsitten**" kann sich der Schuldner nicht berufen. Denn § 276 Abs. 2 erklärt nicht die verkehrs*übliche*, sondern die im Verkehr *erforderliche* Sorgfalt für maßgeblich.[88]

Der Fahrlässigkeitsmaßstab ist **objektiv** und an den jeweiligen **Verkehrskreisen** und **Altersgruppen** orientiert. So wird im Vertragsrecht Vertrauensschutz verwirklicht, im Deliktsrecht ein angemessener Schadensausgleich ermöglicht.[89] Maßgeblich sind die konkreten Verkehrserfordernisse **innerhalb der betroffenen Berufsgruppe** oder des jeweiligen **Verkehrskreises**.[90] Wenn es beispielsweise um die verkehrssichere Erstellung des Treppenhauses eines Mehrfamilienhauses geht, kommt es auf die Sorgfalt eines ordentlichen und besonnenen Bauherrn an.[91] Im kaufmännischen Bereich ist die Sorgfalt eines ordentlichen Kaufmanns im entsprechenden Geschäftsbereich maßgeblich (vgl § 347 HGB).[92] Bei Minderjährigen ist entscheidend, ob Minderjährige der jeweiligen Alters- und Entwicklungsstufe den Schadenseintritt hätten voraussehen können und müssen und es ihnen möglich und zumutbar gewesen wäre, sich dementsprechend zu verhalten.[93] Diese Fähigkeit kann Minderjährigen fehlen, selbst, wenn sie verschuldensfähig iSd § 828 Abs. 3 sind. Darin liegt eine praktisch bedeutsame Einschränkung der Haftung von Kindern und Minderjährigen. Beispielsweise kann ein normal entwickeltes siebeneinhalbjähriges Kind durchaus erkennen, dass es für Personen in seiner Umgebung gefährlich werden kann, wenn es eine Biene mit einem Messer abwehrt. Das Kind kann also verschuldensfähig iSd § 828 Abs. 3 sein, wenn es die Biene mit einem Messer abwehrt (das es gerade zum Apfelsinenschälen in Händen hält) und dabei ein anderes Kind verletzt. Es handelt aber nicht unbedingt fahrlässig: Denn möglicherweise kann es in akuter Angst vor der Biene die Gefahr der Abwehrbewegung nicht erkennen und sich dieser Einsicht gemäß verhalten.[94]

450

---

84 Vgl etwa BGH NJW 2001, 1786.
85 Beispielsweise BGH NJW 1989, 976, 978.
86 BGH NJW 1995, 1150, 1151: Sorgfaltsmaßstab beim Einfüllen von Dieselkraftstoff in einen Erdtank.
87 Vgl BGH NJW 1987, 1479: Medizinische Spezialkenntnisse eines Chefarztes.
88 RGZ 128, 39.
89 Jauernig/*Stadler*, BGB[17], § 276 Rn 29.
90 BGH NJW 1988, 909 (Sorgfaltspflichten der Kraftfahrzeugführer); BGH NJW 2003, 2022 (Anforderungen an anwaltliche Tätigkeit).
91 BGH NJW 1994, 2232, 2233.
92 Vgl BGH NJW 1985, 738.
93 BGH NJW 2005, 354, 356.
94 BGH VersR 1997, 834.

451 **bb) Bewusste und unbewusste Fahrlässigkeit.** Der Schuldner haftet grundsätzlich für **jede Form der Fahrlässigkeit**. Eher theoretisch interessant ist daher die Unterscheidung von **bewusster** und **unbewusster** Fahrlässigkeit. Bei bewusster Fahrlässigkeit erkennt der Handelnde die Möglichkeit des Erfolgseintritts, hofft aber, dass er nicht eintreten werde oder es ist ihm gleichgültig, ob er eintritt.[95] Bei unbewusster Fahrlässigkeit sieht der Handelnde die Erfolgsmöglichkeit schon gar nicht voraus – hätte dies aber durch verkehrsübliche Sorgfalt voraussehen müssen. Beide Fahrlässigkeitsformen sind von § 276 Abs. 1 S. 1 erfasst.

452 **cc) Fahrlässigkeit im Rahmen der Arbeitnehmerhaftung.** Besonderheiten gelten für die **Arbeitnehmerhaftung** bei betrieblich veranlassten Tätigkeiten. Die Rechtsprechung hat in diesem Bereich besondere Regeln entwickelt, für die auch unterschiedliche Abstufungen der Fahrlässigkeit relevant sind.[96]

453 **dd) Grobe Fahrlässigkeit.** Nach stRspr handelt **grob** fahrlässig, wer die erforderliche Sorgfalt nach den gesamten Umständen in **ungewöhnlich grobem Maße** verletzt und dasjenige unbeachtet lässt, was im gegebenen Fall **jedermann hätte einleuchten müssen**.[97] Objektiv geht es um besonders schwere Sorgfaltsverstöße. Aber auch subjektiv muss ein besonders hoher Grad persönlicher Vorwerfbarkeit vorliegen.[98] Die Abgrenzung zur einfachen Fahrlässigkeit ist schwierig und wird von der Rechtsprechung unter Berücksichtigung der konkreten Fallumstände normativ konkretisiert. Grob fahrlässig handelt in der Regel, wer fahruntüchtig Auto fährt,[99] nicht aber zB wer vor einem die Fahrbahn überquerenden Fuchs ausweicht.[100]

454 Grobe Fahrlässigkeit ist somit eine **besonders schwere Form der Fahrlässigkeit**. Ob grobe oder nur einfache Fahrlässigkeit vorliegt, kann für die Annahme des Vertretenmüssens hohe Bedeutung haben. Das ist zunächst der Fall, wenn gesetzliche Haftungserleichterung bestehen, wie etwa in § 277 bei der Haftung für die Sorgfalt in eigenen Angelegenheiten[101], in § 300 Abs. 1 (Beschränkung der Schuldnerhaftung im Annahmeverzug[102]) oder etwa in den Fällen der §§ 521, 599 oder 680. Auch bei vertraglichen Haftungsbeschränkungen in AGB kann gem. § 309 Nr 7 lit. b) keine Freizeichnung für grobe Fahrlässigkeit erfolgen. Praktisch sehr relevant sind auch § 932 Abs. 2 (kein gutgläubiger Erwerb bei grober Fahrlässigkeit des Erwerbers) und § 199 Abs. 1 Nr 2 (Beginn der Regelverjährung ab dem Zeitpunkt, zu dem der Gläubiger von den Anspruch begründenden Umständen und der Person des Schuldners Kenntnis erlangen müsste).

455 **ee) Haftung nur für die Verletzung der eigenüblichen Sorgfalt (diligentia quam in suis).** Das Gesetz ordnet in manchen Bestimmungen an, dass nur für die Sorgfalt ge-

---

95 Zur Abgrenzung vom bedingten Vorsatz (keine Billigung des Erfolgs) s. oben Rn 446.
96 Einzelheiten etwa bei *Schwab* NZA-RR 2016, 173.
97 StRspr Vgl etwa BGH VersR 1965, 571; BGH NJW 2003, 1118, 1119; BGH NJW-RR 2012, 111.
98 BGH NJW 2009, 1482, 1485; BGH NJW-RR 2009, 812, 813.
99 Beispielsweise BGH NJW 1992, 119: 1,1 Promille Blutalkohol.
100 BGH NJW 2007, 2988.
101 Dazu unten Rn 455 f.
102 Zu Einzelheiten unten Rn 823.

haftet wird, die der Schuldner in eigenen Angelegenheiten anzuwenden pflegt *(diligentia quam in suis)*. Dabei geht es teilweise um enge persönliche Beziehungen, wie etwa in § 1359 für die Haftung der Ehegatten untereinander in Erfüllung der sich aus dem ehelichen Verhältnis ergebenden Verpflichtungen, § 1664 für die Ausübung der elterlichen Sorge und auch in § 708 für die Haftung des Gesellschafters einer Gesellschaft bürgerlichen Rechts. Ein Grundgedanke hierhinter ist, dass man bei engen persönlichen Beziehungen, die man selbst gewählt hat – so bei der Ehe oder dem Gesellschaftsvertrag – den Gegenüber so nehmen soll, wie er eben ist.[103]

In **Fall 35** ordnet daher § 708 BGB für die Haftung der Gesellschafter untereinander – K und H bilden wie bei Fahrgemeinschaften üblich konkludent eine GbR – an, dass diese nur im Rahmen der eigenüblichen Sorgfalt besteht.

Andere Erwägungen liegen § 346 Abs. 3 S. 1 Nr 3 zugrunde, der die *diligentia quam in suis* als Maßstab für die Wertersatzpflicht wegen Verschlechterung oder Untergangs der Sache beim Berechtigten im Falle des gesetzlichen Rücktrittsrechts anordnet.[104] In diesen gesetzlich angeordneten Fällen kommt es im Grundsatz auf die **individuellen Fähigkeiten und Sorgfaltsmaßstäbe** des Schuldners an. Es gilt also – anders als sonst bei der Fahrlässigkeit– ein **subjektiver** Maßstab. Wenn der Schuldner gewöhnlich noch höhere Sorgfaltsmaßstäbe hat als der objektiv maßgebliche Verkehrskreis, wirkt sich das nicht zu Lasten des Schuldners aus.[105] Die **Grenze** liegt gem. § 277 bei der **groben Fahrlässigkeit**. Praktisch wirkt sich der auf die *diligentia quam in suis* reduzierte Maßstab vor allem bei einfacher Fahrlässigkeit aus. Die Beweislast dafür, dass der Schuldner in eigenen Angelegenheiten eine geringere als die verkehrsübliche Sorgfalt walten lässt, trifft den Schuldner. Dabei gelten strenge Anforderungen. Es genügt auch nicht, dass sich der Schuldner zugleich selbst geschädigt hat.

456

Ein schlichter Hinweis darauf, dass auch er Opfer des eigenen Unfalls wurde, hilft K in **Fall 35** daher nicht. Allerdings lässt sich aus der Information, dass er „wie üblich" etwas zu schnell fährt, eine reduzierte Aufmerksamkeit und Sorgfalt in eigenen Angelegenheiten folgern.

§ 277 kommt jedenfalls in den Fällen des **§ 708** und des **§ 1359** nach gefestigter Rspr des BGH nicht zur Anwendung, wenn Schädiger und Geschädigter gemeinsam am **Straßenverkehr** teilnehmen.[106] Im Straßenverkehr ist grundsätzlich kein Raum für individuelle Sorgfaltsmaßstäbe. Vielmehr muss zum Schutz der Sicherheit aller Verkehrsteilnehmer ein objektiver Maßstab gelten, weil der Straßenverkehr sich zu einem extrem gefährlichen Lebensbereich entwickelt hat.

457

Aus diesem Grund scheitert auch in **Fall 35** eine Bezugnahme auf §§ 708, 277. K muss vielmehr genau die Sorgfalt aufbringen, welche auch von den sonstigen Verkehrsteilnehmern erwartet wird.

---

103 Protokolle, Mugdan II, S. 418-420; RGZ 143, 212, 215.
104 Dazu unten Rn 585.
105 Hk/*Schulze*, BGB[10], § 277 Rn 3; BGH NJW 2013, 3572, 1373.
106 BGH NJW 1970, 1271; BGH NJW 1988, 1208.

458 Der Gesetzgeber des BGB von 1900 konnte die fulminante Entwicklung des Straßenverkehrs nicht vorhersehen, so dass die Normen teleologisch reduziert werden können. § 1359 gilt auch nicht, wenn Ehegatten gemeinsam Wasserski fahren, weil dabei ein Fahrzeug im Einsatz ist, dessen Betrieb eine Lizenz erfordert und das ähnlich gefährlich ist wie Autos.[107] Auch § 346 Abs. 3 S. 1 Nr 3 sollte bei Pflichtverletzungen im Straßenverkehr teleologisch reduziert werden.[108] Für § 1664 ist die teleologische Reduktion sehr streitig; der BGH hat die Frage bislang offengelassen.[109] Sie ist jedenfalls dann abzulehnen, wenn die Eltern ihr Kind nicht durch verkehrswidriges Verhalten als Kraftfahrer schädigen, weil dann der Bezug zu den besonderen Risiken und Gefahren des Straßenverkehrs fehlt.[110] Dann spricht der auch verfassungsrechtlich gebotene Familienschutz als Allgemeinwohlbelang gegen die Reduktion der Haftungserleichterung, die letztlich gerade den Kindern zugutekommt.

e) Vertragliche Einschränkungen der Verschuldenshaftung (Haftungsausschlüsse oder -begrenzungen)

459 Das Verschuldensprinzip aus § 276 Abs. 1 S. 1 kann grundsätzlich durch **vertragliche** Vereinbarungen eingeschränkt werden: Die Parteien können – auch konkludent – vereinbaren, dass die Haftung einer Partei ausgeschlossen oder eingeschränkt ist. Das kommt im Wortlaut des § 276 Abs. 1 S. 1 zum Ausdruck: Es kann eine „**mildere**" **Haftung** bestimmt sein. Einschränkungen können sich beispielsweise auf bestimmte Verschuldensformen beziehen (Haftung nur für Vorsatz und grobe Fahrlässigkeit) oder auch auf spezifische Schadensarten (etwa Haftung nur für Personenschäden). Denkbar sind auch summenmäßige Begrenzungen der Haftung (Haftung nur bis zum Höchstbetrag von 1 Mio. Euro). Vertragliche Einschränkungen der Verschuldenshaftung können bei mehreren Beteiligten zur „gestörten Gesamtschuld" führen.[111]

460 Bestehen und Inhalt vertraglicher Haftungseinschränkungen müssen zunächst durch **Vertragsauslegung** ermittelt werden. Eine einseitige Erklärung genügt nicht. Eine vertragliche Vereinbarung kann sich auch konkludent bzw im Wege der ergänzenden Vertragsauslegung ergeben.[112] Allerdings gelten dafür hohe Hürden: Wenn keine ausdrückliche Haftungseinschränkung vereinbart wurde, kann sie sich im Wege der ergänzenden Vertragsauslegung nur ergeben, wenn der Geschädigte sich ihr billigerweise nicht hätte versagen dürfen. Das kommt etwa bei Fahrgemeinschaften in Betracht. Allerdings liegt auch dann regelmäßig kein Haftungsausschluss vor, wenn der Schädiger haftpflichtversichert ist.[113]

461 Vertragliche Einschränkungen der Verschuldenshaftung sind nur im Rahmen der gesetzlichen Grenzen wirksam. Neben zahlreichen Grenzen in Sonderbestimmungen (etwa: § 8a S. 1 StVG) gelten die allgemeinen Grenzen (wie §§ 134, 138, 242). Besondere Erwähnung verdient **§ 276 Abs. 3**. Die Haftung wegen Vorsatzes kann dem Schuldner nicht im Voraus erlassen werden. Anderes gilt aber gem. § 278 S. 2, wenn es um vorsätzliches Verhalten von Erfüllungsgehilfen geht.

---

107 BGH NJW 2009, 1875.
108 Dazu eingehend unten Rn 585.
109 BGH NJW 1988, 2667.
110 So etwa das OLG Bamberg NJW 2012, 1820, 1821 mwN.
111 Dazu unten Rn 1314.
112 Vgl BGH NJW 2009, 1482.
113 BGH NJW 2009, 1482.

> Wegen § 276 Abs. 3 kann K sich in **Fall 35** auch auf keinen Ausschluss der Verantwortlichkeit aus vertraglicher Vereinbarung berufen. Da H und er diesen Ausschluss inhaltlich nicht begrenzt und insbesondere die Vorsatzhaftung nicht ausgenommen haben, ist dieser unwirksam.

Strenger sind die Grenzen für **Einschränkungen in AGB**: Gem. **§ 309 Nr 7a** sind Haftungsbegrenzungen für Schäden aus der vorsätzlichen oder fahrlässigen Verletzung von Leben, Körper und Gesundheit durch den Verwender, seinen gesetzlichen Vertreter oder seinen Erfüllungsgehilfen ausgeschlossen. Und für sonstige Schäden erlaubt **§ 309 Nr 7b** Ausschlüsse nur für einfache Fahrlässigkeit, nicht aber für grobe Fahrlässigkeit. Auch § 307 kann zur Unwirksamkeit führen. Ein Beispiel bietet die Klausel eines Mietvertrags, in der der Vermieter seine Haftung für Schäden an Einrichtungsgegenständen des Mieters beschränkt (auf Vorsatz und grobe Fahrlässigkeit), die durch Mängel der Mietsache verursacht sind. § 309 Nr 7a und 7b greifen zwar nicht ein. Gleichwohl ist eine solche Klausel gem. § 307 Abs. 1 iVm § 307 Abs. 2 Nr 2 (Vertragszweckgefährdung) unwirksam, weil sie eine Kardinalpflicht des Vermieters aushöhlt (seine Instandhaltungspflicht, vgl § 535 Abs. 1 S. 2), ohne dass sich der Mieter in zumutbarer Weise schützen kann.[114]

462

Wichtig in der Praxis des Rechts wie auch in **Klausuren** ist: Wenn Klauseln die Grenzen der §§ 307-309 verletzen, werden sie von deutschen Gerichten nicht auf ihren gerade noch zulässigen Gehalt reduziert **(Verbot der geltungserhaltenden Reduktion).**[115] Dahinter steht ein Gedanke der Verhaltenssteuerung: Das Verbot der geltungserhaltenden Reduktion setzt für Verwender einen Anreiz, nur ausgewogene Klauseln einzusetzen. Denn sie können nicht darauf vertrauen, dass sie im Prozess auf einen wirksamen Inhalt zurückgeführt werden, sollten sie sich als unwirksam erweisen. Allerdings werden über die Teilbarkeit von Klauseln und vor allem die ergänzende Vertragsauslegung letztlich oft Ergebnisse erzielt, die einer geltungserhaltenden Reduktion sehr nahe kommen.[116]

463

f) Vertragliche Erweiterungen durch den Inhalt des Schuldverhältnisses (insbesondere: Garantien)

Umgekehrt können sich aus dem Vertrag auch **Erweiterungen** des Verschuldensprinzips ergeben. Auch diese Möglichkeit spricht § 276 Abs. 1 S. 1 ausdrücklich an: Es kann eben auch eine strengere Haftung bestimmt sein – oder sich auch aus dem Inhalt des Schuldverhältnisses ergeben.

464

aa) Garantien. § 276 spricht ausdrücklich die Möglichkeit an, dass der Schuldner eine **Garantie** übernimmt. Das zielt vor allem auf Beschaffenheitsgarantien bei sachbezogenen Verträgen (wie Kauf, Miete oder Werkvertrag ab), mit denen bestimmte Eigenschaften der Sachen mit dem Versprechen zugesichert werden, für alle Folgen ihres Fehlens **verschuldensunabhängig** einzustehen.[117] In § 276 Abs. 1 S. 1 ist also nicht der selbstständige Garantievertrag (vgl § 443) angesprochen, sondern die „unselbstständige" Garantie, mit der zwar kein eigenständiger Anspruch begründet, wohl aber das Verschuldensprinzip aufgehoben wird: Pflichtverletzungen muss der Schuld-

465

---

114 BGH NJW 2002, 673.
115 BGH NJW 2005, 1574, 1576; BGH NJW 2000, 1110, 1113.
116 *S. Arnold*, Die Bürgschaft auf erstes Anfordern im deutschen und englischen Recht, S. 94 f und 164 f.
117 BT-Drs. 14/6040, S. 132.

ner dann allein wegen der Garantieübernahme vertreten – auch wenn ihn nicht einmal die leichteste Fahrlässigkeit trifft. Wegen dieser harten Rechtsfolge sind an das Bestehen derartiger Garantien **strenge Anforderungen** zu stellen. So führen beispielsweise Angaben des Verkäufers über die Eigenschaften der Kaufsache in aller Regel lediglich zu Beschaffenheits*vereinbarungen*, nicht auch zu einer Beschaffenheits*garantie* (iSd § 276 Abs. 1 S. 1).[118] Entspricht zB die im Rahmen eines Kaufvertrages gelieferte Sache nicht der Beschaffenheitsvereinbarung, liegt zwar ein Sachmangel gem. § 434 Abs. 1 S. 1 vor, der Verkäufer muss aber nicht – wie bei einer Garantie – verschuldensunabhängig auf Schadensersatz haften. Eine Garantie iSd § 276 Abs. 1 S. 1 liegt nur vor, wenn der Verkäufer in vertragsmäßig bindender Weise die Gewähr für das Vorhandensein der vereinbarten Beschaffenheit der Kaufsache übernimmt und damit seine Bereitschaft zu erkennen gibt, für alle Folgen des Fehlens dieser Beschaffenheit einzustehen.[119] Das ist eine **Auslegungsfrage**, die unter Berücksichtigung der typischerweise gegebenen Interessenlage zu beantworten ist. Wird ein Fahrzeug gebraucht gekauft, ist auch die Angabe der Laufleistung regelmäßig nur Beschaffenheitsangabe und nicht auch Beschaffenheitsgarantie.[120] Etwas anderes kann gelten, wenn der Verkäufer beim Käufer die berechtigte Erwartung geweckt hat, der Verkäufer wolle für die Laufleistung des Fahrzeugs einstehen.[121]

466 bb) **Übernahme eines Beschaffungsrisikos.** § 276 Abs. 1 S. 1 spricht neben der Übernahme einer Garantie auch ausdrücklich die Übernahme eines **Beschaffungsrisikos** an. Dabei geht es vor allem um Gattungsschulden: Wenn eine *marktbezogene Gattungsschuld* vorliegt, hat der Schuldner vertraglich das Beschaffungsrisiko übernommen – also konkludent zugesagt, die Sache beschaffen zu können. Allerdings können sich aus der Parteivereinbarung und auch aus dem Grundsatz von Treu und Glauben (§ 242) Einschränkungen ergeben: Beispielsweise kann die Beschaffungspflicht hinfällig werden, wenn die Beschaffung der Gattungssache unzumutbar geworden ist.[122] Der Umfang des Beschaffungsrisikos ergibt sich aus der Vertragsauslegung unter Berücksichtigung der konkreten Einzelfallumstände. Wenn der Schuldner nur aus seinem eigenen Vorrat zu leisten verpflichtet ist (Vorratsschuld)[123], hat er von vornherein kein Beschaffungsrisiko übernommen. Im Einzelfall kann auch § 313 eingreifen, wenn die Beschaffung – etwa wegen unerwartbarer Importverbote – wirtschaftlich nur unter sehr hohem Aufwand möglich ist.

g) **Gesetzliche Haftungserweiterungen**

467 Das Gesetz ordnet in einer Reihe von Tatbeständen eine (deliktische) Haftung des Schuldners unabhängig vom Verschulden an. Dazu gehören zunächst die Fälle der **Gefährdungshaftung**: Ein klassisches Beispiel bietet die Tierhalterhaftung aus § 833. Eines der praktisch wohl bedeutsamsten Beispiele ist die Haftung des Kraftfahrzeughalters aus § 7 StVG. In den Fällen der Gefährdungshaftung geht es meistens

---

118 BGH NJW 2007, 1346.
119 BGH NJW 2007, 1346.
120 BGH NJW 2007, 1346.
121 OLG Oldenburg, Urteil v. 18.5.2017 – 1 U 65/16.
122 Vgl BGH NJW 1972, 1702, 1703.
123 Zur Vorratsschuld oben Rn 182 f.

um potenziell besonders gefährliche Unternehmungen, die man im Allgemeininteresse zwar zulässt, aber durch strenge Haftungstatbestände in ihren Auswirkungen auf andere abmildert. Weitere Beispiele sind Schienen und Schwebebahnen (§ 1 HaftPflG), Flugzeuge (§ 22 LuftVG), Arzneimittel (§ 84 AMG) und natürlich die Haftung von Produzenten, Importeuren und Händlern nach dem ProdHaftG.

Einen anderen Zweck verfolgt beispielsweise § 904 S. 2: Gem. § 904 S. 1 darf der Eigentümer die Einwirkung eines anderen auf seine Sache nicht verbieten, wenn die Einwirkung zur Abwendung einer gegenwärtigen Gefahr notwendig und der drohende Schaden gegenüber dem aus der Einwirkung dem Eigentümer entstehenden Schaden unverhältnismäßig groß ist. Im Ausgleich erhält der Eigentümer aber gem. § 904 S. 2 Schadensersatz. Hier geht es um **Aufopferung**: Wer sein Recht zur Wahrung übergeordneter fremder Interessen „aufopfert", verdient einen Ausgleich. 468

Dazu treten Fälle der gesetzlichen Garantiehaftung, die gem. **§ 287 S. 2** den Schuldner im Verzug trifft oder gem. § 678 den Geschäftsführer, der eine Geschäftsführung schuldhaft unberechtigt übernommen hat. 469

3. Haftung für Erfüllungsgehilfen (§ 278)

a) Grundgedanke

Der Grundgedanke der in § 278 angeordneten Haftung für Erfüllungsgehilfen[124] ist: Der Gläubiger soll keine Nachteile dadurch erleiden, dass der Schuldner die **Vorteile der arbeitsteiligen Wirtschaft** genießt. In den Worten des BGH: „Wer den Vorteil der Arbeitsteilung in Anspruch nimmt, soll auch deren Nachteil tragen, nämlich das Risiko, dass der an seiner Stelle handelnde Gehilfe schuldhaft rechtlich geschützte Interessen des Gläubigers verletzt."[125] Dahinter steht folgender Gedanke: Wer etwa ein Kaufhaus betreibt, profitiert davon, dass er andere für sich arbeiten lassen kann. Große Kaufhäuser könnten ja gar nicht betrieben werden, wenn die Inhaberin jeden einzelnen Kaufvertrag selbst abschließen und sich auch noch um das Putzen der Verkaufsräume kümmern müsste. Dadurch, dass die Inhaberin also andere bei der Abwicklung von Verträgen und der Erfüllung aller möglichen Schutzpflichten (§ 241 Abs. 2) einsetzen kann, kann sie größere Kaufhäuser betreiben und vielleicht sogar Filialen eröffnen. Sie wird dadurch reicher. Wenn nun einer der Menschen, die für die Inhaberin arbeiten, schuldhaft eine Pflichtverletzung begeht, scheint es nur fair, dass die Inhaberin für solche Pflichtverletzungen einstehen muss. 470

§ 278 ist keine Anspruchsgrundlage, sondern eine **Zurechnungsnorm**. Sie bewirkt, dass Pflichtverletzungen und Vertretenmüssen von Erfüllungsgehilfen als Pflichtverletzungen und Vertretenmüssen des Schuldners selbst gelten. Anders ausgedrückt: Pflichtverletzungen und Vertretenmüssen der Erfüllungsgehilfen werden dem Schuldner zugerechnet. Er haftet daher auch dann, wenn er selbst weder eine Pflichtverletzung begangen hat noch ihn Vertretenmüssen trifft. 471

---

124 Zur ebenfalls in § 278 angeordneten Haftung für gesetzliche Vertreter s. unten Rn 491 ff.
125 BGH NJW 1996, 464, 465.

b) Bestehendes Schuldverhältnis

472 § 278 setzt ein **bestehendes Schuldverhältnis** voraus. Das folgt aus dem Wortlaut des § 278 S. 1 („Der Schuldner"). Grundsätzlich sind alle Schuldverhältnisse umfasst, auch gesetzliche Schuldverhältnisse wie das Eigentümer-Besitzer-Verhältnis gem. §§ 987 ff.[126] Hauptanwendungsfall sind **vertragliche Schuldverhältnisse**. Bei deliktischen Schuldverhältnissen ist § 278 dagegen nur anwendbar, wenn das Schuldverhältnis im Zeitpunkt der Haftungsbegründung schon besteht. § 278 greift also nicht ein, wenn noch gar kein Schuldverhältnis zwischen zwei Personen besteht, es aber zu einer schädigenden Handlung kommt, aus der ein gesetzliches Schuldverhältnis dann (etwa aus § 823 Abs. 1) resultiert. Wenn also eine Hilfsperson jemanden schädigt, zu dem bisher keinerlei geschäftlicher Kontakt bestand, werden seine Pflichtverletzungen und sein Vertretenmüssen nicht etwa über § 278 dem „Hintermann" der Hilfsperson zugerechnet. Denn zum Zeitpunkt der Schädigung bestand ja noch kein Schuldverhältnis. Vielmehr kommt insoweit lediglich eine Haftung des Hintermanns gem. § 831 in Betracht.

> Wenn der Kellner in **Fall 37b)** beim Ausrutschen einen vorbeilaufenden Passanten mit der Flasche verletzt, wird das Verschulden des Kellners nicht etwa über § 278 der Inhaberin der Gastwirtschaft zugerechnet. Sie haftet dem Passanten gegenüber allenfalls aus § 831. Trifft die Flasche dagegen wie in **Fall 37a)** den Gast der Gastwirtschaft, greift § 278 ein: Denn mit dem Gast besteht ein Bewirtungsvertrag als Schuldverhältnis.

473 **Außerhalb bestehender Schuldverhältnisse** findet § 278 keine Anwendung. Im deliktischen Bereich tritt funktionell § 831, die Haftung für den Verrichtungsgehilfen, an die Stelle des § 278. Anders als § 278 ist § 831 jedoch keine Zurechnungsnorm, sondern eine eigene **Anspruchsgrundlage** für eine spezifische eigene Pflichtverletzung des Schuldners, nämlich sein Verschulden bei der Auswahl, Anleitung und Überwachung des Verrichtungsgehilfen. Verrichtungsgehilfe ist im Gegensatz zum Erfüllungsgehilfen auch nur, wer dem Schuldner gegenüber weisungsabhängig ist.[127] Ganz entscheidend geschwächt ist die Haftung aus § 831 wegen der Möglichkeit des Schuldners, sich gem. § 831 Abs. 1 S. 2 zu exkulpieren.[128] Darin liegt der Grund, weshalb im deutschen Recht die Vertragshaftung deutlich weiter geht als in anderen Rechtsordnungen. Beispielsweise erklärt sich der – im englischen Recht unbekannte und angesichts einer funktionsfähigeren Delikthaftung auch entbehrliche – Vertrag mit Schutzwirkung zugunsten Dritter vor allem daraus, dass dieses Institut die Anwendung des § 278 eröffnet und § 831 vermeidet.[129]

474 § 278 ist auch im Rahmen von Schuldverhältnissen aus **§ 311 Abs. 2 (culpa in contrahendo)** anwendbar.

> Wenn also in **Fall 37c)** die Flasche jemanden trifft, der gerade den Gastgarten betreten und sich an einen freien Tisch setzen wollte (und mit dem somit noch kein vertragliches Verhält-

---

126 Jauernig/*Stadler*, BGB[17], § 278 Rn 3.
127 OLG Hamm NJW-RR 2010, 242, 243.
128 BeckOK/*Förster*, BGB[51], § 831 Rn 12.
129 Staudinger/*Bernau*, BGB (2018), § 831 Rn 40 f.

> nis besteht), wird das Verschulden des Kellners der Inhaberin der Gastwirtschaft gem. § 278 zugerechnet. Denn es besteht schon im Zeitpunkt der Schädigung ein vorvertragliches Schuldverhältnis gem. § 311 Abs. 2 Nr 2.

c) Erfüllungsgehilfe

aa) Begriff. Erfüllungsgehilfe ist jede Person, derer der Schuldner „sich zur Erfüllung seiner Verbindlichkeit bedient". Das setzt nach der Rechtsprechung voraus, dass die Person **nach den tatsächlichen Fallgegebenheiten mit dem Willen des Schuldners** („sich bedient") **bei der Erfüllung einer diesem obliegenden Verbindlichkeit** („zur Erfüllung seiner Verbindlichkeit") **als Hilfsperson tätig ist**.[130] Auf Weisungsbefugnisse kommt es – anders als im Rahmen des § 831 – nicht an.[131] Der Erfüllungsgehilfe muss nicht einmal wissen, dass er vom Schuldner zur Erfüllung einer Verbindlichkeit eingesetzt wird.[132] Ebenso wenig ist maßgeblich, dass etwa ein Arbeits- oder Dienstverhältnis zwischen Schuldner und Gehilfe besteht.[133] Freilich sind Angestellte oder Auszubildende häufig Erfüllungsgehilfen. Auch Familienangehörige kommen in Betracht, etwa, wenn in einem Wirtshaus Kinder der Wirtin als Bedienung tätig sind. Aber auch der Untermieter kann Erfüllungsgehilfe des Mieters sein, etwa mit Blick auf Schutzpflichten bezüglich der Mietsache.[134]

475

Auch **selbständige Unternehmer** können Erfüllungsgehilfen sein, wenn sie bei der Vertragserfüllung eingesetzt werden und dabei im Pflichtenkreis des Schuldners handeln.[135] Beispielsweise können selbständige Anwälte Erfüllungsgehilfen sein. So ist ein Anwalt, den ein Insolvenzverwalter mit der Durchsetzung einer Masseforderung beauftragt, Erfüllungsgehilfe des Insolvenzverwalters hinsichtlich der Pflichten des Insolvenzverwalters den Insolvenzgläubigern gegenüber.[136]

476

Keine Erfüllungsgehilfen sind Personen, die ohne den Willen des Schuldners tätig werden – beispielsweise, weil sie ihrerseits vom Gläubiger mit Aufgaben des Schuldners betraut wurden.[137] Wenn zum Beispiel der Gläubiger, der durch den Schuldner seine Wohnung streichen lässt, seinen Schwiegersohn bei den Malerarbeiten helfen lässt, haftet der Schuldner nicht für das Verschulden des Schwiegersohns. Auch sind Käufer, die ein Produkt unter Eigentumsvorbehalt kaufen und bewerben, nicht etwa Erfüllungsgehilfen des Verkäufers mit Blick auf Unterlassungspflichten, die der Verkäufer Dritten gegenüber hat (wie etwa die Unterlassung bestimmter Werbemaßnahmen).[138] Der Verkäufer hat die Käufer ja nicht mit der Produktbewerbung beauftragt. Mit dem Eigentumsvorbehalt sichert der Verkäufer lediglich seine Zahlungsansprüche.

477

---

130 Vgl BGHZ 100, 122; BGHZ 152, 383; BGH BeckRS 2017, 114795.
131 BGHZ 100, 122.
132 BGH GRUR 1987, 172, 175.
133 OLG Schleswig NJW 2005, 439, 440.
134 BGH NJW 2014, 2717, 2719 mwN.
135 BGH NJW 1988, 1907, 1908.
136 BGH WM 2016, 617.
137 Jauernig/*Stadler*, BGB[17], § 278 Rn 8.
138 BGH BeckRS 2017, 114795.

478 bb) **Mittelbare Erfüllungsgehilfen (Erfüllungsgehilfenkette).** Auch Personen, die ihrerseits von Erfüllungsgehilfen eingesetzt werden, sind Erfüllungsgehilfen des Schuldners, wenn der Schuldner ausdrücklich oder stillschweigend damit einverstanden war (**mittelbare Erfüllungsgehilfen**). So könnte etwa über § 278 eine fehlerhafte Fristberechnung des Anwaltsgehilfen (mittelbarer Erfüllungsgehilfe) dem Insolvenzverwalter (Geschäftsherr) zugerechnet werden, wenn sich die Anwältin (unmittelbare Erfüllungsgehilfin) bei der Durchsetzung einer Masseforderung (als Verbindlichkeit den Insolvenzschuldnern gegenüber) der Hilfe des Anwaltsgehilfen bedient hat. Oder: Wenn ein Hotel ein Sicherheitsunternehmen zur Übernahme der Nachtrezeption einsetzt, haftet das Hotel für Verschulden des beim Sicherheitsunternehmen angestellten Nachtportiers, wenn dieser das Auto eines Hotelgast in die Parkgarage fährt und dabei beschädigt.[139]

479 cc) **Anwendbarkeit im Rahmen des § 254.** § 278 findet auch auf **Obliegenheiten zur Schadensminderung** Anwendung (**§ 254 Abs. 2 S. 2**). Wer beispielsweise einen Architekten mit der Planung von Außenanlagen beauftragt, einen anderen mit der Objektplanung, muss dem mit der Planung der Außenanlagen beauftragten Architekten die Pläne und Unterlagen aus der Objektplanung insoweit zur Verfügung stellen, als sie für die Planung der Außenanlagen erforderlich sind. Wenn er diese Pläne und Unterlagen nun nicht selbst übergibt, sondern dies der mit der Objektplanung betraute Architekt tut, wird dieser als Erfüllungsgehilfe im Rahmen der Schadensminderungsobliegenheit tätig (§ 254 Abs. 2 S. 2 iVm § 278). Sein Verschulden wird dem Auftraggeber daher zugerechnet.[140]

480 dd) **Maschinen und Systeme als Erfüllungsgehilfen?** Maschinen und Systeme sind nach hM keine Erfüllungsgehilfen iSd § 278.[141] Das überzeugt, soweit es sich um rein mechanische Hilfsmittel und auch automatisierte Computersysteme handelt: Bei ihnen genügt es, wenn an eigene Pflichtverletzungen des Schuldners angeknüpft wird – also etwa der Pflicht des Schuldners, die Maschinen und Systeme ordnungsgemäß zu warten, zu überprüfen und einzusetzen. Allerdings stoßen diese Mechanismen an ihre Grenzen, wenn Computersysteme, denen künstliche Intelligenz zukommt, autonome Entscheidungen treffen und Handlungen vornehmen, die weder prognostizierbar noch im Nachhinein nachvollziehbar sind. Man spricht bei solchen Systemen auch von „**autonomen Systemen**", wobei die Abgrenzung von autonomen und lediglich automatisierten Systemen schwierig und im Einzelfall fließend ist. Je größer die Autonomie und eigene Handlungsfähigkeit solcher Systeme wird, umso eher bietet sich zumindest eine **analoge Anwendung des § 278** an, um andernfalls zu befürchtende Haftungslücken zu schließen.[142]

481 ee) **Bedeutung und Ermittlung des maßgeblichen Pflichtenkreises des Schuldners.** Der **Pflichtenkreis** des Schuldners ist entscheidend dafür, ob jemand im konkreten Einzelfall Erfüllungsgehilfe iSd § 278 ist oder nicht. Dabei kommt § 278 nicht nur für Hauptleistungspflichten, sondern auch für Neben- und Schutzpflichten (§ 241

---

139 Vgl OLG Nürnberg BeckRS 2017, 120826.
140 BGH NJW 2016, 3022, Rn 16 f.
141 MünchKomm/*Grundmann*, BGB[8], § 278 Rn 46 mwN.
142 *Teubner* Ancilla Iuris 2018, 35; differenzierend *Hacker* RW 2018, 243.

Abs. 2) in Betracht.¹⁴³ Für die Bestimmung konkreter Pflichten kommt es auf das jeweilige Schuldverhältnis an; bei Verträgen ist die Auslegung maßgeblich (§§ 133, 157).

Nicht im Pflichtenkreis des Schuldners handelt jemand, der bloß **eigene Verpflichtungen** erfüllt. Daher sind **Hersteller und Lieferanten der Kaufsache** grundsätzlich nicht Erfüllungsgehilfen des Verkäufers bezüglich der Verkäuferpflichten aus § 433 Abs. 1.¹⁴⁴ Nach hM hat daran § 433 Abs. 1 S. 2 nichts geändert. Das wird damit begründet, dass beide nur ihre eigenen Pflichten dem Verkäufer gegenüber erfüllen, nicht aber auch die Pflichten des Verkäufers den Käufern gegenüber.¹⁴⁵ Natürlich können Hersteller und Lieferanten mit Blick auf spezifische Pflichten im Einzelfall gleichwohl Erfüllungsgehilfen sein: Das sind sie beispielsweise, wenn sich der Verkäufer ihrer zur Erfüllung seiner Nacherfüllungspflicht aus §§ 437 Nr 1, 439 bedient. 482

Der konkrete Pflichtenkreis hängt vom Einzelfall ab. Bei der Bringschuld gilt etwa: Der Verkäufer schuldet dem Käufer auch den Transport, so dass Transportpersonen Erfüllungsgehilfen sind. Dagegen schuldet der **Versendungsverkäufer** dem Käufer zwar das Absenden der Ware, nicht aber den Transport.¹⁴⁶ Beim Versendungskauf sind Transportpersonen daher keine Erfüllungsgehilfen iSd § 278.¹⁴⁷ Dagegen gehört auch beim Versendungskauf das **ordnungsgemäße Verpacken** der Ware zu den Pflichten des Verkäufers. Wenn einem seiner Mitarbeiter dabei ein Fehler unterläuft, findet § 278 Anwendung. 483

d) Handeln „in Erfüllung" einer Schuldnerpflicht

§ 278 verlangt, dass die Person **„zur Erfüllung"** einer Schuldnerpflicht tätig wird. Daraus folgt, dass der Erfüllungsgehilfe auch in Erfüllung einer Schuldnerpflicht tätig wird und nicht lediglich *bei Gelegenheit* der Erfüllung andere schädigt. Zwischen den Aufgaben, die der Erfüllungsgehilfe für den Schuldner wahrnimmt und dem schuldhaften Verhalten des Erfüllungsgehilfen muss also ein **unmittelbarer sachlicher Zusammenhang** bestehen, der teils auch **innerer Zusammenhang** genannt wird.¹⁴⁸ Mit Blick auf den Regelungszweck des § 278 sollte dabei kein enger Maßstab gelten, um Gläubiger nicht die Lasten der arbeitsteiligen Welt tragen zu lassen. Der Zusammenhang fehlt nicht schon dann, wenn die Hilfsperson von Weisungen des Schuldners abweicht.¹⁴⁹ Der Zusammenhang kann auch dann zu bejahen sein, wenn die Hilfsperson eine **Straftat** begeht, selbst wenn er damit den Geschäftsherrn schädigen will.¹⁵⁰ So ist der Ehemann Erfüllungsgehilfe der Ehefrau, wenn er die Ehefrau beim Abschluss eines Lebensversicherungsvertrags vertritt. Das gilt selbst dann, wenn der Ehemann die Ehefrau ermorden wollte und sie deshalb zum Abschluss der Versicherung gebracht hat – und das ist kein ausgedachter Fall.¹⁵¹ 484

---

143 Etwa BGH NJW 1985, 2258 (Aufklärungspflichtverletzung durch Erfüllungsgehilfe).
144 BGH NJW 2009, 2674 (Rn 19); BGH NJW 2008, 2837 (Rn 29); aA: *M. Weller* NJW 2012, 2312.
145 Jauernig/*Stadler*, BGB¹⁷, § 278 Rn 16.
146 BeckOK/*Faust*, BGB⁵¹, § 447 Rn 22.
147 Hk/*Schulze*, BGB¹⁰, § 278 Rn 10.
148 BGHZ 23, 323; BGH NJW 1997, 1360, 1361; BGH NJW 1997, 1233, 1234; BGH NJW 1991, 3208, 3209 f; BGH WM 2012, 837, 838 f; BGH NJW-RR 2013, 1513, 1514.
149 BGHZ 31, 366; BGH NJW 1997, 1360, 1361; BGH NJW 1991, 3208, 3209 f.
150 BGH NJW 1997, 1360; BGH NJW 1997, 1233, 1235; BGH WM 2012, 387, 389.
151 BGH NJW-RR 1989, 1183.

485 Um den **inneren sachlichen Zusammenhang** zu ermitteln, ist der Gedanke der **Risikoerhöhung** sehr hilfreich:[152] Erhöht der konkrete Einsatz der Hilfsperson das Risiko für spezifische Schädigungen? Wenn Sie diese Frage bejahen möchten – was natürlich nicht ohne Wertungen geht –, spricht der Regelungszweck des § 278 für die Annahme, die Hilfsperson habe „zur Erfüllung" einer Schuldnerpflicht gehandelt.

> In Fall **36a)** kann der innere Zusammenhang recht eindeutig bejaht werden. E stößt den Spiegel der G gerade bei seinen Arbeiten um, die der Erfüllung der Pflicht des S gegenüber G dienen. Somit werden Pflichtverletzung und Vertretenmüssen des E der S gem. § 278 zugerechnet.
>
> Schwieriger sieht es schon in **Fall 36b)** aus. E nimmt den Laptop (Pflichtverletzung durch die Wegnahme des Eigentums der Gläubigerin) hier nicht durch eine Handlung an sich, die direkt in seinem Aufgabenbereich (Tapezierarbeiten) liegt. Somit könnte man annehmen, dass hier lediglich ein Handeln *bei Gelegenheit* vorliegt. Legt man allerdings das Kriterium der Risikoerhöhung zugrunde, sieht es anders aus: E hat die spezifische Diebstahlsgelegenheit gerade dadurch erhalten, dass S ihn zur Vornahme der Tapezierarbeiten zu G schickte, ihm somit Zugang zu deren Wohnung verschaffte und so das Risiko der konkreten Pflichtverletzungshandlung erhöhte. Nach letzterem wären Pflichtverletzung und Vertretenmüssen des E der S gem. § 278 zuzurechnen.

486 Die Rechtsprechung verneint den für § 278 erforderlichen Zusammenhang zwischen Verschulden und Aufgabenwahrnehmung, wenn – so ein in der Rechtsprechung wiederkehrender Topos – die Verfehlung des Gehilfen sich von dem ihm übertragenen Aufgabenbereich so weit entfernt, dass **objektiv kein Zusammenhang mehr** besteht, wenn also der **Gehilfe rein zufällig mit den Rechtsgütern des Geschädigten** in einer Weise in Berührung gekommen ist, die ihm lediglich die Gelegenheit bot, wie ein deliktisch handelnder Dritter eine von den ihm übertragenen Aufgaben **völlig losgelöste unerlaubte Handlung** zu begehen.[153] So hat der BGH den unmittelbaren sachlichen Zusammenhang bei einem Privatpiloten verneint, der vom Charterer nur damit beauftragt war, die Fluggäste von einer Verzögerung des Flugs zu unterrichten. Er gab sich indes als zuständiger Pilot aus, führte den Flug aus und brachte die Maschine zum Absturz.[154] Man hätte hier den Zusammenhang mit Blick auf den Schutzzweck der Norm und den Gedanken der Risikoerhöhung auch bejahen können.[155]

> Scheint **Fall 36c)** zunächst parallel zu **Fall 36b)** zu liegen, so könnte man mit der soeben dargestellten Einschränkung der Rechtsprechung den objektiven (inneren) Zusammenhang verneinen, da der nächtliche Einbruch zeitlich und sachlich von der eigentlichen Aufgabe des E weiter entfernt ist. Folgt man dem, wäre der nächtliche Diebstahl (dh wären Handeln und Vertretenmüssen des E) S nicht gem. § 278 zuzurechnen.

---

152 Dafür auch etwa MünchKomm/*Grundmann*, BGB[8], § 278 Rn 47.
153 BGH WM 2012, 387, 389; BGH NJW-RR 1989, 723, 725; vgl auch BAG NJW 2000, 3369.
154 BGH NJW-RR 1989, 723, 725.
155 Dafür beispielsweise MünchKomm/*Grundmann*, BGB[8], § 278 Rn 48 (Fn 218).

e) Verschulden des Erfüllungsgehilfen

§ 278 spricht davon, dass der Schuldner „ein Verschulden" des Erfüllungsgehilfen zu vertreten hat. Der Gehilfe muss daher **verschuldensfähig** iSd §§ 276 Abs. 1 S. 2, 827, 828[156] sein.[157] Wenn der Gehilfe verschuldensunfähig ist, kommt ein eigenes Auswahlverschulden des Schuldners in Betracht.[158] Der **Sorgfaltsmaßstab** orientiert sich regelmäßig am Schuldner, nicht am Gehilfen.[159] Es kommt also für § 276 Abs. 2 auf die Gruppe an, der der Schuldner angehört, nicht die des Erfüllungsgehilfen. Wenn also eine Handwerksmeisterin einen Lehrling einsetzt, gilt der Sorgfaltsmaßstab ordnungsmäßiger gewerblicher Leistung.[160]

487

f) Rechtsfolgen

Wenn die Voraussetzungen des § 278 vorliegen, werden Pflichtverletzungen und Verschulden des Erfüllungsgehilfen als **Pflichtverletzungen** und **Verschulden** des Schuldners betrachtet. Verhalten *und* Verschulden werden dem Schuldner also zugerechnet. Die Zurechnung wird im Rahmen anderer Normen tatbestandlich integriert. Steht also beispielsweise ein Anspruch aus § 280 Abs. 1 im Raum, zählen Pflichtverletzung und Vertretenmüssen des Erfüllungsgehilfen gem. § 278 als Pflichtverletzung und Vertretenmüssen des Schuldners. Für die Pflichtverletzung spricht § 278 die Zurechnung *nicht explizit* aus; die Verschuldenszurechnung ergibt aber nur Sinn, wenn auch schon die Pflichtverletzung zugerechnet wird. Im Rahmen des **§ 254 Abs. 2 S. 2** greift § 278 nur ein, wenn bei Haftungsbegründung bereits ein **Schuldverhältnis** besteht.[161] Andernfalls – also vor allem bei der Begründung rein deliktischer Ansprüche – wirkt sich das Verschulden des Erfüllungsgehilfen nicht haftungsmindernd aus.[162]

488

Im **Prüfungsaufbau** des § 280 kann § 278 auch schon bei der Pflichtverletzung erörtert werden, da ja schon sie gem. § 278 zugerechnet wird. Im Rahmen des § 254 Abs. 2 S. 2 sind Verletzungen der Schadensminderungsobliegenheiten durch den Erfüllungsgehilfen als solche des Gläubigers anzusehen, sodass sein Anspruch entsprechend beschränkt wird.

489

g) Abweichende Vereinbarungen

§ 278 ist **dispositiv**. Selbst die Haftung für Vorsatz kann jedenfalls individualvertraglich ausgeschlossen werden. Das folgt aus **§ 278 S. 2**, der § 276 Abs. 3 – und damit das Verbot der Haftungsfreizeichnung für Vorsatz – ausdrücklich für nicht anwendbar erklärt. In **AGB** kann jedoch § 278 gem. § 309 Nr 7b nur für leichte Fahrlässigkeit ausgeschlossen werden.[163] Für Körper- und Gesundheitsschäden kann gem. § 309 Nr 7a keine Freizeichnung von § 278 erfolgen.

490

---

156 Zur Verschuldensfähigkeit näher oben Rn 439.
157 BayObLG NJW 1970, 1550, 1554.
158 Jauernig/*Stadler*, BGB[17], § 278 BGB Rn 13.
159 BGH NJW 1960, 669, 671.
160 BGH NJW 1960, 669, 671.
161 BGH NJW 1964, 1670, 1671 mwN.
162 Vgl etwa OLG Hamm NJW 1993, 542.
163 Vgl BGH NJW 1987, 2818.

4. Haftung für gesetzliche Vertreter (§ 278 Var. 1)

a) Grundgedanke

491 Der Haftung in § 278 für gesetzliche Vertreter liegt ein ganz anderer Gedanke zugrunde als der Haftung für Erfüllungsgehilfen. Hier geht es nicht um das arbeitsteilige Zusammenwirken in unserem Wirtschaftsleben, sondern um einen **Repräsentationsgedanken**: Personen, die auf andere angewiesen sind, die für sie handeln, müssen auch für deren Pflichtverletzungen und Vertretenmüssen einstehen (**Repräsentationshaftung**). Schließlich erfolgen die Handlungen der gesetzlichen Vertreter ja auch im Eigeninteresse der Vertretenen.

b) Begriff des gesetzlichen Vertreters

492 Der Begriff des gesetzlichen Vertreters iSd § 278 ist **weit zu verstehen**. Erfasst sind alle Personen, die mit Wirkung für andere Handeln können.[164] Dazu gehören natürlich die Eltern (§§ 1626 ff), aber auch der Vormund (§§ 1793 ff), der Betreuer (§ 1902) und der Pfleger (§§ 1909 ff) sowie Parteien kraft Amtes wie beispielsweise der Testamentsvollstrecker[165] oder der Insolvenzverwalter.[166] Auch wenn Ehegatten im Rahmen der Schlüsselgewalt tätig werden, sind sie wegen § 1357 gesetzliche Vertreter iSd § 278.[167] Nicht erfasst sind allerdings Organe juristischer Gesellschaften: Die Haftung von Gesellschaften für ihre Organe richtet sich also nicht nach § 278, sondern nach §§ 31, 89. Das gilt aber nur für Organe – wie beispielsweise den Vorstand einer AG –, nicht auch für (einfache) Mitarbeiter von Gesellschaften. Für sie gilt vielmehr die Haftung für Erfüllungsgehilfen gem. § 278.

c) Weitere Voraussetzungen und Rechtsfolgen

493 Der gesetzliche Vertreter muss wie auch der Erfüllungsgehilfe in **Erfüllung einer Schuldnerpflicht** handeln. Hier gelten die oben erörterten Grundsätze.[168] Anders als beim Erfüllungsgehilfen ist für den **Sorgfaltsmaßstab** die Person des gesetzlichen Vertreters maßgeblich, wenn für den Schuldner selbst nicht die üblichen Maßstäbe gelten können.[169]

494 Die **Rechtsfolgen** entsprechen denen, die auch bei Erfüllungsgehilfen gelten: Verhalten und Verschulden der gesetzlichen Vertreter werden dem Schuldner zugerechnet. Auch bei gesetzlichen Vertretern muss im Rahmen des **§ 254 Abs. 2 S. 2** für die Anwendung des § 278 bei Haftungsbegründung schon ein Schuldverhältnis vorliegen.[170]

---

164 BGH NJW 1958, 670.
165 RGZ 144, 402.
166 Hk/*Schulze*, BGB[10], § 278 Rn 4.
167 BeckOK/*S. Lorenz*, BGB[51], § 278 Rn 9.
168 Oben Rn 484.
169 BeckOGK/*Schaub*, BGB (1.9.2019), § 278 Rn 87.
170 BGH NJW 1964, 1670, 1671 mwN; OLG Hamm NJW 1993, 542.

5. Lösung Fall 36b)

G könnte einen Anspruch gegen S auf Schadensersatz iHd Laptopwertes aus §§ 280 Abs. 1, 241 Abs. 2 haben.

I. Zwischen G und S bestand ein Werkvertrag gem. § 631 zur Erbringung der Tapezierarbeiten und somit ein Schuldverhältnis.

II. S muss eine Pflicht verletzt haben. § 241 Abs. 2 verpflichtet die Parteien, auf das Eigentum des Vertragspartners Rücksicht zu nehmen. S hat selbst den Laptop nicht gestohlen. Ihr könnte aber analog § 278 S. 1 Var. 2 die Wegnahme des Laptops durch E zuzurechnen sein.

1. § 278 spricht ausdrücklich nur die Verschuldenszurechnung an, findet aber bei der Handlungszurechnung analoge Anwendung.

2. S muss sich des E zur Erfüllung einer Verbindlichkeit bedient haben; E muss also mit Wissen und Wollen im Pflichtenkreis der S tätig geworden sein. E war gerade im Auftrag der S in der Wohnung der G, also mit deren Wissen und Wollen. Fraglich ist, ob er bei der konkreten Handlung auch im Pflichtenkreis der S, also „zur Erfüllung seiner Verbindlichkeit" tätig wurde. Der Dritte darf nicht lediglich bei Gelegenheit gehandelt haben, vielmehr muss ein „innerer Sachzusammenhang" zwischen der übertragenen Tätigkeit und der Pflichtverletzung bestehen. E nahm den Laptop aber gerade nicht bei Erfüllung seiner ihm übertragenen Aufgabe, der Tapezierarbeiten, sondern in einem unachtsamen Moment der G weg. Man könnte den Sachzusammenhang aber auch nach Erwägungen zur Risikoerhöhung konkretisieren. Dafür spricht entscheidend der Zweck des § 278: Der Schuldner soll in relativ weitem Umfang Verantwortung für das Handeln von Dritten übernehmen, wenn er von deren Leistung in einer arbeitsteiligen Welt profitiert. Indem S E zu G schickte und somit Zugang zur Wohnung und Zugriff auf den Laptop ermöglichte, erhöhte er eben auch das Risiko, dass E einen Diebstahl begehen kann. Somit ist S die Handlung des E gem. § 278 zuzurechnen. *(aA selbstverständlich vertretbar).* Damit liegt eine Pflichtverletzung vor.

III. Die Pflichtverletzung muss S gemäß § 280 Abs. 1 S. 2 auch zu vertreten haben. S selbst nahm den Laptop nicht weg und handelte nicht schuldhaft iSd § 276 Abs. 1. Allerdings ist ihr das Verschulden des E gem. § 278 zuzurechnen. E handelte vorsätzlich und somit schuldhaft iSd § 276 Abs. 1.

IV. Durch den Entzug des Laptops ist G ein Schaden iHd Laptopwertes entstanden. Nimmt man lebensnah an, dass eine Rückgabe des Laptops ausscheidet, schuldet S gem. § 251 Abs. 1 Wertersatz.

Ergebnis: G hat somit im Ergebnis einen Anspruch gegen S auf Schadensersatz iHd Laptopwertes aus §§ 280 Abs. 1, 241 Abs. 2, 251 Abs. 1.

§ 9 Nicht oder nicht vertragsgemäße Leistung: Das Rücktrittsrecht aus § 323 und aus § 324

Fall 38: Am 1.6. schließen die Privatpersonen V und K einen Kaufvertrag über das Auto des V. In dem Vertrag regeln die Parteien, dass V K das Auto am 3.6. nach Hause liefern soll und K sodann Zug-um-Zug den Kaufpreis in Höhe von 10.000 Euro zahlt. Am 3.6. wartet K jedoch vergeblich auf V. Daher ruft K V am 4.6. empört an und verlangt, dass er umgehend das Auto liefert. Als V dies jedoch bis zum 30.6. immer noch nicht getan hat, ruft K erneut bei V an und erklärt ihm, dass er nun nicht mehr an dem Auto interessiert sei. V dagegen möchte den Wagen weiterhin liefern und verlangt Kaufpreiszahlung von K. Zu Recht? **Lösung Rn 544**

I. Grundlagen

§ 323 gibt dem Gläubiger bei gegenseitigen Verträgen unter bestimmten Voraussetzungen ein Rücktrittsrecht wegen Pflichtverletzungen des Schuldners. Der Gläubiger hat dann die Möglichkeit, sich vom **Vertrag zu lösen**, so dass es zur Rückabwicklung nach den §§ 346 ff kommt. Dadurch wird im Kern der Zustand hergestellt, der ohne Vertragsschluss bestehen würde. Der Gläubiger kann am Rücktritt aus unterschiedlichen Gründen interessiert sein: Er mag das Vertrauen in den Schuldner verloren haben. Vielleicht kann er das Geschäft nun anderswo günstiger abschließen. Der Schuldner will umgekehrt oft noch leisten, etwa um sich die Gegenleistung zu verdienen, Vertrauen wiederherzustellen oder den Leistungsgegenstand „loszuwerden". Das deutsche Privatrecht gewichtet das Schuldnerinteresse hoch und hält beide Parteien trotz der Pflichtverletzung vorrangig noch am Vereinbarten fest (**Grundsatz der Vertragserhaltung**): Grundsätzlich muss der Gläubiger gem. § 323 Abs. 1 eine angemessene Frist setzen, dem Schuldner also Gelegenheit zur Leistung geben. Die Vertragsbindung soll erst dann entfallen, wenn diese Frist erfolglos abgelaufen ist. Manchmal ist die Fristsetzung freilich sinnlos oder unangemessen. Für solche Situationen sieht § 323 Abs. 2 Ausnahmen vor.

In manchen Voraussetzungen entspricht § 323 der Regelung für den Schadensersatz statt der Leistung nach § 281.[1] Auch in den Rechtsfolgen gibt es Ähnlichkeiten, weil die Schadensabwicklung auch die Rücktrittsfolgen umfassen kann. Andererseits bestehen auch Unterschiede:[2] Der Rücktritt zielt auf Wiederherstellung der Situation *ohne* Vertragsschluss, während der Schadensersatz statt der Leistung zu derjenigen Vermögenssituation führen soll, die bei einem *erfolgreichen* Leistungsaustausch eingetreten wäre.[3] Der wichtigste Unterschied bei den Voraussetzungen betrifft das Vertretenmüssen: § 323 setzt im Gegensatz zu § 281 nicht voraus, dass der Schuldner die Pflichtverletzung **zu vertreten** hat. § 323 gilt außerdem nur bei gegenseitigen Verträgen, § 281 dagegen grundsätzlich bei allen Schuldverhältnissen. Schließlich gibt es Unterschiede im Detail bei den Ausnahmen vom Fristsetzungserfordernis.[4]

---

1 Die Gemeinsamkeiten betont etwa *Riehm* NJW 2014, 2065.
2 Die Unterschiede betont etwa *Weiss* NJW 2015, 3393.
3 Näher *Weiss* NJW 2015, 3393.
4 Dazu unten Rn 520 ff und 523 f.

II. Voraussetzungen des § 323

1. Gegenseitiger Vertrag

§ 323 setzt einen **gegenseitigen Vertrag** voraus – also beispielsweise einen Kaufvertrag oder einen Werkvertrag. Das ergibt sich aus der Überschrift zum Titel 2 (Gegenseitiger Vertrag) und aus dem Wortlaut des § 323 Abs. 1. Wenn Dauerschuldverhältnisse schon in Vollzug gesetzt sind – also beispielsweise ein Arbeitsvertrag schon zu Lohnzahlungen und Arbeitsleistungen geführt hat – wird § 323 von § 314 verdrängt.[5]

499

2. Nichtleistung

Der Schuldner muss außerdem gem. § 323 Abs. 1 eine fällige Leistung nicht oder nicht vertragsgemäß erbracht haben. **Nichtleistung** iSd § 323 Abs. 1 ist jede Art der Leistungsverzögerung – erfasst ist neben der endgültigen Nichtleistung also auch der Verzug.[6] **Nicht vertragsgemäße Leistung** ist jede Form der Schlechtleistung. Der Verkäufer leistet beispielsweise nicht vertragsgemäß, wenn die Kaufsache einen Mangel hat. Ob der Verkäufer den Mangel auch zu vertreten hat, ist unerheblich: Auf Vertretenmüssen kommt es iRd § 323 nicht an.

500

§ 323 ist zwar nur bei gegenseitigen Verträgen anwendbar. Die Norm erfasst aber **nicht ausschließlich synallagmatische Leistungspflichten**, sondern kann auch bei der Verletzung von Nebenpflichten eingreifen, die nicht im Synallagma stehen.[7] Daher kann beispielsweise die Verletzung der Abnahmepflicht des Käufers (§ 433 Abs. 2) zu einem Rücktrittsrecht führen – und zwar auch dann, wenn sie – wie im Regelfall – nicht synallagmatisch ist.

501

§ 323 greift nur bei der Verletzung **wirksamer Leistungspflichten** ein. Daher ergibt sich kein Rücktrittsrecht aus § 323, wenn Einwendungen gegen die Leistungspflicht bestehen. Ein Beispiel ist die Erfüllung gem. § 362 Abs. 1: Auf die Verletzung einer bereits erfüllten Pflicht kann man den Rücktritt nicht stützen. Ein anderes Beispiel ist die Unmöglichkeit gem. § 275 Abs. 1: Dann ist die Leistungspflicht ja ausgeschlossen. Gleichwohl gibt das Gesetz in **§ 326 Abs. 5** dem Gläubiger für diesen Fall ein besonderes Rücktrittsrecht. Sinnlos ist bei Unmöglichkeit freilich die Fristsetzung – denn die Leistung kann bei Unmöglichkeit ja gerade nicht mehr erbracht werden. Konsequenterweise schließt § 326 Abs. 5 2. HS das Fristsetzungserfordernis aus.

502

Auch für die **Verletzung von Schutzpflichten iSd § 241 Abs. 2** gilt mit **§ 324** eine Sonderregel, die § 323 verdrängt.[8]

503

Wenn der Schuldner die Leistung nur **teilweise** erbracht hat, greift **§ 323 Abs. 5** ein: Gem. § 323 Abs. 5 S. 1 setzt der Rücktritt dann grundsätzlich voraus, dass der Gläubiger an der Teilleistung kein Interesse hat. Anderes gilt gem. § 323 Abs. 5 S. 2, wenn der Schuldner nicht vertragsgemäß geleistet hat, es also nicht um eine quantitative,

504

---

5 Jauernig/*Stadler*, BGB[17], § 323 Rn 4.
6 Vgl BeckOK/*H. Schmidt*, BGB[52], § 323 Rn 9; *Zimmer* NJW 2002, 1, 5.
7 Begründung des Regierungsentwurfs, BT-Drs. 14/6040 S. 183; BeckOK/*H. Schmidt*, BGB[51], § 323 Rn 4; Palandt/*Grüneberg*, BGB[78], § 323 Rn 10; aA MünchKomm/*Ernst*, BGB[8], § 323 Rn 13.
8 Zu § 324 unten Rn 536 ff.

sondern eine qualitative Abweichung geht. Dann kann der Gläubiger nur dann nicht zurücktreten, wenn die Pflichtverletzung des Schuldners unerheblich ist.

3. Fälligkeit und Durchsetzbarkeit

505 Die Leistung muss **fällig** sein, wie sich aus dem Wortlaut des § 323 Abs. 1 ergibt. Das ist nach § 271 zu beurteilen.[9] Wenn der Verkäufer eines Fahrrads das Fahrrad Anfang des Monats nicht liefert, weil er mit dem Käufer vereinbart hat, dass die Lieferung des Fahrrads erst Ende des Monats erfolgt, verletzt er keine fällige Leistung, so dass § 323 nicht eingreift.

506 **§ 323 Abs. 4** sieht für die Fälligkeit der Leistung eine Ausnahme vor: Wenn offensichtlich ist, dass die Rücktrittsvoraussetzungen eintreten werden, kann der Gläubiger auch schon vor Fälligkeit der Leistung zurücktreten. Dahinter steht der Gedanke, dass die Fristsetzung von vornherein sinnlos ist, wenn die **Rücktrittsvoraussetzungen offensichtlich** eintreten werden. Das ist insbesondere dann der Fall, wenn der Schuldner schon vor Fälligkeit unmissverständlich zum Ausdruck bringt, dass er auch bei Fälligkeit keinesfalls leisten wird – also die Fälle der ernsthaften und endgültigen Leistungsverweigerung iSd § 323 Abs. 2 Nr 1.[10] In diesen Situationen müsste – wenn es § 323 Abs. 4 nicht gäbe – der Gläubiger trotz der Vertragsaufsage durch den Schuldner noch den Eintritt der Fälligkeit abwarten, bevor er zurücktreten kann. Das wäre unnötige Förmelei. Allerdings genügen nicht bloße Zweifel an der Leistungsfähigkeit oder Leistungsbereitschaft; vielmehr muss der Schuldner mit an Sicherheit grenzender Wahrscheinlichkeit nicht mehr erfüllen.[11] So lag es etwa in einer Entscheidung des OLG Frankfurt, in der ein Werkunternehmer trotz mehrmaliger Aufforderung nicht den vereinbarten Entwurf für die Gestaltung einer Grabanlage mit Grabstein vorlegte.[12] Auch andere Konstellationen sind denkbar: So macht eine Fristsetzung keinen Sinn, wenn die Leistung im Fälligkeitszeitpunkt wegen eines offenkundig bevorstehenden Importverbots ausgeschlossen sein wird. Nach Eintritt der Fälligkeit greift § 323 Abs. 4 nicht mehr ein; der Gläubiger muss dann vielmehr eine Frist nach § 323 Abs. 1 setzen – sofern die Frist nicht gem. § 323 Abs. 2 entbehrlich ist.[13]

507 **Ungeschriebene Tatbestandsvoraussetzung** des § 323 Abs. 1 ist die **Durchsetzbarkeit** der Leistung. Das folgt daraus, dass auch die Leistungspflicht selbst prozessual nicht durchsetzbar ist, wenn eine Einrede besteht. Im Rahmen von § 323 genügt jedoch das **Bestehen** der Einrede: Wenn der Gläubiger sein Rücktrittsrecht aus § 323 geltend macht, muss die Richterin im Prozess also von Amts wegen prüfen, ob die Tatbestandsvoraussetzungen von Einreden (wie etwa einem Zurückbehaltungsrecht aus § 320 oder einer Verjährung) vorliegen.

508 Auch wenn der Schuldner die Leistung gem. § 275 Abs. 2 oder Abs. 3 verweigern kann, gibt § 326 Abs. 5 dem Gläubiger ein Rücktrittsrecht.

---
9 Zu § 271 oben Rn 278 f.
10 Vgl Begründung des Regierungsentwurfs, BT-Drs. 14/6040 S. 186.
11 OLG Köln BeckRS 2013, 16288.
12 OLG Frankfurt BeckRS 2019, 2886.
13 BGHZ 193, 315.

4. Erfolglose Fristsetzung bzw Entbehrlichkeit der Fristsetzung

a) Fristsetzung

aa) Funktion und Rechtsnatur. Die das Rücktrittsrecht aus § 323 prägende Tatbestandsvoraussetzung ist die Fristsetzung: § 323 Abs. 1 setzt voraus, dass der Gläubiger erfolglos eine angemessene Frist zur Leistung oder Nacherfüllung gesetzt hat. Der Fristsetzung kommt ähnlich wie der Mahnung (§ 286 Abs. 1) **Warnfunktion** zu. Sie dient der Vertragserhaltung, indem sie sicherstellt, dass der Schuldner eine letzte Chance erhält, die Leistung doch noch zu erbringen.

509

Dogmatisch ist die Fristsetzung eine **rechtsgeschäftsähnliche Handlung**. Die Vorschriften über Willenserklärungen sind also entsprechend anwendbar. Wirksam wird die Fristsetzung durch Zugang analog § 130. Ob eine Fristsetzung iSd § 323 Abs. 1 vorliegt, muss durch **Auslegung analog §§ 133, 157** ermittelt werden. Dafür ist entscheidend, dass der Gläubiger den Schuldner auffordert, die Leistung innerhalb einer angemessenen Frist zu erbringen. Es reicht nicht, den Schuldner nur nach seiner Leistungsbereitschaft zu fragen.[14] Anders als im alten Schuldrecht ist aber nicht erforderlich, dass der Gläubiger auch damit droht, die Leistung nach Fristablauf nicht mehr anzunehmen („Ablehnungsandrohung"): Der Gesetzgeber verzichtete aus Praktikabilitätsgründen auf diese Voraussetzung.[15] Es genügt deshalb, dass der Gläubiger etwa sofortige, unverzügliche (vgl § 121 Abs. 1) oder umgehende Leistung verlangt oder anderweitig deutlich macht, dass dem Schuldner nunmehr nur ein begrenzter Zeitraum zur Leistung bleibt.[16] Nicht erforderlich ist, dass der Gläubiger die im Gesetz verwendeten Worte verwendet. Auch die Angabe eines bestimmten Zeitraums oder Endtermins ist nach stRspr nicht erforderlich.[17]

510

bb) Zeitpunkt der Fristsetzung und Dauer der „angemessenen" Frist. Die Fristsetzung kann ab **Fälligkeit der Leistung** gesetzt werden, nicht schon zuvor.[18] Eine vor Fälligkeit gesetzte Frist ist unbeachtlich. Das folgt zwar – anders als im Schuldrecht vor der Schuldrechtsreform 2002 – nicht aus dem Wortlaut des Gesetzes. Der Gesetzgeber wollte insofern jedoch keine Änderung der Rechtslage bewirken.[19] Anerkannt ist, dass die Fristsetzung mit einer fälligkeitsbegründenden Handlung zusammenfallen kann.[20] Der Gläubiger kann beispielsweise die Stellung einer Rechnung mit einer Fristsetzung verbinden. Wenn die Fristsetzung vor der Fälligkeit erfolgt, ist sie unwirksam, auch wenn die Fälligkeit zu einem späteren Zeitpunkt eintritt. Das ist schon deshalb zwingend, weil andernfalls die in § 323 Abs. 4 festgesetzten Grenzen für den Rücktritt vor Fälligkeit ausgehebelt würden.

511

Welche **Dauer der Frist angemessen** iSd § 323 Abs. 1 ist, muss im Einzelfall mit Rücksicht auf die konkreten Fallumstände entschieden werden. Wenn es eine Partei-

512

---

14 BeckOK/*H. Schmidt*, BGB[51], § 323 Rn 16.
15 Begründung des Regierungsentwurfs, BT-Drs. 14/6040 S. 139.
16 BGH NJW 2009, 3153; 2016, 3654.
17 BGH NJW 2009, 3153; 2015, 2564; 2016, 3654; krit. dazu *Höpfner* NJW 2016, 3633.
18 BGHZ 193, 315.
19 BR-Drs. 338/01 S. 427, 428.
20 BeckOK/*H. Schmidt*, BGB[51], § 323 Rn 13.

abrede über die Frist gibt, ist in erster Linie diese Abrede maßgeblich.²¹ Im Übrigen gilt es, den Zweck des Fristsetzungserfordernisses im Auge zu behalten: Es dient dazu, dem Schuldner eine letzte Gelegenheit zur Vertragserfüllung zu geben. Die Fristdauer muss daher so bemessen sein, dass der Schuldner die **schon begonnene Leistungserbringung noch vollenden** kann.²² Nicht erforderlich ist es aber, sie so großzügig zu bemessen, dass der Schuldner noch erfüllen kann, wenn er erst jetzt mit seinen Leistungsbemühungen beginnt.²³ Zu berücksichtigen sind etwa die Natur des jeweiligen Geschäfts, die Schwierigkeit der Leistungserbringung, der Bedarf des Gläubigers an der Leistung, der Umfang der Leistung und sonstige Besonderheiten des Einzelfalls.

513 Wenn die **Frist unangemessen** ist, hat das nicht etwa die Unwirksamkeit der Fristbestimmung zur Folge. Vielmehr wird dann eine dem Einzelfall angemessene Frist in Gang gesetzt.²⁴ Der Gesetzgeber der Schuldrechtsreform wollte diese schon zum alten Schuldrecht ergangene ständige Rechtsprechung unberührt lassen, um keine unnötigen formalen Hürden zu schaffen.²⁵ Nach Treu und Glauben ist die Fristsetzung allenfalls unwirksam, wenn der Gläubiger sie bewusst viel zu kurz bemisst oder sie nur zum Schein setzt.²⁶

514 Wenn der Gläubiger eine **Frist** gesetzt hat, obwohl die Fristsetzung gem. § 323 Abs. 2 **entbehrlich** war, ist ein Rücktritt vor Fristablauf gleichwohl unwirksam.²⁷ Denn durch die Fristsetzung hat der Gläubiger zurechenbar ein entsprechendes Vertrauen beim Schuldner gesetzt, so dass ein Rücktritt vor Fristablauf treuwidrig wäre. Entsprechendes gilt, wenn der Gläubiger eine längere Frist gesetzt hat, als erforderlich gewesen wäre.²⁸

515 cc) **Kein Fristsetzungserfordernis bei Verbrauchsgüterkäufen.** § 323 gilt auf Grund der Brückennorm des § 437 Nr 2 auch im Gewährleistungsrecht. Damit kommt die Vorschrift auch bei **Verbrauchsgüterkäufen** zur Anwendung, denn die Regeln über den Verbrauchsgüterkauf (§§ 474-479) modifizieren lediglich die allgemeinen Regeln des kaufrechtlichen Gewährleistungsrechts und stellen nicht etwa ein abschließendes Sonderregime für Verbrauchsgüterkäufe auf.²⁹

516 § 323 muss deshalb im Anwendungsbereich der Verbrauchsgüterkauf-RL, die den Ursprung für die §§ 474 ff im deutschen Recht bildet, richtlinienkonform ausgelegt werden. Gem. Art. 3 Abs. 5 Verbrauchsgüterkauf-RL etwa muss der Käufer bei mangelhafter Lieferung zur Vertragsauflösung berechtigt sein, wenn der Verkäufer nicht innerhalb einer angemessenen Frist Abhilfe geschaffen hat. Die Richtlinie fordert mithin durchaus den Ablauf eines gewissen Zeitraums, eine **aktive Fristsetzung** sieht sie für den Fall der mangelhaften Lieferung aber nicht vor. Die **richtlinienkonforme Auslegung** des Fristsetzungserfordernisses im deutschen Rücktrittsrecht kann auf

---

21 BGH NJW 2016, 3654 Rn 36.
22 MünchKomm/*Ernst*, BGB⁸, § 323 Rn 73.
23 Vgl OLG Köln NJW-RR 2018, 373; BGH NJW 1982, 1279, 1280.
24 BGH NJW 2009, 3153.
25 Begründung des Regierungsentwurfs, BT-Drs. 14/6040 S. 185.
26 Vgl BGH NJW 1985, 2640.
27 BGH NJW 2010, 1805.
28 *Medicus/Lorenz*, SR AT²¹, Rn 491.
29 *Arnold/Hornung* JuS 2019, 1041.

zwei Arten erreicht werden:³⁰ Erstens könnte im Anwendungsbereich der Verbrauchsgüterkauf-RL bei mangelhafter Lieferung stets § 323 Abs. 2 Nr 3 angewendet werden, so dass die Fristsetzung immer entbehrlich ist und lediglich eine angemessene Zeitperiode (Frist) abgelaufen sein muss. Zweitens könnte **§ 323 Abs. 1 korrigierend so ausgelegt** werden, dass keine Frist *gesetzt* werden muss, sondern lediglich ein angemessener Zeitraum *verstrichen* sein muss. Der Vorzug der zweiten Möglichkeit liegt darin, dass auch § 323 Abs. 2 dann immer noch anwendbar ist und in entsprechenden Fällen selbst der reine Ablauf einer angemessenen Frist entbehrlich sein kann. Sie ist daher vorzugswürdig.³¹

b) Entbehrlichkeit der Fristsetzung

Nicht immer ist eine Fristsetzung sinnvoll oder den Umständen des Einzelfalls angemessen. Daher beinhaltet § 323 Abs. 2 eine Reihe von Tatbeständen, aus denen sich die Entbehrlichkeit einer Fristsetzung ergibt. Wenn einer dieser Tatbestände erfüllt ist, kann der Gläubiger unabhängig von einer Fristsetzung zurücktreten. Die Regelung ist abschließend³² – wenn keiner der drei Tatbestände erfüllt ist, ist die Fristsetzung nicht entbehrlich. 517

aa) Ernsthafte und endgültige Erfüllungsverweigerung (§ 323 Abs. 2 Nr 1). Gem. § 323 Abs. 2 Nr 1 ist die Fristsetzung entbehrlich, wenn der Schuldner die Leistung **ernsthaft und endgültig verweigert**. Diese Fallgruppe entspricht § 286 Abs. 2 Nr 3 und § 281 Abs. 2 1. Alt. Man bezeichnet sie auch als Vertragsaufsage. Es wäre eine sinnlose Förmelei, den Rücktritt auch dann von einer Fristsetzung abhängig zu machen, wenn der Schuldner unmissverständlich und eindeutig zum Ausdruck bringt, er werde seinen Vertragspflichten unter keinen Umständen nachkommen.³³ Der Tatbestand darf aber nicht leichter Hand bejaht werden. Vielmehr gelten strenge Anforderungen.³⁴ Es genügt nicht, wenn der Schuldner nur erklärt, zum Fälligkeitszeitpunkt nicht leisten zu können.³⁵ Die Verweigerung muss vom Gläubiger vielmehr als das „letzte Wort" des Schuldners verstanden werden dürfen.³⁶ 518

In richtlinienkonformer Interpretation der Norm gelten etwas weniger strenge Anforderungen im Anwendungsbereich der Verbraucherrechte-RL. Denn in Art. 18 Abs. 2 UAbs. 2 S. 1 der Verbraucherrechte-RL ist lediglich von einer „Weigerung des Unternehmers, die Ware zu liefern" die Rede.³⁷ 519

bb) Relatives Fixgeschäft (§ 323 Abs. 2 Nr 2). Gem. § 323 Abs. 2 Nr 2 ist die Fristsetzung auch dann entbehrlich, wenn ein **„relatives Fixgeschäft"** vorliegt. Dabei geht es um Fälle, in denen die Leistung durch den Zeitablauf nicht schon objektiv sinnlos wird. Wenn Letzteres der Fall ist, liegt ein **absolutes Fixgeschäft** vor, bei 520

---

30 Dazu MünchKomm/*Ernst*, BGB⁸, § 323 Rn 51 mwN.
31 MünchKomm/*Ernst*, BGB⁸, § 323 Rn 51.
32 BGH NJW 2013, 1523 Rn 22; 2017, 153 Rn 17.
33 Vgl BGH NJW 2012, 3714, 3716.
34 BGH NJW 2011, 2872 Rn 14.
35 BGH NJW 2012, 3714, 3716.
36 BGH NJW 2011, 2872 Rn 14.
37 Näher dazu *Riehm* NJW 2014, 2065.

dem die Leistung schon gem. § 275 Abs. 1 ausgeschlossen ist.[38] Für § 323 Abs. 2 Nr 2 genügt, dass die Leistungszeit **für den Gläubiger wesentlich** ist. Die Abgrenzung ist im Einzelfall schwierig. Aus Gläubigersicht ist das sofortige Rücktrittsrecht aus § 323 Abs. 2 Nr 2 oft sogar attraktiver: Er kann sich sofort vom Vertrag lösen, kann sich aber auch dafür entscheiden, Erfüllung zu verlangen.

521 § 323 Abs. 2 Nr 2 setzt erstens eine im Vertrag enthaltene **Fristbestimmung** bzw einen Leistungstermin voraus. Zweitens muss die zeitgerechte Leistung wesentlich für den Gläubiger sein, so dass das Geschäft mit der Einhaltung der Leistungszeit bzw des Leistungstermins „stehen und fallen soll".[39] Die **Wesentlichkeit** kann im Vertrag vereinbart sein, sie kann sich aber auch aus einer (einseitigen) Mitteilung des Gläubigers an den Schuldner ergeben, etwa wenn er schreibt: „Die Lieferung des Motorrads zum vereinbarten Termin am 30.11. ist ganz wichtig, weil ich am 1.12. damit in den Urlaub fahre!". Im unternehmerischen Rechtsverkehr kann einer Wendung wie „Lieferung fix zum 30.11." eine ähnliche Aussage entnommen werden.[40] Denkbar ist auch, dass sich die Wesentlichkeit aus Umständen ergibt, die den Vertragsschluss begleiten. Ein Beispiel ist, dass eine Marktverkäuferin von der Bäuerin die Ware für Freitag bestellt, weil am Samstag Markttag im Dorf ist. Auch die Natur des Rechtsgeschäfts muss man berücksichtigen: Flugbeförderungsverträge können beispielsweise Fixgeschäfte sein.[41]

522 § 323 Abs. 2 Nr 2 ist **grundsätzlich dispositiv**. § 323 dient jedoch auch der Umsetzung der Verbraucherrechte-RL. In ihrem Anwendungsbereich ist selbst eine individualvertragliche Abweichung zu Lasten des Verbrauchers unwirksam. Denn gem. Art. 25 Verbraucherrechte-RL sind die Verbraucherrechte „halbzwingend", sie entfalten also in jedem Fall zu Gunsten der Verbraucher Wirkung.

Eine Sonderregelung hat das relative Fixgeschäft in **§ 376 HGB** gefunden (**Fixhandelskauf**): Hier muss die Wesentlichkeit der Zeitvereinbarung für den Schuldner nicht einmal erkennbar sein. Umgekehrt muss der Käufer dem Verkäufer sofort anzeigen, wenn er trotz Zeitablaufs weiterhin auf Erfüllung pochen möchte. Die Regelung nimmt in besonderer Weise Rücksicht auf die Schnelligkeit und Sicherheit des Handelsverkehrs und trägt dem Umstand Rechnung, dass regelmäßig auf beiden Seiten erfahrene Kaufleute agieren.

523 cc) **Entbehrlichkeit der Fristsetzung wegen besonderer Umstände (§ 323 Abs. 2 Nr 3).** § 323 Abs. 2 Nr 3 beinhaltet schließlich eine (kleine) Generalklausel für die Fälle der **nicht vertragsgemäßen Leistung**: Hier ist der sofortige Rücktritt auch dann gerechtfertigt, wenn besondere Umstände vorliegen, die unter Abwägung der beiderseitigen Interessen den sofortigen Rücktritt rechtfertigen. Ein Beispiel bietet die **arglistige Täuschung des Verkäufers** über einen behebbaren Sachmangel. Wegen der Arglist des Verkäufers fehlt die für eine „zweite Chance" erforderliche Vertrauensbasis.[42] Das gilt nicht nur dann, wenn die Nacherfüllung durch den Verkäufer selbst erfolgen sollte, sondern auch, wenn ein beauftragter Dritter den Mangel beseiti-

---

38 „Weihnachtsbaum-Fälle", näher dazu Rn 679 f.
39 Etwa BGH NJW 1990, 2065; WM 1989, 1180, 1181.
40 BGH NJW 1990, 2065.
41 OLG Düsseldorf NJW-RR 1997, 930.
42 BGH, NJW 2007, 835; 2008, 1371, 1372.

gen soll.⁴³ Anders liegt es, wenn der Käufer dem Verkäufer nach Entdeckung des verschwiegenen Mangels eine Nacherfüllungsfrist setzt. Denn damit gibt er zu erkennen, dass sein Vertrauen weiterhin besteht.⁴⁴

§ 323 Abs. 2 Nr 3 erfasst seit dem 13.6.2014 nicht mehr die Nichtleistung, weil er ausweislich des Wortlauts nur „im Falle einer nicht vertragsgemäß erbrachten Leistung" gilt. Das entspricht insofern den Vorgaben der **Verbraucherrechte-RL**, deren Art. 18 ebenfalls kein sofortiges Rücktrittsrecht für den Fall der Nichtleistung vorsieht. Diese Vorgabe ist im deutschen Recht überschießend umgesetzt: Sie gilt also generell – nicht nur im Anwendungsbereich der Verbraucherrechte-RL. Das Gesetz vermeidet so eine gespaltene Rechtslage.⁴⁵ 524

5. Fruchtloser Fristablauf (außer bei Entbehrlichkeit der Fristsetzung gem. § 323 Abs. 2)

Wenn die Frist nicht gem. § 323 Abs. 2 entbehrlich ist, setzt das Rücktrittsrecht weiter voraus, dass die Frist fruchtlos verstrichen ist. Das ist sie dann, wenn der **Schuldner bis zu ihrem Ablauf die Leistung nicht oder nicht ordnungsgemäß erbracht** hat. Für Teilleistungen sieht § 323 Abs. 5 eine Sonderregel vor. Wenn der Schuldner die Leistung ordnungsgemäß anbietet, der Gläubiger sie aber ablehnt, kommt es zum Gläubigerverzug. Auch dann ist das Rücktrittsrecht ausgeschlossen.⁴⁶ 525

6. Ausschlussgründe

Die Absätze 5 und 6 des § 323 schließen das Rücktrittsrecht in Konstellationen aus, in denen es nicht interessengerecht wäre. Die Normen sind auch für das Rücktrittsrecht bei Unmöglichkeit der Leistung relevant: Auf sie wird in § 326 Abs. 5 2. HS verwiesen. 526

a) § 323 Abs. 5 S. 1 (Teilleistungen)

§ 323 Abs. 5 S. 1 hält eine Sonderregel für **Teilleistungen** bereit. Wie wir oben gesehen haben⁴⁷, ist der Schuldner gem. § 266 zu Teilleistungen nicht berechtigt. Wenn der Schuldner Teilleistungen anbietet, kann der Gläubiger also schlicht gem. **§ 266 die Leistung zurückweisen**. Der Schuldner hat dann nicht geleistet und der Gläubiger kann ohne Weiteres eine Frist nach § 323 Abs. 1 setzen, um nach deren Ablauf vom Vertrag insgesamt zurückzutreten.⁴⁸ 527

Wenn der Gläubiger die **Teilleistung dagegen annimmt** – trotz § 266 –, ist ein Teil der Leistung ausgeblieben. Dann kann der Gläubiger, wenn die übrigen Voraussetzungen des § 323 vorliegen und die Leistung teilbar ist, einen Teilrücktritt bezüglich des ausgebliebenen Teils erklären. Aus dem Gewährleistungsrecht ergeben sich dabei 528

---

43 BGH NJW 2008, 1371, 1372: Beseitigung des Mangels durch einen Tierarzt, der nicht der Verkäufer des Pferdes war.
44 BGH NJW 2010, 1805.
45 BT-Drs. 17/12637 S. 59. Zu der Frage, ob die Änderung Konsequenzen für § 281 Abs. 2 2. HS – also der „Schwesternorm" für den Schadensersatz statt der Leistung – unten Rn 618 ff.
46 BeckOK/*H. Schmidt*, BGB⁵¹, § 323 Rn 20.
47 Dazu oben Rn 330 ff.
48 *S. Lorenz* NJW 2003, 3079, 3098.

Besonderheiten, im Kaufrecht etwa aus den §§ 434 Abs. 3, 437: Liefert der Verkäufer zu wenig, liegt ein Sachmangel vor (§ 434 Abs. 3 2. Alt.). Der Käufer kann Lieferung des ausgebliebenen Teils verlangen (§§ 437 Nr 1, 439), gegebenenfalls mindern (§§ 437 Nr 2, 441), wegen der nicht erbrachten Leistung vom Restvertrag zurücktreten (§§ 437 Nr 2, 323) und Schadensersatz statt der ausgebliebenen Teilleistung verlangen (§§ 437 Nr 3, 280 Abs. 1, Abs. 3, 281).

529 Die in **§ 434 Abs. 3** vorgenommene Gleichstellung von Minderlieferung und Sachmangel, also quantitativer und qualitativer Teilleistung, gilt – entgegen abweichender Ansichten[49] – nicht auch für § 323 Abs. 5.[50] Wäre das der Fall, würde die Minderlieferung bei Kaufverträgen nicht zur Anwendung des § 323 Abs. 5 S. 1 führen. Vielmehr wäre dann § 323 Abs. 5 S. 2 einschlägig, der eine von S. 1 abweichende Regelung für die Fälle der nicht vertragsgemäßen Leistung bereit hält. Gegen die Gleichstellung spricht zum einen die systematische Stellung des § 434 Abs. 3 im Kaufrecht. Zum anderen wäre § 323 Abs. 5 S. 1 dann im paradigmatischen Anwendungsfall der Minderlieferung beim Kaufvertrag nie anwendbar.

530 **§ 323 Abs. 5 S. 1** betrifft nun die Frage, ob der Gläubiger, wenn er eine Teilleistung angenommen hat, auch vom **gesamten Vertrag zurücktreten** kann – also nicht lediglich bezogen auf die ausgebliebene Teilleistung. Das setzt voraus, dass der Gläubiger an der Teilleistung **kein Interesse** hat. Dabei gelten strenge Maßstäbe: Die konkreten Zwecke des Gläubigers dürfen mit der erbrachten Leistung auch nicht teilweise verwirklicht werden können.[51] Die Beweislast dafür trägt der Gläubiger, denn die Rechtsfolge (Rücktritt vom gesamten Vertrag) ist für den Gläubiger günstig. Die Anforderungen sind hoch: Nur unter besonderen Umständen wird der Gläubiger ausschließlich an der vollständigen Leistung interessiert sein. Wenn etwa eine Markthändlerin von einer Biobäuerin nur zwei der drei bestellten Zentner Kartoffeln erhält (und annimmt), kann sie regelmäßig nicht vom gesamten Vertrag zurücktreten – denn auch die Teilleistung lässt sich auf dem Markt verkaufen. Anders mag es liegen, wenn der gelieferte Teil so geringfügig ist, dass sich die Marktbeschickung wirtschaftlich nicht lohnt.[52]

b) § 323 Abs. 5 S. 2 (Mangelhafte Leistung)

531 § 323 Abs. 5 S. 2 setzt die Akzente etwas anders, wenn der Schuldner die Leistung **nicht vertragsgemäß bewirkt** hat. Damit sind vor allem Fälle des Sachmangels gemeint. Wenn eine nicht vertragsgemäße Leistung vorliegt, kann der Gläubiger grundsätzlich zurücktreten, außer die Pflichtverletzung ist „unerheblich". Ob die **Pflichtverletzung unerheblich** ist, lässt sich nur durch Abwägung unter Berücksichtigung aller Umstände des Einzelfalls entscheiden. Bei behebbaren Sachmängeln einer Kaufsache ist insbesondere die Relation des Beseitigungsaufwands zum Kaufpreis ein wichtiger Maßstab. Die Erheblichkeitsschwelle wird dabei in der Regel jedenfalls dann überschritten, wenn der Mangelbeseitigungsaufwand einen Betrag von 5 % des

---
49 *Müller/Matthes* AcP 204 (2004), 732, 753 f; Staudinger/*Schwarze*, BGB (2015), § 323 Rn A 28.
50 *Canaris* ZRP 2001, 329, 334 f; *Heiderhoff/Skamel* JZ 2006, 383, 388 f; Jauernig/*Stadler*, BGB[17], § 323 Rn 18.
51 BGH NJW 1990, 3011, 3013.
52 Zur Behandlung eines parallel gelagerten Falls im Schadensersatzrecht s. **Fall 49** (Rn 719).

Kaufpreises überschreitet.⁵³ Ohnehin erheblich sind in der Regel unbehebbare Mängel⁵⁴ und arglistig verschwiegene Mängel.⁵⁵ § 323 Abs. 5 S. 2 lässt auch zu, Gemeinwohlbelange zu berücksichtigen: Wenn es etwa um die Frage geht, ob unzulässige Abschaltvorrichtungen bei Pkw eine unerhebliche Pflichtverletzung sind („Diesel-Gate"), lässt sich auch berücksichtigen, dass strenge Anforderungen an die Unerheblichkeit positive Anreize für das künftige Vorgehen von Autoherstellern setzen können, die auch im Sinne des Umweltschutzes sinnvoll sind.⁵⁶ Das OLG Nürnberg hat freilich die Erheblichkeit des Mangels in einem solchen Fall unabhängig von der Relation von Kaufpreis und Mängelbeseitigungsaufwand schon deshalb bejaht, weil die Entziehung der Betriebserlaubnis drohte.⁵⁷ Für die Beurteilung der Unerheblichkeit kommt es auf den Zeitpunkt der Rücktrittserklärung an.⁵⁸ Die **Beweislast** ist in § 323 Abs. 5 S. 2 – anders als in § 323 Abs. 5 S. 1 – auf Grund der gewählten Negativ-Formulierung („kann nicht zurücktreten, wenn") zu Gunsten des Gläubigers geregelt: Der Schuldner muss die Unerheblichkeit seiner Pflichtverletzung darlegen und beweisen.

c) § 323 Abs. 6 1. Alt. (alleinige oder überwiegende Verantwortlichkeit des Gläubigers)

532 § 323 Abs. 6 1. Alt. schließt den Rücktritt aus, wenn der Gläubiger für den zum Rücktritt berechtigenden Umstand **allein oder weit überwiegend verantwortlich** ist.⁵⁹ Die alleinige oder weit überwiegende Verantwortlichkeit des Gläubigers soll nicht zu Lasten des Schuldners gereichen. **Weit überwiegend** ist die Verantwortlichkeit des Gläubigers etwa ab 80-90 %.⁶⁰ Verantwortlichkeit ist in entsprechender Anwendung der §§ 276, 278 zu ermitteln.⁶¹ Wenn beispielsweise eine Markthändlerin zwei Zentner Kartoffeln bei einer Biobäuerin kauft, wäre das Rücktrittsrecht der Markthändlerin nicht gerecht, wenn die Bäuerin nur deshalb nicht liefert, weil ein Lehrling der Händlerin ihr fehlerhaft berichtet hat, dass die Markthändlerin eigentlich froh sei, wenn sie diese Woche mal keine Kartoffellieferung bekäme.

d) § 323 Abs. 6 2. Alt. (Annahmeverzug des Gläubigers)

533 § 323 Abs. 6 2. Alt. betrifft den Annahmeverzug des Gläubigers.⁶² Der Rücktritt ist nach § 323 Abs. 6 2. Alt. auch dann ausgeschlossen, wenn der vom Schuldner nicht zu vertretende Umstand zu einer Zeit eintritt, zu welcher der Gläubiger im Annahmeverzug ist. Auch darin liegt eine **typische Konsequenz des Annahmeverzugs**, näm-

---

53 BGH NJW 2017, 153, 155.
54 LG Nürnberg-Fürth BeckRS 2014, 12082 Rn 30.
55 BGH NJW 2006, 1961; aA *S. Lorenz* NJW 2006, 1925, 1926.
56 *Halfmeier* AcP 216 (2016), 717, 718 allein auf das Verhältnis zwischen Gläubiger und Schuldner abstellend aber etwa LG Braunschweig, BeckRS 2016, 17706.
57 OLG Nürnberg NZV 2018, 315 Rn 48; vgl auch OLG Köln NZV 2018, 72 Rn 42.
58 BGH NJW 2017, 153 Rn 29.
59 Die Norm entspricht im Wesentlichen der Regelung in § 326 Abs. 2 S. 1 (zur Gegenleistungsgefahr bei Unmöglichkeit; dazu unten Rn 700 ff.
60 BeckOK/*H. Schmidt*, BGB⁵¹, § 323 Rn 42.
61 *Looschelders*, SR AT¹⁷, § 33 Rn 12.
62 Die Regelung ist ebenfalls eine Parallelbestimmung zu § 326 Abs. 2 S. 1, nun in seiner zweiten Alternative. Dazu unten Rn 704 ff.

lich eine Verschlechterung der Rechtsposition des Gläubigers. Bringt beispielsweise die Biobäuerin die von der Marktbeschickerin bestellten Kartoffeln zum vereinbarten Liefertermin erfolglos zur Marktbeschickerin, die den Termin schlicht vergessen hat, so kann Letztere wegen der Nichtleistung der Bäuerin gem. § 323 Abs. 6 2. Alt. nicht zurücktreten. Der Schuldner – hier im Beispiel also die Biobäuerin – darf den das Rücktrittsrecht begründenden Umstand auch nicht zu vertreten haben, weil es sonst wiederum nicht interessengerecht wäre, ihn vom Ausschluss des Rücktrittsrechts in Abs. 6 profitieren zu lassen. Dabei ist freilich § 300 Abs. 1 zu beachten: Wenn der Gläubiger im Annahmeverzug ist, haftet der Schuldner nur für Vorsatz und grobe Fahrlässigkeit, nicht aber für einfache Fahrlässigkeit.

e) Keine Vertragsuntreue des Gläubigers

534 Das Rücktrittsrecht aus § 323 ist auch dann ausgeschlossen, wenn der Gläubiger seinerseits nicht vertragstreu ist.[63] Darin liegt ein Anwendungsfall von **Treu und Glauben**. Die Vertragsuntreue des Gläubigers kann etwa daraus resultieren, dass er durch unzureichende Leistungsbereitschaft eine unzumutbare Gefährdung des dem Schuldner zustehenden Gegenleistungsanspruchs verursacht.[64] Das liegt nahe, wenn er sich grundlos vom Vertrag endgültig lossagt. Vorrangig sind freilich § 320 bzw § 273 zu beachten.[65]

7. Rücktrittserklärung

535 Wenn die Voraussetzungen des § 323 vorliegen und kein Ausschlussgrund besteht, muss der Gläubiger den Rücktritt nur noch gem. § 349 erklären. Der Rücktritt ist **eine einseitige empfangsbedürftige Willenserklärung** – ein Gestaltungsrecht. Er wird mit Zugang beim Rücktrittsgegner wirksam.

III. Rücktritt wegen Schutzpflichtverletzung (§ 324)

1. Regelungszweck und Anwendungsbereich

536 Schutzpflichten iSd § 241 Abs. 2 schützen den Gläubiger nicht in seinem Leistungsinteresse, sondern in seinen unabhängig vom Leistungsaustausch bestehenden Interessen und Rechtsgütern, also seinem **Integritätsinteresse**.[66] § 241 Abs. 2 verlangt Rücksichtnahme auf die Gläubigerinteressen, etwa durch Aufklärung, Loyalität oder Sorgsamkeit beim Umgang mit dem Gläubigereigentum. Verletzt der Schuldner solche Pflichten, werden die Gläubigerinteressen regelmäßig durch einen einfachen Schadensersatzanspruch neben der Leistung aus **§§ 280 Abs. 1, 241 Abs. 2** ausreichend sanktioniert; bei vorvertraglichen Schutzpflichtverletzungen ergibt sich der Anspruch aus §§ 280 Abs. 1, 311 Abs. 2, 241 Abs. 2. Weitergehende Konsequenzen, wie ein Rücktrittsrecht, sind normaler Weise nicht geboten. **Ausnahmsweise** sieht

---

63 OLG Nürnberg NJW-RR 2017, 1263 Rn 29 f mwN.
64 OLG Nürnberg NJW-RR 2017, 1263 Rn 29 f mwN.
65 Näher etwa BeckOK/*H. Schmidt*, BGB[51], § 323 Rn 49.
66 Dazu oben Rn 106.

das Gesetz aber in § 324 auch ein **Rücktrittsrecht als Sanktion von Schutzpflichtverletzungen** vor. Der Gläubiger kann durch den Rücktritt dann den Zustand wiederherstellen, der ohne den Vertragsschluss bestünde. Ähnlich wie § 323 eine gewisse Parallele in § 281 findet, hat § 324 seine **schadensrechtliche „Partnervorschrift"** in § 282.

Wie auch § 323 gilt § 324 **nur bei gegenseitigen Verträgen**. Bei Dauerschuldverhältnissen ersetzt das Recht zur Kündigung aus wichtigem Grund (§ 314) das Rücktrittsrecht. § 324 kann gem. **§ 325** neben Ansprüche auf Schadensersatz statt der Leistung (insbesondere aus § 282) treten. 537

2. Voraussetzungen

§ 324 bietet eine eigenständige Grundlage für das Rücktrittsrecht des Gläubigers. Daher müssen für einen auf § 324 gestützten Rücktritt auch **nur die Voraussetzungen des § 324** erfüllt sein, nicht etwa auch die Voraussetzungen des § 323. Insbesondere ist keine Fristsetzung oder Abmahnung erforderlich. 538

a) Pflichtverletzung

§ 324 setzt voraus, dass der Schuldner eine **Schutzpflicht iSd § 241 Abs. 2** verletzt hat. Ausnahmsweise können Schutzpflichtverletzungen sich auf Leistungspflichten auswirken oder zugleich eine leistungsbezogene Nebenpflichtverletzung sein.[67] Wenn ein Bauer Tierfutter für seine Alpakas kauft und ihn der Verkäufer fehlerhaft über die richtige Dosierung aufklärt, hat der Verkäufer eine **leistungsbezogene Nebenpflicht verletzt, zugleich aber eine Schutzpflicht** mit Blick auf die im Eigentum des Bauern stehenden Alpakas. In diesen Fällen möchten manche Stimmen in der Literatur vorrangig § 323 anwenden.[68] Das lässt sich aber kaum überzeugend begründen: **§ 323 und § 324** haben eigenständige Tatbestandsvoraussetzungen und Ziele, die sich nicht ausschließen. Deshalb überzeugt eher, sie in diesen Fällen auch **nebeneinander** anzuwenden.[69] Das Rücktrittsrecht ergibt sich dann, wenn entweder § 323 oder § 324 erfüllt sind. 539

Die **Pflichtverletzung** kann **auch schon vor Vertragsschluss** erfolgt sein.[70] Aus den Worten „bei einem gegenseitigen Vertrag" folgt nicht, dass die Pflichtverletzung nach Vertragsschluss erfolgt sein muss. Das Gesetz schränkt durch diese Worte vielmehr lediglich den Anwendungsbereich des § 324 ein – eben auf gegenseitige Verträge. Gem. § 311 Abs. 2 bestehen Schutzpflichten iSd § 241 Abs. 2 auch schon vor Vertragsschluss. Es ist auch normativ schwer begründbar, weshalb etwa für § 324 entscheidend sein soll, ob die Pflichtverletzung kurz vor oder kurz nach Vertragsschluss erfolgt ist. Zusätzlich kann die Vertragsaufhebung bei vorvertraglichen Pflichtverletzungen freilich auf §§ 280 Abs. 1, 241 Abs. 2, 311 Abs. 2, 249 Abs. 1 gestützt werden (**Vertragsaufhebung als Naturalrestitution**). 540

---

67 Vgl LG Saarbrücken NJW-RR 2018, 629 Rn 16 zur Weigerung weiterer Aufklärung über den verkauften Flügel.
68 Etwa BeckOGK/*Looschelders*, BGB (2019), § 323 Rn 121.
69 So etwa BeckOK/*H. Schmidt*, BGB[52], § 323 Rn 4.
70 OLG Hamm BeckRS 2013, 4858; BeckOK/*H. Schmidt*, BGB[52], § 324 Rn 7; aA etwa *Mertens* ZGS 2004, 68 f.

b) Unzumutbarkeit

541 Dem Gläubiger muss nach § 324 ein **Festhalten am Vertrag nicht mehr zuzumuten** sein. Die Unzumutbarkeit muss sich dabei gerade aus der Pflichtverletzung ergeben.[71] Denn um ihre Sanktionierung geht es ja in § 324. Ob Unzumutbarkeit vorliegt, lässt sich nur auf Grundlage einer **umfassenden Interessenabwägung** entscheiden, die auf die relevanten Umstände des konkreten Falls Rücksicht nimmt. Unter anderem müssen der Vertragsgegenstand, die Art des Vertrages, die Dauer der Vertragsbeziehung und die Schwere der Pflichtverletzung berücksichtigt werden. Als Leitlinie ist es hilfreich zu fragen, ob die Schutzpflichtverletzung die Vertrauensgrundlage zwischen den Vertragsparteien aufgehoben hat.[72] Auch wenn der Schuldner Teile der Leistung schon erbracht hat, kann die Unzumutbarkeit zu bejahen sein. Dann sollte die Wertung des § 323 Abs. 5 S. 1 herangezogen werden, so dass Unzumutbarkeit nur bei Interessefortfall bejaht werden kann.[73]

542 Zwei Aspekte, die § 324 nicht zur Tatbestandsvoraussetzung erhebt, können bei der Frage nach der **Unzumutbarkeit** trotzdem wichtig werden. Erstens setzt § 324 im Gegensatz zu § 282 nicht voraus, dass der Schuldner die **Pflichtverletzung zu vertreten** hat. Nach der Lebenserfahrung ist aber gerade diese Frage doch entscheidend: Wenn die Malermeisterin beim Streichen leicht fahrlässig zwei Vasen zerstört, dürfte die Unzumutbarkeit fernliegen. Wenn Sie die Vasen aber vorsätzlich mit einem Baseballschläger zerstört, sieht es anders aus. Das Vertretenmüssen – also die Frage, ob es vorliegt und welcher Art es ist – muss also bei der Zumutbarkeitsprüfung berücksichtigt werden.[74] Zweitens setzt § 324 im Unterschied zu § 323 keine erfolglose **Fristsetzung oder Abmahnung** voraus. Aber auch darauf wird es oft ankommen: Wenn Sie die Malermeisterin nach der ersten fahrlässig beschädigten Vase bitten, besondere Rücksicht gerade auf die Vasen zu nehmen und sie am nächsten Tag die nächste zerdeppert, wird Unzumutbarkeit eher vorliegen, als wenn Sie die Malermeisterin nicht ermahnt haben. **In der Abwägung** ist also auch zu berücksichtigen, ob eine Abmahnung erfolgt ist.[75] Bei sehr schweren Pflichtverletzungen (etwa der vorsätzlichen Zerstörung der Vasen mit dem Baseballschläger) kann Unzumutbarkeit natürlich auch ohne Abmahnung zu bejahen sein.

IV. Rechtsfolgen des Rücktritts im Überblick (§§ 346 ff)

543 Der Rücktritt – sowohl der auf § 323 als auch der auf § 324 gestützte – führt zu dem in den §§ 346 ff geregelten **Rückgewährschuldverhältnis**. Die Ansprüche auf Leistung werden durch den Rücktritt ausgeschlossen. Das ist im Gesetz anders als für den Schadensersatz statt der Leistung (vgl § 281 Abs. 4) nicht ausdrücklich ausgesprochen, in den §§ 346 ff aber vorausgesetzt. Wenn Leistungen schon ausgetauscht sind, müssen sie grundsätzlich Zug um Zug (vgl § 348) zurückgewährt werden.[76]

---

71 BeckOK/*H. Schmidt*, BGB[52], § 324 Rn 8.
72 Vgl MünchKomm/*Ernst*, BGB[8], § 324 Rn 12.
73 OLG Schleswig vom 1.3.2016, Az 3 U 12/15 – juris Rn 28.
74 BeckOGK/*Riehm*, BGB (2019), § 324 Rn 52.
75 BeckOGK/*Riehm*, BGB (2019), § 324 Rn 55 f; BeckOK/*H. Schmidt*, BGB[52], § 324 Rn 10.
76 Zu den weiteren Einzelheiten unten Rn 597.

V. Lösung Fall 38

V könnte gegen K einen Anspruch auf Kaufpreiszahlung aus § 433 Abs. 2 in Höhe von 10.000 Euro haben.

I. Der Anspruch ist entstanden, weil V und K einen entsprechenden Kaufvertrag geschlossen haben.

II. Der Anspruch aus § 433 Abs. 2 ist erloschen, wenn K gemäß §§ 346 Abs. 1, 323 wirksam vom Kaufvertrag zurückgetreten ist. Das setzen die §§ 346 ff stillschweigend voraus. Voraussetzung des Rücktritts sind eine Rücktrittserklärung und ein Rücktrittsgrund.

1. K muss gem. § 349 gegenüber V den Rücktritt erklärt haben. K teilt V am 30.6. telefonisch mit, er sei nicht mehr an dem Auto interessiert. Zwar verwendet K dabei nicht ausdrücklich den Begriff „Rücktritt", jedoch ist die Erklärung des K aus Sicht eines objektiven Empfängers (§§ 133, 157) so zu verstehen, dass K nicht mehr an der Vereinbarung festhalten und somit zurücktreten möchte. Eine Rücktrittserklärung gem. § 349 liegt vor.

2. K könnte ein Rücktrittsrecht aus § 323 Abs. 1 1. Alt. haben.

a) Zwischen K und V besteht ein gegenseitiger Vertrag (Kaufvertrag) im Sinne des § 323 Abs. 1.

b) V muss gem. § 323 Abs. 1 eine Leistung nicht erbracht haben, obwohl sie fällig und durchsetzbar war. Die Pflicht des V aus § 433 Abs. 1 S. 1 war wegen der vertraglichen Vereinbarung zwischen V und K (vgl § 271 Abs. 2) am 3.6. fällig und auch durchsetzbar. Indem V nicht lieferte, hat er eine fällige und durchsetzbare Leistung nicht erbracht.

c) § 323 Abs. 1 setzt weiter voraus, dass eine angemessene Leistungsfrist erfolglos abgelaufen ist. Ob eine Fristsetzung iSd § 323 Abs. 1 vorliegt, muss durch Auslegung analog §§ 133, 157 ermittelt werden. K hat durch seinen Anruf am 4.6. V aufgefordert, das Auto „umgehend" zu liefern. Darin liegt freilich keine Bestimmung eines genauen Zeitraums oder Endtermins. Das ist aber mit Blick auf den Zweck des Fristsetzungserfordernisses auch nicht nötig: Entscheidend ist, dass dem Schuldner vor Augen geführt wird, dass er die Leistung nicht zu einem beliebigen Zeitpunkt, sondern nur innerhalb eines begrenzten Zeitrahmens erbringen kann. Dafür reicht eine Aufforderung zur „umgehenden" Leistungserbringung aus. Sie beinhaltet auch eine angemessene Frist; zudem würde selbst eine unangemessen kurze Fristsetzung nicht etwa wirkungslos bleiben, sondern eine angemessene Frist anstoßen. Die Frist ist erfolglos abgelaufen, da V am 30.6. das Auto noch immer nicht geliefert hat: Fast vier Wochen sind mehr als ausreichend, damit ein Autoverkäufer die im Wesentlichen begonnene Leistung vollenden kann.

d) Der Rücktritt ist nicht gem. § 323 Abs. 5 oder § 323 Abs. 6 ausgeschlossen.

e) Zwischenergebnis: K hat auch ein Rücktrittsrecht aus § 323 Abs. 1 1. Alt. Er ist damit wirksam vom Kaufvertrag zurückgetreten.

III. Der Anspruch des V gegen K aus § 433 Abs. 2 auf Zahlung des Kaufpreises in Höhe von 10.000 Euro ist erloschen.

Ergebnis: V hat gegen K keinen Anspruch auf Kaufpreiszahlung aus § 433 Abs. 2 in Höhe von 10.000 Euro.

544

§ 10 Rücktrittsfolgenrecht (§§ 346-354)

545

Fall 39: A ist auf der Suche nach einem E-Bike. Bei dem Privatmann B entdeckt er ein gebrauchtes E-Bike, das, wie A begeistert feststellt, eine Sonderanfertigung in orangefarbenem Lack ist. A muss das Rad haben und wird mit B schnell handelseinig. Eines Morgens nach Übergabe des E-Bikes stellt A fest, dass der Akku eine deutlich geringere Kapazität hat, als im Kaufvertrag angegeben ist. Ein Austausch des Akkus ist nicht möglich. A ärgert dies zunächst sehr. Er beschließt allerdings, zunächst eine Nacht darüber zu schlafen und den B erst dann mit dieser Entdeckung und einem möglichen Rücktritt zu konfrontieren. Um „den Kopf frei zu kriegen", setzt sich A auf das E-Bike und fährt trotz Glatteis eine Landstraße entlang, wobei er nahezu die gesamte Zeit etwas schneller fährt, als die Wetter- und Straßenverhältnisse erlauben. Die Strecke kennt A gut. A befährt diese Strecke häufiger in dieser Weise, wenn er „den Kopf frei" bekommen möchte. In einer Kurve kommt A auf der vereisten Fahrbahn ins Rutschen und prallt gegen einen Baum. Das E-Bike wird dabei vollkommen zerstört. Der unverletzte A wendet sich nunmehr am nächsten Tag an B und erklärt gegenüber diesem den Rücktritt. B wendet daraufhin ein, dass er dem A gar nichts geben müsse, da er mit seinem Anspruch auf Wertersatz aufrechnen könne, was er hiermit tue. Einen zu beziffernden Nutzungsvorteil hat A aufgrund des geringen Werts und der kurzen Besitzzeit nicht erlangt.
Hat A gegen B einen Anspruch auf Rückgewähr des Kaufpreises in Höhe von 1.800 Euro?
Lösung Rn 598

Fall 40: K interessiert sich für eine wertvolle Flasche Scotch Whisky (Marktwert: 850 Euro) im Spirituosenladen des V. V bietet ihm die Flasche zum „Freundschaftspreis" von 750 Euro an. K und V werden sich handelseinig. Zudem behält sich K den Rücktritt innerhalb von 14 Tagen nach Vertragsschluss vor. Auch damit ist V einverstanden.

a) Zwei Tage später erklärt sich K gegenüber seinem Freund F bereit, ihm die Flasche für drei Tage bereitzustellen. F ist Aussteller auf einer großen Spirituosenmesse und erhofft sich dadurch mehr Besucher an seinem Stand. Im Gegenzug erhält K 50 Euro von F. Nachdem K die Flasche von F zurückerhalten hat, erklärt er fristgerecht gegenüber V den Rücktritt. V verlangt die 50 Euro heraus, die K von F erhalten hat.
b) K stellt die Flasche bei sich zu Hause in ein Regal. In der Nacht kommt es zu einem Erdbeben, in dessen Zuge das Regal einstürzt. Die Flasche fällt auf den Boden und zerbricht. K ist frustriert, erinnert sich jedoch an das Verkaufsgespräch mit V und den Rücktrittsvorbehalt. Fristgerecht tritt er zurück und fordert von V die Rückzahlung des Kaufpreises. V verlangt Wertersatz iHv 850 Euro. Zu Recht?
c) K nimmt die Flasche zu sich mit nach Hause. Nach zwei Tagen fühlt er sich mit seiner Kaufentscheidung einfach nicht mehr wohl. Daher ruft er bei V an und erklärt ihm telefonisch den Rücktritt. K macht sich mit der Flasche im Gepäck auf dem Skateboard auf den Weg zu V, um den Whisky zurückzubringen. Dabei fährt er unter großer Überschätzung seiner Skate-Fähigkeiten eine 15 Meter lange Treppe hinunter. Er stürzt dabei, bleibt jedoch unverletzt. Nur die Flasche ist zerbrochen. Welche Ansprüche hat V gegen K?

I. Grundlagen, Anwendungsbereich der §§ 346-354

Die §§ 346-354 beinhalten eine **einheitliche Regelung für die Ausübung und Rechtsfolgen des Rücktritts**. Auch hier zeigt sich das für das BGB typische Ziel, allgemeine Aspekte gemeinsam zu regeln und „vor die Klammer zu ziehen". Entsprechend ist der Anwendungsbereich der §§ 346 ff keineswegs auf das Rücktrittsrecht aus § 323 Abs. 1 beschränkt, wenngleich das in Prüfungsarbeiten häufig so wirken mag. Die §§ 346-354 erfassen vertragliche wie gesetzliche Rücktrittsrechte. Auf die Rechtsfolgen der §§ 346-348 wird auch beispielsweise in §§ 281 Abs. 5, 326 Abs. 4, 439 Abs. 5 und § 635 Abs. 4 verwiesen. Innerhalb der §§ 346-354 finden sich allerdings Differenzierungen: So gilt beispielsweise § 350 nur für vertragliche Rücktrittsrechte, während § 346 Abs. 3 Nr 3 nur für gesetzliche Rücktrittsrechte gilt. Die §§ 346-354 selbst begründen kein Rücktrittsrecht. Sie setzen vielmehr voraus, dass ein Rücktrittsrecht aus Vertrag oder Gesetz anderweitig begründet ist. Die Rückabwicklung nach Ausübung verbraucherschützender Widerrufsrechte erfolgt nicht (mehr) nach den §§ 346-354, sondern nach den §§ 357 ff.[1]

546

1. Vertragliche Rücktrittsrechte

Den Parteien steht es grundsätzlich frei, einen Rücktrittsvorbehalt zu vereinbaren. Die Vereinbarung kann (wie häufig) als **Nebenbestimmung eines Vertrags** getroffen sein. Viele von Ihnen werden bei einer Hotelbuchung schon einmal in den Genuss eines vertraglich vereinbarten Rücktrittsrechts gekommen sein (kostenlose Stornierung bis zu einem bestimmten Zeitpunkt vor Anreise). Die Parteien können ein Rücktrittsrecht aber auch noch **nach Vertragsschluss vereinbaren**. Manche Regeln des Besonderen Schuldrechts schließen Rücktrittsvorbehalte allerdings aus (vgl § 572 Abs. 1 und § 465).

547

Ob eine Vereinbarung ein Rücktrittsrecht begründet, muss durch **Auslegung (§§ 133, 157) ermittelt** werden; gleiches gilt für den genauen Inhalt – insbesondere etwaige Voraussetzungen, unter denen das Rücktrittsrecht ausgeübt werden darf. Die Vereinbarung eines Rücktrittsrechts setzt nicht etwa voraus, dass der Begriff „Rücktrittsrecht" verwendet wird. Vielmehr kommt es darauf an, dass die Parteien ihrem Willen nach ein Rücktrittsrecht einräumen wollten. Recht klar wird das Rücktrittsrecht beispielsweise in folgender Klausel ausgedrückt: „Werden wir selbst nicht beliefert, obwohl wir bei zuverlässigen Lieferanten deckungsgleiche Bestellungen aufgegeben haben, werden wir von unserer Leistungspflicht frei und können vom Vertrag zurücktreten." Auch konkludente Vereinbarungen kommen in Betracht. Dabei ist im Handelsverkehr auf die – teils regional ganz unterschiedlichen – Handelsbräuche Rücksicht zu nehmen (§ 346 HGB). So gilt im norddeutschen Raum: Kraft eines entsprechenden Handelsbrauchs sind bei Beherbergungs- und Bewirtungsverträgen durch Event-Veranstalter Rücktrittsrechte bis zwei Monate vor dem Reservierungsdatum vereinbart.[2] Anders sieht es etwa im Fichtelgebirge aus.[3]

548

---

1 Dazu unten §14.
2 LG Hamburg NJW-RR 2004, 699.
3 OLG Frankfurt NJW-RR 2001, 1498.

> In **Fall 40** haben V und K ein vertragliches Rücktrittsrecht innerhalb von 14 Tagen nach Kaufdatum vereinbart.

549 Eine heute wohl praktisch kaum mehr bedeutsame Auslegungsregel beinhaltet **§ 354**: Der Vorbehalt, wonach der Schuldner bei Nichterfüllung seiner Verbindlichkeit der Rechte aus dem Vertrag verlustig gehen soll, ist als vertraglich vereinbartes Rücktrittsrecht auszulegen.

550 In Allgemeinen Geschäftsbedingungen können Rücktrittsvorbehalte vor allem gem. **§ 308 Nr 3** unwirksam sein: Von Dauerschuldverhältnissen abgesehen darf der Rücktritt nicht ohne sachlich gerechtfertigten und im Vertrag angegebenen Grund möglich sein. § 308 Nr 3 entfaltet auch im unternehmerischen Rechtsverkehr Indizwirkung für die Unangemessenheit nach § 307.

2. Gesetzliche Rücktrittsrechte

551 In der Praxis wie in Prüfungsarbeiten kommt den gesetzlichen Rücktrittsrechten überragende Bedeutung zu. Im Vordergrund steht das Rücktrittsrecht aus **§ 323 Abs. 1**. Dazu treten aber etwa die §§ 324, 326 Abs. 5 sowie § 313 Abs. 3 S. 1 und § 439 Abs. 5. Gesetzliche Rücktrittsrechte entstehen unabhängig vom Willen der Parteien allein dadurch, dass die jeweiligen Tatbestandsvoraussetzungen des Gesetzes erfüllt sind.

II. Ausübung des Rücktritts: Die Rücktrittserklärung (§ 349)

552 Der Rücktritt erfolgt ebenso wie etwa die Anfechtung oder die Kündigung durch eine **einseitige empfangsbedürftige Willenserklärung**. Man spricht insoweit auch von Gestaltungsrechten. Der Rücktritt wird mit Zugang beim Rücktrittsgegner wirksam (§ 130). Ob ein Rücktritt vorliegt, muss durch Auslegung (§§ 133, 157) ermittelt werden. Der Rücktritt muss nicht ausdrücklich erklärt werden; insbesondere müssen – ähnlich wie etwa bei der Anfechtungserklärung (§ 143) – die Wörter „Rücktritt" oder „ich trete zurück" nicht verwendet werden.[4] Entscheidend ist, dass sich der Erklärung der Wille entnehmen lässt, dass die beiderseitigen Leistungspflichten aus dem Vertrag beendet und die bereits ausgetauschten Leistungen wieder rückgängig gemacht werden.[5] Auch eine Erklärung der „Kündigung" kann eine Rücktrittserklärung sein.[6] Gleiches gilt für eine Erklärung der „Anfechtung".[7] Auch in einem Schadensersatzverlangen kann die Erklärung eines Rücktrittsrechts liegen, zumal die Geltendmachung von Schadensersatz durch den Rücktritt nicht ausgeschlossen wird (vgl § 325).[8]

---

[4] BAG NZA 2018, 578, 581.
[5] BAG NZA 2018, 578, 581.
[6] BAG NZA 2018, 578, 581.
[7] BGH NJW 2010, 2503, Rn 16: Hilfsweise rekurriert der BGH auf die Umdeutung (§ 140). Vorzugswürdig ist jedoch, die Frage schon im Rahmen der Auslegung gem. §§ 133, 157 zu lösen.
[8] MünchKomm/*Gaier*, BGB[8], Vor § 346 Rn 40; in diese Richtung OLG Düsseldorf BeckRS 2015, 6720, Rn 44 f.

Als Gestaltungsrecht unterliegt die Rücktrittserklärung nicht der Verjährung: Im deutschen Privatrecht verjähren nur Ansprüche (vgl § 194). Selbstverständlich ist aber auch der Rücktritt **zeitlich begrenzt**. Das wird über § 218 erreicht, der das Rücktrittsrecht zeitlich an den Leistungs- bzw Nacherfüllungsanspruch koppelt: Wenn diese Ansprüche verjährt sind, ist auch der Rücktritt wegen nicht oder nicht vertragsgemäß erbrachter Leistung gem. § 218 Abs. 1 S. 1 unwirksam.   553

Die Rücktrittserklärung ist als Gestaltungserklärung **bedingungsfeindlich**: Wenn der Erklärungsempfänger schon nichts gegen den Eintritt der Gestaltungswirkung unternehmen kann, so soll er doch zumindest Klarheit darüber erhalten, ob die Rücktrittswirkungen eintreten oder nicht. Dieser Gedanke hat in § 388 S. 2 für die Aufrechnungserklärung Niederschlag gefunden. Er weist zugleich den Weg zur Grenze der Bedingungsfeindlichkeit: Der Rücktritt vom Vertrag kann unter einer Bedingung erklärt werden, wenn dadurch für den Erklärungsempfänger keine unzumutbare Unsicherheit über den neuen Rechtszustand eintritt.[9] Zulässig sind daher Rechtsbedingungen, aber auch Bedingungen, deren Eintritt nur vom Willen des Erklärungsempfängers abhängt.[10]   554

Gem. § 351 S. 1 kann das Rücktrittsrecht nur von allen und gegen alle ausgeübt werden, wenn bei einem Vertrag auf der einen oder der anderen Seite mehrere beteiligt sind. Personenmehrheiten aller Art müssen also alle gemeinsam die Erklärung abgeben; auch kann die Erklärung nur allen gemeinsam gegenüber erfolgen. Andernfalls ist der Rücktritt unwirksam. Für das Erlöschen des Rücktrittsrechts gilt gem. § 351 S. 2: Wenn es für einen der Berechtigten erlischt, so erlischt das Rücktrittsrecht auch für die übrigen Berechtigten.   555

Bei **vertraglichen Rücktrittsrechten** gibt § 350 dem Rücktrittsgegner eine Handhabe, die Schwebelage zu beenden: Er kann eine angemessene Frist zur Erklärung des Rücktritts setzen. Läuft die Frist ab, erlischt das Rücktrittsrecht.   556

III. Befreiungswirkung des Rücktritts (Erlöschen der Leistungsansprüche)

1. Grundsätzliches

Der Rücktritt hat zunächst Befreiungswirkung:[11] Die **Primärleistungsansprüche erlöschen**. Nach dem Rücktritt können also die Leistungen selbst nicht mehr verlangt werden, die Ansprüche auf Leistung sind ausgeschlossen. Das ist in den §§ 346-354 zwar nicht ausdrücklich festgehalten (wie etwa in § 281 Abs. 4 für den Schadensersatz statt der Leistung), wohl aber vorausgesetzt: die in den §§ 346-354 begründeten Rückgewähransprüche wären neben Ansprüchen auf die Leistung sinnlos. Der Gesetzgeber hielt eine ausdrückliche Bestimmung für überflüssig.[12] Wenn der Gläubiger nur hinsichtlich eines Teils der Leistung zurückgetreten ist[13], erlöschen die Primär-   557

---
9 BGH DNotZ 1987, 28.
10 BGH DNotZ 1987, 28.
11 BGH NJW 2009, 575, 577; MünchKomm/*Gaier*, BGB[8], Vor § 346 Rn 37; Staudinger/*Kaiser*, BGB (2012), § 346 Rn 69.
12 Begründung Regierungsentwurf, BT-Ds 14/6040, S. 194.
13 Dazu oben Rn 527 ff.

leistungsansprüche auch nur hinsichtlich dieses Teils. Für den Umfang, in dem der Gegenleistungsanspruch des Schuldners erloschen ist, kann § 441 Abs. 3 entsprechend angewendet werden.[14]

558 Anders als im Schuldrecht vor der Schuldrechtsreform 2002 schließen sich Rücktritt und Schadensersatz nicht aus. Das ergibt sich aus **§ 325**: Das Recht, bei einem gegenseitigen Vertrag Schadensersatz zu verlangen, wird durch den Rücktritt nicht ausgeschlossen. Rücktritt und Schadensersatz können nebeneinander geltend gemacht werden.[15] Trotz Rücktritts kann der Gläubiger also beispielsweise Schadensersatz statt der Leistung (§§ 280 Abs. 1, Abs. 3, 281, 282, 283; § 311a Abs. 2) oder Schadensersatz wegen Leistungsverzögerung (§§ 280 Abs. 1, Abs. 2, 286) verlangen. So kann er beispielsweise den entgangenen Gewinn geltend machen.[16] Auch die Kombination von Rücktritt und **Aufwendungsersatz gem. § 284** (der anstelle des Schadensersatzes statt der Leistung verlangt werden kann) ist möglich. Die §§ 346, 347 sind insofern keine abschließenden Sonderregelungen für die „Gesamtabrechnung". Die §§ 346, 347 zielen im Wesentlichen darauf ab, das negative Interesse der Vertragsparteien zu erfüllen, sie also so zu stellen, als wäre der Vertrag nicht geschlossen worden. Wenn aber die weitergehenden Voraussetzungen von Schadensersatzansprüchen vorliegen, kann der Käufer eben auch über das negative Interesse hinaus so gestellt werden, als wäre ordnungsgemäß erfüllt worden (positives Interesse).[17]

559 Die Kombination darf allerdings **nicht** dazu führen, dass der Gläubiger **überkompensiert** wird. Das lässt sich im Rahmen der Schadensberechnung sicherstellen: Der Wert der kraft Rücktritts empfangenen Leistungen ist schadensmindernd zu berücksichtigen.[18]

2. Schwebelage des Schuldners nach Ablauf der Nachfrist

560 Erst die Ausübung des Rücktrittsrechts durch den Gläubiger führt zur Befreiungswirkung. Maßgeblich ist der Zugang der Rücktrittserklärung beim Schuldner (§ 130). Es genügt dagegen nicht, dass lediglich die Voraussetzungen eines Rücktrittsrechts gegeben sind. Daraus kann sich für den Schuldner eine unangenehme **Schwebelage** ergeben, wenn die vom Gläubiger gesetzte Nachfrist abgelaufen ist: Die Rücktrittsvoraussetzungen liegen dann vor und der Gläubiger kann die Leistungspflichten durch Ausübung seines Gestaltungsrechts zum Erlöschen bringen. Wenn auch § 281 erfüllt ist, kann der Gläubiger auch Schadensersatz statt der Leistung wählen; auch mit Zugang des Schadensersatzverlangens ist der Leistungsanspruch dann gem. § 281 Abs. 4 ausgeschlossen. Der Gläubiger ist in einer komfortablen Wahlsituation: Er kann (weiterhin) **Leistung verlangen**, er kann **zurücktreten** oder **Schadensersatz statt der Leistung verlangen**. Für den Schuldner ist die Situation dagegen alles andere als komfortabel: Er muss einerseits mit Rücktritt oder Schadensersatzverlangen rechnen (was jeweils zur Folge hat, dass er die Leistung nicht mehr erbringen kann). Er ist aber andererseits bis dahin auch weiterhin zur Leistung verpflichtet. In dieser

---

14 *Brox/Walker*, SR AT[43], § 23 Rn 70.
15 BGH NJW 2010, 2426; BGHZ 174, 290; BT-Drs. 14/6040, S. 188.
16 BT-Drs. 14/6040, S. 93.
17 BGH NJW 2010, 2426, 2427.
18 BeckOK/*H. Schmidt*, BGB[52], § 346 Rn 23.

Situation kann es für den Schuldner schwer sein, zu kalkulieren, ob Erfüllungsbemühungen noch sinnvoll sind oder nicht. Beim vertraglichen Rücktrittsrecht stellt § 350 eine sinnvolle Abhilfemöglichkeit zur Verfügung: Der Gläubiger kann dem Rücktrittsberechtigten eine angemessene Frist zur Ausübung des Rücktrittsrechts bestimmen. Wenn der Rücktritt dann nicht vor Ablauf dieser Frist erklärt wird, erlischt das Recht dazu. § 350 gilt jedoch seinem ausdrücklichen Wortlaut nach nicht für das gesetzliche Rücktrittsrecht aus § 323 Abs. 1. Eine Analogie scheidet aus, da keine planwidrige Regelungslücke vorliegt.

Für die Wahlschuld hält **§ 264 Abs. 2** ebenfalls eine Lösung bereit. Aber auch diese Norm ist nicht anwendbar. Denn die Entscheidungsfreiheit des Gläubigers – Primärleistung, Schadensersatz oder Rücktritt – ist ein Fall elektiver Konkurrenz, keine Wahlschuld.[19] Bei der Wahlschuld liegt von vornherein ein Anspruch vor, der in unterschiedlichen Alternativen konkretisiert werden kann. Hier geht es aber lediglich um mehrere Ansprüche, die der Gläubiger von vornherein alternativ geltend machen kann (elektive Konkurrenz). Selbst wenn der Gläubiger zwischenzeitlich die Primärleistung (erfolglos) verlangt hat, werden die konkurrierenden Rechtsbehelfe (Schadensersatz oder Rücktritt) nicht etwa in reziproker Anwendung des § 281 Abs. 4 ausgeschlossen. Vielmehr zeigt die Norm, dass das Erfüllungsverlangen selbst die alternativen Rechte nicht ausschließt. Dafür besteht auch kein Grund. Denn der Schuldner kann den Schwebezustand selbst beenden, indem er die **geschuldete Primärleistung anbietet**. Nimmt der Gläubiger sie an, erlischt die Primärleistungspflicht ohnehin gem. § 362 Abs. 1. Nimmt der Gläubiger sie nicht an, gerät er in Annahmeverzug. Damit ist die Rechtsposition des Schuldners aber ausreichend gesichert und insbesondere das Rücktrittsrecht des Gläubigers gem. § 323 Abs. 6 2. Alt. ausgeschlossen.

561

IV. Das Rückgewährschuldverhältnis der §§ 346-348

Der Rücktritt wandelt das Schuldverhältnis in ein Rückgewährschuldverhältnis um, das in den §§ 346-348 eine passgenaue Rückabwicklung bereits erfolgter Leistungen ermöglicht. Sie schützen die Parteien in ihrem negativen Interesse: Sie sollen vermögensmäßig so gestellt werden, als wäre nie ein Schuldverhältnis zwischen ihnen zustande gekommen. Das ursprüngliche Schuldverhältnis wirkt insofern fort, als etwa **Schutzpflichten aus § 241 Abs. 2** fortbestehen. Der Pkw-Verkäufer muss einen Käufer auch über nachträglich bekanntgewordene Gefahren des Pkw informieren (§ 241 Abs. 2), nachdem der Käufer vom Kaufvertrag zurückgetreten ist. Die Regelungen verdrängen das Bereicherungsrecht: Die §§ 812 ff sind auf die Rückabwicklung nicht anwendbar. Gläubigerposition und Schuldnerposition sind im Rückgewährschuldverhältnis mit Blick auf die jeweils betroffene Leistung umgedreht: Der Leistungsschuldner wird zum Rückgewährgläubiger; Rückgewährschuldner ist der Gläubiger der ursprünglichen Leistung.

562

---

19 Zur Abgrenzung oben Rn 225 ff und Rn 233.

1. Rückgewähr der empfangenen Leistungen und der gezogenen Nutzungen (§ 346 Abs. 1)

a) Rückgewähr empfangener Leistungen „in natura"

563 Im Fall des Rücktritts sind gem. § 346 Abs. 1 zunächst die empfangenen **Leistungen zurück zu gewähren**. Die Rückgewähr der Leistungen wird „in natura" geschuldet: Zurückzugeben ist also das, was man erhalten hat, und zwar so, wie man es empfangen hat. Wer nur Besitz erhalten hat (etwa bei Lieferung unter Eigentumsvorbehalt), muss den Besitz zurückgewähren.[20] Wer Eigentum erhalten hat, muss Eigentum zurückverschaffen. Wer Geld erhalten hat, muss Geld zurückgewähren. Auf die konkrete Art und Weise, wie die Geldschuld ursprünglich erfüllt wurde, kommt es dabei nicht an:[21] Denn Geldschulden sind nur darauf gerichtet, abstrakte Vermögensmacht zu verschaffen.[22] Wenn (auch) ein anderer als der ursprünglich geschuldete Gegenstand gem. § 364 Abs. 1 an Erfüllungs statt geleistet wurde, muss (auch) der an Erfüllungs statt gegebene Gegenstand zurückgewährt werden.[23] Bei der Inzahlungnahme eines Pkw hat der Verkäufer also neben dem empfangenen Geldbetrag auch den in Zahlung genommenen Pkw zurück zu gewähren. Wenn die Rückgewähr „in natura" nicht möglich ist – etwa bei Dienstleistungen oder weil ein Gegenstand untergegangen oder weiterveräußert wurde – kommt es zur Wertersatzpflicht (§ 346 Abs. 2).[24]

b) Rückgewähr tatsächlich gezogener Nutzungen

564 § 346 Abs. 1 ordnet auch **Nutzungsherausgabe** an. Der Rückgewährschuldner muss Nutzungen, die er gezogen hat, herausgeben. Nutzungen sind gem. § 100 die Früchte (§ 99) einer Sache oder eines Rechts sowie die Vorteile, die der Gebrauch der Sache oder des Rechts gewährt. Dazu gehören beispielsweise unmittelbare Sachfrüchte, wie etwa das Fohlen, das das zurück zu gewährende Pferd geboren hat. Auch die Dividenden, die Aktien abgeworfen haben, fallen hierunter. Bei den Gebrauchsvorteilen scheidet eine Herausgabe „in natura" regelmäßig aus, so dass hier nur eine Wertersatzpflicht nach § 346 Abs. 2 in Betracht kommt. § 346 Abs. 1 erfasst nur die **tatsächlich gezogenen Nutzungen**. Nutzungen, die der Rückgewährschuldner entgegen den Regeln einer ordnungsgemäßen Wirtschaft nicht gezogen hat, können nach § 347 zur Wertersatzpflicht führen.

> In **Fall 40a)** hat K dem F die Whiskyflasche entgeltlich überlassen, damit F sie bei einer Messe ausstellen kann. Die 50 Euro, die er dafür von F erhalten hat, muss er als mittelbare Sachfrüchte an V herausgeben, wenn er vom Vertrag mit V zurücktritt.

c) Leistungsort

565 Für die Bestimmung des Leistungsorts gilt § 269.[25] Maßgeblich ist also vorrangig, was die Parteien vereinbart haben, bzw die Natur des Rückgewährschuldverhältnis-

---

20 BeckOGK/*Schall*, BGB (1.8.2019), § 346 Rn 322.
21 U. Huber JZ 1987, 649, 653 f.
22 Dazu oben Rn 198 ff.
23 OLG Hamm NJW-RR 2009, 1505, 1506; *Faust* NJW 2009, 3696, 3697.
24 Einzelheiten zur Wertersatzpflicht unten Rn 571 ff.
25 BeckOGK/*Schall*, BGB (2019), § 346 Rn 402. Zu § 269 oben Rn 565.

ses. So ergibt sich beispielsweise aus der Natur des Rückgewährschuldverhältnisses, dass beim gesetzlichen Rücktrittsrecht nicht der ursprüngliche Leistungsort Erfüllungsort ist, sondern der Ort, an dem sich der Vertragsgegenstand „vertragsgemäß befindet".[26] Anders ist es bei vertraglichen Rücktrittsrechten: Hier entspricht der Leistungsort grundsätzlich dem Leistungsort der ursprünglichen vertraglichen Verpflichtung.[27] Hilfsweise ist der Wohnsitz bzw die Niederlassung des Rückgewährschuldners maßgeblich.

Grundsätzlich muss der Erfüllungsort für **jede der Leistungspflichten aus dem Rückgewährschuldverhältnis selbständig** bestimmt werden. Eine Ausnahme gilt vor allem für die Kaufpreisrückzahlungspflicht beim gesetzlichen Rücktrittsrecht: Erfüllungsort für die Rückgewähr der Kaufsache ist der Ort, an dem sich die Sache vertragsgemäß befindet. So muss der Verkäufer eines mangelhaften Kfz nach Rücktritt des Käufers (§§ 437 Nr 2, 323) das mangelhafte Fahrzeug beim Käufer abholen. Dann würde es aber der Zug um Zug-Abwicklung im Rückgewährschuldverhältnis (§ 348) nicht gerecht, wenn die Kaufpreisrückzahlung nicht etwa auch beim Käufer, sondern nach der Zweifelsregel des § 269 Abs. 1 bzw Abs. 2 beim Verkäufer als Rückgewährschuldner stattfinden müsste. Der Verkäufer muss vielmehr in diesen Fällen seine Kaufpreisrückzahlungspflicht ebenfalls beim Käufer erfüllen.[28] Der Erfüllungsort für die Kaufpreisrückzahlung wird so zum Erfüllungsort für die Rückgewähr der Kaufsache gezogen.

566

Wiederholen sie dazu **Fall 26** (Rn 299 und 313).

d) Rücknahmepflicht

Der Rückgewährgläubiger ist zur Rücknahme auch verpflichtet, wenn der Rückgewährschuldner ein schutzwürdiges Interesse daran hat, die Sache loszuwerden.[29] Im Kaufrecht lässt sich das auch auf den Gedanken des § 433 Abs. 2 stützen.[30]

567

e) Schadensersatzanspruch gem. § 346 Abs. 4

Gem. § 346 Abs. 4 kann der Rückgewährgläubiger wegen Verletzung einer Pflicht aus Abs. 1 nach Maßgabe der **§§ 280 bis 283 Schadensersatz** verlangen. Die Norm ist deklaratorisch, weil das Rückgewährschuldverhältnis ohnehin ein spezielles Schuldverhältnis ist, so dass §§ 280 bis 283 auch ohne die Anordnung des § 346 Abs. 4 anzuwenden wären.[31] Die Schadensersatzansprüche bestehen neben denkbaren Ansprüchen auf Wertersatz aus § 346 Abs. 2. Schuldverhältnis iSd § 280 Abs. 1 ist das durch den Rücktritt entstandene Rückgewährschuldverhältnis. Der Gläubiger kann also beispielsweise eine Frist zur Erfüllung der Rückgewährpflicht aus § 346 Abs. 1 setzen, um nach deren Ablauf Schadensersatz statt der Leistung (§§ 280 Abs. 1, Abs. 3, 281) zu verlangen oder auch Verzögerungsschäden gem. §§ 280 Abs. 2, 286 (Fristsetzung als implizite Mahnung) zu liquidieren.

568

---

26   BGHZ 87, 104; OLG Schleswig NJOZ 2013, 1255; OLG Karlsruhe NJOZ 2014, 530; Palandt/*Grüneberg*, BGB[78], § 269 Rn 16.
27   OLG Hamm BeckRS 1981, 1187; Staudinger/*Bittner*, BGB (2014), § 269 Rn 32.
28   OLG Hamm NJW-RR 2016, 177.
29   BGHZ 87, 104.
30   Vgl *Faust* JuS 2009, 470, 471.
31   Jauernig/*Stadler*, BGB[17], § 346 Rn 9.

Hier zeigt sich im Ergebnis ein Unterschied zwischen den Fallvarianten **40b)** und **c)**: In beiden Fällen ist die Flasche zerbrochen, so dass K anstelle der Rückgewähr in natura Wertersatz nach § 346 Abs. 2 S. 1 Nr 3 zu leisten hat. Sie sehen hier noch einmal, dass die Wertersatzpflicht **verschuldensunabhängig** ist und es für die Wertersatzpflicht auch keine Rolle spielt, ob der Untergang des Gegenstands vor oder nach der Rücktrittserklärung erfolgt ist. Die Wertersatzpflicht besteht gem. § 346 Abs. 2 S. 2 nur in Höhe von 750 Euro, obwohl der Wert der Flasche 850 Euro beträgt. In Fall **40c)** geht die Flasche nach Erklärung des Rücktritts und durch Fahrlässigkeit des K unter. Er kann die Flasche nicht mehr in natura zurückgewähren. Damit hat er seine Pflichten aus dem Rückgewährschuldverhältnis verletzt. V hat gegen K einen **Schadensersatzanspruch** (statt der Leistung) aus §§ 280 Abs. 1 und 3, 283, 346 Abs. 4. V ist so zu stellen, wie er stünde, wenn K seine Rückgewährpflicht ordnungsgemäß erfüllt hätte. Hätte K dies getan, hätte K ihm die Flasche im Wert von 850 Euro zurückgewährt. Somit ist K gegenüber V iHv 850 Euro schadensersatzpflichtig (§ 251 Abs. 1).[32] Die Geltendmachung des verschuldensabhängigen Schadensersatzanspruchs ist für V wirtschaftlich günstiger.

569 Auch kann die Verletzung von Schutzpflichten iSd § 241 Abs. 2 zu Schadensersatzansprüchen aus § 280 Abs. 1 führen. **Nach der Rücktrittserklärung** kann schon jede Weiterbenutzung des Gegenstands pflichtwidrig sein.[33] **Vor der Rücktrittserklärung** bestehen aber auch schon Schutzpflichten, die teils „vorgreifliche Rücksichtnahmepflichten" genannt werden.[34] Hier ist zwischen vertraglichen und gesetzlichen Rücktrittsrechten zu differenzieren: Bei vertraglichen Rücktrittsrechten müssen die Parteien mit dem Rücktritt rechnen und daher besonders gut auf den Gegenstand achten.[35] Ähnlich ist es bei gesetzlichen Rücktrittsrechten, allerdings erst ab dem Zeitpunkt, zu dem der künftige Rückgewährschuldner weiß, dass die Voraussetzungen des gesetzlichen Rücktrittsrechts eingetreten sind oder eintreten werden.[36]

Dies zeigt sich in **Fall 39:** Nachdem A entdeckt hat, dass der Akku des E-Bikes eine geringere Kapazität hatte als im Vertrag angegeben, wusste er um sein Rücktrittsrecht aus §§ 437 Nr 2, 323 Abs. 5 (Unmöglichkeit der Nacherfüllung). Ab diesem Zeitpunkt muss A damit rechnen, dass er das E-Bike zurückgeben muss. Er muss also das E-Bike besonders sorgsam behandeln. Diese Pflicht hat er verletzt.

570 Nach der wohl hM gilt die Privilegierung aus § 346 Abs. 3 S. 1 Nr 3[37] für Schadensersatzansprüche aus § 346 Abs. 4 nicht entsprechend.[38]

---

32 Vgl Staudinger/*Kaiser*, BGB (2012), § 346 Rn 239; differenzierend dagegen Soergel/*Lobinger*, BGB[13], § 346 Rn 167, wonach der Schadensersatz der Höhe nach auf die Gegenleistung begrenzt ist, wenn der Rücktrittsberechtigte schadensersatzpflichtig ist.
33 BeckOK/*H. Schmidt*, BGB[51], § 346 Rn 72.
34 Staudiner/*Kaiser*, BGB (2012), § 346 Rn 226; Erman/*Röthel*, BGB[15], § 346 Rn 41; Medicus/Petersen, BR[27], Rn 234.
35 BT-Drs. 14/6040, S. 195; näher BeckOK/*H. Schmidt*, BGB[51], § 346 Rn 71.
36 Staudinger/*Kaiser*, BGB (2012) § 346 Rn 226; siehe auch MünchKomm/*Gaier*, BGB[8], § 346 Rn 71 (schon ab fahrlässiger Unkenntnis vom Rücktrittsrecht).
37 Dazu im Einzelnen unten Rn 585 ff.
38 *A. Arnold* ZGS 2003, 427, 433 f; Erman/*Röthel*, BGB[15], § 346 Rn 44; Staudinger/*Kaiser*, BGB (2012), § 346 Rn 235; *Medicus/Petersen*, BR[27], Rn 234; *Kamanabrou* NJW 2003, 30, 31; MünchKomm/*Gaier*, BGB[8], § 346 Rn 72; aA Palandt/*Grüneberg*, BGB[78], § 346 Rn 18; *Kohler* AcP 206 (2006), 683, 701.

2. Wertersatz (§ 346 Abs. 2)

Die in § 346 Abs. 1 angeordnete Rückgewähr „in natura" kann aus verschiedenen Gründen scheitern: Etwa, weil der Gegenstand untergegangen ist oder weil Dienste erlangt wurden, die man schwerlich zurückgeben kann. § 346 Abs. 2 ordnet daher für viele einzelne Konstellationen eine Wertersatzpflicht an, wenn die empfangene Leistung nicht oder nicht so wie erhalten zurückgewährt werden kann. § 346 Abs. 2 bringt einen **allgemeinen Rechtsgedanken zum Ausdruck**: Immer dann, wenn die Rückgewähr der Leistung selbst unmöglich ist, wird Wertersatz geschuldet.[39] Die Aufzählung ist daher nicht abschließend. Daher kann Wertersatz beispielsweise auch für die Befreiung von einer Verbindlichkeit zu leisten sein, wenn die Verbindlichkeit etwa wegen fehlender Mitwirkung eines Dritten nicht neu begründet werden kann.[40] § 346 Abs. 2 kann auch den Käufer bei der Rückabwicklung eines Verbrauchsgüterkaufs zum Wertersatz verpflichten. Das ist mit der Verbrauchsgüterkauf-RL vereinbar.[41] Die Richtlinie steht Nutzungsersatzansprüchen gegen den Käufer nur entgegen, wenn sie im Rahmen der Nacherfüllung entstehen.[42] Für diesen Fall schließt nun § 475 Abs. 3 S. 1 Nutzungsersatz bzw Wertersatz richtlinienkonform aus.

571

a) § 346 Abs. 2 S. 1 Nr 1

§ 346 Abs. 2 S. 1 Nr 1 regelt die Wertersatzpflicht für Fälle, in denen die Rückgewähr oder die Herausgabe nach der **Natur des Erlangten ausgeschlossen** ist. Darunter fallen insbesondere Dienstleistungen und Werkleistungen: Wenn Sie aufgrund eines Werkvertrags mit einer Fahrradwerkstatt die Reparatur Ihres Fahrrads erlangt haben, können Sie diese nicht so wie empfangen zurückgewähren: Es wäre unsinnig, wenn Sie Ihrerseits das Rad der Inhaberin der Werkstatt reparieren sollten. Beratungsleistungen oder auch medizinische Leistungen sind ebenfalls nicht zur Rückgewähr in natura geeignet, ebenso wenig Nutzungen, die man aus einer Kaufsache gezogen hat.[43]

572

b) § 346 Abs. 2 S. 1 Nr 2

Statt Naturalherausgabe wird auch dann Wertersatz geschuldet, wenn der Rückgewährschuldner den empfangenen Gegenstand **verbraucht, veräußert, belastet, verarbeitet** oder **umgestaltet** hat. Der BGH versteht § 346 Abs. 2 S. 1 Nr 2 als Regelung zur Unmöglichkeit, also vereinfacht gesprochen als Parallelnorm zu § 275 für das Rückgewährschuldverhältnis.[44] Dieses Verständnis entspricht dem Grundgedanken des § 346 Abs. 2, wonach nur dann, wenn keine Naturalerfüllung nach § 346 Abs. 1 stattfinden kann, die Wertersatzpflicht eingreift **(Vorrang der Naturalerfüllung)**. Wenn Sie beispielsweise den gekauften Müsliriegel gegessen haben, ist eine Rückgabe in Natur praktisch ausgeschlossen. § 346 Abs. 2 Nr 2 greift ein. Wenn Sie den

573

---

39 BGH NJW 2008, 2028; 2009, 63.
40 BGH NJW 2008, 2028.
41 BGH NJW 2010, 148.
42 EuGH, C-404/06 v. 17.4.2008, NJW 2008, 1433 – *Quelle AG*.
43 Auch Verbraucher sind nach der Rechtsprechung des BGH insoweit zum Nutzungsersatz verpflichtet, s. BGHZ 182, 241 und dazu etwa *Höpfner* NJW 2010, 127.
44 BGH NJW 2009, 63.

Müsliriegel weiterveräußert haben, können Sie ihn aber vielleicht wiederbekommen. Daher greift § 346 Abs. 2 Nr 2 nach hM wegen des Vorrangs der Naturalrückgewähr auch nicht ein, wenn der Rückgewährschuldner den Gegenstand wiederbeschaffen kann.[45] Gleiches gilt für Belastungen der Sache (etwa die Belastung des gekauften Grundstücks mit einer Hypothek oder Grundschuld): Der Rückgewährschuldner muss solche Belastungen vorrangig beseitigen und die Sache unbelastet zurückgewähren (§ 346 Abs. 1).[46]

c) § 346 Abs. 2 S. 1 Nr 3

574 Der Rückgewährschuldner ist gem. § 346 Abs. 2 S. 1 Nr 3 zum Wertersatz verpflichtet, wenn der empfangene **Gegenstand sich verschlechtert** hat oder **untergegangen** ist.

> Durch den Bruch ist die Whiskyflasche in **Fall 40b)** untergegangen und kann nicht mehr herausgegeben werden, so dass V von K gem. § 346 Abs. 2 S. 1 Nr 3 Wertersatz verlangen kann.

Außer Betracht bleibt jedoch die durch die bestimmungsgemäße Ingebrauchnahme entstandene Verschlechterung (§ 346 Abs. 2 S. 1 Nr 3 2. HS). Auch § 346 Abs. 2 S. 1 Nr 3 ist als Regel zur Unmöglichkeit zu verstehen. Wenn der Blitz in ein Auto eingeschlagen ist, kann es nicht mehr herausgegeben werden. Der zweite Halbsatz ordnet die Verschlechterung durch bestimmungsgemäße **Ingebrauchnahme** aber der Sphäre des Rückgewährgläubigers zu. Damit ist die Verschlechterung gemeint, die allein dadurch eintritt, dass der Gegenstand nach Aufnahme der vertraglich vereinbarten oder üblichen Verwendung nicht mehr „neu" ist. Der Erwerber eines neuen Gegenstands wird in der Regel davon ausgehen dürfen, dass sich ein hoher Wertverlust bei Ingebrauchnahme durch eine lange Nutzungsdauer amortisiert.[47] Muss der Rückgewährschuldner den empfangenen Gegenstand nun schon früher zurückgeben, muss er daher für solche Verschlechterungen keinen Wertersatz leisten. Besonders bedeutsam ist das beim Neuwagenkauf: Die Ingebrauchnahme des Pkw führt hier zu einem immensen Wertverlust – schlicht deshalb, weil der Pkw nach der Erstzulassung kein Neuwagen mehr ist und dadurch die Marktpreise deutlich geringer sind.

575 Der **bestimmungsgemäße** *Gebrauch* – im Gegensatz zur *Ingebrauchnahme* – führt ebenfalls nicht zu einer Verschlechterung iSd § 346 Abs. 2 S. 1 Nr 3.[48] Denn die dadurch eintretende Wertminderung – beispielsweise der Verschleiß eines Kfz – wird ja schon durch den Anspruch auf Nutzungsherausgabe abgegolten.[49]

d) Bemessung der Wertersatzpflicht (§ 346 Abs. 2 S. 2)

576 Die **Höhe des Wertersatzes** bestimmt sich gem. § 346 Abs. 2 S. 2 nach der **vertraglich bestimmten Gegenleistung**, wenn eine solche im Vertrag bestimmt ist. Dahinter

---

45 Jauernig/*Stadler*, BGB[17], § 346 Rn 5a.
46 BGH NJW 2009, 63.
47 Soergel/*Lobinger*, BGB[13], § 346 Rn 87.
48 Soergel/*Lobinger*, BGB[13], § 346 Rn 81; Erman/*Röthel*, BGB[15], § 346 Rn 12.
49 BeckOGK/*Schall*, BGB (2019), § 346 Rn 544; Staudinger/*Kaiser*, BGB (2012), § 346 Rn 181 jeweils mwN; aA jedoch Palandt/*Grüneberg*, BGB[78], § 346 Rn 9.

steht der Gedanke, dass das **subjektive Äquivalenzverhältnis** auch in der Rückabwicklung erhalten bleiben soll. Dadurch bleiben wirtschaftliche Gewinne und Verluste trotz des Rücktritts bestehen. Diese gesetzliche Wertung steht in einem gewissen Widerspruch zum Grundgedanken des Rücktrittsrechts, das ja im Grundsatz auf die Herstellung des Zustands *ohne* Vertragsschluss ausgerichtet ist. Kontraintuitiv ist, weshalb die Gewinne und Verluste zwar bei Naturalherausgabe nach § 346 Abs. 1 wieder rückgängig gemacht werden, nicht aber bei den „Unmöglichkeitsfällen" des § 346 Abs. 2.

§ 346 Abs. 2 S. 2 ist gleichwohl **nicht** für bestimmte Fälle (etwa den Rücktritt wegen Zahlungsverzugs) **teleologisch zu reduzieren**.[50] Der Wortlaut der Norm differenziert nicht nach verschiedenen Rücktrittsgründen. Der Gesetzgeber der Schuldrechtsreform hielt ausdrücklich die hinter der Norm stehende Wertung für interessengerecht, die Parteien an den vertraglichen Bewertungen von Leistung und Gegenleistung festzuhalten, wenn eine privatautonome Entgeltabrede vorliegt. Dass der Käufer als Rückgewährschuldner begünstigt wird, wenn er ein „Schnäppchen" gemacht hat, entspricht dem Willen des Gesetzgebers. Die Regelung hat jedenfalls auch den Vorzug, schwierige Beweisaufnahmen über den objektiven Wert zu vermeiden. 577

> Dies wird auch in **Fall 40b)** deutlich: Durch den Bruch der Whiskyflasche ist deren Herausgabe in natura unmöglich geworden, so dass an die Stelle des Rückgewähranspruchs ein Anspruch auf Wertersatz tritt (§ 346 Abs. 2 S. 1 Nr 3). Der objektive Wert der Flasche beträgt 850 Euro. K und V haben jedoch einen Kaufpreis von 750 Euro vereinbart. Um die vertragliche Wertrelation beizubehalten, bemisst sich der Wertersatzanspruch des V gegen K gem. § 346 Abs. 2 S. 2 nunmehr auf lediglich 750 Euro.

Wenn der Rücktritt wegen eines **Mangels** erfolgt, wird der Mangel bei der Bemessung in Analogie zu §§ 441 Abs. 3, 638 Abs. 3 wertmindernd berücksichtigt. Das entspricht dem Zweck des § 346 Abs. 2 S. 2, die vertraglich vereinbarte Äquivalenz von Leistung und Gegenleistung auch auf die Rückabwicklung durchschlagen zu lassen.[51] 578

Wenn keine Vereinbarung über die Gegenleistung vorliegt, ist der **objektive Wert** der empfangenen Leistung maßgeblich. Bei Darlehen gilt gem. § 346 Abs. 2 S. 2 2. HS ausnahmsweise auch dann der objektive Wert, wenn der Gebrauchsvorteil durch das Darlehen niedriger war (zu Besonderheiten der Parallelregelung zur Rückabwicklung bei Widerruf von Verbraucherdarlehensverträgen vgl §§ 355 Abs. 3, 357a Abs. 3). 579

3. Entfallen der Wertersatzpflicht (§ 346 Abs. 3)

§ 346 Abs. 3 ordnet in bestimmten Konstellationen den Wegfall der Wertersatzpflicht an. In diesen Konstellationen ist der Rückgewährschuldner also mit Blick auf seine Wertersatzpflicht privilegiert. Zugleich lassen sich die Tatbestände als Gefahrtragungsregeln verstehen: Die dort bestimmten Risiken werden wertungsmäßig dem Gefahrenbereich des Rückgewährgläubigers zugeordnet, der ja keinen Wertersatz erhält. 580

---
50 BGH NJW 2009, 1068.
51 BGH NJW 2011, 3085.

a) Während Verarbeitung oder Umgestaltung auftretender Mangel (§ 346 Abs. 3 S. 1 Nr 1)

581 § 346 Abs. 3 S. 1 Nr 1 betrifft den Fall, dass sich der zum Rücktritt berechtigende **Mangel** erst **während der Verarbeitung** oder **Umgestaltung** des Gegenstandes gezeigt hat. Wenn beispielsweise eine Schreinerin Fichtenholzstämme zum Bau eines Schranks bei einer Holzlieferantin gekauft hat, zeigt sich vielleicht erst nach dem Zusägen der Stämme zu passenden Einzelstücken und weiteren Schreinerarbeiten, dass das Holz bei Borkenkäferbefall zu spät geschlagen worden war und nur mehr als Brennholz taugt. In dieser Situation wird die Schreinerin privilegiert: Ihre Wertersatzpflicht (aus § 346 Abs. 2 Nr 2: Die Stämme können als solche nicht mehr zurückgewährt werden) entfällt. Die Privilegierung beruht darauf, dass der Schuldner die Verarbeitung ja hätte unterlassen können, wenn der Mangel sich schon vor der Verarbeitung oder Umgestaltung gezeigt hätte. Dieser Gedanke greift auch ein, wenn der Schuldner die Sache **verbraucht** und erst danach den Sachmangel erkennt.[52] So liegt es beispielsweise, wenn jemand die Schnecke im Salat erst findet, wenn er den Salat fast schon aufgegessen hat.[53]

b) Verantwortlichkeit des Gläubigers und fehlende Kausalität (§ 346 Abs. 3 S. 1 Nr 2)

582 Der Schuldner ist gem. § 346 Abs. 3 S. 1 Nr 2 auch insoweit privilegiert, als der Gläubiger die **Verschlechterung oder den Untergang zu vertreten** hat oder der **Schaden bei ihm gleichfalls** eingetreten wäre. Hier sind zwei Konstellationen geregelt:

583 Die erste Variante betrifft die **Verantwortlichkeit des Gläubigers für die Verschlechterung oder den Untergang**. Der Begriff des Vertretenmüssens ist nicht technisch zu verstehen, sondern im Sinne einer weit zu fassenden Verantwortlichkeit des Gläubigers für die Verwirklichung von Verschlechterungs- oder Untergangsrisiken, die seiner Sphäre zurechenbar sind. Das ergibt sich aus dem Zweck des § 346 Abs. 3, Risiken angemessen zu verteilen. Der Gläubiger hat insbesondere Sachmängel zu vertreten, die zur Verschlechterung oder zum Untergang der Sache geführt haben – unabhängig davon, ob er sie auch „technisch" iSd §§ 276, 278 zu vertreten hat.[54] Wer ein Auto mit einem Motorschaden kauft, ist daher von seiner Wertersatzpflicht frei, wenn das Auto wegen des Motorschadens zerstört wird. Die Norm gilt entsprechend auch für Konstellationen, in denen die Wertersatzpflicht nach dem Grundgedanken des § 346 Abs. 2 entfällt, ohne dass ein einzelner Tatbestand der § 346 Abs. 2 Nr 1-3 eingreifen würde.[55]

584 Die zweite Variante schließt die Wertersatzpflicht dann aus, wenn der **Schaden beim Gläubiger gleichfalls eingetreten** wäre. Die Norm beruht auf dem Gedanken, dass der Schaden dann ganz unabhängig vom Leistungsaustausch eingetreten wäre und deshalb beim Gläubiger verbleiben soll: Der Gläubiger hätte ihn auch dann getragen,

---

52 BeckOK/H. *Schmidt*, BGB[51], § 346 Rn 61.
53 AG Burgwedel NJW 1986, 2647.
54 Jauernig/*Stadler*, BGB[17], § 346 Rn 7a.
55 BeckOK/H. *Schmidt*, BGB[51], § 346 Rn 62.

wenn gar kein Leistungsaustausch stattgefunden hätte *(casum sentit dominus)*. Die Variante greift beispielsweise ein, wenn das gekaufte Pferd „spontan" eine schwere Kolik erleidet und deshalb getötet werden muss[56] – jedenfalls dann, wenn die Kolik nicht durch Besonderheiten beim Rücktrittsschuldner verursacht wurde. Wenn ein Blitz in den Pkw einschlägt, der vor dem Haus des Pkw-Käufers steht, dürfte die fehlende Kausalität aber in der Regel zu verneinen sein: Denn der Blitz hätte nicht auch in den Stellplatz des Pkw beim Verkäufer eingeschlagen.

c) Privilegierung beim gesetzlichen Rücktritt (§ 346 Abs. 3 S. 1 Nr 3)

§ 346 Abs. 3 S. 1 Nr 3 schließt die Wertersatzpflicht schließlich auch für den Fall aus, dass bei einem **gesetzlichen Rücktrittsrecht** die Verschlechterung oder der Untergang beim Berechtigten eingetreten ist, obwohl dieser diejenige **Sorgfalt** beobachtet hat, die er **in eigenen Angelegenheiten** anzuwenden pflegt. Die Norm gilt nur für gesetzliche Rücktrittsrechte und privilegiert den Rücktrittsberechtigten, der – anders als bei einem vertraglich eingeräumten Rücktrittsrecht – nicht damit rechnen musste, dass sich die Leistungspflichten zukünftig umkehren könnten. Sie führt zur Anwendung des § 277, so dass der Schuldner nur mehr wertersatzpflichtig ist, wenn er die Sorgfalt in eigenen Angelegenheiten verletzt *(diligentia quam in suis)*. Wenn der tollpatschige Rückgewährschuldner also beispielsweise leicht fahrlässig das gekaufte Fahrrad nicht abschließt und es geklaut wird, schuldet er keinen Wertersatz. Auch für den zufälligen Untergang haftet der Schuldner dann nicht, so dass auch keine Wertersatzpflicht besteht, wenn ein Blitz das Fahrrad zerstört. In all diesen Fällen wird der Schuldner also von den wirtschaftlichen Risiken dieser Gefahren befreit – zu Lasten des Rückgewährgläubigers.

585

Diese Belastungen des Gläubigers lassen sich bei Pflichtverletzungen des Gläubigers – wie im Standardfall der §§ 437 Nr 2, 323 oder §§ 634 Nr 2, 323 – damit rechtfertigen, dass er durch die mangelhafte Leistung das Rücktrittsrecht zu verantworten hat.[57] Anders ist es, wenn **gesetzliche Rücktrittsrechte unabhängig von Pflichtverletzungen** des Gläubigers entstehen, insbesondere also bei § 313 Abs. 3. In diesen Fällen gelangt § 346 Abs. 3 S. 1 Nr 3 daher nach wohl hM nicht zur Anwendung (teleologische Reduktion).[58]

586

Der Maßstab des § 277 gilt im Falle des § 346 Abs. 3 S. 1 Nr 3 nach einer verbreiteten Auffassung sogar im **Straßenverkehr**.[59] Darin soll eine Ausnahme von der allgemeinen Beschränkung des § 277 liegen, der bei der Teilnahme am allgemeinen Straßenverkehr nach stRspr nicht gilt, wenn Schädiger und Geschädigter am Straßenverkehr teilnehmen und es dabei zu Schäden kommt.[60] Das soll nun im Rahmen des § 346 Abs. 3 S. 1 Nr 3 anders sein, weil hier keine gemeinsame Teilnahme am Straßenverkehr in Rede steht.[61] Das überzeugt jedoch kaum: Andernfalls würde das Ge-

587

---

56 Vgl OLG München NJW-RR 1992, 1081.
57 BT-Drs. 14/6040, S. 196.
58 Jauernig/*Stadler*, BGB[17], § 346 Rn 8a.
59 OLG Karlsruhe NJW 2008, 925; MünchKomm/*Gaier*, BGB[8], § 346 Rn 66.
60 BGHZ 46, 313, 317 f; 53, 352; 63, 51, 57 ff; Palandt/*Grüneberg*, BGB[78], § 277 Rn 2.
61 OLG Karlsruhe NJW 2008, 925; *Faust* JuS 2009, 481, 487; MünchKomm/*Gaier*, BGB[8], § 346 Rn 66; Staudinger/*Kaiser*, BGB (2012), § 346 Rn 212.

setz anderen Verkehrsteilnehmern ein potenziell sorgloses Verhalten zumuten. Der Gedanke, dass es im Straßenverkehr keinen Spielraum für individuelle Sorglosigkeit geben darf, greift unabhängig von den rücktrittsspezifischen Anliegen des § 346 Abs. 3 S. 1 Nr 3 ein. Die Sorgfaltsanforderungen im Straßenverkehr mögen zwar nicht unmittelbar auf den Schutz des Verkäufers ausgerichtet sein. Es wäre aber absurd, dem Käufer den Einwand zuzugestehen, er fahre doch ohnehin immer „wie eine gesengte Sau" (knapp unterhalb der groben Fahrlässigkeit). § 277 greift daher auch im Rahmen von § 346 Abs. 3 S. 1 Nr 3 nicht ein, wenn Sorgfaltsverletzungen im Straßenverkehr im Raum stehen. Insoweit gilt vielmehr § 276.[62] Wer also regelmäßig besonders sportlich mit seinem Auto fährt und leicht fahrlässig einen Unfall verschuldet, bei dem das Auto untergeht, ist dem Autoverkäufer gegenüber von der Wertersatzpflicht (aus § 346 Abs. 2 S. 1 Nr 3) auch dann nicht befreit, wenn die Grenze zur groben Fahrlässigkeit nicht überschritten ist. Wenn der rücktrittsbegründende Sachmangel zur Verschlechterung oder zum Untergang des Autos führt, ist die Wertersatzpflicht schon nach § 346 Abs. 3 S. 1 Nr 2 ausgeschlossen.

588 § 346 Abs. 3 S. 1 Nr 3 regelt ausdrücklich **nur die Verschlechterung** und den **Untergang** der Sache. Nach hM ist sie auch auf die Veräußerung, Belastung, Verarbeitung und Umgestaltung analog anzuwenden.[63] Diese Erweiterung überzeugt mit Blick auf den klaren Gesetzeswortlaut kaum. Außerdem passt der Maßstab eigenüblicher Sorgfalt zwar auf Fälle der Verschlechterung und des Untergangs, nicht aber auf Veräußerungen, Belastungen, Verarbeitungen und Umgestaltungen.[64]

589 Teleologisch überzeugt die Privilegierung, solange der Berechtigte sein Rücktrittsrecht nicht kennt. Denn dann darf er annehmen, die Sache stehe ihm so wie sein anderes Eigentum zu, so dass er guten Gewissens die Sorgfalt auf sie anwenden kann, die er in seinen Angelegenheiten anzuwenden pflegt. Anders liegt es, wenn er sein **Rücktrittsrecht kennt**: Ab diesem Zeitpunkt weiß er, dass er bei Ausübung des Rücktrittsrechts zur Rückgewähr verpflichtet ist. Dann wäre es aber treuwidrig, nur die eigenübliche Sorgfalt walten zu lassen: Wer weiß, dass er eine Sache vielleicht zurückgewähren muss, sollte besonders sorgsam mit der Sache umgehen. § 346 Abs. 3 S. 1 Nr 3 ist daher **teleologisch zu reduzieren**, wenn der Berechtigte positive Kenntnis von seinem Rücktrittsrecht hat. Allerdings wäre es auch nicht überzeugend, den Schuldner ab Kenntnis auch für Zufall haften zu lassen. Das Gesetz sieht dies in § 287 S. 2 ja auch nur ab dem Zeitpunkt des Schuldnerverzugs vor. Daher haftet der Schuldner **ab Kenntnis** des Rücktrittsgrunds auch im Rahmen des § 346 Abs. 3 S. 1 Nr 3 nur nach **§§ 276, 278**.[65] Andere kommen in Anwendung des § 346 Abs. 4 zu ähnlichen Ergebnissen.[66]

590 Manche gehen noch weiter und befürworten in unterschiedlichen Nuancierungen die teleologische Reduktion auch schon bei **fahrlässiger Unkenntnis** des Berechtigten.[67] Normativ lässt sich das zwar gut begründen, weil erhöhte Sorgfaltsanforderungen schon dann gerechtfertigt

---

62 So auch *Gsell* NJW 2008, 912, 913; Palandt/*Grüneberg*, BGB[78], § 346 Rn 13b.
63 MünchKomm/*Gaier*, BGB[8], § 346 Rn 64 mwN.
64 *Faust* JuS 2009, 481, 486; aA etwa *Kamanabrou* NJW 2003, 30, 31.
65 *Schwab* JuS 2002, 632, 635.
66 MünchKomm/*Gaier*, BGB[8], § 346 Rn 67.
67 Etwa MünchKomm/*Gaier*, BGB[8], § 346 Rn 67 mwN.

sind, wenn der Rücktrittsberechtigte damit rechnen muss, zum Rücktritt berechtigt zu sein. Gleichwohl ist die teleologische Reduktion unterhalb der Schwelle positiver Kenntnis abzulehnen: Andernfalls besteht die Gefahr, dass der Rücktrittsgegner Prozesse durch den Einwand fahrlässiger oder grob fahrlässiger Unkenntnis in die Länge ziehen kann.

Wenn das Rücktrittsrecht **schon ausgeübt** ist, greift § 346 Abs. 3 S. 1 Nr 3 nicht mehr ein: Mit Zugang der Rücktrittserklärung ist das Rückgewährschuldverhältnis der §§ 346 ff entstanden. Für Verletzungen von Rückgewährpflichten (etwa aus § 346 Abs. 1) haftet der Schuldner gem. § 346 Abs. 4 im Rahmen der allgemeinen Regeln des § 280. Für das Vertretenmüssen gelten dann die §§ 276, 278. Wenn Sie etwa wegen eines Sachmangels des gekauften Fahrrads gem. §§ 437 Nr 2, 323 wirksam vom Kaufvertrag zurückgetreten sind, müssen Sie die im Verkehr erforderliche Sorgfalt (§ 276 Abs. 2) walten lassen – und natürlich auch nicht vorsätzlich agieren –, um Ihre Haftung zu verhindern. Wenn sie nämlich nach Zugang der Rücktrittserklärung das Fahrrad etwa leicht fahrlässig nicht abschließen, schulden Sie dem Verkäufer gem. § 346 Abs. 4 iVm §§ 280 Abs. 1, Abs. 3, 283 Schadensersatz statt der Leistung, wenn Sie das Fahrrad diebstahlsbedingt nicht zurückgeben können. Noch schärfer wird der Haftungsmaßstab, wenn Sie mit der Rückgabepflicht in Verzug sind. Denn dann haften Sie gem. § 287 S. 2 auch für Zufall[68]. 591

d) Herausgabe verbleibender Bereicherung (§ 346 Abs. 3 S. 2)

Nach § 346 Abs. 3 S. 2 ist eine verbleibende Bereicherung herauszugeben. Immer dann, wenn der Schuldner wegen einer Privilegierung aus § 346 Abs. 3 S. 1 keinen Wertersatz schuldet, muss er doch verbleibende Bereicherungen herausgeben. Das kann etwa die Auszahlung einer Versicherungssumme sein.[69] 592

4. Nutzungs- und Verwendungsersatz (§ 347)

a) Nutzungsersatz

Tatsächlich gezogene Nutzungen sind schon nach **§ 346 Abs. 1** zurückzugewähren. Wenn eine Nutzung Gegenstand der Primärleistungspflicht war – also vor allem bei Miet- und Pachtverträgen –, ist deren Wert gem. **§ 346 Abs. 2 S. 1 Nr 1** zu ersetzen. § 347 Abs. 1 betrifft dagegen **Nutzungen, die der Schuldner gar nicht gezogen** hat. Insoweit schuldet er nur dann Wertersatz, wenn er die Nutzungen hätte ziehen können und sie einer ordnungsmäßigen Wirtschaft entsprechend auch ziehen musste. Ob der Gläubiger selbst die Nutzungen auch hätte ziehen können, ist unerheblich.[70] 593

§ 347 Abs. 1 S. 2 beinhaltet eine **Privilegierung** für den Schuldner bei **gesetzlichen Rücktrittsrechten**. Sie dürften sich an § 346 Abs. 3 S. 1 Nr 3 erinnert fühlen: Ähnlich wie dort, hat der Schuldner auch mit Blick auf nicht gezogene Nutzungen nur für die *diligentia quam in suis* (§ 277) einzustehen. Auch hier ist die Schlechterstellung des Gläubigers nur insoweit gerechtfertigt, als das Rücktrittsrecht auf seiner Pflicht- 594

---

68 Zu Einzelheiten siehe Rn 795 f.
69 Vgl BGH NJW 2015, 1748.
70 BeckOK/*Schmidt*, BGB[51], § 347 Rn 2.

verletzung beruht.[71] Die Privilegierung gilt also insbesondere nicht für das Rücktrittsrecht aus § 313 Abs. 3.[72] Ebenso geboten ist es, die zu § 346 Abs. 3 S. 1 Nr 3 befürwortete teleologische Reduktion ab Kenntnis des Schuldners vom Rücktrittsrecht zu übertragen.[73]

b) Verwendungsersatz (§ 347 Abs. 2)

595 § 347 Abs. 2 S. 1 betrifft **notwendige Verwendungen**: Der Schuldner kann für sie Ersatz verlangen, wenn er den Gegenstand zurückgibt, Wertersatz leistet oder auch seine Wertersatzpflicht gem. § 346 Abs. 3 S. 1 Nr 1 oder Nr 2 ausgeschlossen ist. Notwendige Verwendungen sind Aufwendungen, die zur Erhaltung oder ordnungsgemäßen Bewirtschaftung der Sache erforderlich sind und nicht nur Sonderzwecken des Rücktrittsschuldners dienen.[74] Sie müssen aber nicht unbedingt zu Wertsteigerungen führen.[75] Notwendig in diesem Sinne sind beispielsweise **gewöhnliche Erhaltungskosten** wie Fütterungskosten bei Tieren oder die Ersetzung abgefahrener Bremsklötze beim Fahrrad. Auch Inspektionskosten bei Autos sind in der Regel notwendig, nicht aber beispielsweise das Einbauen schicker Felgen.[76]

596 Andere als notwendige Aufwendungen – man bezeichnet sie auch als „**nützliche**" **Verwendungen** – sind dem Schuldner gem. **§ 347 Abs. 2 S. 2** dagegen nur zu erstatten, soweit der Gläubiger hierdurch bereichert ist. Dazu ist zunächst erforderlich, dass der Wert der Sache objektiv erhöht ist. Allerdings sollte der Gläubiger davor geschützt werden, für objektive Bereicherungen Ersatz leisten zu müssen, die für ihn persönlich keinerlei Wert haben. Das lässt sich dadurch erreichen, dass die **Grundsätze zur aufgedrängten Bereicherung**[77] entsprechend herangezogen werden. Denkbar ist, dass der Gläubiger die Wegnahme gestattet; dann schuldet er keinen Verwendungsersatz.[78] So kann der Verkäufer eines Autos, der es mit neuen Edelfelgen zurückerhält, seiner Pflicht zum Wertersatz entkommen, wenn er dem Käufer gestattet, die Felgen auszubauen. Wenn eine Wegnahme nicht möglich ist, sollte die Wertersatzpflicht ausscheiden, wenn der Gläubiger persönlich den objektiven Wertzuwachs nicht nutzt.[79] Das ist etwa der Fall, wenn ein Bayern-Fan ein Auto verkauft und es von dem Käufer in schwarz-gelber Lackierung zurückerhält: Der Bayern-Fan kann mit der Lackierung in den Farben Borussia Dortmunds nichts anfangen, selbst wenn die Lackierung neu ist und glänzt.

5. Zug-um-Zug-Erfüllung (§ 348)

597 Die sich aus dem Rücktritt ergebenden Verpflichtungen sind gem. § 348 S. 1 **Zug um Zug** zu erfüllen. Die Vorschriften der §§ 320, 322 finden gem. § 348 S. 2 entsprechende Anwendung. Keine der Parteien des Rückgewährschuldverhältnisses ist also

---

71 Vgl oben Rn 586.
72 Vgl BeckOK/*Schmidt*, BGB[51], § 347 Rn 3.
73 Oben Rn 589.
74 BGH WM 2013, 848, Rn 22.
75 LG Oldenburg BeckRS 2016, 15963.
76 Vgl LG Oldenburg BeckRS 2016, 15963.
77 Dazu *Lerrach* JuS 2008, 953, 955; *Musielak* JA 2017, 1, 4 f.
78 Offengelassen in BGH NJW-RR 2013, 1318, Rn 25.
79 MünchKomm/*Gaier*, BGB[8], § 347 Rn 22.

vorleistungspflichtig. So kann der Verkäufer nach dem Rücktritt des Käufers vom Kaufvertrag (§§ 437 Nr 2, 323) die Rückzahlung des Kaufpreises verweigern, wenn ihm der Käufer nicht zugleich die Kaufsache zurückgewährt. **Unerheblich ist, ob für die ursprünglichen Leistungspflichten eine Partei vorleistungspflichtig** war oder nicht.[80] Zur Erhebung der Einrede aus §§ 348 S. 2, 320, 322 genügt, dass der Wille, die eigene Leistung im Hinblick auf das Ausbleiben der Gegenleistung zurückzubehalten, eindeutig erkennbar ist.[81] § 348 erfasst **alle Verpflichtungen, die sich aus dem Rücktritt ergeben**, also nicht etwa nur die Verpflichtungen aus § 346 Abs. 1, sondern auch Ansprüche auf Nutzungsherausgabe, Wertersatzansprüche und die Ansprüche aus § 347.[82] Bei gleichartigen Ansprüchen kann **aufgerechnet** werden.[83] Eine konkludente Aufrechnungserklärung kann im Antrag auf Zahlung Zug-um-Zug gegen Zahlung liegen.[84]

V. Lösung Fall 39

A könnte gegen B einen Anspruch auf Rückzahlung des Kaufpreises in Höhe von 1.800 Euro aus § 346 Abs. 1 iVm §§ 437 Nr 2, 326 Abs. 5 haben.

I. A könnte ein Rücktrittsrecht aus § 326 Abs. 5 haben.

1. A und B haben einen Kaufvertrag, also einen gegenseitigen Vertrag, geschlossen. Auch liegt ein Sachmangel gemäß § 434 Abs. 1 S. 1 vor, da die tatsächliche Akkukapazität des E-Bikes von der vertraglich vereinbarten Kapazität abweicht. Dieser Mangel lag auch bei Gefahrübergang (§ 446 S. 1) vor.

2. § 326 Abs. 5 setzt voraus, dass B gem. § 275 Abs. 1-3 nicht zu leisten braucht. Die Nacherfüllungspflicht des B aus §§ 437 Nr 1, 439 Abs. 1 könnte nach § 275 Abs. 1 ausgeschlossen sein. Gegenstand des Vertrags ist ein individuelles E-Bike. Die Nacherfüllung in Form der Ersatzlieferung scheidet daher aus, weil eine Stückschuld vorliegt und das Leistungsinteresse des A nicht durch Lieferung einer gleichartigen und gleichwertigen Ersatzsache befriedigt werden kann. Auch die Mängelbeseitigung ist unmöglich, weil der Akku des E-Bikes nicht ausgetauscht werden kann. Die Nacherfüllung ist damit in beiden Varianten unmöglich iSd § 275 Abs. 1, so dass § 326 Abs. 5 eingreift. Der Rücktritt ist auch nicht gem. § 323 Abs. 5 S. 2, 326 Abs. 5 2. HS wegen Unerheblichkeit der Pflichtverletzung ausgeschlossen.

II. A hat den Rücktritt gemäß § 349 gegenüber B wirksam erklärt. Der Anspruch auf Rückzahlung des Kaufpreises ist daher entstanden.

III. Der Anspruch auf Rückzahlung des Kaufpreises könnte aber gemäß § 389 durch Aufrechnung erloschen sein.

1. Das setzt zunächst gegenseitige, gleichartige Forderungen voraus, § 387.

a) B könnte eine erfüllbare Gegenforderung gegenüber A aus § 346 Abs. 2 S. 1 Nr 3 1. HS haben.

---

80 BeckOK/*Schmidt*, BGB[51], § 348 Rn 1.
81 BGH NJW-RR 2018, 48, Rn 47.
82 BeckOK/*Schmidt*, BGB[51], § 348 Rn 1.
83 Vgl BGHZ 178, 182, Rn 30; *Gsell* NJW 2008, 2002, 2003; missverständlich wohl BGH NJW 2008, 2028, Rn 9, wo knapp von einer „Saldierung" die Rede ist, die *ex lege* freilich nicht vorgesehen ist.
84 BGH NJW 2017, 2102, Rn 20.

Das E-Bike ist bei dem Unfall vollständig zerstört worden, so dass A grundsätzlich Wertersatz leisten muss. Die Wertersatzpflicht könnte aber gemäß § 346 Abs. 3 S. 1 Nr 3 entfallen sein.

(aa) Problematisch ist jedoch, ob die Privilegierung aus § 346 Abs. 3 S. 1 Nr 3 auch bei Sorgfaltsverstößen im Straßenverkehr gelten soll: Das ist bei den §§ 708, 1359 grundsätzlich ausgeschlossen, weil im Straßenverkehr kein Raum für individuelle Sorgfaltsmaßstäbe ist. Für § 346 Abs. 3 S. 1 Nr 3 mag man zweifeln, weil anders als in den Fällen der §§ 708, 1359 in der Regel die Geschädigten bei § 346 Abs. 3 S. 1 Nr 3 nicht aktiv an der Fahrt teilnehmen. Gleichwohl sprechen die besseren Argumente dafür, das Haftungsprivileg im Straßenverkehr nicht anzuwenden: Der Straßenverkehr lässt keinen Raum für individuelle Maßstäbe. Auch wäre es absurd, wenn der Rückgewährschuldner einwenden darf, dass er auch normalerweise im Straßenverkehr die gebotene Sorgfalt außer Acht lässt.

(bb) § 346 Abs. 3 S. 1 Nr 3 greift auch deshalb nicht ein, weil A bei Untergang des E-Bikes Kenntnis von dem Rücktrittsgrund hatte, vom Mangel also wusste. Er musste damit rechnen, dass er den empfangenen Gegenstand zurückgeben muss. Daher sollte er sogar besondere Vorsicht walten lassen. Das spricht für eine teleologische Reduktion der Norm. Andererseits hat der Gesetzgeber § 323 schuldunabhängig ausgestaltet; zudem weiß der Rücktrittsberechtige ja oft noch nicht, ob er wirklich zurücktreten möchte. Gleichwohl ist die Norm teleologisch zu reduzieren: Ab dem Zeitpunkt der Kenntnis ist die Situation mit der eines vertraglichen Rücktrittsrechts vergleichbar. Der (zukünftige) Rückgewährschuldner weiß, dass er den Gegenstand zumindest eventuell zurückgewähren muss. Er wird nicht über Gebühr belastet, wenn ihm die Sorgfaltsmaßstäbe der §§ 276, 278 auferlegt werden – solange er die im Verkehr erforderliche Sorgfalt beachtet, haftet er nicht. Eine Beschränkung der Wertersatzhaftung auf eigenübliche Sorgfalt ist aber nicht mehr interessengerecht (aA vertretbar).

(cc) Die Wertersatzpflicht ist somit nicht entfallen. B kann mit einer Wertersatzforderung iHv 1.800 Euro aus § 346 Abs. 2 S. 1 Nr 3 aufrechnen.

b) B könnte zusätzlich mit einer Schadensersatzforderung aus §§ 280 Abs. 1, 346 Abs. 1, Abs. 4, 241 Abs. 2 aufrechnen.

aa) § 346 Abs. 4 stellt klar, dass auch das Rückgewährschuldverhältnis Schadensersatzansprüche aus §§ 280 bis 283 begründen kann. Das Rückgewährschuldverhältnis wird zwar erst mit Zugang der Rücktrittserklärung begründet. Jedenfalls ab Kenntnis vom Rücktrittsgrund bestehen allerdings sog. „vorgreifliche Rücksichtnahmepflichten" (vgl. auch § 311 Abs. 2). In der Zerstörung des E-Bikes liegt auch eine Verletzung des § 241 Abs. 2.

bb) Diese Pflichtverletzung muss A auch zu vertreten haben (§ 280 Abs. 1 S. 2). Gem. § 276 Abs. 1. S. 1 hat der Schuldner grundsätzlich Vorsatz und Fahrlässigkeit zu vertreten. Ein Teil des Schrifttums will die Haftungsprivilegierung des § 346 Abs. 3 S. 1 Nr 3 analog auf die Schadensersatzpflicht nach § 346 Abs. 4 anwenden. Nach hier vertretener Ansicht (s.o. Rn 589) gilt § 346 Abs. 3 S. 1 Nr 3 nach Kenntnis des Rücktrittsgrundes ohnehin nicht mehr. Dem A kommt die Haftungsprivilegierung somit ohnehin nicht zugute. A hat die Pflichtverletzung daher auch zu vertreten.

cc) Der Schadensersatzanspruch des B ist auf Geldentschädigung iHv 1.800 Euro gerichtet (§ 251 Abs. 1 1. Alt.). B kann also zusätzlich mit einer Schadensersatzforderung aus §§ 280 Abs. 1, 346 Abs. 1, Abs. 4, 241 Abs. 2 aufrechnen.

c) Beide Gegenansprüche des B gegen A sind auf Geldzahlung gerichtet und daher gleichartig.

2. Der Anspruch auf Kaufpreisrückzahlung ist erfüllbar, die Gegenansprüche des B sind fällig und durchsetzbar.

3. B hat die Aufrechnung wirksam gegenüber A erklärt (§ 388). Die Aufrechnung bewirkt, dass die Ansprüche erlöschen, soweit sie sich decken (§ 389). Der Anspruch des A gegen B auf Rückzahlung des Kaufpreises iHv 1.800 Euro ist somit vollständig erloschen.

Ergebnis: A hat gegen B keinen Anspruch auf Rückgewähr des Kaufpreises in Höhe von 1.800 Euro gem. § 346 Abs. 1 iVm §§ 437 Nr 2, 326 Abs. 5 BGB.

§ 11 Schadensersatz statt der Leistung nach §§ 281, 282 und Aufwendungsersatz (§ 284)

Fall 41: V und K schließen am 1.9. einen Kaufvertrag über einen gebrauchten Fernseher. Sie vereinbaren, dass V dem K den Fernseher am 10.9. liefert. Den Kaufpreis von 500 Euro zahlt K schon bei Vertragsschluss. V verschuldet einen Unfall und schafft es daher nicht, den Fernseher am 10.9. zu liefern. K setzt V eine dreitägige Frist zur Nachlieferung. V, der nun erstmal mit der Reparatur seines Autos beschäftigt ist, vergisst zunächst den Fernseher zu liefern. Als ihm seine Verpflichtung am 1.11. wieder einfällt, fährt er zu K und möchte ihm den Fernseher übergeben. K verweigert die Annahme und fordert stattdessen Schadensersatz. Er hätte den Fernseher für 600 Euro weiterverkaufen können, wenn V ihn bei Fristablauf geliefert hätte.

Kann K von V Schadensersatz statt der Leistung verlangen? **Lösung Rn 639**

Abwandlung: K zahlt nicht schon bei Vertragsschluss, sondern es wird Zug-um-Zug-Leistung vereinbart. Ohne dass V seinerseits den Kaufpreis erhalten hat, verlangt K nun Schadensersatz am 1.11.

Fall 42: Das Hochzeitspaar H bestellt in der Porzellanmanufaktur des P Teller, die eigens für ihre Hochzeit angefertigt und mit einer speziellen Gravur versehen werden sollen. Es kommt H besonders darauf an, dass die Teller einheitlich gestaltet sind. P soll insgesamt 120 Teller für die 120 bei der Hochzeit anwesenden Personen zum Preis von 2.400 Euro liefern. P liefert eine Woche vor der Hochzeit 80 Teller. Da P den Auftrag unterschätzt, meldet er H jedoch zwei Tage vor der Hochzeit, dass er nur noch 10 Teller wird liefern können und bietet diese an. Teller mit der gleichen Gravur sind bis zur Hochzeit nicht mehr zu erhalten. Empört lehnt das Paar ab und verlangt Schadensersatz statt der ganzen Leistung.

Frage: Steht H ein Anspruch auf Schadensersatz statt der ganzen Leistung gem. §§ 280 Abs. 1, 3, 281 zu?

I. Funktionen des § 281

§ 281 ist die **wichtigste Norm** für einen Anspruch des Gläubigers auf **Schadensersatz statt der Leistung**. Die vollständige Anspruchsgrundlage ist §§ 280 Abs. 1, Abs. 3, 281. Der Schadensersatzanspruch tritt an die Stelle der Primärleistung, befriedigt den Gläubiger also an deren Stelle in seinem Erfüllungsinteresse (auch: **positives Interesse**). Das Ziel der Norm ist nicht, (lediglich) den Zustand wiederherzustellen, der ohne den Vertrag bestünde. Dieses Ziel hat bei gegenseitigen Verträgen das

Rücktrittsrecht aus § 323 im Blick. § 281 schützt demgegenüber das weitergehende Gläubigerinteresse, in finanzieller Hinsicht so gestellt zu werden, als hätte der Schuldner so wie geschuldet geleistet.¹

Prägend für § 281 ist das Fristsetzungserfordernis des § 281 Abs. 1 S. 1. Es drückt den Vorrang der Leistung selbst aus und spricht dem Schuldner eine **„zweite Chance" zur Leistung** des ursprünglich Geschuldeten zu. Bei Verträgen zeigt sich wie schon in § 323 Abs. 1 auch in § 281 Abs. 1 S. 1 der **Grundsatz der Vertragserhaltung**.²

601 § 281 ist bei der Verletzung von **Schutzpflichten (§ 241 Abs. 2) nicht anwendbar.** Für Ansprüche auf Schadensersatz statt der Leistung sind dann vielmehr die **§§ 280 Abs. 1, Abs. 3, 282** anwendbar.³ § 281 ist ferner **nicht anwendbar**, wenn Schadensersatz statt der Leistung wegen **Unmöglichkeit der Leistung** verlangt wird. Hier bestehen ebenfalls vorrangig anwendbare Sonderregeln, nämlich die §§ 275 Abs. 4, 280 Abs. 1, Abs. 3, 283 bzw. § 311a Abs. 2.⁴ Das Fristsetzungserfordernis des § 281 Abs. 1 S. 1 macht in den Fällen des § 275 von vornherein keinen Sinn.

602 Wie beim Rücktritt führt die Geltendmachung des Schadensersatzes statt der Leistung dazu, dass die **Primärleistungsansprüche erlöschen**. Das ist in § 281 Abs. 4 ausdrücklich geregelt. Darüber hinaus kommt es zur **Schadensersatzpflicht des Schuldners**, die weitergeht als die Rückgewährpflichten – wie schon die Pflicht zum Ersatz entgangener Gewinne zeigt (§ 252). Weil die Schadensersatzpflicht aber regelmäßig auch zur Rückgewähr ausgetauschter Leistungen führt (vgl § 281 Abs. 5), teilen § 323 und § 281 auch viele Tatbestandsvoraussetzungen: Beide Normen verlangen, dass der Schuldner nicht oder nicht wie geschuldet geleistet hat. Auch das Fristsetzungserfordernis ist identisch. Es gibt aber auch wichtige Unterschiede. Vor allem setzt § 323 kein Vertretenmüssen voraus, § 281 dagegen schon.⁵

II. Voraussetzungen des Anspruchs aus §§ 280 Abs. 1, Abs. 3, 281

1. Schuldverhältnis

603 Die Norm setzt ein **Schuldverhältnis** voraus. Im Gegensatz zu § 323 muss kein gegenseitiger Vertrag vorliegen. Vielmehr gilt § 281 auch für einseitig verpflichtende Verträge und grundsätzlich auch für gesetzliche Schuldverhältnisse – sofern sie bereits entstanden sind. Auch sachenrechtliche Ansprüche sind grundsätzlich erfasst.⁶

2. Pflichtverletzung

604 Die Besonderheit des § 281 besteht ja darin, dass die Schadensersatzpflicht nach § 281 Abs. 1 grundsätzlich an einen Fristablauf geknüpft ist. Daher stehen zwei Pflichtverletzungen im Raum, die auseinandergehalten werden müssen: Einerseits die

---

1 Etwa *Weiss* NJW 2015, 3393.
2 S. schon oben Rn 497.
3 Einzelheiten unten Rn 626 ff.
4 Zu Einzelheiten unten Rn 719 ff.
5 Zu den Unterschieden im Übrigen s. schon oben Rn 498.
6 Dazu schon oben Rn 74 ff.

ursprüngliche Pflichtverletzung – also die Nichtleistung oder nicht vertragsgemäße Leistung im Fälligkeitszeitpunkt –, andererseits die Pflichtverletzung bei Fristablauf – also die Nichtleistung oder nicht vertragsgemäße Leistung im Zeitpunkt des Fristablaufs. § 281 knüpft die Schadensersatzpflicht grundsätzlich an den Fristablauf, so dass diese letztere Pflicht – also die **Pflichtverletzung bei Fristablauf** – die Haftungsgrundlage für den Anspruch bildet, wenn die Fristsetzung nicht nach § 281 Abs. 2 entbehrlich ist.[7] Wenn beispielsweise der Verkäufer eine mangelhafte Sache geliefert hat, hat er die ursprüngliche Pflicht aus § 433 Abs. 1 S. 2 verletzt. Für den Anspruch des Käufers aus § 281 (iVm § 437 Nr 3) kommt es aber darauf an, dass der Verkäufer die Nacherfüllungspflicht bei Fristablauf (§§ 437 Nr 1, 439) verletzt hat. Denn die ursprüngliche Pflichtverletzung führt für sich alleine gerade noch nicht zum Schadensersatzanspruch, sondern grundsätzlich erst der Fristablauf (§ 281 Abs. 1). Das ist vor allem für den Bezugspunkt des Vertretenmüssens wichtig.[8]

§ 281 verlangt nicht, dass es um Leitungspflichten im Gegenseitigkeitsverhältnis geht:[9] Die Norm ist ja **auch außerhalb gegenseitiger Verträge** anwendbar. Auf Geldschulden ist § 281 zwar grundsätzlich anwendbar, allerdings weitgehend funktionslos, weil Geldschulden ohnehin schon auf Zahlung von Geld gerichtet sind.[10] 605

§ 281 ist auch bei der Verletzung von **leistungsbezogenen Nebenpflichten**[11] anwendbar.[12] Das ergibt sich aus dem engen Bezug der leistungsbezogenen Nebenpflichten zur Leistung selbst. Leistungsbezogene Nebenpflichten können ganz unterschiedlicher Art sein, etwa die geschuldete Sache ordnungsgemäß zu verpacken,[13] bei komplexen Vertragsgegenständen gut zu beraten[14] oder über die richtige Anwendung gefährlicher Sachen aufzuklären.[15] Dagegen ist § 281 bei Verletzungen von Schutzpflichten iSd § 241 Abs. 2 nicht anwendbar, weil hierfür § 282 eine Sonderregel bereithält. 606

Wie § 323 greift auch § 281 nur ein, wenn der Schuldner eine **wirksame Leistungspflicht** verletzt hat. Beispielsweise schließt die Erfüllung gem. § 362 Abs. 1 auch § 281 aus.

Die Leistung muss **fällig** und **durchsetzbar** sein. Diese Voraussetzungen entsprechen denen des § 323.[16] Insbesondere schließen Einreden auch § 281 schon dann aus, wenn lediglich ihre Tatbestandsvoraussetzungen vorliegen – also unabhängig davon, ob der Schuldner die Einrede erhoben hat. 607

In der **Abwandlung zu Fall 41** schuldete K dem V auch am 1.11. noch die Kaufpreiszahlung. Somit stand V das Zurückbehaltungsrecht aus § 320 zu. §§ 280 Abs. 1, Abs. 3, 281 608

---

7 MünchKomm/*Ernst*, BGB[8], § 281 Rn 50.
8 Dazu unten Rn 434 ff.
9 BeckOK/S. *Lorenz*, BGB[51], § 281 Rn 10; Staudinger/*Schwarze*, BGB (2015), § 281 Rn A 19.
10 Näher und auch zu Fällen, in denen gleichwohl ein Interesse an der Anwendung des § 281 besteht MünchKomm/*Ernst*, BGB[8], § 281 Rn 10.
11 Zum Begriff und zur Abgrenzung von Schutzpflichten i.S.d. § 241 Abs. 2 oben Rn 101.
12 Hk/*Schulze*, BGB[10], § 281 Rn 7; MünchKomm/*Ernst*, BGB[8], § 281 Rn 13.
13 Etwa BGH NJW 1976, 1353.
14 Vgl OLG Köln, NJW 1994, 1355: Beratung über das „passende" Softwarepaket.
15 BGH NJW 1975, 824: Haarpflegemittel, das bei empfindlicher Haut Allergien hervorrufen kann.
16 Dazu oben Rn 499 ff.

setzen jedoch zunächst voraus, dass eine Nichtleistung trotz Fälligkeit und *Durchsetzbarkeit* vorliegt. Solange die Voraussetzungen des § 320 vorliegen, besteht jedoch keine durchsetzbare Leistungspflicht iSd § 281 (der Schuldner muss die Einrede nicht erheben, es reicht aus, dass die Voraussetzungen des § 320 vorliegen).

3. Vertretenmüssen (§ 280 Abs. 1 S. 2)

609 Der Anspruch aus §§ 280 Abs. 1, Abs. 3, 281 setzt voraus, dass der Schuldner die Pflichtverletzung zu vertreten hat. Das ergibt sich aus **§ 280 Abs. 1 S. 2**, auf den auch § 281 Abs. 1 noch einmal verweist. Für das Vertretenmüssen gelten grundsätzlich die allgemeinen Regeln, sodass insbesondere die §§ 276, 278 maßgeblich sind.

610 Der Schuldner muss iRd § 281 Abs. 1 die **Pflichtverletzung bei Fristablauf** zu vertreten haben, denn diese Pflichtverletzung – nicht etwa die ursprüngliche Pflichtverletzung – bildet die Haftungsgrundlage.[17] Darüber besteht im Wesentlichen Einigkeit.[18] Wer beispielsweise ein mangelhaftes Fahrrad verkauft und liefert, den Mangel aber nicht zu vertreten hat, haftet gleichwohl aus § 281, wenn er die Verletzung seiner Nacherfüllungspflicht (aus §§ 437 Nr 1, 439) gem. § 276 zu vertreten hat. Das wird oft zu bejahen sein, insbesondere dann, wenn der Verkäufer bewusst nicht nacherfüllt, weil er sich (irrig) nicht in der Pflicht sieht.[19] Wenn die **Fristsetzung nach § 281 Abs. 2 entbehrlich** ist, muss der Schuldner die Pflichtverletzung bei Eintritt des Ereignisses zu vertreten haben, das zur Entbehrlichkeit führt.[20]

611 **Umstritten** sind die Konsequenzen daraus, dass sich das Vertretenmüssen auf die Pflichtverletzung *bei Fristablauf* bezieht: Führt deshalb das **Vertretenmüssen der *ursprünglichen* Pflichtverletzung für sich allein genommen** nie zu einem Anspruch aus § 281?[21] Welche Antwort man auf diese Frage gibt, wirkt sich freilich nur sehr selten aus:[22] Denn meistens hat der Schuldner die Pflichtverletzung *bei Fristablauf* ohnehin gem. § 287 S. 2 zu vertreten: In der Fristsetzung liegt oft ja regelmäßig zugleich eine Mahnung iSd § 286, so dass den Schuldner die Zufallshaftung aus § 287 S. 2 trifft.[23] Daraus, dass sich das Vertretenmüssen auf die Pflichtverletzung *bei Fristablauf* beziehen muss, folgt nicht, dass allein das Verhalten im Zeitpunkt des Fristablaufs für das Vertretenmüssen relevant sein kann.[24] Es wäre kaum interessengerecht, die Verantwortlichkeit für die ursprüngliche Pflichtverletzung für die Zwecke des Schadensersatzes statt der Leistung auszublenden. Auch in anderen Kontexten lässt sich das Vertretenmüssen nicht auf einzelne Zeitpunkte fixieren. Oft ist vielmehr ein wertender Blick auf zeitlich länger gestreckte Vorgänge geboten. Wenn wir etwa dem übermüdeten Fahrer Fahrlässigkeit vorwerfen, ergibt sich das aus seinem

---

17 Oben Rn 431 ff.
18 OLG Celle NJW-RR 2007, 353, 354; BeckOK/*S. Lorenz*, BGB[52], § 281 Rn 14; MünchKomm/*Ernst*, BGB[8], § 281 Rn 50; Palandt/*Grüneberg*, BGB[78], § 281 Rn 16.
19 Regelmäßig wird hier ein vermeidbarer Rechtsirrtum vorliegen, der Fahrlässigkeit begründet.
20 BeckOK/*S. Lorenz*, BGB[52], § 281 Rn 14.
21 So etwa BeckOK/*S. Lorenz*, BGB[52], § 281 Rn 14; aA etwa *Tetenberg* JA 2009, 1.
22 BeckOK/*S. Lorenz*, BGB[52], § 281 Rn 14.
23 Näher dazu unten Rn 794 f.
24 Treffend MünchKomm/*Ernst*, BGB[8], § 281 Rn 50.

zeitlich gestreckten Gesamtverhalten vor dem Unfallzeitpunkt. Ebenso ist auch iRd § 281 Abs. 1 das gesamte Schuldnerverhalten zu berücksichtigen, so dass auch Umstände vor Fristablauf entscheidend sein können – insbesondere eben auch, ob der Schuldner die ursprüngliche Pflichtverletzung zu vertreten hat.[25] Daraus folgt: Auch das **Vertretenmüssen der ursprünglichen Pflichtverletzung** kann zu einem Anspruch aus § 281 führen, nämlich dann, wenn es sich auf die Pflichtverletzung bei Fristablauf **niedergeschlagen hat. Das ist grundsätzlich zu bejahen**, weil die ursprüngliche Pflichtverletzung überhaupt erst die Möglichkeit der Pflichtverletzung bei Fristablauf eröffnet hat.[26] Ausnahmsweise mag es anders sein; dafür ist jedoch der Schuldner gem. § 280 Abs. 1 S. 2 darlegungs- und beweispflichtig.[27]

4. Erfolglose Fristsetzung bzw. Entbehrlichkeit der Fristsetzung

a) Fristsetzung

Der Schadensersatzanspruch aus §§ 280 Abs. 1, Abs. 3, 281 setzt gem. § 281 Abs. 1 S. 1 grundsätzlich voraus, dass der Gläubiger erfolglos eine angemessene Frist zur Leistung oder Nacherfüllung gesetzt hat. Der Schuldner soll also noch eine letzte Leistungschance erhalten (**Vorrang der Vertragserhaltung**). Das **Fristsetzungserfordernis** bei § 281 **entspricht demjenigen des § 323**. Die dortigen Ausführungen[28] zu Auslegung, Angemessenheit der Frist und weiteren Einzelheiten gelten auch für § 281. Die folgenden Ausführungen beschränken sich auf abweichende Aspekte, also die Besonderheiten der Fristsetzung bei § 281 Abs. 1 S. 1.   612

Gem. **§ 281 Abs. 3** ist statt einer Fristsetzung eine **Abmahnung** erforderlich, wenn eine Fristsetzung nach der Art der Pflichtverletzung nicht in Betracht kommt. Das ist vor allem bei Unterlassungspflichten der Fall, also beispielsweise bei einem vertraglich vereinbarten Konkurrenzverbot. Die Abmahnung ist die ernsthafte Aufforderung, weitere Verletzungen zu unterlassen.[29] Auch sie kann gem. § 281 Abs. 2 entbehrlich sein.[30]   613

Im Gegensatz zu § 323 Abs. 1 muss § 281 Abs. 1 S. 1 **nicht richtlinienkonform dahingehend ausgelegt** werden, dass im Anwendungsbereich der Verbrauchsgüterkauf-RL keine Frist *gesetzt*, sondern lediglich eine Frist *abgelaufen* sein muss.[31] Denn die Verbrauchsgüterkauf-RL bezieht sich nur auf das Recht zur Vertragsauflösung, nicht auch auf Schadensersatzansprüche. § 281 kann zwar im Einzelfall ähnliche Rechtsfolgen auslösen wie der Rücktritt. Gleichwohl müssen die Tatbestandsvoraussetzungen schon deshalb nicht einheitlich sein, weil § 281 eine andere Funktion verfolgt als § 323.   614

---

25 MünchKomm/*Ernst*, BGB⁸, § 281 Rn 51 f; anders Staudinger/*Schwarze*, BGB (2014), § 280 Rn D 12.
26 Ähnlich MünchKomm/*Ernst*, BGB⁸, § 281 Rn 52 ff.
27 Näher MünchKomm/*Ernst*, BGB⁸, § 281 Rn 52 ff.
28 Rn 509 ff.
29 Staudinger/*Schwarze*, BGB (2014), § 281 Rn B 53; BeckOK/*S. Lorenz*, BGB⁵¹, § 281 Rn 34.
30 BeckOK/*S. Lorenz*, BGB⁵¹, § 281 Rn 34.
31 *Weiss* NJW 2015, 3393, 3396 mwN.

b) Entbehrlichkeit der Fristsetzung

615 § 281 Abs. 2 beinhaltet ähnlich wie § 323 Abs. 2 **Ausnahmen vom Fristsetzungserfordernis**. Wenn sie erfüllt sind, kann der Gläubiger sofort Schadensersatz statt der Leistung verlangen, ohne dass er zunächst eine Frist setzen muss. Die Ausnahmen des § 281 Abs. 2 entsprechen nur teilweise denen des § 323 Abs. 2. Soweit sie sich entsprechen, ist eine einheitliche Auslegung sinnvoll, um Kohärenz zu wahren und Wertungswidersprüche zu verhindern. Im Übrigen muss keine Einheitlichkeit erzwungen werden, weil § 281 und § 323 trotz einiger Gemeinsamkeiten unterschiedliche Funktionen erfüllen.[32] Unterschiedliche Anforderungen an die Entbehrlichkeit, die sich aus dem Gesetz ergeben, mag man rechtspolitisch bedauern. In der Rechtsanwendung sind sie grundsätzlich als differenzierende Wertungsentscheidungen des Gesetzes zu beachten.

616 aa) Ernsthafte und endgültige Erfüllungsverweigerung (§ 281 Abs. 2 1. Alt.)
Gem. § 281 Abs. 2 1. Alt. ist die Fristsetzung entbehrlich, wenn der Schuldner die Leistung **ernsthaft und endgültig verweigert**. Das entspricht § 323 Abs. 2 Nr 1 und § 286 Abs. 2 Nr 3. Die Anforderungen an die ernsthafte und endgültige Verweigerung sind so wie zu § 323 Abs. 2 Nr 1 zu bestimmen.

617 § 281 Abs. 2 1. Alt. lässt nur die Fristsetzung entbehrlich werden; die übrigen Voraussetzungen des § 281 Abs. 1 S. 1 bleiben von der Norm unberührt. Das bedeutet: Die Leistungspflicht muss auch im Fall der Erfüllungsverweigerung **fällig** sein. Die Erfüllungsverweigerung schon vor Fälligkeit der Leistungspflicht ist zumindest vom Wortlaut des § 281 Abs. 2 1. Alt. nicht erfasst. Gleichwohl ist im Ergebnis weitgehend anerkannt, dass der Gläubiger bei ernsthafter und endgültiger Erfüllungsverweigerung Schadensersatz statt der Leistung auch schon dann verlangen kann, wenn die Leistung selbst noch nicht fällig ist.[33] Dafür spricht, dass diese Möglichkeit auch schon vor der Schuldrechtsreform außerhalb klarer gesetzlicher Grundlagen gewohnheitsrechtlich anerkannt war.[34] Der Reformgesetzgeber wollte insoweit keine Änderung der Rechtslage herbeiführen.[35] Auch rechtsvergleichend sind Schadensersatzverlangen vor Fälligkeit weitgehend anerkannt.[36] Bei gegenseitigen Verträgen könnte der Gläubiger zudem zwar schon gem. § 323 Abs. 4 zurücktreten, müsste aber bis zum Schadensersatzverlangen noch die Fälligkeit abwarten. Dogmatisch bietet sich eine **entsprechende Anwendung der §§ 281 Abs. 1, Abs. 2 1. Alt.** an.[37]

618 bb) **Besondere Umstände (§ 281 Abs. 2 2. Alt.).** Gem. § 281 Abs. 2 2. Alt. ist die Fristsetzung auch dann entbehrlich, wenn **besondere Umstände** vorliegen, die unter Abwägung der beiderseitigen Interessen die sofortige Geltendmachung des Schadensersatzanspruchs rechtfertigen. Die Norm fungiert als Generalklausel für Konstellationen, in denen ausnahmsweise sofort Schadensersatz statt der Leistung verlangt wer-

---

[32] Näher *Weiss* NJW 2015, 3393. Zu den unterschiedlichen Funktionen oben Rn 497 f.
[33] Palandt/*Grüneberg*, BGB[78], § 281 Rn 8a; *Looschelders*, SR AT[17], § 27 Rn 18; Jauernig/*Stadler*, BGB[17], § 281 Rn 9.
[34] MünchKomm/*Ernst*, BGB[8], § 281 Rn 67.
[35] MünchKomm/*Ernst*, BGB[8], § 281 Rn 67.
[36] MünchKomm/*Ernst*, BGB[8], § 281 Rn 67.
[37] MünchKomm/*Ernst*, BGB[8], § 281 Rn 67.

den kann. Sie ermöglicht der Richterin eine gewisse Flexibilität, um gerechte Einzelfallergebnisse erzielen zu können. **Anders als § 323 Abs. 2 Nr 3** erfasst § 281 Abs. 2 2. Alt. auch nach Umsetzung der Verbraucherrechte-RL weiterhin nicht nur die Fälle der Schlechtleistung, sondern auch die Fälle der Nichtleistung. Das ist richtlinienkonform, weil Art. 18 Verbraucherrechte-RL lediglich kein sofortiges Rücktrittsrecht für die Nichtleistung kennt.[38] Dass sich aus § 281 Abs. 2 2. HS ein Anspruch auf Schadensersatz statt der Leistung auch dann ergeben kann, wenn kein sofortiges Rücktrittsrecht besteht, ist nicht etwa deshalb problematisch, weil dadurch die Verbraucherrechte-RL umgangen würde: Diese lässt weitergehende Rechtsbehelfe (wie etwa Schadensersatzansprüche) ausdrücklich zu, wie sich aus EG 53 Verbraucherrechte-RL ergibt.[39] Die Unterschiede zwischen beiden Normen sind mit Blick auf die funktionalen Unterschiede von Rücktritt und Schadensersatz hinzunehmen.[40] § 281 ist also nicht richtlinienkonform teleologisch bei Verbraucherverträgen auf die Fälle der Schlechtleistung zu reduzieren.[41]

Für **Schlechterfüllungen bei gegenseitigen Verträgen** entspricht § 281 Abs. 2 2. Alt. der Regelung des **§ 323 Abs. 2 Nr 3**. Insoweit gelten die Ausführungen dazu entsprechend. So ist etwa ein sofortiges Schadensersatzverlangen gerechtfertigt, wenn der Käufer Mängel der Kaufsache arglistig verschwiegen hat.[42]   619

§ 281 Abs. 2 ist **nicht ohne Weiteres** auch beim **relativen Fixgeschäft** anwendbar. Das folgt aus einem Umkehrschluss zu § 323 Abs. 2 Nr 2: Das relative Fixgeschäft hat in § 281 Abs. 2 gerade keine Regelung gefunden. Auch eine Analogie zu § 323 Abs. 2 Nr 2 scheidet aus, weil es insoweit an einer planwidrigen Regelungslücke fehlt.[43] Allerdings sollte das sofortige Schadensersatzverlangen auch nicht kategorisch ausgeschlossen werden. In der Begründung des Regierungsentwurfs der Schuldrechtsreform finden sich Hinweise, wonach der Gesetzgeber die Anwendung der Norm bei relativen Fixgeschäften für denkbar hielt.[44] Beim relativen Fixgeschäft kommt es daher entscheidend auf die **Interessenabwägung im Einzelfall** an: Schlägt sie zugunsten des sofortigen Schadensersatzanspruchs aus, ist die Fristsetzung entbehrlich.[45]   620

5. Fruchtloser Fristablauf (außer bei Entbehrlichkeit der Fristsetzung gem. § 281 Abs. 2)

Wenn die Frist nicht gem. § 281 Abs. 2 entbehrlich ist, muss die Frist fruchtlos verstrichen sein, der Schuldner also die Leistung bis zum Fristablauf **nicht oder nicht wie geschuldet erbracht** haben.   621

---

38 Kritisch dazu und mit Vorschlägen zur Annäherung *Riehm* NJW 2014, 2065.
39 *Weiss* NJW 2015, 3393.
40 *Weiss* NJW 2015, 3393; aA *Riehm* NJW 2014, 2065.
41 *Weiss* NJW 2015, 3393; aA *Riehm* NJW 2014, 2065.
42 BGH NJW 2007, 835.
43 *Weiss* NJW 2015, 3393.
44 BT-Drs. 14/6040, S. 140 (für „just-in-time"-Verträge, bei denen der eine Teil dem anderen Teil zu einem bestimmten Zeitpunkt liefern muss, wenn dessen Produktion ordnungsgemäß betrieben werden soll).
45 Vgl *Herresthal* ZIP 2006, 883, 885; BeckOK/S. *Lorenz*, BGB[51], § 281 Rn 30.

6. Kein Ausschluss bei fehlender Vertragstreue

622 Im Gegensatz zu § 323[46] ist § 281 wegen fehlender eigener Vertragstreue des Gläubigers nicht ausgeschlossen. Das ergibt sich daraus, dass § 281 nicht nur im gegenseitigen Vertrag gilt, sondern grundsätzlich alle Schuldverhältnisse erfasst.[47] In Ausnahmefällen kann § 242 eingreifen. Wenn der Gläubiger im Annahmeverzug ist, entlastet ihn § 300 Abs. 1.

III. Schadensersatz statt der ganzen Leistung bei Teilleistungen und nicht wie geschuldeter Leistung

1. Teilleistungen (§ 281 Abs. 1 S. 2)

623 § 281 Abs. 1 S. 2 regelt, unter welchen Voraussetzungen der Gläubiger bei **Teilleistungen Schadensersatz statt der ganzen Leistung** verlangen kann. § 281 Abs. 1 S. 2 ist die **Parallelregelung zu § 323 Abs. 5 S. 1**. Die dortigen Ausführungen gelten entsprechend.[48] Wenn der Schuldner die Teilleistung wegen § 266 zurückweist, kann er schlicht nach § 281 Abs. 1 S. 1 vorgehen und nach erfolglosem Fristablauf ohne Weiteres Schadensersatz wegen der gesamten ausgebliebenen Leistung verlangen. § 281 Abs. 1 S. 2 betrifft also nur den Fall, dass der Gläubiger die Teilleistung annimmt – und auch für diesen Fall nur den Anspruch auf Schadensersatz statt der *ganzen* Leistung. Er setzt voraus, dass der Gläubiger an der Teilleistung **kein Interesse** hat. Man spricht insoweit auch vom **großen Schadensersatz**. Der Gläubiger muss dann gem. § 281 Abs. 5 die erhaltene Teilleistung zurückgeben, also nach den Vorschriften der §§ 346-348.

Demgegenüber kann der Gläubiger auch ganz unabhängig vom Interessefortfall die erhaltene Teilleistung behalten und lediglich wegen der ausstehenden Teilleistung Schadensersatz nach § 281 Abs. 1 S. 1 verlangen (sog. **kleiner Schadensersatz**).[49]

624 In **Fall 42** kann das Hochzeitspaar Schadensersatz statt der *ganzen* Leistung nur unter den zusätzlichen Voraussetzungen des § 281 verlangen. Die Fristsetzung ist nach § 281 Abs. 2 2. Alt. entbehrlich, da P angekündigt hat, nicht mehr bis zur Hochzeit liefern zu können und die anstehende Hochzeit, für die die Teller benötigt werden, ein besonderer Umstand iSd § 281 Abs. 2 ist. Gem. § 281 Abs. 1 S. 2 darf das Paar kein Interesse an der Teilleistung haben – also den 80 schon gelieferten Tellern. Da es H besonders auf die Einheitlichkeit der Teller ankam und weitere 40 Teller (für die insgesamt 120 Anwesenden) mit der entsprechenden Gravur bis zur Hochzeit nicht mehr zu erhalten sind, besteht kein Interesse des Paares an den bereits gelieferten Tellern. Das Hochzeitspaar kann somit Schadensersatz statt der *ganzen* Leistung (großer Schadensersatz) iHv 2.400 Euro gem. §§ 280 Abs. 1, 3, 281 verlangen. Gem. §§ 281 Abs. 5, 346 Abs. 1 sind die bereits erhaltenen Teller zurückzugeben.

---

46 Oben Rn 534.
47 BeckOK/*S. Lorenz*, BGB[51], § 281 Rn 33.
48 Rn 527 ff.
49 Jauernig/*Stadler*, BGB[17], § 281 Rn 22.

2. Mangelhafte Leistung (§ 281 Abs. 1 S. 3)

§ 281 Abs. 1 S. 3 ist die Parallelregelung zu § 323 Abs. 5 S. 2: Auch beim Schadensersatz statt der ganzen Leistung setzt das Gesetz andere Maßstäbe, wenn der Schuldner die Leistung **nicht wie geschuldet bewirkt** hat – also vor allem für den Fall der mangelhaften Leistung. Schadensersatz statt der *ganzen* Leistung kann der Gläubiger dann grundsätzlich verlangen. Etwas anderes gilt nur, wenn der Schuldner darlegen und beweisen kann, dass die **Pflichtverletzung unerheblich** ist. Die Gleichstellung von Minderlieferung und Sachmangel in § 434 Abs. 3 gilt ebenso wenig für § 281 Abs. 1 S. 2 und 3 wie für § 323 Abs. 5.[50]

625

IV. Schadensersatz statt der Leistung wegen Schutzpflichtverletzung (§ 282)

1. Regelungszweck und Anwendungsbereich

§ 282 ist die **schadensrechtliche „Schwestervorschrift"** des § 324 und gibt dem Schuldner ausnahmsweise auch bei Schutzpflichtverletzungen (§ 241 Abs. 2) einen Anspruch auf Schadensersatz statt der Leistung. Als Rechtsbehelf bei bloßen Schutzpflichtverletzungen ist Schadensersatz statt der Leistung freilich meist nicht geboten. Denn Schutzpflichten bezwecken ja nur die Bewahrung der unabhängig vom Leistungsaustausch bestehenden Rechtsgüter und Interessen. Den Gläubigerinteressen ist regelmäßig ausreichend durch den Anspruch auf einfachen Schadensersatz neben der Leistung aus §§ 280 Abs. 1, 241 Abs. 2 gedient. Ausnahmsweise kann der Gläubiger aber nach § 282 auch sein positives Interesse befriedigen, also den Zustand herstellen, der bei vollständiger und ordnungsgemäßer Erfüllung der Schuldnerpflichten bestünde.

626

Im Gegensatz zu § 324 ist § 282 nicht nur bei gegenseitigen Verträgen anwendbar, sondern grundsätzlich bei **allen Schuldverhältnissen**. Praktisch ist er aber wohl nur bei Verträgen relevant – insbesondere bei gegenseitigen Verträgen.[51]

627

§ 282 ist ausschließlich bei **Schutzpflichtverletzungen** anwendbar.[52] Bei Leistungspflichten oder leistungsbezogenen Nebenpflichten ist dagegen § 281 einschlägig.[53] Gem. § 325 wird das Recht zum Rücktritt nicht ausgeschlossen, wenn der Gläubiger Schadensersatz statt der Leistung aus § 282 verlangt. Der Gläubiger kann also weiterhin zurücktreten – insbesondere gem. § 324.

628

2. Voraussetzungen

§ 282 enthält **eigenständige Voraussetzungen** für den Anspruch auf Schadensersatz statt der Leistung. Die Voraussetzungen des § 281 – insbesondere die Fristsetzung – müssen daher nicht vorliegen.

629

---

50 *Canaris* ZRP 2001, 329, 334 f; aA BeckOK/*Faust*, BGB[51], § 434 Rn 118. Zur Begründung oben Rn 528 ff.
51 MünchKomm/*Ernst*, BGB[8], § 282 Rn 1 und Rn 3.
52 BeckOK/*S. Lorenz*, BGB[51], § 282 Rn 1; Jauernig/*Stadler*, BGB[17], § 282 Rn 1; MünchKomm/*Ernst*, BGB[8], § 282 Rn 1.
53 MünchKomm/*Ernst*, BGB[8], § 282 Rn 1; BeckOK/*S. Lorenz*, BGB[51], § 281 Rn 2.

a) Pflichtverletzung

630 § 282 setzt wie § 324 die Verletzung einer **Schutzpflicht i.S.d. § 241 Abs. 2** voraus. Wenn eine Schutzpflichtverletzung zugleich Verletzung einer leistungsbezogenen Nebenpflicht ist, finden § 281 und § 282 nebeneinander Anwendung. Zur Begründung gilt das zum Verhältnis von § 323 und § 324 Gesagte entsprechend.[54] Die **Pflichtverletzung** kann – ebenfalls aus denselben Gründen wie bei § 324 – **auch schon vor Vertragsschluss** erfolgt sein.[55]

b) Vertretenmüssen

631 Schadensersatz statt der Leistung kann der Gläubiger gem. § 282 wie auch gem. § 281 nur unter den **Voraussetzungen des § 280 Abs. 1** verlangen. Das bedeutet insbesondere, dass der Schuldner die Pflichtverletzung auch **zu vertreten haben** muss. Darin liegt der zentrale Unterschied bei den Tatbestandsvoraussetzungen des § 282 im Vergleich zu § 324 – ganz ähnlich wie auch schon im Verhältnis von § 281 und § 323. Das Vertretenmüssen richtet sich nach den **§§ 276-278**.

c) Unzumutbarkeit

632 Wie auch bei § 324 darf dem Gläubiger gem. § 282 ein **Festhalten am Vertrag wegen der Pflichtverletzung nicht mehr zuzumuten** sein. Das lässt sich auch hier nur durch umfassende Interessenabwägung entscheiden. Wie iRd § 324 sollte dabei auch berücksichtigt werden, ob der Gläubiger den Schuldner abgemahnt hat. Im Gegensatz zu § 324 muss der Schuldner die Pflichtverletzung ohnehin zu vertreten haben. Bei der Abwägung sollte aber auch die konkrete Form des Vertretenmüssens berücksichtigt werden: Bei grob fahrlässigen oder gar vorsätzlichen Pflichtverletzungen liegt Unzumutbarkeit näher als bei leichter Fahrlässigkeit. Ein Beispiel bietet auch die Unzumutbarkeit des persönlichen Umgangs, die ua vorliegt, wenn sich der Beschenkte durch beleidigende Äußerungen grob undankbar zeigt.[56]

V. Rechtsfolgen des Schadensersatzes statt der Leistung

1. Ausschluss des Leistungsanspruchs gem. § 281 Abs. 4

633 Wenn der Gläubiger Schadensersatz statt der Leistung verlangt, ist gem. § 281 Abs. 4 der **Anspruch auf die Leistung ausgeschlossen**. Für den Anspruch aus § 282 gilt § 281 Abs. 4 entsprechend.[57] Der Ausschluss der Leistungspflicht tritt nicht schon dann ein, wenn die Voraussetzungen des § 281 erfüllt sind. Vielmehr ist **Zugang des Schadensersatzverlangens** erforderlich. Zuvor bestehen die Leistungspflicht und die (verhaltene) Schadensersatzpflicht nebeneinander, wenn § 281 tatbestandlich erfüllt ist.[58] Auch mit Blick auf seine Schadensersatzpflicht befindet sich der Schuldner also

---

54 Oben Rn 536 f. Vgl zu § 282 überzeugend MünchKomm/*Ernst*, BGB[8], § 282 Rn 2.
55 Oben Rn 540. S. auch MünchKomm/*Ernst*, BGB[8], § 282 Rn 4.
56 BGH WM 1980, 826.
57 MünchKomm/*Ernst*, BGB[8], § 281 Rn 12.
58 BGH NJW 2018, 786 Rn 10; BeckOK/*S. Lorenz*, BGB[51], § 281 Rn 53.

in einer **Schwebelage**. Er kann sich aus ihr freilich ohne Weiteres durch das Anbieten der Leistung befreien.

Bei gegenseitigen Verträgen entfällt auch der **Anspruch auf die Gegenleistung**. Das folgt allerdings nicht schon aus § 281 Abs. 4, da diese Norm ausdrücklich nur den Leistungsanspruch erfasst.[59] Gem. § 325 ist es jedoch zulässig, Rücktritt und Schadensersatz zu kombinieren. Im Verlangen nach Schadensersatz statt der Leistung liegt jedoch regelmäßig eine **konkludente Rücktrittserklärung**. Der Rücktritt führt zum Erlöschen auch des Anspruchs auf die Gegenleistung.[60] Er ermöglicht dem Gläubiger, seinen Schadensersatzanspruch nach der **Differenzmethode** zu berechnen, also die Gegenleistung nicht mehr zu erbringen und nur die Wertdifferenz geltend zu machen.

634

2. Schadensersatz statt der Leistung

a) Grundlagen

Rechtsfolge der § 281 und § 282 ist die Verpflichtung des Schuldners zum Schadensersatz statt der Leistung. Für Verzögerungsschäden sind dagegen die §§ 280 Abs. 1, Abs. 2, 286 einschlägig.[61] An die Stelle der Primärleistung selbst tritt ein auf **Geldzahlung gerichteter Schadensersatzanspruch**, auf den grundsätzlich die §§ 249 ff. anzuwenden sind.[62] Allerdings ist **§ 249 Abs. 1** nicht anwendbar, da § 281 Abs. 4 den Primärleistungsanspruch in natura ja gerade ausschließt. Der Anspruch richtet sich daher gem. § 251 Abs. 1 auf Geld, wobei der Gläubiger so zu stellen ist, als hätte der Schuldner ordnungsgemäß geleistet. Beispiele für ersatzfähige Schäden sind etwa Nutzungsausfallschäden,[63] oder auch die Mehrkosten eines Deckungsgeschäfts.[64]

635

b) Schadensberechnung bei gegenseitigen Verträgen

Für die Schadensberechnung bei gegenseitigen Verträgen bestehen grundsätzlich zwei Möglichkeiten, zwischen denen der Gläubiger wählen kann, wenn er seine Leistung noch nicht erbracht hat.[65]

636

Erstens kann der Gläubiger den gesamten Wert der Leistung als Schaden verlangen und zugleich die eigene Leistung noch erbringen. Diese Berechnungsart heißt **Surrogationsmethode** oder Surrogationstheorie, weil der Schadensersatzanspruch als Surrogat an die Stelle der ursprünglich geschuldeten Leistung des Schuldners tritt.[66] Wenn der Gläubiger selbst Geld schuldet, also etwa einen Kaufpreis gem. § 433 Abs. 2, stehen zwei gleichartige Forderungen gegenüber, die im Wege der Aufrechnung zum Erlöschen gebracht werden können. Der Gläubiger erbringt bei der Surro-

637

---

59 MünchKomm/*Ernst*, BGB[8], § 325 Rn 8; aA Staudinger/*Schwarze*, BGB (2015), § 281 Rn 18 und Rn 21.
60 Oben Rn 557 ff.
61 Erman/*Westermann*, BGB[15], § 280 Rn 33; VersR 2015, 253, 253.
62 Zu den §§ 249 ff. unten Rn 1053 ff.
63 BGH NJW 2008, 911; BGH NJW 2010, 2426 und dazu lehrreich *Faust* JuS 2010, 724.
64 BGHZ 197, 362. Dazu eingehend oben Rn 420 f.
65 BeckOK/*S. Lorenz*, BGB[51], § 281 Rn 37.
66 MünchKomm/*Emmerich*, BGB[8], Vorb zu § 281 Rn 13; Hk/*Schulze*, BGB[10], § 281 Rn 18.

gationsmethode die eigene Leistung im Wege der Schadensberechnung, um den vollen Wert der Schuldnerleistung als Schadensersatz zu beanspruchen. Praktisch kann das vor allem bei Tauschverträgen sinnvoll sein: Hier lohnt sich die Surrogationsmethode für den Gläubiger, wenn seine eigene Leistung wertmäßig hinter der Schuldnerleistung zurückbleibt und er die eigene Leistung gerne „loshaben" möchte.

638 **Zweitens** kann der Gläubiger auch nach der **Differenztheorie** vorgehen: Dabei wird der Wert von Leistung und Gegenleistung gegenübergestellt. Der Gläubiger erbringt die Gegenleistung nicht mehr und macht lediglich die wertmäßige Differenz von Leistung und Gegenleistung als Schadensersatz geltend. Diese Berechnungsmethode ist in der Abwicklung einfacher und wird in der Praxis meist gewählt. Die Differenztheorie ist nur möglich, wenn der Gläubiger nicht mehr zur Gegenleistung verpflichtet ist. Nun ergibt sich der Ausschluss der Gegenleistungspflicht zwar nicht unmittelbar aus § 281 Abs. 4, er folgt aber aus dem Rücktritt. Und wenn der Gläubiger Schadensersatz statt der Leistung verlangt, liegt in seinem Schadensersatzverlangen stets zugleich eine konkludente Rücktrittserklärung, wobei der Schadensersatz an sich freilich kein Gestaltungsrecht bildet. § 325 lässt diese Kombination von Rücktritt und Schadensersatz ohne weiteres zu.

VI. Lösung Fall 41

639 K könnte einen Anspruch gegen V einen Anspruch auf Zahlung von 600 Euro aus §§ 280 Abs. 1, 3, 281 haben.

I. Der Anspruch muss entstanden sein.

1. K und V haben einen Kaufvertrag über den Fernseher geschlossen und somit ein Schuldverhältnis iSd § 241 begründet.

2. V muss eine fällige und durchsetzbare Leistungspflicht verletzt haben. Die Leistung war am 1.9. fällig. § 320 greift nicht ein, weil K den Kaufpreis schon bezahlt hat. V hat also eine fällige Leistungspflicht verletzt – auch bei Fristablauf.

3. Weiter ist erforderlich, dass K erfolglos eine angemessene Frist zur Leistungserbringung gesetzt hat. Angemessen ist eine Frist, wenn sie es dem Schuldner ermöglicht, eine bereits begonnene Leistungshandlung zu Ende zu führen. Drei Tage genügen bei einem einfachen Kaufvertrag, damit der Verkäufer liefern kann. V wurde nicht tätig, so dass die Frist erfolglos abgelaufen ist.

4. V muss die Pflichtverletzung auch zu vertreten haben. Gem. § 276 Abs. 1 hat er Vorsatz und Fahrlässigkeit zu vertreten. Sowohl die ursprüngliche Nichtleistung als auch die Nichtleistung bei Fristablauf beruhen auf fahrlässigem Verhalten des V, sodass der Streit über den Bezugspunkt für die Pflichtverletzung nicht erörtert werden muss.

5. K muss auch ein Schaden entstanden sein. Hier liegt der Schaden darin, dass K 500 Euro für den Kauf des nicht erhaltenen Fernsehers ausgegeben hat. Darüber hinaus ist wegen des unterbliebenen Weiterverkaufs ein Gewinn iHv 100 Euro entgangen (§ 252 S. 1).

II. Allerdings könnte der Anspruch des K durch das Leistungsangebot des V am 1.11. erloschen sein.

1. Teilweise wird vertreten, dass durch ein Annahmeverzug begründendes Angebot des Schuldners das Recht des Gläubigers erlischt, Schadensersatz statt der Leistung zu verlangen.⁶⁷ Ein solches Angebot hat V vor dem Schadensersatzverlangen des K gemacht, indem er den Fernseher so wie geschuldet angeboten hat. Dieser Ansicht ist zugutezuhalten, dass die Primärleistungspflichten bis zum Verlangen von Schadensersatz bestehen bleiben (§ 281 Abs. 4) und zu dem Leistungsanspruch ausdrücklich auch dessen Erfüllbarkeit gehört (§ 271 Abs. 2).

2. Nach der Gegenauffassung schließt das – Annahmeverzug begründende – Angebot das Recht des Gläubigers nicht aus, Schadensersatz geltend zu machen.⁶⁸ Das überzeugt, weil der Gläubiger vor dem Zeitpunkt des § 281 Abs. 4 zwischen Erfüllung und Schadensersatz wählen kann. Dieses Wahlrecht darf ihm nicht durch ein Angebot des Schuldners wieder genommen werden. Ansonsten würde das Bestehen des Schadensersatzanspruchs von einer Voraussetzung abhängig gemacht, die der Gesetzeswortlaut (§ 281 Abs. 1-3) nicht kennt, nämlich, dass der Schuldner die Leistung nicht vor dem Schadensersatzverlangen angeboten haben darf. Außerdem wird durch § 281 Abs. 1 der Gläubiger geschützt, nicht der Schuldner.

3. Der Anspruch des K ist nicht erloschen.

Ergebnis: K hat gegen V einen Anspruch auf Zahlung von 600 Euro aus §§ 280 Abs. 1, 3, 281 iHv 600 Euro.

VII. Aufwendungsersatz (§ 284)

Fall 43: V und K schließen einen Kaufvertrag über einen 110 Zoll Flachbildschirmfernseher zum Preis von 5.000 Euro. V soll den Fernseher am 1.9. liefern. Damit K die Filme in seinem neuen Heimkino künftig in bester Kino-Qualität erleben kann, kauft sich K im Anschluss an den mit V geschlossenen Kaufvertrag ein hochwertiges und an das gekaufte Modell speziell angepasstes Soundsystem zum Preis von 2.500 Euro. Obwohl der bei V gekaufte Fernseher mit der neuesten 3D-Technologie ausgestattet ist, möchte K als bekennender Cineast beim Ansehen der aktuellen 3D-Filme nicht auf das nostalgische Kino-Ambiente verzichten. Deshalb kauft K für sich und seine kinobegeisterten Freunde insgesamt vier 3D-Brillen für jeweils 250 Euro. Zudem plant K für den Abend des 4.9. zur Einweihung seines neuen Heimkinos einen Kinoabend mit seinen Freunden. Dafür mietet er eine Popcornmaschine (Kosten: 250 Euro). Da V in seinem Geschäft zu viel zu tun hat, vergisst er, den Fernseher am 1.9. an K zu liefern. K ruft empört bei V an und fordert ihn dazu auf, den Fernseher unverzüglich, spätestens jedoch bis zum 3.9. zu liefern. Auch am 4.9. wartet K immer noch vergeblich auf seine Lieferung. Den Kinoabend muss K daher absagen. K ruft erneut bei V an und teilt ihm mit, dass er nicht länger an dem mit V geschlossenen Vertrag festhalten wolle und verlangt Ersatz für die von ihm getätigten Ausgaben.

Kann K von V Aufwendungsersatz verlangen? **Lösung Rn 654**

Fall 44: Die N-Partei möchte im schönen Münster eine parteiinterne Veranstaltung abhalten, welche die interne Parteistimmung heben soll. Zu diesem Zweck wendet sie sich an den Inhaber einer Halle, A, der sich weder für die Politik noch das aktuelle Zeitgeschehen interessiert, und schließt mit diesem einen Mietvertrag für den 20.10.2019 ab, wobei die Miete

---

67 So ausdrücklich MünchKomm/*Ernst*, BGB⁸, § 281 Rn 91 f, der allerdings dem Gläubiger nach Fristablauf eine kurze Überlegungszeit zugesteht, während derer ein Angebot des Schuldners wirkungslos bleiben soll; dezidiert auch *Jacobs* FS H. Otto (2008), S. 137, 146 ff.
68 Ausführlich NK/*Dauner-Lieb*, BGB³, § 281 Rn 52 ff.

erst im Nachhinein gezahlt werden soll. Als Verwandte des A ihn empört darauf hinweisen, dass die N-Partei eine ausländerfeindliche Ideologie vertritt, beschließt A, die Räumlichkeiten am 20.10.2019 doch nicht zur Verfügung zu stellen. So kommt es, dass die Veranstaltungsbesucher am 20.10.2019 im Regen vor der Halle stehen. An der Tür finden Sie einen Zettel mit einer Nachricht des A: „Keine Vermietung an Ausländerfeinde!!!". Am 22.10.2019 verlangt die N-Partei von A Ersatz in Höhe von 500 Euro für Bierbänke, Biergläser, Fahnenmasten und eine Blaskapelle, die sie vergebens für die Veranstaltung gemietet bzw. gebucht hat. Sie meint weiter, dass sich diese Posten bei Durchführung der Veranstaltung „rentiert" hätten. Kann die N-Partei von A Zahlung von 500 Euro verlangen?

Sie sind Anwalt des A. Kann er sich erfolgreich gegen den von N geltend gemachten Anspruch wehren? **Lösung Rn 655**

1. Regelungszweck

641 Manchmal ist dem Gläubiger nicht damit gedient, wenn er nur Ersatz für Schäden verlangen kann. Er mag in Erwartung der Primärleistung freiwillig Geld ausgegeben haben, also etwa einen Reitstall für das Pferd gebaut haben, das er gekauft hat. Solche freiwilligen Vermögenseinbußen sind aber nicht ohne Weiteres als Schaden ersatzfähig: Denn Schäden sind gerade *unfreiwillige* Vermögenseinbußen – im Gegensatz zu *freiwilligen* Vermögenseinbußen. § 284 ermöglicht dem Gläubiger deshalb, **an Stelle von Schadensersatz Aufwendungsersatz** zu verlangen, wenn er Aufwendungen im Vertrauen auf den Leistungserhalt gemacht hat und sie billigerweise machen durfte – es sei denn, der Zweck der Aufwendungen wäre auch ohne die Pflichtverletzung des Schuldners nicht erreicht worden.

2. Aufwendungen als Schäden: Die Rentabilitätsvermutung

642 § 284 hatte im Schuldrecht vor der Schuldrechtsreform 2002 keine Parallele. Aufwendungen waren (und sind) aber als Schaden zu ersetzen, wenn die **Rentabilitätsvermutung** eingreift: Wer in Erwartung einer Leistung freiwillig zu kommerziellen Zwecken Geld ausgibt, wird regelmäßig nur solche Ausgaben tätigen, die sich wirtschaftlich rentieren. Dann erleidet er dadurch eine unfreiwillige Vermögenseinbuße, dass der kommerzielle Zweck durch den Leistungsausfall frustriert wird: Denn es stellen sich keine Gewinne ein, die die Ausgaben neutralisieren. Die **Rentabilitätsvermutung** basiert auf plausiblen Annahmen über das rationale Verhalten von Geschäftsleuten. Daraus folgt zweierlei: Erstens kann die Vermutung widerlegt werden. Der Schuldner kann also darlegen und beweisen, dass sich die konkreten Aufwendungen im Einzelfall gerade nicht rentiert hätten. Zweitens greift die Vermutung von vornherein nur bei Aufwendungen zu **kommerziellen Zwecken** ein. Sie versagt also bei Aufwendungen zu ideellen oder konsumtiven Zwecken, bevorzugt also diejenigen, die Aufwendungen zu kommerziellen Zwecken tätigen. Wenn beispielsweise eine Partei eine Halle zur Durchführung eines Parteitags mietet, der Vermieter die Halle aber vertragswidrig nicht zur Verfügung stellt, kann die Partei keinen Schadensersatz im Wege der Rentabilitätsvermutung für die frustrierten Vorbereitungskosten geltend machen.[69] Und bei Pferdeställen werden kommerzielle Pferdezüchter

---
[69] Vgl BGHZ 99, 192: Stadthallenfall.

gegenüber Hobbyreitern bevorzugt. Diese Schwierigkeiten werden durch § 284 teilweise aufgehoben: Aufwendungen sind in den Voraussetzungen der Norm auch ohne schadensrechtliche Hilfskonstruktionen ersatzfähig. Auch muss für die Zwecke des § 284 nicht mehr zwischen kommerziellen und nicht kommerziellen Zwecken unterschieden werden.

3. Voraussetzungen des § 284

a) Anspruch auf Schadensersatz statt der Leistung

Der Anspruch auf Aufwendungsersatz aus § 284 setzt zunächst voraus, dass die Voraussetzungen eines Anspruchs auf Schadensersatz statt der Leistung dem Grunde nach – also **abgesehen vom Schaden** – gegeben sind. Das folgt daraus, dass § 284 Aufwendungsersatz nur „anstelle des Schadensersatzes statt der Leistung" zuspricht. Denkbar sind alle Anspruchsgrundlagen für den Schadensersatz statt der Leistung, also §§ 280 Abs. 1, Abs. 3, 281 ebenso wie §§ 280 Abs. 1, Abs. 3, 282 sowie §§ 280 Abs. 1, Abs. 3, 275 Abs. 4, 283 (nachträgliche Unmöglichkeit) oder § 311a Abs. 2 (anfängliche Unmöglichkeit). All diese Ansprüche setzen auch Vertretenmüssen des Schuldners voraus.

643

b) Aufwendungen

§ 284 setzt weiter voraus, dass der Gläubiger **Aufwendungen im Vertrauen auf den Leistungserhalt** gemacht hat. Aufwendungen sind freiwillige Vermögensopfer. Die Vermögensopfer müssen auf den Leistungsgegenstand bezogen sein. Umfasst sind etwa Kosten der Vertragsdurchführung wie beispielsweise Notar-[70] und Maklerkosten[71] oder auch Finanzierungskosten.[72] Auch Kosten für Zubehör, das sich der Gläubiger in Erwartung der Leistung anschafft, sind umfasst.[73] Aufwendungen können allerdings grundsätzlich nur dann im Vertrauen auf den Erhalt der Leistung vorgenommen worden sein, wenn das Schuldverhältnis überhaupt schon wirksam begründet war.[74] Deshalb sind Kosten von Vertragsverhandlungen oder sonstige Vorbereitungskosten nicht nach § 284 zu ersetzen, sondern allenfalls über §§ 280 Abs. 1, 311 Abs. 2, 241 Abs. 2.[75]

644

Nicht erforderlich ist, dass die Aufwendungen zu kommerziellen Zwecken durchgeführt wurden und sich im Normalfall „rentiert" hätten. Umgekehrt ist § 284 aber auch nicht auf Aufwendungen zu ideellen Zwecken beschränkt. § 284 sollte nicht lediglich die Lücke für solche Aufwendungen schließen, sondern die Unterscheidung nach der jeweiligen Zwecksetzung entbehrlich werden lassen.[76]

645

---

70 OLG Hamm BeckRS 2016, 13154.
71 Vgl zu Maklerkosten BGHZ 114, 193 = NJW 1991, 2277, 2278; BGHZ 123, 96 = NJW 1993, 2527 ff; OLG Hamm BeckRS 2016, 13154 Rn 13; Palandt/*Grüneberg*, BGB[78], § 284 Rn 5; Staudinger/*Schwarze*, BGB (2014), § 284 Rn 34.
72 BGHZ 114, 197; BeckOGK/*Dornis*, BGB (1.6.2019) § 284 Rn 64.
73 BGHZ 163, 381 = NJW 2005, 2848, 2850; BeckOGK/*Dornis*, BGB (1.6.2019), § 284 Rn 63; Hk/*Schulze*, BGB[10], § 284 Rn 6.
74 OLG Hamm NJW-RR 2016, 1501 mwN.
75 Vgl OLG Hamm NJW-RR 2016, 1501; Jauernig/*Stadler*, BGB[17], § 284 Rn 5.
76 BGH NJW 2005, 2848, 2850.

c) Vergeblichkeit der Aufwendungen

646 Die Aufwendungen müssen **vergeblich** sein. Sie müssen also mit Blick auf den Zweck der geschuldeten Primärleistung nutzlos sein. Wenn beispielsweise ein Käufer auf eine mangelhafte Sache Aufwendungen macht, sind diese in der Regel nutzlos, wenn er die Sache wegen des Mangels später zurückgibt oder sie nicht bestimmungsgemäß nutzen kann.[77] Wenn der Käufer Zubehörteile anschafft (etwa einen Sattel für das gekaufte Pferd oder Felgen für das gekaufte Auto) ist zumindest nach Auffassung des BGH grundsätzlich irrelevant, ob der Gläubiger diese Zubehörteile vielleicht anderweitig noch gebrauchen kann.[78] Das ermöglicht freilich Zufallsgewinne des Gläubigers, die normativ schwer begründbar sind.[79]

647 § 284 ermöglicht dem Schuldner lediglich – aber immerhin – den Nachweis, dass die **Aufwendungen auch ohne die Pflichtverletzung des Schuldners nicht erreicht worden wären**.[80] Dass der Schuldner hierfür die Beweislast trägt, ergibt sich einmal mehr aus der Negativformulierung im letzten Halbsatz der **Norm**. Bei Aufwendungen zu kommerziellen Zwecken kann der Schuldner nachweisen, dass sich die jeweilige Aufwendung nicht gelohnt hätte.[81] Die Nachweismöglichkeit besteht aber auch **bei ideellen Zwecken**. Der Schuldner kann also beispielsweise nachweisen, dass der Sattel seinen Zweck ohnehin verfehlt hätte, weil der Gläubiger – bei Kauf passionierter Hobbyreiter – bei Lieferung des Pferdes schon reitunfähig geworden war. Auch hätte etwa der Vermieter im Stadthallenfall[82] unter Geltung des § 284 von seiner Aufwendungsersatzpflicht frei werden können, wenn er den konkreten Nachweis geführt hätte, dass der Parteitag aus anderen Gründen nicht hätte durchgeführt werden können – beispielsweise, weil die Partei bis zum Parteitagstermin wegen Verfassungswidrigkeit verboten worden ist.

648 Manchmal sind Aufwendungen nur **teilweise nutzlos**. So lag es etwa im Fall BGHZ 163, 381, bei dem Aufwendungsersatz in Höhe eingebauter Zusatzausstattung sowie der Überführungs- und Zulassungskosten bei einem mangelhaften Kfz nur zeitanteilig zugesprochen wurden, weil der Käufer das Fahrzeug über eine gewisse Zeit offenbar ohne nennenswerte Einschränkungen nutzen konnte.

d) Billigkeit

649 Nur Aufwendungen, die der Gläubiger *billigerweise* machen durfte, sind zu ersetzen.[83] Zur Bestimmung der Billigkeit kommt es vor allem auf das **Verhältnis der Kosten** für die Aufwendung zum Wert der geschuldeten Leistung an: Wer für 10.000 Euro einen goldenen Sattel für einen Ackergaul im Wert von 500 Euro kauft, hat die Grenzen der Billigkeit gesprengt. Zu berücksichtigen ist auch, ob Aufwendungen der entsprechenden Art verkehrsüblich sind. Unbillig ist es auch, wenn der Gläubiger im Zeitpunkt der Aufwendung schon damit rechnen muss, dass die geschuldete Leistung

---

77 BGH NJW 2005, 2848, 2850.
78 BGH NJW 2005, 2848, 2850; *Gsell* NJW 2006, 125, 126.
79 Kritisch deshalb zu Recht etwa *Gsell* NJW 2006, 125, 126.
80 Dazu auch BGH NJW 2011, 142.
81 Jauernig/*Stadler*, BGB¹⁷, § 284 Rn 7.
82 BGHZ 99, 182.
83 Weiterführend zur Funktion der „Billigkeit" bei § 284 *Fleck* JZ 2009, 1045.

ausbleibt. Wenn die Aufwendungen den Rahmen der Billigkeit sprengen, sollte der Aufwendungsersatz nach dem Rechtsgedanken des § 254 Abs. 2 S. 1 2. Alt. nicht vollständig ausgeschlossen, sondern der Höhe nach auf einen angemessenen Betrag reduziert werden.[84] Es gibt keinen Grund, den Schuldner für Aufwendungsexzesse des Gläubigers zu belohnen.

4. Rechtsfolgen

§ 284 gibt einen Anspruch auf **Wertersatz**. Dieser Anspruch ist – anders als etwa der Vertrauensschadensersatz aus § 122 – **nicht durch das positive Interesse begrenzt**. Der Aufwendungsersatzanspruch kann das Erfüllungsinteresse auch übersteigen. Auch die Beschränkungen des Rücktrittsfolgenrechts (vgl § 347 Abs. 2) finden im Rahmen des § 284 keine Anwendung.[85]

650

5. Verhältnis zu Schadensersatz statt der Leistung und Rücktritt

Aufwendungsersatz kann nach dem ausdrücklichen Gesetzeswortlaut nur „anstelle des Schadensersatzes statt der Leistung" verlangt werden. Insoweit muss sich der Gläubiger also entscheiden: Er kann nur einen der beiden Rechtsbehelfe geltend machen. Trotz § 284 gilt weiterhin die Rentabilitätsvermutung bei Schadensersatzansprüchen.[86] Im Anwendungsbereich der Rentabilitätsvermutung kann es für den Gläubiger daher ratsam sein, Schadensersatz statt der Leistung zu wählen, wenn neben den Aufwendungen auch weitere ersatzfähige Schadenspositionen entstanden sind.

651

Dagegen kann der Gläubiger **einfachen Schadensersatz neben der Leistung (§ 280 Abs. 1)** und auch **Schadensersatz wegen Verzögerung der Leistung (§ 280 Abs. 2) neben** dem Aufwendungsersatz aus § 284 verlangen. Das ergibt sich schon im Umkehrschluss zum Wortlaut des § 284, der eben nur die gleichzeitige Geltendmachung von Aufwendungsersatz und Schadensersatz *statt* der Leistung ausschließt. § 284 bezweckt mit der Alternativstellung dieser spezifischen Rechtsbehelfe, dass der Gläubiger nicht doppelt kompensiert wird. Das ist aber bei Schadenspositionen aus § 280 Abs. 1 und § 280 Abs. 2 nicht der Fall. Beispielsweise kann Aufwendungsersatz auch neben den gem. § 280 Abs. 1 als Schadensersatz neben der Leistung ersatzfähigen Kosten eines Mängelgutachtens geltend gemacht werden.[87]

652

Das Recht, gem. § 284 Aufwendungsersatz zu verlangen, wird ebenso wie das Schadensersatzverlangen auch **nicht durch den Rücktritt ausgeschlossen**. § 325 spricht das zwar nur im Verhältnis zum Schadensersatzanspruch aus. Indes nimmt § 284 Bezug auf den Schadensersatz statt der Leistung („Anstelle des Schadensersatzes statt der Leistung"), so dass sich § 325 auch auf § 284 bezieht.

653

---

84 So iE auch MünchKomm/*Ernst*, BGB[8], § 284 Rn 25.
85 BGH NJW 2005, 2848.
86 BeckOK/*S. Lorenz*, BGB[51], § 284 Rn. 4.
87 BGH NJW 2005, 2848.

VIII. Lösung Fall 43

654 K könnte gegen V einen Anspruch auf Aufwendungsersatz aus § 284 haben.

I. Da der Aufwendungsersatz nur an die Stelle des Schadensersatzes statt der Leistung tritt, ist dafür zunächst erforderlich, dass ein solcher Anspruch K überhaupt zusteht. Ein Anspruch auf Schadensersatz statt der Leistung kann sich aus §§ 280 Abs. 1, 3, 281 Abs. 1 ergeben.

1. Das setzt zunächst ein Schuldverhältnis voraus. K und V haben einen Kaufvertrag über den Fernseher, mithin ein Schuldverhältnis iSd § 280 Abs. 1, geschlossen.

2. Weiterhin muss V eine Pflicht aus diesem Kaufvertrag verletzt haben. Im Rahmen des § 281 Abs. 1 ist dafür erforderlich, dass eine fällige Leistung nicht oder nicht wie geschuldet erbracht wird. Hier hat V gleich zweifach gegen seine – unproblematisch fällige und durchsetzbare – Pflicht zur Lieferung und Übereignung verstoßen: Erstens hat er den ursprünglich vereinbarten Liefertermin am 1.9. versäumt, zweitens auch die im Anschluss gestellte Frist zum 3.9. nicht eingehalten. Beides ist ihm als Pflichtverletzung anzulasten.

3. Diese Pflichtverletzung(en) muss V auch zu vertreten haben, § 276 Abs. 1. Das wird gem. § 280 Abs. 1 S. 2 widerleglich vermutet. Anhaltspunkte dafür, dass V kein Vertretenmüssen trifft, finden sich nicht.

4. Weiter muss K eine angemessene Frist gesetzt haben, die erfolglos abgelaufen ist. K hat V aufgefordert, spätestens bis zum 3.9. zu leisten, also eine Frist gesetzt. Dass die Frist recht kurz bemessen ist, schadet nicht, weil es sich bei dem Fernseher um ein Massenprodukt handelt, welches normaler Weise im Lager vorrätig sein sollte und auch nicht individualisiert ist. Diese Frist ist auch ohne Tätigwerden seitens des V verstrichen.

5. Auf den grundsätzlich iRv §§ 280 Abs. 1, 281 Abs. 1 erforderlichen Schaden kommt es iRv § 284 nicht an: § 284 verhilft ja gerade zum Aufwendungsersatz, nicht zum Schadensersatz.

Zwischenergebnis: Die Voraussetzungen des Schadensersatzes statt der Leistung sind erfüllt.

II. Daneben sieht § 284 vor, dass Aufwendungen getätigt wurden. Das sind Vermögensopfer, die im Gegensatz zum Schaden nicht unfreiwillig, sondern freiwillig eingegangen wurden. Sowohl bei dem neuen Soundsystem, als auch bei den 3D-Brillen und der Popcornmaschine handelt es sich um derartige Ausgaben.

III. Diese Aufwendungen hat K auch jeweils im Vertrauen auf den Erhalt der Leistung, also des Flatscreens, gemacht.

IV. Außerdem müssen die Aufwendungen bezogen auf ihre Zweckrichtung vergeblich sein.

1. Für die Popcornmaschine, die extra für den Abend angemietet wurde, ist das unproblematisch der Fall.

2. Zweifel können allerdings hinsichtlich des Soundsystems bestehen, schließlich sind diese idR mit verschiedenen Geräten kompatibel. Dieser Einwand greift vorliegend jedoch nicht durch, weil das System speziell an den erworbenen Fernseher angepasst wurde und daher nicht für andere Modelle genutzt werden kann. Auch diese Aufwendung ist infolge der Nichtlieferung vergeblich geworden.

3. Bei den Brillen ist die Vergeblichkeit zweifelhaft: Solche Brillen können auch bei jedem anderen TV-Gerät zukünftig in ähnlicher Weise genutzt werden. Vergeblich war lediglich der Einsatz der Brillen für den geplanten Kinoabend. Allerdings wurden die Brillen nicht allein für diesen einen Abend gekauft. Die Aufwendungen für die Brillen waren daher nicht vergeblich.

V. Weiterhin sieht § 284 eine Billigkeitsprüfung vor.

1. Auch, wenn die Anmietung der Popcornmaschine nicht günstig war, war sie billig iSd § 284: Der Ankauf eines so großen, leistungsstarken und teuren Fernsehers wird von Cineasten ja gerade getätigt, um Kinoabende mit etwaigen Extras zelebrieren zu können. Die Anmietung einer Snack-Maschine fällt da nicht völlig aus dem Rahmen.

2. Auch die Anschaffung des Soundsystems war nicht unbillig: Wer sich für den visuellen Effekt einen modernen Fernseher leistet, möchte typischer Weise auch eine entsprechende Audioqualität erreichen. Eine Soundbar zu kaufen, die preislich die Hälfte der Kosten für den Fernseher erreicht, kann daher hier nicht als unbillig eingestuft werden.

3. Die Grenzen der Billigkeit sind bei den Brillen aber gesprengt. Selbst wenn man Vergeblichkeit bejahen wollte, scheitert die Ersatzfähigkeit an dieser Stelle.

VI. Der jeweils verfolgte Zweck dürfte schließlich nicht unabhängig von der Leistung nicht zu erreichen gewesen sein, § 284 2. HS. Bezogen auf die Popcornmaschine und das Soundsystem bestehen insofern keine Zweifel, denn beide Posten hätten an dem Kinoabend und in der Folge ihren angedachten Zweck erfüllen können. Bezogen auf den (bereits zuvor verneinten) Ersatz der Aufwendungen für die Brille hätte man sich auch hier die Frage stellen können, ob 3D-Brillen tatsächlich einen derart positiven Effekt auf das Fernseherlebnis haben, ohne in technologischer Hinsicht erforderlich zu sein.

Ergebnis: Alles in allem kann K also Aufwendungsersatz verlangen, jedoch nur für die Anmietung der Popcornmaschine (250 Euro) und die Anschaffung des Soundsystems (2.500 Euro), also insgesamt iHv 2.750 Euro.

IX. Lösung Fall 44

A kann sich erfolgreich wehren, wenn der N-Partei kein Anspruch zusteht.

A. Ein Anspruch der N-Partei gegen A auf Zahlung von 500 Euro könnte sich zunächst aus §§ 280 Abs. 1, 3, 281 Abs. 1 ergeben.

I. Ein Schuldverhältnis besteht in Form eines Mietvertrags, § 535.

II. A hat die Pflicht zur Überlassung der Halle am 28.10. verletzt.

III. Dabei handelte er vorsätzlich und hat daher die Pflichtverletzung gemäß § 276 Abs. 1 zu vertreten.

IV. Fraglich ist aber, ob der N-Partei durch die Pflichtverletzung ein Schaden entstanden ist. Schaden ist jede unfreiwillige Einbuße an Vermögensgütern. Die Ausgaben der N-Partei beruhen aber auf freiwilligen Entscheidungen und sind daher Aufwendungen. Solche Aufwendungen können allenfalls in Anwendung der Rentabilitätsvermutung als Schaden angesehen werden. Die Rentabilitätsvermutung greift aber nur dann ein, wenn Leistungen zu wirtschaftlichen Zwecken geschuldet waren: Im kommerziellen Bereich lässt sich vermuten, dass sich die Aufwendungen bei ordnungsgemäßer Durchführung des Vertrages amortisiert hätten. Diese Vermutung geht bei ideellen und konsumtiven Zwecken aber von vornherein ins Leere. Die N-Partei verfolgte keine wirtschaftliche, sondern nur ideelle Zwecke. Daher ist der N-Partei kein Schaden entstanden.

V. Die N-Partei hat gegen A keinen Anspruch auf Zahlung von 500 Euro aus §§ 280 Abs. 1, 3, 281 Abs. 1.

B. Die N-Partei könnte aber einen Aufwendungsersatzanspruch in Höhe von 500 Euro aus § 284 gegen A haben.

§ 12 *Unmöglichkeit der Leistung*

I. Dafür ist zunächst erforderlich, dass – vom Schaden abgesehen – die Voraussetzungen eines Schadensersatzes statt der Leistung vorliegen. § 280 Abs. 1 ist erfüllt. Auch §§ 280 Abs. 3, 281 sind erfüllt. Insbesondere war eine Fristsetzung wegen der Vertragsaufsage der A gem. § 281 Abs. 2 entbehrlich.
II. Auch müssen Aufwendungen vorliegen. Dies sind alle freiwilligen Vermögensopfer, also auch die Ausgaben der N iHv 500 Euro.
III. N hat die Aufwendungen auch im Vertrauen auf den Leistungserhalt gemacht.
IV. Die Aufwendungen müssen der Billigkeit entsprochen haben. Daran fehlt es bei Aufwendungen, die über das übliche Maß hinausgehen. Davon lässt sich bei 500 Euro in Vorbereitung für einen Parteitag kaum sprechen.
V. Auch liegen keine Anzeichen dafür vor, dass die Durchführung der Veranstaltung ohnehin nicht erreicht worden wäre – etwa wegen Verbots der Partei wegen Verfassungswidrigkeit oder auch wegen Demonstrationen, die die Veranstaltung unmöglich gemacht hätten.
C. Die N-Partei hat einen Aufwendungsersatzanspruch in Höhe von 500 Euro aus § 284 gegen A.
A kann sich nicht erfolgreich gegen den Anspruch der N-Partei wehren.

§ 12 Unmöglichkeit der Leistung

656 **Fall 45** (nach AG Dortmund NJW 1949, 148): K ist regelmäßiger und leidenschaftlicher Besucher von Sinfoniekonzerten. Er kauft von Konzertveranstalter V eine Karte für das anstehende Sinfoniekonzert des MusicAeterna Ensembles unter Leitung von Teodor Currentzis am 30.11.2019. Aufgrund technischer Defekte des Konzertsaals ist V dazu gezwungen, den Termin für das anstehende Sinfoniekonzert abzusagen und bietet den Käufern der Karten eine Rückerstattung an. K gibt sich damit jedoch nicht zufrieden. Er möchte stattdessen Eintritt zum Nachholtermin des ausgefallenen Konzerts, bei dem MusicAeterna unter Leitung von Teodor Currentzis das für den 30.11.2019 angekündigte Programm aufführen wird. Zu Recht? **Lösung Rn 691**

Fall 46: Weinliebhaber L vereinbart mit Weinbauer B, dass dieser ihm 30 Flaschen des Rotweins seiner nächsten Ernte zur Abholung bereithält.
Variante a): Nach einem heftigen Sturm wird ein Großteil der Weinreben zerstört, sodass B nur noch in der Lage ist, 60 anstatt wie ursprünglich geplant 400 Flaschen herzustellen. Da B auch selbst Weinliebhaber ist, möchte er die 60 Flaschen für seinen eigenen Genuss behalten und meint, dass die für den L vorgesehenen Weinreben durch den Sturm zerstört wurden. L ist empört und verlangt 30 Flaschen. Zu Recht?
Variante b): Der heftige Sturm zerstört den gesamten Bestand der Weinreben. L verlangt dennoch die vereinbarten 30 Flaschen. Zu Recht?
Abwandlung: Nachdem ein heftiger Sturm den gesamten Bestand seiner Weinreben zerstört hat, schließt Weinbauer B mit Weinliebhaber L einen Kaufvertrag über 30 Flaschen Wein aus seinem Bestand. Kann L von B Lieferung von 30 Flaschen Wein verlangen?

I. Die Unmöglichkeit im System des Leistungsstörungsrechts

Die Unmöglichkeit ist im deutschen Schuldrecht als **spezifische Kategorie der Leistungsstörung** ausgestaltet. Zentralnorm ist § 275 Abs. 1: Sie schließt den Anspruch auf die Leistung aus, wenn die Leistungserbringung unmöglich ist. Flankiert wird § 275 Abs. 1 von § 275 Abs. 2 und Abs. 3: Diese beiden Bestimmungen geben dem Schuldner ein Leistungsverweigerungsrecht in bestimmten Konstellationen, in denen ihnen die Leistungserbringung nicht zugemutet werden soll, auch wenn sie an sich noch erbracht werden kann. § 275 betrifft ausschließlich die Primärleistungspflicht des Schuldners. Ihr Schicksal hängt nach den § 275 Abs. 1-3 nicht davon ab, ob der Schuldner die Unmöglichkeit (oder Unzumutbarkeit) zu vertreten hat.[1]

657

§ 275 beantwortet nicht die Frage, ob den Schuldner **Sekundärleistungspflichten**[2] treffen. § 275 Abs. 4 verweist insofern lediglich auf andere Normen, nämlich die §§ 280, 283-285 und 311a. Dort finden sich Einzelheiten zu Ansprüchen des Gläubigers auf Schadensersatz, Aufwendungsersatz und Surrogatsherausgabe.

658

Auch die Auswirkungen der Unmöglichkeit auf den **Gegenleistungsanspruch** sind in § 275 nicht geregelt – also die Frage, ob der Schuldner trotz Unmöglichkeit der eigenen Leistung die Gegenleistung beanspruchen kann. Diese Frage ist ebenfalls an anderen Stellen des Gesetzes geregelt. Die Zentralnorm ist insoweit § 326, auf den § **275 Abs. 4** ebenfalls verweist.[3] Nach dem Grundsatz des § 326 Abs. 1 S. 1 gilt: Die Unmöglichkeit der Leistung führt dazu, dass auch der Gegenleistungsanspruch entfällt. Kurz gesagt: „Keine Ware, kein Geld!". In § 326 Abs. 5 findet sich schließlich das Rücktrittsrecht des Gläubigers bei Unmöglichkeit der Leistung.

659

Wer die **Beweislast** für die in § 275 Abs. 1-3 geregelten Tatbestände trägt, lässt sich nicht allgemein beantworten. Die Antwort hängt vom jeweiligen Kontext ab, in dem es auf die Unmöglichkeit ankommt. Sie ist jeweils nach den allgemeinen Grundsätzen der Normentheorie[4] zu beantworten. Grundsätzlich gilt: Wer sich auf die Leistungsbefreiung beruft, ist für die Unmöglichkeit beweispflichtig. Das ist beispielsweise der Schuldner, wenn er sich auf § 275 Abs. 1 beruft, um sich gegen die Inanspruchnahme auf die Leistung durch den Gläubiger zu wehren. Wenn umgekehrt der Gläubiger Schadensersatz statt der Leistung aus §§ 280 Abs. 1, Abs. 3, 283 verlangt, trifft ihn die Beweislast.[5] Der Gläubiger ist dann oft gut beraten, sicherheitshalber eine angemessene Frist zur Leistung zu setzen: Dann kann der vielleicht schwer zu führende Nachweis der Unmöglichkeit dahinstehen, soweit sich nach Fristablauf ohnehin ein Schadensersatzanspruch aus §§ 280 Abs. 1, Abs. 3, 281 bejahen lässt.

660

---

1 Das Vertretenmüssen des Schuldners findet bei der Abwägung nach § 275 Abs. 2 Berücksichtigung, vgl § 275 Abs. 2 S. 2 und dazu unten Rn 683.
2 Zum Begriff der Sekundärleistungspflicht oben Rn 102.
3 Zu den Einzelheiten unten Rn 693 ff.
4 S. schon oben Rn 434.
5 Dazu insgesamt BeckOK/*S. Lorenz*, BGB[51], § 275 Rn 74.

II. § 275: Konsequenzen für die Leistungspflicht (§ 275)

1. Anwendungsbereich

661 § 275 ist als zentrale Norm des allgemeinen Leistungsstörungsrechts **grundsätzlich auf sämtliche vertragliche wie außervertragliche Ansprüche** anwendbar. Auch auf die praktisch vielleicht bedeutsamste Leistungspflicht ist die Norm grundsätzlich anwendbar, nämlich die **Geldschuld**. Das ergibt sich aus Wortlaut, Systematik und Gesetzgebungsgeschichte. Die wohl herrschende Gegenauffassung schließt § 275 bei Geldschulden dagegen mit Hilfe des Topos „Geld hat man zu haben" aus. Richtig ist aber vielmehr, dass § 275 Abs. 1 bei Geldschulden zwar anwendbar, tatbestandlich aber kaum je erfüllt ist.[6] Wenn **eine echte Geldsortenschuld**[7] vorliegt, greift § 275 auch nach der hM ein: Wenn die spezifisch geschuldeten Münzen oder Banknoten nicht mehr vorhanden sind, ist der Leistungsanspruch gem. § 275 Abs. 1 ausgeschlossen.[8]

662 § 275 ist manchmal tatbestandlich schwer von anderen Regelungen abzugrenzen. Das gilt beispielsweise für das Verhältnis von § 275 Abs. 2 zu **§ 313**. Ein genereller Vorrang der einen oder anderen Norm lässt sich seit der Schuldrechtsreform 2002 schwer begründen, ist doch auch die Geschäftsgrundlage eigenständig in § 313 kodifiziert. Die Abgrenzung kann daher nur im Einzelfall mit Blick auf die jeweiligen Regelungszwecke der Normen erfolgen.[9]

2. Variationen der Unmöglichkeit

a) Objektive und subjektive Unmöglichkeit

663 Objektive und subjektive Unmöglichkeit werden **von § 275 gleichermaßen erfasst**. Die beiden Begriffe dienen lediglich zur Beschreibung bestimmter Fallkonstellationen. **Objektive** Unmöglichkeit heißt, dass die Leistung durch **niemanden** erbracht werden kann. Wenn der Blitz das verkaufte Auto zerstört hat, kann es niemand mehr übergeben und übereignen.

Bei **subjektiver** Unmöglichkeit kann **gerade der Schuldner** die Leistung nicht erbringen – andere Personen aber schon, oder auch der Schuldner, aber nur unter Mitwirkung eines Dritten.[10] **Subjektive** Unmöglichkeit kann etwa vorliegen, wenn die Sache gestohlen wird, die der Schuldner verkauft hat. Der Schuldner kann dem Käufer dann den Besitz an der Sache nicht verschaffen, wenn der Dieb, der die Sache gestohlen hat, unauffindbar ist. Der Dieb kann es dagegen schon – er wird es nur meist nicht tun. Ähnlich liegt es, wenn der Schuldner eine Sache verkauft, die im Eigentum eines Dritten steht: Wenn der Dritte nicht mitwirkungsbereit ist, kann der Schuldner dem Gläubiger kein Eigentum an der Sache verschaffen.[11] Allerdings muss das Leistungshindernis auch bei der subjektiven Unmöglichkeit unüberwindbar sein, der Drit-

---

6 Dazu im Einzelnen oben Rn 202.
7 Zum Begriff der echten Geldsortenschuld oben Rn 212.
8 Auch dazu oben Rn Rn 212.
9 Zur Abgrenzung von § 275 Abs. 2 und § 313 unten Rn 681 ff sowie 1047.
10 Vgl BGH MMR 2013, 30, 32.
11 Vgl BGH NJW-RR 1990, 651.

te also nicht mitwirken können oder keinesfalls mitwirken wollen.[12] Vielleicht ist der Dritte auch nur zu einem sehr hohen Preis mitwirkungsbereit. Dann liegt zwar keine Unmöglichkeit iSd § 275 Abs. 1 vor. Wohl kann dann aber im Einzelfall ein Leistungsverweigerungsrecht gem. § 275 Abs. 2 bestehen. Vorschnell bejahen sollte man § 275 Abs. 2 in diesen Fällen freilich nicht: Denn wer sich vertraglich zu einer Leistung verpflichtet hat, muss auch erhöhte Anstrengungen in Kauf nehmen, um leisten zu können. Wenn beispielsweise eine Domain doppelt vergeben wird, liegt selbst nach Konnektierung der Domain – also ihrer Bereitstellung zugunsten eines Kunden – keine subjektive Unmöglichkeit vor, weil die Domain immer noch zugunsten eines anderen eingetragen werden kann.[13]

b) Anfängliche und nachträgliche Unmöglichkeit

Von **anfänglicher** Unmöglichkeit spricht man, wenn das Leistungshindernis schon im Zeitpunkt des Vertragsschlusses vorliegt. Tritt die Unmöglichkeit dagegen erst nach Vertragsschluss ein, liegt **nachträgliche** Unmöglichkeit vor. Für die Anwendung des § 275 kommt es auf den Zeitpunkt gar nicht an: Der Anspruch auf die Leistung ist gem. § 275 Abs. 1 bei anfänglicher wie auch bei nachträglicher Leistung ausgeschlossen. Relevant ist die Unterscheidung jedoch für Ansprüche auf Schadensersatz statt der Leistung: **§ 311a Abs. 2** regelt sie bei anfänglicher Unmöglichkeit, **§ 283** dagegen bei nachträglicher Unmöglichkeit.

664

> § 275 Abs. 1 ist also sowohl in **Fall 46b)** als auch in **Fall 46c)** einschlägig, unabhängig davon, ob die Unmöglichkeit wie in der ersten Variante nachträglich eintritt oder aber wie in der zweiten Variante bereits zum Zeitpunkt des Vertragsschlusses vorlag.

c) Vollständige und teilweise Unmöglichkeit

Nicht immer ist die Leistung insgesamt ausgeschlossen. Wenn der **Leistungsgegenstand teilbar**[14] ist – also beispielsweise jemand 50 Säcke Kakaobohnen verkauft – können ja etwa nur 20 Säcke durch einen Wasserschaden zerstört worden sein. Dann ist – wenn die Zerstörung nach Konkretisierung (§ 243 Abs. 2)[15] erfolgt – der Leistungsanspruch gem. § 275 Abs. 1 nur bezüglich der 20 zerstörten Säcke ausgeschlossen. Das ergibt sich ohne Weiteres aus dem Wortlaut des **§ 275 Abs. 1** („soweit"). Bezüglich der Teile, die über den von der Unmöglichkeit betroffenen Bereich hinausgehen, ist der Leistungsanspruch hingegen nicht ausgeschlossen. Der Verkäufer ist also weiterhin zur Lieferung der 30 nicht zerstörten Säcke Kakaobohnen verpflichtet. Wenn der Leistungsgegenstand dagegen nicht teilbar ist, kann Teilunmöglichkeit vollständiger Unmöglichkeit gleichgestellt sein: Wenn beispielsweise die Verkäuferpflicht unmöglich ist, das verkaufte Haus frei von Rechten Dritter zu verschaffen, führt das zur vollständigen Unmöglichkeit.[16]

665

---

12 Vgl OLG München NJW-RR 2012, 826.
13 BGH MMR 2013, 30, 32.
14 Zur Teilbarkeit schon oben Rn 332.
15 Zur Konkretisierung Rn 187 ff.
16 BGH NJW 2000, 1256.

> In der **Fallvariante 46a**) sollten Sie sich in der Fallbearbeitung aber nicht dazu verleiten lassen, aufgrund des Untergangs eines Großteils der Weinflaschen eine Teilunmöglichkeit anzunehmen. Hier ist es nämlich so, dass eine Konkretisierung nach § 243 Abs. 2 noch nicht stattgefunden hat und die verbliebene Anzahl an Weinflaschen ausreicht, um den Anspruch des L zu erfüllen. Dass B den Wein eigentlich lieber für sich behalten würde, spielt insofern keine Rolle, weil er seine vertraglich eingegangenen Verpflichtungen zuvorderst erfüllen muss.

666 **Teilunmöglichkeit** ist auch in **qualitativer Hinsicht** denkbar: Wer zur sachmangelfreien Lieferung verpflichtet ist, hat nur einen Teil seiner Leistungspflicht erfüllt, wenn er zwar liefert, die Sache aber einen Sachmangel hat. Der Verkäufer hat dann zwar seine Pflicht aus § 433 Abs. 1 S. 1 erfüllt, die Sache zu übergeben und Eigentum an ihr zu verschaffen. Einen anderen Teil seiner Leistungspflicht hat er jedoch verletzt, nämlich seine Pflicht zur sachmangelfreien Lieferung aus § 433 Abs. 1 S. 2. Wenn der Mangel nicht behoben werden kann – etwa ein als „unfallfrei" verkaufter Pkw in Wahrheit nicht unfallfrei ist –, liegt also auch ein Fall der Teilleistung vor (sog. „qualitative Teilunmöglichkeit").

667 § 275 regelt nur die Konsequenz der Teilunmöglichkeit für den Leistungsanspruch. Die **weiteren Auswirkungen und Optionen** ergeben sich aus anderen Normen, insbesondere § 326 Abs. 1 S. 1 2. HS (Konsequenzen für den Gegenleistungsanspruch), § 326 Abs. 5 iVm § 323 Abs. 5 (Rücktritt) und § 283 S. 2 iVm § 281 Abs. 1 S. 2 und 3 (Schadensersatz statt der Leistung).[17]

3. § 275 Abs. 1: Unmöglichkeit

a) Unüberwindbare Leistungshindernisse

668 aa) **Grundsätze.** Die Unmöglichkeit iSd § 275 Abs. 1 umfasst unüberwindbare Leistungshindernisse. Ein Beispiel bietet die **physische Unmöglichkeit**: Die geschuldete Sache ist vernichtet (etwa durch Blitzeinschlag). Auch aus **Rechtsgründen** kann ein unüberwindbares Leistungshindernis resultieren, beispielsweise wenn die verkaufte Forderung erloschen ist (§ 362 Abs. 1). Von **naturgesetzlicher Unmöglichkeit** spricht man, wenn die Leistung nach den Naturgesetzen oder nach dem Stand der Erkenntnis von Wissenschaft und Technik schlechthin nicht erbracht werden kann – also etwa entgegen den Gesetzen der Physik die Konstruktion eines *Perpetuum mobile* versprochen wird.

669 bb) **Übernatürliche, magische oder parapsychologische Leistungen.** Naturgesetzliche Unmöglichkeit liegt auch vor, wenn der Schuldner **übernatürliche oder magische Leistungen** verspricht – so, wenn der Schuldner verspricht, durch Kartenlegen die Zukunft vorhersagen[18] oder Teufel zu vertreiben.[19] Magische Kräfte sind nicht beweisbar, sondern gehören, wie die Rechtsprechung häufig formuliert, dem Glauben oder Aberglauben, der Vorstellung oder dem Wahn an und werden daher nicht als Quelle realer Wirkungen anerkannt.[20] Keine Unmöglichkeit liegt dagegen vor, wenn

---

17 Dazu unten Rn 692 ff und 719 ff.
18 BGH NJW 2011, 756; OLG Düsseldorf NJW 2009, 789, 791.
19 LG Mannheim NJW 1993, 1488.
20 Vgl BGH NJW 2011, 756, 757: Life-Coaching durch Kartenlegen; BGH NJW 1978, 1207: Parapsychologie; AG Grevenbroich NJW-RR 1999, 133: Vertrag mit einem „Medium" zur Erbringung magischer Dienste; LG Mannheim NJW 1993, 1488: Teufelsaustreibung.

nicht „Magie" sondern etwa nur allgemeine Lebensberatung oder auch jahrmarktähnliche Unterhaltung versprochen wird.[21]

Auch bei naturgesetzlicher Unmöglichkeit sind die Verträge nicht etwa allein wegen der (anfänglichen) Unmöglichkeit unwirksam. Das stellt § 311a Abs. 1 ausdrücklich klar. Allerdings kann sich in den „Magiefällen" die Unwirksamkeit insbesondere aus § 138 (Sittenwidrigkeit von Rechtsgeschäften) ergeben: Oft werden Verträge über übernatürliche Leistungen mit unerfahrenen oder psychisch labilen Personen abgeschlossen, die sich manchmal auch in existenziellen Krisen befinden. Der BGH verlangt daher zu Recht, dass „in solchen Fällen keine allzu hohen Anforderungen an einen Verstoß gegen die guten Sitten iS des § 138 gestellt werden".[22] 670

Wenn § 138 nicht eingreift, kann umgekehrt aber im Einzelfall § 326 Abs. 1 S. 1 **konkludent abbedungen** sein, so dass der Anspruch auf die Gegenleistung gem. § 326 Abs. 2 erhalten bleibt.[23] Die Magierin oder der Kartenleser können dann das Entgelt für ihre Leistungen verlangen, obwohl die von ihnen zu erfüllende Leistungspflicht ihrerseits an § 275 scheitert. § 326 Abs. 1 S. 1 ist dispositives Recht; die Norm kann auch stillschweigend abbedungen werden. Das ist anzunehmen, wenn der Gläubiger nach der vertraglichen Risikoverteilung ausdrücklich oder stillschweigend die Gefahr für ein bestimmtes Leistungshindernis übernommen hat und sich dieses Leistungshindernis verwirklicht.[24] Wenn also der Gläubiger sehenden Auges – und ohne, dass er sich in einer Zwangslage befindet oder besonders unerfahren wäre – gegen Entgelt Leistungen empfangen will, die nur auf irrationaler Grundlage möglich sind, wäre es nicht interessengerecht, wenn er sich seiner Gegenleistungspflicht durch den Hinweis auf eben diese Irrationalität, die ihm ja bewusst war, entziehen könnte.[25] 671

b) Zweckerreichung und Zweckfortfall

Unmöglichkeit liegt auch dann vor, wenn die **Leistung zwar nicht unüberwindbar** ausgeschlossen ist, sie ihren **Zweck aber nicht mehr erreichen** kann. So liegt es zunächst in den Fällen der **Zweckerreichung**: Dann ist der von den Parteien angestrebte Leistungserfolg schon aus anderen Gründen eingetreten. Das ist beispielsweise der Fall, wenn das freizuschleppende Schiff schon durch die Strömung befreit ist.[26] Zweckerreichung ist auch zu bejahen, wenn die Chefärztin persönlich eine Schönheitsbehandlung schuldet, diese aber schon von der Assistenzärztin durchgeführt wurde.[27] Ebenso liegt es, wenn der Käufer die vom Verkäufer gem. § 439 geschuldete Nacherfüllung schon selbst vorgenommen hat.[28] Wenn die Leistung aber nur aus Sicht einer der Parteien keinen Sinn mehr ergibt, etwa weil die Verwendungsabsicht 672

---

21 LG Ingolstadt NStZ-RR 2005, 313 f: Jahrmarkt-Kartenlesen zur Unterhaltung.
22 BGH NJW 2011, 756, 758.
23 BGH NJW 2011, 756, 757.
24 BGH NJW 2011, 756, 758.
25 BGH NJW 2011, 756, 758.
26 Vgl BeckOGK/*Riehm*, BGB (1.7.2019), § 275 Rn 112.
27 OLG Koblenz NJW 2008, 1679.
28 BeckOGK/*Höpfner*, BGB (2019), § 437 Rn 98. Zu den weiteren Konsequenzen der Selbstvornahme durch den Käufer s. etwa *S. Lorenz* NJW 2005, 1321 (zu BGH NJW 2005, 1348); zu Besonderheiten der Selbstvornahme seit der Neufassung von § 439 Abs. 3 BGB *Höpfner/Fallmann* NJW 2017, 3745, 3748 f.

des Käufers sich nicht mehr realisieren lässt, liegt keine Zweckerreichung vor. Das Risiko der weiteren Verwendung liegt beim Käufer. Beispielsweise schließt § 275 Abs. 1 den Anspruch auf Lieferung des Hochzeitrings nicht aus, nur weil die Hochzeit geplatzt ist.

673 Auch beim **Zweckfortfall** ist die Leistungserbringung nach dem konkreten Vertragszweck nicht mehr sinnvoll. So liegt es beispielsweise, wenn das Fahrrad vom Blitz getroffen und zerstört ist, bevor die Werkstatt einen vorher existenten Schaden vertragsgemäß reparieren kann. § 275 Abs. 1 greift auch bei einem Heimpflegevertrag ein, wenn der Pflegeberechtigte vor Aufnahme verstirbt.[29]

c) Rechtliche Unmöglichkeit

674 Rechtliche Unmöglichkeit liegt vor, wenn die **Leistungserbringung verboten** oder aus **rechtlichen Gründen ausgeschlossen** ist. Beispielsweise kann der Schuldner ein baurechtlich nicht genehmigungsfähiges Haus nicht errichten. Und niemand kann in Deutschland eine vom (deutschen) Recht nicht vorgesehene Rechtsfolge herbeiführen, also etwa eine Hypothek an einem Auto bestellen. Unmöglich ist auch die Bestellung eines Erbbaurechts an einem Grundstück, wenn das Grundstück unbebaubar ist[30] oder eine Leistung, die von einer behördlichen Genehmigung abhängt, die nicht zu erlangen ist.[31] Sogar ein Importverbot des ausländischen Rechts kann im Einzelfall Unmöglichkeit begründen.[32] Oft wird in solchen Fällen aber eine Lösung über § 313 näher liegen:[33] Dass kein Importverbot besteht, mag zwar nicht ausdrücklich vereinbart sein, kann aber doch die gemeinsame Geschäftsgrundlage bilden.

d) Unmöglichkeit bei Gattungsschulden

675 Bei Gattungsschulden (§ 243 Abs. 1) greift § 275 Abs. 1 nur ein, wenn die **gesamte Gattung untergegangen** ist. Anders sieht es nach **Konkretisierung (§ 243 Abs. 2)** aus. Die Leistungspflicht ist dann auf die konkretisierte Sache beschränkt: Wenn sie untergeht, greift § 275 Abs. 1 ein.[34]

> Wenn in **Fall 46** B beispielsweise bereits die vereinbarte Anzahl an Flaschen ausgesondert und L zur Abholung aufgefordert hätte, würde bei deren Zerstörung durch einen Sturm selbst dann Unmöglichkeit eintreten, wenn im sonstigen Bestand noch ausreichend Flaschen derselben Sorte vorhanden wären.

---

29 Vgl LG Düsseldorf NJW-RR 1991, 184.
30 BGH DNotZ 1986, 286.
31 BGH DtZ 1994, 247 mwN.
32 Vgl BGH NJW 1983, 2873, 2874. Zu den Anforderungen an rechtliche oder tatsächliche Unmöglichkeit aufgrund ausländischen Rechts vgl *Mäsch* JuS 2019, 386.
33 BGH NJW 1984, 1746, 1747: Bierlieferungsverbot in den Iran nach Machtübernahme des Ayatollah Khomeini.
34 Einzelheiten dazu in Rn 180 ff.

e) Vorübergehende Unmöglichkeit

§ 275 Abs. 1 ist **grundsätzlich nur bei dauerhaften Leistungshindernissen** erfüllt.[35] Wenn ein zeitlich vorübergehendes Ereignis die Leistung eben nur vorübergehend ausschließt, ist § 275 Abs. 1 nicht erfüllt. Andererseits wäre es – solange das Leistungshindernis besteht – unsinnig, den Schuldner zur Leistung zu verurteilen. Die Leistung ist daher gem. § 275 Abs. 1 für die Zeit ausgeschlossen, in der das Leistungshindernis besteht. Wird der Schuldner verklagt, weist die Richterin die Klage während dieser Zeit als „derzeit unbegründet" ab.[36] Für die Gegenleistung besteht während dieser Zeit ein Leistungsverweigerungsrecht gem. § 320.[37] Unter den Voraussetzungen des §§ 280 Abs. 1, Abs. 2, 286 kann der Gläubiger Ersatz von Verzögerungsschäden verlangen. Entscheidend kommt es dabei vor allem darauf an, ob der Schuldner das (vorübergehende) Leistungshindernis zu vertreten hat.

676

Ausnahmsweise kann vorübergehende Unmöglichkeit jedoch der endgültigen Unmöglichkeit **gleichgestellt** werden. Das ist aber nur dann der Fall, wenn das Leistungshindernis die Erreichung des Vertragszwecks in Frage stellt und einer der Parteien bei billiger Abwägung der beiderseitigen Belange nicht mehr zugemutet werden kann, die Leistung noch zu fordern oder zu erbringen.[38] Dabei kommt es auf den Zeitpunkt an, zu dem das Hindernis eintritt.[39] Maßgeblich ist die Abwägung zwischen dem Erfüllungsinteresse des Gläubigers und der Frage, ob dem Schuldner zumutbar ist, sich weiterhin leistungsbereit zu verhalten.[40] Wenn beispielsweise die Grundbuchlage unklar ist und der Verkäufer deshalb den Kaufvertrag zeitweilig nicht erfüllen kann, ist die Gleichstellung abzulehnen: Die grundbuchrechtliche Klarheit lässt sich ja in absehbarer Zeit notfalls durch Gerichtsverfahren herstellen.[41] Der BGH hat die Gleichstellung dagegen in einem Fall bejaht, in dem die Erfüllung eines Vertrags (Lieferung und Montage einer Tierkörpervernichtungsanlage in den Iran) wegen der Iranischen Revolution ausgeschlossen war.[42] Die Revolution hatte schließlich 1979 das Ende der Monarchie herbeigeführt; bei Beginn der Revolution war jedoch noch völlig unklar, ob – und wenn ja, wann – die Montage noch erfolgen kann.

677

Wenn **zweifelhaft** ist, ob dauerhafte Unmöglichkeit vorliegt, ist der Gläubiger gut beraten, eine **Frist** zu setzen, um die Voraussetzungen von § 323 oder § 281 herbeizuführen.

678

f) Absolutes Fixgeschäft

aa) Grundsätze. Wenn die Leistung verzögert wird, der Schuldner also etwa zum vereinbarten Termin nicht liefert, liegt **grundsätzlich keine Unmöglichkeit** vor. Der Schuldner kann und muss dann vielmehr nach § 323 oder §§ 280 Abs. 1, Abs. 2, 286 bzw §§ 280 Abs. 1, Abs. 3, 281 vorgehen. Wenn ein Termin vereinbart ist, kann der

679

---

35 Insb. wurde eine Formulierung, die vorübergehende Leistungshindernisse ausdrücklich einschließen sollte („und solange"), entgegen vorheriger Entwürfe und trotz entsprechender Begründung (vgl BT-Drs. 14/7052, 183) nicht in den finalen Normtext übernommen.
36 NK/*Dauner-Lieb*, BGB³, § 275 Rn 68.
37 MünchKomm/*Ernst*, BGB⁸, § 275 Rn 144.
38 BGH NJW 2007, 3777, 3779; 1982, 1458.
39 BGH NJW 2007, 3777, 3779 mwN.
40 BGH NJW 1982, 1458; umfassend zu dieser Fragestellung BeckOGK/*Riehm*, BGB (1.7.2019), § 275 Rn 168 ff.
41 BGH NJW 2007, 3777, 3779.
42 BGH NJW 1982, 1458.

Gläubiger aber häufig gem. § 323 Abs. 2 Nr 1 auch ohne Fristsetzung zurücktreten (**relatives Fixgeschäft**).⁴³ In seltenen Fällen ist die Einhaltung der Leistungszeit aber derart entscheidend, dass die Leistungserbringung nach Zeitablauf vollständig ausgeschlossen ist und § 275 Abs. 1 eingreift. In solchen Fällen spricht man von einem absoluten Fixgeschäft. Ein **absolutes Fixgeschäft** liegt aber nur vor, wenn der Leistungszeitpunkt nach Sinn und Zweck des Vertrags und nach der Interessenlage der Parteien so wesentlich ist, dass eine verspätete Leistung keine Erfüllung mehr darstellt.⁴⁴ Ein anschauliches Beispiel ist der Christbaum, der nach Ablauf der Weihnachtszeit geliefert wird. Auch bei Hotelzimmerreservierungen kann ein absolutes Fixgeschäft vorliegen: Denn in der Regel ergibt das Zimmer ja nur für den gebuchten Zeitraum Sinn. Wenn Dienste oder Sachen für bestimmte Ereignisse (Hochzeit, Geburtstagsfeier, Tag der offenen Tür etc.) bestellt werden, liegt ein absolutes Fixgeschäft ebenfalls nahe.⁴⁵ Die Hochzeitstorte mag am Tag nach der Hochzeit auch noch schmecken, ihren Sinn kann sie dann aber nicht mehr erfüllen. Auch Reisen, die auf einen bestimmten Zeitraum festgelegt werden, können im Einzelfall ein absolutes Fixgeschäft sein.⁴⁶

680 bb) Abgrenzung zum relativen Fixgeschäft (§ 323 Abs. 2 Nr. 1). Die **Abgrenzung von absolutem Fixgeschäft** (§ 275 Abs. 1) und **relativem Fixgeschäft** (§ 323 Abs. 2 Nr 1⁴⁷) kann im Einzelfall sehr schwierig sein. In Prüfungsarbeiten ist dann regelmäßig beides im Ergebnis vertretbar. Entscheidend kommt es darauf an, die konkreten Interessen und Umstände in der Begründung auszuwerten. Bei beiden Arten von Fixgeschäften ist die Einhaltung der Leistungszeit nach der vertraglichen Vereinbarung entscheidend. Anders als beim absoluten Fixgeschäft wird der **Vertragszweck aber allein durch den Zeitablauf beim relativen Fixgeschäft nicht gänzlich sinnlos**: Wenn das Motorrad fix zum 1.7. kommen soll, damit der Käufer rechtzeitig in den Motorradurlaub fahren kann, ist eine spätere Lieferung noch für die restlichen Urlaubstage oder den nächsten Motorradurlaub sinnvoll. Hier ist ein sofortiges Rücktrittsrecht interessengerecht. Generell sollte ein absolutes Fixgeschäft nicht vorschnell bejaht werden: Dem Gläubiger genügt regelmäßig, wenn er ein sofortiges Rücktrittsrecht aus § 323 Abs. 2 Nr 1 hat. Der BGH hat das auch bei Flugreisen berücksichtigt und betont, dass die Abgrenzung eine Frage des Einzelfalls ist.⁴⁸ Bei verspäteten Flügen etwa kann das Ziel des Fluggasts ja auch durch spätere Beförderung oft noch erreicht werden.

4. § 275 Abs. 2: Unzumutbarkeit wegen groben Missverhältnisses

681 Gem. § 275 Abs. 2 hat der Schuldner ein Leistungsverweigerungsrecht, soweit die Leistung einen Aufwand erfordert, der unter Beachtung des Inhalts des Schuldverhältnisses und der Gebote von Treu und Glauben in einem **groben Missverhältnis** zu

---

43 Näher zum relativen Fixgeschäft unten Rn 520 ff.
44 BGH NJW 2009, 2743, 2744.
45 OLG Düsseldorf NJW-RR 2002, 633: Prospekte für einen „Tag der offenen Tür".
46 BGH NJW 1974, 1046, 1047; 2013, 378.
47 Näher Rn 520 ff.
48 Vgl insb. BGH NJW 2009, 2743, 2744 und auch schon BGH NJW 1983, 1322, 1324.

dem Leistungsinteresse des Gläubigers steht. § 275 Abs. 2 ist eine Einrede. Anders als bei § 275 Abs. 1 tritt die Leistungsbefreiung also nicht *ex lege* ein, sondern nur, wenn sich der Schuldner auf sein Leistungsverweigerungsrecht beruft. Dem Schuldner wird so die Leistungserbringung freigestellt: Möglicher Weise will er ja trotz der Unzumutbarkeit leisten, etwa, weil er die Geschäftsbeziehungen zum Gläubiger gesund halten möchte. Im Kaufrecht wird § 275 Abs. 2 durch § 439 Abs. 3 ergänzt: § 439 Abs. 3 setzt die Schwelle niedriger als § 275 Abs. 2. Der Verkäufer kann die Nacherfüllung schon bei Unverhältnismäßigkeit verweigern.

§ 275 Abs. 2 verlangt die Gegenüberstellung zweier Parameter: Auf der einen Seite steht der **Leistungsaufwand** des Schuldners, auf der anderen Seite das **Leistungsinteresse** des Gläubigers. Zwischen beiden Parametern muss ein **grobes Missverhältnis** bestehen:[49] Der Leistungsaufwand (also vor allem die Kosten, aber auch der Zeitaufwand) des Schuldners muss also erheblich höher sein als das Leistungsinteresse des Gläubigers. Das lässt sich nur durch eine Interessenabwägung im Einzelfall ermitteln. § 275 Abs. 2 greift jedenfalls immer dann nicht ein, wenn Leistungsaufwand und Leistungsinteresse der Höhe nach gleich sind.[50] Im Übrigen gilt ein eher strenger Maßstab; als Faustregel wird vorgeschlagen, dass der Aufwand 110-150 % über dem Leistungsinteresse liegen muss.[51] 682

„Klassiker" für die Illustration ist der **Ring auf dem Grunde des Sees**: Er lässt sich nur mehr durch einen ganz erheblichen Aufwand beschaffen. Auch in den Fällen **subjektiver Unmöglichkeit** kann § 275 Abs. 2 eingreifen, wenn § 275 Abs. 1 zwar an der grundsätzlichen Mitwirkungsbereitschaft scheitert, der Dritte indes nur zu einem sehr hohen Preis mitwirken möchte. Regelmäßig ist es eine Frage des Einzelfalls unter Berücksichtigung der beiderseitigen Interessen, wann die „Opfergrenze" überschritten ist.[52] Es kommt dabei nicht bloß auf die jeweiligen Kosten an, sondern auf eine Gesamtwürdigung aller Umstände.[53] Das kommt auch in § 275 Abs. 2 S. 2 zum Ausdruck: Danach ist zu berücksichtigen, ob der Schuldner das Leistungshindernis zu vertreten hat. Wenn das der Fall ist, lässt sich die Opfergrenze im Einzelfall höher ansetzen. 683

Fälle der sogenannten **„wirtschaftlichen Unmöglichkeit"** fallen in der Regel nicht unter § 275 Abs. 2. Bei ihnen geht es um massive Änderungen der Marktlage, wie insbesondere Preisexplosionen, durch die der Aufwand des Schuldners stark erhöht ist. Allerdings wächst in diesen Konstellationen meist nicht nur der Aufwand des Schuldners, sondern auch das Leistungsinteresse des Gläubigers: Es mag sein, dass der Verkäufer für den von ihm angebotenen Goldbarren wegen einer Explosion der Goldpreise 100 % mehr aufwenden muss, um den Barren dem Käufer zu verschaffen. Aber das Leistungsinteresse des Käufers steigt ebenfalls um 100 %, weil der Barren jetzt entsprechend mehr wert ist. Dann kann aber nicht die Rede davon sein, dass das von § 275 Abs. 2 geforderte starke Missverhältnis zwischen Leistungsinteresse und 684

---

49 Näher etwa BeckOK/*S. Lorenz*, BGB[51], § 275 Rn 60 ff; NK/*Dauner-Lieb*, BGB[3], § 275 Rn 45 ff; BeckOGK/*Riehm*, BGB (1.7.2019), § 275 Rn. 210 ff; *Bernhard* Jura 2006, 801.
50 Vgl *Picker* JZ 2003, 1035.
51 Jauernig/*Stadler*, BGB[17], § 275 Rn 26.
52 BGH NJW 2010, 2050, 2052.
53 BGH NJW 2010, 2050, 2052.

Schuldneraufwand besteht. Die Konstellationen der „wirtschaftlichen Unmöglichkeit" sind eher über § 313 zu lösen: Je nach Einzelfall ist denkbar, dass das Ausbleiben unerwartbarer Preisexplosionen am jeweiligen Einkaufsmarkt zur Geschäftsgrundlage eines Vertrags gehört.[54]

5. § 275 Abs. 3 Unzumutbarkeit bei persönlichen Leistungspflichten

685 § 275 Abs. 3 gibt dem Schuldner bei **persönlich zu erbringenden Leistungspflichten** ein Leistungsverweigerungsrecht. Die Norm greift nur ein, wenn der Schuldner die Leistung persönlich erbringen muss, also vor allem bei Arbeits- und Dienstverträgen. Wenn beispielsweise eine Sopranistin für einen Liederabend engagiert ist, muss sie persönlich singen und kann sich in der Regel nicht durch eine andere Solistin vertreten lassen.

686 Für Fälle der materiellen Leistungserschwerung hat das Gesetz in § 275 Abs. 2 eine besondere Regelung geschaffen, die keinen Raum mehr für die Anwendung des § 275 Abs. 3 belässt. Das Leistungsverweigerungsrecht aus § 275 Abs. 3 kann deshalb **nur auf persönliche, immaterielle Leistungshindernisse** gestützt werden.[55] Ein Beispiel ist die Erkrankung naher Angehöriger, also etwa hohes Fieber einer fünfjährigen Tochter der Sängerin. Denkbar sind auch andere Leistungshindernisse ideeller Natur, etwa Gewissenskonflikte[56] oder die Ladung zu Gerichtsterminen[57].

687 Das Leistungsverweigerungsrecht setzt **Unzumutbarkeit** der Leistungserbringung voraus, wobei die Unzumutbarkeit in **Abwägung** des Leistungshindernisses auf Seiten des Schuldners und des Leistungsinteresses des Gläubigers zu ermitteln ist. Die Unzumutbarkeit ist in einer Abwägung zu ermitteln, bei der grundsätzlich alle Umstände des Einzelfalls zu berücksichtigen sind. Ob allerdings der Schuldner das Leistungshindernis zu vertreten hat, ist bei § 275 Abs. 3 nicht zu berücksichtigen.[58] Das ergibt sich aus dem Umkehrschluss zu § 275 Abs. 2 S. 2.

6. Rechtsfolgen

688 Im Fall des **§ 275 Abs. 1 erlischt** der Anspruch bei nachträglicher Unmöglichkeit *ipso iure*, bei anfänglicher Unmöglichkeit entsteht er erst gar nicht. Das gilt, obwohl der Vertrag selbst nach § 311a Abs. 1 nicht unwirksam ist.

689 Bei **§ 275 Abs. 2 und Abs. 3** erlischt der Anspruch dagegen nicht: Beide Normen begründen lediglich ein Leistungsverweigerungsrecht, das als **Einrede** vom Schuldner geltend gemacht werden muss. Das Gesetz ermöglicht dem Schuldner so, die Leistung trotz der Unzumutbarkeit zu erbringen. Daran kann er schließlich interessiert sein, etwa, weil er sich die Gegenleistung verdienen möchte oder auch auf spätere Aufträge hofft.

---

54 Einzelheiten zu § 313 unten Rn 1013 ff, § 12.
55 BeckOGK/*Riehm*, BGB (2019), § 275 Rn 268.
56 BeckOGK/*Riehm*, BGB (2019), § 275 Rn 270 mwN auch zur Gegenauffassung.
57 BeckOGK/*Riehm*, BGB (2019), § 275 Rn 269.3.
58 Jauernig/*Stadler*, BGB[17], § 275 Rn 30 mwN auch zur Gegenauffassung.

§ 275 Abs. 4 verweist für die weiteren Rechte des Gläubigers auf §§ 280, 283-285, 311a und 326. In diesen Normen sind das Schicksal des Gegenleistungsanspruchs und mögliche Sekundärleistungsansprüche des Gläubigers geregelt.[59]

7. Lösung Fall 45

A. K könnte gegen V einen Anspruch auf Eintritt zu dem Nachholkonzert aus einem Veranstaltungsbesuchsvertrag (typengemischter Vertrag iSd § 311 Abs. 1[60]) haben.
I. Durch den Vertragsschluss zwischen K und V ist ein Anspruch auf Eintritt zu dem Konzert von MusicAeterna unter Teodor Currentzis entstanden, der auch den Eintritt zum Nachholkonzert umfassen könnte.
II. Der Anspruch könnte gem. § 275 Abs. 1 erloschen sein. Das ist der Fall, wenn die vom Veranstalter geschuldete Leistungspflicht allein wegen Ablaufs des vereinbarten Leistungstermins (30.11.) nicht mehr erbracht werden kann. Dafür kommt es entscheidend darauf an, worin genau der von V geschuldete Erfolg liegt.
1. V hat sich jedenfalls nicht dazu verpflichtet, K Eintritt zu irgendeinem beliebigen Konzert zu gewähren, sondern zu einem Konzert der MusicaAeterna unter Teodor Currentzis. Das Konzert war allerdings auf ein bestimmtes Datum – nämlich den 30.11. festgesetzt. Nimmt man an, dass die Einhaltung dieser Zeit objektiv so entscheidend ist, dass ein späteres Konzert – selbst desselben Ensembles – zu einem späteren Zeitpunkt unter keinen Umständen mehr eine Erfüllung sein kann, liegt ein absolutes Fixgeschäft vor. Dann tritt allein wegen Ablaufs des vereinbarten Leistungstermins Unmöglichkeit ein. Das ist gut vertretbar.[61] Zur Begründung kann man anführen, dass der spezifische Veranstaltungstag für viele Besucher wichtig ist, weil sie an anderen Tagen vielleicht keine Zeit haben. Folgt man dem, greift § 275 Abs. 1 ein, so dass K keinen Anspruch auf Eintritt zu dem Nachholkonzert hat.
2. Man kann die Unmöglichkeit der Leistung wegen Zeitablaufs aber auch verneinen (und K lediglich ein sofortiges Rücktrittsrecht aus § 323 Abs. 2 Nr. 1 zusprechen). Gegen die Annahme eines absoluten Fixgeschäfts lässt sich ins Feld führen, dass es Konzertbesuchern gerade bei klassischen Konzerten weniger auf einen bestimmten Tag als vielmehr auf die musikalische Leistung bestimmter Künstler ankommt.[62] Das zeigt sich hier: K möchte MusicaAeterna unter Currentzis erleben und nicht einen spezifischen Tag „nett verbringen". Bei Konzerten im klassischen Bereich, bei denen die individuellen Künstler und Programme im Vordergrund stehen, können Nachholkonzerte durchaus noch Erfüllung sein, zumal den Interessen der Besucher durch das Rücktrittsrecht aus § 323 Abs. 2 Nr. 1 ausreichend gedient ist. Im Übrigen ist es im Konzertbereich auch üblich, bei Nachholkonzerten den Inhabern von Karten des ausgefallenen Konzerts die Option anzubieten, das Nachholkonzert zu besuchen. Folgt man dem, liegt keine Unmöglichkeit iSd § 275 Abs. 1 vor. V ist nicht von seiner Leistungspflicht befreit
B. K hat gegen V einen Anspruch auf Eintritt zu dem Nachholkonzert aus einem Veranstaltungsbesuchsvertrag. *(Andere Ansicht natürlich vertretbar.)*

---

59 Einzelheiten unten Rn 692 ff und 719 ff.
60 Näher *Feldmann/Schuhmann* JuS 2019, 848.
61 So die Position des AG Dortmund, dessen Entscheidung in NJW 1949, 148 der Fall nachgebildet ist.
62 *Wiskott* NJW 1949, 149.

III. § 326: Gegenleistungspflicht im gegenseitigen Vertrag

692 **Fall 47:** Der Großunternehmer U hat ein Fest in seinem riesigen Garten geplant und möchte diesen von seiner besten Seite präsentieren. Zu diesem Zwecke ruft er den Gärtner G an und sie vereinbaren, dass G den Garten am Tag vor dem Fest zu einem festen Lohn von 2.000 EUR speziell für das Fest schmücken und herrichten soll. G kommt wie vereinbart zu U. Kaum betritt G das Haus des U, kommt dessen Bulldogge herbeigeschossen und beißt dem überraschten G tief in die linke Wade. U entschuldigt sich und erklärt, dass Bulldoggen dieser Art einen Maulkorb tragen müssen, er es aber als Hundefreund einfach nicht über sein Herz gebracht habe. Außerdem habe sein Hund das noch nie gemacht und sei ansonsten immer ein ganz braver gewesen. G muss ins Krankenhaus gebracht werden. Bei dem Fest des U sieht der Garten wüst aus. U schämt sich vor seinen Gästen. Er kommt zwar für die Krankenhauskosten auf, ist jedoch nicht bereit, den Lohn zu entrichten, da G schließlich auch keinen Finger gerührt habe. Zu Recht? **Lösung Rn 718**

1. Grundlagen

693 § 326 ist der zentrale Regelungsort für die Antwort auf die Frage nach der **Gegenleistungsgefahr** beim gegenseitigen Vertrag: Entfällt der Anspruch des Schuldners auf die Gegenleistung, wenn er selbst von seiner Leistungspflicht nach § 275 befreit ist? Auf den Kaufvertrag gemünzt: Entfällt der Anspruch des Verkäufers auf Kaufpreiszahlung, wenn der Käufer wegen § 275 nicht leisten muss? § 326 Abs. 1 S. 1 bejaht die Frage im Grundsatz. Die Gegenleistungsgefahr **trägt also grundsätzlich der Schuldner**: Er muss zwar nicht leisten (§ 275), erhält aber auch die Gegenleistung nicht (§ 326 Abs. 1 S. 1). Für den Kaufvertrag lässt sich das auf die Kurzformel bringen: „Keine Ware, kein Geld!". Die Gegenleistungsgefahr wird auch **Preisgefahr** genannt, weil bei entgeltlichen Verträgen meist eine Sachleistung unmöglich wird und die Gegenleistung im „Preis" besteht, der etwa als Entgelt für die Ware beim Kaufvertrag geschuldet ist.

694 Die Regel „Keine Ware, kein Geld!" führt oft zu fairen Ergebnissen. Manchmal sind aber andere Lösungen gerechter: Weshalb sollte etwa der Verkäufer den Kaufpreis nicht bekommen, wenn der Käufer die Unmöglichkeit vorsätzlich herbeigeführt hat?[63] Weil die Grundregel aus § 326 Abs. 1 S. 1 also nicht immer passt, gibt es zahlreiche **Sonderregeln zur Gegenleistungsgefahr**. Ausnahmen vom Grundsatz des § 326 Abs. 1 S. 1 finden sich zunächst in § 326 Abs. 1 S. 2 und Abs. 2. Aber auch im Besonderen Schuldrecht gibt es viele wichtige Sondervorschriften. Klausurträchtige Beispiele sind die §§ 446 und 447 für den Kaufvertrag sowie §§ 644 bis 646 für den Werkvertrag.

695 § 326 ist zudem **dispositives Recht**.[64] Die Parteien können vor allem auch vom Grundsatz des § 326 Abs. 1 S. 1 jedenfalls durch vertragliche Vereinbarungen abweichen – auch konkludent. Das hat der BGH etwa für den Fall naturgesetzlicher Unmöglichkeit („life-coaching" durch Kartenlegen) bejaht.[65]

---

63 Vgl dazu § 326 Abs. 2 S. 1 1. Alt.
64 Hk/*Schulze*, BGB[10], § 326 Rn 2.
65 Dazu im Einzelnen Rn 669.

2. Der Grundsatz des § 326 Abs. 1 S. 1: „Keine Ware, kein Geld"

a) Normzweck

Nach der Grundregel des § 326 Abs. 1 S. 1 **entfällt der Anspruch auf die Gegenleistung**, wenn der Schuldner gem. § 275 von der Leistungspflicht befreit ist. Alle Fälle der Unmöglichkeit bzw. Unzumutbarkeit des § 275 Abs. 1-3 sind erfasst. Wenn § 275 Abs. 2 oder Abs. 3 im Raum stehen, entfällt der Gegenleistungsanspruch aber nur (und erst), wenn der Schuldner das Leistungsverweigerungsrecht geltend macht.[66] § 326 Abs. 1 S. 1 erfasst ausschließlich die **im Synallagma stehenden Hauptleistungspflichten** und beruht auf der besonders engen Verbindung dieser Pflichten. Der Anspruch auf die Gegenleistung entfällt auch dann, wenn der Schuldner die Unmöglichkeit nicht zu vertreten hat.[67] Wenn beispielsweise das verkaufte Fahrrad gestohlen wird und der Dieb unauffindbar bleibt, entfällt gem. § 326 Abs. 1 S. 1 der Anspruch des Verkäufers auf Kaufpreiszahlung – auch, wenn es ohne jedes Verschulden des Verkäufers zum Diebstahl kam. Hier zeigt sich anschaulich, was es bedeutet zu sagen: Der Verkäufer trägt die Gegenleistungsgefahr.

696

Wenn in **Fall 47** die Arbeiten im Garten beispielsweise ausgeblieben wären, weil ein Sturm zuvor die Grünanlagen verwüstet hat, müsste G angesichts dieser Naturgegebenheit damit leben, infolge der Unmöglichkeit seiner eigenen Leistung auch kein Gehalt zu bekommen.

697

b) Teilweises Entfallen bei Teilunmöglichkeit (§ 326 Abs. 1 S. 1 2. HS)

Gem. § 326 Abs. 1 S. 1 2. HS findet bei Teilleistungen **§ 441 Abs. 3** entsprechende Anwendung. Damit ist die **Teilunmöglichkeit** gemeint. Bei ihr ist der Schuldner gem. § 275 nur bezüglich des unmöglich bzw. unzumutbar gewordenen Leistungsteils von der Leistung befreit („soweit" in § 275 Abs. 1).[68] In der Konsequenz kann auch der Gegenleistungsanspruch nur teilweise entfallen. Der Verweis auf § 441 Abs. 3 gibt vor, wie die konkrete Höhe zu berechnen ist, in der der Gegenleistungsanspruch entfällt. In ihrem unmittelbaren Anwendungsbereich regelt § 441 Abs. 3 die Berechnung des bei der kaufrechtlichen Minderung geschuldeten Entgelts. Kerngedanke der Norm ist, die **vertraglich vereinbarte Wertrelation zu berücksichtigen**. Das bedeutet in Übertragung auf § 326 Abs. 1 S. 1 2. HS: Die geschuldete Gegenleistung ist in dem Verhältnis herabzusetzen, in dem bei Vertragsschluss der Wert der vollständigen Leistung zu dem Wert der Teilleistung gestanden haben würde.[69]

698

c) Ausschluss der Grundregel gem. § 326 Abs. 1 S. 2

Die **Grundregel** des § 326 Abs. 1 S. 1 gilt gem. § 326 Abs. 1 S. 2 **nicht**, wenn der Schuldner im Falle der nicht vertragsgemäßen Leistung die Nacherfüllung nach § 275 Abs. 1-3 nicht zu erbringen braucht. Die Nacherfüllung muss vor allem bei **unbehebbaren Mängeln im Kauf- und Werkvertragsrecht** nicht erbracht werden. Man

699

---

66 BeckOK/*H. Schmidt*, BGB[51], § 326 Rn 5.
67 BeckOK/*H. Schmidt*, BGB[51], § 326 Rn 5.
68 Näher dazu Rn 665 ff.
69 Zum Rücktrittsrecht des Gläubigers bei Teilunmöglichkeit (§ 326 Abs. 5 iVm § 323 Abs. 5 S. 1 bzw S. 2) s. unten Rn 717.

spricht dann auch von **qualitativer Teilunmöglichkeit**, weil die Leistungserbringung mit Blick auf die Qualität ausscheidet. Ein Beispiel bietet das verkaufte gebrauchte Motorrad, das entgegen der vertraglichen Vereinbarung nicht unfallfrei ist: So einen Mangel kann man schlicht nicht beheben und Ersatzlieferung scheidet bei gebrauchten Gegenständen auch häufig aus. Welchen Sinn macht es aber nun, dass gerade in solchen Fällen der Gegenleistungsanspruch bestehen bleibt, also etwa der Motorradverkäufer in unserem Beispielsfall weiterhin Kaufpreiszahlung verlangen kann? Isoliert betrachtet scheint die Regelung sinnlos, ja sogar ungerecht zu sein. Der Normzweck erschließt sich erst durch einen Blick in die Gewährleistungsrechte des Besonderen Schuldrechts: Sie gewähren dem Gläubiger eine Palette unterschiedlicher Optionen. Beispielsweise kann der Käufer gem. § 437 unter anderem Minderung, Rücktritt und gegebenenfalls Schadensersatz geltend machen. **§ 326 Abs. 1 S. 2 erhält dem Käufer diese Wahlmöglichkeiten**, indem er den „Automatismus" des § 326 Abs. 1 S. 1 ausschließt.[70]

3. Ausnahmen vom Grundsatz des § 326 Abs. 1 S. 1

a) Vom Gläubiger zu verantwortende Unmöglichkeit (§ 326 Abs. 2 S. 1 1. Alt.)

700 Der Gegenleistungsanspruch bleibt gem. § 326 Abs. 2 S. 1 1. Alt. erhalten, wenn der **Gläubiger „allein oder weit überwiegend"** für die Leistungsbefreiung **verantwortlich** ist. Wenn ich Ihr Fahrrad kaufe und es nach Vertragsschluss, aber vor Übergabe, mutwillig zerstöre, bleibe ich also zur Kaufpreiszahlung verpflichtet. Verantwortlich ist der Gläubiger für die Leistungsbefreiung jedenfalls dann, wenn er sie iS der **§§ 276, 278** zu vertreten hat.[71] Er muss also mindestens (leicht) fahrlässig gehandelt haben. Wenn der Mieter beispielsweise fahrlässig die Wohnung in Brand setzt, bleibt er zur Zahlung der Miete verpflichtet.[72] Ein anders Beispiel bieten Zweckerreichungsfälle, die der Gläubiger zu verantworten hat.

701 Um eine solche Konstellation würde es sich beispielsweise handeln, wenn in **Fall 47** U die Arbeiten im Garten schon selbst erledigt hätte, bevor G überhaupt die Chance dazu gegeben wird. Durch den Vertragsschluss mit G hat U ja gerade zu verstehen gegeben, dass er ein Interesse daran hat, nicht selbst aktiv tätig werden zu müssen.

702 Die Vertragsauslegung kann auch ergeben, dass der Gläubiger für bestimmte **Risiken aus seiner Sphäre** auch dann einstehen muss, wenn er nicht fahrlässig handelt. So lag es beispielsweise im Fall „Tic Tac Toe":[73] Eine Konzertveranstalterin hatte einen Beleuchter für einen Auftritt der Band „Tic Tac Toe" engagiert. Die Band zerstritt sich allerdings, so dass es nie zu dem Auftritt kam und die Leistungserbringung unmöglich wurde (Zweckfortfall, § 275 Abs. 1). Der Beleuchter konnte seinen Werklohn trotzdem verlangen: Der BGH nahm – freilich noch auf Grundlage des alten Schuldrechts – an, dass die Veranstalterin das Veranstaltungsrisiko stillschweigend übernommen hatte: Sie hatte einen besseren Überblick über das Risiko bei Tourneebe-

---

70 MünchKomm/*Ernst*, BGB⁸, § 326 Rn 35; BeckOGK/*Herresthal*, BGB (2019), § 326 Rn 150.
71 BAG NJW 2015, 3678 (Rn 29).
72 BGH NJOZ 2014, 1979 (Rn 7).
73 BGH NJW 2002, 595.

ginn, weil sie im ständigen Kontakt mit den Managern der Band stand. Heute wäre in solchen Fällen § 326 Abs. 2 S. 1 1. Alt. einschlägig.[74]

Erforderlich ist, dass der Gläubiger **weit überwiegend** verantwortlich ist. Damit ist ein hoher Grad der Mitverantwortung umschrieben, der über § 254 einen Schadensersatzanspruch in weiten Teilen ausschließen würde.[75] Nötig ist also eine sehr hohe Mitverantwortlichkeit, die manche bei 90 %, andere bei 80-90 % verorten.[76] Für die **beiderseits zu vertretende Unmöglichkeit**, also Fälle, in denen beide Parteien die Unmöglichkeit zu vertreten haben, trifft § 326 Abs. 2 S. 1 1. Alt. also nur eine Regelung für den Fall, dass die Verantwortlichkeit einer der Parteien weit überwiegt.[77]

703

b) Annahmeverzug des Gläubigers (§ 326 Abs. 2 S. 1 2. Alt.)

Der Anspruch auf die Gegenleistung bleibt gem. § 326 Abs. 2 S. 1 2. Alt. auch erhalten, wenn der Gläubiger bei Eintritt der Unmöglichkeit im **Annahmeverzug**[78] ist und der **Schuldner die Unmöglichkeit nicht zu vertreten** hat. Für die Frage des Vertretenmüssens des Schuldners müssen Sie § **300 Abs. 1** im Blick haben: Der Schuldner hat während des Gläubigerverzugs ja nur Vorsatz und grobe Fahrlässigkeit zu vertreten. Der Gläubiger trägt daher nicht nur das Zufallsrisiko, sondern auch die Gegenleistungsgefahr bei (leichter) Fahrlässigkeit des Schuldners. Das zeigt sich, wenn der Käufer das Fahrrad zum vereinbarten Abholtermin nicht abholt und es dann gestohlen wird, weil der Verkäufer es leicht fahrlässig nicht sichert. Dann hat der Verkäufer wegen § 300 Abs. 1 die Unmöglichkeit nicht zu vertreten. Er kann zugleich Kaufpreiszahlung verlangen, weil dieser Anspruch gem. § 326 Abs. 2 S. 1 2. Alt. in der genannten Konstellation nicht parallel zum Leistungsanspruch entfällt.

704

> Stellen wir uns vor, dass G in **Fall 47** zum vereinbarten Zeitpunkt mit seinem Equipment am Garten des U steht, aber niemand vor Ort ist, so dass G gezwungen ist, auf die Arbeiten zu verzichten. Selbst wenn er beim Wegfahren dann leicht fahrlässig den Garten in Brand setzt und dadurch die Herrichtung für das Fest unmöglich macht, bleibt sein Anspruch auf die Gegenleistung erhalten: Wegen § 300 Abs. 1 haftet er während des nun vorliegenden Annahmeverzugs iSv § 293 nicht für leichte Fahrlässigkeit.[79] § 326 Abs. 2 S. 1 2. Alt. sieht zudem eine Ausnahme zu § 326 Abs. 1 S. 1 vor – die Gegenleistungs- bzw Preisgefahr trägt in diesem Fall U.

705

Auch das Rücktrittsrecht des Käufers aus § 326 Abs. 5 ist in dieser Situation wegen § 323 Abs. 6 2. Alt. ausgeschlossen. Wenn der Käufer die Abnahmeverzögerung zu vertreten hat, gerät er in solchen Fällen übrigens nicht nur in Gläubiger-, sondern **auch in Schuldnerverzug** (vgl § 286 Abs. 2 Nr 1). Denn die Abnahmepflicht ist beim Kauf wie auch beim Werkvertrag (§ 640 Abs. 1) als Pflicht konzipiert (§ 433

706

---

74 Möglicherweise auch § 326 Abs. 1 S. 2 2. Alt., weil die Veranstalterin wegen § 297 auch ohne Angebot des Beleuchters in Annahmeverzug gekommen sein dürfte.
75 BT-Drs. 14/6040, S. 187
76 NK/*Dauner-Lieb*, BGB³, § 326 Rn 13; vgl zur Heranziehung der Norm bei einer relativen Verantwortlichkeit von 80-90 % BeckOK/*H. Schmidt*, BGB⁵¹, § 326 Rn 15.
77 Zur Lösung der beiderseits zu vertretenden Unmöglichkeit im Übrigen s. unten Rn 709 ff.
78 Zu den Voraussetzungen des Annahmeverzugs unten Rn 800 ff.
79 Zu § 300 Abs. 1 näher unten Rn 823 f.

Abs. 2). Der Käufer muss dem Verkäufer daher auch Schäden ersetzen, die ausschließlich auf der Verzögerung der Abnahme beruhen.

c) Anrechnung von Ersparnissen (§ 326 Abs. 2 S. 2)

707 Wenn einer der beiden Tatbestände des § 326 Abs. 2 S. 1 eingreift, behält der Schuldner den Anspruch auf die Gegenleistung. Er muss sich allerdings gem. **§ 326 Abs. 2 S. 2** abziehen lassen, was er durch die **Leistungsbefreiung erspart** oder durch anderweitige Verwendung seiner **Arbeitskraft erwirbt** oder zu **erwerben böswillig unterlässt**. Wenn ein Dachdecker wegen der Leistungsbefreiung Kosten für Baumaterial erspart, ist sein Entgelt um diese ersparten Kosten zu kürzen. Nutzt er eine solche Gelegenheit böswillig nicht aus, kommt es zum Abzug dessen, was er anderweitig hätte verdienen können. Böswillig ist ein hartes Wort. Böswillig handelt der Schuldner nicht erst dann, wenn er den Gläubiger zielgerichtet schädigen will. Vielmehr handelt er schon böswillig, wenn er sich durch seine Unterlassung unfair dem Gläubiger gegenüber verhält. Das muss man im Regelfall aber schon immer dann bejahen, wenn der Schuldner wissentlich eine zumutbare Erwerbsmöglichkeit unterlassen hat.[80]

708 § 326 Abs. 2 S. 2 ist **nicht anwendbar**, wenn die **Nacherfüllung** des Verkäufers dadurch unmöglich geworden ist, dass der Verkäufer die Nacherfüllung selbst vorgenommen hat – also etwa den defekten Pkw anderweitig hat reparieren lassen.[81] Eine **direkte Anwendung** scheidet aus: § 326 Abs. 2 S. 2 setzt voraus, dass ein Fall des § 326 Abs. 2 S. 1 vorliegt. § 326 Abs. 2 S. 1 greift in diesem Fall aber nicht ein, weil die Norm als Ausnahme zu § 326 Abs. 1 S. 1 voraussetzt, dass der Gegenleistungsanspruch grundsätzlich gem. dieser Grundregel entfallen würde. Das ist bei unbehebbaren Sachmängeln aber schon wegen § 326 Abs. 1 S. 2 nicht der Fall: Denn **§ 326 Abs. 1 S. 2** schließt für diesen Fall § 326 Abs. 1 S. 1 aus, um dem Käufer die Wahl zwischen den Gewährleistungsrechten (§ 437) zu erhalten.[82] Auch eine **analoge Anwendung** der Norm scheidet aus.[83] Sie würde die **abschließende Regelung der §§ 437 ff** aushebeln: Dort ist ein Selbstvornahmerecht des Käufers gerade nicht vorgesehen; vielmehr hat der Verkäufer ein „**Recht zur zweiten Andienung**": Der Käufer kann weitergehende Rechtsbehelfe wie Rücktritt oder Schadensersatz statt der Leistung grundsätzlich erst geltend machen, wenn er dem Verkäufer Gelegenheit zur Nacherfüllung gegeben hat (vgl § 323 Abs. 1, § 281 Abs. 1). Auf den ersten Blick scheint das Ergebnis unfair, weil sich der Verkäufer so die Aufwendungen der Nacherfüllung spart – zu Lasten des Käufers. Der Käufer kann das aber schlicht dadurch vermeiden, dass er die Nacherfüllung nicht durch Selbstvornahme unmöglich macht. Hier geht es also auch um Verhaltenssteuerung: Langfristig können Käufer dazu angehalten werden, Verkäufern Gelegenheit zur Nacherfüllung zu geben – andernfalls bleiben sie schließlich auf ihren Kosten sitzen.

4. Beiderseits zu vertretende Unmöglichkeit

709 § 326 regelt die beiderseits zu vertretende Unmöglichkeit nur insoweit, als der Gegenleistungsanspruch gem. § 326 Abs. 2 S. 1 1. Alt. erhalten bleibt, wenn weit überwiegende Verantwortlichkeit des Gläubigers vorliegt. Im Übrigen hat der Gesetzge-

---

80 MünchKomm/*Ernst*, BGB[8], § 326 Rn 93.
81 BGH NJW 2005, 1348 = JuS 2005, 749 *(Emmerich)*.
82 Vgl oben Rn 699.
83 BGH NJW 2005, 1348 (1349 ff) mwN.; aA: *S. Lorenz*, NJW 2005, 1321.

ber diese seit langem umstrittene Konstellation **bewusst ungeregelt** gelassen.[84] Die Lösung wird daher nach wie vor kontrovers diskutiert – wobei im Ergebnis im entscheidenden Punkt Einigkeit besteht: Wenn Schuldner und Gläubiger die Unmöglichkeit gemeinsam zu verantworten haben, sind sie wirtschaftlich an den Folgen auch gemeinsam zu beteiligen. Uneinigkeit herrscht aber bezüglich der Frage, wie die gemeinsame Beteiligung dogmatisch begründet werden soll. Praktisch bedeutsam ist dieser Streit freilich eher selten. Die Ergebnisse unterscheiden sich nur, wenn der Wert von Leistung und Gegenleistung auseinanderfallen, also jemand beispielsweise für 100 Euro eine Sache kauft, die 150 Euro wert ist.

Teils wird vorgeschlagen, § 326 Abs. 2 S. 1 analog heranzuziehen, den Gegenleistungsanspruch aber analog § 254 zu kürzen und dem Gläubiger einen nach der Differenztheorie zu berechnenden Anspruch auf Schadensersatz statt der Leistung aus §§ 280 Abs. 1, 3, 283 zuzusprechen – wiederum gekürzt um den eigenen Verschuldensanteil gem. § 254.[85] 710

Andere nehmen zwar auch an, dass der Gegenleistungsanspruch gem. § 326 Abs. 2 analog erhalten bleibt – allerdings ohne Kürzung gem. § 254. Der Gläubiger erhalte einen nach der Surrogationstheorie (also ohne Abzug der Gegenleistung) zu berechnenden Schadensersatzanspruch, der nach § 254 um den Mitverschuldensanteil des Gläubigers zu kürzen sei.[86] Diese beiden Ansätze eint, dass sie § 326 Abs. 2 S. 1 entsprechend heranziehen. Darin liegt zugleich ihre Schwäche: § 326 Abs. 2 S. 1 greift seinem Wortlaut nach nicht ein. Und für eine Analogie fehlt es an der Planwidrigkeit dieser Regelungslücke: Der Gesetzgeber hat sehenden Auges die Fallgruppe der beiderseitigen (und nicht einseitig überwiegenden) Verantwortlichkeit für die Unmöglichkeit ungeregelt gelassen. Auch ist die Anwendung des § 254 auf Primärleistungsansprüche systemwidrig.[87] 711

Die wohl hM löst die beiderseits zu vertretende Unmöglichkeit daher zu Recht durch **wechselseitige Schadensersatzansprüche**:[88] § 326 Abs. 2 S. 1 ist ihr zufolge nicht anwendbar; es verbleibt bei der Grundregel des § 326 Abs. 1 S. 1, wonach der Anspruch auf die Gegenleistung entfällt. Allerdings hat zunächst der Schuldner einen Anspruch auf Schadensersatz (neben der Leistung) aus §§ 280 Abs. 1, 241 Abs. 2. Der Höhe nach entspricht er der Höhe des entfallenen Gegenleistungsanspruchs, ist aber gem. § 254 Abs. 1 um den Eigenverantwortungsanteil zu kürzen. Zugleich hat der Gläubiger einen nach der Differenztheorie zu berechnenden Anspruch auf Schadensersatz statt der Leistung aus §§ 280 Abs. 1, Abs. 3, 283 – wiederum gekürzt gem. § 254 Abs. 1. Im wirtschaftlichen Ergebnis lassen sich so die beiderseitigen Verschuldensanteile angemessen berücksichtigen. Zugleich wird im Ergebnis durch die Schadensberechnung abgebildet, wenn eine der Seiten ein „gutes" oder „schlechtes" Ge- 712

---

84 Didaktisch gelungene Darstellungen dieses „Klassikers" finden sich beispielsweise bei *Brade* JA 2013, 413 und *Stoppel* JURA 2003, 224.
85 *U. Huber*, Leistungsstörungen II (1999), S. 749 ff.
86 *Schwarze* FS Otto (2008), S. 501 ff.
87 MünchKomm/*Ernst*, BGB[8], § 326 Rn 83.
88 Palandt/*Grüneberg*, BGB[78], § 326 Rn 15; Jauernig/*Stadler*, BGB[17], § 326 Rn 22; *Canaris* FS E. Lorenz (2004), S. 179.

schäft gemacht hat.[89] Die wechselseitigen Schadensersatzansprüche werden nicht *ex lege* verrechnet. Schließlich geht es nicht um bloße Rechnungsposten, sondern um selbständige Ansprüche. Daher ist – wie stets bei wechselseitigen und gleichartigen Ansprüchen – eine Aufrechnung erforderlich.

5. Inanspruchnahme des Surrogats gem. § 285 (§ 326 Abs. 3)

713 Wenn der Gläubiger nach § 285 anstelle der Primärleistung das Surrogat in Anspruch nimmt, wäre er überkompensiert, wenn er trotzdem von der Gegenleistung befreit würde. Daher sieht § 326 Abs. 3 S. 1 vor, dass er dann zur **Gegenleistung verpflichtet bleibt**. Andererseits ist denkbar, dass das **Surrogat weniger wert** ist als die Primärleistung. Das ist durch **§ 326 Abs. 3 S. 2** berücksichtigt: Der Gegenleistungsanspruch des Schuldners ist insoweit gekürzt, als der Wert des Surrogats hinter dem Wert der geschuldeten Leistung zurückbleibt. Die subjektive Werterelation des Vertrags wird durch analoge Anwendung des § 441 Abs. 3 sichergestellt.

6. Rückforderung nicht geschuldeter Gegenleistungen (§ 326 Abs. 4)

714 Wenn Sie ein schon im Zeitpunkt des Kaufs zerstörtes Gemälde gekauft haben und in Vorleistung getreten sind, haben Sie gezahlt, wozu Sie gem. § 326 Abs. 1 S. 1 gar nicht verpflichtet waren. § 326 Abs. 4 sieht für solche Fälle eine **Rückerstattungspflicht** vor. Wer Gegenleistungen bewirkt hat, obwohl sie gem. § 326 nicht geschuldet sind, kann das Geleistete nach dem Rücktrittsfolgenrecht der §§ 346 ff[90] zurückfordern.

7. Rücktrittsrecht (§ 326 Abs. 5)

a) Regelungszweck

715 § 326 Abs. 5 gibt dem Gläubiger **zusätzlich ein Rücktrittsrecht**, wenn der Schuldner nach § 275 von der Leistung befreit ist. Der Rücktritt mag aus Gläubigersicht schon deshalb sinnvoll sein, weil der Gläubiger so zusätzliche Klarheit schaffen kann, auch wenn die „harten" Rechtsfolgen des Rücktritts (§§ 346 ff) letztlich auch ohne Rücktrittserklärung über § 323 Abs. 1 und Abs. 4 erreicht werden. Gem. § 326 Abs. 5 2. HS gilt § 323 für das Rücktrittsrecht entsprechend, allerdings mit der Maßgabe, dass die sonst ja gem. § 323 Abs. 1 grundsätzlich erforderliche **Fristsetzung entbehrlich** ist. Die Fristsetzung ist bei Unmöglichkeit iSd § 275 Abs. 1 unsinnig, passt aber auch bei § 275 Abs. 2 und 3 nicht, weil da die Leistungserbringung ohnehin unzumutbar ist. Wer also etwa ein Pferd kauft, das einen unbehebbaren Sachmangel aufweist, kann auch ohne Fristsetzung zurücktreten, wenn nach der Parteivereinbarung auch keine Ersatzlieferung erfolgen kann.[91] Denn dann sind beide Arten der Nacherfüllung (Ersatzlieferung und Nachbesserung) gem. § 275 Abs. 1 ausgeschlossen.

---

89 NK/*Dauner-Lieb*, BGB³, § 326 Rn 19.
90 Das Rücktrittsfolgenrecht ist in § 10 erörtert.
91 OLG Frankfurt BeckRS 2011, 5375.

Vom Fristsetzungserfordernis abgesehen, findet § **323 umfänglich Anwendung**, insbesondere also auch die Ausschlussgründe des § 323 Abs. 6.[92] Der Rücktritt ist daher gem. § 326 Abs. 5 iVm § 323 Abs. 6 1. Alt. ausgeschlossen, wenn der Gläubiger die Unmöglichkeit zu verantworten hat. Und gem. § 326 Abs. 5 iVm § 323 Abs. 6 2. Alt. ist der Rücktritt auch dann ausgeschlossen, wenn der Schuldner die Unmöglichkeit nicht zu vertreten hat und der Gläubiger bei Eintritt der Unmöglichkeit im Annahmeverzug ist.

716

b) Teilunmöglichkeit (§ 326 Abs. 5 2. HS iVm § 323 Abs. 5 S. 1 und S. 2)

Praktisch ist § 326 Abs. 5 sehr bedeutsam, wenn § 326 Abs. 1 S. 1 gem. § 326 Abs. 1 S. 2 ausgeschlossen ist, also vor allem bei **unbehebbaren Sachmängeln** im Kauf- und Werkvertragsrecht. Weil § 326 Abs. 5 2. HS auf § 323 verweist, gelten dann ja auch die Regeln des § 323 zur Teilleistung (§ 323 Abs. 5). Bei unbehebbaren Sachmängeln liegt Teilunmöglichkeit in qualitativer Hinsicht vor.[93] Gem. § 323 Abs. 5 S. 2 kann der Gläubiger daher grundsätzlich zurücktreten kann. Eine – vom Schuldner darzulegende und zu beweisende – Ausnahme besteht lediglich für den Fall, dass die **Pflichtverletzung unerheblich** ist.[94]

717

8. Lösung Fall 47

G könnte gegen U einen Anspruch gegen U auf Zahlung der vereinbarten Vergütung iHv 2.000 Euro aus § 631 Abs. 1 2. HS haben.

718

I. Zwischen U und G ist ein Werkvertrag zustande gekommen[95]. Dieser sieht auch einen Vergütungsanspruch vor, § 631 Abs. 1 2. Alt.

II. Dieser könnte jedoch gem. § 326 Abs. 1 S. 1 erloschen sein.

1. Ein § 326 nötiges gegenseitiges Schuldverhältnis liegt mit dem Werkvertrag vor.

2. G muss nach § 275 Abs. 1-3 von seiner Leistungspflicht befreit sein. Hier könnte § 275 Abs. 1 eingreifen. Das ist der Fall, wenn die Leistung für jedermann oder jedenfalls für G unmöglich geworden ist. Der Garten sollte für einen ganz spezifischen Anlass (Gartenfest) zu einem bestimmten Zeitpunkt hergerichtet werden, der bereits verstrichen ist. Die „festtaugliche" Herrichtung des Gartens zum vereinbarten Termin ist schon objektiv so entscheidend, dass eine spätere Herrichtung des Gartens dem ursprünglichen Zweck nicht mehr gerecht werden und keine Erfüllung iSv § 362 Abs. 1 mehr darstellen kann (absolutes Fixgeschäft). Die Leistung ist somit nicht nachholbar und daher unmöglich. Die Leistungspflicht des G ist nach § 275 Abs. 1 erloschen.

3. Nach § 326 Abs. 1 S. 1 entfällt daher grundsätzlich die Gegenleistungspflicht des U. Sie könnte allerdings gem. § 326 Abs. 2 1. Alt erhalten sein: Die Unmöglichkeit der Leistung beruht auf der schweren Verletzung des G, die ihm durch den Hund des U zugefügt wurde. U hat sich diesbezüglich pflichtwidrig und schuldhaft verhalten, indem er seiner gefährlichen Dogge keinen Maulkorb angezogen hat (§ 241 Abs. 2 und Verkehrssicherungspflicht bezogen auf den Hund als Gefahrenquelle). U ist also für das Leistungshindernis allein ver-

---

92 BeckOK/*H. Schmidt*, BGB[51], § 326 Rn 33.
93 S. oben Rn 674 und 699.
94 Einzelheiten dazu unten Rn 531.
95 Zur Abgrenzung zwischen Werk- und Dienstvertrag MünchKomm/*Busche*, BGB[7], § 631 Rn 16 ff.

antwortlich. Daher greift § 326 Abs. 2 1. Alt. ein, so dass die Zahlungspflicht erhalten bleibt.

Ergebnis: G hat gegen U einen Anspruch auf Zahlung der vereinbarten Vergütung iHv 2.000 Euro aus § 631 Abs. 1 2. HS.

IV. Sekundärleistungsansprüche als Folge der Unmöglichkeit

719 **Fall 48:** Im Urlaubsressort auf den Malediven trifft B an ihrem ersten Urlaubstag A. B berichtet dabei von einem echten van-Gogh-Bild. Da sie Geldsorgen plagen, suche sie zurzeit einen passenden Käufer für das Bild. A, der sich selbst als Kunstliebhaber betrachtet, schlägt B daher vor, das Bild für 1.000.000 Euro zu kaufen. B willigt ein. Beide wissen aber nicht, dass kurz nach der gestrigen Abreise der B ein Gewitter über ihr Haus gezogen ist. Dabei traf ein Blitz das Haus, so dass es samt dem darin befindlichen Bild abbrannte. Da B allein und etwas abgelegen wohnt, wurde dieser Schaden erst bei der Rückkehr der B entdeckt. Als B A anruft und ihm mitteilt, dass aufgrund der Geschehnisse wohl auch der Vertrag „verbrannt" ist, erwidert A, dass er an dem Vertrag festhalten wolle. Auch trägt er vor, dass er als Kunstliebhaber das Bild an Mäzen M für 1.250.000 Euro hätte verkaufen können. Jedenfalls die Differenz habe B ihm nun zu zahlen.
Frage 1: Kann A von B die Übergabe und Übereignung des Bildes verlangen?
Frage 2: Kann A von B 250.000 Euro als Schadensersatz verlangen? **Lösung Rn 751**

Fall 49: Eine Markthändlerin kauft bei einer Biobäuerin 200 Zentner Kartoffeln, wobei die Bäuerin ausschließlich aus ihrem eigenen Lagerbestand liefern soll. Die Bäuerin setzt nach Vertragsschluss fahrlässig ihr Lager in Brand und kann deshalb nur mehr 50 Zentner Kartoffeln liefern – alle anderen Kartoffeln sind verbrannt. Die Markthändlerin hätte die Kartoffeln mit einem Gewinn von 10 Euro pro Zentner weiterverkaufen können. Kann sie Schadensersatz verlangen?

Fall 50: Eine Markthändlerin kauft bei einer Biobäuerin einen alten gebrauchten Traktor, weil sie diesen Traktor wegen seines Alters und seiner individuellen Farblackierung toll findet. Die Bäuerin müsste wissen, dass der Traktor eine deutlich höhere Laufleistung hat als angegeben, behält aber ihre Zweifel bei den Verkaufsgesprächen für sich. Der Traktor hätte einen Zeitwert von 5.000 Euro, wenn er tatsächlich die angegebene Laufleistung hätte. Mit dieser Laufleistung hat er nur mehr einen Zeitwert von 4.000 Euro. Kann die Markthändlerin Schadensersatz verlangen?

1. Schadensersatz statt der Leistung

720 Wenn die Leistung nicht erbracht werden kann (§ 275 Abs. 1) oder die Leistungserbringung unzumutbar ist (§ 275 Abs. 2 und Abs. 3), muss der Gläubiger damit leben, dass er die Leistung selbst nicht verlangen kann. Manchmal erleidet er aber einen Schaden, weil die Leistung ausbleibt: Er mag etwa einen Verdienstausfall erleiden, ein teures Deckungsgeschäft vornehmen müssen oder auch auf einen Gewinn verzichten müssen, den er mit dem Leistungsgegenstand erzielen hätte können. Das Gesetz gibt dem Gläubiger daher auch bei Unmöglichkeit Ansprüche auf Schadensersatz statt der Leistung. Dabei differenziert das Gesetz zwischen nachträglicher Unmög-

lichkeit (§§ 275 Abs. 4, 280 Abs. 1 u. 3, 283) und anfänglicher Unmöglichkeit (§§ 275 Abs. 4, 311a Abs. 2). Beide Ansprüche sind dadurch gekennzeichnet, dass sie **keine Fristsetzung** verlangen: In den Fällen des § 275 Abs. 1 ist die Fristsetzung von vornherein sinnlos, aber auch in den Fällen des § 275 Abs. 2 und Abs. 3 passt sie nicht, weil die Leistungserbringung ohnehin unzumutbar ist.

Deutlich wird dies in **Fall 48**: A könnte noch so oft eine Frist zur Übereignung des Bildes setzen, B ist aufgrund des Brandes schlicht nicht in der Lage, zu erfüllen – so sehr sie es auch selbst möchte.

a) Schadensersatz statt der Leistung bei anfänglicher Unmöglichkeit (§ 311a Abs. 2)

aa) Regelungssystematik und Normzweck. Für **anfängliche Wirksamkeitshindernisse bei Verträgen** ist § 311a Abs. 2 einschlägig. Dass § 311a Abs. 2 nur die Situation der anfänglichen Unmöglichkeit regelt, ergibt sich aus seiner systematischen Stellung in § 311a: Abs. 2 schließt an Abs. 1 an, der ausdrücklich klarstellt, dass ein Vertrag nicht – wie nach dem Recht vor der Schuldrechtsreform 2002 – allein deshalb unwirksam ist, weil schon bei Vertragsschluss ein Leistungshindernis nach § 275 Abs. 1 bis 3 vorliegt. § 311a Abs. 1 ist für den Schadensersatzanspruch auch gerade deshalb wichtig, weil die Vertragsnichtigkeit zugleich die Grundlage für Schadensersatzansprüche vernichten würde. **§ 311a Abs. 2 ist eine eigenständige Anspruchsgrundlage** für den Schadensersatz statt der Leistung; § 280 Abs. 1 bis Abs. 3 sind insoweit nicht heranzuziehen. Die Anspruchsgrundlage ist bei anfänglicher Unmöglichkeit also allein § 311a Abs. 2, wobei auch § 275 Abs. 4 mitzitiert werden kann (der auf § 311a verweist).

bb) Voraussetzungen.

(1) Wirksamer Vertrag. § 311a Abs. 2 setzt einen **wirksamen Vertrag** voraus. Hier wird § 311a Abs. 1 virulent: Die anfängliche Unmöglichkeit lässt die Wirksamkeit des Vertrags unberührt.

(2) Bei Vertragsschluss bestehendes Hindernis i.S.d. § 275 Abs. 1-3. Zweite Voraussetzung des Anspruchs ist ein **schon bei Vertragsschluss bestehendes Hindernis iSd § 275 Abs. 1-3**. Erfasst sind zunächst die Unmöglichkeitsfälle iSd § 275 Abs. 1.[96] Auch die Fälle der § 275 Abs. 2 und 3 begründen Hindernisse iSd § 311a Abs. 1 und 2.[97] Dabei besteht das Hindernis unabhängig davon, ob der Schuldner das Leistungsverweigerungsrecht auch geltend macht.[98] Auf die Unterscheidung zwischen objektiver und subjektiver Unmöglichkeit[99] kommt es nicht an. Entscheidend ist aber die Unterscheidung von anfänglicher und nachträglicher Unmöglichkeit: Nur für erstere Fälle gilt § 311a Abs. 2, bei nachträglicher Unmöglichkeit sind die §§ 280 Abs. 1, Abs. 3, 283 anwendbar.

---
96 Dazu oben Rn 668 ff.
97 Dazu oben Rn 681 ff und 685 ff.
98 Staudinger/*Feldmann*, BGB (2018), § 311a Rn 16.
99 Dazu oben Rn 663.

725 **(3) Kenntnis oder Vertretenmüssen der Unkenntnis (§ 311a Abs. 2 S. 2).** Der Anspruch setzt schließlich voraus, dass der Schuldner das **Leistungshindernis** bei Vertragsschluss **kannte oder seine Unkenntnis zu vertreten** hat. Das ergibt sich aus § 311a Abs. 2 S. 2. Hier liegt zugleich der entscheidende Unterschied gegenüber §§ 280 Abs. 1, Abs. 3, 283: Es kommt nicht darauf an, dass der Schuldner das Leistungshindernis zu vertreten hat, vielmehr geht es allein um seine Kenntnis (bzw das Vertretenmüssen der Unkenntnis): Vorzuwerfen ist ihm in einem solchen Fall nicht, dass er die Unmöglichkeit durch sein Verhalten selbst hervorgerufen hat, sondern, dass er eine Sache verkauft hat, von deren Nichtexistenz oder Zerstörung er wusste (oder wissen musste). Die **Beweislast** ist durch die Negativformulierung dem **Schuldner** aufgebürdet: Seine Kenntnis bzw sein Vertretenmüssen der Unkenntnis wird – ähnlich wie in § 280 Abs. 1 S. 2 – vermutet. Für das Vertretenmüssen gelten die **§§ 276-278**. Soweit nichts anderes bestimmt ist, hat der Schuldner also Vorsatz und Fahrlässigkeit zu vertreten. Ob Fahrlässigkeit vorliegt, kann nur mit Blick auf den jeweilgen konkreten Fall und die Einzelfallumstände entschieden werden. Keine Fahrlässigkeit nahm der BGH etwa in einem Fall an, in dem ein Hundeverkäufer eine genetisch bedingte Fehlentwicklung des Knochenwachstums des Hundes nicht durch Röntgendiagnostik überprüfte, weil die üblichen Welpenuntersuchungen keine Beanstandungen ergeben hatten.[100] Bejaht hat sie das OLG Karlsruhe zu Lasten eines gewerblichen Autoverkäufers, der ein gestohlenes Auto im Internet erworben und weiterverkauft hatte, ohne Erkundigungen über die Herkunft des Autos anzustellen.[101]

726 Auch in **Fall 50** spricht der Sachverhalt davon, dass die Bäuerin berechtigte Zweifel an der angegebenen Laufleistung des Traktors hatte. Dass sie diesen nicht nachgegangen ist und sie stattdessen verschwiegen hat, reicht für den Vorwurf der fahrlässigen Unkenntnis aus.

727 cc) **Rechtsfolge: Schadensersatz statt der Leistung.** Gem. § 311a Abs. 2 S. 1 kann der Gläubiger **Schadensersatz statt der Leistung** verlangen. Er wird dadurch in seinem Erfüllungsinteresse geschützt. Für die Schadensberechnung gelten die gleichen Grundsätze wie bei § 281.[102]

b) **Schadensersatz statt der Leistung bei nachträglicher Unmöglichkeit (§§ 280 Abs. 1, Abs. 3, 283)**

728 aa) **Regelungssystematik und Normzweck.** Wenn das Leistungshindernis iSd § 275 Abs. 1-3 erst **nach Vertragsschluss** entsteht, ist nicht § 311a Abs. 2 einschlägig, sondern **§ 283**. Auch § 283 verlangt keine Fristsetzung – sie ist ja unabhängig davon sinnlos bzw unpassend, wann das Leistungshindernis entsteht. Die vollständige **Anspruchsgrundlage** ist **§§ 280 Abs. 1, Abs. 3, 283**, wobei auch § 275 Abs. 4 mitzitiert werden kann (der auf diese Normen verweist). Im Unterschied zu § 311a Abs. 2 gilt § 283 für alle Schuldverhältnisse, nicht nur für vertragliche.

---

100 BGH NJW 2005, 2852.
101 OLG Karlsruhe NJW 2005, 989.
102 Oben Rn 635 ff.

bb) Voraussetzungen.

(1) Schuldverhältnis. Erste Voraussetzung ist ein wirksames Schuldverhältnis (vgl § 280 Abs. 1).   729

(2) Pflichtverletzung: Nichterbringung der Leistung. Der Anspruch setzt weiter   730
eine **Pflichtverletzung** voraus (vgl § 280 Abs. 1). Bei Unmöglichkeit der Leistung liegt die Pflichtverletzung schlicht in der bloßen **Nichterbringung der Leistung**.[103] In Abgrenzung zu § 311a Abs. 2 muss das Leistungshindernis erst nach Begründung des Schuldverhältnisses entstanden sein.

(3) Vertretenmüssen (§ 280 Abs. 1 S. 2). Schließlich setzt der Anspruch voraus,   731
dass der Schuldner die Pflichtverletzung zu vertreten hat (§ 280 Abs. 1 S. 2). Die **Beweislast für das fehlende Vertretenmüssen** liegt beim **Schuldner**. Für das Vertretenmüssen gelten die **§§ 276-278**. Wenn nichts anders bestimmt oder vereinbart ist, hat der Schuldner also Vorsatz und Fahrlässigkeit zu vertreten. Bezugpunkt des Vertretenmüssens ist die Pflichtverletzung, die in der bloßen Nichterbringung der Leistung besteht. Der Schuldner hat sie zu vertreten, wenn er nach dem jeweiligen Maßstab des § 276 das **konkrete Leistungshindernis herbeigeführt** hat. Wenn der Schuldner eine Garantie iSd § 276 Abs. 1 dafür übernommen hat, dass das anfängliche Leistungshindernis besteht, gilt das natürlich nicht: Dann genügt, dass er eben die Einstandspflicht vertraglich übernommen hat.

cc) Rechtsfolge: Schadensersatz statt der Leistung.
Rechtsfolge des § 283 ist wie   732
bei § 311a Abs. 2 ein Anspruch des Gläubigers auf Schadensersatz statt der Leistung. Wiederum gelten die gleichen Grundsätze zur Schadensberechnung wie bei § 281: Insbesondere kann der Gläubiger den Schaden im Rahmen des § 283 ebenso wie im Rahmen des § 281 sowohl nach der **Differenztheorie** als auch nach der **Surrogationsmethode** berechnen.[104] Der Anspruch auf die Gegenleistung ist bei Unmöglichkeit zwar schon nach § 326 Abs. 1 S. 1 erloschen. Das schließt jedoch nicht aus, dass der Gläubiger im Rahmen der Schadensberechnung die Gegenleistung gleichwohl noch erbringt, etwa, weil dies für ihn die unkompliziertere Option darstellt.[105]

> Wenn in **Fall 49** alle Kartoffeln untergegangen wären, dürfte es für die Parteien beispielsweise einfacher sein, die Gegenleistung vom Schadensersatzanspruch abzuziehen, sofern die Markthändlerin den Kaufpreis schon bezahlt hat. Auf diesem Wege würde eine umständliche Rückführung dieser Summe zugunsten einer simplen Kalkulation verhindert.   733

c) Besonderheiten bei Teilunmöglichkeit

Auch für Schadensersatzansprüche des Gläubigers bei Unmöglichkeit sind die besonderen Regeln über Teilleistungen zu beachten, die das Gesetz in **§ 281 Abs. 1 S. 2   734
und S. 3** aufgestellt hat. Das ergibt sich aus den **Verweisen in § 311a Abs. 2 S. 3** (anfängliche Unmöglichkeit) und **§ 283 S. 2** (nachträgliche Unmöglichkeit). Die folgen-

---

103 Eingehend dazu oben Rn 390.
104 Dazu im Einzelnen oben Rn 636 ff.
105 BeckOGK/*Riehm*, BGB (2019), § 283 Rn 50 ff mwN.

den Ausführungen beschränken sich auf einen Überblick über die wesentlichen Grundzüge und die Illustrierung am Fall. Im Übrigen gelten die Ausführungen zu § 281 und § 323 entsprechend.[106]

735 **aa) Kleiner Schadensersatz bei Teilunmöglichkeit.** Wenn der Schuldner gem. § 275 Abs. 1-3 nur teilweise von der Leistung befreit ist, kann der Gläubiger gem. § 311a Abs. 2 bzw gem. § 283 bei teilbaren Leistungen immer den sog. **kleinen Schadensersatz** geltend machen: Er kann also Schadensersatz statt der Leistung ausschließlich mit Blick auf den ausgebliebenen Leistungsteil verlangen. Für diesen Anspruch ist kein Interessefortfall iSd § 281 Abs. 1 S. 2 (iVm § 311a Abs. 2 S. 3 bzw § 283 S. 2) erforderlich.

736 **bb) Großer Schadensersatz bei Teilunmöglichkeit.** Wenn der Gläubiger aber Schadensersatz **statt der ganzen Leistung** geltend machen will (sog. **großer Schadensersatz**) – also unter Zurückweisung bzw Rückgabe der Restleistung nur mehr Schadensersatz bezüglich der gesamten Leistung begehrt – muss er nachweisen, dass er an der Teilleistung **kein Interesse** hat. Das ergibt sich aus § 281 Abs. 1 S. 2, auf den § 311a Abs. 2 S. 3 und § 283 S. 2 jeweils verweisen. Hintergrund ist der Grundsatz der Vertragserhaltung.

737 Die Markthändlerin kann in **Fall 49** ohne Weiteres kleinen Schadensersatz statt der Leistung aus § 437 Nr. 3 iVm §§ 280 Abs. 1, Abs. 3, 283 verlangen: Die Bäuerin hat die Teilunmöglichkeit ja fahrlässig (§ 276 Abs. 2) herbeigeführt, so dass die Voraussetzungen der Norm bezogen auf den unmöglich gewordenen Teil (150 Zentner Kartoffeln) erfüllt sind. Sie kann also 1500 Euro kleinen Schadensersatz aus §§ 280 Abs. 1, Abs. 3, 283 verlangen. § 281 Abs. 1 S. 2 ist insoweit unerheblich. Vielleicht will sie aber auch die 50 Zentner Kartoffeln zurückgeben oder zurückweisen und lieber Schadensersatz statt der ganzen Leistung verlangen – also bezogen auf die gesamte Menge und damit iHv 2000 Euro. Das kann sie gem. § 283 S. 2 iVm § 281 Abs. 1 S. 2 nur, wenn sie an der Teilleistung kein Interesse hat. Sie muss also darlegen und beweisen, dass sie mit den 50 Zentner Kartoffeln gemessen am Vertragszwecks nichts anfangen kann. Damit wird sie aber scheitern, weil sie auch 50 Zentner Kartoffeln am Markt gewinnbringend verkaufen kann und bei 50 Zentnern zu je 10 Euro Gewinn schwer begründbar ist, dass der Marktgang nicht lohnt.

738 **cc) Nicht wie geschuldete Leistung (§ 281 Abs. 1 S. 3 iVm § 283 S. 2 bzw § 311a Abs. 2 S. 3).** Wenn die Leistung nicht wie geschuldet erbracht werden kann, liegt ebenfalls Teilunmöglichkeit vor – nämlich im Hinblick auf die Qualität der Leistungserbringung **(qualitative Teilunmöglichkeit)**. Gemeint sind damit vor allem **unbehebbare Sachmängel**, die **häufig schon bei Vertragsschluss** vorliegen. Wenn der Gläubiger bei qualitativer Teilunmöglichkeit unter Zurückweisung oder Rückgabe der Leistung Schadensersatz statt der ganzen Leistung verlangen will, sind die gesetzlichen Hürden des § 281 Abs. 1 S. 3 etwas weniger streng als bei der Teilleistung iSd § 281 Abs. 1 S. 2: Grundsätzlich kann der Gläubiger Schadensersatz statt der ganzen Leistung verlangen. Das gilt nur dann nicht, wenn die Pflichtverletzung unerheblich ist, wobei der Schuldner die Darlegungs- und Beweislast für die Unerheblichkeit trägt, wie sich aus der Negativformulierung ergibt.

---

106 Zur Problematik iRd § 323 oben Rn 527 ff und 531 f, zur Problematik iRd § 281 oben Rn 623 f.

In **Fall 50** kann die Markthändlerin ohne Weiteres den mangelbedingten Minderwert des 739
Traktors – also 1.000 Euro – als kleinen Schadensersatz statt der Leistung verlangen und
den Traktor behalten (§§ 437 Nr 3, 311a Abs. 2). Die Nacherfüllung ist auch hier in beiden
Varianten schon bei Vertragsschluss gem. § 275 Abs. 1 unmöglich. Die Ersatzlieferung ist
zwar nicht schon deshalb unmöglich, weil eine Stückschuld vorliegt; hier war sie aber deshalb
ausgeschlossen, weil die Markthändlerin den Traktor ja gerade wegen seiner individuellen
Eigenschaften gekauft hat. Nachbesserung scheidet aus, weil niemand etwas an der
tatsächlichen Laufleistung ändern kann. § 311a Abs. 2 S. 1 ist deshalb erfüllt. Die Bäuerin
hat zwar keine Kenntnis von dem Mangel (deutlich höhere Laufleistung), wohl aber hat sie
diese Unkenntnis zu vertreten, weil sie den Mangel hätte kennen können, so dass Fahrlässigkeit
iSd § 276 Abs. 2 vorliegt. Die Exkulpation aus § 311a Abs. 2 S. 2 gelingt ihr also
nicht. Auf § 281 Abs. 1 S. 3 (iVm § 311a Abs. 2 S. 3) kommt es für den kleinen Schadensersatz
gar nicht an. Vielleicht möchte die Markthändlerin aber auch den Traktor zurückgeben
und Schadensersatz statt der ganzen Leistung verlangen – also den hypothetischen Wert
des Traktors in mangelfreiem Zustand (5.000 Euro). Das kann sie nur über den großen
Schadensersatz erreichen, für den das Gesetz zusätzliche Anforderungen bereithält: § 311a
Abs. 2 S. 3 verweist auf § 281 Abs. 1 S. 3 für den Fall der qualitativen Teilunmöglichkeit,
also insbesondere für die hier gegebene Konstellation eines von Anfang an unbehebbaren
Sachmangels. Gem. § 281 Abs. 1 S. 3 ist hier – anders als bei § 281 Abs. 1 S. 2 – Schadensersatz
statt der *ganzen* Leistung grundsätzlich möglich. Etwas anderes gilt nur, wenn die
Pflichtverletzung unerheblich ist. Dafür trägt die Schuldnerin, also die Bäuerin, die Darlegungs-
und Beweislast. Hier liegt Unerheblichkeit fern: der mangelbedingte Minderwert beträgt
immerhin 20 % des hypothetischen Werts der mangelfreien Sache. Außerdem hat die
Bäuerin ihre Zweifel am Tachostand bewusst für sich behalten. Das mag zwar noch keine
Arglist begründen (dann wäre die Unerheblichkeit nach der Rechtsprechung des BGH jedenfalls
ausgeschlossen), stellt aber doch eine recht schwere Sorgfaltspflichtverletzung dar.
Deshalb sollte Unerheblichkeit nur bei besonders geringfügigen Mängeln bejaht werden.
Davon kann keine Rede sein. Die Markthändlerin kann deshalb auch den Traktor zurückgeben
und großen Schadensersatz iHv 5.000 Euro verlangen.

2. Surrogatsherausgabe (§ 285)

Bei Unmöglichkeit der Leistung kann der Gläubiger gem. § 285 auch Surrogatsherausgabe 740
verlangen. Dieser Anspruch ist ein weiterer Sekundärleistungsanspruch des
Gläubigers.

a) Regelungszweck und Anwendungsbereich des § 285

Wenn § 275 eingreift, kann der Gläubiger zwar die Leistung nicht verlangen. Manchmal 741
erhält der Schuldner aber an Stelle der ausgeschlossenen Leistung einen Ersatzgegenstand
oder einen anderen Vorteil. Diesen Ersatz soll, so das Anliegen des § 285,
der Gläubiger verlangen dürfen. Das Gesetz ordnet solche Surrogate wirtschaftlich also
dem Gläubiger zu. Man spricht insoweit auch von **„schuldrechtlicher Surrogation"**[107], weil der Ersatz zwar nicht mit dinglicher Wirkung dem Gläubiger zugeordnet
wird, er ihn aber mittels eines schuldrechtlichen Anspruchs herausverlangen kann.
§ 285 ist auf alle Konstellationen des § 275 Abs. 1-3 anwendbar und erfasst grund-

---

107 S. etwa Hk/*Schulze*, BGB¹⁰, § 285 Rn 1.

sätzlich alle Schuldverhältnisse.[108] Teilweise sind Sonderregeln zu beachten, beispielsweise § 818 Abs. 2 und 3 bei der (nicht verschärften) Bereicherungshaftung oder auch § 816 Abs. 1 für die Verfügung Nichtberechtigter.

b) Voraussetzungen

aa) Schuldverhältnis, das auf Leistung eines bestimmten Gegenstandes gerichtet ist.

742 § 285 setzt zunächst voraus, dass das Schuldverhältnis auf die **Leistung eines bestimmten Gegenstandes** gerichtet ist („für den geschuldeten Gegenstand"). Nach wohl hM fallen deshalb Dienst- und Arbeitsleistungen nicht unter § 285;[109] auch Gattungsschulden scheiden vor Konkretisierung grundsätzlich aus.[110] Unproblematisch erfasst sind beispielsweise der Kauf einer individuell bestimmten Sache oder eines Tieres. Gleiches gilt etwa für die Vermietung oder Verpachtung eines Grundstücks.

743 In Konstellationen wie **Fall 48**, in denen es um teure Sachen mit beispielsweise künstlerischem Wert geht, dürfte im Sachverhalt regelmäßig auf eine Versicherung Bezug genommen werden. Abwegiger erscheint dies bei **Fall 49**, denn Verbrauchsprodukte wie Kartoffeln unterliegen idR keinem speziellen Versicherungsschutz. Ausnahmsweise kann das mal anders sein, wenn etwa ein Bauer sich gegen einen Totalausfall seiner Ernte abgesichert hat.

744 **bb) Leistungshindernisse iSd § 275 Abs. 1-3.** § 285 setzt weiter ein **Leistungshindernis iSd § 275 Abs. 1-3** voraus. Anfängliche wie nachträgliche Unmöglichkeit sind ebenso erfasst wie subjektive und objektive Unmöglichkeit. Auch kommt es für § 285 nicht darauf an, ob der Schuldner das Leistungshindernis zu vertreten hat. Bei § 275 Abs. 2 und 3 muss der Schuldner sich auf sein Leistungsverweigerungsrecht berufen haben.[111]

745 **cc) Ersatz oder Ersatzanspruch (stellvertretendes commodum).** Der Schuldner muss einen Ersatz oder einen Ersatzanspruch erlangt haben – man spricht insoweit auch vom **stellvertretenden commodum**, um auszudrücken, dass der Ersatz oder der Ersatzanspruch ein Vorteil (commodum) sein muss, der an die Stelle der Primärleistung tritt. Erfasst ist jeder Vermögensvorteil, der wirtschaftlich an die Stelle der Leistung tritt.[112] Stellvertretendes commodum kann zunächst ein unmittelbar aus der Sache resultierender Vorteil sein *(commodum ex re)*. Wichtige Beispiele sind Ersatzansprüche gegen Versicherer[113] oder auch Ansprüche gegen Schädiger. Wenn ich Ihnen mein Fahrrad verkauft habe, es aber nicht liefern kann, weil ein Dritter es vorsätzlich zerstört hat, habe ich wenigstens einen Schadensersatzanspruch aus § 823 Abs. 1 gegen den Dritten. Diesen kann ich (und muss ich gem. § 285) Ihnen abtreten.

746 Aber auch Erlöse, die der Schuldner durch Veräußerung des geschuldeten Gegenstands erzielt, sind erfasst. Man nennt solche Erlöse *commodum ex negotiatione* bzw.

---

108 Näher BeckOGK/*Dornis*, BGB (2019), § 285 Rn 26 ff.
109 MünchKomm/*Emmerich*, BGB[8], § 285 Rn 6; Hk/*Schulze*, BGB[10], § 285 Rn 3; aA etwa: *Löwisch* NJW 2003, 2049; *Hoffmann* Jura 2014, 71, 78.
110 Jauernig/*Stadler*, BGB[17], § 285 Rn 5; dies gilt indes nicht für Vorratsschulden, s. BeckOGK/*Dornis*, BGB, § 285 Rn 61 und Hk/*Schulze*, BGB[10], § 285 Rn 3 („beschränkte Gattungsschuld").
111 Jauernig/*Stadler*, BGB[17], § 285 Rn 6.
112 jurisPK/*Seichter*, BGB[8], § 285 Rn 11.
113 Vgl BGH DNotZ 1992, 41.

commodum ex negotiatione cum re. Beispiel wäre etwa der Veräußerungserlös, den der Verkäufer durch einen Verkauf der geschuldeten Sache an einen Dritten erzielt. Die Vollziehung des Kaufvertrags mit dem Dritten kann ja subjektive Unmöglichkeit (§ 275 Abs. 1) begründen, wenn der Dritte unter keinen Umständen zur Mitwirkung bereit ist. Wenn ich Ihnen also mein Fahrrad nicht liefern kann, weil ich es einem Dritten verkauft und in der Folge übereignet habe, habe ich wenigstens den Veräußerungserlös (oder den Anspruch darauf) erhalten. Dass dieser Vorteil nach § 285 herauszugeben ist, überzeugt normativ wegen des Kerngedankens des § 285 nicht auf den ersten Blick: Dieser Kerngedanke besteht ja darin, dass der Ersatz oder Ersatzanspruch wirtschaftlich schon in die Sphäre des Gläubigers gehört. Das lässt sich jedoch beim Veräußerungserlös nur eingeschränkt sagen: Der Erlös beruht ja ebenso sehr auf dem Verhandlungsgeschick des Schuldners wie auf dem Gegenstand selbst. Manche beschränken § 285 daher der Höhe nach auf den objektiven Wert des Leistungsgegenstandes.[114] Die wohl hM lehnt eine solche Begrenzung aber letztlich zu Recht ab.[115] Dafür spricht vor allem ein Effizienzargument: Der objektive Wert des Leistungsgegenstandes ist meist schwerer zu ermitteln als der Erlös selbst. Die Beschränkung würde daher die Rechtsdurchsetzung erschweren und verzögern.[116]

Das stellvertretende commodum muss **kausal** auf den Umstand zurückgehen, auf Grund dessen der Schuldner gem. § 275 Abs. 1-3 nicht zu leisten braucht („infolge"). Dabei kommt es auf einen wirtschaftlichen, adäquaten Zusammenhang an. Bei Veräußerungserlösen in Fällen des Drittverkaufs könnte man rabulistisch sagen: Der zur subjektiven Unmöglichkeit führende Umstand ist ja gar nicht der schuldrechtliche Verkauf an den Dritten, sondern im Sinne des Trennungs- und Abstraktionsprinzips erst die dingliche Übereignung. Der BGH hat dem zu Recht eine Absage erteilt:[117] Ein wirtschaftlicher Zusammenhang besteht ja zwischen dem Erhalt des Veräußerungserlös und der Übereignung des Grundstücks allemal. 747

dd) Identität zwischen stellvertretendem commodum und Leistungsgegenstand. Schließlich muss der Schuldner das stellvertretende commodum „für den geschuldeten Gegentand" erlangt haben. Daraus schließt der BGH, dass zwischen dem **Ersatz** und dem **primär geschuldeten Leistungsgegenstand Identität in wirtschaftlicher Hinsicht** bestehen muss.[118] Wenn der Schuldner dem Gläubiger Übereignung eines Grundstücks schuldet und durch Verkauf des Grundstücks an einen Dritten ein Entgelt erhält, lässt sich die Identität ohne Weiteres bejahen.[119] Das Entgelt spiegelt als Veräußerungserlös den Wert der Übereignung wider, die der Schuldner dem Gläubiger geschuldet hatte. Anders liegt es, wenn der Schuldner dem Gläubiger nur die Einräumung eines dinglichen Wegerechts schuldet, das Grundstück aber an einen Dritten veräußert.[120] Der vom Dritten erhaltene Veräußerungserlös spiegelt wirtschaftlich ja nicht den Wert des Wegerechts wider, sondern geht weit darüber hinaus. Ähnlich 748

---

114 Etwa *Löwisch* NJW 2003, 2049.
115 Etwa MünchKomm/*Emmerich*, BGB[8], § 285 Rn 23; Jauernig/*Stadler*, BGB[17], § 285 Rn 8.
116 BeckOGK/*Dornis*, BGB (2019), § 285 Rn 80.
117 BGH NJW 1967, 622.
118 BGH NJW 1967, 622, 623 f.
119 BGH NJW 1967, 622, 624.
120 BGH NJW 1967, 622, 624.

liegt es nach der Rechtsprechung des BGH auch, wenn ein Vermieter Gewerberaum „doppelt" vermietet: Der nichtbesitzende Mieter kann vom Vermieter nicht gem. § 285 Herausgabe der von dem anderen Mieter erhaltenen Miete verlangen, wenn dieser andere Mieter den Gewerberaum viel weitergehender nutzen durfte als er selbst – also etwa als Verkaufshalle statt bloß als Lagerraum.[121]

c) Rechtsfolgen

749 Der Anspruch aus § 285 richtet sich nicht auf Schadensersatz, sondern auf **Herausgabe des Ersatzes** oder auf **Abtretung des Ersatzanspruchs**. Wenn der Gläubiger daneben auch noch vollen Schadensersatz statt der Leistung verlangen könnte, stünde er noch besser als bei Erfüllung. Das verhindert **§ 285 Abs. 2** – ein Fall der **Vorteilsausgleichung**: Der Anspruch auf Schadensersatz statt der Leistung mindert sich um den Wert des erlangten Ersatzes oder Ersatzanspruchs, wenn der Gläubiger Surrogatsherausgabe gem. § 285 Abs. 1 verlangt. Auch bleibt der Gläubiger zur Erbringung der Gegenleistung verpflichtet, wenn er den Anspruch aus § 285 geltend macht.[122]

3. Aufwendungsersatz (§ 284)

750 Der Gläubiger kann schließlich unter den Voraussetzungen des § 284 anstelle des Schadensersatzes statt der Leistung auch Ersatz vergeblicher Aufwendungen verlangen.[123]

4. Lösung Fall 48

751 A könnte gegen B einen Anspruch auf Übergabe und Übereignung des Bildes aus § 433 Abs. 1 S. 1 haben.

I. Der Anspruch ist entstanden, weil A und B einen Kaufvertrag über das Bild geschlossen haben. Selbst, wenn der Anspruch aus § 433 Abs. 1 S. 1 schon bei Vertragsabschluss gem. § 275 Abs. 1 ausgeschlossen war, lässt das die Wirksamkeit des Vertrags unberührt (§ 311a Abs. 1).

II. Der Anspruch ist allerdings gem. § 275 Abs. 1 erloschen: Das Bild ist durch den Brand dauerhaft zerstört, so dass es nicht mehr übergeben und übereignet werden kann. Unerheblich ist dabei, ob anfängliche oder nachträgliche Unmöglichkeit eingreift, weil § 275 Abs. 1 beide Konstellationen erfasst.

III. A hat gegen B keinen Anspruch auf Übergabe und Übereignung des Bildes aus § 433 Abs. 1 S. 1.

Zu Frage 2:

A könnte gegen B einen Anspruch auf Schadensersatz aus § 311a Abs. 2 in Höhe von 250.000 Euro haben.

I. Das setzt zunächst einen Vertrag voraus. Ein solcher liegt wie oben erörtert vor, er ist auch nicht unwirksam, vgl § 311a Abs. 1.

---

121 BGH NJW 2006, 2323; kritisch dazu etwa BeckOK/S. Lorenz, BGB[51], § 285 Rn 12: Der Vermieter schulde zumindest, was der dem Erstmieter für die Freigabe hätte zahlen müssen.
122 Siehe Rn 713.
123 Zu Einzelheiten oben Rn 640 ff.

II. Zudem muss schon bei Abschluss des Vertrags der Anspruch auf die Leistung nach § 275 Abs. 1-3 ausgeschlossen sein. Das Bild war schon im Zeitpunkt des Vertragsschlusses zerstört, so dass anfängliche Unmöglichkeit vorlag.

III. Ferner muss B das Leistungshindernis positiv gekannt oder ihre Unkenntnis zumindest zu vertreten haben, § 311a Abs. 2 S. 2.

Positive Kenntnis hatte B bei Vertragsschluss nicht. Möglicherweise hat sie aber ihre Unkenntnis zu vertreten. B könnte fahrlässig gem. § 276 Abs. 2 in Unkenntnis geblieben sein. Das setzt voraus, dass sie die verkehrserforderliche Sorgfalt verletzt hat. Die verkehrsübliche Sorgfalt verlangt nicht, das eigene Haus während des Urlaubs ständig kontrollieren zu lassen – jedenfalls nicht etwa täglich. Das gilt für Privatleute selbst dann, wenn man wertvolle Dinge im Haus hat. Auch war B nicht dazu verpflichtet, vor Abschluss des Hauses noch einmal zu prüfen, ob alles in Ordnung ist (aA mit entsprechender Argumentation vertretbar). B hatte ihre Unkenntnis nicht zu vertreten.

Ergebnis: A hat gegen B keinen Anspruch auf Schadensersatz aus § 311a Abs. 2 in Höhe von 250.000 Euro.

§ 13 Schuldnerverzug und Gläubigerverzug

Fall 51: A betreibt eine Müllverbrennungsanlage, die sie zur Gewinnung von ertragreicher Wärmeenergie nutzt. Dafür benötigt sie Abfall, den sie überwiegend von B bezieht. Als A weitere Abfälle benötigt, ordert sie bei B vier Tonnen Abfall. Sie vereinbaren als Liefertermin den 8.10. Als B mit der gewünschten Müllmenge am 8.10. erscheint, findet er allerdings eine verlassene Anlage vor, da A sich zusammen mit ihren Mitarbeitern über neue Verbrennungstechniken informiert und den Liefertermin am 8.10. völlig „verschwitzt" hat. B nimmt daraufhin die Container samt Abfall mit und deponiert diese in seiner Lagerhalle. Als B dann in den Feierabend geht, lässt er den Computer in dem an die Lagerhalle angeschlossenen Büro eingeschaltet, obwohl bekannt ist, dass dadurch Kurzschlüsse und Brände entstehen können. Aufgrund des eingeschalteten Computers kommt es in dem Büro und der Lagerhalle zu einem großen Brand. Der in dem Container befindliche Abfall ist daraufhin zwar verbrannt, freilich aber leider nicht an dem richtigen Ort. B ist dies egal. Er fordert nunmehr von A die Zahlung des Kaufpreises (200 Euro) und übersendet am 11.10. eine Rechnung. A verweigert jede Zahlung, da sie B und dem eingeschalteten Computer die Schuld für den an der falschen Stelle verbrannten Abfall gibt und mangels tatsächlicher Lieferung keine Zahlungspflicht erkennt. B beauftragt daraufhin am 16.10. einen Anwalt damit, A abzumahnen. Nach Übersendung der Mahnung durch den Anwalt stellt dieser dem B eine Rechnung in Höhe von 150 Euro aus, die B auch sogleich bezahlt.

B möchte nunmehr wissen, ob er einen Anspruch auf Zahlung des vereinbarten Kaufpreises und auf Ersetzung der Anwaltskosten hat? **Lösung Rn 834**

Fall 52: S verkauft G ihren gebrauchten Laptop für 500 Euro, was dem Gerätewert entspricht. G zahlt sogleich und vereinbart mit S, dass S den Laptop am 1.11 liefert. S liefert nicht, weil sie den Termin aus Nachlässigkeit vergisst. Am 2.11. explodiert der Laptop beim Einstecken in eine Steckdose, ohne dass S dies vorhersehen oder hätte verhindern können. Kann G von S Schadensersatz statt der Leistung aus §§ 280 Abs. 1, Abs. 3, 283 verlangen?

Fall 53: K betankt sein Auto an der Tankstelle der V. Anschließend fährt er davon, ohne zu bezahlen. V beauftragt ein Detektivbüro damit, den K ausfindig zu machen, was auch gelingt. Für die Ermittlung sind Kosten iHv 150 Euro angefallen. Diese verlangt V nun von K heraus – zu Recht? (Angelehnt an BGH NJW 2011, 2871).

I. Der Schuldnerverzug (§ 286)

1. Begriff und Bedeutung des Schuldnerverzugs

753 Der Begriff des Schuldnerverzugs (auch: Leistungsverzug) ergibt sich im Detail aus § 286. Im Wesentlichen geht es um Fälle, in denen der Schuldner die Leistung verzögert. § 286 regelt nicht alle denkbaren Ansprüche und Konsequenzen von Leistungsverzögerungen. Er bestimmt nur, unter welchen **Voraussetzungen der Schuldner in Verzug gerät.** An den Begriff des Verzugs bzw die Norm des § 286 docken eine ganze Reihe anderer gesetzlicher Bestimmungen an, indem sie den Schuldnerverzug zur Tatbestandsvoraussetzung erheben. Die vielleicht wichtigste dieser Normen kennen Sie bereits: § 280 Abs. 1, Abs. 2, der für Schadensersatz wegen Verzögerung der Leistung verlangt, dass § 286 erfüllt ist. Auch § 288 Abs. 1 haben wir schon kennengelernt.[1] Wenn Sie zur Miete wohnen, sollten Sie auch § 543 Abs. 2 S. 1 Nr 3 lit. a im Blick haben und verhindern, mit zwei aufeinanderfolgenden Monatsmieten in Verzug zu geraten.

754 § 286 hat wie so viele Normen des Allgemeinen Schuldrechts einen **europarechtlichen Hintergrund**: § 286 dient der Umsetzung der Zahlungsverzug-RL. Diese Richtlinie dient der Beschleunigung des Zahlungsverkehrs zwischen Unternehmern, gilt also nur im b2b-Bereich. Der deutsche Gesetzgeber hat sich aber für eine allgemeine („überschießende") Umsetzung entschieden.

2. Voraussetzungen

755 Die früher oft gebrauchte Kurzformel „Verzug ist Nichtleistung trotz Fälligkeit und Mahnung" ist etwas unpräzise, weil sie einige Tatbestandsvoraussetzungen des § 286 unterschlägt. Präziser – aber nicht mehr Kurzformel – ist der Merksatz: Verzug ist Nichtleistung trotz Fälligkeit, Durchsetzbarkeit und Mahnung oder Entbehrlichkeit der Mahnung.

a) Wirksamer, fälliger und durchsetzbarer Anspruch

aa) Wirksamkeit.

756 Der Schuldnerverzug setzt zunächst einen **wirksamen Anspruch** voraus. Wenn die Leistungspflicht des Schuldners wegen **Unmöglichkeit** gem. § 275 Abs. 1 ausgeschlossen ist, kann kein Schuldnerverzug mehr eintreten: Der Schuldner ist dann ja nicht mehr zur Leistung verpflichtet. § 275 Abs. 1 schließt den Schuldnerverzug also aus. Manchmal wird die Möglichkeit der Leistung als eigene Tatbestandsvoraussetzung erlernt. Der Ausschluss des Verzugs ergibt sich aber einfach daraus, dass der Anspruch bei Unmöglichkeit gem. § 275 Abs. 1 ausgeschlossen

---

[1] Dazu oben Rn 213 und 216.

ist.² Verzug kann nur vorliegen, wenn die Leistung noch nachgeholt werden kann. Daran fehlt es insbesondere beim **absoluten Fixgeschäft**.³ Beim **relativen Fixgeschäft**⁴ liegt dagegen regelmäßig Verzug auch ohne Mahnung vor (§ 286 Abs. 2 Nr 1), so dass Verzögerungsschäden gem. §§ 280 Abs. 1, Abs. 2, 286 liquidiert werden können. Auch besteht ein sofortiges Rücktrittsrecht gem. § 323 Abs. 2 Nr 2.⁵

bb) **Fälligkeit.** Wie sich aus dem Wortlaut des § 286 Abs. 1 ergibt, muss der Anspruch auch **fällig** sein. Maßgeblich ist **§ 271 Abs. 1**, bei Verbrauchsgüterkäufen § 475 Abs. 1. Wenn etwa ein Kaufpreis erst Ende des Monats fällig ist, gerät der Schuldner durch die Mahnung Anfang des Monats nicht in Verzug. 757

cc) **Durchsetzbarkeit.** Der Anspruch muss auch **durchsetzbar** sein. Deshalb ist auch bei unvollkommenen Verbindlichkeiten (**Naturalobligationen**)⁶ der Schuldnerverzug ausgeschlossen.⁷ 758

Auch **Einreden** – wie beispielsweise § 214 (Verjährung), § 275 Abs. 2 und 3 (Unzumutbarkeit der Leistung) oder § 320 (Einrede des nicht erfüllten Vertrags) – schließen die Durchsetzbarkeit des Anspruchs aus – und zwar schon, wenn ihre jeweiligen Tatbestandsvoraussetzungen vorliegen.⁸ Der Verzug wird also nicht erst dadurch ausgeschlossen, dass sich der Schuldner auf die jeweilige Einrede beruft.⁹ Beispielsweise gerät der Käufer nicht in Verzug, wenn der Verkäufer ihn wegen der Kaufpreiszahlungspflicht aus § 433 Abs. 2 mahnt, dem Käufer aber wegen seines Anspruchs auf Lieferung aus § 433 Abs. 1 die Einrede des nicht erfüllten Vertrags aus § 320 Abs. 1 zusteht.¹⁰ 759

Für **§ 320 Abs. 1** gilt: Wenn dem Schuldner diese Einrede tatbestandlich zusteht, kann der Gläubiger den Zahlungsverzug nur dadurch herbeiführen, dass er die Gegenleistung so wie geschuldet tatsächlich anbietet – also in einer den Gläubigerverzug begründenden Art und Weise.¹¹ Dass er lediglich zur Gegenleistung bereit und imstande ist, genügt nicht.¹² Denn § 320 Abs. 1 ermöglicht dem Schuldner, die Leistung bis zur „Bewirkung" der Gegenleistung zu verweigern. Die darin liegende Druckfunktion wäre konterkariert, wenn der Schuldner auch ohne tatsächliches Angebot durch den Gläubiger in Annahmeverzug geriete. Beim Kauf verhindert § 320 Abs. 1 den Schuldnerverzug des Käufers auch, wenn der Käufer vom Verkäufer Nacherfüllung verlangen kann – selbst bei unerheblichen Mängeln.¹³

---

2 MünchKomm/*Ernst*, BGB⁸, § 286 Rn 36.
3 Dazu oben Rn 679 f.
4 Dazu oben Rn 520.
5 Dazu oben Rn 520 und 620. Auch § 281 kann im Einzelfall eingreifen, dazu Rn 620.
6 Zum Begriff oben Rn 124.
7 MünchKomm/*Ernst*, BGB⁸, § 286 Rn 22.
8 BGH NJW 1971, 1747 (zu § 320); NJW-RR 2003, 1318 (zu § 320); NJW 1967, 1808 (zur Einrede der Verjährung aus § 214); MünchKomm/*Ernst*, BGB⁸, § 286 Rn 23.
9 BGH NJW 2017, 1100; MünchKomm/*Ernst*, BGB⁸, § 286 Rn 23.
10 BGH NJW 1992, 556, 557 f.
11 BGH NJW 1992, 556, 557 f.
12 BGH NJW 1992, 556, 557 f.
13 BGH NJW 2017, 1100.

760 Beim **Zurückbehaltungsrecht aus § 273** muss der Schuldner die Einrede aber erheben, um Schuldnerverzug zu vermeiden.[14] Um den Grund zu verstehen, müssen Sie sich an eine der zentralen Besonderheiten des § 273 gegenüber § 320 erinnern: Das Zurückbehaltungsrecht aus § 273 kann der Gläubiger gem. § 273 Abs. 3 durch **Sicherheitsleistung** abwenden.[15] Diese Abwendung kann der Gläubiger aber nur vornehmen, wenn der Schuldner die Einrede tatsächlich erhebt. So wird der Gläubiger in seiner Abwendungsbefugnis (§ 273 Abs. 3) dadurch geschützt, dass der Verzug erst ausgeschlossen ist, nachdem der Schuldner die Einrede erhoben hat.[16]

761 Für alle Einreden gilt: Wenn der **Verzug** erst einmal **entstanden** ist, genügt die bloße Erhebung der Einrede nicht mehr, um den Verzug zu beenden. Vielmehr muss der Schuldner dazu die eigene Leistung in Annahmeverzug begründender Weise anbieten – in der Regel also Zug um Zug gegen die ihm geschuldete Gegenleistung.[17]

762 Das bloße „Bestehen" rechtsvernichtender Einwendungen – also etwa das Bestehen einer Aufrechnungslage oder das Vorliegen eines Anfechtungsgrunds – hat keine Auswirkung auf die Durchsetzbarkeit des Anspruchs und lässt deshalb auch den **Verzug unberührt**. Erst wenn die jeweiligen Gestaltungsrechte ausgeübt sind, entfällt der Anspruch – beispielsweise gem. § 389 oder § 142 Abs. 1. Im Falle der Anfechtung entfällt der Verzug stets rückwirkend.[18] Bei Aufrechnung und Rücktritt entfällt der Verzug regelmäßig ebenfalls mit Wirkung für die Vergangenheit.[19]

b) Nichtleistung

763 Der Schuldner darf **nicht geleistet** haben, wie sich aus dem Wortlaut des § 286 Abs. 1 ergibt. Damit ist nicht der jeweilige Leistungserfolg gemeint, sondern die jeweils **geschuldete Leistungshandlung**. Worin diese besteht, hängt vom jeweiligen Schuldverhältnis ab. Beispielsweise spielt auch hier eine Rolle, ob eine Holschuld, eine Bringschuld oder aber eine Schickschuld vorliegt: Wenn der Verkäufer die Sache aussondert und den Käufer zur Abholung auffordert, hat er geleistet, wenn eine Holschuld vorliegt. Wenn dagegen eine Bringschuld oder eine Schickschuld vorliegt, hat der Verkäufer nicht geleistet.[20]

764 Bei **Geldschulden** hat der Schuldner dann geleistet, wenn er Geldscheine per Post auf den Weg zum Gläubiger bringt. Das ergibt sich daraus, dass die Geldschuld als qualifizierte Schickschuld ausgestaltet ist (§§ 270 Abs. 1, Abs. 4, 269).[21] Wenn er das Geld vor Fälligkeit einwirft, gerät der Geldschuldner nicht in Verzug – auch wenn das Geld nach Fälligkeit beim Gläubiger ankommt. Der EuGH hat allerdings entschieden, dass Verzug im Sinne der Zahlungsverzug-RL – die nur für den unternehmerischen Geschäftsverkehr gilt – erst ausgeschlossen wird, wenn die Gutschrift auf dem Empfängerkonto eingegangen ist.[22] Ausnahmen hält der EuGH

---

14 BGH NJW 2007, 1269, 1272; NJW-RR 2005, 1041, 1042; MünchKomm/*Ernst*, BGB[8], § 286 Rn 31.
15 Dazu oben Rn 361.
16 BGH NJW 2007, 1269, 1272.
17 BGH NJW 1971, 421; MünchKomm/*Krüger*, BGB[8], § 273 Rn 93.
18 Soergel/*Benicke/Nalbantis*, BGB[13], § 286 Rn 40; Erman/*Hager*, BGB[15], § 286 Rn 24.
19 BeckOK/*S. Lorenz*, BGB[52], § 286 Rn 16; Erman/*Hager*, BGB[15], 286 Rn 24, diffenzierend Soergel/*Benicke/Nalbantis*, BGB[13], § 286 Rn 40 ff.
20 Zum Leistungsort Rn 299.
21 Dazu oben Rn 207 f.
22 EuGH C-306/0601051 v. 3.4.2008, NJW 2008, 1935.

für zulässig, wenn der Schuldner nicht für Verzögerungen bei der Gutschrift verantwortlich ist. Bei der Anwendung des § 286 sind diese Vorgaben zu beachten.

c) Mahnung

Verzug setzt grundsätzlich eine **Mahnung des Gläubigers** voraus. Unter einer **Mahnung** versteht die stRspr jede eindeutige und bestimmte Aufforderung, mit der der Gläubiger unzweideutig zum Ausdruck bringt, dass er die geschuldete Leistung verlangt.[23] Gleichgestellt sind gem. § 286 Abs. 1 S. 2 die Erhebung der Leistungsklage (§ 253 ZPO) sowie die Zustellung eines Mahnbescheids im Mahnverfahren (§ 688 ZPO).

765

aa) Entsprechende Anwendung der Vorschriften über Willenserklärungen. Die Mahnung ist keine Willenserklärung, weil die Verzugsfolgen nicht davon abhängen, dass der Gläubiger sie durch seine Erklärung herbeiführen möchte. Sie ist aber **geschäftsähnliche Handlung**, auf die die **Vorschriften über Willenserklärung entsprechend** anwendbar sind.[24] Die Mahnung wird daher entsprechend § **130 Abs. 1** mit Zugang beim Schuldner wirksam. Für beschränkt Geschäftsfähige gilt § **107**: Da die Rechtsfolgen der Mahnung für den Gläubiger rein rechtlich vorteilhaft sind, können minderjährige Gläubiger auch ohne Zustimmung der gesetzlichen Vertreter mahnen. Wenn Minderjährige Schuldner sind, sieht es dagegen anders aus: Die Mahnung wird gem. § 131 Abs. 1 und 2 S. 1 nur wirksam, wenn sie den gesetzlichen Vertretern zugeht.[25] Immerhin genügt gem. § 1629 Abs. 1 S. 2 2. HS Zugang an einen von mehreren Vertretern.

766

bb) Funktion, Form, Auslegung. Die Mahnung soll den Schuldner **warnen**, denn der Schuldnerverzug kann einschneidende Konsequenzen für ihn haben. Auf die Rechtsfolgen des Verzugs muss die Mahnung aber nicht hinweisen.[26] **Formerfordernisse** gibt es ebenfalls nicht. Die Mahnung kann höflich, ja witzig und auch als Gedicht formuliert sein: Letzteres hat das LG Frankfurt in einem sehr lesenswerten Gedicht zu Recht entschieden.[27] Auch **konkludente Mahnungen** sind möglich. Ob eine Mahnung vorliegt, muss mit Blick auf die konkreten Umstände des Einzelfalls durch Auslegung ermittelt werden. §§ 133, 157 gelten entsprechend. Eine konkludente Mahnung ist beispielsweise regelmäßig die nach § 281 erforderliche Fristsetzung.[28] Auch wenn der Verkäufer eine mangelhafte Sache liefert und der Verkäufer Nacherfüllung (§§ 437 Nr 1, 439 Abs. 1) fordert, ist darin eine Mahnung zu sehen.[29]

767

Ganz ausnahmsweise kann sogar schon die Übersendung einer Rechnung mit einem konkreten Zahlungsziel eine Mahnung begründen.[30] Das sollte aber nur unter besonderen Umständen angenommen werden, etwa, wenn die Rechnung zum dritten Mal

---

23 BGH NJW 1998, 2132; 2008, 50, 51; OLG Stuttgart BeckRS 2016, 20370.
24 BGH NJW 1967, 1800, 1802.
25 Sehr ausführlich und anschaulich erörtert in BGH NJW 1967, 1800.
26 BGH NJW 2008, 50, 51.
27 LG Frankfurt NJW 1982, 650.
28 Palandt/*Grüneberg*, BGB[78], § 286 Rn 3; Erman/*Hager*, BGB[15], § 286 Rn 33.
29 BGH NJW 1985, 2526.
30 BGH NJW 2008, 50, 51.

und mit beigefügtem Zahlungsplan übersendet wird. Im Normalfall muss der Schuldner jedenfalls eine erste Rechnung selbst mit einem Zahlungsziel noch nicht als Mahnung verstehen.[31]

768 Manchmal kann der Schuldner ohne **Mitwirkung des Gläubigers** nicht leisten. Wenn eine Holschuld vorliegt, ist der Schuldner auf die Abholung durch den Gläubiger angewiesen. Bei einer Wahlschuld mit Wahlrecht des Gläubigers muss der Gläubiger die Wahl ausüben. In diesen Fällen liegt keine wirksame Mahnung vor, wenn der Gläubiger die Handlung nicht zugleich anbietet oder vornimmt.[32] Wenn ich Ihr Fahrrad gekauft habe und ich das Fahrrad bei Ihnen abholen soll, geraten Sie nicht in Verzug, wenn ich Sie von zu Hause aus anrufe und mahne. Die Mahnung ist auch dann unwirksam, wenn der Gläubiger nicht mehr zur Annahme bereit ist (*venire contra factum proprium*, § 242).[33]

769 cc) **Nach dem Eintritt der Fälligkeit – oder zumindest zugleich.** Nach dem Wortlaut des § 286 Abs. 1 muss die **Mahnung nach dem Eintritt der Fälligkeit** erfolgt sein. Das bedeutet: Eine Mahnung vor Fälligkeit ist unwirksam. Sie lebt auch nicht etwa nach Fälligkeit wieder auf, so dass der Gläubiger schon vor Fälligkeit der Leistung „zur Sicherheit" mahnen könnte.[34]

Dem Wortlaut des § 286 Abs. 1 zufolge ist die Mahnung auch dann unwirksam, wenn sie gleichzeitig mit dem Eintritt der Fälligkeit erfolgt. Davon weichen die stRspr[35] und ganz hM[36] aber ab: **Entgegen dem Wortlaut des § 286 Abs. 1** kann die Mahnung auch **zusammen mit fälligkeitsbegründenden Handlungen** erfolgen. Beispielsweise kann der Vermieter die Übersendung einer fälligkeitsbegründenden Berechnungsgrundlage für eine Mieterhöhung mit einer Mahnung verbinden.[37] Der Verzug soll dann aber erst nach einer gewissen Überlegungs- und Überprüfungsfrist eintreten.[38] Auch an fälligkeitsbegründende Rechnungen kann man denken, vor allem, wenn sie eine befristete Zahlungsaufforderung beinhalten („zahlbar ohne Abzug bis zum 30. November"). Hier ist bei der Annahme befristeter Mahnungen aber Zurückhaltung geboten. Die erstmalige Zusendung einer Rechnung dürfte trotz konkreter Zahlungsziele nur selten als Mahnung zu verstehen sein.[39]

770 dd) **Bestimmtheit.** Die Mahnung muss hinreichend **bestimmt** und **klar** sein. Nur dann erfüllt sie ihre Warnfunktion: Der Schuldner muss verstehen, um welche Schuld es geht und dass der Gläubiger jetzt „ernst macht". Keine Mahnung liegt vor, wenn Sie einen Brief ihres Installateurs erhalten und dieser schreibt: „Im letzten Jahr haben

---

31 BGH NJW 2008, 50, 51; BeckOK/*S. Lorenz*, BGB[52], § 286 BGB Rn 27.
32 BGH NJW-RR 1990, 442, 444.
33 MünchKomm/*Ernst*, BGB[8], § 286 Rn 55.
34 Zur Fälligkeit oben Rn 277 ff.
35 BGH NJW 2006, 3271; 2008, 50, 51; 2017, 1823, 1826.
36 Palandt/*Grüneberg*, BGB[78], § 286 Rn 16; Erman/*Hager*, BGB[15], § 286 Rn 34; Jauernig/*Stadler*, BGB[17], § 286 Rn 20; MünchKomm/*Born*, BGB[7], § 1613 Rn 20; aA *Larenz*, SR I[14], S. 344 ff.
37 BGH BeckRS 2014, 21448.
38 BGH BeckRS 2014, 21448; MünchKomm/*Ernst*, BGB[8], § 286 Rn 55.
39 Bejaht in BGH NJW 2006, 3271; verneint dagegen in BGH NJW 2008, 50, 51; vgl dazu auch *Gsell* NJW 2008, 52.

viele unserer Kunden nicht gezahlt. Sollten auch Sie uns etwas schulden, mahnen wir Sie vorsichtshalber!" Wenn der Gläubiger ein kalendermäßig bestimmtes oder bestimmbares Zahlungsziel vorgibt (etwa: „zahlbar bis Ende August"), wird die Mahnung dadurch aber nicht unbestimmt.[40]

Wenn der Gläubiger einen **zu hohen Betrag** anmahnt, kommt der Schuldner in Verzug, wenn der Schuldner die Erklärung des Gläubigers nach den Umständen des Falls als Aufforderung zur Bewirkung der tatsächlich geschuldeten Leistung verstehen muss und der Gläubiger zur Annahme der gegenüber seinen Vorstellungen geringeren Leistung bereit ist.[41] Dafür kommt es auf die konkreten Umstände des Einzelfalls an. Wenn der Gläubiger erkennbar auf Liquidität angewiesen ist, nur geringfügig mehr gefordert hat und der Schuldner erkennen kann, dass die Mehrforderung auf strittigen weiteren Forderungen beruht, liegt die Wirksamkeit der Mahnung nahe. Dann kann der Verzug wegen der Zuvielforderung allenfalls noch am fehlenden Vertretenmüssen des Schuldners scheitern.[42] Mahnt der Gläubiger dagegen einen **geringeren als den geschuldeten Betrag** an, kann die Mahnung den Verzug nur für den tatsächlich geforderten Betrag begründen:[43] Nur in dieser Höhe erfüllt die Mahnung ihre Warnfunktion.

d) Entbehrlichkeit der Mahnung (§ 286 Abs. 2)

§ 286 Abs. 2 führt vier Konstellationen auf, in denen eine Mahnung entbehrlich ist.

aa) Leistungszeit nach dem Kalender bestimmt (§ 286 Abs. 2 Nr 1). Nach § 286 Abs. 2 Nr 1 ist die Mahnung entbehrlich, wenn für die Leistung eine **Zeit nach dem Kalender bestimmt** ist *(dies interpellat pro homine)*. Das Gesetz geht davon aus, dass der Schuldner keiner Warnung durch eine Mahnung bedarf, wenn die Leistungszeit schon terminlich festgelegt ist. Die Bestimmung der Leistungszeit kann sich aus Gesetz ergeben, so etwa aus § 579 für die Miete.[44] Im Vordergrund stehen privatautonome Bestimmungen der Leistungszeit. Dafür muss eine vertragliche Vereinbarung über die Leistungszeit vorliegen, nur dann ist die Zeit im Sinne der Vorschrift „bestimmt". **Einseitige „Bestimmungen"** des Gläubigers genügen also nicht – außer in dem seltenen Fall, dass dem Gläubiger insoweit ein Leistungsbestimmungsrecht (§ 315) zusteht.[45] Das ergibt sich zwar nicht aus dem Wortlaut der Norm, entspricht aber dem Willen des historischen Gesetzgebers – sowohl des BGB von 1900 als auch des BGB der Schuldrechtsreform 2002.[46] Ob eine solche Zeitbestimmung vorliegt, ist bei Verträgen durch **Vertragsauslegung** zu ermitteln (§§ 133, 157).[47] Dabei muss nicht unbedingt ein fester Termin (wie etwa: bis zum 30.11.) genannt sein. Wenn beispielsweise vereinbart ist, dass ein Gaststättenpächter die Gaststätte „bis Ende Au-

---

40 BGH NJW 2006, 3271.
41 BGH NJW 2006, 3271, 3272 mwN.
42 So jedenfalls BGH NJW 2006, 3271, 3272 mwN.
43 BGH NJW 1982, 1983, 1985.
44 § 579 ist allerdings dispositiv und wird oft abbedungen.
45 BGH NJW 2005, 1772; WM 2017, 392.
46 Ausführlich dargelegt in BGH NJW 2008, 50, 51.
47 BGH NJW 2006, 3271.

gust" (vgl auch § 192) räumen muss,[48] liegt Verzug ab dem 1.9. vor. Einseitige Zeitbestimmungen des Gläubigers – wie etwa: „Ihre Lieferung hat bis Ende November zu erfolgen" – sind aber nicht gänzlich unbeachtlich: Sie können eine aufschiebend bedingte Mahnung sein.[49]

bb) Leistungszeit in Abhängigkeit von einem Ereignis bestimmt (§ 286 Abs. 2 Nr 2). Ausreichend ist nach § 286 Abs. 2 Nr 2 auch, dass der Leistung ein **Ereignis** vorauszugehen hat und eine **angemessene Zeit** für die Leistung in der Weise **bestimmt** ist, dass sie sich von dem Ereignis an nach dem **Kalender** berechnen lässt. Wenn der Schuldner mit Hilfe des Vertrages und des Kalenders Klarheit über die Leistungszeit erhalten kann, bedarf er also ebenfalls keiner Warnung.

774

Typische Ereignisse sind die **Lieferung von Waren**, der **Zugang von Rechnungen**, oder auch die **Beurkundung eines Vertrags**.[50] Auch für § 286 Abs. 2 Nr 2 ist eine vertragliche Vereinbarung über das Ereignis und die davon abhängende Leistungszeit erforderlich. Maßgeblich ist einmal mehr die Auslegung (§§ 133, 157 entsprechend). Wenn etwa vertraglich bestimmt ist, dass die Zahlung „drei Wochen nach Lieferung" fällig ist, hat der Schuldner die nötige Klarheit, weil sich die Fälligkeit leicht berechnen lässt. Gleiches gilt bei Bestimmungen wie „zahlbar binnen 10 Tagen nach Zugang der Rechnung".

Die Frist muss auch **angemessen** sein. Das ist nach den individuellen Fallumständen zu beurteilen. Der Schuldner muss ausreichend Zeit haben, seine Leistungshandlung vorzubereiten.[51] Wenn er komplexe Werkleistungen schuldet, wird er dazu mehr Zeit benötigen, als wenn er nur Geld schuldet. Wenn die Frist zu kurz ist, könnte man – ähnlich wie bei Fristsetzungen nach § 281 und § 323 – annehmen, dass automatisch eine angemessene Frist läuft.[52] Aber dann hätte der Schuldner nicht die von § 286 Abs. 2 Nr 2 anvisierte Klarheit über die Leistungszeit.[53] Daher ist die Mahnung dann nicht gem. § 286 Abs. 2 Nr 2 entbehrlich.

775 **cc) Ernsthafte und endgültige Erfüllungsverweigerung (§ 286 Abs. 2 Nr 3).** Die Mahnung ist gem. § 286 Abs. 2 Nr 3 auch entbehrlich, wenn der Schuldner die Leistung ernsthaft und endgültig verweigert. Die ernsthafte und endgültige Erfüllungsverweigerung („**Vertragsaufsage**") ist Ihnen schon aus **§ 281 Abs. 2 1. Alt.** und **§ 323 Abs. 2 Nr 1 wortgleich** bekannt. Die für diese Normen geltenden Grundsätze sind auch bei § 286 Abs. 2 Nr 3 maßgeblich. Sie werden sich erinnern, dass strenge Maßstäbe gelten, die Weigerung also als **letztes Wort des Schuldners** erscheinen muss.[54] Wenn der Schuldner schon **vor Fälligkeit** die Leistung ernsthaft und endgültig verweigert, tritt nicht etwa schon ab dem Zeitpunkt der Erfüllungsverweigerung Verzug ein. Denn § 286 Abs. 2 Nr 3 führt nur dazu, dass die Mahnung entbehrlich ist. Die üb-

---

48 BGH NJW-RR 1999, 593, 595; ähnlich auch BGH NJW 1982, 1279: „Ende Februar 1976".
49 BGH NJW 2006, 3271.
50 Etwa in BGH NJW 2001, 365: „binnen acht Wochen ab Beurkundung des Vertrags".
51 MünchKomm/*Ernst*, BGB[8], § 286 Rn 63.
52 So Jauernig/*Stadler*, BGB[17], § 286 Rn 28.
53 MünchKomm/*Ernst*, BGB[8], § 286 Rn 64.
54 Vgl BGH NJW 2013, 1431 Rn 36.

rigen Voraussetzungen des § 286 Abs. 1 – also insbesondere die Fälligkeit – bleiben von ihr unberührt. Der Verzug tritt daher erst ab Fälligkeit ein.[55]

dd) Besondere Gründe (§ 286 Abs. 2 Nr 4). § 286 Abs. 2 Nr 4 beinhaltet schließlich eine **kleine Generalklausel**, die eine Ausprägung von Treu und Glauben ist. Die Mahnung ist auch dann entbehrlich, wenn aus besonderen Gründen unter Abwägung der beiderseitigen Interessen der sofortige Eintritt des Verzugs gerechtfertigt ist. Die Vorschrift verlangt nach einer umfassenden Interessenabwägung im Einzelfall, bei der die Gläubigerinteressen und die Schuldnerinteressen abzuwägen sind. Da die Mahnung als Instrument des Schuldnerschutzes Kernvoraussetzung des Verzugs ist, sollte § 286 Abs. 2 Nr 4 nur zurückhaltend angewendet werden. Die Norm kann beispielsweise eingreifen, wenn der Schuldner durch ständigen Wohnsitzwechsel und unbekannte Aufenthaltsorte dem Gläubiger die **Mahnung wesentlich erschwert**.[56] Denkbar ist die Anwendung auch, wenn sich der Schuldner zu ganz **besonders eiligen Geschäften** verpflichtet und gleichwohl die § 286 Abs. 2 Nr 1 und 2 nicht eingreifen. In diesen Fällen liegt sogar ein **konkludenter Verzicht auf das Mahnungserfordernis** nahe, so etwa, wenn sich der Schuldner zur schnellstmöglichen Reparatur eines Schiffsmotors verpflichtet, um weitere Schäden abzuwenden.[57] § 286 Abs. 2 Nr 4 kann auch eingreifen, wenn der Schuldner sich gleichsam „**selbst mahnt**", indem er beispielsweise auf schwere Folgen der eigenen Leistungsverzögerung hinweist und/oder die eigene Leistungserbringung mehrfach selbst ankündigt.[58] In solchen Fällen nimmt der Schuldner dem Gläubiger gleichsam das Bedürfnis, ihn durch Mahnung zu warnen.

776

> In **Fall 53** hat K bei V getankt, ohne zu bezahlen. Ein Anspruch der V auf Erstattung der Detektivkosten könnte sich aus §§ 280 Abs. 1, 2, 286 ergeben. Ein Kaufvertrag und damit ein Schuldverhältnis gem. § 280 Abs. 1 S. 1 kam bereits durch das Einfüllen des Kraftstoffs in den Tank des K zustande. Das Betanken eines Fahrzeugs und die Rückführung des Kraftstoffs lassen sich technisch nur mit einem großen Aufwand realisieren. Vor dem maßgeblichen Hintergrund der Verkehrsanschauung ist nicht davon auszugehen, dass Tankstellenbetreiber und Kunde den Einfüllungsvorgang ohne vertragliche Bindung vornehmen bzw. dulden wollen. Aus Sicht eines objektiven Betrachters ist durch das Einfüllen von Kraftstoff somit ein Kaufvertrag zustande gekommen. Mit Abschluss des Tankvorgangs war der Kaufpreiszahlungsanspruch des V entstanden, fällig (§ 271 Abs. 1) und durchsetzbar. K hat nicht geleistet. Fraglich ist jedoch, ob auch die Voraussetzungen des Verzugs nach § 286 gegeben sind, denn V hat den K nicht gemahnt. Der BGH hat klargestellt, dass eine Mahnung hier nach § 286 Abs 2 Nr 4 entbehrlich ist. Beim Tanken an der Selbstbedienungstankstelle handelt es sich um ein anonymes Massengeschäft, bei dem eine Mahnung von Kunden, die die Tankstelle ohne zu bezahlen verlassen, kaum möglich ist. Gleichzeitig ist die Ermittlung der Kunden mit hohen Kosten verbunden. Damit besteht seitens des Verkäufers ein Interesse am sofortigen Verzugseintritt. Dies stellt auch keine unbillige Benachteiligung für den Käufer dar, denn dieser hat die vom Verkäufer geschuldete Leistung bereits erhalten. Damit war eine Mahnung gem. § 286 Abs. 2 Nr 4 entbehrlich. K kann sich nicht exkulpieren, V kann daher die Ermittlungskosten als Verzögerungsschaden über §§ 280 Abs. 1 und 2, 286 verlangen.

---

55 BGH NJW 1962, 1340, 1341.
56 Vgl OLG Köln NJW-RR 1999, 4, 5.
57 BGH NJW 1963, 1823, 1824.
58 Vgl BGH NJW-RR 1997, 622, 623; 2009, 2600 Rn 24.

e) Entgeltforderungen (§ 286 Abs. 3)

777 Besonderheiten gelten gem. **§ 286 Abs. 3**, wenn die Schuld in einer Entgeltforderung besteht. Damit sind Geldschulden gemeint, die als Entgelt etwa Sach-, Werk- oder Dienstleistungen gegenüberstehen. Bei ihnen kommt der Schuldner unabhängig von einer Mahnung **spätestens** in Verzug, wenn er nicht innerhalb von **30 Tagen nach Fälligkeit und Zugang einer Rechnung** oder gleichwertigen Zahlungsaufstellung leistet (§ 286 Abs. 3 S. 1 1. HS). Die Regelung dient in Umsetzung der Zahlungsverzug-RL der Bekämpfung von Zahlungsverzug und soll die Zahlungsmoral erhöhen. § 286 Abs. 3 ermöglicht deshalb auch außerhalb der Konstellationen des § 286 Abs. 2 Verzug ohne Mahnung. Vor einem früheren Verzugseintritt ist der Schuldner aber nicht geschützt: Denn nach § 286 Abs. 3 tritt der Verzug lediglich „spätestens" ab dem genannten Zeitpunkt ein. Wenn den Schuldner vor diesem Zeitpunkt eine Mahnung erreicht, ist der Schuldner ab diesem Zeitpunkt in Verzug.

778 Wenn **Verbraucher** das Entgelt schulden, müssen sie allerdings auf diese Folgen in der Rechnung oder Zahlungsaufstellung besonders **hingewiesen** worden sein (§ 286 Abs. 3 S. 1 2. HS). Schuldner, die **nicht Verbraucher** sind, kommen zudem gem. § 286 Abs. 3 S. 2 spätestens 30 Tage nach Fälligkeit und Empfang der **Gegenleistung** in Verzug, wenn der Zeitpunkt des Zugangs der Rechnung oder Zahlungsaufstellung unsicher ist.

f) Vertretenmüssen (§ 286 Abs. 4)

779 Gem. § 286 Abs. 4 setzt der Verzugseintritt voraus, dass der Schuldner die Nichtleistung auch zu vertreten hat. Das **Vertretenmüssen** ist nicht etwa nur Voraussetzung für den Schadensersatzanspruch des Gläubigers aus §§ 280 Abs. 1, Abs. 2, 286. Es ist vielmehr **grundlegende Voraussetzung des Verzugs überhaupt** – auch wenn der Verzug im Kontext anderer Normen Tatbestandsvoraussetzung ist (wie beispielsweise in § 543 Abs. 2 S. 1 Nr 3). Das Vertretenmüssen wird wie bei § 280 Abs. 1 S. 2 vermutet. Es gelten die §§ 276-278. Fahrlässig handelt der Schuldner, wenn er die verkehrserforderliche Sorgfalt außer Acht lässt. Maßgeblich sind die konkreten Fallumstände.

780 Daraus, dass das Vertretenmüssen sowohl in § 280 Abs. 1 S. 2, als auch in § 286 Abs. 4 erwähnt wird, folgt nicht, dass Sie das Vertretenmüssen in der **Fallbearbeitung** zwei Mal thematisieren müssen. Für den Ersatz des Verzögerungsschadens nach §§ 280 Abs. 1, Abs. 2, 286 sind die Voraussetzungen der beiden Tatbestände identisch. Wichtig ist jedoch, dass Sie auf den richtigen Zeitpunkt abstellen: Es kommt darauf an, ob der Schuldner die verzugsbegründenden Umstände zu vertreten hat, nicht die ursprüngliche Nichtleistung trotz Fälligkeit.

781 Wenn der Schuldner über **Bestand und Umfang seiner Schuld** trotz Anwendung der verkehrserforderlichen Sorgfalt nicht informiert ist, hat er die Nichtleistung nicht zu vertreten.[59] Auch **persönliche Gründe** können zum Ausschluss des Vertretenmüssens führen, etwa eine schwere Erkrankung.[60] Allerdings kann sich der Schuldner **grundsätzlich nicht entlasten**, wenn ihm die **nötigen Geldmittel zur Zahlung fehlen**. Der Schuldner hat für die Beschaffung von Geld in der Regel das Beschaffungsrisiko iSd § 276 Abs. 1 übernommen. Das ist freilich

---

59 BGH NJW 2011, 2120: Bürge, der nicht ausreichend über die Hauptschuld informiert ist.
60 Vgl MünchKomm/*Ernst*, BGB⁸, § 286 Rn 115.

eine Fiktion, die mit dem Merksatz „**Geld hat man zu haben**" kaum begründet ist. Sie rechtfertigt sich letztlich nur daraus, dass in unserer Rechtsordnung andere Mechanismen zur Verfügung stehen, die die finanzielle Not ausgleichen oder mildern. Nach Ansicht des BGH muss ein Mieter den Zahlungsverzug sogar dann vertreten, wenn seine Miete von öffentlichen Stellen übernommen und er die entsprechenden Sozialleistungen rechtzeitig beantragt hat.[61] Mich überzeugt das nicht,[62] weil der einzelne Mieter wegen Fehler öffentlicher Stellen seine Wohnung verlieren kann – und damit seinen Lebensmittelpunkt. Der Vermieter muss dagegen nur hinnehmen, dass er Geld erst mit Verspätung erhält. Er hat wegen der Kostenübernahme durch die öffentliche Stelle im Ausgleich auch Vorteile, nämlich hohe Sicherheit, dass die Miete nicht gänzlich ausfällt.[63]

g) Keine Beendigung des Schuldnerverzugs

Schließlich darf der Schuldnerverzug nicht beendet sein. Der Schuldnerverzug endet **grundsätzlich dann, wenn einer seiner Tatbestände wegfällt**. So kann beispielsweise die **Mahnung** dadurch wegfallen, dass sie der Gläubiger zurücknimmt.[64] Der Verzug endet aber auch dann, wenn der **Anspruch** nicht mehr besteht. Der einfachste Fall ist die Erfüllung (§ 362 Abs. 1). Die Fälligkeit des Anspruchs entfällt, wenn er vom Gläubiger gestundet wird.[65] Der Verzug endet aber auch dann, wenn der Anspruch aus anderen Gründen erlischt – etwa wegen Anfechtung (§ 142 Abs. 1), Aufrechnung (§ 389) oder Rücktritt (§§ 346 ff). Auch bei Unmöglichkeit **nach Verzugsbegründung** ist der Anspruch auf die Leistung gem. **§ 275 Abs. 1** ausgeschlossen. Wenn vor Unmöglichkeitseintritt schon Ansprüche aus §§ 280 Abs. 1, Abs. 2, 286 entstanden sind, bleiben sie aber natürlich unberührt.

782

Manchmal wird der Schuldner an der Erfüllung nur dadurch gehindert, dass der Gläubiger die Leistung nicht annimmt. Dann gibt es aber keinen Grund, den Schuldner weiterhin mit den Verzugsfolgen zu belasten. Der Verzug endet deshalb auch, wenn der Schuldner die Leistung in einer den **Annahmeverzug begründenden Art und Weise angeboten** hat.[66]

Auch die **Durchsetzbarkeit** kann nachträglich wegfallen, etwa, weil der Anspruch nach Verzugsbegründung verjährt: Dann endet der Verzug ebenfalls in dem Zeitpunkt, in dem die Einreden entstehen. Besonderes gilt jedoch für **Zurückbehaltungsrechte**: Bei ihnen kann der Schuldner den Verzug nur dadurch beenden, dass er seine Leistung Zug um Zug gegen die Leistung des anderen Teils anbietet.[67]

3. Rechtsfolgen

§ 286 bildet **selbst keine Anspruchsgrundlage**, sondern ist vielmehr Tatbestandsvoraussetzung im Rahmen zahlreicher anderer Normen. Hier werden nur die zentralen Rechtsfolgen erörtert, die im Allgemeinen Schuldrecht geregelt sind.

783

---

61 BGH NJW 2015, 1296.
62 Vgl auch MünchKomm/*Ernst*, BGB[8], § 286 Rn 115.
63 Eingehend dazu *Harke* NZM 2016, 449.
64 BGH FamRZ 1983, 354.
65 BGH NJW-RR 1991, 822.
66 OLG Düsseldorf NJW-RR 1999, 1396.
67 BGH NJW 1971, 421.

a) Ersatz von Verzögerungsschäden (§§ 280 Abs. 1, Abs. 2, 286)

784 Der **Verzug** ist **Tatbestandsvoraussetzung im Rahmen des Anspruchs aus §§ 280 Abs. 1, Abs. 2, 286** auf Schadensersatz wegen Verzögerung der Leistung. Die Pflichtverletzung liegt dann in der Leistungsverzögerung. Schadensersatz wegen Verzögerung der Leistung liegt vor, wenn der Schaden ausschließlich auf der Leistungsverzögerung beruht. Typische Verzögerungsschäden sind Betriebsausfallschäden,[68] entgangener Gewinn – wenn der Gewinn ausschließlich auf der Verzögerung beruht –, oder auch Rechtsverfolgungs- und Inkassokosten, soweit sie adäquate Folge des Verzugs und zur Rechtsverfolgung erforderlich und zweckmäßig sind.[69]

785 Wenn der Schuldner **nicht oder nicht vertragsgemäß** leistet, kann man auch davon sprechen, dass die Leistung „verzögert" ist. Wenn der Gläubiger deshalb aber **Schadensersatz *statt* der Leistung** verlangt und nicht Verzögerungsschäden geltend macht, ist die richtige Anspruchsgrundlage §§ **280 Abs. 1, Abs. 3, 281**: Für diesen Anspruch ist § 286 nicht Tatbestandsvoraussetzung. Die Pflichtverletzung (also die nicht oder nicht vertragsgemäße Leistung) bei § 281 Abs. 1 entspricht jedoch der „objektiven" Seite des Verzugs[70], also der Leistungsverzögerung. Eine Mahnung (§ 286 Abs. 1) setzt § 281 aber gerade nicht voraus. Natürlich kann – was wie immer Auslegungsfrage (§§ 133, 157) ist – eine Mahnung zugleich eine Fristsetzung iSd § 281 Abs. 1 sein. Die Leistungsverzögerung ist auch Pflichtverletzung iSd § 323.

786 Verzögerungsschäden kann der Gläubiger nur verlangen, wenn sie **nach Verzugseintritt eingetreten** sind. Wenn sich der Schuldner beispielsweise schon wegen Ablaufs des kalendermäßig bestimmten Zahlungstermins (§ 286 Abs. 2 Nr 1) in Verzug befindet und weiterhin nicht zahlt, kann der Gläubiger Kosten einer Mahnung bzw. Zahlungserinnerung geltend machen – soweit sie adäquate Verzugsfolge und erforderlich und zweckmäßig für die Rechtsverfolgung sind.[71] Denn diese Kosten sind nach Verzugseintritt eingetreten. Auch Rechtsanwaltsgebühren sind in der Regel adäquate Verzugsfolge und zur Rechtsverfolgung erforderlich und zweckmäßig, weil dem Schuldner die eigene Beitreibung nicht zumutbar ist und anwaltliche Schreiben der Forderung höheren Nachdruck verleihen.

787 Wer dagegen **Verzögerungsschäden vor Verzugseintritt** erleidet, kann sie **nicht über §§ 280 Abs. 1, Abs. 2, 286** liquidieren. Wenn beispielsweise der Käufer eines defekten Fahrzeugs vor Verzugseintritt ein Ersatzfahrzeug mietet, hat er keinen Anspruch auf Ersatz der Mietkosten aus §§ 437 Nr 3, 280 Abs. 1, Abs. 2, 286. Ein „Klassiker" in Prüfungsklausuren sind die **Kosten der verzugsbegründenden Mahnung**. Vielleicht hat der Gläubiger ja schon einen Rechtsanwalt eingeschaltet, um Verzug zu begründen. Wenn aber kein Fall des § 286 Abs. 2 vorliegt, begründet die Mahnung erst den Verzug. Der Gläubiger hat daher auf die Kosten der verzugsbegründenden Mahnung keinen Anspruch aus §§ 280 Abs. 1, Abs. 2, 286. Auch auf die isolierte Anwendung des § 280 Abs. 1 lässt sich insoweit kein Schadensersatzanspruch stützen: Denn damit würde § 280 Abs. 2 ausgehebelt, der für Verzögerungs-

---

68 Allerdings nach h.M. nicht mangelbedingte Betriebsausfallschäden, vgl dazu oben Rn 425 f.
69 Vgl BGH NJW 2011, 2871.
70 Vgl MünchKomm/*Ernst*, BGB[8], § 286 Rn 3.
71 BGH NJW 2011, 2871 Rn 24; 2011, 296.

schäden besondere Voraussetzungen vorsieht. Einen gewissen Ausgleich schafft der Pauschalbetrag, den der Gläubiger von Entgeltforderungen gem. § 288 Abs. 5 als weitere Folge des Verzugs geltend machen kann, wenn der Schuldner kein Verbraucher ist.

b) Verzugszinsen und sonstiger Verzugsschaden (§ 288)

Eine praktisch höchst bedeutsame weitere Folge des Verzugs ist die Verzinsungspflicht aus § 288 bei Geldschulden: Sie sind gem. **§ 288 Abs. 1** während des Verzugs mit einem Verzugszinssatz von **fünf Prozentpunkten über dem Basiszinssatz**[72] (§ 247) zu verzinsen. Schon das ist eine recht hohe Verzinsung. Noch höher ist sie gem. § 288 Abs. 2, wenn keine Verbraucher beteiligt sind: Dann beträgt der Zinssatz für Entgeltforderungen sogar neun Prozentpunkte über dem Basiszinssatz. Die Verzinsungspflicht schöpft also nicht in erster Linie Zinsgewinne des Schuldners ab, sondern dient der **Verhaltenssteuerung**: Säumige Schuldner sollen gerade auch durch hohe Zinspflichten zur Erfüllung angehalten werden.[73]

788

Der Gläubiger kann gem. **§ 288 Abs. 3** auch höhere Zinsen verlangen, wenn es dafür einen anderen Rechtsgrund gibt (wie etwa einen Vertrag). Und er kann gem. **§ 288 Abs. 4** auch **weitere Zinsverluste** über §§ 280 Abs. 1, Abs. 2, 286 als Verzögerungsschaden geltend machen. Das ist also nicht etwa schon wegen der Zinsansprüche aus § 288 Abs. 1 und Abs. 2 ausgeschlossen.

789

§ 288 Abs. 5 dient der Umsetzung der Zahlungsverzug-RL. Er führt einen weitgehend zwingenden (§ 288 Abs. 6 S. 2) Anspruch auf Zahlung einer **Pauschale** zugunsten des Gläubigers von Entgeltforderungen ein. Der Anspruch dient dem Ausgleich für Verwaltungs- und Rechtsverfolgungskosten – etwa auch für Kosten der verzugsbegründenden Mahnung. Verbraucher sind als Schuldner des Ausspruchs ausdrücklich ausgeschlossen, nicht aber als Gläubiger. Damit geht das deutsche Recht über die Zahlungsverzug-RL hinaus, die nur im b2b-Bereich gilt.

790

§ 288 Abs. 6 schließt Vereinbarungen weitgehend aus, die den Anspruch auf **Verzugszinsen bei Entgeltforderungen** ausschließen oder beschränken. Im Voraus getroffene Vereinbarungen, durch die dieser Anspruch ausgeschlossen wird, sind gem. § 288 Abs. 6 S. 1 unwirksam. Beschränkende Vereinbarungen oder ausschließende bzw beschränkende Vereinbarungen über die **Pauschale** oder Schadensersatz für Rechtsverfolgungskosten sind gem. § 288 Abs. 6 S. 2 nur unwirksam, wenn sie im Hinblick auf die Belange des Gläubigers grob unbillig sind. Gem. § 288 Abs. 6 S. 4 gelten diese Beschränkungen nicht für Ansprüche gegen Verbraucher. Praktisch dürfte diese Bevorzugung des Verbrauchers nicht sehr bedeutsam sein, weil Verbraucher ohnehin kaum solche Vereinbarungen zu ihren Gunsten durchsetzen können.

791

c) Haftungsverschärfungen zulasten des Schuldners im Verzug (§ 287)

§ 287 sieht als Konsequenz des Schuldnerverzugs auch **Haftungsverschärfungen** zu Lasten des Schuldners vor. Diese Verschärfungen müssen Sie immer dann im Blick haben, wenn es auf das Vertretenmüssen des Schuldners ankommt.

792

Gem. **§ 287 S. 1** hat der Schuldner während des Verzugs **jede Fahrlässigkeit zu vertreten**. Das wirkt sich immer dann aus, wenn der Schuldner an sich milder haften

793

---

72 Dazu oben Rn 216 f.
73 Vgl zu möglichen Auswirkungen auch *Wolf* NJW 2015, 1656, 1658.

würde. Eine mildere Haftung kann sich zunächst aus vertraglichen Vereinbarungen ergeben. Bei AGB sind vor allem die § 309 Nr 7 und Nr 8 zu beachten. Ausgeschaltet sind auch gesetzliche Haftungserleichterungen wie § 521 (Haftung des Schenkers) oder § 599 (Haftung des Verleihers), die die Haftung auf Vorsatz und Fahrlässigkeit beschränken. Gleiches gilt, wenn die Haftung gesetzlich auf die Verletzung der Sorgfalt in eigenen Angelegenheiten beschränkt ist – wie beispielsweise nach § 346 Abs. 3 S. 1 Nr 3, § 1359 oder § 1664. § 287 S. 1 gilt nicht für Fälle der Unmöglichkeit oder Verschlechterung der Leistung: Für diese Fälle ist § 287 S. 2 lex specialis.[74] § 287 S. 1 ist dispositiv. Bei vertraglichen Haftungserleichterungen kann die Auslegung ergeben, dass auch § 287 S. 1 abbedungen sein soll.[75]

794 § 287 S. 2 geht für die Haftung wegen der Leistung noch weiter: Für die Leistung haftet der Schuldner auch für Zufall, es sei denn, dass der Schaden auch bei rechtzeitiger Leistung eingetreten wäre. Zufall liegt vor, wenn weder Gläubiger noch Schuldner den Untergang oder die Verschlechterung zu vertreten haben.[76] § 287 S. 2 statuiert also eine **Garantiehaftung des Schuldners im Verzug**, der auch für den zufälligen Untergang und die zufällige Verschlechterung des Leistungsgegenstandes einstehen muss. Dem liegt der Gedanke zu Grunde, dass durch die rechtzeitige Leistung der Gegenstand in die Sphäre des Gläubigers gebracht worden und der Untergang dann möglicherweise vermieden worden wäre. Daraus erklärt sich auch, dass es gem. **§ 287 S. 2 a.E.** nicht zur Garantiehaftung kommt, wenn der Schaden auch bei rechtzeitiger Leistung eingetreten wäre. Dafür trägt der Schuldner die Beweislast. Der Schuldner kann beispielsweise nachweisen, dass das verspätet gelieferte Auto beim Käufer verbrannt wäre, weil am Tag nach dem vereinbarten Liefertermin die Garage des Käufers abgebrannt ist.

795 Schon **nach allgemeinen Regeln** – also unabhängig von § 287 S. 2 – haftet der Schuldner für Zufall, wenn der **Zufall adäquat kausal** auf den **Schuldnerverzug** zurückgeht.[77] § 287 S. 2 erspart dem Gläubiger in diesen Fällen aber den Kausalitätsnachweis.[78] Und auch **ohne Kausalität des Verzugs** für den Zufall haftet der Schuldner aus **§ 287 S. 2**. Die Regelung ist vor allem relevant, wenn die Leistung während des Verzugs unmöglich (§ 275 Abs. 1) oder gem. § 275 Abs. 2 oder 3 unzumutbar wird. Der Schuldner haftet dann auf Schadensersatz statt der Leistung aus §§ 280 Abs. 1, Abs. 3, 283 auch dann, wenn er die Unmöglichkeit oder Unzumutbarkeit nicht zu vertreten hat. Das ändert natürlich nichts daran, dass der Schuldnerverzug Vertretenmüssen voraussetzt (§ 286 Abs. 4). *Dieses* Vertretenmüssen – also das Vertretenmüssen des Umstands, infolge dessen der Schuldner ursprünglich nicht leistet – wird von § 287 S. 2 nicht berührt.

In **Fall 52** setzt der Anspruch der G aus §§ 280 Abs. 1, Abs. 3, 283 zunächst ein Schuldverhältnis voraus, das hier in Form eines Kaufvertrags besteht. Die Pflichtverletzung liegt darin, dass S die Leistung nicht erbringt, bzw. in der Unmöglichkeit der Leistungserbringung

---

[74] MünchKomm/*Ernst*, BGB⁸, § 286 BGB Rn 2.
[75] BeckOGK/*Dornis*, BGB (1.6.2019), § 287 Rn 4.
[76] Jauernig/*Stadler*, BGB¹⁷, § 287 Rn 2.
[77] MünchKomm/*Ernst*, BGB⁸, § 287 Rn 3.
[78] Jauernig/*Stadler*, BGB¹⁷, § 287 Rn 2.

gem. § 275 Abs. 1. Weitere Voraussetzung ist das Vertretenmüssen der S. S muss gem. § 276 Abs. 1 grundsätzlich für Vorsatz und Fahrlässigkeit einstehen. Daran könnte es hier fehlen, weil S den zur Unmöglichkeit führenden Umstand selbst bei Anwendung der verkehrserforderlichen Sorgfalt (§ 276 Abs. 2) nicht verhindern hätte können. Andererseits könnte man die Unmöglichkeit auch als adäquate Folge des Verzugs ansehen wollen. Das kann offenbleiben, wenn gem. § 287 S. 1 die Haftung der S auch für Zufall – und damit etwas anderes iSd § 276 Abs. 1 – bestimmt ist. § 287 S. 2 setzt Schuldnerverzug iSd § 286 voraus. S hat trotz Fälligkeit des durchsetzbaren Anspruchs auf Übergabe und Übereignung des Laptops (§ 433 Abs. 1 S. 1) nicht geleistet, obwohl sie es hätte tun können. Eine Mahnung war gem. § 286 Abs. 2 Nr 1 entbehrlich. Die Nichtleistung hat S auch iSd § 286 Abs. 4 in Form der Fahrlässigkeit zu vertreten, weil sie den Termin schlicht vergessen und damit die verkehrserforderliche Sorgfalt (§ 276 Abs. 2) außer Acht gelassen hat. S befand sich daher im Schuldnerverzug. § 287 S. 2 greift ein. Die Zufallshaftung scheidet zwar aus, wenn der Schaden auch bei rechtzeitiger Leistung eingetreten wäre. Dafür ist S aber darlegungs- und beweispflichtig. Anhaltspunkte dafür, dass der Schaden bei rechtzeitiger Leistung auch bei G eingetreten wäre, bestehen nicht. S haftet folglich auch für den zufälligen Untergang. G kann daher gem. §§ 280 Abs. 1, Abs. 3, 283 von S Schadensersatz statt der Leistung verlangen.

4. Abweichende Vereinbarungen

§ 286 ist dispositiv, so dass abweichende Vereinbarungen grundsätzlich möglich sind.[79] In AGB sind Befreiungen des Verwenders vom Mahnungserfordernis gem. § 309 Nr 4 unwirksam. Besonderheiten bestehen bei den Verzugszinsen und der Pauschale aus § 288 gem. § 288 Abs. 6. Gem. § 286 Abs. 5 gelten für von §§ 286 Abs. 1-3 abweichende Vereinbarungen über den Verzugseintritt § 271a Abs. 1-5 entsprechend. Die dort festgesetzten strengen Grenzen für Vereinbarungen über Zahlungs-, Überprüfungs- oder Abnahmefristen gelten zugunsten der Gläubiger von Entgeltforderungen also auch bei Vereinbarungen über den Verzugseintritt.

II. Der Gläubigerverzug (§§ 293-304)

1. Grundlagen und Funktionen

Der Gläubigerverzug ist eine vom Gläubiger verursachte Leistungsstörung, die dadurch entsteht, dass der Gläubiger eine Mitwirkungshandlung nicht erbringt, die zur Leistungserbringung erforderlich ist – insbesondere also die Leistung nicht annimmt, obwohl sie ihm ordnungsgemäß angeboten wird. Man spricht deshalb auch vom **Annahmeverzug**. Anders als beim Schuldnerverzug geht es beim Gläubigerverzug nicht um die Verletzung einer Pflicht, sondern um die Verletzung einer **Obliegenheit**, also einer „schwächer" ausgestalteten Verbindlichkeit: Aus den §§ 293-304 folgt keine Pflicht des Gläubigers zur Annahme. Die Normen bewirken aber eine deutliche Verschlechterung seiner Rechtsposition: Zu seinen Lasten mildert sich die Haftung des Schuldners (§§ 300 Abs. 1, 301, 302), Gefahren werden vom Schuldner auf den Gläu-

---
[79] Jauernig/*Stadler*, BGB[17], § 286 Rn 9.

biger verlagert (§ 300 Abs. 2, § 326 Abs. 2 S. 1), er kann dem Schuldner zum Aufwendungsersatz verpflichtet sein (§ 304). Man kann insofern auch davon sprechen, dass die Wahrung der Annahmeobliegenheit im eigenen Interesse des Gläubigers liegt.

798 Der Gläubigerverzug dockt an eine Mitwirkung des Gläubigers zur Leistungserbringung an – insbesondere der Annahme. Er scheidet daher aus, wenn der Schuldner zur Leistungserbringung nicht auf eine Mitwirkung des Gläubigers angewiesen ist. So liegt es, wenn der Schuldner zur Abgabe einer Willenserklärung verpflichtet ist und vor allem bei Unterlassungspflichten des Schuldners, also beispielsweise bei einem Konkurrenzverbot.[80]

799 Die §§ 293-304 betrachten die Annahme der Leistung durch den Gläubiger also nicht als Pflicht. Das heißt aber nicht, dass andere Normen diese Wertung übernehmen müssen. Und in der Tat gibt es Normen, die eine Pflicht zur Leistungsannahme vorsehen. Das wichtigste Beispiel ist die **Abnahmepflicht des Käufers aus § 433 Abs. 2**.[81] Welche Konsequenzen es hat, wenn der Gläubiger die Abnahmepflicht verletzt, die ihn *in seiner Rolle als Schuldner* treffen, ist in den §§ 293-304 nicht geregelt. Sie ergeben sich aus dem Vertrag und anderen Normen des Leistungsstörungsrechts, insbesondere § 280. Verletzt der Käufer die Abnahmepflicht aus § 433 Abs. 2, kann ihn der Verkäufer etwa unter den Voraussetzungen der **§§ 280 Abs. 1, Abs. 2, 286** auf Schadensersatz wegen Verzögerung der Abnahmepflicht in Anspruch nehmen. Diese Möglichkeit besteht neben den §§ 293-304: Wenn der Käufer die ihm ordnungsgemäß angebotene Sache nicht annimmt, ist er also oft sowohl im Gläubiger- als auch im Schuldnerverzug.

2. Voraussetzungen des Gläubigerverzugs

800 Die Voraussetzungen des Gläubigerverzugs ergeben sich aus den §§ 293-299. § 293 definiert den Gläubigerverzug. §§ 294-296 regeln Einzelheiten zum Angebot, § 297 befasst sich mit dem Unvermögen des Gläubigers zur Leistungsannahme, § 298 regelt Zug-um-Zug-Leistungen und § 299 die vorübergehende Annahmeverhinderung. Im Unterschied zum Schuldnerverzug fällt auf: **Vertretenmüssen ist kein Erfordernis des Annahmeverzugs**.[82] Im System des Leistungsstörungsrecht ist das konsequent, weil der Gläubigerverzug auch nicht etwa zu einer Schadensersatzpflicht führt. Eine gewisse Ausnahme bildet § 299, der vorübergehende Annahmehindernisse des Schuldners bei ungewisser Leistungszeit vom Annahmeverzug ausnimmt.

a) Wirksamer und erfüllbarer Anspruch

801 § 293 setzt zunächst einen **wirksamen** Anspruch des Gläubigers voraus – andernfalls ist er ja nicht wirklich „Gläubiger" iSd § 293. Beispielsweise hat ein Arbeitgeber gegen eine Arbeitnehmerin keinen wirksamen Anspruch auf Arbeitsleistung, wenn die Arbeitnehmerin schwanger ist und dem Beschäftigungsverbot aus § 5 MutterschutzG

---

80 Dazu oben Rn 103 ff.
81 Auch der Besteller eines Werks beim Werkvertrag ist gem. § 640 Abs. 1 zur Abnahme verpflichtet.
82 BGH NJW-RR 1994, 1469, 1470; 2011, 21 Rn 10.

unterliegt.⁸³ Selbst wenn die Arbeitnehmerin dann ihre Arbeitsleistung anbietet, gerät der Arbeitgeber nicht in Gläubigerverzug. Der Anspruch muss außerdem **erfüllbar** sein. Das richtet sich nach **§ 271**. Im Zweifel sind Ansprüche sofort erfüllbar (§ 271 Abs. 2). Wenn sie aber beispielsweise mit einer Gärtnerin Anfang März vereinbaren, dass die Gärtnerin am 20. März einen Baum in Ihrem Garten pflanzt, geraten Sie nicht in Annahmeverzug, wenn die Gärtnerin am 15. März mit dem Baum in der Hand bei Ihnen klingelt und Sie sie zurückweisen.

b) Leistungsfähigkeit des Schuldners (§ 297)

Der Schuldner muss außerdem zur Leistung **bereit und fähig** sein. In § 297 ist das für vorübergehende Leistungshindernisse des Schuldners geregelt. Nach hM gilt aber darüber hinaus: Wenn die Leistung **unmöglich iSd § 275 Abs. 1** ist, liegt kein Gläubigerverzug vor. Ein Beispiel bietet die Zerstörung des Leistungsgegenstands bei Stückschulden: Wenn Sie mir ein Gemälde verkaufen, das ich bei Ihnen abholen soll, kann ich nicht mehr in Annahmeverzug geraten, wenn das Gemälde vom Blitz zerstört wird. Unmöglichkeit der Leistung (§ 275 Abs. 1) schließt den Annahmeverzug also aus.⁸⁴ Wer beispielsweise eine Reise gebucht hat, sie aber gesundheitshalber nicht antreten kann, gerät nicht in Annahmeverzug – jedenfalls dann, wenn die Reise als absolutes Fixgeschäft einzuordnen ist.⁸⁵ Wenn der Schuldner die Leistung wegen eines **Annahmehindernisses beim Gläubiger** nicht erbringen kann, kommt es darauf an, ob das Hindernis vorübergehend ist oder nicht: Wenn der Gläubiger am 1. März einen Haarfärbetermin für den 15. April beim Schuldner – seinem Friseur – vereinbart, am 15. April aber sämtliche Haare des Gläubigers ausgefallen sind, muss man also unterscheiden: Ist der Haarausfall vorübergehend (etwa als Nebenwirkung eines Medikaments) oder dauerhaft (spontaner irreversibler Haarausfall). Nur bei vorübergehendem Haarausfall kann Gläubigerverzug eintreten.

802

c) Ordnungsgemäßes Angebot oder Entbehrlichkeit des Angebots

§ 293 verlangt ein Leistungsangebot des Schuldners.

803

aa) Tatsächliches Angebot (§ 294).

Der Schuldner muss die Leistung gem. § 294 dem Gläubiger so, wie sie zu bewirken ist, **tatsächlich anbieten**. Das Angebot iSd § 293 ist also ein **Realakt**, nicht etwa Willenserklärung wie das Angebot iSd § 145. Die §§ 130 ff sind daher nicht entsprechend anwendbar.⁸⁶ Auch **Vertreter** oder **leistungsberechtigte Dritte** können ein Angebot iSd § 294 vornehmen.⁸⁷ § 295 zeigt, dass ein tatsächliches Angebot iSd § 294 bei Holschulden ausscheidet.

804

Das Angebot muss **ordnungsgemäß** sein – also so, wie die Leistung zu bewirken ist (§ 294) und damit dergestalt, dass der Gläubiger „nur noch zuzugreifen braucht".⁸⁸ Was das im Einzelnen bedeutet, hängt vom jeweiligen Schuldverhältnis ab. Hier gilt,

805

---

83 BAG NJW 1960, 2163.
84 BGH NJW 1973, 318; BAG NJW 1987, 2837, 2838; Jauernig/*Stadler*, BGB¹⁷, § 293 Rn 8.
85 BGH NJW 1973, 318; dazu näher bei Rn 679 f.
86 BAG NJW 2017, 3804.
87 MünchKomm/*Ernst*, BGB⁸, § 293 Rn 16.
88 BGH NJW 1996, 923, 924; 1992, 556, 558.

was Sie oben schon zum Inhalt der Schuldverhältnisse gelernt haben. Die Leistung muss in der Regel also **vollständig** angeboten werden (vgl. § 266) – auch in qualitativer Hinsicht.[89] Wer ein Auto kauft und die Annahme des Autos wegen eines behebbaren Sachmangels ablehnt, gerät daher nicht in Annahmeverzug.[90] Das gilt grundsätzlich auch bei behebbaren Mängeln – soweit die Ablehnung nicht gegen Treu und Glauben (§ 242) verstößt.[91] Der BGH stützt das Recht des Käufers zur Annahmeverweigerung auf § 273.[92] Das Angebot muss auch **am richtigen Ort** erfolgen – das richtet sich nach § 269 und hängt vor allem von der jeweiligen Parteivereinbarung ab.[93] Die Leistung muss auch **zur rechten Zeit** erfolgen, was sich nach § 271 richtet: Wenn die Gärtnerin den Blumenstock am Samstag liefern soll, ist das Angebot am Freitag verfrüht. Auch muss die Leistung gem. § 242 so erbracht werden, wie es **Treu und Glauben** mit Rücksicht auf die Verkehrssitte erfordern. Daran fehlt es, wenn die Gärtnerin den Blumenstock zwar wie vereinbart am Samstag liefern will, die Anlieferzeit aber auf Samstagmorgen um zwei Uhr legt. Auch das Zahlungsangebot unter Vorbehalt der Rückforderung ist kein ordnungsgemäßes Angebot: Solche Zahlungen haben keine Erfüllungswirkung, so dass der Gläubiger damit rechnen muss, die Zahlung wieder zurückzugewähren.[94]

806 bb) **Wörtliches Angebot (§ 295).** Gem. § 295 S. 1 genügt in zwei Ausnahmefällen ein **wörtliches Angebot**: Erstens, wenn der Gläubiger dem Schuldner erklärt hat, dass er die Leistung nicht annehmen werde. Zweitens, wenn zur Bewirkung der Leistung eine Handlung des Gläubigers erforderlich ist – insbesondere wenn der Gläubiger die geschuldete Sache abzuholen hat. Beide Situationen haben gemeinsam, dass in ihnen ein **tatsächliches Angebot sinnlos** oder **unzumutbar** wäre. Im ersten Fall – der Ablehnung der Abnahme durch den Gläubiger – wäre ein tatsächliches Angebot ja vergebene Schuldnermüh. Und wenn der Gläubiger selbst bei der Leistungserbringung mitwirken muss, würde ein tatsächliches Angebot die Schuldnerpflichten nachträglich erweitern.

807 Die erste Konstellation des § 295 S. 1 ist die **Erklärung des Gläubigers**, dass er die **Leistung nicht annehmen** werde. Dabei geht es um Fälle der **Vertragsaufsage**, wie wir sie schon bei § 281 Abs. 2 1. Alt. und § 323 Abs. 2 Nr 1 kennengelernt haben. In diesen Situationen wäre es unzumutbar, wenn der Schuldner sich die ohnehin vergebliche Mühe eines tatsächlichen Angebots machen müsste. Wenn der Gläubiger sich später aber doch wieder bereit erklärt, muss der Schuldner auch tatsächlich anbieten.[95]

808 Die zweite Konstellation des § 295 S. 1 ist die Notwendigkeit einer **Mitwirkungshandlung des Gläubigers**. Dafür gibt das Gesetz auch ein praktisch wichtiges Bei-

---

89 BeckOK/*Lorenz*, BGB[51], § 294 Rn 6.
90 BGH NJW 2017, 1100; MünchKomm/*Ernst*, BGB[8], § 294 Rn 6.
91 BGH NJW 2017, 1000 Rn 37; aA insoweit MünchKomm/*Ernst*, BGB[8], § 294 Rn 6.
92 BGH NJW 2017, 1000; krit. zu dieser Begründung MünchKomm/*Ernst*, BGB[8], § 294 Rn 6; differenzierend *Lorenz* NJW 2013, 1341. Zugleich kann der Käufer auch gestützt auf § 323 Kaufpreiszahlung verweigern, vgl BGH NJW 2017, 1000.
93 Einzelheiten oben Rn 299 ff.
94 BGH NJW 2012, 1717.
95 Jauernig/*Stadler*, BGB[17], § 295 Rn 2.

spiel, nämlich die **Abholung durch den Gläubiger bei Holschulden**. Wenn Sie bei einer Gärtnerin einen Blumenstrauß gekauft haben und sich zur Abholung verpflichtet haben, hieße es, die Pflichten der Gärtnerin nachträglich zu erweitern, wenn sie Ihnen Übergabe und Übereignung tatsächlich an Ihrer Haustür anbieten müsste. Eine weitere Mitwirkungshandlung, ohne die der Schuldner nicht leisten kann, ist die **Ausübung des Wahlrechts** durch den Gläubiger, wenn er bei einer Wahlschuld (§ 262)[96] wahlberechtigt ist.[97] Für die Erbringung von Arbeitsleistungen durch den Arbeitnehmer muss der Arbeitgeber dadurch mitwirken, dass er einen funktionsfähigen Arbeitsplatz zur Verfügung stellt und Arbeit zuweist.[98] In all diesen Fällen genügt nicht nur ein wörtliches Angebot, sondern gem. **§ 295 S. 2** auch die Aufforderung an den Gläubiger, die Mitwirkungshandlung vorzunehmen.

Das **wörtliche Angebot** ist anders als das tatsächliche Angebot eine **geschäftsähnliche Handlung**, auf die die Vorschriften über Willenserklärungen entsprechende Anwendung finden – ähnlich wie etwa bei der Mahnung.[99] Es ist nur wirksam, wenn der Schuldner auch tatsächlich zur Leistung bereit und imstande ist, wie sich aus § 297 ergibt. Bei Gattungsschulden ist zum Eintritt des Annahmeverzugs nicht zusätzlich erforderlich, dass der Schuldner die Sache aussondert – anders als im Fall des § 243 Abs. 2. Für § 300 Abs. 2 wird allerdings in Parallelität zu § 243 Abs. 2 auch die Aussonderung verlangt.[100]

809

cc) Entbehrlichkeit des Angebots (§ 296). Das Angebot ist entbehrlich, wenn § 296 eingreift: Dann ist nicht einmal ein wörtliches Angebot zur Begründung des Annahmeverzugs erforderlich.

810

§ 296 S. 1 greift ein, wenn für die **Mitwirkungshandlung** des Gläubigers eine **Zeit nach dem Kalender bestimmt** ist: Dann bedarf es des Angebots nur, wenn der Gläubiger die Handlung rechtzeitig vornimmt. Zu den Mitwirkungshandlungen des Gläubigers gilt, was zu § 295 ausgeführt wurde. Die Bestimmung der Zeit nach dem Kalender findet sich auch schon in § 286 Abs. 2 Nr 1; die dortigen Ausführungen gelten entsprechend.[101] Wenn Sie beispielsweise ein Auto kaufen und mit dem Verkäufer vereinbaren, dass Sie es am 30.11. abholen, geraten Sie auch ohne Angebot des Verkäufers in Annahmeverzug, wenn Sie den Abholtermin vergessen und das Auto am 30.11. nicht abholen. Ab dem 1.12. befinden Sie sich dann in Annahmeverzug.

811

Nach § 296 S. 2 genügt auch, dass sich eine **angemessene Zeit** für die Mitwirkungshandlung anhand eines vorausgehenden **Ereignisses** nach dem Kalender berechnen lässt. Auch hier findet sich eine Parallele beim Schuldnerverzug, nämlich in § 286 Abs. 2 Nr 2. Wiederum gilt, was dazu ausgeführt wurde.[102]

812

---

96 Dazu oben Rn 224 ff.
97 BGH NJW 2002, 3541.
98 Jauernig/*Stadler*, BGB[17], § 295 Rn 3.
99 MünchKomm/*Ernst*, BGB[8], § 295 Rn 2.
100 Jauernig/*Stadler*, BGB[17], § 295 Rn 7 und § 300 Rn 5.
101 Dazu oben Rn 772 f.
102 Dazu oben Rn 774.

d) Nichtannahme der Leistung

813 Der Gläubigerverzug tritt gem. § 293 ein, wenn der Gläubiger die angebotene Leistung **nicht annimmt**. Weshalb er die Leistung nicht annimmt, ist unerheblich, auch muss er nicht etwa die Nichtannahme erklären.[103] Eine Nichtabnahme liegt auch vor, wenn der Gläubiger eine von ihm vorzunehmende Mitwirkungshandlung nicht vornimmt, also etwa bei einer Holschuld die Sache nicht holt. Wenn der Gläubiger die Leistung nur mit rechtswidrigen Einschränkungen annimmt, gerät er ebenfalls in Gläubigerverzug.[104] So liegt es, wenn der Arbeitgeber den Umfang der Arbeitsleistung entgegen arbeits- oder tarifvertraglicher Regelungen begrenzt.[105]

814 Gem. **§ 298** kommt der Gläubiger bei Zug-um-Zug-Leistungen auch in Verzug, wenn er zwar die angebotene Leistung anzunehmen bereit ist, die **verlangte Gegenleistung aber nicht anbietet**. Wer etwas kauft, gerät also auch dann in Annahmeverzug, wenn er zwar gerne die Sache in Empfang nehmen möchte, aber die verlangte Kaufpreiszahlung nicht anbietet. Wie er die Gegenleistung anzubieten hat, ist in entsprechender Anwendung der §§ 294, 295 zu beurteilen.[106] Hat der Gläubiger erklärt, er werde die Gegenleistung nicht erbringen, genügt daher ein wörtliches Angebot des Schuldners. § 298 gilt immer dann, wenn der Schuldner nur gegen eine Leistung des Gläubigers zu leisten verpflichtet ist, also bei allen Zug-um-Zug-Leistungen. Wenn der Gläubiger sogar **vorleistungspflichtig** ist, gilt § 298 erst recht.[107]

815 Der wichtigste Fall ist **§ 320**: Bei gegenseitigen Verträgen kann der Schuldner wegen seines Anspruchs auf die Gegenleistung die Einrede des nicht erfüllten Vertrags erheben.[108] Aber auch alle anderen Zurückbehaltungsrechte sind erfasst – insbesondere auch **§ 273**. § 273 erfasst auch Nebenpflichten wie etwa die Pflicht aus § 368 S. 1, gegen Empfang der Leistung eine Quittung zu erteilen. Der Verkäufer gerät also auch dann in Annahmeverzug, wenn er die Kaufsache zwar gegen Kaufpreiszahlung herausgibt, aber eine Quittung verweigert.[109]

816 Wenn der Gläubiger die verlangte Gegenleistung nicht anbietet, gerät er in seiner Rolle als Schuldner der Gegenleistung oft **zugleich in Schuldnerverzug**. So liegt es, wenn Sie ein Smartphone kaufen und mit dem Verkäufer vereinbart haben, dass Sie das Smartphone am 30.11. abholen und bezahlen. Wenn Sie am 30.11. das Smartphone abholen, aber die verlangte Kaufpreiszahlung verweigern, geraten Sie *in Ihrer Rolle als Schuldner* auch in Schuldnerverzug: Die Kaufpreiszahlung ist am 30.11. fällig; eine Mahnung gem. § 286 Abs. 2 Nr 1 entbehrlich. Natürlich müssen Sie die Nichtleistung gem. § 286 Abs. 4 auch zu vertreten haben. Wenn die Mahnung nicht entbehrlich ist, kann das Zahlungsverlangen des Gläubigers je nach den Umständen des Einzelfalls eine konkludente Mahnung sein.

---

103 MünchKomm/*Ernst*, BGB⁸, § 293 Rn 10.
104 BeckOK/*Lorenz*, BGB⁵¹, § 293 Rn 10.
105 BAG NJW 2003, 3219, 3220.
106 Vgl BGH NJW 1984, 1679.
107 MünchKomm/*Ernst*, BGB⁸, § 299 Rn 1.
108 Einzelheiten oben Rn 363 ff.
109 Jauernig/*Stürner*, BGB¹⁷, § 368 Rn 3.

Dagegen kann der Schuldner nicht mit der Leistung in Verzug sein, bezüglich derer 817
der Gläubiger im Annahmeverzug ist.[110] Kurz gesagt: **Der Annahmeverzug des
Gläubigers schließt den Leistungsverzug des Schuldners aus.** Wenn also der Verkäufer das Smartphone im obigen Beispiel nicht übergibt, weil Sie nicht zahlen, kann er wegen seiner Pflicht aus § 433 Abs. 1 auch nicht in Schuldnerverzug gelangen. Das wird durch den Annahmeverzug des Käufers ausgeschlossen.

e) Kein vorübergehendes Annahmehindernis

Gem. § 299 können vorübergehende Annahmeverhinderungen des Gläubigers dem 818
Annahmeverzug entgegenstehen. Die Norm ist eine **Ausprägung von Treu und
Glauben**[111] und erlaubt dem Gläubiger ausnahmsweise, sich auf eine Form fehlenden Vertretenmüssens zu berufen. Kerngedanke der Norm ist, dass es dem Gläubiger bei ungewisser Leistungszeit nicht zugemutet werden kann, sich ständig annahmebereit zu halten.[112] § 299 greift nur ein, wenn die **Leistungszeit nicht** bestimmt ist (Regelfall des § 271 Abs. 1) oder der Schuldner berechtigt ist, auch **vor einer vertraglich bestimmten Leistungszeit** (Regelfall des § 271 Abs. 2) zu leisten. Damit sind die Regelfälle des § 271 Abs. 1 und 2 für die Erfüllbarkeit erfasst.[113]

§ 299 setzt ein **vorübergehendes Annahmehindernis** voraus. Der Gläubiger kann 819
beispielsweise erkrankt sein; es kann auch genügen, dass er zufällig nicht anwesend ist. Stellen Sie sich vor, eine Studentin kauft das neueste Smartphone beim Händler ihres Vertrauens und vereinbart, dass er ihr das Smartphone zu Hause vorbeibringt, sobald der Hersteller ihn beliefert: Wenn der Händler dann eines Montags um 8.00 Uhr bei der Studentin unangekündigt klingelt, um seine Schuld zu erfüllen, gerät die Studentin nicht in Gläubigerverzug, wenn sie pflichtschuldig in der Schuldrechtsvorlesung sitzt.

Wenn der Schuldner die Leistung eine **angemessene Zeit vorher angekündigt** hat, 820
kommt es dagegen zum Gläubigerverzug. Wenn also der Händler am Freitag zuvor die Lieferung für Montag um 8.00 Uhr angekündigt hat, gerät die Studentin in Annahmeverzug, wenn Sie zur angekündigten Zeit das Smartphone nicht entgegennimmt. Bei **schwerwiegenderen Annahmehindernissen** würde das aber zu unbilligen Ergebnissen führen: Stellen Sie sich etwa vor, dass die Studentin wegen eines Unfalls Sonntagnacht ins Krankenhaus musste und erst am Montagnachmittag entlassen wird. In solchen Fällen – also etwa plötzlichen Krankheiten oder auch Todesfällen nahestehender Personen – **tritt trotz rechtzeitiger Ankündigung kein Gläubigerverzug** ein.[114] Diese teleologische Reduktion lässt sich damit erklären, dass § 299 als Ausprägung von Treu und Glauben keine unbilligen Ergebnisse rechtfertigen darf.

---

110 MünchKomm/*Ernst*, BGB[8], § 299 Rn 3.
111 Jauernig/*Stadler*, BGB[17], § 299 Rn 1.
112 MünchKomm/*Ernst*, BGB[8], § 299 Rn 2.
113 Zur Erfüllbarkeit oben Rn 277 ff.
114 BeckOK/*Lorenz*, BGB[51], § 299 Rn 6.

3. Rechtsfolgen

821 Der Gläubigerverzug **verschlechtert die Rechtsposition des Gläubigers** durch eine Vielzahl einzelner Bestimmungen. Einige seiner Rechtsfolgen sind in den §§ 300-304 geregelt, andere an verschiedenen Stellen des Gesetzes im systematischen Zusammenhang zur jeweiligen Rechtsfolge. Eine praktisch wichtige Regelung des Gläubigerverzugs im Besonderen Schuldrecht ist § 615, der im Individualarbeitsrecht eine große Rolle spielt: Die Leistungspflicht des Schuldners als seine wesentliche Hauptpflicht wird allein durch den Gläubigerverzug grundsätzlich nicht berührt. Anderes gilt nach § 615 S. 1: Wenn der Dienstberechtigte mit der Annahme der Dienste in Verzug ist, muss der Dienstverpflichtete gem. § 615 S. 1 nicht nachleisten, um die vereinbarte Vergütung zu erhalten.

822 Der Gläubigerverzug hat auch **keinen Schadensersatzanspruch des Schuldners** zur Folge. Der Schuldner ist lediglich zum Ersatz verzugsbedingter **Mehraufwendungen** verpflichtet (§ 304). Wenn der Gläubiger zugleich in seiner Rolle als Schuldner in Schuldnerverzug gerät, kann er freilich wegen der Leistungsverzögerung als Schuldner gem. §§ 280 Abs. 1, Abs. 2, 286 zum Ersatz von Verzögerungsschäden verpflichtet sein. Das ist vor allem bei der Annahmepflicht des Käufers aus § 433 Abs. 2 und der Abnahmepflicht des Bestellers aus § 640 Abs. 1 relevant.

a) Haftungsmilderungen

823 Gem. **§ 300 Abs. 1** hat der Schuldner während des Gläubigerverzugs nur Vorsatz und grobe Fahrlässigkeit zu vertreten. Wenn die Leistung also **ganz oder teilweise unmöglich** wird, haftet der Schuldner nicht für leichte Fahrlässigkeit. Schadensersatzansprüche des Gläubigers aus §§ 280 Abs. 1, Abs. 3, 283 scheitern dann am fehlenden Vertretenmüssen des Schuldners.

824 § 300 Abs. 1 gilt allerdings **nur für** die Verletzung der **Hauptleistungspflicht** und **leistungsbezogener Nebenpflichten**. Beispielsweise greift § 300 Abs. 1 also auch ein, wenn der Pächter Rückgabe der Pachtsache schuldet und pflichtwidrig keine Schutzmaßnahmen gegen Frostschäden ergriffen hat.[115] Für Schutzpflichtverletzungen iSd § 241 Abs. 2, die mit der Leistung selbst nichts zu tun haben, gilt § 300 Abs. 1 dagegen nicht. Das entspricht jedenfalls dem Willen des Gesetzgebers des BGB von 1900.[116] Es lässt sich aber auch teleologisch erklären: Die Haftungserleichterung des § 300 Abs. 1 lässt sich damit erklären, dass der Leistungsgegenstand nicht den Gläubiger erreicht hat und dies dem Gläubiger anzulasten ist. Aber selbst wenn der Gläubiger den Leistungsgegenstand angenommen hätte, würden ja Schutzpflichten aus § 241 Abs. 2 fortbestehen – mit dem Maßstab des § 276.

825 Gem. **§ 302** beschränkt sich die Pflicht des Schuldners zur Nutzungsherausgabe auf **tatsächlich gezogene Nutzungen**. Das betrifft Normen wie § 347 Abs. 1 oder § 987 Abs. 2, die eine Wertersatzpflicht für nicht gezogene Nutzungen anordnen. Wegen § 302 muss der Schuldner nicht einmal dann Wertersatz für nicht gezogene Nutzungen leisten, wenn er vorsätzlich handelt. Dahinter steckt ein Vergeltungsgedanke: Der

---
115 Vgl BGH NJW 1983, 1049, 1050.
116 BeckOGK/*Dötterl*, BGB (1.8.2019), § 300 Rn 8.1.

Gläubiger hat obliegenheitswidrig gehandelt, also darf es auch der Schuldner tun. § 301 erstreckt diesen Gedanken auf die **Verzinsungspflicht bei Geldschulden**: Sie besteht während des Gläubigerverzugs nicht. Das ergibt sich letztlich schon aus § 302, wenn man Zinsen als die Nutzung von Kapital versteht. Die Nähe des § 301 zu § 302 zeigt sich auch bei tatsächlich erzielten Zinserträgen: Auf sie passt die zentrale Wertung des § 302 ebenso wie auf tatsächlich gezogene Nutzungen. Wenn der Schuldner tatsächlich Zinserträge erzielt, muss er sie daher nach dem Gedanken des § 302 herausgeben.[117] Andernfalls würde er durch § 301 übermäßig bereichert.

Gem. § 303 ist der Schuldner nach vorheriger Androhung (§ 303 S. 2) zur **Besitzaufgabe** (§ 856) berechtigt, wenn er zur **Herausgabe eines Grundstücks** oder eines eingetragenen Schiffs oder Schiffsbauwerks verpflichtet ist. Der Schuldner kann sich dadurch der mit dem Besitz verbundenen Lasten entledigen. § 303 gibt allerdings kein Recht zur Aufgabe auch des Eigentums.[118] Vielleicht fragen Sie sich, weshalb die Norm nur dem Schuldner hilft, der Grundstücke oder Schiffe herausgeben muss. Das liegt daran, dass dem Schuldner bei **Geld und bestimmten anderen Gegenständen** die **Hinterlegung (§§ 372 ff)** zur Verfügung steht. Funktionell ergänzt § 303 also das Hinterlegungsrecht. Auch § 372 setzt für die **Hinterlegung** voraus, dass der Gläubiger im Annahmeverzug ist. 826

b) Übergang der Leistungsgefahr (§ 300 Abs. 2)

Gem. **§ 300 Abs. 2** geht bei Gattungsschulden „die Gefahr" mit dem Zeitpunkt des Annahmeverzugs auf den Gläubiger über. Die Norm betrifft **nicht** etwa die **Gegenleistungsgefahr** (Preisgefahr), also die Gefahr, trotz Unmöglichkeit die Gegenleistung erbringen zu müssen. Die Gegenleistungsgefahr gehört systematisch in die §§ 320 ff und ist in § 326 geregelt. Dort ist der Gläubigerverzug auch berücksichtigt, nämlich in § 326 Abs. 2. Demgegenüber regelt **§ 300 Abs. 2** also allein die **Leistungsgefahr** bei Gattungsschulden. 827

Die **Leistungsgefahr** geht aber regelmäßig schon wegen der **§§ 243 Abs. 2, 275** auf den Gläubiger über: Wenn der Schuldner das seinerseits Erforderliche zur Leistung getan hat, kommt es gem. § 243 Abs. 2 zur Konkretisierung, die Gattungsschuld wird zur Stückschuld. Wenn die Sache untergeht, wird der Schuldner gem. § 275 Abs. 1 von der Leistungspflicht frei.[119] Nun laufen Konkretisierung iSd § 243 Abs. 2 und die Begründung des Annahmeverzugs aber weitgehend parallel: Für § 243 Abs. 2 muss der Schuldner das „seinerseits Erforderliche" getan haben – für §§ 293 ff die Leistung so, wie geschuldet, tatsächlich angeboten haben. Das Erforderliche iSd § 243 Abs. 2 hat der Schuldner aber grundsätzlich dann getan, wenn er seine Leistung in einer Annahmeverzug begründenden Weise angeboten hat. 828

Klar ist daher, dass **§ 300 Abs. 2 keine eigenständige Bedeutung bei Holschulden** hat: Wenn der Schuldner die Sache bereitstellt und den Gläubiger zur Abholung auffordert, kommt es zur Konkretisierung nach § 243 Abs. 2. Auf § 300 Abs. 2 kommt es dann nicht mehr an. Manche sehen eine eigenständige Bedeutung des § 300 Abs. 2 829

---

117 BGH NJW 1958, 137.
118 MünchKomm/*Ernst*, BGB[8], § 303 Rn 2.
119 Zur Konkretisierung Rn 187 ff.

bei **Bring- oder Schickschulden**: Es sei denkbar, dass § 243 Abs. 2 noch nicht erfüllt sei, gleichwohl aber Annahmeverzug vorliege.[120] Das sei der Fall, wenn der Schuldner nach § 295 die Sache aussondert und wörtlich anbietet oder wenn der Schuldner den Gläubiger zu einer Mitwirkungshandlung auffordert. Das überzeugt aber nicht, weil in diesen Fällen immer auch § 243 Abs. 2 erfüllt ist.[121] Für die Konkretisierung ein tatsächliches Angebot zu verlangen, wäre bloße Förmelei, wenn der Schuldner schon erklärt hat, dass er die Annahme verweigert. **§ 295** gilt vielmehr bei Auslegung des § 243 Abs. 2 entsprechend; gleiches gilt für § 296.[122]

Damit bleiben nur **zwei Anwendungsfälle** für § 300 Abs. 2: Erstens kann die Norm eingreifen, wenn **§ 243 Abs. 2 vertraglich abbedungen** ist.[123] Zweitens ist bei **Geldschulden** § 243 Abs. 2 nicht anwendbar, so dass hier § 300 Abs. 2 entsprechend heranzuziehen ist.[124] Die direkte Anwendung scheitert daran, dass Geldschulden keine Gattungsschulden sind.[125] Wenn A und B vereinbaren, dass A der B eine Geldschuld in bar am 30.11. vorbeibringt und B diese am 30.11. nicht entgegennimmt, wird A gem. § 300 Abs. 2 analog von ihrer Leistungspflicht befreit, wenn sie auf dem Heimweg die Geldscheine verliert oder sie ihr gestohlen werden.

c) Gegenleistungsgefahr (§ 326 Abs. 2 S. 1 1. Alt.) und Ausschluss des Rücktrittsrechts (§ 323 Abs. 6 2. Alt.)

830 Der Gläubigerverzug hat auch Konsequenzen für die Gegenleistungsgefahr bei Ausschluss der Leistung gem. § 275 Abs. 1-3. Sie geht gem. **§ 326 Abs. 2 S. 1 1. Alt.** auf den **Gläubiger** über, wenn der Schuldner den zum Ausschluss der Leistung gem. § 275 Abs. 1-3 führenden Umstand nicht zu vertreten hat und der Gläubiger bei Eintritt des Umstandes in Annahmeverzug ist. Wenn beispielsweise der Käufer eines Smartphones dieses am 30.11. abholen und bezahlen soll, der Verkäufer aber die Annahme des Kaufpreises verweigert, ist der Verkäufer im Annahmeverzug. Wenn dem Käufer auf dem Nachhauseweg das Geld gestohlen wird, muss er – wie wir oben gesehen haben – gem. § 300 Abs. 2 nicht mehr zahlen. Er behält aber gem. § 326 Abs. 2 S. 1 1. Alt. den Anspruch auf Übergabe und Übereignung des Smartphones.

831 Parallel zu § 326 Abs. 2 S. 1 1. Alt. **entfällt das Rücktrittsrecht** gem. **§ 323 Abs. 6 2. Alt.**, wenn der zum Rücktritt berechtigende Umstand zu einer Zeit eintritt, zu der der Gläubiger im Annahmeverzug ist.[126]

d) Ersatz von Mehraufwendungen (§ 304)

832 Gem. § 304 BGB kann der Schuldner Ersatz der Mehraufwendungen für das erfolglose Angebot sowie für die Aufbewahrung und Erhaltung des geschuldeten Gegenstands verlangen, soweit er sie „machen musste". Aus diesen letzten beiden Worten

---

120 So die wohl hM, etwa BeckOK/*Lorenz*, BGB⁵¹, § 300 Rn 6; Jauernig/*Stadler*, BGB¹⁷, § 300 Rn 4.
121 Zutreffend MünchKomm/*Ernst*, BGB⁸, § 300 Rn 4.
122 Soergel/*Arnold*, BGB¹³, § 243 Rn 11; MünchKomm/*Ernst*, BGB⁸, § 300 Rn 4.
123 MünchKomm/*Ernst*, BGB⁸, § 300 Rn 4.
124 BeckOK/*Lorenz*, BGB⁵¹, § 300 Rn 6; aA MünchKomm/*Ernst*, BGB⁸, § 300 Rn 4, der § 243 Abs. 2 entsprechend heranzieht, was auf das Gleiche Ergebnis hinausläuft.
125 Dazu oben Rn 199.
126 Zu Einzelheiten oben Rn 533.

der Norm folgt: § 304 erfasst nur **notwendige Aufwendungen**.[127] Zweck des § 304 ist es, den Schuldner von zusätzlichen Kosten zu befreien, die Folge des Gläubigerverzugs sind.[128] Auf Grundlage der Norm ist der **tatsächlich entstandene** Mehraufwand zu ersetzen, soweit dieser objektiv erforderlich war.[129] Dazu gehören etwa Fahrt- oder Transportkosten für das **erfolglose Angebot** oder auch Kosten zur Aufbewahrung und Erhaltung des Leistungsgegenstands.[130]

Schäden – wie etwa entgangener Gewinn – sind dagegen nicht zu ersetzen, denn § 304 ist gerade keine Grundlage für einen Schadensersatzanspruch.[131] Allerdings können Schäden im Zusammenhang mit der Aufbewahrung oder Erhaltung der Leistung als Schadensersatz wegen Verzögerung der Leistung (§§ 280 Abs. 1, Abs. 2, 286) ersatzfähig sein, wenn der Gläubiger in seiner Rolle als Schuldner zugleich im Schuldnerverzug ist. Daran müssen Sie vor allem denken, wenn die Annahme zugleich als Schuldnerpflicht ausgestaltet ist – so bei § 433 Abs. 2 und § 640 Abs. 1.[132]

833

III. Lösung Fall 51

A. B könnte gegen A einen Anspruch auf Zahlung des Kaufpreises in Höhe von 200 Euro aus § 433 Abs. 2 haben.

834

I. Der Anspruch ist entstanden, weil A und B einen wirksamen Kaufvertrag geschlossen haben.

II. Der Anspruch auf Kaufpreiszahlung könnte aber gemäß § 326 Abs. 1 S. 1 erloschen sein. Ein gegenseitiger Vertrag liegt in Form eines Kaufvertrags vor. Weiter muss B von der Leistungspflicht nach den § 275 Abs. 1-3 befreit sein. Hier kommt Unmöglichkeit gem. § 275 Abs. 1 in Betracht. Der Abfall, den B liefern wollte, ist in dem Container verbrannt, die Überreste nicht mehr erfüllungstauglich. B könnte allerdings weiteren Abfall anderorts beschaffen und liefern, auch wenn seine Lagerhalle abgebrannt ist. Eine Beschaffungspflicht trifft ihn aber nicht, wenn seine Leistungspflicht gem. § 243 Abs. 2 auf den in der Lagerhalle des B abgebrannten Container konkretisiert war. Dafür kommt es entscheidend darauf an, was die Parteien als Leistungsdetails vereinbart haben. Sie haben eine Bringschuld vereinbart, so dass B dem A die Ware tatsächlich am Sitz des Gläubigers anbieten muss. Das hat B am 8.10. getan, so dass Konkretisierung eingetreten ist (§ 243 Abs. 2). Durch das Verbrennen ist B somit gemäß § 275 Abs. 1 von seiner Leistungspflicht frei geworden. Gem. § 326 Abs. 1 S. 1 erlischt der Kaufpreiszahlungsanspruch also grundsätzlich.

2. Nach § 326 Abs. 2 S. 1 2. Alt. blieb der Anspruch aber erhalten, wenn sich A im Annahmeverzug befand und der Untergang in diesem Zeitpunkt nicht vom Schuldner zu vertreten ist.

a) A geriet durch das tatsächliche Angebot gem. der §§ 293, 294 in Annahmeverzug. § 297 greift ebenso wenig ein wie § 299.

---

127 Jauernig/*Stadler*, BGB[17], § 304 Rn 1.
128 BeckOK/*Lorenz*, BGB[51], § 304 Rn 1.
129 BGH NJW 1996, 1464, 1465.
130 MünchKomm/*Ernst*, BGB[8], § 304 Rn 2.
131 MünchKomm/*Ernst*, BGB[8], § 304 Rn 2.
132 Dazu schon oben Rn 799.

b) B darf den Untergang des Abfalls in der Lagerhalle auch nicht zu vertreten haben. Dabei werden die §§ 276 ff entsprechend angewendet. Im Rahmen des Vertretenmüssens ist zu berücksichtigen, dass der Schuldner während des Annahmeverzugs gemäß § 300 Abs. 1 nur Vorsatz und grobe Fahrlässigkeit zu vertreten hat. Möglicherweise hat B grob fahrlässig gehandelt, indem er den Computer im Büro anließ und so den Brand verursachte. Entscheidend ist, ob er dadurch die im Verkehr erforderliche Sorgfalt in besonders schwerem Maße verletzt hat. Dass Computer über Nacht eingeschaltet bleiben, entspricht indes der Praxis in vielen Büros. Dass daraus ein Defekt entsteht, bildet zudem einen recht seltenen Ausnahmefall, dessen Risiko keineswegs jeder Person in der angegebenen Situation unmittelbar einleuchten muss. B hat somit nicht grob fahrlässig gehandelt. Er hat daher den Untergang während des Annahmeverzugs auch nicht zu vertreten.

c) Der Anspruch blieb gem. § 326 Abs. 2 S. 1 2. Alt. erhalten.

III. B hat gegen A somit einen Anspruch auf Zahlung des Kaufpreises in Höhe von 200 Euro aus § 433 Abs. 2.

B. B könnte gegen A einen Schadensersatzanspruch in Höhe von 150 Euro aus §§ 280 Abs. 1 u. 2, 286 Abs. 1 haben.

I. Ein Schuldverhältnis iSv § 280 Abs. 1 zwischen A und B ist durch den Kaufvertrag gegeben.

II. A muss eine Pflicht aus dem Schuldverhältnis verletzt haben, § 280 Abs. 1 S. 1. A war aus dem Kaufvertrag zur Kaufpreiszahlung verpflichtet (§ 433 Abs. 2). A hat am 8.10. auf den fälligen und einredefreien Zahlungsanspruch nicht geleistet. Dies stellt bereits eine Pflichtverletzung nach § 280 Abs. 1 S.1 dar. § 280 Abs. 2 stellt jedoch klar, dass diese Pflichtverletzung für den Anspruch auf Ersatz des Verzögerungsschadens noch nicht ausreicht. Es müssen darüber hinaus die zusätzlichen Voraussetzungen des § 286 gegeben sein. Nach § 286 Abs. 1 kommt der Schuldner in Verzug, wenn er auf einen fälligen und einredefreien Anspruch trotz Mahnung nicht leistet. Auch nach dem Verbrennen des Mülls ist der Kaufpreiszahlungsanspruch des B noch fällig und nicht gemäß § 326 Abs. 1 entfallen. Er ist auch durchsetzbar, da keine Einrede und insbesondere § 320 Abs. 1 nicht entgegenstehen. Die Mahnung ist eine Aufforderung des Gläubigers an den Schuldner, die geschuldete Leistung zu bewirken, wobei diese Aufforderung aufgrund der ihr innewohnenden Warnfunktion bestimmt und eindeutig sein muss. Das bloße Übersenden einer ersten Rechnung erfüllt diese Warnfunktion gerade nicht. Etwas Anderes kann bei der Übersendung einer zweiten Rechnung der Fall sein. Eine Mahnung lag erst aufgrund des anwaltlichen Schreibens vor. Erst ab diesem Zeitpunkt lag eine Pflichtverletzung durch Nichtzahlung vor.

III. Gem. §§ 280 Abs. 1 S. 2, 286 Abs. 4 muss A die Pflichtverletzung auch zu vertreten haben. Damit sind die verzugsbegründenden Umstände gemeint (§ 286 Abs. 4). A kann sich hinsichtlich der Nichtleistung trotz Mahnung nicht exkulpieren.

IV. Die zu ersetzenden Schäden müssen auch während des Schuldnerverzugs entstanden sein. Der Schuldnerverzug ist aber erst durch Zugang der Mahnung entstanden. Zuvor bestand kein Schuldnerverzug, denn die Mahnung war nicht etwa gemäß § 286 Abs. 2 entbehrlich. Daher sind die Mahnkosten nicht im Schuldnerverzug entstanden, sie haben ihn lediglich begründet. Die Anwaltskosten sind somit nicht als Verzögerungsschaden ersatzfähig.

V. B hat gegen A keinen Schadensersatzanspruch in Höhe von 150 Euro gemäß §§ 280 Abs. 1 u. 2, 286 Abs. 1.

Ergebnis: B kann somit von A nur Zahlung des Kaufpreises in Höhe von 200 Euro verlangen.

Teil IV
Verbraucherrecht

§ 14 Verbraucherrecht im Allgemeinen Schuldrecht

Fall 54: V möchte sich mit Heizöl für den kommenden Winter eindecken. Er kontaktiert U, der sich auf den Online-Vertrieb von Heizöl spezialisiert hat und der auf seiner Homepage mit einer „Tiefpreisgarantie" wirbt. Das Heizöl bezieht U immer im Vorfeld von Großlieferanten. V wittert ein Schnäppchen und bestellt am 22.5. online 2.000 l Heizöl für 1.100 Euro. Er erhält eine Bestätigung des U, die aber keine Belehrung über ein Widerrufsrecht beinhaltet. Nachdem U die Lieferung am 24.5. (Mittwoch) vorgenommen hat, stellt V am 31.5. fest, dass er bei einem Konkurrenten des U nunmehr 2.000 l Heizöl für 1.000 Euro bekommen kann. Daraufhin fordert er U auf, den Kaufpreis um 100 Euro zu mindern – andernfalls werde er den Vertrag widerrufen. U erwidert, dass V kein Widerrufsrecht zustehe: Heizölpreise unterlägen Schwankungen an den Finanzmärkten. Außerdem sei das Heizöl mit dem Heizöl im Tank der Käufer untrennbar vermischt. Überhaupt sei es treuwidrig, das Widerrufsrecht zu missbrauchen, um ein „Schnäppchen" zu machen. V erklärt am 8.6. (Donnerstag) gegenüber U den Widerruf. Kann U von V Zahlung der 1.100 Euro verlangen? **Lösung Rn 971**

835

Fall 55: V bestellt am 3.7. im Onlineshop von U, der sich auf den Verkauf von Autoersatzteilen spezialisiert hat, einen Katalysator für 350 Euro. Noch am selben Tag erfolgt eine Bestätigung per E-Mail durch U mit wirksamer Belehrung über das Widerrufsrecht und die Rechtsfolgen des Widerrufs. Nach der Lieferung durch die Post am 5.7. montiert V den Katalysator an sein Auto. Am 7.7. bereut er dies aber bereits, da er feststellen muss, dass sein Auto nicht mehr die bisherige Leistung erbringt. Daher erklärt er gegenüber U noch am selben Tag, dass er von seinem Widerrufsrecht Gebrauch mache und schickt den Katalysator zurück. Außerdem verlangt er von U Rückzahlung der 350 Euro. U erwidert, dass der Katalysator durch den Einbau nichts mehr wert sei und er daher einen Wertersatzanspruch in Höhe von 350 Euro habe. Mit diesem Anspruch rechne er nunmehr auf. Kann V von U Zahlung von 350 Euro verlangen?

Fall 56: Am 5.9.2019 nimmt V an einer kostenlosen „Kaffeefahrt" teil, die unter anderem vom großen Möbelhaus U unterstützt wird. Der Ausflug führt auch in ein an das Möbelhaus angeschlossenes Café. Nach einem leckeren Stück Kuchen lässt sich V dazu hinreißen, eine von den während des gemütlichen Beisammenseins angepriesenen Matratzen zu bestellen. Diese wird am 9.9.2019 (Montag) geliefert, wobei V, voller Begeisterung über das Schnäppchen, die um die Matratze gewickelte Schutzfolie entfernt. Eine Widerrufsbelehrung geht V allerdings erst später, am 23.10.2019 (Montag), zu. Am 7.10.2019 sendet V einen Brief mit einem Widerruf an U, der allerdings erst am 9.10.2019 zugeht. U wendet hiergegen ein, die Widerrufsfrist sei schon längst abgelaufen. Zudem verweigert er die Rücknahme, als er erfährt, dass die Schutzfolie entfernt wurde. Die Matratze sei für ihn aus hygienischen Gründen nun unverkäuflich. V erwidert zutreffend, dass die Matratze chemisch gereinigt werden könne. Wer hat Recht?

I. Grundlagen des Verbraucherschutzrechts

1. Entwicklung und Zweck des Verbraucherschutzrechts

836 Ursprünglich war der Leitgedanke des Verbraucherschutzrechts das, was das Wort vermuten lässt: Der Schutz des Verbrauchers als dem Unternehmer gegenüber schwächeren Teil. Diese Zwecksetzung hat sich in den letzten Jahrzehnten unter europäischem Einfluss gewandelt. Verbraucherschutzrecht ist heute im Wesentlichen Europäisches Recht. Die verbraucherschützenden Normen des BGB dienen hauptsächlich der Umsetzung verbraucherschützender Richtlinien. In diesen ist der Gedanke des **Schwächerenschutzes** sekundär.[1] An erster Stelle steht ein ökonomischer Gedanke: Durch verbraucherschützende Regeln soll die Rechtsposition der Verbraucher gestärkt werden, damit sie im europäischen Binnenmarkt vermehrt rechtsgeschäftlich aktiv werden. **Verbraucherrecht** ist aus Sicht des Europäischen Gesetzgebers vor allem ein **Motor des Binnenmarkts**.[2] Dabei steht die regulative Perspektive der **Verteilungsgerechtigkeit** im Vordergrund.[3] Die individuelle Schutzbedürftigkeit tritt dagegen in den Hintergrund. Der Topos vom Schutz des Verbrauchers spielt freilich nach wie vor eine Rolle. Dabei geht es vor allem um typisierende, verallgemeinernde Argumente, mit denen konkrete Verbesserungen der Rechtsposition der Verbraucher begründet werden.

2. Systematik bzw Regelungsorte

837 Das Verbraucherschutzrecht ist über so viele verschiedene Regelungsorte verstreut, dass es schwerfällt, von „Systematik" zu sprechen. Das hängt mit der bewegten Entstehungsgeschichte und dem europarechtlichen Hintergrund der Materie zusammen.[4] Die einzelnen verbraucherschützenden Richtlinien beruhen auf rechtspolitischen Kompromissen. Ihr Anwendungsbereich ist oft eng, zahlreiche Ausnahmen in den einzelnen Richtlinien verkomplizieren die Umsetzung und erzwingen eine gewisse Unübersichtlichkeit. Der deutsche Gesetzgeber hatte die Richtlinien ursprünglich in vielen Sondergesetzen umgesetzt, vor allem im Zuge der **Schuldrechtsreform 2002** wurden jedoch zahlreiche Teilbereiche in das BGB integriert. Die vom Gesetzgeber gewählten Regelungsorte führen oft zu Brüchen in der gesetzlichen Systematik.

838 Die für das gesamte Verbraucherrecht zentralen Kernbegriffe „Verbraucher" und „Unternehmer" hat der Gesetzgeber im **Allgemeinen Teil des BGB** geregelt, nämlich in den §§ 13 und 14. Zahlreiche Sonderbestimmungen für spezifische Vertragstypen befinden sich im **Besonderen Schuldrecht**. Ein praktisch wichtiges und anschauliches Beispiel bietet der Verbrauchsgüterkauf. Für ihn beinhalten die §§ 474-479 Sonderbestimmungen, die der Umsetzung der **Verbrauchsgüterkauf-RL**[5] dienen.[6] Viele

---

1 Dies ausschließlich betonend aber *Brox/Walker*, SR AT[43], § 19 Rn 1; *Weiler*, Schuldrecht Allgemeiner Teil[4], § 33 Rn 1.
2 *Heiderhoff*, Europäisches Privatrecht[4], Rn 190-193; *Tönnies* BRJ 2017, 150, 151 f.
3 *Gsell* JZ 2012, 809, 814 f.
4 *Schürnbrand* AL 2016, 54, 55 f.
5 RL 1999/44/EG des Europäischen Parlaments und des Rates v. 25.5.1999 zu bestimmten Aspekten des Verbrauchsgüterkaufs und der Garantien für Verbrauchsgüter, ABl. L 171, 12.
6 Dazu *Arnold/Hornung* JuS 2019, 1041.

ihrer Vorgaben wurden aber auch in Normen des **Allgemeinen Schuldrechts** und des **Allgemeinen Kaufrechts** (§§ 433-453) integriert: Der Gesetzgeber hat Teile der Verbrauchsgüterkauf-RL bewusst auch für Kaufverträge eingeführt, die gar nicht in den Anwendungsbereich der Richtlinie fallen.[7] Ein weiteres wichtiges Beispiel für vertragsspezifischen Verbraucherschutz im Besonderen Schuldrecht ist der Verbraucherdarlehensvertrag, der in den §§ 491-505e geregelt ist. Grundlage ist die Verbraucherkredit-RL[8] sowie die Wohnimmobilienkredit-RL[9].

Weitere Beispiele sind Verträge über Teilzeitwohnrechte (§§ 481 ff), entgeltliche Finanzierungshilfen (§§ 506 ff), Ratenlieferungsverträge (§ 510), unentgeltliche Darlehensverträge und unentgeltliche Finanzierungshilfen (§§ 514, 515). Wenn sich aus verbraucherrechtlichen Normen des Besonderen Schuldrechts ein Widerrufsrecht ergibt, gelten für die Ausübung und die Rechtsfolgen des Widerrufsrechts die §§ 355 ff (etwa § 356b für das Widerrufsrecht bei Verbraucherdarlehensverträgen).

Im **Allgemeinen Schuldrecht** gibt es zahlreiche Normen und Regelungskomplexe mit punktuell verbraucherschützenden Normen. Sie beziehen sich – anders als die zuvor genannten Beispiele – grundsätzlich nicht lediglich auf spezifische Vertragstypen, sondern auf mehrere oder alle Arten von Verbraucherverträgen. So finden sich im Allgemeinen Schuldrecht **Sonderbestimmungen bei der AGB-Kontrolle (§ 310 Abs. 3), allgemeine Bestimmungen über das Widerrufsrecht (§§ 355-361), Regeln zu spezifischen Vertriebsformen oder Vertragsabschlusssituationen** (Fernabsatzverträge und außerhalb von Geschäftsräumen geschlossene Verträge, §§ 312b-312h) und zu **Verträgen im elektronischen Geschäftsverkehr**. Manche Bestimmungen beinhalten allerdings Sonderregeln für bestimmte Verbraucherverträge. So sieht etwa § 356b für das Widerrufsrecht bei Verbraucherdarlehensverträgen besondere Bestimmungen für Beginn und Dauer der Widerrufsfrist vor. Im Folgenden werden (nur) die verbraucherschützenden Normkomplexe des Allgemeinen Schuldrechts näher dargestellt.

3. Die zentralen Regulierungsinstrumente: Informationspflichten und Widerrufsrechte

Zwei Regulierungsinstrumente stehen im Verbraucherrecht im Vordergrund: **Informationspflichten** und **Widerrufsrechte**.[10] Ihr gemeinsamer Hauptzweck lässt sich aus der primären Zielsetzung des Europäischen Verbraucherrechts erklären: Sie stärken die Rechtsposition des Verbrauchers, um ihn zu verstärkter Nachfrage im europäischen Binnenmarkt zu motivieren.[11] Dieser Zweck wird von differenzierten Schutzaspekten ergänzt, aus denen sich vor allem ergibt, weshalb gerade die jeweils in Rede stehende konkrete Verbesserung der Verbraucherposition gerechtfertigt ist. Das Ver-

---

7 *Stürner* Jura 2018, 35, 36 f und 39 ff; vertiefend zu Auslegungsfragen *Mittwoch* JuS 2017, 296.
8 RL 2008/48/EG des Europäischen Parlaments und des Rates v. 23.4.2008 über Verbraucherkreditverträge und zur Aufhebung der Richtlinie 87/102/EWG des Rates, ABl. L 133, 66, berichtigt in ABl. 2009 L 207, 14, ABl. 2010 L 199, 40, ABl. 2011 L 234, 46.
9 RL 2014/17/EU des Europäischen Parlaments und des Rates v. 4.2.2014 über Wohnimmobilienkreditverträge für Verbraucher und zur Änderung der Richtlinien 2008/48/EG und 2013/36/EU und der Verordnung (EU) Nr 1093/2010, ABl. L 60, 34, berichtigt in ABl. 2015 L 47, 34 und L 246, 11.
10 Näher *Rösler* RabelsZ 73 (2009), 889, 894 ff und 898 f; *Grundmann* JZ 2013, 53, 57 ff.
11 BT-Drs. 17/12637, S. 33 und 74.

braucherrecht trägt auch zur Effizienz von Märkten bei, indem es Marktversagen korrigiert. Daran besteht auch ein gesamtgesellschaftliches Interesse.[12]

a) Informationspflichten

841 Informationspflichten sollen die materielle Richtigkeitsgewähr[13] des Vertragsschlussmechanismus – ein zentrales Paradigma liberaler Vertragstheorien – wiederherstellen.[14] Diese Richtigkeitsgewähr ist gefährdet, wenn Informationen aus strukturellen Gründen ungleich verteilt sind. Das ist bei Verträgen zwischen Verbrauchern und Unternehmern typischerweise der Fall: Unternehmer schließen gewöhnlich eine Vielzahl ähnlicher Verträge über ähnliche Gegenstände und unter vergleichbaren Bedingungen. Daher „lohnt" es sich für Unternehmer, aufwändige Maßnahmen der Informationsbeschaffung (etwa über den Geschäftsgegenstand und den vertragsrechtlichen Rahmen) zu tätigen. Die Kosten dieser Maßnahmen werden durch die Gewinne aus den vielen Einzelverträgen typischerweise eingespielt. Das gilt für den Verbraucher gewöhnlich nicht, weil er normalerweise die jeweiligen Verträge nur wenige Male (oftmals nur ein einziges Mal) abschließen wird. So entsteht ein rational begründbares **strukturelles Informationsungleichgewicht** zugunsten des Unternehmers.[15] Darin liegt aber die Gefahr begründet, dass der Unternehmer die Verträge einseitig zu seinen Gunsten gestaltet. Die Grundidee der Informationspflichten besteht darin, diese Gefahr zu bannen und das Informationsgleichgewicht wiederherzustellen.[16] Dann, so der liberale Gedanke der Richtigkeitsgewähr, kann der Mechanismus des Vertragsschlusses zwischen den frei handelnden Vertragspartnern wieder zu materiell richtigen, also beiderseits gerechten Ergebnissen führen.[17]

842 Die Idee, materielle Richtigkeitsgewähr durch Informationspflichten zu sichern, ist in der Praxis des gelebten Rechts freilich illusorisch. Die Informationspflichten haben einen Umfang und eine Dichte erreicht, die Verbraucher nicht mehr verarbeiten können (**information overload**).[18] Das folgt aus unseren kognitiven Grenzen: Wir können all die Informationen, die uns Unternehmer geben müssen, nicht verarbeiten, noch nicht einmal wirklich verstehen.[19] Auf Grund dessen ist es häufig sogar rationaler, Standardvertragstexte gerade nicht vollständig durchzulesen, um die eigene Lebenszeit nicht hiermit zu „vergeuden".[20] Eine gewisse Verbesserung der Informationsqualität könnte dadurch erreicht werden, dass das Gesetz vereinfachende Darstellungsformen verlangen und die Informationslast erheblich reduzieren würde – etwa durch graphisch unterstützende Ampelmodelle.

---

12 Näher *Lurger* ZEuP 2018, 788, 801 f.
13 Erstmals zur Richtigkeitsgewähr *Schmidt-Rimpler* AcP 141 (1941), 130 ff; kritisch *S. Lorenz*, Der Schutz vor dem unerwünschten Vertrag (1997), S. 22 ff.
14 Deutlich bei *Leipold*, BGB I[10], § 10 Rn 4 und 29; *Canaris* AcP 200 (2000), 273, 344 f; *Möllers* JZ 2002, 121, 130 f.
15 *Grundmann* JZ 2000, 1133, 1137.
16 *Fleischer* ZEuP 2000, 772, 777 und 784.
17 *Brömmelmeyer*, Schuldrecht Allgemeiner Teil, § 17 Rn 2 f; *Rosenkranz* GPR 2018, 28, 29.
18 *Rehberg*, Der staatliche Umgang mit Information, in: *Eger/Schäfer*, Ökonomische Analyse der europäischen Zivilrechtsentwicklung (2007), S. 284, 319 ff.
19 *Haupt* German Law Journal 2003, 1137, 1142 ff; *Eidenmüller* JZ 2011, 814, 816.
20 *Janal/Jung* VuR 2017, 332, 335; *Schmolke*, Vertragstheorie und ökonomische Analyse des Vertragsrechts, in: *Towfigh/Petersen*, Ökonomische Methoden im Recht[2], S. 131 Rn 295 ff; *Rehberg*, Der staatliche Umgang mit Information, in: *Eger/Schäfer*, Ökonomische Analyse der europäischen Zivilrechtsentwicklung (2007), 284 und *Spindler/Klöhn*, ebd., S. 355.

b) Widerrufsrechte

Das zweite zentrale Instrument des Verbraucherschutzrechts ist das Widerrufsrecht. Vor allem aus Geschäften im Internet ist das Widerrufsrecht inzwischen in weiten Bevölkerungskreisen bekannt. Widerrufsrechte ermöglichen dem Verbraucher, sich einseitig vom Vertrag zu lösen – ohne dies begründen zu müssen. Für solche Widerrufsrechte spricht aus rechtspolitischer Sicht, dass Verbraucher in bestimmten Situationen oder bei spezifischen Vertragsarten typischerweise die Konsequenzen ihrer rechtlichen Bindung bei Vertragsschluss noch nicht vollständig überblicken.[21] Daher sollen sie sich von dieser Bindung innerhalb einer bestimmten Überlegungsfrist (**„cooling off-Period"**) lösen können.[22]

843

Die **Widerrufsrechte** bewirken eine erhebliche Besserstellung des Verbrauchers. Diese Besserstellung beabsichtigt der Europäische Gesetzgeber, um den Binnenmarkt entsprechend zu fördern.[23] Die Besserstellung des Verbrauchers impliziert eine Schlechterstellung des Unternehmers, der zur Duldung des Widerrufs verpflichtet ist. In der Praxis führt dies zu erheblichen Problemen: Verbraucherrecht kann auch Kaufsucht und Besitztrieb der Verbraucher fördern; opportunistische Verbraucher können Widerrufsrechte missbrauchen, indem sie Waren wie Partykleider zum einmaligen Einsatz kaufen und das Geschäft dann widerrufen („retail borrowing").[24] Viele glauben auch, man dürfe als Verbraucher einen Vertrag stets widerrufen. Das mag daran liegen, dass der Online-Handel zunimmt und der stationäre Handel oft Kulanz bei Rückgaben zeigt. Allerdings gibt es auch bei Verbraucherverträgen **kein allgemeines Widerrufsrecht**. Die im Gesetz geregelten Widerrufsrechte haben je spezifische Anwendungsbereiche und können nicht – etwa im Wege einer Gesamtanalogie – verallgemeinert werden. Der Gesetzgeber hat bei zahlreichen Gesetzesänderungen von einer solchen Verallgemeinerung abgesehen. Im Wege der Rechtsfortbildung darf diese Entscheidung nicht konterkariert werden. Auch würde eine solche Gesamtanalogie die Rechtsposition der Unternehmer noch weiter verschlechtern.

844

II. Anwendungsbereich des Verbraucherschutzrechts

1. Die Legaldefinition des Verbrauchervertrags in § 310 Abs. 3[25]

§ 310 Abs. 3 enthält eine **Legaldefinition** des **Verbrauchervertrags**, die auch außerhalb der AGB-Kontrolle gilt und deshalb in Klausuren immer wieder heranzuziehen ist. So verweist auch § 312 Abs. 1 auf den Verbrauchervertrag iSd § 310 Abs. 3, so dass dessen Definition auch für Widerrufsrechte und Informationspflichten von Belang ist. Gem. § 310 Abs. 3 sind Verbraucherverträge Verträge zwischen einem Unternehmer und einem Verbraucher. Die Begriffe **„Unternehmer"** und **„Verbraucher"** sind wiederum in den §§ 13 und 14 **legaldefiniert**. Im Folgenden werden zentrale Grundfragen dieser Begriffe und damit die Kernelemente des Verbrauchervertrags beleuchtet.[26]

845

---

21 *Joussen*, Schuldrecht Bd I⁴, § 16 Rn 950; *Wiedemann/Wank* JZ 2013, 340, 341; *Basedow* AcP 200 (2000), 445, 487.
22 *Wagner* ZEuP 2010, 243, 261; *Loos* ZEuP 2007, 5, 6 f.
23 *Eidenmüller* AcP 210 (2010), 67, 72.
24 Näher *Karampatzos/Belakouzova* NJOZ 2018, 1681, 1684 f, auch zu Präventionsmöglichkeiten. Vgl auch *Höhne* ZRP 2019, 135.
25 Instruktiv Stürner Jura 2015, 30.
26 Zu Einzelheiten der §§ 13 und 14 sollte ergänzend ein Lehrbuch des Allgemeinen Teils des BGB herangezogen werden, etwa: *Wolf/Neuner*, BGB AT¹¹, § 15.

846 Gem. § 13 ist **Verbraucher** jede natürliche Person, die ein Rechtsgeschäft zu Zwecken abschließt, die überwiegend weder ihrer gewerblichen noch ihrer selbständigen beruflichen Tätigkeit zugerechnet werden können. **Unternehmer** ist gem. § 14 eine natürliche oder juristische Person oder eine rechtsfähige Personengesellschaft, die bei Abschluss eines Rechtsgeschäfts in Ausübung ihrer gewerblichen oder selbständigen beruflichen Tätigkeit handelt. Dazu ist keine Gewinnerzielungsabsicht, sondern eine nachhaltige und planmäßige Ausübung dieser Tätigkeit erforderlich.[27]

847 **Juristische Personen** (also etwa eine AG oder eine GmbH) und **Personenhandelsgesellschaften** (wie etwa die OHG oder die KG) sind immer Unternehmer, weil sie mangels Privatsphäre nicht außerhalb ihrer gewerblichen oder selbständigen beruflichen Tätigkeit handeln können.[28] **Gruppen oder Vereinigungen natürlicher Personen**, häufig Personengesellschaften genannt, aber nicht mit Personenhandelsgesellschaften zu verwechseln, die private Zwecke verfolgen, können jedoch auch Verbraucher sein.[29] So liegt beispielsweise ein Verbrauchervertrag vor, wenn eine Hobby-Rockband als GbR organisiert ist und von einem Unternehmer eine Gesangsanlage für den Proberaum kauft.

848 Maßgeblich für die Einordnung als Verbraucher ist der jeweilige konkrete **Zweck des einzelnen Rechtsgeschäfts**.[30] Es gibt keine unabhängig von einem spezifischen Rechtsgeschäft getroffene „Generaleinordnung".[31] Auch ein Autohändler ist Verbraucher, wenn er für private Zwecke ein Klavier kauft. Unternehmer ist der Autohändler dagegen, wenn er professionell Autos verkauft. Wenn berufliche oder gewerbliche Zwecke zugleich mit privaten Zwecken verfolgt werden **(Dual-use-Verträge)**, ist § 13 nur erfüllt, wenn die privaten Zwecke überwiegen.[32] Wenn ein Gitarrist eine E-Gitarre in erster Linie für seine Hobby-Rockband kauft, ist er Verbraucher – selbst wenn er mit der Gitarre gelegentlich auch bei einer professionellen Schlagerband aushilft, um sich etwas dazuzuverdienen.

849 Für Unternehmer ist oft nicht ohne Weiteres erkennbar, ob ihr Vertragspartner das Geschäft für private Zwecke abschließt oder nicht. Wenn sich beispielsweise eine Anwältin Lampen kauft und an ihre Arbeitsadresse schicken lässt,[33] kann der Online-Möbelhändler nicht ohne Weiteres erkennen, ob sie die Lampen für ihre Kanzlei oder ihre Privatwohnung benötigt. Die **Beweislast für die Verbrauchereigenschaft** trägt zwar im Grundsatz derjenige, der sich auf die ihm günstige Verbrauchereigenschaft beruft – also **der „potentielle" Verbraucher**. Aber § 13 setzt keine Erkennbarkeit der Verbrauchereigenschaft voraus. Es genügt also vielmehr, dass sich – im Prozess eventuell nach einer Beweisaufnahme – objektiv feststellen lässt, dass jemand als Verbraucher gehandelt hat. Zudem spricht auf Grund der Negativformulierung des zweiten Halbsatzes des § 13 eine **Vermutung** dafür, dass das rechtsgeschäftliche Handeln einer natürli-

---

27 BGHZ 167, 40 Rn 18 = NJW 2006, 2250, 2251; *Wertenbruch*, BGB Allgemeiner Teil[4], § 4 Rn 17.
28 EuGH C-541/99 und C-542/99 v. 22.11.2001, NJW 2002, 205; MünchKomm/*Micklitz*, BGB[8], § 13 Rn 14; aA Erman/*Saenger*, BGB[15], § 13 Rn 6.
29 BGH NJW 2002, 368; Staudinger/*Kannowski*, BGB (2013), § 13 Rn 34 ff; aA *K. Schmidt* JuS 2006, 1, 4 f.
30 *Wolf/Neuner*, BGB AT[11], § 15 Rn 10.
31 *Medicus/Petersen*, BGB AT[11], § 7 Rn 48; *Paulus/Zenker* JuS 2001, 1, 6.
32 *Bülow* WM 2014 1, 1 f; Manche bejahen im Anwendungsbereich der Verbraucherrechterichtlinie auch bei vollständiger Gleichrangigkeit die Verbrauchereigenschaft, vgl. *Beck* Jura 2014, 666, 668 ff; *Meier* JuS 2014, 777.
33 Sachverhalt aus BGH NJW 2009, 3780.

chen Person grundsätzlich als Verbraucherhandeln anzusehen ist. Verbleibende Zweifel gehen zu Lasten des Unternehmers.

> In den **Fällen 54-56** liegen jeweils Verbraucherverträge nach § 310 Abs. 3 vor. V handelt in allen Fällen als Verbraucher, da jeweils ein privater Bedarf an Gütern gedeckt werden soll. U ist in allen Fällen Unternehmer, da die Verträge jeweils einer gewerblichen Tätigkeit dienen.

2. Anwendbarkeit der §§ 312a ff

§ 312 regelt den Anwendungsbereich der §§ 312a-312h. Die Norm ist vor allem wegen der vielen Ausnahmen in den Absätzen 2-7 sehr kompliziert. In **Prüfungsarbeiten** ist stets ein kurzer prüfender Blick in den Ausnahmekatalog zu empfehlen. 850

a) Entgeltlichkeit der Leistung: Grundsätzliches

§ 312 Abs. 1 zufolge sind die §§ 312a-312h nur auf solche Verbraucherverträge im Sinne des § 310 Abs. 3 anzuwenden, die eine entgeltliche Leistung des Unternehmers zum Gegenstand haben. 851

Die **Entgeltlichkeit** der Unternehmerleistung ist weit zu verstehen. Die Verbraucherrechte-RL verlangt sie nicht ausdrücklich, viele ihrer Normen sind jedoch auf entgeltliche Leistungen zugeschnitten. Zahlungspflichten des Verbrauchers begründen ebenso ein Entgelt wie alle anderen Gegenleistungen – etwa die Überlassung von Daten, die der Unternehmer wirtschaftlich nutzen kann.[34] 852

b) Standardsituationen: Unternehmer erbringt vertragstypische Leistung

Eine **entgeltliche Leistung** liegt bei gegenseitigen Verträgen über die **Lieferung von Waren** oder **Erbringung von Dienstleistungen** vor, in denen der Unternehmer die vertragstypische Leistung gegen Zahlung erbringt: Die Autohändlerin verkauft einem Verbraucher ein Auto, der Musikalienhändler verkauft dem Cellisten ein Cello. 853

> In den **Fällen 54-56** liegen jeweils unproblematisch entgeltliche Unternehmerleistungen vor, weil U jeweils seine Leistung gegen eine Gegenleistung (in Form der Kaufpreiszahlung) erbringt.

c) Umgekehrte Leistungsrichtung: Verbraucher erbringt die vertragstypische Leistung

Manchmal ist die Leistungsrichtung aber umgekehrt: Eine Autohändlerin kann einen Gebrauchtwagen ankaufen, ebenso ein Musikalienhändler ein Instrument. Der Wortlaut des § 312 Abs. 1 lässt die Erfassung dieser Fälle zu, legt sie aber nicht nahe: Man mag die vertragstypische Leistung des Verbrauchers als Entgelt für die Zahlung des Unternehmers bezeichnen. Alltagssprachlich bezeichnet man als „Entgelt" aber eher 854

---

34 MünchKomm/*Wendehorst*, BGB[8], § 312 Rn 37 ff; *Schürnbrand/Janal*, Verbraucherschutzrecht[3], Rn 86.

die für eine Sachleistung anfallende Zahlung. Auch die historische Auslegung spricht dafür, dass Fälle umgekehrter Leistungsrichtung nicht unter § 312 Abs. 1 fallen: Der deutsche Gesetzgeber nahm entgegen der Intention des europäischen Richtliniengebers[35] an, dass Fälle umgekehrter Leistungsrichtung nicht von der Verbraucherrechte-RL erfasst seien.[36] Dieser klar geäußerte Wille des Gesetzgebers wird durch die Wortlautauslegung gestützt, so dass die §§ 312-312h bei **umgekehrter Leistungsrichtung nicht direkt eingreifen**.[37]

855 Allerdings sind die §§ 312-312h **analog anzuwenden**, wenn ein entsprechendes **Schutzbedürfnis** zu Gunsten der Verbraucher besteht. Das ergibt sich aus der Pflicht zur richtlinienkonformen Rechtsfortbildung: Die Verbraucherrechte-RL erfasst auch Verträge mit umgekehrter Leistungsrichtung, § 312 Abs. 1 dagegen seinem Wortlaut nach zumindest nach hier vertretener Auslegung nicht. Der Gesetzgeber wollte indes die §§ 312 ff richtlinienkonform ausgestalten. Da dies nicht gelungen ist, liegt eine **planwidrige Regelungslücke** vor. Inwieweit eine **vergleichbare Interessenlage** vorliegt, ist eine Einzelfallfrage, für die **Schutzerwägungen** maßgeblich sind. Überwiegend wird eine solche vergleichbare Interessenlage nur für außerhalb von Geschäftsräumen geschlossene Verträge, nicht aber für Fernabsatzgeschäfte bejaht.[38] Wenn etwa ein Musikalienhändler einen Verbraucher in dessen Privatwohnung dazu überredet, sein Cello zu verkaufen, sollte das Widerrufsrecht aus §§ 312g Abs. 1, 312b **analog angewendet** werden. Beim Fernabsatzvertrag besteht hingegen idR kein Schutzbedürfnis, da für den Verbraucher kein Nachteil entsteht, weil der Verbraucher die nur in der Entrichtung des Entgelts bestehende Leistung nicht untersuchen muss.[39]

d) Sonderproblem: Bürgschaftsverträge

856 Besonders umstritten ist, ob **Bürgschaftsverträge unter § 312 Abs. 1** fallen. Manche meinen, dass die Verbraucherrechte-RL auf Bürgschaften keine Anwendung findet; vereinzelt wird daher auch ein Widerrufsrecht verneint,[40] andere konstruieren es in richtlinienüberschießender Rechtsfortbildung.[41] **Nach hM erfasst die Verbraucherrechte-RL aber auch Bürgschaften**. Meist wird daher der Begriff der Entgeltlichkeit richtlinienkonform ausgelegt.[42] Andere wenden die Normen nur im Wege der Analogie an.[43] Einigkeit besteht innerhalb der hM aber im Ergebnis: Auch bei Bürgschaftsverträgen besteht ein Widerrufsrecht. Die §§ 312 ff schützen also beispielsweise den Ehemann, der sich einer Bank gegenüber für die Schulden seiner Ehefrau verbürgt.

---

35 Hk/*Schulte-Nölke*, BGB[10], § 312 Rn 4; *Wendelstein/Zander* Jura 2014, 1191, 1193; *Jost* jM 2016, 94, 97 f; aA *v. Loewenich* WM 2016, 2011, 2013; *Stackmann* NJW 2014, 2403.
36 BT-Drs. 17/12637, S. 45.
37 BGH NJW 2015, 1009, 1011; Palandt/*Grüneberg*, BGB[78], § 312 Rn 2; *Förster* JA 2014, 721, 722; aA Hk/*Schulte-Nölke*, BGB[10], § 312 Rn 4.
38 *Maume* NJW 2016, 1041, 1043 ff (allerdings in direkter Anwendung durch extensive richtlinienkonforme Auslegung); jeweils für Analogie MünchKomm/*Wendehorst*, BGB[8], § 312 Rn 29 und 33; BeckOK/*Martens*, BGB[51], § 312 Rn 11; generell gegen eine Erstreckung der §§ 312 ff auf umgekehrte Verbraucherverträge *Bülow/Artz*, Verbraucherprivatrecht[6], Rn 86 und *Schinkels* WM 2017, 113, 115.
39 MünchKomm/*Wendehorst*, BGB[8], § 312 Rn 33.
40 *v. Loewenich* WM 2016, 2011; *Stackmann* NJW 2014, 2403, 2403.
41 *Schürnbrand/Janal*, Verbraucherschutzrecht[3], Rn 92 f; *Schinkels* WM 2017, 113, 118-120.
42 *Brennecke* ZJS 2014, 236, 238 f; *Hilbig-Lugani* ZJS 2013, 441, 444 ff; *Hoffmann* ZIP 2015, 1365.
43 *Kehl* WM 2018, 2018, 2025.

In der Praxis stellt sich noch eine weitere wichtige Zusatzfrage, die eine unbefangene Leserin verwundern mag: Ist eine Bürgschaft auch dann ein **Verbrauchervertrag**, wenn die Bürgschaft einen **Geschäftskredit absichern soll**? Die Frage mag überraschen, weil § 312 Abs. 1 nur auf den Vertrag zwischen Verbraucher und Unternehmer – also den Bürgschaftsvertrag etwa zwischen Bürge und Bank – bezogen ist. So scheint klar zu sein, dass es auch bei analoger Anwendung der Norm nur darauf ankommen kann, dass der Bürge selbst keine (oder nur untergeordnete) gewerbliche oder selbständige berufliche Zwecke mit der Bürgschaft verfolgt. Auch bleibt die Schutzbedürftigkeit des Verbrauchers ja von möglichen gewerblichen oder beruflichen Zwecken des abgesicherten Kredits unberührt. Gleichwohl kann die Anwendbarkeit des § 312 Abs. 1 bei Bürgschaften zur Absicherung von Geschäftskrediten nicht ohne nähere Prüfung bejaht werden. Das ist historisch zu erklären: Der EuGH hatte 1998 entschieden, dass die damalige Haustürgeschäfts-RL[44] Bürgschaften nur dann erfasst, wenn eine „doppelte Verbrauchersituation" und eine „doppelte Haustürsituation" vorliegt.[45] Es genüge nicht, dass der Bürge selbst zu privaten Zwecken handle. Auch der Hauptschuldner dürfe die Verbindlichkeit nicht zu selbständigen beruflichen oder gewerblichen Zwecken eingegangen sein. Nachdem der BGH dem EuGH zunächst gefolgt war,[46] schwenkte er später jedoch um.[47] Eine **„doppelte Haustürsituation"** sei nicht erforderlich. Dabei überschritt er bewusst die europarechtlichen Vorgaben der Haustürgeschäfte-RL in ihrer Auslegung durch den EuGH.[48] Das war ohne Weiteres möglich, weil die Haustürgeschäfte-RL nur Unterschreitungen ihres Schutzniveaus verbot (**Mindestharmonisierung**). Das ist jetzt anders: Die Verbraucherrechte-RL ist in ihrem Anwendungsbereich **vollharmonisierend** und erfasst Bürgschaften. Allerdings spiegeln weder **Wortlaut** noch **Zweck** der Verbraucherrechte-RL die Einschränkungen wider, die der EuGH zur Haustürgeschäfts-RL aufgestellt hatte. Bürgschaften sind von Art. 3 Abs. 1 Verbraucherrechte-RL („jegliche Verträge") ohne Einschränkung hinsichtlich der abgesicherten Verbindlichkeit erfasst – also auch, wenn sie Geschäftskredite absichern.[49]

857

3. Einschränkungen beim Anwendungsbereich (§ 312 Abs. 2 bis Abs. 7)

§ 312 Abs. 2 bis Abs. 7 beinhalten zahlreiche Einschränkungen des Anwendungsbereichs, die größtenteils auf die in der Verbraucherrechte-RL vorgesehenen Bereichsausnahmen zurückgehen. Die Regelung ist vor allem deshalb kompliziert, weil unterschiedlich weitreichende **Teilanwendungsbereiche** geschaffen wurden. Auch müssen zusätzlich die Ausnahmen für das Widerrufsrecht gem. § 312g beachtet werden (§ 312g Abs. 2, 4 und 5). In Prüfungsarbeiten müssen die jeweiligen Kataloge sorgsam geprüft werden, wenn der Sachverhalt die Frage nach besonderen Pflichten bei Verbraucherverträgen aufwirft, also beispielsweise Widerrufsrechte oder fehlerhafte bzw unvollständige Informationen des Unternehmers im Raum stehen.

858

a) Minimalanwendungsbereich (§ 312 Abs. 2)

Die Schutzinstrumente der §§ 312a ff führen zu erheblichen Belastungen der Unternehmer, die bei manchen Geschäften nicht unbedingt erforderlich erscheinen. Der

859

---

44 Richtlinie 85/577/EWG des Rates vom 20. Dezember 1985 betreffend den Verbraucherschutz im Falle von außerhalb von Geschäftsräumen geschlossenen Verträgen Abl. 1985 L 372 31.
45 EuGH NJW 1998, 1295 Rn 22 – Dietzinger.
46 BGH NJW 1998, 2356.
47 BGH NJW 2006, 845; 2007, 2106 Rn 36.
48 Vgl BGH NJW 2006, 845 Rn 14.
49 *Hilbig-Lugani* ZJS 2013, 441, 446; *Jost* jM 2016, 94, 98 f; aA *v. Loewenich* WM 2015, 113, 114.

Gesetzgeber hat unter anderem deshalb in § 312 Abs. 2 für bestimmte Geschäfte nur einen minimalen Anwendungsbereich vorgesehen. Bei den in § 312 Abs. 2 geregelten Vertragsarten bestehen zum Teil **andere besondere Schutzinstrumente**.

860 Bei einigen Geschäften wären weitergehende Pflichten zwar nicht funktionslos, aber doch **kaum praktikabel** oder unangemessen aufwändig. Das trifft etwa auf Warenautomaten (vgl § 312 Abs. 2 Nr 9), auf Geschäfte von geringfügigem Wert, die sofort vollzogen werden (vgl § 312 Abs. 2 Nr 12), oder auf Personenbeförderungsverträge (§ 312 Abs. 2 Nr 5) zu.

b) Eingeschränkter Anwendungsbereich (§ 312 Abs. 3, § 312 Abs. 4 S. 2)

861 Während § 312 Abs. 2 nur einen minimalen Anwendungsbereich bestimmt, sieht § 312 Abs. 3 für **Verträge über soziale Dienstleistungen** (wie Kinderbetreuung oder Unterstützung von hilfsbedürftigen Familien oder Personen) einen deutlich weiterreichenden Anwendungsbereich vor, der insbesondere die Regeln über das Widerrufsrecht bei Fernabsatzverträgen und außerhalb von Geschäftsräumen geschlossenen Verträgen umfasst. Die im Einzelnen geltenden Normen sind in § 312 Abs. 3 aufgeführt.

862 Der in § 312 Abs. 3 vorgesehene eingeschränkte Anwendungsbereich gilt nach § 312 Abs. 4 S. 1 auch für **Wohnraummietverträge**, wenn **keine vorherige Besichtigung** stattgefunden hat. Wurde die Wohnung indes vorher besichtigt, hatte der Mieter ausreichend Gelegenheit, die Wohnung zu überprüfen. Es besteht dann nur ein eingeschränktes Schutzbedürfnis, sodass nach § 312 Abs. 4 S. 2 nur die § 312 Abs. 3 Nr 2, 3, 4 und 5 Anwendung finden. Damit sind bei vorheriger Besichtigung genau diejenigen Schutzvorschriften erfasst, die zum **Minimalanwendungsbereich des § 312 Abs. 2** gehören. Dies kann vor allem für Wohnraumvermietungen über das Internet relevant werden.[50]

863 Auslegungsbedürftig ist der Wortlaut von § 312 Abs. 4 S. 2, der für den Ausschluss einiger verbraucherschützender Vorschriften (ua das Widerrufsrecht aus § 312g Abs. 1) eine **Begründung** eines Wohnraummietverhältnisses voraussetzt. Berücksichtigt man die Zielsetzung des Gesetzgebers, das Wohnraummietrecht verbraucherfreundlich auszugestalten, werden spätere Vertragsänderungen, wie zum Beispiel Mieterhöhungen iSd § 577 Abs. 1, sowie Aufhebungsverträge nicht hiervon erfasst, sodass es beim weiten Anwendungsbereich von § 312 Abs. 4 S. 1 bleibt.[51] Diese Schutzzweckerwägungen streiten auch dafür, § 312 Abs. 4 S. 1 analog auf Kündigungen anzuwenden, die die Mieterin bei einem Besuch ihrer Vermieterin in ihrer Wohnung erklärt.[52] Nach der Auffassung des BGH finden §§ 312 ff aber keine Anwendung auf die Zustimmung des Mieters zur Mieterhöhung iSd 558b – also zur Anhebung auf das ortsübliche Mietniveau.[53] Der BGH begründet das mit dem besonderen Formerfordernis (Textform, § 558). Auch bestehe kein besonderes Überraschungsmoment und keine Überrumpelungsgefahr.[54] Zudem lebe der Mieter schon in der Wohnung, so dass kein „Testerfordernis" bestehe.[55] Dogmatisch wird § 312 Abs. 4 S. 1 also teleologisch reduziert.

---

50 MünchKomm/*Wendehorst*, BGB[8], § 312 Rn 95.
51 BT-Drs. 17/12637, S. 48; BeckOK/*Schüller*, BGB[51], § 557 Rn 10; *Rolfs/Möller* NJW 2017, 3275, 3276 f.
52 BeckOGK/*Busch*, BGB (1.7.2019), § 312 Rn 80.
53 BGH NZM 2018, 1011 Rn 39 ff mit zust. Anm. von *Börstinghaus*; so auch MünchKomm/*Wendehorst*, BGB[8], § 312 Rn 82 und *Tavakoli* VuR 2019, 203, 210 ff.
54 BGH NZM 2018, 1011 Rn 51.
55 *Fervers* NZM 2018, 640, 647.

c) Weitere Sonderregime (§ 312 Abs. 5, 6 und 7)

§§ 312 Abs. 5, 6 und 7 sehen für bestimmte Vertragstypen weitere Sonderregelungen mit Differenzierungen vor, die den jeweiligen Besonderheiten und bestehenden Regelungsstrukturen Rechnung tragen sollen. § 312 Abs. 5 gilt für Verträge über **Finanzdienstleistungen**. Bei diesen Verträgen werden oft immer wieder einzelne Verträge geschlossen, die aber zusammenhängen und auf einer längeren Geschäftsbeziehung beruhen. Die verbraucherschützenden Vorschriften kommen nach § 312 Abs. 5 nicht bei jedem einzelnen Vertragsschluss zum Tragen. § 312 Abs. 6 führt bei **Versicherungsverträgen** letztlich wiederum zum Minimalanwendungsbereich. § 312 Abs. 7 sieht für **Pauschalreiseverträge** einen modifizierten Minimalanwendungsbereich vor. 864

III. Verbraucherverträge: Allgemeine Regelungen (§§ 312, 312a, 312k)

1. Hintergrund, Systematik und Zweck der Regelungen

Die §§ 312 ff sehen seit dem 13.6.2014 für **entgeltliche Verbraucherverträge allgemeine Informationspflichten** und Regelungen über besondere **Entgeltvereinbarungen** vor. Die Normen dienen der Umsetzung der Verbraucherrechte-RL. 865

Anders als beispielsweise die Verbrauchsgüterkauf-RL ist die Verbraucherrechte-RL **vollharmonisierend**: Gem. Art. 4 Verbraucherrechte-RL dürfen die Mitgliedstaaten keine innerstaatlichen Rechtsvorschriften aufrechterhalten oder einführen, die von den Bestimmungen der Richtlinie abweichen. Das gilt in beide Richtungen: Weder dürfen die Mitgliedstaaten den Schutzstandard der Richtlinie unterschreiten, noch dürfen sie ihn überbieten. Allerdings greift dieser Grundsatz nur im Anwendungsbereich der Verbraucherrechte-RL, was vor allem in EG 14 Verbraucherrechte-RL zum Ausdruck gebracht wird. Danach bleibt das mitgliedstaatliche Vertragsrecht unberührt, „soweit vertragsrechtliche Aspekte durch diese Richtlinie nicht geregelt werden." Unberührt bleiben also etwa Regeln zum Abschluss oder zur Wirksamkeit von Verträgen. So kann das deutsche Recht beispielsweise im AGB-Recht auch ein höheres Verbraucherschutzniveau verwirklichen, als es von der Richtlinie vorgesehen ist. 866

2. Allgemeine Pflichten und Grundsätze (§ 312a)

§ 312a gilt im Gegensatz zu den §§ 312b-312h unabhängig von der jeweiligen Vertriebsform – also nicht lediglich für Fernabsatzverträge und außerhalb von Geschäftsräumen geschlossene Verträge. Die Norm greift **auch bei normalen Ladengeschäften** ein, etwa, wenn A bei Geigenbauer B ein Violoncello zu privaten Zwecken kauft. Regelungsinhalt sind allgemeine Informationspflichten und Anforderungen an die Vereinbarung bestimmter Zusatzentgelte. Einzelheiten ergeben sich aus dem Wortlaut der Regelung. 867

§ 312a Abs. 2 S. 2 betrifft eine praktisch wichtige Bestimmung für **Fracht-, Liefer- oder Versandkosten**. Der Unternehmer kann diese Kosten nur verlangen, soweit er den Verbraucher über sie gem. Art 246 Abs. 1 Nr 3 EGBGB informiert hat. 868

869 Wenn Verbraucherverträge insgesamt unwirksam würden, weil einzelne Vereinbarungen unwirksam sind, würde man dem Verbraucher Steine statt Brot geben: Die Nichtigkeit des Vertrages würde dem Verbraucher ja das aus der Hand schlagen, was er durch den Vertragsabschluss erhalten möchte. Daher stellt § 312a Abs. 6 klar, dass der **Vertrag im Übrigen wirksam** bleibt.

3. § 312k: Einseitig zwingender Charakter, Umgehungsverbot, Beweislast

870 Von den §§ 312-312k (Untertitel 2) darf grundsätzlich nicht zum Nachteil des Verbrauchers oder Kunden abgewichen werden. Die Normen sind also **einseitig** (zugunsten des Verbrauchers) **zwingend**. § 312k Abs. 1 S. 2 enthält zudem ein Umgehungsverbot. Abweichende Vereinbarungen zum Vorteil des Verbrauchers oder des Kunden sind dagegen zulässig.

IV. Verträge im elektronischen Geschäftsverkehr (§§ 312i, 312j)

1. Hintergrund, Systematik und Zweck der Regelungen

871 Der elektronische Geschäftsverkehr ist für einen **florierenden Binnenmarkt** in der Europäischen Union besonders wichtig – vor allem Vertragsabschlüsse über das Internet sind dabei von Relevanz. Er wird durch die §§ 312i und 312j **gefördert**, die der Umsetzung der **e-commerce-Richtlinie** dienen. Sie zielen auf eine faire und transparente Gestaltung von Internetseiten. Dabei statuiert § 312i **allgemeine Pflichten**, die nicht lediglich für Verbraucherverträge gelten. § 312j sieht sodann **besondere Informationspflichten Verbrauchern gegenüber** vor.

2. § 312i: Allgemeine Pflichten im elektronischen Rechtsverkehr (auch im b2b-Bereich)

872 § 312i statuiert allgemeine Pflichten des Unternehmers, die **unabhängig davon gelten, ob es um einen Verbrauchervertrag geht**. Das folgt aus Wortlaut und Systematik. § 312i Abs. 1 spricht im Gegensatz zu § 312j vom **Kunden**, nicht vom Verbraucher. § 312 Abs. 1 steht nicht entgegen, da § 312i im dritten Kapitel des Untertitels 2 steht. Die Pflichten des § 312j treffen allerdings nur Unternehmer als Anbieter. § 312j gilt also sowohl bei Verbraucherverträgen als auch bei b2b-Verträgen.

873 § 312i Abs. 1 **definiert** als „**Vertrag im elektronischen Geschäftsverkehr**" einen Vertrag, bei dem sich der Unternehmer zum Zwecke des Abschlusses eines Vertrags über die Lieferung von Waren oder über die Erbringung von Dienstleistungen der Telemedien bedient. Der Begriff der „**Telemedien**" ist in **§ 1 Abs. 1 TMG** definiert. § 312i Abs. 1 gilt beispielsweise, wenn Unternehmen das Internet nutzen, um zu Vertragsabschlüssen zu gelangen. Davon sind insbesondere Onlineshops umfasst.

874 Wenn Verträge **ausschließlich durch individuelle Kommunikation** geschlossen werden, sind die § 312i Abs. 1 Nr 1-3 gem. **§ 312i Abs. 2 S. 1 unanwendbar**. So liegt es beispielsweise, wenn ein Vertrag ausschließlich durch E-Mails geschlossen wird.

Gem. § 312i Abs. 2 S. 2 können Unternehmer untereinander **abweichende Vereinbarungen** treffen – allerdings nur bezüglich der Pflichten aus § 312i Abs. 1 Nr 1-3. Auch im unternehmerischen Rechtsverkehr ist also § 312i Abs. 1 Nr 4 zwingendes Recht. Wenn der Kunde ein Verbraucher ist, können zu Lasten des Kunden gehende Abweichungen ohnehin gem. § 312k Abs. 1 S. 1 nicht getroffen werden.

875

Das **Pflichtenprogramm des Unternehmers** ist in **§ 312i Abs. 1 Nr 1-4** festgelegt. Die Normen bestimmen lediglich Pflichten des Unternehmers im elektronischen Geschäftsverkehr. Sie lassen die allgemeinen rechtsgeschäftlichen Regeln unberührt. Wie **Verträge auf elektronischem Wege zustande kommen**, ist nach den **allgemeinen Vorschriften der §§ 145 ff** zu ermitteln.[56] Einzelheiten ergeben sich aus den Normen selbst.

876

In **Prüfungsarbeiten** sind immer wieder **automatisch versandte Eingangsbestätigungen** relevant: Hintergrund ist **§ 312i Abs. 1 Nr 3**: Der Unternehmer muss dem Kunden den Zugang seiner Bestellung unverzüglich auf elektronischem Wege bestätigen. Die Eingangsbestätigung gibt zunächst nur bekannt, dass das Angebot eingegangen ist. Sie ist regelmäßig bloße Wissenserklärung und damit grundsätzlich auch keine Annahme des Vertragsangebots.[57] Im Einzelfall kann sie aber neben der Wissenserklärung auch eine Annahme enthalten. Ob das der Fall ist, muss im Einzelfall durch **Auslegung gem. §§ 133, 157** ermittelt werden. Eine Annahme liegt vor, wenn die Eingangsbestätigung nach dem Empfangshorizont (also aus Sicht eines redlichen Verbrauchers) zugleich als Willenserklärung verstanden werden kann, wonach der Unternehmer das Angebot des Kunden annehmen möchte. Dabei kommt es auf den Wortlaut der jeweiligen Bestätigung und die Umstände des Einzelfalls an. In Prüfungsarbeiten ist entscheidend, die konkreten Sachverhaltsumstände bei der Auslegung gem. §§ 133, 157 auszuwerten und zu einem plausibel begründeten Ergebnis zu gelangen. Zu relativ klaren Ergebnissen führt die Auslegung, wenn die Bestätigung in ihrem Wortlaut klarstellt, dass eine Vertragsannahme erklärt oder auch nicht erklärt werden soll. So wird eine Annahmeerklärung nicht vorliegen, wenn die Empfangsbestätigung etwa wie folgt formuliert ist: „Vielen Dank. Mit dieser Mail bestätigen wir den Eingang Ihrer Bestellung."[58]

877

Gem. § 312i Abs. 3 bleiben **weitergehende Informationspflichten** auf Grund anderer Bestimmungen unberührt. Solche weitergehenden Informationspflichten sind etwa in den Art. 246a und 246b EGBGB enthalten. Sie ergeben sich auch aus einer Reihe weiterer gesetzlicher Bestimmungen, etwa **§§ 312b ff für Fernabsatzverträge** und **außerhalb von Geschäftsräumen geschlossene Verträge**. Die dort (oder anderswo) geregelten weitergehenden Informationspflichten treten zu den allgemeinen Informationspflichten aus § 312i hinzu.

878

Wenn die Pflichten aus § 312i verletzt sind, ist der Vertrag nicht etwa unwirksam. Der Kunde hat auch kein Leistungsverweigerungsrecht gegenüber dem Zahlungsanspruch des Unternehmers.[59] Er kann den Vertrag aber möglicherweise wegen eines Erklärungsirrtums **anfechten** (§ 119 Abs. 1 2. Alt.), wenn er wegen einer Verletzung von § 312i Abs. 1 Nr 1 Eingabefehler nicht ausreichend erkennen und berichtigen

879

---

56 Dazu *Hergenröder* ZJS 2017, 131 ff.
57 jurisPK/*Junker*, BGB[8], § 312i Rn 57; Erman/*Koch*, BGB[15], § 312i Rn 17.
58 Aus der Rechtsprechung dazu etwa OLG Düsseldorf NJW-RR 2016, 1073: Vertragsannahme im konkreten Fall bejaht; OLG Nürnberg NJOZ 2010, 1733: Vertragsannahme verneint; vgl auch BGH NJW 2013, 598 mit zust. Anm. von *Hopperdietzel* = JA 2013, 465 *(Stadler)*: Keine Vertragsannahme bei unklarer Identität eines Fluggasts bei online-Flugbuchung.
59 BGH NJW 2008, 2026, 2028 Rn 25.

konnte.⁶⁰ Denkbar sind auch **Schadensersatzansprüche** wegen Verschuldens bei Vertragsschluss aus **§§ 280 Abs. 1, 311 Abs. 2, 241 Abs. 2**.

3. § 312j: Besondere Pflichten im elektronischen Rechtsverkehr gegenüber Verbrauchern

880 Wenn der Kunde des Unternehmers ein **Verbraucher** ist, treffen den Unternehmer gem. § 312j **weiterreichende Pflichten** als nach § 312i. § 312j bezweckt eine **Besserstellung des Verbrauchers** im elektronischen Geschäftsverkehr mit Unternehmern. § 312j dient der Umsetzung der Verbraucherrechte-RL.

881 Bei Verträgen, die **ausschließlich durch individuelle Kommunikation** geschlossen werden (insbesondere per E-Mail) sind gem. **§ 312j Abs. 5 S. 1** weder die Button-Lösung (§ 312j Abs. 3 und Abs. 4) noch § 312 Abs. 2 anzuwenden. Bei Webseiten und Verträgen über Finanzdienstleistungen gelten die Pflichten aus § 312j Abs. 1 und 2 gem. § 312j Abs. 5 S. 2 nicht.

882 Gem. **§ 312j Abs. 1** muss der Unternehmer spätestens bei Beginn des Bestellvorgangs – also im „Warenkorb" – klar und deutlich angeben, ob **Lieferbeschränkungen** bestehen und welche **Zahlungsmittel** (wie Überweisung, Kreditkartenzahlung oder PayPal) akzeptiert werden. Auch die Informationen gem. **Art. 246a § 1 Abs. 1 S. 1 Nr 1, 4, 5, 11 und 12 EGBGB** muss der Unternehmer unmittelbar vor Abgabe der Bestellung gem. § 312j Abs. 2 klar und verständlich in hervorgehobener Weise zur Verfügung stellen. Die Informationen sollen dem Verbraucher vor allem Klarheit über die erhaltene Leistung und ihre (gegebenenfalls versteckten) Kosten geben und ihn vor Abo-Fallen schützen. Die Verletzung der Informationspflichten aus § 312j Abs. 1 und 2 kann zu Schadensersatzansprüchen aus §§ 280 Abs. 1, 311 Abs. 2, 241 Abs. 2 und zu Unterlassungsansprüchen gem. § 2 Abs. 1, Abs. 2 Nr 1 UKlaG führen.

883 **§ 312j Abs. 3 und 4** beinhalten die sog „**Button-Lösung**", durch die dem Verbraucher eine wirksame Waffe gegen Kostenfallen im Internet an die Hand gegeben wird.⁶¹ Gem. **§ 312j Abs. 3 S. 1** muss der Unternehmer die Bestellsituation bei entgeltlichen Verbraucherverträgen im elektronischen Geschäftsverkehr so gestalten, dass der Verbraucher mit seiner Bestellung ausdrücklich bestätigt, dass er sich zu einer Zahlung verpflichtet. Das konkretisiert **§ 312j Abs. 3 S. 2** für die Standardkonstellation, in der die Bestellung über eine Schaltfläche erfolgt. Der Unternehmer erfüllt seine Pflicht dann nur, wenn diese **Schaltfläche gut lesbar** mit nichts anderem als den Wörtern „**zahlungspflichtig bestellen**" oder mit einer entsprechenden eindeutigen Formulierung beschriftet ist. Das LG Berlin hat das etwa für die Formulierung „Jetzt verbindlich anmelden! (zahlungspflichtiger Reisevertrag)" – wobei der Klammerzusatz in etwas kleinerer Schrift abgesetzt war – verneint, da der Button mit nichts anderem als den entsprechend eindeutigen Worten beschriftet sein solle.⁶² Auch bei Zeichen – wie etwa einem Euro-Symbol – dürfte es an der verlangten Eindeutigkeit in der Regel fehlen.

---

60 Näher, auch zu denkbaren Fällen eines fehlenden Erklärungsbewusstseins MünchKomm/*Wendehorst*, BGB⁸, § 312i Rn 106.
61 Näher *Raue* MMR 2012, 438; *Roth* VuR 2012, 477.
62 LG Berlin VuR 2013, 474.

Auch für **Dash Buttons** gelten die Anforderungen des § 312j Abs. 3.⁶³ Solche Buttons können rein virtuell gestaltet, aber auch an einem eigenständigen Gerät angebracht sein, das an eine Smartphone-App gekoppelt ist. Durch Amazon wurden solche Buttons bekannt, der Konzern hat sie inzwischen vom Markt genommen.

884

Das Gesetz sieht in **§ 312j Abs. 4** eine **strenge Sanktion für Pflichtverletzungen** des Unternehmers vor: der Vertrag kommt nur zustande, wenn der Unternehmer seine Pflicht aus § 312j Abs. 3 erfüllt. Würde man darin eine Nichtigkeitssanktion dergestalt erblicken, dass auch der Verbraucher keine Rechte aus dem Vertrag geltend machen kann, würde die Regelung die Verbraucherrechte-RL verletzen: Sie sieht in Art. 8 Abs. 2 S. 5 lediglich vor, dass der Verbraucher an die Bestellung „nicht gebunden" ist. Durch **richtlinienkonforme Auslegung** kann man indes zur **relativen Unwirksamkeit** gelangen: Gem. § 242 darf sich der Unternehmer nicht auf die Unwirksamkeit des Vertrages berufen, wenn der Verbraucher Erfüllung des Vertrages verlangt.⁶⁴

885

V. Außerhalb von Geschäftsräumen geschlossene Verträge (AGV) und Fernabsatzverträge (FAV): §§ 312b-312h

1. Regelungszweck und gesetzliche Systematik

Die **§§ 312b bis 312h** betreffen **zwei besondere Vertriebsformen**: Zum einen **außerhalb von Geschäftsräumen geschlossene Verträge (AGV)** und zum anderen **im Fernabsatz geschlossene Verträge (FAV)**. Für beide Vertragstypen werden besondere Informationspflichten des Unternehmers sowie ein Widerrufsrecht des Verbrauchers vorgesehen. Mit diesen Instrumenten begegnet das Gesetz den besonderen Gefahren dieser Vertriebsformen für Verbraucher. Die Informationen sollen eine informierte Verbraucherentscheidung gewährleisten. Das Widerrufsrecht ermöglicht dem Verbraucher, den Vertragsschluss noch einmal zu überdenken und sich gegebenenfalls vom Vertrag zu lösen. Die besonderen Gefahren der Vertriebsform des AGV folgt daraus, dass wir üblicherweise nur in Geschäftsräumen damit rechnen, dass es zu Vertragsabschlüssen kommt. Außerhalb von Geschäftsräumen besteht die Gefahr, dass Verbraucher mit Verträgen **überrascht oder gar überrumpelt** werden. Auch können Verbraucher sich außerhalb von Geschäftsräumen – etwa bei sich zu Hause – in **psychischen Drucksituationen befinden**. Die Gefahren des **Fernabsatzes** sind anderer Natur. Hier besteht nicht typischer Weise eine Drucksituation oder eine Überrumpelungsgefahr. Allerdings können sich Verbraucher **oft weniger gut über die Waren oder Dienstleistungen informieren**: Die online gekaufte Handtasche kann man nicht vor dem Kauf in die Hand nehmen.

886

Systematisch ist in § 312b geregelt, wann überhaupt ein AGV vorliegt. Diese Aufgabe übernimmt § 312c für den FAV. Beide Normen beinhalten Definitionen, regeln die Reichweite der Schutzbestimmungen und legen Ausnahmen von ihrem Anwendungsbereich fest. § 312d und § 312e beinhalten ein besonderes Informationspflichtenre-

887

---

63 OLG München BeckRS 2019, 11873.
64 Näher dazu MünchKomm/*Wendehorst*, BGB⁸, § 312j Rn 32 ff.

gime. § 312f bestimmt, in welcher Form und mit welchem Inhalt der Unternehmer dem Verbraucher Abschriften und Bestätigungen zur Verfügung stellen muss. Die **zentrale Norm** für das Widerrufsrecht bei AGV und FAV ist **§ 312g**. Diese Norm ist zugleich Bezugspunkt für § 355, der ein bereits eingeräumtes Widerrufsrecht – im Falle von AGV und FAV eben gem. § 312g – voraussetzt. § 312h betrifft schließlich die Kündigung und die Vollmacht zur Kündigung.

2. § 312b: Außerhalb von Geschäftsräumen geschlossene Verträge (AGV)

a) Überblick

888 § 312b regelt, wann ein außerhalb von Geschäftsräumen geschlossener Vertrag (AGV) vorliegt. Die Rechtsfolgen sind vor allem in den §§ 312d bis 312g geregelt (insbesondere: Informationspflichten und Widerrufsrechte).

b) Geschäftsräume (§ 312b Abs. 2)

889 **Geschäftsräume** sind gem. § 312b Abs. 2 unbewegliche Gewerberäume, in denen der Unternehmer seine Tätigkeit dauerhaft ausübt, und bewegliche Gewerberäume, in denen der Unternehmer seine Tätigkeit für gewöhnlich ausübt. Gem. § 312b Abs. 2 S. 2 stehen Gewerberäume, in denen im Namen oder im Auftrag des Unternehmers handelnde Personen ihre Tätigkeit dauerhaft oder für gewöhnlich ausüben, Räumen des Unternehmers gleich. Nach der Rechtsprechung des EuGH kommt es dabei darauf an, ob an dem Ort aus Sicht eines Durchschnittsverbrauchers die unternehmerische Tätigkeit dauerhaft bzw. gewöhnlich ausgeübt wird.[65]

890 Bei **Messeständen** ist entscheidend, ob ein normal informierter, verständiger Verbraucher nach den Umständen (Erscheinungsbild des Messestandes, Informationen vor Ort) damit rechnen konnte, dass der Unternehmer dort seine unternehmerische Tätigkeit ausübt und den Verbraucher anspricht, um einen Vertrag mit ihm zu schließen.[66] Hilfreich ist auch EG 22 Verbraucherrechte-RL: Sie führt als Geschäftsräume „Geschäfte, Stände oder Lastwagen" auf, „an denen der Unternehmer sein Gewerbe ständig oder gewöhnlich ausübt". Unter dieser Bedingung sollen auch Markt- und Messestände erfüllt sein. Auch **saisonal benutzte Verkaufsstätten** sind erfasst, wenn der Unternehmer seine Tätigkeit in diesen Geschäftsräumen für gewöhnlich ausübt. Öffentliche Straßen, Strände oder öffentliche Sportanlagen sind dagegen keine Geschäftsräume.

c) Die Tatbestände des § 312b Abs. 1

891 In § 312b Abs. 1 sind **vier alternative Situationen** geregelt, bei denen ein AGV vorliegt. Die in § 312b Abs. 1 geregelten Situationen sind **abschließend**. Noch einmal zur Erinnerung: Stets muss gem. § 312 ein **entgeltlicher Vertrag** zwischen einem Unternehmer (§ 14) und einem Verbraucher (§ 13) vorliegen. Auch **Bürgschaften** sind entgeltliche Verträge in diesem Sinne. Außerhalb von Geschäftsräumen ist die Gefahr besonders hoch, dass Verbraucher sich zu Bürgschaftserklärungen überrumpeln lassen und hoffen, die Bürgschaft werde schon nicht abgerufen werden. In Ge-

---

65 EuGH C-485/17 v. 7.8.2018 – *Grüne Woche*, EuZW 2018, 742; BGH NJW-RR 2019, 753.
66 EuGH C-485/17 v. 7.8.2018 – *Grüne Woche*, EuZW 2018, 742; BGH NJW-RR 2019, 753.

schäftsräumen können sich Verbraucher dagegen eher der Tragweite und Risiken ihrer Bürgschaftsverpflichtung bewusstwerden.

Arbeitsrechtliche Verträge zwischen Arbeitnehmer und Arbeitgeber sind von § 312b nicht erfasst.[67] Die Verbraucherrechte-RL lässt arbeitsrechtliche Verträge nach EG 8 unberührt. Auch besteht am Arbeitsplatz des Arbeitnehmers keine typische Überrumpelungsgefahr mit Blick auf arbeitsrechtlich typische Verträge. 892

Gem. § 312b Abs. 1 S. 2 stehen dem Unternehmer Personen gleich, die in seinem Namen oder Auftrag handeln – also insbesondere **Stellvertreter oder Abschlussgehilfen**. Es kommt dann für die § 312b Abs. 1 Nr 1-3 auch auf die persönliche Anwesenheit dieser Hilfspersonen an. 893

aa) Vertragsschluss außerhalb von Geschäftsräumen (Nr 1). Nr 1 betrifft Vertragsschlüsse bei gleichzeitiger körperlicher Anwesenheit von Verbraucher und Unternehmer an einem Ort, der kein Geschäftsraum des Unternehmers ist. Vertragsabschlüsse per Telefon sind daher nicht erfasst. Sie können freilich FAV iSd § 312c sein. Nr 1 ist beispielsweise erfüllt, wenn der Vertrag in der Privatwohnung des Verbrauchers oder eines Dritten (**Tupperparties**), in einem Café (das kein Geschäftsraum des Unternehmers ist) oder in einer Fußgängerzone abgeschlossen wird. Nr 1 greift – anders als § 312 Abs. 3 Nr 1 aF – auch ein, wenn der Verbraucher den Unternehmer zum Zwecke des Vertragsschlusses zu sich bestellt hat. 894

bb) Angebot des Verbrauchers außerhalb von Geschäftsräumen (Nr 2). Nr 2 betrifft Verträge, für die der Verbraucher **außerhalb von Geschäftsräumen ein Angebot** abgegeben hat. Mit Angebot ist jede zum Vertragsschluss führende Willenserklärung des Verbrauchers gemeint, also auch die Annahme.[68] Wo der Unternehmer seine Willenserklärung abgegeben hat, ist dagegen unerheblich. Er muss aber körperlich anwesend sein, wenn der Verbraucher seine Willenserklärung abgibt. Nr 2 ist beispielsweise erfüllt, wenn ein Verbraucher in einer Fußgängerzone das Angebot abgibt, der Unternehmer aber erst im Ladenlokal die Annahme unterzeichnet. Der Widerruf nach § 312g ist auch schon vor Abgabe der Willenserklärung des Unternehmers möglich.[69] 895

cc) Vertragsanbahnung außerhalb von Geschäftsräumen (Nr 3). Manchmal werden Verbraucher außerhalb von Geschäftsräumen – etwa auf öffentlichen Plätzen – angesprochen und in ein Ladenlokal „gelockt", wo dann der Vertragsschluss stattfindet (sog. **Anreißen**). Für diesen Fall gilt Nr 3: Verträge, die zwar in Geschäftsräumen des Unternehmers oder durch Fernkommunikationsmittel geschlossen werden, sind AGV, wenn der Verbraucher **unmittelbar zuvor außerhalb der Geschäftsräume des Unternehmers persönlich und individuell angesprochen** wurde. Wenn der Verbraucher genügend Zeit hatte, über das Geschäft nachzudenken, ist er nicht *unmittelbar* zuvor angesprochen worden.[70] 896

---

67 LAG Niedersachsen BeckRS 2017, 143892; BeckOGK/*Busch*, BGB (1.7.2019), § 312b Rn 10; Staudinger/*Thüsing*, BGB (2019), § 312b Rn 16; aA Palandt/*Grüneberg*, BGB[78], § 312 Rn 2; für eine Einzelfallbetrachtung *Brinkmann/Ludwigkeit* NJW 2014, 3270, 3271.
68 Hk/*Schulte-Nölke*, BGB[10], § 312b Rn 6.
69 Hk/*Schulte-Nölke*, BGB[10], § 312b Rn 6.
70 Hk/*Schulte-Nölke*, BGB[10], § 312b Rn 7.

897 **dd) Ausflüge (Kaffeefahrten) (Nr 4).** Bei organisierten Ausflügen (**Kaffeefahrten**) besteht für die Teilnehmer in aller Regel eine besondere psychologische Drucksituation: Oft haben Verbraucher das Gefühl, zum Vertragsschluss anstandshalber verpflichtet zu sein, weil sie ja (scheinbar) günstige und/oder kostenlose Leistungen des Unternehmers erhalten haben. In solchen Situationen kommt ihnen Nr 4 zu Hilfe: AGV sind auch Verträge, die auf einem Ausflug geschlossen werden, wenn der Ausflug vom Unternehmer oder mit seiner Hilfe organisiert wurde, um beim Verbraucher für den Verkauf von Waren oder die Erbringung von Dienstleistungen zu werben und mit ihm entsprechende Verträge abzuschließen. Die Norm ist auf klassische Kaffeefahrten zugeschnitten, erfasst aber auch etwa Ausflugsfahrten zu Sportereignissen oder Weinproben.

> Um einen solchen Vertrag handelt es sich in **Fall 56**: V befand sich auf einer „Kaffeefahrt", deren Ziel regelmäßig darin besteht, die Teilnehmenden durch aktive Werbemaßnahmen während des Ausflugs zu Vertragsschlüssen zu bewegen.

3. § 312c: Fernabsatzverträge (FAV)

a) Überblick

898 § 312c regelt, wann ein FAV vorliegt. Die **Rechtsfolgen** sind wie bei § 312b im Wesentlichen in den **§§ 312d bis 312g** geregelt (insbesondere: Informationspflichten und Widerrufsrechte). § 312c setzt im Wesentlichen Art. 2 Nr 7 Verbraucherrechte-RL um. Hintergrund der Norm ist die besondere Abschlusssituation im Fernabsatz, bei der Vertragspartner und Vertragsgegenstand nicht körperlich präsent sind. Wird der Verbraucher vertreten, muss die Fernabsatzsituation in der Person des Stellvertreters vorliegen.[71]

b) Fernabsatzverträge (§ 312c Abs. 1 und 2)

899 **aa) Verhandlungen und Vertragsschluss ausschließlich mittels Fernkommunikationsmittel.** § 312c Abs. 1 definiert den Zentralbegriff des Fernabsatzvertrags (FAV). Entscheidend ist nach der **Legaldefinition des § 312c Abs. 1**, dass für die Vertragsverhandlungen und den Vertragsschluss ausschließlich Fernkommunikationsmittel verwendet werden. Für den Vertragsschluss gelten die allgemeinen Regeln der Rechtsgeschäftslehre, also insbesondere die §§ 145 ff. Als **Fernkommunikationsmittel** definiert § 312c Abs. 2 alle Kommunikationsmittel, die zur Anbahnung oder zum Abschluss eines Vertrags eingesetzt werden können, ohne dass die Vertragsparteien gleichzeitig körperlich anwesend sind. Als Beispiele nennt das Gesetz Briefe, Kataloge, Telefonanrufe, Telekopien, E-Mails, über den Mobilfunkdienst versendete Nachrichten (SMS) sowie Rundfunk und Telemedien.

900 Wenn ein Verbraucher etwa eine telefonische Bestellung bei einer Bestellhotline vornimmt und der Unternehmer die Ware dann ausliefert, liegt ein FAV vor.[72] Die Vertragsannahme liegt bereits darin, dass der Unternehmer die Ware versandfertig macht und zur Versendung bringt.

---

71 Jauernig/*Stadler*, BGB[17], § 312b Rn 2.
72 OLG Schleswig NJW 2004, 231.

Der Zugang der Annahmeerklärung ist gem. § 151 entbehrlich. Dagegen liegt bei einem persönlichen Kontakt zur Vertragsanbahnung und späterem Vertragsschluss durch Fernkommunikationsmittel dann **kein FAV** vor, wenn der Verbraucher im persönlichen Gespräch alle leistungsrelevanten Informationen erhalten hat.[73]

In den **Fällen 54 und 55** liegen jeweils Fernabsatzverträge vor: Die Bestellungen erfolgten über Webseiten, die auf Vertragsabschlüsse im Internet hin ausgerichtet waren, also innerhalb eines auf den Fernabsatz ausgerichteten Vertriebs. Auch die Vertragsannahmen erfolgten per E-Mail, also ebenfalls mittels eines Fernkommunikationsmittels.

Wenn **Boten** bei der Vertragsanbahnung oder dem Vertragsschluss eingesetzt werden, muss nach dem **Schutzzweck** des § 312c differenziert werden:[74] Wenn der Bote zwar in unmittelbaren persönlichen Kontakt zum Kunden tritt, ihm aber **keine näheren Auskünfte** über die Vertragsleistung des Unternehmers geben kann und soll (wie etwa beim Postident-Verfahren), ist der **Bote gleichsam ein Fernkommunikationsmittel**. Der Verbraucher ist dann ebenso schutzwürdig, wie wenn lediglich Mails oder Briefe ausgetauscht werden. Anders liegt es, wenn der Bote – oder auch Vermittler oder Verhandlungsgehilfe – dem Verbraucher persönlich nähere Auskünfte über die Leistungen geben kann und soll. 901

bb) Ausnahme: kein Vertragsschluss im Rahmen eines für den FAV organisierten Systems. Nach dem letzten Halbsatz des § 312c Abs. 1 liegt kein FAV vor, wenn der Vertragsschluss nicht im Rahmen eines für den Fernabsatz organisierten Vertriebs- oder Dienstleistungssystems (**Fernabsatzsystem**) erfolgt. Damit sind nur **gelegentlich geschlossene Distanzverträge ausgenommen**. Unternehmern wird so ermöglicht, in Ausnahmefällen im Fernabsatz zu kontrahieren, auch wenn ihr Unternehmen an sich nicht auf Vertragsabschlüsse im Fernabsatz ausgerichtet ist. Die Beweislast dafür, dass kein Fernabsatzsystem vorliegt, trägt der Unternehmer („es sei denn, dass"). Der Verbraucher muss lediglich darlegen und beweisen, dass der Vertrag ausschließlich mittels Fernkommunikationsmitteln geschlossen wurde. 902

Ein **Fernabsatzsystem** liegt vor, wenn der Unternehmer die personellen, sachlichen und organisatorischen Voraussetzungen dafür geschaffen hat, **regelmäßig** Geschäfte im Fernabsatz durchzuführen. Das ist etwa schon dann der Fall, wenn ein Unternehmer in einer Zeitungsanzeige eine Bestell-Telefonnummer angibt.[75] 903

Aus EG 20 Verbraucherrechte-RL ergibt sich, dass auch **online-Plattformen** (wie *immoscout24.de* oder *mobile.de*) erfasst sind, die ein Unternehmer zwar nicht selbst betreibt, aber für seine unternehmerische Tätigkeit nutzt. Kein Fernabsatzsystem bilden dagegen nach EG 20 Verbraucherrechte-RL Internetseiten, in denen Unternehmer lediglich über sich und ihre Leistungen informieren. Wenn eine Rechtsanwältin lediglich die technischen Möglichkeiten zum Abschluss von Anwaltsverträgen im Fernabsatz bereitstellt (etwa Briefkasten, elektronische Postfächer, Telefonanschluss), liegt darin noch kein Fernabsatzsystem.[76] Anders liegt es, wenn sie viele potentielle Mandanten unter ausschließlicher Verwendung von Fernkommunikationsmitteln gewinnt.[77] 904

---

73 OLG Hamburg WM 2014, 1538.
74 BGHZ 160, 398.
75 Vgl BGH NJW 2004, 3699.
76 BGH NJW 2018, 690.
77 BGH NJW 2018, 690.

905 Der Vertragsschluss muss **„im Rahmen" des Fernabsatzsystems** stattfinden. Dafür kommt es auf den konkreten Vertrag an. Selbst wenn der Unternehmer ein Fernabsatzsystem unterhält, kann ein FAV an diesem Merkmal scheitern. So liegt es beispielsweise, wenn ein Unternehmer nur für online-Bestellungen ein Fernabsatzsystem unterhält, ein konkreter Vertrag aber ausnahmsweise telefonisch geschlossen wird.[78]

4. §§ 312d, 312e iVm Art. 246a, 246b EGBGB: Informationspflichten

a) Überblick und Systematik

906 **Informationspflichten** kommen natürlich auch bei AGV und FAV zum Einsatz: § 312d sieht für AGV und FAV umfassende Informationspflichten vor – wobei sich die konkreten Pflichten erst aus Art. 246a und 246b EGBGB ergeben, auf die § 312d verweist. § 312d wird durch § 312e (Informationspflichten bezüglich der Kosten) ergänzt. Für die Erfüllung der Informationspflichten trägt der Unternehmer gem. § 312k Abs. 2 die Beweislast.

b) § 312d Abs. 1: AGV und FAV, die keine Verträge über Finanzdienstleistungen sind

907 Im Umkehrschluss aus § 312d Abs. 2 ergibt sich, dass § 312d Abs. 1 **nur solche AGV** und **FAV** erfasst, die **keine Verträge über Finanzdienstleistungen** sind.

908 § 312d Abs. 1 setzt Art. 6 Verbraucherrechte-RL um und verweist auf Art. 246a EGBGB. Art. 246a § 1 beinhaltet eine große Vielzahl an Informationspflichten, die beispielsweise die wesentlichen Eigenschaften der Waren oder Dienstleistungen (Abs. 1 Nr 1), die Identität des Unternehmers (Abs. 1 Nr 2) oder die Bedingungen von Kundendienstleistungen (Abs. 1 Nr 9) betreffen. Art. 246a § 1 Abs. 2 EGBGB regelt Einzelheiten zur Belehrung des Verbrauchers über das Widerrufsrecht aus § 312g. Eine für die Praxis wichtige Erleichterung bildet insoweit Art. 246a Abs. 2 S. 2: Der Unternehmer kann die Belehrung über das Widerrufsrecht durch ein in einer Anlage zum EGBGB bereitgestelltes **Muster in Textform** übermitteln.

5. § 312g: Widerrufsrecht bei AGV und FAV

a) Hintergrund und Systematik

909 Das **zweite zentrale Regulierungsinstrument** des europäischen Verbraucherrechts sind **Widerrufsrechte**: Sie stärken systematisch die Rechtsposition der Verbraucher den Unternehmern gegenüber und sollen so Verbraucher zur Generierung stärkerer Nachfrage im europäischen Binnenmarkt motivieren (**„Zuckerbrot"**). Bei AGV ergibt sich die Schutzwürdigkeit des Verbrauchers aus der **Überrumpelungsgefahr**, bei FAV daraus, dass ihm Vertragsleistung und Vertragspartner **nicht physisch vor Augen stehen**.

910 § 312g Abs. 1 bestimmt lediglich, dass Verbrauchern bei AGV und FAV ein Widerrufsrecht zusteht. Wie, in welcher Frist und mit welchen Rechtsfolgen das Widerrufsrecht auszuüben ist, wird in den §§ 355 ff geregelt.[79] § 312g Abs. 2 enthält einen

---

[78] MünchKomm/*Wendehorst*, BGB⁸, § 312c Rn 28.
[79] Rn 930 ff.

Ausnahmekatalog *nur* für das Widerrufsrecht. Gem. § 312g Abs. 3 besteht in einer Reihe von Fällen kein Widerrufsrecht aus § 312g Abs. 1, wenn dem Verbraucher schon ein Widerrufsrecht nach anderen Bestimmungen zusteht.

Wenn Sie in der **Klausur** einen Widerruf nach § 355 Abs. 1 S. 1 prüfen, sollten Sie zunächst auf die dafür erforderliche Erklärung nach Abs. 1 S. 2 eingehen. Im Anschluss daran ist zu erörtern, ob ein Widerrufsrecht vorliegt. In den gängigen Fällen von FAV und AGV wird ein solches durch § 312g Abs. 1 gewährt, solange keine Ausnahmen nach Abs. 2 vorliegen. Zuvor ist freilich zu prüfen, ob der Anwendungsbereich nach §§ 312, 310 Abs. 3 überhaupt eröffnet ist. Ist dies der Fall, differenzieren §§ 312b, 312c und die folgenden Normen die widerrufsrelevanten Vertragsarten aus. Besteht ein Widerrufsrecht, so muss dieses nicht erloschen und noch innerhalb der Frist ausgeübt worden sein, was sich nach §§ 355 Abs. 2, 356 Abs. 2-5 (oder etwaigen Sonderregelungen in §§ 356a ff) bemisst. Rechtsfolgen abseits davon, dass die widerrufende Partei nicht mehr an ihre Willenserklärung gebunden ist (§ 355 Abs. 1 S. 1), entnehmen Sie sodann §§ 357 ff.

911

Nach der Rechtsprechung des **BGH** kann ein Widerrufsrecht grundsätzlich **auch** dann bestehen, **wenn der Vertrag** – beispielsweise wegen Sittenwidrigkeit gem. § 138 – **nichtig** ist.[80] Auf den ersten Blick mag das erstaunen, scheint doch ohne wirksamen Vertrag der Bezugspunkt für das Widerrufsrecht von vornherein zu fehlen. Gleichwohl lässt sich die Auffassung des BGH gut begründen. Zunächst kann unsicher oder umstritten sein, ob der Vertrag nichtig ist. Dann bietet die Widerrufsmöglichkeit einen einfachen Weg, um **Rechtssicherheit** über die bestehenden Ansprüche zu schaffen. Für den Verbraucher ergibt sich ein weiterer Vorteil: Er kann erreichen, dass das ihm teilweise günstigere Rückabwicklungsregime der §§ 357 ff eingreift und nicht die §§ 812 ff. Das kann man freilich auch kritisch sehen, weil so § 817 S. 2 im Ergebnis nicht zur Anwendung kommt.[81]

912

b) Ausnahmenkatalog (§ 312g Abs. 2)

Für eine ganze Reihe von Vertragstypen schließt § 312g Abs. 2 das Widerrufsrecht aus. Die Norm setzt Art. 16 Verbraucherrechte-RL um. Wichtig ist, dass § 312g Abs. 2 nur das Widerrufsrecht betrifft. Die **Informationspflichten aus § 312d** oder auch die **Regeln für den elektronischen Geschäftsverkehr** bleiben auch bei den in § 312g Abs. 2 genannten Vertragstypen **bestehen**. Leitender Grundgedanke der Ausnahmen ist, dass der Unternehmer bei bestimmten Vertragstypen schutzwürdig ist. Die übrigen Bestimmungen der §§ 312b bis 312h bleiben ebenso anwendbar, wie die allgemeinen Bestimmungen der §§ 312, 312a und die Regelungen zum elektronischen Geschäftsverkehr. Ob eine der Ausnahmen in § 312g Abs. 2 erfüllt ist, ist regelmäßig eine **Wertungsfrage**.

913

So liegt es auch in **Fall 56**: Da Matratzen oftmals mit einer Schutzfolie ummantelt sind, kommt **Nr 3** in Betracht. Gegen die Anwendung der Norm spricht aber, dass Matratzen etwa in Hotels für verschiedene Gäste ohne die Folie benutzt werden; es gibt sogar einen großen Markt für gebrauchte Matratzen. Die Folie dient daher nicht primär den hohen Anforderungen des Gesundheits- und Hygieneschutzes. Nr 3 erfasst vielmehr Produkte, die infolge

---

80 BGH NJW 2010, 610.
81 So etwa Jauernig/*Stadler*, BGB[17], § 312g Rn 4.

von Körperkontakt eine Gefahr darstellen können. Ein Beispiel bietet Erotikspielzeug, das bei Zweitverwendung durch eine andere Person nach Öffnen der Versiegelung zB Krankheitserreger übertragen kann. Matratzen können dagegen ganz ähnlich wie Kleidung nach der Anprobe trotz vorherigen Drittkontakts problemlos genutzt werden. Die Matratze unterfällt daher nicht § 312g Abs. 2 Nr 3, so dass V ein Recht zum Widerruf zusteht.

In **Fall 54** greift der Ausschlussgrund des § 312g Abs. 2 **Nr 4** nicht ein, da der Heizöltank des V vollständig geleert war und es somit nicht zu einer Vermischung mit anderen Gütern gekommen ist.

In **Fall 54** beruft sich U auch zu Unrecht auf den in Nr 8 geregelten Ausnahmetatbestand. Zwar wird Heizöl an Finanzmärkten gehandelt. Es fehlt aber an dem typischen spekulativen Charakter von Finanzmarktprodukten. Außerdem hat U das Öl nicht auf Finanzmärkten, sondern bei einem Großhändler erworben. Es lag weder für U noch V ein im Kern spekulatives Geschäft vor.[82]

6. § 312h: Textform bei Kündigung von Dauerschuldverhältnissen

914 § 312h dient der **Bekämpfung unseriöser Geschäftspraktiken**, die vor allem im Telekommunikationsbereich und bei Energieversorgungsverträgen verbreitet sind. In beiden Sektoren liegen typischer Weise Dauerschuldverhältnisse vor. Wer neue Kunden gewinnen will, muss dafür sorgen, dass die Altverträge gekündigt werden. Die Kündigung des Altvertrages ist aber auch dann wirksam, wenn der Verbraucher sich im Nachgang dazu entschließt, den neuen Vertrag zu widerrufen. Der Verbraucher könnte allein deshalb vom Widerruf des neuen Vertrags absehen. Das Gesetz sieht deshalb die Textform (§ 126b) für die Kündigung oder die Vollmacht zur Kündigung des alten Vertrages vor.

VI. Widerrufsrecht bei Verbraucherverträgen (§§ 355-361)

1. Regelungszweck

915 In den §§ 355-361 sind die **Ausübung von Widerrufsrechten** und die **Rechtsfolgen des Widerrufsrechts** geregelt. Die Normen sind **zugunsten des Verbrauchers zwingend** und dürfen auch nicht durch anderweitige Gestaltungen umgangen werden (vgl § 361 Abs. 2). Seit dem 13.6.2014 (Umsetzung der Verbraucherrechte-RL) sind die Rechtsfolgen des Widerrufs nicht mehr an diejenigen des Rücktritts gekoppelt. Die §§ 355-361 **geben selbst kein Widerrufsrecht**, sondern setzen es voraus. Die Tatbestandsvoraussetzungen der Widerrufsrechte finden sich in anderen Normen, wie beispielsweise in § 312g.

2. Gesetzliche Systematik

916 **§ 355** ist die **Zentralnorm** für die **Ausübung** des Widerrufsrechts. Sie wird von § 356 vor allem bezüglich der Widerrufsfrist ergänzt. Die §§ 356a bis 356e modifizieren die Widerrufsfrist bei bestimmten weiteren Vertragstypen. **§ 357** ist die **Zentralnorm** für die **Rechtsfolgen** des Widerrufs. Sie gilt unmittelbar nur bei AGV und

---

82 BGH NJW 2015, 2959.

FAV. Für weitere Vertragsarten sind die Rechtsfolgen in den §§ 357a bis 357d geregelt, in denen teilweise auf Bestimmungen aus § 357 verwiesen wird. Die §§ 358 bis 360 befassen sich mit den Auswirkungen des Widerrufs auf Verträge, mit denen der widerrufene Vertrag verbunden ist oder zusammenhängt. § 361 beinhaltet einige allgemein geltende Regeln.

3. Die Rechtsnatur des Widerrufsrechts

Gem. § 355 Abs. 1 S. 1 sind Verbraucher und Unternehmer mit fristgerechtem Widerruf an ihre **Willenserklärungen nicht mehr gebunden**. Zuvor besteht ein wirksamer Vertrag. Dadurch, dass beide Vertragsparteien nicht mehr gebunden sind, fällt letztlich der Vertrag weg. So erklärt sich auch, dass § 355 Abs. 1 S. 3 vom „Widerruf des Vertrags" spricht, obwohl der Verbraucher natürlich nur seine eigene Willenserklärung widerruft. 917

Das Widerrufsrecht ist ein **Gestaltungsrecht**. Wie bei einem Anfechtungsrecht kann der Berechtigte durch eine einseitige, empfangsbedürftige Willenserklärung die Rechtslage ändern. Anders als das Anfechtungsrecht (vgl § 142 Abs. 1) wirkt das **Widerrufsrecht aber nicht rückwirkend**. Als Gestaltungsrecht kann der Widerruf gem. § 130 Abs. 1 S. 2 nach Zugang nicht widerrufen werden,[83] wobei die Formulierung im Kontext der Norm schlicht die Rücknahme einer Willenserklärung bezeichnen soll. Dem BGH zufolge[84] kann auch ein nichtiger Vertrag widerrufen werden. 918

4. Die Ausübung des Widerrufsrechts

a) Inhalt und Form der Widerrufserklärung (§ 355 Abs. 1 S. 2)

Der Widerruf ist eine **empfangsbedürftige Willenserklärung**. Das ergibt sich aus § 355 Abs. 1 S. 2: Er muss dem Unternehmer gegenüber erklärt werden, ihm also zugehen (§ 130). An sich muss der Zugang auch innerhalb der Widerrufsfrist aus § 355 Abs. 2 S. 1 erfolgen. Das ist praktisch aber fast nicht relevant: Denn gem. § 355 Abs. 1 S. 5 genügt, dass der Widerruf vor Fristablauf **abgesendet** ist (§ 355 Abs. 1 S. 5). Das betrifft die wichtigsten Fälle: Brief, E-Mail, Fax. 919

Gem. § 355 Abs. 1 S. 3 muss aus der Erklärung der **Entschluss des Verbrauchers zum Widerruf** des Vertrags **eindeutig hervorgehen**. Dazu ist die Erklärung nach §§ **133, 157** auszulegen. Wer „Anfechtung" sagt, kann auch einen Widerruf wollen.[85] Nicht ausreichend ist es dagegen, wenn Waren kommentarlos zurückgesendet werden.[86] Denn aus der Rücksendung allein kann der Unternehmer nicht eindeutig auf den Widerrufswillen schließen. Es könnte ja auch sein, dass der Verbraucher Gewährleistungsrechte geltend machen will. Der Widerruf bedarf gem. § 355 Abs. 1 S. 4 **keiner Begründung**. Auch eine Form ist nicht vorgeschrieben. Man kann auch telefonisch den Widerruf erklären. Empfehlenswert ist das aber aus Beweisgründen nicht: Der Verbraucher trägt die **Beweislast** für den Zugang des Widerrufs. 920

---

83 BGH NJW-RR 2018, 301.
84 BGH NJW 2010, 610.
85 Vgl BGH NJW 2017, 2337 Rn 46.
86 Vgl BT-Drucks. 17/12637.

921 Der Unternehmer kann dem Verbraucher gem. **§ 356 Abs. 1 S. 1** die **Möglichkeit** einräumen, ein **Muster-Widerrufsformular** nach der Anlage 2 zu Art. 246a § 1 Abs. 2 S. 1 Nr 1 EGBGB oder eine andere eindeutige Widerrufserklärung auf der Webseite des Unternehmers auszufüllen und zu übermitteln. Dazu verpflichtet ist der Unternehmer nicht. Wenn ein Unternehmer die Möglichkeit einräumt und der Verbraucher von ihr Gebrauch macht, muss der Unternehmer dem Verbraucher gem. § 356 Abs. 1 S. 2 den Zugang des Widerrufs unverzüglich auf einem dauerhaften Datenträger bestätigen.

b) Widerrufsfrist (§ 355 Abs. 2 S. 1 und Modifikationen)

922 Gem. § 355 Abs. 2 S. 1 beträgt die **Widerrufsfrist 14 Tage**. Die Frist kann zugunsten der Verbraucher verlängert werden.[87] Sie kann aber nicht verkürzt werden (vgl § 361 Abs. 2 S. 1).

923 Den **Fristbeginn** legt § 355 Abs. 2 S. 2 auf den **Vertragsschluss** – soweit nichts anderes bestimmt ist. Der Fristbeginn ist in zahlreichen Bestimmungen modifiziert, vor allem in den §§ 356-356e, so dass die gesetzliche Grundregel praktisch selten zum Tragen kommt. Die Modifikationen stellen sicher, dass dem Verbraucher bei Beginn der Widerrufsfrist alle relevanten Informationen zur Verfügung stehen, so dass die gesamte Widerrufsfrist wirklich als **Bedenkzeit** dienen kann. Für den Beginn der Widerrufsfrist liegt die Beweislast beim Unternehmer (§ 361 Abs. 3). Er muss also etwa beweisen, dass er die jeweiligen Informationspflichten erfüllt hat.

924 Teilweise wird der Fristbeginn von der **Erfüllung der jeweils geltenden vorvertraglichen Informationen** abhängig gemacht. So liegt es bei **AGV** und **FAV** über **Finanzdienstleistungen** (§ 312d Abs. 2, § 356 Abs. 3 S. 1 2. Alt., § 356a Abs. 2). Bei sonstigen AGV und FAV bleibt der Fristbeginn von der Erfüllung der Informationspflichten aber unberührt.

925 Beim **Verbrauchsgüterkauf** muss der Verbraucher die Kaufsache „**in den Händen halten**", um sinnvoll über sein Widerrufsrecht nachzudenken. Nur so kann er prüfen, ob die Sache sich für die zugedachten Zwecke eignet. Deshalb beginnt die Frist gem. **§ 356 Abs. 2 Nr 1 lit. a nicht vor dem Erhalt der Ware** zu laufen. Manchmal bestellt ein Verbraucher mehrere Waren im Rahmen einer einheitlichen Bestellung, und die Waren werden getrennt geliefert. Dann beginnt die Frist gem. § 356 Abs. 2 Nr 1 lit. b erst zu laufen, wenn der Verbraucher die **letzte Ware** erhalten hat.[88]

926 **Vor Belehrung** über das jeweilige Widerrufsrecht beginnt die **Widerrufsfrist nicht zu laufen**. Das folgt nicht aus § 355 Abs. 2, sondern aus den modifizierenden Bestimmungen über spezifische Widerrufsrechte. Nur wenn der Verbraucher vom Widerrufsrecht weiß, kann er die Widerrufsfrist voll als Bedenkzeit nutzen. Die Regelungen erstrecken sich über mehrere Paragraphen. Für **AGV** und **FAV** folgt die Modifikation beispielsweise aus **§ 356 Abs. 3 S. 1 iVm Art. 246a § 1 Abs. 2 S. 1 Nr 1 EGBGB**. Bei Teilzeitwohnrechteverträgen ist § 356a Abs. 4, bei Verbraucherdarlehensverträgen § 356b Abs. 2, bei Ratenlieferungsverträgen § 356c Abs. 1 Ausgangspunkt einer jeweils in das EGBGB führenden Verweisungskette.

---

87 BGH NJW-RR 2009, 710.
88 Hk/*Schulte-Nölke*, BGB[10], § 356 Rn 4.

Solange die **Belehrung unterblieben** oder **fehlerhaft** ist, beginnt die Widerrufsfrist nicht zu laufen, so dass das **Widerrufsrecht an sich ewig** bestehen müsste. Das **verhindert § 356 Abs. 3 S. 2 für FAV und AGV**: Das **Widerrufsrecht erlischt spätestens zwölf Monate und 14 Tage** nach dem an sich maßgeblichen Zeitpunkt. Für FAV und AGV über Finanzdienstleistungen gilt diese Höchstfrist gem. § 356 Abs. 3 S. 3 nicht, für Verbraucherdarlehensverträge (vgl § 356b) findet sich ebenfalls keine Höchstfrist. Hintergrund dieser irritierenden Unterschiede sind unterschiedliche Bestimmungen in EU-Richtlinien.[89]

927

> In **Fall 54** fehlt die Belehrung über das Widerrufsrecht. Das Widerrufsrecht erlosch also zwölf Monate und 14 Tage nach dem an sich maßgeblichen Zeitpunkt, also am 7.6. um 0:00 Uhr (Fristbeginn: 25.5., 0.00 Uhr), §§ 187 Abs. 1, 188 Abs. 1 und Abs. 2. Der Widerruf erfolgte innerhalb dieser Frist.

Die **unterbliebene Belehrung** über das Widerrufsrecht ist für den Unternehmer auch deshalb riskant, weil er **Schadensersatzansprüche** des Verbrauchers riskiert: Die Belehrungspflichten sind nicht bloß Obliegenheiten, die der Unternehmer im eigenen Interesse erfüllt, um die Verzögerung des Fristbeginns zu verhindern. Vielmehr kann auch § 280 Abs. 1 erfüllt sein.[90]

928

c) Sonderbestimmungen für das Widerrufsrecht (§ 356 und §§ 356a-356e)

Für das Widerrufsrecht finden sich in **§ 356 für AGV und FAV** sowie in §§ 356a bis 356e für andere Vertragsarten **Sonderbestimmungen**. Sie sind wegen der unterschiedlichen Vorgaben der jeweiligen Richtlinien erforderlich. Sie regeln neben den bereits erörterten Modifikationen der Widerrufsfrist (vgl § 356 Abs. 2 und Abs. 3) auch die Ausübung des Widerrufsrechts (vgl § 356 Abs. 1), die Widerrufsfrist und das Erlöschen des Widerrufsrechts in bestimmten Fällen (vgl § 356 Abs. 4 und 5).

929

5. Rechtsfolgen des Widerrufs

a) Umwandlung des Vertrags in ein Rückabwicklungsverhältnis (§ 355)

Durch den Widerruf sind Verbraucher und Unternehmer gem. **§ 355 Abs. 1 S. 1 nicht mehr an ihre Willenserklärungen gebunden.** Außerdem sind gem. § 355 Abs. 3 S. 1 die empfangenen Leistungen unverzüglich **zurückzugewähren**. Der Widerruf hat also zur Folge, dass der Vertrag *ex nunc* in ein **Rückabwicklungsverhältnis** umgewandelt wird. Insofern ähneln die Rechtsfolgen des Widerrufs denen des Rücktritts.[91] Für die **Einzelheiten der Rückabwicklung** halten **§ 355 Abs. 3** sowie **§§ 357-359 eigenständige Regelungen** bereit, die sich im Einzelnen deutlich von den Rücktrittsfolgen unterscheiden. Teils ist der Verbraucher im Rückabwicklungsregime der §§ 355 Abs. 3, 357-359 schlechter gestellt als nach den §§ 346 ff.

930

Unternehmer könnten gegen den Verbraucher auch **andere Ansprüche** geltend machen wollen: Etwa aus ungerechtfertigter Bereicherung oder auch auf Schadensersatz aus § 280, weil die

931

---

89 *Looschelders*, SR AT[17], Rn 872.
90 Vgl BGHZ 169, 109. Näher dazu MünchKomm/*Fritzsche*, BGB[8], § 361 Rn 8 ff.
91 Dazu oben Rn 915.

Sache durch Nutzung bis zum Widerruf beschädigt wurde. Dem schiebt **§ 361 Abs. 1** grundsätzlich einen Riegel vor: Der Unternehmer hat **keine über die §§ 355-357 hinausgehenden Ansprüche gegen den Verbraucher**. Das gilt allerdings nur für Ansprüche „infolge des Widerrufs". Das wird überwiegend eng ausgelegt, so dass dem Unternehmer Ansprüche zustehen, die nicht im Zusammenhang mit dem Widerruf und seinen Folgen stehen. So kann der Verbraucher etwa für Schutzpflichtverletzungen haften. Auch kann ihn der Unternehmer auf Ersatz des Verzugsschadens (§§ 280 Abs. 1, Abs. 2, 286) in Anspruch nehmen, wenn der Verbraucher die Ware verspätet zurücksendet.[92]

932 Die **Gefahr der Rücksendung** trägt gem. § 355 Abs. 3 S. 4 der **Unternehmer**. Damit ist ausgedrückt, dass der Verkäufer nicht Schadensersatz verlangen kann, wenn die Sache aus **Zufall** während der Rücksendung untergeht oder sich verschlechtert. **Schadensersatzansprüche** können nach hM aber auf § 280 Abs. 1 gestützt werden, wenn der Verbraucher Schutzpflichten aus dem Rückgewährschuldverhältnis (§ 241 Abs. 2) verletzt.[93] Das ist denkbar, wenn ein online bestellter Spiegel ohne Polsterfolie zurückgeschickt wird, nicht aber allein deshalb, weil die Rücksendung nicht in der Originalverpackung erfolgt.[94] Der Käufer muss die Kaufsache in einer gegen typische Transportgefahren geschützten Weise zurücksenden.[95] Schuldverhältnis für den Anspruch aus § 280 Abs. 1 ist insoweit das Rückgewährschuldverhältnis, das infolge des Widerrufs entsteht (vgl § 355 Abs. 3 S. 1, §§ 357 ff). § 361 Abs. 1 steht dem Anspruch nicht entgegen, weil es nicht um einen Anspruch „infolge des Widerrufs" geht.

b) Einzelheiten der Rückabwicklung bei FAV und AGV (§ 357)

933 Einzelheiten der Rückabwicklung ergeben sich für **FAV und AGV** aus § 357. Ausgenommen sind Verträge über Finanzdienstleistungen, für die § 357a gilt.

934 Die Pflicht zur „unverzüglichen" Rückgewährung aus § 355 Abs. 3 S. 1 wird durch **§ 357 Abs. 1** ergänzt: Die empfangenen Leistungen sind spätestens **nach 14 Tagen zurückzugewähren**. Durch diese Höchstfrist kommt auch § 355 Abs. 3 S. 2 ins Spiel: Die 14-Tagesfrist beginnt danach für den Unternehmer mit Zugang, für den Verbraucher mit Abgabe der Widerrufserklärung. Für den Verbraucher genügt zur Fristwahrung die Absendung der Ware (§ 355 Abs. 3 S. 3), ihm schaden also Verzögerungen beim Transport nicht.

935 Der Unternehmer muss auch die **Lieferkosten** zurückgewähren, außer der Verbraucher hat sich für eine andere als die günstigste Standardlieferung entschieden („same day-Lieferung", Expresslieferung). Die **Hinsendekosten** werden also grundsätzlich dem **Unternehmer** auferlegt. Dahinter steht der Gedanke, dass Verbraucher andernfalls von der Ausübung ihres Widerrufsrechts abgehalten werden könnten.[96]

936 Die **unmittelbaren Kosten der Rücksendung** trägt dagegen gem. § 357 Abs. 6 S. 1 der Verbraucher, wenn der Unternehmer ihn auf die Kostentragungspflicht hingewiesen hat. Die **Rücksendekosten** werden also anders als die Hinsendekosten grundsätzlich dem **Verbraucher** auferlegt. In der Praxis tragen die Unternehmer oft die Rücksendekosten aus Kulanz.

---

92 Vgl auch BT-Drs. 17/12637, S. 64.
93 BeckOGK/*Mörsdorf*, BGB (1.8.2019), § 355 Rn 107.
94 OLG Hamm NJW-RR 2005, 1582.
95 OLG Hamm NJW-RR 2005, 1582.
96 So auch schon ohne explizite Regelung EuGH C-511/08 v. 15.4.2010, EuZW 2010, 432.

Für die **Rückzahlung** muss der Unternehmer gem. § 357 Abs. 3 S. 1 dasselbe Zahlungsmittel verwenden, das der Verbraucher bei der Zahlung verwendet hat. Hatte der Verbraucher beispielsweise per Überweisung gezahlt, muss auch der Unternehmer per Überweisung zahlen. Ausdrückliche abweichende Vereinbarungen sind aber gem. § 357 Abs. 3 S. 2 möglich, wenn dem Verbraucher dadurch keine Kosten entstehen.

937

Beim **Verbrauchsgüterkauf** kann der Unternehmer die Rückzahlung gem. § 357 Abs. 4 S. 1 bis zum Warenerhalt (oder Absendungsnachweis) verweigern. Der **Verbraucher** ist also **vorleistungspflichtig**. Insoweit steht er schlechter als beim Rücktritt, bei dem keine Partei vorleistungspflichtig ist (Erfüllung Zug um Zug, § 348). Keine Vorleistungspflicht besteht, wenn der Unternehmer angeboten hat, die Waren abzuholen (§ 357 Abs. 4 S. 2). Dann muss der Verbraucher gem. § 357 Abs. 5 die Waren auch nicht zurücksenden.

938

Oft verlieren Waren schon durch kurze Ingebrauchnahme an Wert. Der Unternehmer bekommt also „weniger" zurück, als er ursprünglich gegeben hatte. Soll er dafür einen Ausgleich erhalten? Das könnte Verbraucher von der Ausübung ihrer Rechte abhalten. Das Gesetz sieht einen Kompromiss vor: **Ersatz für Wertverlust** hat der Verbraucher gem. § 357 Abs. 7 dann zu leisten, wenn der Verlust auf einen Umgang mit den Waren zurückzuführen ist, der zur **Prüfung** der Beschaffenheit, der Eigenschaften und der Funktionsweise der Waren **nicht notwendig** war, und wenn er über sein Widerrufsrecht **unterrichtet** wurde. Dahinter steht folgender **Grundgedanke**: Der Verbraucher soll die Ware auf ihre Qualität und Funktion hin überprüfen können. Er soll jedoch die Ware nicht ohne Ersatzpflicht schon vor Ablauf der Widerrufsfrist nutzen. Wenn der Verbraucher die Ware vor Ablauf der Widerrufsfrist vollständig nutzt, handelt er mit Blick auf den Wertersatz „auf eigene Gefahr". Wie weit der Verbraucher gehen darf, ist eine Frage des Einzelfalls, bei der die jeweilige Geschäftsart und ihre Eigenheiten maßgeblich sind.[97]

939

Hilfreich ist es häufig, mit den **Prüfungsmöglichkeiten im stationären Handel zu vergleichen**: Der Verbraucher muss die Waren jedenfalls so wie in einem Ladengeschäft prüfen dürfen. Kleidungsstücke etwa kann man in den meisten Läden anprobieren, aber darf sie nicht tagelang tragen. Aufbaumöbel darf man auspacken und aufbauen, denn anders kann man ihre Funktion nicht testen. Eine Espressomaschine kann man kurz in Betrieb nehmen, um ihre Funktionen zu testen, nicht aber täglich dauerhaft zum Espressokochen einsetzen. **Wie weit die Prüfungsmöglichkeiten** im stationären Handel gehen, ist freilich unterschiedlich: Im Supermarkt, in dem idR eine große Varianz an Waren ohne spezifische Schulung des Personals angeboten wird, gehen sie weniger weit als im Fachgeschäft, das sich ja gerade auf einen bestimmten Themenbereich fokussiert. Für den passenden Vergleichsmaßstab (Supermarkt oder Fachgeschäft) ist der Charakter des Online-Shops hilfreich: Je spezialisierter der Online-Shop, umso weiter dürften die Prüfungsbefugnisse des Verbrauchers reichen, weil er dann eine ähnliche Behandlung wie in einem Fachgeschäft erwarten darf.[98]

940

---

97 Näher *Föhlisch* noch zu § 357 Abs. 3 S. 1 Nr 1 BGB aF, NJW 2011, 30, 32; s. auch *Lapp/Lapp* CR 2008, 649, 653 f.
98 Näher *Föhlisch* NJW 2011, 30, 32; s. auch *Lapp/Lapp* CR 2008, 649, 653 f; der BGH vergleicht in BGH NJW 2017, 878, 880 etwas unspezifisch mit einem Ladengeschäft, das von jeder Ware ein Musterexemplar bereithält.

> In **Fall 55** wurde der Katalysator eingebaut. Das führt nach § 357 Abs. 7 zu einer Wertersatzpflicht. Das ergibt sich aus dem Normzweck: Der Verbraucher soll keinen Wertersatz schulden, wen er die Sache ähnlich wie bei einem Ladenkauf prüft (vgl EG 47 Verbraucherrechte-RL). Die Prüfungsintensität soll aber auch nicht weitergehen. Wenn man aber in einem Ladengeschäft Ersatzteile kauft, darf man diese zwar regelmäßig in Augenschein nehmen, anfassen und Fragen zu ihnen stellen. Man darf sie aber gerade nicht einbauen.

941 Der Verbraucher steht im Ergebnis oft schlechter als beim Rücktritt: Gemäß § 346 Abs. 2 S. 1 Nr 3 2. HS ist beim Rücktritt ja Wertersatz nicht zu leisten, wenn der Wertverlust auf der bestimmungsgemäßen Ingebrauchnahme der gelieferten Sache beruht.

942 Wertersatzansprüche infolge des Widerrufs können isoliert geltend gemacht werden, bilden aber auch oft den Gegenstand einer Aufrechnung.

> So liegt es in **Fall 55**: U behauptet, Wertersatzansprüche gegenüber V auf Grund der Nutzung des Katalysators zu haben. Diese möchte er mit dem Rückzahlungsanspruch des V aus §§ 355 Abs. 3 S. 1, 357 Abs. 1 (teilweise) in Aufrechnung bringen.

943 **Keinen Wertersatz** schuldet der Verbraucher, wenn ihn der Unternehmer **nicht ordnungsgemäß über sein Widerrufsrecht belehrt** hat (**§ 357 Abs. 7 Nr 2**). Gehört zur ordnungsgemäßen Belehrung auch die **Belehrung über die Wertersatzpflicht**? Diese Frage ist umstritten, gute Gründe sprechen dafür, sie zu bejahen.[99] Das ergibt sich **nicht** schon aus dem Wortlaut von § 357 Abs. 7 Nr 2, der auf Art. 246a § 1 Abs. 2 S. 1 Nr 2 EGBGB verweist. Danach muss sich die Belehrung auf die Bedingungen, die Frist und das Verfahren für die Ausübung des Widerrufsrechts beziehen. Damit sind wohl nur die Voraussetzungen des Widerrufsrechts und die Ausübungsmodalitäten gemeint, nicht aber die Rechtsfolgen. Allerdings ist eine Belehrung über die Wertersatzpflicht im **Musterformular** für die Widerrufsbelehrung (vgl Art. 246a § 1 Abs. 2 S. 2 EGBGB) enthalten. Darauf weist auch der Gesetzgeber mit Blick auf § 357 Abs. 7 Nr 2 hin – ging also wohl von einer entsprechenden Belehrungspflicht aus.[100] Andererseits ist die Verwendung dieses Formulars in § 357 Abs. 7 Nr 2 und in Art. 246a § 1 Abs. 2 S. 1 Nr 2 EGBGB nicht verlangt. Gleichwohl lässt sich eine entsprechende **Belehrungspflicht teleologisch** begründen: Wenn der Verbraucher wirklich eine **informierte Entscheidung** treffen können soll, muss er auch von seiner Wertersatzpflicht erfahren.

> In **Fall 55** hatte U auch über die Wertersatzpflicht informiert, so dass dieses Problem nicht entschieden werden muss.

944 Wenn der Unternehmer **Dienstleistungen** oder auch **Wasser, Gas oder Strom** geleistet hat, ist die Rückgewährung *in natura* unmöglich oder zumindest sinnlos. Muss der **Verbraucher** Wertersatz leisten? Das führt zu der Frage, ob der Verbraucher **Wertersatz** leisten muss, wenn

---

99 BeckOGK/*Mörsdorf*, BGB (1.8.2019), § 357 Rn 72; Palandt/*Grüneberg*, BGB[78], § 357 Rn 10; aA MünchKomm/*Fritzsche*, BGB[8], § 357 Rn 34 (jeweils mwN).
100 Vgl BT-Drs. 17/12637, S. 63.

er vor Ablauf der Widerrufsfrist Dienstleistungen, Wasser, Gas oder Strom bezogen hat. Einerseits scheint die Wertersatzpflicht gerechtfertigt, um eine Bereicherung des Verbrauchers zu Lasten des Unternehmers auszugleichen. Andererseits könnte eine überzogene Wertersatzpflicht den Verbraucher von der Ausübung seines Widerrufsrechts abhalten. Wieder hält das Gesetz einen Kompromiss bereit (§ 357 Abs. 8): Der Verbraucher schuldet Wertersatz für die bis zum Widerruf erbrachte Leistung nur dann, wenn er ausdrücklich verlangt hat, dass der Unternehmer vor Ablauf der Widerrufsfrist mit der Leistung beginnt (§ 357 Abs. 8 S. 1). Genau darauf muss der Unternehmer den Verbraucher auch hinweisen (§ 357 Abs. 8 S. 2 iVm Art. 246a § 1 Abs. 2 S. 1 Nr 3 EGBGB). Der Höhe nach richtet sich der Wertersatz nach dem vereinbarten Grundpreis; wenn dieser unverhältnismäßig hoch ist, ist der Marktwert maßgeblich (§ 357 Abs. 8 S. 4 und 5).

Wenn der Unternehmer **digitale Inhalte** geleistet hat, ist die Rückgewährung in natura ebenfalls nicht möglich. Wertersatz, zumindest in voller Höhe, könnte jedoch den Verbraucher von der Ausübung seiner Rechte abhalten. Die Wertersatzpflicht ist deshalb ausgeschlossen, wenn digitale Inhalte geliefert werden, die sich nicht auf einem körperlichen Datenträger befinden. Der Unternehmer ist ausreichend über § 356 Abs. 5 geschützt. Wenn der Verbraucher ausdrücklich zustimmt, dass der Unternehmer vor Fristablauf mit der Ausführung beginnt, kann er sein Widerrufsrecht verlieren. Wenn der Unternehmer ohne die dazu nötigen Erklärungen des Verbrauchers mit der Ausführung beginnt, handelt er auf eigenes Risiko und verdient keinen Schutz im Rahmen der Wertersatzpflicht. 945

c) Einzelheiten der Rückabwicklung bei anderen Vertragstypen (§§ 357a-357d)

Für **andere Vertragstypen** sind die **Einzelheiten der Rückabwicklung** in §§ 357a bis 357d geregelt. Die Regelungen setzen unterschiedliche Richtlinien des europäischen Rechts um und berücksichtigen die jeweiligen Spezifika der geregelten Vertragsarten. Für Verträge über Finanzdienstleistungen gilt § 357a, für Teilzeit-Wohnrechteverträge, Verträge über ein langfristiges Urlaubsprodukt, Vermittlungsverträge und Tauschsystemverträge § 357b. Wenn Ratenlieferungsverträge weder im Fernabsatz noch außerhalb von Geschäftsräumen geschlossen wurden, gilt § 357c. Verbraucherbauverträge regelt § 357d. 946

6. Verbundene und zusammenhängende Verträge (§§ 358-360)

a) Regelungszweck und Systematik

Wenn ein Verbraucher ein **Darlehen** aufnimmt, um ein Auto zu kaufen, liegen **zwei Verträge** vor. Wenn der Verbraucher den Kaufvertrag widerrufen kann, ist ihm damit letztlich wenig geholfen, wenn er weiterhin das Darlehen bedienen muss. Und wenn der Verbraucher Einwendungen aus dem Kaufvertrag hat (etwa Mängelrechte aus § 437), nützen diese ihm letztlich nur, wenn er sie auch dem Darlehensgeber gegenüber geltend machen kann. Die §§ 358-360 berücksichtigen, dass Verträge wirtschaftlich eng verbunden sein können und so besondere Schutzbedürfnisse auslösen. 947

§§ 358 und 359 führen **zwei Verträge** zusammen, die rechtlich getrennt, aber **wirtschaftlich verbunden** sind: Einen **Liefervertrag** und einen **Darlehensvertrag**, der der Finanzierung des Liefervertrags dient. Der Darlehensvertrag wird meist ein Verbraucherdarlehensvertrag iSd § 498 Abs. 1 sein. §§ 358 f erfassen aber jegliche Darlehensverträge – also auch die in § 491 Abs. 2 S. 2 und Abs. 3 S. 2 aufgeführten Fälle und unentgeltliche Darlehensverträge iSd § 514 Abs. 1. 948

949 Die Verknüpfung erfolgt durch zwei Mechanismen: Zum einen **erstreckt** sich der **Widerruf** des einen Vertrags auch **auf den anderen Vertrag** (§ 358 Abs. 1 und 2). Zum anderen ist in § 359 ein **Einwendungsdurchgriff** vorgesehen. § 360 ergänzt die Bestimmungen für nicht mit dem widerrufenen Vertrag verbundene aber mit ihm eng zusammenhängende Verträge

b) Mit dem widerrufen Vertrag verbundene Verträge (§§ 358-359)

950 aa) Definition des verbundenen Vertrags (§ 358 Abs. 3). Für die Anwendung der §§ 358-359 ist entscheidend, wann ein Darlehensvertrag und ein Vertrag über die Lieferung einer Ware oder über die Erbringung einer anderen Leistung (Leistungsvertrag) **verbunden** sind. Das ergibt sich aus § 358 Abs. 3 S. 1. Dafür müssen zwei Voraussetzungen vorliegen.

951 Das Darlehen muss erstens ganz oder teilweise der **Finanzierung des anderen Vertrags dienen**. Unerheblich ist dabei, ob die Darlehenssumme zunächst an den Verbraucher oder direkt an den Unternehmer fließt.

952 Zweitens müssen beide Verträge eine **wirtschaftliche Einheit** bilden. Eine wirtschaftliche Einheit ist nach **§ 358 Abs. 3 S. 2** insbesondere anzunehmen, wenn der **Unternehmer selbst die Gegenleistung des Verbrauchers finanziert**. So liegt es, wenn ein Autohändler nicht nur das Auto verkauft, sondern auch selbst ein Finanzierungsdarlehen gibt. Praktisch ist das eher selten. Häufiger treten **Banken als Darlehensgeber** auf, wobei die Händler den Verbrauchern gleich die Finanzierungsangebote „schmackhaft" machen. Auch diese Konstellation ist erfasst: Eine **wirtschaftliche Einheit** liegt insbesondere **auch bei Drittfinanzierungen** vor, wenn sich der Darlehensgeber bei der Vorbereitung oder dem Abschluss des Darlehensvertrags der Mitwirkung des Unternehmers bedient (§ 358 Abs. 3 S. 2). So liegt es etwa, wenn der Verkäufer dem Verbraucher mit dem Kaufvertrag zugleich einen Kreditantrag eines Finanzierungsinstituts vorlegt, das sich dem Verkäufer gegenüber zur Finanzierung bereit erklärt hat.[101] Aber auch ohne eine Finanzierungszusage des Darlehensgebers kann sich aus den Umständen ergeben, dass die Bank planmäßig mit dem Verkäufer zusammenwirkt – etwa durch die Überlassung einschlägiger Vertragsformulare. Wenn ein Vermittler des Finanzierungsinstituts tätig ist, muss der Kreditgeber aber wissen, dass der Vermittler mit dem Verkäufer zusammenwirkt.[102] Andernfalls „bedient" sich die Bank nicht der Mitwirkung des Verkäufers.

953 Auch wenn die beiden in § 358 Abs. 3 S. 2 genannten Beispiele nicht vorliegen, kann eine wirtschaftliche Einheit vorliegen, wenn sich die Verträge „**wechselseitig bedingen**" bzw „**der eine seinen Sinn erst durch den anderen**" erhält.[103] Dafür kann die **Zweckbindung** des Darlehens zugunsten eines anderen Geschäfts sprechen, der **zeitgleiche Abschluss** der Verträge, die Einschaltung derselben **Vertriebsorganisation** oder die **Koppelung** der Wirksamkeit des Leistungsvertrags an den Darlehensvertrag. Der BGH hat dies zu § 358 Abs. 3 aF etwa für ein Darlehen bejaht, das zur Zahlung von Prämien für eine am gleichen Tag abgeschlossene Restschuldversicherung dien-

---
101 Vgl BGHZ 156, 51.
102 BGH NJW 2007, 3200.
103 BGHZ 184, 1.

te. Beide Verträge nahmen wechselseitig aufeinander Bezug; die Wirksamkeit des Restschuldversicherungsvertrags war vom Zustandekommen des Darlehensvertrags abhängig gemacht.[104]

Einschränkungen sieht das Gesetz bei **finanzierten Grundstückskäufen** vor (§ 358 Abs. 3 S. 3): Hier ist eine wirtschaftliche Einheit von Verkäufer und Darlehensgeber nur unter engen Voraussetzungen gegeben: Der Darlehensgeber muss dem Verbraucher selbst das Grundstück verschaffen oder den Erwerb durch Zusammenwirken mit dem Unternehmer fördern, indem er sich dessen Veräußerungsinteressen ganz oder teilweise zu eigen macht, bei der Planung, Werbung oder Durchführung des Projekts Funktionen des Veräußerers übernimmt oder diesen einseitig begünstigt.

954

bb) Erstreckung des Widerrufs (§ 358 Abs. 1 und 2). § 358 Abs. 1 und Abs. 2 ordnen die **Erstreckung des Widerrufs** an. Gleichwohl kann der Verbraucher den **Widerruf** ausdrücklich auf den Darlehensvertrag **beschränken**.[105] Das folgt aus dem **Schutzzweck** der Erstreckungsanordnung, die den Verbraucher besserstellen soll. Die Erstreckung gilt für beide Richtungen: § 358 Abs. 1 regelt den Widerruf des Leistungsgeschäfts, § 358 Abs. 2 den Widerruf des Darlehensvertrags. Wenn für beide Rechtsgeschäfte ein Widerrufsrecht besteht, kann der Verkäufer entscheiden, welches Rechtsgeschäft er gegebenenfalls widerruft. Die Wirkungserstreckung tritt auch dann ein, wenn der Verbraucher das andere Geschäft – etwa wegen Verfristung – nicht „selbständig" widerrufen könnte.[106]

955

Gem. **§ 358 Abs. 1 führt der Widerruf des Liefervertrags** dazu, dass der Verbraucher auch **nicht mehr** an die auf den **Darlehensvertrag** gerichtete Willenserklärung **gebunden ist.** § 358 Abs. 1 setzt voraus, dass ein Widerrufsrecht für den Liefervertrag besteht und dass der Liefervertrag mit dem Darlehensvertrag verbunden ist. Nicht entscheidend ist dagegen, ob auch für den Darlehensvertrag ein Widerrufsrecht besteht: Die Erstreckung greift also auch ein, wenn für den Darlehensvertrag selbst – etwa wegen einer gesetzlichen Ausnahme – kein Widerrufsrecht besteht. Gem. **§ 358 Abs. 2** führt umgekehrt der **Widerruf des Darlehensvertrags** dazu, dass auch der **Liefervertrag widerrufen** ist. Diese Wirkungserstreckung gilt allerdings gem. § 358 Abs. 5 nicht bei Darlehensverträgen, die der Finanzierung des Erwerbs von Finanzinstrumenten dienen. Das verhindert Spekulationen des Verbrauchers zu Lasten der Darlehensgeber.[107] Auch § 358 Abs. 2 setzt ein Widerrufsrecht voraus, das sich für den Darlehensvertrag grundsätzlich aus § 495 Abs. 1 ergibt. Allerdings sind zahlreiche Ausnahmen zu beachten (vgl. § 495 Abs. 2).

956

cc) Rückabwicklung (§ 358 Abs. 4). Die **Rückabwicklung des verbundenen Vertrags** ist in § 358 Abs. 4 geregelt. Die Norm gilt allerdings nicht bei Darlehensverträgen, die der Finanzierung des Erwerbs von Finanzinstrumenten dienen (vgl § 358 Abs. 5). Damit wird verhindert, dass der Verbraucher sein Widerrufsrecht zur Spekulation nutzt, indem er bei schlechter Kursentwicklung den Darlehensvertrag wider-

957

---
104 BGHZ 184, 1.
105 Jauernig/*Stadler*, BGB[17], § 358 Rn 2.
106 *Looschelders*, SR AT[17], Rn 882.
107 Staudinger/*Herresthal*, BGB (2016), § 358 Rn 56; dazu näher Rn 957.

ruft.¹⁰⁸ Die Rückabwicklung richtet sich unabhängig von der Vertriebsform nach den §§ 355 Abs. 3 und je nach Art des verbundenen Vertrags nach den §§ 357-357c.

958 Wenn der verbundene Liefervertrag **digitale Inhalte** zum Gegenstand hat, die sich nicht auf einem körperlichen Datenträger befinden (vgl § 312f Abs. 3), kann der Verbraucher gem. § 358 Abs. 4 S. 2 abweichend von § 357 Abs. 9 zum **Wertersatz** verpflichtet sein. Für im Fernabsatz oder außerhalb von Geschäftsräumen geschlossene Ratenlieferungsverträge gilt § 357 entsprechend. Im Übrigen gelten für verbundene Ratenlieferungsverträge § 355 Abs. 3 und § 357c entsprechend. Im Falle des Abs. 1 (Widerruf des Liefervertrags) sind gem. § 358 Abs. 4 S. 4 Ansprüche auf Zahlung von Zinsen und Kosten aus der Rückabwicklung des Darlehensvertrags gegen den Verbraucher ausgeschlossen. Der Verbraucher soll sich von dem verbundenen Geschäft möglichst folgenlos lösen können, also auch unbelastet von Zinsen und Kosten aus dem Finanzierungsdarlehen.¹⁰⁹

959 Gem. **§ 358 Abs. 4 S. 5** tritt der Darlehensgeber im Verhältnis zum Verbraucher hinsichtlich der Rechtsfolgen des Widerrufs in die Rechte und Pflichten des Unternehmers aus dem verbundenen Vertrag ein, wenn das Darlehen dem Unternehmer bei Wirksamwerden des Widerrufs bereits zugeflossen ist. Der Darlehensnehmer wird also zur Partei des Rückgewährschuldverhältnisses aus dem Liefervertrag. So kann der Verbraucher unmittelbar mit dem Darlehensgeber abrechnen.

960 dd) **Einwendungsdurchgriff (§ 359).** Gem. § 359 Abs. 1 S. 1 kann der Verbraucher die Rückzahlung des Darlehens verweigern, soweit Einwendungen aus dem verbundenen Vertrag ihn zur Leistungsverweigerung bezüglich des Leistungsvertrags berechtigen würden. Der **Einwendungsdurchgriff** ist gem. § 359 Abs. 2 in **zwei Fällen ausgeschlossen**: Erstens, wenn das Darlehen dem Erwerb von **Finanzinstrumenten** dient. Zweitens, wenn das finanzierte Entgelt weniger als 200 Euro beträgt (**Bagatellkredite**). § 359 erfasst **alle rechtshindernden, -vernichtenden und -hemmenden Einwendungen und Einreden**. Auch die Einrede der Verjährung des Kaufpreisanspruchs ist erfasst; die Einrede der Verjährung muss nicht schon erhoben worden sein.¹¹⁰ Ausgenommen sind gem. § 359 Abs. 1 S. 2 Einwendungen, die auf einer Vertragsänderung im Leistungsvertrag nach Abschluss des Darlehensvertrags beruhen. Das lässt sich damit rechtfertigen, dass der Darlehensgeber diese Einwendungen bei Vertragsschluss nicht kennen konnte.

961 Eine Sonderregelung trifft **§ 359 Abs. 1 S. 3** für die **Nacherfüllung**: Ohne Sonderregelung könnte der Verbraucher die Darlehensrückzahlung schon wegen eines Anspruchs auf Nacherfüllung aus dem Liefervertrag verweigern. Das könnte aber bei Kauf- oder Werkverträgen das Recht des Verkäufers auf zweite Andienung untergraben. Deshalb kann der Verbraucher gem. § 359 Abs. 1 S. 3 die Rückzahlung des Darlehens erst verweigern, wenn die Nacherfüllung fehlgeschlagen ist.

c) Zusammenhängende Verträge (§ 360)

962 § 360 setzt verschiedene Richtlinien um, die den Verbraucher auch durch die Erstreckung auf zusammenhängende Verträge schützen wollen: Der Verbraucher soll von

---

108 Staudinger/*Herresthal*, BGB (2016), § 358 Rn 56.
109 BGH NJW 2011, 1063, 1064.
110 Vgl BGH NJW 2002, 137.

einem möglichen Widerruf nicht dadurch abgehalten werden, dass er trotz des Widerrufs an einen weiteren, mit dem widerrufenen Vertrag im Zusammenhang stehenden Vertrag gebunden bleibt.[111] Ein **zusammenhängender Vertrag** liegt gem. § 360 Abs. 2 vor, wenn er einen **Bezug zu dem widerrufenen Vertrag aufweist** und **eine Leistung betrifft**, die von dem Unternehmer des widerrufenen Vertrags oder einem Dritten **auf der Grundlage einer Vereinbarung** zwischen dem Dritten und dem Unternehmer **des widerrufenen Vertrags erbracht wird**. Ein Beispiel bietet ein Versicherungsvertrag, mit dem die im Fernabsatz gekaufte Sache gegen bestimmte Risiken geschützt wird (etwa eine Tiefkühltruhe gegen Beschädigungen durch eigene Fahrlässigkeit). Ein Darlehensvertrag ist gem. § 360 Abs. 2 S. 2 ein zusammenhängender Vertrag, wenn das Darlehen ausschließlich der Finanzierung des widerrufenen Vertrags dient und die Leistung des Unternehmers aus dem widerrufenen Vertrag in dem Darlehensvertrag genau angegeben ist.

Die **Erstreckung des Widerrufs** ist in § 360 Abs. 1 S. 1 geregelt: Der wirksame Widerruf eines Vertrags führt dazu, dass der Verbraucher auch an seine auf den Abschluss eines mit dem widerrufenen Vertrag zusammenhängenden Vertrags gerichtete Willenserklärung nicht mehr gebunden ist. So führt im Beispiel der versicherten Tiefkühltruhe der Widerruf des Kaufvertrags dazu, dass der Verbraucher auch an seine auf den Abschluss des Versicherungsvertrags gerichtete Willenserklärung nicht mehr gebunden ist. 963

7. Treu und Glauben im Widerrufsrecht

Wenn **Verbraucher Widerrufsrechte** ausüben, handeln sie nur in engen Ausnahmefällen rechtsmissbräuchlich iSd § 242.[112] Ein solcher Fall, in dem § 242 ausnahmsweise eingreift, liegt etwa dann vor, wenn der Unternehmer besonders schutzbedürftig ist oder der Verbraucher **arglistig** oder **schikanös** handelt.[113] Das hat der BGH allerdings etwa in einem Fall verneint, in dem der Verbraucher unter Hinweis auf ein günstigeres Alternativangebot um Erstattung des Differenzbetrags gebeten hatte und – als der Unternehmer sich darauf nicht einließ – zurückgetreten war.[114] Wenn ein Verbraucher sein Widerrufsrecht so nutzt, um eine „Tiefpreisgarantie" durchzusetzen, macht er lediglich von einer ihm von Gesetzes wegen zustehenden Befugnis Gebrauch.[115] § 355 Abs. 1 S. 2 1. HS setzt außerdem gerade keine Begründung voraus, also auch keinen nachvollziehbaren Grund für die Ausübung des Rechts.[116] Im Übrigen ist der Verbraucher durch das Rückabwicklungsregime der §§ 355 Abs. 3, 357-359 teilweise sogar schlechter gestellt ist als nach den §§ 346 ff. 964

Mit dieser Begründung kann man in **Fall 54** argumentieren, dass kein Fall des Rechtsmissbrauchs (§ 242) vorliegt.

---

111 Vgl BT-Drs. 17/12637, S. 67.
112 Näher oben Rn 36 ff.
113 BGH NJW 2016, 1951; 2016, 3512 (dort auch zur Verwirkung).
114 BGH NJW 2016, 1951.
115 BGH NJW 2016, 1951, 1952.
116 BGH NJW 2016, 1951, 1952.

VII. Besonderheiten bei der Klauselkontrolle (§ 310 Abs. 3)

965 Im Geschäftsverkehr werden häufig **Allgemeine Geschäftsbedingungen (AGB)** verwendet. Für sie sehen die §§ 305-310[117] eine besondere Einbeziehungs- und Inhaltskontrolle vor. Im Folgenden werden die Modifikationen besprochen, die in § 310 Abs. 3 für Verbraucherverträge vorgesehen sind. Diese Modifikationen stärken die Rechtsposition der Verbraucher. Sie dienen der Umsetzung der Klausel-RL[118].

1. Fiktion der Stellung Allgemeiner Geschäftsbedingungen durch den Unternehmer (§ 310 Abs. 3 Nr 1)

966 Gem. **§ 310 Abs. 3 Nr 1** gelten **AGB als vom Unternehmer gestellt**, es sei denn, dass sie durch den Verbraucher in den Vertrag eingeführt wurden. Die Norm bezieht sich auf Vertragsbedingungen, die für eine Vielzahl von Verbraucherverträgen vorformuliert sind, nicht dagegen auf für einen einzelnen Vertrag vorformulierte Vertragsbedingungen.[119] Für letztere gilt § 310 Abs. 3 Nr 2. Für AGB iSd § 310 Abs. 3 Nr 1 genügt für die Anwendbarkeit der §§ 305 ff, dass sie für eine Vielzahl von Verträgen vorformuliert (vgl § 305 Abs. 1 S 1) und nicht individuell ausgehandelt (vgl § 305 Abs. 1 S. 3) sind. Dass der Unternehmer die AGB „gestellt" hat, wie § 305 Abs. 1 S. 1 verlangt, wird dagegen **fingiert**. Anders als bei § 305 Abs. 1 S. 1[120] bedarf es also beim Entwurf von AGB durch Dritte keiner Zurechnung zum Verwender. Damit werden auch neutrale Dritte wie beispielsweise ein Makler oder ein Notar erfasst.[121]

2. Klauseln, die zur einmaligen Verwendung bestimmt sind (§ 310 Abs. 3 Nr 2)

967 Im Gegensatz zu § 310 Abs. 3 Nr 1 erfasst § 310 Abs. 3 Nr 2 **AGB, die für einen einzelnen Vertrag entworfen** wurden. Das begünstigt den Verbraucher gegenüber den allgemeinen Bestimmungen. Nach § 305 Abs. 1 muss demgegenüber grundsätzlich die Absicht zur mehrmaligen Verwendung vorliegen. Im Verbrauchervertrag greifen aber die Auslegungsregel des § 305c Abs. 2 und die Inhaltskontrolle grundsätzlich auch dann ein, wenn eine Klausel **nur einmal verwendet** werden soll.[122] Auch § 310 Abs. 3 Nr 2 setzt die entsprechende Vorgabe der Klausel-RL um, die eine Kontrolle auch dann zulässt, wenn eine Klausel nicht für eine Vielzahl von Verträgen bestimmt ist. § 310 Abs. 3 Nr 2 setzt nicht voraus, dass der Unternehmer die Klausel selbst formuliert hat. Deshalb sind auch Vertragsbestimmungen erfasst, die beispielsweise ein Notar erstellt hat.[123]

---

117 Die §§ 305-310 sind in den meisten Lehrbüchern zum Allgemeinen Teil des BGB dargestellt, auf die hier verwiesen sei: *Schack*, Allgemeiner Teil[16], § 14; *Köhler*, BGB AT[43], § 16; *Rüthers/Stadler*, Allgemeiner Teil des BGB[19], § 21.
118 RL 93/13/EWG des Rates v. 5. April 1993 über missbräuchliche Klauseln in Verbraucherverträgen, ABl. L 95, 29.
119 BGH NJW 2008, 2250, 2251 f.
120 Dazu BGH NJW-RR 2013, 1028, 1029; Jauernig/*Stadler*, BGB[17], § 305 Rn 6; *Möhrke* ZJS 2015, 31, 33.
121 Hk/*Schulte-Nölke*, BGB[10], § 310 Rn 6; *Wendland* Jura 2018, 866, 873 f.
122 Ein anschauliches Beispiel bietet BGH NJW 2017, 2752.
123 BeckOK/*Becker*, BGB[51], § 310 Rn 18.

Die Besserstellung des Verbrauchers greift allerdings nur, „soweit der Verbraucher 968
auf Grund der Vorformulierung auf ihren Inhalt **keinen Einfluss** nehmen konnte"
(**§ 310 Abs. 3 Nr 2**). Hier gelten die zur Individualabrede (§ 305 Abs. 1 S. 3) entwickelten Kriterien. Die ständige Rechtsprechung setzt die Hürden zu Lasten der Verwender hoch. Eine Individualabrede – iSd § 305 Abs. 1 S. 3 und damit auch eine Einflussmöglichkeit iSd § 310 Abs. 3 Nr 2 – liegt nur vor, wenn der Unternehmer als Verwender den **gesetzesfremden Kerngehalt der Klausel** inhaltlich **ernsthaft zur Disposition** stellt und dem Verbraucher einen **Einfluss auf die inhaltliche Ausgestaltung** der Vertragsbedingungen tatsächlich einräumt.[124]

Anders als bei § 305 Abs. 1 S. 3 trägt die **Beweislast** für die fehlende Einflussmöglichkeit der Verbraucher.[125] Das ergibt sich aus der Formulierung des Gesetzes: Das 969
positiv formulierte Merkmal der fehlenden Einflussmöglichkeit ist dem Verbraucher in der Rechtsfolge günstig, so dass nach den Grundsätzen der Normentheorie mögliche Zweifel auch nach der Beweisaufnahme im Prozess zu seinen Lasten gehen.

3. Begleitumstände des Vertragsschlusses bei der Inhaltskontrolle nach § 307 Abs. 1 und 2

Während bei der Inhaltskontrolle nach § 307 grundsätzlich ein objektiver, überindividualisierender Maßstab gilt, sieht **§ 310 Abs. 3 Nr 3** vor, dass bei der Beurteilung der 970
unangemessenen Benachteiligung nach § 307 Abs. 1 und Abs. 2 auch die den Vertragsschluss begleitenden Umstände zu berücksichtigen sind. In der Prüfung muss zunächst abstrakt die (Un-)Angemessenheit der Klausel geprüft werden, um im zweiten Schritt die **Begleitumstände als mögliches Korrektiv** zu berücksichtigen. Diese Korrektur der Inhaltskontrolle kann sich nach hM im Ergebnis für den Verbraucher sowohl **vorteilhaft als auch nachteilig** auswirken.[126] Dies ergibt sich aus dem Wortlaut der Norm, die Art. 4 Abs. 1 der Klausel-RL umsetzt.[127] Der Widerspruch zum Verbraucherschutz lässt sich dadurch rechtfertigen, dass so dem Prinzip der **Austauschgerechtigkeit** zwischen den Parteien entsprochen wird. Berücksichtigungsfähig ist beispielsweise die geschäftliche Unerfahrenheit des Verbrauchers oder eine unzureichende Erläuterung durch den Unternehmer.[128]

---

124 StRspr s. zB BGHZ 150, 299, 302 f = NJW 2002, 2388, 2389; NJW 2005, 2543, 2543 f; NJW-RR 2009, 947, 948.
125 BGH NJW 2008, 2250; Ulmer/Brandner/Hensen/*Ulmer/Schäfer*, AGB-Recht[12], § 310 Rn 89; aA Hk/*Schulte-Nölke*, BGB[10], § 310 Rn 6.
126 MünchKomm/*Basedow*, BGB[8], § 310 Rn 114 mwN.
127 Vgl BeckOGK/*Richters/Friesen*, BGB (1.11.2018), § 310 Rn 177; *Brandner* MDR 1997, 312, 314; aA *Michalski* DB 1999, 677, 679.
128 PWW/*Berger*, BGB[14], § 310 Rn 12.

VIII. Lösung Fall 54

971 U könnte gegen V einen Anspruch auf Zahlung des Kaufpreises iHv 1.100 Euro aus § 433 Abs. 2 haben.

I. Dann müssen U und V einen Kaufvertrag gemäß § 433 Abs. 1 geschlossen haben. Während das Werben des U auf der Homepage mit einer „Tiefpreisgarantie" mangels Rechtsbindungswillens lediglich eine sogenannte *invitatio ad offerendum* darstellt, kam ein Vertragsschluss durch die Bestellung vom 22.5. (Angebot) und – sofern nicht schon die Bestellbestätigung als Annahme ausgelegt werden kann – die Lieferung des U (konkludente Annahme) zustande.

II. Der Kaufvertrag könnte allerdings gemäß § 355 Abs. 1 S. 1 unwirksam sein.

1. Das setzt zunächst ein Widerrufsrecht des V voraus, das sich aus § 312g Abs. 1 ergeben könnte.

a) Dafür muss zunächst der Anwendungsbereich gemäß § 312 Abs. 1 eröffnet sein. Der zwischen V und U geschlossene Kaufvertrag stellt einen Verbrauchervertrag im Sinne von § 310 Abs. 3 dar, da U Unternehmer gemäß § 14 Abs. 1 und V Verbraucher gemäß § 13 ist. Der persönliche Anwendungsbereich ist damit eröffnet. Auch ist der sachliche Anwendungsbereich eröffnet, da es sich bei dem durch U gelieferten Öl um eine entgeltliche Leistung im Sinne von § 312 Abs. 1 handelt.

b) Weiterhin muss ein Vertrag im Sinne des § 312b Abs. 1 oder § 312c Abs. 1 vorliegen. Der zwischen U und V geschlossene Kaufvertrag stellt einen Fernabsatzvertrag im Sinne von § 312c Abs. 1 dar, da der Vertragsschluss ausschließlich unter Nutzung von Fernkommunikationsmitteln gemäß § 312c Abs. 2 zustande kam (Homepage, E-Mail).

c) Das Widerrufsrecht aus §§ 312g Abs. 1, 312c Abs. 1 könnte allerdings gemäß § 312g Abs. 2 ausgeschlossen sein.

aa) Der Ausschlussgrund des § 312g Abs. 2 Nr 4 liegt nicht vor, da der Heizöltank des V vollständig geleert war und es somit nicht zur Vermischung mit anderen Gütern gekommen ist.

bb) Als möglicher Ausschlussgrund kommt § 312g Abs. 2 Nr 8 in Frage. Danach besteht kein Widerrufsrecht bei Verträgen über Waren, deren Preis Schwankungen am Finanzmarkt unterliegt. Das setzt voraus, dass es um Geschäfte mit besonders spekulativem Charakter geht. Der Kauf von Heizöl für die private Nutzung von einem Heizöllieferanten weist einen solchen spekulativen Charakter nicht auf, da weder der Verbraucher das Heizöl unter Nutzung von Preisschwankungen weiterverkaufen will, noch der Unternehmer das Heizöl typischerweise von einer Börse bezieht. Der Ausschlussgrund des § 312g Abs. 2 Nr 8 greift daher nicht ein.

2. Eine Widerrufserklärung des V liegt vor; eine besondere Form sieht § 355 Abs. 1 S. 2 nicht vor.

3. Das Widerrufsrecht könnte allerdings gem. § 355 Abs. 2 S. 1 nicht fristgerecht ausgeübt worden sein.

a) Die Frist beginnt gemäß § 355 Abs. 2 S. 1 mit Vertragsschluss, wenn nichts anderes bestimmt ist. Allerdings beginnt die Widerrufsfrist gemäß § 356 Abs. 2 Nr 1 lit. a erst mit Erhalt der Ware. Fristbeginn wäre danach nicht der 22.5., sondern der 24.5. gewesen. Allerdings fehlt die ordnungsgemäße Belehrung über das Widerrufsrecht (Art. 246a § 1 Abs. 2 S. 1 Nr 1 EGBGB), so dass die 14-tägige Widerrufsfrist gemäß § 356 Abs. 3 S. 1 gar nicht zu laufen begonnen hat.

b) Allerdings ist das Widerrufsrecht gemäß § 356 Abs. 3 S. 2 spätestens erloschen, wenn nach Vertragsschluss bereits zwölf Monate und 14 Tage vergangen sind. V erklärte den Widerruf aber schon am 8.6.

c) V hat sein Widerrufsrecht fristgerecht ausgeübt.

4. V kann sich auf den Widerruf gemäß § 242 nicht berufen, wenn der Widerruf rechtsmissbräuchlich iSd § 242 war. Indes handeln Verbraucher grundsätzlich nicht rechtsmissbräuchlich, wenn sie von Widerrufsrechten Gebrauch machen. Anders kann es ausnahmsweise liegen, wenn der Unternehmer besonders schutzbedürftig ist oder der Verbraucher schikanös oder arglistig handelt. V hat den Widerruf eingesetzt, um eine „Tiefpreisgarantie" durchzusetzen. Darin liegt aber noch keine Schikane. Dass V den Widerruf nicht begründet, ist ohnehin irrelevant, weil eine Begründung gemäß § 355 nicht erforderlich ist. Dass der Verbraucher seine Befugnis ausnutzt, ist nicht ungewöhnlich oder unbillig. Es liegt daher kein Rechtsmissbrauch vor.

5. V hat daher sein Widerrufsrecht wirksam ausgeübt. Der Kaufvertrag ist mit ex nunc-Wirkung gemäß § 355 Abs. 1 S. 1 erloschen. Der Kaufpreisanspruch des U ist damit ebenfalls erloschen.

Ergebnis: U hat gegen V keinen Anspruch auf Zahlung des Kaufpreises iHv 1.100 Euro aus § 433 Abs. 2.

§ 15 Haftung aus geschäftlichem Kontakt (culpa in contrahendo)[1]

Fall 57: Die Gemeinde G hat in der Rechtsform der GmbH eine Wirtschaftsförderungsgesellschaft gegründet, die sich bemüht, auswärtige Industrie anzusiedeln. In diesem Zusammenhang verhandelt P, der Prokurist der GmbH, mit dem französischen Parfumfabrikanten F über den Verkauf eines der GmbH gehörenden Grundstücks. F beabsichtigt nämlich, in G einen Betrieb zu errichten. Der Vertrag kommt privatrechtlich zustande, und F bricht darauf die Verhandlungen mit zwei Nachbargemeinden ab. Später weist der Rat der Gemeinde G die GmbH an, die Ansiedlung des F zu verhindern. Darauf beruft sich die GmbH gegenüber F die Nichteinhaltung der vorgeschriebenen Form (§ 311b Abs. 1) und weigert sich, das Grundstück zu übereignen. F will die Übereignung des Grundstücks, zumindest aber Ersatz des Schadens, der ihm dadurch entsteht, dass er an anderer Stelle teureres Gelände kaufen muss und verspätet den Betrieb aufnimmt. Ferner möchte F Ersatz von dem Makler M fordern, der im Auftrage verschiedener Gemeinden Kontakte zu ausländischen Unternehmen geknüpft und sich auch hier in die Verhandlungen eingeschaltet hatte. Dieser hatte F den Rat erteilt, sich in G anzusiedeln, da dort die Gewerbesteuer am niedrigsten sei.

972

Fall 58: Die Hausfrau H möchte sich im Kaufhaus von K die Winterschlussverkaufs-Angebote ansehen und eventuell das eine oder andere kaufen. Sie kommt aber nicht weit, da sie bereits im 2. Stock auf einem schlecht gesäuberten Treppenabsatz ausgleitet und sich dabei das Bein bricht. Zuständig für die Säuberung war der ansonsten sehr sorgfältige Arbeiter A. Dieser verwendete diesmal irrtümlicherweise ein falsches Mittel, was eine verstärkte Rutschwirkung zur Folge hatte. Hat H gegen K Ersatzansprüche[2]? **Lösung Rn 1012**

973

---

[1] Dazu etwa *M. Schwab* JuS 2002, 773 und 872; *St. Lorenz* JuS 2015, 398. Grundlegend noch immer *v. Jhering* JhJB 4 (1861) 1.

[2] Vgl den „Linoleumrollen-Fall" RGZ 78, 239 (klausurmäßig aufbereitet bei *Schimmel* JA 1998, 548), den „Bananenschalen-Fall" BGH NJW 1962, 31 sowie den „Gemüseblatt-Fall" BGHZ 66, 51 (= *Schack/Ackmann*[7] Nr 36).

I. Die Grundlagen des Rechtsinstituts

1. Entstehung und Problematik

974 Die Haftung wegen Verschuldens beim Vertragsschluss, also aus **culpa in contrahendo (cic)** bzw – allgemeiner – *aus geschäftlichem Kontakt*, verdankt ihre Entstehung zum einen dem Unbehagen an den Modalitäten der Deliktshaftung (Umgehung des Entlastungsbeweises nach § 831 Abs. 1 S. 2 in Fällen des Gehilfenversagens durch Heranziehung des § 278; Vermutung des Verschuldens nach § 280 Abs. 1[3]; Erweiterung des engen deliktsrechtlichen Vermögensschutzes mit vertragsrechtlichen Mitteln; Erweiterung der deliktsrechtlichen Handlungspflichten[4]), zum anderen dem Bestreben nach interessengerechter Wertung eines sozialen Kontakts. Vor der Einführung spezieller gesetzlicher Regelungen durch das SMG[5] haben Rechtsprechung und Lehre die Haftung aus cic über viele Jahrzehnte entwickelt und weiterentwickelt. Zwei Bestimmungen wurden in das BGB aufgenommen: **§ 241 Abs. 2**, der vorsieht, dass ein Schuldverhältnis (bloß) zur Rücksichtnahme auf die Rechts- und Interessenssphäre des anderen verpflichten kann; und – vor allem – **§ 311 Abs. 2**, der anhand dreier Fälle deutlich macht, dass ein entsprechendes **Schuldverhältnis** auch **ohne Vertrag** entstehen kann, nämlich insbesondere durch die *Aufnahme von Vertragsverhandlungen* (§ 311 Abs. 2 Nr 1; zu den gesetzlichen Fallgruppen noch Rn 981 ff). Werden Pflichten aus einem solchen Schuldverhältnis schuldhaft verletzt, muss der Schädiger für den dadurch verursachten Schaden nach § 280 Abs. 1 einstehen[6].

Für die Entwicklung einer „**Vertragshaftung ohne Vertrag**" konnten schon vor dem SMG einige Sondervorschriften fruchtbar gemacht werden, die allerdings manche Besonderheiten aufweisen. Genannt seien etwa die Haftung des Scheinvertreters nach § 179[7] und die Schadensersatzpflicht des Anfechtenden nach § 122; ferner die Ablehnungspflicht des Geschäftsbesorgers gemäß § 663. Eine gesetzliche Anerkennung des Sonderstatus der Beteiligten im vorvertraglichen Stadium stellen auch die in jüngerer Zeit immer häufiger vorgesehenen speziellen *gesetzlichen Informationspflichten* dar, die dem Verhandlungspartner seinen Entschluss zum Ob und Wie eines Vertrages erleichtern sollen (Beispiele in Fn 17).

975 Mangels detaillierter gesetzlicher Vorgaben ist das Abstecken des Anwendungsbereichs der Einstandspflicht aus cic sowie der Haftungsreichweite genauso wichtig wie schwierig: Zum ersten muss eine uferlose Ausdehnung der Haftung vermieden werden[8]; zum zweiten sollten tatsächlich nur Konstellationen erfasst werden, die sich von den Deliktstatbeständen wertungsmäßig deutlich unterscheiden. Da der Gesetzgeber

---

3 Siehe dazu *Zieglmeier* JuS 2007, 701.
4 *von Bar* JuS 1982, 638, 639 f.
5 Zu dieser Neuregelung statt vieler *Rieble*, in: Dauner-Lieb (Hrsg), Das neue Schuldrecht in der Praxis (2003) 137; *Canaris* JZ 2001, 499, 519 f.
6 Zur Haftung nach § 280 ausführlich *Heuser* Jura 2012, 663 und 827; zu den §§ 280 ff ferner etwa *Weiss* JuS 2012, 965.
7 Die Haftung des falsus procurator weicht allerdings – wohl systemwidrig – in Tatbestand und Rechtsfolgen von der cic-Haftung ab, wobei § 179 als lex specialis ohne Zweifel Vorrang genießt. Entsprechendes gilt für den auf das Erfüllungsinteresse gerichteten Schadensersatzanspruch („Schadensersatz statt der Leistung") trotz eines schon bei Vertragsschluss bestehenden Leistungshindernisses gem. § 311a Abs. 2 (vgl *Katzenstein* Jura 2005, 73, 77 f mit Nachweisen der Diskussion); s. dazu auch Rn 722 ff.
8 Zu dieser Gefahr etwa *Gottwald* JuS 1982, 877.

des SMG an die bisherige Rechtsentwicklung anknüpfen wollte, kann und muss zur Konkretisierung der recht unbestimmten Gesetzesanordnungen auf den schon vorher erreichten Stand in Rechtsprechung und Wissenschaft zurückgegriffen werden[9].

Im ursprünglichen Anwendungsbereich der cic-Haftung ging es um eine Sanktion für Pflichtverletzungen, die sich bereits aus der **Aufnahme von Vertragsverhandlungen** ergeben. Schon dadurch entstand nach ganz hM eine rechtliche Sonderverbindung, die über „deliktische" Kontakte weit hinausgeht und daher eine Haftung nach Vertragsregeln rechtfertigt. In der neueren Entwicklung zeigte sich aber eine zunehmende Neigung, auch in anderen Fällen fehlender Vertragsbeziehungen das **Vertrauen** einer Partei auf korrekte und sachverständige Behandlung im Rahmen geschäftlicher Kontakte zu schützen[10]. 976

Die Interessenlage zeigen die **Beispiele**. Die Kundin, die im Kaufhaus aufgrund schlechter Säuberung gestürzt ist **(Fall 58)**, hat gegen den Kaufhausbetreiber K nur dann Ansprüche aus unerlaubter Handlung, wenn die Voraussetzungen des § 831 vorliegen oder dem Betreiber ein schuldhafter Verstoß gegen Verkehrssicherungspflichten (dazu Schuldrecht Besonderer Teil § 23 Rn 1 ff) gemacht werden kann. Bei nachgewiesener guter Organisation des Reinigungsdienstes sind die Ansprüche gegen K auch dann nicht durchsetzbar, wenn ein Gehilfenverschulden an sich feststeht. Unter der Herrschaft des § 278 würde etwas anderes gelten. Wenn Frau H *nach* einem Kauf gefallen wäre, würde bei schuldhafter Pflichtverletzung aufseiten des K (durch seinen Erfüllungsgehilfen A) ein Anspruch aus positiver Vertragsverletzung bestehen. Die Frage ist also, ob es für die Voraussetzungen des Ersatzanspruchs entscheidend darauf ankommen soll, ob und wann zwischen den Parteien der Schutzpflicht ein Vertrag geschlossen wird, oder ob nicht vielmehr durch das Betreten des Kaufhauses, dh durch die **Aufnahme rechtsgeschäftlichen Kontakts**, ein zumindest **vertragsähnliches** Schuldverhältnis zu Stande kommt, bei dessen Verletzung **nach Vertragsregeln** gehaftet wird. Könnte ein solches, hauptsächlich auf dem Vertrauen in die Sorgfalt, Korrektheit und Sachkunde des Partners beruhendes, vertragsähnliches Rechtsverhältnis allgemein bejaht werden, so wäre es denkbar, dass auch im **Fall 57** die GmbH, deren Mitarbeiter um die Formungültigkeit des Kaufvertrages (§ 311b) wusste, F hierauf hätte aufmerksam machen müssen, und wegen dieser Unterlassung dem F (zumindest) zum Schadensersatz verpflichtet ist. Wenn man nun auch andere Verhandlungsbeteiligte als den als Vertragspartner Vorgesehenen aufgrund Vertrauens als Schuldner vertragsähnlicher Sorgfaltspflichten ansehen könnte (etwa den im **Fall 57** oder in einer Variante zu **Fall 58** einen bloßen Begleiter von H, der sich verletzt), wären der Vertragshaftung auf Kosten der Deliktshaftung weitere Bereiche erschlossen (dazu Rn 1206). 977

2. Dogmatische Einordnung

Die Regelung des § 311 Abs. 2 macht iVm § 241 Abs. 2 und der Überschrift von § 311 vollends deutlich, was schon vor dem SMG vertreten wurde[11]: Bestimmte Verhaltensweisen, insbesondere intensivere geschäftliche Kontakte, begründen ein **rechtsgeschäftsähnliches Schuldverhältnis ohne primäre Leistungspflicht**[12]. Es 978

---
9 Vgl BT-Drs. 14/6040, S. 161 ff.
10 Aus der Rechtsprechung etwa BGH JZ 1991, 199, 202 mit krit. Anm von *Just*.
11 Grundlegend RGZ 78, 239 ff; aus der Rechtsprechung des BGH siehe BGHZ 6, 330 ff sowie BGHZ 60, 221. Aus der Lit statt aller *Gastroph* JA 2000, 803.
12 Zu einem solchen Schuldverhältnis BGH JuS 2011, 457 *(Faust)*.

ist leicht zu erkennen, dass die Interessenlage keine dem klassischen Delikt vergleichbare ist, bei dem jede rechtliche Sonderbeziehung zwischen Schädiger und Geschädigtem fehlt. Der Verhandlungspartner hat eben auch schon vor Abschluss eines Vertrages eine andere – eben vertragsnähere – Stellung als der quivis ex populo, dessen (absolute) Rechtsgüter die §§ 823 ff schützen. Ist ein entsprechender Tatbestand erfüllt, findet das **Deliktsrecht** keine Anwendung.

3. Grundsätzliches zu Pflichten und Haftung

979 Die wichtigste **Konsequenz** aus der Bejahung eines „cic-Tatbestands" (zu den gesetzlich ausgeformten Fallgruppen Rn 981 ff) lautet: Wer die aus diesem Schuldverhältnis folgenden Pflichten in einer ihm nach Vertragsgrundsätzen (§§ 276, 278) zurechenbaren Weise verletzt und diese Verletzung auch zu vertreten hat, haftet dem Geschädigten auf Schadensersatz, auch wenn es zu einem Vertragsschluss zwischen den Parteien der Vertragsverhandlungen nicht gekommen ist. Der Regelfall ist dabei die Haftung auf den verursachten **Vertrauensschaden (negatives Interesse)**, da das pflichtwidrige Verhalten meist nur für diesen Nachteil ursächlich war (Details zu den Rechtsfolgen Rn 999 ff). Die **Beweislast** für das pflichtwidrige Verhalten des anderen Teils trägt der Verletzte, die für das fehlende Verschulden der pflichtwidrig Handelnde (siehe § 280 Abs. 1 S. 2)[13].

980 Die **Pflichten**, deren Verletzung die Haftung auslöst, sind gerade keine Leistungspflichten (§ 241 Abs. 1 e contrario). Vielmehr handelt es sich um sog **Schutzpflichten**. Dazu gehören vor allem **Aufklärungspflichten**[14], aber auch sonstige *Sorgfaltspflichten*. (**Beispiele:** Der in den Vertrieb von Wertpapieren Eingeschaltete gibt einem Interessenten unrichtige oder unvollständige Auskünfte. Ein Angestellter des Kaufinteressenten beschädigt den Gegenstand bei der ihm von seinem Geschäftsherrn aufgetragenen Besichtigung aus Unachtsamkeit. Die Bank klärt den Anlagewilligen nicht über ihr bekannte Risiken des Anlageprojektes auf[15]. Der Verkäufer preist die Immobilie als „gut vermietet" an, weist aber nicht auf die ihm bekannte mangelnde Bonität des Mieters hin[16].) Regelmäßig geht es um die – gerade durch die Aufnahme des rechtsgeschäftlichen Kontakts begründete! – Pflicht, die Sphäre des anderen nicht zu beeinträchtigen und ihn nicht zu schädigen. Wie weit die Pflichten reichen und welche Güter des Partners geschützt sind, kann allerdings meist mangels näherer gesetzlicher Anhaltspunkte[17] nur durch *Interessenabwägung im konkreten Fall* entschieden werden. Das Prinzip lautet: Je stärker der Kontakt und je größer die Gefahr

---

13 BT-Drs. 14/6040, S. 136. Siehe ferner etwa MünchKomm/*Ernst*, BGB[8], § 280 Rn 32 ff, insb. 34; BGH NJW 1979, 1983.
14 Dazu etwa A. *Pohlmann*, Die Haftung wegen Verletzung von Aufklärungspflichten (2002); *Rehm*, Aufklärungspflichten im Vertragsrecht (2003); speziell zum Grundstückskauf BGH NJW 2012, 846; zum Gebrauchtwagenhandel BGH JA 2010, 380 *(Looschelders)*; zum Mietrecht *Emmerich*, NJW 2011, 2321.
15 Dazu BGH NJW 2004, 2736 = JuS 2004, 917 *(Emmerich)*; siehe ferner etwa BGH NJW 2005, 1784.
16 BGH NJW-RR 2003, 700.
17 Präzise und detailreiche Informations- bzw Aufklärungspflichten werden heutzutage in Sondervorschriften allerdings immer öfter statuiert (siehe als Beispiele nur § 491a BGB iVm Art. 247 EGBGB für Verbraucherdarlehensverträge oder die §§ 297 ff KAGB im Recht der Kapitalanlage). Auf derartige Spezialnormen kann in der Folge jedoch nicht näher eingegangen werden.

einer Schädigung des anderen Teils, desto strenger werden die Pflichten und desto eher können auch Positionen, die das Deliktsrecht nicht oder nur ausnahmsweise schützt (wie das bloße Vermögen und die Entscheidungsfreiheit) in den Schutzbereich dieser Pflichten einbezogen sein. Die *Abgrenzung von* Fällen der Verletzung echter *Vertragspflichten* ist in der Praxis allerdings nicht immer leicht; vor allem deshalb, weil die Rechtsprechung häufig den stillschweigenden Abschluss eines gesonderten Auskunfts- oder Beratungsvertrages annimmt[18]. Dieser Ansatz überzeugt schon im Grundsatz wenig, da die Parteien kaum einmal den Willen zum Abschluss eines solchen (zusätzlichen) Vertrages haben und die cic-Haftung ohnehin regelmäßig zu angemessenen Ergebnissen führt[19].

Unter Umständen kann sich aus dem vorvertraglichen Verhältnis über Information und Aufklärung hinaus sogar die Pflicht ergeben, einen in Aussicht genommenen Vertrag *nicht* abzuschließen[20] (so für den Verbraucherdarlehensvertrag § 505a BGB sowie § 18a KWG, wenn erhebliche Zweifel an der Kreditwürdigkeit des Verbrauchers bestehen).

II. Die Haftungsvoraussetzungen im Einzelnen

1. Die gesetzlich geregelten Fälle

§ 311 Abs. 2 zählt **drei Fälle** auf, wobei dem dritten die Funktion einer durch die Fälle 1 und 2 vorkonkretisierten Generalklausel zukommt[21]:
– Nr 1: **Aufnahme von Vertragsverhandlungen**;
– Nr 2: **Vertragsanbahnung**, wobei ein Teil dem anderen Einwirkungsmöglichkeiten auf seine Rechts- und Interessenssphäre gewährt;
– Nr 3: **ähnliche geschäftliche Kontakte**.

981

a) Aufnahme von Vertragsverhandlungen

Am wenigsten problematisch erscheint auf den ersten Blick die – schon bisher anerkannte – **Aufnahme von Vertragsverhandlungen (Nr 1)**: Nach dem Wortlaut dieser Vorschrift dürfte es nicht genügen, wenn bloß *eine* Person auf den Abschluss eines Vertrages abzielende Handlungen vornimmt. Auch eine Gefahrenlage entsteht regelmäßig frühestens dann, wenn der andere Teil auf diesen geschäftlichen Erstimpuls reagiert. Zwar gibt es atypische Sachverhalte, bei denen ein Risiko auch schon vorher auftritt; so, wenn ein Anbieter chemischer Substanzen mit seinem Offert eine Warenprobe mitsendet, ohne vor den spezifischen Gefahren dieser Substanz zu warnen (etwa, dass sie unter Sonnenbestrahlung entflammen kann). Derartige Fälle sollten aber

982

---

18 Vgl nur BGH NJW 2004, 64 = JuS 2004, 622 *(Emmerich)* (ein Kaufinteressent wird durch Vorlage einer – unrichtigen – Rentabilitätsberechnung zum Kauf einer Immobilie bewogen).
19 Nachweise kritischer Stimmen etwa bei *Frassek* JuS 2004, 285, 286 f; gegen die Annahme eines eigenständigen Auskunftsvertrages auch *J. Koch* AcP 204 (2004) 59. Prinzipiell positiv hingegen zB *Emmerich* JuS 2004, 623.
20 Dazu *Schwarze* ZfPW 2016, 335.
21 Kurz und übersichtlich zu den Fallgruppen sowie wichtigen praktischen Anwendungsfällen (auch des Drittschutzes gemäß § 311 Abs. 3) *Keilmann* JA 2005, 500.

wohl besser unter die Nr 3 subsumiert werden, da vom Beginn von *Verhandlungen* (Nr 1) noch keine Rede ist und der Empfänger dem Offerenten auch nicht iSd Nr 2 seine Sphäre „öffnet".

Unzweifelhafte **Anwendungsbeispiele** der Nr 1 sind etwa folgende: 1. Der Kaufinteressent K macht mit dem Oldtimer eine Probefahrt, wobei es der Angestellte des Eigentümers unterlässt, ihm vor Fahrtantritt mitzuteilen, dass die Bremsen defekt sind (Verletzung von Informationspflichten). K fährt deshalb gegen einen Baum und verletzt sich. 2. K interessiert sich für ein Pferd, das sich auf der Alm befindet. Der Eigentümer vereinbart mit K einen Besichtigungstermin, zu dem er aber nicht erscheint, weil er das Tier mittlerweile bereits an X verkauft hat; K's Anfahrtskosten sind frustriert (wiederum Verletzung von Informationspflichten, allerdings erlitt K hier einen bloßen Vermögensschaden.). 3. K lässt sich vom Angestellten des Eigentümers einen Säbel zeigen. Als der Angestellte die Waffe vorführt, ist er zu stürmisch und beschädigt dabei K's Mantel (Verletzung von gesundheits- und eigentumsbezogenen Sorgfaltspflichten)[22].

983   Ist unter die Nr 1 aber etwa auch die schuldhafte „Verursachung" eines Dissenses oder eines Formfehlers zu subsumieren, die die **Nichtigkeit des Vertrages** zur Folge hat? Mit dieser Kurzformulierung ist gemeint, dass ein Vertrag aus den genannten Gründen – oder etwa auch wegen des Fehlens ausreichender Vertretungsmacht oder einer notwendigen behördlichen Zustimmung nicht zu Stande kommt (die Nichtigkeit ist daher eigentlich vom Gesetz verursacht!). Immer dann, wenn sich zumindest einer der Beteiligten der Unwirksamkeit nicht bewusst ist, können Interessenkonflikte auftreten. Schließlich könnte aus besonderen Umständen bei einem Verhandlungspartner **gesteigertes Vertrauen** entstanden sein. Die Frage lautet in all diesen Fällen: Trifft einen Teil die Pflicht, den anderen rechtzeitig über die Unwirksamkeit des Vertrages aufzuklären?

984   Hier sei der **Formmangel** beispielhaft etwas näher erörtert. Im ersten Schritt ist davon auszugehen, dass die Beachtung zwingender gesetzlicher Formvorschriften Sache jedes Vertragsteils ist. Insoweit sind beide „gleich nahe dran". Daher führen versehentliche oder beiden Parteien bei Vertragsschluss bewusste[23] Formverstöße im Regelfall zu keinerlei Ersatzpflichten. Anders fallen die Wertungen nur dann aus, wenn einer der Vertragsteile arglistig war oder wenn ihn eine besondere Fürsorge- oder Betreuungspflicht trifft[24]. Letzteres kann etwa bei Vertretungs- bzw Formvorschriften in Gemeindeordnungen angenommen werden, da hier der Partner diesen Vorschriften weit ferner steht als die Gemeinde selbst[25]. Wäre im **Fall 57** der GmbH Abschluss in Kenntnis des Formmangels vorzuwerfen, so besteht ein diskutierter Lösungsansatz darin, ihr schon die Berufung auf den Abschlussmangel, weil arglistig bzw rechtsmissbräuchlich (§ 242), zu verweigern[26]. Konsequenz wäre im Ergebnis eine Wirksamkeitsfiktion, die aber wegen der Formzwecke nicht unbedenklich ist. Die andere denkmögliche Lösung ist die – den Schädiger regelmäßig geringer belastende und auch deshalb vorzugswürdige – Haftung aus cic, für die sich wohl sogar ein Größenschluss aus der Nr 1 anbietet.

985   Eine Haftung aus cic greift auch dann ein, wenn ein Verhandlungspartner den anderen in dem ihm erkennbaren Glauben, der Vertrag werde zu Stande kommen, erhebli-

---

22 **Achtung!** Zumindest im Beispiel 3 ist eine deliktische Eigenhaftung des Angestellten unzweifelhaft. Fraglich ist aber, ob der Eigentümer über § 278 für dessen Fehlverhalten einzustehen hat.
23 BGH NJW-RR 1999, 1687.
24 *von Bar* JuS 1982, 638, 639; *Gottwald* JuS 1982, 877, 880; *Medicus/Petersen*, BR[27], Rn 185 aE.
25 Vgl BGHZ 6, 330, 333; BGHZ 92, 164, 175; BGH WM 2000, 1840 = JuS 2001, 79 *(Emmerich)* zu aufsichtsbehördlichen Zustimmungs- bzw Genehmigungserfordernissen.
26 BGH NJW 1987, 1070.

che Investitionen machen lässt und dann die **Vertragsverhandlungen „grundlos"
abbricht**[27]. Allerdings muss hier bedacht werden, dass es an sich jedem Verhandlungspartner frei steht, Vertragsverhandlungen nach Gutdünken fortzusetzen, durch Abschluss des gewünschten Vertrages zu beenden oder eben auch abzubrechen[28]. Daher kommt eine Haftung des Abbrechenden nur ausnahmsweise in Betracht; etwa dann, wenn er beim Verhandlungspartner besonderes Vertrauen in Hinblick auf den Abschluss erweckt hat und dann die Verhandlungen aus unsachlichen oder sachfremden Gründen beendet[29]. Die verletzte Pflicht liegt also nicht primär im Abbruch der Verhandlungen (= Nichtabschluss), sondern in der vorhergehenden, unzutreffenden Erweckung des Vertrauens, das künftige Zustandekommen des Vertrages stehe eigentlich außer Zweifel.

Der Vertrauensgedanke spielt hier – insbesondere im Verhältnis zu Trägern öffentlich-rechtlicher Planungshoheit wie Gemeinden – wieder eine besondere Rolle; er kann dann neben die Haftung aus § 839 treten und diese praktisch erweitern. In diesem Sinn hat etwa das OLG Frankfurt[30] entschieden, dass die Haftung aus cic eingreift, wenn ein Architekt auf Aufforderung eines Bürgermeisters über eineinhalb Jahre Architektenleistungen für acht städtische Großprojekte erbringt, die mehrere Aktenordner füllen, wenn der Bürgermeister den Architekten nicht nur zu diesen Leistungen angehalten, sondern ihn auch von einer schriftlichen Fixierung des Architektenvertrags abgehalten hat, und der Vertragsschluss an einer kommunalen Formvorschrift scheitert[31].

Auch die **Verursachung eines ungewollten Vertrages** wird unter Nr 1 fallen. In vielen Fällen der cic hätte die gebotene Aufklärung beim Verhandlungspartner zur Reaktion „Hände weg!" geführt. Mangels derartiger Information hat der Partner jedoch abgeschlossen, etwa eine Eigentumswohnung zu Anlagezwecken gekauft, für deren Finanzierung er entgegen der Zusagen des Verkäufers eigenes Vermögen heranziehen musste, da die Mieteinnahmen und Steuervorteile hinter den Erwartungen zurückblieben[32]. Derartige pflichtwidrig schuldhafte **Einflussnahmen auf die Entscheidungsfreiheit** des Partners sollen ebenfalls zur cic-Haftung führen[33] (zu Details noch Rn 995, 998 f). Auch wenn den Umständen des konkreten Einzelfalls immer besonderes Augenmerk zu schenken ist, kann und muss zur Frage der Pflichtwidrigkeit auch ein allgemeiner Ansatz formuliert werden; etwa folgendermaßen: Bei Vertragsverhandlungen besteht die Pflicht, die andere Partei über solche Umstände aufzuklären, die den von ihr verfolgten Vertragszweck vereiteln können und daher für ihren Entschluss zum Vertragsschluss von wesentlicher Bedeutung sind, sofern die eine Partei davon ausgehen muss, dass ihr künftiger Vertragspartner nicht hinreichend unterrichtet ist und die Verhältnisse nicht durchschaut, und die andere Partei eine solche Unterrichtung nach der Verkehrsauffassung erwarten durfte[34].

986

---

27 BGHZ 92, 164. Ausführlich dazu *Bodewig* Jura 2001, 1 (vor allem in Anschluss an BGH NJW 1996, 1884) sowie *Singer* FG Canaris (2002) 135.
28 Vgl BGH NJW 1967, 2199; NJW 1975, 1774.
29 Siehe etwa BGHZ 92, 164, 175; BGH NJW 1996, 1884, 1885.
30 NZBau 2012, 505.
31 Siehe ferner die Beispiele in BGH NJW 1978, 1802; MDR 1986, 651.
32 BGH JZ 1998, 1173.
33 BT-Drs. 14/6040, S. 126, 163.
34 IdS statt vieler etwa OLG Düsseldorf BeckRS 2013, 19258.

b) Vertragsanbahnung

987 Eine rechtliche Sonderbeziehung entsteht auch schon durch andere Formen vorbereitender geschäftlicher Kontaktnahme als durch Vertragsverhandlungen. Einseitige **Vertragsanbahnung (Nr 2)** reicht aus, sofern dadurch besondere Risiken für zumindest einen der Beteiligten entstehen. Das ist vor allem bei der Besichtigung von Waren in einem für den Kundenverkehr geöffneten Verkaufslokal anzunehmen (siehe aber auch Rn 988). Zu den in der Nr 2 ausdrücklich angesprochenen gefährdeten Gütern Rn 995 ff.

c) Ähnliche geschäftliche Kontakte

988 An welche Fälle der Gesetzgeber bei der **Nr 3** gedacht hat, ist unklar. Insbesondere ist der betonte Unterschied zwischen Vertragsanbahnung und bloßer Vertrags*vorbereitung*[35] kaum zu erkennen. In der Literatur[36] wird etwa das Beispiel des im Kaufhaus bloß herumschlendernden Besuchers genannt, der sich (aus Langeweile?) Waren ansieht. Dieser Fall gehört jedoch eher zu Nr 2[37], da auch der reine „Gucker" ein potenzieller Kunde ist. Weder für Nr 2 noch für Nr 3 reicht es hingegen aus, wenn sich jemand außerhalb der regulären Öffnungszeiten mithilfe bedenklicher Öffnungswerkzeuge (Brecheisen!) in einen Verkaufsraum begibt und sich dort verletzt[38].

Vermutlich ging es bei Schaffung der Nr 3 vor allem darum, mögliche Schutzlücken durch eine generalklauselhafte Bestimmung von vornherein zu vermeiden[39], ohne dass dem Gesetzgeber konkrete Sachverhalte vor Augen gestanden wären. In der Literatur werden der Nr 3 insbesondere – etwa auf Auskunftserteilung abzielende – „Gefälligkeitsverhältnisse" ohne primäre Leistungspflicht zugeordnet[40].

Bei Nr 3 stellt sich ferner die Frage, ab welcher Intensität des geschäftlichen – nicht bloß sozialen – Kontakts von ausreichender Ähnlichkeit zu den in den Nr 1 und 2 genannten Fallgruppen gesprochen werden kann. Entscheidend kann nur das – annähernd gleiche – Ausmaß der Einwirkungsmöglichkeit auf die Sphäre des Geschädigten in Verbindung mit dem Vertrauen sein, das der Geschädigte dem Schädiger in concreto entgegengebracht hat bzw entgegenbringen durfte.

d) Einbeziehung „vertragsfremder" Dritter

989 Abs. 3 des § 311 erfasst schließlich Konstellationen, in denen ausnahmsweise **Dritte in den Kreis der Schutzpflichtigen einbezogen** werden[41]; also Personen, die gar nicht als Vertragspartner in Aussicht genommen wurden wie insbesondere Vertreter

---

35 Genau diese Unterscheidung, jedoch kein Beispiel, findet sich in BT-Drs. 14/6040, S. 163.
36 *Lorenz/Riehm*, SR, Rn 370.
37 IdS (und für eine weite Auslegung der Nr 2) MünchKomm/*Emmerich*, BGB[8], § 311 Rn 46; ebenso *Canaris* JZ 2001, 499, 520.
38 Siehe bloß BGHZ 66, 51, 54: nur (mögliche) Kunden werden geschützt.
39 Vgl *Canaris* JZ 2001, 499, 520.
40 *Canaris* JZ 2001, 499, 520; mögliche Anwendungsbeispiele auch etwa bei MünchKomm/*Emmerich*, BGB[8], § 311 Rn 48 f mwN.
41 Dazu etwa *M. Schwab* JuS 2002, 872; *Sutschet* FS Ehmann (2005) 95. Zum Problemkreis der Dritthaftung auch *Krebs*, Sonderverbindung und außerdeliktische Schutzpflichten (2000) 275 ff.

und Verhandlungsgehilfen. Konstruktiv wird das dadurch erreicht, dass die Bestimmung die Entstehung eines Schuldverhältnisses (auch) zwischen dem später Geschädigten und dem Dritten annimmt. Für das Entstehen besonderer, über den Deliktsbereich hinausgehender eigener Pflichten, ist das Agieren als Vertreter oder Gehilfe in contrahendo für einen anderen aber selbstverständlich zu wenig. Vielmehr müssen Umstände hinzukommen, die eine solche Pflichtenverschärfung rechtfertigen. Vor allem zwei Gesichtspunkte kommen in Betracht: die Erweckung besonderen Vertrauens sowie die Verfolgung eigener Interessen.

Eine schon bisher anerkannte, nunmehr ausdrücklich von S. 2 leg cit erfasste Fallgruppe stellt die **Inanspruchnahme persönlichen Vertrauens** dar. Der BGH zog bereits vor dem SMG – sehr weitgehend – zur Vertragshaftung jeden Dritten heran, der in besonderem Maße das Vertrauen des Vertragsgegners in Anspruch nimmt und dadurch dessen Entschluss, sich auf das Geschäft einzulassen, (erheblich) beeinflusst[42]. Danach haben etwa Banken, Anwälte oder sonstige Sachverständige, die mit ihrer Zustimmung bei der Werbung für Vermögensanlagen (etwa als Mitglieder von Aufsichtsgremien) genannt wurden und vom Anlagepublikum quasi als Garanten bzw Mitverantwortliche des Anlageprojekts angesehen werden durften, für ein schuldhaftes Übersehen von Gefahren der betreffenden Anlage einzustehen[43]. 990

Mit denselben Erwägungen lässt sich auch die **Eigenhaftung** des in Vertragsverhandlungen eingeschalteten oder im Vorfeld beigezogenen, aber nicht selber als Vertragspartner in Aussicht genommenen **Dritten** begründen[44]. Dieser tritt öfters (wie M in **Fall 57**) als unabhängiger oder neutraler „Sachwalter" auf, etwa als Sachverständiger, Gutachter oä[45]. Hier genügt es vom praktischen Ergebnis her nicht immer, das Verhalten des eingeschalteten Dritten dem eigentlichen Vertragspartner im Rahmen des vertraglichen Anspruchs aus cic zuzurechnen[46]. Ein berechtigtes Bedürfnis nach Eigenhaftung des Dritten besteht, wenn und weil die Einschaltung des Dritten oder die Art seines Auftretens das Risiko des Abschlusses mit dem eigentlichen Kontrahenten zu mindern schien. 991

Schon länger erkennen Rechtsprechung und Schrifttum eine Haftung des Dritten jedoch auch dann an, wenn dieser mit dem Abschluss ein **wirtschaftliches Eigeninteresse** verfolgt[47]. Für die Annahme eines eigenen wirtschaftlichen Interesses reicht es aber nicht aus, dass der Verhandlungsgehilfe für den Abschluss des Vertrages eine Provision erhält[48] oder der Geschäftsführer einer GmbH zusätzlich zu seiner Kapital- 992

---

42 BGHZ 56, 81; 63, 382 (Haftung des als Abschlussvertreter aufgetretenen Gebrauchtwagenkäufers), BGHZ 70, 337 (dazu eingehend *Hohloch* NJW 1979, 2369); BGH NJW 1990, 389; JuS 2003, 1232 uva; aus jüngster Zeit eingehend etwa OLG Hamburg BeckRS 2017, 113081 (Stellvertreter).
43 BGHZ 72, 382; BGH JZ 1986, 1011; NJW 1995, 130.
44 Vgl BT-Drs. 14/6040, S. 126, 163.
45 Dazu *Schaub* Jura 2001, 8.
46 Siehe dazu BGH JZ 1990, 340: Die Verkäuferin eines Seglerhafens musste sich das arglistige Verschweigen der für einen Teil der Liegeplätze fehlenden behördlichen Genehmigung durch ihren als Verwalter tätigen Ehemann zurechnen lassen.
47 RGZ 128, 249; BGH WM 1971, 498; NJW-RR 1992, 605; MünchKomm/*Emmerich*, BGB[8], § 311 Rn 190 mwN. In NJW 2002, 1309 verwendet der BGH erstmals den Terminus „*qualifiziertes* Eigeninteresse", ohne dass darin aber eine sachliche Änderung liegen dürfte.
48 BGH NJW 1990, 506.

beteiligung persönliche Bürgschaften oder dingliche Sicherheiten zur Verfügung gestellt hat⁴⁹. Vielmehr muss der Verhandlungsgehilfe in einer Position stehen, die der des Geschäftspartners ähnelt⁵⁰.

Beispiel: (nach RGZ 120, 249): Der eingetragene Eigentümer E verkauft sein Grundstück an V. Dieser will das Grundstück alsbald an K weiterverkaufen und tritt dabei zunächst in eigenem Namen auf. Da aber das Grundstück direkt von E auf K umgeschrieben werden soll, schließt V den Kaufvertrag als Vertreter von E. K zahlt den Kaufpreis, erhält aber den Besitz an dem Grundstück nicht, weil ein Vierter (D) ein dingliches Zurückbehaltungsrecht hat. E ist vermögenslos. K verlangt von V, der D's Zurückbehaltungsrecht kannte und verschwieg, Schadensersatz. Das RG bejahte den Anspruch: V habe nur aus formalen Gründen als Vertreter des E abgeschlossen. In Wahrheit aber sei er an dem Verkauf selbst interessiert gewesen, da er das Grundstück ansonsten selbst hätte abnehmen und bezahlen müssen.

993 Die Rechtsfigur der cic wurde früher häufig auch zur Bekämpfung von Missständen auf dem Kapitalmarkt eingesetzt. So wurde die sog **Prospekthaftung**⁵¹ ständig weiterentwickelt und präzisiert. Der BGH hat die zunächst zur Prospekthaftung bei der Publikums-KG entwickelten Grundsätze auch auf Bauherrenmodelle⁵² und auf Prospekte, mit denen für den Erwerb von Aktien außerhalb der geregelten Aktienmärkte geworben wird⁵³, für anwendbar erklärt. Heute gibt es eine Vielzahl von Spezialvorschriften, die für weitreichenden Schutz sorgen (siehe nur die §§ 297 ff KAGB einschließlich der Haftungsvorschrift des § 306⁵⁴).

2. Pflichtwidrigkeit und Verschulden

994 Zu diesen – im Grundsatz weitestgehend unproblematischen – Haftungsvoraussetzungen bereits kurz Rn 979 f.

3. Schaden und Schutzbereiche

995 Als letzte wesentliche Voraussetzung eines Anspruchs aus cic ist der aufgrund der Pflichtverletzung eingetretene **Schaden** zu nennen. Vertragsunabhängige Schutzpflichten sind vor allem zum Schutz des **Körpers** und der **Vermögensgüter** des Verhandlungspartners, die durch die Vertragsverhandlungen oder die Ausführung eines Vertrages in den Einflussbereich des Schuldners gelangen können, anerkannt. Über § 823 Abs. 1 hinaus wird aber in vielen Fällen **auch das „bloße Vermögen" geschützt**, was etwa im Bereich der Vermögensanlage von überragender Bedeutung ist, da in diesem Bereich typischerweise ausschließlich derartige Schäden eintreten. Positivrechtliche Grundlage dafür ist nunmehr die Aufzählung in § 241 Abs. 2. Mit den Begriffen „Rechtsgüter" bzw „Interessen" sollten namentlich die reinen Vermögensinteressen erfasst werden; darüber hinaus aber auch etwa die **Entscheidungsfrei-**

---

49 BGH NJW-RR 1991, 1312, 1313; BGHZ 126, 181, 184 ff mwN.
50 BGH NJW 1988, 2234; NJW-RR 1991, 289.
51 Dazu ausführlich etwa *Assmann*, in: Assmann/Schütze, Handbuch des Kapitalanlagerechts⁴, § 5; *Keunecke*, Prospekte im Kapitalmarkt² (2009).
52 BGHZ 111, 314; 115, 213; vgl auch BGH NJW 2001, 65 = JuS 2001, 295 *(Emmerich)*.
53 BGHZ 123, 106.
54 Dazu etwa *Patzner/Scheider-Deters*, in: Patzner/Döser/Kempf (Hrsg), Investmentrecht³ (2017).

heit[55]. Schon deshalb muss es grundsätzlich möglich sein, unter den Voraussetzungen der cic auch von einem bereits abgeschlossenen Vertrag loszukommen[56].

Bereits lange anerkannt ist der Ersatzanspruch wegen **Körperschäden**, die im Geschäftslokal des Verhandlungspartners verursacht wurden: so schon der berühmte „Linoleumrollen-Fall" (RGZ 78, 240), der eine Entsprechung im „Bananenschalen-Fall" (BGH NJW 1962, 31) und im „Gemüseblatt-Fall" (BGHZ 66, 51) findet. Es handelt sich geradezu um das Hauptbeispiel einer auf bloßer Vertragsanbahnung beruhenden Pflichtstellung, dessen praktische Bedeutung vor allem in der weiten Gehilfenzurechnung gemäß § 278 liegt. Im engeren Anwendungsbereich der cic liegen auch **Schäden an Vermögensgütern** des Gläubigers, die bei gehöriger Aufklärung über die mit dem Vertrag verbundenen Gefahren hätten vermieden werden können (so etwa Umweltschäden bei Ölbohrung, BGH NJW 1978, 41). 996

Der Gesichtspunkt der *Verletzung von Aufklärungspflichten* hat sich angeboten, um insbesondere bei Schädigung eines intellektuell oder organisatorisch auf die Gefahren eines Vertrages nicht hinlänglich eingerichteten Vertragspartners zu Ersatzansprüchen zu kommen und so in einem Teilbereich das im Schuldrecht oft vermisste Vorsorgedenken zu verwirklichen. Zu erwähnen ist etwa die Rechtsprechung zur Haftung einer Bank, die in die Finanzierung eines riskanten Geschäfts eingeschaltet war und der die irreführenden Angaben des wirtschaftlich eigentlich interessierten Geldnehmers über § 278 zugerechnet wurden[57]. In solchen Fällen gelangt man zur Haftung für **„reine" Vermögensschäden** (Rn 1090 aE). 997

In jüngerer Zeit hat der BGH für Ansprüche aus cic in den Fällen **beeinträchtigter Entscheidungsfreiheit** jedoch als „Minimum" das Vorliegen eines *Vermögensschadens* gefordert: Die bloß subjektiv als nachteilig empfundene Vermögensumschichtung (durch einen „ungewollten" Vertrag) reiche nicht aus[58]. Als hinreichend für die Bejahung eines Vermögensschadens sieht es der BGH allerdings an, dass der Vertragsschluss nach der Verkehrsanschauung als – unvernünftig und daher – nachteilig empfunden wird. Einen rechnerischen Nachteil muss der Vergleich zwischen der Vermögenslage vor und nach Vertragsschluss hingegen offenbar nicht ergeben. Abgesehen davon, dass der BGH damit den Begriff des Vermögensschadens über Gebühr strapaziert, wurde die vom BGH betonte Einschränkung der cic-Haftung auf eingetretene *Vermögens*schäden als zu eng kritisiert[59]. Dieser Kritik ist grundsätzlich beizupflichten: Auch die durch vorwerfbares Verhalten des Partners erfolgte, eigentlich gar nicht gewollte (bloße) Vermögensumschichtung (zB Investition von € 10.000 in ein riskantes Wertpapier, obwohl eine sichere Vermögensanlage gewünscht war), stellt einen Nachteil dar, der einer Wiederherstellung iS des § 249 zugänglich ist. 998

Als Hindernisse einer derart weit gefassten Ersatzpflicht dürften sich allerdings die Grenzen der Vertragsanfechtung erweisen. So ist die Anfechtung wegen arglistiger Täuschung oder wegen Drohung (§ 123) nur innerhalb eines Jahres möglich (§ 124). Die dahinter stehenden Wertungen wären durchkreuzt, wenn nach Fristablauf das gleiche Ergebnis, nämlich Vertragsbesei-

---

55 BT-Drs. 14/6040, S. 125 f, 163 (mit Widersprüchen bei der Zuordnung der bloßen Vermögensinteressen).
56 Vgl nur BGH WM 2001, 1118, 1120 f mwN; WM 2007, 2258, 2261; des Weiteren OLG Hamm (siehe Fn 83). Für ein schadenersatzrechtlich begründetes Lösungsrecht statt vieler *B. Mertens* AcP 203 (2003) 818; *ders.* ZGS 2004, 67; siehe ferner die Nachweise in Fn 58.
57 Lesenswert BGH NJW 1978, 2145 (Haftung bei „Drittfinanzierung" einer als „Vermögensbildung in Arbeitnehmerhand" erklärten Einlage der Arbeitnehmer in ein konkursgefährdetes Unternehmen).
58 BGH NJW 1998, 302 und 898; offenlassend jedoch BGHZ 145, 121, 130 f.
59 Statt vieler *Fleischer* AcP 200 (2000) 91, insb. 111 ff, mwN, der selbst (108, 118) eine Fahrlässigkeitshaftung bejaht.

tigung, unter Berufung auf cic erreicht werden könnte[60]; und dies womöglich bei bloßer *Fahrlässigkeit* des Schädigers[61]. Um Widersprüche zu vermeiden, wird man daher die Frist des § 124 zumindest auf den Wiederherstellungsanspruch anzuwenden haben[62] (zur Art der Ersatzleistung in solchen Fällen Rn 1005). – Zu weiteren Konkurrenzfragen Rn 1008 ff.

III. Rechtsfolgen der schuldhaften Verletzung vorvertraglicher Pflichten[63]

1. Allgemeines

999 Auch hinsichtlich der **Rechtsfolgen** gilt ein einheitlicher Ausgangspunkt: Durch einen Schadensersatzanspruch ist der Verletzte so zu stellen, wie wenn die betreffende Pflicht beobachtet worden wäre. Man prüft also wie auch sonst im Schadensersatzrecht die **„Kausalität der Pflichtwidrigkeit"**: Welche Schäden hat der Beklagte gerade durch sein in contrahendo vorgenommenes (bzw unterlassenes) rechtswidriges und schuldhaftes Verhalten verursacht?

2. Vertrauens- und Nichterfüllungsschaden

1000 Aufgrund dieses Ansatzes wird als Grundsatz nahezu einhellig vertreten, dass die schuldhafte Verletzung vorvertraglicher Pflichten zur Haftung auf das **negative Interesse**, also auf den **Vertrauensschaden**, führt[64]. Immer wieder wird jedoch – mit unterschiedlichen Beispielen und Grenzen – ein Recht des Geschädigten bejaht, den **Nichterfüllungsschaden** (= **positives Interesse** bzw **Erfüllungsinteresse**) zu beanspruchen[65]; zur Unterscheidung Rn 1091.

1001 a) Von einer Haftung auf das **Erfüllungsinteresse** kann man jedoch allenfalls dann sprechen, wenn man auf die verletzte (vorvertragliche) Pflicht blickt: Der Schädiger muss den Geschädigten eben so stellen, als hätte er die entsprechende Aufklärungsbzw sonstige Schutzpflicht erfüllt. Dieser Blickwinkel ist allerdings ganz unüblich.

---

60 Ansonsten bejaht die Rspr jedoch ausdrücklich eine von den Schranken des Anfechtungsrechts unabhängige Haftung aus cic (statt vieler BGH NJW 1979, 1983).
61 Zur – umfangreichen – Diskussion aus jüngerer Zeit mwN etwa *St. Lorenz*, Der Schutz vor dem unerwünschten Vertrag (1998) 392 ff; *Singer* JZ 1999, 342, 345 f; *Grigoleit* NJW 1999, 900; *Canaris* AcP 200 (2000) 273, 305 ff; *Krüger* FS Kollhosser Bd II (2004) 329.
62 So etwa *Fleischer* AcP 200, 91, 119 f.
63 Dazu umfassend *Nickel*, Die Rechtsfolgen der culpa in contrahendo (2004).
64 Deutlich und ausführlich idS etwa *Katzenstein* Jura 2004, 800 und 2005, 73.
65 *Gottwald* JuS 1982, 877, 880 (der möglicherweise sogar ausgebliebene Verträge mit Dritten erfassen will); *Früh* JuS 1995, 125, 128 (der sogar bei pflichtwidrig unterlassener Aufklärung über Unwirksamkeitsgründe den Nichterfüllungsschaden zusprechen will); *Horn* JuS 1995, 383 (zumindest für den Fall, dass der Vertrag wegen cic mit anderem Inhalt zu Stande kam). Zum Problem ferner etwa *Teichmann* FS Konzen (2006) 903. Grundsätzlich gegen einen Ersatz des Nichterfüllungsschadens die Rspr: BGH WM 1981, 787; NJW-RR 1988, 288. Den Ersatz des „Erfüllungsinteresses" gesteht der BGH ausnahmsweise dann zu, wenn der Geschädigte beweisen kann, dass ohne die Pflichtverletzung ein für ihn günstigerer Vertrag zustande gekommen wäre. In diesem Fall könne der Geschädigte verlangen, so gestellt zu werden, wie wenn er diesen günstigeren Vertrag geschlossen hätte (zuletzt BGH ZGS 2006, 258 mwN). In Wahrheit ist dieser Ersatz entgangenen Gewinns jedoch eine spezielle Ausformung des Vertrauensinteresses (so zu Recht MünchKomm/*Emmerich*, BGB[8], § 311 Rn 207; aA Palandt/*Grüneberg*, BGB[78], § 311 Rn 56).

Regelmäßig geht man vom bloß vermeintlich oder ungewollt abgeschlossenen Vertrag aus. Dann passt der Begriff „**Vertrauensschaden**": Der zu Unrecht auf Vertragsperfektion vertrauende Geschädigte ist so zu stellen, wie wenn er von Anfang an nicht vertraut – und daher zB bestimmte Aufwendungen unterlassen – hätte; der durch pflichtwidriges Verhalten des Partners zu einem Vertragsschluss Veranlasste kann grundsätzlich „Wiederherstellung" verlangen. Das bedeutet aber nicht eine eng verstandene Wiederherstellung; also etwa bloß die Rückgängigmachung des infolge Verletzung von Aufklärungspflichten geschlossenen Vertrages (dazu Rn 1005). Vielmehr hat der Geschädigte ein Recht auf umfassende, dh vollständige Herstellung iS des § 249: Dabei ist die Pflichtverletzung „wegzudenken" (siehe Rn 999). Hat der Geschädigte etwa aufgrund schlechter Beratung zu Anlagezwecken X-Aktien gekauft, so ist also zu berücksichtigen, dass er bei korrekter Beratung sein Geld nicht im Sparstrumpf gelassen, sondern in Y-Anleihen oder in Z-Fonds-Werten investiert hätte[66].

b) Keinesfalls Anwendungsfälle einer cic-Haftung auf das **Erfüllungsinteresse** sind die bereits (Rn 983) angesprochenen Arglist-Konstellationen im Zusammenhang mit Formmängeln: Dort ergäbe sich die – nicht unbedenkliche – Rechtsfolge einer Vertragserfüllungspflicht ja über § 242: Einem Vertragspartner wird die Berufung auf den Formmangel – weil rechtsmissbräuchlich – versagt. Mit cic hat das nichts zu tun. Über dieses Rechtsinstitut könnte eben nur der *Vertrauensschaden* begehrt werden: Dem Partner steht ein Anspruch auf Vergütung der nunmehr nutzlosen Aufwendungen oder auf eine Entschädigung zu, die es ihm erlaubt, sich anderswo gleichwertig einzudecken (was er bei rechtzeitiger Kenntnis von der Unwirksamkeit bereits früher getan hätte)[67]. *Wirtschaftlich* kann ein derartiger Ersatzanspruch dem Erfüllungsanspruch also durchaus nahe kommen. Rechtlich bestehen aber doch deutliche Unterschiede: Zum einen liegt auf dem hypothetischen Verhalten des Geschädigten im Fall sofortiger hinreichender Information das entscheidende Gewicht; zum anderen erhält dieser nicht die formunwirksam versprochene Leistung, sondern nur Geldersatz (dazu noch Rn 1004 ff).

1002

Ansprüche auf das Erfüllungsinteresse sind auch bei **grundlosem Abbruch von Vertragsverhandlungen** abzulehnen[68]. Prämisse für die Gegenansicht wäre eine Pflicht zum Vertragsabschluss, die dann konsequenterweise auch unmittelbar einklagbar sein müsste. Vor der Abgabe entsprechender Willenserklärungen kann eine Bindung wie bei geschlossenem Vertrag aber nicht begründet werden. Abgesehen von dogmatisch-systematischen Erwägungen sprechen jedoch auch die Sachargumente (nur) für eine Haftung auf den Vertrauensschaden: Dem Abbrecher wird ja nicht allein oder primär der Nichtabschluss vorgeworfen, sondern die Kombination von Erweckung und Enttäuschung konkreten Vertrauens. Korrekt hätte sich der andere Teil daher auch dann verhalten, wenn er von vornherein keine Erwartungen geweckt hätte. Da er dies aber getan – und dennoch nicht kontrahiert – hat, hat er für die Vertrauensenttäuschung

1003

---

66 Auf die häufig bestehenden heiklen Beweisprobleme kann hier nicht eingegangen werden.
67 Vgl BGH NJW 1965, 812: Eine Wohnungsbaugesellschaft hatte mit geschäftlich unerfahrenen Käufern formungültige Grundstückskaufverträge geschlossen.
68 Siehe die Nachweise in Fn 65 sowie etwa *Singer* FG Canaris (2002) 135, insb. 147; *Wertenbruch* ZIP 2004, 1525.

einzustehen; mit anderen Worten: den Vertrauensschaden zu ersetzen. Dieses Ergebnis überzeugt auch aus der Warte des Geschädigten: Mangels wirksamer Einigung gebührt ihm eben noch keine Vermögensposition wie nach Vertragsdurchführung.

Anders ist hingegen zu entscheiden, wenn jemand ein bereits bindend gewordenes Angebot wieder „zurückzieht"; allerdings ist ausgesprochen fraglich, ob es dann überhaupt um eine Haftung aus cic geht[69].

3. Schadensersatzformen

1004 a) Im Regelfall geht der Anspruch aus cic auf **Ersatz in Geld**. Auf diese Weise erhält der Geschädigte etwa seine Einbußen ersetzt, die er erlitten hat, weil er durch unterlassene Aufklärung über bedeutsame Umstände zu einem Vertrag veranlasst wurde, den er sonst nicht geschlossen hätte[70]. Gleiches gilt für den Ersatz von Aufwendungen vor Vertragsabschluss, sofern der Geschädigte ausnahmsweise mit baldiger Vertragsperfektion rechnen durfte (oben Rn 985).

1005 b) Die Frage, ob der Geschädigte, der infolge pflichtwidriger Einwirkung auf seinen *Willen* in bestimmter Weise kontrahiert und dadurch einen Nachteil erlitten hat, vom schädigenden Partner auch die **Rückgängigmachung des ungewollten Vertrages** bzw eine **Vertragsanpassung**[71] verlangen kann (Wiederherstellung nach § 249), wurde im Grundsatz bereits angesprochen (Rn 998). Vorzugswürdig, weil weitestgehend frei von Wertungswidersprüchen, erscheint die Lösung, zumindest die vollständige Vertragsbeseitigung nur solange zuzulassen, wie dem Geschädigten ein Anfechtungsrecht zusteht. Danach ist er auf Geldersatz beschränkt, bei dem die spezifischen Rückabwicklungsprobleme ja nicht bestehen.

1006 c) Damit sei nochmals ausdrücklich festgehalten: Die Haftung aus cic ist auf den **Ersatz des Vertrauensschadens** gerichtet. Ein Anspruch auf das Erfüllungsinteresse kommt nicht[72] in Betracht: Dem Geschädigten darf über die cic-Haftung nicht das zukommen, was er (nur) bei wirksamem Vertrag erhalten hätte. Anderes gilt ausschließlich im Anwendungsbereich von Sondervorschriften, so bei der Haftung des Stellvertreters ohne Vertretungsmacht nach § 179 Abs. 1.

4. Mitverschulden

1007 Natürlich kann der Schädiger auch bei der Haftung aus cic grundsätzlich ein **Mitverschulden** des Geschädigten (§ 254) einwenden[73]. Bei (vertrags)typischem Informationsvorsprung eines Verhandlungsteils ist die Rechtsprechung mit der Annahme, der Geschädigte selbst habe sich in eigenen Angelegenheiten sorglos verhalten, jedoch sehr zurückhaltend.

---

69 Dafür OLG Köln BeckRS 2014, 17386 (Haftung aus cic auf das Erfüllungsinteresse).
70 BGHZ 40, 218, 222 ff; BGHZ 47, 207 ff; BGH WM 1983, 1385.
71 Siehe nur *Horn* JuS 1995, 383; *Gebhardt*, Herabsetzung der Gegenleistung nach culpa in contrahendo (2001); zu praktischen Problemen (Nachweis der Kausalität sowie der hypothetischen Entscheidung des Geschädigten, Wahl zwischen Aufhebung und Anpassung) mwN MünchKomm/*Emmerich*, BGB[8], § 311 Rn 207 ff.
72 Allenfalls ganz ausnahmsweise: vgl MünchKomm/*Emmerich*, BGB[8], § 311 Rn 201 mwN.
73 Statt vieler *Gottwald* JuS 1982, 884.

Beispiel dafür ist die **fehlerhafte Anlageberatung** durch Kreditinstitute und Vermögensberater. In solchen Fällen wird regelmäßig zu voller Ersatzpflicht verurteilt[74], was bei bloßer Fahrlässigkeit des Schädigers nicht ganz unbedenklich ist. So wurde einem Geschädigten keinerlei Mitverschulden angelastet, dem über 30% Zinsen versprochen wurden – wohlgemerkt für das Vierteljahr[75].

IV. Das Verhältnis zu anderen Regelungskomplexen

1. Willensmängel

Wie schon am Beispiel des Verhältnisses zur Anfechtung wegen **List oder Drohung** nach § 123 zu sehen war (Rn 998), gibt es manche Vorschriften, die mit der cic-Haftung in Konflikt geraten können. Dann stellt sich die Frage, ob einzelnen Regelungen **Vorrang** zukommt. Für § 119 gilt das sicherlich nicht: Wegen der Haftungsvoraussetzung des Verschuldens („vertreten müssen" iSd § 280) kommt ein Ersatzanspruch aus cic wegen eines „ungewollten" Vertrages auch in den schlichten **Irrtumsfällen** in Betracht; und zwar auch ohne unverzügliche Geltendmachung (vgl § 121 Abs. 1) und ohne eine Pflicht des Anspruchsberechtigten, seinerseits dem Partner dessen Vertrauensschäden gemäß § 122 zu ersetzen[76].

1008

Zu einem vor Vertragsschluss aufgedeckten Kalkulationsirrtum in einem Vergabeverfahren hat der BGH[77] entschieden, dass in der Annahme des irrtümlichen Angebots eine Verletzung der in § 241 Abs. 2 niedergelegten Pflicht zur (vorvertraglichen) Rücksichtnahme auf den anderen Teil liegt.

2. Gewährleistung

Schutzpflichtverletzungen bzw Verstöße gegen Aufklärungspflichten können selbstverständlich auch mit Tatbeständen der (kaufrechtlichen) **Gewährleistung** kollidieren: Bei den Verhandlungen über einen Kauf wird eine erforderliche Information in Bezug auf die Sacheigenschaften des Kaufgegenstandes fahrlässig unterlassen. Die Rechtsprechung ging und geht grundsätzlich vom *Vorrang des Gewährleistungsrechts* aus. Damit wären Ansprüche aus cic jedenfalls dann ausgeschlossen, wenn sich das Verschulden des Verkäufers auf einen Sachmangel[78] bezieht[79]. Ausnahmen werden aber etwa dann gemacht, wenn der Verkäufer *vor* Begründung der vertraglichen Lieferpflicht, also noch in contrahendo (und nicht erst als vertragliche Neben-

1009

---

74 Vgl BGH NJW 1992, 2146; OLG Karlsruhe WM 1992, 1101, 1103; OLG Köln NJW-RR 1992, 278, 280.
75 BGH NJW 1973, 456.
76 Dazu etwa *Medicus/Petersen*, BGB AT[11], Rn 447 ff.
77 NJW 2015, 1513 = JuS 2015, 644 *(Riehm)*.
78 Für konkurrierende cic-Ansprüche bei Vorliegen eines *Rechts*mangels hingegen BGH NJW 2001, 2875 = JA 2001, 918 *(Marienfeld)*.
79 BGHZ 60, 319; 69, 53; BGH NJW 1977, 1055; für die Konkurrenz zu Gewährleistungsansprüchen siehe auch BGH NJW 1980, 777; BGHZ 114, 263, 266; NJW 2000, 804 (Rechtsmangel). Ausführlich *Marutschke* JuS 1999, 729.

pflicht!), die Beratung des Käufers übernommen hatte[80]. Der Vorrang des Gewährleistungsrechts wird auch nach dem SMG aufrecht erhalten[81]. Allerdings hat sich die Begründung ein wenig geändert. Vor allem unter Hinweis auf § 437 Nr 3 wird darauf hingewiesen, dass die Gewährleistungsregeln nunmehr ein vollständiges Programm der Schadensersatzhaftung beinhalten, dessen Ausdifferenzierungen durch die Anwendung des § 311 Abs. 2 (iVm § 280) nicht unterlaufen werden dürften[82].

Genau ist allerdings darauf zu achten, *ob* überhaupt ein Gewährleistungsfall vorliegt[83]. Hat etwa die Kaufsache die geschuldeten Eigenschaften und kann dem Verkäufer nur vorgeworfen werden, die nötige Gefahrenaufklärung unterlassen zu haben, so gibt es von vornherein keine Konkurrenzprobleme[84]. Im Einzelfall kann sich allerdings die Frage stellen, ob nicht eher eine vertragliche als eine „bloß" vorvertragliche Informationspflicht verletzt wurde. Den zweiten Lösungsweg hat der BGH[85] zu Recht im sog „Dispersionskleberfall" eingeschlagen: Der Käufer wurde weder in seinem Kaufentschluss noch sonst in seiner Entscheidungsfreiheit beeinträchtigt; er wollte diesen Kleber ja tatsächlich haben. Nur wurde ihm vom fachkundigen Verkäufer nicht gesagt, wie er damit umzugehen habe, um Schäden zu vermeiden. Anders formuliert: Die Gebrauchsanweisung fehlte.

3. Verletzung vertraglicher Schutzpflichten

1010 Die letzten Erwägungen leiten zum Verhältnis der vorvertraglichen zur vertraglichen Haftung über. Es wurde bereits gezeigt, dass hinsichtlich der Pflichten (zu Information, Aufklärung usw) große Ähnlichkeiten bestehen können. Eine echte Konkurrenz kommt aber von vornherein nicht in Betracht. Vielmehr ist danach abzugrenzen, ob die betreffende Pflicht schon *vor* oder erst *nach* Vertragsschluss verletzt wurde; genauer: ob sie schon allein aufgrund des geschäftlichen Kontakts zu erfüllen gewesen wäre oder ob sie (erst) aus einem wirksam geschlossenen Vertrag resultiert. Damit sei hier ein Aspekt ganz besonders betont, der bereits in den bisherigen Ausführungen an manchen Stellen – zumindest indirekt – zur Sprache kam, von Studierenden aber nicht selten falsch gesehen wird: Eine Einstandspflicht nach den hier dargestellten Grundsätzen der cic kann durchaus auch noch dann eingreifen, wenn der vorvertragli-

---

80 BGH NJW 1984, 2938 (EDV-Anlage); BGHZ 88, 130, 135 (Verkauf eines Klebers); BGH NJW 1997, 3227, 3228.
81 Statt vieler BGH NW 2004, 2301 = JA 2005, 321 *(Wied)* (dort auch zu den Grenzen der Aufklärungs- und Beratungspflicht eines Fachhändlers); *Canaris* in E. Lorenz (Hrsg), Karlsruher Forum 2002: Schuldrechtsmodernisierung (2003) 5, 87 ff mwN, der diese Lösung für Sach- und Rechtsmängel vertritt. Für Gewährleistungsvorrang etwa auch *U. Huber* AcP 202 (2002) 179, 228 f (Fn 165 mwN); *Schulze/Ebers* JuS 2004, 462, 463 mwN. Genau gegenteilig hingegen zB MünchKomm/*Emmerich*, BGB[8], § 311 Rn 82, der damit argumentiert, dass allein die cic-Haftung dem Käufer den Ersatz seines ganzen negativen Interesses bietet, und daran die Möglichkeit knüpft, sich auf die Haftung aus Verletzung vorvertraglicher Aufklärungspflichten zu berufen.
82 *Canaris*, aaO (Fn 81) 88.
83 Anschaulich dazu OLG Hamm NJW-RR 2003, 1360 = JuS 2004, 163 *(Emmerich)* (Verschweigen der Tatsache, dass der zum Verkauf stehende PKW aus Italien importiert wurde). Vgl ferner OLG Hamm ZGS 2005, 315 (bewusst wahrheitswidrige Verneinung der Frage nach einem wirtschaftlichen Totalschaden).
84 Auch hierzu *Canaris*, aaO (Fn 81) 89 f, der jedoch (aaO, 99 f) für eine analoge Anwendung der kaufrechtlichen Gewährleistungs-Verjährungsfristen des § 438 auf cic-Ansprüche etwa dann plädiert, wenn sich die Aufklärungspflichtverletzung auf Umstände bezieht, die zum Gegenstand einer Beschaffenheitsabrede hätten gemacht werden können.
85 BGHZ 88, 130, 135.

chen Pflichtverletzung ein **Vertragsschluss der Beteiligten nachfolgte**. Dass dem so ist, haben nicht zuletzt die Fälle beeinträchtigter Entscheidungsfreiheit deutlich gezeigt.

4. Verhältnis zum Minderjährigenschutz

Der Ersatzanspruch wegen Verschuldens beim geschäftlichen Kontakt darf schließlich nicht dazu führen, klare gesetzliche Entscheidungen zu unterlaufen. So sehen die zwingend ausgestalteten Vorschriften der §§ 104 ff vor, dass **Minderjährige** durch eigene rechtsgeschäftliche Erklärungen grundsätzlich nicht verpflichtet werden. Fraglich ist daher, ob ein solcherart geschützter Minderjähriger aus cic haftbar gemacht werden kann; etwa dann, wenn er über sein Alter falsche Angaben gemacht und damit beim Partner Vertrauensschäden verursacht hat. Die §§ 104 ff beschäftigen sich nur mit der *Wirksamkeit von Willenserklärungen* Minderjähriger und sehen dabei sehr typisiert „Schutz durch Unwirksamkeit" vor. Ob daraus aber ohne Einschränkungen gefolgert werden darf, dass Minderjährige nicht fähig sind, ein Schuldverhältnis ohne primäre Leistungspflicht iS des § 311 Abs. 2 mit auch sie treffenden Pflichten zu Stande zu bringen? Der Gesetzgeber hat das Problem offensichtlich nicht geregelt. Wertungsmäßig erscheint eine **automatische Parallelschaltung**, wie sie die ganz hA vertritt[86], nicht wirklich überzeugend: Es ist eben ein Unterschied, ob jemand von der Erfüllung eines Vertrages, dessen Notwendigkeit, Belastung und Risiko er typischerweise nicht überblicken kann, „befreit" ist (und auch die Gegenleistung nicht erhält), oder ob er Schäden ersetzen soll, die er einem anderen verursacht hat. Es wäre daher wohl zu einfach, die Gleichbehandlung nur damit zu begründen, dass ein Vertrauensschutz (des Partners) dem Schutz des Minderjährigen nachrangig sei. Ein durchschnittlicher 17-Jähriger weiß doch genau, dass das Vortäuschen eines höheren Alters – womöglich gar unter Vorlage gefälschter Papiere[87] – beim Verhandlungspartner unrichtige Erwartungen und in der Folge auch Schäden auslösen kann. Die Schadensträchtigkeit seines Verhaltens ist ihm wohl nicht viel weniger bewusst, als wenn er mit einem Fußball auf eine mit Fenstern versehene Hauswand zielt. (Wie teuer der Austausch des Fensterglases sein könnte, wird er sich davor nicht besser überlegt haben als die Frage, welche konkreten Nachteile dem getäuschten Verkäufer drohen.) Gegenüber einer vollständigen Haftungsfreistellung erscheint **die Heranziehung des flexiblen (deliktsrechtlichen) Instrumentariums der §§ 828 f** daher auch bei Schädigungen durch Minderjährige im Rahmen eines geschäftlichen Kontakts (§ 311 Abs. 2) vorzugswürdig. Für diesen Ansatz spricht nicht zuletzt, dass es im Schadensersatzrecht – im Unterschied zum Recht der Rechtsgeschäfte bzw Willenserklärungen – auf (Vorweg-)Rechtssicherheit nicht entscheidend ankommt[88]. Überdies: In den „Fahrlässigkeitsfällen" wird vor allem bei geringerem Alter die erforderliche Einsichtsfähigkeit (vgl § 828 Abs. 2) öfters fehlen und daher eine Ersatzpflicht ohnehin auszuschließen sein; abgesehen davon, dass der Partner mit einem Minderjährigen allein nur selten in „problematischen" geschäftlichen Kontakt treten bzw sich auf die Richtigkeit und Vollständigkeit von dessen Erklärungen nur selten verlassen wird. Unzumutbares droht Minderjährigen daher auch bei dem hier zur Diskussion gestellten Lösungsansatz nicht.

1011

---

86 Statt mancher MünchKomm/*Spickhoff*, BGB[8], § 106 Rn 18, der sogar einen Größenschluss befürwortet; dies auch für die bewusste Täuschung über das Alter. Siehe ferner etwa MünchKomm/*Emmerich*, BGB[8], § 311 Rn 59 mwN.
87 Siehe nur die Rechtsprechung, nach der das Vermögen des Einzelnen über § 267 StGB („Urkundenfälschung") keinen Schutz erfährt (seit BGHZ 2, 52) und diese Vorschrift deshalb auch kein Schutzgesetz iSd § 823 Abs. 2 darstellt (BGHZ 100, 13).
88 Zur Rechtfertigung der für die §§ 104 ff entscheidenden starren Altersgrenzen statt vieler MünchKomm/*Spickhoff*, BGB[8], vor § 104 Rn 14.

V. Lösung Fall 58

1012 **I. Anspruch H gegen K auf Schadensersatz nach den §§ 823 Abs. 1 und 842 iVm § 831**

1. Da H am Körper verletzt wurde, könnten ihr deliktische Ersatzansprüche zustehen. Konkret könnte K die Verletzung ihn treffender Verkehrssicherungspflichten vorgeworfen werden. Dafür wäre nötig, dass K sich das Verhalten von A zurechnen lassen muss.

2. Eine Zurechnung gemäß § 831 scheidet aber im Ergebnis aus. A ist nach dem Sachverhalt an sich sehr sorgfältig. K wird daher der Entlastungsbeweis gemäß § 831 Abs. 1 S. 2 gelingen.

3. Ergebnis: H stehen gegen K aus Deliktsrecht keine Ersatzansprüche zu.

II. Anspruch H gegen K auf Schadensersatz nach den §§ 280 Abs. 1, 311 Abs. 2, 241 Abs. 2 iVm § 278

1. H hatte das Kaufhaus mit Kaufinteresse betreten. Sie stand zu K bei ihrem Sturz daher bereits in einem (vorvertraglichen) Schuldverhältnis iS des § 311 Abs. 2 Nr 2, wodurch Rücksichtnahmepflichten von K gemäß § 241 Abs. 2 entstanden. Dazu gehörte es insbesondere, die körperliche Unversehrtheit von H nicht zu beeinträchtigen bzw zu gefährden. Diese Pflicht könnte durch die mangelhafte Säuberung des Treppenabsatzes verletzt worden sein. Die mangelhafte Reinigung, die sogar zu einer Verstärkung der Rutschgefahr führte, hatte zwar K's Arbeiter A vorgenommen. Da zwischen H und K jedoch ein Schuldverhältnis iSd § 311 besteht, könnte K das unsorgfältige Verhalten von A nach den strengeren Haftungsgrundsätzen des Vertragsrechts zuzurechnen sein (siehe § 278 sowie die Verschuldensvermutung nach § 280 Abs. 1). Dem könnte allerdings folgender Einwand entgegenstehen: Das Schuldverhältnis zwischen H und K wurde erst mit Betreten des Kaufhauses durch H begründet. Zu diesem Zeitpunkt war die – misslungene – Reinigung aber bereits abgeschlossen. Dennoch gelangt man zur Haftung von K.

Dieser hatte die Rechtsgüter der H jedenfalls zu wahren. Daher kann ihm (bzw seinem Erfüllungsgehilfen) A die schuldhafte Unterlassung ausreichender Schutzmaßnahmen vorgeworfen werden: sei es die Aufstellung eines Warnschildes, sei es die unverzügliche Vornahme der notwendigen „Nachreinigung". Beides erfolgte nicht, ohne dass sich aus dem Sachverhalt dafür ein Entlastungsgrund iSd § 280 Abs. 1 S. 2 finden lässt.

2. Ergebnis: Der Schadensersatzanspruch besteht.

§ 16 Störung der Geschäftsgrundlage (§ 313 BGB)[1]

Fall 59: K hat von V einen gebrauchten PKW gekauft, der lange aufgebockt war und deshalb nicht fahrbereit ist. K hat auch noch keine Fahrerlaubnis. Die Parteien vereinbaren, dass der Wagen gründlich überholt werden soll; die Kosten sind im Kaufpreis enthalten. Jetzt stellt sich aber heraus, dass die Reparatur wegen eines unerkannten Motorschadens viel teurer wird als erwartet. Außerdem besteht K die Fahrprüfung nicht. V fühlt sich wegen der Höhe der Reparaturkosten nicht an den Vertrag gebunden. Kann K Lieferung verlangen? Wie, wenn K mit Rücksicht auf die nicht bestandene Fahrprüfung vom Kauf loskommen will, V aber Zahlung Zug um Zug gegen Übereignung des Wagens verlangt?

1013

Fall 60: Der Tiefbauunternehmer U hat vom Land B einen Auftrag über Straßenarbeiten zu einem Festpreis erhalten. Der Vertrag sieht unter anderem Abschlagszahlungen vor, die nach Maßgabe des Baufortschritts in Prozenten des Werklohns ausgezahlt werden sollen. Für alle Beteiligten unerwartet werden wegen des hohen Grundwasserstands erhebliche Mehraufwendungen für Pumparbeiten notwendig. Daraufhin teilt U dem Landesstraßenbauamt mit, er werde ein um 150.000,- € höheres Entgelt verlangen und bittet außerdem um eine entsprechende, etwa 5.000,- € betragende Erhöhung der nächsten Abschlagszahlung. Außerdem weist er auf die erheblich gestiegenen Lohnkosten hin. Das Amt lehnt seine Forderungen ab. Darauf erklärt U die Auflösung des Vertrags und verlangt Bezahlung der bis dahin geleisteten Teilarbeiten. Das Landesstraßenbauamt will den U im Namen des Landes auf Schadensersatz in Anspruch nehmen.

1014

Fall 61: Die Filmproduktions-GmbH F schloss mit der Rundfunkanstalt R im Jahr 1988 einen Vertrag ab, worin R das Recht eingeräumt wurde, die von F produzierte Serie „Ulmenstraße" im Gebiet der Bundesrepublik Deutschland gegen Zahlung eines Entgelts von DM 200.000,- (entspricht ca. 102.260,- €) einmalig auszustrahlen. Für jede weitere Ausstrahlung (Wiederholung) wurde ein Entgelt von 20.000,- DM (entspricht ca. 10.230,- €) vereinbart. Nach der Erstausstrahlung im Jahr 1989 wiederholte R die Staffel 1991; diesmal selbstverständlich auch in den „neuen" Bundesländern. F verlangt eine Erhöhung des vereinbarten Entgelts um 50 %, da beide Parteien bei Vertragsschluss von einem dementsprechend kleineren Sendegebiet ausgegangen seien[2]. **Lösungen Rn 1050 ff**

1015

I. Die Entwicklung des Rechtsinstituts

Wie cic (dazu Rn 972 ff) und pVV (dazu Rn 1180 ff) hat im Zuge der Schuldrechtsmodernisierung auch das von Wissenschaft und Rechtsprechung außergesetzlich entwickelte Rechtsinstitut des Fehlens bzw Wegfalls der Geschäftsgrundlage eine aus-

1016

---

[1] Aus der Ausbildungsliteratur siehe *Eidenmüller* Jura 2001, 824; *Hirsch* Jura 2007, 81; *Kötz* JuS 2018, 1; *Lettl* JuS 2001, 248 (Teil 2), 660 (Teil 3); *Rösler* JA 2001, 215; *ders.* JuS 2004, 1058, 2005, 27 und 2005, 120; *Yushkova/Stolz* JA 2003, 70; ferner etwa die Klausur (Schwierigkeitsgrad Anfängerübung) von *Weyand* JuS 1983, 134. Aus der Fülle einen Überblick bietender bzw monographischer Arbeiten (zT mit speziellen Schwerpunkten, etwa im Arbeits- oder Mietrecht) *Schollmeyer*, Selbstverantwortung und Geschäftsgrundlage (2014); *Feldhahn* NJW 2005, 3381; *Quass*, Die Nutzungsstörung (2003); *Rösler* ZGS 2003, 383.
[2] Ähnlich BGH NJW 1997, 320.

drückliche Aufnahme in das BGB erfahren: **§ 313** enthält nunmehr eine Regelung über die **„Störung der Geschäftsgrundlage"**. Sie ist allerdings ziemlich allgemein gehalten, sodass viele der davor vorgenommenen Abgrenzungen und Differenzierungen weiterhin von Bedeutung sind. Überhaupt war das Bestreben des Gesetzgebers (auch) im Bereich der Geschäftsgrundlage nicht primär Rechtsänderung, sondern – weitestgehend bloß deklarative – Klarstellung der Rechtslage[3].

1017 Bestimmend für die Entwicklung des Rechtsinstituts wirkten vorwiegend Konstellationen, die weder vom Irrtumsrecht noch vom Recht der Leistungsstörungen zufrieden stellend erfasst werden können. Häufig lagen Leistungshindernisse vor, über deren Möglichkeit die Parteien geirrt hatten, allerdings nur in Gestalt des an sich unbeachtlichen Motivirrtums. Meist ging es überdies um *zukünftige* Entwicklungen; die fehlende oder falsche Vorstellung bezog sich dann nicht einmal auf Gegenwärtiges. Man sprach daher auch – im Unterschied zum schon ursprünglichen Fehlen – vom **Wegfall der Geschäftsgrundlage** des Vertrages. Eine weitere wichtige Fallgruppe erfasst Änderungen in der Lebens- oder Rechtswirklichkeit, die sich auf die Bewertung der versprochenen Leistungen auswirken (vgl **Fall 61**: Wiedervereinigung Deutschlands, aber auch an wesentliche Änderungen im Steuer- oder im Familienrecht[4] ist zu denken). Wie die Geschichte zeigt, stellen sich Geschäftsgrundlagefragen vor allem in Zeiten großer Ereignisse, nach denen – etwas überspitzt formuliert – kein Stein auf dem anderen bleibt: Kriegs- und Nachkriegsgeschehnisse, Wirtschaftszusammenbrüche und galoppierende Inflation, grundlegende politische Umwälzungen, aber auch Naturkatastrophen können sich auf davor abgeschlossene Verträge massiv auswirken. (Demgegenüber treten Sachverhalte wie in **Fall 59** und **60**, die vor allem aus didaktischen Gründen gewählt wurden, ein wenig in den Hintergrund.) Zu wichtigen Fallgruppen Rn 1015 ff.

1018 Wann darf aber nun in Verträge eingegriffen und die privatautonom getroffene, übereinstimmende Entscheidung der Parteien beiseitegeschoben werden? Und würde ein solches Vorgehen (primär) zum **Wegfall** des gesamten Vertrags oder nur zu dessen **Anpassung** führen? Auszugehen ist selbstverständlich von den klaren Entscheidungen und Wertungen des positiven Rechts. Das BGB sah bis zur Schuldrechtsmodernisierung den zu einer Willenserklärung führenden Motivationsprozess nur im (begrenzten) Rahmen der §§ 119 Abs. 2, 123 für rechtserheblich an. Im Übrigen gilt der Grundsatz, dass Verpflichtungsgeschäfte trotz Verfehlung der – auch beiderseitigen – Zwecke Bestandskraft haben **(pacta sunt servanda)**. Dies schloss und schließt eine einvernehmliche Vertragsaufhebung selbstverständlich nie aus; meist hat ein Teil jedoch gute – regelmäßig wirtschaftliche – Gründe, den Vertrag wie geschlossen erhalten zu wollen. Und noch ein weiterer Gesichtspunkt schränkte den Spielraum des Rechtsanwenders ein: Die im Gemeinen Recht bekannte **clausula rebus sic stantibus**, nach der alle Schuldverträge vom unveränderten Bestand der für das Geschäft maßgeblichen Tatsachenlage abhängen, hatte der Gesetzgeber seinerzeit ganz bewusst nicht in das BGB übernommen: Die Parteien sollten, wenn sie einer Verände-

---

3 BT-Drs. 14/6040, S. 175 f.
4 Vgl etwa BGH NJW 2017, 2191 *(Becker)*: Vertragsanpassung einer Rentenversicherung mit Witwenversorgung, wegen erst 10 Jahre später gesetzlich zugelassener eingetragener (gleichgeschlechtlicher) Lebenspartnerschaft möglich; siehe auch die Nachweise in Fn 25.

rung der Verhältnisse rechtliche Wirkung beimessen wollen, eine **Bedingung** (§ 158) vereinbaren[5]. Das ließ aber gerade jene Vertragspartner schutzlos, die von einer bestimmten tatsächlichen Entwicklung ausgingen, ohne sie in irgendeiner Weise in Zweifel zu ziehen, und daher gar nicht auf die Idee kamen, derartiges ausdrücklich in den Vertrag aufzunehmen. Deshalb hat man ursprünglich versucht, einer grundlegenden Änderung der für die Motivation der Parteien ausschlaggebenden Verhältnisse durch die Vorstellung von einem *stillschweigend* gemachten Vorbehalt Rechnung zu tragen. Die dabei entwickelten Lehren von der *„Voraussetzung"* als einer „unentwickelten Bedingung" oder einem „virtuellen Vorbehalt"[6] haben sich aber nicht durchgesetzt, weil sie mit rechtsgeschäftlichen Auslegungsgrundsätzen nicht im Einklang standen, weil die „Voraussetzung" schwer vom Motivirrtum zu trennen war und weil die objektive Risikoverteilung bei den Rechtsgeschäften in der subjektiv ansetzenden Voraussetzungslehre zu kurz kam.

Dagegen wurde die Lehre *Oertmanns* vom Fortfall der Geschäftsgrundlage[7] in ihrer einprägsamen Formulierung von der Judikatur aufgegriffen. Man kann die damit begonnene Entwicklungslinie schlagwortartig als den Weg vom beiderseitigen Irrtum zur **subjektiven Geschäftsgrundlage** kennzeichnen (dazu Rn 1024). Daneben stand eine andere, nicht minder wichtige Fallgruppe: schwere Äquivalenzstörungen, die für eine Partei das Festhalten am Vertrag unzumutbar erscheinen lassen, und die fallweise mit der Rechtsfigur der „wirtschaftlichen Unmöglichkeit" (dazu Rn 684) erfasst wurden. Sie konnten unter dem Gesichtspunkt des Fehlens oder Fortfalls der **objektiven Geschäftsgrundlage** zu einer Auflösung des Vertrages oder zu einer Anpassung der Verbindlichkeit an die erst im Nachhinein erkannten bzw an die neuen Umstände führen. Hiermit rückte das Rechtsinstitut in die Nähe der Leistungsstörungen. Die Zweiteilung des Begriffs der Geschäftsgrundlage durfte aber auch schon früher nicht dahin missverstanden werden, als handle es sich um zwei grundverschiedene Tatbestände. In den Wertungskriterien sowie in den Rechtsfolgen überwiegen vielmehr die Gemeinsamkeiten[8].

Angesichts der lange Zeit fehlenden gesetzlichen Regelung verwundert es nicht, dass die Entwicklung hauptsächlich durch die Diskussion höchstrichterlicher Urteile vorangetrieben wurde. Das Reichsgericht setzte einmal beim gemeinsamen Irrtum der Parteien an und versuchte – im berühmten **„Rubel-Fall"** – wenig überzeugend eine Lösung mit Hilfe einer Ausdehnung des Inhaltsirrtums[9]. Sodann arbeitete es mit einer von *Oertmann* beeinflussten subjektiven Formulierung der Geschäftsgrundlage. Das RG verstand darunter die bei Geschäftsabschluss zu Tage getretene, vom Vertrags-

1019

---

5   Allgemein zur Bedingung (und zur Befristung) ausführlich *Martens* JuS 2010, 481 und 578.
6   Vgl dazu hauptsächlich *Windscheid* AcP 78 (1892) 161; *Krückmann* AcP 131 (1929) 1.
7   Die Geschäftsgrundlage. Ein neuer Rechtsbegriff (1921) 37; dazu etwa *Larenz*, Geschäftsgrundlage und Vertragserfüllung³ (1963) 7 ff.
8   Überhaupt gegen eine Unterscheidung zwischen subjektiver und objektiver Geschäftsgrundlage etwa *Medicus/Petersen*, BGB AT¹¹, Rn 860; *Chiotellis*, Rechtsfolgenbestimmung bei Geschäftsgrundlagenstörungen in Schuldverträgen (1981) 19 f.
9   Bei einem in Russland vereinbarten Rubel-Darlehen, das in Deutschland zurückgezahlt werden sollte, waren die Parteien von einem zu hohen Rubelkurs ausgegangen. RGZ 105, 406 nahm in diesem (hier nur verkürzt wiedergegebenen) Fall einen *gemeinsamen Inhaltsirrtum* an. Weitere Fälle des sog „Kalkulationsirrtums": RGZ 116, 15 (Börsenkurs); RGZ 149, 235 (Friedensmiete).

partner in ihrer Bedeutsamkeit erkannte und nicht beanstandete Vorstellung eines Erklärenden; desgleichen die gemeinsame Einschätzung beider Parteien vom Vorhandensein oder Eintreten von Umständen, auf deren Grundlage sich der Geschäftswille aufbaut[10].

II. Der Tatbestand der Geschäftsgrundlagestörung

1020 § 313 Abs. 1 verlangt eine schwerwiegende Änderung jener Umstände, die Grundlage des Vertrages geworden sind[11]. Damit sollen die strengen Anforderungen, die schon früher an einen Wegfall der Geschäftsgrundlage gestellt wurden, auch nach der Kodifizierung dieses Rechtsinstitutes durch das SMG aufrecht bleiben[12]. Der Gesetzgeber strebte mit Einführung des § 313[13] weder eine Änderung der materiell-rechtlichen noch der prozessualen Behandlung[14] der Geschäftsgrundlage an[15]. Die Norm soll nur die von der Rechtsprechung und Wissenschaft entwickelten Leitlinien in allgemeiner Form wiedergeben, also das „ohnehin schon Anerkannte"[16] in Gesetzesform gießen. Eine weitere Konkretisierung bleibt der Rechtsanwendung vorbehalten[17]. Tatsächlich müssen die Gerichte zu diesen Fragen nicht selten Stellung beziehen. So wurde etwa die zulässige Bebauung als Geschäftsgrundlage eines Erbbaurechtsvertrages angesehen und daraus gefolgert, dass eine deutlich erhöhte bauliche Nutzungsmöglichkeit den Eingriff in den Vertrag (hier: Erhöhung des Bauzinses) rechtfertigen könnte[18] (siehe aber auch Rn 1035).

Die zu lösenden Probleme seien hier nochmals kurz an den Eingangsfällen illustriert:

1021 In **Fall 59** mag (auch) V über verkehrswesentliche Eigenschaften geirrt haben. Dennoch kommt eine Anfechtung nach § 119 Abs. 2 nicht in Betracht, denn sie darf nicht dazu herhalten, Gewährleistungsansprüchen des Käufers den Boden zu entziehen. Die Verteuerung der versprochenen Reparatur kann auch nicht von der Pflicht zur Vertragstreue entbinden, da die Rechtssicherheit ansonsten zu sehr beeinträchtigt würde. Für den Fall, dass K sich ebenfalls vom Vertrag lösen will, befreit ihn die Unmöglichkeit, den Wagen selbst zu fahren, ebenfalls nicht von der Pflicht zur Abnahme und Bezahlung. Welche Bedeutung hat aber die Tatsache, dass beide Parteien dem gleichen Irrtum hinsichtlich der Kosten der Re-

---

10 RGZ 103, 328, 332; RGZ 168, 121, 126 f. Die Formel erweist sich jedoch als ausgesprochen langlebig; vgl zu zwei „Wiedervereinigungsfällen" BGHZ 120, 10, 23 (Wegfall bejaht); BGHZ 121, 378, 391 (Wegfall verneint).
11 Zum Tatbestand näher *Hirsch* Jura 2007, 81.
12 BT-Drucks 14/6040, S. 176. Dennoch ergibt ein Blick auf die veröffentlichte Rechtsprechung bloß der letzten Jahre, dass Berufungen auf Geschäftsgrundlagestörungen recht häufig erfolgreich waren. Zumindest aus rechtspraktischer Sicht erscheint es daher unrichtig, vom absoluten Ausnahmecharakter und vom sehr engen Anwendungsbereich zu sprechen (so aber etwa ausdrücklich *Yushkova/Stolz* JA 2003, 70 f).
13 Dazu insbesondere *Canaris* JZ 2001, 499; *Eidenmüller* Jura 2001, 824; *Hey* FG Canaris (2002) 21; *Köhler* 50 Jahre Bundesgerichtshof, FG aus der Wissenschaft Bd I (2000) 295; *Lettl* JuS 2001, 248 (Teil 2), 660 (Teil 3); *Schmidt-Kessel/Baldus* NJW 2002, 2076. Siehe ferner die Nachweise in Fn 1.
14 Hierzu ausführlich *Schmidt-Kessel/Baldus* NJW 2002, 2076.
15 BT-Drs. 14/6040, S. 176.
16 BT-Drs. 14/6040, S. 175.
17 BT-Drs. 14/6040, S. 93.
18 BGH NJW 2014, 3439.

paratur unterlagen und beide mit gleicher Selbstverständlichkeit vom Erwerb der Fahrerlaubnis durch K ausgingen?

Im **Fall 60** lässt sich von einer für beide Parteien unerwarteten Änderung der Beurteilungsgrundlage sprechen, da die Kalkulation des U den hohen Grundwasserstand und die dadurch notwendigen Mehraufwendungen sowie die Lohnerhöhungen nicht einbezog. U kann unter diesen Umständen nicht „auf seine Kosten kommen". Nun steckt in jeder Kalkulation, die einem Abschluss zum Festpreis zu Grunde liegt, ein gewisses Unsicherheitsmoment, und das damit verbundene Risiko kann der Unternehmer grundsätzlich nicht abwälzen. Es fragt sich lediglich, ob die Bindung an den Vertrag nicht auch irgendwo eine Grenze hat, bei deren Überschreitung der Vertrag an die wirklichen oder nachträglich eingetretenen Umstände angepasst werden muss. Unter diesem Aspekt ist dann nicht nur die Frage nach dem gesamten Entgelt, sondern auch die nach der Erhöhung der Abschlagszahlung oder nach sonstigen Anpassungsmöglichkeiten zu stellen.

1022

Im **Fall 61** sind beide Parteien offensichtlich ganz selbstverständlich davon ausgegangen, dass „die Bundesrepublik" auf absehbare Zeit in den bei Vertragsschluss aktuellen Grenzen bestehen bleibe. Überlegt man, was die Parteien vermutlich vereinbart hätten, wenn sie die eingetretenen Veränderungen vorausgesehen hätten, so erscheint es zumindest fraglich, ob sie den Vertrag mit demselben Inhalt abgeschlossen hätten, wie sie es unter Zugrundelegung ihrer gemeinsamen, aber irrigen Zukunftserwartungen getan haben. Entscheidend ist wohl, ob derartige Entgelte unter besonderer Bedachtnahme auf die Anzahl der im Sendegebiet liegenden Empfängerhaushalte berechnet werden.

1023

III. Die Störung der Geschäftsgrundlage im Einzelnen

1. Grundsätzliches

Konstellationen, in denen sich vertragswesentliche Umstände *nach Vertragsschluss* verändert haben (früher häufig als „objektive" Geschäftsgrundlage bezeichnet), werden vom Grundtatbestand des § 313 Abs. 1 erfasst. Gemäß § 313 Abs. 2 gleich behandelt werden aber auch Fälle, in denen sich Vertragsgrundlagen im Nachhinein als falsch herausstellen („subjektive" Geschäftsgrundlage). **Rechtsfolge** beachtlicher Geschäftsgrundlagestörungen ist nunmehr ein Anspruch des Benachteiligten gegen seinen Partner auf Vertragsanpassung (dazu noch näher Rn 1030 ff). Nur dann, wenn die Anpassung nicht möglich oder einer Vertragsseite unzumutbar ist, tritt gemäß § 313 Abs. 3 an die Stelle des Anpassungsrechts ein Rücktritts- bzw Kündigungsrecht.

1024

2. Nachträgliche Störungen der Geschäftsgrundlage (§ 313 Abs. 1)

Dass der Gesetzgeber im Rahmen des § 313 keine gesetzliche Verfestigung von Fallgruppen und Regelbeispielen anstrebte[19], zeigt bereits ein Blick in dessen Abs. 1, der das Vorliegen einer beachtlichen Störung der Geschäftsgrundlage generalklauselhaft an folgende **kumulative Voraussetzungen** knüpft:

1025

---

19 Vgl nur Abschlussbericht der Kommission zur Überarbeitung des Schuldrechts (2002) 151 f.

§ 16 *Störung der Geschäftsgrundlage (§ 313 BGB)*

- Es müssen sich Umstände nach Vertragsschluss schwerwiegend verändert haben;
- diese Umstände müssen zwar Grundlage, nicht aber Inhalt des Vertrages gewesen sein;
- die Parteien hätten den Vertrag nicht oder bloß mit einem anderen Inhalt geschlossen, wenn sie die Veränderungen vorausgesehen hätten;
- das Festhalten am unveränderten Vertrag kann einem Vertragsteil unter Berücksichtigung aller Umstände des Einzelfalles, insbesondere der vertraglichen oder gesetzlichen Risikoverteilung, nicht zugemutet werden.

1026 In Abs. 1 des § 313 wird ausdrücklich nur auf die **geänderten Umstände** Bezug genommen. Damit erfasst die Bestimmung allein jene Fallgruppe, die bisher regelmäßig unter dem Stichwort „objektive Geschäftsgrundlage" behandelt wurde; also insbesondere schwere Zweck- und Äquivalenzstörungen[20]. Auch jene Fälle, die gelegentlich der „großen Geschäftsgrundlage" zugeordnet wurden[21], wie Umstandsänderungen durch Kriege oder Naturkatastrophen, unterfallen dem Abs. 1. Nach wie vor kommt jedoch dem Rechtsanwender die zentrale und schwierige Frage der Konkretisierung der Tatbestandsmerkmale zu. So muss im Einzelfall entschieden werden, *wann* ein Umstand vorliegt, der (bloß) „zur Grundlage", nicht aber zum Inhalt des Vertrages wurde. Nach dem BGH schließen etwa bereits bei Vertragsschluss zumindest im Groben mitbedachte mögliche künftige Entwicklungen eine Berufung auf nachträglichen Geschäftsgrundlagewegfall zumindest dann aus, wenn dieses Mitbedenken in konkreten Vertragsklauseln Niederschlag gefunden hat[22]. Auch die Frage, ob einer Partei das Festhalten am Vertrag in concreto „unzumutbar" ist, kann Probleme bereiten. In diesem Zusammenhang ist auch zu berücksichtigen, ob der betreffende Umstand einer Partei zuzuordnen ist, weshalb es sachgerecht erscheint, ihr das Risiko von Veränderungen zuzuweisen. Der damit angesprochene, früher immer besonders betonte **Sphärengedanke** findet zwar weder im Tatbestand des Gesetzes noch in den Materialien ausdrückliche Erwähnung; mangels gegenteiliger Hinweise im Gesetzgebungsprozess ist aber davon auszugehen, dass insoweit keine substanzielle Änderung der Rechtslage erfolgen sollte[23]. Auch die **leichte Vorhersehbarkeit** (bzw große Wahrscheinlichkeit) der künftigen Entwicklung für den später änderungswilligen Teil schon bei Vertragsschluss spricht zumindest tendenziell gegen eine Berufung auf § 313[24].

1027 Insbesondere im **Fall 59** kommt das wichtige Wertungskriterium der Sphäre zum Tragen: Auch wenn V wusste, dass K noch keine Fahrerlaubnis hatte, war es ihm nicht ohne Weiteres zumutbar, die Erheblichkeit dieses Punktes ausdrücklich von sich zu weisen und noch

---

20 BT-Drs. 14/6040 S. 176.
21 Siehe nur *Medicus/Petersen*, BGB AT[11], Rn 859.
22 Vgl BGH NJW 2004, 58: gemeinsamer Erwerb einer Immobilie durch nichteheliche Lebensgefährten als Alterssitz unter dauerhaftem Ausschluss des Rechts, die Aufhebung der Eigentumsgemeinschaft zu verlangen, und späteres Scheitern der Lebensgemeinschaft. – § 311 selbst ist allerdings *nicht dispositiv*: vgl etwa MünchKomm/*Finkenauer*, BGB[8], § 313 Rn 51.
23 Der Umstand, dass der Sphärengedanke im Gesetz nicht erwähnt ist, wird kaum einmal explizit angesprochen. Allerdings geht die ganz hL wie selbstverständlich davon aus, dass § 313 insoweit keine Änderung bewirkt hat: vgl Erman/*Böttcher*, BGB[15], § 313 Rn 19 ff; MünchKomm/*Finkenauer*, BGB[8], § 313 Rn 59 ff; *Wolf/Neuner*, BGB AT[11], § 42 Rn 26 ff.
24 BT-Drs. 14/6040 S. 175; *Eidenmüller* Jura 2001, 824, 829 ua.

weniger, den Kauf später rückgängig zu machen. Vielmehr wäre es an K gelegen, die Perfektion des Kaufes an die Bedingung der bestandenen Fahrprüfung zu knüpfen. Dieser Umstand betrifft eben (allein) seine *Sphäre*, weshalb er für V rechtlich irrelevant bleibt. Anderes gilt hingegen für die Veränderung der Rechtslage[25], aber auch für Änderungen einer gefestigten Rechtsprechung, die die Parteien ihrer Vereinbarung zugrunde gelegt haben[26].

3. Ursprüngliche Geschäftsgrundlagestörungen (§ 313 Abs. 2)

Die eben erörterte Beschränkung auf *nachträgliche* Umstandsänderungen ist aber nur eine systematisch-technische. Einer solchen Veränderung steht es nach § 313 Abs. 2 nämlich gleich, wenn sich wesentliche Vorstellungen der Parteien, die zur Grundlage des Vertrages geworden sind, im Nachhinein *als falsch herausstellen*. Abs. 2 erfasst damit im Wesentlichen jene Fälle, die früher der „subjektiven Geschäftsgrundlage" zugerechnet wurden. Es geht vor allem um den **gemeinsamen Motivirrtum** (der nicht von § 119 Abs. 2 erfasst wird)[27]. Liegt also eine die Motivation *beider* Parteien bestimmende sichere Erwartung vor, deren Zweifelhaftigkeit oder Unrichtigkeit die Parteien bei entsprechender Kenntnis davon abgehalten hätte (oder nach Treu und Glauben hätte abhalten müssen), den Vertrag in dieser Weise zu schließen oder der Gegenpartei zuzumuten, ist nunmehr § 313 Abs. 2 einschlägig. Diese Voraussetzung hat der BGH etwa in folgendem Fall bejaht[28]: Sowohl die Mutter der minderjährigen Patientin als auch der Krankenhausträger gingen zu Unrecht vom Bestehen einer gesetzlichen Krankenversicherung aus. Daher fand sich im Vertrag die ausdrückliche Klausel, dass die Behandlung der Tochter kostenlos sei. Folge nach dem BGH: Der Vertrag sei dahingehend anzupassen, dass die Mutter für die Behandlung ein für Privatpatienten übliches Entgelt zu zahlen hat, was bei Behandlungsnotwendigkeit wohl auch dem hypothetischen Parteiwillen entspricht[29].

1028

Trotz der gesetzestechnischen Aufspaltung wird auch folgende denkmögliche *Kombination* unter § 313 fallen: Die Parteien unterliegen bei Vertragsschluss einer zunächst bloß unwesentlichen Fehlvorstellung, die aber in Kombination mit nachträglichen, für sich allein ebenfalls nicht allzu schwer wiegenden Änderungen einen Teil derart benachteiligt, dass für ihn das Festhalten am Vereinbarten als unzumutbar erscheint.

1029

---

25 Wesentliche Neuregelungen können immer wieder zu nach § 313 relevanten Änderungen der Grundlage einer Vereinbarung führen: siehe nur BGH NJW 2015, 1242 *(Born)* = FamRZ 2015, 734 und NJW 2015, 1380 = FamRZ 2015, 824 (jeweils zu Auswirkungen von Änderungen im Unterhaltsrecht auf Unterhaltsvereinbarungen).
26 Vgl OLG Schleswig NJW-RR 2004, 223. Zu den rechtlichen Konsequenzen der gegenüber den Erwartungen der Mietvertragsparteien deutlich zurückbleibenden Akzeptanz eines Einkaufszentrums durch die Kunden siehe BGH NJW 2006, 899: grundsätzlich Risiko des gewerblichen Mieters, daher keine Berufung auf Störung der Geschäftsgrundlage möglich.
27 BT-Drs. 14/6040, S. 176. Zum beiderseitigen Irrtum zwischen Anfechtungsrecht und Geschäftsgrundlage *Petersen* Jura 2011, 430.
28 BGH NJW 2005, 2069 = JZ 2005, 949 *(Katzenmeier)*; kritisch dazu etwa *Dettling* VersR 2005, 949, 951.
29 AA offenbar *Katzenmeier* JZ 2005, 953.

IV. Rechtsfolgen von Störungen der Geschäftsgrundlage

1. Anspruch auf Vertragsanpassung (§ 313 Abs. 1)[30]

a) Grundsätzliches

1030 Die **Rechtsfolgen** von Geschäftsgrundlagestörungen waren vor Einführung des § 313 besonders problematisch[31]. Nunmehr ist klargestellt, dass gänzliche Vertragsauflösung nur in extremen Fällen in Betracht kommt; sie ist gegenüber der Anpassung also bloß eine subsidiäre Rechtsfolge. Anders als nach der bisherigen Rspr[32] erfolgt allerdings keine „automatische" Änderung des Vertrages von Amts wegen[33]. Vielmehr gewährt das Gesetz dem benachteiligten Vertragspartner einen **Anspruch auf Anpassung** des Vertragsinhalts. Die Formulierung, dass Anpassung des Vertrages *verlangt* werden kann, spricht eher dafür, dem Partner eine entsprechende Zustimmungspflicht aufzuerlegen, wobei die Zustimmung bei Verletzung dieser Pflicht gerichtlich einklagbar wäre. Nach den Gesetzesmaterialien soll der Vertragspartner allerdings – wie bei der von der Rspr zur gewährleistungsrechtlichen Aufhebung beim Kaufvertrag nach altem Recht entwickelten Herstellungstheorie[34] – unmittelbar auf die (angepasste) Leistung bzw auf Rückzahlung des zu viel Bezahlten klagen können[35].

1031 In der Praxis wird es in Geschäftsgrundlagefällen wohl häufig zu ausführlichen Verhandlungen zwischen den Parteien kommen, bevor ein Prozess angestrengt wird. Ob entsprechende *Pflichten zur Neuverhandlung* bestehen[36], ist ungeregelt. Relativiert wird das Problem insoweit, als der Anpassungsanspruch dem Schuldner, der infolge der Geschäftsgrundlagestörung anpassungsberechtigt ist, im Falle der Inanspruchnahme durch seinen Partner ein (anteiliges) **Leistungsverweigerungsrecht** gewährt[37]. Die Annahme einer Neuverhandlungspflicht bringt wenig. Der Partner des Benachtei-

---

30 Dazu etwa *Bayreuther*, Die Durchsetzung des Anspruchs auf Vertragsanpassung beim Wegfall der Geschäftsgrundlage (2004); *Heinrichs* FS Heldrich (2005) 183; *Lettl* JuS 2001, 248 und 660; *Riesenhuber* BB 2004, 2697; *Wieser* JZ 2004, 654. Krit zur hA, wonach erst das Urteil oder die Einigung zur Vertragsänderung führt, *Loyal* AcP 214 (2014) 746.
31 Zur Rechtslage vor dem SMG ausführlich etwa *Chiotellis*, Rechtsfolgenbestimmung bei Geschäftsgrundlagestörungen in Schuldverträgen (1981).
32 Siehe nur BGH NJW 1972, 152 f.
33 BT-Drs. 14/6040, S. 175.
34 Zu beachten ist, dass Rücktritt wegen mangelhafter Leistung (früher Wandelung) und Minderung seit der Schuldrechtsmodernisierung ausdrücklich als *Gestaltungsrechte* ausgeformt sind (siehe nur § 441 Abs. 1).
35 Vgl BT-Drs. 14/6040, S. 176; zum bisherigen Recht BGHZ 91, 32, 36. IdS meint nunmehr der BGH NJW 2012, 373 = JA 2012, 704 *(Looschelders)*, der Anspruch der durch eine Störung der Geschäftsgrundlage benachteiligten Partei auf Vertragsanpassung verpflichte die andere Partei dazu, an der Anpassung mitzuwirken. Werde die Mitwirkung verweigert, könne die benachteiligte Partei auf Zustimmung zu der als angemessen erachteten Anpassung, jedoch auch unmittelbar auf jene Leistung klagen, die sich aus dieser Anpassung ergibt.
36 Dafür etwa *Horn* AcP 181 (1981) 255; *Nelle*, Neuverhandlungspflichten (1993) 316; *Eidenmüller* ZIP 1995, 1063; dagegen etwa *Martinek* AcP 198 (1998) 329, 363 ff; MünchKomm/*Finkenauer*, BGB[8], § 313 Rn 122; *Köhler*, 50 Jahre BGH, FG der Wissenschaft Bd I (2000) 295, 324. Siehe auch *Picker* JZ 2003, 1035, 1046 f, der hervorhebt, dass es im Zuge der Vertragsanpassung gar nicht zu einer privatautonomen Willenseinigung der Parteien kommt, vielmehr eine Partei die Änderung erzwingen könne. Zum Thema zuletzt *Lüttringhaus* AcP 213 (2013) 266; *Thole* JZ 2014, 443.
37 Vgl auch *A. Arnold*, in: Dauner-Lieb/Heidel/Lepa/Ring (Hrsg.), Das neue Schuldrecht (2002), 148 f (Rn 56 f); *Lorenz/Riehm*, SR, Rn 398 (Fn 484).

ligten muss *zustimmen*, nicht (bloß) verhandeln. Diese Erkenntnis ändert aber nichts am faktischen Hauptproblem: Zustimmen muss der Partner nur einem präzisen Änderungsverlangen des Benachteiligten, das inhaltlich berechtigt ist. Darüber wird jedoch selten volle Einigkeit zu erzielen sein.

Ein Anpassungsanspruch besteht nach dem klaren Wortlaut von § 313 Abs. 1 nicht nur dann, wenn die Parteien bei Mitbeachtung der Änderungen den Vertrag mit anderem Inhalt geschlossen hätten. Er ist sogar dann denkbar, wenn die Parteien unter Zugrundelegung der Veränderungen *überhaupt nicht* kontrahiert hätten. **1032**

b) Durchsetzung

Wie schon erwähnt, ist die Einbringung einer gesonderten, auf (Zustimmung zur) Anpassung gerichteten Klage nicht erforderlich. Vielmehr kann der Benachteiligte *unmittelbar* auf die angepasste Leistung (bzw auf Rückzahlung) klagen (oben Rn 1030). Der die Anpassung begehrende Vertragspartner muss aber jedenfalls wie auch sonst einen inhaltlich bestimmten Leistungsantrag stellen (§ 253 Abs. 2 Nr 2 ZPO); ein Antrag an das Gericht, die angemessene Vertragsänderung zu klären, genügt nicht. Allerdings ist wegen der Schwierigkeit für den Kläger, einen ganz präzisen, womöglich auf Cent genauen Klageantrag zu formulieren, umstritten, welche Anforderungen hier tatsächlich zu stellen sind[38]. **1033**

Der Anspruch auf Vertragsanpassung unterliegt der regelmäßigen **Verjährungsfrist** des § 195, verjährt also in *drei Jahren*. Die Frist beginnt grundsätzlich für Fälle des § 313 Abs. 1 mit Eintritt der nachträglichen Störung und für Abs. 2 mit Vertragsschluss (siehe die Details in § 199 Abs. 1). Eine Analogie zu § 314 Abs. 3, wonach Kündigungen aus wichtigem Grund innerhalb angemessener Frist zu erfolgen haben, ist nicht zu befürworten[39]. UU droht aber eine *Verwirkung* des Anspruchs[40].

c) Anspruchsinhalt

Eine weitere schwierige Frage, für deren Beantwortung § 313 kaum Hilfestellung bietet, ist die nach dem **Inhalt des Anpassungsanspruchs**. Hierbei geht es um die Ermittlung der „richtigen" Risikoverteilung unter den Parteien. Wie aufseiten des Tatbestandes ist die *Zumutbarkeit* auch auf der Rechtsfolgenseite ein ganz maßgebliches Kriterium[41]. Für den Partner des Benachteiligten Unzumutbares darf also keinesfalls Ergebnis der Anpassung sein. Um zu konkreteren Ergebnissen zu gelangen, muss aber weiter gefragt werden, welcher zumutbare Vertragsinhalt nach den Umständen der am ehesten *angemessene* ist. Dabei soll soweit wie möglich am Vereinbarten festgehalten werden; ein Eingriff in den Vertrag soll nur so weit erfolgen, wie er durch die veränderten Umstände geboten ist[42]. **1034**

---

[38] Ausführlich zur kontroversen Diskussion etwa MünchKomm/*Finkenauer*, BGB[8], § 313 Rn 131.
[39] Hierzu etwa MünchKomm/*Finkenauer*, BGB[8], § 313 Rn 87 und 110 ff.
[40] Ausführlich zur Verwirkung durch Zeitablauf im Allgemeinen MünchKomm/*Schubert*, BGB[8], § 242 Rn 369 ff (mit dem zutreffenden Hinweis Rn 379, dass die Verkürzung der Verjährungsfristen durch das SMG die Bedeutung der Verwirkung deutlich verringert hat).
[41] MünchKomm/*Finkenauer*, BGB[8], § 313 Rn 81 ff; Palandt/*Grüneberg*, BGB[78], § 313 Rn 40 mwN.
[42] Deutlich idS etwa BAG NJW 2003, 3005.

1035 Am wenigsten problematisch ist dabei die Anpassung durch **Herabsetzung von Leistungspflichten** des durch die Störung Benachteiligten, da die bloße Kürzung von Pflichten das tatsächlich Vereinbarte wohl am wenigsten verändert. Soweit bereits über die verbliebene Pflicht hinaus Leistungen erbracht wurden[43], können diese nach Bereicherungsrecht zurückgefordert werden.

Immer wieder wird auch die **Erweiterung von Leistungspflichten** (so zB durch die Zubilligung eines Ausgleichsanspruchs) für möglich gehalten[44]. Dies begegnet jedoch Bedenken: So gibt es häufig gute Gründe, warum jemand nicht mehr als eine bestimmte Summe zu zahlen bereit war und ist. Ein derartiges Ergebnis ist daher wohl nur im Einzelfall im Wege der (ergänzenden) Vertragsauslegung denkbar.

Nicht zu kritisieren ist hingegen folgender Lösungsweg: Ein Werkvertrag, in dem der Unternehmer seine Leistung zu einem Festpreis angeboten hatte, litt an fehlerhafter Geschäftsgrundlage. Der BGH hat die Weigerung des Bestellers, sich auf eine zusätzliche Zahlungspflicht und auf die damit verbundene Erhöhung der geschuldeten Abschlagszahlung einzulassen, als Grund für eine Kündigung des Werkvertrages angesehen[45]. Beim oben erwähnten Kauf eines Fertighauses, das auf gepachtetem Grund aufgestellt werden sollte, hielt es der BGH für zumutbar, dass der Käufer ein geeignetes Ersatzgrundstück suchen müsse[46].

d) Folgen der Anpassung

1036 Anpassung des Vertrages führt zumindest auf einer Vertragsseite zu einer **Veränderung der Leistungspflichten**. Dabei wird wohl zu befürworten sein, dass die erfolgte Anpassung zumindest auf jenen Zeitpunkt *zurückwirkt*, in dem der Benachteiligte erstmals sein – inhaltlich zutreffendes – Anpassungsbegehren gestellt hat. Sein Partner war ab diesem Augenblick ja verpflichtet, diesen Anspruch zu erfüllen. Aber sogar eine Rückwirkung auf den (früheren) Zeitpunkt der Umstandsänderung (Abs. 1) bzw des Vertragsschlusses (Abs. 2) erscheint diskutabel[47] (siehe auch Rn 12/19 zu den Wirkungen eines Totalrücktritts).

2. Vertragsauflösung (§ 313 Abs. 3)[48]

1037 Erweist sich die Anpassung eines Vertrages als *nicht möglich* oder ist sie für einen Vertragsteil *unzumutbar*, so steht der benachteiligten Partei ein **Rücktrittsrecht** zu (§ 313 Abs. 3). Anders als bei Verträgen, die einer Anpassung zugänglich sind, wird hier dem Benachteiligten also ein echtes *Gestaltungsrecht* gewährt, das durch außergerichtliche Erklärung ausgeübt werden kann. Bei Dauerschuldverhältnissen tritt an die Stelle des Rücktrittsrechts das **Recht zur Kündigung** (§ 313 Abs. 3 S. 2; zum Verhältnis des § 313 Abs. 3 S. 2 zu § 314 Rn 1049).

---

43 Vgl aber auch MünchKomm/*Finkenauer*, BGB[8], § 313 Rn 48, der meint, dass relevante Geschäftsgrundlagenstörungen nach Leistungserbringung durch den Benachteiligten in der Regel nicht anzunehmen sein werden, ohne dass dies ein unumstößliches Prinzip sei.
44 Siehe etwa RGZ 141, 198, 202; RGZ 163, 324, 333 f; in BGHZ 25, 390 wurde eine Nachzahlungspflicht bei bereits abgewickeltem Vertrag bejaht. Für die Möglichkeit der Erhöhung des vereinbarten Erbbauzinses BGH NJW 2014, 3439.
45 NJW 1969, 233.
46 JZ 1966, 409.
47 Näher – und flexibel – zum Problem etwa MünchKomm/*Finkenauer*, BGB[8], § 313 Rn 98 f, der Rückwirkung grundsätzlich für möglich hält.
48 Dazu *Loyal* NJW 2013, 417.

Da § 313 Abs. 3 dem Benachteiligten ausdrücklich ein Rücktrittsrecht gewährt, richtet sich die **Rückabwicklung nach erfolgtem Rücktritt** nun nicht mehr nach allgemeinem Bereicherungsrecht, sondern nach den besonderen Regeln der §§ 346 ff. Aus dieser konstruktiven Lösung dürfte sich zumindest für den Regelfall ergeben, dass die Vertragsauflösung zwar erst mit Zugang der Rücktrittserklärung erfolgt, aber auf den Zeitpunkt des Vertragsschlusses bzw der Leistungserbringung *zurückwirkt*: Nach § 346 Abs. 1 sind ja auch die seit Erhalt der Leistung gezogenen Nutzungen herauszugeben[49], was bei bloßer *Ex-nunc*-Wirkung nicht zu begründen wäre[50]. 1038

Anderes gilt anerkanntermaßen im Regelfall bei der **Kündigung von Dauerschuldverhältnissen**[51]; jedenfalls dann, wenn sie bereits (beiderseits) in Vollzug gesetzt wurden. Lag hingegen ein Fall des Abs. 2 vor und gab es noch keine Periode, in der Leistungen dem Vertrag entsprechend ausgetauscht wurden, erscheint eine Rückwirkung wie beim Rücktritt sachgerechter.

Da Gestaltungsrechte nicht verjähren (vgl § 194 Abs. 1) und konkrete Ausschlussfristen nicht vorgesehen sind, könnte man auf den ersten Blick meinen, dass der Benachteiligte Rücktritt bzw Kündigung gemäß § 313 Abs. 3 auch noch nach vielen Jahren erklären kann. Dem ist jedoch nicht so. Die *Kündigung* eines Dauerschuldverhältnisses wegen Störung der Geschäftsgrundlage steht einer Kündigung aus wichtigem Grund zumindest sehr nahe (näher Rn 1049), weshalb § 314 Abs. 3 Anwendung findet: Kündigt der Benachteiligte nicht innerhalb angemessener Frist nach Kenntniserlangung von der Geschäftsgrundlagestörung, verliert er sein Auflösungsrecht. Entsprechendes könnte man unter den Gesichtspunkten fehlender Unzumutbarkeit der Vertragszuhaltung sowie der Verwirkung auch für das Rücktrittsrecht vertreten. Ein anderer sachgerechter, dogmatisch allerdings nicht unproblematischer Weg läge darin, die Verjährungsfrist für den Anpassungsanspruch trotz § 194 Abs. 1 auch auf das Rücktrittsrecht anzuwenden[52]. 1039

V. Die wichtigsten Fallgruppen und ihre rechtliche Behandlung

1. Problemdarstellung

Der Frage, ob Umstandsänderungen für den Vertrag **schwerwiegend** sind bzw ob enttäuschte Vertragsgrundlagevorstellungen **wesentlich** waren, kann man sich – wie so oft – am besten durch die Bildung von Fallgruppen nähern. Für die Zumutbarkeit eines Festhaltens am Wortlaut des Vertrages kann es nicht entscheidend darauf an- 1040

---

49 Ausdrücklich anderes ist seit dem Jahre 2009 für den Verbrauchsgüterkauf vorgesehen: Gemäß § 474 Abs 2 sind (vom Verbraucher gezogene) Nutzungen nicht herauszugeben oder durch ihren Wert zu ersetzen. Diese Novellierung ist auf ein Urteil des EuGH zurückzuführen, wonach die Verbrauchsgüterkauf-Richtlinie durch die Verpflichtung zur unentgeltlichen Herstellung des vertragsgemäßen Zustands den Verbraucher auch vor finanziellen Belastungen schützen wolle, die ihn von der Geltendmachung seiner Ansprüche abhalten könnten (17.4.2008, C-404/06, *Quelle AG/Bundesverband der Verbraucherzentralen und Verbraucherverbände* Tz 34 [unter Verweis auf dieses Urteil BT-Drs. 16/10607, S. 5]). Rechtspolitisch erscheint das nicht unbedenklich.
50 Zu all dem etwa MünchKomm/*Gaier*, BGB[8], § 346 Rn 30 ff.
51 BGH JZ 1951, 526; NJW 1997, 1702.
52 Ähnlich, allerdings über eine Analogie zu § 218 Abs. 1 (kein Rücktritt gegen den Willen des Partners, wenn Anspruch auf Leistung oder auf Nacherfüllung bereits verjährt ist), MünchKomm/*Finkenauer*, BGB[8], § 313 Rn 111.

kommen, ob sich die Parteien über eine bestimmte Tatsache ausreichend Gedanken machten. Sachlich geht es vielmehr um die sachgerechte **Risikoverteilung** zwischen den Parteien. Entspricht die aus dem Vertragswortlaut erschlossene Verteilung weiterhin dem offensichtlichen Parteiwillen oder hat sich die (vorweg nicht beachtete) Veränderung so massiv ausgewirkt, dass eine derartige Risikozuweisung nunmehr ohne sachliche Gründe deutlich zulasten eines Vertragsteils ginge?

1041 Zunächst muss man prüfen, ob die Bewertung der Vertragsrisiken durch die Parteien wegen einer Fehleinschätzung der gegenwärtigen Lage oder der künftigen Entwicklung die „**Richtigkeitsgewähr**" (besser wohl: Richtigkeits*vermutung*) vermissen lässt, die grundsätzlich aus privatautonomem Handeln folgt[53]. Dies kann der Fall sein, wenn die Vorstellungen der Parteien bereits bei Vertragsschluss grob falsch waren (§ 313 Abs. 2); aber auch dann, wenn eine **schwere**, von keinem Vertragsteil zu vertretende und außerhalb des Risikobereichs der Vertragsparteien liegende **Äquivalenzstörung** (§ 313 Abs. 1) die Ausgewogenheit des Vertrages stört[54]. Dabei muss sich das Augenmerk hauptsächlich darauf richten, ob eine der Parteien nach dem interessengerecht ausgelegten Vertrag oder in entsprechender Anwendung gesetzlicher Vorschriften (§§ 321, 528, 490) das Risiko einer im Einzelnen nicht vorhersehbaren Entwicklung oder einer irrtümlichen Beurteilung der gegebenen Tatsachenlage zu tragen hat. Dagegen spricht etwa in Bau- oder Architektenverträgen (vgl **Fall 59**) die Vereinbarung eines Festpreises, der den Sachleistungsschuldner zwingt, Nachteile aufgrund veränderter Kalkulationsgrundlagen selbst zu tragen[55] (zugleich kommen ihm günstige Veränderungen, zB Preissenkungen bei Baustoffen, zugute). Ergibt die Auslegung, dass die Veränderung bestimmter Kostenfaktoren von der einen oder anderen Partei zu tragen ist, so geht diese vereinbarte Risikoverteilung einer Anwendung der Geschäftsgrundlagenlehre vor. Dieses Ergebnis erklärt sich schlicht daraus, dass sogar über unerwartete und von keinem Vertragsteil beeinflussbare Risiken vertragliche Zuweisungen an den einen oder den anderen im Rahmen des Gesetz- und Sittengemäßen zulässig sind[56]. Damit zeigt sich eine weitere **Subsidiarität** des Geschäftsgrundlagenansatzes: Er kann von vornherein nur dann zum Tragen kommen, wenn die Parteien das konkret eingetretene – unerwartete – Risiko nicht selbst wirksam verteilt haben. Rechte aus § 313 sollen im rechtsgeschäftlichen Bereich also nur letzte Hilfsmittel sein, wenn die gesetzlichen Regelungen über Irrtum, Unmöglichkeit oder Sachmängelhaftung versagen[57].

---

53 Zur Bedeutung der Risikoverteilung, die entweder dem Vertrag oder der dispositiven Gesetzesregelung zu entnehmen sei, im neueren Schrifttum grundlegend *Flume*, AT II[4], 494, 507 ff; *Fikentscher*, Die Geschäftsgrundlage als Frage des Vertragsrisikos (1971) 22 ff, 31 ff, 38 ff; *Köhler*, Unmöglichkeit und Geschäftsgrundlage bei Zweckstörung im Schuldverhältnis (1971, Nachdruck 1995) 152 ff.
54 Dazu ausführlich *Härle*, Die Äquivalenzstörung: ein Beitrag zur Lehre von der Geschäftsgrundlage (1995).
55 Siehe aus der Rechtsprechung BGH DB 1969, 833; JR 1979, 61; vertiefend *Ulmer* AcP 174 (1974) 167, 185 ff.
56 Daher ist die BGH-Judikatur zum Leasing nicht unbedenklich: Die Geschäftsgrundlage für den Leasingvertrag soll dann wegfallen, wenn der Leasingnehmer gegenüber dem Lieferanten der Leasingsache wandelt, obwohl der Leasingvertrag das Risiko der Mangelhaftigkeit dem Leasingnehmer zuweist und diesem für solche Fälle die Gewährleistungsrechte gegen den Lieferanten übertragen werden (BGH NJW 1985, 796; NJW 1990, 314); kritisch etwa *Medicus/Petersen*, BGB AT[11], Rn 862.
57 BGH WM 1969, 498; *Wolf/Neuner*, BGB AT[11], § 42 Rn 23; *Medicus/Petersen*, BGB AT[11], Rn 873 ff. An diesem lückenfüllenden Charakter des Rechtsinstituts sollte das Gießen in eine gesetzliche Form nichts ändern: BT-Drs. 14/6040, S. 175 f.

2. Beiderseitiger Irrtum

Eine wesentliche Rolle im Rahmen des § 313 Abs. 2 spielen die Fälle des **beiderseitigen Motivirrtums**. Betrifft er Umstände, die beide Parteien maßgeblich in ihrer Motivation beeinflusst haben, so kann er die Richtigkeitsvermutung des Vertrages aufheben; vor allem dann, wenn sich der Irrtum einseitig zum Nachteil bloß eines Partners auswirkt. Dass Derartiges rechtlich beachtlich sein kann, ist für den *Vergleich* in § 779 mit der Folge der Unwirksamkeit anerkannt[58], darauf aber nicht beschränkt. So kommt es vor, dass die Parteien übereinstimmend die Vertragsrisiken falsch einschätzen, von der Verwendbarkeit der Leistung oder dem Fehlen oder dem baldigen Wegfall von Hindernissen der Leistung oder Verwendbarkeit ausgingen, wobei sich der Partner der benachteiligten Partei die Leistung in Kenntnis der wahren Sachlage billigerweise nicht hätte ausbedingen dürfen.

1042

Beispiele: Beim Kauf eines Holzhauses gingen beide Parteien davon aus, der Käufer werde ohne weiteres die Genehmigung zur Aufstellung auf seinem Grundstück erhalten[59]. Die Genehmigung wurde aber versagt. Ergibt Vertragsauslegung nicht, dass ein Teil das Risiko der Verwendbarkeit übernommen hat, stellt sich das Geschäftsgrundlage-Problem. Der BGH[60] ist vom Fehlen der Geschäftsgrundlage ausgegangen. Dieses Ergebnis ist schon deshalb zweifelhaft, weil den Verkäufer die Erreichbarkeit des Verwendungszwecks nach dem Gesetz grundsätzlich nichts angeht und weil das Risiko fehlender Baugenehmigung deutlich in der Sphäre des Käufers liegt[61]. In anderen Fällen scheitert die Berücksichtigung eines „Doppelirrtums" daran, dass eine Partei das Risiko einer vom Vorgestellten abweichenden Entwicklung zu tragen hat: Kauf eines Grundstücks zu einem spekulativen Preis, weil das Gelände einmal Baugrund werden soll. Anders vielleicht, wenn der bereits vorliegende Bebauungsplan überraschend geändert wird; hier hat sich die einverständlich angenommene Bewertungsgrundlage als falsch erwiesen und die Entscheidung hängt davon ab, welcher Partei das Risiko der Fehlspekulation zugemutet werden kann. UU kann man aber schon durch (ergänzende) Auslegung helfen: Wird ein Grundstück als Bauland angeboten, was regelmäßig der Fall ist, wenn es der aktuelle Bebauungsplan als solches ausweist, so bedeutet dies nach redlichem und üblichem Verständnis, dass es auch noch einige Zeit nach dem Kauf zur Bebauung geeignet sein muss.

3. Äquivalenz- und Zweckstörungen

Ein Anwendungsfall des § 313 Abs. 1 liegt etwa vor, wenn ohne konkrete Erwartungen der Parteien hinsichtlich des Bestehens und der Unveränderlichkeit bestimmter Rahmenbedingungen des Vertrages eine **schwere Äquivalenz-** bzw **Zweckstörung** eintritt, die einer Partei die Erfüllung ihrer Vertragspflichten unzumutbar macht. Diese Fälle gehen zum Teil in die Unmöglichkeit ein, nämlich dann, wenn die Vorstellung von der Geschäftsgrundlage oder vom Zweck einer Verpflichtung zum Vertragsinhalt geworden ist. Hier bestimmt der dann vorrangig anwendbare § 326 Abs. 1 S. 1,

1043

---

58 **Beispiel:** Die Parteien streiten, in welcher Höhe ein geschuldeter Kaufpreis bereits gezahlt war. Sie vergleichen sich auf die Hälfte. Später stellt sich die Nichtigkeit des Kaufvertrages heraus.
59 Zu den Konsequenzen verweigerter Baugenehmigung auf Kauf- und Werkvertrag *Miersch* JuS 2001, 1083.
60 JZ 1966, 409.
61 Anders lag der Fall BGHZ 47, 48: Hier wurden Liegenschaften als „Baugrundstücke" verkauft. Allerdings wussten *beide* Parteien, dass eine Baugenehmigung erst – unter anderem – nach Anschluss an den Ortskanal erteilt werden würde.

dass der Gläubiger seinen Gegenleistungsanspruch verliert. Gehört aber der Zweck – etwa der Verwendungszweck beim Kauf – nicht zum Vertragsinhalt, so kann mit seiner Unerreichbarkeit die Geschäftsgrundlage weggefallen sein, wenn bei einem Festhalten am Vertrag einer Partei ein Risiko zugemutet würde, das sie nach der erkennbaren vertraglichen und der gesetzlichen Bewertung nicht treffen sollte.

Immer wieder als markantes Beispiel genannt wird hierzu der **„Krönungszugsfall"**: A hat von B einen Fensterplatz in dessen Haus gemietet, um von dort aus einem Krönungszug zuzuschauen. Der Zug fällt aus. Nach Meinung mancher liegt Unmöglichkeit vor[62]. Der Vermieter könnte sich bei dieser Sicht nicht darauf berufen, der Fensterplatz sei dem Mieter wie vereinbart zur Verfügung gestanden; er erhielte kein Entgelt. Wertungsmäßig spricht für ein solches Ergebnis, dass die Vermietung des Aussichtsplatzes gegen gutes Geld überhaupt nur wegen des Krönungszugs möglich war. Allerdings greift Unmöglichkeitsrecht nur dann ein, wenn jemand zu einer bestimmten Leistung verpflichtet war, die er in der Folge nicht erbrachte (vgl § 275). B war aber nicht verpflichtet, den Krönungszug an seinem Haus vorbeizuführen, sondern nur zum Bereitstellen des Fensterplatzes. Das hat er getan. Der Vertrag stand wohl auch nicht unter der Bedingung des Vorbeiziehens zur vorgesehenen Zeit. Daher dürfte für den Krönungszugs-Fall nach wie vor der Lösungsweg über die Geschäftsgrundlagenlehre vorzugswürdig sein: Das Ereignis, nämlich die Absage des Zuges, war unvorhersehbar und entstammte nicht der Sphäre einer der beiden Parteien. Überdies hätten redliche Parteien, wenn sie an die Möglichkeit des Ausfalls gedacht hätten, für diesen Fall mit großer Wahrscheinlichkeit keine – oder eine deutlich geringere – Zahlungspflicht vorgesehen.

Den Wegfall der Geschäftsgrundlage hat der BGH bejaht, als der Käufer von Maschinen, die zum Export nach Osteuropa bestimmt waren, wegen eines Exportverbots die Waren nicht mehr weiterverkaufen konnte[63]. Wenn hingegen der Vater aufgrund der Verlobung seiner Tochter Möbel kauft, so kann dem Verkäufer nicht zugemutet werden, bei Auflösung der Verlobung den Kaufvertrag rückgängig zu machen; schon deshalb nicht, weil der „störende Umstand" deutlich zur Sphäre des Käufers gehört. Bejaht wird die Anwendbarkeit des § 313 vom BGH hingegen bei Schenkungen an ein Schwiegerkind in der Erwartung, die eheliche Lebensgemeinschaft werde dauerhaft Bestand haben, wenn die Ehe scheitert. Allerdings wird zusätzlich verlangt, dass dem Zuwendenden unter Berücksichtigung aller Umstände des Einzelfalls das Festhalten am unveränderten Vertrag nicht zugemutet werden kann[64].

4. „Große Geschäftsgrundlage"

1044 Eine weitere Fallgruppe, die von § 313 Abs. 1 erfasst wird, ist die der nicht vorhersehbaren **Verschiebung der Vertragsrisiken durch allgemeine Katastrophen** (Krieg, Revolution, Inflation, Naturereignisse; man stelle sich vor, im **Fall 59** wäre die Notwendigkeit umfangreicher Mehraufwendungen von U durch ein Hochwasser verursacht worden). Gelegentlich wird insoweit von **„großer Geschäftsgrundlage"**

---

62 *Beuthien*, Zweckerreichung und Zweckstörung im Schuldverhältnis (1969) 163 f; *Flume*, AT II⁴, 499.
63 BGH MDR 1968, 486; die Grenze des Einflusses politisch motivierter Veränderungen der Äquivalenz markiert BGH JR 1979, 60 (Ölpreissteigerung durch den Jom-Kippur-Krieg).
64 Siehe nur BGH JuS 2015, 271 *(Wellenhofer)* mwN; zur Voraussetzung der Unzumutbarkeit auch BGH JuS 2015, 1125 *(Wellenhofer)*.

gesprochen⁶⁵. Bisweilen beruht die Risikoveränderung auch auf erfreulichen Ereignissen; so auf der schon erwähnten Wiedervereinigung Deutschlands⁶⁶. In allen diesen Fällen hängt es allein vom Zufall ab, wer Nachteile erleidet. Auch dann geht aber die entscheidende Frage dahin, ob – etwa bei Gesetzesänderungen – eine der Parteien billigerweise das Risiko einer Änderung der Verhältnisse übernehmen muss. Man könnte einwenden, dass hier eigentlich der Gesetzgeber eingreifen müsse. Doch wird man es den Gerichten nicht verdenken können, wenn sie schwere Äquivalenzstörungen mithilfe des Gedankens der Geschäftsgrundlage korrigieren. Allerdings ist große Zurückhaltung am Platze, um in Krisenzeiten das Wirtschaftsgefüge durch breitflächige Aufweichung des Pacta-sunt-servanda-Grundsatzes nicht zusätzlich ins Wanken zu bringen. In diesem Sinn wird die im Jahre 2008 ausgebrochene allgemeine Finanz(markt)krise im Zusammenhang mit der von einer Mieterin zu beschaffenden Bankbürgschaft, die nach Ausbruch der unvorhersehbaren Krise nur mehr unter erheblich veränderten Bedingungen erlangt hätte werden können⁶⁷, nicht als rechtlich relevanter Geschäftsgrundlagewegfall angesehen: Der Umstand, dass auf Grund der Finanzmarktkrise eine Vielzahl von Schuldnern mit Finanzierungsproblemen konfrontiert sein mögen, führe nicht zu einer anderen Risikoverteilung. Es bleibe dabei, dass der Schuldner (= Mieter) für die Finanzierung und das Fehlen ausreichender Mittel einzustehen habe⁶⁸.

Auch in der Anpassung von Geldansprüchen an den **Kaufkraftschwund** spielt der Gedanke des Wegfalls der Geschäftsgrundlage eine Rolle, wobei die wirtschaftspolitische Bedeutung des Festhaltens am nominalistischen Prinzip „Euro ist gleich Euro" nicht verkannt werden darf⁶⁹. Nachdem der BGH die Geschäftsgrundlagenlehre zunächst nur auf Ruhegehaltzusagen sowie auf laufende Pensionsansprüche wegen deren Versorgungscharakters und wegen des Gleichstellungsgedankens, nicht jedoch auf (Kali-)Abbauverträge, Mietzinsanpassungen und Erbbauzinsvereinbarungen angewandt hatte, rückte er bereits vor einiger Zeit auch bei Verträgen ohne Versorgungscharakter zu Recht vom Grundsatz des Nominalismus ab⁷⁰.

1045

---

65 Vgl zu den Fällen politischer Wirren im Ausland BGHZ 83, 197 (Lieferung und Montage einer Tierkörperverwertungsanlage in den Iran; der BGH hat in diesem Fall allerdings Unmöglichkeit angenommen) mit Besprechung von *Kronke* JuS 1984, 758, der Geschäftsgrundlagenwegfall annimmt; BGH NJW 1984, 1746 = JuS 1986, 272 *(Wieling)* (Lieferung von Dosenbier in den Iran – Wegfall bejaht); LG Karlsruhe NJW 1992, 3177 (Engagement von Musikern für eine Faschingsveranstaltung, die wegen des Golfkrieges abgesagt wurde – Wegfall verneint).
66 BGHZ 120, 10 (Ausbleiben der Finanzierungsmittel aus einem staatlichen Vorgaben folgenden Wirtschaftsvertrag – Wegfall bejaht); BGH ZIP 1993, 955 (Wegfall eines Wirtschaftsvertrages – Wegfall verneint); BGH NJW 1994, 2688 (Anpassung von Nutzungsverträgen – Wegfall bejaht); BGH NJW 1996, 990 (vor der Wende abgeschlossenes DDR-Grundstücksgeschäft – Wertsteigerung noch vor der Wende – Wegfall verneint); BGH NJW 1997, 320 (Filmkoproduktionsvertrag mit Rundfunkanstalt – Senderechte auf altes Bundesgebiet beschränkt – Zurückverweisung). Zum Ganzen *Görk*, Deutsche Einheit und Wegfall der Geschäftsgrundlage (1995); *Grün* JZ 1994, 763.
67 Während zum Zeitpunkt des Mietvertragsabschlusses Mitte 2008 eine Bürgschaft gegen Zahlung einer monatlichen Gebühr (Avalzinsen) zu erlangen war, verlangten die Banken nunmehr die Hinterlegung eines der gesamten Bürgschaftssumme entsprechenden Betrags.
68 KG Berlin NJW 2013, 478 mwN.
69 Siehe vor allem BAG JZ 1974, 384 (dazu *Stötter* JZ 1974, 375); BAG NJW 1977, 828; BGHZ 61, 31. Zur Preisanpassung in Kali-Abbauverträgen BGH BB 1980, 1183.
70 Erstmals in der Entscheidung NJW 1980, 1746 (Erhöhung des Erbbauzinses bei fehlender Anpassungsklausel; dazu *Emmerich* JuS 1981, 145). Eine Anpassung wurde in einigen weiteren Erbbauzins-Fällen bejaht: statt vieler BGHZ 90, 277; BGHZ 91, 32; BGHZ 97, 171. – Zum Ganzen *Kollhosser* JA 1983, 49, insb. 53 ff; zum Problemkreis „Inflation und Geschäftsgrundlage" *K. Schmidt* JuS 1984, 737, insb. 746 f.

VI. Das Verhältnis von § 313 zu anderen Normen und Rechtsinstituten[71]

1. Anfechtungsrecht

1046 Wie bereits dargelegt (vgl Rn 1028), ist nunmehr § 313 Abs. 2 einschlägig, wenn sich wesentliche Vorstellungen der Parteien, die zur Geschäftsgrundlage wurden, als irrig erweisen. Die Fälle des „doppelten Motivirrtums" hat der Gesetzgeber bewusst zu einem Anwendungsfall des § 313 gemacht[72]. Irrten beide Parteien über eine verkehrswesentliche Eigenschaft iS des § 119 Abs. 2 (und geht nicht ohnehin Sachmängelrecht vor[73]), stellt sich allerdings die Vorrangs- bzw Konkurrenzfrage nach wie vor. Für einen Vorrang der klassischen Irrtumsanfechtung spricht die *lückenfüllende Funktion* des § 313; gegen den Vorrang insbesondere die beim beiderseitigen Irrtum wenig sachgerechte Schadensersatzpflicht des Anfechtenden gemäß § 122 und wohl auch die extrem kurze Frist des § 121. Auf Details dazu kann hier nicht eingegangen werden[74].

2. „Faktische" und „persönliche" Unmöglichkeit (§ 275 Abs. 2 und Abs. 3)

1047 Gemäß § 275 Abs. 2 kann (richtig: *darf*) der Schuldner die Leistung verweigern, wenn diese einen Aufwand erfordert, der unter Beachtung des Inhalts des Schuldverhältnisses und der Gebote von Treu und Glauben in einem groben Missverhältnis zu dem Leistungsinteresse des Gläubigers steht. Auf den ersten Blick scheinen in § 275 Abs. 2 nunmehr auch die Fälle der sog wirtschaftlichen Unmöglichkeit Eingang gefunden zu haben, obwohl gerade diese Konstellationen nach fast einhelliger Ansicht dem Bereich der Geschäftsgrundlage unterfielen[75]. Der Gesetzgeber wollte mit § 275 Abs. 2 jedoch *nur* die sog **faktische** (oder: praktische) **Unmöglichkeit** gesetzlich fixieren[76], während Fälle der sog wirtschaftlichen Unmöglichkeit nach wie vor über den Wegfall der Geschäftsgrundlage, also § 313, gelöst werden sollen[77]. Eine klare tatbestandliche Abgrenzung erscheint allerdings schwierig; wegen der unterschiedlichen Rechtsfolgen ist sie aber nötig[78].

---

71 Zum in der Folge nicht mehr angesprochenen Verhältnis zu bereicherungsrechtlichen Ansprüchen (nach Auflösung einer nichtehelichen Lebensgemeinschaft) *Scherpe* JZ 2014, 659; BGH JuS 2015, 1125 (Wellenhofer).
72 BT-Drs. 14/6040, S. 176.
73 Der früher ganz herrschend befürwortete Vorrang von Sachmängelrecht vor Irrtumsanfechtung nach § 119 Abs. 2 ist mit dem In-Kraft-Treten des SMG unsicher geworden. Für Konkurrenz etwa mit guten Gründen *Wolf/Neuner*, BGB AT[11], § 41 Rn 68 ff mwN.
74 Für Anwendbarkeit des § 313 (Wegfall der Geschäftsgrundlage) etwa Schulze/*Schulze*, HK-BGB[10], § 313 Rn 6; für Vorrang von § 119 Abs. 2 (zum Teil vor Kodifizierung der Geschäftsgrundlagestörung) etwa BGH NJW 1988, 2597, 2598; MünchKomm/*Armbrüster*, BGB[8], § 119 Rn 122; *Pawlowski* JZ 1997, 746 f; *Medicus/Petersen*, BR[27], Rn 162; *Medicus/Petersen*, BGB AT[11], Rn 778 ua.
75 Zur Schwierigkeit der Abgrenzung *Stürner* Jura 2010, 721, der § 275 Abs. 2 vertragsimmanente Störungen zuweisen will, während § 313 auf die Verteilung jener Risiken beschränkt werden solle, die keine der Parteien vertraglich übernommen habe und die ihnen auch nicht vom dispositiven Gesetzesrecht zugewiesen seien.
76 BT-Drs. 14/6040, S. 130; *Canaris* JZ 2001, 499, 503 ff; *Teichmann* BB 2001, 1485, 1487.
77 BT-Drs. 14/6040, S. 130; *Canaris* JZ 2001, 499, 503.
78 Ausführlich dazu etwa A. Helm, Die Einordnung wirtschaftlicher Leistungserschwerungen in das Leistungsstörungsrecht nach der Schuldrechtsreform (2005).

Das gilt umso mehr für § 275 Abs. 3, nach dem der Schuldner die Leistung verweigern kann (darf), wenn er die Leistung persönlich zu erbringen hat und sie ihm unter Abwägung des seiner Leistung entgegenstehenden Hindernisses mit dem Leistungsinteresse des Gläubigers nicht zugemutet werden kann. Diese sog **persönliche Unmöglichkeit** war bisher als Geschäftsgrundlagestörung anerkannt[79]. Der Gesetzgeber geht offensichtlich generell von einem Vorrang des § 275 gegenüber § 313 aus[80].

3. Gewährleistungsrecht

Zwar enthält das BGB keine Aussagen über das Verhältnis des Gewährleistungsrechts zur Geschäftsgrundlagestörung. Bereits vor der Schuldrechtsmodernisierung war aber einhellig anerkannt, dass im Anwendungsbereich des Gewährleistungsrechts eine Berufung darauf, dass aufgrund des Mangels die Geschäftsgrundlage des Vertrages weggefallen sei, ausgeschlossen ist[81]. Bei Rechtsmängeln scheint das der BGH aber nicht so apodiktisch zu sehen[82]. **Achtung!** Auch wenn Gewährleistungsrechte wirksam abbedungen wurden, ist eine Heranziehung von § 313 selbstverständlich unzulässig: Dann hat der Käufer das Risiko der Mangelhaftigkeit ja gerade kraft gesonderter vertraglicher Vereinbarung übernommen[83]; er kann es daher nicht mithilfe des § 313 auf den Verkäufer überwälzen.

1048

4. Recht zur außerordentlichen Kündigung (§ 314)

Dauerschuldverhältnisse konnten nach der überzeugenden Rechtsprechung[84] schon immer **aus wichtigem Grund** gekündigt werden, auch wenn hierfür eine ausdrückliche gesetzliche Regelung fehlte. Mit dem Schuldrechtsmodernisierungsgesetz hat das Recht zur außerordentlichen Kündigung von Dauerschuldverhältnissen in **§ 314** eine ausdrückliche und generelle Regelung[85] erfahren. Nach der Regierungsbegründung zu § 314[86] geht § 313 dem § 314 dann vor, wenn der Vertrag angepasst werden kann; das soll sich aus § 313 Abs. 3 ergeben[87]. Für den Tatbestand des § 314 dürfte diese – sachlich überzeugende – Ansicht bedeuten, dass von einem wichtigen Grund im Sinne dieser Bestimmung nur gesprochen werden kann, wenn *auch das Festgehaltenwerden an einem inhaltlich veränderten Vertrag für einen Teil unzumutbar* ist. Dies ist nun durchaus häufig der Fall: Es geht nämlich in aller Regel um gravierende Vertrauenserschütterungen, die der Partner zu verantworten hat. In solchen Fällen kommt

1049

---

79 Vgl auch MünchKomm/*Finkenauer*, BGB[8], § 313 Rn 166.
80 BT-Drs. 14/6040, S. 176; vgl auch *Lorenz/Riehm*, SR, Rn 409.
81 Siehe OLG Frankfurt, ZMR 2000, 700.
82 Vgl zum Kauf von GmbH-Geschäftsanteilen NJW 2019, 145 *(Nasall)*: Anspruch aus § 313 grundsätzlich denkbar.
83 BGHZ 98, 103.
84 Vgl nur BGHZ 29, 171, 172; BGH NJW 1989, 1482, 1483.
85 Die Bedeutung des § 314 darf aufgrund einer Vielzahl konkreter Vorschriften (siehe etwa die §§ 490, 498, 543, 569, 580, 594e, 626, 723 BGB sowie § 89a HGB und die §§ 24, 38 VVG), die allesamt das Recht zur außerordentlichen Kündigung von Dauerschuldverhältnissen beinhalten und als leges speciales dem § 314 vorgehen, allerdings nicht überschätzt werden. Dazu MünchKomm/*Gaier*, BGB[8], § 314 Rn 13 f.
86 BT-Drs. 14/6040, S. 177; kritisch *Eidenmüller* Jura 2001, 824, 832.
87 Ausführlich dazu *Hirsch*, Kündigung aus wichtigem Grund und Geschäftsgrundlage (2005).

eine Anpassungsmöglichkeit nach § 313 Abs. 1 aber ohnehin nicht in Frage, sodass der Vertrag auf jeden Fall aufgehoben werden kann. Unbefriedigend bleibt jedoch, dass gravierende Störungen von Dauerschuldverhältnissen offenbar sowohl unter § 313 als auch unter § 314 subsumiert werden können. Warum existieren aber dann überhaupt zwei verschiedene Normen, die zur Vermeidung von Wertungswidersprüchen auch noch aufeinander abgestimmt werden müssen (siehe Rn 1033 und 1039 zur Behandlung von Verjährungs- bzw Fristfragen im Rahmen des § 313)? Eine Erklärung könnte darin liegen, dass es bei den Geschäftsgrundlagestörungen historisch gesehen um Ereignisse „von außen" ging, während die außerordentliche Kündigung regelmäßig aus Gründen erwogen wird, die in der Person des Partners liegen. Dieser *Sphärengedanke* hat in den sehr allgemein formulierten Tatbeständen der beiden Normen allerdings keinen Niederschlag (mehr) gefunden.

VII. Lösung der Ausgangsfälle

1050   Damit können die Eingangsbeispiele wohl wie folgt gelöst werden: Im **Fall 59** gehört der Zustand des Autos ohne Zweifel zur Sphäre des V. Es ist ihm daher durchaus zumutbar, die Reparatur vorzunehmen, weshalb er den reparierten Wagen zum vereinbarten Preis liefern muss. Entsprechendes gilt für das Nichtbestehen der Fahrprüfung: Dieses Ereignis betrifft allein K's Bereich. K kann es daher nicht zum Anlass nehmen, vom Vertrag loszukommen.

1051   Im **Fall 60** sind die – offenbar nicht exorbitanten – Lohnsteigerungen allein Sache des Unternehmers U. Heikler ist die Behandlung des sog Baugrundrisikos[88]. Dieses Problem tritt immer wieder auf und erfährt deshalb häufig eine vertragliche Sonderregelung (leider nicht hier). Man kann deswegen aber noch nicht sagen, der hohe Grundwasserstand sei für die Parteien vorhersehbar gewesen. Sie hätten allenfalls abstrakt mit *irgendwelchen* Baugrundproblemen rechnen müssen. Umgekehrt gehört der Boden zur Sphäre des Auftraggebers B. Ferner ergibt sich aus dem Vertrag nicht, dass derart massive Erschwernisse von U getragen werden müssen. Zwischenergebnis: U muss die versprochene Bauleistung nicht zum vereinbarten Preis erbringen. Da U stark benachteiligt wäre, wenn er den Vertrag trotz der Geschäftsgrundlagestörung wie geschlossen erfüllen müsste, ist zuerst zu fragen, ob ihm ein Anpassungsanspruch gegenüber B zusteht. Eine Anpassung könnte einmal durch Reduktion der Leistungspflichten von U bei gleich bleibendem Preis erfolgen, in dem U etwa nur einen Teil der Straße baut. Das dürfte für B aber nicht zumutbar sein, da sie mit einer bloß teilweise fertig gestellten Straße nichts anfangen kann. Unzumutbar ist aber wohl auch eine drastische Preiserhöhung: Gerade Länder haben knappe Budgets und würden in solchen Fällen das Projekt häufig lieber verschieben als deutlich mehr zu bezahlen. Sofern B nicht signalisiert, ausnahmsweise doch an der Leistungserbringung zu einem höheren Preis interessiert zu sein (dann keine Unzumutbarkeit dieser Anpassung!), wird U ein Vertragsauflösungsrecht gemäß § 313 Abs. 3 zustehen. Da es sich beim Straßenbau um ein Zielschuldverhältnis handelt, besteht ein Rücktrittsrecht (kein Kündigungsrecht). Schadensersatz kann B wegen der berechtigten Auflösung nicht verlangen. B hat nur Anspruch auf Rückzahlung des Geleisteten gemäß § 346 Abs. 1. Die von U bereits erbrachten Leistungen sind demgegenüber nach § 346 Abs. 2 zu vergüten.

---

88 Dazu zB *Lange*, Baugrundhaftung und Baugrundrisiko: Die Verantwortlichkeit von Bauherr, Architekt, Bauunternehmer und Sonderfachmann beim Einheitspreisvertrag nach VOB/B (1997).

Im **Fall 61** handelte es sich demgegenüber jedenfalls um ein von außen kommendes Ereignis. Dieses brachte auch eine Äquivalenzstörung mit sich. Ob sie allerdings ausreichend stark ist, erscheint fraglich. Es gibt eben auch unverdiente „Glücksgewinne", die vor der Rechtsordnung Bestand haben.

1052

Teil V
Schadensersatzrecht

§ 17 Funktionen und Grundelemente des Schadensersatzrechts[1]

1053 **Fall 62:** Bei einem Verkehrsunfall, an dem ein Werksbus der E-AG und der von S gesteuerte PKW der F-GmbH beteiligt waren und den allein S verschuldet hat, wurden mehrere Insassen des Busses verletzt. Die 48-jährige Näherin N wurde mit Schnittwunden am Kopf ins Krankenhaus eingeliefert. Bei der Untersuchung stellte sich noch eine Augenkrankheit heraus, die nicht durch den Unfall verursacht war, die aber dazu führte, dass die N ihre Arbeit aufgeben und ausscheiden und in Frührente gehen musste. Außerdem war sie durch unfallbedingte Kopfschmerzen kaum noch in der Lage, ihre Hausarbeit zu bewältigen, sodass sie mit Rücksicht auf ihre fünfköpfige Familie ständige Aushilfe benötigte. Welche Schadensersatzansprüche hat Frau N? (Ansprüche gegen die Sozialversicherung sind nicht zu prüfen.) **Lösung Rn 1081**

1054 **Fall 63:** A ist Miteigentümer eines vermieteten Hausgrundstücks in Rostock und wurde von den anderen Miteigentümern dazu beauftragt, das Grundstück zu verwalten und die Mieten einzuziehen. Vereinbarungsgemäß sollte er die Gelder auf ein Konto bei der Bank B einzahlen. Als sich herausstellt, dass A sich nicht an diese Verabredung gehalten hat, sondern die Mieterträge bei riskanten Aktiengeschäften verloren hat, wird er auf Schadensersatz in Anspruch genommen. A wendet ein, die Bank B sei mittlerweile zusammengebrochen und habe ihren Gläubigern nur 10% ihrer Forderungen gezahlt; deshalb könnten auch die anderen Miteigentümer nur diese 10% von ihm verlangen, da sie, wenn er das Geld auftragsgemäß angelegt hätte, auch nicht mehr erhalten hätten. Stehen den übrigen Miteigentümern darüber hinausgehende Ersatzansprüche zu[2]?

I. Die Funktionen des Schadensersatzrechts

1. Prinzipien und Problematik

1055 Das in den §§ 249 ff niedergelegte Schadensrecht ist Schaden*ersatz*recht. Es bestimmt Inhalt und Umfang eines – aus welchen Gründen auch immer bestehenden – Ersatzanspruchs. Schon die systematische Stellung dieser Normengruppe im BGB zeigt, dass sie **vertragliche und deliktische Ersatzpflichten** erfasst (zum Deliktsrecht ausführlich Schuldrecht Besonderer Teil §§ 20–27). Die Vorschriften füllen also beispielsweise den Anspruch auf Schadensersatz statt der Leistung (§§ 280–283;

---

[1] Zu den Grundzügen des Schadensrechts etwa *Mohr* Jura 2010, 168; *Röthel* Jura 2013, 95; *Förster* JA 2015, 801 (Systematik und aktuelle Rechtsprechung). Einen guten Überblick über die Novelle aus dem Jahre 2002 bieten etwa *Wagner*, Das neue Schadensersatzrecht (2002) und *Ch. Huber*, Das neue Schadensersatzrecht (2003). Speziell zum deliktischen „Sporthaftungsrecht" *Kreutz* JA 2011, 337.
[2] RGZ 141, 365 nachgebildet.

§ 311a Abs. 2) oder den auf Ersatz eines negativen Interesses (§§ 122, 179 Abs. 2) aus; im zweiten Fall freilich nur in dem beschränkten Rahmen, der sich durch die Begrenzung auf den Vertrauensschaden ergibt. Sie geben aber auch den Ansprüchen aus den §§ 823 ff ihren Inhalt.

Die §§ 249 ff enthalten **zentrale Prinzipien** des gesamten Schadensersatzrechts. Darüber darf aber nicht vernachlässigt werden, dass sich viele praktisch wichtige Vorschriften dieses Rechtsbereichs heutzutage außerhalb des BGB finden.

> Bei der Abwicklung von **Fall 62** steht der fraglos gegebene deliktische Ersatzanspruch der N gegen S im Hintergrund: Die N ist sozialversichert und hat, wenn es sich um einen versicherten Wegeunfall handelte, Ansprüche gegen einen Träger der Sozialvorsorge. Dies hängt von einer schuldhaften Rechtsgutverletzung durch S nicht ab. Daneben bestehen Ansprüche der N gegen S aus § 823 sowie § 18 Abs. 1 StVG und gegen die F-GmbH als Halterin des Kraftfahrzeuges aus § 7 Abs. 1 StVG. Insoweit muss allerdings weiter geprüft werden, ob die durch die Sozialversicherung schadlos gestellte N noch einen Schaden hat. Dies gilt schließlich auch im Verhältnis zum Haftpflichtversicherer, gegen den der Geschädigte nach § 3 PflVG einen direkten Anspruch wegen aller durch den Versicherten angerichteten Schäden hat.

1056

Zwei Fragen machen die hauptsächliche Problematik des bürgerlich-rechtlichen Schadensrechts aus: **1. Welche Nachteile** in der Interessensphäre des Verletzten sind überhaupt **ersatzfähig**? **2. Welche** der eingetretenen, an sich ersatzfähigen **Schäden sind dem Handelnden** (besser: dem auf Ersatz Belangten[3]) **zuzurechnen**? Beide Fragen sind ohne Eingehen auf die Zwecke des gesetzlichen Normenkomplexes häufig nicht zu lösen. Bei der damit nötigen Funktionsbestimmung des geltenden bürgerlichrechtlichen Schadensrechts ist freilich zu bedenken, dass die wichtigsten Lebenssachverhalte durch verschiedenartige Normen privat- und öffentlich-rechtlichen Inhalts geregelt werden. Ihnen allen ist die **Ausgleichsfunktion** gemeinsam (Wiedergutmachung; vgl den Wiederherstellungsgrundsatz des § 249 Abs. 1). Sie wird, wie angedeutet, zum Teil durch das Sozialversicherungsrecht wahrgenommen, steht aber auch im Schadensrecht des BGB zu Recht ganz im Vordergrund. Demgegenüber kommt der **Prävention** (Schadensverhütung) durch Verhaltenssteuerung lediglich nachrangige Bedeutung zu, wenn auch nicht zu verkennen ist, dass die Androhung massiver vermögensrechtlicher Nachteile manchen zu besonderer Sorgfalt anhalten wird[4]. Das im Strafrecht zentrale **pönale Element** ist dem Zivilrecht und damit auch dem Schadensersatzrecht hingegen grundsätzlich fremd[5].

1057

Die aus dem **Ausgangsfall 62** ersichtliche **Zurückdrängung der Schadensregulierung nach den BGB-Regeln** durch die Inanspruchnahme von Versicherungsleistungen hat die Frage aufkommen lassen, ob denn das Schadensrecht des BGB wirklich noch mit dem Ausgleich von Risiken zwischen einem einzelnen Geschädigten und einem einzelnen Schädiger und in diesem Sinne mit rechtlicher Verantwortung zu tun habe. De lege lata sollte daran jedoch auch heutzutage kein prinzipieller Zweifel bestehen.

1058

---

3 Zur Verantwortlichkeit für das Verhalten Dritter etwa *Petersen* Jura 2016, 1257.
4 Besonders positive Bewertung des Präventions- bzw Verhaltenssteuerungsgedankens etwa bei *Wagner* AcP 206 (2006) 352; speziell zum Schadensersatzrecht 451 ff.
5 Vgl hierzu zB *Körner* NJW 2000, 241; ferner *Wagner* NJW 2006, Beilage zu Heft 22, 5, 8.

Wenn ein Schadensfall durch eine Sozialversicherung oder eine private Krankenversicherung reguliert wird, nimmt diese nach den versicherungsrechtlichen Vorschriften beim Schädiger **Rückgriff (Regress)**. Das bedeutet, dass der Anspruch des Geschädigten gegen den Schädiger (oder dessen Haftpflichtversicherung) nach § 116 SGB X oder § 86 VVG auf den Leistenden übergeht; beim Geschädigten verbleiben allein etwaige Schmerzensgeldansprüche (aus § 253 Abs. 2), da er dafür aufgrund der versicherungsrechtlichen Vorschriften keinen Ersatz erhält. Häufig wird also die Verantwortlichkeit für einen Unfallschaden im Verhältnis zwischen Versicherungen – und damit letztlich den Kollektiven der Geschädigten und der Schädiger – geklärt. Das private Haftungsrecht wird somit zumindest teilweise zu einem Recht der Regressvoraussetzungen[6]. Natürlich steckt auch darin eine Art Ausgleichsfunktion und zumindest ein Rest des Präventionsgedankens. Aber da die großen Versicherer zwecks vereinfachter (und damit kostengünstiger) Ausgleichung untereinander Schadensteilungsabkommen geschlossen haben, die die Risiken nach anderen Kriterien als dem der individuellen Verantwortlichkeit im Einzelfall verteilen[7], tritt die Prävention weiter in den Hintergrund, zumal die privaten Haftpflichtversicherungen gegen ihren Versicherungsnehmer zumindest im Regelfall keinen Regress nehmen können (zu Ausnahmen siehe § 117 Abs. 5 VVG). Eine rudimentäre Präventionsfunktion bleibt dem Schadensersatzrecht aber insofern erhalten, als in den Versicherungsverträgen nicht selten an die Inanspruchnahme von Versicherungsleistungen eine **Prämienerhöhung** geknüpft und/oder ein **Selbstbehalt** vorgesehen ist (die Versicherung verpflichtet sich nur, für den einen bestimmten Betrag übersteigenden Schaden aufzukommen).

1059 Ein weiterer Grundzug der modernen Entwicklung beruht auf der Einsicht, dass der Gedanke individueller Verantwortlichkeit überall dort nicht mehr passt, wo jemand aus wohlerwogenen Gründen, die zum Teil mit der Versorgung der Öffentlichkeit (etwa mit Energie oder Beförderungsleistungen) zusammenhängen, bewusst mit Gefahrenquellen umgeht und eine **Gefährdungshaftung** auf sich nehmen muss (vgl § 1 HaftPflG, § 7 Abs. 1 StVG, § 89 WHG, § 25 AtomG)[8]. Im privaten Bereich kann man noch sagen, es sei sehr nahe liegend, denjenigen auch ohne Verschulden haften zu lassen, der sich **im eigenen Interesse** einer gefährlichen Sache bediene. Warum sollte dieses Risiko auch der Geschädigte tragen, der sich auf das von der konkreten Gefahrenquelle ausgehende Risiko nicht freiwillig eingelassen hat? Ein wenig anders fällt die grundsätzliche Abwägung bei den zunächst angesprochenen Gemeinwohleinrichtungen aus. Als Zurechnungskriterium für verursachte Schäden bleibt hier nicht viel mehr übrig als die Möglichkeit, die Risiken besser zu kalkulieren, dh sie auf die Gesamtheit der potenziell Geschädigten umzulegen oder/und zu versichern. Auch der betriebswirtschaftliche Aspekt der Haftung als Anreiz, den Schaden gering zu halten oder aber die Verantwortlichkeit wegen Unerschwinglichkeit wirksamer Prävention hinzunehmen[9], verdient Beachtung; ebenso die gesamtwirtschaftlich ansetzende Fra-

---

6 Zu diesem Befund statt vieler *Deutsch*, Haftungsrecht[2], Rn 2, 922 ff.
7 Dazu etwa *Ebel* JuS 1979, 357, 361 ff; *Deutsch*, Haftungsrecht[2], Rn 939; *Kötz/Wagner*, Deliktsrecht[13], Rn 786 ff.
8 Zur Gefährdungshaftung siehe etwa *Deutsch* NJW 1992, 73; *ders.* Jura 1983, 617; *Medicus* Jura 1996, 561; *Röthel* Jura 2012, 444.
9 Siehe *Deutsch*, Haftungsrecht[2], Rn 634 ff.

ge, bei welchen Subjekten denn eigentlich die Kosten für Schaden und Schadensvermeidung am günstigsten lokalisiert werden können[10]. Die Berücksichtigung dieser Aspekte ist aber – jedenfalls ganz primär – Aufgabe der Rechtspolitik, nicht der Rechtsanwendung.

2. Grundstruktur

Die dogmatische **Grundstruktur des Haftungsrechts** ist hauptsächlich an der Ausgleichsfunktion ausgerichtet, was es gestattet, auch unter leicht veränderten Rahmenbedingungen mit diesem System zu arbeiten. Den Ausgangspunkt bildet eine **pflichtwidrige Rechts- bzw Rechtsgutsverletzung**, entweder ein Verstoß gegen eine Vertragspflicht oder ein Eingriff in fremde absolut geschützte Rechte bzw Rechtsgüter (§ 823 Abs. 1) wie vor allem in die körperliche Unversehrtheit und das Eigentum[11]. Gleich behandelt werden schuldhafte Verstöße gegen konkrete Gesetzesnormen (etwa des Straßenverkehrs- oder des Strafrechts[12]), die gerade den Zweck haben, Personen vor Schäden zu bewahren (**Schutzgesetzverletzung**, siehe § 823 Abs. 2; zur Schutz- oder Normzwecklehre näher Rn 1070 ff), wenn die Gesetzesverletzung zu entsprechenden schädlichen Folgen geführt hat[13]. Der Ersatzanspruch steht grundsätzlich dem Gläubiger der verletzten Vertragspflicht oder dem Inhaber des verletzten Rechtsguts zu, niemandem sonst, mag er auch durch das inkriminierte Verhalten Vermögensnachteile erlitten haben. Ob und in welchen Fällen dieses **Identitätserfordernis** ausnahmsweise durchbrochen wird, kann hier nicht erörtert werden; beispielhaft hingewiesen sei bloß auf die sog **Drittschadensliquidation** (näher dazu Rn 1193 ff).

1060

Im **Fall 62** kann es sein, dass durch den Ausfall der N die E-AG einen Schaden erleidet. Da aber nicht sie an einem der in § 823 Abs. 1 geschützten Rechtsgüter verletzt wurde, steht ihr ein Ausgleichsanspruch für ihren Schaden nicht zu. Das würde auch für den Ehemann oder die Kinder der Frau N gelten, wenn hier nicht die Sondervorschrift des § 845 Abhilfe schüfe. Es gibt zahlreiche weitere Beispiele dieser Art (§§ 10 Abs. 1 S. 2, Abs. 2 StVG, 35 Abs. 1 S. 2, Abs. 2 LuftVG), die aber als Ausnahmen die Regel nicht beseitigen. Nicht in diesen Zusammenhang gehört hingegen die Zubilligung von Schadensersatz für vorgeburtliche Gesundheitsschädigungen: Der BGH[14] geht von einer unmittelbaren Schädigung des Kindes aus.

1061

Die Rechtsgutsverletzung muss **durch (zurechenbares) Verhalten des als Schädiger Belangten verursacht** sein (zur Ursächlichkeit oder Kausalität näher Rn 1064 ff). Dieses Verhalten kann entweder in einem aktiven **Tun** oder aber auch in einem bloßen **Unterlassen** bestehen; Letzteres kann allerdings nur dann eine Scha-

1062

---

10 MünchKomm/*Oetker*, BGB[8], § 249 Rn 12 f; MünchKomm/*Wagner*, BGB[7] Vor § 823 Rn 51 ff.
11 Nach dem BGH NJW 2015, 1174 reicht eine bloße Nutzungseinschränkung ohne Einwirkung auf die Sache für einen Schadensersatzanspruch allerdings nicht aus. (Im konkreten Fall konnte eine Raststation wegen einer schuldhaften Brückenbeschädigung einige Tage lang nicht angefahren werden.)
12 Heutzutage wird etwa auch intensiv diskutiert, ob und inwieweit die sog. Wohlverhaltensregeln im Wertpapierhandel als Schutzgesetze anzusehen sind. Dazu etwa *Klein* WM 2016, 862; zum Schutzzweck der Erlaubnispflicht von Einlagengeschäften nach § 1 KWG BGH NJW-RR 2015, 1144.
13 Zur zentralen Aufgabe des Rechtsanwenders, den konkreten *Schutzzweck* der verletzten Norm festzustellen, statt vieler *Kötz/Wagner*, Deliktsrecht[13], Rn 195 ff.
14 BGHZ 8, 243; BGHZ 58, 48.

densersatzpflicht auslösen, wenn eine Rechtspflicht zum Handeln bestand und die Vornahme der entsprechenden Handlung den Eintritt des Schadens verhindert hätte. Bloße Verursachung (Kausalität) begründet im Regelfall aber noch keine Haftung: Der auf Schadensersatz in Anspruch Genommene muss die Rechtsgutsverletzung darüber hinaus **durch rechtswidriges Verhalten verschuldet** haben, soweit nicht Tatbestände der Gefährdungshaftung eingreifen. Das Verschuldenserfordernis wird durch die allgemeine Formel des § 276 Abs. 1 mit Inhalt gefüllt (dazu Rn 437 ff).

1063 Liegen die damit umrissenen Voraussetzungen vor, so ordnen die §§ 249 ff als Rechtsfolge die Haftung für den **gesamten** verursachten Schaden an, ohne nach dem Grad des Verschuldens – soweit ein solches gefordert wird – zu differenzieren. Dieses rechtspolitisch umstrittene „**Alles-oder-Nichts-Prinzip**"[15] wird im geltenden Recht nur bei Mitverschulden des Geschädigten (§ 254; dazu Rn 1111 ff) abgeschwächt. Dennoch ist die fehlende Proportionalität von Haftungsumfang und Verschulden schon seit längerem Anlass für Reformüberlegungen. So wurde anlässlich der Novellierung der §§ 249 ff noch im Regierungsentwurf vorgeschlagen, einen Anspruch auf Ersatz ideeller Schäden („*Schmerzensgeld*"; früher geregelt in § 847) nur dann zu gewähren, wenn die Verletzung vorsätzlich herbeigeführt wurde oder der eingetretene Schaden erheblich ist. Diese Absicht wurde jedoch wieder aufgegeben, sodass sich in § 253 Abs. 2 keine derartige Differenzierung findet (zu den ideellen Schäden näher Rn 1086, 1123, 1132).

Dennoch existieren bereits einige Einschränkungen des „Alles-oder-Nichts-Prinzips". Sie beruhen auf der Überzeugung, dass eine derart weitgehende – „uferlose" – Haftpflicht unzumutbar sein könne. So ist die Gefährdungshaftung oft auf eine **Höchstsumme** begrenzt, siehe etwa die §§ 12, 12a StVG. Eine darüber hinausgehende Verschuldenshaftung bleibt unberührt. Einen anderen systematischen Ansatzpunkt wählte die Rechtsprechung für die Begrenzung der Vertragshaftung eines Arbeitnehmers: Im Wege kühner Rechtsfortbildung wird der Arbeitnehmer bei leichtester Fahrlässigkeit überhaupt von jeder Ersatzpflicht freigestellt; nur bei grober Fahrlässigkeit hat er entsprechend dem Gesetzeswortlaut, also voll zu haften, während bei leichter Fahrlässigkeit eine Schadensteilung unter Abwägung von Verschulden des Arbeitnehmers und Betriebsrisiko des Arbeitgebers stattfindet. Während diese Privilegierung ursprünglich auf Pflichtverletzungen bei „gefahrgeneigter Arbeit" beschränkt war, wurde sie später auf alle Fälle der „**Arbeitnehmerhaftung**" erstreckt[16]. Hier vermischen sich eine Änderung des Haftungs-

---

15 Dieser schon de lege lata durchaus nicht unumstrittene Grundsatz (siehe nur die Vorschläge des 43. Deutschen Juristentages) soll nach einer Ansicht (zB *Canaris* JZ 1987, 1002) jedenfalls insofern gegen das Grundgesetz verstoßen, als es um die Haftung von Kindern und Minderjährigen geht. Die Problematik wurde durch das MinderjährigenhaftungsbeschränkungsG (BGBl I 1998, 2487), insbesondere durch den neu eingeführten § 1629a, entschärft; allerdings nur für rechtsgeschäftliche, kraft gesetzlicher Vertretungsmacht begründete Schulden des Minderjährigen. Zur schadensersatzrechtlichen Privilegierung von schädigenden Kindern unter 10 Jahren im motorisierten Verkehr siehe § 828 Abs. 2. Diese Norm ist nach dem BGH unabhängig davon anzuwenden, ob die typische Überforderungssituation des Straßenverkehrs auch in concreto Grund für den Schadensfall war (JA 2007, 736 *[J. Hager]*). § 828 Abs. 3, der auf die konkrete Einsichtsfähigkeit eines unter 18 Jahren alten Schädigers abstellt, ist nach dem BVerfG (NJW 1998, 3557) einer Normenkontrolle entzogen, da diese Vorschrift dem „vorkonstitutionellen" Recht angehört. (Das BVerfG regte übrigens an, eine Reduktion der Minderjährigenhaftung im Einzelfall auf der Grundlage des – damit sicherlich überstrapazierten – § 242 durchzuführen.).

16 Die im Einzelnen stark differenzierende Rechtsprechung findet sich in AP bei § 611 BGB – Haftung des Arbeitnehmers; vgl vor allem den Vorlagebeschluss des GS des BAG NJW 1993, 1732; NJW 1995, 210; BGH NJW 1996, 1532. Siehe im Übrigen *Lieb/Jacobs*, Arbeitsrecht[9], Rn 218 ff; ausführlich *Otto/Schwarze/Krause*, Haftung des Arbeitnehmers[4] (2014) 81 ff.

maßstabs und eine Anpassung des Haftungsumfangs an die spezielle Interessenlage. Sauberer wäre es gewesen, die gewünschte Arbeitnehmerbegünstigung auf gesetzlicher Basis einzuführen.

II. Die Kausalität[17]

1. Äquivalenztheorie

Unter den Grundelementen des Schadensrechts kommt der Feststellung, dass der Schädiger einen bestimmten Schaden **verursacht** habe, eine zweifache Funktion zu: Einmal wird dem Handelnden – bzw bei der Gefährdungshaftung dem Beherrscher einer Gefahrenquelle – eine bestimmte eingetretene Rechtsgutsverletzung (zB Eigentumseingriff), zum anderen eine für den Inhaber des Rechtsguts nachteilige Folge (regelmäßig ein Vermögensschaden) zugerechnet[18]. Diese beiden Aspekte werden mit den Begriffen der „haftungsbegründenden" bzw der „haftungsausfüllenden" Kausalität bezeichnet. Dabei versteht man unter **haftungsbegründender Kausalität** den Ursachenzusammenhang zwischen schädigendem Verhalten und Verletzung eines Rechtsgutes; unter **haftungsausfüllender Kausalität** hingegen den Ursachenzusammenhang zwischen der Verletzung des Rechtsgutes und dem dadurch eingetretenen Schaden[19]. 1064

Beispiel zur haftungs*begründenden* Kausalität: Fußballspieler A ist über eine Entscheidung des Schiedsrichters B erbost. Er geht auf B los und will ihm, um seinen Argumenten Nachdruck zu verleihen, mit der Faust ins Gesicht schlagen. B kann ausweichen und die Faust des A trifft C, der durch den Schlag mehrere Zähne verliert.

Beispiel zur haftungs*ausfüllenden* Kausalität (Fortsetzung): Aufgrund des heftigen Schlages kommt C zu Fall. Er schlägt sich auf dem harten Sandplatz das Knie auf und eilt sofort zu einem Arzt, der ihn gegen Wundstarrkrampf impft. C zeigt allergische Reaktionen auf die Spritze, auch ein mehrwöchiger Krankenhausaufenthalt kann die immer schlimmer werdenden Folgen, die letztendlich zur Arbeitsunfähigkeit des C führen, nicht lindern.

Das Gesetz lässt nicht klar erkennen, diese Differenzierung – wie überhaupt die Frage der Verursachung – als Problem gesehen und entschieden zu haben. Das zeigt sich in den schlichten Formulierungen etwa des § 823 (den „daraus entstehenden Schaden") oder des § 280 Abs. 1 („Ersatz des hierdurch entstehenden Schadens"). Immerhin deutet der Wortlaut dieser Vorschriften darauf hin, dass nach Feststehen einer Haftung dem Grunde nach, also bei Bejahung einer vom Schädiger verursachten und von ihm regelmäßig auch verschuldeten Rechtsgutsverletzung, die Verantwortlichkeit für alle hiermit kausal zusammenhängenden Schäden jedenfalls im Regelfall geklärt ist. 1065

---

17 Dazu aus jüngerer Zeit etwa Rosenbaum, Hypothetische Kausalität und Schadensersatz (2010); Bratzke/Kauert (Hrsg.), Kausalität (2006); *Mäsch*, Chance und Schaden (2004); *Röckrath*, Kausalität, Wahrscheinlichkeit und Haftung (2004); knapp und anschaulich Musielak JA 2013, 241; *Faust*, in: Rönnau/Faust/Fehling JuS 2004, 113, 115 ff.
18 Zur besonders diffizilen Beweisführung der Ursächlichkeit in den „Raucherfällen" *Rohlfing/Thiele* VersR 2000, 289, 291 ff; zur Kausalität bei fehlerhafter Rechtswahrnehmung durch Anwälte und Steuerberater *Adam* VersR 2001, 809.
19 Vgl *Kupisch/Krüger* JuS 1981, 30. Zum Nachweis der haftungsbegründenden Kausalität *Musielak* JuS 1983, 609, insb. 612.

Anders gesagt: **Es reicht für die Haftung aus, dass die Rechts(guts)verletzung als solche schuldhaft erfolgte.** Dass dem Rechtsträger aus diesem Verhalten Schäden entstehen würden, muss vom Schädiger hingegen nicht konkret vorhersehbar gewesen sein[20]. Bei vorwerfbaren (dh fahrlässigen oder vorsätzlichen) Eingriffen in fremde Rechte und bei der schuldhaften Verletzung von Schutzgesetzen hat der Handelnde daher grundsätzlich auch für Schäden zu haften, mit deren Eintritt sogar ein sorgfältiger Mensch in concreto nicht rechnen musste.

1066 Im **Fall 62** geht bereits die Verletzung der N auf eine mehr oder weniger lange Kausalkette zurück, die im Einzelnen von manchen Zufällen beeinflusst sein kann. Dennoch dürfte an der Haftung des Schädigers für die eigentlichen Unfallschäden kein Zweifel bestehen. Fraglich ist aber, ob S auch die Entdeckung der Arbeitsunfähigkeit der N zurechenbar verursacht hat. Bedenken dieser Art sind nicht selten: Im Anschluss an eine Verletzung bekommt der Verletzte im Krankenhaus eine ansteckende Krankheit. Es treten nach Jahren Spätfolgen auf. Aber auch die zur eigentlichen Rechtsgutsverletzung führende, die haftungsbegründende Kausalität, kann manchmal problematisch sein, so im lesenswerten Fall BGH NJW 1976, 1143: Ein vom beklagten Bauern mit beleidigenden Worten von einem Grundstück vertriebener, als Landvermesser tätiger Werkstudent erleidet durch die Erregung über den Vorfall eine Gehirnblutung. Für derartige Extremfälle wurde die Adäquanztheorie entwickelt (dazu sofort Rn 1068).

1067 Bei Verabschiedung des BGB scheint die Überzeugung geherrscht zu haben, durch eine „natürliche" oder – soweit dies reflektiert wurde – eine an naturwissenschaftlichen Methoden orientierte Betrachtungsweise die haftungsbegründenden von den nicht mehr relevanten Verhaltensweisen abgrenzen zu können. Das ist in einem ersten Schritt auch tatsächlich immer zu tun: Nach der sog **Äquivalenztheorie** ist zu klären, ob der Erfolg oder die fragliche Handlung entfiele bzw – im Hinblick auf die Unterlassung[21] – ob der beanstandete Erfolg auch bei Hinzudenken der fehlenden gebotenen Handlung eingetreten wäre **(conditio sine qua non-Formel)**. Danach hat aber jedes Geschehen eine unendliche Kette von Ursachen und eine ebenso lange Reihe von Folgen. Also muss nach anderen Maßstäben, denen des Rechts, **gewertet** werden, welche Erfolge und welche Schäden dem Handelnden bzw dem für ein Geschehen Verantwortlichen zugerechnet werden können. Es muss ein Kriterium für die Verantwortung gefunden werden, das unter den verschiedenen natürlichen Ursachen **abstuft**. Hierum bemühen sich mehrere Theorien. Sie haben gemeinsam, dass sie im Sinne eines **normativen** Urteils eine Eingrenzung der Haftung suchen, wobei sie eine **Grenze** ermitteln müssen, bis zu der dem Urheber einer Schadensbedingung eine Haftung für ihre Folgen billigerweise zugemutet werden kann[22], ohne dabei auf das Verschulden abzustellen.

---

20 *Deutsch*, Haftungsrecht², Rn 127; *Larenz*, SR I¹⁴, 431 ff. Zweifel bei MünchKomm/*Oetker*, BGB⁸, § 249 Rn 108.
21 Immer wieder problematisch ist die Kausalität von Unterlassungen im Bereich von – insbesondere ärztlichen – Aufklärungspflichten. Dazu etwa BGH NJW 2012, 850: Die Pflichtverletzung ist vom Geschädigten darzulegen und zu beweisen. Ist das gelungen, könnte zugunsten des Schädigers die haftungsbegrenzende Rechtsfigur des hypothetischen Kausalverlaufs bei rechtmäßigem Alternativverhalten zum Tragen kommen.
22 Aus der Rspr dazu statt vieler BGHZ 3, 261, 267; BGH NJW 1995, 126, 127.

2. Adäquanztheorie

Nach der **Adäquanztheorie**, die heute meist um zusätzliche Abwägungskriterien ergänzt wird, ist dem Handelnden ein Erfolg nur zuzurechnen, wenn sein Eintritt vom Standpunkt eines (nachträglichen) objektiven Beobachters dem **gewöhnlichen** (bzw dem nicht ganz ungewöhnlichen) Verlauf der Dinge entsprach. Es scheiden also diejenigen Ursachen aus, die nur durch eine ganz unwahrscheinliche Verkettung von Umständen den Erfolg herbeiführen konnten[23]. In der Adäquanztheorie stecken zwei Ansätze für eine wertende Korrektur des rein naturwissenschaftlichen Kausalitätsurteils: Zum einen wird eine typisierende Betrachtung des Kausalverlaufs mit dem Ziel der Eliminierung ganz außergewöhnlicher Bedingungen gefordert. Zum anderen wird auf den Standpunkt eines Beobachters abgestellt, dessen Einsichtsvermögen mindestens gut, wenn nicht optimal ist[24], der jedenfalls gegenüber dem konkret Handelnden auch nur eine typisierte Figur ist. Natürlich kann gegen diese Theorie manches eingewendet werden[25]. Ihr kommt aber zumindest das Verdienst zu, eine erste Einschränkung der Zurechnung aller Folgen einer noch so zufälligen Kausalitätskette erreicht zu haben. Eine (zumindest) derartige Einschränkung wird im Ergebnis auch von den meisten Stimmen befürwortet. Von vornherein unanwendbar ist die Adäquanztheorie jedoch in Fällen, in denen nicht nur die Rechtsverletzung, sondern gerade auch der **Erfolg** vom Vorsatz des Schädigers umfasst war: Eine Haftung ist daher auch dann zu bejahen, wenn der Erfolgseintritt ex ante betrachtet noch so unwahrscheinlich erschien[26].

1068

Nimmt man den erwähnten Fall des im Krankenhaus von einer ansteckenden Krankheit befallenen Unfallopfers, so wird man sagen müssen, dass nach der Lebenserfahrung mit solchen Ereignissen gerechnet werden muss. Auch Spätfolgen, mit deren Auftreten allenfalls ein Mediziner konkret rechnen muss, sind danach adäquat; ebenso eine als Folge der Schädigung auftretende „**Rentenneurose**" (neurotische Zwangsvorstellung des Geschädigten, er könne nicht mehr selbst für seine Lebenssicherung aufkommen). Nachdem der BGH – in Abkehr von der Rechtsprechung des Reichsgerichts[27] – lange Zeit eine Ersatzpflicht des Schädigers verneinte[28], da eine solche dem Sinn und Zweck des Schadensersatzrechts zuwiderliefe (gerade durch die Gewährung eines Schadensersatzanspruchs würde nämlich die „Wiedereinführung in den sozialen Lebens- und Pflichtkreis" erschwert oder gar verhindert), stellt das Höchstgericht heute psychische Leiden den körperlichen Schäden weitgehend gleich[29].

---

23 Klare Formulierung in RGZ 133, 126; vgl ferner BGHZ 7, 204 und BVerwG NJW 2001, 1878, 1881. Im Schrifttum siehe statt vieler *Michalski* Jura 1996, 393. Aus der Rechtsprechung noch etwa BGHZ 59, 139; BGH NJW 1995, 126, 127; NJW 1998, 138, 140. Amüsant AG Regensburg NJW 2000, 1047: Katze erschrickt (angeblich) durch des Nachts eingehendes Telefax und verletzt sich.
24 Das RG (RGZ 133, 126 f) wollte eine objektive Betrachtung ex ante anstellen. BGHZ 3, 267 und die heute überwiegende Lehre fordert eine „nachträgliche objektive Prognose", ohne zu leugnen, dass dabei eine Wertung stattfindet (BGHZ 18, 288). – Diskutiert werden könnte auch noch, ob man auf den Standpunkt eines „optimalen Beobachters" oder (wie *Larenz*, SR I/1[14], 436) den eines „erfahrenen Beurteilers" abstellt.
25 Siehe etwa *Esser/E. Schmidt*, SR I/2[8], 231 ff; *Kötz/Wagner*, Deliktsrecht[13], Rn 193 f.
26 Vgl BAG NJW 1990, 3228: Haftung des Diebes für Schäden, die aus der Verpfändung und späteren Versteigerung des Diebesgutes entstanden.
27 RGZ 105, 264; RGZ 151, 279.
28 BGHZ 20, 137; BGH NJW 1965, 2293.
29 BGHZ 132, 341, 345 f (seelischer Schaden infolge psychisch bedingter Anfälligkeit); NJW-RR 1999, 819 (Fahrradunfall; Haftung im Falle eines sog Ursachenbündels). Selbst wenn der Anlass eine Bagatelle darstellt, wird bei einer entsprechenden Schadensanlage des Geschädigten dennoch zugerechnet: BGH NJW 1998, 810, 812; aA OLG Oldenburg, DAR 2001, 313.

1069 Da die meisten Schäden nicht infolge einer ganz unwahrscheinlichen Verkettung von Umständen entstehen, wird die Adäquanz nur selten verneint[30].

Beispiele aus jüngerer Zeit: Eine ältere Dame hielt sich in der Straßenbahn entgegen den Beförderungsbedingungen nur mit einer Hand fest, da sie in der anderen Hand ihre Handtasche sowie eine Tüte mit einem Teller Kuchen trug. Bei einem verkehrsbedingt notwendig gewordenen abrupten Bremsmanöver ging die Dame laut Zeugenaussagen „wie eine Rakete nach vorne ab". Ein anderer Fahrgast wollte sie vor einem schweren Sturz bewahren und wurde dabei selbst verletzt. Das Verhalten der alten Dame wurde vom Gericht (auch) als unerlaubte Handlung iS des § 823 Abs. 1 gegenüber dem Helfer angesehen und die Adäquanz wurde ebenfalls bejaht[31]. Vom tobenden Täter adäquat verursacht ist selbstverständlich auch jener Schaden, der deshalb eintritt, weil jemand aus dem Fenster einer im zweiten Stock gelegenen Wohnung springt, um sich vor dem Tobenden zu retten, der zuvor die Wohnungstür eingetreten hat[32].

Die haftungsbeschränkende Wirkung allein dieser Lehre ist also gering. Umgekehrt gilt: Wenn feststeht, dass ohne die Handlung der Erfolg nicht eingetreten wäre, bedarf es eines Grundes, weshalb der Verletzte ohne Ersatzanspruch bleiben soll. Ein solcher Grund kann nur in einer **normativen** Risikoverteilung liegen, und diese darf sich nicht darauf beschränken, dem Täter alle Risiken zuzurechnen, die sein Handeln nach dem gewöhnlichen Verlauf der Dinge in der Sphäre des Verletzten begründet. Daher sind **weitere Kriterien einer Haftungsbeschränkung** nötig. Auf der anderen Seite ist man sich darüber einig, dass die Zurechnung nach dem Wahrscheinlichkeitsurteil die äußerste Marke darstellt, bis zu der den Handelnden eine Verantwortlichkeit trifft. Jenseits dieser Grenze realisiert sich in aller Regel für den Geschädigten das gewöhnliche eigene Schadensrisiko, mag auch der erste Anstoß zum schädigenden Kausalverlauf von einer fremden Handlung ausgegangen sein.

Zur Adäquanz sollte man sich also zumindest merken, dass sie die bloß den Ursachenverlauf analysierende Äquivalenztheorie bei der ersten Grenzziehung unterstützt. Prägnant formuliert: Für inadäquate Schäden ist grundsätzlich nicht zu haften. Damit ist aber noch nicht gesagt, dass für alle adäquat verursachten Nachteile einzustehen ist.

3. Schutzzweck der verletzten Norm

1070 Ein weiterer Einschränkungsversuch liegt im Ansetzen am **Schutzzweck der verletzten (Verbots-)Norm**: Man fragt, ob die Gesetzesvorschrift, die der Schädiger verletzt hat, gerade (auch) solche Nachteile wie den tatsächlich eingetretenen verhindern wollte. Wenn ja, wird gehaftet, wenn nein, nicht. Dies wird auch so ausgedrückt: Dem Handelnden sind nur solche Schäden zuzurechnen, die innerhalb des Schutzbereichs der verletzten Norm liegen[33]. Bei der Feststellung der Schutzreichweite ist der

---

30 Siehe aber immerhin die Ausführungen des erwähnten Urteils BGH NJW 1976, 1143, das die Gehirnblutung als Folge der Beleidigung eines jungen Menschen für nicht mehr adäquat erklärt. In BGHZ 107, 359 (mit Besprechung von *Lipp* JuS 1991, 809) wurde die Adäquanz einer Gehirnblutung, die infolge eines Streits anlässlich eines Verkehrsunfalls auftrat („psychisch vermittelter Gesundheitsschaden"), hingegen grundsätzlich bejaht.
31 OLG Düsseldorf NZV 2011, 393.
32 BGH NJW 2002, 2232 = JA 2003, 3 *(Krauss)*.
33 Grundlegend *von Caemmerer*, Das Problem des Kausalzusammenhangs im Privatrecht (1956); *Hans Stoll*, Kausalzusammenhang und Normzweck im Deliktsrecht (1968); *H. Lange* JZ 1976, 198, 201 ff. Siehe ferner etwa *Michalski* Jura 1996, 393.

Rechtsanwender selbstverständlich nicht auf die vom historischen Gesetzgeber ausdrücklich geäußerten Bereiche beschränkt.

Die **Normzwecklehre**[34] eignet sich zur Bestimmung der Rechtsfolgen beim Verstoß gegen eine spezielle Vertragspflicht oder eine allgemein gültige Verhaltensregel und kommt dem Bedürfnis nach einem normativen Maßstab der Verantwortlichkeit entgegen. Entwickelt wurde sie an einem Sachverhalt, dem **Fall 62** nachgebildet ist.

> Dass bei Frau N anlässlich ihres Krankenhausaufenthalts eine weitere, an sich nicht mit der Unfallverletzung zusammenhängende Erkrankung festgestellt werden würde, lag nicht außerhalb jeder Wahrscheinlichkeit. Zumindest der Zeitpunkt der Feststellung der Arbeitsunfähigkeit wurde durch das von S zu verantwortende Geschehen beeinflusst. Wenn aber die Verletzung der Frau N rechtswidrig war, so nicht deshalb, weil die Entdeckung der Augenkrankheit mit den daraus sich ergebenden Folgen vom Recht missbilligt wurde. Das lässt sich gegen die Zurechnung des Erfolgs als solchen ins Feld führen. Daher ist der eigentlich entscheidende Punkt weniger die Vorstellung von einem mehr oder weniger ausgedehnten Schutzbereich des § 823 Abs. 1 als die Überlegung, dass die früher oder später unvermeidliche Entdeckung der Arbeitsunfähigkeit schlechterdings nicht, auch nicht infolge des Unfalls, der Risikosphäre der Frau N (bzw ihrer Versicherung) entzogen werden kann[35].

1071

Trotz ihrer auf den ersten Blick einleuchtenden normativen Grundlage hat auch die Normzwecklehre Schwächen. Am besten passt sie im Rahmen der **Deliktshaftung** nach § 823 Abs. 2. Hier liegt es auf der Hand, dass ein Ersatzanspruch nur gegeben ist, soweit das verletzte Rechtsgut durch das „den Schutz eines anderen bezweckende Gesetz" umfasst ist. Nicht immer ist freilich ganz klar, wessen Schutz eine Vorschrift im Auge hat[36]; doch hilft bei der Anwendung des § 823 Abs. 2 die Vorstellung weiter, dass die Schutzbereichslehre im Wesentlichen nur solche Folgen ausschließen will, die das konkret verletzte Gesetz nicht im Auge hatte. Es muss also nicht immer festgestellt werden, dass eine Norm einen ganz bestimmten Erfolg auch positiv verhindern wollte. Auch ginge es nicht an, mittels der Normzwecklehre aus dem zurechenbar verursachten Schaden alle die Folgen auszunehmen, die wenig wahrscheinlich sind; oder gar jene, die besonders schwer wiegen[37]. Es ist unter diesen Umständen so-

1072

---

34 Sie wird auch als *Schutzzweck*- bzw *Schutzbereichs*lehre bezeichnet; gelegentlich ist auch von der *Lehre vom Rechtswidrigkeitszusammenhang* die Rede. Generell zur Rechtswidrigkeit als Voraussetzung der Haftung aus unerlaubter Handlung (§ 823) Schuldrecht Besonderer Teil § 20 Rn 12 ff.

35 Siehe zur Falllösung BGH JZ 1969, 602; *Larenz*, SR I[14], 440 ff.

36 **Beispiel:** Kann ein Bauherr wegen seines durch mangelhafte Bauausführung entstandenen Vermögensschadens den Unternehmer wegen eines Verstoßes gegen baupolizeiliche Vorschriften nach § 823 Abs. 2 iVm den bauordnungsrechtlichen Bestimmungen belangen oder schützen diese Normen nur öffentliche Interessen? Dazu BGH NJW 1965, 534; BayObLG NJW 1967, 354; siehe aber auch § 319 StGB.

37 Bedenklich daher BGHZ 56, 163 (Schockschaden aufgrund der Nachricht vom Tod eines nahen Angehörigen): Ein Schadensersatzanspruch soll nicht schon zugebilligt werden, wenn die medizinischen Auswirkungen (im konkreten Fall) über die gesundheitlichen Beeinträchtigungen hinausgehen, denen nahe Angehörige bei Todesnachrichten erfahrungsgemäß (generell) ausgesetzt sind; kritisch *Deubner* JuS 1971, 622. Dazu aus jüngerer Zeit BGH NJW 2007, 2764 (kein Schockschadenersatz für nicht am Unfall Beteiligte); dagegen MünchKomm/*Wagner*, BGB[7], § 823 Rn 189, Übersicht dort Rn 186 ff; *Dahm* NZV 2008, 187; über das deutsche Recht hinaus *Stiegler*, Schmerzengeld für Schock- und Trauerschäden: Rechtsvergleichende Analyse des Angehörigenbegriffes und der Mitverschuldensanrechnung (2009).

gar möglich, weiter entfernte, etwa durch eigenes Tun des Verletzten hervorgerufene Folgen dem Täter zuzurechnen, sofern ihre Verhinderung vom Schutzzweck der Norm mitumfasst wird. Allerdings sind wie überall – und ganz besonders im Bereich der Nichtvermögensschäden – Grenzen zu beachten, um ein Ausufern von Ersatzpflichten zu verhindern. In diesem Sinn hat der BGH den Ersatz eines Schockschadens abgelehnt, der einem Menschen aufgrund der Tötung eines Tieres entstanden ist[38].

Beispiele für die Abgrenzungsschwierigkeiten[39]: Wegen eines Verkehrsunfalls gerieten in einer modernen Intensivzucht gehaltene Schweine in Panik, wobei einige verendeten und einige vorzeitig warfen. Die dadurch verursachten Schäden sind nach Ansicht des BGH vom Schutzzweck des § 7 Abs. 1 StVG (die Schutzzwecktheorie wird also auch im Bereich der *Gefährdungshaftung* angewendet!) nicht mehr erfasst, da der Geschädigte die „entscheidende Ursache" für den Schaden – gerade die Bedingungen der Intensivzucht waren nämlich der hauptsächliche Grund für die besondere Anfälligkeit der Schweine gegenüber Panikanfällen – bewusst und freiwillig gesetzt habe. Anders wurde hingegen in einem Fall entschieden, in dem sich jemand der polizeilichen Festnahme durch Flucht unter Verwendung seines Kraftfahrzeugs zu entziehen versuchte und bei der anschließenden Verfolgung ein Schaden am Polizeifahrzeug entstand; die Zurechnung wurde sogar für den Fall bejaht, dass der Fahrer des Polizeifahrzeugs zum Zweck der Gefahrenabwehr bewusst eine Kollision mit dem Fluchtfahrzeug herbeiführt, um den Fliehenden zum Anhalten zu zwingen[40].

1073 Die Schutzzwecklehre passt auch bei der **Schädigung durch Vertragsverletzung**. Dadurch verursachte Nachteile können dem Täter nur zugerechnet werden, wenn die verletzte Pflicht den Eintritt des konkreten Schadens verhindern sollte. Gerade bei Vertragspflichten ist deren Schutzumfang allerdings nicht immer leicht zu ermitteln. So besteht zwar etwa kein Zweifel daran, dass ein Rechtsanwalt haftet, wenn er Ansprüche seines Mandanten verjähren lässt. Fraglich könnte aber sein, ob der Schutzzweck der vertraglichen Aufklärungs- und Sorgfaltspflichten des Anwalts auch noch dann greift, wenn der Mandant bereits vor Ablauf der Verjährungsfrist – mit seinem ersten Anwalt unzufrieden – einen weiteren Rechtsanwalt mit der Prüfung von Ersatzansprüchen gegen den ersten beauftragt. Der BGH hat diese Frage bejaht: Selbst ein Fehler des neuen Anwalts unterbreche den *Zurechnungszusammenhang* grundsätzlich nicht[41]. Anderes, nämlich eine Unterbrechung – und damit Haftungsfreiheit des Anwalts – wurde hingegen bei groben Fehlern des Gerichts angenommen[42]; in solchen Fällen wäre genau zu prüfen, ob das vorangehende Fehlverhalten des Anwalts überhaupt kausal für den Schaden des Mandanten (infolge des Prozessverlusts)

---

38 NJW 2012, 1730 = JuS 2012, 841 *(Mäsch)*.
39 BGHZ 115, 84; siehe dazu die ablehnende Besprechung von *H. Roth* JuS 1993, 716. Vgl ferner BGH NJW 1978, 2027 (Folgen der sittlichen Verwahrlosung eines vom Beklagten verführten Mädchens); OLG Düsseldorf NJW 1978, 2036 (Folgen der Panik eines anderen als des vom Beklagten unsachgemäß behandelten Pferdes).
40 BGH NJW 2012, 1951 = JuS 2012, 1029 *(Mäsch)*.
41 NJW 2002, 1117, 1120. Zum Problem im Arzthaftungsrecht (Fehler des ersten Arztes machen einen Eingriff durch einen zweiten notwendig und es ist zu klären, ob der erste für die Folgen des Eingriffs durch den zweiten Arzt haftet) BGH NJW 2012, 2024. Ausführlicher zur Unterbrechung des Zurechnungszusammenhangs durch das Hinzutreten des Verhaltens eines Dritten oder des Geschädigten selbst etwa *Esser/E. Schmidt*, SR I/2[8], 235 ff; *Lange/Schiemann*, Schadensersatz[3], 143 f Fn 394.
42 BGH JA 2008, 303 *(J. Hager)*.

war⁴³ oder ob nicht zumindest die Rechtsfolgen der Berufung des Schädigers auf rechtmäßiges Alternativverhalten (dazu sofort Rn 1074) eingreifen. Nicht im Schutzbereich eines anwaltlichen Beratungsvertrages liegen üblicherweise die ideellen Interessen des Mandanten; anders uU dann, wenn er als Strafverteidiger auch die Freiheit des Mandanten zu schützen hat und durch Fehler eine längere Haft verursacht⁴⁴.

Der Schutzzweck eines Vertrages entscheidet auch darüber, ob am Vertrag nicht beteiligten *Dritten* Ersatzansprüche zukommen können (dazu Rn 1180 ff).

Die nach der Verkehrsauffassung als Realisierung des allgemeinen Lebensrisikos aufzufassenden Schäden sollten dem Täter hingegen nicht angelastet werden. Diese – ebenfalls unscharfe – Grenze wird auch vom BGH generell anerkannt: Wenn sich eine Gefahr verwirklicht, die im täglichen Leben unter Billigung der Rechtsordnung in Kauf genommen werden muss, so soll jeder dafür selbst einzustehen haben⁴⁵.

Im vertraglichen Bereich kann und soll die Schutzzwecklehre selbstverständlich nicht verhindern, dass der Schadensersatz statt der Leistung (§§ 280 ff) grundsätzlich das gesamte Interesse an der primären Leistungspflicht umfasst. Dasselbe gilt für die weitgehend anerkannten Nebenpflichten.

Beispiele: Ein gekauftes Tier ist krank und steckt die anderen Tiere des Käufers an. Hier steht neben den Gewährleistungsbehelfen das vertragliche Recht auf Ersatz des sonstigen Schadens. Aber auch weitere Kausalverläufe können vom Schutzzweck einer Vertragspflicht umfasst sein: A wird während einer Bahnfahrt aufgefordert, seinen Fahrausweis zu zeigen. Da dieser nicht in Ordnung ist, flieht er. Der ihn verfolgende Beamte stürzt und wird verletzt. Eine Verantwortlichkeit ist zu bejahen, soweit die Körperschäden sich als Verwirklichung eines gesteigerten, durch die Verfolgung übernommenen Risikos darstellen⁴⁶. Hier kehrt der Gesichtspunkt der Zurechnung des Schadens nach Risikosphären wieder und ergänzt die Betrachtung nach der Adäquanzlehre.

Insgesamt hat die Schutzzwecklehre zwar nicht immer voll befriedigende Ergebnisse gebracht. Das ist bei heiklen Abgrenzungsfragen aber auch nicht anders zu erwarten. Bei sorgfältiger Anwendung ist sie gemeinsam mit der Adäquanztheorie zur sachgerechten Haftungseingrenzung jedoch prinzipiell sehr geeignet.

4. Rechtmäßiges Alternativverhalten⁴⁷

Als weiteres Korrektiv kommt der Einwand „**rechtmäßigen Alternativverhaltens**" in Betracht: Der Schädiger beruft sich darauf, der Schaden wäre auch dann eingetreten, wenn er sich rechtmäßig verhalten hätte. Kann er dies beweisen⁴⁸, scheidet eine

1074

---

43 Vgl dazu BGH NJW 2013, 540 = JuS 2013, 558 *(Mäsch)*.
44 BGH NJW 2009, 3025 = JuS 2010, 69 *(Faust)*.
45 BGHZ 107, 359, 367 (nach einem Verkehrsunfall wurde der an Bluthochdruck leidende Kläger vom Beklagten vor der Polizei wahrheitswidrig als der Schuldige dargestellt und erlitt aus Erregung darüber eine Gehirnblutung mit einem Schlaganfall).
46 BGHZ 57, 25; siehe auch BGH NJW 2000, 947. Weitere Nachweise bei MünchKomm/*Oetker*, BGB⁸, § 249 Rn 167 ff.
47 *Brehm/Kleinheisterkamp* JuS 2000, 844; *Gotzler*, Rechtmäßiges Alternativverhalten im haftungsbegründenden Zurechnungszusammenhang (1977); *Großerichter*, Hypothetischer Geschehensverlauf und Schadensfeststellung (2001); *Hanau*, Die Kausalität der Pflichtwidrigkeit (1971).
48 Die bloße *Möglichkeit*, dass es auch bei rechtmäßigem Handeln zur Schadensverursachung gekommen wäre, genügt selbstverständlich nicht: LG Nürnberg-Fürth VersR 2002, 100; BGH NJW 1959, 1316.

Ersatzpflicht regelmäßig aus. Eine *Ausnahme* wird von manchen allerdings dann vertreten, wenn im Interesse des Geschädigten *Verfahrensgarantien* bestehen und diese verletzt wurden; so bei Verhaftung ohne richterlichen Haftbefehl[49]. Da an den vom „Schädiger" zu führenden Beweis, der Haftbefehl wäre bei Beantragung jedenfalls erteilt worden (etwa wegen dringenden Tatverdachts, der sich erst später zerschlägt), ohnehin ein strenger Maßstab angelegt werden muss, sollte der Einwand rechtmäßigen Alternativverhaltens bei entsprechenden Beweisergebnissen auch in solchen Fällen möglich sein[50].

Beispiele: Sachlich gerechtfertigte Beschlagnahme von mit Salmonellen vergiftetem Fleisch durch eine unzuständige Behörde (BGH NJW 1971, 239); keine Ersatzpflicht des vertragsbrüchigen Arbeitnehmers für Inseratskosten, die auch bei ordnungsgemäßer Kündigung angefallen wären (BGH NJW 1981, 2430); ein auf Schadensersatz in Anspruch genommener Arzt kann geltend machen, dass der Patient die wegen fehlender Aufklärung unwirksame Einwilligung auch bei ordnungsgemäßer Aufklärung erteilt hätte (BGHZ 90, 103).

1075   Im **Fall 63** hat A durch seine Handlung zwar die real wirksame Bedingung für den Eintritt des Schadens gesetzt, der Schaden ist also (zunächst) durch seine Handlung entstanden und eine Ersatzpflicht dem Grunde nach gegeben. Allerdings hätten die übrigen Miteigentümer ihre Mietertrags-Anteile auch bei korrektem Verhalten des A weitestgehend verloren, nämlich infolge des (späteren) Zusammenbruchs der Bank B. Wem es missfällt, dass eine Berufung auf rechtmäßiges Alternativverhalten auch in derartigen Fällen vorsätzlicher Pflichtverletzung bzw strafbaren Handelns möglich sein soll, müsste eine weitere, bereits angesprochene Differenzierung erwägen; nämlich den Einwand dann nicht zuzulassen, wenn die verletzte Gesetzesnorm die Einhaltung eines ganz bestimmten Verfahrens sicherstellen bzw bestimmte „Schadensentstehungswege" verhindern will.

5. Tätermehrheit[51]

1076   Haben **mehrere Personen (Mittäter)** durch eine gemeinschaftlich, also im bewussten Zusammenwirken begangene unerlaubte Handlung Schaden gestiftet, so hat gemäß § 830 Abs. 1 jeder von ihnen für den **gesamten** Schaden einzustehen; und zwar auch dann, wenn sich nicht ermitteln lässt, welcher der Beteiligten den Schaden konkret verursacht hat. Das Verhalten aller Beteiligten wird also als **Handlungseinheit** betrachtet und es findet eine **Gesamtzurechnung** statt. Bei bloßen – zufälligen – **Nebentätern** findet hingegen wie auch sonst eine gesonderte Prüfung aller Haftungsvoraussetzungen für jeden (möglichen) Schädiger statt; die Kausalität der Handlung des Belangten muss vom Geschädigten also nachgewiesen werden.

---

49 *von Caemmerer*, Das Problem der überholenden Kausalität im Schadensersatzrecht (1962) 32; *Deutsch/Ahrens*, Deliktsrecht[6] (2014), Rn 75; *Lange/Schiemann*, Schadensersatz[3], 206 ff; Palandt/*Grüneberg*, BGB[78], vor § 249 Rn 65; Staudinger/*Schiemann*, BGB (2017) § 249 Rn 106.
50 In diese Richtung gehen etwa *Hanau*, Die Kausalität der Pflichtwidrigkeit (1971) 114 ff; *Gotzler*, Rechtmäßiges Alternativverhalten im haftungsbegründenden Zurechnungszusammenhang (1977) 125 ff; MünchKomm/*Oetker*, BGB[8], § 249 Rn 223. Siehe etwa auch OLG Oldenburg, VersR 1991, 306, 307 (verfahrenswidrige vorläufige Einweisung eines Paranoiden in ein Krankenhaus).
51 Zur Deliktshaftung mehrerer *Weidt* JuS 2016, 481.

6. Sonderformen der Kausalität

Es gibt aber noch einige weitere Sonderkonstellationen, die vom Gesetz nicht eigens geregelt sind und deren sachgerechte Lösung auf besondere Schwierigkeiten stößt: Was soll etwa dann gelten, wenn zwar zwei (oder mehrere) unterschiedliche Ereignisse zu einem Schaden geführt haben, aber jedes von ihnen den Schaden **auch alleine** verursacht hätte **(kumulative Kausalität)**? Brächte man hier die Formel von der conditio sine qua non zur Anwendung, so würde dies zum unbefriedigenden Ergebnis führen, dass die Haftung jedes Beteiligten entfiele, da er sich darauf berufen könnte, der Schaden wäre auch ohne sein rechtswidriges Verhalten eingetreten. Richtigerweise wird man hier mit dem BGH eine Haftung aller Beteiligten bejahen müssen[52].

1077

In einem vom BGH entschiedenen Fall[53] lehnte eine Bauaufsichtsbehörde eine Bauvoranfrage aufgrund eigener Erwägungen und aufgrund der Tatsache, dass die dafür zuständige Gemeinde ihr Einvernehmen versagte, zu Unrecht ab. Der BGH ließ sowohl die Gemeinde als auch die Bauaufsichtsbehörde für die durch die Ablehnung entstandenen Schäden haften. In einem anderen Fall hatten verschiedene Täter unabhängig voneinander ein Grundstück mit Schadstoffen kontaminiert. Die vollständige Sanierung brachte gegenüber der Beseitigung bloß eines der Schadstoffe keinen zusätzlichen Aufwand mit sich. Daher sah der BGH zu Recht jede Verunreinigungshandlung als voll schadenskausal an und ließ einen der Schädiger für den gesamten Sanierungsaufwand einstehen[54].

Anders zu entscheiden sind dagegen regelmäßig Fälle von **hypothetischer** oder **überholender Kausalität**: Hier geht es darum, dass der durch eine Handlung des Schädigers verursachte Schaden aufgrund eines anderen, späteren Ereignisses („Reserveursache") ohnehin eingetreten wäre[55]: Wäre die Fensterscheibe vom Nachbarsjungen nicht bereits wenige Tage vorher mit dem Fußball zerstört worden, wäre auch sie dem Brand des Hauses zum Opfer gefallen. Das Beispiel zeigt deutlich, dass es wohl zu einfach ist, eine Entlastung des Sportlers nur mit dem Argument zu verwerfen, real sei die Scheibe eben nur durch sein Verhalten zerstört worden. Dafür spricht auch die Parallele zum Einwand rechtmäßigen Alternativverhaltens. Noch deutlicher werden die Bedenken gegen volle Haftung des Täters bei vorhandener Krankheit oder Krankheitsanlage des Geschädigten: Die Handlung des Schädigers führt dann nur zu einem früheren Ausbruch des Leidens oder zu einer Vorverlegung des ohnehin kurz bevorstehenden Todes. Dementsprechend wird eine Vielzahl von Lösungsvorschlägen gemacht, die regelmäßig zu berücksichtigen versuchen, dass der Geschädigte ex post betrachtet auch ohne den Schädiger wenig später um seinen Vermögenswert, seine Gesundheit oder sein Leben gekommen wäre. In den „Anlagefällen" ist anerkannt,

1078

---

52 BGH NJW 1992, 2691, 2692. Für den praktisch wichtigen Bereich der Umweltschäden vgl die Kausalitätsvermutung des § 6 UmweltHG. Zur Problematik der ökologischen Schäden *Klass* JA 1997, 509.
53 BGH NJW 1992, 2691, 2692.
54 BGH NJW 2004, 2526.
55 Zur überholenden Kausalität *Frank/Löffler* JuS 1985, 689; zum Verhältnis von kumulativer und hypothetischer Kausalität *Brehm/Kleinheisterkamp* JuS 2000, 844. Aus der Judikatur siehe etwa BGH ZfBR 2001, 286 (rechtswidrige Versagung eine Baugenehmigung, wobei bei rechtmäßiger Erteilung der Baugenehmigung mit Nachbarwidersprüchen zu rechnen gewesen wäre, die den Schaden – Verdienstentgang – möglicherweise ebenfalls verursacht hätten).

dass die Ersatzpflicht des Schädigers auf jene Nachteile zu beschränken ist, die dadurch entstehen, dass der Schaden „vorverlagert" wurde[56].

Beispiel: Bei der Obduktion eines durch einen Verkehrsunfall getöteten Mannes wird festgestellt, dass dieser wegen einer bis dahin unentdeckten, schon weit fortgeschrittenen unheilbaren Krankheit ohnehin nur noch wenige Wochen zu leben gehabt hätte. Der Täter hat den gegenüber dem Opfer Unterhaltsberechtigten gemäß § 844 Abs. 2[57] nur für jene Zeit Ersatz zu leisten, in der der Getötete ohne den Verkehrsunfall noch gelebt hätte und leistungsfähig gewesen wäre.

Allgemein wird zu Recht darauf hingewiesen, dass im hier erörterten Problemkreis eigentlich gar kein Kausalitätsproblem vorliegt; vielmehr geht es um andere Fragen der Zurechnung[58], etwa um die Berechnung des dem Schädiger anzulastenden Schadensanteils. Zu unterscheiden ist schließlich noch danach, ob das hypothetische Wirksamwerden der **„Reserveursache"** zu einer Schadenstragung des Geschädigten selbst geführt hätte (Brand durch Blitzschlag) oder ob ein weiterer Schädiger vorhanden ist (zB ein Brandstifter). In der zweiten Konstellation erscheint eine Entlastung des Erstschädigers keinesfalls interessengerecht: Der Zweitschädiger (= Brandstifter) muss nämlich keinesfalls mehr ersetzen als den Wert, den die Sache im Zeitpunkt seiner Schadenszufügung hatte. Und der Geschädigte darf nicht deshalb auf einem Teil seines Schadens sitzen bleiben, weil es mehrere Schädiger gibt!

1079 Zu erwähnen ist schließlich noch die **alternative Kausalität**[59]: Für einen Schaden kommen zwei (oder mehrere) konkrete Ursachen in Frage; es lässt sich aber nicht feststellen, welche den Schaden tatsächlich verursacht hat. (**Beispiel:** Verletzung eines Treibers durch Schrotkörner, wobei zwei Jäger, die nahezu zeitgleich abgedrückt haben, aufgrund ihres Standorts als Täter in Frage kommen.) Keinesfalls geht es an, jemanden allein wegen **möglicher** Täterschaft mit Ersatzpflichten zu belegen. Eine derartige Unaufklärbarkeit fällt also grundsätzlich dem Opfer zur Last. **§ 830 Abs. 1 S. 2** macht davon eine – in ihren Grenzen unklare – Ausnahme und lässt die „mehreren Beteiligten" als Gesamtschuldner (§ 840) auf den vollen Schaden haften.

> Die Rechtsprechung versteht diese Vorschrift zu Recht restriktiv und stellt **vier Haftungsvoraussetzungen** auf[60]:
> – Mehrere Personen haben unabhängig voneinander (ansonsten Haftung nach § 830 Abs. 1 S. 1) eine für den Rechtskreis des Geschädigten konkret gefährliche – und daher verbotene – Handlung begangen;
> – eine dieser Handlungen hat den Schaden tatsächlich verursacht;
> – die Handlung eines jeden Beteiligten kann den Schaden verursacht haben;
> – der wirkliche Urheber des Schadens ist nicht zu ermitteln.

---

56 BGHZ 20, 275, 280; BGH NJW 1985, 676, 677; OLG Schleswig NJW 2005, 439. Zur Haftung für Zusatzschäden aufgrund anlagebedingter „psychischer Fehlverarbeitung" von Unfallfolgen durch den Verletzten siehe etwa BGH NJW 2004, 1945; OLG Celle NJW-RR 2004, 1252.
57 Zum Anspruch auf „Hinterbliebenengeld" (für den sog Trauerschaden), der 2017 im neuen § 844 *Abs. 3* gesetzlich geregelt wurde, siehe etwa *Huber* JuS 2018, 744.
58 BGHZ 104, 355, 359 f.
59 Ausführlich dazu *Kruse*, Alternative Kausalität im Deliktsrecht (2006).
60 BGHZ 25, 271; BGHZ 67, 14, 19; BGH NJW 1987, 2810, 2811.

Besonders problematisch sind jene Fälle, in denen eine (mögliche) Schadensursache **1080**
keine Ersatzansprüche des Geschädigten auslösen würde.

Beispiel: Ein Wanderer wird von einem Stein verletzt. Dieser hat sich entweder selbst gelöst oder wurde von einem anderen, sorglosen Bergfreund losgetreten. In der ersten Alternative wäre der Schaden also durch ein **Zufallsereignis** verursacht worden, der dem Geschädigten zur Last fiele. Nach hA setzt die Anwendbarkeit des § 830 Abs. 1 S. 2 voraus, dass dem Geschädigten jedenfalls ein Ersatzanspruch zusteht und lediglich die Person des Passivlegitimierten ungeklärt ist[61]. Ausgehend von dieser Prämisse müsste ein Schadensersatzanspruch daher **zur Gänze** entfallen, wenn eine der möglichen Schadensursachen – abgesehen von der ungeklärten Kausalität – keinen Deliktstatbestand verwirklicht; so, wenn einer der potenziellen Schädiger verschuldensunfähig ist. Damit hätte im Beispielsfall der verletzte Wanderer keinen Schadensersatzanspruch gegen seinen möglichen Schädiger. Dieses Ergebnis ist jedoch ganz offensichtlich unbefriedigend: Da das Verhalten des einen Beteiligten möglicherweise kausal und darüber hinaus konkret schadensgeeignet war, wäre es für ihn ein ganz unverdienter Glücksfall, wenn er nur deshalb **vollständig** von der Haftung verschont bliebe, weil auch noch ein anderes, „zufälliges" Ereignis den Schaden verursacht haben könnte[62]. Daher sollte in solchen Fällen dem Geschädigten zumindest **anteilig** Schadensersatz zugesprochen werden (dessen Höhe analog § 287 ZPO vom Gericht zu schätzen wäre)[63].

III. Lösung Fall 62[64]

Frau N könnte Ansprüche gegen die Haftpflichtversicherung der F-GmbH, gegen die F- **1081**
GmbH sowie gegen S persönlich haben. Da die Versicherung nur in Anspruch genommen werden kann, wenn die Ersatzpflicht einer vom Versicherungsschutz erfassten Person gegeben ist, muss die Prüfung mit den Ansprüchen gegen S und F begonnen werden.

I. Ansprüche von N gegen S

1. Ein Schadensersatzanspruch der N gegen S ergibt sich zum einen aus § 823 Abs. 1 sowie aus § 823 Abs. 2 iVm der StVO: S hat durch sein Tun N widerrechtlich (durch die Körperverletzung der N indiziert; nach dem Sachverhalt liegt auch ein Verstoß gegen Normen der StVO nahe) und schuldhaft an ihrem Körper verletzt.

a) Dieser Anspruch umfasst nicht den Einkommensausfall, der sich durch die vorzeitige Erwerbsunfähigkeit ergibt. Zwar ist der Unfall eine nicht hinwegzudenkende Bedingung dieses Ereignisses, doch liegt die Verhinderung der Entdeckung von Krankheiten nicht im Schutzbereich der hier verletzten Normen (StVO, § 823 Abs. 1).

---

61 BGHZ 67, 14, 19; BGH NJW 1996, 3205, 3207; MünchKomm/*Wagner*, BGB[7], § 830 Rn 67; Erman/*Wilhelmi*, BGB[15], § 830 Rn 6 f; *Deutsch*, Haftungsrecht[2], Rn 152.
62 *Larenz/Canaris*, SR II/2[13], 578.
63 *Larenz/Canaris*, SR II/2[13], 579 zur Konkurrenz mit Zufall im Anschluss an *F. Bydlinski*, Probleme der Schadensverursachung nach deutschem und österreichischem Recht (1964) 77 ff; *dens.* FS Frotz (1993) 4 ff. Grundlegend *Wilburg*, Die Elemente des Schadensrechts (1941) 74. Vgl auch *Gottwald*, Kausalität und Zurechnung, Karlsruher Forum 1986, 21 f. – Zur Fruchtbarmachung dieses Ansatzes in Fällen fehlerhafter Anlageberatung siehe *P. Bydlinski* ÖBA 2012, 797, 801 ff; *dens.* ÖBA 2008, 159, 168 ff. Für Beweislastumkehr hinsichtlich der Kausalität bei einer Aufklärungspflichtverletzung entgegen der früheren Rsp BGH NJW 2012, 2427.
64 Diese Kurzlösung beinhaltet nicht nur in diesem Abschnitt behandelte Fragen, sondern auch weitere Aspekte des Schadensersatzrechts.

b) Die Kosten einer Haushaltshilfe – selbst wenn diese letztendlich vom Mann der N aufgebracht werden und diesem finanziell zur Last fallen – können, wenn man den normativen Schadensbegriff des BGH zugrunde legt, von N geltend gemacht werden (vgl BGHZ 50, 304, wo einer nicht berufstätigen Ehefrau nach einer Verletzung Schadensersatz für ihr Ausfallen unabhängig davon, ob eine Ersatzkraft angestellt wurde, zugebilligt wurde; siehe dazu Rn 1128 f).

2. § 253 Abs. 2 ordnet für den Fall einer Körperverletzung überdies eine Pflicht des Schädigers zur Zahlung eines angemessenen Schmerzensgeldes an.

3. Eine Verpflichtung des S zum Schadensersatz ergibt sich neben § 823 auch aus § 18 Abs. 1 StVG, wonach der Führer eines Kraftfahrzeugs neben dem Halter für Schäden (Tötung eines Menschen, Körperverletzung, Gesundheitsschädigung, Sachbeschädigung) aus dem Betrieb eines Kfz haftet, falls ihn ein Verschulden trifft.

Der Umfang des Schadensersatzanspruchs bei Körperverletzung folgt aus § 11 StVG: Er umfasst alle vermögenswerten Nachteile, Heilungskosten, Verdienstausfall, Schmerzensgeld. Dabei sind aber grundsätzlich die Haftungshöchstbeträge des § 12 Abs. 1 StVG zu beachten.

II. Ansprüche von N gegen die F-GmbH

1. Gemäß § 831 hat die F-GmbH für das Verschulden ihres Verrichtungsgehilfen S einzustehen, falls ihr nicht der Entlastungsbeweis gemäß S. 2 (kein Auswahl- oder Überwachungsverschulden) gelingt. Im Rahmen des Anspruchs aus § 831 haftet sie der N auch für deren Anspruch auf Schmerzensgeld (§ 253 Abs. 2).

2. Als Halter des von S gesteuerten PKW ist F der N gegenüber gemäß § 7 Abs. 1 StVG zum Schadensersatz verpflichtet. Dieser Anspruch ist – im Gegensatz zur Haftung des Führers – unabhängig davon, ob der Lenker des Fahrzeugs den Unfall verschuldet hat (Gefährdungshaftung). Eine Ausnahme besteht lediglich, wenn der Unfall durch höhere Gewalt verursacht wurde (§ 7 Abs. 2 StVG), was hier jedoch nicht der Fall ist.

III. Ansprüche von N gegen die Haftpflichtversicherung der F-GmbH

1. Gemäß § 3 Abs. 1 PflVG kann N ihren Schadensersatzanspruch gegen die F-GmbH aus § 7 Abs. 1 StVG auch *direkt* gegen deren Haftpflichtversicherer geltend machen. § 3 Abs. 2 PflVG ordnet eine gesamtschuldnerische Haftung (§§ 421 ff BGB) des Versicherers und des Halters an.

2. Da gemäß § 1 PflVG die Kfz-Haftpflichtversicherung vom Halter auch für den Führer des Kfz abzuschließen ist, kann N gegenüber dem Versicherer auch ihre Ansprüche aus § 823 Abs. 1, § 823 Abs. 2 iVm der StVO sowie § 18 Abs. 1 StVG gemäß § 3 Abs. 1 PflVG geltend machen. Auch zwischen der Haftpflichtversicherung und S entsteht ein Gesamtschuldverhältnis (§ 3 Abs. 2 PflVG).

3. Wenn die Haftpflichtversicherung der N Schadensersatz leistet, so gehen deren Ansprüche gegen S und die F-GmbH gemäß § 86 VVG (Legalzession!) auf sie über.

§ 18 Schadensbegriff, Schadensberechnung und Arten des Ersatzes[1]

Fall 64: A hat einen Personenkraftwagen des Baujahrs 1925, den er sorgfältig pflegt und durch den er weithin bekannt geworden ist. Er erhält daher häufig Aufträge, mit dem Wagen an Werbeaktionen teilzunehmen. Bei einem Verkehrsunfall, den B verschuldet, wird der Wagen vollkommen zerstört und A verletzt. Er macht als Schadensersatz geltend: Krankenhaus- und Arztkosten, Schmerzensgeld sowie einen Geldbetrag für die Erträge, die er bei den bereits abgeschlossenen Werbekampagnen verdient hätte. An Stelle seines Wagens verlangt er Lieferung des einzigen in Europa noch vorhandenen Automobils dieses Typs, das sich im Besitz eines französischen Bankiers befinde und für einen angemessenen Preis zu kaufen sei. Wenn dies nicht gelinge, soll die Versicherung den Wert des Wagens ersetzen und einen zusätzlichen Betrag als Ausgleich für den durch den Verlust des Automobils erlittenen seelischen Schmerz bezahlen.

1082

Fall 65: Der Fabrikant F hat für seinen Produktionsbetrieb bei H eine serienmäßig zu fertigende Maschine bestellt. Die Maschine wird geliefert und soll bei F durch die Leute des H mithilfe des Ingenieurbüros I installiert werden. Dabei wird sie durch Verschulden der Leute des I so stark beschädigt, dass sie einer gründlichen, mindestens zwei Wochen dauernden Reparatur bedarf und nicht mehr pünktlich eingebaut werden kann. F will wissen, ob er für den Produktionsausfall bis zum Einbau Ersatz verlangen kann. H fragt, in welcher Höhe er sich bei I erholen könne. I macht geltend, für die Beschädigung seien mangelnde Auskünfte durch die Mitarbeiter des H mitursächlich gewesen.

1083

Fall 66: Der neunjährige P hat zum Geburtstag von seinen Eltern einen Bogen und mehrere Pfeile im Köcher erhalten. Die Eltern bewundern die Zielsicherheit, die der Junge schon bald an den Tag legt, und haben daher auch keine Einwände, als er eines Morgens mit Bogen und Pfeilen auf die Straße geht. Als bewegliches Ziel hat P diesmal den mannscharfen Hofhund des Nachbarn N ausgewählt, den er mit zwei Schüssen trifft, ohne freilich darauf zu achten, dass das Tier versehentlich nicht angekettet ist und das Hoftor offen steht. Nach dem zweiten Schuss hat der Hund den Schützen entdeckt, greift ihn an und verletzt ihn erheblich. Seinem Schadensersatzanspruch hält N entgegen, P sei selbst schuld und auch seine Eltern hätten besser auf ihn aufpassen müssen.

1084

Fall 67: Die Eheleute F und M haben bereits drei gemeinsame Kinder. Da sie – vor allem aus finanziellen Gründen – vermeiden wollen, ihre Familie noch weiter zu vergrößern, beschließt M nach eingehender Beratung mit seiner Frau, sich sterilisieren zu lassen. Dennoch bringt F zehn Monate nach der an M vorgenommenen Vasektomie (Samenleiterdurchtrennung) Zwillinge zur Welt. Durch Nachfrage bei einem Spezialisten erfährt M, dass der Arzt A, der die Operation durchgeführt hat, ihn davor unzureichend aufgeklärt hat; er hätte darauf hinweisen müssen, dass der Erfolg der Operation endgültig erst nach Durchführung eines Spermiogramms frühestens vier Wochen nach dem Eingriff hätte beurteilt werden können. M verlangt von A monatlichen Unterhalt für die beiden Kinder; F nimmt den A auf Zahlung von Schmerzensgeld in Anspruch, da sie bereits seit dem dritten Schwangerschaftsmonat heftigen und schmerzhaften Wehen ausgesetzt war[2]. **Lösung Rn 1135**

1085

---

[1] Zum Ganzen etwa *Honsell/Harrer* JuS 1991, 441; *Keilmann* JA 2005, 700; *Förster* JA 2015, 801.
[2] BGH NJW 1995, 2407 nachgebildet.

I. Begriff und Arten des Schadens[3]

1. Begriff

1086 Das BGB greift bei seinen Formulierungen häufig auf die Umgangssprache zurück und gibt keine näheren Definitionen. So sagt § 249 nicht, was unter „Schaden" zu verstehen ist, sondern umreißt lediglich den Umfang der Schadensersatzpflicht. Es geht also um den **rechtlich ersatzfähigen Schaden**. Aber wann liegt ein solcher vor? Zwar entspräche es dem Ausgleichsgedanken (Rn 1057), den rechtlich ersatzfähigen Schaden dem „natürlichen" möglichst anzunähern[4]. Damit wäre dann *jede* – materielle oder auch bloß ideelle – Beeinträchtigung erfasst, die jemand in seiner Rechtssphäre erleidet. Doch wenn die Ersatzpflichten nicht unübersehbar (Drittschäden) und Schadensberechnungen nicht zum Lotteriespiel werden sollen (immaterielle Schäden), müssen möglichst klare Grenzen gezogen werden. So ist der Gesetzgeber nicht gehindert, den auszugleichenden Schaden der Höhe nach zu beschränken, die Berechnung zu regeln, die ersatzfähigen Rechtsgüter abschließend zu benennen oder bestimmte individuelle Wertvorstellungen des Geschädigten für unerheblich zu erklären. Dies ist gemeint, wenn man den **Schaden** allgemein als **unfreiwillige Einbuße an den rechtlich geschützten Vermögensgütern einer Person** versteht, die vom Recht für irgendwie ausgleichungsfähig erklärt worden sind.

1087 Dass das Gesetz dem Geschädigten gewisse Nachteile nicht abnehmen kann und will, zeigt **Fall 64**. Bei der Bemessung eines Geldersatzes für den Wagen, den A fordern kann (§ 249 Abs. 2 S. 1), muss der Wert bestimmt werden, was in gewisser Weise ein Eingehen auf die subjektive Sicht des Eigentümers erfordert. Man spricht insoweit vom **Interesse** des Geschädigten, zu dem aber ein bloßer Liebhaberwert (das sog Affektionsinteresse) nicht gerechnet wird. Hiermit setzt man sich darüber hinweg, dass der Inhaber des zerstörten Rechtsguts das Geschehene ganz besonders schmerzlich als Einbuße empfindet. Nun ist A aber nach § 249 Abs. 1 grundsätzlich berechtigt, einen Ausgleich durch Wiederherstellung des früheren Zustandes zu verlangen (etwa durch Beschaffung des Ersatzwagens). Wenn dies dem Schädiger im konkreten Fall zuzumuten ist (vgl § 251 Abs. 2), findet also eine weitergehende Ausgleichung statt als im Fall des Geldersatzes. Da die Zwecke des Schadensersatzrechts regelmäßig vollen Ausgleich verlangen, wird in § 249 der **Vorrang der Naturalherstellung** angeordnet; zur Verfolgung seines Integritätsinteresses kann der Geschädigte in den Fällen des § 249 Abs. 2 S. 1 sogar (wahlweise) fordern, dass ihm der Schädiger den zur Wiederherstellung notwendigen Geldbetrag zur Verfügung stellt.

2. Schadensarten

1088 Häufig ist von **Schadensarten** die Rede. Hinter all diesen Unterscheidungen stehen praktisch wichtige Sachfragen. Zunächst ist zu unterscheiden zwischen dem unmittelbaren Schaden an einem bestimmten Gut, dem **Objektschaden**, und einer durch diese

---

[3] Zum Schadensbegriff bei den Vermögensdelikten *Eisele/Bechtel* JuS 2018, 97, zu Aufwendungen als Schaden *Meier/Jocham* JuS 2018, 1257.
[4] Zum Folgenden statt vieler *Larenz*, SR I[14], 426 ff. Zur Abwägung zwischen „natürlichem" und „normativem" Schadensbegriff siehe etwa die Übersicht von *Grunsky* Jura 1979, 57; ferner *Steffen* NJW 1995, 2057 (ausgehend vom praktisch bedeutsamen Bereich der Verkehrsschäden), *Schlechtriem* ZEuP 1997, 232 (auch unter rechtsvergleichenden Gesichtspunkten).

Rechtsgutsverletzung im sonstigen Vermögen des Geschädigten eingetretenen (weiteren) Einbuße, dem sogenannten **Vermögensfolgeschaden**[5]. Dieser Unterschied ist immer dann von Bedeutung, wenn ein Vermögensschaden nur ersatzfähig ist, sofern er aus bestimmten Objektschäden hervorgeht, etwa im Rahmen des § 823 Abs. 1[6]. Für die Ersatzpflicht kommt es nach dem BGB hingegen nicht darauf an, ob der eingetretene Schaden (zum Teil) bloß als **entgangener Gewinn** anzusehen ist, da auch dieser immer zu ersetzen ist (§ 252).

In **Fall 64** hat A Schäden an seiner Gesundheit und an seinem Eigentum erlitten, wodurch aber weitere Verluste in seinem Gesamtvermögen auftraten: Heilungskosten, entgangene Honorare für die Teilnahme an Werbeaktionen.

1089

An die Art des Objektschadens knüpft eine weitere wichtige Unterscheidung an, die zwischen **Vermögens-** und **Nichtvermögensschaden**[7]. Entgegen einem verbreiteten Missverständnis ist zu betonen, dass auch Schäden an nicht vermögenswerten (immateriellen) Gütern ersatzfähig sind, indem § 249 die Wiederherstellung (Naturalrestitution) anordnet. So kann etwa der Beleidigte oder der durch eine Veröffentlichung rechtswidrig in seinem Persönlichkeitsrecht Beeinträchtigte als Schadensersatz eine Ehrenerklärung verlangen. Auch soweit die Beschädigung eines nicht vermögenswerten Objekts weitere Folgeschäden im Vermögen nach sich zieht, kann eine Ersatzpflicht gegeben sein. Allerdings ist bei Beschädigung immaterieller Güter für den Fall der Unmöglichkeit einer Wiederherstellung der Ersatz des Interesses **in Geld** ausgeschlossen, sofern das Gesetz nicht ausnahmsweise die Ersatzfähigkeit vorsieht (§ 253 Abs. 1). Gesetzliche Ausnahmen nehmen zu. Zu dem schon länger existierenden § 253 Abs. 2 (in **Fall 64** bekommt A ein Schmerzensgeld[8]) sind im BGB in jüngerer Zeit § 844 Abs. 3 (sog Hinterbliebenengeld für den „Trauerschaden"[9]) sowie § 651n Abs. 2 (Ersatz für nutzlos aufgewendete Urlaubszeit) hinzu gekommen. Zu erwähnen ist überdies, dass im Zusammenhang mit dem Geldersatz bei Verletzung des sogenannten „Allgemeinen Persönlichkeitsrechts" (dazu Schuldrecht Besonderer Teil § 22 Rn 15 ff) die Beschränkung des § 253 Abs. 1 von der Rechtsprechung im

1090

---

5 Dazu *Mohr* Jura 2010, 567.
6 Ausführlich zum Recht der unerlaubten Handlungen (§§ 823 ff) Schuldrecht Besonderer Teil §§ 20 ff.
7 *Tonner* JuS 1982, 411; *Busl* JuS 1987, 108; *Paschke/Wolfram* DZWir 1995, 485; *Brinker*, Die Dogmatik zum Vermögensschadensersatz (1982); zum Ausfall des Internetzugangs als (möglicher) Vermögensschaden *Exner* JuS 2015, 680. Zum immateriellen Schaden siehe statt vieler *Ebbing* ZGS 2003, 223; *E. Lorenz*, Immaterieller Schaden und billige Entschädigung in Geld (1981); *Schwerdtner* Jura 1985, 521; *Wagner* JZ 2004, 319.
8 Zum Schmerzensgeld *Neuner* JuS 2013, 577. Zur Frage, ob bzw unter welchen Voraussetzungen Angehörigen von Verkehrs- oder Verbrechensopfern Schmerzensgeldansprüche für erlittene Schockschäden, also Beeinträchtigungen mit Krankheitswert, zustehen, etwa BGH NJW 2004, 1476; JuS 2015, 747 *(Mäsch)*; *Bischoff* MDR 2004, 557 (Verbrechensopfer); *Klinger* NZV 2005, 290 (Verkehrsopfer); zur Frage von Angehörigenansprüchen bei Arzthaftung (Tod des Vaters infolge falscher Diagnose) OLG Koblenz NJW-RR 2005, 677. Der BGH (NJW 2007, 2764; JuS 2015, 747 *[Mäsch]*) zählt zu den Ersatzberechtigten bei Schockschäden lediglich die am Unfall Beteiligten und lässt einen durch die Unfallnachricht ausgelösten Schock nicht ausreichen; dagegen etwa MünchKomm/*Wagner*, BGB[7], § 823 Rn 189.
9 Eingeführt erst im Jahre 2017. Davor wurden bloße Trauerschäden nicht als ersatzfähig angesehen: Siehe etwa OLG Naumburg NJW-RR 2005, 900 (kein eigener Ersatzanspruch der Mutter, wenn Sohn nach brutaler Misshandlung bei ihr erscheint und 36 Stunden später im Krankenhaus an den Folgen stirbt).

Wege einer de lege lata methodisch nicht unbedenklichen Rechtsfortbildung überwunden worden ist[10]. Doch sogar in gesetzlich geregelten Bereichen wird der Zuspruch eher zurückhaltend gehandhabt[11].

Erklärungsbedürftig ist auch der Begriff des **bloßen (reinen) Vermögensschadens**. Man verwendet ihn dann, wenn jemandem materielle Nachteile entstanden sind, ohne dass in dessen absolut geschützte Güter (Rechte iS des § 823 Abs. 1) eingegriffen wurde. So erleidet ein Unternehmer infolge eines neuen Konkurrenten Gewinneinbußen oder verliert jemand Geld, weil er aufgrund eines (schlechten) Rates in ein windiges Unternehmen investiert hat. In der Sache geht es dabei um die Frage, ob bzw unter welchen Umständen die Zufügung derartiger Schäden überhaupt **rechtswidrig** ist und daher ersatzpflichtig machen kann. In der Regel ist das nicht der Fall. Ausnahmen können sich aus speziellen Vorschriften (wie etwa § 823 Abs. 2 oder § 826) oder aus Vertragspflichten ergeben, die gerade (auch) den Zweck haben, das Vermögen des Partners zu schützen, wie zB bei der Anlage-, Rechts- oder Steuerberatung.

1091 Auf einer ganz anderen Ebene liegt die Unterscheidung zwischen dem **Nichterfüllungsschaden** und dem **Vertrauensschaden**, die den Umfang eines zu ersetzenden Schadens im vertraglichen und vorvertraglichen Bereich betrifft. Regelmäßig wird dabei an den Schaden angeknüpft, der gerade durch das rechtswidrige Verhalten des Schädigers entstanden ist. Wer den Vertrauensschaden (das **negative Interesse**) zu ersetzen hat, muss den Geschädigten so stellen, als hätte dieser auf die Erklärungen (siehe die Fälle der §§ 122, 179 Abs. 2) des anderen Teils nicht vertraut, weshalb etwa bestimmte Aufwendungen unterblieben wären, die so das Vermögen des Geschädigten gemindert haben (vgl hierzu auch den neuen § 284). Zum Ersatz von Vertrauensschäden kommt es etwa in den Fällen der culpa in contrahendo, die nunmehr in den §§ 311 Abs. 2 und 3, 241 Abs. 2 aufgegangen ist (siehe Rn 979 und 1000 ff). Dagegen müssen beim **Schadensersatz statt der Leistung (positives Interesse = Erfüllungsinteresse)** die Einbußen ersetzt werden, die bei ordnungsgemäßer Erfüllung der *vertraglichen* Pflichten des Schuldners (Erbringung der Hauptleistung, uU auch Einhaltung von Nebenpflichten) nicht entstanden wären (§§ 280 ff; dazu Rn 410 ff). Um Missverständnissen vorzubeugen: Aus diesen Definitionen darf keinesfalls der Schluss gezogen werden, dass der **Schadensersatz statt der Leistung** immer den **Vertrauensschaden** übersteigt, mag dies auch häufig tatsächlich der Fall sein. Dass es aber nicht notwendigerweise so sein muss, verdeutlicht schon die immer wieder anzutreffende ausdrückliche Beschränkung des zu ersetzenden Vertrauensschadens mit dem Betrag des Erfüllungsinteresses (etwa in § 179 Abs. 2).

---

10 Spektakulär die Entscheidungen „Caroline von Monaco I" (BGHZ 128, 1 = NJW 1995, 861) und „Caroline von Monaco II" (BGH NJW 1996, 984); zum Problem etwa *H.P. Westermann*, in: Einheit und Folgerichtigkeit im juristischen Denken. Symposion zu Ehren von Claus-Wilhelm Canaris (1998) 125. In einer jüngeren Entscheidung stellt der BGH (NJW 2005, 125) für die Höhe des Geldersatzes bei Persönlichkeitsverletzungen ausdrücklich auf folgende Faktoren ab: Intensität der Verletzung, Genugtuung des Opfers und Prävention. Zum Ersatz ideeller Schäden im sog Medienzivilrecht s. auch *L. Huber* JA 2012, 571.

11 Auch das europäische Unionsrecht steht dem Ersatz ideeller Schäden aufgeschlossen gegenüber. Als Beispiel dafür sei eine Entscheidung des EuGH (NJW 2011, 3776) genannt, nach der einem Fluggast auf der Basis einer europäischen Verordnung der Ersatz immaterieller Schäden zusteht.

II. Das System der Ersatzansprüche[12]

Da der „Schaden" iS des BGB stets die **rechtlich ersatzfähige Einbuße** ist, setzen die Festlegung der Art der geschuldeten Ersatzleistung sowie das Verfahren zur Berechnung eines Vermögensfolgeschadens normative Anweisungen des Gesetzes voraus. Bei beiden Gedankengängen wird nicht mit natur- oder wirtschaftswissenschaftlichen Methoden operiert, sondern eine dem Zurechnungsurteil (Rn 1064) entsprechende Wertung vollzogen.

1092

1. Inhalt der Schadensersatzpflicht

Den **Inhalt der Schadensersatzpflicht** hat das Gesetz verhältnismäßig genau geregelt. Ausgangspunkt ist das Gebot, den Zustand herzustellen, der ohne die zum Ersatz verpflichtende Handlung bestehen würde (§ 249 Abs. 1). Zu der dabei hervortretenden Ausgleichsfunktion des Schadensrechts gehört in zweiter Linie auch die Möglichkeit, eine nicht mehr gutzumachende Schädigung in Geld auszugleichen (Kompensation; § 251). Im konkreten Fall verfährt man so, dass zunächst geprüft wird, inwieweit Naturalherstellung vom Geschädigten gefordert werden kann, sodann, wann der Geschädigte Geldersatz verlangen oder der Schädiger diesen anbieten darf. Hierbei spielen dann die Berechnungsmethoden (Rn 1108) sowie das grundsätzliche Verbot der Abgeltung eines Nichtvermögensschadens in Geld (außer in den gesetzlich bestimmten Fällen; vgl § 253 Abs. 1) eine wichtige Rolle.

1093

a) Die Verpflichtung zur **Naturalherstellung**[13] bedeutet zunächst, dass der Schädiger (*in eigener Person!*; vgl § 249 Abs. 1) den gleichen (wirtschaftlichen) Zustand, der ohne das schädigende Ereignis bestünde, (wieder)herzustellen hat[14]; noch genauer: einen künftigen Zustand, der dem hypothetischen Verlauf der Dinge ohne den Schadensfall entspricht[15]. Er muss also für eine zerstörte[16] – bzw nicht richtig gelieferte – Sache eine gleichartige beschaffen (im **Fall 64** also vorbehaltlich des § 251 Abs. 2 das Ersatzfahrzeug[17]); er hat eine beschädigte Sache auszubessern, unwahre und beleidigende Äußerungen zu widerrufen und diesen Widerruf notfalls gehörig bekannt zu machen[18]. Ob das beeinträchtigte Rechtsgut für den Inhaber einen Vermö-

1094

---

12 Dazu *Schiemann* JuS 1992, Lernbogen 8, L 57; zu Art und Umfang des Ersatzes *Pöschke* JA 2010, 257.
13 Zur Naturalrestitution *Coester-Waltjen* Jura 1996, 270. Ein praktischer Fall dazu findet sich etwa bei E. Schmidt JuS 1986, 517.
14 BGH NJW 1985, 793.
15 *Schiemann* JuS 1992, Lernbogen 8, L 58.
16 Bei Zerstörung scheidet ein Geldanspruch nach § 249 Abs. 2 aus, nicht jedoch der Anspruch nach Abs. 1 leg cit; vgl bloß Palandt/*Grüneberg*, BGB[78], § 249 Rn 2, 11.
17 Vgl BGHZ 115, 365; BGHZ 115, 375 (die zweite Entscheidung betraf den Fall eines sog „wirtschaftlichen Totalschadens"). Der BGH sieht die Beschaffung einer gleichartigen Ersatzsache nicht als Wertersatz nach § 251 Abs. 2, sondern als eine Form der Naturalrestitution nach § 249 S. 2 aF bzw § 249 Abs. 2 S. 1 nF an (ständige Rechtsprechung seit NJW 1972, 1800, 1801). Er zählt darüber hinaus aber auch die bei Ausfall eines Kfz entstehenden Mietwagenkosten zu den Kosten der „Herstellung" iSd § 249 S. 2 aF = Abs. 2 S. 1 nF (BGH NJW 1985, 793). – Zur Schadensberechnung, wenn der Geschädigte selbst ein Ersatzfahrzeug anschafft, etwa *Heinrich* NJW 2005, 2749; zur Bedeutung der Weiterbenutzung trotz wirtschaftlichen Totalschadens für den Schadensumfang („lokaler Restwert ist abzuziehen") BGHZ 143, 189; BGH JA 2007, 548 (*J. Hager*).
18 Bei Persönlichkeitsrechtsverletzungen können dieselben Rechtsfolgen allerdings auch – verschuldensunabhängig und mit langer Verjährungsfrist! – durch Geltendmachung eines Beseitigungsanspruchs (§§ 12, 1004 analog) erreicht werden: *Grimm* NJW 1995, 1697.

genswert oder überhaupt irgendeine Bedeutung hatte, ist für den Anspruch auf Naturalherstellung unerheblich. Allerdings darf der Geschädigte durch die Ersatzleistung am Ende nicht besser stehen, als er bei normaler Entwicklung seiner vorher gegebenen Vermögenslage stünde. Das damit angesprochene **Bereicherungsverbot**[19] folgt aus der Ausgleichsfunktion des Schadensrechts, ist jedoch im Einzelfall nicht immer leicht zu verwirklichen (näher Rn 1122 ff). Diesem Grundsatz zur Seite steht die für den Geldersatz bei Personen- und Sachschäden ausdrücklich ausgesprochene (schädigerfreundliche) Regel, wonach nur der zur Herstellung des früheren Zustands **erforderliche Geldbetrag** verlangt werden kann (§ 249 Abs. 2 S. 1); nicht daher etwa vom Geschädigten tatsächlich bezahlte überhöhte Mietwagenkosten während der Reparatur seines beschädigten Fahrzeugs[20].

1095 In vielen Fällen kommt „Wiederherstellung" durch den Schädiger selbst nicht in Betracht oder ist **für den Geschädigten unzumutbar**. Man denke nur an den Professor, der das von ihm beschädigte Auto reparieren oder den Berufskraftfahrer, der den von ihm verletzten Lenker operieren sollte. In solchen Fällen kann der Geschädigte vom Schädiger den Geldbetrag verlangen, der nötig ist, um die für die Naturalrestitution notwendigen professionellen – nicht professoralen – Leistungen von dritter Seite zu erhalten (§ 249 Abs. 2 S. 1).

1096 Die **Naturalrestitution** ist häufig **unmöglich** oder wird vom Gesetz durch Vernichtung des Erfüllungsanspruchs **ausgeschlossen** (etwa in § 281 Abs. 4); bisweilen erscheint sie für den Schädiger auch wegen der hohen Kosten **unzumutbar**. Bei Unmöglichkeit oder Unzulänglichkeit für den Geschädigten tritt ein **Geldersatzanspruch** an die Stelle des Rechts auf vollständige Herstellung (§ 251 Abs. 1). Die Kosten der Wiederherstellung des früheren Zustandes berücksichtigt das Gesetz nur, wenn die Kosten für die Herstellung „unverhältnismäßig" sind, dh den Wert, den die Sache vor ihrer Beschädigung hatte, *erheblich* übersteigen. Der Schuldner darf dann den Gläubiger in Geld entschädigen (**Ersetzungsbefugnis**; § 251 Abs. 2). Für den praktisch wichtigen Bereich der Schäden an Kraftfahrzeugen geht die Rechtsprechung dann von einer Unverhältnismäßigkeit aus, wenn die Reparaturkosten (einschließlich des etwaigen Minderwerts) mindestens 130% des Wiederbeschaffungswerts (ohne Berücksichtigung des Restwerts) betragen[21]. Die Kosten können auch nicht in einen

---

19 Siehe *Deutsch*, Haftungsrecht[2], Rn 633.
20 Dazu etwa BGH NJW 2005, 51 und 135 = JA 2005, 243 *(Luckey)*. Zur Verpflichtung des Vermieters, darüber aufzuklären, dass die Versicherung (vermutlich) nur einen Teil ersetzen werde, BGH JA 2007, 143 *(J. Hager)*; dazu *Herrler* JuS 2007, 103.
21 Vgl etwa BGHZ 115, 364, 368; BGH NJW 1992, 1618, 1620; NJW 2012, 52; umfangreiche Darstellung der Rechtsprechung bei *Haug* VersR 2000, 1329 und 1471; siehe ferner *Kirchhoff* MDR 1999, 273. Für den Fall, dass die Mietwagenkosten eines Taxiunternehmers für ein Ersatztaxi den (vermutlichen) Verdienstausfall übersteigen, hat es der BGH aber abgelehnt, eine starre Zumutbarkeitsgrenze (Vorschlag des 31. deutschen Verkehrsgerichtstags: plus 100%) zu ziehen (BGH NJW 1993, 3321; zustimmend *Benicke* JuS 1994, 1004). Begehrt der Geschädigte nach § 249 Abs. 2 die (fiktiven) Reparaturkosten, so ist der sog Integritätszuschlag (30%) nicht geschuldet. Umstritten ist allerdings, ob die fiktiven Reparaturkosten bis zum vollen Wiederbeschaffungswert zu ersetzen sind oder vom Schädiger nur der sog Wiederbeschaffungsaufwand (unter Abzug des Restwertes) vergütet werden muss. Der BGH (BGHZ 154, 395 = NJW 2003, 2085; JuS 2007, 283 *[Faust]*) hat sich entgegen der früheren Rspr für den Ersatz bis zum vollen Wiederbeschaffungswert entschieden, sofern der Geschädigte den Restwert nicht durch Weiterveräußerung realisiert. Ausführlich zum Problem etwa MünchKomm/*Oetker*, BGB[8], § 249 Rn 373 f, § 251 Rn 41 ff. Zur Verletzung von Tieren siehe die ausdrückliche Sonderregelung des § 251 Abs. 2 S. 2 und dazu BGH JuS 2016, 650 *(Mäsch)*, der in concreto (sehr hohe Heilungskosten bei eher geringem „Tierwert") gegen einen bloßen Teilersatz keine Bedenken hat. Zur Einschränkung des Verhältnismäßigkeitsgrundsatzes für den Bereich ökologischer Schäden vgl § 16 UmweltHG (dazu *Klass* JA 1997, 509).

wirtschaftlich unvernünftigen und einen wirtschaftlich vernünftigen Teil (bis 130%) gespalten werden[22]. Die Schadensersatzpflicht (an sich) besteht nach der Rechtsprechung von vornherein nur insoweit, als sich die Aufwendungen im Rahmen wirtschaftlicher Vernunft halten[23]. Lässt der Geschädigte trotz eines sog **wirtschaftlichen Totalschadens** reparieren, so kann er Ersatz der angefallenen Reparaturkosten verlangen, wenn es ihm entgegen der Einschätzung des vorgerichtlichen Sachverständigen gelungen ist, eine fachgerechte und den Vorgaben des Sachverständigen entsprechende Reparatur durchzuführen, deren Kosten den Wiederbeschaffungswert nicht übersteigen[24]. In **Fall 64** kann sich B, wenn das Ersatzfahrzeug zu einem angemessenen Preis zu beschaffen ist, auf § 251 Abs. 2 nicht berufen. Aus diesem Gesichtspunkt hat BGH NJW 1975, 640 eine bedenkliche Einschränkung des Ausgleichs für Körperschäden abgeleitet, indem die Ersatzfähigkeit der Kosten für eine kosmetische Operation in ein „zumutbares" Verhältnis zu dem – oft recht knapp bemessenen – Schmerzensgeld gebracht werden muss. Allerdings will der BGH dem Versagen der Operationskosten durch ein entsprechend höheres Schmerzensgeld Rechnung tragen.

Selbstverständlich *entfällt* die Pflicht zur Naturalrestitution, wenn der Geschädigte bei vom Schädiger zu verantwortendem Verlust vertretbarer Sachen (zB von Aktien) bereits selbst eine Ersatzbeschaffung vorgenommen hat[25].

Damit wurden bereits die wichtigsten Konstellationen angesprochen, in denen es zum **Geldersatz** kommen kann. Hinzu kommt, dass der zur Herstellung Verpflichtete trotz Fristsetzung nicht in angemessener Frist leistet; dann tritt gemäß § 250 ein Anspruch auf Ersatz in Geld an die Stelle des Herstellungsanspruchs. In allen diesen Fällen ist jedoch der Geschädigte grundsätzlich nicht gehalten, den erhaltenen Geldbetrag auch wirklich für die Wiederherstellung zu verwenden. Solange er sich nicht bereichert, darf er „in die eigene Tasche sparen"[26]. Dies gilt jedoch nicht für Personenschäden, da es der dem § 253 Abs. 1 zugrunde liegenden Wertung zuwiderliefe, wenn der Geschädigte daraus materiellen Profit schlagen könnte[27]. **1097**

b) Die gesetzlichen Normen können nicht auf Dauer festschreiben, **welche vermögenswerten Positionen** bei der Schadensregulierung zu Buch schlagen und wie sie zu **bewerten** sind. Im Rahmen der Ansprüche auf Geldersatz haben sich insoweit eine Reihe von Rechtsfragen ergeben. Sie können kaum noch mit dem Anspruch auf logisch zwingende Ableitung aus dem Gesetzestext bewältigt werden, sondern lösen sich, methodischen Entwicklungen der Zeit entsprechend, in die Abwägung des Gewichts einzelner Grundsätze und Wertvorstellungen auf: Berücksichtigung des Integritätsinteresses, Bereicherungsverbot, keine Geldwertkompensation bei Einbußen an **1098**

---

22 BGHZ 115, 364, 371 ff.
23 BGHZ 111, 168, 178.
24 BGH r+s 2011, 222.
25 Vgl BGH JuS 2008, 1028 *(Faust)*.
26 BGHZ 61, 56; BGH NJW 1996, 2924, 2925; NJW 1997, 520. Generell gegen eine abstrakte Schadensberechnung (und damit wohl zu weit gehend) *Honsell/Harrer* JuS 1991, 443. Zum Ersatz „fiktiver" Schäden vgl auch *Reinhold Weber* VersR 1990, 934; *Schiemann* VersR 2006, 160.
27 BGHZ 97, 14, 15 (Anspruch auf Kostenersatz für Beseitigung einer unfallbedingten Narbe nur, wenn die Absicht besteht, eine Operation tatsächlich durchführen zu lassen); vgl ferner *Steffen* NJW 1995, 2057, insb. 2060. Ebenso für ökologische Schäden *Klass* JA 1997, 521, der diese aus § 16 UmweltHG gewonnene Wertung auch für § 249 S. 2 fruchtbar machen will.

immateriellen Gütern²⁸. Diese unterschiedlichen Ziele ordnen sich zwar alle einem richtig verstandenen Ausgleichsgedanken unter, vereiteln aber eine für alle Fälle einheitliche Bestimmung des **Vermögensschadens (Interesses)**. Es handelt sich dabei um die Feststellung, worin die nach den Vorschriften der §§ 251, 249 Abs. 2 S. 1 in Geld ersatzfähige **Vermögenseinbuße bei Sach- und Personenschäden** eigentlich besteht.

1099 Würde es im **Fall 64** bei Unmöglichkeit der Beschaffung des Ersatzfahrzeugs etwas ausmachen, dass ein Gegenstand ohne „Marktwert" zu ersetzen ist? Kann die „Gewinnträchtigkeit" der Sache berücksichtigt werden? Ist in **Fall 65** der Produktionsausfall und in **Fall 64** der Ausfall der Arbeitskraft eine ersatzfähige Größe? Spielt es eine Rolle, ob A in **Fall 64** während seines Krankenhausaufenthalts durch eine Tagesgeldversicherung schadlos gestellt wurde oder seine Frau durch zusätzlichen Arbeitsaufwand die anfallenden Arbeiten mit erledigte? Muss in **Fall 65** ein Ersatz dafür geleistet werden, dass der Besteller am Ende keine fabrikneue, sondern eine reparierte Maschine bekommen hat?

1100 Nach verbreiteter Ansicht ist eine **Differenzrechnung** anzustellen²⁹: Der Vermögensschaden ist durch Vergleich zwischen dem gegenwärtigen Gesamtvermögen des Geschädigten und dem Bestand, den das Vermögen ohne das schädigende Ereignis haben würde, zu ermitteln³⁰. Charakteristisch für diese Differenzmethode ist das Abstellen auf die **Vermögensgesamtlage** und nicht, wie die §§ 249, 251 zunächst anzuordnen scheinen, auf die Herstellung eines tatsächlichen Zustandes durch Behebung oder Kompensation eines einzelnen Rechtsgüterverlusts. Hierbei muss bis zu einem gewissen Stichtag – dem Tag der Schadensersatzleistung – eine hypothetische Entwicklung berücksichtigt werden; auch dies ist vom Wortlaut des § 249 Abs. 1 gedeckt. Zu diesem Zeitpunkt müssen dann alle Vor- und Nachteile in einer Differenz abschließend erfasst werden³¹.

Dennoch ist die Differenzmethode, die auf das römische und das gemeine Recht zurückgeht³², nicht unbestritten. Zunächst ist streitig, ob und inwieweit bei der Feststellung der Vermögensgesamtlage die konkrete Nutzung der beschädigten Sache im Vermögen des Geschädigten berücksichtigt werden muss³³. Weiter wird die Unsicherheit des hypothetischen Urteils sowie seine Undurchführbarkeit bei Sonderproblemen geltend gemacht, vor allem in einigen Problemfällen der Abgrenzung von Vermögens- und Nichtvermögensschaden (Rn 1126 ff) sowie bei der „Vorteilsausgleichung" (Rn 1122 ff). Als Gegenposition ist der **„normative Schadensbegriff"**

---

28 Zu den diesbezüglichen Entwicklungstendenzen im Schadensersatzrecht *Honsell/Harrer* JuS 1985, 161. Zum Bereicherungsverbot im Besonderen *Greger* NZV 2000, 1, 3.
29 Überblick über die anerkannten Berechnungsmöglichkeiten bei *Betz* JA 2006, 60; speziell zur Differenzhypothese *Mohr* Jura 2010, 327.
30 BGHZ 27, 181, 183; aus neuerer Zeit etwa BGH NJW 1994, 2357.
31 Recht anschaulich in diesem Zusammenhang BGH NJW 2006, 1424: Die Beschädigung eines gepflanzten Gehölzes führt nur insoweit zu einem Ersatzanspruch, als dadurch der Grundstückswert vermindert ist; und hinsichtlich des Grundstücks stellt die geringere Restlebensdauer des Gehölzes bloß einen (noch) nicht ersatzfähigen „Zukunftsschaden" dar.
32 An der Differenzmethode halten im Wesentlichen fest: *Esser/E. Schmidt*, SR I/2⁸, 182 ff; *Fikentscher/Heinemann*, SR¹¹, Rn 588; *Larenz*, SR I¹⁴, 424. Kritisch im neueren Schrifttum etwa MünchKomm/*Oetker*, BGB⁸, § 249 Rn 21.
33 Dafür zB *Esser/E. Schmidt*, SR I/2⁸, 187 f.

aufgebaut worden[34]. Er sollte im Ausgangspunkt dazu dienen, den Schaden vom objektiven, „gemeinen" Wert des verletzten Rechtsguts her zu berechnen, ist aber inzwischen zum Stichwort einer grundlegenden Umorientierung des Schadensrechts geworden[35], die dem Schadensersatz die Rolle einer Rechtsverfolgung für die Verletzung eines Rechtsguts zuspricht. Die zT recht unterschiedlichen Ausprägungen des normativen Schadensbegriffs haben sich in der Judikatur zu Einzelproblemen niedergeschlagen und jedenfalls partiell zu einer Korrektur der Differenzmethode geführt. Tatsächlich spricht manches dafür, weiterhin zuerst die – für den Regelfall nach wie vor am besten geeignete – Differenzmethode heranzuziehen. In Sonderkonstellationen, die bereits stichwortartig genannt wurden, sind die Ergebnisse jedoch gegebenenfalls durch normative Wertungen zu korrigieren[36]. Ein Vergleich der Güterlagen bleibt also nach wie vor wesentlich. Allerdings stößt ein vollständiger Gesamtvermögensvergleich auf manche (praktische) Schwierigkeiten. Um Uferlosigkeiten zu vermeiden, sollte daher geklärt werden, auf welche Positionen des Gesamtvermögens der Differenzvergleich im Einzelnen zu beziehen ist. Dafür lassen sich je nach der Art des beschädigten Rechtsguts einige Regeln angeben.

c) Bei **Sachschäden** spielt die Naturalherstellung durch Wiederbeschaffung einer der zerstörten wirtschaftlich gleichwertigen oder Reparatur der beschädigten Sache theoretisch eine größere Rolle als in der Praxis. Bei **Personenschäden** steht der Ersatz des zugefügten Schadens in Geld durchaus im Vordergrund.

1101

Kommt es bei Sachschäden zum Ersatz des Interesses gemäß den §§ 249 Abs. 2 S. 1, 251, so muss der Wert der intakten Sache für das Gesamtvermögen des Geschädigten ermittelt werden (man denke an die Wertermittlung für einen „Oldtimer", vgl **Fall 64**). Wie schon erwähnt, kann der Geschädigte auch dann, wenn er sich gegen eine Reparatur der beschädigten Sache entscheidet, grundsätzlich auf Reparaturkostenbasis abrechnen[37]. Diese „fiktiven", von einem Sachverständigen ermittelten Reparaturkosten sind jedoch nur bis zu den Kosten einer Ersatzbeschaffung zu ersetzen, da der Geschädigte zwar Wiederherstellung verlangen kann, dabei aber prinzipiell die *günstigste* Möglichkeit der Schadensbeseitigung zu wählen hat[38]. Verkauft der Eigentümer sein beschädigtes Fahrzeug[39], so ist der Erlös als „Restwert" schadensmindernd anzurechnen[40]. Umgekehrt kann der Geschädigte eine Nachzahlung verlangen, wenn die nach der Abrechnung zu fiktiven Kosten tatsächlich durchgeführte Reparatur teurer war[41].

---

34   Grundlegend *Selb*, Schadensbegriff und Regressmethoden (1963); siehe ferner *Lange/Schiemann*, Schadensersatz³, 38 ff; *Steffen* NJW 1995, 2057; *Mohr* Jura 2010, 645.
35   Vgl dazu *Lange/Hagen*, Wandlungen des Schadensersatzrechts (1987) 36 ff; *Deutsch*, Haftungsrecht², Rn 784 ff.
36   Zur Arbeit mit einem solchen „dualistischen" Schadensbegriff siehe nur BGH WM 1980, 248, 250.
37   BGHZ 66, 239, 241.
38   BGHZ 115, 364, 368; BGH NJW 2011, 669. Das kann dazu führen, dass der Schädiger den Geschädigten auf eine vom Qualitätsstandard einer Markenwerkstatt gleichwertigen, aber günstigeren freien Fachwerkstatt verweisen kann: BGH NJW 2010, 2118.
39   Zur Frage, welchen Einfluss eine spätere, mit Zusatzkosten verbundene Veräußerung und Ersatzbeschaffung auf die bereits vorher erfolgte Schadensabrechnung auf der Grundlage eines Sachverständigengutachtens hat, siehe BGH VersR 2006, 1088.
40   Für die Behauptung, dass ohne weiteres ein höherer Preis zu erzielen gewesen wäre, trägt der Schädiger die Darlegungs- und Beweislast: BGH NJW 2005, 3134.
41   BGHZ 169, 263; BGH NJW 2012, 50. Zu den Grenzen einer solchen Ergänzungsforderung BGH NJW 2017, 1664; JuS 2017, 1111 *(Schwab)*.

Die **Abrechnung fiktiver Reparaturkosten** ist im Schrifttum verbreitet auf Kritik gestoßen[42]. Zum Teil wurde eingewandt, dass einer solchen Entschädigung das Bereicherungsverbot entgegenstehe[43]; auch sei der Ersatz fiktiver Reparaturkosten für die Verkehrssicherheit von Nachteil, weil ältere, schadhafte Fahrzeuge in Betrieb gehalten würden[44]. Der Gesetzgeber hat die Abrechnung fiktiver Reparaturkosten mit dem Schadensrechtsänderungsgesetz 2002 allerdings nicht abgeschafft, sondern lediglich *eingeschränkt*: § 249 Abs. 2 S. 2 sieht nämlich eine Kürzung des zur Herstellung erforderlichen Geldbetrags im Falle der Sachbeschädigung um die Umsatzsteuer vor, wenn keine Reparatur stattfand[45]. Lässt der Geschädigte die Reparatur nicht durchführen, kann er daher nicht auf der Grundlage der im Sachverständigengutachten kalkulierten Brutto-Reparaturkosten abrechnen, sondern nur die um die Umsatzsteuer verminderten Reparaturkosten ersetzt verlangen[46].

1102 Hinzu treten die **Folgeschäden**, die die Zerstörung bzw Beschädigung im Vermögen des Rechtsgutinhabers ausgelöst haben, mag man sie nun durch einen Gesamtvermögensvergleich oder durch Weiterdenken der durch den Sachschaden begonnenen Kausalkette ermitteln. Der Eintritt eines Vermögensschadens ist ein längeres Geschehen, in dessen Verlauf bis zu einem bestimmten Stichtag auch vorteilhafte Folgen eintreten können, die möglicherweise den Schädiger entlasten (dazu Rn 1122 ff).

1103 Die Schadensermittlung durch Vermögensvergleich fällt schwer, wenn an Stelle eines fabrikneuen Gegenstands ein reparierter tritt (**Fall 65**) oder wenn eine gebrauchte Sache nur durch eine neuwertige ersetzt werden kann (in **Fall 64** erklärt sich A bereit, hinfort einen Rennwagen neuester Bauart zu benutzen). Zweifel hinsichtlich der Durchführung des Vermögensvergleichs ergeben sich in der ersten Alternative daraus, dass die reparierte Sache im Gesamtvermögen für eine im Voraus nicht zu übersehende Zeit dieselben Dienste leisten kann wie die neuwertige; in der Umkehrung handelt es sich dagegen darum zu verhindern, dass die Leistung des vollen Vermögensinteresses den Geschädigten günstiger stellt, als er ohne das schädigende Ereignis stünde (Vorteilsausgleichung, dazu Rn 1122 ff). Praktisch wichtig ist das Sonderproblem, das sich ergibt, wenn der Geschädigte nach § 249 Abs. 2 S. 1 auf der Grundlage der (fiktiven) Reparaturkosten abrechnen kann, wenn er die Sache durch eine neue ersetzt und – so beim Kfz-Kauf – die beschädigte unrepariert in Zahlung gegeben hat[47].

1104 „Klassiker" eines vorwiegend durch hypothetischen Gesamtvermögensvergleich festzustellenden Interesses ist der **entgangene Gewinn**. Er ist ersatzfähig, wenn sein Entstehen nach den Umständen erwartet werden konnte (§ 252). Der Gesetzgeber bezieht hier, vom Ausgleichsgedanken her zutreffend, die (wahrscheinliche) **künftige** Ent-

---

42 Statt vieler *Larenz*, SR I[14], 469 ff; *Honsell/Harrer* JuS 1991, 441, 445; *Otto* NZV 2001, 335, 336 f; *Greger* NZV 2000, 1, 2; *Menken* DAR 1998, 250, 251; *Macke* DAR 2000, 506, 511. Zur Frage, ob bei der fiktiven Schadensabrechnung eines als „Unikat" anzusehenden Kraftfahrzeugs ein über den Wiederbeschaffungswert hinausgehender Schadensbetrag abgerechnet werden kann, BGH NJW 2010, 2121.
43 *Greger* NZV 2000, 1, 3; *H. Köhler* 2. FS Larenz (1983) 349, 351 ff; *Honsell/Harrer* JuS 1991, 441, 445.
44 *Greger* NZV 2000, 1, 2; *Otto* NZV 1998, 433, 434 f; *H. Köhler* 2. FS Larenz 349, 367 f.
45 Zum Hintergrund dieses Kompromisses näher *Ch. Huber* DAR 2000, 20, 22.
46 Zu den möglichen Abrechnungskonstellationen etwa *Wagner*, Das neue Schadensersatzrecht (2002) Rn 49 ff.
47 Bejahend BGHZ 66, 239 (mit Einschränkungen der Möglichkeit, daneben noch Ersatz für den Nutzungsausfall zu verlangen; dazu Rn 1131 ff); BGH NJW 1989, 451.

wicklung des Vermögens des Geschädigten in die Betrachtung mit ein. Das praktische Problem liegt in der hinlänglichen Konkretisierung der Erwerbsaussicht[48] und wiederum in der Berechnung.

> Welche Höhe hat etwa in **Fall 65** der von F geltend gemachte „Produktionsausfall"; muss in **Fall 64** A Verträge über künftige Werbeaktionen vorlegen oder genügt eine Wahrscheinlichkeitsberechnung nach seinen Durchschnittsumsätzen?

1105

Entgangener Gewinn ist immer hypothetisch; seine Einbuße daher nie mit völliger Sicherheit feststellbar. § 252 hilft dem Geschädigten daher mit einer **Beweiserleichterung**: Tut er die Umstände dar, die die Wahrscheinlichkeit eines Gewinns begründen, so ist der Schädiger auf einen Gegenbeweis verwiesen[49]. Werden etwa marktgängige Waren eines Kaufmanns beschädigt oder zerstört, wird vermutet, dass er sie zum Marktpreis hätte absetzen können[50]. Die Behauptung, bei korrekter Vermögensanlageberatung wäre eine (bestimmte) zinsengünstige Alternativanlage gewählt worden, muss hinreichend plausibel gemacht werden[51].

1106

Bei **Personenschäden** stehen neben den Aufwendungen, die für die Herstellung der Gesundheit erforderlich sind (Arzt-, Krankenhauskosten), die Vermögensschäden. Hierunter fallen zB die bei deliktischer Verletzung gemäß § 843 zu ersetzenden vermehrten Bedürfnisse, ferner wiederum entgangener Gewinn. Dies bestimmt für den Fall deliktischen Schadensersatzes § 842 (im **Fall 64** befand sich A gerade auf dem Weg zu einer Werbefahrt); aber § 842 geht weiter als § 252, weil er auch einen Ersatz für rechtlich noch nicht begründete Erwerbs*aussichten* (Fortkommen) gewährt[52]. Der BGH hat auch den Verdienstausfall der Eltern, den diese durch Besuche bei ihrem verletzten Kind erleiden, zu den Heilungskosten gerechnet, wenn die Besuche medizinisch geboten erscheinen[53]; ferner die für die Bezahlung eines während des Besuchs des Ehepartners im Krankenhaus engagierten Babysitters aufgewendeten Kosten[54].

1107

2. Schadensberechnung

Die **Schadensberechnung**[55] geschieht, ohne dass es dabei maßgeblich auf den zugrunde gelegten Schadensbegriff ankäme, **konkret**, dh nach den im Einzelfall erlitte-

1108

---

48 Noch heikler sind Konstellationen, in denen die schädigende Handlung überhaupt nur zum *Verlust einer Chance* geführt hat (zB Nachwuchsfußballer muss seine Karriere frühzeitig beenden; Kunstfehler des Arztes macht eine kleine Heilungschance zunichte; Klient verliert einen unsicheren Rechtsstreit wegen eines Fehlers des Anwalts). Ausführlich dazu *Mäsch*, Chance und Schaden (2004).
49 BGHZ 29, 393; BGH NJW 1964, 661; MünchKomm/*Oetker*, BGB[8], § 252 Rn 31, 37 ff.
50 BGH NJW-RR 2006, 243.
51 OLG Frankfurt BeckRS 2013, 14314.
52 RGZ 141, 169, 171; 163, 40, 44.
53 BGH NJW 1985, 2757 (kritisch dazu *Schwerdtner* Jura 1987, 308); BGHZ 106, 28; BGH NJW 1990, 1037; Einschränkend BGH NJW 1991, 2340 (mit kritischer Besprechung von *Oetker* JuS 1991, 907): Dieser Grundsatz soll nur für die „eigentlichen Besuchskosten", also etwa den Vergütungsausfall eines Arbeitnehmers, der unbezahlten Urlaub nehmen muss, nicht aber etwa für reine Verzögerungsschäden wegen verspäteter Aufnahme einer selbstständigen Tätigkeit gelten.
54 BGH NJW 1990, 1037.
55 Siehe dazu den als „Leitfaden" bezeichneten Beitrag von *Spancken/Schneidenbach* JuS 2012, 298. Zur „konsolidierten Schadensbetrachtung", die dann eingreifen soll, wenn bei rechtlich und wirtschaftlich miteinander verbundenen Personen auf Geschädigtenseite nicht nur Nachteile, sondern auch Vorteile entstehen, kurz Rn 1175 aE.

nen und im Streitfall beweisbaren Vermögenseinbußen[56]. Dabei vergleicht man die aktuelle Vermögenslage des Geschädigten mit jener, die ohne das schädigende Verhalten bestehen würde (**Differenzmethode**); dazu bereits Rn 1100.

1109 Im **Fall 64** kann A unter Vorlage von Verträgen dartun, welche Verdienste er mit dem Wagen hätte erzielen können. Im **Fall 65** werden die materiellen Folgen des Produktionsausfalls im Einzelnen belegt.

Wie gezeigt, erlaubt daneben § 252 für den wichtigen Fall des entgangenen Gewinns die Zuhilfenahme eines Wahrscheinlichkeitsurteils. Dies könnte man im Gegensatz zur konkreten als „**abstrakte**" Schadensberechnung bezeichnen. Der wesentliche Unterschied liegt (nur) in einer Beweiserleichterung für den Geschädigten[57]. Häufig wird aber darüber hinaus unter abstrakter (oder „normativ-abstrakter") Schadensberechnung die gesetzliche Festlegung eines Mindestschadens verstanden, der ohne Widerlegungsmöglichkeit immer gefordert werden kann; höhere Einbußen müsste der Geschädigte hingegen nach allgemeinen Regeln („**konkret**") beweisen. Hierher gehört der Mindest-Verzugszins nach § 288 (beachte vor allem dessen Abs. 2!)[58], die Zinszahlungspflicht des Deliktsschuldners gemäß § 849 sowie für den im Handelsverkehr wichtigen Fall des Deckungskaufs der Börsen- oder Marktpreis einer Ware (§ 376 Abs. 2 HGB).

1110 An der Grenze zwischen Schadensberechnung und Ermittlung der ersatzfähigen Vermögensposten liegt die lange Zeit umstrittene Vergütung für den **merkantilen Minderwert** beschädigter Sachen, die in erster Linie bei der Regelung von Kfz-Haftpflichtschäden eine Rolle spielt[59]. Ein repariertes Kraftfahrzeug mag seiner Funktion im Vermögen des Eigentümers völlig genügen und bedeutet daher, wenn der Unfall keine Spätfolgen oder schnelleren Verschleiß erwarten lässt, aktuell keine Vermögensminderung. Dennoch ist an der Tatsache nicht vorbeizukommen, dass der Verkehrswert, der sich spätestens bei einem Verkauf realisiert, bei einem „Unfallwagen" niedriger ist als bei einem unfallfrei gefahrenen Fahrzeug[60]. Ein Vermögensschaden lässt sich daher nicht leugnen[61], fraglich ist lediglich die Berechnung des Schadens[62]. Hierbei ist anerkannt, dass sich der Minderwert im Vermögen des Geschädigten schon bei Ingebrauchnahme der reparierten Sache realisiert, weil die geringere Wertschätzung durch die beteiligten Verkehrskreise schon und gerade auf diesen Zeitpunkt bezogen ist. Bei der Berechnung im Einzelnen haben sich bestimmte formelhafte Wertabschläge nach Maßgabe der steuerlichen Abschreibungssätze und der Preislisten für Gebrauchtfahrzeuge durchgesetzt, die allerdings nicht schematisch angewendet werden dürfen[63].

---

56 Zu Personenschäden siehe statt vieler *Pardey*, Berechnung von Personenschäden[4] (2010).
57 Vgl *Larenz*, SR I[14], 511 f. Für den Bereich des kaufmännischen Verkehrs siehe etwa BGH WM 98, 931.
58 Sofern man die gesetzlichen Verzugszinsen als Ersatz eines unwiderleglich vermuteten Mindestschadens versteht, während die wohl im Vordringen befindliche Einordnung als pauschalierte Bereicherungsabschöpfung überzeugender erscheint. Dazu statt aller MünchKomm/*Ernst*, BGB[8], § 288 Rn 5.
59 Zum Parallelproblem nach Behebung eines Baumangels BGH NJW 2013, 525.
60 Anschauliche Erklärung dafür bei *Gregor* JA 2005, 820, der mit guten Gründen nur dann für einen Ersatz dieses Minderwerts plädiert, wenn der Eigentümer die reparierte Sache tatsächlich verkauft.
61 BGHZ 27, 181, 184; BGHZ 35, 396; BGH NJW 1967, 552; *Esser/E. Schmidt*, SR I/2[8], 207 f.
62 Bei einem wertvollen Oldtimer sieht das OLG Düsseldorf (NJW-RR 2011, 898) eine beachtenswerte Besonderheit darin, dass der Verlust der Originalität den Preis negativ beeinflusse, weshalb es auch bei geringfügiger Beschädigung des Hecks und fachgerechter sowie aufwändig durchgeführter Reparatur dennoch einen merkantilen Minderwert iHv 20.000,– € als Ersatz zusprach.
63 So etwa nicht bei Nutzfahrzeugen: BGH NJW 1980, 281.

III. Anspruchsmindernde Faktoren

Abgesehen von den **Haftungshöchstgrenzen**, die hauptsächlich in Spezialgesetzen vorkommen (vgl die §§ 12, 12a StVG), sind als anspruchsmindernde Faktoren in erster Linie das durch § 254 für erheblich erklärte **Mitverschulden** sowie die nicht gesetzlich geregelte **Vorteilsausgleichung** zu erwähnen.

1111

1. Mitverschulden

Da das Schadensrecht das Risiko für die Folgen menschlichen Handelns verteilt, entspricht die **Berücksichtigung mitwirkender Sorglosigkeit des Verletzten**[64] einem Gebot der Gerechtigkeit. Es gilt für die haftungsbegründenden wie für die haftungsausfüllenden Vorgänge (zum Letzteren siehe § 254 Abs. 2). Die Sorglosigkeit kann das Schadensereignis an sich betreffen; so hätte etwa ein Unfall bei ausreichender Sorgfalt des Geschädigten vermieden werden können. Sie erlangt aber auch im Stadium danach, insbesondere bei der Schadensbeseitigung, Bedeutung. **Beispiel:** Reparatur in einer teureren Markenwerkstatt statt in einer günstigeren und ebenso gut geeigneten „freien" Fachwerkstatt[65].

1112

a) Der **Grund der Zurechnung** aufseiten des Verletzten ist freilich vom Gesetz unklar bezeichnet. Als Voraussetzung der Schadensteilung nennt § 254 Abs. 1 „ein Verschulden des Geschädigten", stellt dann aber bei der Abwägung im Einzelnen auf die „Verursachung" ab, was schon deshalb unpassend ist, weil ohne Kausalität eine Zurechnung von vornherein ausscheidet. Das Wort „Verschulden" ist jedenfalls nicht im technischen Sinne gebraucht. Das bestätigt die Überlegung, dass dem Verletzten keine Pflichtwidrigkeit zur Last fällt, sondern nur zurechenbare Unachtsamkeit in *eigenen* Angelegenheiten (**„Verschulden gegen sich selbst"**). Es geht also bloß um die Verletzung einer **Obliegenheit**[66]. Daher dürfen auch die für die Haftung des Schädigers aufgestellten Erfordernisse nicht unbesehen auf die Anspruchsminderung wegen Mitverschuldens übertragen werden. Auf der anderen Seite hat die unmittelbare Herkunft des Schadensteilungsgedankens aus Geboten der Gerechtigkeit (§ 254 könnte als Einzelausprägung von Treu und Glauben bezeichnet werden[67]) zur Neigung der Praxis geführt, die Möglichkeit der Schadensteilung in fast uferlos weiter analoger Anwendung[68] auf andere Tatbestände auszudehnen. Dies macht es nötig, sich über die maßgeblichen Zurechnungskriterien klar zu werden.

1113

b) Anzuwenden sind die Regeln über die **Verursachung**, wobei haftungsbegründende (§ 254 Abs. 1) und haftungsausfüllende (§ 254 Abs. 2) Kausalität gleich zu behandeln sind. Es gilt ferner die Gleichwertigkeit von positivem Tun und Unterlassen. Andere Entsprechungen zur Beurteilung des Tuns des Schädigers stoßen dagegen auf Widerspruch.

1114

---

64 Vgl dazu etwa *Henke* JuS 1988, 753; *dens.* JuS 1991, 265.
65 BGH NJW 2017, 2182.
66 Zum Begriff etwa *Medicus/Lorenz*, SR AT[21], Rn 749.
67 BGH NJW 1982, 168; *Henke* JuS 1988, 753.
68 Übersicht bei Erman/*Ebert*, BGB[15], § 254 Rn 6 ff.

1115　So erscheint es nicht selbstverständlich, dass aufseiten des Geschädigten auch Verschuldensfähigkeit iS der §§ 827 f vorliegen muss. Die Meinung, die objektives Fehlverhalten des Geschädigten ausreichen lässt, bürdet praktisch dem nicht Deliktsfähigen die Folgen einer ihn selbst treffenden Unachtsamkeit auf, während die hM den Schädiger dieses Risiko mittragen lässt[69]. Wenn etwa im **Fall 66** N aus § 833 haftet, so scheint es nicht unbillig, eine Minderung wegen Mitverschuldens des P anzunehmen, auch wenn er die konkrete Einsichtsfähigkeit noch nicht gehabt haben sollte.

1116　Will man den Geschädigten für die eigenen Einbußen grundsätzlich nach denselben Maßstäben aufkommen lassen wie den Schädiger für fremde Verluste, so liegt es nahe, die Grundsätze der **Gefährdungshaftung**[70] (Schuldrecht Besonderer Teil § 27) auch hier anzuwenden. Dafür spricht, dass die Gesetze, die eine verschuldensunabhängige Haftpflicht vorsehen, sowohl ein mitwirkendes Verschulden des Verletzten (§ 9 StVG) als auch eine auf seiner Seite eingreifende mitwirkende Betriebsgefahr (§ 17 StVG) zur Anspruchsminderung heranziehen. Da es im Ausgangspunkt um eine Risikoverteilung geht, ist bei der Abwägung von einer grundsätzlichen Gleichwertigkeit von Verschulden und Betriebsgefahr auszugehen, sodass der Geschädigte sich eine von ihm zu vertretende Betriebsgefahr unabhängig davon zurechnen lassen muss, ob der Schädiger wegen Verschuldens haftet[71].

1117　Ein weiteres wichtiges Beispiel einer Verantwortlichkeit ohne eigenes Verschulden regelt § 278, und angesichts der praktischen Bedeutung des Einsatzes von Mitarbeitern (vgl das Geschehen in **Fall 65**) erscheint das Bedürfnis unabweisbar, ein **Verschulden von Hilfspersonen des Geschädigten** anspruchsmindernd zu berücksichtigen. Das Gesetz gibt für die Zurechnung eigener Hilfspersonen im Rahmen des § 254 aber nur ungenügende Anhaltspunkte, da § 278 lediglich im Rahmen der Schadensminderungsobliegenheit (§ 254 Abs. 2) für entsprechend anwendbar erklärt ist. Es hilft hier auch nicht weiter, § 254 Abs. 2 S. 2 als selbstständigen dritten Absatz der Vorschrift zu lesen, da dann noch geklärt werden müsste, ob die Einstandspflicht des Geschädigten für gesetzliche Vertreter und Erfüllungsgehilfen voraussetzt, dass bereits ein Schuldverhältnis bestand oder ob die Mitwirkung bei der Entstehung des Schuldverhältnisses (etwa aus unerlaubter Handlung) genügt[72]. In den zuletzt genannten Fällen wäre ja auch daran zu denken, die Regelung der Besorgungsgehilfenhaftung (§ 831) fruchtbar zu machen.

1118　Das Problem zeigt **Fall 66**. Man wird das Verhalten des P und auch das seiner Eltern, die gegen die Aufsichtspflicht verstießen, als schuldhafte Mitverursachung des Schadens ansehen können, für den N nach § 833 haftet. Wenn aber nicht § 278 anwendbar ist, fehlt es an einer Zurechnungsnorm, zumal § 832[73] auf den Fall nicht passt.

69　HM BGHZ 9, 316; 24, 325; zum Zeitpunkt der konkreten Einsichtsfähigkeit OLG Celle NJW 1968, 2146; zur Anwendbarkeit des § 829 BGHZ 37, 102. Zustimmend *Larenz*, SR I[14], 541; MünchKomm/*Oetker*, BGB[8], § 254 Rn 34; Erman/*Ebert*, BGB[15], § 254 Rn 25 f; aM *Esser/E. Schmidt*, SR I/2[8], 280. Zum Mitverschulden unter besonderer Berücksichtigung minderjähriger Geschädigter *Bruggner-Wolter* JuS 1990, Lernbogen 9, L 65 (beachte die Neufassung des § 828 aus dem Jahr 2002!). Speziell zum Problem des Mitverschuldens des gesetzlichen Vertreters *Schreiber* Jura 1994, 164.
70　Überblick bei *Röthel* Jura 2012, 444.
71　BGHZ 6, 319; BGHZ 67, 129.
72　Zum Problem der Zurechenbarkeit des Verhaltens Dritter im Rahmen des § 254 *Henke* JuS 1990, 30.
73　Zur dort normierten Haftung aufsichtspflichtiger Personen *Brand* JuS 2012, 673.

Die Rechtsprechung, die auch im Schrifttum Gefolgschaft hat[74], sieht in § 254 Abs. 2 S. 2 eine Rechtsgrundverweisung und will § 278 daher nur im Rahmen eines schon bestehenden Schuldverhältnisses heranziehen.

> In **Fall 66** würde danach dem P das Verschulden seiner Eltern nicht zugerechnet werden (anders, wenn er im Rahmen von „Ferien auf dem Bauernhof" mit seinen Eltern auf dem Hof wohnte)[75].

1119

§ 831 bietet wohl keine Lösung[76]. Im Schrifttum wird teilweise eine Ausdehnung des § 278 auf alle Fälle eines mitwirkenden Gehilfenhandelns befürwortet; teils sieht man auch von § 278 überhaupt ab, da der Geschädigte durch Einsatz eines mit der Obhut über die Sache betrauten Mitarbeiters die Schadensursache mit gesetzt habe[77]. Die letztere Ansicht hat manches für sich, weil den Inhaber eines Rechtsguts eben gerade keine Pflicht trifft, Eigenschäden zu verhindern. Die Anrechnung richtet sich bei dieser Sicht also weder nach § 278 noch nach § 831, sondern folgt allgemeinen Zurechnungskriterien. Gerade neuere Haftungsregelungen zeigen deutlich, dass der Rechtsgutinhaber generell das Risiko von Einwirkungen des von ihm ausgesuchten „**Bewahrungsgehilfen**" auf seine Sachen zu tragen hat (siehe § 9 StVG, § 34 LuftVG, § 27 AtomG, § 4 HaftpflG, § 6 Abs. 1 ProdHaftG, § 11 UmweltHG). Nichts Anderes kann dann gelten, wenn mit einem Fehlverhalten des Gehilfen die schädigende Handlung eines Dritten zusammentrifft. Dass hiernach der Geschädigte wiederum nach schärferen Maßstäben haftet als der Schädiger, liegt daran, dass die Verantwortlichkeiten für den eigenen und für die Tätigkeit in einem fremden Risikobereich nicht in paralleler Weise ausgestaltet sind.

> Kein Gehilfe ist aber etwa der Leasingnehmer, weshalb dessen Fehlverhalten bei der Beschädigung des Gegenstandes dem Leasinggeber nicht anspruchsmindernd zugerechnet werden kann[78].

c) Hinsichtlich der **Rechtsfolgen der Mitverantwortlichkeit** verlangt das Gesetz, den Schaden nach „den Umständen", vor allem nach dem Ausmaß der Verursachung, zwischen Schädiger und Geschädigtem zu verteilen. Allerdings kann es einen größeren oder geringeren Grad von Kausalität nicht geben: Entweder wurde der Schaden(steil) auch vom Geschädigten verursacht oder nicht. Soweit schon die Verursachung fehlt, kommt eine Zurechnung ohnehin nicht in Betracht. Daher hat die Vorschrift von vornherein nur insoweit Bedeutung, als beide Beteiligte für den betreffenden (Gesamt- oder Teil-)Schaden ursächlich waren; uU auch für Konstellationen, in denen die Kausalität nicht vollends geklärt werden kann. Damit ist im Regelfall den an-

1120

---

74 BGHZ 1, 248, 249; BGHZ 103, 338, 342 ua; OLG Düsseldorf NJW 1978, 891; zustimmend *Fikentscher/Heinemann*, SR[11], Rn 713; MünchKomm/*Oetker*, BGB[8], § 254 Rn 128 f. AA etwa *Larenz*, SR I[14], 546 ff; *Deutsch*, Haftungsrecht[2], Rn 576 f.
75 Siehe etwa den Fall BGHZ 24, 325.
76 Die Rechtsprechung will § 831 bei Fehlen einer vertraglichen Sonderverbindung zumindest entsprechend anwenden: vgl BGHZ 1, 248, 249; BGHZ 103, 338, 342; siehe ferner OLG Köln NJW 2000, 2905; zustimmend MünchKomm/*Oetker*, BGB[8], § 254 Rn 129; *Henke* JuS 1990, 33.
77 Für eine Rechtsfolgenverweisung *Deutsch*, Haftungsrecht[2], Rn 577; *Lange/Schiemann*, Schadensersatz[3], 605; gegen die Anwendbarkeit des § 278 *Esser/E. Schmidt*, SR I/2[8], 285 f.
78 BGH JA 2008, 141 *(J. Hager)*.

deren Zurechnungsmomenten entscheidende Bedeutung beizumessen: So muss der Richter auf die Gefährlichkeit des Handelns (das Maß an Adäquanz), das Verschulden und den Verschuldensgrad oder auf die Stärke einer mitwirkenden Betriebsgefahr abstellen und die Schädiger und Geschädigten belastenden Zurechnungskriterien in ihrer – meist unterschiedlichen – Stärke gegeneinander abwägen. Das mitwirkende Verschulden kann so geringfügig sein, dass es den Schadensersatzanspruch nicht mindert[79]. Es kann den Beitrag des Schädigers aber auch derart überwiegen, dass der Anspruch ganz entfällt. Umgekehrt wird insbesondere bei Vorsatzschädigungen eine Schmälerung des Ersatzanspruchs in aller Regel auch nicht bei grober Sorglosigkeit des Geschädigten in Betracht kommen[80].

1121 Im Einzelnen wird es oft entscheidend sein, welches Maß an Sorgfalt in eigenen Angelegenheiten, an Gefahrenabwehr und Risikoverringerung man dem Inhaber eines Rechtsguts als vernünftigem Menschen zumuten kann[81]. So ist etwa im **Straßenverkehr** ein nicht verkehrsrichtiges Verhalten stets ein Mitverschulden, desgleichen das Nichtanlegen des Sicherheitsgurts[82] sowie beim Motorradfahrer das Nichttragen eines Sturzhelms[83]. Bei Körperverletzungen ist der Angriff oder die Provokation durch den Verletzten ein Mitverschulden, allgemein die Nichtbeachtung von Hinweisen und Warnschildern (zB „bissiger Hund")[84].

Weitere anschauliche **Beispiele aus der Judikatur**: Bei der Abwägung im Rahmen von § 254 ist das Mitverschulden des Rauschgiftkonsumenten und das Verschulden der Lieferanten gleich zu bewerten. Dies führt insbesondere im Falle des Todes des Rauschgiftkonsumenten zur Verpflichtung des Lieferanten, den Erben die Hälfte der entstehenden Beerdigungskosten zu erstatten[85]. Einem durch einen Auffahrunfall verletzten Pannenhelfer kann es zum Mitverschulden gereichen, wenn er sich an einem auf der rechten Fahrspur der Autobahn mit eingeschalteter Warnblinkanlage liegen gebliebenen Fahrzeug, das nicht durch zusätzliche Aufstellung eines Warndreiecks gesichert ist, zum Zweck der Befestigung eines Abschleppseils zu schaffen macht, es sei denn die Nachholung einer entsprechenden Absicherung ist wegen der an der Pannenstelle vorhandenen Gegebenheiten gefahrlos nicht möglich oder in sonstiger

---

79 Wohl nicht ganz unbedenklich BGH NJW 2012, 2425, wonach ein Verschulden, das nur gesetzlich vermutet wird (zB nach § 832), von vornherein nicht berücksichtigt werden dürfe.
80 Gegen eine derartige Regel allerdings der BGH NJW 2002, 1643.
81 Die Rechtsprechung legt darauf besonderen Wert und sagt immer wieder formelhaft, dass den Geschädigten dann ein Mitverschulden trifft, wenn er diejenige Aufmerksamkeit und Sorgfalt außer Acht lässt, die jedem ordentlichen und verständigen Menschen obliegt, um sich vor Schaden zu bewahren; vgl RGZ 105, 119; BGHZ 3, 46, 49; BGHZ 9, 316, 318.
82 BGH MDR 2012, 706; BGHZ 74, 25; BGHZ 119, 268, 270; MünchKomm/*Oetker*, BGB[8], § 254 Rn 38. Manche Details bei BGH NJW 2001, 1485: Einem Kfz-Insassen, der den Sicherheitsgurt nicht anlegt, fällt grundsätzlich ein Mitverschulden an seinen infolge der Nichtanlegung des Gurts erlittenen Unfallverletzungen zur Last. Die Gurtanlegepflicht entfällt auch nicht bei kurzzeitigem, verkehrsbedingtem Anhalten. Zu Unrecht kritisch hierzu *Hentschel* NJW 2001, 1471, nach dem diese Ansicht mit dem Wortlaut des § 21a StVO („Fahrt") unvereinbar sei: Auch in solchen Fällen (Auffahren auf stehendes Fahrzeug) ist an der Notwendigkeit, zur eigenen Sicherheit angeschnallt zu bleiben, nicht zu zweifeln, so dass nichts dagegen spricht, den Begriff „Fahrt" entsprechend weit auszulegen.
83 Wegen Fehlens von Statistiken und Umfrageergebnissen hielt der BGH NJW 1979, 980 bei einem Mopedfahrer das Nichttragen eines Sturzhelms vor der Gesetzesänderung von 1979 noch nicht für ein Mitverschulden an den Unfallfolgen (aM OLG München NJW 1978, 324). Anders wurde schon immer beim Fahren mit einem Motorrad entschieden: BGH NJW 1965, 1075; VersR 1983, 440. Zum Nichttragen eines Fahrradhelms ausführlich *Morell* AcP 214 (2014) 387; ferner BGH JuS 2015, 455 *(Mäsch)*: kein Mitverschulden.
84 OLG Frankfurt VersR 1983, 1040.
85 LG Hechingen NJW 2002, 1729.

Weise untunlich[86]. Da Gäste beim Durchschreiten einer Tür grundsätzlich auf Unebenheiten eingestellt sein müssen, müssen sie sich bei Verletzung infolge Stolperns ein Mitverschulden entgegenhalten lassen[87].

2. Vorteilsausgleichung[88]

Als anspruchsmindernder Gerechtigkeitsgedanke lässt sich in gewisser Weise auch das Institut der **Vorteilsausgleichung** kennzeichnen. Da es aber an einer gesetzlichen Regelung der Vorteilsausgleichung fehlt, die der Gesetzgeber bewusst unterlassen hat[89], herrscht Unklarheit über ihre Reichweite.

1122

Angenommen, bei einem Verkehrsunfall hat der nichtschuldige Fahrer seine private Unfallversicherung wegen der Gesundheitsschäden in Anspruch genommen. Das Fahrzeug ist, obwohl nur an einer Seite erheblich beschädigt, vollständig lackiert worden. Muss jetzt, was den Schadensausgleich wegen der Körperverletzung angeht, im Zuge des nach der Differenzmethode vorzunehmenden Gesamtvermögensausgleichs zwischen Krankheitskosten und Versicherungssumme saldiert werden mit der Folge, dass uU kein ersatzfähiger Schaden vorhanden ist? Oder kann bei der Anrechnung der Leistungen der Versicherung auf die Vermögenseinbuße berücksichtigt werden, welcher Art und Herkunft die Vorteile sind? Eine ähnliche Frage stellt sich im Zusammenhang mit der Neulackierung des gebrauchten Fahrzeugs: Oft lässt sich bei gebrauchten Sachen eine Naturalherstellung nicht in der Weise bewerkstelligen, dass der Geschädigte eine wertmäßig genau gleiche Sache wiederbekommt. Entweder steigt sie durch die Reparatur im Wert, oder der Geschädigte kann nach §§ 249 Abs. 2 S. 1, 251 den Geldbetrag verlangen, den er für eine neuwertige Ersatzsache benötigt. Hier drängt die Praxis der Haftpflichtversicherungen auf einen Abzug „neu für alt" vom Betrag der Ersatzsumme. Tatsächlich hätte sich der Geschädigte nach Ablauf der Lebensdauer der Sache regelmäßig ohnehin einen Ersatzgegenstand anschaffen müssen[90]. Auf welchem Weg diese Überlegung praktikabel umgesetzt werden soll, ist allerdings nicht vollständig geklärt. Als eine Lösung bietet sich an, dem Geschädigten neben dem Wertsatz die Kosten der *vorzeitigen* Neuanschaffung zuzusprechen; danach müsste der Schädiger den Erwerb also (nur) *vor*finanzieren[91].

Die Probleme liegen freilich verschieden. Unter Vorteilsausgleichung versteht man abstrakt die **Anrechnung solcher Vorteile auf die Schadensersatzschuld, die ohne das schädigende Ereignis nicht eingetreten wären**. (**Beispiel:** Der Geschädigte hat sich während des Krankenhausaufenthalts Kosten erspart; etwa für die Beheizung seiner Wohnung oder die Wahrnehmung verschiedener gesellschaftlicher Pflichten.) Es kommt nicht darauf an, ob die Vorteile von vornherein eine Einbuße verhindern (so etwa die Lohnfortzahlung beim arbeitsunfähigen Arbeitnehmer) oder ob sie den Schaden später ausgleichen (der Geschädigte erhält eine Spende).

1123

---

86 BGH NJW 2001, 149.
87 OLG Hamm NJW 2000, 3144.
88 Siehe dazu etwa *Henke* FS Hagen (1999) 371.
89 Motive II, 19; BGHZ 74, 25.
90 Vgl etwa OLG Hamm BeckRS 2015, 12223 (beschädigter Straßentunnel); anders für Teile einer Autobahnanlage (Leitschienen, Verkehrsschilder) offenbar OLG Naumburg BeckRS 2016, 01984.
91 Ähnlich Staudinger/*Schiemann*, BGB (2017) § 249 Rn 176 (Vorteilsausgleichung wird erst fällig, wenn sich der Vorteil durch die verlängerte Lebensdauer auswirkt). Siehe ferner *Esser/E. Schmidt*, SR I/2[8], 250 (Vorteil sei als „unselbständiger Verrechnungsposten" abzuziehen).

Die Anrechnung beruht auf dem Gedanken, den Geschädigten durch den Schadensausgleich nicht reicher werden zu lassen, als er ohne das schädigende Ereignis wäre[92]. Dies bedeutet, dass Vorteile, die durch das schädigende Geschehen entstanden sind, etwa die Nutzung eines Grundstücks bis zur Rückabwicklung des Kaufvertrages[93], grundsätzlich angerechnet werden müssen und eine Beschränkung der Anrechenbarkeit besonderer Gründe bedarf. Keine Anrechnung findet etwa dann statt, wenn die Tante dem verletzten Neffen als „Trostpflaster" 100 Euro schenkt, damit aber keinesfalls den Schädiger entlasten will[94]. In anderen Konstellationen ist die Entscheidung weit schwieriger. So spielt nach der Rechtsprechung die Adäquanz des Vorteils eine wesentliche Rolle (zur Adäquanz Rn 1068 f): Ein nicht adäquater, ganz unwahrscheinlicher Vorteil hat danach außer Betracht zu bleiben[95]; ein adäquater kann – muss aber nicht – zur Anrechnung führen[96]. In Rspr und Lehre wird vor allem der Zweck der Ersatzpflicht besonders betont[97]. Im Übrigen kommt es aber entscheidend darauf an, ob nach Art und Herkunft des jeweiligen Vorteils eine Zurechnung zum Interessenkreis des Schädigers gerechtfertigt ist, dh dass die Anrechnung dem Zweck des Schadensersatzes nicht widerspricht und zu keiner unbilligen Entlastung des Schädigers führt[98]. Maßgeblich ist auch, ob die Anrechnung dem Geschädigten zumutbar ist[99]. Auf diese Weise kann insbesondere verhindert werden, dass Vorteile angerechnet werden, die auf eigenen – uU auch bloß ideellen – Opfern des Geschädigten beruhen und nicht von seiner Obliegenheit erfasst sind, den Schaden möglichst gering zu halten (**Beispiel:** Wer jeden Abend in einem Gourmettempel teuer zu speisen pflegt, muss sich nicht einwenden lassen, er habe sich diese Ausgaben während eines Krankenhausaufenthaltes erspart), oder die sonst zu einer unbilligen Entlastung des Schädigers führen[100]. Des Weiteren wird ein „innerer Zusammenhang" zwischen Schaden und Vorteil verlangt, der dazu führt, dass beide Posten gewissermaßen zu einer Rechnungseinheit verbunden sind[101]. Es kann somit nicht erstaunen, dass auch bei der Konkretisierung des Gedankens der Vorteilsausgleichung **Fallgruppen** entstanden sind, die jeweils typische Wertungsgesichtspunkte beachten. Allerdings verbleiben genügend Fälle, in denen auch die genannten Kriterien zu keinen klaren Ergebnissen führen. Sollen etwa hohe Honorare, die ein Entführungsopfer für die Veröffentlichung seiner Geschichte erhält, die Ersatzpflicht des Entführers vermindern, da diese Gelder ausschließlich wegen der schrecklichen Vorgeschichte bezahlt werden, oder soll sie das Opfer neben dem vollen Ersatzanspruch für materielle und ideelle Schäden behalten dürfen[102]?

---

92 Zur Beweislast für alle Anrechnungsvoraussetzungen, die den Schädiger trifft, BGHZ 94, 195, 217.
93 Ausführlich zur Bemessung des Wertes der Eigennutzung eines Grundstücks BGH NJW 2006, 1582.
94 Vgl BGHZ 21, 112, 117.
95 Ständige Rechtsprechung, siehe etwa BGHZ 49, 56, 61; BGH NJW 1990, 1360.
96 Siehe etwa BGHZ 49, 56, 61 f; BGH NJW 1980, 2187.
97 Siehe zB *Medicus/Lorenz*, SR AT[21], Rn 689; MünchKomm/*Oetker*, BGB[8], § 249 Rn 237.
98 BGHZ 8, 325, 329; BGHZ 91, 357, 361; vgl ferner etwa BGH NJW 2000, 2818.
99 BGHZ 10, 107, 108.
100 In diesem Sinn etwa OLG Hamm NJW-RR 1999, 1119: kein Vorteilsausgleich, wenn Geschädigter ein klassentieferes Ersatz-Kfz anmietet, um sich Eigenbetriebskosten zu ersparen.
101 BGH NJW 1997, 2378. Einen „qualifizierten Zusammenhang" zwischen Vorteil und Schaden verlangt der BGH in NJW 2006, 1582.
102 Gegen eine Vorteilsanrechnung etwa MünchKomm/*Oetker*, BGB[8], § 249 Rn 253: Der, dem es gelinge, sein Unglück finanziell zu verwerten, müsse sich nichts auf seinen Schadensersatzanspruch anrechnen lassen.

Nach den genannten Kriterien hat der BGH eine **Vorteilsanrechnung abgelehnt**, als der ehemalige Mieter seiner Pflicht zur Vornahme von Schönheitsreparaturen nicht nachkam und der Vermieter den neuen Mieter vertraglich zur Renovierung verpflichtete[103]. Für den Schadensersatzanspruch des Käufers eines Grundstücks, dem der Verkäufer einen höheren als den tatsächlichen Mietertrag vorgespiegelt hatte, wurde es als unerheblich angesehen, dass es dem Käufer später gelang, mit den Mietern höhere Mieten zu vereinbaren[104]. Ebenso wenig wurden Erträgnisse einer dem Unterhaltsberechtigten ausgezahlten Summe einer Lebensversicherung auf den ihm aufgrund der Tötung des Unterhaltsschuldners nach § 844 Abs. 2 zu ersetzenden Schaden angerechnet[105]. Auch ein gekündigter Arbeitnehmer musste sich die im Kündigungsschutzprozess vereinbarte Abfindung nicht auf den Ersatzanspruch wegen seines Verdienstausfallsschadens anrechnen lassen[106].

1124

Dass im **Fall 64** die Krankenhauskosten von einer privaten Unfallversicherung ersetzt werden, entlastet den Schädiger nicht, da der Geschädigte selber die Prämien gezahlt hat (BGHZ 19, 94). Allerdings gehen in solchen Fällen die Ansprüche des Geschädigten gegen den Schädiger regelmäßig auf denjenigen über, der die Leistungen erbringt (so nach § 6 EFZG auf den Arbeitgeber, nach § 86 VVG auf den Schadensversicherer, nach § 93 SGB XII auf den Sozialhilfeträger, nach § 116 SGB X auf den Sozialversicherungsträger). Bei einer solchen Zession des – ungeschmälerten – Ersatzanspruchs stellt sich das Anrechnungsproblem also von vornherein nicht. Leistungen aus einer Lebensversicherung sind nicht auf den Anspruch aus den §§ 844 Abs. 2, 845 anzurechnen; zu den Unterhaltsleistungen Dritter siehe § 843 Abs. 4. Ersparte Aufwendungen für häusliche Verpflegung sind demjenigen anzurechnen, der im Krankenhaus versorgt wird, desgleichen das vom Arbeitgeber ersparte Gehalt auf den Anspruch gegen den vertragsbrüchigen Arbeitnehmer (BAG AP Nr 5 zu § 60 HGB). Der BGH (NJW 1980, 2187) hat auf den Zinsbelastungsschaden desjenigen, der ein unwirksam verkauftes Grundstück nicht pünktlich zurückerhalten hatte, die Vorteile aus der Wertsteigerung des Grundstücks angerechnet, weil beide Entwicklungen gleichzeitig stattgefunden hätten. Nach denselben Kriterien ist hinsichtlich des Abzugs „neu für alt" im Ausgangsbeispiel zu verfahren: Was die Lackierung des Wagens betrifft, so ist es unmöglich, anders als durch eine gewisse Verbesserung dem Ausgleichsinteresse des Eigentümers gerecht zu werden; es ist ihm daher nicht zuzumuten, sich durch einen Abzug von den Reparaturkosten an dieser Art der Naturalherstellung zu beteiligen. Dies mag in manchen Fällen der Zahlung des Wiederbeschaffungswerts einer neuen an Stelle einer gebrauchten Sache anders sein, doch ist auch dabei große Zurückhaltung geboten, will man nicht dem Geschädigten Ausgaben zumuten, die er sich nicht geleistet hätte oder hätte leisten können (siehe zum Ganzen BGHZ 30, 29).

1125

IV. Problemfälle zur Abgrenzung von Vermögens- und Nichtvermögensschaden

Das Schadensrecht des BGB kann, wie verschiedentlich gezeigt, dem idealen – und daher auch in anderen Bereichen nie ganz erreichbaren – Anspruch auf eindeutige Ableitung seiner Lösungen aus dem Gesetzestext nicht durchweg genügen. Schon in

1126

---
103 BGHZ 49, 56.
104 BGH WM 1965, 272.
105 BGH NJW 1979, 760 (Aufgabe von BGHZ 34, 249 = NJW 1963, 1604).
106 BGH NJW 1990, 1360.

vielen Grundfragen bestehen Kontroversen; nicht wenige Einzelprobleme finden im System keinen Platz. So ist an die Stelle gesetzesgebundenen Argumentierens vielfach die Suche nach **Einzelfallgerechtigkeit** unter Abwägung verschiedener Leitideen getreten, deren Überzeugungskraft sich weniger auf die Autorität des Gesetzes als auf mehr oder weniger anerkannte gesellschaftliche Wertvorstellungen gründet. Eine dieser Ideen – im Übrigen ein Symptom für die aktuelle Entwicklung des Schadensrechts – besagt, dass das BGB immaterielle Güter im Vergleich zu Sach- und Vermögenswerten zu wenig geschützt habe, und dass es deshalb gerechtfertigt sei, insoweit das Recht fortzubilden oder zu korrigieren[107].

1127 § 253, der den Geldersatz (nicht die Naturalherstellung!) für **immaterielle Schäden** weitestgehend ausschloss, stand und steht im Mittelpunkt dieser Kritik; die Einfügung des Abs. 2 in § 253 durch das Schadensersatzänderungsgesetz 2002 hat die Akzente nicht verschoben, da damit bloß eine deliktsrechtliche Norm (§ 847 aF) – inhaltlich kaum verändert – in das allgemeine Schadensersatzrecht überführt wurde. Das rechtliche Umfeld hat sich bloß punktuell geändert: So kann „Urlaubsfrust" heutzutage unzweifelhaft zu Geld gemacht werden (siehe § 651f Abs. 2). Andererseits wird die verständliche Sorge geäußert, das Schadensrecht könne zu einer unerwünschten **Kommerzialisierung** menschlicher und höchstpersönlicher Güter und Gefühle führen[108]. In dieser Auseinandersetzung vermischen sich Fragen der Anerkennung von Interessen als ersatzfähige Güter mit Problemen der Schadensberechnung.

Manche Unklarheiten hängen mit der Verwendung des plakativen, aber nicht immer ganz fassbaren normativen Schadensbegriffs (Rn 1100) zusammen. Dabei sind die praktisch bedeutsamsten Fallgestaltungen auf den ersten Blick durchaus verschiedenartig.

1. Ausfall der Arbeitskraft

1128 Eine erste Gruppe umfasst die schadensrechtliche Beurteilung eines **Ausfalls der Arbeitskraft**. Die Fragen werden häufig praktisch, etwa bei Körperverletzungen des Arbeitnehmers und bei Arbeitsvertragsbruch. Dabei muss die Bewertung der ausgefallenen Arbeitskraft für den Gläubiger (Arbeitgeber) nicht unbedingt dieselbe sein wie für den Inhaber des Rechtsguts (Arbeitnehmer).

BGHZ 54, 45 ff wies die Klage des Inhabers einer kleinen chemisch-pharmazeutischen Fabrik, der bei einem Unfall verletzt worden war, auf Schadensersatz wegen Verdienstausfalls ab, weil der Verlust der Arbeitsfähigkeit des selbst als Chemiker mitarbeitenden Klägers nicht zu einem Rückgang von Umsatz und Gewinn geführt habe und die Arbeitskraft selbst kein Vermögensgut sei[109]. In gewissem Gegensatz dazu stehen andere höchstrichterliche Urteile. Einmal hatte das BAG einem Arzt, dessen Sprechstundenhilfe unter Bruch des Arbeitsvertrages der Arbeit ferngeblieben war, Schadensersatz zugesprochen, obwohl der Kläger eine effektive Einkom-

---

107 Vgl hierzu den Streit um den Geldersatz für die Verletzung der allgemeinen Persönlichkeitsrechte (siehe Rn 1090 mit Fn 10).
108 Zur Kommerzialisierung im Rahmen des Schadensbegriffs statt vieler *Larenz*, SR I[14], 495 ff; siehe auch die Bemerkungen in BGHZ 45, 212 ff.
109 Zustimmend etwa *Stoll* JZ 1977, 97; aM *Grunsky* DAR 1988, 404.

mensminderung verhindert hatte, indem er in täglich mehrstündiger Zusatzarbeit die Aufgaben der Angestellten mit erledigte (BAG NJW 1968, 221; ausführlicher AP Nr 7 zu § 249 BGB). In einer ähnlichen Gestaltung kam das BAG (JZ 1971, 380) zu einem Ersatzanspruch, als ein Handelsunternehmen für einen fristlos entlassenen Filialleiter kurzfristig leitende Angestellte aus anderen Zweigstellen abziehen musste. Bei der Schadensberechnung ging das BAG vom Vergütungswert der ersatzweise eingesetzten Arbeit aus, indem es im „Arzthelferinnen-Fall" den Stundensatz für ärztliche Tätigkeit abzüglich des ersparten Helferinnen-Gehalts zusprach und im „Filialleiter-Fall" einen Schaden in Höhe des anteiligen Gehalts der eingesprungene Angestellten abzüglich des beim Beklagten ersparten Gehalts annahm. BGHZ 50, 304 gewährte einer nicht berufstätigen Ehefrau nach einer Verletzung Schadensersatz für ihr Ausfallen unabhängig davon, ob eine Ersatzkraft angestellt worden war. Vgl andererseits aber auch OLG Celle NJW 1988, 2618 (mit Besprechung von *Gotthardt* JuS 1995, 12), das einem Benediktinermönch, der vorwiegend als Kirchenmusiker tätig war, keinen Anspruch auf Schadensersatz (Vergütung für einen angestellten Kirchenmusiker) gewährte, da die Grundsätze der Rechtsprechung zum Schadensersatz bei Ausfall einer Ehefrau und Hausfrau nicht anwendbar seien: Der Ordensbruder gehe mit seinem Orgelspiel nämlich keiner gesetzlich geschuldeten Tätigkeit nach. BGH NJW 1990, 1037 gewährte einen Ersatzanspruch für verletzungsbedingt unterbliebene Eigenleistungen an einem Bauvorhaben (der Verletzte war Schreiner und wollte seine Zimmerdecken mit Holz verkleiden – das Berufungsgericht hatte einen Anspruch noch mit dem Argument abgelehnt, bei diesem Vorhaben handele es sich um eine „handwerkliche Liebhaberei"). Gegen einen **abstrakten Erwerbsschaden** spricht sich der BGH auch in NJW-RR 1992, 852 (Bestattungsunternehmer) und NJW 1995, 1023 (Taxifahrer) aus: Es komme darauf an, ob sich der Ausfall oder die Beeinträchtigung der Erwerbsfähigkeit als konkreter Verlust in der Vermögensbilanz ausgewirkt habe.

Allen Fällen ist gemeinsam, dass mit der Differenzmethode **kein messbarer Schaden** festgestellt werden kann. Für die Bewertung der Tatsache, dass der Verlust durch Leistung des Geschädigten aufgefangen worden ist, ist kein rechtlicher Ansatzpunkt ersichtlich. Eine Ausdehnung der in § 254 Abs. 2 normierten „Schadensminderungspflicht" kommt offensichtlich nicht in Betracht, weil sonst das Risiko gänzlich auf den Geschädigten überwälzt würde. Genau das Gegenteil soll aber das Schadensrecht leisten. Soweit in den erwähnten Urteilen ein (ersatzfähiger) Schaden bejaht wurde, wollte das Gericht den vom Gläubiger oder seinen Angehörigen geleisteten oder doch finanzierten Mehraufwand, der die Entstehung einer Vermögensdifferenz verhinderte, nicht dem Schädiger zugutekommen lassen. Das reicht aber, obwohl es auch im Rahmen der Vorteilsausgleichung eine Rolle spielt (Rn 1122 ff), als tragender Gedanke nicht aus. Deshalb behalf sich die Rechtsprechung auch hier teilweise mit dem normativen Schadensbegriff, der allerdings stark fallbezogen formuliert wurde und allenfalls insoweit verallgemeinerungsfähig erscheint, als er Billigkeitsgesichtspunkte in die Schadensfeststellung einfließen lässt.

1129

So formulierte das BAG[110], der Eintritt eines Schadens setze „nicht wesensnotwendig voraus, dass sich der Geschädigte bei Betrachtung seiner gesamten Vermögenslage infolge des schadenstiftenden Ereignisses im Ergebnis schlechter stehen muss als er sonst stehen würde". Vielmehr bestehe die Ersatzpflicht auch dann, „wenn die konkrete wirtschaftliche Lage des Geschädigten vor einer nachteiligen Änderung (nur) infolge von Leistungen eines anderen bewahrt geblieben ist, die ihrer Natur nach

---

110 NJW 1968, 222.

nicht dem Schädiger zugutekommen sollen". „Normativ", also vom „natürlichen" abweichend, ist dieser Schadensbegriff insofern, als er es erlaubt, durch die Nichtberücksichtigung der allein dem Geschädigten zuzurechnenden Schadensverhinderung einen „hypothetischen" Schaden[111] zum Gegenstand des Ausgleichsanspruchs zu machen. Die Art der Schadensberechnung passt dazu nicht, denn sie geht ganz konkret vom **„Marktwert"** der eingesetzten Ersatzkraft – im Arzthelferinnen-Fall gar des klagenden Arztes selbst! – aus. Mehr als die Kosten einer (billigeren) Ersatzkraft hätten ihm aber allenfalls dann zugesprochen werden können, wenn geeigneter Ersatz aus bestimmten Gründen nicht zu erlangen war.

1130 Worin liegt nun das Kernproblem? Es entspricht im Grunde nicht mehr den bestehenden wirtschaftlichen und gesellschaftlichen Verhältnissen, der Arbeitskraft unabhängig von ihrer Nutzung im konkreten Fall Vermögenswert abzusprechen[112]. Wenn der Aufwand für die Herstellung eines immateriellen Guts nach § 249 Abs. 1 ersatzfähig ist, desgleichen die Einbuße, die durch die Unmöglichkeit der Herstellung im Gesamtvermögen des Rechtsgutsträgers eintritt, so sind geldwerte Aufwendungen, die dazu dienen, eine sonst unvermeidliche Vermögensminderung abzufangen, wie Vermögensschäden zu behandeln. Ihr Wert kann wie immer **konkret** berechnet werden. Nur so kann das Schadensrecht eine unbillige Entlastung des Schädigers auf Kosten des Geschädigten verhindern.

In den berichteten Fällen bedeutet dies, dass innerbetriebliche Auffangmöglichkeiten, die herzustellen (Filialleiter-Fall) oder auszufüllen (Arzthelferinnen-Fall) nicht ohne Vermögensopfer möglich gewesen ist, dem Schädiger nicht zugutekommen. Dies setzt im Arzthelferinnen-Fall zusätzlich voraus, die aufgewendete Freizeit als Vermögensopfer anzusehen, was wohl mit Rücksicht darauf gebilligt werden kann, dass die Zeit eines freiberuflich Tätigen tatsächlich Vermögenswert hat. Außerdem hätte der Kläger eine Ersatzkraft einstellen können, wenn er eine gefunden hätte. Soweit dagegen die ausgefallene Arbeitskraft während eines bestimmten Zeitraums auch ohne das Ergreifen von Ersatzmaßnahmen nicht zu Buche schlägt (Chemiker-Fall), scheidet ein (ersatzfähiger) Schaden jedenfalls aus.

2. Nutzungsausfall beim Kfz

1131 Ähnlich heftig diskutiert wird die Frage des Schadensersatzes für den **Nutzungsausfall eines beschädigten Kraftfahrzeugs**[113]. Der Nutzungsausfall ist zwar ein Schaden, doch muss es sich nicht auch um einen **Vermögens**schaden handeln[114].

Der Eigentümer eines durch unerlaubte Handlung beschädigten Kraftfahrzeugs kann, wenn er für die Dauer der Reparatur einen Ersatzwagen mietet, nach § 249 Abs. 2 S. 1 die Kosten ersetzt verlangen; jedenfalls soweit sie objektiv erforderlich sind[115]. Wenn er sich für die Zeit der

---

111 So ausdrücklich BAG NJW 1968, 222; ähnlich BAG JZ 1971, 380 (In jüngeren Entscheidungen findet sich der Terminus „hypothetischer Schaden" offenbar nicht mehr.).
112 *Esser/E. Schmidt*, SR I/2⁸, 189 f; *Stoll*, Haftungsfolgen im Bürgerlichen Recht (1993) 377; *Grunsky* JZ 1973, 425. AA MünchKomm/*Oetker*, BGB⁸, § 249 Rn 86; *Würthwein* JZ 2000, 337, 341.
113 Ausführlich zu Nutzungsausfall und Vorhaltekosten *Koblenz*, SVR 2012, 406 und 450; *ders.* SVR 2013, 54.
114 Einen solchen bejaht der BGH (NJW 2018, 384) im Falle eines vorübergehend entzogenen Motorrades dann, wenn es das einzige Kraftfahrzeug des Geschädigten ist und es nicht bloß zu Freizeitzwecken verwendet wird.
115 Zur Frage, inwieweit ein deutlich über dem Normaltarif liegender „Unfallersatztarif" vom Schädiger zu ersetzen ist, BGH NJW 2005, 51 und 135 = JA 2005, 243 (*Luckey*); NJW 2005, 1041.

Reparaturdauer ohne Ersatzwagen behilft und andere Einbußen nicht eintreten, entsteht nach der Differenzmethode kein Vermögensschaden. Die Rechtsprechung hat dies aus verschiedenen Gründen als unbefriedigend empfunden und gewährt einen Ausgleich für den Nutzungsausfall **(abstrakte Nutzungsentschädigung)** in Höhe von etwa 25–30 % des Mietpreises für ein gleichwertiges Ersatzfahrzeug[116]. Durch den Abzug vom Betrag des Mietpreises soll der Tatsache Rechnung getragen werden, dass die Nichtbenutzung dem Eigentümer auch Vorteile bringt.

Für einen derartigen Ausgleichsanspruch ist eine Reihe von Gründen geltend gemacht worden. ZT werden die Mietkosten in die Nähe der nach § 249 Abs. 2 S. 1 geschuldeten Herstellungskosten gerückt[117], wobei besonders zu beachten ist, dass im Rahmen des § 249 Abs. 2 S. 1 der Geschädigte frei entscheiden kann, ob er den Geldbetrag zur Herstellung verwendet. Stärkeres Gewicht hat in der Rechtsprechung der Gesichtspunkt, dass die nicht mehr wiederherstellbaren Gebrauchsvorteile ersetzt würden und infolgedessen § 251 anzuwenden sei. Schon deshalb könnten nicht die vollen Mietwagenkosten angesetzt werden. Das setzt voraus, den **Gebrauchsvorteilen** oder der durch Gebrauch eines PKW gewonnenen Freizeit einen eigenständigen, neben dem Substanzwert stehenden Vermögenswert zuzuweisen. Im Ergebnis läge darin wiederum eine Abgeltung bloß ideeller Nachteile. Auf der anderen Seite vereitelt der Nutzungsausfall teilweise den Zweck einer vermögenswerten Anschaffung, und es ist heute nicht mehr lebensfremd, die bloße Nutzungsmöglichkeit eines PKW als wirtschaftliches Gut anzusehen[118]. Schließlich spielt die Überlegung eine gewisse Rolle, dass derjenige Geschädigte, der sich – möglicherweise mit einigen Unbequemlichkeiten – ohne Ersatzfahrzeug beholfen hat, nicht schlechter stehen dürfe als derjenige, der sich einen Ersatzwagen „geleistet" hat. Andererseits bleibt im Vermögen dessen, der seinen Wagen vollwertig repariert zurückerhält und der während der Reparaturzeit keine Aufwendungen hat machen müssen (etwa weil er von Freunden zur Arbeitsstelle mitgenommen wurde), keine Differenz zurück. Wenn dennoch ein Schaden bejaht wird, so kommt es also auch hier wieder zu Korrekturen des herkömmlichen Schadensbegriffs. Da bis heute keine dogmatisch wirklich überzeugende Begründung für diese Rechtsprechung gefunden werden konnte, wird gelegentlich angeführt, dass es sich dabei bereits um **Gewohnheitsrecht** handle[119].

1132

---

116 Grundlegend BGHZ 40, 345 ff = JZ 1964, 420 *(Steindorff)*; BGHZ 45, 212; BGH NJW 1985, 2471. Zur Höhe des Anspruchs siehe BGHZ 56, 214 und – bezeichnenderweise – die inzwischen erarbeiteten Tabellen *(Sanden/Danner/Küppersbusch*, teilweise abgedruckt in NJW 1997, 700; s. auch http://www.verlagsbuero-id.de/schwackeliste-superschwacke/). Ablehnend etwa *Honsell/Harrer* JuS 1985, 162. Vgl zum Ganzen auch *Benecke/Pils*, JA 2007, 241; *Zwirlein* JuS 2013, 487; *Kötz/Wagner*, Deliktsrecht[13], Rn 680 ff. Zur Höhe des Ersatzes siehe zB BGH MDR 2012, 640: Der Geschädigte kann nur den Ersatz derjenigen Mietwagenkosten verlangen, die ein verständiger, wirtschaftlich denkender Mensch in der Lage des Geschädigten zum Ausgleich des Gebrauchsentzugs seines Fahrzeugs für erforderlich halten durfte. Auszugleichen sind nur solche Vorteile, die für den Gebrauch des Fahrzeugs von wesentlicher Bedeutung sind.
117 BGHZ 40, 345 ff; zweifelnd etwa *Medicus/Petersen*, BR[27], Rn 824.
118 Für die Erstattungsfähigkeit von Mietwagenkosten in Fällen, in denen (nur) die ständige Verfügbarkeit des Fahrzeugs notwendig ist, auch bei geringer Fahrleistung BGH NJW 2013, 1149.
119 Vgl etwa Palandt/*Grüneberg*, BGB[78], § 249 Rn 40: Ersatzpflicht sei das Ergebnis richterlicher Rechtsfortbildung und als solche anzuerkennen. Ablehnend *Honsell/Harrer* JuS 1985, 166 f.

1133 Der Standpunkt der Rechtsprechung hat sich bei der Entscheidung einiger Folgeprobleme nicht ganz durchhalten lassen:

Der Geschädigte fuhr einen PKW Marke Jaguar, konnte aber als Ersatzwagen in der Eile nur einen VW 1500 bekommen. Er verlangt Ersatz für die entgangenen „überschießenden" Gebrauchsvorteile. Die Rechtsprechung gewährt dem Geschädigten dann, wenn die Nutzungsausfallentschädigung (laut Tabelle) höher ist als die tatsächlich aufgewendeten Kosten für einen (billigeren) Mietwagen, einen Anspruch auf den Differenzbetrag[120]. Die Vorteile der Benutzung des teureren Wagens stehen den rein immateriellen Werten noch näher als sonst die Gebrauchsvorteile eines Wagens, sodass die Anwendung des § 251 wohl nicht mehr zu rechtfertigen ist[121]. Allerdings ist zu bedenken, dass die anteiligen laufenden Aufwendungen durch die zeitweilige Unmöglichkeit des Gebrauchs nutzlos werden (Frustrationsgedanke)[122]. Dann bilden die nutzlosen Aufwendungen für den teureren Wagen den Ausgangspunkt für die Schadensberechnung. Am Ende steht freilich hier wie dort eine unsichere Schadensschätzung nach Maßgabe des § 287 ZPO, die wie bei der Schmerzensgeldberechnung nach § 253 Abs. 2 das Vordringen von „Daumenregeln" oder Tabellen über die durchschnittliche Bewertung typischer Schäden verständlich erscheinen lässt. Im Übrigen können auch bezüglich der Art der Rechtsgüter, deren Nutzung ersatzfähige Gebrauchsvorteile abwerfen soll, Widersprüche nicht immer vermieden werden. Schließlich ist die Rechtsprechung heute Knecht ihrer einstmals freien Entscheidung, indem sie die Gebrauchsvorteile vom Wohnhaus oder PKW bis hin zur Jagdtrophäe beurteilen muss[123]. Die uneinheitliche Rechtsprechung führte zu einem Vorlagebeschluss des V. Zivilsenats[124], in dem sich dieser mit guten Gründen[125] generell gegen die Gewährung abstrakter Nutzungsentschädigungen aussprach. Der **Große Zivilsenat** hat jedoch – dogmatisch wenig überzeugend – mittels normativer Korrektur der Differenztheorie entschieden, dass ein Anspruch auf Nutzungsentschädigung für den Ausfall von „Wirtschaftsgütern von allgemeiner, zentraler Bedeutung für die Lebenshaltung" auch dann zugebilligt werden kann, wenn nach der Differenzmethode im konkreten Fall gar keine ziffernmäßige Verminderung des Vermögens festgestellt werden kann[126].

---

120 BGH NJW 1970, 1120.
121 Für Annahme eines Vermögensschadens OLG Frankfurt MDR 1968, 757; anders früher BGH NJW 1967, 552; OLG Köln NJW 1967, 570; siehe aber auch BGH NJW 1970, 1120. In jüngerer Zeit wird jedenfalls bei bloß privater Nutzung ohne geschäftliche Aspekte (wie Repräsentation oder Arbeitsmöglichkeiten im Fahrzeug) ein Vermögensschaden abgelehnt (LG München NJW 2012, 1970 mwN; *Fielenbach* NZV 2015, 272 ua). Siehe auch die E des BGH in Fn 114.
122 Dazu etwa *Stoll*, in: FS Duden (1977) 641 ff; *Deutsch*, Haftungsrecht[2], Rn 827 ff; *Esser/E. Schmidt*, SR I/2[8], 194 ff. Den Frustrationsgedanken ablehnend zB *Lange/Schiemann*, Schadensersatz[3], 255 ff.
123 Siehe etwa BGH JZ 1975, 529 (keine Nutzungsentschädigung bei Luxuspelzmantel); OLG Köln NJW 1974, 560 (Nutzungsentschädigung für privates Schwimmbad); BGH NJW 1980, 775, 1386 (keine Nutzungsentschädigung für Schwimmbad); BGH NJW 1984, 722 (keine Nutzungsentschädigung für Motorboot); BGH NJW 1993, 1793 (keine Nutzungsentschädigung für Garage). Eine gute Übersicht über die wenig einheitliche Judikatur findet sich in der E BGH NJW 1986, 2037 sowie bei *Kötz/Wagner*, Deliktsrecht[13], Rn 681.
124 BGH NJW 1986, 2037 (Nichtbenutzbarkeit eines Hauses bei anderweitiger – und auch tatsächlich in Anspruch genommener – Wohn- und Übernachtungsmöglichkeit).
125 Hauptargumente: 1. Der Entzug der Gebrauchsmöglichkeit ist nur eine potenzielle Schadensquelle, nicht aber schon ein Vermögensschaden. 2. Der Gebrauchswert steht nicht selbstständig neben dem Substanzwert, sondern ist mit diesem untrennbar im Verkehrswert verbunden; eine Verminderung des Gebrauchswertes wird in der Regel auch zu einem Absinken des Verkehrswerts führen; mit dem Ausgleich der Differenz des Verkehrswerts ist zugleich die Minderung des Gebrauchswerts ausgeglichen. 3. Der Kommerzialisierungsgedanke ist für die Abgrenzung von Vermögens- und ideellem Schaden nicht wirklich brauchbar; 4. ebenso nicht die Einschätzung durch die Verkehrsanschauung. 5. Eine Differenzierung zwischen Alltags- und Luxusgütern überzeugt nicht.
126 BGHZ 98, 212, 217. Ablehnend *Medicus* Jura 1987, 240; *Schiemann* JuS 1988, 24; *Honsell/Harrer* JuS 1991, 448.

3. „Kind als Schaden"

Die Beispiele für die Abgrenzungsschwierigkeiten zwischen Vermögens- und Nichtvermögensschaden ließen sich vermehren. Ein besonders heißes Eisen ist dabei die Frage nach dem **„Kind als Schaden"**; das Thema[127] wird heutzutage in aller Welt unter den Schlagworten „wrongful life" und „wrongful birth" diskutiert[128].

1134

Im Jahre 1993 hatte der 2. Senat des BVerfG über verfassungsrechtliche Fragen bezüglich der Rechtfertigung (bzw Straflosigkeit) einer Abtreibung zu entscheiden[129]. Bei dieser Gelegenheit führte er auch aus[130], dass eine rechtliche Qualifikation des Daseins eines Kindes als Schadensquelle wegen Art 1 Abs. 1 GG nicht in Betracht komme. Daher verbiete es sich auch, die Unterhaltspflicht für ein Kind als Schaden zu begreifen; die Rechtsprechung der Zivilgerichte zur Haftung für ärztliche Beratungsfehler oder für fehlgeschlagene Schwangerschaftsabbrüche sei deshalb „der Überprüfung bedürftig"[131]. Der BGH ist dem nicht gefolgt[132] und hat bei fehlerhafter „genetischer Beratung"[133] (die Klägerin, die bereits eine behinderte Tochter hatte, befürchtete eine mögliche fehlerhafte genetische Disposition und wollte sich vor dem Entschluss zu einem weiteren Kind beraten lassen), die zur Geburt eines genetisch behinderten Kindes führte, den Eltern einen auf den vollen Unterhaltsbedarf gerichteten Schadensersatzanspruch zugebilligt. Begründung: Der Beratungsvertrag mit dem Arzt war darauf gerichtet, die Geburt eines geschädigten Kindes zu vermeiden. Die Eltern hätten bei richtiger Aufklärung auf die Zeugung eines Kindes verzichtet. Der Vermögensschaden bestehe daher in dem durch die planwidrige Geburt des Kindes ausgelösten Unterhaltsaufwand[134]. Auch der Schutzzweck des Beratungsvertrages[135] erstrecke sich durchaus auf die Belastung mit dem finanziellen Aufwand für ein schwer behindertes Kind. Daneben stellte der BGH klar, dass er auch bei aus ärztlichem Verschulden misslungenen Sterilisationen[136] und bei verhinderten oder fehlgeschlagenen indizierten Schwangerschaftsabbrüchen[137] an dieser Rechtsprechung festhalten werde. Diese Auffassung wurde schließlich anlässlich einer Verfassungsbeschwerde (ein Beschwerdeführer war der in BGHZ 124, 128 zum Schadensersatz verurteilte Arzt) vom Ersten Senat des BVerfG bestätigt: Die Rechtsprechung der Zivilgerichte zur ärztlichen Haftung bei misslungener Sterilisation sowie bei mangelhafter genetischer Beratung verstoße nicht gegen Art 1 Abs. 1 GG[138]. Im Jahre 2006 hat der BGH die Haftung des Arztes nach Geburt eines gesunden Kindes auf den Unterhaltsschaden bejaht; und zwar nicht nur gegenüber der Mutter, sondern auch unter Hin-

---

127 Insgesamt zur Arzthaftung und den unterschiedlichen Arten von Behandlungsfehlern *Remmert* Jura 2011, 563.
128 Aus der deutschen Literatur statt vieler *Picker*, Schadensersatz für das unerwünschte eigene Leben (1995); *ders.* AcP 195 (1995) 483; *Lange*, Haftung für neues Leben (1991); *G. Müller* FS Steffen (1995) 355; *Losch/Radau* NJW 1999, 821; *Winter* JZ 2002, 330.
129 BVerfG NJW 1993, 1751.
130 *Deutsch* NJW 1998, 510 meint dazu: „unnötiger- und überflüssigerweise".
131 BVerfG NJW 1993, 1751, 1764.
132 BGHZ 124, 128.
133 Dazu etwa BGHZ 86, 240; BGH NJW 1987, 2923.
134 Zur Unterhaltspflicht als Schaden etwa *Müller* NJW 2003, 697.
135 Auf diesen stellt auch BGHZ 143, 389 ab, wo vom „Schutzumfang des Behandlungsvertrages" die Rede ist. Der (ärztliche) Behandlungsvertrag wird seit 2013 in den §§ 630a–630h geregelt (speziell zu den Aufklärungspflichten des Behandelnden § 630e).
136 Dazu auch etwa BGHZ 76, 249; BGH NJW 1992, 2961; NJW 1995, 2407.
137 Vgl BGHZ 95, 199; BGH NJW 1992, 1556. Der Unterhaltsaufwand für das Kind sei aber dann nicht mehr vom Schutzzweck des Arztvertrages erfasst, wenn der Schwangerschaftsabbruch nicht rechtmäßig, sondern nur straffrei sei: BGH NJW 1995, 1609.
138 BVerfG NJW 1998, 519. Eine vom Zweiten Senat des BVerfG geforderte Vorlage an das Plenum wurde vom Ersten Senat abgelehnt. Siehe dazu etwa *Picker* AcP 195 (1995) 483; *Stürner* JZ 1998, 317; *Deutsch* NJW 1998, 510.

weis auf den Vertrag mit Schutzwirkungen zugunsten Dritter sogar bei „ungefestigter Partnerschaft" gegenüber dem Vater[139]. Die Diskussionen sind damit aber wohl noch lange nicht am Ende. So hat es der BGH bereits bejaht, dass der ungewollt schwanger gewordenen Frau gegen den dafür verantwortlichen Arzt wegen schmerzhafter Frühwehen ein Schmerzensgeldanspruch zusteht, wobei er die ungewollte Schwangerschaft als Körperverletzung einordnet[140]. Konsequenterweise müsste der Anspruch dann auch für die typischen Schwangerschafts- und Geburtsschmerzen gewährt werden.

V. Lösung Fall 67

1135 Daher ist im **Fall 67** M gegen A ein **Anspruch auf Ersatz der Unterhaltsleistungen** für die Kinder zuzubilligen. Gerade in diesem Beispielsfall wird deutlich, dass es nicht nur missverständlich, sondern unzutreffend ist, die vorliegende Problematik mit dem Schlagwort „Kind als Schaden" zu versehen: Der Schaden besteht eben nicht darin, dass F und M weitere Kinder bekommen haben (vielleicht hätten sie das sogar begrüßt, wenn sie finanziell besser stünden), sondern in der zusätzlichen finanziellen Belastung für deren Unterhalt. Und dieser Schaden ist auch ganz eindeutig vom Schutzwzeck des Vertrages des M mit dem Arzt A (der im Übrigen auch keinen rechtlichen Bedenken begegnet, da jeder frei über den Erhalt oder die Beendigung seiner Fortpflanzungsfähigkeit bestimmen können muss) erfasst. Verdeutlicht man sich das, so leuchtet auch ohne Weiteres ein, dass durch die Gewährung eines Schadensersatzanspruchs der Schutz der Menschenwürde (Art 1 Abs. 1 GG) keineswegs untergraben wird: Ansonsten müsste man ja auch einem Behinderten einen Schadensersatzanspruch – bei Vorliegen der sonstigen Anspruchsvoraussetzungen – gerade mit der Begründung versagen, dass er sich ansonsten als minderwertig begreifen müsste. Und überhaupt ist der Würde des Kindes ohne Zweifel besser gedient, wenn es aufgrund der Ersatzleistung nicht in großer Armut aufwachsen muss.

Auch der **Anspruch der F gegen A auf Zahlung von Schmerzensgeld** ist – mit dem BGH[141] – zu bejahen: Grundsätzlich wird die Herbeiführung einer Schwangerschaft gegen den Willen der Frau als Körperverletzung angesehen[142]. Zwar wurde die Schwangerschaft der F in diesem Fall (gleichsam indirekt) dadurch herbeigeführt, dass die Sterilisation des M erfolglos war (genauer: dass M mangels hinreichender Aufklärung durch A den Geschlechtsverkehr mit F verfrüht bzw ohne Verhütung wieder aufnahm). Der Eintritt einer Schwangerschaft bei F mit all ihren Folgen (auch der nach der allgemeinen Lebenserfahrung nicht gänzlich unwahrscheinlichen schmerzhaften Frühwehen) ist aber sicherlich vom Schutzbereich des zwischen M und A geschlossenen Vertrages erfasst.

---

139 NJW 2007, 989 = JuS 2007, 282 *(Faust)* = JA 2007, 227 *(J. Hager)*.
140 BGH NJW 1995, 2407, 2408 f; zum Problemkreis *Jaeger* MDR 2004, 1280 mwN, der selbst allerdings einen Eingriff in das allgemeine Persönlichkeitsrecht der Frau annimmt.
141 BGH NJW 1995, 2407, 2408 f.
142 BGH NJW 1980, 1452; NJW 1995, 2407. Anders etwa *Jaeger* MDR 2004, 1280.

Teil VI
Einbeziehung Dritter in das Schuldverhältnis*

§ 19 Vertrag zugunsten Dritter[1]

Fall 68: W, die Witwe eines Fuhrunternehmers, verkauft das von ihrem verstorbenen Mann geerbte Geschäft an K, der sich selbstständig machen möchte. Sie handelt dabei nach eingehender Rücksprache mit ihrer volljährigen Tochter T, die sie einmal beerben soll. K kann nicht den gesamten Kaufpreis in bar bezahlen. Da er keine Sicherheiten anbieten kann, wird folgendes vereinbart: K zahlt monatlich eine Kaufpreisrate von 1.500,- €, von der Frau W 400,- € auf ein von ihr auf T's Namen bei der Bank B eingerichtetes Sparkonto einzahlt. Das Sparbuch behält allerdings Frau W für den Fall, dass sie einmal in Geldverlegenheit gerät, was sie T und B auch so erklärt. K schließt ferner zugunsten von Frau W eine Lebensversicherung ab, die nach 10 Jahren, dem Zeitpunkt, zu dem K voraussichtlich seine Restschuld abgetragen haben wird, auf seine Ehefrau umgestellt werden soll.

Nachdem K seinen Verpflichtungen drei Jahre lang mühsam nachgekommen ist, kommt er bei einem Verkehrsunfall ums Leben; über seinen Nachlass wird das Insolvenzverfahren eröffnet. Die Versicherung weigert sich, an Frau W zu zahlen, weil K beim Kaufvertrag über das Alter und die Tauglichkeit der zum Fuhrgeschäft gehörigen Fahrzeuge getäuscht worden sei. Da Frau W befürchtet, in einem Rechtsstreit gegen die Versicherung nicht durchzudringen, möchte sie die auf dem Sparkonto angesammelten Beträge zur Begleichung eigener dringender Verbindlichkeiten benutzen. Hiergegen protestiert ihre Tochter T. Wie ist die Rechtslage? **Lösung Rn 1169**

1136

Fall 69: Die Eltern V und M wollen ihrer erwachsenen Tochter T beim Aufbau eines eigenen Haushalts behilflich sein und ihr zu diesem Zweck eine Waschmaschine schenken. Sie suchen im Geschäft des W ein Modell mit 4,5 kg Fassungsvermögen und 1.200 U/min Drehgeschwindigkeit aus und vereinbaren mit W, dass T das Gerät selbst abholen soll. Als T nach der ersten Benutzung bemerkt, dass die Wäsche bei der Entnahme aus der Trommel noch triefend nass ist, lässt sie das Gerät von W überprüfen. Dieser stellt fest, dass die Maschine aufgrund eines Defektes nur mit maximal 700 U/min läuft. T setzt dem W erfolglos eine Frist zur Nachbesserung. Auf Drängen ihres Freundes, der vom Geschenk ohnehin nicht sonderlich begeistert war, verlangt T von W nun den gesamten Kaufpreis gegen Rückgabe der Waschmaschine, um damit den Kauf eines Motorrads finanzieren zu können. Als V und M von dem Begehren ihrer Tochter erfahren, beklagen sie die Undankbarkeit ihrer Tochter. Unverzüglich informieren sie W, dass sie die Reparatur wünschen. W hat sich zwischenzeitlich hierzu auch bereit erklärt. Welche Pflichten treffen W?

1137

---

* Grober Überblick über wichtige Erscheinungsformen bei Petersen Jura 2014, 580; generell zur Bedeutung von Dritt- und Allgemeininteressen für Privatrechtsverhältnisse H. P. Westermann AcP 208 (2008) 141.

1 Dazu ausführlich *Bayer*, Der Vertrag zu Gunsten Dritter (1995); zu Grundfällen *Hornberger* JA 2015, 7 und 93; siehe ferner *Petersen* Jura 2013, 1230. Speziell zum Versicherungsvertragsrecht, etwa zur Versicherung auf fremde Rechnung, *Looschelders* r+s 2015, 581.

I. Grundstruktur und Hauptfälle des Vertrags zugunsten Dritter

1. Problematik

1138 Das Schuldverhältnis berechtigt und verpflichtet gewöhnlich nur die vertragsschließenden Parteien (oder beim gesetzlichen Schuldverhältnis die an einem Vorgang unmittelbar Beteiligten, so den Inhaber und den Verletzer eines Rechtsguts). Für die Pflichtenposition gibt es davon grundsätzlich keine Ausnahmen: Niemand kann ohne seine Zustimmung aufgrund eines Rechtsgeschäfts Schuldner werden (siehe vor allem § 415); genereller: Niemandem können auf diese Weise Pflichten auferlegt werden. **Verträge zulasten Dritter** sind also **nicht wirksam**[2]. Anderes gilt für die „Aktivseite": Manchmal erweist es sich nämlich als wünschenswert, einem anderen als den vertragsschließenden Parteien einen Anspruch auf die vereinbarte Leistung einzuräumen, ohne ihn in den Vertragsschluss mit einzubeziehen; vielleicht sogar, ohne den Dritten vorher überhaupt zu fragen[3]. Diese Durchbrechung der Privatautonomie[4] erscheint im Grundsatz unbedenklich, weil der „ungefragte" Dritte nur Vorteile erlangt[5]. Doch auch schenken muss sich niemand etwas lassen. Will der Dritte das ihm zugedachte Recht einmal nicht, so kann er es daher ohne weiteres mit Ex-tunc-Wirkung zurückweisen (§ 333).

1139 Im **Fall 68** braucht etwa K die Einzelheiten seiner Abreden mit der Versicherung nicht mit Frau W zu erörtern; sie wird damit zufrieden sein, wenn sie die Begünstigte des Versicherungsvertrages ist.

---

2   Siehe statt vieler BGHZ 58, 219; BGHZ 78, 375; MünchKomm/*Gottwald*, BGB[8], § 328 Rn 261 ff (der in Rn 265 einen Vertrag zulasten Dritter bei Vorliegen einer entsprechenden „Verpflichtungsermächtigung" in Parallele zu der nach § 185 durch Einwilligung erteilten Verfügungsermächtigung als zulässig erachtet). Doch auch wenn im Grundsatz Einigkeit besteht, ist die Rechtslage für manche Konstellationen nicht eindeutig: So stellt sich etwa die Frage, ob eine mit einer Auflage verbundene Rechtsbegründung an einen Dritten zulässig und wie die Zuweisung komplexer – aus Vor- und Nachteilen gemischter – Rechtspositionen an einen Dritten (etwa im Gesellschaftsrecht) zu beurteilen ist.
3   Es kommen jedoch auch Konstellationen in Betracht, bei denen derjenige, der nach dem Willen der Parteien begünstigt werden soll, gar nicht gefragt werden *kann*: vgl etwa BGHZ 130, 377 (vertraglich begründete Unterhaltspflicht für ein aus heterologer Insemination hervorgehendes Kind).
4   Gelegentlich sieht bereits das Gesetz bei Abschluss bestimmter Verträge die Begünstigung eines Dritten vor; so kann etwa der Empfänger aus einem Frachtvertrag eigenständige Befugnisse erwerben (vgl nur § 421 HGB), obwohl der Vertrag bloß zwischen Absender und Frachtführer abgeschlossen wird. Siehe dazu nur jüngerer Zeit nur LG Memmingen NJW-RR 2004, 1175.
5   Bedenklich ist hingegen, dem Dritten gerade aufgrund seiner Begünstigung zusätzliche Pflichten aufzulegen, die über die Schutz- und Sorgfaltspflichten im Vollzugsverhältnis (dazu MünchKomm/*Gottwald*, BGB[8], § 328 Rn 30 f) hinausgehen. Nicht unproblematisch daher BGH NJW 2005, 3778 = JA 2006, 321 *(Althammer)*; zu dieser E näher *Althammer* NZM 2006, 163: Ein im Kaufvertrag begründeter Provisionsanspruch gegen den Liegenschaftskäufer (unter gleichzeitiger interner Befreiung des Verkäufers von seiner Provisionszahlungspflicht) soll besondere Aufklärungspflichten des begünstigten Maklers gegenüber dem Käufer begründen. Nicht nur deshalb, weil sich am Anspruch des Maklers durch die Vertragsklausel nichts Substanzielles ändert, sollte die Frage etwaiger Aufklärungspflichten über (ihm bekannte und für die Käufer relevante) Mängel unabhängig von der – womöglich gar widerruflichen – Drittbegünstigung entschieden werden. Eine bewusste Täuschung des Kaufinteressenten ist einem Makler ja auch dann nicht gestattet, wenn er bloß vertragliche Provisionsansprüche gegen den Verkäufer hat. Umgekehrt kann die Drittbegünstigung keinesfalls dazu führen, dass der Makler gegenüber seinem Vertragspartner bestehende Verschwiegenheitspflichten verletzen muss.

Diesen und ähnlichen Bedürfnissen kommt die Rechtsfigur des **Vertrages zugunsten Dritter** (§§ 328 ff) entgegen. Allerdings hat das Gesetz die Schwierigkeiten, die aus der Bewertung eines Geflechts dreier Interessenrichtungen folgen, nur unvollkommen bewältigt.

Terminologisch unterscheidet das Gesetz als Beteiligte den **Versprechenden**, der aufgrund eines Rechtsverhältnisses zum **Versprechensempfänger** diesem eine Leistung zusagt, sowie den **Dritten**, der die Leistung erhalten soll.

1140

1141

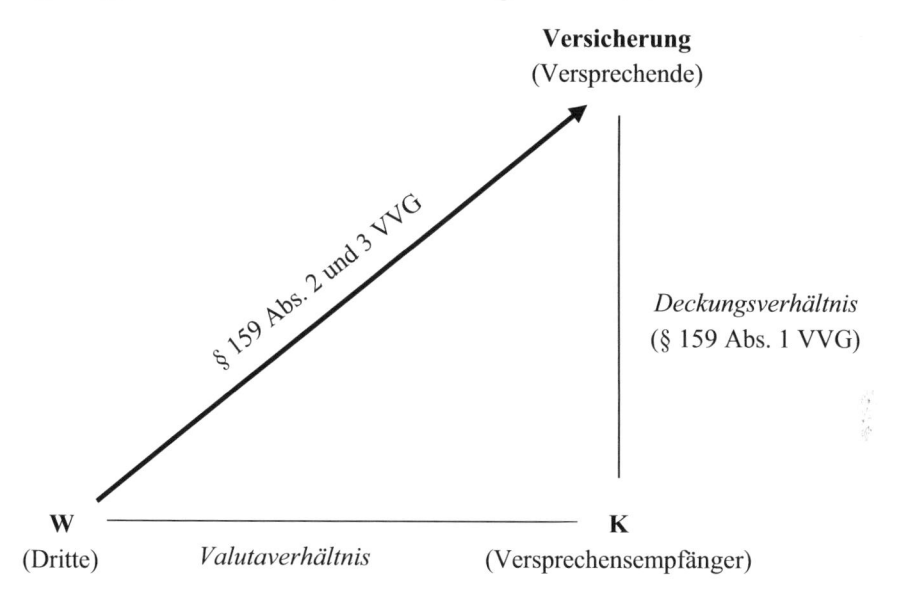

Versicherung
(Versprechende)

§ 159 Abs. 2 und 3 VVG

Deckungsverhältnis
(§ 159 Abs. 1 VVG)

W — K
(Dritte)   *Valutaverhältnis*   (Versprechensempfänger)

2. Echter und unechter Vertrag zugunsten Dritter

Der Vertrag zugunsten Dritter ist kein von einer bestimmten wirtschaftlichen Anschauung abgeleiteter Vertragstyp, sondern eines der vom Schuldrecht zur Verfügung gestellten Grundelemente rechtsgeschäftlicher Gestaltung[6]. Das Gesetz spricht bewusst abstrakt vom Versprechenden, Versprechensempfänger und Dritten (siehe insbesondere die §§ 332, 334). Für die Anwendbarkeit der Rechtsfigur kommt es daher nicht darauf an, ob eine Geldleistung (die Versicherungssumme), eine Warenlieferung oder ein anderer Vertragsgegenstand dem Dritten geschuldet wird. Aus der Abstraktheit folgt weiter, dass für die Pflichten des versprechenden Schuldners das zwischen Empfänger und Drittem bestehende Rechtsverhältnis ohne jede Bedeutung ist. Der Versprechende muss also sogar dann an den Dritten leisten, wenn diese Leistung keinerlei aktuelle Rechtfertigung im Verhältnis zum Versprechensempfänger hat (zum Problemkreis näher Rn 1150 ff).

1142

Beispiel: Der Vater vereinbart mit einem Möbelhändler, von ihm gekaufte und bezahlte Möbel direkt an seine Tochter zu liefern und auch mit ihr wegen etwaiger Mängel oder Umtauschwünsche zu verhandeln.

---

6 Medicus/Lorenz, SR AT[21], Rn 848.

Ebenso wenig stellt das Gesetz darauf ab, auf welchem **Vertragstyp** das Versprechen beruht (im **Fall 68** Versicherungsvertrag und Sparvertrag). Zugunsten eines Dritten können alle Leistungsverpflichtungen übernommen werden, die auch sonst als Gegenstand eines Schuldverhältnisses geeignet sind[7].

1143 Grundlegend ist folgende Unterscheidung: Ein **echter (berechtigender)** Vertrag zugunsten Dritter iS des § 328 Abs. 1 liegt vor, wenn der Dritte nach dem Inhalt des dem Empfänger gegebenen Versprechens die vorgesehene Leistung in eigener Person fordern kann. Die Rechtslage ist der bei Abtretung (dazu Rn 1226 ff) nicht unähnlich (vgl nur die Einwendungsregelung des § 334); der konstruktive Unterschied liegt vor allem darin, dass das Recht unmittelbar beim Dritten *entsteht*. Von einem **unechten (ermächtigenden)** Vertrag zugunsten Dritter spricht man, wenn der Dritte zwar mit Erfüllungswirkung (§ 362; dazu Rn 1334 f) die Leistung soll entgegennehmen dürfen, ein eigenes Forderungsrecht aber nicht erhält. Hier kann also nur der Versprechensempfänger (als Vertragspartner und Gläubiger) verlangen, dass der Schuldner an den Dritten leistet.[8]

1144 Welcher Fall vorliegt, ist eine nicht immer leicht zu entscheidende **Auslegungsfrage**. § 328 Abs. 2 bietet für diese wichtige Abgrenzung nur eine sehr bescheidene Hilfestellung, indem er die Umstände, insbesondere den Zweck des Vertrages, als Abgrenzungskriterien nennt[9]. Diese Merkmale führen etwa dann zu einer klaren Entscheidung im Sinne eigenständiger Ansprüche des Dritten, wenn Eltern ihr Kind ärztlicher Behandlung anvertrauen; desgleichen bei dem einen bestimmten Patienten betreffenden Krankenhausaufnahmevertrag zwischen einem Träger der Sozialversicherung und einem Krankenhaus[10]. Anders liegt es zB dann, wenn zur Vermeidung von Transportkosten bei der Abwicklung von Kaufverträgen eine so genannte abgekürzte Lieferung vereinbart wird: Der Verkäufer einer Waschmaschine bittet den Großhändler, bei dem er sich einzudecken pflegt, das Gerät direkt dem Kunden auszuliefern. Hier bestehen zwar zwei Kaufverträge, aber man wird nicht davon ausgehen können, dass der Großhändler sich unmittelbar gegenüber dem Kunden verpflichtet sehen wollte. Der BGH hat aber beispielsweise eine in einem Grundstückskaufvertrag enthaltene Klausel, wonach der Käufer die Provision des Maklers zu tragen hatte, dahingehend interpretiert, dass der Makler einen unmittelbaren Anspruch gegen den Käufer haben solle und demnach ein echter Vertrag zugunsten des Maklers vorliege[11]. Ebenso soll ein Chartervertrag, den eine Fluggesellschaft als Leistungsträger mit einem Reiseveranstalter abschließt, als Vertrag zugunsten des Reisenden zu qualifizieren sein, der für

---

7 Nicht ganz unumstritten ist die analoge Anwendbarkeit der §§ 328 ff auf (insbesondere dingliche) Verfügungsgeschäfte. Ablehnend BGHZ 41, 95, 96; BGH JZ 1965, 361; NJW 1993, 2617; bejahend *Larenz*, SR I[14], 232 f; *Esser/E. Schmidt*, SR I/2[8], 299. Vgl zum Ganzen auch *Kaduk* FS Larenz (1983) 303, insb. 307 ff.
8 Zur Bedeutung dieser Unterscheidung hinsichtlich des Anfechtungsrechts wegen Willensmangels *Preiß* JA 2010, 6, 8 f.
9 Reiche Beispiele etwa bei Palandt/*Grüneberg*, BGB[78], § 328 Rn 8 ff.
10 Zu den eigenen Erfüllungs- und (praktisch wichtigen!) Ersatzansprüchen des Kindes RGZ 152, 175; *Medicus/Lorenz*, SR BT[18], § 32; zu den Ansprüchen eines in ein Krankenhaus eingewiesenen Kassenpatienten BGHZ 97, 276; BGHZ 100, 363.
11 BGH NJW 1998, 1552. Ganz deutlich in diesem Sinne die Vertragsformulierung im Fall BGH NJW 2005, 3778 = JA 2006, 321 *(Althammer)*; dazu in Fn 5.

diesen einen eigenen Anspruch auf Beförderung gegen die Fluggesellschaft begründet[12]. Auch die Mitversicherung in der privaten Krankenversicherung des Ehegatten stellt nach der Rechtsprechung im Zweifel einen echten Vertrag zugunsten des mitversicherten Gatten iS des § 328 Abs. 1 dar[13]. Drittbegünstigungen sind aber nicht nur durch Verschaffung eigenständiger Leistungsansprüche möglich; so können Dritte auch – über den Wortlaut des § 328 hinaus – durch sie begünstigende Verjährungsverkürzungs-[14] oder Haftungsbeschränkungsklauseln Vorteile erlangen, für die ebenfalls die Wertungen der §§ 328 ff gelten. Gleiches gilt für den Ausschluss von Kündigungsrechten. So hat der BGH eine „echte" Begünstigung des Mieters iS des § 328 durch einen Vertrag angenommen, mit dem der Vermieter und Eigentümer ein Hausgrundstück verkaufte und in dem der Käufer (und neue Vermieter) akzeptierte, dass die ordentliche Kündigung des Mieters durch den Käufer auf Lebenszeit des Mieters ausgeschlossen ist[15].

Im **Fall 69** spricht zunächst schon die Vereinbarung, dass T die Waschmaschine selbst abholen soll, dafür, dass sie nach dem Willen ihrer Eltern selbst Übergabe und Übereignung (§ 433 Abs. 1) verlangen können soll. Für den Versprechenden W war außerdem ganz offensichtlich, dass der Vertragsschluss ausschließlich im Interesse der T erfolgte. Es liegt daher ein echter Vertrag zugunsten der T vor. | 1145

Eine ebenfalls ungemein wichtige Streitfrage hat sich besonders bezüglich der **Inhaberschaft an Sparforderungen** ergeben, wenn das Konto auf den Namen eines anderen als des Errichtenden lautet. Geht man davon aus, dass durch die Begründung eines Sparguthabens eine (Darlehens-) Forderung des Kunden gegen die Bank entsteht, so ist es durchaus denkbar und kommt auch vor, dass die Bank die Rückzahlung des Sparbetrages einem Dritten, also einem anderen als dem Partner des Sparvertrages verspricht. Umstände, die iS des § 328 Abs. 2 erheblich sein könnten, sind etwa: Sicherungsbedürfnis des begünstigten Dritten; zum Ausdruck gekommener Wunsch des Einzahlenden, von dem regelmäßig die Mittel stammen, sich der Verfügungsgewalt über die Forderungen nicht vorzeitig zu begeben. Die reine Kontobezeichnung ist unter diesen Umständen wohl weniger bedeutsam als die Regelung, wer das Sparbuch in Besitz nehmen soll[16]. Nach alledem spricht im **Fall 68** deutlich mehr dafür, trotz der Kontobezeichnung keinen echten Vertrag zugunsten Dritter anzunehmen, weil sich Frau W das Sparbuch von der Bank aushändigen ließ und den Erlös aus dem Geschäftsverkauf offensichtlich nicht mit ihrer Tochter T teilen, sondern sich vorbehalten wollte, die eingehenden Gelder im Notfall für ihren eigenen Unterhalt zu verwenden. Dieses letzte Argument ist hier deshalb voll überzeugend, | 1146

---

12 BGHZ 93, 271.
13 Siehe BGH NJW 2006, 1434, der dem begünstigten Dritten neben dem Anspruch auf die Versicherungsleistung auch das Recht gewährt, den Fortbestand des Versicherungsverhältnisses gerichtlich feststellen zu lassen.
14 Vgl dazu nur BGH NJW-RR 2004, 780 = EWiR 2004, 483 *(Zeller)*.
15 BGH BeckRS 2018, 30856.
16 Vgl auch BGH NJW 1994, 726 und 931 sowie BGH WM 1990, 537, wonach in erster Linie maßgeblich sein soll, wer nach dem erkennbaren Willen des die Kontoeröffnung beantragenden Kunden Gläubiger der Bank werden soll. Das Behalten eines Sparbuchs stellt jedenfalls ein starkes Indiz dafür dar, dass derjenige, der den Sparvertrag geschlossen hat, Verfügungsberechtigter und somit Gläubiger der Bank bleiben will: OLG Koblenz NJW 1989, 2545; OLG Düsseldorf WM 1993, 835. Zum Problemkreis etwa *Joeres*, in: Schimansky/Bunte/Lwowski, Bankrechts-Handbuch[5], § 29 Rn 16 ff; zur – nicht immer einfachen – Abgrenzung von der Sparbuch- oder Kontoeröffnung im Wege der Stellvertretung etwa *Canaris*, Bankvertragsrecht[3] I (1988) Rn 148.

weil der Versorgungsaspekt auch der Bank B gegenüber aufgedeckt wurde[17]. Und um die Auslegung der zwischen W und B getroffenen Vereinbarung geht es ja gerade!

1147 Für andere typische Fälle stellt das Gesetz hinsichtlich der Stärke der Position des Dritten **Auslegungsregeln** zur Verfügung. So soll der Gläubiger, dessen Schuldner von einem anderen die Begleichung der Schulden versprochen worden ist, im Zweifel nicht unmittelbar von diesem die Leistungen fordern können (**Erfüllungsübernahme**, § 329). Hingegen ist die Benennung eines Zahlungsempfängers im **Versicherungsvertrag** in Zweifelsfällen als echte Drittbegünstigung zu verstehen. Hier ist es wirtschaftlich sinnvoll, dass der Anspruch auf die Versicherungssumme, wenn nicht der Versicherungsnehmer allein berechtigt sein will, dem Begünstigten direkt und ohne Umweg über das Vermögen des Versicherungsnehmers zufällt (siehe aber auch § 159 VVG).

1148 So würde im **Fall 68** eine Entstehung des Anspruchs auf die Versicherungssumme als Nachlassgut das Zugriffsrecht des Insolvenzverwalters begründen können. Das wird durch eine echte Drittbegünstigung verhindert.

1149 Auf der anderen Seite begibt sich der Versicherungsnehmer mit der Benennung eines Drittbegünstigten nicht unbedingt jeder Verfügungsbefugnis über das Recht. Vielmehr richtet es sich nach den Umständen, ob die Einräumung der Position für den Dritten **widerruflich** ist oder nicht (§ 328 Abs. 2). Bei der gewöhnlichen Lebensversicherung[18] hat der Versicherungsnehmer in der Regel das Recht, den Begünstigten jederzeit zu ändern (siehe § 159 Abs. 1 VVG). Hierzu passt auch, dass nach § 331 Abs. 1 der Dritte das Recht gewöhnlich erst mit dem Tode des Versprechensempfängers erwirbt. Anderes wird für die *unwiderrufliche* Begünstigung vertreten: Bezeichnet der Versicherungsnehmer einer Lebensversicherung als Bezugsberechtigten im Todesfall unwiderruflich seinen Ehegatten, so soll die Zuwendung des Bezugsrechts nach dem BGH regelmäßig bereits mit der Bezeichnung als Bezugsberechtigter vorgenommen sein; dh sogar dann, wenn die Versicherungsleistung im Erlebensfall dem Versicherungsnehmer zustehen soll und das Bezugsrecht des Ehegatten daran geknüpft ist, dass die Ehe mit dem Versicherten bei dessen Tod besteht[19], also doppelt bedingt ist.

3. Struktur

1150 Der Vertrag zugunsten Dritter beruht auf **mehreren Schuldverhältnissen**, die bei der Beurteilung des Schicksals der verschiedenen Rechtspositionen auseinander zu halten sind.

Zwischen dem Versprechenden und dem Versprechensempfänger (also im **Fall 68** zwischen der Versicherung und K bzw der Bank B und Frau W) besteht das so ge-

---

17 Siehe demgegenüber OLG Hamm FamRZ 2001, 158: Wenn ein Vater ein Sparkonto und einen Sparkassenbrief, die auf seinen Namen lauten, auf den Namen seines – wohl minderjährigen – Kindes umschreiben lässt, wird das Kind Gläubiger der Sparkasse, wenn der Vater keine gegenteilige Absicht zum Ausdruck brachte; etwa, dass das Kind nur Treuhänder (für ihn?) sein solle.
18 Ausführlich zum Problemkreis *Elfring*, Drittwirkungen der Lebensversicherung (2003). Einen Überblick über die Rechtslage bei Lebensversicherungen vor und nach dem Todesfall gibt etwa *Bredemeyer* ZEV 2010, 288.
19 BGH NJW 2013, 232.

nannte **Deckungsverhältnis**. Aus ihm erwartet der Versprechende regelmäßig das Entgelt für die an den Dritten zu erbringende Leistung, also die „Deckung". Allein nach dem Deckungsverhältnis richtet sich aber auch die Rechtsstellung des Dritten, der ja eine eigene Forderung nur erhält, wenn ein wirksames Deckungsgeschäft den Versprechenden unmittelbar ihm gegenüber verpflichtet. Dies gilt, obwohl der Dritte am Deckungsverhältnis nicht selbst beteiligt ist. Hiervon unterscheidet man das **Valutaverhältnis** zwischen dem Versprechensempfänger und dem Dritten, aufgrund dessen der Versprechensempfänger, der ja für die Leistungen des Versprechenden an den Dritten regelmäßig ein Opfer bringen muss, sich zu diesem Opfer entschließt. Das Valutaverhältnis ist maßgebend für die Ansprüche und Verpflichtungen zwischen dem Versprechensempfänger und dem Dritten; es entscheidet darüber, ob der Dritte die Leistung im Verhältnis zum Versprechensempfänger behalten darf[20]. Schließlich gibt es – zumindest beim echten Vertrag zugunsten Dritter – ein Schuldverhältnis zwischen dem Dritten und dem Versprechenden, da der Dritte von Letzterem die Leistung fordern kann. Dieses Schuldverhältnis, bei dem es sich nicht um ein Vertragsverhältnis handelt und das gerade durch den drittbegünstigenden Vertrag entsteht, kann als **Vollzugs-**, **Zuwendungs-** oder **Drittverhältnis** bezeichnet werden[21]. Da auch bei echter Drittbegünstigung nicht ausgeschlossen ist, dass weiterhin der Versprechensempfänger die Leistung an den Dritten verlangen kann (siehe die Zweifelsregel des § 335), besteht nach hM zwischen Versprechensempfänger und dem Dritten eine besonders geartete, von der Gesamtgläubigerschaft zu unterscheidende Forderungsmehrheit[22].

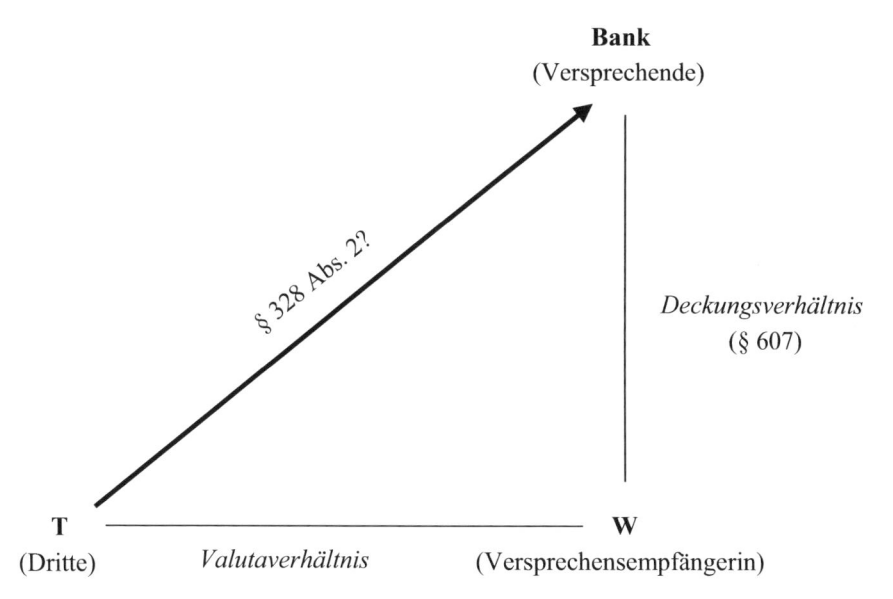

1151

Bank
(Versprechende)

§ 328 Abs. 2?

Deckungsverhältnis
(§ 607)

T   W
(Dritte)   *Valutaverhältnis*   (Versprechensempfängerin)

---

20 BGHZ 91, 288, 290; MünchKomm/*Gottwald*, BGB[8], § 328 Rn 29; vgl auch Erman/*H.P. Westermann*, BGB[15], § 328 Rn 8 (im Zusammenhang mit dem Widerruf der Drittbegünstigung).
21 Vgl *Medicus/Lorenz*, SR AT[21], Rn 854; MünchKomm/*Gottwald*, BGB[8], § 328 Rn 30 f.
22 BGHZ 5, 385, 389; BGH NJW 1967, 2262; Erman/*H.P. Westermann*, BGB[15], § 335 Rn 3.

1152 Im **Fall 68** will K als Versprechensempfänger seiner Pflicht nachkommen, der Frau W in Gestalt des Versicherungsanspruchs eine Sicherheit zu verschaffen. Dasselbe Bestreben, verbunden mit der Befriedigung ihrer erbrechtlichen Erwartungen, ist auch im Verhältnis zwischen Frau W und ihrer Tochter T maßgebend, soweit es sich hier überhaupt schon um einen Vertrag zugunsten Dritter handeln sollte. Dem Valutaverhältnis liegt oft eine Schenkung zugrunde, nicht selten auch die Erfüllung sonstiger schuldrechtlicher Verbindlichkeiten. Es kann sich aber auch um die Erfüllung gesetzlicher Pflichten (zB Unterhaltsansprüche) handeln. Bestand bisher noch kein besonderes Rechtsverhältnis, wird man wohl von einer Art Offerte (etwa zum Abschluss eines Schenkungsvertrages) ausgehen müssen. Die Schenkungsvereinbarung kommt dann – ganz ähnlich wie bei der Handschenkung – in dem Zeitpunkt zu Stande, in dem der Dritte die Leistung des Versprechenden annimmt[23].

4. Formvorschriften

1153 Bei Verträgen zugunsten Dritter erhält der Begünstigte Vermögenswerte häufig über eine Person, mit der er in keinerlei vertraglicher Verbindung steht. Der Vermögenswert stammt meist aus der Sphäre des Versprechensempfängers, da er dem Versprechenden Deckung schuldet. Das Deckungsverhältnis ist also regelmäßig ein entgeltlicher Vertrag, der auch formlos wirksam ist. Damit stellt sich zwangsläufig die Frage, wie **gesetzliche Formvorschriften** bei dieser Kombination von Vertragsbeziehungen wirken. Kann man ihnen „entgehen", wenn statt der Leistung an den Versprechensempfänger selbst eine Leistung an einen Dritten vereinbart wird oder wenn der Zuwendungswillige statt einer direkten Verpflichtung gegenüber dem Dritten den Umweg über den Versprechenden wählt? Kollisionen sind hier vor allem mit der Schenkungsform und erbrechtlichen Formgeboten vorstellbar.

1154 Eine solche Kollision mit Formvorschriften wäre im **Fall 68** etwa denkbar, wenn Frau W als Alleinerbin ihres Mannes den auf dem Sparkonto angesammelten Betrag nicht der als Erbin vorgesehenen T, sondern direkt ihrer Enkelin E zuwenden will, indem sie ein Konto auf den Namen der E anlegt, deren Recht aber erst mit dem Tode der W wirksam werden soll (Zuwendung unter Lebenden auf den Todesfall). Der übliche Weg wäre in einem solchen Fall das der Testamentsform bedürftige Vermächtnis[24] (§§ 2147 ff).

1155 Formvorschriften sind häufig auf die Sicherung desjenigen ausgerichtet, der sich verpflichtet. Meist geht es um **Schutz vor Übereilung**. Deshalb trifft es zu, wenn die hM auch beim Vertrag zugunsten Dritter für die Notwendigkeit einer Form allein auf das Deckungsverhältnis abstellt, da für den Dritten ja lediglich ein vom Vertragsverhältnis zwischen Schuldner und Versprechensempfänger abgespaltenes Forderungsrecht entsteht und der Rechtsgrund für die Leistung des Schuldners an den Dritten im Vertrag zwischen Schuldner und Versprechensempfänger zu sehen ist[25]. Wiederum ist

---

23 Soergel/*Hadding*, BGB[13], § 328 Rn 21; Staudinger/*Klumpp*, BGB (2015) § 328 Rn 45.
24 Gegen die hA beim Vertrag zugunsten eines Dritten auf den Todesfall daher auch für ein Forderungsvermächtnis anstelle einer Schenkung im Valutaverhältnis *Wall* ZEV 2011, 3. Zur hA siehe nur MünchKomm/*Gottwald*, BGB[8], § 328 Rn 3 mwN.
25 HM: siehe etwa BGHZ 54, 145, 147; MünchKomm/*Gottwald*, BGB[8], § 328 Rn 27; *Schlechtriem/Schmidt-Kessel*, Schuldrecht, Allgemeiner Teil[6] (2005), Rn 720; Staudinger/*Klumpp*, BGB (2015) § 328 Rn 51 ff; für eine Einbeziehung auch des Dritten in das Synallagma *Hadding* FS Gernhuber (1993) 153 ff.

die Parallele zur Abtretung unübersehbar. Ob im Valutaverhältnis eine nach § 518 formbedürftige Schenkung oder eine Verpflichtung zur Grundstücksveräußerung enthalten ist, ist also ohne Belang.

Nicht sicher ist hingegen, was gelten soll, wenn die Formvorschrift **anderen Interessen** als denen des Versprechenden dienen soll. So behandelt § 2301 im Interesse der Erben – im soeben **abgewandelten Fall 68** also etwa der T – Schenkungen unter der Bedingung, dass der Beschenkte den Schenker überlebt, wie Verfügungen von Todes wegen. Sie sind also ohne Einhaltung der Testamentsform ungültig. Man kann zweifeln, ob dieser Schutz entfallen soll, wenn der Schenker nicht direkt, sondern auf dem Umweg über einen Dritten den Gegenstand dem Begünstigten zuwenden will. § 331 besagt hierzu nichts. Die Vorschrift regelt nur den Zeitpunkt, in dem das Recht anfällt. Die Frage ist gerade beim Abschluss eines Sparvertrages bzw der Anlegung eines Wertpapierdepots zugunsten eines Dritten aktuell geworden. Die Rechtsprechung prüft, ob im Valutaverhältnis ein gültiges Schenkungsversprechen vorliegt, das der Dritte gemäß den §§ 130 Abs. 2, 153, 151 nach dem Tode annehmen kann, wenn es ihm vom Versprechenden (der Bank) überbracht wird[26]. Die Erben müssen dann den Schenkungsvertrag gegen sich gelten lassen, können freilich bis zum Zugang der Mitteilung beim Dritten das Angebot gemäß § 130 Abs. 1 S. 2 widerrufen[27]. Hat der Schuldner bis zu seinem Tode die Verfügungsmöglichkeit nicht aufgegeben – im Ausgangsfall behält Frau W das Sparbuch –, so kann aber keinesfalls von einem vollzogenen Schenkungsversprechen ausgegangen werden (siehe § 518); anders, wenn das Sparbuch bereits vorweg übergeben und die Schenkung bloß unter die (aufschiebende) Bedingung gestellt wurde, dass der Beschenkte den Schenker überlebt. Misslich ist auch, dass bei Annahme einer Widerruflichkeit des Schenkungsangebots noch durch die Erben der Erwerb des Dritten vom Ergebnis eines Wettlaufs zwischen Erben und Drittem abhängt. Um rein zufällige Ergebnisse zu vermeiden und die Umgehung erbrechtlicher Formvorschriften zu verhindern, erscheint es daher vorzugswürdig, der Anwendung des § 2301 den Vorrang einzuräumen[28].

1156

II. Abwicklung der verschiedenen Rechtsbeziehungen[29]

Schon die bisherigen rechtlichen Überlegungen zu Abgrenzungs- und Formfragen sind nicht gerade einfach. Noch komplizierter wird es dann, wenn das Deckungs- oder/und das Valutaverhältnis an Mängeln leidet bzw nachträglich in der Abwicklung

1157

---

26 Zur Auslegung des § 130 Abs. 2 – auch unter Bezugnahme auf den vorliegenden Zusammenhang – *Brun* Jura 1994, 291; *G. Vollkommer* ZEV 2000, 10, 12 f. In diesem Zusammenhang weist *Vollkommer* (12) darauf hin, dass dem Valutaverhältnis nicht zwingend eine Schenkung zugrunde liegen müsse; auch ein erbrechtliches Rechtsgeschäft (wie das Vermächtnis) könne Causa sein. Dagegen *J. Mayer* DNotZ 2000, 905, 919. Für einen Verzicht auf ein besonderes Valutaverhältnis, da die Causa in den Vertrag zugunsten des Dritten integriert sei, *M. Wolf* FamRZ 2002, 147, 148 f.
27 Zu dieser Lösung statt vieler BGHZ 46, 198; BGH NJW 1995, 953; BGHZ 127, 239. Zum Problemkreis etwa *Schreiber* Jura 1995, 159; *Schäfer*, Konto und Depot zu Gunsten Dritter auf den Todesfall (1983).
28 So auch *Medicus/Petersen*, BR[27], Rn 394 ff; *Olzen* Jura 1987, 16, insb. 22 ff.
29 Eine gute Darstellung von Problemen der Leistungsstörungen beim Vertrag zugunsten Dritter findet sich bei *Lousanoff/Lüke* JuS 1981, 39.

gestört wird. Als **Grundsatz** gilt, dass bei der Abwicklung der Vorrang des Deckungsverhältnisses gegenüber dem Valutaverhältnis zum Tragen kommt.

1. Einwendungen des Versprechenden

1158 Hat der Versprechende **Einwendungen** gegen seine Leistungspflicht, etwa weil seine Verpflichtungserklärung unwirksam oder anfechtbar ist, so könnte er dies an sich nur demjenigen entgegenhalten, dem gegenüber er sich verpflichtet hat. Das wäre der Versprechensempfänger und nicht der begünstigte Dritte.

1159 Im **Fall 68** müsste sich die Versicherung bei fehlerhaftem Versicherungsvertrag ausschließlich mit den Erben des Versicherungsnehmers K auseinandersetzen.

1160 Da aber das Deckungsverhältnis den Grund für die Verpflichtung des Versprechenden gegenüber dem Dritten abgibt, ordnet § 334 an, dass der Dritte (im **Fall 68** also Frau W) sich auch die Einwendungen „**aus dem Vertrage**", dh aus dem Deckungsverhältnis, entgegenhalten lassen muss. Dazu gehört sachgerechterweise auch der Einwand, im Deckungsverhältnis sei kein oder bloß ein anfechtbarer Vertrag zustande gekommen. Diese Anordnung leuchtet auch deshalb ein, weil der Dritte nicht besser stehen kann als der Versprechensempfänger, von dem er seine Stellung ableitet; das entspricht wiederum zessionsrechtlichen Grundsätzen. Daher kann der Versprechende dem Anspruch des Dritten etwa die Einrede des nicht erfüllten Vertrages entgegenhalten, wenn sich der Versprechensempfänger im Deckungsverhältnis zur Vor- oder zur Zug-um-Zug-Leistung verpflichtet hat. Anderes gilt nur, wenn die Auslegung des Deckungsverhältnisses ergibt, dass der Versprechende auf derartige Einreden **verzichtet** hat[30]. Mängel des Valutaverhältnisses, hier also der Rechtsbeziehungen zwischen Frau W als der Dritten und K, beeinträchtigen das Forderungsrecht des Dritten gegen den Versprechenden hingegen von vornherein nicht. Auch führen sie in aller Regel nicht zur Anfechtbarkeit des im Deckungsverhältnis geschlossenen Vertrages, da die Mangelfreiheit des Valutaverhältnisses bestenfalls ein bloßes Motiv für den drittbegünstigenden Vertrag darstellt.

1161 Somit kann sich im **Fall 68** die Versicherung nicht darauf berufen, dass K beim Vertrag mit Frau W getäuscht worden ist. Eine Rückabwicklung hätte, wenn die Anfechtung im Valutaverhältnis erklärt wird und durchgreift, nach den Grundsätzen des Bereicherungsrechts (dazu Schuldrecht Besonderer Teil §§ 16–19) allein zwischen den Erben des K und Frau W zu erfolgen.

---

30 Diesen Begründungsweg wählte der BGH in BGHZ 93, 271: Bei einem zwischen einer Fluggesellschaft und einem Reiseveranstalter zugunsten des Reisenden abgeschlossenen Chartervertrag verwehrte er der Fluggesellschaft, sich dem Reisenden gegenüber darauf zu berufen, der Reiseveranstalter habe den Preis für den Charterflug noch nicht bezahlt, da von einem *stillschweigenden Ausschluss des § 334* auszugehen sei, wenn der Reisende damit rechne, einen einredefreien Beförderungsanspruch gegen die Fluggesellschaft erworben zu haben. Dazu *Gottwald* JuS 1985, 575.

2. Leistungserbringung trotz Einwendungsrechts

§ 334 lässt nicht erkennen, was gelten soll, wenn der Versprechende auf seine Verpflichtung eine Leistung erbracht hat, obwohl er – was sich häufig erst später herausstellt – Einwendungen besaß, mit deren Hilfe er die Leistung hätte **verweigern** können.

1162

> Im (in Rn 1142) erwähnten Fall des Möbelkaufs stellt sich nach Lieferung der Möbel an die Tochter die Unwirksamkeit des Kaufvertrages oder die Fälschung des vorgelegten Zahlungsbelegs heraus. Ähnliche Fragen tauchen im **Fall 68** auf, wenn erst nach der Zahlung der Versicherungssumme an Frau W die Unwirksamkeit des Versicherungsvertrages bekannt wird.

1163

Das – primär bereicherungsrechtliche – Problem sei hier kurz anhand des **unwirksamen Deckungsverhältnisses** angesprochen. Für die meisten übrigen Fälle ergibt sich schon aus § 813, dass eine Rückforderung (zunächst) nicht in Betracht kommt. Sofern der im Deckungsverhältnis bestehende Vertrag erfolgreich angefochten wurde, gilt Gleiches wie bei ursprünglicher Unwirksamkeit. Die grundsätzliche Problematik resultiert daraus, dass der Versprechende in solchen Fällen von einer Verpflichtung gegenüber *zwei* Personen ausgeht (vgl § 335) und daher sowohl die Pflicht gegenüber dem Versprechensempfänger als auch die gegenüber dem Drittbegünstigten erfüllen will. Zugleich ist die Leistung aus der Sicht des Dritten nicht selten als solche **des Versprechensempfängers** zu qualifizieren: Dieser hat dafür gesorgt, dass er die Leistung erhält. Auf welche Art und Weise dies erfolgt (persönliche Erbringung, Erfüllung durch Gehilfen oder eben mithilfe eines unmittelbar drittbegünstigenden Vertrages), ist für den Dritten von nachrangiger Bedeutung. Man kann sich vorstellen, dass bei der – hier nur angedeuteten – Komplexität des Problems nahezu alle denkbaren Lösungsmöglichkeiten vertreten werden; diese nachzuzeichnen, ist hier nicht der Ort[31]. Die Diskussion verläuft ähnlich wie im Anweisungs- und Zessionsrecht; überwiegend wird einer **Rückabwicklung auf langem Weg** („übers Dreieck") der Vorzug vor der Direktkondiktion gegeben[32]. Danach muss sich der Leistende an seinen vermeintlichen Vertragspartner, also den Versprechensempfänger, halten[33]. Ob und in welchem Umfang sich der Versprechensempfänger beim Dritten erholen kann, ent-

1164

---

31 Zum Fragenkreis Schuldrecht Besonderer Teil § 18; ausführlich etwa *Hadding*, Der Bereicherungsausgleich beim Vertrag zu Rechten Dritter (1970); aus der Ausbildungsliteratur *Beuthien* JuS 1987, 841; *Joost/Dikoney* JuS 1988, 104; *Kamionka* JuS 1992, 929.

32 Für die *Anweisung* BGHZ 122, 46, 52; BGH NJW 1994, 2356; MünchKomm/*Schwab*, BGB[7], § 812 Rn 67 ff; *Larenz/Canaris*, SR II/2[13], 224. Eine Direktkondiktion wird allerdings für den Fall bejaht, dass eine Anweisung überhaupt fehlt: BGHZ 111, 382; BGH NJW 1995, 3315; MünchKomm/*Schwab*, BGB[7], § 812 Rn 91 ff; *Larenz/Canaris*, SR II/2[13], 225. Für die *Zession* – vorausgesetzt, dass die abgetretene Forderung überhaupt existiert – BGHZ 105, 365; BGHZ 122, 46; BGH NJW 1993, 2678; MünchKomm/*Schwab*, BGB[7], § 812 Rn 232 ff; *Larenz/Canaris*, SR II/2[13], 237; aA *Medicus/Petersen*, BR[27], Rn 685a. Zum speziellen Problem der Ausführung eines Überweisungsauftrags trotz zwischenzeitigen – der Bank bei Durchführung unbekannten – Kontoinhaberwechsels auf Grund eines mit der Bank vereinbarten Vertrages zugunsten Dritter auf den Todesfall *Preuß* Jura 2000, 25, 29 (zu OLG Hamm WM 1998, 2236).

33 MünchKomm/*Schwab*, BGB[7], § 812 Rn 222 ff; *Esser/Weyers*, SR II/2[8], 48; aA BGHZ 58, 184; *Medicus/Petersen*, BR[27], Rn 683: Es soll auf die „engere Verbindung zu dem mit der Leistung verfolgten Zweck" ankommen.

scheidet das zwischen diesen konkret bestehende Valutaverhältnis. Behalten kann der Dritte eine Zahlung etwa dann, wenn sie ihm der Versprechensempfänger bereits selbst schuldete.

3. Leistungsstörungen

1165 Fraglich ist auch, wie sich die Tatsache, dass der Dritte ein selbstständiges Forderungsrecht hat, bei der Beurteilung der **Folgen von Leistungsstörungen** auswirkt. Noch unproblematisch sind Fälle, in denen der Versprechensempfänger seine Pflichten aus dem Deckungsverhältnis verletzt: Daraus können zum Ersten gemäß § 334 Einwendungen gegenüber dem Leistungsbegehren des Dritten folgen. Zum Zweiten kann der Versprechende in seiner Rolle als Gläubiger alle ihm zustehenden Sekundärrechte ausüben, zB vom Vertrag zurücktreten. Auf diese Weise kann der Dritte seine Rechte sogar dann wieder (gegen seinen Willen!) verlieren, wenn nur er allein forderungsberechtigt war[34].

1166 Also kann, wenn im **Fall 68** K die Prämien nicht zahlte, die Versicherung den Vertrag kündigen und damit auch für die Zukunft die Grundlage ihrer Verpflichtung gegenüber Frau W vernichten.

1167 Sehr umstritten ist hingegen, was bei **Pflichtverletzungen des Versprechenden** gelten soll. Zum Teil wird vorgeschlagen, allein den Versprechensempfänger über das Deckungsverhältnis verfügen zu lassen[35]. Ein Recht des Dritten zur Abgabe der Rücktrittserklärung oder auf Schadensersatz wird mit dem Argument abgelehnt, er könne ansonsten in das Deckungsverhältnis eingreifen, an dem er nicht beteiligt ist. Es darf aber nicht vernachlässigt werden, dass der Vertrag nicht nur eine Leistung an den Dritten vorsieht, sondern den Dritten darüber hinaus selbst zum Forderungsberechtigten macht. Daraus folgt zumindest, dass die Geltendmachung von Verzugsschäden direkt durch den Dritten ganz unproblematisch ist. Man wird darüber aber noch hinausgehen müssen. So wird als Art Faustregel vorgeschlagen, der Dritte könne Schäden, die bei ihm aufgrund des Verzugs, der vom Versprechenden zu vertretenden Unmöglichkeit oder Schlechtleistung eingetreten sind, selbst geltend machen, nicht jedoch vom Vertrag zurücktreten oder zwischen Rücktritt und Schadensersatz wählen[36]. **Verändernde** Einwirkungen auf den im Deckungsverhältnis vorliegenden Vertrag, etwa die Ausübung vertragsändernder oder vertragsvernichtender **Gestaltungsrechte**, sollen dem Dritten also nicht möglich sein[37]. Begründet kann diese Position wohl nur mit (möglichen) gegenläufigen Interessen des Versprechensempfän-

---

34 Zum Ganzen *Bayer*, Der Vertrag zu Gunsten Dritter (1995) 346; MünchKomm/*Gottwald*, BGB[8], § 334 Rn 5; Soergel/*Hadding*, BGB[13], § 334 Rn 6 ff; Staudinger/*Jagmann*, BGB (2015) § 334 Rn 7 ff. Aus der Rechtsprechung etwa BGH NJW 1980, 450 (Zurückbehaltungsrecht gemäß § 273).
35 So grundsätzlich MünchKomm/*Gottwald*, BGB[8], § 335 Rn 7 ff; Erman/*H.P. Westermann*, BGB[15], § 328 Rn 8. Auch „Zustimmungsmodelle" werden vertreten: Vgl etwa RGZ 101, 275 f (zu einer iS des § 328 Abs. 2 unentziehbaren Drittberechtigung); BGH NJW 1972, 152; *Lange* NJW 1965, 657 ff. – Ausführlich *Papanikolaou*, Schlechterfüllung beim Vertrag zu Gunsten Dritter (1977).
36 *Larenz*, SR I[14], 223.
37 Zur Berechtigung zur Anfechtung in mehrpersonalen Verhältnissen *Preiß* JA 2010, 6, 9; *Heyers* Jura 2012, 539 (in Auseinandersetzung mit BGH NJW 2012, 296).

gers werden. Dass diese vorrangig schutzwürdig sind, ist aber für den Regelfall nicht zu sehen. Vielmehr zeigt bereits die Tatsache echter Drittbegünstigung, dass insoweit die Position des Dritten im Vordergrund steht. Ferner können die hier interessierenden Umgestaltungen des Vertrages den Versprechensempfänger gar nicht belasten: Seine Verpflichtung bleibt ja gleich oder wird sogar (uU bis auf Null!) verringert. Und schließlich könnte ein Verbleib der betreffenden Befugnisse beim Versprechensempfänger zu einer Beeinträchtigung der Position des Dritten gegen dessen Willen führen. Eine Auslegung des Vertrages wird daher zumindest in vielen Fällen – wenn nicht sogar im Regelfall – dazu führen, dass der „echt" Drittbegünstigte neben dem Forderungsrecht auch die Sekundärrechte und damit in gewisser Weise Einflussmöglichkeiten auf Inhalt und Bestand seiner Ansprüche, aber auch des gesamten Vertrages, erwirbt. Ob und wie sich derartige Entscheidungen des Dritten auf seine Rechte und Pflichten im Valutaverhältnis auswirken, ist eine andere Frage.

Beispiel: Beim Bankvertrag zugunsten Dritter (vgl **Fall 68**) begeht die Bank gegenüber dem Dritten (der T) eine **Pflichtverletzung gem § 241 Abs. 2**, indem sie über die Geschäftsbeziehungen unter Verstoß gegen das Bankgeheimnis falsche Angaben macht.

Ob im **Fall 69** T das Recht haben soll, *ohne* die Zustimmung der Versprechensempfänger (ihrer Eltern) gemäß den §§ 437 Nr 2, 440, 323 Abs. 1 vom Vertrag zurückzutreten, ist zweifelhaft. Denn dann läge es ganz in ihrer Hand, den von ihren Eltern durch den Vertrag angestrebten tatsächlichen Erfolg zu vereiteln. T die Waschmaschine aufzudrängen, ist aber ohnehin nicht möglich; und zwar weder rechtlich (vgl nur das Zurückweisungsrecht nach § 333) noch faktisch. Umgekehrt hat es aber auch T nicht in der Hand, sich durch Rücktritt an Stelle der ihr zugedachten Maschine deren finanziellen Wert zu verschaffen. Rücktritt würde nämlich zum Wegfall des Vertrags und damit zu einem Rückzahlungsanspruch *der Eltern* führen. Das Rücktrittsrecht hilft T insoweit also nichts. Gänzlich unproblematisch wäre es demgegenüber, wenn sich T für die Nachbesserung entscheidet: Dieser Weg entspricht ohnehin den Interessen ihrer Gönner. Wohl noch stärkeren rechtlichen Gehalt hat das Argument, dass die Nachbesserung zu dem Ergebnis führt, das ohne die Störung, nämlich bei mangelfreier Lieferung, von vornherein eingetreten wäre; und genau auf dieses Ergebnis war T's Anspruch gerichtet.

1168

III. Lösung Fall 68

I. Muss die Versicherung an Frau W zahlen?

1. Anspruchsgrundlage könnte ein Lebensversicherungsvertrag (§ 150 VVG) sein, wenn Frau W unmittelbar die Leistung fordern und die Versicherung dem keine Einwände entgegenhalten kann.

2. Das Forderungsrecht der Frau W ergibt sich aus ihrer Benennung als Bezugsberechtigte (§ 159 VVG), was im Zweifel die Zuwendung eines unmittelbaren Anspruchs bedeutet. Dieser Anspruch ist ihr mit dem Tode des K zugefallen.

3. Der Einwand der Versicherung, K sei beim Abschluss des Kaufvertrages getäuscht worden, ist nur dann erheblich, wenn sich die Versicherung als Versprechender gegenüber der W als der Dritten hierauf berufen kann. Es handelt sich aber um Mängel des Valutaverhältnisses, die im Verhältnis zwischen dem Versprechenden und dem Dritten keine Rolle spielen. § 334 betrifft nur Mängel des Deckungsverhältnisses.

1169

4. Ergebnis: W hat gegen die Versicherung Anspruch auf Auszahlung der Versicherungssumme.

II. Hat Frau W das Recht, über die auf dem Sparkonto angesammelten Beträge zu verfügen?

1. Da der Sparvertrag ein Darlehensvertrag ist, kann Frau W die Summe nach Maßgabe des Darlehensvertrages kündigen, wenn sie Gläubigerin der Forderung ist.

2. Dagegen könnte sprechen, dass das Konto auf den Namen der T lautet. Aus diesem Grund könnte ein die T unmittelbar berechtigender Sparvertrag abgeschlossen worden sein.

a) Ob dies der Fall ist, hängt von allen Umständen des Einzelfalls ab, vor allem vom Vertragszweck (§ 328 Abs. 2).

b) Da Frau W das Sparbuch im Besitz behielt und der Bank B gegenüber sogar ausdrücklich auf den Zweck des Sparbuchs als Sicherheit für eigene Notfälle hinwies, ist ein *echter* Vertrag zugunsten der T jedenfalls abzulehnen. (Nicht einmal ein unechter Vertrag zugunsten Dritter dürfte vorliegen, da W nach Lage der Dinge „im Notfall" erkennbar Leistung an sich selbst und nicht an T verlangen können möchte.) T hat also noch kein Recht erworben und daher auch keine rechtliche Möglichkeit, die Auszahlung an ihre Mutter zu verhindern.

3. Ergebnis: W kann das Sparguthaben kündigen und in der Folge Auszahlung an sich selbst verlangen.

§ 20 Vertraglicher Drittschutz und Drittschäden[1]

1170 **Fall 70:** Frau K betreibt in einem von V gemieteten Laden ein Kindermodengeschäft, das sie in besonders ansprechender Weise mit antikem Kinderspielzeug dekoriert. Für eine Werbewoche hat P gefälligkeitshalber zwei wertvolle antike Porzellanpuppen für das Schaufenster zur Verfügung gestellt. Am Abend vor dem Beginn der Werbewoche gerät durch einen Defekt in der Stromleitung das Schaufenster in Brand. Die Puppen werden zerstört, der zufällig anwesende P sowie E, der Ehemann der K, werden beim Versuch des Löschens verletzt. Sie verlangen von V Schadensersatz. **Lösung Rn 1207**

1171 **Fall 71:** Chefarzt Dr. H möchte einen antiken Schrank kaufen, den er im Geschäft des V gesehen hat. Da er aber befürchtet, dass ihm V bei Nennung seines Namens einen überhöhten Preis abverlangen werde, bittet er einen Freund, Richter R, um Hilfe: R möge den Schrank im eigenen Namen bei V kaufen und ihn zu H liefern lassen. So geschieht es auch. Beim Transport und bei der Aufstellung des außerordentlich schweren Schranks wird im Hause des H durch Verschulden der Leute des V eine Marmortreppe angeschlagen und das Wohnzimmerparkett beschädigt. Auf das Schadensersatzverlangen des H macht V geltend, er habe mit H keinen Vertrag geschlossen und brauche sich nur mit seinem Vertragspartner R auseinandersetzen, der aber keine Schäden erlitten habe. Seine Mitarbeiter seien gut ausgesucht und würden von ihm ständig überwacht und instruiert.

---

1 Dazu etwa *von Schroeter* Jura 1997, 343; *Sutschet*, Der Schutzanspruch zu Gunsten Dritter (1999); *van Eickels*, Die Drittschutzwirkung von Verträgen (2005).

Fall 72: V und K verhandeln über den Kauf eines Hauses. Im Zuge dessen beauftragt V den Sachverständigen S mit der Erstellung eines Wertgutachtens. Bei der Besichtigung des Hauses bemüht sich V erfolgreich, S vom Betreten des Dachspitzbodens abzuhalten, da er weiß, dass dieser ernsthafte Feuchtigkeitsschäden aufweist. S erstellt ein Gutachten, indem es heißt, dass zurzeit keine nennenswerten Reparaturen erforderlich seien. K entscheidet sich für den Kauf des Hauses und unterzeichnet einen Kaufvertrag, in dem die Haftung des Verkäufers V für sichtbare sowie unsichtbare Schäden ausgeschlossen ist. Bereits kurze Zeit später bemerkt K beim Anbringen einer Satellitenantenne die Feuchtigkeitsschäden, die sich als so schwerwiegend erweisen, dass der gesamte Dachstuhl erneuert werden muss. K verlangt von S Schadensersatz[2].

1172

I. Die Problematik des vertraglichen Drittschutzes

1. Problemdarstellung

Die Ausgangsfälle zeigen deutlich, dass der Abschluss und die Abwicklung von Verträgen den Interessenkreis nicht am Vertrag beteiligter Personen berühren können. Ein besonderer vertraglicher Schutz auch von deren Interessen bzw Rechtsgütern liegt aber nur selten auf der Hand; nämlich dann, wenn dritte Personen und/oder deren Güter ganz ausdrücklich in den Schutz der Vereinbarung einbezogen wurden.

1173

Wäre in **Fall 72** zwischen V und S vereinbart worden, dass S eine Kopie des Gutachtens direkt an den Kaufinteressenten K schicken solle, müsste man an der Einbeziehung auch von K's Interessen in den Gutachtervertrag wohl nicht zweifeln. Hier war es aber anders: Von K war keine Rede. Es besteht also nur ein „gewöhnliches" Vertragsverhältnis zwischen V und S; eine deliktische Haftung des S gegenüber K scheidet aus, da K lediglich in seinem Vermögen geschädigt ist. (Für den Sachschaden am Dachspitzboden ist das Verhalten des S natürlich nicht kausal!) In **Fall 70** können Ersatzansprüche aus dem Mietvertrag nur der K als Mieterin des Ladens zustehen. Im Übrigen bleibt es allenfalls bei Ansprüchen aus unerlaubter Handlung. In **Fall 71** hat Dr. H, wenn R nicht in seiner Vertretung (§ 164) gehandelt hat, keine Vertragsbeziehungen zu V, aus deren Verletzung (unter Berücksichtigung des § 278) ein Ersatzanspruch folgen könnte. Der deliktische Ersatzanspruch nach § 831 ist, wenn V der Entlastungsbeweis gelingt, nicht begründet.

1174

Dem Dritten wird also ein eigener Ersatzanspruch gewährt, weil und wenn er vom Vertrag mitgeschützt wird (dazu Rn 1180 ff). Ein solcher Mitschutz ist etwa dann zu bejahen, wenn – wie nicht selten – ein steuerlicher Berater zwar nur von einer Person beauftragt wurde, bei seiner Tätigkeit aber die Interessen mehrerer dem Mandanten nahe stehender Personen (zB von ihm beherrschter Gesellschaften) zu beachten hatte. In solchen besonderen Fällen hat der BGH im Rahmen einer „konsolidierten Schadensbetrachtung" den Abzug von Vorteilen bejaht, die dem Vertragspartner oder einem Mitgeschützten durch die Handlungen des Beraters entstanden sind[3].

1175

---

2   Der Sachverhalt ist BGHZ 127, 378 nachgebildet.
3   BGH MDR 2016, 272 = BeckRS 2016, 01626; MDR 2016, 884 = BeckRS 2016, 06220; vgl auch WM 2015, 790 (dort umgekehrt Schaden des Mandanten, aber Vorteil bei mitgeschütztem Dritten).

1176 Der **Schutz von Nichtvertragspartnern**, die mit der Vertragssphäre in Kontakt kommen, erscheint zumindest auf den ersten Blick als schwach: Verträge wirken eben, anders als absolut geschützte Güter (wie etwa das Eigentum), prinzipiell nur zwischen den Parteien („relativ")[4]. Überdies sieht unsere Rechtsordnung grundsätzlich vor, dass Schäden, die außerhalb vertraglicher Beziehungen verursacht worden sind, nach den Regeln über unerlaubte Handlungen auszugleichen sind. Damit bestimmt in einer Gruppe von Fällen das Deliktsrecht auch dann die Lösungen, wenn erst ein zwischen dem Schädiger und einer anderen Person geschlossener Vertrag die schadenstiftenden Kontakte zwischen dem Schädiger und dem in einem Rechtsgut Verletzten geschaffen hat (vgl etwa die Situation des P in **Fall 70**). Hier besteht eine gewisse Neigung, den vertraglichen Schutz auszudehnen. Nun decken **Vertrags- und Deliktshaftung** theoretisch das Feld der möglichen Fälle vollkommen ab, indem (nur) derjenige Schadensersatz beanspruchen kann, der entweder Gläubiger eines nicht gehörig erfüllten Anspruchs oder Inhaber eines außervertraglich verletzten absolut geschützten Rechtsguts ist. Man spricht dogmatisch von der Identität des Trägers des verletzten Rechtsguts (bzw des Gläubigers der nicht richtig erfüllten Pflicht) und dem Inhaber des Ersatzanspruchs (Rn 1060). Unbeschadet der theoretischen Folgerichtigkeit dieses Systems befriedigen die praktischen Ergebnisse nicht, wenn die entstandenen Drittschäden zur Vertragssphäre gehören und der für die Fallentscheidung tragende Grund weniger in der Gläubigerstellung im Vertrag als im Gedanken der Verantwortlichkeit des Handelnden zu liegen scheint.

1177 So drängt sich zu **Fall 71** der Gedanke auf, es könne doch nicht darauf ankommen, ob das Möbelstück an den Käufer oder an einen von diesem benannten Dritten geliefert wird. Schuldhafte Schädigungen bei der Lieferung sollten V in beiden Varianten gleich stark belasten.

2. Lösungsmöglichkeiten

1178 Aus derartigen Überlegungen haben sich zwei „außergesetzliche" Rechtsinstitute entwickelt, die miteinander nahe verwandt sind[5]: der **Vertrag mit Schutzwirkung zugunsten Dritter** und die **Drittschadensliquidation**. Beide Male handelt es sich darum, eine vertragliche Anspruchsberechtigung auf den Ausgleich bestimmter durch die Vertragsabwicklung berührter Drittinteressen zu erstrecken. Es werden also gleichsam durch eine „Zusammenrechnung" von Anspruchsvoraussetzungen einer Person vertragliche (Schutz-)Rechte zugewiesen, die nicht Gläubigerin der verletzten Pflicht ist (Ausnahme vom Dogma des Gläubigerinteresses). Der wichtigste Unterschied zwischen den beiden Rechtsinstituten ist der, dass bei der Drittschadensliquidation eine (für den Schädiger zufällige) **bloße Schadensverlagerung** berücksichtigt wird, während der Vertrag mit Schutzwirkung zugunsten Dritter durchaus auch zu einer **Vergrößerung des Haftungsrisikos** führt[6]. Die in der älteren Rechtsprechung

---

[4] Dazu *Looschelders/Makowsky* JA 2012, 721.
[5] Vgl *Medicus/Petersen*, BR[27], Rn 840 ff; *Traugott*, Das Verhältnis von Drittschadensliquidation und vertraglichem Drittschutz (1997).
[6] HM. Vgl etwa BGHZ 51, 91, 95. Zur Abgrenzung von Drittschadensliquidation und vertraglichem Drittschutz auch *Büdenbender* JZ 1995, 920; *Sagan/Hübner* JA 2013, 741; *Traugott* ZIP 1997, 872.

praktizierte Anwendung der Drittschadensliquidation auf Sach- und Vermögensschäden[7] und des Vertrages mit Schutzwirkungen zugunsten Dritter auf Personenschäden[8] stellt kein taugliches Abgrenzungskriterium dar. Bezüglich des konstruktiven Unterschieds könnte folgende griffige Formulierung hilfreich sein: „Bei der Drittschadensliquidation wird der Schaden zur Anspruchsgrundlage, bei der vertraglichen Schutzwirkung die Anspruchsgrundlage zum Schaden gezogen"[9].

Eine solche Erweiterung der Vertragshaftung wäre in den Ausgangsbeispielen erreicht, wenn in **Fall 70** P wegen seines Sachschadens und E sowie P wegen des Personenschadens vertragliche Ansprüche gegen V geltend machen könnten, insbesondere unter Heranziehung der verschuldensunabhängigen Haftung aus § 536a Abs. 1 Fall 1. Im **Fall 71** geht es darum, ob H, obwohl nicht Vertragspartner des V, sich ihm gegenüber dennoch auf die vertragliche Gehilfenhaftung (§ 278) berufen kann, die ihn wegen der bei § 278 fehlenden Möglichkeit eines Entlastungsbeweises günstiger stellt als die deliktische Gehilfenhaftung nach § 831[10].

1179

II. Vertrag mit Schutzwirkung zugunsten Dritter[11]

1. Rechtliche Einordnung

Schon die **dogmatische Einordnung** dieses Rechtsinstituts ist nicht unumstritten. Es wurde in einer mehr formalen Anlehnung an § 328 entwickelt, beruht aber weitestgehend auf einer interessegeleiteten **Fortbildung des Haftungsrechts**[12].

1180

Durch den echten Vertrag zugunsten Dritter erwachsen dem Dritten eigene Forderungsrechte, die er gegen den Versprechenden geltend machen kann, obwohl er an dem die Obligation begründenden Vertrag nicht teilhatte (Rn 1143). Die Figur des Vertrages mit Schutzwirkung für Dritte beruht auf der Beobachtung, dass der Gläubiger vertraglicher Ansprüche häufig ein Interesse daran hat, die mit der Erfüllung der Verbindlichkeit zusammenhängenden Sorgfaltspflichten des Schuldners auch im Verhältnis zu vertragsfremden Personen anerkannt und befolgt zu sehen. Dabei geht es um Personen (und deren Rechtsgüter), die von der Leistungserbringung durch den Schuldner tangiert werden könnten. Besonders deutlich ist das für Familienmitglieder

---

7 RGZ 93, 39, 40; RGZ 170, 246; BGHZ 15, 224.
8 RGZ 98, 210, 212; RGZ 127, 218, 222.
9 *Medicus/Petersen*, BR[27], Rn 839.
10 Weitere Vorteile gegenüber der deliktischen Haftung: 1. Günstigere Beweislastregelung (§ 280 Abs. 1 S. 2); 2. Längere Verjährungsfrist (gegenüber § 852 Abs. 1); 3. Auch ohne die Verletzung eines Rechts bzw Rechtsgutes iS des § 823 Abs. 1 können Ersatzansprüche geltend gemacht werden, der Geschäftsherr haftet also auch für reine Vermögensschäden.
11 Vgl dazu *Bayer* JuS 1996, 473; *Pinger/Behme*, JuS 2008, 675 (speziell zu den Gutachterfällen); *Höhne/Kühne* JuS 2012, 1063 (speziell zu Anspruchsgrundlage und Anspruchsumfang). Ein praktischer Fall (LG Frankfurt NJW-RR 1986, 966) findet sich klausurmäßig gelöst bei *Strauch* JuS 1987, 947. Siehe ferner Zieglrum, Der Vertrag mit Schutzwirkungen für Dritte (1992); *Sutschet*, Schutzanspruch zu Gunsten Dritter, 21 ff, 96 ff.
12 Dazu *von Caemmerer* FS Wieacker (1978) 311; *Bayer* JuS 1996, 475; *ders.*, Der Vertrag zu Gunsten Dritter (1995) 185; *Sutschet*, Schutzanspruch zu Gunsten Dritter, 28 ff; MünchKomm/*Gottwald*, BGB[8], § 328 Rn 167 f; Erman/*H.P. Westermann*, BGB[15], § 328 Rn 12 f (wonach auf den realen oder hypothetischen Willen der Parteien zurückgegriffen werden könnte, die Haftung aber nicht auf eine Zurückführung auf diesen Willen beschränkt sei).

des Gläubigers, die mit diesem in dem Haushalt leben, in dem der Schuldner seine Vertragspflichten (Ausmalen der Wohnung, Anschluss eines Elektrogeräts, Lieferung einer Sache) zu erfüllen hat. Derartigen Dritten wird nun naheliegenderweise kein Anspruch auf die primäre Vertragsleistung eingeräumt; ihnen wird aber hinsichtlich der **Schutzpflichten** eine **gläubigergleiche Position** gewährt (zur Teilung der vertraglichen Schuld in Leistungs- und Schutzpflichten Rn 62 f). Dass man sich dieser Gläubigerschaft erst erinnert, wenn die Pflichten verletzt und daraus Schäden entstanden sind, trifft für nicht wenige der heute aus § 241 Abs. 2 abgeleiteten und vertraglichen Nebenpflichten zu. Anspruchsgrundlage ist dann regelmäßig § 280 iVm **§ 241 Abs. 2 („positive Vertragsverletzung")**. Da der neue **§ 311 Abs. 3 S. 1**, der die Einbeziehung von den Vertragsparteien verschiedener Dritter in ein Schuldverhältnis regelt, entsprechend weit formuliert ist, wird man auch diese Bestimmung für die Rechtsfigur des Vertrages mit Schutzwirkung zugunsten Dritter fruchtbar machen können[13].

1181 Ursprünglich begründete die Rechtsprechung die Ausdehnung der Schutzpflichten mit dem Hinweis auf stillschweigende Willenserklärungen, später mit **ergänzender Vertragsauslegung**[14]. Eine derartige beim Parteiwillen anknüpfende Begründung ermöglicht es, die neben der Hauptleistung zur Erreichung des typischen Vertragsziels nötigen Handlungen und Unterlassungen als geschuldet anzuerkennen und – insbesondere bei ergänzender Auslegung nach § 157 – den durch die Schutzpflichten begünstigten Personenkreis praktisch nach dem Maßstab von Treu und Glauben zu bestimmen. Die Begründung aus dem Parteiwillen ist dabei aber häufig rein fiktiv; präzise geht es wohl auch nur um die Ermittlung eines übereinstimmenden **hypothetischen** Parteiwillens: Wer wäre von redlichen und vorausschauenden Parteien für den Fall fehlerhafter Leistungserbringung in den Schutzbereich des abgeschlossenen Vertrages einbezogen worden?

1182 An diesem Ansatz hat sich durch die Einführung des neuen § 241 Abs. 2 nichts geändert. Diese Norm denkt zum einen gar nicht an den (Mit-)Schutz Dritter, sondern spricht nur vom „anderen Teil". Zum anderen enthält sie keinerlei Hinweise zur Feststellung derartiger vertraglicher Schutzpflichten. Es wird nur gesetzlich klargestellt, dass es derartige vertragliche Pflichten geben *kann*. Auch dem § 311 Abs. 3 S. 1 lässt sich bloß entnehmen, dass ein Drittschutz *möglich* ist; nicht aber, wann und in welchen Grenzen Dritte in concreto mitgeschützt sind.

1183 Die Berufung auf einen entsprechenden (hypothetischen) Parteiwillen überzeugt etwa dann, wenn Eltern ihre Kinder, ohne sie zur Vertragspartei zu machen, ärztlich behandeln lassen (RGZ 152, 176) oder bei einer Beförderung durch ein Verkehrsmittel mitnehmen (BGHZ 24, 325, 327). Mit dem vom Vertragspartner typischerweise Gewollten lassen sich auch die Fälle missglückter Empfängnisverhütung durch einen Arzt lösen, die auch Unterhaltspflichten des anderen, vom Arzt nicht betreuten Elternteils zur Folge hat (zum „Kind als Schaden" schon

---

13 So etwa *Canaris* JZ 2001, 499, 520 f; *M. Schwab* JuS 2002, 872, 873 ff.
14 Zum stillschweigenden Vertragsschluss zugunsten Dritter RGZ 91, 24; RGZ 102, 232; zur ergänzenden Vertragsauslegung BGH NJW 1984, 355 (Schutzpflichten eines Sachverständigen zugunsten eines Dritten – im konkreten Fall abgelehnt); BGH NJW 1998, 1059 = JuS 1998, 557 *(Emmerich)* (Schutzwirkung eines Gutachtervertrages zugunsten eines Dritten). Der dogmatischen Einordnung durch die Rechtsprechung zustimmend *Dahm* JZ 1992, 1167; kritisch hingegen das überwiegende Schrifttum: vgl etwa *Bayer* JuS 1996, 475 f.

Rn 1134). Dieser Ansatz ist aber schon bei Miet- und Werkverträgen, durch deren Erfüllung Angehörige oder Mitarbeiter des Gläubigers mit dem Leistungsgegenstand in Berührung kommen, nicht mehr voll überzeugend: Sind etwa, wenn jemand eine Wohnung mietet, alle Mitbewohner, alle Besucher oder nur diejenigen geschützt, deren Gelangen in den Gefahrenbereich vorhersehbar ist? Wie sieht es zB mit E und P im **Fall 70** aus? Wie steht es bei einem Arzt hinsichtlich seiner Patienten? Ein anderes **Beispiel**: Durch die fehlerhafte Reparatur eines Gasbadeofens können neben dem Auftraggeber auch verschiedene andere Personen zu Schaden kommen: Familienangehörige, ständiges Hauspersonal, Gäste, eine Putzhilfe. Welche dieser Personengruppen kann sich gegenüber dem Installateur auf vertragliche Haftung berufen? Oder: Bei einem Mietvertrag kann, wenn eigene Sachen des Mieters aufgrund eines vom Vermieter zu vertretenden Mangels der Mietsache beschädigt werden, gemäß § 536a Abs. 1 ein Anspruch des Mieters auf Schadensersatz in Betracht kommen. Was soll aber gelten (vgl wiederum **Fall 70**), wenn sich *mieterfremde* Sachen in der Wohnung befinden?

In manchen Fällen versagt eine Berufung auf den hypothetischen Parteiwillen von vornherein: Eine Bank hatte unbezahlte Lastschriften weder an die Gläubigerbank zurückgeleitet noch diese von der Nichteinlösung benachrichtigt. Laut Lastschriftabkommen sollten ausdrücklich ausschließlich Rechte und Pflichten zwischen den beteiligten Kreditinstituten begründet werden. Der BGH, der in diesem Fall dennoch einen Vertrag mit Schutzwirkungen zugunsten Dritter bejahte, operierte mit dem eher vagen Begriff des „Vertragszwecks der dargelegten Rechtsverhältnisse" und berief sich daneben auf den Grundsatz von Treu und Glauben[15]. Diskutiert werden Drittschutzwirkungen etwa auch im Gesellschaftsrecht. So kann sich bei manchen mit einer *Gesellschaft* abgeschlossenen Verträgen die Frage stellen, ob sie auch Schutzwirkungen zugunsten der *Gesellschafter* und/oder der *Geschäftsführer* entfalten. Der BGH hat deren Einbeziehung in den vertraglichen Schutzbereich eines Steuerberatungsvertrages bei einer Pflichtverletzung durch aktives Tun bejaht[16], während das OLG Köln für eine unterlassene Aufklärung gegenteilig entschied[17]. Diskutiert wird die Schutzwirkung für Dritte immer wieder auch beim *anwaltlichen Beratungsvertrag*[18].

Die Vertragsauslegung und die mehr oder weniger fiktive Anknüpfung beim Parteiwillen sind getragen von der Überzeugung, dass bestimmte Drittinteressen aufgrund ihrer engen Verbindung mit der Sphäre des Gläubigers über den Bereich der Deliktshaftung hinaus schutzwürdig sind[19]. Daher soll auch eine weite Gehilfenzurechnung nach § 278 (Haftung für Erfüllungsgehilfen) stattfinden und nicht § 831 (Haftung für bloße Besorgungsgehilfen) zur Anwendung kommen. Der **begünstigte Personenkreis**[20] kann dann offen danach abgegrenzt werden, welche Berührungen mit der Interessensphäre des Vertragsgläubigers eng genug sind, um in den Bereich des Vertragsschutzes einbezogen zu werden, und wo umgekehrt der Dritte keinen anderen Schutz genießen sollte als der allgemeine Rechtsverkehr, der sich nur auf die Deliktshaftung berufen kann.

1184

---

15 BGHZ 69, 82, 89 (Lastschriftverfahren). Zu etwaigen Ersatzansprüchen des Lastschriftgläubigers gegen die Schuldnerbank *Tetzlaff* NJW 2011, 974. Siehe jedoch die Entscheidung BGH ZIP 1996, 1667, 1669, wo der BGH – unter Abkehr von seiner früheren Rechtsprechung (vgl etwa BGH NJW 1991, 352) – im Falle einer Bankauskunft (bezüglich der Kreditwürdigkeit eines potenziellen Darlehensnehmers) an einen „verdeckten Stellvertreter" die Voraussetzungen der Drittschadensliquidation prüfte.
16 BGH NJW 2012, 3165 (Beratervertrag mit GmbH); NZG 2011, 1384 (Umsatzsteuermandat).
17 OLG Köln GWR 2012, 154 *(Ch. Wagner)*.
18 Dazu etwa BGH ZIP 2016, 1586; OLG Düsseldorf BeckRS 2014, 14417.
19 Vgl hierzu auch *Sutschet*, Schutzanspruch zu Gunsten Dritter, 101 ff.
20 Zu dessen Bestimmung etwa BGH NJW-RR 2006, 611 (künftige Genussrechtserwerber hinsichtlich des vom Wirtschaftsprüfer geprüften Jahresabschlusses).

2. Voraussetzungen

1185 Im Wesentlichen anerkannt sind folgende **Voraussetzungen**[21]:

a) Tatsächliche Leistungsnähe des Dritten („Gefahrenbereich" des Vertrages)

1186 „Leistungsnähe" bedeutet, dass der Dritte mit der Leistung bestimmungsgemäß in Berührung kommen muss und die Gefahr, dass er durch die Verletzung einer Schutzpflicht geschädigt wird, nicht wesentlich geringer ist als beim eigentlichen Gläubiger.

Beispiele:
Die Gefahr einer Schädigung durch eine vom Vermieter zu vertretende Verletzung des Mietvertrages ist für den Ehepartner/Lebensgefährten und für in der Wohnung lebende Kinder genauso hoch wie für den Mieter. Für (kurzfristige) Besucher und (unwillkommene) Gäste soll das jedoch nicht gelten[22]. Nicht in den Schutzbereich eines Zeltaufstellvertrages einbezogen werden auch Dritte, die durch die Beschädigung einer Stromleitung beim Aufbau Schäden erleiden[23].

b) Interesse des eigentlichen Vertragsgläubigers am Schutz des Dritten?

1187 Früher hat die Rechtsprechung – in erster Linie bei Sach- und Körperschäden – einen Vertrag mit Schutzwirkungen zugunsten Dritter nur dann angenommen, wenn der Gläubiger „für das Wohl und Wehe des Dritten mitverantwortlich" ist, weil ihn diesem gegenüber eine Verpflichtung zu Schutz und Fürsorge trifft[24]. Dieses Kriterium der „Gläubigernähe" wurde allerdings zunehmend durch allgemeinere Erwägungen zur ergänzenden Vertragsauslegung aufgeweicht[25]: Anstatt auf das persönliche Verhältnis zwischen Gläubiger und Drittem abzustellen, wurde immer weiter gehend der vergleichbare Bezug zum Vertragsobjekt als entscheidend angesehen[26]. Der zu schützende Personenkreis müsse zwar „objektiv abgrenzbar" sein[27]; Zahl oder Namen der Dritten brauchten dem Schuldner jedoch vorweg nicht bekannt zu sein[28].

Demnach kann sich eine Mitverantwortung des Gläubigers für die Interessen des Dritten schon daraus ergeben, dass er für Schäden aufzukommen hätte oder, wenn keine Ersatzpflicht besteht, sich doch aus wirtschaftlichen Gründen zum Ersatz verpflichtet fühlt (so Frau K gegenüber P in **Fall 70**). So überrascht es nicht, dass der BGH beispielsweise die Schutzwirkung der Ladenmiete auf mieterfremde Sachen (eines Lieferanten) ausgedehnt und dabei dem Dritten sogar

---

21 Aus jüngerer Zeit dazu etwa OLG Karlsruhe BeckRS 2013, 14476.
22 MünchKomm/*Gottwald*, BGB^8, § 328 Rn 184. Soweit ersichtlich findet sich die einzige (ablehnende) Stellungnahme der Judikatur in einem obiter dictum bezüglich eines Krankenhausvertrages (BGHZ 2, 94, 97).
23 OLG Nürnberg NJW-RR 2004, 1254.
24 BGHZ 51, 91, 95.
25 Vgl etwa BGHZ 69, 82, 86 („Lastschriftfall"); BGH NJW 1994, 2231; ZIP 1996, 1667. Kritisch *Littbarski* NJW 1984, 1667, 1669; *Honsell* JZ 1985, 952, 953. Praktisch bedeutsam war diese Entwicklung vor allem für die Fälle der „*Expertenhaftung*": Eine Darstellung der Rechtsprechung dazu findet sich in BGH NJW 1992, 2080, 2082; reiche Nachweise auch etwa bei *Plötner*, Die Rechtsfigur des Vertrags mit Schutzwirkungen für Dritte und die sogenannte Expertenhaftung (2003); aktuell *Leyens* JuS 2018, 217.
26 BGHZ 61, 227, 233 f; BGH NJW 1976, 1843, 1844 (Mietverträge).
27 BGH NJW 1985, 951, 952.
28 BGH NJW 1987, 1758, 1759; BGHZ 127, 378, 381.

den weitgehenden Schutz des § 536a Abs. 1 zugebilligt hat[29]. Ein personenrechtliches Verhältnis zwischen dem Gläubiger und dem Dritten fehlte hier. In dieser Entscheidung lässt der BGH eine nicht näher bestimmte Vorsorge- und Obhutspflicht des Gläubigers für die personelle Ausdehnung der Schutzpflichten des Schuldners ausreichen, wenn die Einbeziehung von Drittinteressen für den Schuldner erkennbar war[30]. Das Merkmal verflüchtigt sich weiter, wenn sogar der Vertrag zwischen dem Geschäftsführer einer GmbH und der Gesellschaft zugunsten der Kommanditisten einer „Abschreibungsgesellschaft" wirken soll, deren Geschäfte die GmbH führt (BGHZ 75, 321).

Blickt man etwa auf den Fall schuldnerfremder Sachen, so könnte man noch argumentieren, der Schädiger solle nicht durch die Zufälligkeit entlastet werden, dass einzelne Gegenstände in der Wohnung nicht dem Mieter, sondern einem Dritten gehören. Eine derartige Argumentation passt allerdings weit besser zum für die Drittschadensliquidation (Rn 1193 ff) zentralen Gedanken **bloßer Schadensverlagerung**.

Der BGH ist jedoch sogar noch einen Schritt weiter gegangen und hat das Vorliegen eines Vertrages mit Schutzwirkungen zugunsten eines Dritten bejaht, obwohl die Interessen des Dritten denen des Gläubigers **entgegengesetzt** waren.   **1188**

> So beispielsweise BGHZ 127, 378 (dieser Entscheidung ist **Fall 72** nachgebildet), wo das Vorliegen eines Vertrages mit Schutzwirkungen für Dritte nicht schon deshalb verneint wurde, weil die Interessen von Gläubiger und Drittem hinsichtlich der Bewertung des Grundstücks *gegenläufig* gewesen seien. Dass der Grundstückseigentümer bei der Besichtigung des Hauses dessen Mängel bewusst verheimlicht habe, sei ebenfalls unschädlich. Wohl noch krasser der BGH NJW 1998, 1059: Hier hatte ein Sachverständiger dem Eigentümer ein Grundstückswertgutachten erstattet, das dieser bei einer Bank vorlegen wollte, um mithilfe des Gutachtens hypothekarisch gesicherten Kredit zu bekommen. Das Gutachten war fehlerhaft, der Wert daher zu hoch geschätzt. Der BGH ließ den Sachverständigen nun sogar gegenüber dem Kreditbürgen haften, der bei Abgabe seiner Bürgschaftserklärung von dem Gutachten keinerlei Kenntnis hatte! Diese Entscheidungen sind markante Beispiele dafür, dass die Rechtsfigur des Vertrages mit Schutzwirkungen zugunsten Dritter von der Rechtsprechung gerade in den Fällen der Sachverständigenhaftung[31] zugunsten des Dritten immer „großzügiger" angewendet wird. Deutlich gesagt: Die beiden BGH-Urteile gehen eindeutig zu weit und sind daher abzulehnen[32]. Aus dem *Vertrag* lassen sich derartige Schutzpflichten gegenüber Dritten nicht ableiten; der Grund für die Haftung müsste vielmehr im Gesetz selbst gefunden werden, wobei vor allem an cic (vgl § 15) zu denken ist[33].   **1189**

---

29 Zur Haftung des Vermieters von Kfz-Abstellplätzen für Schäden an Fahrzeugen Dritter, die der Mieter dort mit Willen der Eigentümer eingestellt hat, BGH NJW 2009, 142.
30 BGHZ 49, 350; einschränkend jedoch BGHZ 70, 327 (Untermiete); BGH NJW 1985, 489 (Miete eines Möbellagers); BGH NJW 1985, 2411 (Lagerhaltung). Zustimmend *Bayer*, Vertrag zu Gunsten Dritter, 193 f; MünchKomm/*Gottwald*, BGB[8], § 328 Rn 185 ff; für eine Anwendung der Grundsätze der Drittschadensliquidation hingegen *Larenz*, SR I[14], 464 f; *Medicus/Petersen*, BR[27], Rn 842. Vgl zum Ganzen ausführlich *Puhle*, Vertrag mit Schutzwirkungen zu Gunsten Dritter und Drittschadensliquidation (1982) 102 ff, 121 ff.
31 Zur Haftung für Rat und Auskunft – auch unter Einbeziehung Dritter – vgl *Haller* Jura 1997, 234, insb. 236 f; *Strauch* JuS 1992, 897, insb. 899. Die Dritthaftung eines gerichtlich bestellten Sachverständigen ablehnend OLG Brandenburg WM 2001, 1920; OLG Frankfurt BauR 2001, 1286.
32 Kritisch etwa *Canaris* JZ 1995, 441; *Medicus* JZ 1995, 308. Zu den Grenzen des vertraglichen Drittschutzes auch *Saar* JuS 2000, 220.
33 IdS insb. *Canaris*, etwa in ZHR 163 (1999) 206, 220 ff.

> Dieser Haftungsgrund wäre in den Wertgutachtenfällen etwa dann zu bejahen, wenn der Sachverständige wusste oder zumindest damit rechnen musste, dass das Gutachten einem Dritten – zB einer Kredit gewährenden Bank oder einem Kaufinteressenten – als Entscheidungsgrundlage dienen sollte[34]; anders hingegen, wenn der Gutachter davon ausgehen durfte, dass es allein Informationsinteressen des Auftraggebers befriedigen soll. Angaben im Gutachten selbst können drittschützende Wirkungen nach sich ziehen, wenn aus ihnen hervorgeht, dass das Gutachten auch für vom Auftraggeber verschiedene Personen als Entscheidungsgrundlage dienen soll[35]: Stimmen diese Angaben mit dem zugrunde liegenden Vertrag überein, ist er eben von vornherein mit Schutzwirkungen zugunsten dieser Dritten ausgestattet; sind die Angaben durch den Vertrag nicht gedeckt, wird das Gutachten aber dennoch einem interessierten Dritten vorgelegt, haftet ihm der Gutachter aufgrund seiner eigenen (unrichtigen) Erklärungen zum Zweck der Expertise.

c) Erkennbarkeit (und Zumutbarkeit) der Drittbezogenheit für den Schuldner

1190 Des Weiteren müssen die Verpflichtungen gegenüber den Dritten **erkennbar** sein, um deren Kalkulierbarkeit zu gewährleisten und damit dem Schuldner etwa eine ausreichende Versicherungsmöglichkeit zu geben[36]. Das ist regelmäßig bei Gutachten über den Verkehrswert eines Grundstücks der Fall, wenn der Gutachter damit rechnen muss oder sogar weiß, dass es der Auftraggeber dritten Personen (insb. Kaufinteressenten) zur Kenntnis bringen wird[37]; anders also dann, wenn der Gläubiger eine solche Verwendung bloß (unerkennbar) plant oder sich der Schuldner auf eine solche „Drittbezogenheit" nicht einlässt[38].

d) Besonderes Schutzbedürfnis des Dritten

1191 Schließlich verlangt die Rechtsprechung, dass nach dem Gebot von Treu und Glauben ein Bedürfnis besteht, den Dritten in den Schutzbereich einzubeziehen, da er andernfalls nicht ausreichend geschützt wäre[39]. Der Dritte kann daher regelmäßig nur dann Schadensersatzansprüche geltend machen, wenn er über keine eigenen (inhaltsgleichen) vertraglichen Ansprüche gegen seinen Partner verfügt[40]. Bloß eine ansons-

---

34 IdS OLG Düsseldorf DStR 2010, 136.
35 Vgl etwa BGHZ 159, 1 = NJW 2004, 3035 = JuS 2004, 1102 *(Emmerich)* = JA 2005, 83 *(Wied)*: Auch eine namentlich nicht bekannte Vielzahl privater Kleinanleger kann in den Schutzzweck eines Vertrages über die Erstattung eines Grundstückswertgutachtens einbezogen sein. Dazu zB *Balzer* ZfIR 2005, 101; *Nawroth* NJ 2005, 34; *Pinger/Behme*, JuS 2008, 675. Zur Schutzreichweite siehe ferner etwa BGHZ 145, 187 = NJW 2001, 360 = JuS 2001, 296 *(Emmerich)* (unrichtiges Testat eines Wirtschaftsprüfers); BGH ZIP 2004, 1810 (fehlerhafte Prüfung eines Anlageprospekts durch Wirtschaftsprüfer). Im Zusammenhang mit der Prospekthaftung weist der BGH – wohl verallgemeinerungsfähig – darauf hin, dass die Schutzwirkung für Dritte die *Kenntnisnahme* des Dritten von der entsprechenden (unrichtigen) schriftlichen Unterlage zur Voraussetzung hat (NJW-RR 2007, 1329; NJW-RR 2008, 286). Aus der Literatur etwa *Janert/Schuster* BB 2005, 987; *Kindler/Otto* BB 2006, 1443; *Zugehör* NJW 2008, 1105 (kritisch zur Uneinheitlichkeit der BGH-Judikatur).
36 BGH NJW 1985, 2411; *Martiny* JZ 1996, 24; MünchKomm/*Gottwald*, BGB[8], § 328 Rn 190.
37 Vgl OLG Frankfurt BeckRS 2014, 07818.
38 OLG Hamm NJW-RR 2015, 891 (Gutachten über den Gesundheitszustand eines Reitpferdes).
39 BGH ZIP 1987, 1260; ZIP 1995, 819, 830.
40 Vgl BGHZ 70, 327, 330 (Mieter klagt Schädiger, hätte aber ohnehin einen Ersatzanspruch gegen seinen Vermieter); BGH NJW 1996, 2927, 2928 = JA 1997, 267 (bei Durchführung eines Werkvertrages wird Gut des einen Bestellers durch das – ungeeignete – Gut eines anderen zerstört). Gegen eine solche „Subsidiarität" des Drittschutzes *R. Schwarze* AcP 203 (2003) 348.

ten bestehende „Schutzlücke" rechtfertigt eine entsprechende (ergänzende) Auslegung des Vertrages, die einen Vertragsteil mit zusätzlichen Pflichten bzw Haftungsrisiken (gegenüber Dritten) belastet.

Ein besonderes Schutzbedürfnis fehlt etwa im Bürgschaftsfall (BGH NJW 1998, 1059): Informiert sich der Bürge nicht selbst über den Wert einer Mitsicherung, ja vertraut er in keiner Weise auf die Wertermittlung durch einen anderen, so kann ihn das Fehlverhalten des Sachverständigen nicht vom insoweit unbedacht, aber auch unbeeinflusst übernommenen Risiko befreien.

3. Rechtsfolgen

Die **Rechtsfolgen** eines Verstoßes gegen die zugunsten Dritter bestehenden Schutzpflichten gehen ziemlich weit. Sie umfassen Ansprüche auf **Ersatz aller Körper- und Sachschäden** des Dritten[41] (vgl die Ansprüche des E und des P im **Fall 70**)[42]; aber auch – wie insbesondere in den Vermögensanlagefällen – bloßer Vermögensschäden (Rn 1090 aE), wenn es wie bei Wertgutachten oder zu Unrecht als richtig bestätigten Bilanzen gerade um den Schutz derartiger (Dritt-)Interessen geht[43]. Allerdings hat der Dritte, der ja nicht Vertragspartner oder Inhaber eines Anspruchs gemäß § 328 wird, keinen Anspruch auf das Erfüllungsinteresse. Aus diesem Grund wurde es lange Zeit abgelehnt, dem Dritten einen Schadensersatzanspruch wegen Nichterfüllung einer vertraglichen Leistungspflicht zuzubilligen. Richtigerweise wird dabei jedoch – an Stelle einer pauschalen Lösung – nach der Art der nicht erfüllten Leistungspflicht zu differenzieren sein[44].

1192

Im Fall BGH JZ 1966, 141 („Testamentsfall") wurde erstmals einem Dritten ein Ersatzanspruch wegen Verletzung einer vertraglichen Leistungspflicht, die einen Vermögensschaden zur Folge hatte, zugebilligt: Ein Vater wollte seine Tochter zur Alleinerbin einsetzen; durch Verschulden des damit betrauten Anwalts unterblieb jedoch die Errichtung eines Testaments und sie erlangte lediglich die Stellung einer gesetzlichen Miterbin[45].

III. Drittschadensliquidation[46]

1. Begriff

Unter **Drittschadensliquidation** versteht man eine gesetzlich nicht geregelte Art der Befriedigung der Haftungsansprüche eines nicht direkt, sondern nur **mittelbar** Geschädigten gegen den Schädiger: Die Verwandtschaft des Instituts mit dem Vertrag mit Schutzwirkung zugunsten Dritter besteht darin, dass die Folgen aus der fehlenden Identität von Geschädigtem und Gläubiger des verletzten Rechts bzw Inhaber des ver-

1193

---

41 Zu möglichen Einwendungen des Schädigers *Wertenbruch* FS U. Huber (2006) 635.
42 BGH NJW 1965, 1955; BGHZ 49, 355; NJW 1975, 344; *von Caemmerer* FS Wieacker, 311, 320 f.
43 Grundlegend BGH NJW 1965, 1955. Gegen Vorrang speziellerer Ansprüche, etwa aus Prospekthaftung (vgl Rn 993), und somit für Anspruchsgrundlagenkonkurrenz BGH NJW 2004, 3420.
44 *von Caemmerer* FS Wieacker, 311, 321 ff; *W. Lorenz* JZ 1995, 317.
45 Ähnlich BGH NJW 1995, 51 und 2551.
46 Dazu etwa *Gomille* Jura 2017, 619; *Goerth* JA 2005, 28; *Bredemeyer* JA 2012, 102; *Weiß* JuS 2015, 8. Zur Drittschadensliquidation beim neuen Zahlungs- bzw Geldschuldrecht siehe *Schwab* NJW 2011, 833.

letzten Rechtsguts überwunden werden. Dies wiederum erscheint notwendig, weil die Aufteilung der Voraussetzungen des Schadensersatzanspruchs auf zwei Personen dem Schädiger nicht zugutekommen soll. Daher „liquidiert" der Gläubiger den Schaden des Dritten beim Schädiger. Er macht also den Ersatzanspruch geltend und gibt das so Erhaltene an den tatsächlich Geschädigten weiter (Details Rn 1204 f).

1194 Der Unterschied zum Vertrag mit Schutzwirkungen wurde schon erläutert (Rn 1178): Dort wird der „Einzugsbereich" des Vertrages ausgeweitet. Bei der Drittschadensliquidation wird dem Anspruchsberechtigten hingegen (zunächst) ein nicht bei ihm aufgetretener Schaden hinzugerechnet. Man spricht von **Schadensverlagerung**. Plakativ gesagt: **A hat den Anspruch, aber B den Schaden**[47]. Hier gibt es also immer nur *einen* Anspruchsberechtigten, den Gläubiger; bei der Ausdehnung der Schutzwirkung des Vertrages aber möglicherweise mehrere.

1195 **Fall 71 zeigt eine typische Interessenlage: Der Vertrag wirkt nach den Grundsätzen der „mittelbaren Stellvertretung" (Allgemeiner Teil Rn 474) allein zwischen R und V. An einem Ersatzanspruch nach Vertragsgrundsätzen ist aber H interessiert, wobei es dem V gleichgültig sein kann, ob der Schaden beim Käufer R oder dem Hintermann H auftritt. Diesem fehlen aber Vertragsansprüche, und man wird mangels Erkennbarkeit für V auch nicht annehmen können, dass der Kaufvertrag zwischen R und V Schutzwirkung zugunsten des H entfaltet. Hier stellt sich also die Frage nach den Voraussetzungen einer Drittschadensliquidation. Im Fall 70 dagegen ist eine Befriedigung des Geschädigten P schon durch die Schutzwirkung des Mietvertrages zu seinen Gunsten möglich.**

2. Voraussetzungen und gesetzliche Anhaltspunkte

1196 Das Bisherige war noch nicht viel mehr als die Beschreibung eines in bestimmten Konstellationen für sachgerecht gehaltenen Ergebnisses. Welches sind nun aber die **Voraussetzungen**, unter denen eine Schadensliquidation im Drittinteresse zulässig ist? Jemanden für einen im beschriebenen Sinne bloß „verlagerten" Schaden haften zu lassen, ist nur dann gerechtfertigt, wenn zwischen dem Gläubiger einer Leistung und dem dritten Geschädigten ein gesetzliches oder vertragliches Schuldverhältnis besteht, das die wirtschaftliche Gefahr einer richtigen Pflichterfüllung durch den Schuldner dem Dritten aufbürdet[48]. Vom Schädiger her gesehen ist dies **zufällig**[49], sodass es unbillig erschiene, ihn wegen des Auseinanderfallens der Anspruchsvoraussetzungen zu entlasten[50]. Andererseits darf die Zusammenziehung von Anspruchsvoraussetzungen das Haftungsrisiko des Schuldners nicht (wesentlich) vergrößern (dazu Rn 1204 f).

---

47 Da der Schaden zu den zwingenden Voraussetzungen eines Ersatzanspruches gehört, wäre es wohl präziser, zu formulieren, dass an sich A und B *bloß gemeinsam* die Anspruchsvoraussetzungen erfüllen, was im Normalfall nicht ausreicht.
48 Dazu *Medicus/Petersen*, BR[27], Rn 842. Eine fundierte Kritik des Differenzschadensbegriffs führt *Hagen* (Die Drittschadensliquidation im Wandel der Rechtsdogmatik, 1971, 10 ff) zu einer erheblichen Einschränkung der Drittschadensliquidation. Kritisch bezüglich der Zulässigkeit der Drittschadensliquidation auch *M. Junker* AcP 193 (1993) 348 und *Büdenbender* JZ 1995, 920, die aber – auf anderem Begründungsweg – letztendlich zu denselben Ergebnissen gelangen wie die hM.
49 Vgl nur KG WM 2008, 852 (Notarhaftung).
50 Aus diesem Grund spielt es auch keine Rolle, ob die Verlagerung auf eine andere Person für den Schuldner vorweg erkennbar war: OLG Koblenz BeckRS 2016, 126821.

Im Gesetzesrecht finden sich nur vereinzelt Regelungen zur Schadensverlagerung. **1197** Genannt werden immer wieder § 844 (Tötung eines Unterhaltspflichtigen) und § 845 (Tötung, Verletzung oder Freiheitsentziehung eines Dienstverpflichteten); vgl ferner § 10 Abs. 2 StVG, § 5 Abs. 2 HaftpflichtG, § 35 Abs. 2 LuftVG sowie § 28 Abs. 2 AtomG. Die dort geregelten Tatbestände sind mit den hier diskutierten (Fallgruppen folgen sofort) aber nicht voll vergleichbar: So ist im Fall des § 844 der denkbar schlimmste Nachteil (Verlust des Lebens!) selbstverständlich beim unmittelbar Geschädigten, dem Getöteten, eingetreten. Das Gesetz gibt jedoch ausdrücklich und ausnahmsweise bestimmten bloß **mittelbar Geschädigten** eigene Ersatzansprüche. Grund dafür ist die besondere Schutzbedürftigkeit der Unterhaltsberechtigten; weniger geht es um den bei der Drittschadensliquidation zentralen Gedanken bloßer Schadensverlagerung.

Näher liegt ein Vergleich mit der frachtrechtlichen Vorschrift des § 421 Abs. 1 S. 2 HGB (Ansprüche des Empfängers gegen den Frachtführer bei Beschädigung, Verlust oder verspäteter Ablieferung des Frachtguts). Auch dieser Regel liegt aber offenbar eine spezielle Ratio zu Grunde (vermutlich das Streben nach Vereinfachung)[51]: Nach S. 3 leg cit spielt es nämlich keine Rolle, ob Empfänger oder Absender im eigenen bzw im Fremdinteresse handeln. Damit stellt die Norm nicht darauf ab, wer den Schaden im Ergebnis erlitten hat. Schließlich ordnet S. 2 unmissverständlich an, dass sowohl Empfänger als auch Absender die Ersatzansprüche geltend machen können.

3. Fallgruppen

Aus diesen Überlegungen zu Spezialvorschriften – deren Wertungen keine Verallgemeinerung erlauben – folgt: Die Liquidation eines Drittschadens ist nur ganz ausnahmsweise zulässig. Im Zuge der Entwicklung dieses Rechtsinstituts haben sich im Wesentlichen **drei Fallgruppen** gebildet, die typische vertragliche Gefahrverschiebungen zusammenfassen: **1198**

a) Handeln für fremde Rechnung

Es ist allgemein anerkannt, dass in den Fällen der – wenig glücklich so genannten – „mittelbaren Stellvertretung" (jemand schließt ein Rechtsgeschäft im Interesse und für Rechnung eines anderen, tritt dabei jedoch nicht in dessen Namen auf; vgl **Fall 71**) schon mangels Offenlegung (§ 164 Abs. 2) schuldrechtliche Beziehungen nur zwischen dem im eigenen Namen Handelnden und dem Erklärungsempfänger bestehen, dass aber die gesamten Risiken der Vertragserfüllung beim Auftraggeber liegen. Deshalb kann der Handelnde als Gläubiger den Schaden seines Auftraggebers liquidieren[52]. **1199**

---

51 Die Gesetzesmaterialien schweigen sich dazu aus; begründet wird nur der 2. Halbsatz: „Die Statuierung einer Doppellegitimation von Empfänger und Absender soll eine Durchsetzung der Ersatzansprüche sichern. Insbesondere soll vermieden werden, dass ein Anspruchsverlust dadurch eintritt, dass die ‚falsche' Partei reklamiert oder klagt" (BT-Drs. 13/8445, S. 55). In der Literatur wird meist lapidar darauf hingewiesen, dass diese – Art 13 CMR nachgebildete – Regelung „der bisherigen Rechtsprechung entspricht" (zB *Herber* NJW 1988, 3302).
52 RGZ 90, 246; BGHZ 49, 356; BGH NJW 1989, 3099; MünchKomm/*Oetker*, BGB[8], § 249 Rn 296 ff; Staudinger/*Schiemann*, BGB (2017) vor §§ 249 ff Rn 69 f; zustimmend insoweit auch *Hagen*, Drittschadensliquidation (Fn 48) 252 ff. Vgl aber auch BGHZ 133, 36, 41: Unzulässigkeit einer Drittschadensliquidation, wenn der mittelbare Stellvertreter für den Dritten eine Auskunft eingeholt hat.

Einen gesetzlich geregelten Fall „mittelbarer Stellvertretung" stellt das **Kommissionsgeschäft** (§ 383 HGB) dar: Der Einkaufskommissionär kauft gewerbsmäßig Waren oder Wertpapiere im eigenen Namen für Rechnung eines anderen (des Kommittenten). Leistet der andere Vertragsteil mangelhaft, so steht dem Kommissionär an sich ein vertraglicher Schadensersatzanspruch gegen diesen zu. Da der Schaden jedoch letztendlich vom Kommittenten zu tragen ist, beliefe sich der „Anspruch" des Kommissionärs auf Null; dem geschädigten Kommittenten hingegen fehlt eine (vertragliche) Anspruchsgrundlage, auf die er einen Schadensersatzanspruch stützen könnte. Um eine – zu Recht als unbillig empfundene – Entlastung des Schädigers zu vermeiden, wird dem Kommissionär daher zugestanden, den Schaden des Kommittenten zu liquidieren[53]. In diese Fallgruppe sind auch manche Treuhandverhältnisse einzuordnen, bei denen die hM ebenfalls die Zulässigkeit der Drittschadensliquidation anerkennt[54]; allerdings kann hier dem Treugeber eine eigene gesicherte Rechtsposition (Besitz, Anwartschaftsrecht) zukommen[55].

b) Obligatorische Gefahrentlastung

1200 Bisher wurde regelmäßig der **Versendungskauf** (§ 447; dazu Schuldrecht Besonderer Teil § 3 Rn 21 ff) als Schulbeispiel für diese Fallgruppe angesehen. Im Zuge der Novellierung des Transportrechts erfolgten jedoch Gesetzesänderungen, die ernste Zweifel entstehen ließen, ob überhaupt noch ein Anwendungsfall der Drittschadensliquidation gegeben ist[56], auch wenn der Novellengesetzgeber von dieser bis dato anerkannten Zuordnung nicht abweichen wollte[57]. Zuweilen wird auch formuliert, in § 421 I 2 HGB sei eine *gesetzlich geregelte* Drittschadensliquidation zu erblicken, bei der dem Dritten ausnahmsweise ein *eigener* vertraglicher Anspruch gewährt werde[58]. Dabei handele es sich aber schon wegen der Gesamtgläubigerschaft von Absender und Empfänger um eine nicht verallgemeinerungsfähige Sonderkonstellation, weshalb der Versendungskauf im Fall der Anwendbarkeit des § 421 I HGB nicht mehr als Modell dieses Rechtsinstituts herangezogen werden könne[59].

1201 Nicht zuletzt, um den Leserinnen und Lesern dieses Schuldrechtsbuchs Spezialitäten des HGB-Transportrechts zu ersparen, sei hier ein anderes Beispiel in den Vordergrund gestellt, nämlich die **Beschädigung oder Zerstörung der Kaufsache im Annahmeverzug des Käufers durch einen Dritten**.

Gemäß § 446 Satz 3 geht die Gefahr mit Beginn des Annahmeverzugs auf den Käufer über. Der Verkäufer erleidet daher in der Regel keinen Schaden, weil er trotz Beschädigung den vollen Kaufpreisanspruch gegen seinen Käufer behält. Dass aber auch der Käufer im Ergebnis keinesfalls leer ausgeht, ergibt sich bereits aus § 285 Abs. 1 (dazu Rn 745 ff). Die dort vorgesehene Pflicht des Verkäufers, den Ersatzanspruch gegen den Schädiger an den Käufer herauszugeben, wäre ein möglicher Lösungsweg: Man fragt zunächst ohne Berücksichtigung des Verkaufs, welcher Schaden beim Verkäufer (= Eigentümer) eingetreten ist. Daraus resultiert ein konkreter Schadensersatzan-

---

53 RGZ 90, 240, 246.
54 BGH NJW 1995, 1282, 1283; MünchKomm/*Oetker*, BGB[8], § 249 Rn 306; *von Schroeter* Jura 1997, 348.
55 *Medicus/Lorenz*, SR AT[21], Rn 698.
56 Gute Übersichten zur Problematik beim Versendungskauf finden sich bei *Homann* JA 1999, 978 und bei *Oetker* JuS 2001, 833 die für § 421 HGB die Drittschadensliquidation ablehnen. Anders offenbar etwa MünchKomm/*Thume*, HGB[3], Bd 7, § 421 Rn 26.
57 BT-Drs. 13/8445, S. 55.
58 *Canaris*, Handelsrecht § 31 Rn 61; *Koller*, Transportrecht[9] (2016) § 421 Rn 16.
59 *Canaris*, Handelsrecht § 31 Rn 61.

spruch des Verkäufers. Und genau diesen könnte der Käufer an Stelle des vertraglichen Erfüllungsanspruchs nach § 285 Abs. 1 abgetreten verlangen[60].

Als Alternative wäre an einen Fall **obligatorischer Entlastung (Schadensverlagerung)** und damit an die Drittschadensliquidation zu denken[61]. Wesentlicher Unterschied: Bereits die **Berechnung** des Schadens orientierte sich an den Verhältnissen des *Käufers*, nicht an denen des Verkäufers. Im Anwendungsbereich des § 285 – der aufgrund seines generellen Verweises auf § 275 unzweifelhaft auch die Beschädigung bzw Zerstörung der Kaufsache im Annahmeverzug erfasst – ist für die Drittschadensliquidation jedoch von vornherein kein Platz: Rechtsfortbildung hat jedenfalls insoweit zurückzutreten, wie das Gesetz konkrete Regelungen enthält. In den ungeregelten, aber ähnlichen Fällen sind aus methodischer Sicht zunächst Analogieüberlegungen anzustellen.

Das am Beispiel der Beschädigung im Annahmeverzug des Käufers erörterte Problem stellt sich generell immer dann, wenn Eigentum und Gefahrtragung auseinander fallen: so etwa auch bei Beschädigung eines Bauwerks zwischen Eigentumsübergang und Abnahme (vgl die §§ 644 Abs. 1, 946).

Nach allem fragt sich tatsächlich, ob die Fälle obligatorischer Gefahrentlastung nicht ohnehin vollständig von § 285 erfasst werden, sodass für Drittliquidationsüberlegungen kein Raum bleibt[62].

Drittschadensliquidation ist mit dem BGH aber wohl dann zu bejahen (§ 285 greift nicht ein), wenn sich (nur) aus dem zwischen Gläubiger und Drittem geschlossenen **Vertrag** ergibt, dass inter partes der Dritte den vom Schuldner verursachten Nachteil zu tragen hat[63]. Hier hatte der Grundstückseigentümer (= Gläubiger) einen Architekten (= Schuldner) mit der Planung einer Halle beauftragt, in der ein Pächter (= Dritter) sein Unternehmen betrieb. Aufgrund entsprechender Regelungen im Pachtvertrag musste der Pächter den vom Architekten zu verantwortenden mangelhaften Fußboden um über 840.000,– € sanieren lassen. Diesen Betrag klagte der Eigentümer ein; nach dem BGH zu Recht.

c) Obhutsverhältnisse

Schließlich kann bei Miet- und Verwahrungsverträgen die Aufnahme von gläubigerfremden Sachen in den Verantwortungsbereich des Schuldners eine Gefahrverlagerung bedeuten, auf die das Recht durch die Befugnis des Vertragsgläubigers zur Geltendmachung des dem Eigentümer entstandenen Schadens reagieren muss (Liquidation des Drittinteresses durch den **Obhutspflichtigen**)[64]. Eine ausdrückliche gesetzliche Regelung zur Liquidation eines möglichen Drittschadens für diese Fallgruppe

1202

---

60 Zur Lösung BGHZ 49, 356; *Esser/E. Schmidt*, SR I/2⁸, 263 f. In einem ähnlichen Fall hat BGH NJW 1970, 38 die Grundsätze der Drittschadensliquidation angewendet; kritisch insb. *Hagen* JuS 1970, 442.
61 Dafür über eine analoge Anwendung des § 844 Abs. 1 *Stamm* AcP 203 (2003) 366.
62 In der Lehre mehren sich die Stimmen gegen eine Anwendbarkeit der Drittschadensliquidation auf Fälle obligatorischer Gefahrentlastung: statt mancher *Büdenbender* NJW 2000, 986, 989 ff.
63 BGH NJW 2016, 1089 *(Weiss)* = JuS 2016, 462 *(Riehm)*.
64 BGHZ 15, 224, 229; BGH NJW 1985, 2411; Erman/*Ebert*, BGB¹⁵, vor §§ 249–253 Rn 129; *von Schroeter* Jura 1997, 347 f; aM *Hagen* (Fn 48) 198 ff; *Peters* AcP 180, 366.

enthält § 701: Da die Bestimmung nicht differenziert, erfasst die Haftung des Gastwirts nach ganz hA auch jene vom Gast eingebrachten Sachen, die einem Dritten gehören[65]. Ein vertraglicher Schadensersatzanspruch des Besitzers kann nach der Rechtsprechung auch mit einem allfälligen deliktischen Anspruch des Eigentümers konkurrieren[66].

1203 Theoretisch sind natürlich auch **vertragliche Vereinbarungen** über das Eingreifen der „Drittschadensliquidationsregeln" denkbar: Die Vertragsparteien könnten – ausdrücklich oder konkludent – übereinkommen, dass auch das Interesse eines am Vertrag nicht beteiligten Dritten liquidiert werden kann[67]. Die Rechtsprechung nimmt das beispielsweise an, wenn bei Vertragsschluss konkrete Anhaltspunkte dafür vorliegen, dass eine Vertragspartei lediglich Drittinteressen wahrnehmen will[68]. Freilich verschwimmen in einem solchen Fall die Grenzen zum Vertrag (mit Schutzwirkungen) zugunsten Dritter[69]. Man erhält wohl am ehesten klare Orientierung, wenn man bei vertraglicher Einbeziehung Dritter in den Schutzbereich generell die Grundsätze dieses Rechtsinstituts (= Vertrag mit Schutzwirkungen) zur Anwendung bringt.

4. Rechtsfolgen

1204 Die **Rechtsfolgen** wurden bereits angedeutet: Im Gegensatz zum Vertrag mit Schutzwirkungen zugunsten Dritter, bei dem der geschädigte Dritte selbst einen Schadensersatzanspruch geltend machen kann, ist bei der Drittschadensliquidation nach ganz hM der (formelle) Inhaber des verletzten Rechtsgutes anspruchsberechtigt[70]. Er ist jedoch verpflichtet, seinen Schadensersatzanspruch (als stellvertretendes commodum) an den tatsächlich Geschädigten abzutreten (vgl § 285 Abs. 1)[71]. Eine solche Abtretung ist ausreichend. Auf diese Weise muss der Gläubiger nicht auf eigenes Risiko für fremde Rechnung prozessieren. Da er aber materiell berechtigt ist, kann er einen solchen Prozess auch selbst führen[72].

Um die Sache abzukürzen, könnte statt der Abtretungspflicht durchaus das sofortige Entstehen eines eigenen Ersatzanspruchs des Dritten ipso iure erwogen werden[73].

1205 Umstritten ist freilich die **Berechnung des Schadensersatzanspruchs**: Manche betonen, die Drittschadensliquidation solle lediglich verhindern, dass der Schädiger durch eine zufällige Schadensverlagerung entlastet wird und demnach nur die „typischen" Schäden, die auch beim Inhaber des verletzten Rechtsguts hätten entstehen können,

---

65 Palandt/*Sprau*, BGB[78], § 701 Rn 1 f mwN.
66 BGH NJW 1985, 2411, 2412. Zustimmend MünchKomm/*Oetker*, BGB[8], § 249 Rn 305; ablehnend Staudinger/*Schiemann*, BGB (2017) vor § 249 Rn 72.
67 RGZ 170, 246, 251.
68 BGH NJW 1974, 502 (Geltendmachung des einem Dritten durch Verletzung eines Lizenzvertrages entstandenen Schadens).
69 *Medicus/Lorenz*, SR AT[21], Rn 699.
70 Vgl nur BGH NJW 1989, 3099; MünchKomm/*Oetker*, BGB[8], § 249 Rn 294.
71 *Medicus/Lorenz*, SR AT[21], Rn 694; MünchKomm/*Emmerich*, BGB[8], § 285 Rn 1. Zu den Auswirkungen einer Insolvenz des „formell" geschädigten Gläubigers *Nissen* KTS 2010, 291.
72 Vgl etwa BGH NJW 2016, 1089 *(Weiss)* = JuS 2016, 462 *(Riehm)*.
73 In diese Richtung etwa *Junker* AcP 193, 352 (Anspruch des Dritten wegen Verletzung seines „wirtschaftlichen Eigentums" aus § 823 Abs. 1); *Peters* AcP 180, 383 (Prozessstandschaft).

zu ersetzen habe⁷⁴. Für diese Position spräche auch § 285. Demgegenüber bejahen Rspr⁷⁵ und hL⁷⁶ eine **volle Ersatzpflicht** des Schädigers. Das heißt: Für den Umfang des Ersatzanspruchs kommt es allein auf die beim Dritten entstandenen Nachteile an. Begründet wird dies im Wesentlichen damit, dass „Schadensverlagerung" lediglich die Verlagerung der Schadensentstehungsmöglichkeit, nicht jedoch die Verlagerung eines der Höhe nach feststehenden Schadens bedeute⁷⁷.

IV. Drittgerichtete Ausdehnungen des vorvertraglichen Schutzbereichs (§ 311 Abs. 2 und 3)

Eine neuere Entwicklung führt den Vertrag mit Schutzwirkung zugunsten Dritter mit der Anerkennung vertragsähnlicher Pflichten aus geschäftlichem Kontakt (§ 311 Abs. 2 und 3, § 241 Abs. 2; dazu § 15, zur Mithaftung Dritter Rn 989 ff) zusammen⁷⁸. Wenn Schutzpflichten schon aufgrund von Vertragsverhandlungen und bei bloßer Vertragsanbahnung existieren, so erscheint es nur folgerichtig, bereits in diesem Stadium auch **Dritte**, die bei gültigem Vertrag in dessen Schutzwirkung einbezogen worden wären, in den Genuss der vertraglichen Pflichterfüllung kommen zu lassen⁷⁹.

1206

Beispiel (BGHZ 66, 51): Frau M nimmt ihre Tochter T zum Einkauf in einen Selbstbedienungsladen mit. Bevor Frau M noch etwas gekauft hat, rutscht das Kind vor einem Regal auf einem Gemüseblatt aus und verletzt sich. Hier könnte ein Anspruch der T wegen Verstoßes gegen *Verkehrs(sicherungs)pflichten* bestehen, der sich nach § 823 richtet (Schuldrecht Besonderer Teil § 23 Rn 1 ff). Obwohl dieser Lösungsweg gesichert ist, hat der BGH die Grundsätze des Vertrages mit Schutzwirkung zugunsten Dritter herangezogen. Damit kommt das als vertraglich qualifizierte, eigentlich nur durch § 823 sanktionierte Schädigungsverbot auch einem Dritten zugute, der dem potenziellen Vertragspartner nahe steht. Der konkrete Grund für die Wahl des Schutzwirkungsansatzes lag wohl darin, dass ein bloßer Deliktsanspruch nach der kurzen Frist des § 852 aF bereits verjährt gewesen wäre (siehe seit dem Jahr 2002 aber § 199 Abs. 2, der unter anderem bei Körperverletzung eine dreißigjährige Schadensersatzverjährung vorsieht). Schon dies zeigt, dass in diesem Bereich generell Vorsicht am Platze ist; zu groß wird ansonsten die Gefahr, fast nur noch mit Blick auf das gewünschte Ergebnis zu argumentieren. Schon wegen der Bindung an das Gesetz muss aber streng darauf geachtet werden, dass die (einschränkende) Funktion der Deliktsregeln nicht immer weiter unterlaufen wird. Eine gesetzwidrige Zurückdrängung des Rechts der unerlaubten Handlungen ist hier aber wohl noch nicht festzustellen: Wäre das Kind selbst potenzielle Kundin gewesen, gäbe es gegen die Anwendung der §§ 311, 241 Abs. 2 iVm § 280 keinerlei Bedenken. Nichts anderes würde nach den Regeln der Verträge mit Schutzwirkungen für Dritte dann gelten, wenn die Mutter in Begleitung ihres Kindes bereits gekauft hätte und dadurch Vertragspartnerin geworden wäre. Auch aus der Sicht des Schädigers ist das Ergebnis des BGH keinesfalls sachwidrig: Wer sich

---

74 *Peters* AcP 180, 340; *Büdenbender* JZ 1995, 928.
75 BGHZ 49, 356, 361 f; BGH VersR 1972, 1138, 1140.
76 Palandt/*Grüneberg*, BGB⁷⁸, vor § 249 Rn 107; Erman/*Ebert*, BGB¹⁵, vor §§ 249–253 Rn 131; Staudinger/*Schiemann*, BGB (2017) vor § 249 Rn 70; MünchKomm/*Oetker*, BGB⁸, § 249 Rn 298.
77 *von Caemmerer* FS Wieacker, 311, 320; *von Schroeter* Jura 1997, 349.
78 BGHZ 66, 51 = *Schack/Ackmann*⁷ Nr 36; kritisch *Kreuzer* JZ 1976, 778; siehe ferner *Hohloch* JuS 1977, 304; *Dahm* JZ 1992, 1167; *Medicus/Petersen*, BR²⁷, Rn 199.
79 Näher dazu *Sutschet* FS Ehmann (2005) 95; speziell zur Haftung Dritter für fehlerhafte Auskünfte *J. Koch* AcP 204 (2004) 59.

verletzt und ob das vor oder nach einem Vertragsabschluss geschieht, ist reiner Zufall. Schließlich ist als Letztes darauf hinzuweisen, dass die Verkehrssicherungspflicht für Fälle entwickelt wurde, in denen – anders als hier – keinerlei Nähe zum Vertragsrecht besteht (ein Passant fällt in eine schlecht abgesicherte Baugrube)[80].

V. Lösung Fall 70

1207   **I. Ansprüche des E gegen den Vermieter V**
1. Ansprüche aus unerlaubter Handlung können auf einen möglichen Verstoß gegen die Verkehrssicherungspflicht (§ 823 Abs. 1) gestützt werden. An dem Defekt in der Stromleitung trifft V nach dem Sachverhalt aber offenbar kein Verschulden.
2. Ansprüche des E gegen V aus den §§ 280, 241 Abs. 2 („positive Vertragsverletzung") können nur bestehen, wenn sie aus der Rechtsstellung der K abgeleitet werden können, weil nur K zu V in Vertragsbeziehungen steht.
a) Der Mietvertrag kann im Hinblick auf die aus ihm folgenden Schutzpflichten auch auf solche Personen ausgedehnt werden, an deren Schutz der Mieter auch für den Vermieter erkennbar ein besonderes Interesse hat (Vertrag mit Schutzwirkung zugunsten Dritter). Zu diesem Personenkreis gehört E als Ehemann der K.
b) § 280 setzt aber grundsätzlich Verschulden voraus (Rn 431 f), das hier wohl fehlt. Deshalb kann E wegen des erlittenen Schadens gegen V bestenfalls dann Ansprüche erheben, wenn V ausnahmsweise ohne Verschulden ersatzpflichtig ist. Das könnte gemäß § 536a Abs. 1 der Fall sein. Dafür wäre notwendig, dass der Defekt in der Stromleitung schon bei Vertragsabschluss vorhanden war (§ 536a Abs. 1 Fall 1) und sich die verschuldensunabhängige Haftpflicht des Vermieters auf Personenschäden erstreckt (vgl. zur Falllösung Schuldrecht Besonderer Teil § 7 Rn 52).

II. Ansprüche des P gegen V
1. Hinsichtlich der Deliktsansprüche gilt dasselbe wie zu I 1.
2. Ansprüche aus den §§ 280, 241 Abs. 2 („positive Vertragsverletzung") lassen sich ebenfalls nur begründen, wenn man dem Mietvertrag zwischen Frau K und V Schutzwirkung zugunsten des Eigentümers von Sachen beilegt, derentwegen Frau K eine Obhutspflicht trifft. Es erscheint aber nicht unbedenklich, unabhängig von konkreter Erkennbarkeit für V alle im Geschäftslokal befindlichen Sachen als aufgrund eines übereinstimmenden (hypothetischen) Parteiwillens mitgeschützt anzusehen.
3. Überzeugender ist daher der Ansatz bei der Drittschadensliquidation. V war zwar nicht erkennbar, ob fremde Sachen in den Mietgegenstand eingebracht wurden oder werden sollten. Ebenso wenig konnte er aber mit bestimmten K gehörenden Sachen rechnen: Auch wenn alle Gegenstände von K stammten (und darüber hinaus noch sehr wertvoll gewesen wären), hätte V vollen Ersatz verlangen können. Wem die zerstörten Puppen gehörten, ist so gesehen reiner Zufall. Aus diesem Grund erscheint der Schadensverlagerungsgedanke als ausreichend tragfähig.
4. Doch sogar wenn auf diese Weise ein ersatzfähiger Drittschaden bejaht wird, ist der Anspruch von P nach hA abzuweisen, da der Schaden von der Vertragspartnerin K liquidiert werden muss. Diese Konsequenz könnte nur durch Abtretung vermieden werden, die nach

---

[80] Grundlegend RGZ 52, 373 (Umstürzen eines morschen Baumes); aus neuerer Zeit etwa BGH NJW 1998, 2436 (Feuerwerkskörper); BGH NJW 1995, 2631 (Bahn-Oberleitung). Zum Ganzen *von Bar*, Verkehrspflichten (1980); *ders.* JuS 1988, 169; *K. Huber* 2. FS von Caemmerer (1987) 359.

dem Sachverhalt aber offensichtlich (noch) nicht erfolgt ist. [Welchen Weg man aber auch immer wählt: Der Umfang der Verpflichtungen des V sollte trotz unterschiedlicher Gläubigerschaft in den Konstruktionen zu II 2 und 3 derselbe bleiben.]

§ 21 Abtretung

Fall 73: Der Kaufmann F, der eine Lampenfabrik betreibt, hat Verbindlichkeiten bei der B-Bank. Die von ihm verarbeiteten Materialien wurden großteils unter Eigentumsvorbehalt geliefert, sodass als Sicherheit für die Bank nur seine Forderungen aus Lieferungen an den Einzelhandel in Betracht kommen, der üblicherweise mit Fristen bis zu drei Monaten zahlt. Deshalb tritt F der B-Bank formularmäßig sämtliche – bereits bestehende und zukünftige – Forderungen an Kunden in den Bezirken Köln und Düsseldorf ab. Dies wird den Kunden jedoch nicht mitgeteilt, sodass sie weiterhin an F zahlen, der aus diesen Mitteln seinen Kredit bei der Bank zurückführen soll. Die wirtschaftlichen Verhältnisse des F verschlechtern sich aber, weshalb die Bank fürchtet, auf diesem Wege nicht mehr zu ihrem Geld zu kommen. Deshalb teilt sie nunmehr den Kunden mit Hilfe von Kopien der Auftragsbestätigungen, die sie sich stets hat geben lassen, die Abtretung mit und fordert sie auf, direkt an sie – die Bank – zu zahlen. In der Folgezeit gehen daraufhin zwar einige Zahlungen bei B ein, doch beschleunigt sich auch die Krise bei F. Er wird zahlungsunfähig, bevor die Forderung der Bank getilgt ist. Nach Eröffnung des Insolvenzverfahrens erklärt der Insolvenzverwalter, Rechtsanwalt Dr. K, er erkenne die Gültigkeit der zwischen B und F vereinbarten Abtretung nicht an. Die Bank tritt trotzdem an die Abnehmer des F heran, die noch nicht gezahlt haben, und verlangt Zahlung.

Hierbei stößt sie auf Widerstand. So weigert sich E aus Düsseldorf, an die Bank zu zahlen, da er kurz vor Erhalt der Mitteilung an F gezahlt habe. Z aus Köln erklärt, er rechne mit einer Gegenforderung gegen F auf. Ein großer Kunde des F, das Kaufhaus K in Köln, teilt mit, in den Lieferverträgen mit F, die auf der Grundlage ihrer Einkaufsbedingungen geschlossen seien, sei die Abtretung der Kaufpreisforderung des F von der Zustimmung der Käuferin abhängig gemacht worden, die weder eingeholt noch erteilt worden sei.

Wie steht es mit den Befriedigungsaussichten der B-Bank? **Lösung Rn 1248**

1208

I. Begriff, Voraussetzungen und Hauptfälle der Abtretung

1. Grundsätzliches

Die **Abtretung (Zession)**[1] ist ein **Gläubigerwechsel** hinsichtlich einer schuldrechtlichen Forderung. Sie erfolgt üblicherweise durch einen Vertrag zwischen dem Veräußerer (dem **Altgläubiger** oder **Zedenten**) und dem Erwerber der Forderung (dem

1209

---

1 Überblick über die zentralen Probleme bei *Coester-Waltjen* Jura 2003, 23; *Schroeder* Jura 2007, 266; *St. Lorenz* JuS 2009, 891; *Petersen* Jura 2014, 278. Anspruchsvoll und unter Beachtung internationaler Entwicklungen *Eidenmüller* AcP 204 (2004) 457; zu Vereinheitlichungsbestrebungen etwa *Kieninger/ Schütze* ZIP 2003, 2181 mwN. Breit angelegt und weit über die Abtretung hinausgehend *Lieder*, Die rechtsgeschäftliche Sukzession (2015).

Neugläubiger oder **Zessionar**) und hat die Wirkung, dass nunmehr der neue an die Stelle des alten Gläubigers tritt (§ 398). Da hierbei ein bloßes Recht und keine (körperliche) Sache übertragen wird, bedarf es einer gewissen Vorstellungskraft, um sich das Geschehnis einigermaßen anschaulich zu machen. Erfahrungsgemäß hilft dabei am besten ein Vergleich mit der Eigentumsverschaffung: Ebenso wie dort geht es hier darum, dass eine umfassende Berechtigung („Rechtszuständigkeit") an einem Vermögenswert auf einen anderen übergeht. Mangels Körperlichkeit kommen Übertragungsakte iS der § 929 ff allerdings nicht in Betracht. Und auch ansonsten darf man nicht in Versuchung geraten, an Stelle der §§ 398 ff sachenrechtliche Vorschriften heranzuziehen.

Der **Schuldner** der abgetretenen Forderung (auch **debitor cessus** oder kurz **Zessus** genannt; gelegentlich auch Drittschuldner[2]) ist an dem Übertragungsgeschäft nicht beteiligt, er muss nicht einmal verständigt werden. Das ist damit zu erklären, dass sich seine Rechtsposition durch die Abtretung inhaltlich in keiner Weise ändert: Er schuldet nach Abtretung nicht mehr oder anders als vorher[3]. Daher genügt die Einigung zwischen Alt- und Neugläubiger über den Forderungsübergang (vgl § 398 S. 2). Damit muss selbstverständlich dann, wenn die Abtretung nicht offen, sondern „still" erfolgt, ein Schutz des nicht verständigten Schuldners, der etwa mangels Kenntnis von der Abtretung an den Altgläubiger zahlt, einher gehen (näher dazu Rn 1227 ff).

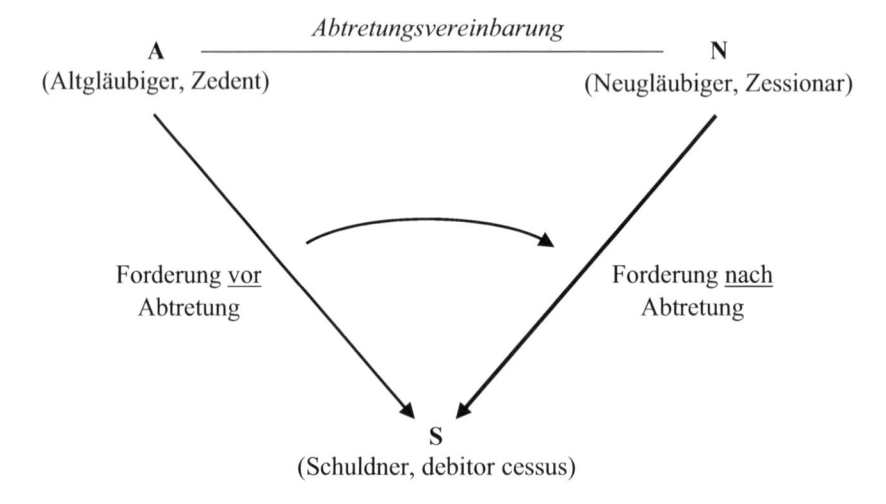

```
             Abtretungsvereinbarung
     A ─────────────────────────────── N
(Altgläubiger, Zedent)         (Neugläubiger, Zessionar)


  Forderung vor                  Forderung nach
   Abtretung                      Abtretung


                     S
            (Schuldner, debitor cessus)
```

1210 Die §§ 398 ff regeln primär die **rechtsgeschäftliche Abtretung**, die in diesem Kapitel deutlich im Vordergrund steht. Es gibt allerdings auch Fälle **gesetzlichen** Forderungsübergangs, so etwa zugunsten des zahlenden Bürgen (§ 774), wobei die §§ 398 ff weitestgehend auch für diese Form des Gläubigerwechsels gelten (§ 412; zu dieser Legalzession kurz Rn 1216). Entsprechendes gilt für die **Übertragung ande-**

---

2 Dies wohl deshalb, weil bei der praktisch wichtigen Sicherungszession auch der Zedent Schuldner (des Zessionars) ist, weshalb beim Zessus ein unterscheidender Zusatz gemacht wird.
3 Daher behält etwa eine öffentlich-rechtliche Forderung ihre Rechtsnatur bei: BGHZ 198, 105.

rer **Rechte** als Forderungsrechte (§ 413), so insbesondere von Gestaltungsrechten (Rücktritt, Kündigung, Anfechtung usw)[4].

2. Der Abtretungsvorgang

Die Abtretung ist zwar im zweiten Buch des BGB geregelt. Es handelt sich jedoch um ein Geschäft, durch das die Zuordnung eines Rechtsguts zu einer Person unmittelbar geändert wird, also um eine **Verfügung** ähnlich der Übereignung einer Sache (vgl Rn 1209). Zwischen der Abtretung und dem dieser Verfügung zugrunde liegenden Rechtsgrund ist also wie auch sonst streng zu unterscheiden. Die beiden Teile eines wirtschaftlich einheitlichen Vorgangs sind nach deutschem Recht eben weitestgehend voneinander getrennt (Abtretung als abstraktes Geschäft)[5]. Die Abtretung bewirkt daher den Übergang der Forderung auch dann, wenn das zugrunde liegende Geschäft an einem Mangel leidet. Das würde im **Fall 73** bedeuten, dass die Forderungen auf die Bank auch dann übergehen, wenn der Darlehensvertrag und das in ihm enthaltene Versprechen des F, der Bank eine Sicherheit zu verschaffen, ungültig waren. Das schließt allerdings nicht aus, dass die Abtretung als solche gegen Verbote verstoßen kann (§ 134)[6] oder wegen Sittenwidrigkeit nichtig ist (§ 138)[7]; und es kann auch sein, dass die Sicherungsabtretung so ausgestaltet ist, dass sie vom Bestand des gesicherten Anspruchs abhängt[8].

1211

Unwirksamkeit der Abtretung wird vor allem bei Abtretungen zu Kreditsicherungszwecken immer wieder behauptet. Damit bestreitet der Insolvenzverwalter des (Sicherungs-)Zedenten die Gültigkeit der Abtretung, um die Forderungen zur Insolvenzmasse einziehen zu können (so im **Fall 73**; zu diesen Fragen bei Rn 1245 f). Es kommt aber auch nicht selten vor, dass die Abtretung als solche nicht oder jedenfalls nicht ohne Zustimmung des Schuldners stattfinden soll; etwa, weil dieser jede Komplikation vermeiden will oder ein Interesse daran hat, dass niemand anders als der Zedent mit den Vorgängen befasst wird, aus denen sich die Forderung ergibt. Dann kann nach § 399 Fall 2 bereits bei Begründung der Forderung ihre **Unabtretbarkeit vereinbart** werden; eine Abrede, die grundsätzlich gegen Dritte wirkt und so eine Abtretung gegen den Willen des Schuldners verhindert (näher zu solchen Vereinbarungen Rn 1222 ff). In manchen anderen Konstellationen ist hingegen anzunehmen, dass die Leistung an den Zessionar nicht ohne **Veränderung ihres Inhalts** erfolgen kann, was nach § 399 Fall 1 ebenfalls zur Unabtretbarkeit führt; so vor allem bei manchen höchstpersönlichen Ansprüchen. Dieser Veränderungsgedanke[9] könnte uU hinter der von der ganz herrschenden Rechtsprechung angenommenen Unwirksamkeit der Abtretung von Forderungen auf Arzt- oder Anwaltshonorare stehen, da hierdurch das Interesse des Patienten oder Mandanten an der Vertraulichkeit der ihn

1212

---

[4] Dazu siehe insb. *P. Bydlinski*, Die Übertragung von Gestaltungsrechten (1986); *Steinbeck*, Die Übertragbarkeit von Gestaltungsrechten (1994); zuletzt ausführlicher *Schürnbrand* AcP 204 (2004) 177 mwN.
[5] Zur Abstraktheit der Abtretung *Medicus/Lorenz*, SR AT[21], Rn 789.
[6] Etwa im Zusammenhang mit strafrechtlich relevantem Verhalten: s. BGH NJW 2005, 1505 (§ 203 StGB); zur Nichtigkeit wegen Umgehung von Vorschriften des – mittlerweile durch das Rechtsdienstleistungsgesetz (RDG) ersetzten – Rechtsberatungsgesetzes (Art 1 § 1 RBerG) BGH NJW 2003, 1938; einschränkend BGH NJW 2005, 3570. Zum Problemkreis etwa *Bette* WM 2002, 205.
[7] Vgl BGH NJW-RR 1987, 1401; s. des Weiteren MünchKomm/*Armbrüster*, BGB[8], § 138 Rn 98 ff (zum Problem der Übersicherung).
[8] Siehe nur BGH NJW 1982, 275.
[9] So etwa Erman/*H.P. Westermann*, BGB[15], § 399 Rn 6 ff.

betreffenden Daten verletzt werde[10]; die Unwirksamkeit der Abtretung wird dabei vom BGH allerdings auf § 134 gestützt (Verstoß gegen ein gesetzliches Verbot)[11]. Für dem Bankgeheimnis unterliegende Ansprüche werden ähnliche Bedenken interessanterweise seltener erhoben[12].

Die Ablehnung freier Abtretbarkeit macht nicht selten Schwierigkeiten, wenn eine Praxis übertragen werden soll, deren Erwerber natürlich Zugang zu den Patientenkarteien oder Mandanten-Unterlagen haben will[13]. Diese Rechtsprechung ist im Grundsatz anerkannt[14], auch wenn es manche Gründe gibt, die gegen eine derart weitreichende Einschränkung der Gläubigerrechte sprechen. So wären nach dieser Rspr ganze Berufsgruppen wie Ärzte oder Rechtsanwälte vom Zessionskredit praktisch ausgeschlossen, obwohl gerade bei ihnen vor allem ihre Honoraransprüche als Vermögenswerte vorhanden sind. Auch ist es trotz Zession in der ganz überwiegenden Zahl der Fälle nicht nötig, Geheimnisse zu offenbaren, da der Schuldner ohnehin bei Fälligkeit zahlt. Im Streitfall bestünde aber auch ohne Abtretung im Prozess uU die Notwendigkeit, zum Beweis des Anspruchs an sich der Geheimhaltung Unterliegendes vorzubringen. Schließlich fragt sich, ob die Geheimhaltungsinteressen des Schuldners wirklich für das reine (abstrakte) Verfügungsgeschäft der Abtretung (Rn 1213) eine Rolle spielen, das ja zunächst nur einen Gläubigerwechsel bewirkt, wozu keinerlei Detailinformationen des Zessionars nötig sind.

Die Abtretung der Honorarforderung eines Rechtsanwalts ist eigens geregelt. An andere Anwälte ist sie ohne weiteres zulässig; sonst nur dann, wenn der Mandant der Abtretung ausdrücklich und schriftlich zugestimmt hat oder die Forderung bereits rechtskräftig festgestellt wurde. Den Zessionar trifft die gleiche Verschwiegenheitspflicht wie den zedierenden Rechtsanwalt (§ 49b Abs. 4 BRAO).

1213 Wie bereits erwähnt, genügt die bloße **Einigung** zwischen Alt- und Neugläubiger, um den Forderungsübergang zu bewirken. Dem entspricht § 398 S. 2, nach dem der Gläubigerwechsel mit dem „Abschluss des Vertrags" erfolgt. Diesbezüglich sind allerdings zwei Präzisierungen angebracht: Zum einen ist damit nicht das Titelgeschäft (Rechtsgrund), sondern die bloße Vereinbarung des Rechtsübergangs, also das **Ver-**

---

10 Für Arzthonorar grundlegend BGHZ 115, 123; ebenso BGH NJW 1993, 2371 für Abtretung an eine berufsständische Rechnungsstelle (s. dazu auch OLG Karlsruhe NJW 1998, 831). Für Anwaltshonorar BGHZ 122, 115; BGH NJW 1993, 2795; einschränkend bereits BGH NJW 2005, 507; für die Zulassung der Abtretung an einen anderen Anwalt etwa BGH WM 2007, 804; *Paulus* NJW 2004, 21 (ebenso für den Bereich der Steuerberatung BGH NJW 2014, 3568); für die Abtretung an Nichtanwälte bei wirksamer Zustimmung des Schuldners BGH WM 2008, 1229; zur aktuellen Rechtslage siehe im Text am Ende dieser Rn. Die Pfändbarkeit privatärztlicher Honorarforderungen wird hingegen ohne weiteres bejaht: BGH NJW 2005, 1505.
11 In diesem Sinn auch für Provisionsansprüche, die ein Versicherungsvertreter für die Vermittlung von Personenversicherungen erlangt hat, BGH WM 2010, 669; ebenso BGH NJW 2015, 397 für die Abtretung an ein Factoring-Unternehmen im Rahmen eines Vertrages, der gegen das RDG verstößt, wofür bereits die Geltendmachung der Forderung gegenüber dem Schuldner auf Rechnung des Zedenten ausreichen soll (erlaubnispflichtige Inkassodienstleistung iSd § 2 Abs. 2 RDG); anders hingegen bei einem echten Forderungskauf.
12 Siehe nur BGHZ 171, 180 = JuS 2007, 682 *(Faust)*: kein Hindernis für die Abtretung des Darlehensrückforderungsanspruchs eines Kreditinstituts; ferner BGH WM 2009, 2307, WM 2011, 1168 und LG Nürnberg-Fürth WM 2008, 2015 = WuB 2009, 221 *(P. Bydlinski/Vollmaier)*. Ein Spannungsverhältnis orten aber etwa *Klüwer/Meister* WM 2004, 1157. – Zum Sonderproblem der Übertragung eines Darlehensrückzahlungsanspruchs gemeinsam mit der zu seiner Sicherung bestellten Grundschuld statt aller *R. Koch* Jura 2010, 179; zur „Grundschuldzession" auch BGH NJW 2010, 2041; *Leibniz* JA 2012, 887.
13 BGHZ 122, 115; BGH NJW 1995, 2915; für Abwicklung bei Aufgabe der Kanzlei etwas großzügiger BGH NJW 1997, 188.
14 MünchKomm/*Roth/Kieninger*, BGB[8], § 399 Rn 34 f mwN.

fügungsgeschäft, gemeint. Zum anderen sind Verfügungsverträge denkbar, die nicht zum sofortigen Forderungsübergang führen. Beispiel dafür ist die Globalzession, die üblicherweise auch noch gar nicht entstandene, also künftige Forderungen des Zedenten erfasst (so auch im **Fall 73**). Solche Ansprüche können selbstverständlich erst übergehen, wenn sie in der Folge begründet werden (näher zur Vorausabtretung noch Rn 1235 im Zusammenhang mit der Sicherungszession).

3. Praktische Bedeutung

Die Art des der Abtretung zugrunde liegenden Geschäfts ist durch die bloß die Verfügung betreffenden §§ 398 ff in keiner Weise festgelegt. In Frage kommen insbesondere (Rechts-)Kauf (§ 453) und Schenkung, aber etwa auch Auftrag und Geschäftsbesorgung, eine Sicherungsabrede oder ein Vermächtnis. Zunächst ist aber zu fragen, welche wirtschaftlichen Motive einen Gläubiger zur Abtretung bewegen: Ist die Forderung fällig, könnte er sie ja auch selbst einziehen. Manchmal scheut der Zedent jedoch Mühen und Risiken einer Prozessführung. Der Zessionar schätzt die Befriedigungsmöglichkeiten hingegen besser ein oder ist im Gegensatz zum Zedenten bereit, um die vom Schuldner nicht freiwillig befriedigte Forderung einen Rechtsstreit zu führen oder sie zur Aufrechnung gegen eine Forderung des Schuldners zu benutzen.

1214

Vor allem im gewerblichen Bereich dient die **Abtretung noch nicht fälliger Forderungen** vor allem auch der sofortigen Liquiditätssteigerung: Im Zuge des sogenannten **echten Factoring** erfolgt eine Bevorschussung und Einziehung der abgetretenen Forderungen (meist sämtlicher oder großer Teile der Außenstände eines Unternehmers) durch das Factoring-Unternehmen als Zessionar. Es trägt hinsichtlich der erworbenen Forderungen die Gefahr ihrer Uneinbringlichkeit, das sogenannte Bonitätsrisiko, während beim **unechten Factoring** ein Rückgriff auf den Zedenten im Falle der Zahlungsunfähigkeit des Schuldners vereinbart ist[15]. Ein anderer Weg zu liquiden Mitteln ist die Verwendung offener, insbesondere auch künftiger, Forderungen zur **Kreditsicherung**: Die Forderungen dienen dann dem Kreditgeber ähnlich einem Pfand zur Sicherung und gegebenenfalls Befriedigung (näher zu dieser Sicherungszession Rn 1234 ff). Schließlich kann die Abtretung dem Ziel dienen, dem Zessionar die Möglichkeit zu geben, sich wegen seiner aus anderen Beziehungen herrührenden Forderungen gegen den Zedenten aus den abgetretenen Forderungen zu befriedigen. Dann ist die Abtretung eine **Leistung erfüllungshalber** (dazu näher Rn 1338 ff), die dem Zessionar eine zusätzliche Befriedigungsmöglichkeit verschafft. Da er aber noch nicht weiß, ob er die abgetretene Forderung gegen den Schuldner durchsetzen kann, erlischt seine Forderung gegen den Zedenten mit der Abtretung noch nicht.

1215

Die prozessuale Geltendmachung abgetretener Forderungen hat nicht zuletzt dann große praktische Bedeutung, wenn Forderungen im Wege eines gesetzlichen Übergangs (sogenannte **cessio legis** oder **Legalzession**) demjenigen zufallen, der den eigentlichen Forderungsinhaber wegen der Vorgänge, die die Forderung begründet haben, schadlos gehalten hat. Dies ist der Fall des § 86 (früher: 67) VVG, nach dem et-

1216

---

15 Zum echten und unechten Factoring *Roth/Fitz* JuS 1985, 188 ff; *Hagenmüller* (Hrsg.), Handbuch des nationalen und internationalen Factoring[3] (1997); *Bette*, Factoring (2001); *Martinek*, in: Schimansky/Bunte/Lwowsk, Bankrechts-Handbuch[5] § 102.

wa ein privater Schadensversicherer, der dem Versicherungsnehmer seinen Schaden ersetzt, den Anspruch gegen den Schädiger ipso iure erwirbt. Ähnliches gilt nach den §§ 116 ff SGB X für den Sozialversicherungsträger (s. ferner § 94 SGB XII für den Sozialhilfeträger)[16]. Aber auch der Erwerb der gesicherten Forderung durch den zahlenden Bürgen gemäß § 774 gehört hierher.

1217 Von der Abtretung, etwa in Form der sog *Inkassozession*[17], zu unterscheiden ist die bloße **Einziehungsermächtigung**. Sie soll für den Ermächtigten die Befugnis begründen, die Forderung im eigenen Namen einzuziehen, ohne dass sie auf ihn übergeht, so dass er auch nicht das Bonitätsrisiko trägt. Die Zulässigkeit der Einziehungsermächtigung ist nicht unbestritten, weil eine Verdoppelung der Gläubigerstellung befürchtet wird, und sie wird im Prozess gegen den Schuldner nur beschränkt anerkannt[18].

4. Wirksamkeitsvoraussetzungen

a) Grundsatz

1218 Forderungsrechte sind grundsätzlich abtretbar[19]. Auch besondere Wirksamkeitserfordernisse bei der Abtretung gibt es an sich nicht, sodass die **formlose Einigung** zwischen Alt- und Neugläubiger für den Rechtsübergang regelmäßig ausreicht. Nur gelegentlich muss die Abtretungserklärung schriftlich erfolgen (vgl § 1154 zur Abtretung einer durch Hypothek gesicherten Forderung mit weiteren Voraussetzungen)[20]. Insbesondere wird vom Gesetz keine Benachrichtigung des Schuldners gefordert (zu für ihn deshalb notwendigen Schutzmechanismen Rn 1227 ff). Ausnahme ist die Existenz gesetzlicher oder rechtsgeschäftlicher Abtretungsausschlüsse (näher dazu Rn 1220 ff) oder gleich wirkender Beschränkungen wie Zustimmungsvorbehalte.

b) Das Bestimmtheitsproblem

1219 Ein Problem kann sich aber daraus ergeben, dass Forderungen schon mangels Körperlichkeit nicht so einfach individualisierbar sind wie Sachen, was besonders dann spürbar wird, wenn (etwa im Rahmen von Kreditsicherungsverträgen wie im **Fall 73**) nicht nur eine einzelne aktuelle, sondern eine Mehrzahl auch künftig entstehender Forderungen[21] übertragen werden soll (im **Fall 73** aus Lieferungen des F, die nach dem Abschluss des Kreditvertrages mit der Bank stattgefunden haben). Man spricht

---

16 Zum Ganzen *Hannemann* Jura 1984, 624.
17 Zur Abgrenzung dieser Erscheinungsform vom Forderungskauf BGH BeckRS 2014, 01757; NJW-RR 2017, 410.
18 Für die Zulassung etwa BGHZ 4, 153; BGHZ 70, 193; *Roth/Fitz* JuS 1985, 188, 190; Staudinger/*Busche*, BGB (2017) Einl. zu §§ 398 ff Rn 122 ff; kritisch zB *Esser/E. Schmidt*, SR I/2⁸, 316 f, nach denen die Einziehungsermächtigung allerdings als Produkt der richterlichen Rechtsschöpfung hinzunehmen sei. Ein Klagerecht des Ermächtigten macht die Rechtsprechung vom Vorliegen eines „eigenen rechtlichen Interesses" abhängig: BGHZ 1, 333; BGHZ 96, 153; BGH NJW 1989, 1933 ua; zum Ganzen *Bork* JA 1986, 121 ff. Speziell zur Möglichkeit einer Herausgabeklage des „Zessionars", nachdem die Abtretbarkeit des aus § 985 resultierenden Herausgabeanspruchs abgelehnt wird, *Kensy* JuS 2015, 501.
19 So etwa auch der Besitzentziehungsanspruch nach § 861: BGH JuS 2008, 466 *(K. Schmidt)*.
20 Dazu *St. Wagner* JA 2014, 13.
21 Zur Auslegung einer Abtretungsvereinbarung hinsichtlich künftiger Forderungen s. BGH NJW-RR 2003, 1690.

von einer **Vorausabtretung**, die möglich ist, wenn die Forderung spätestens bei ihrer Entstehung nach Gegenstand und Person des Schuldners bestimmbar ist[22] (näher dazu Rn 1242 f). Generell ist die Abtretung nur wirksam, wenn der Gegenstand der Abtretung genügend **bestimmt** ist. Grund dafür ist die für Verfügungen nötige Offenkundigkeit. Das bedeutet, dass jede von einem Verfügungsgeschäft betroffene Sache genau konkretisiert sein muss, damit Dritte, die in die Verhältnisse der Parteien nur oberflächlich eingeweiht sind, feststellen können, wem der Vermögenswert zusteht. Bei in diesem Sinn ausreichender Bestimmtheit ist etwa auch eine **Teilabtretung** möglich[23].

Problematisch ist die Abtretung einer **Mehrheit von Forderungen** bis zu der Höhe, die dem Betrag des Anspruchs des Zessionars gegen den Zedenten entspricht (sogenannte Maximalzession)[24]. Hier ist namentlich aus der Sicht der Schuldner nicht ersichtlich, ob sie nun einen anderen Gläubiger erhalten haben oder nicht[25]. Hingegen ist eine Bestimmung nach Sitz des Schuldners, wie sie im **Ausgangsfall 73** gewählt wurde, wegen klarer Festlegung der erfassten Forderungen unbedenklich[26]. An fehlender Bestimmtheit bzw Bestimmbarkeit sollte auch eine Abtretung nicht scheitern, die auf *sämtliche* Ansprüche eines Geschädigten aus einem konkreten Verkehrsunfall lautet, da sich durch eine tatsächliche und rechtliche Prüfung klar feststellen lässt, was hier abgetreten wurde[27].

5. Beschränkung und Ausschluss der Abtretung

a) Gesetzliche Einschränkungen

Abtretungsausschlüsse – oft unpräzise als „Abtretungsverbote" bezeichnet – können sich aus einer Vereinbarung mit dem Schuldner ergeben (dazu Rn 1222 ff) oder unmittelbar auf dem Gesetz beruhen. Gesetzliche Einschränkungen der Forderungsabtretung sind allerdings selten (zum Ausschluss wegen Inhaltsänderung bereits Rn 1212). Ein Beispiel dafür sind **der Pfändung entzogene Ansprüche (§ 400)**. Die Vorschrift, deren praktischer Anwendungsbereich hauptsächlich die Ansprüche auf Arbeitslohn umfasst, die grundsätzlich abtretbar sind und zur Sicherung von gegen den Arbeitnehmer gerichteten (etwa Darlehens)Forderungen auch häufig abgetreten werden, sorgt dafür, dass die in besonderen gesetzlichen Vorschriften (§§ 850 ff ZPO) vorgesehenen Pfändungsfreigrenzen für das lebensnotwendige Einkommen nicht durch freiwillige Abtretungen unterlaufen werden. Es handelt sich hierbei um eine der nicht seltenen Vorschriften, die dem Schutz einer Person vor sich selbst dienen[28].

1220

Es kommt allerdings vor, dass an einer Forderungsabtretung derjenige interessiert ist, der dem Inhaber vorher den Gegenwert des Rechts geleistet hat, so etwa der Unfallversicherer oder der

---

22 BGHZ 198, 98, 105; BGH NJW 1985, 800, 801 f; *Medicus/Lorenz*, SR AT[21], Rn 798 ua.
23 HA. Kritisch aufgrund dem Schuldner drohender Nachteile aber MünchKomm/*Roth/Kieninger*, BGB[8], § 398 Rn 63 ff.
24 BGH WM 1968, 1054; NJW 1978, 1050.
25 Dazu besonders OLG Dresden NJW-RR 1997, 1070; zu den Anforderungen an die Bestimmtheit OLG Rostock NZG 2001, 945.
26 Näher mit Nachweisen Erman/*H.P. Westermann*, BGB[15], § 398 Rn 12.
27 Anders allerdings BGH NZV 2011, 485.
28 Zu diesem Phänomen ausführlich etwa *Singer* JZ 1995, 1133.

Arbeitgeber, der dem Inhaber einer Schadensersatzforderung (welche sich aus einem Unfall ergibt), pflichtgemäß Rentenleistungen erbracht hat und aus der abzutretenden Ersatzforderung gegen den Verantwortlichen vorgehen will[29]. Daher lässt § 115 SGB X (ausnahmsweise) auch unpfändbare Lohnforderungen auf den Sozialversicherer übergehen.

1221 Von Gesetzes wegen unabtretbar sind ferner jene Forderungen, bei denen ein Gläubigerwechsel den **Inhalt der Leistung verändern** würde (§ 399 Fall 1). Es geht dabei um den Schutz des Schuldners, dem nicht ein Gläubiger aufgezwungen werden soll, dessen Person eine – uU unzumutbare – Änderung des Schuldverhältnisses bedeuten würde. So liegt es auf der Hand, dass Ansprüche auf Dienstleistungen nicht ohne weiteres auf einen anderen Dienstgeber übergehen können. Es gibt auch andere Forderungen, deren Erfüllung bei einem Wechsel der Person des Gläubigers ganz andere Chancen und Risiken mit sich bringt als die Parteien ursprünglich vorgesehen hatten. So ist es für den Vermieter keineswegs gleichgültig, wer Mieter seiner Wohnung ist, so dass der ursprüngliche Vertragspartner seinen Anspruch auf Gebrauchsüberlassung (§ 535) grundsätzlich nicht an einen anderen abtreten kann (zur Untervermietung siehe §§ 540, 553)[30], während einer Abtretung der Mietzinsforderung nichts Gleichartiges entgegensteht[31]. Auch die bereits in Rn 1212 erörterten Hindernisse für die Abtretung von Ansprüchen auf Arzt- oder Anwaltshonorare, die nur durch eine konkrete Zustimmung des Patienten bzw Mandanten überwindbar sind, gehören hierher.

b) Rechtsgeschäftliche Einschränkungen

1222 § 399 Fall 2 lässt es zu, dass zwischen Gläubiger und Schuldner bei Begründung der Forderung vereinbart wird, diese solle der (rechtsgeschäftlichen) Disposition entzogen sein. Ein solcher **vertraglicher Ausschluss der Abtretung** lässt einen Abtretungsversuch des Gläubigers ins Leere gehen, weshalb man davon spricht, dass die Vereinbarung **absolut**, also auch gegen jeden Dritten wirkt[32]. Es handelt sich also nicht bloß um ein schadenersatzrechtlich bewehrtes Zessionsverbot, sondern um einen echten Abtretungsausschluss: Die Forderung ist dem Rechtsverkehr entzogen und kann immer nur vom Gläubiger selbst geltend gemacht werden. Eine abredewidrige **Abtretung** ist **unwirksam**, sofern ihr der Schuldner nicht zustimmt. Im Gegensatz zur Veräußerung von beweglichen Sachen (§§ 932 ff) und Grundstücken (§§ 892 ff) gibt es bei Veräußerungen von Forderungen auch keinen gutgläubigen Erwerb vom Nichtberechtigten. Deshalb kann sich der Schuldner durch eine Abrede gemäß § 399 verlässlich gegen einen Gläubigerwechsel sichern (siehe auch den **Fall 73**). Für den Gläubiger der Forderung, der wirtschaftlich durchaus der Schwächere sein kann (man denke etwa an den Lieferanten einer großen Kaufhausgruppe wie im **Fall 73** des Kaufhauses K), hat das Abtretungsverbot die missliche Folge, dass er die Forderung nicht durch Abtretung zur Besicherung seiner eigenen Verbindlichkeiten, etwa gegenüber Kreditinstituten, nützen kann. Dennoch hat die Rechtspre-

---

29 BGHZ 59, 109; BAG BB 1964, 640; MünchKomm/*Roth/Kieninger*, BGB[8], § 400 Rn 6.
30 Es ist bezeichnend, dass in den §§ 563 ff Sonderregelungen für das Eintreten von Ehegatten, Kindern oder Lebenspartnern des Mieters in das Mietverhältnis beim Tod des Mieters getroffen sind.
31 Vgl nur BGH NJW 2003, 2987.
32 BGHZ 112, 387, 389; *Medicus/Lorenz*, SR AT[21], Rn 796; für nur relative Wirkung aber *E. Wagner* JZ 1988, 689, 704 ff; *Canaris* FS Serick (1992) 9 ff.

chung Abtretungsausschlüsse auch in Formularverträgen nicht beanstandet[33] bzw werden solche Klauseln überwiegend nicht als Verstoß gegen die guten Sitten beurteilt[34]. Allerdings darf man nicht übersehen, dass die mit dem Ausschluss verfolgten Interessen des Schuldners nicht allzu hoch zu bewerten sind, da die Abtretung seine rechtliche Position an sich ohnehin nicht verschlechtern würde: Der Schuldner spart sich bloß das Evidenthalten von ihm mitgeteilten Abtretungen und ist vor Fehlzahlungen trotz Kenntnis des wahren Gläubigers geschützt. Daher sollte man zumindest in Extremfällen Abtretungsausschlussvereinbarungen als sittenwidrige Knebelung und damit als unwirksam ansehen; etwa dann, wenn der Gläubiger – zB als Zulieferer – in großem Maße von diesem einen Schuldner abhängt und der Ausschluss seine wirtschaftliche Bewegungsfreiheit massiv beeinträchtigt[35]. Wegen unangemessener Benachteiligung hat der BGH auch einen Abtretungsausschluss hinsichtlich von Leistungsstörungsansprüchen bei (Gruppen-)Reiseverträgen für unwirksam angesehen[36].

Der Gedanke, dass drittwirkende Ausschlussvereinbarungen den Gläubiger häufig über Gebühr belasten, ohne dass dafür vorrangige Interessen des Schuldners ins Treffen geführt werden können, liegt **§ 354a (Abs. 1) HGB** zugrunde; einer Sonderregelung[37] für die Abtretung von **Geldforderungen**, die sich **aus einem beiderseitigen Handelsgeschäft** iS des § 343 HGB ergeben oder sich gegen einen Schuldner im Bereich der öffentlichen Hand richten[38]. Nach dieser Norm ist eine trotz der Ausschlussvereinbarung vorgenommene Abtretung (zwingend) wirksam, der Zessionar wird also neuer Forderungsinhaber[39]. Allerdings konnte sich der Gesetzgeber nur zu einer Kompromisslösung durchringen. Vom vereinbarten Abtretungsausschluss bleibt nämlich immerhin übrig, dass der Schuldner trotz Kenntnis von der Abtretung[40] mit schuldbefreiender Wirkung an den Zedenten leisten kann (§ 354a Abs. 1 S. 2 HGB). Damit lässt das Gesetz die Ausschlussvereinbarung im Ergebnis bloß **teilunwirksam** sein. Gänzlich wirksam ist die Vereinbarung seit einer Novellierung aus dem Jahre 2008 in Fällen, in denen ein Kreditinstitut ein Darlehen gewährt und die Abtretung des Rückzahlungsanspruchs zugunsten des kaufmännischen Schuldners vertraglich ausgeschlossen wurde (§ 354a Abs. 2 HGB). 1223

Die erwähnte Halbherzigkeit[41] dürfte die Intention des Gesetzgebers, dem Gläubiger zu größerer wirtschaftlicher Bewegungsfreiheit zu verhelfen, weitestgehend vereiteln. Zwar ist der Zedent zur Einziehung oder zu Dispositionen über die Forderung nicht 1224

---

33 BGHZ 77, 274; BGHZ 102, 293, 300; zum Ganzen *Hadding/van Look* WM 1988, Sonderbeil. 7.
34 Vgl BGHZ 51, 113, 119; 56, 173, 175.
35 Ähnlich auch MünchKomm/*Roth/Kieninger*, BGB⁸, § 399 Rn 35.
36 BGH NJW 2012, 2107 = JuS 2013, 167 *(Schwab)*.
37 Kurzer Überblick dazu bei *Petersen* Jura 2005, 680; *Lettl* JA 2010, 109.
38 Auch in diesem Bereich, besonders im öffentlichen Vergabewesen, waren Abtretungsausschlüsse sehr gebräuchlich.
39 Dazu etwa *Lettl* JA 2010, 109.
40 BGH WM 1994, 1909, 1919; *E. Wagner* WM 1996, Sonderbeil. 1, 11; *Canaris*, Handelsrecht § 26 Rn 24.
41 Manche bewerten die gesetzlich angeordnete Möglichkeit befreiender Zahlung an den Zedenten – als weniger gravierenden Eingriff in die privatautonom getroffene Abtretungsausschlussvereinbarung – positiver, wollen dann aber die Wahlmöglichkeit des Schuldners durch schwer konkretisierbare Rechtsmissbrauchserwägungen einschränken: siehe nur *Canaris*, Handelsrecht § 26 Rn 24 ff mwN.

mehr berechtigt[42], sondern bloß für die Zahlung (auch) empfangszuständig. Bei Zahlung des Schuldners an ihn kassiert der Zedent also eine fremde Forderung ein. Den erhaltenen Wert müsste er daher gemäß § 816 Abs. 2 an den Zessionar weitergeben. Und in der Insolvenz des Zedenten (so im **Fall 73** beim wirtschaftlichen Zusammenbruch des F nach Abtretung der gegen die Kaufhauskette gerichteten Forderung) könnte der Zessionar den Forderungsbetrag aussondern, sofern dieser noch unterscheidbar vorhanden ist[43], oder – bei der Sicherungsabtretung – vorzugsweise Befriedigung verlangen[44]. Allerdings ist das alles äußerst mühselig und es steht zu befürchten, dass Factoring- und Kreditinstitute beim Erwerb von Forderungen sehr zurückhaltend sind, wenn sie damit rechnen müssen, dass sie ihren wirksam erworbenen Anspruch gegen den Schuldner trotz dessen Kenntnis von der Abtretung an sie einbüßen, weil sich dieser – ohne dass sie dies verhindern könnten – zur schuldbefreienden Zahlung an den Altgläubiger oder zur Aufrechnung mit einer gegen den Zedenten bestehenden Forderung[45] entschließt.

1225 Wie sich die Situation der Beteiligten darstellt, ist am **Fall 73** abzulesen. Die B-Bank, die sich zur Sicherung ihrer Ansprüche gegen F unter anderen die Forderungen gegen das Kaufhaus K hat abtreten lassen, erwirbt diese Ansprüche zwar trotz des zwischen K und F vereinbarten Abtretungsausschlusses. Aber sie kann nicht verhindern, dass K auch nach Abtretung und selbst nach Erhalt der Abtretungsanzeige an F bzw den Insolvenzverwalter leistet; und ob F, wenn er vor Eröffnung des Insolvenzverfahrens die Zahlung erhalten hat, das Geld an die Bank weitergibt, wie es vereinbart ist, erscheint bei angespannter wirtschaftlicher Lage durchaus zweifelhaft.

6. Die Wirkungen der Abtretung[46]

1226 Die zentrale Wirkung der Abtretung besteht nach § 398 darin, dass der Neugläubiger an die Stelle des bisherigen Gläubigers tritt. Der Zessionar wird Inhaber der ansonsten unveränderten Forderung: Er kann sie einziehen und einklagen, er kann sie aber auch weiter abtreten, zur Aufrechnung verwenden oder erlassen (zur Sicherungszession siehe jedoch Rn 1236). Der Zedent muss nach dem regelmäßig zugrunde liegenden Verpflichtungsgeschäft eine trotz der Abtretung bei ihm eingegangene Leistung des Schuldners an den Zessionar abführen (§ 816 Abs. 2). Mit der Forderung gehen Neben- und Vorzugsrechte, insbesondere die in § 401 genannten, für die Forderung bestellten Sicherheiten auf den Gläubiger über.

---

42 Siehe BGHZ 178, 315 = WM 2009, 367 (Vergleich zwischen Schuldner und Zedent in Kenntnis der Abtretung unwirksam); kritisch dazu *E. Wagner* WM 2010, 202.
43 Dazu unter besonderer Beachtung von Bar- und Buchgeldzahlungen etwa *Brinkmann*, in: Uhlenbruck (Hrsg.), Insolvenzordnung[15] (2019) § 48 Rn 35 f mwN. Weitere insolvenzrechtliche Fragen in diesem Zusammenhang können hier nicht zur Sprache kommen.
44 Eingehende Darstellung des Problemfeldes durch *E. Wagner* WM 1996, Sonderbeil. 1 ff; *Saar* ZIP 1999, 988; Erman/*H. P. Westermann*, BGB[15], § 399 Rn 5.
45 IdS BGH NJW-RR 2005, 624 = JA 2005, 561 *(Keltsch)*, der es dem Schuldner überdies frei zur Wahl stellt, ob er die Aufrechnung dem Alt- oder dem Neugläubiger erklärt.
46 Näher dazu *Haertlein* JuS 2007, 1073.

II. Schuldnerschutz bei der Zession

1. Ausgangslage

Wie bereits erwähnt, hat sich der Gesetzgeber dafür entschieden, die Abtretung ohne Information oder gar Mitwirkung des Schuldners zu ermöglichen. Dies kommt in Betracht, weil und wenn die Abtretung **keinerlei rechtliche Nachteile für den Schuldner** mit sich bringt. Zwar könnte die Einbindung des Schuldners für alle Beteiligten hilfreich sein, insbesondere Klarheit über die Forderung mit sich bringen. Dennoch kommt es häufig zur **stillen Zession**, also zur Abtretung ohne Schuldnerverständigung. Und das trotz der damit verbundenen Unsicherheiten: Zum einen läuft der Zessionar Gefahr, mangels Bestehens einer Forderung leer auszugehen. Er wird deshalb seine Gegenleistung oft zurückhalten, bis der Schuldner zahlt. Zum anderen könnte der Schuldner im Nachhinein Einwände erheben. Wenn die Parteien dennoch den Weg einer stillen Abtretung als Sicherheit für eine Vorleistung wählen (etwa für eine unbezahlte Warenlieferung oder für einen Barkredit), so deshalb, weil die Mitteilung einer Abtretung auf den sogenannten Drittschuldner einen ungünstigen Eindruck von der wirtschaftlichen Lage des Zedenten machen könnte. Dies wollen die Parteien, wenn der Zedent auf weitere Geschäfte mit den Drittschuldnern Wert legt, tunlichst vermeiden; ein schneller wirtschaftlicher Zusammenbruch nach der Offenbarung der Zession wie im **Fall 73** ist erfahrungsgemäß fast die Regel. Zumeist lässt sich der Zessionar allerdings das Recht einräumen, unter bestimmten Umständen, etwa Nichtzahlung der gesicherten Forderung trotz Fälligkeit, die Verständigung des Schuldners nachzuholen; insb. durch Vorlage der Abtretungsurkunde (vgl § 403 und § 409 Abs. 1 S. 2).

1227

Deshalb erfolgt im **Bankverkehr** die Sicherungszession regelmäßig ohne Verständigung der Drittschuldner, die auch weiterhin an den Zedenten zahlen sollen. Dieser ist also, da nicht mehr Inhaber der Forderung, lediglich zur Einziehung ermächtigt und muss sich im Innenverhältnis zur Bank verpflichten, die eingezogenen Beträge an sie abzuführen. Dagegen scheint im **Fall 73** die Bank, als sie die Zession „offen legte", davon überzeugt gewesen zu sein, dass der Zusammenbruch des F nicht mehr aufzuhalten sei. Es kann auch vereinbart werden, dass der Zessionar zur Weiterabtretung oder zur Offenlegung der Zession nur bei Zahlungseinstellung des Zedenten berechtigt sein soll[47], und der BGH hat einen Zessionar, der eine unwirksame Abtretung offengelegt hatte, auf Schadensersatz haften lassen[48].

1228

2. Einwendungen des Schuldners

Es ist nahezu selbstverständlich, dass ein Gläubigerwechsel ohne Zustimmung des Schuldners für diesen **keine Nachteile** mit sich bringen darf: Er muss sich dem Neugläubiger gegenüber daher etwa auf mangelnde Fälligkeit, auf Unwirksamkeit oder bereits erfolgte Tilgung der abgetretenen Forderung oder auf Gegenrechte berufen können. Zentralvorschrift ist insofern **§ 404**, wonach der Schuldner dem Neugläubiger all jene **Einwendungen** entgegensetzen kann, die ihm im Zeitpunkt der Abtretung

1229

---
47 BGH NJW 1993, 1640.
48 BGH NJW 1994, 2754 mit Kurzkomm. *Häuser* EWiR 1995, 25; siehe auch BGH NJW 1997, 461.

gegen den Altgläubiger zustanden. In den folgenden Vorschriften werden besonders wichtige Einwendungen behandelt, zB die abgetretene Forderung sei bereits getilgt (zur Zahlung nach Abtretung näher Rn 1232) oder der Schuldner könne mit einem ihm gegen den bisherigen Gläubiger zustehenden Recht aufrechnen (§ 406).

1230 Im **Fall 73** beruft sich D darauf, dass er in Unkenntnis der Abtretung an F bezahlt habe. Dieser Einwand betrifft § 407: D hat also, wenn auch an den falschen Gläubiger, dennoch mit befreiender Wirkung gezahlt (näher Rn 1232). Dagegen fällt der Einwand des Z, er könne gegen die nunmehr der Bank zustehende Forderung mit einer Gegenforderung aufrechnen, unter § 406, wonach es aber noch auf weitere Umstände ankommt (dazu Rn 1234 ff)[49].

1231 Sinn der §§ 404 ff ist es, sicherzustellen, dass sich die Rechtsstellung des Schuldners durch die Abtretung nicht verschlechtert. Der Schuldner muss es zwar hinnehmen, dass der neue Gläubiger die Forderung möglicherweise rücksichtsloser durchzusetzen versucht als der alte; er kann auch nicht verhindern, dass er bei verschiedenen Teilabtretungen, die ihm angezeigt werden (nicht selten bei Ansprüchen auf Arbeitslohn), über die jeweils aktuelle Inhaberschaft an den Forderungen umständlich Buch führen muss (mit ein Grund für die häufige Vereinbarung von Abtretungsausschlüssen gemäß § 399). Aber im Übrigen greifen alle Einwände, die im Zuge der Entwicklung des Schuldverhältnisses dem Zedenten entgegengestanden wären, auch gegenüber dem Zessionar durch. Denn der Neugläubiger übernimmt zwar bloß einen einzelnen Anspruch, der allerdings häufig – vor allem, wenn er einem Vertrag entspringt – in ein vielschichtiges Gefüge von Rechten und Pflichten eingebunden ist. Der Schuldner kann sich also auch auf das Nichtbestehen der Forderung, ihre Verjährung, eine Stundung durch den Zedenten, ein Zurückbehaltungsrecht oder die Anfechtung des der Forderung zugrunde liegenden Rechtsgeschäfts berufen.

Gewisse Schwierigkeiten macht die Voraussetzung, dass die Einwendungen „zur Zeit der Abtretung der Forderung gegen den bisherigen Gläubiger begründet" gewesen sein müssen (§ 404). Da die Entwicklung des Schuldverhältnisses durch den Gläubigerwechsel nicht zum Nachteil des Schuldners beeinflusst werden darf, ist die Norm so auszulegen, dass es genügt, wenn die erhobenen Einwendungen im Rechtsverhältnis zwischen dem Schuldner und dem Altgläubiger angelegt waren[50]. Eine bei der Abtretung laufende Verjährungsfrist läuft also fort; und ein nach der Abtretung eingetretener Umstand kann den Schuldner zum Rücktritt nach § 323 berechtigen, da die Forderung durch die Abtretung nicht aus der Gegenseitigkeitsbindung an die Ansprüche des Schuldners ausscheidet[51]. Wurde also etwa eine Kaufpreisforderung abgetreten und wird die Ware erst danach an den Kaufpreisschuldner (= Käufer) geliefert, so kann dieser bei mangelhafter Leistung die Zahlung an den Zessionar so lange zurückhalten, wie er einen durchsetzbaren Anspruch gegen seinen Verkäufer, den Zedenten, auf Beseitigung des Mangels hat.

---

49 Zu dem – im Einzelnen schwierigen – Verhältnis der Schuldnerschutzvorschriften zueinander siehe *Nörr/Scheyhing/Pöggeler*, Sukzessionen[2], 42 f.
50 Daher wirkt auch eine vom Schuldner erst nach der Abtretung ausgesprochene Kündigung aus wichtigem Grund gegenüber dem Neugläubiger: BGH JA 2004, 777 = NJW-RR 2004, 1347.
51 Zum Grundsätzlichen RGZ 83, 279; BGHZ 25, 27, 29; BGH NJW 1985, 864; NJW-RR 1989, 1208 ua. Zur Verjährung RGZ 170, 290.

3. Schuldbefreiende Zahlung an den Altgläubiger

Das **zessionsrechtliche Verschlechterungsverbot** hat bei der stillen Zession eine ganz besondere Bedeutung, die sich auch im Gesetz niederschlägt. Da § 398 die Gültigkeit der Abtretung nicht vom Einverständnis oder auch nur von der Kenntnis des Schuldners abhängig macht, mussten Vorkehrungen getroffen werden, den Schuldner vor doppelter Inanspruchnahme zu schützen. Da er nicht weiß, dass der Zedent nicht mehr Gläubiger ist, wird er wie vorgesehen bzw auf dessen Anforderung an ihn zahlen. Könnte sich nun der Zessionar dem Schuldner gegenüber dennoch weiterhin auf seinen Forderungserwerb berufen, müsste der Schuldner nochmals zahlen. Er hätte dann zwar das Recht, die erste Zahlung an den Zedenten als rechtsgrundlos erbracht nach Bereicherungsrecht (§ 812) zurückzufordern. Neben den damit verbundenen Mühen ist aber auch zu beachten, dass der Altgläubiger mittlerweile insolvent geworden oder untergetaucht sein könnte. Schließlich käme uU auch eine Berufung des Zedenten auf den Wegfall der Bereicherung (§ 818 Abs. 3) in Betracht. All das ist dem Schuldner nicht zuzumuten; vielmehr sind alle aus der Nichtverständigung resultierenden Risiken dem Neugläubiger zuzuweisen, der es ja in der Hand gehabt hätte, diese Gefahren von vornherein auszuschalten. Aus all diesen Gründen wirkt nach **§ 407 Abs. 1** die **in Unkenntnis der Abtretung erfolgte Zahlung an den Altgläubiger schuldbefreiend**. Dasselbe gilt für andere den Bestand der Forderung betreffende Rechtsgeschäfte zwischen Altgläubiger und Schuldner, etwa für Erlass und Stundung, soweit sie den Schuldner begünstigen. Eine gegen den Schuldner gerichtete „forderungsbezogene" Maßnahme des Altgläubigers wie Mahnung oder Kündigung ist nach der Abtretung dagegen unwirksam[52]. Allerdings darf der Schuldner bei Vornahme eines ihn begünstigenden Rechtsgeschäftes nicht wissen, dass die Forderung abgetreten war. Somit kann er nach einer wirksamen **Abtretungsverständigung**[53] – für die keine Formgebote existieren[54] – an den Altgläubiger nicht mehr schuldbefreiend leisten; umgekehrt befreit ihn nach Verständigung eine Zahlung an die als Zessionarin angegebene Person auch dann, wenn sich später herausstellt, dass die Abtretung unwirksam war[55] (§ 409). Da § 407 eine bloß den Schuldner begünstigende Rechtsscheinvorschrift darstellt, kann er sich dieses Schutzes aber auch begeben. So kann der Schuldner eine Zahlung an den Zedenten, der ja nicht mehr Gläubiger war, als nicht geschuldet nach § 812 Abs. 1 zurückverlangen, muss dann allerdings an den Zessionar leisten[56].

1232

---

[52] Auf das besonders schwierige Problem, wem – Alt- oder Neugläubiger – nach der Abtretung vertraglicher Ansprüche (etwa einer Kaufpreisforderung) Gestaltungsrechte wie Anfechtung oder Rücktritt zustehen, die auch zur Vernichtung der abgetretenen Forderung führen, kann hier nicht eingegangen werden. Der BGH (NJW-RR 2010, 483) hat für die Abtretung von Mietzinsansprüchen ausgesprochen, dass die *einvernehmliche Aufhebung* des Mietvertrages durch Vermieter (= Zedent) und Mieter (= Zessus) dann unwirksam ist, wenn der Mieter bereits Kenntnis von der Abtretung hatte.
[53] Kenntnis von einer Vorausabtretung genügt: vgl BGH WM 2002, 1845 (zu § 406). Zur Frage, ob bzw wann eine Anzeige durch den Zessionar ausreicht, siehe Fn 61.
[54] MünchKomm/*Roth/Kieninger*, BGB⁸, § 409 Rn 7. Daher ist an sich auch eine per Telefax übersandte Abtretungsanzeige wirksam: vgl BFH NJW 2011, 175 (zu § 46 AO, der § 409 BGB nachgebildet ist).
[55] Vgl OLG Saarbrücken NJW-RR 2009, 128. Das soll sogar dann gelten, wenn die Abtretung wegen Verstoßes gegen ein gesetzliches Verbot nach § 134 BGB nichtig ist: OLG Stuttgart BeckRS 2017, 119266; OLG Karlsruhe Beck-RS 2017, 112599.
[56] BGHZ 102, 68, 71; BGH NJW 2001, 231; *Lüke* JuS 1996, 588, 590.

1233 Wenn im **Fall 73** der Schuldner D die Mitteilung von der Abtretung wirklich nicht erhalten hat[57], so durfte er auf die fortbestehende Gläubigerschaft des F vertrauen und an ihn zahlen. Wusste er dagegen von der Zession, so ging er das Risiko ein, an den wahren Gläubiger, die Bank, nochmals leisten zu müssen. Fraglich ist in diesem Zusammenhang allerdings, ob und inwieweit es eine **Erkundigungsobliegenheit** des Schuldners gibt. Schon weil § 407 auf die **Kenntnis** des Schuldners von der Abtretung abstellt, aber auch wegen des zentralen Verschlechterungsverbots, ist hier große Zurückhaltung am Platze. „Kennen Müssen" – besser wohl: „Kennen Können" – reicht nach richtiger Ansicht eben nicht aus[58]. Dennoch wird, zB unter dem Gesichtspunkt der Treupflicht oder des Organisationsverschuldens, dem Schuldner eine gewisse Sorgfaltsobliegenheit auferlegt, was aber wohl nur in ganz speziell gelagerten Fällen überzeugt. So wird etwa eine Bank, die in Unkenntnis der Abtretung einer Sparforderung an den Zedenten gezahlt hat, ohne sich das Sparbuch vorlegen zu lassen, dem Zessionar gegenüber nicht frei[59]; ebenso ein Schuldner, der seinen Betrieb EDV-mäßig so organisiert, dass Kenntniserlangung durch die jeweiligen Wissensvertreter praktisch ausscheidet[60]. Behaupten hingegen zwei Personen, forderungsberechtigt zu sein, wobei sich eine auf Zession beruft[61], so wird man dem Schuldner regelmäßig das Recht geben müssen, an seinen ihm bekannten bisherigen Gläubiger zu bezahlen; allenfalls erst nach Rückfrage bei diesem.

III. Die Abtretung als Kreditsicherungsinstrument

1234 Heutzutage haben Forderungen – und damit auch Abtretungen – besondere Bedeutung im Bereich der **Kreditsicherung**. Namentlich kleine und mittlere Unternehmen können oder wollen ihre Betriebsmittel nicht verpfänden oder zur Sicherung übereignen. Auch taugliche Bürgen finden sich nicht leicht. Vorhanden sind aber regelmäßig Forderungen gegen Kunden; wenn auch häufig bloß als noch nicht fällige oder gar erst als zukünftig erwartete. Nach dem Motto „besser als gar nichts" lassen sich Banken häufig auf die Gewährung solcher „Zessionskredite" ein: Dabei muss der Kreditnehmer einzelne oder gar alle Forderungen gegen seine Kunden **zur Sicherheit abtreten**. Die **Sicherungszession**[62] gehört sogar zu den wichtigsten Kreditsicherungsgeschäften[63]. Der Zessionar soll die Forderung hierbei aber – jedenfalls zunächst –

---

57 Die Beweislast für die Kenntnis trifft nach hA den Zessionar: s. nur BGH NJW-RR 1998, 1744. Damit würde, wenn über die Unkenntnis im Prozess keine Klarheit gewonnen werden kann, die Leistung an F den D befreien.
58 BGH WM 1997, 958.
59 Siehe OLG Düsseldorf NJW-RR 1991, 1337; zu den Anforderungen an die Organisation des Schuldners BGH NJW 1977, 581; Erman/*H.P. Westermann*, BGB[15], § 407 Rn 5.
60 IdS etwa *Kothe* BB 1988, 638.
61 Das damit angesprochene Problem, unter welchen Umständen eine vom (angeblichen) Zessionar stammende Abtretungsanzeige für den Schuldner wirksam ist, ist durchaus umstritten. Der BGH vertritt etwa die These, dass eine solche Anzeige (nur) dann zu beachten ist, wenn sie von einer vertrauenswürdigen Person stammt (BGHZ 102, 68, 74; NJW-RR 2004, 1145). Richtigerweise folgt aus dem zessionsrechtlichen Verschlechterungsverbot hingegen die grundsätzliche Unbeachtlichkeit einer „Zessionarsanzeige"; allenfalls kann sie geringfügige Nachfrageobliegenheiten (beim bisherigen Gläubiger) begründen (ausführlich dazu *P. Bydlinski* FS Canaris I [2007] 83; zustimmend Münch-Komm/*Roth/Kieninger*, BGB[8], § 407 Rn 17). Für eine Befugnis des Schuldners zur Hinterlegung bei unklaren Abtretungsvorgängen zu Recht etwa BGH NJW-RR 2004, 656.
62 Überblick dazu etwa bei *Meyer/von Varel* JuS 2004, 192.
63 Näher etwa Bamberger/Roth/Hau/Poseck/*Rohe*, BGB[4], vor § 398 Rn 72 ff.

nicht selbst einziehen, sondern soll aus den vom Kreditschuldner, dem Zedenten, vereinnahmten Beträgen wegen seiner eigenen Ansprüche befriedigt werden. Es handelt sich also regelmäßig um eine stille Zession, die erst offen gelegt wird, wenn der Sicherungs-Zedent seinen Verpflichtungen nicht mehr nachkommt oder nachkommen kann (dazu schon oben Rn 1227).

Rechtstatsächlich ist zu beobachten, dass die Sicherungszession häufig auch künftige Forderungen betrifft, insoweit also **Vorausabtretung** ist; nicht selten in der Form, dass sämtliche künftigen Forderungen aus der Geschäftsverbindung des Kreditnehmers mit seinen Kunden abgetreten werden **(Globalzession)**. Die Vorausabtretung ist ein verbreitetes Sicherungsmittel beim Bankkredit, weil sie im Gegensatz zur streng publizitätsgebundenen Verpfändung einer Forderung (vgl § 1280) den Parteien die für den Sicherungsgeber unangenehme Mitteilung der Verfügung erspart. Sie stellt aber auch die Rechtsform für den sog **verlängerten Eigentumsvorbehalt** dar. Hier sucht derjenige, der Waren unter der aufschiebenden Bedingung späterer Zahlung des Kaufpreises veräußert hat, der aber aus wirtschaftlichen Gründen nicht umhin kann, dem Vorbehaltskäufer die Weiterveräußerung der Ware im ordnungsmäßigen Geschäftsverkehr oder die Verarbeitung der Ware zu gestatten, eine Sicherheit; und zwar eine solche, die über diesen Eigentumsverlust hinausreicht. Er findet sie darin, dass er sich die aus dem geplanten künftigen Weiterverkauf der Ware resultierenden Forderungen von seinem Kaufpreisschuldner im Voraus abtreten lässt[64]. Die Abtretung kann also zur Sicherung sowohl von Bank- als auch von Lieferantenkrediten eingesetzt werden.

1235

1. Die Rechtsstellung des Sicherungsnehmers

Das Rechtsverhältnis zwischen den an einer Sicherungsabtretung Beteiligten ist – wie bei der Sicherungsübereignung – dadurch geprägt, dass der Neugläubiger „dinglich" eine Rechtsstellung erhält, die er nach seinen schuldrechtlichen Absprachen mit dem Altgläubiger nur in bestimmter Weise handhaben darf, obwohl sie ihm an sich weitergehende Rechte, nämlich die volle, nach außen unbeschränkte Forderungsberechtigung gegenüber dem Drittschuldner einräumt. Kurz gesagt: **Der (Sicherungs-)Zessionar kann mehr, als er darf**. Das kommt darin zum Ausdruck, dass er als Inhaber der Forderung die geschuldete Leistung notfalls auch klageweise einziehen oder sie weiter abtreten könnte, dies aber nicht darf, solange der Zedent nicht gegen seine Pflichten aus dem zugrunde liegenden Rechtsverhältnis verstoßen hat, also etwa mit der vereinbarten Kreditrückzahlung in Verzug geraten ist. Deshalb wird auch der Zedent, obwohl nicht mehr Inhaber der Forderung, vom Zessionar regelmäßig zur Einziehung im ordnungsgemäßen Geschäftsverkehr ermächtigt[65], wobei natürlich erwartet wird, dass er die eingezogenen Beträge zur Befriedigung des Sicherungszessionars verwendet. Dies geschieht oft ganz unauffällig; etwa dadurch, dass die Zahlungen auf das Konto des Zedenten zu leisten sind, das dieser bei der Zessionars-Bank eingerichtet hat und über das auch der gesicherte (Kontokorrent-)Kredit abgewickelt wird. So

1236

---

64 Zum Ganzen BGB-Sachenrecht[13] Rn 195 ff.
65 Das ist etwa dann nicht mehr gegeben, wenn der Zedent sein Geschäft aufgibt und die eingezogenen Gelder verwenden will, um andere Gläubiger abzufinden.

reduzieren die Zahlungen der Schuldner automatisch den Kredit und kommen so unmittelbar dem Sicherungszessionar zugute. Ein Fehlverhalten des Zedenten – etwa durch „Umleiten" der Schuldner auf ein anderes Konto – gibt dem Zessionar üblicherweise das Recht, den Drittschuldnern gegenüber die Abtretungen offenzulegen.

Wegen der überschießenden Rechtsposition des Zessionars wird auch formuliert, er habe die Forderung **treuhänderisch** (fiduziarisch) inne[66]. Die Treuhand, ein im deutschen Recht nicht eigenständig vorhandenes, sondern von der Praxis entwickeltes Institut[67], steht danach dem Vollrecht nicht ganz gleich. Wenn und insoweit es der Sicherungszweck verlangt, ist der Zessionar (in der Sprache des Kreditsicherungsrechts: der Sicherungsnehmer) uneingeschränkt Inhaber der abgetretenen Forderung. Er kann daher, wenn etwa die Forderung beim Sicherungsgeber gepfändet werden sollte, ein Recht auf vorzugsweise Befriedigung geltend machen, und in der Insolvenz des zedierenden Sicherungsgebers (man denke an die Situation im **Fall 73**) abgesonderte Befriedigung verlangen[68]. Andererseits könnte der Sicherungsgeber, wenn die Bank in Schwierigkeiten gerät, eine Pfändung der abgetretenen Forderung bei der Zessionars-Bank nach § 771 ZPO verhindern und in der Insolvenz gemäß § 47 InsO vorgehen. Der Schuldner hingegen kann sich, da er auch eine Vollzession hätte hinnehmen müssen, auf die Tatsache, dass der Sicherungsnehmer nicht beliebig über die Forderung verfügen durfte, nicht berufen; vielmehr genießt er (bloß) den gewöhnlichen Schuldnerschutz (Rn 1227 ff).

Zur Verstärkung der Rechtsstellung des Sicherungszessionars werden nicht selten auch **Gestaltungsrechte** mit übertragen; so etwa bei Übertragung der Rechte aus einem Lebensversicherungsvertrag das Kündigungsrecht des Versicherungsnehmers[69].

1237   Da das Gesetz die Sicherungszession nicht eigens behandelt, fragt man sich, worauf die geschilderten Besonderheiten beruhen. Die Antwort liegt in der Anerkennung einer eigenständigen, wegen der Vertragsfreiheit möglichen sogenannten **Sicherungsabrede**[70]. In ihr wird die Verpflichtung des Sicherungsgebers zur treuhänderischen Übertragung des Sicherungsguts festgelegt, desgleichen die Rechte des Sicherungsnehmers in Bezug auf das Sicherungsgut sowie seine Pflichten; schließlich die Pflichten des Sicherungsgebers, etwa dahingehend, Beträge, deren Einziehung ihm gestattet ist, ausschließlich auf ein bei der kreditgebenden Bank geführtes Konto einzahlen zu lassen (sog Zahlstellenabrede).

---

66 *Larenz*, SR I[14], 594 ff: Treuhandgläubigerschaft; siehe auch *Nörr/Scheyhing/Pöggeler*, Sukzessionen[2], 138 ff; Erman/*H.P. Westermann*, BGB[15], § 398 Rn 33.

67 Zu den historischen Quellen der Lehre, ihrer Rolle im ausländischen Recht sowie zu ihrer gegenwärtigen Bedeutung umfassend *Coing*, Die Treuhand kraft privaten Rechtsgeschäfts (1973); *Kötz*, Trust und Treuhand (1963); *Gernhuber* JuS 1988, 355.

68 MünchKomm/*Roth/Kieninger*, BGB[8], § 398 Rn 115 f; aM *Gursky* JuS 1984, 197, 202, der ein Widerspruchsrecht einräumen will. Zur Rechtslage nach der InsO *Lohmann*, in: HK-InsO[9], § 51 Rn 23 ff.

69 BGH VersR 2007, 1637: Kündigungsrecht im Zweifel mit übertragen; siehe ferner BGH NJW 2010, 374.

70 Insoweit ebenso wie bei der Sicherungsübereignung, dazu BGB-Sachenrecht[13] Rn 170 ff; näher *H. Westermann/H. P. Westermann*, Sachenrecht[8] (2011), 390 ff (§ 44 III Rn 15 ff); *Medicus/Lorenz*, SR AT[21], Rn 805; zum Inhalt der Sicherungsabrede die Urteile BGH NJW-RR 1999, 1075 f; WM 1997, 13, 16; Bamberger/Roth/Hau/Poseck/*Rohe*, BGB[4], § 398 Rn 72 ff.

2. Rechtslage bei Zurückführung der gesicherten Forderung

Schließlich muss die Sicherungsabrede, notfalls durch ergänzende Auslegung, erkennen lassen, was mit dem Sicherungsgut geschehen soll, wenn der Sicherungsgeber den Sicherungsnehmer befriedigt hat. Dann ist der Sicherungsnehmer verpflichtet, die Forderungen zurück zu übertragen, da der Sicherungszweck erreicht ist (zur Alternative eines automatischen Rückfalls Rn 1241). Diese Rechtsfolge ergibt sich in aller Regel durch Auslegung der Sicherungsabrede, sie ließe sich aber wohl auch bereicherungsrechtlich begründen (§ 812 Abs. 1). Ein entsprechender (Teil-)Rückübertragungsanspruch des Zedenten kann uU auch dann bejaht werden, wenn der Sicherungsgeber nach teilweiser Tilgung der gesicherten Forderung deutlich mehr an Sicherungsgut hält, als zur Sicherung noch erforderlich erscheint. Diese – in der Praxis allerdings seltene[71] – Situation hat zu einer Auseinandersetzung zwischen mehreren Senaten des BGH geführt, nachdem eine über einige Jahre hinweg im Wesentlichen stabile Rechtsprechung Formularverträge als sittenwidrig oder zumindest gegen § 9 AGBG (jetzt: § 307 BGB) verstoßend betrachtete, wenn nicht zugunsten des Zedenten/Sicherungsgebers eine sogenannte **Freigabeklausel** vereinbart war. Diese musste den Sicherungsnehmer zur Freigabe von Sicherungsgut verpflichten, sobald der Wert der abgetretenen Forderungen[72] die Höhe der gesicherten Forderung um einen bestimmten Prozentsatz übersteigt (Überschreiten der sog **Deckungsgrenze**)[73]. Maßgebend ist hierbei der Gesichtspunkt der **Übersicherung** des Sicherungsnehmers, dessen Forderungen ohne sachlichen Grund zugunsten des einen Kreditgebers gebunden sind. An Vereinbarungen zur Freigabepflicht fehlte es nun häufig; oft wohl auch deshalb, weil bei Vertragsschluss kaum vorherzusehen – und auch in der Folge nicht ohne weiteres feststellbar – ist, was das Sicherungsgut im Falle seiner eventuellen Realisierung wert sein wird.

1238

Der **Fall 73** gibt einen Eindruck davon, auf welche Widerstände der Zessionar bei der Durchsetzung abgetretener Forderungen stoßen kann. Hinzu kommen etwa Mängelrügen der Schuldner und zu einem gewissen Prozentsatz erfahrungsgemäß auch Ausfälle durch Insolvenzen.

1239

Am Erfordernis einer solchen Freigabeklausel scheiterten Sicherungsverträge nicht selten zur Gänze, da die Zurückführung einer unwirksamen Regelung auf das zulässige Maß infolge der herrschend befürworteten Unzulässigkeit geltungserhaltender Reduktion[74] nicht möglich schien. Dieser Einwand wurde regelmäßig vom Insolvenzverwalter des Zedenten erhoben[75]. Nunmehr ist aber aufgrund einer Änderung der

1240

---

71 Dazu *Claussen* FS Brandner (1996) 527 ff, der darauf aufmerksam macht, dass die gesicherte Forderung jedenfalls bei den praktisch häufigen Kontokorrentkrediten zwar vorübergehend zu einem Teil zurückgeführt wird, dann aber durch erneute Inanspruchnahme der Kreditlinie wieder anzusteigen pflegt.
72 Dasselbe gilt bei der Sicherungsübereignung von Warenlagern mit wechselndem Bestand, die ebenfalls als revolvierende Sicherheiten bezeichnet werden, näher Staudinger/*Looschelders/Olzen* BGB (2015) § 242 Rn 924.
73 BGHZ 94, 105, 115; BGHZ 125, 83; dazu krit. *H. Weber* WM 1994, 1549.
74 Grundsätzlich BGHZ 107, 273 f; abschwächend BGH ZIP 1994, 309; krit. etwa *Kötz* NJW 1979, 785 f; *Hager* JZ 1996, 175.
75 Auch dazu *H. P. Westermann* FS Claussen (1997) 561, 564 ff.

Rechtsprechung, die durch eine Entscheidung des Großen Senats für Zivilsachen aus dem Jahre 1998 bestätigt wurde[76], die Praxis einen anderen Weg gegangen. Es hatte sich die Ansicht durchgesetzt, dass es einer ausdrücklichen Freigabeklausel – auch weil im Vorhinein kaum eine realistische Deckungsgrenze vereinbart werden kann – nicht bedarf. Wenn eine Freigabeklausel fehlt, hat dies also nun auch nach der Rechtsprechung des BGH nicht die Ungültigkeit der Sicherungsabrede zur Folge; und der Sicherungsnehmer ist auch ohne eine solche Abrede verpflichtet, dauerhaft nicht mehr benötigte Sicherungsgegenstände zurückzugeben. Das wäre allerdings unpraktikabel, wenn der Sicherungsnehmer nicht doch wegen des unsicheren Werts des Sicherungsguts eine gewisse **„Überdeckung"** beanspruchen kann, was oftmals auch so vereinbart wird[77]. Der Große Senat verlangt keine ausdrückliche Vereinbarung einer Deckungsgrenze, lässt es aber zu, dass die Bank, bevor sie Sicherheiten freigibt, einen Aufschlag von 10 % auf den (vermutlich) realisierbaren Wert der gesicherten Forderungen zuzüglich Zinsen macht. Für die daneben erforderliche Bewertung der Sicherungsgegenstände glaubte man dagegen keine festen Regeln aufstellen zu können. Informierte Vertragspartner werden heute also jedenfalls eine Deckungsgrenze vereinbaren, wobei eine Übersicherung noch nicht anzunehmen sein wird, wenn ein Zuschlag von 30 bis 40 % auf den Nennwert der abgetretenen Forderungen gemacht wird[78].

1241 Erlischt die gesicherte Forderung zur Gänze, wäre infolge fehlenden Sicherungsbedürfnisses auch ihr **automatisches Zurückfallen** an den Zedenten, also ohne neuerliche (Rück-)Übertragungsabrede, denkbar. Das widerspräche allerdings der Abstraktheit der Abtretung als Verfügungsgeschäft (Rn 1211)[79]. Eine Lösung könnte darin bestehen, dass die Sicherungszession iS des § 158 Abs. 2 auflösend bedingt vereinbart wird, wobei die Bedingung in der Tilgung der gesicherten Forderung liegt. Eine ausdrückliche Bedingung dieses Inhalts findet sich in der Praxis allerdings regelmäßig nicht. Und die Annahme einer derartigen Abrede durch schlüssiges Verhalten widerspräche in vielen Fällen den Parteiinteressen; so etwa des Kreditnehmers und Sicherungszedenten, der einen ganz oder teilweise zurückgeführten Kontokorrent-Kredit auch wieder unbürokratisch in Anspruch nehmen möchte, ohne neuerliche Abtretungen zu vereinbaren. Für den voll zurückgeführten Einmalkredit sieht die Interessenlage zwar anders aus. Dennoch dürfte auch dort manches gegen die Annahme einer stillschweigend vereinbarten auflösenden Bedingung sprechen; man denke nur an den Streit darüber, ob voll zurückgeführt wurde.

---

76 BGHZ 137, 212; BGH NJW 1996, 847 ua; zur Thematik eingehend insb. *Canaris* ZIP 1986, 1577; *ders.* ZIP 1996, 1909; *Serick* NJW 1997, 1529; *Medicus* BB 1998, 801 ff; *Stürner* JZ 1998, 462 ff.
77 Im Einzelnen dazu *Rellermeyer* WM 1994, 1053 ff; *Ganter* WM 2001, 1 ff.
78 Zu dieser „Faustregel" gelangt man durch sinngemäße Anwendung des § 237 S. 1, wonach mit beweglichen Sachen nur in Höhe von zwei Drittel des Schätzwertes Sicherheit geleistet werden kann. Die Rechtsprechung hat erheblich höhere Zuschläge hingenommen, die in den betreffenden Fällen auch durch die praktische Entwicklung der Wertverhältnisse gerechtfertigt waren: siehe etwa BGHZ 98, 303, 316 f; BGH NJW-RR 1992, 884. Zum Problemkreis näher *Nobbe* FS Schimansky (2000) 433 ff. Zum generellen Problem der Übersicherung (dort insb. zur Sicherungsübereignung) siehe nur BGB-Sachenrecht[13] Rn 190 ff.
79 Zur Abstraktheit der Sicherungsabtretung Erman/*H. P. Westermann*, BGB[15], § 398 Rn 27 f.

3. Vorausabtretung und Bestimmbarkeit

Zusätzliche Fragen eher rechtstechnischer Art wirft die **Vorausabtretung** auf. Eine Abtretung künftiger Forderungen ist nämlich um der Rechtssicherheit willen nur möglich, wenn der Gegenstand der Zession hinreichend **bestimmbar** ist (vgl Rn 1219). Bei einer Mehrzahl von Forderungen kann dabei etwa auf die Art der Begründung (vertragliche Ansprüche oder alle Ansprüche aus der geschäftlichen Tätigkeit des Zedenten), den Kreis der Schuldner oder die Fälligkeitstermine abgestellt werden[80].

1242

> Im **Fall 73** wurden sämtliche Forderungen aus Lieferungen an Kunden im Bezirk Köln und Düsseldorf abgetreten. Das reicht auch für die Individualisierbarkeit erst künftig entstehender Ansprüche aus.

1243

Würde man verlangen, dass nur Forderungen abgetreten werden können, die bereits entstanden sind, so müssten die Parteien den Bestand an abgetretenen Forderungen regelmäßig durch neue Abtretungen ergänzen. Die globale Vorausabtretung führt hier zur Vereinfachung, da sie es erlaubt, durch eine vorweggenommene Einigung zu bestimmen, welche künftig entstehenden und unter die vereinbarten Kriterien fallenden Forderungen dem Sicherungsnehmer zufallen sollen. Auf der anderen Seite muss man allerdings auch sehen, dass die Abtretung künftiger Forderungen (ähnlich wie die vorweggenommene Sicherungsübereignung von Waren, die der Sicherungsgeber möglicherweise einmal erwerben wird) ein juristisches Konstrukt darstellt, das keine sichere Befriedigung des Sicherungsnehmers gewährleistet. Wiederum regiert das Motto: Besser eine ungewisse Sicherheit als gar keine.

Im Übrigen darf aus der Abtretbarkeit bestimmbarer künftiger Forderungen nicht geschlossen werden, schon mit der Abtretung erwachse dem Zessionar ein Recht. Wenn das künftige Recht nicht entsteht oder mit rückwirkender Kraft wegfällt (der Arbeitsvertrag, durch den die künftigen Lohnansprüche erworben werden sollten, wird gekündigt; der Liefervertrag des F mit dem Kaufhaus K im **Fall 73** wird aufgehoben), so hat der Zessionar selbstverständlich niemals etwas erworben. Kommt eine Forderung aber zustande, so entsteht sie sogleich beim Zessionar, ohne dass der Zedent noch in Gestalt eines sog „Durchgangserwerbs" vorübergehend berechtigt würde[81].

1244

4. Gültigkeitsschranken bei der Globalzession

Bedenken gegen eine Vorausabtretung können auch dann aufkommen, wenn sie alle Forderungen des Schuldners erfassen soll. Diese **Globalzession** wird vom Kreditgeber-Zessionar einerseits wegen der damit verbundenen weitreichenden Sicherung gewählt – auf die erfassten Forderungen können dann andere Gläubiger des Zedenten ja nicht mehr greifen –, andererseits aber auch wegen der eben angesprochenen Bestimmtheitserfordernisse: Diese Voraussetzung ist bei Abtretung aller (gegenwärtig

1245

---

80 IdS etwa RGZ 67, 167; BGHZ 19, 16; BGHZ 26, 188; aM *Schwerdtner* NJW 1974, 1785.
81 Das Problem des Durchgangserwerbs ist streitig und wenig durchsichtig. Seine praktische Relevanz zeigt sich meist erst in der Insolvenz des Zedenten. Näher *Medicus* JuS 1967, 385; Staudinger/*Busche*, BGB (2017) § 398 Rn 72 ff; Erman/*H. P. Westermann*, BGB[15], § 398 Rn 13.

und künftig zustehenden) Forderungen des Sicherungsgebers ja jedenfalls erfüllt. Eine derartige Vereinbarung, die insbesondere auch erst künftig entstehende Forderungen erfasst (sog **revolvierende Sicherheit**) wird häufig als notwendig angesehen, um einen über längere Zeit hinweg bestehenden (Kontokorrent-)Kredit, der in wechselnder Höhe in Anspruch genommen wird, abzudecken. Allerdings stellt sich aus der Sicht des Zedenten immer wieder die Frage, ob hierdurch nicht seine wirtschaftliche Bewegungsfreiheit in einer sittenwidrigen Weise (§ 138) beschnitten wird (**„Knebelung"**).

1246 Wenn im **Fall 73** F auch alle seine künftigen Forderungen an die B-Bank abgetreten hat, bleibt ihm kein Spielraum mehr, diese Forderungen an andere Kreditgeber, namentlich an die Lieferanten von Waren abzutreten, die nur gegen Barzahlung oder unter Eigentumsvorbehalt zu Lieferungen bereit sind und bei Kreditierung eine Sicherheit für den Fall der Weiterveräußerung der Ware verlangen. Die Rechtsprechung hat gegenüber einer umfassenden Zession aller gegenwärtigen und künftigen Rechte immer wieder Vorbehalte unter dem Gesichtspunkt der Sittenwidrigkeit[82], doch kommt es – wie immer beim Sittenwidrigkeitsurteil – auf den Einzelfall an.

1247 Fehlt es an einer Knebelung, also einer übermäßigen Beschränkung der wirtschaftlichen Bewegungsfreiheit des Zedenten, die nicht durch schutzwürdige Interessen des Sicherungszessionars gerechtfertigt ist, so ist die Globalzession grundsätzlich wirksam. Es kann allerdings sein, dass sich unter einem anderen Gesichtspunkt Bedenken gegen die Gültigkeit der Abtretung ergeben. Dabei geht es um die gegenläufigen **Interessen anderer (künftiger) Gläubiger** des Zedenten, namentlich von Warenverkäufern. Die Vorausabtretung aller – auch noch gar nicht existierender – Forderungen, könnte nämlich die Rechte solcher Lieferanten, die unter **verlängertem Eigentumsvorbehalt** (vgl Rn 1235) Waren an den Sicherungsgeber geliefert haben, nachhaltig beeinträchtigen. Wäre die vorher vereinbarte Globalzession voll wirksam, ginge die spätere Vereinbarung eines verlängerten Eigentumsvorbehalts, die eben auch eine Vorausabtretung beinhaltet, ins Leere, da der Zedent über die betroffenen Forderungen (aus der geplanten Weiterveräußerung der erworbenen Ware) gar nicht mehr verfügungsbefugt ist. Somit tritt das Problem der **Kollision** von verlängertem Eigentumsvorbehalt als einer wichtigen Form der Sicherung eines **Lieferantenkredits** und der globalen Vorausabtretung von Kundenforderungen als einer Form der Sicherung eines **Geldkredits** auf; es muss entschieden werden, welche Abtretung den Vorrang hat. Die Frage hat erhebliche praktische Bedeutung, die bis in die wirtschaftspolitische Betrachtung des Fragenkreises hineinreicht, weil die Unternehmen (wie der Fabrikant F in **Fall 73**) meist auf Lieferanten- wie Geldkredit angewiesen sind und in der Insolvenz des Zedenten/Sicherungsgebers immer wieder die Interessen der verschiedenen Sicherungsnehmer aufeinander stoßen. Hier sei auf diese Problematik bloß hingewiesen, da sie in einem anderen Band der Schwerpunkte-Reihe ausführlich behandelt wird[83].

---

82 BGHZ 30, 149; BGH NJW 1998, 2047; NJW 1999, 940.
83 Zu den Lösungsmöglichkeiten BGB-Sachenrecht[13] Rn 193 ff.

IV. Klausurgliederung Fall 73

I. Anspruch der B-Bank gegen E

1. Die Bank kann nur aus abgetretenem Recht gegen K vorgehen. Die Forderung könnte sie durch Abtretung von F erworben haben. Diese Abtretung müsste auch gegenüber dem Insolvenzverwalter des F wirken.

2. Der Gegenstand der Abtretung ist genügend bestimmt, die Forderung gegen F (Kunde aus dem Bezirk Düsseldorf) ist davon erfasst. Bedenken gegen die Abtretung ergeben sich auch nicht aus dem Umstand, dass E möglicherweise keine Mitteilung von der Zession erhalten hat, denn einer solchen Mitteilung an den Schuldner bedarf es nicht.

3. Auch eine Nichtigkeit der Zession wegen Sittenverstoßes ist nicht anzunehmen.

a) Das Fehlen einer Freigabeklausel schadet nicht.

b) Es liegen keine Anhaltspunkte dafür vor, dass F durch den Verlust der Forderungen aus Lieferungen lediglich in den Raum Köln-Düsseldorf in seiner wirtschaftlichen Bewegungsfreiheit anstößig beschränkt wurde.

4. Hat E tatsächlich (noch) ohne Kenntnis von der Abtretung an F gezahlt, wurde er von seiner Schuld frei, was auch gegenüber der B-Bank wirkt (§ 407 Abs. 1). Gegenteiliges, nämlich Kenntnis des E von der Abtretung, müsste die B-Bank beweisen.

II. Anspruch der B-Bank gegen Z

1. Hinsichtlich der Gültigkeit der Abtretung und des Forderungserwerbs der Bank gilt das unter I. Gesagte.

2. Z kann aber mit einer ihm gegenüber F zustehenden Forderung auch der Bank gegenüber aufrechnen, wenn er seine Forderung vor Kenntnis von der Abtretung erworben hat (§ 406; näher dazu Rn 1247 f).

III. Anspruch der B-Bank gegen K

1. Der Erwerb der gegen K bestehenden Forderungen durch B könnte an dem einem Abtretungsausschluss gleichwertigen Zustimmungserfordernis scheitern, das in den AGB von K enthalten ist (§ 399 Fall 2).

2. Da aber F und K Kaufleute iS des HGB sind, greift § 354a Abs. 1 HGB[84] ein, wonach die Vereinbarung eine Abtretung nicht hindert.

3. K könnte aber trotz Kenntnis von der Abtretung an den Insolvenzverwalter des Zedenten F zahlen. Geschieht dies, geht B's Anspruch gegen K wegen befreiender Zahlung an den Insolvenzverwalter, der die rechtliche Stelle des Altgläubigers einnimmt, unter (§ 354a Abs. 1 S. 2 HGB).

---

[84] Diese Norm ist auch bei vertraglich vereinbarter Bindung der Abtretung an die Zustimmung des Schuldners anwendbar: BGH WM 2005, 429.

§ 22 Schuldnerwechsel und Schuldnermehrheit

1249 **Fall 74:** Dr. K will sich als Zahnarzt niederlassen. Dr. V, der als Schularzt ins Beamtenverhältnis übernommen werden möchte, bietet ihm die Einrichtung seiner Praxis zum Kauf an und sorgt dafür, dass K auch in den Mietvertrag über die Praxisräume eintreten kann. Ferner vereinbaren K und V, dass K die Bankverbindungen des V weiterführen und insbesondere auch verpflichtet sein soll, einen von V bei der Bank B aufgenommenen Bankkredit zurückzuzahlen. Die Übernahme der Praxis geht zunächst reibungslos vonstatten. Als V allerdings B von der Übernahme der Verpflichtungen verständigt, erklärt diese, sie könne V nicht aus der Haftung entlassen.
Welche Verpflichtungen hat K? Kann er geltend machen, er habe den Kaufvertrag mit V wegen Täuschung über den Wert der zur Praxis gehörenden medizinischen Geräte angefochten?

1250 **Fall 75:** Der Juwelier J hat sein Schaufenster, in dem er vor Weihnachten einige besonders wertvolle Stücke ausgelegt hatte, durch eine Alarmanlage der A-GmbH sichern lassen. Dennoch ist in einer Nacht Schmuck im Wert von etwa 150.000,- € gestohlen worden, ohne dass die Alarmanlage funktionierte. Als Täter werden nach einiger Zeit D und G ermittelt, die die Beute versilbert und den Erlös fast ganz ausgegeben haben. J verlangt Ersatz von seiner Versicherung V, die ihn an A verweist und außerdem geltend macht, es sei unverantwortlich, Schmuck in diesem Wert nachts im Schaufenster liegen zu lassen. Wie ist die Rechtslage? **Lösung Rn 1318**

1251 **Fall 76:** Der Langzeitstudent G, der zurzeit in Rostock studiert, will zu Weihnachten in seine Heimatstadt Wien reisen. Da er aber im Moment nicht über das nötige Kleingeld für ein Bahnticket verfügt, beschließt er zu trampen. Nach einigen Stunden erfolglosen Wartens erklärt sich schließlich L, der mit seinem LKW gerade nach St. Pölten unterwegs ist, dazu bereit, G bis dorthin mitzunehmen. Allerdings stellt er eine Bedingung: G müsse schriftlich einwilligen, im Falle eines Unfalls keinerlei Forderungen an L zu stellen. G erklärt sich ohne langes Zögern dazu bereit und unterschreibt eine Erklärung dieses Inhalts. Als der – bereits in Rostock leicht übermüdete – L bei einem Autohof von der Autobahn abfährt um aufzutanken, übersieht er den mit überhöhter Geschwindigkeit von rechts herankommenden S und kollidiert mit dessen Wagen. G prallt bei dem Unfall gegen das Armaturenbrett und verletzt sich das Nasenbein. Da er zu allem Unglück wegen überlanger Studiendauer nicht sozialversichert ist, nimmt er S auf Zahlung von Schadensersatz (Heilungskosten und Schmerzensgeld) in der Höhe von 500,- € in Anspruch. Nach Rücksprache mit seiner Haftpflichtversicherung entschließt sich S, den Ersatz aus eigener Tasche zu leisten, um Prämiennachteile zu vermeiden. Nach Zahlung will er die Hälfte davon von L ersetzt haben, da dieser am Unfall mitschuldig gewesen sei. L beruft sich jedoch auf den mit G vereinbarten Haftungsausschluss. Rechte von S gegen L[1]?

I. Vorbemerkung

1252 Die Fälle machen verschiedene Aspekte eines im Rechtsleben verbreiteten Problems deutlich: nämlich der – möglichen – Personenmehrheit auf Schuldnerseite. Eine sol-

---
1 Dieser Fall ist BGHZ 12, 213 nachgebildet.

che **Schuldnermehrheit** kann durch Vereinbarung oder allein auf Grund des Gesetzes entstehen. Nicht selten ist aber vorweg zu klären, ob und inwieweit wirklich mehrere für ein und dieselbe Schuld in Anspruch genommen werden können. Möglicherweise schuldet von vornherein nur einer oder hat der zweite den ersten Schuldner abgelöst **(Schuldnerwechsel)**. Wird die Mehrheit bejaht, ist in einem zweiten Schritt zu fragen, ob und inwieweit der zahlende Mitschuldner die Übrigen in **Regress** nehmen kann.

> Im **Fall 74** wäre an eine vertraglich begründete Schuldnermehrheit zu denken. Allerdings ist es wegen der ablehnenden Reaktion der B-Bank nicht sicher, ob K dennoch auch B gegenüber zur Kreditrückzahlung verpflichtet sein soll: Geplant war ja offenbar, dass K als Schuldner an die Stelle von V tritt. Im **Fall 75** haben D und G gemeinsam eine unerlaubte Handlung begangen; daher muss jeder für den ganzen Schaden aufkommen (§ 830). Die Ersatzpflicht der Versicherung hat ihre Grundlage im Versicherungsvertrag. Ein wieder anders gearteter vertraglicher Anspruch könnte gegen A bestehen. Da J seinen Schaden im Ergebnis nur einmal ersetzt bekommen darf, fragt sich, an welchen der verschiedenen möglichen Schuldner er sich halten und ob der in Anspruch Genommene von den anderen einen Ausgleich verlangen kann.

1253

II. Schuldübernahme[2]

1. Begriff

Tritt ein neuer Schuldner **an die Stelle** des alten, liegt eine **Schuldübernahme** vor (§§ 414 f); dies im Gegensatz zum Schuld**beitritt** (Schuld*mit*übernahme; dazu Rn 1268 ff) oder zur – schon ursprünglichen – **Mit**schuld. Diese Terminologie ist anderen Begriffsbildungen vorzuziehen; so der Unterscheidung von befreiender („privativer") und kumulativer Schuldübernahme. Der vollständige Schuldnerwechsel stellt in gewisser Weise das Gegenstück zur Abtretung dar. Im Regelfall erfolgt die Übernahme durch Rechtsgeschäft. Häufig ist das Geschäft mit einer Rechtsnachfolge in eine Forderung oder in eine vollständige Vertragsposition gekoppelt.

1254

> Im **Fall 74** möchte K, wenn er in den Mietvertrag „eintritt", das Recht auf Gebrauchsüberlassung (§ 535) erwerben und ist dann auch bereit, die Pflicht zur Mietzahlung zu übernehmen[3]. An eine reine Schuldübernahme denken K und V dagegen im Hinblick auf die Pflicht

1255

---

2 Dazu etwa *Nörr/Scheyhing/Pöggeler*, Sukzessionen², 222 ff; *Redick*, Haftungsbegründung und Schuldbefreiung bei §§ 415, 416 BGB (1991).
3 Das BGB regelt Abtretung und Schuldübernahme ganz überwiegend nur in Bezug auf einzelne Forderungen. Die darüberhinausgehende Übernahme der Stellung als Vertragspartei kommt aber ebenfalls in Betracht, vor allem bei vertraglichen Dauerschuldverhältnissen. Hier spricht man von *Vertragsübernahme*, für die mangels abweichender gesetzlicher Regelung die Einigung aller drei beteiligten Parteien nötig ist. Gesetzliche Beispiele (mit Abweichungen vom Grundsatz der Dreiparteieneinigung) bieten etwa § 566 (Erwerb einer vermieteten Sache) und § 613a (Arbeitsverträge nach Betriebsübergang). Vgl allgemein zum Ganzen BGHZ 95, 88, 94; BGH NJW-RR 2012, 741; *Pieper*, Vertragsübernahme und Vertragsbeitritt (1963); *Wagner* JuS 1997, 690. Speziell zum Mietrecht *Derleder/Bartels* JZ 1997, 981; zum Arbeitsrecht EuGH ZIP 1994, 1036 („Christel Schmidt"); *Louven* JuS 1995, 677; zum Verbraucherdarlehen nach den §§ 491–504 (vormals: VerbrKrG) BGHZ 129, 375; *Ulmer/Masuch* JZ 1997, 654.

> zur Rückzahlung des Darlehens. Hier taucht aber angesichts des Protests der Bank die Frage auf, ob die Schuldübernahme der Mitwirkung des Gläubigers bedarf.

In der **Terminologie** des Gesetzes ist der bisherige bzw Alt-Schuldner schlicht der „Schuldner"; der Übernahmewillige bzw Neuschuldner wird als „Dritter" bezeichnet.

2. Voraussetzungen

1256   Bei den **Voraussetzungen der Schuldübernahme** hält sich das Gesetz streng an den Grundsatz der Unwirksamkeit von Verträgen zulasten Dritter. Dem Gläubiger kann also gegen seinen Willen kein anderer – möglicherweise weniger solventer und/oder zuverlässiger – Schuldner „untergeschoben" werden (§ 415 Abs. 1). Zugleich bleiben aber auch die Interessen des die Verbindlichkeit übernehmenden Neuschuldners gewahrt (§ 415 Abs. 2).

1257   Die Schuldübernahme ist in **zwei Arten** denkbar: Vertrag zwischen Gläubiger und Neuschuldner (§ 414) und Vertrag zwischen Schuldner und Übernehmer. Im zweiten, praktisch bedeutsameren Fall bedarf es einer zusätzlichen **Genehmigung** durch den Gläubiger (§ 415)[4]. Eine Form ist grundsätzlich nicht vorgeschrieben[5]. An die Annahme einer konkludenten Zustimmung sind nach der Rechtsprechung aber strenge Anforderungen zu stellen[6]. Die Genehmigung steht im Belieben des Gläubigers, der sich überlegen wird, ob der Schuldnerwechsel für ihn günstig ist, ob er durch seine Weigerung erreichen kann, dass der Dritte sich zum Schuldbeitritt entschließt, oder ob bei einer Weigerung Gefahr besteht, dass der Übernehmer „abspringt". Gemäß § 415 Abs. 2 S. 2 kann die Entscheidung des Gläubigers jedoch durch Setzen einer Frist zur Erklärung über die Genehmigung beschleunigt werden.

---

4   Zulässig ist auch die vorausgehende Einwilligung (§ 183) des Gläubigers (BGH NJW-RR 1996, 193, 194); dann bedarf es natürlich auch keiner gesonderten Mitteilung an ihn.
5   Unterliegt die Begründung der Verpflichtung allerdings einer Formvorschrift, so ist diese auch bei Übernahme der Verpflichtung zu beachten: BGH NJW 1996, 2503, 2504.
6   BGH NJW 1983, 678. Konkludente Einigung zwischen Alt- und Neuschuldner sowie – gesonderte – konkludente Genehmigung des Schuldnerwechsels durch den Gläubiger hinsichtlich eines Energielieferungsvertrages bejaht etwa OLG Hamm ZWE 2010, 223.

SÜ durch Schuldnervertrag

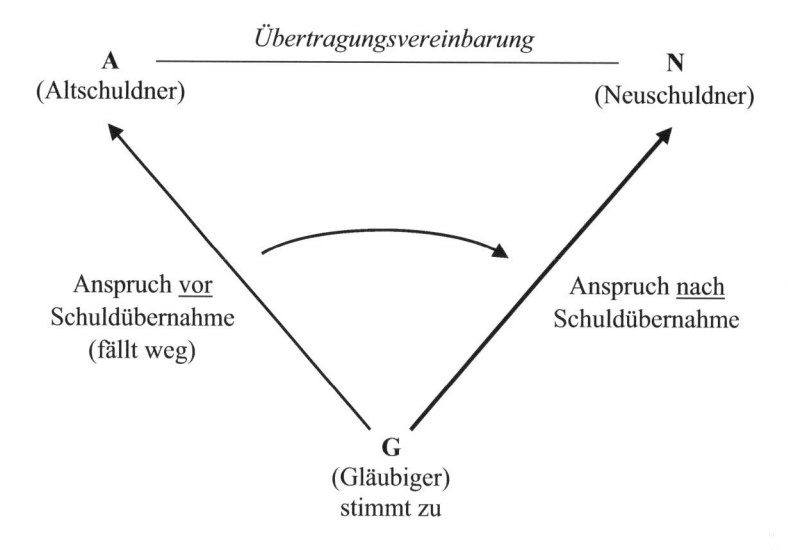

1258

A (Altschuldner) —— *Übertragungsvereinbarung* —— N (Neuschuldner)

Anspruch vor Schuldübernahme (fällt weg)

Anspruch nach Schuldübernahme

G (Gläubiger) stimmt zu

SÜ durch Gläubigervertrag

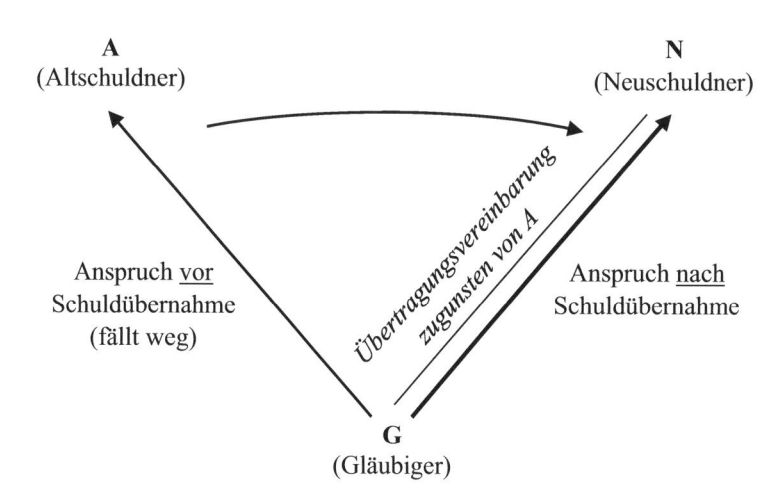

A (Altschuldner) — N (Neuschuldner)

Anspruch vor Schuldübernahme (fällt weg)

Übertragungsvereinbarung zugunsten von A

Anspruch nach Schuldübernahme

G (Gläubiger)

In § 414 ist von einem Mitwirkungserfordernis des (Alt-)Schuldners bei der vom Gläubiger mit dem Neuschuldner vereinbarten Schuldübernahme keine Rede. Hier könnte man ein Zurückweisungsrecht des (Alt-)Schuldners analog § 333 (dazu schon Rn 1138) mit dem Argument befürworten, dieser müsse sich die durch das Geschäft für ihn eintretende Schuldbefreiung nicht aufdrängen lassen. Damit wäre sichergestellt, dass die befreiende Schuldübernahme stets im Einverständnis der drei Beteilig-

1259

ten erfolgt. Wie sich aus einem Vergleich von § 414 mit § 415 ergibt, ist Derartiges den Gesetzesverfassern vermutlich nicht vorgeschwebt. Daher wird von vielen ein solches Zurückweisungsrecht abgelehnt[7]. Die fehlende Erwähnung in § 414 wiegt allerdings schon deshalb nicht so schwer, weil die Gläubigerzustimmung natürlich von ganz anderem Kaliber ist und der befreite Schuldner regelmäßig sehr einverstanden sein wird. Ein automatischer Umkehrschluss – bei § 414 schadet auch kein Altschuldnerwiderspruch – ist daher nicht gerechtfertigt; das Problem könnte auch übersehen worden sein. Was schließlich den Hinweis auf § 267 Abs. 1 S. 2[8] anbelangt, der eine Drittzahlung ausdrücklich auch ohne Einwilligung des Drittzahlers zulässt, so ist darauf hinzuweisen, dass diese Lösung dort durch massive Gläubigerinteressen gerechtfertigt ist und der Schuldner überdies regelmäßig gerade nicht befreit wird, da der Drittzahler gegen ihn Rückgriff nehmen kann (zB nach dem Recht der Geschäftsführung ohne Auftrag oder nach Bereicherungsrecht)[9]. Zu einem vergleichbaren Ergebnis könnte man wohl auch über eine analoge Anwendung der Vorschriften über die Gläubigergenehmigung bei reinem Schuldnervertrag (§ 415 Abs. 2) gelangen, was die Gesetzesverfasser aber offensichtlich nicht beabsichtigt hatten.

1260 Der praktische Anwendungsbereich des Schuldnerwechsels ist begrenzt, weil der Gläubiger damit oft nicht einverstanden sein wird und auch nur selten Anlass besteht, die Verbindlichkeiten eines anderen zu übernehmen. In **AGB**, die einen Kauf-, Dienst- oder Werklieferungsvertrag betreffen, kann sich der Verwender grundsätzlich nicht die Möglichkeit ausbedingen, ohne Zustimmung des Kunden seine Verpflichtung auf andere zu übertragen (es sei denn, der Dritte wird namentlich bezeichnet oder dem anderen Vertragsteil wird für diesen Fall ein vertragliches Rücktrittsrecht eingeräumt; § 309 Nr 10). Eine befreiende Schuldübernahme kommt vor, wenn – wie in **Fall 74** – ein Geschäftsbetrieb oder die Praxis eines freiberuflich Tätigen mit Aktiven und Passiven übergehen soll[10]. Ein anderes Beispiel, dessen rechtliche Problematik indessen hauptsächlich im Hypothekenrecht liegt, ist die Übernahme einer hypothekarisch gesicherten Verpflichtung beim Erwerb eines Grundstücks (hier fingiert § 416 eine Genehmigung, wenn sie der Gläubiger nicht innerhalb von 6 Monaten nach Mitteilung durch den Veräußerer diesem gegenüber verweigert). Schließlich tritt gemäß § 566 Abs. 1 der Erwerber eines Grundstücks an Stelle des Veräußerers in ein bestehendes Mietverhältnis ein. Dies ist ein seltener Fall gesetzlich angeordneter **Vertragsübernahme**: Der Erwerber wird Vermieter. Die Übernahme ist allerdings keine vollständige: Abs. 2 dieser Vorschrift lässt eine Einstandspflicht des Veräußerers für Verletzungen des Mietvertrages in der Form einer selbstschuldnerischen Bürgenhaftung fortbestehen. Diese Haftung endet allerdings dann, wenn der Vermieter dem Mieter Mitteilung von der Veräußerung gemacht hat und der Mieter den Vertrag nicht zum nächstmöglichen Termin kündigt.

3. Rechtsfolgen

1261 Durch eine nach § 414 oder § 415 wirksame Schuldübernahme tritt der neue in die Stellung des bisherigen Schuldners ein. Der alte scheidet hingegen aus seiner Position

---

7 *Dörner*, Dynamische Relativität (1985) 131; MünchKomm/*Heinemeyer*, BGB[8], § 414 Rn 6; *Nörr/Scheyhing/Pöggeler*, Sukzessionen[2], 239; *Medicus/Lorenz*, SR AT[21], Rn 57.
8 *Medicus/Lorenz*, SR AT[21], Rn 57.
9 Siehe nur Jauernig/*Stadler*, BGB[17], § 267 Rn 11.
10 Für die Übertragung eines „Handelsgeschäfts" enthält § 25 HGB eine Sonderregelung (dazu kurz Rn 1277).

als Schuldner vollständig aus[11]. Es handelt sich um einen Fall der **Rechtsnachfolge**[12]. Sie beruht regelmäßig auf dem zwischen den Parteien des Übernahmevertrages bestehenden Rechtsverhältnis: Im Falle des § 415 verpflichtet sich der Übernehmer etwa deshalb dem Altschuldner gegenüber, ihn von seiner Schuld zu befreien, weil der übernommene Betrag auf seine eigenen Verpflichtungen gegenüber dem Altschuldner angerechnet wird.

So wäre im **Fall 74** der Kaufpreis entsprechend höher festgesetzt worden, wenn K die Verpflichtung zur Rückzahlung des Darlehens nicht übernommen hätte. | 1262

Diese Verknüpfung ist aber eine rein wirtschaftliche. Rechtlich gesehen ist die Schuldübernahme selbst vom Grundverhältnis getrennt **(Abstraktionsprinzip)**[13]. Deswegen kann der Übernehmer dem Gläubiger Einwände aus dem Grundverhältnis zum Altschuldner nicht entgegenhalten (§ 417 Abs. 2)[14]. Der Übernehmer kann sich dem Gläubiger (im **Fall 74** der Bank) gegenüber also nicht darauf berufen, er sei auf Grund seines Verhältnisses zum Altschuldner zur Übernahme der Verbindlichkeit gar nicht verpflichtet gewesen. Das muss er allein mit dem Altschuldner ausmachen. Dabei ist die rechtsgrundlose Befreiung von einer Verbindlichkeit selbstverständlich ein Fall ungerechtfertigter Bereicherung. Anderseits folgt aus der Konstruktion als Rechtsnachfolge die Befugnis des Übernehmers, dem Gläubiger alle diejenigen **Einwendungen** entgegenzuhalten, die auch dem Altschuldner zustanden (§ 417 Abs. 1), im **Fall 74** also etwa die Einrede einer Stundung der Darlehenssumme. Mit einer Forderung des Altschuldners gegen den Gläubiger kann er allerdings nicht aufrechnen (§ 417 Abs. 1 S. 2), da ihm die Forderungszuständigkeit fehlt (zum Gegenseitigkeitsprinzip Rn 1350). Auf **Mängel der Schuldübernahme** selbst kann sich der als Übernehmer Belangte hingegen immer berufen: Ist die Schuldübernahme unwirksam, so wurde er eben gar nicht Schuldner. Ferner kann er alle Einwendungen aus eigenem Recht gegen den Gläubiger erheben, zB mit einer eigenen Forderung aufrechnen oder sich auf einen ihm selbst gewährten Teilerlass stützen. | 1263

Praktisch wichtig ist die Frage, ob der Übernehmer, der durch eine arglistige Täuschung seitens des Altschuldners zu den mit diesem getroffenen Vereinbarungen veranlasst wurde, auch die eigentliche Schuldübernahme anfechten kann (so ein Einwand des K in **Fall 74**). Wenn nur der Altschuldner Empfänger der Übernahmeerklärung ist, macht eine Täuschung durch ihn die Erklärung anfechtbar. Der Gläubiger kann sich dann nicht darauf berufen, er brauche sich die vom Schuldner als von einem Dritten verübte Täuschung gemäß § 123 Abs. 2 mangels Kenntnis hiervon nicht entgegenhalten zu lassen. Anders wäre dann insoweit die vom Übernehmer direkt mit dem Gläubiger getroffene Abmachung zu beurteilen. | 1264

---

11 Vgl dazu nur BGH IBR 2003, 1070: Zahlung des ehemaligen Schuldners wirkt grundsätzlich nicht schuldbefreiend.
12 Allerdings nicht im „technischen" Sinn der §§ 265, 325, 727 ZPO: BGHZ 61, 140, 141; Münch-Komm/*Heinemeyer*, BGB[8], § 414 Rn 7.
13 Vgl aber BGHZ 31, 321, 323, wonach Schuldübernahme gemäß § 415 mit dem Vertrag zwischen Alt- und Neuschuldner eine wirtschaftliche Einheit im Sinn des § 139 bilden können soll. Ablehnend MünchKomm/*Heinemeyer*, BGB[8], vor § 414 Rn 5; Palandt/*Grüneberg*, BGB[78], § 415 Rn 2.
14 Aus der Schuldübernahme soll sich aber nach der Rechtsprechung die Nebenpflicht des Gläubigers ergeben können, das Innenverhältnis zwischen Alt- und Neuschuldner zu berücksichtigen: BGH NJW-RR 1990, 812.

> Ein so erheblicher Unterschied zwischen den wirtschaftlich gleichwertigen Formen der
> Schuldübernahme leuchtet aber nicht ein: Deshalb sollte man in jedem Fall – analog § 123
> Abs. 2 S. 2[15] – darauf abstellen, ob der Gläubiger die Täuschung kannte bzw kennen musste
> oder nicht[16].

4. Schicksal von Sicherheiten

1265 § 418 regelt das **Schicksal von Sicherheiten**, die von Dritten für die übernommene Schuld bestellt wurden: Willigt der Sicherungsgeber nicht in den Fortbestand der Sicherheit ein[17], so erlöschen Bürgschaften und Pfandrechte; für Hypotheken fingiert das Gesetz einen Verzicht des Gläubigers (Rechtsfolge: Erwerb durch den Eigentümer, § 1168)[18]. Damit werden die Interessen des Sicherungsgebers hinreichend gewahrt, da ihm – ebenso wie dem Gläubiger – kein zahlungsschwächerer Hauptschuldner „untergeschoben" werden kann. Das hat sowohl für die Frage der Zahlungswahrscheinlichkeit durch den Hauptschuldner selbst (Primärinteresse des Sicherungsgebers!) als auch für den Fall der Nichtzahlung im Regress große Bedeutung.

5. Genehmigungsverweigerung

1266 Nicht selten wird der Gläubiger etwas gegen die Schuldübernahme einzuwenden haben, da er seinen bisherigen, ihm uU gut bekannten, Schuldner nicht verlieren will. Es kommt zur **Verweigerung der Genehmigung**. Dann treten keine Rechtswirkungen gegenüber dem Gläubiger ein (§ 415 Abs. 2 S. 1), ohne dass jedoch die Abrede zwischen Schuldner und Übernehmer ganz ohne Folgen bliebe. Vielmehr ist der Übernehmer „im Zweifel" – dh mit der Möglichkeit anderer Auslegung – verpflichtet, den Gläubiger zu befriedigen (§ 415 Abs. 3 S. 1). Er muss also zumindest den Versuch machen, als Dritter gemäß § 267 die Schuld zu tilgen. Der Gläubiger erwirbt hieraus aber keine eigenen Forderungsrechte gegen den „Übernehmer"; vielmehr handelt es sich um eine reine **Erfüllungsübernahme** iS des § 329 und nicht um einen echten Vertrag zugunsten Dritter nach § 328 (dazu Rn 1143).

1267 In **Fall 74** stellt sich dies wie folgt dar. Dass die Bank erklärt hatte, sie wolle V nicht aus der Haftung entlassen, muss als Verweigerung der Genehmigung gewertet werden. Die Bank muss sich also an V halten und hat gegen K keinerlei Ansprüche. (Deswegen wird sie häufig darauf hinwirken, dass K der Schuld *beitritt*; dazu sofort Rn 1268 ff). Dagegen kann V von K verlangen, dass er entsprechend den getroffenen Abreden an die Bank leistet, die eingehende Zahlungen kaum zurückweisen wird; schon deshalb nicht, weil ihr e contrario § 267 Abs. 2 in solchen Fällen (Schuldner ist mit Drittzahlung einverstanden) kein Ablehnungs-

---

15 Dazu ausführlich *Heckelmann*, Die Anfechtbarkeit von Schuldübernahmen (1966) 90, 101 ff.
16 In diesem Sinn ein Teil des Schrifttums: etwa *Fikentscher/Heinemann*, SR[11], Rn 755; *Esser/ E. Schmidt*, SR I/2[8], 320; Staudinger/*Rieble*, BGB (2017) § 417 Rn 8. Anders BGHZ 31, 321, 327; *Larenz*, SR I[14], 607; *Nörr/Scheyhing/Pöggeler*, Sukzessionen[2], 209; Palandt/*Grüneberg*, BGB[78], § 417 Rn 3.
17 Zu einem Fall konkludenter Genehmigung BGH NJW 2015, 2872.
18 Umstritten ist, ob § 418 auch – analog – auf gesetzliche Sicherheiten angewendet werden kann; bejahend MünchKomm/*Heinemeyer*, BGB[8], § 418 Rn 2; *Medicus/Lorenz*, SR AT[21], Rn 839; verneinend *Nörr/Scheyhing/Pöggeler*, Sukzessionen[2], 249.

recht zusteht. Da diese Verpflichtung des K aber nur „im Zweifel" besteht, kann K gegebenenfalls geltend machen, die Erfüllungsübernahme sei nicht vereinbart gewesen; etwa, weil für den Fall des Ausbleibens der Genehmigung eine besondere Vergütung für V vorgesehen gewesen sei. Insoweit ist also eine Auslegung des Grundgeschäfts zwischen K und V maßgebend.

III. Schuldbeitritt

1. Begriff

Der **Schuldbeitritt kraft entsprechender Vereinbarung**[19] ist im Gesetz nicht besonders vorgesehen. Er ist als privatautonomer Akt (§ 311 Abs. 1) gültig und muss in Anlehnung an die Regeln über die (befreiende) Schuldübernahme behandelt werden. Der Beitritt verschafft dem Gläubiger in der Person eines **zusätzlichen** Schuldners eine Sicherheit für die Einbringung seiner Forderung[20] und steht deshalb wirtschaftlich häufig in der Nähe anderer Personalsicherheiten wie der Bürgschaft. Grundsätzliche Bedenken gegen die Wirksamkeit einer solchen Vereinbarung bestehen nicht. Dies zeigt vor allem ein Vergleich zum Garantievertrag, der im Grundsatz ganz auf Akzessorietät verzichtet[21].

1268

1269

```
U                                            B
(Urschuldner)                        (Beitrittsschuldner)

            +                 Beitrittsvereinbarung

Forderung vor              Forderung nach
Schuldbeitritt             Schuldbeitritt
                           (zusätzlich)

                    G
              (Gläubiger)
```

---

19 Grundlegend *Reichel*, Schuldmitübernahme (1909); aus neuerer Zeit *Kittlitz*, Der vertragliche Schuldbeitritt (1994); *Madaus*, Der Schuldbeitritt als Personalsicherheit (2001); *Schürnbrand*, Der Schuldbeitritt zwischen Gesamtschuld und Akzessorietät (2003); *Edenfeld* JZ 1997, 1034; *Kohte* JZ 1990, 997.
20 Der Schuldbeitritt kann sich auch auf künftige Forderungen beziehen; diese müssen jedoch hinreichend bestimmt sein: BGH NJW 1996, 2865, 2866; NJW 1997, 452, 453.
21 Statt aller Staudinger/*Horn*, BGB (2012) Vorbem. zu §§ 765–778 Rn 213; *Bülow*, Recht der Kreditsicherheiten[9], Rn 1552.

1270 Ein Schuldbeitritt kann aus unterschiedlichen Gründen erfolgen[22]. Überragende Bedeutung hat heutzutage der *Sicherungszweck*: Der Beitritt eines Dritten soll dem Gläubiger – ähnlich einer Bürgschaft – zusätzliche Sicherheit verschaffen. Dieser **Sicherungs-Schuldbeitritt** steht im Vordergrund der folgenden Erwägungen. Daneben findet sich manchmal auch der **„Übernahme"-Schuldbeitritt**, wie er etwa bei Unternehmensveräußerungen vorkommt. Der Erwerber soll auch die Schulden des Veräußerers übernehmen. Stimmt der Gläubiger einer befreienden Schuldübernahme aber nicht zu, wird im Innenverhältnis nicht selten ein mit einer *Erfüllungsübernahme* kombinierter Schuldbeitritt vereinbart. In der zweiten Fallgruppe soll also der Beitrittsschuldner zahlen und mit der damit verbundenen Vermögenseinbuße endgültig belastet sein, während in den Sicherungsfällen die Zahlung des Beigetretenen einen Rückgriffsanspruch gegen den Erstschuldner auslöst.

2. Abgrenzung

1271 Die **Abgrenzung von anderen Verpflichtungen**, namentlich von der Bürgschaft[23], ist vor allem deshalb praktisch bedeutsam, weil die Rechtsprechung trotz heftiger Kritik der neueren Lehre[24] die analoge Anwendung des § 766 (Schriftformgebot) auf den Schuldbeitritt[25] generell ablehnt; also auch auf den nur zu Sicherungszwecken erklärten[26]. Zum Zweiten ist für den Schuldbeitritt die Akzessorietät – oder wie man diese zwingende Verbindung auch nennen will[27] – bloß auf den Begründungszeitpunkt zu beziehen; spätere Änderungen der Erstschuld („Urschuld") wirken sich für den Beigetretenen hingegen weder positiv noch negativ aus. Wollten die Parteien hingegen volle akzessorische Verknüpfung der Haftung mit der gesicherten Schuld, haben sie eine – falsch bezeichnete – **Bürgschaft** vereinbart. Nicht immer einfach ist schließlich auch die Unterscheidung zwischen bloßem Schuldbeitritt und Beteiligung als **Mitvertragspartner**[28]; so etwa beim Darlehensvertrag: Entscheidend ist, ob der Betreffende nach dem Willen aller Beteiligten bloß (zusätzlicher) Schuldner oder zugleich Mitgläubiger sein sollte.

---

22 Dazu etwa *Madaus*, Schuldbeitritt, 12 ff.
23 Vgl dazu *K. Schmidt* JuS 1986, 311; *Coester* JuS 1994, 370; *Madaus*, Schuldbeitritt, 84 ff; *Schürnbrand*, Schuldbeitritt, 166 ff. Zur Bürgschaft selbst Schuldrecht Besonderer Teil § 14; zur Garantie bereits kurz Rn 18/11 aE.
24 *Bydlinski* WM 1992, 1301, 1303; *Dehn* WM 1993, 2118; *Baumann* ZBB 1993, 171; *Rüßmann* FS Heinrichs (1998) 484 f; *Madaus*, Schuldbeitritt, 261 f; *Schürnbrand*, Schuldbeitritt, 57 ff: jeweils zum zwecks Kreditsicherung erklärten Schuldbeitritt.
25 Vergleichbar ist der Diskussionsstand bei der zu Sicherungszwecken übernommenen *Garantie*. Für Formfreiheit BGH WM 1964, 62. In der neueren Lehre wird immer wieder für eine analoge Anwendung des § 766 plädiert: *Koziol*, Der Garantievertrag (1981) 39 f; *Bydlinski*, Die Bürgschaft im österreichischen und deutschen Handels-, Gesellschafts- und Wertpapierrecht (1991), 45; *Larenz/Canaris*, SR II/2^{13}, 77 (mwN in Fn 29). Dafür spricht nicht zuletzt ein Vergleich mit den §§ 780 f.
26 Ständige Rechtsprechung seit RGZ 29, 230, 233; BGH NJW 1993, 584; vgl ferner die Nachweise bei Staudinger/*Horn*, BGB (2012) Vorbem. zu §§ 765–778 Rn 399 ff.
27 Gegen die Verwendung des Begriffs *Pöggeler* JA 2001, 65, 70, demzufolge die Gleichrangigkeit von (Ur-)Schuld und Beitrittsschuld Akzessorietät im üblichen Sinn ausschließt.
28 Dazu etwa BGH NJW 2005, 973. Zum *Vertragsbeitritt* (Eintritt in einen bereits bestehenden Vertrag als Mitvertragspartner) siehe etwa BGH NJW 2005, 2620 (konkludenter Eintritt in Mietvertrag des Ehegatten).

Andere Formvorschriften (beispielsweise § 311b Abs. 1) wendet die Rechtsprechung durchaus auf den Schuldbeitritt an, wenn schon die ursprüngliche Verpflichtung, der beigetreten werden soll, formbedürftig ist (BGH NJW 1991, 3098; vgl auch BGH WM 2007, 2370). Die Einhaltung einer Form soll jedoch dann nicht erforderlich sein, wenn die einschlägige Formvorschrift lediglich Beweiszwecken dient (BGHZ 121, 1 zu § 781 BGB). Nach der höchstrichterlichen Rechtsprechung soll der Schuldbeitritt eines Verbrauchers auch der Formvorschrift der §§ 492, 502 Abs. 1 unterliegen (BGH NJW 1996, 2156; NZG 2012, 478), und zwar – im Unterschied zu anderen Formvorschriften – sogar dann, wenn die Begründung der gesicherten Schuld formlos möglich war (BGH NJW 1997, 414). Der Anwendung der verbraucherrechtlichen Schutzbestimmungen der §§ 491–504 (vormals: VerbrKrG) auf Kreditsicherheiten steht jedoch der Wille des Gesetzgebers entgegen[29]. Die Problematik (wie schützt man den Verbraucher vor Übereilung?) ließe sich – methodisch überzeugender – durch einen Analogieschluss zu § 766 wesentlich entschärfen.

1272 Ob ein Schuldbeitritt oder eine andere, ähnliche Pflichtenübernahme (wie insbesondere eine selbstschuldnerische Bürgschaft) vorliegt, ist durch **Auslegung** zu ermitteln. Dabei ist zunächst vom Wortlaut der Vereinbarung auszugehen. Ist dieser unklar oder deuten wesentliche Indizien in eine andere Richtung, ist nach dem vermutlichen übereinstimmenden Willen der Beteiligten zu fragen. Ein Schuldbeitritt, bei dem der Beitretende die Schuld nicht nachrangig, sondern unmittelbar als eigene mit übernimmt, soll nach der Rechtsprechung dann vorliegen, wenn die Erklärung auf einen Willen zur Übernahme einer **selbstständigen Verpflichtung** – im Unterschied zu einer bloß an die Hauptschuld angelehnten Verpflichtung – schließen lässt[30]. Als wichtigstes Indiz dafür wird in der Regel ein eigenes wirtschaftliches oder rechtliches Interesse des Dritten, sich selbst zu verpflichten, angesehen[31]. Aber sehr häufig geht es auch bei der Bürgschaft darum, die Forderung aus eigenen Interessen zu sichern: Mit dem vom Ehemann oder Vater angestrebten Darlehen soll das gemeinsam bewohnte Haus renoviert, ein Familienauto angeschafft oder ein Unternehmen finanziert werden, von dessen Erträgen die Familie lebt. Der Hinweis auf ein eigenes Interesse des bisher Außenstehenden besagt also nicht viel; er wirft auch kaum lösbare Abgrenzungsfragen auf. Außerdem kann es auf Grund der Privatautonomie keinen Zweifel daran geben, dass die Parteien auch ohne wirtschaftliches Eigeninteresse des Dritten einen Schuldbeitritt oder trotz massiven wirtschaftlichen Eigeninteresses eine Bürgschaft vereinbaren können[32]. Schließlich sollte man nicht übersehen, dass es in der Praxis wohl meist der – wirtschaftlich überlegene – Gläubiger (in der Regel eine Bank) sein wird, der dem Dritten die Rechtsform für die Sicherung einer Schuld vorgibt und den Vertragstext nicht selten vorformuliert (vgl § 305c Abs. 2 und den dahinterstehenden Rechtsgedanken). Steht fest, dass es um Sicherung geht, wird man auch aus diesen Gründen in verbleibenden Zweifelsfällen wohl zu der vom Gesetz als

---

29 Vgl Beschlussempfehlung und Bericht des Rechtsausschusses, BT-Drs. 11/8274, S. 23. Hierzu auch *Auer* ZBB 1999, 161, 165 ff; *Bülow* ZIP 1999, 1613. Ein Fernabsatzvertrag ist der zu Sicherungszwecken erklärte Schuldbeitritt ebenfalls nicht: BGH ZIP 2016, 1640 = BeckRS 2016, 09148 mwN.
30 BGH NJW 1986, 580; OLG Hamm NJW 1988, 3022.
31 RGZ 64, 318; 71, 118; BGH NJW 1986, 580; OLG Düsseldorf BeckRS 2017, 153095; *Larenz*, SR I[14], 612; MünchKomm/*Heinemeyer*, BGB[8], vor § 414 Rn 21.
32 So auch *Coester* JuS 1994, 371.

"klassisch" angesehenen Art persönlicher Haftung für fremde Schuld, also zur Bürgschaft gelangen[33].

1273 Angenommen, in **Fall 74** drohte der Praxiskauf daran zu scheitern, dass die Bank mit Vollstreckungsmaßnahmen gegen V vorgehen wollte. Sie wäre zu weiterem Warten nur bereit, wenn K sich verpflichtete, für die Verbindlichkeiten des V einzutreten. Ein solches Versprechen könnte, da es ersichtlich auf eine eigenständige Verpflichtung des K ankam, als Schuldbeitritt gedeutet werden.

3. Rechtliche Behandlung

1274 Die **rechtliche Behandlung des Schuldbeitritts** im Einzelnen ist mangels klarer gesetzlicher Vorgaben schwierig. Da er deutlich anders strukturiert ist und mit ihm regelmäßig andere Zwecke verfolgt werden (Sicherung!), kommen Analogien zu den §§ 414 ff grundsätzlich nicht in Betracht. Primär einschlägig sind die **Gesamtschuldvorschriften** der §§ 421 ff.

Da das mit dem Genehmigungserfordernis in § 415 anerkannte Schutzbedürfnis des Gläubigers beim bloßen Hinzutreten eines Schuldners nicht besteht, kommen als Begründungstatbestände sowohl Abmachungen durch **„Gläubigervertrag"**, also zwischen Gläubiger und Beitrittsschuldner, als auch durch – drittbegünstigenden – **„Schuldnervertrag"** (entsprechend den §§ 415, 328) in Betracht. Eine Mitteilung an den Gläubiger ist danach zur Begründung des Schuldbeitritts entgegen der Rechtslage bei der befreienden Schuldübernahme nicht erforderlich. Auch beim Schuldnervertrag fällt das Forderungsrecht dem Gläubiger bereits mit Abschluss dieser Vereinbarung zu; dieser kann es jedoch gemäß § 333 zurückweisen (vgl dazu Rn 1138).

1275 Beim (häufigen) **Schuldbeitritt zu Sicherungszwecken** können manche Vorschriften und Wertungen des Bürgschaftsrechts fruchtbar gemacht werden. Man denke nur an die Obliegenheit des Gläubigers, die Stellung des Bürgen nicht durch die Aufgabe etwaiger sonstiger Sicherheiten zu verschlechtern. § 776 ordnet für diesen Fall an, dass der Bürge insoweit frei wird, als er (gemäß § 774) aus dem aufgegebenen Recht einen Ersatzanspruch erlangt hätte. Da bei dem einer Schuld interzessionshalber Beitretenden genau das gleiche – schützenswerte – Interesse gegeben ist, drängt sich eine analoge Anwendung dieser Norm förmlich auf. Die Gleichbehandlung zeigt sich etwa bei der Wirksamkeitskontrolle von Haftungsübernahmen durch vermögensschwache Familienangehörige in der Rechtsprechung des BGH ebenfalls ganz deutlich[34]. Als *Grundsatz* könnte formuliert werden: Bürgschaftsnormen, die auf Subsidiarität und (dauerhafter) Akzessorietät aufbauen (und daher bürgschaftsspezifisch sind), kommen als Analogiebasis nicht in Betracht, andere sehr wohl[35].

---

33 Staudinger/*Horn*, BGB (2012) Vorbem. zu §§ 765–778 Rn 407; *Bülow*, Recht der Kreditsicherheiten[9], Rn 1555. – Für ausnahmsweise *Umdeutung* eines unwirksamen Schuldbeitritts (zu einer öffentlich-rechtlichen Verpflichtung) in eine Bürgschaft BGH WM 2007, 2370.
34 Zu den Kriterien für eine Sittenwidrigkeitsprüfung vgl bloß zur Bürgschaft BGH NJW 2001, 2466; zum Schuldbeitritt BGH ZIP 2002, 123; NJW 2001, 815, jeweils mit zahlreichen Nachweisen.
35 Dazu insb. *Madaus*, Schuldbeitritt, 320 ff (zu den einzelnen Bürgschaftsnormen 322 ff).

4. Gesamtschuldverhältnis

Durch den Schuldbeitritt entsteht zwischen dem Erstschuldner und dem Beitretenden ein **Gesamtschuldverhältnis** im Sinne der §§ 421 ff[36]. Das ist vor allem dann von Bedeutung, wenn der Beigetretene den Gläubiger befriedigt, also für Fragen des internen Ausgleichs zwischen den Schuldnern. Doch schon bei der Belangung eines Schuldners stellt sich die Frage, ob der Gläubiger volle oder nur teilweise Befriedigung verlangen kann; dazu näher Rn 1301 ff und 1313 ff.

1276

5. Gesetzlicher Schuldbeitritt

Neben der bisher behandelten Schuldmitübernahme durch gesondertes Rechtsgeschäft gibt es auch einen **gesetzlichen Schuldbeitritt**. Beispiel dafür ist die sich an den Erwerb eines Handelsgeschäfts schon von Gesetzes wegen knüpfende, nur in Grenzen disponible Erwerber-Mithaftung für die Schulden des Veräußerers nach § 25 HGB.

1277

IV. Schuldnermehrheit und Gesamtschuldnerausgleich[37]

1. Erscheinungsformen der Schuldnermehrheit

Bisher wurde erörtert, wie auf der Schuldnerseite eines Schuldverhältnisses ein Personenwechsel stattfinden oder eine Personenmehrheit[38] zusammentreffen kann. Die **Schuldnermehrheit** tritt in zumindest **vier Erscheinungsformen** auf: Einerseits ist denkbar, dass jeder Schuldner nur einen Teil der Leistung zu erbringen hat (**Teilschuld**; § 420). Der Gläubiger kann dann von jedem Schuldner auch nur den auf diesen entfallenden Teil der Leistung verlangen. Eine derartige Gestaltung ist von vornherein bloß bei im natürlichen Sinn teilbaren Leistungen möglich (zB bei Geld, nicht hingegen bei Einzelsachen). Praktisch bedeutsamer und häufiger – sowie für den Gläubiger günstiger – ist aber der andere Fall, dass der Anspruchsberechtigte bis zu seiner vollständigen Befriedigung nach seinem freien Belieben von dem einen oder dem anderen fordern kann (§ 421). Leistet einer der Schuldner, so werden insoweit auch die anderen von ihrer Verbindlichkeit befreit (§ 422 Abs. 1). Auf das Innenverhältnis zwischen den Schuldnern braucht der Gläubiger bei seinem Vorgehen keine Rücksicht zu nehmen[39]. Räumt ihm das Gesetz oder eine vertragliche Abrede eine solche „Paschastellung"[40] ein, so spricht man von einer **Gesamtschuld**. Die §§ 421 ff

1278

---

36 So etwa *Bartels* JZ 2000, 608, 610, der von „Sicherungsgesamtschuld" spricht.
37 Ausführlich *Selb*, Mehrheiten von Gläubigern und Schuldnern (1984); *Ehmann*, Die Gesamtschuld (1972); ferner *Wolf/Niederführ* JA 1985, 369; *Preißer* JuS 1987, 208, 289, 628, 710, 797, 961; *Schreiber* Jura 1989, 353; *Zerres* Jura 2008, 726; zum Ausgleich auch *Wendehorst* Jura 2004, 505, 507 (mit Beispielen).
38 Nicht behandelt werden die verschiedenen Formen einer *Gläubigermehrheit* (siehe etwa die §§ 428, 432); schon deshalb nicht, weil der gesetzlich bedeutsamste Fall der gemeinschaftlichen Berechtigung direkt mit der Gesamthandgemeinschaft und damit dem Gesellschaftsrecht zusammenhängt. Übersicht über die Probleme der Gläubigermehrheit bei *Medicus* JuS 1980, 697; *Rütten*, Mehrheit von Gläubigern (1989).
39 BGH NJW 1991, 1289.
40 Dieser plastische Ausdruck stammt von *Heck*, Grundriss des Schuldrechts (1929, 3. Neudruck 1994) 234.

regeln das Verhältnis des Gläubigers zu den verschiedenen Gesamtschuldnern sowie die Beziehungen der Schuldner untereinander. Diese wichtige Form wird im Zentrum der folgenden Erörterung stehen. Für sie ist vor allem charakteristisch[41], dass mehrere Verpflichtungen *ein einziges Leistungsinteresse des Gläubigers* befriedigen sollen, weshalb der Gläubiger die Leistung daher nur einmal beanspruchen darf, aber frei wählen kann, welchen Schuldner er belangt. Unterschiedliche Rechtsgründe der Verpflichtungen (zB einmal Vertrag und einmal Schadensersatz) schaden nicht (näher Rn 1289 ff).

1279 Kommt es etwa in **Fall 75** der Versicherung zugute, wenn J der A-GmbH versprochen hatte, sie nicht in Anspruch zu nehmen? Kann die Versicherung, wenn sie den Schaden reguliert hat, bei A oder bei D und G Rückgriff nehmen?

Schließlich kommt drittens die **zwingend gemeinschaftliche Schuld** in Frage: Dabei kann die geschuldete Leistung nur von allen Schuldnern **gemeinsam** erbracht werden. Die vierte Form ist die **Gesamthandschuld** (zu diesen beiden Sonderformen Rn 1286 ff).

2. Teilbare Schulden

1280 Das Gesetz stellt für **teilbare** Schulden, also auch für die besonders wichtigen **Geldschulden**, in § 420 eine doppelte **Zweifelsregel** auf: Zum einen schuldet jeder nicht das Ganze, sondern nur einen Teil; zum Zweiten sind die Anteile aller Schuldner gleich groß. Die Vermutung bloßer Teilhaftung wird aber durch gegenteilige Einzelvorschriften weitgehend ausgehöhlt. So wird gerade für die gemeinsame **vertragliche** Schuldbegründung in § 427 eine gesonderte, gegenteilige Lösung von Zweifelsfällen erreicht. Als Gesamtschuldner haften auch die für ein und denselben Schaden deliktisch Verantwortlichen (§ 840).

3. Entstehung von Gesamtschuldverhältnissen

1281 Bezüglich der Entstehung von Gesamtschuldverhältnissen[42] werden regelmäßig **zwei Fallgruppen** unterschieden: Entstehung **durch Rechtsgeschäft** oder unmittelbar **aufgrund des Gesetzes**. Korrekterweise müsste wohl eine dritte Möglichkeit ergänzt werden, nämlich die Begründung einer Gesamtschuld *durch Hoheitsakt*. So kann etwa durch Bescheid eine öffentlich-rechtliche Verpflichtung (zB des Sozialhilfeträgers) entstehen, die zu einer bereits bestehenden privatrechtlichen Verpflichtung inhaltsgleich ist[43].

---

41 Eingehend zum Begriff der Gesamtschuld etwa MünchKomm/*Heinemeyer*, BGB[8], § 421 Rn 3 ff.
42 Ausführlich etwa MünchKomm/*Heinemeyer*, BGB[8], § 421 Rn 17 ff.
43 BGHZ 205, 260: Selbstverpflichtung des Sozialhilfeträgers durch Kostenübernahmebescheid gegenüber einem Pflegedienst, die neben die vertragliche Zahlungspflicht des Hilfeempfängers tritt. Ebenso MDR 2016, 872 = BeckRS 2016, 07170 (Beitritt zur Zahlungspflicht aus einem Schulvertrag über die Betreuung eines behinderten Kindes).

a) Gesamtschuldverhältnisse kraft vertraglicher Vereinbarung

Für die rechtsgeschäftliche Entstehung einer Gesamtschuld stellt die Auslegungsregel[44] des § 427 die zentrale Norm dar: Verpflichten sich mehrere Schuldner **durch Vertrag** gemeinschaftlich zu einer teilbaren Leistung, so sollen sie im Zweifel als Gesamtschuldner haften. Hierher gehören also die Fälle, in denen eine gesamtschuldnerische Haftung entweder vertraglich ausdrücklich vereinbart wird oder sich – allenfalls unter Zuhilfenahme des § 427 – durch Auslegung ermitteln lässt. Aus besonderen Umständen könnte sich aber auch ergeben, dass gerade keine Gesamtschuld gewollt war[45]. 1282

Beispiele: Die Ehegatten F und M schließen mit V einen Vertrag über die Miete eines Hauses und verpflichten sich gemeinschaftlich zur Zahlung des Mietzinses. A und B, die im selben Studentenwohnheim wohnen, steigen nach einer ausgedehnten Zechtour gemeinsam in ein Taxi. Gemäß § 427 ist der rechtsgeschäftliche Verpflichtungswille der jeweiligen Schuldner dahingehend auszulegen, dass ein Gesamtschuldverhältnis entstehen soll. Ein Beispiel für eine Auslegung des Parteiwillens in dem Sinn, dass gerade keine gesamtschuldnerische Haftung angestrebt war, ist die gemeinsame Beauftragung von Bauarbeiten an einem Haus durch mehrere Wohnungseigentümer: In diesem Fall haften die Werkbesteller lediglich im Verhältnis ihrer Miteigentumsanteile als Teilschuldner für die Zahlung des Werklohns[46].

b) Gesamtschuldverhältnisse kraft gesetzlicher Anordnung

In einer Reihe von Normen ordnet das *Gesetz* – teils ausdrücklich, teils der Sache nach – an, dass mehrere zu einer Leistung Verpflichtete als Gesamtschuldner haften sollen. Dabei kann sowohl der Abschluss bestimmter Rechtsgeschäfte als auch das Entstehen gesetzlicher Schuldverhältnisse zu einer gesamtschuldnerischen Haftung der jeweils Verpflichteten führen: 1283

Zur **ersten Fallgruppe** gehören beispielsweise § 54 S. 2 (Haftung mehrerer, die für einen nicht rechtsfähigen Verein auftreten), § 613a Abs. 2 (Haftung bei rechtsgeschäftlichem Betriebs[teil]übergang), § 769 (Haftung mehrerer Bürgen), § 1357 Abs. 1 S. 2 (Haftung des Ehegatten im Rahmen der Schlüsselgewalt), § 2382 Abs. 1 (Haftung beim Erbschaftskauf), § 25 Abs. 1 HGB (Haftung bei Firmenfortführung), § 78 Abs. 1 VVG (Doppelversicherung), Art 47 Abs. 1 WG (Haftung der Wechselschuldner). Auch Schuld- und Vertragsbeitritt sind – obwohl nicht ausdrücklich geregelt – am ehesten hier einzuordnen.

Allen diesen Fällen ist gemeinsam, dass ein (entweder zwischen den Schuldnern oder von einem der Schuldner mit dem Gläubiger geschlossenes) **Rechtsgeschäft** den Auslöser für die gesamtschuldnerische Haftung darstellt. Im Gegensatz zu den zuerst behandelten Fällen ist hier ein – auch gegebenenfalls durch Auslegung unter Zuhilfenahme des § 427 gewonnener – rechtsgeschäftlicher Wille der Verpflichteten, ein Gesamtschuldverhältnis zu begründen, jedoch nicht erforderlich. So werden etwa auch gesondert betraute Werkunternehmer, deren Fehler zu Mängeln geführt haben, die einer einheitlichen Beseitigung bedürfen, als Gesamtschuldner des Werkbestellers angesehen[47]. 1284

---

44 AA *Ehmann*, Die Gesamtschuld, 200 (die „offene Regelung" des § 427 soll als Dispositivvorschrift, nicht als Auslegungsregel zu verstehen sein).
45 *Schreiber* Jura 1989, 353 f.
46 BGHZ 75, 27; BGHZ 76, 86.
47 BGH NJW 2003, 2980 = JA 2004, 1 *(Jäckel)*. Im Ergebnis ebenso *Stamm* NJW 2003, 2940, der allerdings im vorliegenden Fall eine gestufte Haftung der Schuldner annimmt (zum Gleichstufigkeitskriterium siehe Rn 1293).

Für die **zweite Fallgruppe**, die keinerlei Rechtsgeschäft voraussetzt, hat die (deliktsrechtliche) Vorschrift des § 840 besondere Bedeutung: Wenn mehrere für den aus einer unerlaubten Handlung entstehenden Schaden verantwortlich sind, haften sie als Gesamtschuldner.

1285 Da D und G dem J im **Fall 75** gemeinschaftlich und schuldhaft durch Verletzung von dessen Eigentum einen Schaden zugefügt haben, ist gemäß den §§ 823 Abs. 1, 830 jeder der beiden für den gesamten Schaden verantwortlich. Das führt über § 840 zur Haftung als Gesamtschuldner. Nichts anderes gilt im Ergebnis – von der Freistellungserklärung einmal abgesehen – für die Ersatzpflicht von L und S im **Fall 76**, da nach § 840 eine Verantwortlichkeit „nebeneinander" ausreicht. Als Gesamtschuldner haften etwa auch die Bundesrepublik und der Träger der konkreten Beschäftigungsdienststelle, wenn der ihr zugeteilte Zivildiener Schaden stiftet[48].

Ferner gehört hierher die Haftung der Vorstandsmitglieder eines Vereins (§ 42 Abs. 2 S. 2), der Liquidatoren eines Vereins (§ 53), der Eltern (§ 1664 Abs. 2), des Vormundes und Gegenvormundes (§ 1833 Abs. 2 S. 1), der Testamentsvollstrecker (§ 2219 Abs. 2), der Vorstandsmitglieder einer AG (§ 93 Abs. 2 S. 1 AktG), der Geschäftsführer einer GmbH (§ 43 Abs. 2 GmbHG) sowie des Versicherers und des Versicherungsnehmers (§ 115 VVG).

In all diesen Fällen ist nicht die Vornahme eines Rechtsgeschäfts, sondern die Tatsache, dass der Tatbestand eines **gesetzlichen Schuldverhältnisses** bei mehreren Verpflichteten erfüllt ist, der gesetzliche Anknüpfungspunkt für eine gesamtschuldnerische Haftung.

4. Abgrenzung

1286 Auf **Abgrenzungsprobleme** wurde schon hingewiesen. Folgende beiden Rechtsfiguren sind von der eigentlichen Gesamtschuld zu unterscheiden:

a) Gemeinschaftliche Schuld und Gesamtschuld bei unteilbarer Leistung

1287 Die gemeinschaftliche Schuld ist dadurch gekennzeichnet, dass zwar mehrere eine Leistung schulden, diese jedoch nur von sämtlichen Schuldnern in gemeinschaftlichem Zusammenwirken erbracht werden kann.

Beispiel: Ein in der internationalen Fachwelt renommiertes Jazztrio (Pianist, Kontrabassist, Schlagzeuger) verpflichtet sich gegen hohe Gage zum Auftritt bei einem Jazzfestival. Erkrankt einer der Musiker kurzfristig, so sind die beiden anderen fraglos außer Stande, die geschuldete Leistung (Auftritt als Trio) zu erbringen. Selbst wenn es gelingen sollte, einen Ersatzmann aufzutreiben, mit dem ein passables Zusammenspiel möglich ist, so wird es dem Veranstalter ganz wesentlich auf den Auftritt des Trios in seiner Originalbesetzung ankommen. Die geschuldete Leistung kann daher nicht erbracht werden[49].

Auf den ersten Blick könnte man meinen, dass § 431 genau die hier erörterte Konstellation erfasst. Er spricht in seinem Tatbestand von einer **unteilbaren** Leistung, die **mehrere** schulden. Allerdings passt die Rechtsfolge nicht, die eine Haftung als Ge-

---
48 BGH NJW 2003, 348.
49 Zu den Rechtsfolgen der Vereinbarung einer gemeinschaftlichen Schuld *van Venrooy* JuS 1982, 93, 95.

samtschuldner iS der §§ 421 ff vorsieht. Daraus folgt, dass § 431 nur Fälle erfassen kann, in denen die Leistung von jedem der Schuldner auch allein erbracht werden kann⁵⁰. Die eigentlich gemeinschaftliche Schuld ist damit im Gesetz nicht eigens geregelt.

Beispiel zu § 431: Die allein erziehende junge M, die sich wieder einmal ins Nachtleben stürzen will, vereinbart – um Eifersüchteleien zu vermeiden – mit ihren beiden (bereits volljährigen) Nichten, dass diese gegen eine Belohnung von jeweils 15,– € während ihrer Abwesenheit auf ihr kleines Kind aufpassen sollen. Wenn den beiden jungen Damen plötzlich eine andere Abendgestaltung attraktiver erscheint und sie sich von ihrer Verpflichtung drücken wollen, so kann M – ganz nach ihrem Belieben – entweder von beiden oder nur von (irgend)einer allein verlangen, ihr Versprechen einzuhalten: Diese unteilbare Leistung – beide haben ja jeweils zugesagt, für den ganzen Abend zur Verfügung zu stehen – kann zum einen objektiv gesehen von jeder der beiden alleine erbracht werden und genügt zum anderen auch dem mit dem Vertrag verfolgten Zweck: M verpflichtete nicht deshalb beide Schwestern, um eine noch bessere Aufsicht zu bewirken, sondern lediglich, um möglichen Konflikten aus dem Weg zu gehen.

b) Gesamthandschuld

Von der Gesamtschuld unterscheidet sich auch die **Gesamthandschuld**⁵¹. Bei den sogenannten Gesamthandverhältnissen schulden die Gesamthänder aus dem Gesamthandvermögen (gleichsam als Sondervermögen) gemeinschaftlich die gesamte Leistung, haften daneben aber in der Regel auch mit ihrem eigenen Vermögen, und zwar meist als Gesamtschuldner (vgl etwa § 1437 Abs. 2, § 2058 BGB oder § 128 HGB), was insoweit ebenfalls zur Anwendbarkeit der §§ 421 ff führt. Vom Gesetz sind die folgenden Fälle – abschließend – normiert: BGB-Gesellschaft (§§ 718 ff), Offene Handelsgesellschaft (§§ 105 ff HGB), Kommanditgesellschaft (§§ 161 ff HGB), Gütergemeinschaft (§§ 1415 ff), fortgesetzte Gütergemeinschaft (§§ 1483 ff) und Erbengemeinschaft (§§ 2032 ff).

1288

5. Merkmale der Gesamtschuld

Abgesehen vom Bestreben einer Gläubigersicherung und der daraus folgenden gemeinschaftlichen Tilgung aller gegenüber dem Gläubiger bestehenden Verpflichtungen, konnte bisher noch **kein einheitliches Prinzip der Gesamtschuld** ausgemacht werden; das spricht dafür, dass ein solches auch nicht existiert. Deshalb fällt es schwer, den Anwendungsbereich der §§ 421 ff präzise zu bestimmen, soweit dieser Normenkomplex nicht unmittelbar durch Gesetz oder Vertrag für anwendbar erklärt wird. Es gibt zahlreiche Fälle, in denen ein und dasselbe Gläubigerinteresse von mehreren Schuldnern und aus unterschiedlichen rechtlichen Gesichtspunkten befriedigt werden muss, ohne dass eine durch Vertrag oder Gesetz angeordnete Tilgungsgemeinschaft iS der §§ 421, 422 bestünde⁵². Zu klären sind damit die prägenden **Charakteristika der Gesamtschuld**.

1289

---

50 Im Gegensatz zu § 427 stellt § 431 keine Auslegungsregel dar, sondern ist zwingendes Recht: Palandt/*Grüneberg*, BGB⁷⁸, § 431 Rn 1.
51 Zur Rechtsfigur der Gesamthand *Altenhofen* Jura 2018, 205.
52 Eine Ansicht im Schrifttum geht jedoch davon aus, dass § 421 keine Gesamtschuld voraussetzt, sondern deren Begründungstatbestand darstellt; vgl etwa *Ehmann*, Gesamtschuld, 116. Ausführlich *Boecken/von Sonntag* Jura 1997, 1, 3 ff.

1290 In welchem Verhältnis stehen zB die Verpflichtungen der Diebe, der A-GmbH und der V-Versicherung im **Fall 75**? Sind die Gesamtschuldregeln im Verhältnis zwischen einem Bauherrn als Gläubiger einerseits und dem gemäß den §§ 634 Nr 1, 635 bzw §§ 634 Nr 2, 637 zur Nacherfüllung bzw zu Mängelbeseitigung und Kostenersatz verpflichteten Unternehmer sowie dem gemäß den §§ 636, 280, 281 (uU iVm den §§ 283, 311a) zum Geldersatz verpflichteten Architekten als Schuldner andererseits anwendbar[53]?

Um vor allem im Hinblick auf die Regressprobleme zwischen Gesamtschuld (für die § 426 gilt) und anderen Schuldnermehrheiten abgrenzen zu können, werden mehrere – natürlich nicht ganz unumstritten – „ungeschriebene" Merkmale der Gesamtschuld diskutiert:

a) Identität des Gläubigerinteresses

1291 Anerkannte Grundvoraussetzung für das Vorliegen einer Gesamtschuld ist zunächst, dass mehrere Verpflichtete dieselbe Leistung schulden. Die rechtliche Qualifikation der einzelnen Leistungspflichten soll allerdings nicht entscheidend sein: Eine Pflicht zur **Befriedigung desselben Leistungsinteresses** des Gläubigers reicht anerkanntermaßen aus[54]. Nach überwiegender Ansicht schadet es nicht, wenn die Schulden nur in der Länge der *Verjährungsfrist* divergieren[55].

Ein Fall, in dem zwar Identität in Hinblick auf das Leistungsinteresse des Gläubigers, wohl aber nicht bezüglich des jeweiligen konkreten Leistungsinhalts vorlag, lag der Entscheidung BGHZ 43, 227 zu Grunde: Verpflichtung eines Bauunternehmers zur Mängelbeseitigung, Verpflichtung des Architekten zum Schadensersatz. Der BGH hat hier von „enger Verwandtschaft" aber „inhaltlicher Verschiedenheit", die jedoch „hart an der Grenze zur inhaltlichen Gleichheit (Identität)" liegt, gesprochen und das Vorliegen eines Gesamtschuldverhältnisses bejaht.

b) Zweckgemeinschaft?

1292 In der Vergangenheit wurde – insbesondere vom BGH – im Hinblick auf das Vorliegen eines Gesamtschuldverhältnisses in erster Linie auf das Vorliegen einer **„Zweckgemeinschaft"** zwischen den Verpflichteten abgestellt[56]. Die heute hM lehnt dieses Kriterium aber ab[57], da es je nach „Leseart" (von den Schuldnern oder vom Gesetz verfolgter Zweck) entweder bei den deliktischen Begründungstatbeständen versagt oder nichts anderes beschreibt als die Identität des Gläubigerinteresses[58]. Nach wie vor klingt der Zweckgemeinschaftsgedanke aber in einzelnen Entscheidungen an[59].

---

53 Vgl BGHZ 43, 227. Ausführlich zur Gesamtschuld im Bauwesen *Glöckner* BauR 2005, 251.
54 MünchKomm/*Heinemeyer*, BGB[8], § 421 Rn 5; Staudinger/*Looschelders*, BGB (2017) § 421 Rn 17; Soergel/*Gebauer*, BGB[13], § 421 Rn 18.
55 BGHZ 58, 216, 218 ff; MünchKomm/*Heinemeyer*, BGB[8], § 421 Rn 5; aA *Reinicke/Tiedtke*, Gesamtschuld und Schuldsicherung[2] (1988) 1, die anfänglich vollkommen identische Schulden verlangen.
56 BGHZ 13, 360, 365; BGHZ 59, 97, 99.
57 *Larenz*, SR I[14], 636 f; MünchKomm/*Heinemeyer*, BGB[8], § 421 Rn 11; *Fikentscher/Heinemann*, SR[11], Rn 774; Soergel/*Gebauer*, BGB[13], § 421 Rn 8 ua.
58 *Larenz*, SR I[14], 637.
59 Vgl etwa BGH NJW 1992, 2817, 2818.

c) Gleichstufigkeit

Heute wird von der hM die **Gleichstufigkeit der Verpflichtungen** als das wesentliche Charakteristikum der Gesamtschuld angesehen[60]. Diese ist dann nicht gegeben, wenn es nur einen primär Verpflichteten gibt und der andere – wenn er vom Gläubiger in Anspruch genommen wird – in gewisser Weise nur „vorläufig" zur Leistung verpflichtet sein soll[61]. Natürlich weist auch dieses Kriterium im Randbereich Unschärfen auf. Und auch insofern kann man sich der Abgrenzung leichter auf „negativem Wege" nähern. So scheidet Gleichstufigkeit jedenfalls aus, wenn das Gesetz an die Zahlung durch einen bestimmten Schuldner automatisch den Erwerb der gesamten bezahlten Forderung knüpft (**Legalzession**). Keine Gesamtschuld besteht aus ähnlichen Gründen bei gesetzlich angeordneter „**Abtretungspflicht**" (§ 255; dazu Rn 1310). Die bloße Vorläufigkeit der Leistungspflicht darf sich schließlich nicht allein aus dem Verhältnis der Gesamtschuldner untereinander ergeben: So haften die Gesellschafter einer OHG für Gesellschaftsschulden nach § 128 HGB immer als Gesamtschuldner; also etwa auch dann, wenn einer der Gesellschafter intern durch Vereinbarung vorweg freigestellt wurde, weshalb er nach Zahlung vollen Regress nehmen kann. Diese Tatsache wird (erst) bei der Anwendung des § 426 berücksichtigt. Gleiches wird für den Schuldbeitritt gelten, der definitionsgemäß zu einer gleichstufigen Verpflichtung führt, auch wenn er bloß bürgschaftsähnliche Zwecke verfolgt. Für die Abgrenzung muss somit primär berücksichtigt werden, wie die Schuldner dem Gläubiger gegenübertreten: Entscheidend ist somit das **Außen-**, nicht das **Innenverhältnis**[62]. Zur rechtlichen Behandlung sonstiger Schuldnermehrheiten noch Rn 1311 f.

1293

Beispiele für Gleichstufigkeit: Verbürgung mehrerer für eine Forderung (§ 769); deliktische Haftung mehrerer (§§ 830, 840); Haftung des Verkäufers eines Tieres (aus Kaufvertrag) und des mangelhaft untersuchenden Tierarztes (aus Werkvertrag) gegenüber dem Käufer[63]; Verbürgung und Bestellung einer Grundschuld durch Dritte[64]. Keine Gleichstufigkeit liegt hingegen im Verhältnis selbstschuldnerischer Bürge – Hauptschuldner vor, da der Bürge nach Zahlung auf Grund einer Legalzession beim „Primärverpflichteten" vollen Regress nehmen kann (vgl § 774 Abs. 1): In diesen Fällen besteht kein Bedarf, § 426 zur Anwendung zu bringen. So auch in **Fall 75**: Wenn die Versicherung J den Schaden ersetzt, gehen dessen Ansprüche gegen D und G im Wege der Legalzession (§ 86 VVG) auf die leistende Versicherung über. Für die Anwendung des § 426 bleibt dann kein Raum.

1294

d) Gleicher Rechtsgrund?

Nicht erforderlich ist hingegen, dass die einzelnen Verpflichtungen auf **demselben Rechtsgrund** beruhen[65]; beispielsweise kann sich die Verpflichtung eines Schuldners

1295

---

60 BGHZ 106, 313, 319; BGH NJW 2007, 1208, 1210; *Steinbach/Lang* WM 1987, 1237, 1240; *Larenz*, SR I[14], 634; Erman/*Böttcher*, BGB[15], § 421 Rn 12 f; im Ergebnis für Gleichstufigkeit auch etwa MünchKomm/*Heinemeyer*, BGB[8], § 421 Rn 12, 14. Ausführlich zum Kriterium der Gleichstufigkeit – dieses jedoch im Ergebnis ablehnend – *Boecken/von Sonntag* Jura 1997, 1. Für Gesamtschuld auch bei gestufter Haftung ferner *Stamm* NJW 2003, 2940.
61 Vgl dazu *Larenz*, SR I[14], 634 f; *Schreiber* Jura 1989, 353, 355; *Boecken/von Sonntag* Jura 1997, 1 f.
62 Deutlich Soergel/*Gebauer*, BGB[13], § 421 Rn 15.
63 NJW 2012, 1070 = JuS 2012, 643 *(Schwab)*.
64 BGHZ 108, 179; BGH NJW 1992, 3228. Zum Ausgleich zwischen mehreren (dritten) Sicherungsgebern etwa *Meyer* JuS 1993, 559; *Kerbein* JA 1999, 377.
65 BGHZ 19, 114, 124; BGH NJW 1991, 1683, 1685; *Larenz*, SR I[14], 636; MünchKomm/*Heinemeyer*, BGB[8], § 421 Rn 10.

aus einem Auftragsverhältnis, die eines anderen aus den Regeln über die Geschäftsführung ohne Auftrag ergeben[66]. Oder: Der eine schadenersatzpflichtige Gesamtschuldner haftet aus Delikt, der andere aus Vertragsverletzung.

6. Außenverhältnis

1296   Das **Außenverhältnis** der Gesamtschuld wird begriffsprägend von der alle Mitverpflichteten erfassenden **Erfüllungswirkung der Leistung eines Schuldners** beherrscht (§ 422); ausdrücklich erfasst sind auch Erfüllungssurrogate (Leistung an Erfüllungs statt, schuldbefreiende Hinterlegung und Aufrechnung). Der Gläubiger kann, wenn er von einem Schuldner durch eine der in § 422 bezeichneten Handlungen befriedigt worden ist, die anderen nicht mehr in Anspruch nehmen.

1297   Nach § 423 wirkt ein mit einem der Gesamtschuldner vereinbarter **Erlass** (§ 397) auch für die anderen Schuldner, wenn das ganze Schuldverhältnis aufgehoben werden sollte. Ob eine solche **Gesamtwirkung** gewollt war, ist Auslegungsfrage[67]. Im Zweifel wird man zumindest bei unentgeltlichem Erlass nur von Einzelwirkung zugunsten des an der Vereinbarung beteiligten Schuldners ausgehen dürfen[68]. Dann liegt ein sog **pactum de non petendo** vor: Die Schuld besteht noch; der „befreite" Schuldner hat jedoch dem Gläubiger gegenüber eine Einrede gegen ihre Klagbarkeit[69]. Bei Gesamtwirkung steht jenen Gesamtschuldnern, die am Erlassvertrag nicht beteiligt waren, das Zurückweisungsrecht nach § 333 zu (Rn 1138).

1298   Eine Gesamtwirkung ist in § 424 auch für den **Gläubigerverzug** vorgesehen. In diesem Bereich sind gegenteilige Vereinbarungen denkbar; § 423 spricht dies schon im Tatbestand aus.

1299   Andere als die in den §§ 422–424 bezeichneten Tatsachen wirken nach § 425 regelmäßig „nur für und gegen den Gesamtschuldner, in dessen Person sie eintreten"; insoweit gilt also das **Prinzip der Einzelwirkung**. Besonders wichtig sind in diesem Zusammenhang **Leistungsstörungen auf Schuldnerseite**[70] (vgl dazu die in § 425 Abs. 2 – nicht abschließend – aufgezählten Beispiele). Die Folge, dass Pflichtverletzungen eines Schuldners die anderen nicht betreffen, erscheint sachgerecht, wenn unter den Schuldnern keine Interessengemeinschaft besteht und dem Gläubiger zuzumuten ist, sich insoweit mit mehreren Personen auseinanderzusetzen. Der Gläubiger

---

66   So in BGH NJW 1992, 2817, 2818.
67   Wenn der Erlass mit demjenigen Schuldner vereinbart wird, der im Innenverhältnis allein verpflichtet ist, so spricht das für eine Gesamtwirkung des Erlasses: OLG Köln NJW-RR 1992, 1398; LG Stuttgart NJW-RR 1994, 504. Dasselbe gilt für einen Vergleich: OLG Köln MDR 1992, 1050; OLG Oldenburg VersR 1992, 956. Anders daher, wenn die Gesamtwirkung einen nicht am Vergleich beteiligten Gesamtschuldner belasten würde (BGH NJW 2003, 2980 = JA 2004, 1 *[Jäckel]*), was bei (Teil-)Erlass jedoch gar nicht denkbar ist. In der erwähnten Entscheidung geht der BGH jedenfalls im Ergebnis wohl von Gesamtwirkung aus; insoweit zustimmend *Stamm* NJW 2003, 2940, 2943 f.
68   Soergel/*Gebauer*, BGB[13], § 423 Rn 2. Eine Auslegung, die den erlassenden Gläubiger zur Rückgewähr bereits empfangener Teilleistungen an den Erlasspartner verpflichten würde, kommt keinesfalls in Betracht: BGH NJW-RR 2005, 34.
69   Dann bleibt der vom Erlass Begünstigte aber im Innenverhältnis dem Rückgriff in Höhe seines Anteils ausgesetzt: *Wacke* AcP 170 (1970) 42 ff. Ansonsten läge nämlich ein Vertrag zulasten der Übrigen vor. – Zur insoweit unbedenklichen Möglichkeit der Vereinbarung bloß *beschränkter* Gesamtwirkung Jauernig/*Stürner*, BGB[17], §§ 422–424 Rn 4.
70   Ein Mitverschulden des Gläubigers wirkt auch zugunsten der anderen Schuldner: BGHZ 90, 86, 90 f.

muss also beispielsweise jeden Einzelnen mahnen oder den Rücktritt bzw die Kündigung gegenüber jedem erklären. Im Prozess müssen alle Schuldner verklagt werden; sie werden auch „als Gesamtschuldner" verurteilt. Auch der Verzicht eines Gesamtschuldners auf die Einrede der Verjährung wirkt nicht zulasten der übrigen[71].

Diese vom Gesetz getroffene Regelung ist keineswegs selbstverständlich. So ist etwa das Bürgschaftsrecht, wo einem Gläubiger ebenfalls mehrere „Schuldner" gegenüberstehen (besonders deutlich tritt die Verwandtschaft zur Gesamtschuld dann zu Tage, wenn die Einrede der Vorausklage nach § 773 ausgeschlossen wird und der Gläubiger den Bürgen daher sofort in Anspruch nehmen kann), vom Grundsatz der Akzessorietät (§§ 767 f, 770) geprägt: Durchsetzbarkeit und Umfang der Forderung gegen den Bürgen richten sich grundsätzlich nach der Forderung gegen den Hauptschuldner. Da die §§ 422–424 und § 425 (dazu sogleich) aber ebenfalls eine gewisse Verknüpfung zwischen den Forderungen des Gläubigers gegen die einzelnen Schuldner schaffen, kann man von einer **„limitierten Akzessorietät"** sprechen[72].

§ 425 erwähnt ausdrücklich die Möglichkeit, dass sich aus dem Schuldverhältnis, das die Gesamtschuld begründet, „ein anderes", dh **Gesamtwirkung**, ergeben könne. So wäre eine *Vereinbarung* denkbar, wonach der Vermieter alle vertragsbezogenen Erklärungen, zB Mahnungen, mit Wirkung für alle Mieter[73] dem Mieter X zugehen lassen könne. Fehlen solche ausdrücklichen Absprachen, muss man fragen, ob eine Gesamtwirkung schlüssig vereinbart ist. Dies wird vor allem dann bejaht, wenn die Gesamtschuldner gemeinsam für einen Erfolg wirken oder durch ihr Auftreten im Rechtsverkehr eine Zusammenarbeit an den Tag legen, die für den Gläubiger den Eindruck erweckt, es trete einer für den anderen ein.

1300

Mit dieser Begründung hat die Rechtsprechung zB die Teilhaber einer **Anwaltssozietät** für die Fehler eines von ihnen aufkommen lassen, da die Pflichten aus dem Beratungsvertrag alle Sozien träfen und der Handelnde Erfüllungsgehilfe seiner Partner sei[74]. Das wurde später sogar auf den Fall erweitert, dass die Anwälte nur den Anschein einer Sozietät hervorgerufen hatten[75]. In Teilbereichen existieren konkrete gesetzliche Regelungen dieses Problemkreises. So sieht § 8 des Partnergesellschaftsgesetzes (PartGG) in seinem Abs. 1 grundsätzlich eine gesamtschuldnerische Haftung der Partner vor (zur Einschränkung der Haftung auf das Gesellschaftsvermögen einer Partnerschaft mit beschränkter Berufshaftung [Namenszusatz „mbB"] siehe Abs. 4). Abs. 2 macht jedoch bei der Haftung für berufliche Fehler eine Ausnahme für den Fall, dass nur Einzelne der Partner mit einem Auftrag befasst waren. Auch die BRAO kennt eine ähnliche Regelung: § 52 Abs. 2 statuiert eine gesamtschuldnerische Haftung der Mitglieder einer Sozietät; diese kann jedoch – auch durch vorformulierte Vertragsbedingungen – auf einzelne Mitglieder beschränkt werden, wenn diese ein Mandat im Rahmen ihrer eigenen beruflichen Befugnisse bearbeiten und namentlich bezeichnet werden.

7. Innenverhältnis

An sich soll jeder Gesamtschuldner gemäß dem **Innenverhältnis** (quotenmäßig) an der Befriedigung des Gläubigers mitwirken. Vor Leistung ergibt sich daraus ein ent-

1301

---

71 Vgl BGH NJW-RR 2006, 923.
72 Grundsätzlich zur Akzessorietät *Pöggeler* JA 2001, 65, speziell zum Schuldbeitritt 70.
73 Zu Mietermehrheiten *Streyl* NZM 2011, 377.
74 BGHZ 56, 355. Vgl ferner BGHZ 97, 273, wo im Fall einer ärztlichen Gemeinschaftspraxis das Vorliegen eines Gesamtschuldverhältnisses bejaht wurde.
75 BGHZ 70, 247 und BGH NJW 1999, 3040. Ebenso BGH NJW 1990, 827 (Steuerberater); zur Haftung des Scheinmitglieds OLG Dresden DStRE 2000, 952.

sprechender **Freistellungs- bzw Befreiungsanspruch** des einzelnen Gesamtschuldners gegen die übrigen[76]. Meist wird jedoch gleich an Leistung und Regress gedacht[77]. Werden durch die Leistung eines der Gesamtschuldner die Verpflichtungen der anderen gegenüber dem Gläubiger getilgt, so werden diese doch nicht endgültig frei. Vielmehr behält die alte Forderung noch eine Funktion im **Innenverhältnis**, und zwar bei der Abrechnung unter den Schuldnern. Sie geht nach hM zur Sicherung eines etwaigen **Ausgleichsanspruchs**[78] (§ 426 Abs. 1) des zahlenden Schuldners[79] auf ihn über; nach dem klaren Wortlaut des § 426 Abs. 2 („soweit") aber auch nur in diesem Umfang. Das „soweit" bezieht sich sowohl auf den Umfang der Zahlung als auch auf das unter den Gesamtschuldnern bestehende Ausgleichsverhältnis.

Beispiel: Vier Gesamtschuldner schulden 100. Im Innenverhältnis haftet jeder für 25. Zahlt nun der erste Schuldner die gesamte Schuld, erfasst die Legalzession die (Teil-)Forderung in Höhe von 75. In Höhe von 25 (dem eigenen Anteil des Schuldners) ist der Anspruch erloschen. Zahlt er hingegen nur 50, so geht die Forderung in Höhe von 25 auf ihn über, da sie ebenfalls wieder im Ausmaß seines eigenen Anteils (25) erloschen ist. Nur wenn er von vornherein 25 oder weniger bezahlt, geht nicht einmal ein Teil der Gläubigerforderung auf ihn über.

Der BGH subsumiert unter § 426 Abs. 1 S. 1 sowohl die Freistellung als auch den Ausgleich nach Zahlung, geht also von einem weiten und einheitlichen Ausgleichsanspruch aus, der bereits mit dem Zustandekommen der Gesamtschuld entsteht[80]. Das hat vor allem Bedeutung für die Verjährung: Da der Beginn der Verjährung des Ausgleichsanspruchs wegen seiner Kenntnisabhängigkeit (§ 199 Abs. 1 Nr 2) nicht für jeden Gesamtschuldner gleich sein muss, kann es sogar passieren, dass der Rückgriffsanspruch im Augenblick der Zahlung bereits verjährt ist[81].

1302 Der Ausgleichsanspruch nach § 426 Abs. 1[82] und die dem leistenden Gesamtschuldner durch Legalzession (cessio legis) zugefallene ursprüngliche Forderung stehen *nebeneinander*. Der Grund liegt darin, dass mit der Forderung des Gläubigers gemäß § 401 auch etwaige Sicherheiten übergehen, sodass der Zahlende sich notfalls aus ihnen befriedigen kann. Zweck dieser Regelung ist es, denjenigen Gesamtschuldner, den der Gläubiger möglicherweise willkürlich „herausgegriffen" hat, im Endergebnis nicht mehr leisten zu lassen, als im Verhältnis zu den Mitverpflichteten auf ihn entfällt. Er kann dann bei den anderen Schuldnern Rückgriff nehmen[83].

1303 Nach ganz überwiegender Ansicht stehen die übrigen Schuldner dem, der den Gläubiger befriedigt hat, *nicht gesamtschuldnerisch* gegenüber. Vielmehr soll im Regress je-

---

76 Instruktiv BGH WM 2007, 2289 = JuS 2008, 283 *(K. Schmidt)*: BGB-Gesellschafter als Gesamtschuldner.
77 Zur Streitverkündung des Beklagten an einen möglichen Gesamtschuldner BGH WM 2015, 1875.
78 Für ein sehr weites Verständnis dieses Begriffs (unter Einschluss des Mitwirkungs- und des Befreiungsanspruchs) mit Konsequenzen für die Verjährungsfrage BGH WM 2009, 1852.
79 Nach hM soll jeder der Gesamtschuldner, schon bevor der Gläubiger ihn in Anspruch nimmt, einen Anspruch gegen die anderen auf Mitwirkung an der Befriedigung des Gläubigers haben: RGZ 79, 288, 290; BGHZ 23, 361, 363; *Larenz*, SR I[14], 648; *Schreiber* Jura 1989, 353, 357.
80 BGH JA 2017, 546 = LMK 2017, 387534 *(Bydlinski)* ua.
81 Näher dazu etwa *Bydlinski* LMK 2017, 387534.
82 Für ein anderes Verständnis des Abs. 1 (nur Phase vor Zahlung erfasst) und damit für Regress bloß über Abs. 2 *Stamm* NJW 2004, 811.
83 Umfassender Überblick zu Rückgriffsfragen bei *Wendehorst* Jura 2004, 505. Speziell zum aktuell intensiv diskutierten Gesamtschuldnerausgleich zwischen den Beteiligten eines verbotenen Kartells (für Kartellbußen oder Schadensersatz) etwa BGHZ 203, 193 = NZKart 2015, 101; *Rust* NZKart 2015, 502; *Gänswein* NZKart 2016, 50; zur Verjährung *Petrasincu* NZKart 2014, 437.

der Gesamtschuldner dem Zahler nur auf seinen internen Anteil haften (**Teilrückgriff**)[84].

Hat der erste Schuldner 100 bezahlt (siehe das vorige Beispiel), so könnte er danach von jedem der drei anderen nur je 25, nicht aber von einem die gesamten 75 verlangen. Insoweit wirkte sich die Legalzession also nicht aus. Ihre Bedeutung läge bloß im Miterwerb etwaiger Sicherheiten.

Diese Ansicht sollte einer kritischen Nachprüfung unterzogen werden. Der voll zahlende Gesamtschuldner tut ohnehin schon viel mehr, als er nach dem Innenverhältnis müsste, während die übrigen „säumig" sind. Bereits das spricht dafür, den Zahler im Ernstfall nicht in mehrere Regressprozesse gegen jeden der übrigen Gesamtschuldner hinein zu zwingen, sondern einen gesamtschuldnerischen Regress zuzulassen (**Ausgleichsgesamtschuld**)[85].

Anerkannt ist eine Ausgleichsgesamtschuld bisher nur dann, wenn unter den Ausgleichspflichtigen **Haftungseinheiten (Haftungsgruppen)** entstehen[86]. Die Mitglieder einer solchen Haftungseinheit werden für den Ausgleich so behandelt, als wären sie eine Person. Anwendungsbeispiele sind der Schuldner und sein Gehilfe[87], Fahrer und Halter eines Kraftfahrzeuges[88] sowie Reiter und Halter eines Pferdes[89].

Kann von einem der Gesamtschuldner der von diesem zu tragende Anteil nicht erlangt werden (Regelfall: Zahlungsunfähigkeit), so bestimmt § 426 Abs. 1 S. 2, dass die übrigen zum Ausgleich Verpflichteten den **Ausfall eines Gesamtschuldners** zu tragen haben. Entgegen dem missglückten Wortlaut dieser Vorschrift ergibt sich aus dem Sinn und Zweck des Gesamtschuldnerausgleichs, dass auch der Ausgleichsberechtigte selbst den Ausfall anteilig mitzutragen hat. Es wäre nämlich nicht einzusehen, warum allein der Umstand, vom Gläubiger in Anspruch genommen zu werden, eine Besserstellung gegenüber den anderen Verpflichteten bewirken sollte[90]. 1304

Ist der vierte Schuldner zahlungsunfähig, so ist die Gesamtlast unter den Übrigen drei zu verteilen. Der zahlende erste Schuldner kann also nicht in Höhe von insgesamt 75, sondern nur von 66,66 Rückgriff nehmen.

§ 426 Abs. 1 S. 1 weist jedem der Gesamtschuldner im Innenverhältnis zunächst eine gleich große Quote zu; dies allerdings nur, **„soweit nicht ein anderes bestimmt ist"**. Eine derartige andere Bestimmung kann sich aus ausdrücklichen oder stillschweigenden[91] Abreden der Gesamtschuldner, aber wohl auch aus gesetzlichen Regelungen ergeben. Auf diese Weise gelangt man nicht selten zu unterschiedlichen Rückgriffsquoten. 1305

---

84 Statt vieler BGHZ 17, 214; BGH NJW 1986, 1097; Soergel/*Gebauer*, BGB[13], § 426 Rn 36; Staudinger/*Looschelders*, BGB (2017) § 426 Rn 38; MünchKomm/*Heinemeyer*, BGB[8], § 426 Rn 33 f; aA MünchKomm/*Bydlinski*, BGB[7], § 426 Rn 29 f.
85 Weitere Argumente dafür bei MünchKomm/*Bydlinski*, BGB[7], § 426 Rn 30.
86 RGZ 136, 275, 288; BGHZ 6, 3, 27; *Reinicke/Tiedtke*, Gesamtschuld[2], 68. Zu Spezialfragen der Haftungseinheit etwa *Kirchhoff* NZV 2001, 361.
87 Zum Erfüllungsgehilfen BGHZ 6, 3, 27, 28; BGH DB 1970, 1682, 1683.
88 BGH NJW 1966, 1262, 1263.
89 OLG Schleswig OLG-Rp 1997, 138 = ZfS 1998, 128.
90 Soergel/*Gebauer*, BGB[13], § 426 Rn 34; *Medicus/Lorenz*, SR AT[21], Rn 898.
91 Zur Frage, wann solche stillschweigenden, von der Kopfquote abweichenden Abreden vorliegen, siehe etwa (in familienrechtlichem Zusammenhang) BGH NJW 2005, 2307; NJW 2008, 849.

1306 Angenommen, im **Fall 74** wäre K der Schuld des V gegenüber der Bank beigetreten. Als die Bank von K keine Zahlung erhielt, wandte sie sich an V und konnte sich durch Lohnpfändung befriedigen. Wenn nun der Schuldbeitritt mit dem Ziel vereinbart wurde, dass K die Forderung tilgen und einen entsprechend geringeren Kaufpreis für die Praxis zahlen sollte, so beseitigt die Leistung durch V das von den Schuldnern gewollte Gleichgewicht. Infolgedessen steht dem V ein Ausgleichsanspruch in **voller** Höhe zu, und insoweit geht gemäß § 426 Abs. 2 die Forderung der Bank auf ihn über. (Eine solche cessio legis wäre zB dann wichtig, wenn sich zusätzlich ein Dritter für die Schuld des K verbürgt hätte.)

1307 Auch dem bloß zu Sicherungszwecken beigetretenen Schuldner ist gegen den Erstschuldner nach Zahlung ein **ungeschmälerter Regressanspruch** zuzugestehen[92]. Entsprechendes, etwa die alleinige Schadensüberwälzung auf einen Gesamtschuldner, kommt in Betracht, wenn die Verbindlichkeit gegenüber dem Gläubiger durch ein Verhalten eines Mitverpflichteten zu Stande gekommen ist, das sich auch im Verhältnis zu den Mitschuldnern als Pflichtwidrigkeit darstellt[93]; so bei schuldhaft fehlerhafter Beratung durch ein Mitglied einer Anwaltssozietät (siehe Rn 1300 aE). Im Fall der Mitverpflichtung von Ehegatten wird in der Regel eine Ausgleichspflicht desjenigen entfallen, der den Haushalt führt und kein Einkommen bezieht[94]. Nach Scheitern der Ehe oder einer nichtehelichen Lebensgemeinschaft wird für vorher gemeinsam begründete Schulden im Regelfall jeder Teil 50% beizutragen haben[95]. Hingegen wird sich der interne Ausgleich zwischen Gesellschaftern in aller Regel nach ihren Beteiligungsverhältnissen richten[96].

1308 Dem § 426 Abs. 1 S. 1 als **leges speciales** jedenfalls vorgehende Regelungen des internen Ausgleichs enthalten auch einige gesetzliche Vorschriften zur Gesamtschuld. Sie beruhen dann auf der Vorstellung, dass eine der Personen, die aus der Sicht des Gläubigers nebeneinander für dasselbe Interesse aufkommen müssen, im Verhältnis zu den anderen Schuldnern „näher dran" ist, den durch die Zahlung entstandenen Vermögensnachteil endgültig zu tragen. In diesem Sinn sind die §§ 840 Abs. 2, Abs. 3, 841, 1833 Abs. 2 S. 2 sowie § 78 Abs. 2 VVG zu verstehen. Zur systematischen Einordnung solcher Vorschriften wird gesagt, sie gehörten an sich zum Gesamtschuldnerausgleich; nur die Vermutung paritätischer Belastung sei außer Kraft

---

92 *Bülow*, Recht der Kreditsicherheiten[9], Rn 1605; *Ehmann*, Gesamtschuld, 359. – Zum Regress zwischen Beigetretenem und Bürgen (grundsätzlich kein Vorrang des Beigetretenen!) OLG Celle NJW 1986, 1761; *Bülow*, aaO, Rn 1607; *Medicus/Petersen*, BR[27], Rn 944. Generell zum Regress bei mehreren Sicherungsgebern *Bredemeyer* Jura 2012, 612.
93 BGH VersR 1984, 443.
94 BGH NJW 1995, 652; zu weitgehend wohl OLG Bremen FamRZ 2000, 1152, das schon daraus einen stillschweigenden Ausschluss des Ausgleichs ableitet, dass ein Ehegatte während bestehender Lebensgemeinschaft die Tilgung gemeinsamer Verbindlichkeiten (bloß) dauerhaft vornimmt, selbst dann, wenn beide Ehegatten über eigenes Einkommen verfügen. Näher zum Gesamtschuldnerausgleich unter Ehegatten etwa *Gernhuber* JZ 1996, 696, 765; zum Verhältnis der Regeln über den Gesamtschuldnerausgleich zwischen Ehegatten zu den Vorschriften über den Zugewinnausgleich *Gerhards* FamRZ 2001, 661.
95 Siehe nur BGH NJW 2005, 2307 = JA 2005, 761 *(Keltsch)* (Darlehen für Renovierung und Möblierung der Ehewohnung); ferner BGH NJW 2010, 868 = JuS 2010, 444 *(Wellenhofer)* (Mietzinszahlung nach Auflösung einer nichtehelichen Lebensgemeinschaft): hier ausnahmsweise Mann intern zu 100% belastet, da er Alleinverdiener und die Frau mit Kind ohne Einkommen zu Hause war.
96 Statt vieler BGHZ 47, 157, 165; BGH NJW-RR 1989, 685. Einen Überblick zum Regress zwischen Gesellschaftern gibt *Gellings* JuS 2012, 589.

gesetzt[97]. In manchen Fällen, so bei der Haftung für Verrichtungsgehilfen (§ 840 Abs. 2), kann man jedoch schon daran zweifeln, ob – mangels echter Gleichstufigkeit (Rn 1293) – überhaupt eine „klassische" Gesamtschuld vorliegt.

Dem „Auffangtatbestand" des § 426 vorgehende Regressregeln existieren auch in anderen Bereichen des Schadensersatzrechts: so nach § 17 Abs. 1 StVG, wenn mehrere Kraftfahrzeuge einen Schaden verursacht haben oder bei mehreren nach dem HaftPflG (Gefährdungshaftung auf Grund des Betriebes gefährlicher Anlagen und ähnlicher Tatbestände) zum Schadensersatz Verpflichteten (siehe § 13 HaftPflG). Vorbild für diese Regelungen ist § 254, der auf das Verhältnis mehrerer Schädiger untereinander entsprechend angewendet wird[98]. Eine Alleinhaftung eines Schädigers ist auch auf dieser Grundlage denkbar, etwa im Verhältnis zwischen Fahrer und Halter eines Kraftfahrzeugs oder zwischen Abschleppunternehmer und Fahrer des abgeschleppten Wagens[99].

Im Rahmen derartiger Ausgleichsansprüche unter mehreren Schuldnern greifen auch andere gesetzliche Vorschriften die Rechtsfigur der **cessio legis** wieder auf. So kann im **Fall 75**, wenn die A-GmbH nach den §§ 636, 280, 281 für den Schaden des J haftet, die auf Grund des Versicherungsvertrags leistende Versicherung V bei ihr Rückgriff nehmen (§ 86 VVG). J hat die Versicherungsprämien gezahlt, um nicht das Risiko der Unausforschbarkeit sowie der Zahlungsunfähigkeit der Diebe D und G oder der A tragen zu müssen. Die Existenz einer Versicherung soll aber den Schädigern auch nicht teilweise zugutekommen. Diese Überlegungen zeigen zugleich, dass es zwischen V und den Dieben bzw A an Gleichstufigkeit (Rn 1293) fehlt. Vielmehr verschafft die Legalzession der V eine – wertungsmäßig überzeugende – Vorrangstellung. Eine echte Gesamtschuld liegt also gar nicht vor. Anderes gilt für das Verhältnis von D und G zueinander: Diese beiden sind echte Gesamtschuldner; sie können daher untereinander im Regelfall zur Hälfte Regress nehmen. Doch auch da sind je nach Sachverhalt gemäß § 426 andere Lösungen denkbar: Hat etwa D den gesamten Erlös aus dem Verkauf der Beute behalten, so wird er im kriminellen Innenverhältnis mehr als 50% zu tragen haben[100]. Zur Lösung von **Fall 75** im Einzelnen Rn 1318.

1309

Eine andere Form des Ausgleichs unter mehreren Schuldnern regelt § 255. Danach kann der Schuldner eines durch den Verlust einer Sache begründeten Ersatzanspruchs verlangen, dass ihm Zug um Zug gegen seine Ersatzleistung die Ansprüche abgetreten werden, die der Ersatzberechtigte auf Grund seines Eigentums gegen Dritte hat. Hier handelt es sich nicht um eine cessio legis, sondern um eine zum Zweck des Regresses angeordnete rechtsgeschäftliche Abtretung. Solange der Gläubiger nicht zur Abtretung bereit ist, kann der Schuldner die Ersatzleistung zurückbehalten[101] (vgl § 273). Um denjenigen Schuldner nicht zu benachteiligen, der von seinen Befugnis-

1310

---

97 Siehe etwa *Esser/E. Schmidt*, SR I/2[8], 349.
98 BGHZ 17, 214, 222; BGH NJW 1983, 623. Es kommt bloß eine entsprechende Anwendung in Betracht, weil § 254 an sich nur ein Mitverschulden des Gläubigers betrifft. Näher liegt deshalb eine Analogie zu § 17 StVG. In BGHZ 51, 275, 279 wurde der Gedanke aber auch auf das Verhältnis von Architekt und Bauunternehmer angewendet.
99 Siehe BGH NJW 1966, 1262; OLG Celle VersR 1975, 1051.
100 Vgl OLG Stuttgart NJW-RR 1994, 876 sowie MünchKomm/*Heinemeyer*, BGB[8], § 426 Rn 15 aE.
101 BGH WM 1997, 1062.

sen – etwa mangels hinreichender Rechtskenntnisse – nichts weiß, ist anerkannt, dass analog § 255 nach Zahlung ein Abtretungsanspruch besteht[102].

Die Anwendung des § 255 schließt die Heranziehung der Gesamtschuldregeln aus und umgekehrt. Nach überwiegender Ansicht muss der Anwendungsbereich von § 255 eng gezogen werden: Erfasst sollen nur Ansprüche wegen der noch vorhandenen Sache (etwa Herausgabeansprüche) sein, die dann gegen Zahlung von Geldersatz an den Schuldner des Ersatzanspruchs abgetreten werden müssen[103]. Im Übrigen gehen im Verhältnis zwischen einem wegen des Verlusts einer Sache zum Ersatz Verpflichteten und anderen aus demselben Umstand Haftenden die Gesamtschuldregeln vor[104].

8. „Unechte" Gesamtschuld

1311 Die bisherigen Überlegungen haben trotz mancher Abgrenzungsprobleme eines deutlich gezeigt: Verlangt man mit der hA für die Gesamtschuld iS der §§ 421 ff neben der Identität des Gläubigerinteresses **Gleichstufigkeit** (dazu Rn 1293), so existieren **(sonstige) Schuldnermehrheiten**, auf die dieses Kriterium nicht zutrifft. Hält das Gesetz konkrete Lösungen bereit, etwa eine Legalzession (vgl § 774), eine Abtretungspflicht (§ 255) oder eine detaillierte Rückgriffsregel, bedarf es aus praktischen Gründen keiner eingehenden systematisch-dogmatischen Bemühungen. Daher spielt es etwa für den Regress zwischen Geschäftsherrn und Verrichtungsgehilfen wegen der eindeutigen Regel des § 840 Abs. 2, die dem Geschäftsherrn vollen Rückgriff gewährt[105], keine wesentliche Rolle, ob man von einer echten Gesamtschuld ausgeht oder nicht. Überhaupt ist die Rechtslage immer dann unproblematisch, wenn zwischen den Schuldnern ein besonderes Verhältnis besteht; etwa ein Dienstvertrag, ein Auftrag oder eine entgeltliche Geschäftsbesorgung. Anderes gilt für alle nicht geregelten Konstellationen, für die sich der Ausdruck **„unechte" Gesamtschuld** eingebürgert hat: Hier muss im Einzelnen überlegt werden, nach welchen Regeln der Ausgleich unter den mehreren „Neben"-Schuldnern zu erfolgen hat.

Ein berühmtes **Beispiel** für eine derartige Schuldnermehrheit bietet der vom RG entschiedene **Dombrand-Fall**: Nach dem durch Brandstiftung verursachten Brand des Doms von Fulda hatte der Baulastpflichtige den Schaden ersetzt und wollte beim Brandstifter Rückgriff nehmen. Man ging davon aus, dass mit Rücksicht auf die Leistungen des Baulastpflichtigen der Geschädigte keinen Anspruch gegen den Brandstifter mehr hatte, doch lag auf der Hand, dass der Brandstifter nicht von seinen Pflichten befreit worden sein konnte. Vielmehr sollte er als derjenige, dem die Wiedergutmachung des Schadens letztlich oblag, dem Baulastpflichtigen gegenüber zum Ausgleich verpflichtet sein. Eine entsprechende Interessenlage besteht auch in folgenden Konstellationen: Diebstahl der schlecht verwahrten[106] oder entgegen vertraglicher Ver-

---

102 BGHZ 52, 39, 42.
103 *Stamm*, Regressfiguren im Zivilrecht (2000) 72 ff; Soergel/*Mertens*, BGB[13], § 255 Rn 5 f; *Lange/Schiemann*, Schadensersatz[3], 674; *Rüssmann* JuS 1974, 292, 298; *Ehmann*, Gesamtschuld, 69 f; im Ergebnis ebenso *H. Roth* FS Medicus (1999) 495; aA etwa MünchKomm/*Oetker*, BGB[8], § 255 Rn 10, 15; Erman/*Ebert*, BGB[15], § 255 Rn 4.
104 BGHZ 59, 97 für das Zusammentreffen einer Ersatzverpflichtung aus § 823 mit einer Vertragshaftung wegen schlechter Verwahrung der Sache; dazu ausführlich *Rüssmann* JuS 1974, 292.
105 Im Arbeitsverhältnis sind allerdings zugunsten des Arbeitnehmers gewisse Einschränkungen zu beachten: vgl Vorlagebeschluss des GS des BAG NJW 1993, 1732; BAG NJW 1995, 210; BGH NJW 1996, 1532. Zum Ganzen etwa *Lieb/Jacobs*, Arbeitsrecht[9], Rn 218 ff; *Walker* JuS 2002, 736.
106 Vgl BGHZ 59, 97 (dazu *Rüssmann* JuS 1974, 292).

einbarung schlecht gesicherten Sache eines Dritten (vgl **Fall 75**); gesamtschuldnerische Verantwortlichkeit des Architekten (auf Schadensersatz) und des Bauunternehmers (auf Mängelbeseitigung) für einen Schaden des Bauherrn[107].

Als Regressgrundlage zog das RG im Dombrand-Fall die Regeln über die Geschäftsführung ohne Auftrag (§ 683) heran[108]. Das wird heute zu Recht abgelehnt: von manchen mit der Begründung, dass der in Anspruch Genommene nur ein *eigenes* Geschäft führen wollte[109]; von anderen mit dem Argument, die Leistung des Baulastpflichtigen habe zu keiner Befreiung des Schädigers geführt[110].

Welche Ansatzmöglichkeiten bestehen? Einmal wäre eine analoge Anwendung von § 426 denkbar. Man müsste dann aber immer noch nach der „Bestimmung" eines vom Grundsatz 50:50 abweichenden Verhältnisses suchen; überdies würde eine „flächendeckende" Analogie die Frage aufwerfen, warum man die Gesamtschuld dann überhaupt auf Gleichstufigkeitsfälle beschränkt. Die Rechtsprechung ist früher häufig entsprechend § 426 vorgegangen[111]. Heute gibt sie einer (entsprechenden) Heranziehung des § 255 den Vorzug[112]. Doch auch dieser Ansatz ist immer dann nicht unproblematisch, wenn der Zahler erst im Nachhinein Abtretung begehrt; etwa, weil er bei Zahlung nichts von seinem Abtretungsanspruch weiß. Dieser analog (siehe Rn 1310) § 255 bestehende Abtretungsanspruch des Zahlenden ist zwar auch in der Insolvenz des Abtretungspflichtigen durchsetzbar, da dieser bereits volle Befriedigung erhalten hat. Der Anspruch verbleibt ja nur deshalb beim Geschädigten, weil der „eigentliche" Schädiger nicht frei werden soll. Ein entsprechender *zusätzlicher* Vermögenswert steht der Insolvenzmasse also keinesfalls zu. Will man den Rückgriff allerdings nur auf ein fremdes, vom Gläubiger abgeleitetes Recht, nämlich dessen ursprüngliche Forderung, stützen, entstehen weitere Probleme. So muss der Zahler im Ernstfall zwei Prozesse führen: Zuerst muss er vom Gläubiger die Abtretung erreichen, erst dann kann er gegen seinen Nebenschuldner vorgehen. Damit droht die *Gefahr einer Verjährung* des Rückgriffsrechts[113]; die Durchsetzung von Ersatzansprüchen wegen schuldhafter Verzögerung durch den Gläubiger hängt von dessen Zahlungsfähigkeit ab. Der Weg über eine (doppelte) Analogie zu § 255 ist für den zahlenden Nebenschuldner also uU nachteiliger als der analog § 426[114]. 1312

Ob die Lösung daher doch darin liegt, die §§ 421 ff entgegen der hA als **umfassende** Regelung aller Konstellationen zu verstehen, in denen mehrere eine Leistung schulden, der Gläubiger diese aber nur einmal zu fordern berechtigt ist[115], ist allerdings fraglich. So haftet de lege lata

---

107 Siehe BGHZ 43, 227 (dazu *Frotz* NJW 1965, 1257); ferner etwa *Wiesner* MDR 1999, 455, 460; *Bolz* IBR 2014, 324; *Langen* NZBau 2015, 2 und 71. Diese Regeln gelten aber nicht bei Planungsfehlern, die allein den Architekten treffen: OLG Frankfurt NJW 1974, 416.
108 Der Dombrand-Fall wurde entschieden von RGZ 82, 206; dazu insb. *Ehmann*, Gesamtschuld, 93 ff und ausführlich *Wendlandt* Jura 2004, 325, jeweils mwN.
109 Palandt/*Grüneberg*, BGB[78], § 421 Rn 9; vgl auch *Stamm* Jura 2002, 730.
110 So etwa *Wendlandt* Jura 2004, 325, 331 f mwN.
111 BGHZ 43, 227, 230 (zum Verhältnis zwischen Architekt und Bauunternehmer); BGHZ 59, 97.
112 BGHZ 106, 313, 319; OLG München NJW-RR 1995, 814.
113 Dazu näher *Pfeiffer* NJW 2010, 23 (zu BGH NJW 2010, 60 und NJW 2010, 62); s. ferner *Heß/Burmann* NJW-Spezial 2010, 393.
114 Zur Abgrenzung von Gesamtschuld- und Zessionsregress ausführlich *Stamm*, Regressfiguren, 72 ff.
115 In diesem Sinn *Ehmann*, Gesamtschuld, 62 ff; *Rüßmann* JuS 1974, 292; *Boecken/von Sonntag* Jura 1997, 1 (mit Nachweisen weiterer Gegner des „Gleichstufigkeitsdogmas" in Fn 2); *Stamm* NJW 2003, 2940. Gegen das Erfordernis der Gleichstufigkeit (zu dieser bereits ausführlich in Rn 18/31) etwa auch *Esser/E. Schmidt*, SR I/2[8], 343.

der selbstschuldnerische Bürge anerkanntermaßen gerade nicht gesamtschuldnerisch neben dem Hauptschuldner. Nichts spricht allerdings dagegen, auch auf „ungleichstufige" Schulden einzelne Bestimmungen der §§ 421 ff (analog) anzuwenden[116].

9. Legalzession[117]

1313 Der Rückgriff des leistenden Gesamtschuldners wird durch die in § 426 Abs. 2 angeordnete **Legalzession** erleichtert: Der Zahler kann sich damit auch auf die Grundforderung stützen und erhält mit dieser vor allem die mit ihr verbundenen Sicherungsrechte. Der gesetzliche Forderungsübergang findet aber seine Grenze an vorrangigen **Gläubigerinteressen**: Zum einen geht die bezahlte Forderung nur im Umfang der erfolgten Zahlung über (§ 426 Abs. 2 S. 1: „soweit"). Zum anderen kann der Übergang nicht zum Nachteil des Gläubigers geltend gemacht werden (S. 2 leg cit; gleich lautend § 774 Abs. 1 S. 2). Diese Anordnung wird insbesondere bei Vorhandensein von Sicherheiten bedeutsam. Sie führt zum sachgerechten Ergebnis, dass dem Gläubiger für seine weiterhin gesicherten (Rest-)Forderungen ein **Befriedigungsvorrang** zusteht.

10. Ausgleich bei „gestörter Gesamtschuld"

1314 Besondere Probleme bereitet der Ausgleich bei einer sog **gestörten Gesamtschuld**[118]. Darunter versteht man Konstellationen, in denen – an sich – mehrere Personen dem Gläubiger als Gesamtschuldner gegenüberstünden, eine von ihnen jedoch durch Vertrag oder Gesetz *bereits vorweg* von ihrer Haftung (ganz oder zum Teil) freigestellt ist[119], also gar keine Gesamtschuld vorliegt (weshalb der Terminus unglücklich gewählt ist). Von solchen Vorwegfreistellungen zu unterscheiden sind **nachträgliche Befreiungen** bloß einzelner Gesamtschuldner. Diesen kommt gemäß den §§ 423, 425 regelmäßig bloß *Einzelwirkung* zu; sie sind daher vor allem im Regress der Gesamtschuldner untereinander nicht zu beachten[120].

1315 Bei bereits *ursprünglicher* „Störung" entsteht in Wirklichkeit von vornherein kein Gesamtschuldverhältnis im Sinne der §§ 421 ff. Fraglich ist jedoch, ob – und wenn ja, in welchem Ausmaß – der im Außenverhältnis gegenüber dem Gläubiger allein Verpflichtete von dem von seiner Haftung Freigestellten **Ausgleich** nach dem Modell des § 426 verlangen können soll. Denkbar wäre allerdings auch, dem Gläubiger in solchen Fällen gegen den allein Haftenden bloß einen *reduzierten* Anspruch zu gewähren, damit dieser „Allein-Gesamtschuldner" im Ergebnis keinen Nachteil erleidet. Das Problem stellt sich etwa auch dann, wenn ein Arbeitnehmer gemeinsam mit einem Dritten seinem Arbeitgeber einen Schaden zufügt, er nach den Grundsätzen der

---

116 Zum Problemkreis zB MünchKomm/*Heinemeyer*, BGB[8], § 421 Rn 12 ff, insb. 14, und 70.
117 Dazu etwa Wendehorst Jura 2004, 505, 507 ff.
118 Dazu *Schwab* JuS 1991, 18.
119 Dazu speziell für Personenschäden in arbeitsrechtlichem Zusammenhang (§§ 104, 105 SGB VII) etwa BGHZ 157, 9 = NJW 2004, 951; BGH NJW 2005, 2309; BeckRS 2017, 115695; *Waltermann* NJW 2004, 901.
120 Siehe etwa MünchKomm/*Heinemeyer*, BGB[8], § 426 Rn 9 ff.

Rechtsprechung zur „Arbeitnehmerprivilegierung" jedoch von seiner Haftung ganz oder teilweise befreit ist, und der Arbeitgeber den Dritten auf Schadensersatz belangt[121].

Im **Fall 76** kann G lediglich S auf Schadensersatz in Anspruch nehmen, da sich L ja von seiner Haftung freigezeichnet hat und ein Gesamtschuldverhältnis somit gar nicht entsteht. Es begegnet jedoch Bedenken, dass diese lediglich zwischen G und S getroffene Vereinbarung sich alleine zulasten des L auswirken soll, der ja schließlich nur die „halbe" Schuld am Unfall und somit an der Schädigung des G trägt.

1316

Der BGH schlug zur Lösung dieses Problems ursprünglich folgenden Weg ein: Der nicht begünstigte Schuldner haftet zwar im Außenverhältnis dem Gläubiger gegenüber *voll*, hat jedoch gegen den Privilegierten einen Ausgleichsanspruch in der Höhe des Betrages, den dieser ohne Haftungsausschluss gemäß § 426 zu tragen hätte[122]. Gegen diese Lösung spricht jedoch, dass der eigentliche Kern des Problems – nämlich der Haftungsausschluss – fast völlig unberücksichtigt bleibt: Dieser kommt dem dadurch „Begünstigten" nämlich paradoxerweise nur – dann aber sogar in vollem Ausmaß – zu Gute, wenn ihn das alleinige Verschulden trifft[123]. Existiert ein weiterer Schädiger, müsste er im Ergebnis – qua Regress – aber doch wieder genau jenen Teil des Schadens ersetzen, den er ohne Befreiung zu tragen gehabt hätte. Überzeugender ist daher ein Weg, der dem Verhältnis zwischen dem Gläubiger und dem von seiner Haftung Freigestellten stärker Rechnung trägt: Vom Anspruch des Gläubigers gegen den dritten Schädiger ist bereits von vornherein der Betrag abzuziehen, den der Begünstigte ohne Haftungsausschluss gemäß § 426 an den zahlenden (Gesamt-)Schuldner hätte leisten müssen[124]. Damit kann den Interessen sämtlicher Beteiligten am besten Rechnung getragen werden.

1317

V. Lösung Fall 75

I. Ansprüche des J

1. Grundlage für die – in der Sache ganz unproblematischen – Ersatzansprüche gegen D und G sind die §§ 823 Abs. 1, 830.

2. J hat außerdem einen Anspruch aus dem Versicherungsvertrag gegen V, wenn eine Schadensversicherung besteht, die – was nicht selbstverständlich ist – auch den Diebstahl des im Schaufenster liegenden wertvollen Schmucks durch Einbruch umfasst. Der Einwand der Versicherung, es sei unverantwortlich, Schmuck in solchem Wert nachts im Schaufenster liegen zu lassen, könnte nach § 254 erheblich sein. Indessen kommt es im Versicherungs-

1318

---

121 Nachweise zu diesem Problem in Fn 105 sowie in Rn 1063.
122 BGHZ 12, 213 (vertraglicher Haftungsausschluss); BGHZ 35, 317 (gesetzliche Haftungsbeschränkung gemäß § 1359); abgrenzend (einen Ausgleich gänzlich verneinend) BHGZ 103, 338 (Haftungsbeschränkung der Eltern gemäß § 1664 Abs. 1).
123 *Medicus/Lorenz*, SR AT[21], Rn 903.
124 *Medicus/Lorenz*, SR AT[21], Rn 903; *Medicus/Petersen*, BR[27], Rn 932 ff; *Fikentscher/Heinemann*, SR[11], Rn 779 f; *Esser/E. Schmidt*, SR I/2[8], 346 f; teilweise auch die Rechtsprechung, siehe etwa BGHZ 110, 114; BGH NJW 1997, 2669. Im Extremfall führt diese Kürzung zum völligen Anspruchsverlust: vgl nur BGH NJW 2003, 2984 und dazu *Unberath* JuS 2004, 662, 664.

recht nur selten zur Schadensteilung. Üblicherweise wird im Versicherungsvertrag festgelegt, welche Kontrolleinrichtungen nötig sind und ob nach Geschäftsschluss nur eine sogenannte Nachtdekoration oder Schmuck bis zu einem bestimmten Wert im Schaufenster belassen werden darf. Hat sich J an diese Vereinbarungen gehalten, so scheidet § 254 aus. Hat er dagegen verstoßen, ist V gemäß § 28 Abs. 2 VVG zur Gänze leistungsfrei, wenn die Verletzung der Obliegenheit auf Vorsatz des Versicherungsnehmers beruhte; bei grober Fahrlässigkeit ist der Versicherer berechtigt, seine Leistung entsprechend der Schwere des Verschuldens des Versicherungsnehmers zu kürzen. All das gilt aber nicht, wenn die Obliegenheitsverletzung weder für den Eintritt oder die Feststellung des Versicherungsfalles noch für die Feststellung oder den Umfang der Leistungspflicht des Versicherers ursächlich ist (§ 28 Abs. 3 VVG). (Ein Freiwerden der Versicherung gemäß § 26 Abs. 1 VVG [Gefahrenerhöhung nach Vertragsabschluss; § 23 VVG] ist nach dem Sachverhalt wohl eher zu verneinen.)

3. Schließlich steht dem J ein Ersatzanspruch gegen die A-GmbH (A) nach den §§ 636, 280, 281 zu. Ein Einwand aus § 254 kommt hier dann nicht in Betracht, wenn die Firma A darüber informiert war, welchem Zweck die Alarmanlage dienen sollte. Davon kann nach dem Sachverhalt ausgegangen werden. Wohl aber könnte A Zug um Zug gegen Zahlung Abtretung der gegen D und G bestehenden Ersatzansprüche verlangen: A leistete J Schadensersatz für den Verlust einer Sache und der Ersatzanspruch von J gegen D und G beruht auf J's Eigentum. Daher ist § 255 einschlägig, der A bis zur Abtretung ein Leistungsverweigerungsrecht einräumt.

II. Verhältnis dieser Ansprüche zueinander

1. D und G haften dem J gesamtschuldnerisch (§ 830).

2. Zwischen den Verbindlichkeiten des D, des G, der A-GmbH und der V-Versicherung besteht hingegen kein Gesamtschuldverhältnis iS der §§ 421 ff: Leistet V aus dem Versicherungsvertrag, gehen gemäß § 86 VVG die Ansprüche des J gegen schadenersatzpflichtige Dritte im Wege der Legalzession auf V über. Die Gleichstufigkeit der Verpflichtung von V in Bezug auf die Verpflichtungen von D, G und A ist folglich nicht gegeben. Da es zudem nicht der Sinn der Verpflichtung von A gegenüber J ist, die aus einer unerlaubter Handlung verpflichteten D und G zu entlasten, liegt auch insoweit mangels Gleichstufigkeit keine Gesamtschuld vor. Da nur D und G aus dem Gesichtspunkt der unerlaubten Handlung haften, nicht aber V und A, greift insbesondere auch nicht § 840 ein.

3. Dennoch kann J seinen Schaden insgesamt nur einmal ersetzt verlangen, sodass er nach einer Ersatzleistung durch V, A, D oder G keine weiteren Ansprüche geltend machen kann.

III. Ausgleich unter den Mitverpflichteten

1. Zahlt V an J, so gehen gemäß § 86 VVG die Ansprüche des J gegen A, D und G auf sie über.

a) Dies gilt ohne jeden Zweifel für die Ersatzansprüche, die J gegen D und G zustehen. Der Umstand, dass nach einer vollen Entschädigung des J dieser keinen Schaden mehr hat, spielt bei gesetzlichem Forderungsübergang keine Rolle: Die Zahlung von V soll die eigentlichen Schädiger ja nicht entlasten.

b) § 86 VVG gilt jedoch auch für die vertraglichen Ersatzansprüche von J gegen A, da die Norm zwischen den verschiedenen Haftungsgründen nicht differenziert.

c) Da § 426 nicht eingreift, kann sich V nach Zahlung aussuchen, gegen wen sie vorgeht. A, D und G haften ihr als Legal-Zessionarin – ebenso wie vorher dem Legal-Zedenten G – jeweils auf den vollen Betrag.

2. Zahlt die A-GmbH an J, so könnten sich Ausgleichsansprüche nach (bzw analog) § 255 oder § 426 Abs. 2 iVm Abs. 1 ergeben.

a) A haftete nicht gleichstufig mit D und G (II 2). Daher scheidet nach hA die (direkte) Anwendung des § 426 aus. Aber auch eine analoge Anwendung ist abzulehnen, da § 255 eingreift (I 3). Zahlt A, so muss er sich daher keinen Eigenanteil abziehen, sondern kann zu 100 % gegen D und/oder G Rückgriff nehmen.

b) Da A über § 255 die Ansprüche von J erwirbt, stehen ihm im Regress – wie bei Legalzession (1 c) – D und G als Ausgleichs-Gesamtschuldner gegenüber. Er kann daher jeden von ihnen auf den gesamten Betrag in Anspruch nehmen.

c) Auf Grund der klaren Wertung des § 86 VVG, wonach die Versicherung einen Schaden immer nur subsidiär zu tragen hat, scheiden Rückgriffsansprüche von A gegen V aus.

3. Leistet D oder G an J, so steht ihm nach dem Ausgeführten weder gegen V noch gegen A ein Ausgleichsanspruch zu. Hingegen kann der zahlende Dieb gegen seinen Komplizen nach § 426 Rückgriff nehmen. Mangels anderer Bestimmung geht der Regress gemäß § 426 Abs. 1 S. 1 auf die Hälfte.

Teil VII
Erlöschen von Schuldverhältnissen

§ 23 Erfüllung und Erfüllungssurrogate

1319 **Fall 77:** M hat eine Wohnung bei V gemietet, ist aber seit einiger Zeit mit der Miete im Rückstand. Als V erscheint und mit Kündigung droht, bietet M ihm Folgendes an: Der aktuelle Rückstand soll durch Übereignung einer Stereoanlage abgegolten sein. V geht auf dieses Angebot ein. Als er jedoch am nächsten Tag feststellt, dass der CD-Player der Anlage defekt ist, will er den gesamten Mietzins in bar haben. Da M darauf beharrt, seine Schulden bereits beglichen zu haben, erklärt V die Kündigung.
Abwandlung: M begleicht die rückständige Miete mit einem Verrechnungsscheck.

1320 **Fall 78:** S hat bei G Verbindlichkeiten für Warenlieferungen. Als S von der B-Bank mit dem Hinweis zur Zahlung aufgefordert wird, sie habe die Forderung durch Abtretung von G erworben, weigert er sich zu zahlen, weil er den Betrag bereits früher auf ein Konto des G bei der Sparkasse überwiesen habe. Als die B-Bank darauf hinweist, auf den Rechnungen des G sei für bargeldlose Zahlungen ausschließlich ein bei ihr unterhaltenes Konto angegeben gewesen, beruft sich S hilfsweise darauf, er rechne mit einer gegen G bestehenden Schadensersatzforderung auf. Muss S an die B-Bank zahlen? **Lösung Rn 1365**

I. Erfüllung[1]

1. Erfüllungswirkung

1321 Nach § 362 Abs. 1 führt das Bewirken der geschuldeten Leistung an den Gläubiger zum Erlöschen des Schuldverhältnisses. Das wirft manche Fragen auf. Was bedeutet „bewirken" (dazu Rn 1324 ff)? Und was erlischt eigentlich genau?

Man unterscheidet zwischen dem **Erlöschen einer einzelnen Pflicht** und dem **Untergang eines ganzen Schuldverhältnisses**. Wenn ein Schuldverhältnis vollständig beseitigt werden soll, so müssen sämtliche Einzelpflichten aller Parteien erlöschen, wobei freilich noch eine Rückabwicklung geschuldet sein kann oder gewisse „nachwirkende" Vertragspflichten (etwa zur Geheimhaltung) verbleiben können[2]. So geschieht es etwa beim Rücktritt (dazu Rn 546 ff) oder bei der Kündigung. Wie dagegen **Fall 77** zeigt, kann eine einzelne Schuld, so die Pflicht zur Zahlung rückständiger Miete, erlöschen, ohne dass das Mietverhältnis in seinem Bestand betroffen ist. § 362 bringt diesen Unterschied nicht scharf zum Ausdruck, indem er vom Erlöschen des Schuldverhältnisses spricht; gemeint ist aber die Forderung auf eine zu bewirkende Leistung bzw das „Schuldverhältnis im engeren Sinne" (siehe Rn 61 ff).

---
1 Dazu ausführlich *Bülow* JuS 1991, 529; *Muscheler/Bloch* JuS 2000, 729; *St. Lorenz* JuS 2009, 109; *Looschelders/Erm* JA 2014, 161.
2 Näher dazu *Regenfus* Jura 2018, 214.

2. Erlöschensgründe

Das Gesetz behandelt verschiedene Gründe des Erlöschens einer Forderung. Am wichtigsten ist die **Erfüllung**, das Bewirken der geschuldeten Leistung[3] (§ 362 Abs. 1). Dafür trägt der Schuldner die Beweislast, sofern der Gläubiger vorher das Entstehen des Anspruchs bewiesen hat[4]. Mangelhafte Erfüllung befreit den Schuldner nicht, zumindest nicht vollständig; sie lässt regelmäßig Nacherfüllungsansprüche bestehen – so im Kaufrecht nach den §§ 437 und 439 (dazu Schuldrecht Besonderer Teil § 5 Rn 5 ff). Ebenfalls nicht als Erfüllung wird die unter Rückforderungsvorbehalt erbrachte Leistung angesehen[5], weshalb die unter einem solchen Vorbehalt angebotene Leistung vom Gläubiger mit der Wirkung des Schuldnerverzugs zurückgewiesen werden kann[6]. 1322

An die Stelle der Erfüllung können **Ersatzleistungen** treten (vgl § 364). Eine geringere Rolle als Erlöschensgründe spielen der **Erlassvertrag** (§ 397)[7] sowie die **Hinterlegung** bestimmter geschuldeter Gegenstände bei einer dazu bestimmten öffentlichen Stelle (§§ 372 ff)[8]. Hervorzuheben ist schließlich die **Aufrechnung** mit einer Gegenforderung des Schuldners gegen den Gläubiger (vgl dazu **Fall 78**); sie dient vor allem der Vereinfachung und führt ebenfalls zum Wegfall der betroffenen Forderungen (§ 389). Keinesfalls hierher gehört die **Verjährung**, da diese die Forderung im Grundsatz unangetastet lässt: Dem Schuldner entsteht in Gestalt eines Leistungsverweigerungsrechts „bloß" auf Dauer eine Einrede gegen den Anspruch (siehe § 214 Abs. 1).

Das Urteil über die Erfüllung hängt stets von einer genauen Inhaltsbestimmung des Geschuldeten ab: Konnte der Schuldner im **Fall 78** schuldbefreiend auf ein beliebiges Konto des Gläubigers überweisen? Können und wollten in **Fall 77** Gläubiger und Schuldner die Leistung durch Übereignung der Stereoanlage oder durch Hingabe des Schecks als Erfüllung gelten lassen? Unter welchen Voraussetzungen kann oder muss der Gläubiger die Leistungen eines Dritten annehmen? 1323

Hinter den genannten Fragen steht das Problem der **Rechtsnatur der Erfüllung**, das allerdings strukturiert werden muss, wenn man mehr als eine bloß begriffsjuristische Einordnung erreichen möchte. Der Wortlaut des § 362 Abs. 1 stellt für das Vorliegen 1324

---

3 Zur rechtlichen Relevanz eines Rückforderungsvorbehalts durch den Leistenden im Augenblick der Leistungserbringung etwa OLG Saarbrücken MDR 2004, 329; zur Leistung an den Gläubiger, über dessen Vermögen bereits das Insolvenzverfahren eröffnet war, BGH WM 2009, 1704.
4 Siehe nur BGH NJW-RR 2007, 705 (Darlehensrückzahlung). Zur Beweislast für die Mangelhaftigkeit einer erbrachten Leistung vgl § 476 zum Verbrauchsgüterkauf, aus dem sich im Umkehrschluss zusammen mit § 363 der Grundsatz ableiten lässt, dass *der Gläubiger* für den Mangel beweispflichtig ist, sofern er die Leistung zunächst unbeanstandet entgegengenommen hat.
5 Dazu mwN MünchKomm/*Fetzer*, BGB[8], § 362 Rn 8. Zum Sonderfall der Zahlung aufgrund eines vorläufig vollstreckbaren, aber noch nicht rechtskräftigen Urteils BGH BeckRS 2012, 07964.
6 BGH NJW 2012, 1717. Zu den Besonderheiten einer nach Insolvenzrecht anfechtbaren Zahlung siehe nur MünchKomm InsO[3]/*Kirchhof*, § 143 Rn 50 f.
7 Nach dem BGH (WM 2009, 2321) soll ein Erlass (bzw Verzicht) durch Vertrag zugunsten Dritter nicht möglich sein.
8 Zu den Voraussetzungen erfüllungswirksamer Hinterlegung in jüngerer Zeit *Fest* JA 2009, 258; BGH NJW 2003, 1809; NJW-RR 2004, 656; NJW-RR 2005, 712; WM 2007, 558. Speziell zur Hinterlegung wegen Unsicherheit des Gläubigers *Brechtel* JuS 2017, 495.

einer Erfüllung auf das (tatsächliche) *Bewirken* einer geschuldeten Leistung ab. Kommt es für das Eintreten der Erfüllungswirkung damit aber auf die **Handlung** des Schuldners oder auf den **Erfolg** beim Gläubiger an? Und: welche Rolle spielen die Willensakte von Gläubiger und Schuldner (Übereignung der Anlage in **Fall 77**, Weisung an die Bank in **Fall 78**), die mit dem tatsächlichen Bewirken der Leistung zusammenhängen?

1325 a) Zunächst zum **Verhältnis von Leistungshandlung und Leistungserfolg**: Zentral geht es um die Verwirklichung eines ganz bestimmten Gläubigerinteresses. Dies hat im Regelfall durch eine Handlung des Schuldners zu geschehen; wenn man die zunehmend erweiterten und verfeinerten Nebenpflichten (Rn 101) hinzunimmt: durch ein vertragsgemäßes Verhalten des Schuldners.

Im Recht der Leistungsstörungen stehen bei der Bestimmung der Unmöglichkeit der Leistung die Hindernisse bei der Verwirklichung des Erfolgs im Vordergrund (§ 275 Abs. 1 bis 3), doch bestimmt im Element des Vertretenmüssens bei der Haftung für Unmöglichkeit sowie beim Verzug auch die fehlende (bzw zumindest nicht ausreichende) Anstrengung des Schuldners die konkreten Rechtsfolgen. In der Erfüllungslehre ist hingegen weitestgehend das objektive Eintreten des Leistungs*erfolgs* entscheidend. Das Schuldnerverhalten als solches spielt eine untergeordnete Rolle. Das zeigen die Formulierungen der Ansprüche durch die Vorschriften im Besonderen Teil des Schuldrechts: Der Käufer kann Übereignung, der Mieter Gebrauchsüberlassung verlangen. Ist der Schuldner nicht zu höchstpersönlicher Leistung verpflichtet, kann auch ein Dritter mit befreiender Wirkung leisten (§ 267), sofern nur das Gläubigerinteresse richtig, dh obligationsgemäß, verwirklicht wird. Umgekehrt nutzen dem Schuldner noch so intensive Bemühungen regelmäßig nichts, wenn er den versprochenen bzw geschuldeten Erfolg nicht herbeiführt.

Es gibt freilich auch Verbindlichkeiten, die lediglich durch ein bestimmtes Tun zu erfüllen sind, zB Unterlassungspflichten wie ein vertragliches Wettbewerbsverbot. Hier liegt der Erfolg bloß im Verhalten (nämlich im „Nichtstun") des Schuldners, während im Allgemeinen dieses Verhalten den geschuldeten Erfolg, die Erfüllung, hervorgebracht haben muss. Bisweilen fallen der Eintritt des Leistungserfolges und die letzte vom Schuldner zu bewirkende Handlung auseinander, so bei der Schickschuld (siehe dazu Rn 308 f). Von diesen Sonderfällen abgesehen, muss aber der Gläubiger regelmäßig endgültig in den Genuss des geschuldeten Leistungserfolgs gelangt sein.

1326 Das führt den BGH etwa zur Ansicht, die vereinbarte **Kaufpreiszahlung auf ein Notaranderkonto**[9] habe noch keine Erfüllungswirkung[10]. Dabei ist zu beachten, dass die Hinterlegung des Kaufpreises beim Notar regelmäßig im Interesse beider Parteien erfolgt. Es sollen Vorleistungsrisiken ausgeschaltet und der gegenseitige Leistungsaustausch koordiniert werden[11]. Hätte schon die Hinterlegung des Kaufpreises auf

---

9 Umfassend dazu *Dornis*, Kaufpreiszahlung auf Notaranderkonto: Erfüllung, Pfändung, Insolvenz (2005).
10 NJW 1983, 1605; NJW 1994, 1403 = JuS 1996, 103 (krit. *Preuß*). Ausgenommen sind selbstverständlich jene Fälle, in denen die Parteien ausdrücklich die *Erfüllungswirkung* der Einzahlung auf dem Notaranderkonto *vereinbart* haben. Für Erfüllungswirkung der Direktzahlung an den Verkäufer trotz vereinbarter Zahlung auf ein Notaranderkonto OLG Nürnberg NJW 2018, 1029.
11 *Preuß* JuS 1996, 103.

dem Notaranderkonto Erfüllungswirkung, so trüge der Käufer die Gefahr, dass über das Vermögen des Verkäufers das Insolvenzverfahren eröffnet wird, bevor dieser seine Leistungspflichten erfüllt hat[12]. Deshalb wird hinsichtlich der Erfüllungswirkung auf die „Auszahlungsreife"[13] (Übereignung und Übergabe des enthafteten Grundstücks) oder auf die Auszahlung des Betrages an den Gläubiger abgestellt[14]. Bedeutung erlangt dieser Streit zB bei Veruntreuung des hinterlegten Betrages durch den Notar.

b) Die **Ausgangsfälle** zeigen, dass die Parteien häufig über die Erfüllungseignung konkret angebotener Leistungen verhandeln und nicht selten modifizierende Vereinbarungen treffen. Der Lösung konkreter Fälle ist aber eine allgemeinere Frage vorgelagert; nämlich, ob für die Erfüllung selbst generell rechtsgeschäftliche Akte zu verlangen sind. Vier Ansichten („**Erfüllungstheorien**") sollen kurz vorgestellt werden, da deren Vergleich das Problemverständnis fördert: 1327

In ihrer reinen Form wohl nicht mehr vertreten wird die **Vertragstheorie**. Danach soll zur Erfüllung neben dem tatsächlichen Bewirken der Leistung ein „Erfüllungsvertrag" gehören[15]. Die **modifizierte Vertragstheorie** schränkt die Forderung nach einem Vertrag auf Fälle ein, in denen das Gesetz ein derartiges Rechtsgeschäft ausdrücklich verlangt[16], so bei der Übereignung (vgl nur die §§ 873, 929). Dafür bedarf es aber wohl keiner eigenen Theorie. Nach der **Theorie der realen Leistungsbewirkung** genügt die Herbeiführung des Leistungserfolgs[17]. Dieser Ansicht wird jedoch entgegengehalten, dass sie den Leistungsbegriff, der eine Zweckbestimmung verlange, nicht hinreichend beachte. Die **Theorie der finalen Leistungsbewirkung** verlangt daher das Bewirken der Leistung *und* eine (gleichzeitige) Zweckbestimmung durch den Leistenden[18].

Beispiel für finale Leistungsbewirkung: Jemand will seine Schulden bei mehreren Gläubigern begleichen, jedoch aus irgendeinem Grund einen davon ausnehmen. Irrtümlich unterschreibt er aber den falschen Zahlschein[19]. Nach der Theorie der finalen Leistungsbewirkung könnte er die Zahlung (trotz entsprechender Zahlungsverpflichtung!) nach § 812 zurückfordern.

In vielen Fällen führen die unterschiedlichen Theorien zu gleichen oder ähnlichen Ergebnissen. Ein strenger Vertragsansatz steht jedoch wohl vor den größten Problemen. Tatsächlich entspricht es im Normalfall nicht der Auffassung der Beteiligten, über den auf der Hand liegenden Erfüllungszweck einer Leistung – sei sie rechtsgeschäftlich oder nicht – noch eine Verabredung zu treffen. Demgemäß reicht an sich die **Leistungsbewirkung**, der nach den Umständen oder nach dem Verhalten des Schuldners der Erfüllungszweck innewohnt, zur Erfüllung aus. Auf die Geschäftsfähigkeit 1328

---

12 BGH NJW 1994, 1403, 1404.
13 BGH NJW 1994, 1403.
14 MünchKomm/*Fetzer*, BGB[8], § 362 Rn 17; Jauernig/*Stürner*, BGB[17], § 362 Rn 6 f.
15 Dazu *Gernhuber*, Erfüllung[2], 106 mwN; *Muscheler/Bloch* JuS 2000, 729, 731 f.
16 Siehe nur *Fikentscher/Heinemann*, SR[11], Rn 314.
17 HM: siehe etwa *Larenz*, SR I[14], 238; *Medicus/Lorenz*, SR AT[21], Rn 267; MünchKomm/*Fetzer*, BGB[8], § 362 Rn 10, 12.
18 *Gernhuber*, Erfüllung[2], 110; *Bülow* JuS 1991, 531; *Muscheler/Bloch* JuS 2000, 729, 732 ff.
19 Nach *Bülow* JuS 1991, 530.

der Partner zum Abschluss eines Erfüllungsvertrages kommt es nicht an. Allerdings muss der Empfänger einer Leistung, soll sie zur Erfüllung geeignet sein, eine der Verfügungsbefugnis entsprechende **„Empfangszuständigkeit"** besitzen, dh er muss berechtigt sein, die geschuldete Leistung mit der Folge des Untergangs des Anspruchs entgegenzunehmen. Das ist gerade bei Minderjährigen häufig nicht der Fall (vgl Rn 1335 aE). Hierhin können sich die beiden gegensätzlichen Theorien einigen. Davon unabhängig nimmt die hM an, dass das dingliche Geschäft als lediglich rechtlich vorteilhaft wirksam ist.

1329 Die Tatsache, dass abgesehen von den – wichtigen – Fällen, in denen für die Erfüllung ein weiterer rechtsgeschäftlicher Akt (wie beispielsweise die Einigung über den Eigentumsübergang gemäß § 929) erforderlich ist, für die Erfüllung keine zusätzliche Vereinbarung zwischen Gläubiger und Schuldner nötig ist, bedeutet nicht, dass solche Abreden ausgeschlossen wären. Ist zB unklar, auf welche von mehreren Forderungen des Gläubigers eine Leistung verrechnet werden soll, so stellt § 366 Abs. 1 auf die einseitige Bestimmung des Schuldners ab, die nicht einmal ausdrücklich erfolgen muss[20]. Dabei ist unbestritten, dass Gläubiger und Schuldner durch eine besondere Vereinbarung einer anderen als der eigentlich geschuldeten Leistung befreiende Wirkung beimessen können (siehe etwa § 362 Abs. 2 iVm § 185 oder § 364; dazu Rn 1335 ff).

1330 c) Auszugehen ist also von der schuldbefreienden Wirkung einer realen Leistung, jedoch mit der Maßgabe, dass **Vereinbarungen über den Erfüllungszweck** vorgehen. Generell hängt somit die Erfüllungswirkung einer tatsächlichen Leistung allein davon ab, ob sie inhaltlich, zeitlich oder örtlich dem Schuldverhältnis bzw den über die Schuldtilgung getroffenen Abreden entspricht. Damit ist wohl auch die Zweckbestimmung durch den Leistenden ganz unproblematisch vorhanden.

1331 In der Abwandlung von **Fall 77** wurde durch **Verrechnungsscheck** gezahlt. Dies ist, da bei Geldschulden (Rn 195 ff) an sich voll gültige Zahlungsmittel (= Scheine oder Münzen) geschuldet sind, nicht selbstverständlich. Was die aus der modernen Wirtschaft nicht mehr hinweg zu denkende Begleichung von Geldschulden durch **Überweisung** anbelangt, so zeigt **Fall 78**, dass die Verbuchung des Betrages auf einem beliebigen Konto des Gläubigers dessen Interessen verletzen kann, die nicht ohne Weiteres als unberechtigt bezeichnet werden können; im Beispiel das Bestreben des G, aus seinen Außenständen gerade die B-Bank zu befriedigen. **Tilgungswirkung** hat daher nur die Überweisung auf das vereinbarte oder das vom Gläubiger angegebene Konto[21]. Gelangt das Geld auf ein anderes Konto des Gläubigers (oder war überhaupt Barzahlung geschuldet), bleibt dessen Anspruch also aufrecht. Der Schuldner hat einen bereicherungsrechtlichen Rückleistungsanspruch, soll mit diesem aber gegen den Zahlungsanspruch des Gläubigers aufrechnen können[22]. In seltenen Fällen kann die Berufung des Gläubigers auf fehlerhafte Tilgung allerdings auch rechtsmissbräuchlich und daher unbeachtlich sein; so nach dem BGH etwa dann, wenn aus dem nach-

---

20 Vgl BGH NJW 2001, 3781: Kann der Gläubiger eine Leistung des Schuldners einer von mehreren offenen Verbindlichkeiten zuordnen – etwa weil ein ganz bestimmter offener Betrag gezahlt wird –, so steht es der Erfüllungswirkung der Zahlung nicht entgegen, dass der Schuldner sie nicht mit einer ausdrücklichen Tilgungsbestimmung versehen hat.
21 BGH NJW-RR 2004, 1281 mwN; OLG Düsseldorf NJW-RR 2006, 660.
22 OLG Hamburg NJW 2011, 3524 = JuS 2012 169 *(K. Schmidt)*. Kritisch wegen mangelnder Gleichartigkeit der beiden Forderungen *Bydlinski* ÖBA 1995, 599, 601.

träglichen Verhalten des Gläubigers zwar hervorgeht, dass er eine Zahlung auf das falsche Konto als seinem Vermögen tatsächlich zugeflossen betrachtet, er sich aber gegenüber seinem Schuldner dennoch auf die ausgebliebene Tilgung beruft[23].

Immerhin besteht hinsichtlich der Erfüllungseignung der Zahlung durch **Überweisung** (= Verschaffung von **„Buchgeld"**, dh einer Forderung gegen die kontoführende Bank des Gläubigers) oder durch Scheckhingabe ein Unterschied: Ein überwiesener Betrag steht dem Gläubiger mit der Gutschrift durch seine Bank endgültig zur Verfügung, sodass hier im Wesentlichen[24] nur entschieden zu werden braucht, ob Buchgeld dem an sich geschuldeten Bargeld gleichsteht. Hingegen hat der, der einen **Scheck** annimmt, noch keine Gewähr dafür, in Kürze über die entsprechende Geldsumme auch verfügen zu können (näher Rn 1341 f). Der Unterschied zwischen den beiden Formen bargeldloser Zahlung schlägt sich darin nieder, dass nach hM im Fall der Überweisung § 362 anwendbar sein kann, während die Entgegennahme eines Schecks nur als Annahme erfüllungshalber aufzufassen ist (dazu noch Rn 1343).

1332

Buch- und Bargeld sind für den Berechtigten nahezu gleichwertig. Zwar bestehen insoweit rechtliche Unterschiede, als Buchgeld nur eine Forderung gegen die kontoführende Bank gewährt. In deren Insolvenz (zum Glück selten!) oder bei Geltendmachung von Zurückbehaltungs- oder Aufrechnungsrechten zeigt sich sehr anschaulich der Unterschied zum Geldschein „in der Hand". Dennoch: Schon wegen der überragenden Bedeutung und praktischen Verbreitung bargeldloser Zahlung lässt sich die Erfüllungseignung einer Überweisung heute weitgehend bejahen. Es genügt, wenn der Schuldner von einem entsprechenden Einverständnis des Gläubigers ausgehen durfte[25]. Das kann etwa schon dann angenommen werden, wenn auf den Geschäftspapieren des Gläubigers dessen Bankverbindung abgedruckt ist und

1333

---

23 BGH NJW-RR 2004, 1281.
24 Blickt man genauer hin, stellen sich für die Begleichung von Geldschulden durch Banküberweisung allerdings doch weitere Fragen. Intensiv diskutiert wird nicht zuletzt aufgrund europäischer Anstöße (siehe insb. EuGH NJW 2008, 1935), wann – rechtzeitig – erfüllt ist bzw unter welchen Voraussetzungen Verzugszinsen geschuldet sind (woran sich gelegentlich die Zusatzfrage anschließt, ob es sich um eine qualifizierte Schickschuld oder bereits um eine Bringschuld handelt); siehe zu all dem nur *M. Schwab* NJW 2011, 2833; *Meier* JuS 2018, 940. Aber auch der Eintritt der Erfüllungswirkungen ist nicht selbstverständlich, wenn man an die Konstellation denkt, dass es die Bank des Gläubigers verabsäumt, den bei ihr zugunsten ihres Kunden eingelangten Betrag unverzüglich dem Gläubigerkonto gutzuschreiben. Die ganz hA (MünchKomm/*Fetzer*, BGB[8], § 362 Rn 24 mwN) stellt auf die Gutschrift ab, was allerdings schon deshalb bedenklich ist, weil die Gläubigerbank weder vom Schuldner ausgewählt wurde noch deren Verhalten von ihm beeinflusst werden kann. Daher hat sich der Schuldner dem Gläubiger gegenüber auch nicht zur Herbeiführung einer Gutschrift verpflichtet, sondern bloß zur Weiterleitung des zugunsten des Gläubigerkontos gewidmeten Überweisungsbetrages an die Bank des Gläubigers, dh zur Verschaffung einer Forderung gegen dessen Bank (idS *Bydlinski* FS W. Posch, 2011, 109, 117 f). Wie hier etwa MünchKomm/*Casper*, BGB[7], § 675f Rn 70 f. Zur Erfüllung im SEPA-Lastschriftverfahren *Hadding* WM 2014, 97. Keine Erfüllungswirkung hat die Überweisung auf ein bereits aufgelöstes Konto des Gläubigers (OLG Karlsruhe BeckRS 2017, 133573).
25 *Gernhuber*, Erfüllung[2], 206 ff; *Medicus/Lorenz*, SR AT[21], Rn 174; Staudinger/*Omlor*, BGB (2016) vor §§ 244 ff Rn B 91; Erman/*Buck-Heeb*, BGB[15], § 362 Rn 8; MünchKomm/*Fetzer*, BGB[8], § 362 Rn 22 f. Offen lassend BGH NJW 1986, 2429; für wirksame Erfüllung durch Buchgeld bei entsprechender Vereinbarung BGH WM 1999, 11. Für die Einordnung der Buchgeldzahlung als Leistung an Erfüllungs statt (§ 364) BGHZ 58, 108, 109; *Fikentscher/Heinemann*, SR[11], Rn 261; *Canaris*, Bankvertragsrecht[3] I (1988) Rn 467 f; *Brechtel* WM 2016, 1057; OLG Hamm NJW 1988, 2115; OLG Köln, NJW-RR 1991, 50.

der Gläubiger vom konkreten Schuldner nicht ausdrücklich Barzahlung verlangt hat[26]. Ähnliches gilt, wenn der Gläubiger über mehrere Konten verfügt. Hier kann der Schuldner grundsätzlich frei wählen, wohin er überweist. Wurde hingegen wie im **Fall 78** Überweisung auf ein ganz bestimmtes Konto verlangt, so ist nur die Überweisung auf dieses Konto als schuldbefreiende Erfüllung anzusehen[27].

3. Beteiligung Dritter

1334 Wie schon die Überweisung zeigt, werden Schulden nicht immer durch direkte Zuwendungen des Schuldners an den Gläubiger erfüllt. An den Umsatzgeschäften der heutigen Wirtschaft sind häufig mehrere Personen beteiligt. So kann es vorkommen, dass auch in die Erfüllung von Forderungen aufseiten des Gläubigers oder des Schuldners **dritte Personen** eingeschaltet werden.

1335 § 362 Abs. 2 erfasst den **Dritten als Leistungsempfänger** und bestimmt, dass an einen Dritten, der nicht Gläubiger ist, „zum Zwecke der Erfüllung" geleistet werden kann[28]. Diese Leistung befreit den Schuldner von seiner Verbindlichkeit, wenn der Gläubiger die an den Dritten erbrachte Leistung durch eine rechtsgeschäftliche Erklärung als Erfüllung gelten lässt; dies besagt der in § 362 Abs. 2 enthaltene Hinweis auf § 185. Öfter ist schon im Vertrag – also vorweg – vorgesehen, dass die Leistung nicht direkt dem Gläubiger, sondern einem Dritten zu erbringen ist. Zur Frage, wann darin ein Vertrag zugunsten Dritter zu sehen ist, bereits Rn 1142 ff.

Die Erfüllung durch Leistung an einen Dritten wird zB im Fall der „abgekürzten Lieferung" praktisch: Der Verkäufer einer Ware deckt sich nach Kaufabschluss seinerseits durch einen Kaufvertrag bei seinem Lieferanten ein und weist diesen an, die Ware direkt an seinen Käufer auszuliefern. Beim „finanzierten Abzahlungskauf" nimmt der Käufer, der den vollen Kaufpreis nicht auf einmal zahlen kann, ein Darlehen auf, das aber vom Darlehensgeber nicht an ihn, sondern an den Verkäufer ausgezahlt wird (dazu Schuldrecht Besonderer Teil § 6 Rn 32 ff).

Umgekehrt löst ausnahmsweise sogar die Leistung an den Gläubiger keine Erfüllungswirkungen aus; so uU nicht bei Zahlungen direkt an einen Minderjährigen[29] oder an eine Person, der für die Vermögenssorge ein Betreuer bestellt wurde, dessen (hier fehlende) Einwilligung für Geschäfte des Betreuten erforderlich war[30].

1336 Eine ähnliche, wenn auch nicht dem § 362 Abs. 2 unterfallende Konstruktion findet sich bei der **Einziehungsermächtigung** nach *verdeckter* Forderungsabtretung (dazu Rn 1217). Wie **Fall 78** zeigt, zieht der Zedent, der nicht mehr Gläubiger der Forderung ist, im Einverständnis mit dem Neugläubiger die Forderungen ein. Die Leistung an den Zedenten hat aufgrund der Ermächtigung befreiende Wirkung gegenüber dem Gläubiger. Bei einer *offenen*, also dem Schuldner bekannten Abtretung, kommt es im

---

26 BGHZ 98, 24, 30; Staudinger/*Olzen*, BGB (2016) vor §§ 362 ff Rn 25.
27 BGH NJW 1985, 2700; NJW 1995, 520; Staudinger/*Omlor*, BGB (2016) vor §§ 244 ff Rn B 93; Erman/*Buck-Heeb*, BGB[15], § 362 Rn 8.
28 Siehe *Taupitz* JuS 1992, 449; *Muscheler/Bloch* JuS 2000, 729, 736 ff.
29 Zur Minderjährigenproblematik eingehend *Schreiber* Jura 1993, 666 f (dessen eigener Vorschlag allerdings manche Abgrenzungsprobleme aufwirft).
30 BGHZ 205, 90: Abhebung vom (geerbten) Bankkonto und sofortige Weitergabe des Geldes an einen Dritten, auch wenn der kontoführenden Bank der Einwilligungsvorbehalt unbekannt war.

Falle des Einzugs durch den Zedenten hingegen auf die genauen Grenzen der erteilten Ermächtigung (bzw eines vom Zessionar selbst gesetzten Rechtsscheins) an[31].

Die **Leistung durch Dritte** ist im Zusammenhang mit der Bestimmung des Schuldinhalts geregelt. § 267 bestimmt, dass bei Verbindlichkeiten ohne ausgeprägten Persönlichkeitsbezug auch ein Dritter die geschuldete Leistung erbringen kann. Weder Schuldner noch Gläubiger können für sich ein solches Vorgehen zurückweisen. Der Schuldner kann im Falle seines Widerspruchs lediglich hoffen, dass der Gläubiger die Leistung ablehnt (§ 267 Abs. 2). Der Gläubiger muss sich auf die Drittleistung einlassen, solange der Schuldner nicht widerspricht. Ein wichtiger Anwendungsfall der „Dritterfüllung" ist die Direktzahlung des Finanzierers an den Verkäufer im drittfinanzierten Geschäft[32].

1337

II. Erfüllungssurrogate

Es können aber nicht nur andere Personen als Gläubiger und Schuldner in die Erfüllung einbezogen werden. Das Gläubigerinteresse lässt sich uU auch durch eine **andere als die eigentlich geschuldete Leistung** befriedigen.

1338

a) § 364 lässt dies zu, wenn die Parteien einen derartigen Tilgungsmodus **vereinbart** haben[33]. Dabei stellt § 364 Abs. 1 klar, dass die Annahme einer anderen als der geschuldeten Leistung **an Erfüllungs statt** die ursprüngliche Forderung zum Erlöschen bringt. Die ursprüngliche Forderung fällt also nur unter zwei Voraussetzungen weg: Erstens müssen sich Schuldner und Gläubiger über die „andere Leistung" geeinigt haben; und zweitens muss diese Leistung auch erbracht worden sein. In der Sache handelt es sich also um eine einvernehmliche Änderung der Hauptleistung, die nahezu gleichzeitig erbracht wird. Ob der Gläubiger wirklich eine derartige – endgültige – Ersetzung wollte, ist Auslegungsfrage, die nach allgemeinen Regeln zu entscheiden ist[34]. Auf einen solchen Handel wird sich der Gläubiger regelmäßig nur einlassen, wenn die ihm erbrachte Leistung genauso gut und unmittelbar verwertbar ist wie die ursprünglich geschuldete oder wenn er – vgl **Fall 77** – lieber den Spatz in der Hand als die Taube auf dem Dach haben will (dem Mietzins müsste er im schlimmsten Fall mittels Klage nachlaufen).

1339

b) Wird hingegen – ohne tatsächliche Leistung – „zum Zwecke der Befriedigung" eine **neue Verbindlichkeit bloß begründet**, geht das Gesetz davon aus, dass der Gläubiger im Regelfall nicht endgültig auf seine alte Forderung verzichten will (§ 364 Abs. 2). Die neue Verpflichtung wurde vom Schuldner dann im Zweifel nur **erfüllungshalber** übernommen, sodass dem Gläubiger eine **zusätzliche** Befriedigungsmöglichkeit erwächst.

1340

„Zum Zwecke der Befriedigung" bedeutet: zur Befriedigung des **ursprünglichen** Anspruchs. Die Zweifelsregel trifft daher vor allem Geldforderungen: Der Gläubiger er-

---

31 BGH NJW 2002, 1417.
32 Dazu etwa BGH WM 2008, 1703 (im konkreten Fall war der Darlehensvertrag unwirksam).
33 Zum Problemkreis *Schreiber* Jura 1996, 328; *Muscheler/Bloch* JuS 2000, 729, 739 f.
34 BGHZ 116, 278, 283.

hält einen Scheck oder Wechsel, mit dessen Hilfe er an „sein Geld" kommen soll. Anderes gilt im Regelfall für die Verpflichtung zur Leistung einer Sache: Kommen die Parteien etwa darüber überein, dass nicht wie bisher vereinbart ein Auto, sondern ein Motorrad zu liefern ist, denken die Parteien nicht daran, dass der Gläubiger das Motorrad nach Erhalt zu Geld machen wird, um sich damit das Auto zu beschaffen. Die Verpflichtung zur Leistung des Motorrads wurde also nicht zwecks Befriedigung des ursprünglichen Anspruchs (auf das Auto) begründet, sondern weil der Gläubiger nun mit dem Zweirad einverstanden ist.

1341 c) Beachtenswert sind auch die Unterschiede in den **Rechtsfolgen von Leistungsstörungen**. Bei der **Leistung an Erfüllungs statt** gibt es an sich keinen Verzug, da die Erbringung Tatbestandsmerkmal ist. War die erbrachte Leistung mangelhaft, stehen dem Empfänger Gewährleistungsrechte wie bei Kauf zu (§ 365). Entschließt sich der Leistungsempfänger in einem solchen Fall zum Rücktritt, fällt damit die Erfüllungs(änderungs)vereinbarung dahin. Auf diese Weise kann der Anspruch auf die seinerzeit vereinbarte Leistung wieder zur Entstehung gebracht werden[35]. Bei bloß **erfüllungshalber** erbrachter Leistung tritt der ursprüngliche Anspruch hingegen nur (vorläufig) in den Hintergrund. Die Vereinbarung lautet nämlich, der Gläubiger solle Befriedigung primär aus dem Surrogat – etwa dem Wechsel oder Scheck (siehe die Abwandlung zu **Fall 77**) – suchen. Gelingt das dem Gläubiger mit verkehrsüblicher Sorgfalt nicht, kann er wieder auf den ursprünglichen, bloß *gestundeten* Anspruch zurückgreifen[36]. Der Schuldner muss dann aber nur Zug um Zug gegen Rückgabe des – untauglichen – Ersatzes leisten[37].

1342 Die Interessenlage zeigt **Fall 77**: V wollte offenbar einen Wert in die Hand bekommen, der ihn veranlassen könnte, M eine weitere Zeit wohnen zu lassen. Die Stereoanlage, der die Parteien einen festen Wert beimaßen, wurde an Erfüllungs statt angenommen mit der Folge, dass die Mietzinsforderung insoweit beseitigt wurde. Somit ist der Standpunkt des M, er habe für diesmal seine Schulden getilgt, im Grundsatz zutreffend. Allerdings haftet der Anlage ein Sachmangel an. Daher kann V gemäß § 437 vorgehen. Dann muss M die ursprüngliche Forderung wiederherstellen, sofern sie nicht ohnehin wieder von selbst auflebt, was wohl zu befürworten ist.

1343 Etwas anderes gilt bezüglich des **Schecks**. Er ist kein unmittelbar realisierbarer Wert, da seine Güte von der auf dem Konto des Ausstellers F vorhandenen Deckung bzw einer Einlösungspflicht der Bank abhängt. Auch erfolgt eine Gutschrift beim Schecknehmer nach der Bankpraxis zunächst immer nur „Eingang vorbehalten"; sie kann also bei Nichteinlösung rückgängig gemacht werden[38]. Somit erwirbt der Nehmer eines Schecks keine Stellung, die ihn bewegen könnte, in Höhe des Scheckbetrages auf seine alte Forderung zu verzichten. Die Scheckhingabe erfolgt daher nur erfüllungshalber: Der Gläubiger soll die Möglichkeit erhalten, sich mit dessen Hilfe zu befriedigen. Tilgung tritt erst mit vorbehaltsloser Gutschrift[39] oder dann ein, wenn der

---

35 Vgl BGHZ 46, 338, 342 (der dem Gläubiger allerdings nur einen Anspruch auf Begründung der „alten" Forderung gewähren will); Jauernig/*Stürner*, BGB[17], §§ 364, 365 Rn 3.
36 Siehe etwa BGHZ 96, 182, 193; *Bülow* JuS 1991, 529, 535.
37 *Gernhuber*, Erfüllung[2], 171 f; Soergel/*Schreiber*, BGB[13], § 364 Rn 6.
38 Zur Gutschrift beim Scheckverkehr im Einzelnen *Nobbe*, in: *Schimansky/Bunte/Lwowski*, Bankrechts-Handbuch[5], § 60 Rn 196 ff.
39 Vgl nur BGH NJW 1995, 3388; JZ 1996, 804.

Scheck von der Bank des Ausstellers nach Vorlage honoriert wird, indem sie auf seinem Konto eine Lastschrift vornimmt[40].

Ein ebenfalls praktisch wichtiger Fall ist die Hingabe eines **Wechsels**. Aus dem Wechsel wird der Aussteller wie der Bezogene selbstständig verpflichtet, und der Wechselbegünstigte kann das Papier an seine Bank verkaufen (diskontieren), wofür er sofort die Wechselsumme gutgeschrieben erhält[41]. Wird aber bei Fälligkeit der Wechsel nicht eingelöst, so wird dem früheren Wechselinhaber, der das Papier zum Diskont gegeben hat, der Betrag rückbelastet. Vorher ist die alte Forderung noch nicht endgültig getilgt. Daher wird auch ein Wechsel regelmäßig nur **erfüllungshalber** angenommen.

1344

Nach dem BGH liegt bei der **Inzahlungnahme eines Gebrauchtwagens** im Rahmen eines Neuwagenkaufs ein **einheitlicher** Vertrag vor, bei dem der Käufer das Recht hat (**Ersetzungsbefugnis**), einen vertraglich näher festgelegten Teil seiner Zahlungsverpflichtung durch Übergabe des Gebrauchtwagens zu tilgen[42]. Macht der Käufer von diesem Recht Gebrauch, so führt dies nach der Rechtsprechung zu einer **Leistung an Erfüllungs statt** iS des § 364 Abs. 1. Das hat zur Folge, dass der Fahrzeughändler bei Mängeln des Gebrauchtwagens nach §§ 365, 437 vorgehen kann. Diese Lösung des Problems bevorzugt den Kfz-Händler, der so seinen Neuwagen verkaufen kann, ohne den (mangelhaften) Gebrauchtwagen des Käufers abnehmen zu müssen; und dies, obwohl der Käufer in den meisten Fällen aus finanziellen Gründen einen Neuwagenkauf nur unter Inzahlunggabe seines Gebrauchtwagens in Betracht gezogen hat. In der Literatur und Teilen der Rechtsprechung wird deshalb ein *typengemischter* Vertrag mit Elementen aus Kauf und Tausch angenommen[43]. Danach erfüllt der Käufer seine Verpflichtung aus dem Vertrag von vornherein zum Teil durch die Übergabe des Gebrauchtwagens (§ 362). Ein Rücktritt vom Vertrag kommt in Betracht hinsichtlich des *gesamten* Vertrages in Betracht. In jüngerer Zeit wird immer wieder über die Frage gestritten, ob bei vorgesehener **Tilgung der Schuld aus einem endfälligen Darlehen durch eine Lebensversicherung** (als sog „Tilgungsträger") die Auszahlung der Lebensversicherung an den Kreditgeber erfüllungshalber oder an Erfüllungs statt erfolgt, was immer dann einen Unterschied macht, wenn die Versicherungssumme den offenen Darlehensbetrag über- oder unterschreitet[44]. Entscheidend ist die Auslegung der zwischen Kreditgeber und Kreditnehmer getroffenen Vereinbarung. Da es bei der Entwicklung des Lebensversicherungsguthabens, vor allem seiner Gewinnanteile, ersichtlich um Risiken (und Chancen) geht, die den Kreditnehmer treffen sollen, sollte die Auszahlung regelmäßig als bloß **erfüllungshalber** erfolgt angesehen werden[45]. Bei Negativdifferenzen zum offenen Kredit bleibt daher eine Restkreditschuld bestehen, während ein Übererlös dem Kreditnehmer gebührt[46].

1345

---

40 Erman/*Buck-Heeb*, BGB[15], § 364 Rn 10.
41 Zur wirtschaftlichen Funktion des Wechsels *Gursky*, Wertpapierrecht[3] (2007) 34 ff; zur Wirkung der Wechselbegebung auf das Kausalverhältnis etwa *Zöllner*, Wertpapierrecht[14] (1987) 123 f.
42 BGH NJW 1984, 429. Zum Problemkreis *Binder* NJW 2003, 393.
43 OLG Oldenburg NJW-RR 1995, 689; *Honsell* Jura 1983, 524, 525.
44 Siehe dazu etwa OLG Köln NJW-RR 2001, 260; OLG Karlsruhe NJW 2003, 2322; LG Freiburg/Br. WM 2005, 2090; LG Göttingen WM 2005, 2092; LG Mainz WM 2005, 2093.
45 OLG Celle BeckRS 2010, 29668 (mit Überlegungen zu entsprechenden Hinweispflichten gegenüber dem Kunden).
46 Ausführlich dazu *Artzt/S. Weber* BKR 2005, 264.

III. Die Aufrechnung[47]

1. Begriff und Zwecke

1346 Unter den Erlöschensgründen nimmt die **Aufrechnung** nach ihrer praktischen Bedeutung hinter der Erfüllung wohl den zweiten Rang ein[48]. Hier ist der **Schuldner zugleich Gläubiger** seines Gläubigers. Die Aufrechnung dient daher dazu, den Austausch der beiden Leistungen und damit unnötigen Aufwand zu vermeiden. Zugleich ermöglicht sie dem Aufrechnenden, die ihm zustehende Forderung ohne Rechtsstreit und Zwangsvollstreckung dadurch zu realisieren, dass er sich seiner eigenen Schuld entledigt. Dies geschieht, indem eine Partei (der Aufrechnende) durch einseitige Erklärung (§ 388) mit ihrer Forderung, der **Aktivforderung (oder Gegenforderung)**, gegen die dem Aufrechnungsgegner zustehende Forderung, die **Passivforderung (oder Hauptforderung)**, aufrechnet. Die Aufrechnung dient damit der **Vereinfachung**: Sie führt zugleich zu **Forderungsbefriedigung** und **Schuldtilgung**. Darüber hinaus wohnt der Aufrechnung eine **Sicherungsfunktion** inne, da sie grundsätzlich auch noch nach Eröffnung eines Insolvenzverfahrens über das Vermögen des Aufrechnungsgegners möglich ist[49].

1347 In der Praxis begegnet die Aufrechnung häufig als **Prozessaufrechnung**[50]: Die eigene Forderung wird dem eingeklagten Anspruch, der in der Regel als nicht bestehend geleugnet wird, nur für den Fall entgegengesetzt, dass das Gericht der Klage ansonsten stattgeben würde. Der Beklagte wehrt sich also primär gegen die Berechtigung der Klage und will seine Gegenforderung nur (subsidiär) dann zur Abwehr einsetzen, wenn der eingeklagte Anspruch als gegeben festgestellt wird.

1348 Ähnliches kann auch schon außerprozessual geschehen. So beruft sich im **Fall 78** S hauptsächlich darauf, er habe mit befreiender Wirkung geleistet. Nur *hilfsweise* stellt er seine Schadensersatzforderung zur Aufrechnung; er will sie also nicht geltend machen, soweit er mit dem Einwand der Zahlung Erfolg hat (zur Frage, ob derartige „Eventualaufrechnungen" wirksam sind, Rn 1354). Der Fall zeigt auch den praktischen Hintergrund der Aufrechnung: Wenn, wofür vieles spricht, der ursprüngliche Gläubiger G der Schadensersatzpflicht mangels Zahlungsunfähigkeit nicht mehr nachkommen könnte, würde die Aufrechnung dem S volle Befriedigung ermöglichen, obwohl er in der Insolvenz des G nur mit einer Quote rechnen könnte.

2. Aufrechnungslage

1349 Die Abgabe einer Aufrechnungserklärung ist nach § 388 unabdingbar (Details Rn 1354). Sie entfaltet ihre Wirkungen jedoch nur, wenn auch alle (materiellen) **Auf-**

---

[47] Siehe dazu *Coester-Waltjen* Jura 2003, 246; *St. Lorenz* Jura 2008, 951.
[48] Zur vergleichbaren Verrechnung im *Kontokorrentverhältnis* (§ 355 HGB) etwa *Canaris*, Handelsrecht § 25 Rn 15 ff.
[49] Ausführlich dazu *Höhn/Kaufmann* JuS 2003, 751. Anderes gilt für sog „Konzernverrechnungsklausel"; eine Abrede, die – über die gesetzlichen Befugnisse hinaus – trotz fehlender Gegenseitigkeit eine Aufrechnung „im Dreieck" ermöglicht (und daher besonderer Vereinbarung bedarf): BGH NJW 2004, 3185; OLG Köln NJW 2005, 1127.
[50] Dazu *Coester-Waltjen* Jura 1990, 27; *Musielak* JuS 1994, 817; *Ch. Wolf* JA 2008, 673 und 753.

rechnungsvoraussetzungen vorliegen. Die damit angesprochene **Aufrechnungslage** umreißt § 387.

a) Zwei Forderungen (Aktiv- und Passivforderung) müssen einander in der Weise gegenüberstehen, dass jede Partei zugleich Gläubiger und Schuldner ist (**Gegenseitigkeit**). Aus welchem **Rechtsgrund** die jeweiligen Ansprüche erwachsen, ist unerheblich; Konnexität wie beim Zurückbehaltungsrecht (siehe Rn 363 ff) verlangt das Gesetz nicht. Beispiel: Honorarforderung eines Rechtsanwalts und Herausgabeanspruch des Mandanten auf vom Anwalt für ihn eingezogene Gelder[51]. 1350

Das Erfordernis der Gegenseitigkeit erklärt sich daraus, dass der Aufrechnende über die zur Aufrechnung gestellte Forderung verfügt, was ihm nur bei eigener Inhaberschaft zusteht, und dass sich grundsätzlich nur derjenige die in der Aufrechnung liegende „Privatvollstreckung" gefallen lassen muss, der selbst schuldet[52]. Nur aus besonderen Gründen (dazu Rn 1356) lässt das Gesetz Ausnahmen vom Erfordernis der Gegenseitigkeit zu.

b) Das Gesetz verlangt aus naheliegenden Gründen ferner **Gleichartigkeit** des Anspruches. Dies betrifft aber nur ihren Gegenstand, nicht hingegen alle Leistungsmodalitäten. So hindert die Verschiedenheit der Leistungsorte die Aufrechnung nicht (§ 391). Im Wesentlichen beschränkt sich die Aufrechnung damit auf Verpflichtungen aus der gleichen Gattung (Verschaffung von Rohöl, von Wertpapieren und ähnlichem) und hier wieder auf **Geldschulden**. Da der Schuldgrund aber keine Rolle spielt, können, was namentlich im Prozess häufig geschieht, Schadensersatzforderungen in Geld gegen Zahlungsansprüche aufgerechnet werden. Die – teilbaren – Forderungen müssen auch nicht den genau gleichen Umfang haben. Selbstverständlich erlöschen die beiden Ansprüche aber immer nur insoweit, wie sie sich decken (§ 389). 1351

c) § 387 macht die Aufrechenbarkeit schließlich davon abhängig, dass der Aufrechnende „die ihm gebührende Leistung fordern und die ihm obliegende Leistung bewirken kann". Beide Forderungen müssen also nicht nur existieren. Die (Aktiv-)Forderung des Aufrechnenden muss darüber hinaus durchsetzbar und die Passivforderung erfüllbar (vgl § 271) – dh zumindest entstanden[53] – sein. Dass das Gesetz Durchsetzbarkeit verlangt, ist konsequent: Die Aufrechnung dient primär der Vereinfachung. Wer seine eigene Forderung nicht mittels Klage durchsetzen kann (etwa, weil ihr eine Einrede entgegensteht oder weil sie noch nicht fällig ist), soll daher auch nicht auf anderem Wege zum Erfolg kommen können (siehe § 390). 1352

Für **verjährte Forderungen** weicht § 215 von diesem Grundsatz ab: Die Aufrechnung mit einer verjährten und damit eigentlich undurchsetzbaren Forderung – § 214 Abs. 1 gewährt dem Schuldner ein Leistungsverweigerungsrecht – wird dann zugelassen, wenn diese Aktivforderung bei Entstehen der Aufrechnungslage noch nicht verjährt war. Diese Sonderbehandlung der Verjährung gegenüber anderen Einreden wird auf verschiedene Arten zu rechtfertigen versucht: mit einem Hinweis auf den Rückforderungsausschluss bei Leistung trotz Verjährung (§§ 214 Abs. 2, 813 Abs. 1 1353

---

51 BGH WM 2007, 1669.
52 BGH NJW 1992, 435.
53 BGHZ 103, 362, 367.

S. 2)⁵⁴, unter Berufung auf die Rückwirkung der Aufrechnungserklärung (dazu Rn 1357) oder mit der Behauptung, mit dem Entstehen der Passivforderung habe der Inhaber der Aktivforderung keinerlei Anlass mehr, den Klageweg zu beschreiten. Tatsächlich sprechen zentrale Verjährungszwecke (Beweisproblematik!) an sich gegen die gesetzliche Ausnahme: Unter Umständen muss noch lange nach Fristablauf über Entstehen und Schicksal der Aktivforderung Beweis erhoben werden⁵⁵.

Beispiel: Der Schuldner, der wegen einer fälligen Schuld gemahnt wird, entsinnt sich seiner seit einiger Zeit verjährten Forderung gegen den Gläubiger. Er könnte sie nicht mehr durchsetzen, kann sie aber, wenn sie im Zeitpunkt des Beginns der Aufrechnungslage noch nicht verjährt war, immer noch zur Tilgung seiner eigenen Schuld benutzen.

3. Aufrechnungserklärung

1354 Zu der damit umschriebenen Aufrechnungslage muss eine **Aufrechnungserklärung** hinzutreten (§ 388). Dies ist schon aus Gründen der Rechtsklarheit zweckmäßig, wenn auch nicht selbstverständlich. Geschichte und Rechtsvergleichung zeigen, dass ein automatisches Erlöschen der gegenseitigen Forderungen ebenfalls denkbar wäre. § 388 fordert eine einseitige, empfangsbedürftige Gestaltungserklärung. Sie ist ähnlich wie sonstige Gestaltungserklärungen **bedingungsfeindlich** (§ 388 S. 2), weil sie als Erlöschenstatbestand keinen Schwebezustand schaffen soll. Die Wirkungen der Aufrechnungserklärung (dazu Rn 1357 ff) treten mit ihrem Zugang ein.

1355 Mit diesen Vorgaben steht die im Prozess häufige, aber auch sonst gelegentlich vorkommende hilfsweise Aufrechnung, wie sie S im **Fall 78** ausspricht, auf den ersten Blick nicht im Einklang. Wie verhält sich bei der **Prozessaufrechnung** die Aufrechnungserklärung der Partei als materiell-rechtliches Geschäft zum richterlichen Urteilsspruch? Was gilt insbesondere, wenn der Richter die Klage abweist, weil die Aufrechnung mit einer Gegenforderung durchgreife? Kann dann nicht das Bestehen der Forderung, gegen die aufgerechnet wird, dahingestellt bleiben? Was zunächst die letzte Frage anbelangt, so ist heute geklärt, dass das Gericht die sonstigen gegen die Passivforderung erhobenen Einwände des Beklagten (Nichtbestehen, Erfüllung, Verjährung) auf ihre Stichhaltigkeit prüfen muss und erst dann auf die zur Aufrechnung gestellte Forderung zurückgreifen darf. Nur wenn das Gericht auf die Aufrechnung hin die Klage abweist, wird damit die Aktivforderung „verbraucht"; dh die Wirkungen des § 389 treten ein. Wie man sieht, ist die **im Prozess erklärte** Aufrechnung häufig bloße **Eventualaufrechnung**; ihre Zulässigkeit ist unbestritten⁵⁶. Beweise für die Wirksamkeit der bloß eventualiter erklärten Prozessaufrechnung liefern nicht zuletzt die §§ 204 Abs. 1 Nr 5 und 204 Abs. 2.

Doch auch die **außerhalb eines Prozesses** „hilfsweise" erklärte Aufrechnung (vgl den **Fall 78**) ist nicht iS des § 388 bedingt. Der Grund für die Bedingungsfeindlichkeit von Gestaltungserklärungen liegt darin, die Rechtslage nicht auf längere Zeit durch Schwebezu-

---

54 Dagegen spricht, dass hier der Schuldner der verjährten Forderung gerade nicht freiwillig leistet.
55 De lege ferenda für eine Streichung des § 215 (390 S. 2 aF BGB) daher – leider erfolglos – *Bydlinski* AcP 196 (1996) 276, 293 ff. Vgl ferner etwa auch Staudinger/*Peters/Jacoby*, BGB (2014) § 215 Rn 5 mwN; *Zimmermann* FS Medicus (1999) 707, 721 ff. Gegen diese Kritik mit Hinweis auf den Umstand, dass sich der Aufrechnungsberechtigte „nicht mehr als Schuldner fühlen" müsse, BGH WM 2007, 2281, 2289.
56 Siehe nur BGHZ 80, 97, 99 f. Zu ihren materiell-rechtlichen Wirkungen (und zu weiteren schwierigen Aufrechnungsfragen bei Existenz mehrerer Gegenforderungen) BGH WM 2009, 379.

stände unsicher zu machen. Der Eintritt einer bestimmten Rechtsfolge soll also nicht von Ereignissen abhängig gemacht werden, deren Eintritt bei Abgabe der Erklärung ungewiss ist (siehe die §§ 158 ff; dazu Allgemeiner Teil Rn 451). Das Bestehen der Passivforderung ist nun aber eine **bloße Rechtsbedingung**[57], dh eine vom Recht selbst geforderte Voraussetzung der Aufrechnung. Dass diese fehlt, muss immer vorgebracht und dargetan werden können. Gleiches muss für Durchsetzungshindernisse gelten, da deren Existenz ebenfalls nicht von zukünftigen (ungewissen) Ereignissen abhängt[58]. Ob die Passivforderung besteht und durchsetzbar ist, ist in den problematischen Fällen schon vorweg umstritten; die Aufrechnung bloß für den Fall ihrer Durchsetzbarkeit trägt also keine zusätzlichen Unsicherheiten in das Rechtsverhältnis hinein. Überdies ist zu beachten, dass bei anderer Sicht eine Aufrechnung nur unter gleichzeitiger Anerkennung der Passivforderung erfolgen könnte; eine für den nur „im Notfall" Aufrechnungswilligen wenig erfreuliche Perspektive. Dass dem nicht so ist, zeigt ein Vergleich mit der Zahlung: Wer zahlt, kann seine Leistung wieder zurückfordern, wenn er das Fehlen eines Rechtsgrundes nachweist (§ 812). Eine Aufrechnung kann nicht stärker wirken. Bei fehlender Passivforderung geht die Aufrechnungserklärung dann sogar von vornherein ins Leere, wenn der Aufrechnende von ihrem Bestehen ausgegangen ist. Gleiches muss umso mehr gelten, wenn die Aufrechnung ausdrücklich nur für den Fall erklärt wird, dass die Passivforderung einredefrei besteht, sofern solche Einreden gegeben sind[59].

4. Aufrechnung durch Vertrag

Von der einseitigen Aufrechnungserklärung ist der **Aufrechnungsvertrag** zu unterscheiden[60]. Da es sich hierbei um einen privatautonomen Akt aller Betroffenen handelt, können sie sich über die von den §§ 387 ff angeordneten Beschränkungen hinwegsetzen. Auf diese Weise kann etwa auf Gleichartigkeit oder auf Gegenseitigkeit (dreipersonale Einigung nötig!) verzichtet werden. Eine solche Abrede kann bereits vor dem Beginn der Aufrechnungslage getroffen werden.

1356

5. Wirkungen der Aufrechnung

Als **Wirkung der Aufrechnung** ordnet § 389 einmal das **Erlöschen von Aktiv- und Passivforderung** an, soweit sie sich decken. Darüber hinaus lässt die Norm die Aufrechnungserklärung ausdrücklich auf den Zeitpunkt der Begründung der Aufrechnungslage **zurückwirken**. Das BGB macht damit noch heute Konzessionen an die alte Erlöschenslehre (siehe Rn 1354). Man könnte daher auch formulieren: Die spätere wirksame Aufrechnungserklärung ist bloße Bedingung für Erlöschen mit Entstehung der Aufrechnungslage. Materiell folgt aus § 389 jedenfalls: Ab diesem Augenblick entstanden keine weiteren Zinsansprüche, Vertragsstrafen wurden bei Nichtleistung nicht fällig, keine der Parteien konnte mehr in Schuldnerverzug geraten. Der Rück-

1357

---

57 Palandt/*Grüneberg*, BGB[78], § 388 Rn 3.
58 So für Einreden MünchKomm/*Schlüter*, BGB[8], § 388 Rn 4; im Ergebnis ebenso Staudinger/*Gursky*, BGB (2016) § 388 Rn 38.
59 So auch MünchKomm/*Schlüter*, BGB[8], § 388 Rn 4; ähnlich offenbar Soergel/*Schreiber*, BGB[13], § 388 Rn 3.
60 Dazu umfassend *K. Berger*, Der Aufrechnungsvertrag (1996); ferner *Schwahn*, Der Aufrechnungsvertrag in der Insolvenz (2003).

wirkung haftet im Recht oft etwas Künstliches an. Hier könnte sie damit begründet werden, dass der entscheidende Umstand nicht erst in der Aufrechnungserklärung, sondern bereits im Gegenübertreten von Aktiv- und Passivforderung liegt. Mit diesem Zeitpunkt des Eintretens der Aufrechnungslage konnte sich jede Partei auf die Aufrechenbarkeit und somit darauf verlassen, dass sie nicht mehr zu leisten brauchte. Wie das Beispiel unterschiedlicher Verzinsung und Fälligkeit deutlich zeigt, verletzt § 389 aber den allgemein anerkannten Hauptzweck der Aufrechnung, nämlich die (bloße) **Vereinfachung** der Schuldtilgung: Der Gläubiger mit der besser verzinsten Forderung erhält weniger als im Vergleichsfall, in dem statt aufzurechnen von beiden Seiten bezahlt worden wäre. Schon deshalb ist die gesetzliche Rückwirkungsanordnung sachlich nicht überzeugend[61].

1358 Eine besondere Konsequenz der Vorstellung, dass der Schuldner in seinem **Vertrauen auf die Aufrechenbarkeit** geschützt werden müsse, zieht § 406 für den Fall, dass die **Passivforderung abgetreten** wurde[62]. Nur wenn der Inhaber der Aktivforderung bereits bei Entstehen seines Anspruchs von der Abtretung wusste, scheidet eine Aufrechnung aus. Ansonsten kann er weiterhin gegenüber dem Zedenten die Aufrechnung erklären[63]. Diese Regelung erklärt sich aus dem zentralen Schuldnerschutzgedanken, der sich insbesondere in den §§ 404 und 407 findet (dazu Rn 1227 ff): Der Schuldner, der die Abtretung ja nicht verhindern kann, soll davor bewahrt werden, dass die Gegenseitigkeit der Forderungen und damit eine der Voraussetzungen der Aufrechnungslage durch einen Inhaberwechsel hinsichtlich der Passivforderung nachträglich entfällt. Erfasst ist damit jedenfalls der spätere Gläubigerwechsel; entsprechend dem Gedanken des § 407 aber auch jener Fall, in dem der Schuldner (= Inhaber der Aktivforderung) bei *Begründung* seines Rechts – trotz bereits erfolgter Abtretung der Passivforderung! – mangels gegenteiliger Information von der Forderungsberechtigung des (Alt-)Gläubigers ausgehen durfte.

1359 Die Interessenlage zeigt **Fall 78**. Wenn dem S wirklich Schadensersatz zustand, so ist es verständlich, wenn er die Aufrechnungsmöglichkeit dem ungewissen Weg vorzieht, seinerseits die Kaufpreisschuld zu begleichen und wegen seines eigenen Anspruchs auf den guten Willen und die Leistungsfähigkeit des G zu vertrauen. Die Abtretung der Kaufpreisschuld an die Bank würde den S in eben diese Zwangslage bringen.

1360 Umgekehrt soll sich der Schuldner *nach* einer ihm bekannt gewordenen Abtretung der Passivforderung nicht eine Gegenforderung verschaffen dürfen, um sich durch Aufrechnung zu befreien. Wie gezeigt, schützt § 406 nur denjenigen Schuldner, der seine Gegenforderung im **Vertrauen auf die Aufrechnungsmöglichkeit** erworben hat. Ein solches Vertrauen ist auch dann nicht begründet, wenn der Schuldner seine Verpflichtung jedenfalls als Erster hätte tilgen müssen. Mit diesem Gedanken ist der zweite Aufrechnungsausschlusstatbestand des § 406 zu erklären[64]: Die Aktivforderung wird erst nach der Passivforderung fällig.

---

61 *Bydlinski* AcP 196, 277, 281 ff.
62 Dazu *Bacher* JA 1992, 204; *Coester-Waltjen* Jura 2004, 391; *Ulrich* WM 1991, 1581; speziell und ausführlich unter dem Aspekt des Schuldnerschutzes *G. Schwarz* AcP 203 (2003) 241.
63 Ausführlich zu einer praktisch bedeutsamen Konstellation (vgl Rn 1242 f) *Mylich*, Die Aufrechnungsbefugnis des Schuldners bei der Vorausabtretung einer künftigen Forderung (2008).
64 BGHZ 19, 153, 160; BGH NJW 1996, 1056, 1057 f.

6. Gesetzliche Aufrechnungsausschlüsse

Gesetzliche Aufrechnungsausschlüsse[65] werden aber auch aus anderen Gründen normiert. Sie beruhen auf durchaus unterschiedlichen Gedanken. So soll § 393 den Täter einer **vorsätzlichen unerlaubten Handlung** zwingen, den Schaden durch eine für ihn spürbare reale Leistung wieder gutzumachen[66]. Der – zweifelhafte – pädagogische Gehalt des Verbots trifft aber nicht den Gläubiger des Schadensersatzanspruchs, der daher aufrechnen kann. Soziale Erwägungen liegen § 394 zu Grunde: **Unpfändbare Forderungen** wie bestimmte Teile des Arbeitseinkommens (§§ 850–850i, 851 ZPO) und Sozialversicherungsansprüche sollen ausschließlich dem Lebensunterhalt des Schuldners und seiner Familie dienen. Dieses Ziel würde verfehlt, wenn eine Befriedigung durch Aufrechnung möglich wäre.

1361

7. Aufrechnungsausschlussvereinbarungen

Größere praktische Bedeutung haben **Aufrechnungsausschlussvereinbarungen**. Immer wieder findet sich auch der Terminus „Aufrechnungsverbot". Dieser Begriff ist ähnlich ungenau wie der des „Abtretungsverbots" (dazu Rn 1220 ff): Die entsprechende Rechtshandlung ist aufgrund der entsprechenden Abrede nämlich nicht (nur) unerlaubt, sondern schlicht *unwirksam*; sie geht ins Leere. Vertragliche Aufrechnungsausschlüsse sind nicht unbedenklich. Sie zwingen den rechtstreuen Partner, seine Schulden zunächst zu begleichen und anschließend seinen Gegenforderungen hinterherzulaufen. Daher ist insbesondere die Aufnahme derartiger Aufrechnungsausschlüsse **in AGB** problematisch. Nach § 309 Nr 3 ist allerdings nur eine Vertragsklausel unwirksam, die dem Vertragspartner des Verwenders die Möglichkeit nimmt, mit *unbestrittenen* Forderungen gegen den Verwender aufzurechnen; im Übrigen ist der Ausschluss der Aufrechnung also grundsätzlich zulässig. Die Praxis macht hiervon aber eine Ausnahme, wenn die Durchsetzung der Gegenforderung des Kunden wegen Vermögensverfalls des Verwenders gefährdet ist: In solchen Fällen kann trotz der Klausel aufgerechnet werden[67]. Zum gleichen Ergebnis gelangt die hA sogar regelmäßig bei individuell vereinbarten Aufrechnungsausschlüssen, da von einem entsprechenden Parteiwillen ausgegangen wird[68]. Methodisch liegt darin eine Einschränkung der Abrede im Wege ergänzender Vertragsauslegung.

1362

Zuweilen stellen sich auch **Auslegungsfragen**. Nicht immer ist nämlich ganz klar, ob die Aufrechnungsmöglichkeit durch Vertrag tatsächlich ausgeschlossen wurde. Die bloße Vereinbarung von Barzahlung ist zu wenig. Anders ist aber etwa die Abrede zu verstehen, der vereinbarte Kreditbetrag werde zur Abholung bereit oder auf dem Konto des Kreditnehmers zur Verfügung gestellt. Hier soll die Bank die freie Verfügung über das Darlehen nicht durch Aufrechnung mit fälligen Gegenforderungen aus anderen Geschäften verhindern können[69]. Auch aus vielen **Handelsklauseln** (zB

1363

---

[65] Ausführlich dazu, aber auch zum vereinbarten Ausschluss der Aufrechenbarkeit, *Heller* AcP 207 (2007) 456; siehe ferner *Lieder/Illhardt* JA 2010, 769.
[66] Dazu BGH NJW 2009, 3508 = JA 2010, 146 (krit. *Stadler*).
[67] BGH NJW 1975, 442; NJW 1984, 357; Staudinger/*Gursky*, BGB (2016) § 387 Rn 251; MünchKomm/*Schlüter*, BGB[8], § 387 Rn 64 aE.
[68] BGHZ 23, 131, 136; BGH WM 1991, 731, 733; Soergel/*Schreiber*, BGB[13], § 387 Rn 15.
[69] BGHZ 71, 19, 20; Staudinger/*Gursky*, BGB (2016) § 387 Rn 212.

„netto Kasse gegen Rechnung und Verladepapiere") werden Aufrechnungsausschlüsse herausgelesen[70].

8. Zusammenfassung

1364 Zu den **Voraussetzungen und** zur **Wirkung der Aufrechnung** sollte man sich auf Dauer zumindest Folgendes merken und auch verstanden haben (Details kann man nachlesen):

Voraussetzungen:
- Gleichartigkeit der Forderungen
- Gegenseitigkeit der Forderungen
- Durchsetzbarkeit der Forderung des Aufrechnungswilligen (Ausnahme: Verjährung)
- Bestand der Forderung des Aufrechnungsgegners
- Zugang einer (unbedingten) Aufrechnungserklärung beim Aufrechnungsgegner

Wirkungen:
- Wegfall beider Forderungen, soweit sie sich decken
- rückbezogen auf das Entstehen der Aufrechnungslage

IV. Lösung Fall 78

1365 I. Die Bank könnte die Forderung von G erworben haben.

1. Das geschieht gemäß § 398 durch formlosen Abtretungsvertrag.

2. Nach dem nicht ganz eindeutigen Sachverhalt hat S möglicherweise bereits vor der Abtretung auf das Konto von G bei der Sparkasse geleistet. Gleichwertig wäre wegen § 407 jedoch auch eine Zahlung nach Abtretung, da die B-Bank erst nach Zahlung auf die Zession hinweist. War die Überweisung des S schuldbefreiend, so hätte B in der ersten Variante von vornherein nichts erhalten; in der zweiten hätte B den erworbenen Anspruch durch die Überweisung verloren (§ 407).

3. Es fragt sich aber, ob die Zahlung zur Erfüllung gemäß § 362 führte.

a) Die grundsätzliche Erfüllungseignung der Überweisung ist zu bejahen; insoweit sind Bar- und Buchgeld gleichwertig.

b) Fraglich ist jedoch, ob die Angabe bloß des bei der B-Bank unterhaltenen Kontos des G auf seiner Rechnung die Erfüllungswirkung einer auf ein anderes Konto geleisteten Zahlung ausschließt. Da der Gläubiger bestimmen kann, in welcher Form er das Geld bekommen soll, ist dies zu bejahen. Somit hat S nicht erfüllt.

II. Die Zahlungspflicht von S könnte aber durch die hilfsweise erklärte Aufrechnung gemäß § 389 erloschen sein.

1. Hinsichtlich der Aufrechnungslage bestehen Zweifel an der Gegenseitigkeit der Forderungen. Wenn aber, wovon auszugehen ist, die Schadensersatzforderung des S gegen G schon vor der Kenntnis des S von der Abtretung und vor der Fälligkeit der Forderung des G fällig wurde, so kann S gemäß § 406 auch der B-Bank gegenüber aufrechnen.

---

70 *Canaris*, Handelsrecht § 22 Rn 18; MünchKomm/*Schlüter*, BGB[8], § 387 Rn 63.

2. Die Aufrechnungserklärung darf nach § 388 nicht unter einer Bedingung abgegeben werden. Hier hat S zwar nur „hilfsweise" aufgerechnet. Diese Erklärung hat er aber erst abgegeben, nachdem ihm B vorhielt, er habe gar nicht schuldbefreiend bezahlt. Man könnte daher davon ausgehen, dass S ohne jede Einschränkung die Aufrechnung erklärte. Doch sogar wenn die Auslegung zu einer bloßen „Eventualaufrechnung" führte, hätte S sinngemäß nur gesagt, er rechne für den Fall auf, *dass* eine Aufrechnungslage gegeben sei. Eine solche „Rechtsbedingung" schadet jedoch nicht. Da hier tatsächlich alle Aufrechnungsvoraussetzungen vorlagen, führte die Erklärung des S zum Wegfall der Passivforderung. Er muss daher nicht mehr an B zahlen.

Sachverzeichnis

Die Angaben beziehen sich auf die Randnummern.

Abbruch von Vertragsverhandlungen 985
Ablösungsrecht 326 ff
Abnahmepflicht 706
absolutes Fixgeschäft 520, 679 f
Abstraktions- und Trennungsgrundsatz 1263
Abstraktionsprinzip 46
– äußerliche Abstraktion 47
– innere Abstraktion 47
– Kausalitätsprinzip 47
– Konsensprinzip 47
– sachenrechtlicher Minimalkonsens 47
– Verkehrsschutz 48
Abtretung 1143, 1208 ff, 1312
– als Kreditsicherungsinstrument 1234 f
– Ausschluss 1220 ff
– Begriff 1209
– Bestimmtheitsproblem 1219
– Einwendungen des Schuldners 1229 ff
– gesetzliche 1210
– rechtsgeschäftliche 1210, 1310
– Schuldnerschutz 1227 ff
– stille 1227
– verdeckte 1336
– Verschlechterungsverbot 1232
– Wirksamkeitsvoraussetzungen 1218 f
– Wirkungen 1226
Abtretungsausschluss 1220 ff
Abtretungspflicht 1293
Abtretungsverbot 1220
Abwägung 2
Abzahlungskauf, finanzierter 1335
Adäquanztheorie 1068 f
Affektionsinteresse 1087
Aktivforderung 1346
Akzessorietät 1268, 1271, 1275, 1299
– limitierte 1299
aliud-Lieferung 150
Alles-oder-Nichts-Prinzip 1063
allgemeine Geschäftsbedingungen 965, 969
– Begleitumstände 970
– einmalige Verwendung 967 ff

– Stellungsfiktion 966
– Verbraucherschutz 966 ff
Allgemeines Gleichbehandlungsgesetz (AGG) 16 f
– allgemeines Benachteiligungsverbot 20
– Diskriminierungsverbot 20
– Gleichbehandlungsgrundsatz 22
– Inklusion 22
– Kritik 18
– Massengeschäfte 20
– massengeschäftsähnliche Geschäfte 20
– sachlicher Grund 21
– Toleranz 22
– und Privatautonomie 22
– Versicherungsgeschäfte 20
– Ziel 19
Alternativverhalten, rechtmäßiges 1074
Altgläubiger 1209
Andeutungstheorie 164
anfängliche Unmöglichkeit 722 ff, 727
– Schadensersatz statt der Leistung 722 ff, 727
Anlageberatung, fehlerhafte 1007
Annahmeverzug 397, 797
– Abnahmepflicht des Käufers 706
– Fälligkeit, Erfüllbarkeit 279
– Gegenleistungsgefahr 704
– Preisgefahr 704
– Rücktrittsrecht 706
– und zugleich Schuldnerverzug 706
Anrechnung von Ersparnissen 707 f
Anspruch 55, 61 f
– gestundeter 1341
Anspruchskonkurrenz 116
Äquivalenzinteresse 6
Äquivalenzstörung 1026, 1041, 1043
Äquivalenztheorie 1064 ff
Arbeitnehmerhaftung 1063
Arbeitnehmerprivilegierung 1315
Arbeitskraft, Ausfall 1128 ff
arglistige Täuschung 523
Aufklärungspflichten 980
– Verletzungen 997

Aufnahme von Vertragsverhandlungen 974, 976, 982 ff
Aufrechnung 1224, 1322, 1346 ff
- Aufrechnungsausschlussvereinbarungen 1362 f
- Aufrechnungserklärung 1354
- Aufrechnungslage 1349 ff
- Aufrechnungsverbot 1362
- Begriff 1346 f
- durch Vertrag 1356
- Durchsetzungsfunktion 123
- gesetzliche Aufrechnungsausschlüsse 1361
- nach Abtretung 1358
- Rückwirkung 1357
- und Verjährung 1353
- Wirkungen 1357 ff
Aufwendungsersatz 256, 258, 641, 750
- Anspruchsinhalt 259 ff
- Aufwendungen 259
- Aufwendungsbegriff 644 f
- Befreiung durch Sicherheitsleistung 261
- Befreiungsanspruch, § 257 261
- bei Herausgabepflicht 260
- Billigkeit 649
- Eingehung von Verbindlichkeiten 261
- Rechtsfolgen 650
- Rentabilitätsvermutung 642
- unfreiwillige Vermögensopfer 259
- Vergeblichkeit der Aufwendungen 646 ff
- Verhältnis von § 284 zu Schadensersatz statt der Leistung und Rücktritt 651
- Verhältnis von § 284 zum Rücktritt 653
- Verhältnis von § 284 zum Schadensersatz neben der Leistung 652
- Verhältnis von § 284 zum Schadensersatz wegen Verzögerung der Leistung 652
- Voraussetzungen 643 ff
- Zinsen 257, 260
ausgleichende Gerechtigkeit 6
Ausgleichsanspruch 1301 f
Ausgleichsfunktion 1057, 1094
Ausgleichsgesamtschuld 1303
Auskunftsansprüche 256, 265
- Abtretung 266
- Anspruchsgrundlagen 265, 269 f
- aus Vertrag 268
- Auskunftsvertrag 268
- bei Forderungsabtretung, § 402 269

- bei Geschäftsbesorgung, § 675 269
- beim Auftrag, § 666 269
- beim Zugewinnausgleich, § 1379 269
- Durchsetzbarkeit 266
- Funktion 266, 270
- Grenzen 267
- Hauptleistungspflicht 268
- Nebenpflicht 268
- Rechenschaftspflichten 271
- Treu und Glauben, § 242 270
- Verjährung 266
- Zumutbarkeit 268
- Zweck 266, 269
Auskunftspflicht 265
- bei Herausgabepflicht, § 260 Abs. 1 265
Auslegung 64
- Pflichtverletzung 389
Auslegungsregeln 1147
Auslobung 69
außerhalb von Geschäftsräumen geschlossene Verträge 888 ff, 894 ff
- arbeitsrechtliche Verträge 892
- Hilfspersonen 893
- Schutzzweck 886
- Systematik 887
Austauschgerechtigkeit 6, 8

Bedingung 1018
Bedingungsfeindlichkeit 1354
beiderseits gerechter Interessenausgleich 6
Beratungsfehler, ärztlicher 1134
Bereicherungsverbot 1094
Beschaffungspflicht 185
Beschaffungsrisiko
- Übernahme 466
Besorgungsgehilfe 1184
Betriebsausfallschaden 418
Bewahrungsgehilfen 1119
Beweiserleichterung 1106
Beweislastumkehr
- Vertretenmüssen 435
Bewirken der Leistung 1327 f
Bezugsvertrag 94
Billigkeitshaftung 444
bloße Rechtsbedingung 1355
Bringschuld
- Erfüllungsort, Erfolgsort 306
Buchgeld 1332 f
Bürgschaft 1268, 1271 f, 1275

Sachverzeichnis

cessio legis 1302, 1309
clausula rebus sic stantibus 1018
commodum ex negotiatione 746
commodum ex re 745
conditio sine qua non – Formel 1067, 1077
culpa in contrahendo (cic) 73, 972 ff, 1091
– dogmatische Einordnung 978
– drittgerichtete Ausdehnung 1206
– Eigenhaftung Dritter 991
– Einstandspflicht 975
– Entstehung 974
– Funktion 974 ff
– Haftungsreichweite 975
– Haftungsvoraussetzungen 981 ff
– Minderjährigenschutz 1011
– Rechtsfolgen 999 ff
– Schaden 995 ff
– Schadensersatzformen 1004 ff
– und andere Regelungskomplexe 1008 ff
– und Gewährleistung 1009
– und vertragsfremde Dritte 989 ff

Dauerschuldverhältnis 89, 91
– Kündigung 1038 f
debitor cessus 1209
Deckungsgrenze 1238
Deckungskauf 420
Deckungsverhältnis 1150
– unwirksames 1164
Deliktshaftung 1072, 1176
Deliktsrecht
– Schwäche 115
Diesel-Abgasskandal 49
Differenzmethode 1100, 1108, 1129
Differenztheorie 638
diligentia quam in suis 585
– Straßenverkehr 587
Direktkondiktion 1164
Diskriminierung 143
Diskriminierungsschutz 17
Dombrand-Fall 1311
dominium sine re 153
Draufgabe 131
Dritte
– als Leistende 1337
– als Leistungsempfänger 1335
Drittschäden, vertragliche 1193 ff
Drittschadensliquidation 1060, 1178, 1193 ff

– Abgrenzung vom Vertrag mit Schutzwirkungen zugunsten Dritter 1178
– Berechnung des Schadensersatzanspruchs 1205
– Fallgruppen 1198 ff
– Rechtsfolgen 1204 f
– Voraussetzungen 1196 f
Drittschutz, vertraglicher 1173 ff
Durchgangserwerb 1244

Eigentumsvorbehalt, verlängerter 1235, 1247
eigenübliche Sorgfalt 455, 585
– Straßenverkehr 457, 587
Einrede des nicht erfüllten Vertrags 364
– Ausschluss 373
– Gegenseitigkeit der Ansprüche 369
– Nebenleistungspflichten, Schutzpflichten 370
– Nichterhebung der Einrede 379
– qualitative Teilleistung 375
– Rücktrittsrecht 381
– Sicherheitsleistung 366, 376
– Sonderfall der Geschäftsgrundlage 380
– Synallagma 370
– Teilleistung 366, 374 f
– Verhältnis zu § 273 367
– Verjährung 371
– Vertragstreue 372
– Vorleistung 380
– wirksamer und fälliger Gegenleistungsanspruch 371
– Zug um Zug 364
Einstandspflicht 1117
Einzelwirkung 1299
Einziehungsermächtigung 1217
elektive Konkurrenz 233, 561
elektronischer Geschäftsverkehr
– Button-Lösung 883
– Dash-Buttons 884
– Legaldefinition 873
– Pflichten 876, 880, 882
– Pflichtverletzung 879, 885
– Vertragsschluss 877
Empfangszuständigkeit 1328
Entbehrlichkeit der Mahnung 772 f, 776
entgangener Gewinn 1088, 1104
Entschädigung in Geld 1095 ff
Erfolgsort 302 f
Erfüllbarkeit
– sofortige, Ausnahmen 290

Erfüllung 1321 ff
- Beteiligung Dritter 1334 ff
- Erfüllungssurrogate 65, 1296, 1338 ff
- Erfüllungstheorien 1327 ff
- Erfüllungswirkung 1296, 1321
- Erfüllungszweck 1330
- Rechtsnatur 1324
Erfüllungsgehilfen 470
- Abgrenzung Verrichtungsgehilfen 473
- abweichende Vereinbarung 490
- Begriff 475
- Handeln in Erfüllung 484
- innerer Zusammenhang 486
- Maschinen 480
- mittelbare (Kette) 478
- Mitverschulden (§ 254) 494
- Pflichtenkreis 481
- Risikoerhöhung 485
- Unternehmer 476
- Verschulden 487
- Zurechnung 488
Erfüllungsinteresse 1000 ff, 1091, 1192
Erfüllungsort 565
- Nacherfüllung 301
- Schuldnerverzug 300
Erfüllungsübernahme 1147, 1266, 1270
erga omnes 57
ergänzende Vertragsauslegung 15, 30
Erlass 1297, 1322
Erlöschensgründe 1322 ff
ernsthafte und endgültige Erfüllungs-
 verweigerung 518
Ersatzfahrzeug 1131 ff
Ersatzpflichten
- deliktische 1055
- vertragliche 1055
Ersetzungsbefugnis 1096, 1345
- Abgrenzung 231, 233, 235
- aus Gesetz 232
- aus Rechtsgeschäft 232
- Bindungswirkung 234
- elektive Konkurrenz 233
- Entstehung 232
- Inzahlunggabe 232
- Unmöglichkeit 235
- Zweck 231
Erwerbsaussichten 1107
Erwerbsschaden, abstrakter 1128
Eventualaufrechnung 1355
ex-nunc-Wirkung 1038
ex-tunc-Wirkung 1138

Factoring 1215
Fahrlässigkeit 449
- Arbeitnehmerhaftung 452
- Maßstab 450, 456
- Unterformen 451
Fälligkeit 505 f, 607
falsa demonstratio non nocet 164
Fernabsatzvertrag 898, 900 f, 903 ff
- Ausnahme 902
- Legaldefinition 899
- Schutzzweck 886
- Systematik 887
finale Leistungsbewirkung 1327
Fixhandelskauf 522
Folgeschäden 1102
Forderungen
- unbestrittene 1362
- unpfändbare 1361
Forderungsmehrheit 1150
Formfreiheit 155
Formmangel 983 f
Formularverträge 1222
Formvorschriften
- Heilung 165
Freigabeklausel 1238, 1240
Fremdwährungsschuld 209
- echte, effektive 209
- Umrechnung, § 244 Abs. 2 211
- unechte, § 244 Abs. 1 209
- Zweck 210
Frustrationsgedanke 1133

Garantien 464
- Auslegung 465
Garantievertrag 1268
Gattungsschuld
- Abgrenzung 178
- begrenzte, beschränkte 182
- Beschaffungspflicht 185
- Geldschuld 180
- Konkretisierung 187, 300
- Leistung mittlerer Art und Güte 184
- Leistungsgefahr 185
- Parteivereinbarung 181
- Rekonkretisierung 193
- Unterfall Vorratsschuld 182
Gattungsschulden
- Unmöglichkeit 675
Gebrauchsvorteil 1132
Gebrauchtwagen, Inzahlungnahme 1345
Gefährdungshaftung 467, 1059, 1116

Gefahrübergang 1201
Gefälligkeit 78
– Auslegung 80, 85
– Rechtsbindungswille 78
Gefälligkeitsverhältnis
– rechtgeschäftliches 84
Gegenforderung 1346
Gegenleistungsgefahr 693 f, 696, 698
– Annahmeverzug des Gläubigers 704
– qualitative Teilunmöglichkeit 699
– Verantwortlichkeit des Gläubigers 700, 702 f
Gehilfenhaftung 1179
Gehilfenzurechnung 1184
Geldersatz 1004, 1095 ff
Geldkredit 1247
Geldschuld 563, 1280, 1351
– Abgrenzung 199 ff
– Bargeld 197 f
– bestimmte Geldzeichen 199
– Bestimmungszeitpunkt 201
– Buchgeld 197 f
– Fremdwährungsschuld 209
– Funktionen des Geldes 197
– Gefahrübergang 829
– Grundsatz des Nominalismus 206
– Inflationsrisiko 203 f, 206
– qualifizierte Schickschuld 207 f
– Überblick 196
– Unmöglichkeit (§ 275) 202
– Verzögerungsrisiko 208
– Verzug 208
– Verzugszinsen 788
– Wertsicherungsklauseln 204 ff
– Wertverschaffungsschuld 198 f
Geldsortenschuld, § 245 BGB 212
Geldsummenschuld 201
Geldwertschulden 201
Gemeinwohl 7
Genehmigung der Schuldübernahme 1257, 1266
Gerechtigkeit 5, 7
– als Idee des Rechts 3
– als Idee des Schuldrechts 3
– Austauschgerechtigkeit 5
– Diskurs 3
– und Stabilität 4
– Verteilungsgerechtigkeit 5
Gesamtgläubigerschaft 1200
Gesamthandschuld 1279, 1288
Gesamthandverhältnis 1288

Gesamtschuld 1276 ff
Gesamtschuldner 1079
Gesamtschuldnerausgleich 1303 ff
– bei gestörter Gesamtschuld 1314 ff
Gesamtschuldverhältnis 1276, 1278, 1281 ff
– Abgrenzungen 1286 ff
– Außenverhältnis 1296 ff
– Entstehung 1281 ff
– Innenverhältnis 1301 ff
– kraft gesetzlicher Anordnung 1283 f
– kraft vertraglicher Vereinbarung 1282
– Merkmale 1289 ff
– unechtes 1311 f
Gesamtvermögensvergleich 1100
Gesamtwirkung 1297, 1300
Gesamtwohlfahrt 68
Gesamtzurechnung 1076
Geschäftsführung ohne Auftrag 1295, 1311
Geschäftsgrundlage 398
– objektive 1018
– subjektive 1018
Geschäftsgrundlagestörung 1013 ff
– Entwicklung des Rechtsinstituts 1016 ff
– Fallgruppen 1040 ff
– große Geschäftsgrundlage 1044 f
– nachträgliche 1025 f
– Rechtsfolgen 1030 ff
– Regelung nach der Schuldrechtsmodernisierung 1020
– Störungen im Einzelnen 1024 ff
– und andere Rechtsinstitute 1046 ff
– und Finanz(markt)krise 1044
– ursprüngliche 1028 f
Gestaltungsrechte 1037, 1167
Gewährleistung
– und Geschäftsgrundlage 1048
– Verhältnis zu cic 1009
Gewaltmonopol des Staates 119
– Selbsthilfe 122
– Zwangsvollstreckung 120
Gewohnheitsrecht 1132
Gläubiger 55, 62
Gläubigerinteresse 1291, 1313
Gläubigernähe 1187
Gläubigervertrag 1274
Gläubigerverzug 797, 1201, 1298
– Abnahmepflicht des Käufers 799
– Angebot 803
– bei Zug-um-Zug-Leistungen 814 f

- Besitzaufgabe 826
- Entbehrlichkeit des Angebots 810 ff
- Erfüllbarkeit 801
- Ersatz von Mehraufwendungen 832 f
- Haftungsmilderungen 823 ff
- Leistungsfähigkeit des Schuldners 802
- Mitwirkung des Gläubigers 798
- Mitwirkungshandlung des Gläubigers 808
- Nichtannahme der Leistung 813
- Nutzungsherausgabe 825
- ordnungsgemäßes Angebot 805
- Rechtsfolgen 821 ff
- Rücktritt 533
- Rücktrittsrecht 831
- Schadensersatz 833
- tatsächliches Angebot 804
- Übergang der Gegenleistungsgefahr 830
- Übergang der Leistungsgefahr 827 ff
- und Schuldnerverzug bezüglich derselben Leistung 817
- und zugleich Schuldnerverzug 799, 816, 833
- Vertragsaufsage 807
- Verzinsungspflicht 825
- Voraussetzungen 800 ff
- Vorleistungspflicht 814
- vorübergehendes Annahmehindernis 818 ff
- wörtliches Angebot 806 ff
Gläubigerwechsel 1209
Gleichbehandlung 16
- als Ausdruck der Verteilungsgerechtigkeit 17
- als leitendes Rechtsprinzip 16
Gleichstufigkeit 1293
Globalzession 1235
- Gültigkeitsschranken 1245 ff
grobe Fahrlässigkeit 453
Grundsatz der Gleichbehandlung 16
Grundsatz der Vertragserhaltung 497, 600
Grundstücksvertrag 160 f
- Vollmacht 163

Haftpflichtversicherung 1058, 1122
Haftung 118
- beschränkte 121
- unbeschränkte 119
Haftungsausschluss 459
- AGB 462

- Auslegung 460
Haftungsbeschränkung 1069
Haftungshöchstgrenzen 1111
Haftungsmilderungen
- Ausstrahlungswirkung 117
- gesetzliche 117
- vertragliche 117
Haftungsrisiko 1178
Handeln für fremde Rechnung 1199
Handelsgeschäft, beiderseitiges 1223
Handelsklauseln 1363
Handlungseinheit 1076
Hauptforderung 1346
Herausgabe verbleibender Bereicherung 592
Hinterlegung 1322
Holschuld
- Erfüllungsort, Erfolgsort 304

Idee des Schuldrechts 2
Informationspflichten 865, 907 f
- information overload 842
- Informationsungleichgewicht 841
- Systematik 906
- Verbraucherschutz 840
Inhaberschaft an Sparforderungen 1146
Integritätsinteresse 428
inter partes 57
Interessen
- Erfüllungsinteresse, Integritätsinteresse 412
Interessenabwägung 980
Interzession 1275
Irrtum, beiderseitiger 1042
Irrtümer 447

Kausalität 999, 1064 ff
- adäquate 1068 f
- alternative 1079
- äquivalente 1064 ff
- haftungsausfüllende 1064, 1114
- haftungsbegründende 1064, 1114
- Herausforderungsfälle 418
- hypothetische 1078
- kumulative 1077
- Sonderformen 1077 ff
- überholende 1078
Kausalverlauf 1068
Kfz, Nutzungsausfall 1131 ff
Kind als Schaden 1134
Klammerprinzip 59

503

Kommissionär 1199
Kommissionsgeschäft 1199
Kommittent 1199
Konkretisierung
– Bringschuld 189
– Gegenleistungsgefahr 192
– Holschuld 191
– Rechtsfolgen 192
– Rekonkretisierung 193
– Schickschuld 190
– Übergang der Leistungsgefahr 192
– Untergang der Sache 192
– Voraussetzungen 188
– Zweck 187
Konnexität von Ansprüchen 1350
konsolidierte Schadensbetrachtung 1175
Kontrahierungszwang 7, 134
– allgemeiner 142
– Monopolstellung 138
– Schadensersatz 138
– spezialgesetzlicher 136
Körperschaden 1192
Krankenversicherung 1058
Krönungszugsfall 1043
Kündigung, außerordentliche 1049

Lebensrisiko, allgemeines 1073
Lebensversicherung 1345
Legalzession 1293, 1313
Leistung an Erfüllungs statt 1339, 1341, 1345
Leistung durch Dritte
– Ablehnungsrecht 322
– Ablösungsrecht 326 ff
– Einwilligung des Schuldners 321
– Fremdtilgungswille 318
– Hilfspersonen 320
– Höchstpersönlichkeit 314 f
– – qua Gesetz 316
– Putativschuldner 319
– – Rechtsfolgen 325
– Rechtsfolgen 324
– Surrogate 323
Leistung erfüllungshalber 1340 ff
Leistungsbestimmung
– Anfechtung 251
– Bestimmungspflicht 248
– Bindungswirkung 253
– durch das Gericht 246 f, 253
– durch eine Partei 241
– durch einen Dritten 249 ff

– durch mehrere Dritte 254
– Handelsrecht 248
– offenbare Unbilligkeit 252 f
– Schuldnerschutz 246 f
– Spezifikationskauf, § 375 HGB 248
– Unwirksamkeit 253
– Urteil 246 f, 253
– Willensmängel 251
Leistungsbestimmungsrecht, §§ 315 ff
– Auslegung 240 ff, 254
– Ausübung 243, 251
– Bestimmung durch einen Dritten 249 ff
– Bestimmung durch mehrere Dritte 254
– billiges Ermessen 243 f, 246, 249, 252
– Bindungswirkung 245 f, 252
– Entstehung 241
– Erklärung 251
– Funktion 238 f, 245
– Gegenstand 250
– Geltendmachung 245
– gerichtliche Durchsetzung 253
– gerichtliche Geltendmachung 246
– Gestaltungserklärung 245
– Handelsrecht 248
– Inhaber 242, 249 f, 254
– Kaufleute 248
– Leistungsmodalitäten 239, 250
– nach freiem Belieben 253
– private Geltendmachung 245
– Schiedsgutachten ieS 250
– Schuldnerschutz 252
– Sonderbestimmungen 240
– Verweigerung 253
– Verzögerung 247, 253
Leistungsbewirkung 1327 f
leistungsbezogene Nebenpflichten 539
– und Schutzpflichten 539
Leistungserfolg 1325
Leistungsgefahr 185
Leistungshandlung 1325
Leistungshindernisse 1017
Leistungsnähe 1186
Leistungsort 300 ff, 304, 306, 308, 565
– Natur des Schuldverhältnisses 311
– Niederlassung 312
– Parteivereinbarung 310
– Umstände des Einzelfalls 311
Leistungspflicht 97
– Äquivalenzinteresse 99
– Erweiterung 1035
– Haupt ~ 100

- Herabsetzung 1035
- Neben ~ 101
- Veränderung 1036
Leistungsstörungen 1325
- bei Leistung an Erfüllungs statt 1341
- bei Leistung erfüllungshalber 1341
- Grundlagen 383
- Regelungszwecke 384
- Schadensersatz nach § 280 Abs. 2, 3 405
- Systematik 386
Leistungsverweigerungsrecht 1031
Leistungsverzögerung 393
Leistungsverzug 753
Leistungszeit
- Bedingungen 288
- bei bestimmter Leistungszeit 289
- Erfüllbarkeit 278 f
- Fälligkeit 278 f
- gesetzliche Bestimmungen 284
- Parteivereinbarung 281 f
- Stundung 282
- Umstände des Einzelfalls 285
- Verbrauchsgüterkauf 292
- Zahlungs-, Überprüfungs- und Abnahmefristen 293 ff
- Zweifelsregel (§ 271) 287
Lieferantenkredit 1247

Mahnung 765 f
- Auslegung 767
- Bestimmtheit 770
- Entbehrlichkeit 772 f, 776
- Form 767
- Funktion 767 f
- zu hoher oder zu geringer Beträge 771
mangelhafte Leistung
- Rücktritt 531
mangelhafte Sache 150
Materialisierung des Schuldrechts 12
Maximalzession 1219
merkantiler Minderwert 1110
Minderjährige
- Verschuldensfähigkeit 442
Mitschuld 1254
Mittäterschaft 1076
mittelbar Geschädigter 1197
mittelbare Stellvertretung 1199
Mitverschulden 1007, 1111 ff
- Anwendbarkeit von § 278 479

Mitvertragspartner 1271
Motivirrtum
- beiderseitiger 1042
- doppelter 1046
- gemeinsamer 1028

nachträgliche Unmöglichkeit 728 ff, 734, 738
- qualitative Teilunmöglichkeit 738
- Schadensersatz statt der Leistung 728 ff, 734, 738
- Teilunmöglichkeit 734
Naturalherstellung 1005, 1057, 1086, 1094 f
Naturalobligationen 124
Naturalrestitution
- Vertragsaufhebung 540
Nebenpflichten 64
- Klagbarkeit 107
- leistungsbezogene 102
Nebentäter 1076
negatives Interesse 1091
- bei der cic 979 f
neu für alt, Ersatz 1122
Neugläubiger 1209
Nichterfüllungsschaden 1000 ff, 1091
Nichtleistung 392
Nichtvermögensschaden 1090
- Abgrenzung vom Vermögensschaden 1126 ff
Nominalismus 206
normativer Schadensbegriff 1100
Normzwecklehre 1070
Nutzungsausfallschaden
- mangelbedingter 425
Nutzungsentschädigung, abstrakte 1131

Obhutspflicht 1202
Obhutsverhältnis 1202 f
objektive Unmöglichkeit 663
Objektschaden 1088, 1090
Obliegenheit 797, 1113
Obliegenheiten 125
obligatorische Gefahrentlastung 1200 f

pacta sunt servanda 1018
pactum de non petendo 1297
Parteiwille, hypothetischer 1181, 1183
Passivforderung 1346
Personenkreis, begünstigter 1184
Personenschaden 1098, 1101, 1107

Pflicht 56 f, 61 ff
- Leistungspflicht 63
- Nebenpflichten 64
- Produktbeobachtungspflichten 63
- Schutzpflichten 63
- zur Neuverhandlung 1031
Pflichtverletzung 402, 1167
- Begriff 388
- Neben- und Schutzpflichten 396
- Nichtleistung 392
- Schlechtleistung 395
- Unmöglichkeit 390
positive Vertragsverletzung (pVV) 1180
positives Interesse 1091
praktische Unmöglichkeit 681 ff
- wirtschaftliche Unmöglichkeit 684
Prävention 7, 1057
Preisgefahr 693 f, 696, 698
- Annahmeverzug des Gläubigers 704
- qualitative Teilunmöglichkeit 699
- Verantwortlichkeit des Gläubigers 700, 702 f
Primärleistungspflichten 102
Prinzipien des Schuldrechts 2
Privatautonomie 10
- Durchbrechung 1138
Prospekthaftung 993
Prozessaufrechnung 1347, 1355

qualitative Teilunmöglichkeit
- Rechtsfolgen 738
- Rücktrittsrecht 717

Rahmenvertrag 92
Rechenschaftsansprüche 256, 265
Rechenschaftspflichten 265, 271
- allgemeiner Grundsatz 272
- Anspruchsgrundlagen 271 ff
- Durchsetzung 274
- eidesstattliche Versicherung 274
- Inbegriff von Gegenständen 273
- Inhalt, § 259 271
- prozessuale Durchsetzung 275
- Sorgfalt 274
- Strafrecht 274
- Stufenklage, § 254 ZPO 275
- Umfang, § 259 Abs. 1 273
Recht 56 f, 62
- absolutes 57
- Forderungsrechte 63
Rechtsbindungswille 78

Rechtsfolgen der Mitverantwortlichkeit 1120
Rechtsfrieden 9
Rechtsgeschäft 66 f, 70
Rechtsmissbrauch 37
Rechtsnachfolge 1261
Rechtssicherheit 8 f
Rechtsverhältnis 69
- einseitiges 69
Rechtsverletzung 1060, 1065
Regress 1058, 1252, 1307, 1317
Rekonkretisierung 193
relatives Fixgeschäft 520 f, 620, 679 f
Relativität der Schuldverhältnisse 49 f, 57
- Ausnahmen 51
- Doppelverkauf 50
- Drittschadensliquidation 53
- Durchbrechungen 51
- Vertrag mit Schutzwirkung zugunsten Dritter 53
- Vertrag zugunsten Dritter 52
Rentabilitätsvermutung 642
Rentenneurose 1068
Reparaturkosten, fiktive 1101
Reservursachen 1078
Richtigkeitsvermutung 1041
Risikoerhöhungslehre 485
Risikoverteilung 1040
Rubel-Fall 1019
Rückabwicklung 1164
Rückforderungsvorbehalt 1322
Rückgewährschuldverhältnis 562 ff, 570, 574
- bestimmungsgemäßer Gebrauch 575
- Entfallen der Wertersatzpflicht 580 ff, 591
- Ingebrauchnahme 574
- Kenntnis des Rücktrittsgrunds 589
- Leistungsort 565
- notwendige Verwendungen 595
- nützliche Verwendungen 596
- Nutzungsherausgabe 564
- Rückgewähr in natura 563
- Rücknahmepflicht 567
- Schadensersatz 568 f, 591
- Verwendungsersatz 595 ff
- Vorrang der Naturalerfüllung 573
- Wertersatz 571 ff
- Zug-um-Zug-Erfüllung 597
Rücktritt
- Befreiungswirkung 557

- Erlöschen der Leistungsansprüche 557
- Rechtsfolgen 543, 546 ff, 551 ff, 557 f, 562 ff, 570, 574
- Rückgewährschuldverhältnis 562 ff, 591
- Rücktrittserklärung 552 ff
- Schwebelage des Schuldners 560 f
- Verhältnis zum Aufwendungsersatz 558 f
- Verhältnis zum Schadensersatz 558

Rücktritt (§ 323) 497 ff, 504 ff, 523, 525
- abweichende Vereinbarungen 522
- Ausschlussgründe 526 ff
- Durchsetzbarkeit 507 f
- Entbehrlichkeit der Fristsetzung 517 ff, 523
- ernsthafte und endgültige Erfüllungsverweigerung 518
- Fälligkeit 505 f
- Fristsetzung 509 ff
- fruchtloser Fristablauf 525
- gegenseitiger Vertrag 499
- Gläubigerverzug 533
- Grundsatz der Vertragserhaltung 497
- mangelhafte Leistung 531
- relatives Fixgeschäft 520 f
- Rücktrittserklärung 535
- synallagmatische Leistungspflichten 501
- Teilleistungen 504, 527 ff
- Verantwortlichkeit des Gläubigers 532
- Verbrauchsgüterkauf 515 f, 519
- Verhältnis zu § 281 498
- Verhältnis zu § 324 539
- Vertragsuntreue des Gläubigers 534
- Voraussetzungen 499 ff, 504 ff, 520 f, 523, 525
- wirksame Leistungspflichten 502

Rücktritt (§ 324) 503, 536 ff
- Schutzpflichtverletzungen 536 ff
- Verhältnis zu § 323 539

Rücktrittserklärung 535

Rücktrittsfolgenrecht 546 ff, 551 ff, 557, 562, 564, 566, 570, 574

Rücktrittsrecht
- gesetzliche Rücktrittsrechte 551
- vertragliches Rücktrittsrecht 547 f, 550, 556

Sachschaden 1098, 1101, 1192
Sachwalterhaftung 991

Schaden 404
- Arten 1088, 1090 f
- Begriff 1086
- immaterieller 1127

Schadensarten: Abgrenzung
- Einzelfälle 418
- Klausurtaktik 409
- Rechtsprechung 419
- schadensphänomenologischer Ansatz 411
- Werkvertrag 422
- zeitlicher Ansatz 413
- Zeitpunkte 415

Schadensberechnung 1108, 1110
- anspruchsmindernde Faktoren 1111 ff
- anteiliger 1080
- Inhalt 1093 ff

Schadensersatz 1055 ff
- Differenztheorie 732
- großer Schadensersatz 623, 736
- Grundnorm (§ 280) 400
- kleiner Schadensersatz 623, 735
- Surrogationsmethode 732
- Verhältnis zum Rücktritt 558 f

Schadensersatz neben der Leistung
- Grundnorm (§ 280 I) 427

Schadensersatz statt der Leistung 407, 600
- Abmahnung 613
- Ausschluss des Leistungsanspruchs 633 f
- Begriff 410
- besondere Umstände 618
- Differenztheorie 638
- Entbehrlichkeit der Fristsetzung 615
- ernsthafte und endgültige Erfüllungsverweigerung 616
- Fälligkeit 607, 617
- fehlende Vertragstreue 622
- Fristsetzung 612
- Funktion 600
- Gegenleistungsanspruch 634
- gegenseitiger Vertrag 605
- großer Schadensersatz 623
- kleiner Schadensersatz 623
- leistungsbezogene Nebenpflichten 606
- mangelhafte Leistung 625
- Pflichtverletzung 604
- positives Interesse 600
- Primärleistungsanspruch 602
- Rechtsfolgen 633, 635 ff

- relatives Fixgeschäft 620
- Schadensberechnung 636 ff
- Schutzpflichten 601
- Schutzpflichtverletzung 626 ff
- Schwebelage 633
- Surrogationsmethode 637
- Teilleistungen 623
- Unerheblichkeit der Pflichtverletzung 625
- Unmöglichkeit 601
- Verhältnis von § 281 und § 282 628
- Verhältnis von § 281 und § 323 615
- Vertretenmüssen 609 ff
- Vertretenmüssen der ursprünglichen Pflichtverletzung 611
- Voraussetzungen 603 f, 606 f, 609 ff, 615 ff, 621 ff

Schadensersatzpflicht 1055 ff
Schadensersatzrecht
- Ausgleichs- und Genugtuungsfunktion 6

Schadensminderungsobliegenheit 1117, 1129
Schadensrecht
- Funktion 1055 ff
Schadensrechtsänderungsgesetz 1101, 1127
Schadensteilungsabkommen 1058
Schadensteilungsgedanke 1113
Schadensverlagerung 1178, 1187, 1194, 1197, 1205
Scheck 1332, 1343
Scheingeschäft 166
- dissimuliertes Geschäft 166
- simuliertes Geschäft 166
Schenkungsvertrag 1156
Schickschuld
- Erfüllungsort, Erfolgsort 308
- Versendungskauf 308
Schikaneverbot 32
Schlechtleistung 395
Schmerzensgeld 1063, 1090
- Präventionsfunktion 7
Schuld 118
- gemeinschaftliche 1279, 1287
Schuldbeitritt 1254, 1268, 1270 f
- Abgrenzungen 1271 f
- Begriff 1268, 1270
- Formvorschriften 1271
- gesetzlicher 1277
- rechtliche Behandlung 1274 f

- zu Sicherungszwecken 1275
Schulden, teilbare 1280
Schuldner 55, 62
Schuldnermehrheit 1278 ff
- Erscheinungsformen 1278
Schuldnervertrag 1274
Schuldnerverzug 394, 706, 753, 755
- absolutes Fixgeschäft 756
- abweichende Vereinbarungen 796
- Beendigung 761 f, 782
- Durchsetzbarkeit des Anspruchs 758
- Einreden 759 f
- Entgeltforderung 777 f
- ernsthafte und endgültige Erfüllungsverweigerung 775
- Fälligkeit 757, 769
- Garantiehaftung des Schuldners 794 f
- Geldschuld 764
- Haftungsverschärfung 792 ff
- Kosten der verzugsbegründenden Mahnung 787
- Leistungszeit in Abhängigkeit von einem Ereignis bestimmt 774
- Leistungszeit nach dem Kalender bestimmt 773
- Mahnung 765
- Mitwirkungshandlung des Gläubigers 768
- Pauschale 790
- Rechtsfolgen 783 ff
- relatives Fixgeschäft 756
- Schadensersatz statt der Leistung 785
- Selbstmahnung 776
- Teilleistungen 334
- Unmöglichkeit 756, 782
- Vertretenmüssen 779 ff
- Verzögerungsschäden 784, 786 f
- Voraussetzungen 756 ff, 765, 767 ff, 776
- Zinsverluste 789
Schuldnerwechsel 1252
Schuldrecht
- Aufgaben 2
- Prinzipien 2
- Ziele 2
Schuldrechtsmodernisierungsgesetz 974, 1016, 1020
Schuldübernahme 1254 ff
- Abgrenzung vom Schuldbeitritt 1254
- Arten 1257
- befreiende (privative) 1254

- Begriff 1254
- Einwendungen 1263
- Genehmigung 1257, 1266
- Genehmigungsverweigerung 1266
- kumulative 1254
- Rechtsfolgen 1261, 1263
- und Sicherheiten 1265
- Voraussetzungen und Folgen 1256 ff
Schuldverhältnis 55, 57, 64, 69, 71, 401
- aufgrund von Vertragsverhandlungen 974, 981 ff
- bereicherungsrechtliches 70
- deliktisches 59, 70, 72
- gesetzliches 60, 65, 70, 73, 128
- im engeren Sinn 61, 64, 69
- im weiteren Sinn 62 ff, 69
- Nebenpflichten 84
- ohne primäre Leistungspflicht 84, 976
- ohne Vertrag 974
- rechtsgeschäftliches 65, 67, 69, 73, 128
- vertragliches 60
- Zielschuldverhältnis 90
Schutzbedürfnis, besonderes 1191
Schutzgesetzverletzung 1060
Schutzpflichten 62 f, 72, 562, 626 ff, 632, 980, 1010, 1180
- deliktische 115 f
- Integritätsinteresse 106
- Nebenleistungspflichten
- - Abgrenzung 113
- Rücktritt 503, 536 ff
- Unterformen 109
- Verhältnis von § 281 und § 282 628
- Verkehrspflichten 115
- vertragliche 116
- vorwirkende, nachwirkende 110
Schutzzweck der verletzten Norm 1070 ff
Schwarzkauf 166
Sekundärleistungspflichten 102
Sekundärrecht 1167
Selbsthilfe 122
Selbstmahnung 776
Selbstvornahme des Käufers 708
Sicherungsabrede 1237
Sicherungsnehmer 1236 f
Sicherungszession 1234
Sonderverbindung 71
Sorgfaltspflichten 980
Sphärengedanke 1026, 1049
stellvertretendes commodum 745, 1204

Stückschuld
- Abgrenzung 178
- Bestimmtheit 179
- Konkretisierung 828 f
- vertretbare Sachen 179
subjektive Unmöglichkeit 663
subjektives Äquivalenzverhältnis 576
Sukzessivlieferungsvertrag 93
Surrogationsmethode 637
Surrogatsherausgabe 740 ff, 744 ff
System der Ersatzansprüche 1092 ff

Tatbestand 70
Tätermehrheit 1076
Teilabtretung 1219
Teilleistungen 59, 330, 333, 623
- Berechtigung 336
- qualitative 332
- Rücktritt 527 ff
- Teilbarkeit der Leistung 332
- Treu und Glauben 339
- Verzug 334
Teilrückgriff 1303
Teilschuld 1278, 1280
Teilunmöglichkeit 337, 698
- qualitative Teilunmöglichkeit 666
- quantitative Teilunmöglichkeit 665
- Rechtsfolgen 734
- Rücktrittsrecht 717
Theorie der finalen Leistungsbewirkung 1327
Theorie der realen Leistungsbewirkung 1327
Tilgungsbestimmung 325
Tilgungsgemeinschaft 1289
Trauerschaden 1090
Trennungsprinzip 46
Treu und Glauben 24, 534, 622, 776, 1113, 1183, 1191
- Abbruchjäger 37
- als Ausdruck der Verbindung von Recht und Moral 26
- als tragendes Rechtsprinzip 24
- Begrenzungsfunktion 25
- Begründungsfunktion 25
- bei Aufnahme von Vertragsverhandlungen 33
- bei nichtigen Rechtsgeschäften 33
- dolo agit qui petit quod statim redditurus est 38
- Einschränkung des § 142 Abs. 1 42

- Fallgruppen 34
- Funktionen 25
- Gesetzesbindung 27
- Handelsbrauch 29
- in Klausuren 27
- Inhaltskontrolle 42
- Konkretisierungsfunktion 25
- Kontrollfunktion 36
- Korrekturfunktion 45
- Lieferung zur Unzeit 35
- Missbrauchspotential 27
- Modalitäten der Leistungserbringung 35
- rechtliche Sonderverbindung 33
- Rechtsmissbrauch 36 f, 40
- Risiken 27
- turpitudinem suam allegans non audiatur 41
- und Austauschgerechtigkeit 28
- und ergänzende Vertragsauslegung 30
- und Formnichtigkeit 43
- und nachbarschaftliches Gemeinschaftsverhältnis 33
- und Sittenwidrigkeit 31
- und Verkehrssitte 29
- und Verteilungsgerechtigkeit 28
- Unverhältnismäßigkeit 39
- unzulässige Rechtsausübung 36 f
- venire contra factum proprium 42
- Verschulden 37
- Verwirkung 36, 44
- Vorteilsausgleichung 45
- Widerrufsrecht 40

Überdeckung 1240
Übereilungsschutz 1155
Übersicherung 1238
Übertragungsabrede 1241
Überweisung 1330 ff
Unabtretbarkeit 1212
unbestellte Leistung 148
- gesetzlicher Anspruch 152
- unbestellte Lieferung 144
Unerheblichkeit der Pflichtverletzung 531
Unfallversicherung 1122
Unmöglichkeit 657, 1047, 1325
- absolutes Fixgeschäft 679 f
- anfängliche Unmöglichkeit 664
- Annahmeverzug des Gläubigers 704, 706
- Anrechnung von Ersparnissen 707 f

- Aufwendungsersatz 750
- Ausschluss der Leistungspflicht 693 f, 696, 699 f, 702 f
- beiderseits zu vertretende 709 ff
- Beweislast 660
- der Nacherfüllung 708
- echte Geldsortenschuld 661
- Gattungsschulden 675
- Gegenleistungsanspruch 659
- Gegenleistungsgefahr 693 f, 696, 698
- Geldschuld 661
- im System des Leistungsstörungsrechts 657
- nachträgliche Unmöglichkeit 664
- naturgesetzliche Unmöglichkeit 668 ff
- objektive Unmöglichkeit 663
- persönliche Unmöglichkeit 685 ff
- physische Unmöglichkeit 668
- praktische Unmöglichkeit 681 ff
- Preisgefahr 693 f, 696, 698, 700, 702 f
- rechtliche Unmöglichkeit 668, 674
- Rechtsfolgen 688 ff, 693 f, 696, 698 ff, 702 ff, 706, 713 ff, 720, 722 ff, 727 ff, 734, 738, 740 ff, 744 ff
- relatives Fixgeschäft 679 f
- Rückerstattungspflicht 714
- Rücktrittsrecht 715 ff
- Schadensersatz statt der Leistung 720, 722 ff, 727 ff, 734, 738
- Sekundärleistungspflichten 658
- subjektive Unmöglichkeit 663
- Surrogat 713
- Surrogatsherausgabe 740 ff, 744 ff
- Teilunmöglichkeit 665
- übernatürliche oder magische Leistungen 669
- Unzumutbarkeit bei persönlichen Leistungspflichten 685 ff
- Unzumutbarkeit wegen groben Missverhältnisses 681 ff
- Verhältnis zu § 313 662
- vom Gläubiger zu verantwortende Unmöglichkeit 700, 702 f
- vorübergehende Unmöglichkeit 676 ff
- wirtschaftliche Unmöglichkeit 684
- Zweck 673
- Zweckerreichung 672
unteilbare Leistung 1287
Unterhaltsaufwand 1134
Unterlassen
- Pflicht 103

Unterlassungspflichten
- selbständige 104
- unselbständige 105
Unternehmer 845 f
- juristische Personen 847
- Personenhandelsgeschellschaften 847
Unwirksamkeit, ursprüngliche 1164
unzulässige Rechtsausübung 37
Unzumutbarkeit
- Leistungserschwerung 398
- Rechtsfolgen 689
Unzumutbarkeit bei persönlichen Leistungspflichten 685 ff
Unzumutbarkeit wegen groben Missverhältnisses 681 ff
- wirtschaftliche Unmöglichkeit 684
Ursachenverlauf 1069

Valutaverhältnis 1150
Verbot der Doppelkompensation 421
Verbraucher 845 ff
- Beweislast 849
- dual use 848
- Personengesellschaften 847
Verbraucherschutz 144
- allgemeine Geschäftsbedingungen 965 ff
- außerhalb von Geschäftsräumen geschlossene Verträge 887 ff
- Fernabsatzvertrag 887, 898 ff
- Informationspflichten 840 f, 843, 906 ff
- Systematik 837 ff
- Treu und Glauben 964
- Umgehungsverbot 870
- Verbrauchervertrag 845
- verbundene Verträge 947 ff
- Widerruf 840, 843 f, 909 ff
- Ziele 836, 840 f
- zusammenhängende Verträge 947 ff, 962 f
Verbrauchervertrag
- Bürgschaftsfälle 856 f
- Einschränkungen 859 ff, 864
- elektronischer Geschäftsverkehr 871 ff
- Entgeltlichkeit 852 f
- Legaldefinition 845
- umgekehrte Leistungsrichtung 854 f
- Wohnraummietvertrag 862 f
verbundene Verträge
- Einwendungsdurchgriff 960 f
- Legaldefinition 950 ff

- Rechtsfolgen 955 ff
- Regelungszweck 947
- Systematik 948 f
Verdienstausfall 1128
Verfahrensgarantien 1074
Vergleich 1042
Verhaltenssteuerung 788
Verkehrskreis 450
Verkehrssicherungspflicht 1206
Verkehrssitte 29
Verletzung echter Vertragspflichten 980
Vermögensfolgeschaden 1088
Vermögensgesamtlage 1100
Vermögensschaden 995 ff, 1090, 1098, 1192
- Abgrenzung vom Nichtvermögensschaden 1126 ff
Verrechnungsscheck 1331
Verschulden 974, 1113
Verschuldensfähigkeit 439, 1115
Verschuldensprinzip 433
Versendungskauf 308, 1200
- Pflichtenkreis 483
Versicherung 1058
Versicherungsvertrag 1147
Versprechender 1140
- Einwendungen 1158, 1160
- Pflichtverletzungen 1167
Versprechensempfänger 1140
Verteilungsgerechtigkeit 7 f, 836
Vertrag 65, 67
- Bezugs- 94
- gegenseitiger 65
- Rahmen- 92
- Rückgängigmachung 1005
- typengemischte 1345
- Versorgungs- 94
Vertrag mit Schutzwirkungen zugunsten Dritter 1180 ff
- rechtliche Einordnung 1180 ff
- Rechtsfolgen 1192
- und drittgerichtete Ausdehnung des vorvertraglichen Schutzbereichs 1206
- Voraussetzungen 1185 ff
Vertrag zugunsten Dritter 1136 ff, 1335
- Abwicklung der Rechtsbeziehungen 1157 ff
- echter (berechtigender) 1142 ff
- Einwendungen 1158 ff
- Formvorschriften 1153 ff
- Grundstruktur 1138 ff

511

- und Bereicherungsrecht 1164
- und Leistungsstörungsrecht 1165 ff
- und Versicherungsvertrag 1147 ff
- unechter (ermächtigender) 1142 ff
- Zurückweisungsrecht 1138
Vertrag zulasten Dritter 1138, 1256
Verträge über das gegenwärtige Vermögen 170 f
Verträge über das künftige Vermögen 174
Verträge über den Nachlass 175
vertragliches Rücktrittsrecht 547 f, 550, 556
Vertragsanbahnung 987
Vertragsanfechtung 998
Vertragsanpassung 1005, 1030 ff, 1034 ff
Vertragsauflösung 1037 ff
Vertragsaufsage 775
Vertragsauslegung 1272
- ergänzende 1181
Vertragsbeseitigung 1005
Vertragsfreiheit 10, 12, 155
- Abänderungsfreiheit 10
- Abschlussfreiheit 10
- Abstraktion 11
- Bedeutung 15
- ergänzende Vertragsauslegung 15
- formale Konzeption 11
- gesetzlicher Rahmen 13
- Gestaltungsfreiheit 10
- Grenzen 14
- Kontrahierungszwang 14
- Liberalismus 11
- materiale Konzeption 12
- Materialisierung 12
- Nachtwächterfunktion des Staates 12
- Vertragsinhaltsfreiheit 10
vertragsfremde Dritte 989 ff
Vertragshaftung 1176
Vertragsrisiken 1044
Vertragstheorie 1327
Vertragsübernahme 1260
Vertragsverhandlungen, Abbruch 985, 1003
Vertragsvorbereitung 988
Vertrauensschaden 1091
- bei der cic 979, 1000 ff
Vertrauensschutz 23
Vertretenmüssen 431
- Beweislast 434
- Bezugspunkt 432
- eigenes Verschulden 437

- Erfüllungsgehilfen 470
- Fahrlässigkeit 449
- Haftungsausschluss 459
- Schadensersatz 403
- Unmöglichkeit 731
- Vorsatz 446
Vertreter
- gesetzlicher
- - Begriff 492
- Haftung (§ 278) 491
Verursachung 1114
Verwirkung 44
- Umstandsmoment 44
- Zeitmoment 44
Verzögerungsschaden 423
Verzögerungsschaden (§ 286) 406
Verzug 753, 755, 1341
- abweichende Vereinbarungen 796
- Beendigung 761 f, 782
- Durchsetzbarkeit des Anspruchs 758
- Einreden 759 f
- Entgeltforderung 777 f
- ernsthafte und endgültige Erfüllungsverweigerung 775
- Fälligkeit 757, 769
- Garantiehaftung des Schuldners 794 f
- Geldschuld 764
- Haftungsverschärfung 792 ff
- Kosten der verzugsbegründenden Mahnung 787
- Leistungszeit in Abhängigkeit von einem Ereignis bestimmt 774
- Leistungszeit nach dem Kalender bestimmt 773
- Mahnung 765
- Mitwirkungshandlung des Gläubigers 768
- Pauschale 790
- Rechtsfolgen 783 ff
- Schadensersatz statt der Leistung 785
- Selbstmahnung 776
- Teilleistungen 334
- Unmöglichkeit 782
- Vertretenmüssen 779 ff
- Verzögerungsschäden 784, 786 f
- Verzugszinsen 788
- Voraussetzungen 756 ff, 765, 767 ff, 776
- Zinsverluste 789
Verzugsschäden 1167
Verzugszinsen 788

Vollharmonisierung 866
Vollmacht 163
Vorausabtretung 1219, 1235, 1242 ff
Vorrang der Naturalerfüllung 573
Vorrang der Vertragserhaltung 612
Vorratsschuld 182
– Auslegung 183
– Leistungspflicht 186
– Repartierung 186
– Untergang des Vorrats 186
Vorsatz 446
– Unterformen 448
vorsätzliche sittenwidrige Schädigung 32
Vorsorgepflicht 1187
Vorteilsausgleichung 45, 749, 1100, 1111, 1122 ff
vorübergehende Unmöglichkeit 676 ff
vorvertraglicher Schadensersatzanspruch 154

Wahlrecht
– Gestaltungsrecht 227
– Spezifikationskauf, § 375 HGB 248
– Verzögerungen 228
– Wahlrechtsinhaber 229
Wahlschuld 561
– Abgrenzung 225, 231, 233, 235
– Auslegungsregel, § 262 BGB 226
– elektive Konkurrenz 233
– gesetzliche 225
– Unmöglichkeit 230
– Voraussetzungen 225
– Wahlrecht 226
Waren 147
Wechsel 1340 ff
Wegnahmerecht 256, 262
– bei Herausgabepflicht 263 f
– Besitzerlangung 264
– Einrichtung 263
– Gestattungspflicht 262, 264
– Inhalt, § 258 262 f
– Instandsetzungspflicht 262 f
– Kosten 263
– Schaden 264
– Sicherheitsleistung 264
Widerruf 911 f, 914, 929
– Ausnahmen 913
– Ausübung 919 ff
– Belehrung 926 ff
– Frist 922 ff
– Rechtsfolgen 917, 930 ff

– Rechtsnatur 917 f
– Reuerecht 843
– Systematik 910, 915 f
– Verbraucherschutz 840, 909
– Ziele 844
Willensmängel 1008
wirtschaftliches Eigeninteresse 992
wrongful birth 1134
wrongful life 1134

Zahlstellenabrede 1237
Zahlungs-, Überprüfungs- und Abnahmefristen 295
– AGB 294
– öffentliche Auftraggeber 296
Zahlungsverzug-RL 754
Zauberformel 414
– Endgültigkeit des Schadens 416
Ziele des Schuldrechts 2
Zinsen
– Akzessorietät 215
– Anspruch auf Zinszahlung 213
– Basiszins 213, 216
– Begriff 214
– gesetzlicher Zinssatz 213
– Prozesszinsen 216
– rückständige Zinsen 219
– Verzugszinsen 216
– Zinseszinsen, § 248 219 f
– Zinseszinsverbot 213, 218
– Zinssatz 216
Zinssatz
– Basiszinssatz 216 f
– Grundregel, § 246 BGB 216
– Sonderregeln 216
Zufallsereignis 1080
Zurechnungszusammenhang 1073
Zurückbehaltungsrecht
– Ausschluss 355
– Effizienz 342
– Einrede 344
– Gegenanspruch
– – Fälligkeit, Durchsetzbarkeit 352
– Gegenseitigkeitsverhältnis 343
– Hilfsansprüche 358
– Konnexität 349
– Schuldnerverzug 345
– Sicherheitsleistung 361
– Treu und Glauben 360
– Ungleichartigkeit 348
– Verbot 359

- Verbot unzulässiger Rechtsausübung 342
- Verjährung 354
- Wechselseitigkeit der Forderungen 346

Zurückweisungsrecht 1259, 1297

zusammenhängende Verträge
- Legaldefinition 962
- Rechtsfolgen 963
- Regelungszweck 947
- Systematik 948 f

Zweckbestimmung 1327
Zweckerreichung 672
Zweckfortfall 673
Zweckgemeinschaft 1292
Zweckstörung 1026, 1043